中華大藏經編輯局編

中華大藏經

漢文部分

五五

中華書局

圖書在版編目(CIP)數據

中華大藏經:漢文部分.第55册/《中華大藏經》編輯局編.
—北京:中華書局,1984.4(2023.4 重印)
ISBN 978-7-101-00952-1

Ⅰ.中… Ⅱ.中… Ⅲ.大藏經 Ⅳ.B941

中國版本圖書館 CIP 數據核字(2016)第 050280 號

內封題簽:李一氓
裝幀設計:伍端端

中華大藏經(漢文部分)
第 五五 册
《中華大藏經》編輯局 編
*
中 華 書 局 出 版 發 行
(北京市豐臺區太平橋西里 38 號 100073)
http://www.zhbc.com.cn
E-mail:zhbc@zhbc.com.cn
北京虎彩文化傳播有限公司印刷
*
787×1092 毫米 1/16・62¾印張・2 插頁
1984 年 4 月第 1 版 2023 年 4 月第 4 次印刷
定價:600.00 元

ISBN 978-7-101-00952-1

中華大藏經（漢文部分）

第五十五册目録

千字文編次　笙——階

笙

一一五四　開元釋教録二十卷
庚午歲西崇福寺沙門智昇撰

開元釋教錄卷第一 并序

庚午歲西崇福寺沙門智昇撰

夫目錄之興也蓋所以別真偽明是非記人代之古今摽卷部之多少摭拾遺漏刪夷駢贅欲使正教綸理金言有緒提綱舉要歷然可觀也但以法門幽邃化網恢弘前後翻傳年移代謝屢經散滅卷軸參差復有異人時增偽妄致令混雜難究蹤由是以先德儒賢製斯條錄令其存者殆六七家然猶未極根源尚多疎闕昇以庸淺久事披尋參練異同指陳臧否成茲部帙庶免乖違幸諸哲人俯共詳覽

稽首善逝牟尼尊　无上丈夫調御士
亦礼三乘淨妙法　并及八輩應真僧
我撰經錄護法城　三寶垂慈幸冥祐
惟願法燈長夜照　迷徒因此得慧明
正法遐久住世間　依學速登無上地

自後漢孝明皇帝永平十年歲次丁卯至大唐神武皇帝開元十八年庚午之歲凡六百六十四載中間傳譯緇素總一百七十六人所出大小二乘三藏聖教及聖賢集傳并及失譯總二千二百七十八部都合七千四十六卷其見行闕本並該前數

新錄合二十卷開為總別總錄括聚群經別錄分其乘藏二錄各成十卷就別更有七門今先叙科條餘次編載

總括群經錄上

右從漢至唐所有翻述具帝王年代并譯人本事所出教等以人代先後為倫不依三藏之次兼叙目錄新舊同異

別分乘藏錄下

右別錄之中曲分為七一有譯有本二有譯无本三支派別行四刪略繁重五拾遺補闕六疑惑再詳七偽邪乱正就七門中二乘區別三藏殊科具悉委由兼明部偶

總錄分為十卷起第一盡第十 此粗題綱條若一一具明在第十卷內

第一卷 漢魏二代緇素譯人所出經戒羯磨等及新舊失譯并附出譯人列傳

第二卷 吳晉二代緇素譯人所出經戒等并新舊失譯諸經同前附出譯人列傳

第三卷 東晉苻秦二代緇素譯人所出經律論等并新舊失譯列傳同前

第四卷 姚秦西秦前涼北涼四代緇素譯人所出經律論并新舊集失譯經等

第五卷 宋朝一代緇素譯人所出經律論等并新集失譯經等

第六卷 齊梁元魏高齊四代緇素譯人所出經律論等并新集失譯經律集等

第七卷 周陳隋三代緇素譯人所出經律論及傳錄等

第八卷

第九卷 八九二卷皇朝緇素譯人所出經律論及傳錄等

第十卷 叙古舊諸家目錄部帙多少及詳顯同異

別錄分為十卷起第十一盡第二十 此粗題綱條具述在第十卷內

第十一卷

第十二卷 十一十二兩卷有譯有本菩薩藏經律論目錄兼述譯人時代

第十三卷 有譯有本聲聞藏經律論及賢聖集傳目錄亦述譯人時代

第十四卷 有譯无本大乘經律論闕本目錄

第十五卷 有譯无本小乘經律論及賢聖集傳闕本目錄

第十六卷 支派別行大小乘經律論及賢聖集傳別生目錄

第十七卷 刪略繁重別生同本異名經等刪除目錄 補闕拾遺舊譯大小乘經律論大周入藏錄中遺漏不上目錄及新譯大小乘經律論集傳等新編入藏目錄

第十八卷 疑惑審詳目錄 偽妄亂真新編偽經及群錄中偽經并諸家集錄等目錄

第十九卷 大乘經律論入藏目錄

第二十卷 小乘經律論賢聖集傳入藏目錄

揔括群經録上之一

後漢劉氏都洛陽

從明帝永平十年丁卯至獻帝延康元年庚子凡一十一帝一百五十四年緇素一十二人所出經律并新舊集失譯諸經揔二百九十二部三百九十五卷（於中九十七部一百三十一卷見在 百九十五部二百六十四卷闕本）以為後漢經録去於中直去帝者為真蕪斥名者是僞年代甲子依唐司綠甄鸞成均博士王道珪二家年歷叅定

後漢

沙門迦葉摩騰　一部　一卷經

沙門竺法蘭　四部　一十五卷經

沙門支婁迦識　二十二部　六十七卷經集

沙門安世高　九十五部　一百一十五卷經律集

沙門竺佛朔　二部　三卷經

優婆塞安玄　二部　三卷經集

沙門支曜　一十部　一十一卷經集

沙門康巨　一部　一卷經

沙門嚴佛調　五部　八卷經

沙門康孟詳　六部　九卷經律

開元釋教録第一卷　第四張　宐一

沙門竺大力　一部二卷經

沙門曇果　一部　二卷經

新舊諸失譯經　一百四十一部一百五十八卷五十九部七十六卷（舊集八十二部八十二卷新附）

四十二章經一卷（永平十年丁卯於白馬寺與法蘭共譯初出舊録云孝明皇帝四十二章）

右一部一卷其本見在

沙門迦葉摩騰或云竺葉摩騰亦云攝摩騰群録于存未詳孰是先來不譯所以脩彰中印度人婆羅門種幼而聰敏博學多聞思力精拔特明經律甞遊西印度有一小國請騰講金光明經俄而隣國與師而来既將踐境輙有事㝵兵不能進彼國兵衆疑有異術密遣使覘但見群臣安然共聽其所講大乗經明地神王護國之法於是彼國請和求法明帝以永平七年甲子夢見金人身長丈六項佩日輪光明赫弈飛在殿前明日博問群臣此何神異通人傅毅進奉對曰臣聞西域有得道者号之曰

開元釋教録第一卷　第五張　宐

佛陛下所夢將必是乎帝以為然詔遣郎中蔡愔郎將秦景博士弟子王遵等一十八人往適天竺尋訪佛法於大月支國與摩騰相遇時蔡愔等因請於騰遂與同来至于洛邑明帝甚加賞接所將佛經及獲畫像䭾以白馬同到洛陽因起伽藍名白馬寺諸州競立報白馬恩騰於白馬寺出四十二章經初緘蘭臺石室第十四閒内自介釋教相継雲與沙門信士接踵傳譯依録而編即是漢地經法之祖也舊録云此經本是外國經抄元出大部撮要引俗似孝經十八章出舊録及朱士行漢録僧祐出三藏記等道安録中不載騰解不即多翻且撮經要以導時俗騰後終於洛陽載其由委備如朱士行漢録及高僧傳等昇尋録之原始意述譯經譯經之来須有由致故傍採衆說以廣異

開元釋教録第一卷　第六張　塋

聞雖於文爲繁而僧事俻矣

十地斷結經八卷 或四卷亦云十住初出與竺佛念十住斷結經同本永平十三年出見朱士行漢錄及高僧傳長房錄等

法海藏經一卷 一本无藏字初出與法海經等同本見高僧傳及長房錄等

佛本行經五卷 永平十一年出見高僧傳及長房錄等

佛本生經一卷 見高僧傳及長房錄等

右四部一十五卷其本並闕

沙門竺法蘭亦中印度人自言誦經論數萬章爲天竺學者之師時蔡愔既至彼國蘭與摩騰共契遊化遂相隨而來會彼學徒留㝵蘭乃閒行而至既達洛陽與騰同止少時便善漢言初共騰譯四十二章經騰卒蘭自譯十地斷結經等四部昔前漢武帝穿昆明池底得黑灰問東方朔朔云非臣所知可問西域胡人法蘭既至追以問之蘭云此是劫燒時灰朔言有徵信者甚衆又秦景使還於月支國得釋迦佛像是優填王栴檀像師第四作也來至洛陽帝即勑令畫寫置清涼臺及顯節陵上供養

開元釋教錄第一卷　第七張　笙

自介丹素流演迄今蘭後終於洛陽時年六十餘矣　又長房等錄云蘭譯二百六十戒合異二卷者不然細詳名目非蘭所翻委求同異如下別錄闕本中述

道行般若波羅蜜經十卷 題云摩訶般若波羅蜜道行經亦云般若道行品經或八卷初出與明度小品及大般若第四會等同本光和二年七月八日出見放祐二錄

無量清淨平等覺經二卷 亦直云无量清淨經第二出與大阿彌陀及寶積无量壽會等並同本見吳錄

阿閦佛國經二卷 建和元年譯或一卷初出與寶積不動如來會等同本見朱士行漢錄及僧祐錄亦云阿閦佛剎諸菩薩學成品經或无國字

佛遺日摩尼寶經一卷 安公云出方等部初出與寶積普明菩薩會等同本一名古品遺日說般若經一名大寶積經一名摩訶衍寶嚴經見僧祐長房二錄

般舟三昧經二卷 一名十方現在佛悉在前立定經舊錄云大般舟三昧經或一卷光和二年譯初出與大集賢護經等同本見聶道真錄及吳錄

兜沙經一卷 見僧祐錄及吳錄是華嚴經名號品異譯

伅真陁羅所問經二卷 初云伅真陁羅所問寶如來三昧經一名伅真陁羅尼王經或三卷初出與大樹緊那羅經同本安錄无見朱士行漢錄及僧祐錄

阿闍世王經二卷 初出與普超三昧經等同本見僧祐錄安公云出長阿含者非也

內藏百寶經一卷 亦云內藏百品初出與世高譯者小異安公云出方等部見僧祐錄

文殊師利問菩薩署經一卷 亦直云問署經見僧

開元釋教錄第一卷　第八張　笙

祐錄及吳錄安公云出方等部

雜譬喻經一卷 凡十一事祐云失譯房云見別錄已上見在已下闕

大方等大集經二十七卷 初出與曇无讖等出者同本見李廓錄

般舟三昧經一卷 是後十品重翻祐有此一卷元三卷者見靜泰錄或加大字第三出祐錄云光和二年十月八日出

梵般泥洹經二卷 或一卷初出與大般泥洹經等同本見朱士行漢錄及僧祐錄舊云胡般新改爲梵

象腋經一卷 初出見法上錄

諸法勇王經一卷 初出見法上錄

光明三昧經一卷 初出祐云出別錄安錄无房云亦見吳錄

字本經二卷 初出見僧祐錄

首楞嚴經二卷 中平三年二月八日出第一譯又云三卷見朱士行漢錄及僧祐錄吳錄

大方便報恩經一卷 見吳錄

阿闍世王問五逆經一卷 亦云阿闍世王經初出見長房錄

禪經一卷 初出房云見別錄

阿育王太子壞目因緣經一卷 佛涅槃後一百餘年育王方出故非佛說義元經字初出見長房錄

右二十三部六十七卷 雜譬喻上一十一部二十六卷見在大集經下一十二部四十一卷闕本

沙門支婁迦讖亦直云支讖月支國人操行純深性度開敏稟持法戒以精勤著名諷誦群經

開元釋教錄第一卷　第九張　笙

志在宣法桓靈之代遊于洛陽從桓帝建和元年丁亥至靈帝中平三年景寅於洛陽譯道行等經二十三部審得本旨曾不加飾可謂善宣法要弘道之士也河南清信士孟福張蓮筆受而舊譯云胡般泥洹者竊所未委上代翻經巳来賢德筆受每至度語無不稱云譯胡為漢胡乃五天邊俗類此之有氏羌今乃稱胡豈閑印度深為楚越可不詳焉但佛所說經皆合稱為梵本梵者此言清淨昔刼初時梵世光音天来下彼土有食地肥者身重不得復去因遂為人即五天之本祖也仍其天号而立稱焉若彼稱胡理將何出但彼稱梵語如此土所謂漢言蓋有所憑非為謬耳如舊日僧悉稱俗姓起符秦世有沙門道安獨拔當時居然超悟云旣剃落紹継釋迦子而異父豈日承襲今去出家宜悉稱釋及翻四含其

文果云四姓出家同一釋種衆咸歎伏（四姓者一刹帝利二婆羅門三吠舍四戍達羅）而安正當晉苻之世刊定目録刪注群經自号弥天指撝季葉猶言譯胡為秦有五失三不易此蓋通人一敝未盡美歟上代巳来有胡言處今並改為梵字庶元紕謬使談者得其正焉又長房等録支讖譯中復有大寶積經一卷今以與佛遺日摩尼寶經既是同本不合再出又尋文句非讖所翻別録之中皆為失譯今依別録為正故讖録除之

大乘方等要慧經一卷（初出與寶積弥勒問八法會同本見長房録）

太子慕魄經一卷（初出出六度集中異譯見長房録）

長者子制經一卷（一名制經初出與逝童子經等同本見長房録）

寶積三昧文殊問法身經一卷（一名遺日寶積三昧文殊師利菩薩問法身經初出與入法界體性經同本見長房録）

自誓三昧經一卷（題下注云獨證品第四出比丘淨行中初出與法護出者大同小異見長房録）

温室洗浴衆僧經一卷（亦直云温室經初出見長房録）

明度五十校計經二卷（或直云明度校計亦直云五十校計）

（元嘉元年出見朱士行漢録及僧祐録）

佛印三昧經一卷（見長房録）

八大人覺經一卷（見寶唱録）

舍利弗悔過經一卷（亦直云悔過經初出見長房録）

人本欲生經一卷（永嘉二年出長阿含第十卷異譯道安注解見朱士行漢録及僧祐録）

尸迦羅越六向拜經一卷（或云尸迦羅越六方禮經出長阿含第十一卷異譯見長房録）

長阿含十報法經二卷（一名多増道章經或直云十報經出長阿含第九卷異譯舊録亦云出長阿含見僧祐録）

一切流攝守因經一卷（出中阿含第二卷異譯舊録云一切流攝經亦云受因亦直云流攝亦云一切流攝守見朱士行及僧祐二録）

四諦經一卷（出中阿含第七卷異譯見僧祐録安公云出長阿含者誤也）

本相倚致經一卷（出中阿含第十卷異譯長録云本相倚致與緣本致經同本或作倚字見朱士行漢録及僧祐録）

是法非法經一卷（出中阿含第二十一卷異譯見士行僧祐二録）

漏分布經一卷（出中阿含第二十七卷異譯見朱士行漢録及僧祐録安公云出長阿含者誤也）

婆羅門子命終愛念不離經一卷（出中阿含第六十卷異譯見長房録）

十支居士八城人經一卷（出中阿含第六十卷異譯見長房録）

普法義經一卷（亦名普義經一名具法行經普法義作舍利曰具法行舍利弗餘並同云出中阿含元嘉二年出與廣義法門經同本見士行僧祐二録）

婆羅門避死經一卷 出增一阿含第二十一卷異譯見長房錄
阿那邠邸化七子經一卷 出增一阿含第四十九卷異譯見長房錄
阿難同學經一卷 題云出增一阿含撿元見長房錄
七處三觀經一卷 出雜阿含中首末總三十經從初標名故也或二卷元嘉元年出見朱士行漢錄及僧祐錄
五陰譬喻經一卷 或元譬字一名水沫所漂經出雜阿含第十卷異譯見朱士行漢錄及僧祐錄
轉法輪經一卷 或云法輪轉經出雜阿含第十五卷異譯與其本經復同前異見僧祐錄
八正道經一卷 出雜阿含第二十八卷異譯見士行僧祐二錄
摩鄧女經一卷 或云摩鄧女一名阿難為蠱道女惑經見長房錄初出與摩登伽經等同本
鬼問目連經一卷 初出與餓鬼報應經等同本見長房錄
阿難問事佛吉凶經一卷 或名阿難問事經亦云事佛吉凶經見長房錄初出與阿難分別經等同本
柰女祇域因緣經一卷 初出或元因緣字直云柰女經見長房錄
罪業應報教化地獄經一卷 初出或云地獄報應經見長房錄
堅意經一卷 初出一名堅心正意經亦名堅心經見長房錄
大安般守意經二卷 或一卷或元守意字或直云安般安公云小安般注解祐錄別載大安般一卷房錄更載安般一卷並重也見士行僧祐李廓三錄
陰持入經二卷 或一卷祐云陰持入經也亦云陰持入安公注解房錄陰持入外別存陰持入者誤也見士行僧祐二錄

開元釋教錄第一卷　第十三張　笙

慮處經一卷 見長房錄
罵意經一卷 見長房錄
分別善惡所起經一卷 見長房錄
出家緣經一卷 一名出家因緣經見長房錄
阿鋡正行經一卷 一名正意經見長房錄
十八泥犂經一卷 或云十八地獄經見長房錄
法受塵經一卷 見僧祐錄
禪行法想經一卷 見僧祐寶唱二錄
長者子懊惱三處經一卷 一名長者子懊惱三處經亦直云三處惱經見長房錄
揵陀國王經一卷 或元國字見長房錄
父母恩難報經一卷 亦云勤報見長房錄房云出中阿含撿无
九橫經一卷 房云出雜阿含撿无見長房錄
禪行三十七經一卷 或加品字見寶唱錄
犯戒報應輕重經一卷 出目連問毗尼經亦云犯戒罪報輕重經或云目連問經見長房錄
大比丘三千威儀經二卷 或四卷亦云大僧威儀經房云見別錄按僧祐失譯錄中分為二部部各二卷今只有二卷餘三莫存
道地經一卷 初出或加大字是修行經抄元外國略本道安注解見僧祐錄群錄並云二卷准安公序云凡有七章此之一卷文亦備矣
迦葉結經一卷 初出見長房錄
阿毗曇五法行經一卷 或元行字亦云阿毗曇苦慧經見僧祐錄

巳上見存巳下闕本

開元釋教錄第一卷　第十四張　笙

無量壽經二卷 初出與寶積無量壽會等同本房云見別錄
如幻三昧經二卷 或一卷初出與寶積善住意會等同本見長房錄
月燈三昧經一卷 出大月燈經第七異譯見長房錄
十二因緣經一卷 初出亦云聞城十二因緣經見僧祐錄
內藏經一卷 第二出一名內藏百品或云百寶元嘉二年十二月出見朱士行漢錄
四不可得經一卷 初出或元可字見長房錄
藥王藥上菩薩觀經一卷 初出見長房錄
空淨天感應三昧經一卷 舊錄云空淨三昧經初出見長房錄
卒逢賊結衣帶呪經一卷 見長房錄
呪賊經一卷 一名辟除賊害呪見長房錄僧祐失譯錄中更載二本同名呪賊此但存一
十四意經一卷 舊錄云菩薩十四意經見僧祐錄
法律三昧經一卷 初出見法上錄
道意發行經二卷 或一卷見道安及僧祐錄房云出長阿含
大十二門經二卷 或一卷出長阿含安公注解見寶唱及僧祐錄
小十二門經一卷 出長阿含安公注解見寶唱錄及僧祐錄
七法經一卷 舊錄云阿毗曇七法行經或直云七法行經見僧祐錄房云出長阿含
多增道章經一卷 舊錄元道字云異出十報法見長房錄云出長阿含
義決律經一卷 或元經字亦云義決律法行經安公云出長阿含見僧祐錄
雜四十四篇經二卷 或云雜經四十四篇既不顯名未知何經安公
百六十品經一卷 舊錄云增一阿含百六十章經見僧祐錄云出增一阿含見僧祐錄
舍頭諫經一卷 見舊錄第二出亦云舍頭諫太子明二十八宿經亦云太子明星二十八宿經亦云虎耳經

開元釋教錄第一卷　第十五張　笙

瑠璃王經一卷或云流離王經出增一阿含見長房錄
五門禪要用法經一卷初出見長房錄
太子夢經一卷初出見長房錄
禪經二卷第二出房云見別錄
恒水經一卷初出亦云恒水不說戒經見法上錄寶唱錄云恒水誡經
悔過法經一卷見長房錄
五法經一卷見僧祐錄
五行經一卷見長房錄
小般泥洹經一卷房云見別錄拾遺云或名泥洹後諸比丘經或云泥洹後變記經或云泥洹後比丘世變經或云佛般泥洹後比丘世變經
正齋經一卷見長房錄
分明罪福經一卷見長房錄
難提迦羅越經一卷見僧祐錄
禪定方便次第法經一卷見長房錄
禪法經一卷見長房錄
當來變滅經一卷見長房錄
修行道地經七卷或六卷初出或云順道行經漢永康元年譯支敏度錄序見寶唱錄及別錄
五門禪要用法經一卷初出見長房錄
思惟要略經一卷或直云思惟經初出見僧祐錄
法句經四卷初出見長房錄
請賓頭盧法一卷初出見內典錄
阿毗曇九十八結經一卷見僧祐錄

右九十五部一百一十五卷

沙門安清字世高安息國王正后之太子也[illegible]下五十四部五十九卷見存无量壽經下四十一部五十六卷闕本幼懷淳孝敬養竭誠惻隱之仁爰及蠢類其動言立行若踐規矩焉加以志業聰敏剋意好學外國典籍莫不該貫七曜五行之象風角雲物之占推步盈縮悉窮其變兼洞曉醫術妙善鍼脉覩色知病投藥必濟乃至鳥獸鳴呼聞聲知心甞行見群鷰忽謂伴曰鷰云應有送食者須之果有致焉衆咸奇之於是儁異之名被於西域遠近隣國咸敬而偉之高雖在居家而奉戒精峻講集法施與時相續後王薨將嗣國位乃深惟苦空猒離名器行服既畢遂讓國與叔出家脩道博綜經藏尤精阿毗曇學諷持禪經略盡其妙既而遊方弘化遍歷諸國以漢桓之初始到東夏高才悟機敏一聞能達至止未久大通華言慨正法微廣事宣譯高

窮理盡性自識宿緣多有神迹世莫能量初高自稱先身已經為安息王子與其國中長者子俱共出家分衛之時值施主不稱每輙懟恨高屢加訶諫終不悛改如此二十餘年乃與同學辭訣云我當往廣州畢宿世之對卿明經精勤不在吾後而性多恚怒命過當受惡形我若得道必當相度既而遂適廣州值寇賊大亂行路逢一年少唾手拔刃曰真得汝矣高笑曰我宿命負卿故遠相償卿之忿怒故是前世時意也遂申頸受刃容無懼色賊遂煞之觀者填路莫不駭其奇異而此神識還為安息王太子即今時世高身是高遊化中國宣經事畢值靈帝之末關洛擾亂乃振錫江南云我當過廬山度昔同學行達䢼亭湖廟此廟舊有靈威商旅祈禱乃分風上下各无留滞甞有乞神竹者未許輙取舫即覆没竹

還本處自是舟人敬憚莫不懾影高同旅三十餘船奉牲請福神乃降祝日船有沙門可更呼上客咸驚愕請高入廟神告高日吾昔外國與子俱出家學道好行布施而性多瞋怒今為䢼亭廟神周迴千里並吾所治以布施故珎玩甚豐以瞋恚故墮此神報今見同學悲欣可言壽盡旦夕而醜形長大若於此捨命穢汙江湖當度山西澤中此身滅後恐墮地獄吾有絹千疋并雜寶物可為立法營塔使生善處也高日故來相度何不出形神日形甚醜異衆人必懼高日但出衆不恠也神從牀後出頭乃是大蟒不知尾之長短至高膝邊高向之梵語數番讚唄數契蟒悲淚如雨須臾還隱高即取絹物辝别而去舟侶颺帆蟒復出身登山而望衆人舉手然後乃滅儵忽之頃便達豫章即以廟物造東寺高去後神即

命過暮有一少年上船長跪高前受其呪願忽然不見高謂船人日向之少年即䢼亭廟神得離惡形矣於是廟神歇滅无復靈驗後人於山西澤中見一死蟒頭尾數里今潯陽郡蛇村是也高後復到廣州尋其前世害已少年尚在高徑投其家說昔日償對之事并敘宿緣歡喜相向云吾猶有餘報今當往會稽畢對廣州客悟高非凡豁然意解追恨前愆厚相資供隨高東遊遂達會稽至便入市正值市中有乱相打者誤著高頭應時殞命廣州客頻驗二報遂精勤佛法具說事緣遠近聞知莫不悲歎明三世之有徵也高以桓帝建和二年戊子至靈帝建寧三年庚戌二十餘載譯大乘要慧等經九十五部並義理明析文字允正辯而不華質而不野凡在讀者皆亹亹然而不勌焉世高本旣王種名高外國所

以西方賓旅猶呼安侯至今為号焉天竺自稱書為天書語為天語音訓詭蹇與漢殊異先後傳譯多致謬濫唯高所出為群譯之首安公以為若及面稟不異見聖列代明德咸賛而思焉其釋道安録僧祐出三藏記慧皎高僧傳等止云高譯三十九部費長房録便載一百七十六部今以房録所載多是別生從大部出未可以為翻譯正數今

隨次刪之如後所述

情離有罪經（房云出法偽疑今亦在疑偽録）八光經舍利弗問寶女經舍利弗歎寶女說不思議經（亦直云歎寶女經）申越長者悔過供佛經（亦云申越長者悔過經申越中起未詳何正八光等四經並出大集）四百三昧名經（出大雲經）摩訶衍精進度中罪報品經（出智度論）大迦葉遇尼乾子經（出長阿含）阿難感經（出人本欲生經）第一四門經第二四門經第三四門經甘露正意經（亦云佛入甘露調意經第一四門等四經出僧祐失譯録亦出寶唱録並是大十二門經一部後人分品寫出遂成四經）尊者薄拘羅經（或直云薄拘羅經亦云薄拘羅本昇學頌經）婆羅門行經長者兄弟詣佛經（亦云長者昔與師逝多兄弟二人詣佛所經薄拘羅等三經出中阿含）

五戰鬪人經 世間強盜布施經 梵天
詣婆羅門講堂經 郁伽居士見佛
聞法醒悟經 亦云作伽陀居士佛為說法得悟經 水喻
經 五戰鬪等三經並出增一阿含 佛為婆羅門說四
法經 佛為事火婆羅門說悟道經
佛為婆羅門說耕田經 或无田字 佛為憍
慢婆羅門說偈經 佛為頻頭婆羅
門說像類經 佛為阿支羅迦葉說自
他作苦經 目連見衆生身毛如箭經
阿那律思惟目連神力經 无畏離車
白阿難經 商人脫賊難經 世間言美
色經 純陀沙弥經 或作沙門或無彌字 商人子作
佛事經 婆羅門通達經 論外道出家
經 婆羅門服白經 精勤四念處經 婆
羅門虛偽經 佛為調馬聚落主說法
經 一切行不恒安住經 婆羅門問世
尊將来有幾佛經 婆羅門問佛布施
得福經 豆遮婆羅門論議出家經 佛
化火與 或作大與 婆羅門出家經 浮水譬喻
經 一名恒水流澍經或作流澍 四吒婆羅門出家得道
經 過去彈琴人經 婆羅門解知衆術
經 獨富長者經 亦云僞付長者財物无付經 亦云長者命終无子付囑經
佛為年少婆羅門說知善不善經 佛為

開元釋教錄第一卷 第二十二張 莊

郁拘羅長者說根熟經 或无根熟三字 禪思滿足
經 或四法等三十二經並出雜阿含 禪秘要經 出治禪病秘要法 前
世諍女經 子命過經 迦旃延无常經
審裸形子經 一名佛覆裸形子經 黨喻經 前世諍等五經
並出生經 鏡面王經 出義足經 三毒經 數息事
經 上二小乘雜抄 七老婆羅門請為弟子經
孤母喪一子經 斫毒樹復生經 求離
牢獄經 良時難遇經 昔有二人相愛
敬經 慈仁不殺經 摩耶祇女人謗佛
生身入地獄經 寂勝長者受呪願經
亦直云受呪願經 佛神力救長者子經 佛度
旃陁羅兒出家經 承事勝已經 調
達生身入地獄經 多倒見衆生經 長
者夜輸得非常觀經 亦直云得非常觀經 七老婆羅門等一十
五經並出譬經 人受身入陰經 人身四百四
病經 五陰成敗經 地獄罪人衆苦經
人病醫不能治經 人受身等五經並出佛行道地經 阿練
若習禪法經 出坐禪三昧經 蓮華女經 出法句譬
喻經 迦葉詰阿難經 亦名迦葉責阿難雙度羅漢喻經 金色
女經 迦葉詰阿難等二經出雜譬喻

右八光經等八十五部八十五卷
長房等錄皆云安高所出今
按隋開皇仁壽二本衆經錄

開元釋教錄第一卷 第二十三張 一

及新括出別生抄經等此等
並從諸經別生或非安高所
出不合足為翻譯之數今為
實錄故揔刪之

道行經一卷 光和二年十月八日出見經後記朱士行漢錄僧祐錄等並云道行品者般若抄也外國高明者所撰安為之序并注

般舟三昧經二卷 光和二年十月八日出見經後記高僧傳等二經同時登其故出日同也舊錄云大般舟三昧經或一卷第二出與大集賢護經等同本

右二部三卷其本並闕

沙門竺佛朔經後記云竺佛朔
印度人也識性明敏博綜多能
以霊帝光和之初賫道行等經
来適洛陽轉梵為漢譯人時滯
雖有失旨然棄文存質深得經
意月支沙門支讖傳語河南孟
福字元士張蓮字少安筆受並
見經後記

法鏡經二卷 安公云出方等部初出與寶積郁伽長者會等同本或一卷沙門嚴佛調筆受康僧會注見僧祐錄

阿含口解十二因緣經一卷 亦云斷十二因緣經亦直云阿含口解舊錄云安侯口解凡有四名同是一本內典中安高安玄俱出口解者誤也

右二部三卷其本並在

優婆塞安玄安息國人也志性

開元釋教錄第一卷 第二十四張

貞白深閑理致秉持法戒毫氂弗虧博誦群經多所通習漢靈帝時遊賈雒陽有功号騎都尉性虛靜温恭常以法事為已務漸練漢言志宣經典常與沙門講論道義世所謂都尉者也玄以光和四年辛酉與沙門嚴佛調共出法鏡等經玄口譯梵文佛調筆受理得音正盡經微言郢匠之美見述後代祐云法鏡佛調出者據其共譯以説又稱阿含口解世高譯者此乃姓同相濫也 舊録既名安侯口解計亦合是世高出也

成具光明定意經一卷 或云成具光明三昧經或直云成具光明經第二出見朱士行支敏度僧祐等三録及高僧傳

阿那律八念經一卷 或直云八念經一名禪行斂意經舊録云禪行檢意出中阿含經第十八卷異譯見舊録

馬有三相經一卷 亦云善馬有三相經出雜阿含經第三十三卷異譯房云見吳録

馬有八態譬人經一卷 亦直云馬有八態經一名馬有八弊惡態經出雜阿含經第三十三卷異譯房云見吳録

小道地經一卷 房云見吳録 已前見存已後闕

闘城十二因緣經一卷 第二出與世高譯十二因緣經等同本房云見吳録

大摩耶經一卷 或無大字或二卷初出與摩訶摩耶經同本 房云見吳録

頼吒和羅經一卷 出中阿含經第三十一卷異譯或云見吳録安公云出方等部或云羅漢說也

小本起經二卷 或云修行本起或云宿行本起直加小字耳初出與瑞應本起經等同本見舊録及高僧傳

墮落優婆塞經一卷 或云優波塞房云見吳録

右一十部一十一卷 小道地上五部五卷見在闘城下五部六卷闕本

沙門支曜西域人博達群典妙解幽微以靈帝中平二年乙丑於洛陽譯成具光明等經十部長房等録又有首至問佛十四事經 或無佛字 余親見其本乃是經抄已編別生録内此刪不載

問地獄事經一卷 見朱士行漢録及高僧傳

右一部一卷本闕

沙門康巨 或作巨字未詳孰是 西域人心存遊化志在弘宣以靈帝中平四年丁卯於洛陽譯問地獄經言直理詣不加潤餙

濡首菩薩无上清淨分衛經二卷 一名決了諸法如幻化三昧經初出與大般若那伽室利分等同本或一卷見長房録

慧上菩薩問大善權經二卷 初出與寶積大乘方便會等同本或无菩薩字或一卷見長房録

古維摩詰經二卷 初出見古録及朱士行漢録與僧祐无垢稱經等同本

思意經一卷 亦云益意經初出見長房録

菩薩内習六波羅蜜經一卷 安公云出方等部或云內六波羅蜜經亦云內外者見長房録

右五部八卷 前四部七卷本闕後一部一卷見在

沙門嚴佛調 亦云浮調據僧祐録及高僧傳合是沙門長房等録云清信士者非也 臨淮郡人綺年頴悟敏而好學信慧自然遂出家修道通譯經典見重於時調以靈帝中平五年戊辰於洛陽譯濡首菩薩等經五部世稱安侯都尉佛調三人傳譯号為難継安公稱佛調出經省而不繁全本巧妙焉 又長房等録更有迦葉詰阿難經亦云佛調所譯余親見其本乃是諸經之抄有數條事隨衆經録云出雜譬喻安世高譯承遠録内並有此經録家誤也既是別生抄經不合為翻譯正數又有沙弥十慧經云佛調自撰并注序既非聖言又闕其本今並刪之

舍利弗摩目揵連遊四衢經一卷 出增一阿含第四十一卷異譯見別録

興起行經二卷 亦名嚴誡宿緣經見吳録見題云出雜藏

梵網經二卷 初出見吳錄或云三卷
四諦經一卷 興平元年出第二譯出中阿含第七卷異譯與世高出者小異見竺道祖漢錄中
太子本起瑞應經二卷 亦云瑞應本起經第二出與過現因果經等同本房云見三藏記然祐三藏記中孟詳出中本起非瑞應本起也
報福經一卷 或云福報見吳錄
右六部九卷 與起行經上二部三卷見在梵網經下四部六卷闕本
沙門康孟詳其先康居國人有慧學之譽以獻帝興平元年甲戌至建安四年己卯於洛陽譯遊四衢等經六部安公云孟詳所翻弈弈流便足騰玄趣也
修行本起經二卷 見始興錄第三出與瑞應本起經等同本一名宿行本起
右一部二卷其本見在
沙門竺大力西域人情好遠遊無憚艱險以獻帝建安二年丁丑三月於洛陽譯修行本起經其經梵本亦是曇果與康孟詳於迦維羅衛國賫來康孟詳度語
中本起經二卷 或云太子中本起經見始興錄經初題云出長阿含
右一部二卷其本見在
沙門曇果西域人學該內外解通真俗於迦維羅衛國賫經梵本屆于洛陽以獻帝建安十二年丁亥譯中本起經康孟詳度語內典錄中以曇果與孟詳共出遂與孟詳太子本起瑞應合為一本者非也二經全異不可合之祐云中本起康孟詳出者據其共譯故耳

大方便佛報恩經七卷
摩訶衍寶嚴經一卷 一名大迦葉品第二出與寶積普明菩薩會等同本中云晉言今編入寶積今且依舊祐云摩訶乘寶嚴經
後出阿弥陀佛偈經一卷 或無經字第二出
未曾有經一卷 初出與唐譯甚希有經等同本
作佛形像經一卷 一名優塡王作佛形像經一名作像因緣經與造立形像福報經同本
安宅神呪經一卷 亦云安宅呪經祐云安宅呪
受十善戒經一卷
苦陰經一卷 出中阿含經第二十五卷異譯
魔嬈亂經一卷 一名弊魔試目連經一名魔王入目連蘭腹經出中阿含經第三十卷異譯
沙弥尼戒經一卷 或無經字
優波離問佛經一卷 或云優波離律
分別功德論四卷 或云分別功德經或三卷或五卷
禪要呵欲經一卷 題云禪要經呵欲品

內身觀章句經一卷 或無句字
雜譬喻經二卷 一名菩薩度人經
六菩薩名經一卷 房入藏云六菩薩名亦當誦持已上存已下闕
般舟三昧念佛章經一卷 是行品別翻第四出
阿弥陀佛偈一卷 初出
梵本經四卷 舊云胡本新改為梵似長安中出
泥洹後千歲變經四卷 一名千歲變經祐云泥洹後千歲中變記一卷
諸經佛名二卷 今疑是不思議功德經
三千佛名經一卷
稱揚百七十佛名經一卷 亦直名百七十佛名今疑出稱揚功德經
南方佛名經一卷 舊云一名治城寺經者非也此乃題寺為記非是經之別名
滅罪得福佛名經一卷
觀世音所說行法經一卷 是呪經
薩陁波崘菩薩求深般若圖像經一卷
受持佛名不墮惡道經一卷
五龍呪毒經一卷
取血氣神呪經一卷 舊錄云血呪
呪賊呪法經一卷 房云異出本祐直云呪賊
七佛安宅神呪經一卷
菩薩受戒法經一卷 祐錄無經字房直與出本
受菩薩戒次第十法一卷
菩薩懺悔法一卷
初發意菩薩常晝夜六時行五事經一卷

頂生王因緣經一卷（舊録云頂生王經）
長者賢首經一卷
梵志喪女經一卷
䘚狗齧王經一卷（舊録云䘚狗經）
勤苦泥犁經一卷　地獄經一卷
十一因緣章經一卷（舊録云十一因緣經或作十二）
沙門爲十二頭陀經一卷
僧名數事行經一卷
比丘諸禁律經一卷
摩訶僧祇律比丘要集一卷（一名摩訶僧祇部比丘隨用要集法）
沙弥十戒經一卷（舊録云沙弥戒）
比丘尼十戒經一卷
賢者五戒經一卷
優婆塞威儀經一卷
庾伽三磨斯經一卷（譯言修行略一名達磨多羅禪法或云達磨多羅菩薩撰禪經要集）
梵音偈本一卷（舊云胡音）
讃七佛偈一卷　怛惒尼百句一卷
五言詠頌本起一卷　一百四十二首
道行品諸經梵音解一卷（舊云胡音）
法句譬喻經一卷（舊録云九十七事或无喻字　上五十九部並是僧祐失譯録）
右五十九部七十六卷（准房録本敘合有七十七卷共分别功德論録云五卷今有一卷故七十六菩薩名上一十六部二十六卷是）

開元釋教録第一卷　第二十一張　　

右叙舟下四十三部五十卷闕本
長房等録漢後失譯惣有一百二十五部一百四十八卷今以餘六十六部七十一卷子細讎挍非是失源具述委由列之如左
佛遺日摩尼寶經（漢支讖譯）菩薩生地經惟日雜難經（已上二經吳支謙譯）金剛三昧本性清淨不壞不滅經（亦云金剛清淨經長房等録云吳代支謙譯漢後失譯録中復載今詳此經非是漢代失源復非支讖所出似是姚秦以來什公等譯今且爲失源編於秦録）舊雜譬喻經二卷（吳代康僧會譯）十方佛名經三十二相因緣經（已上二經西晉竺法護譯）菩薩修行經（一名長者威施所問菩薩修行經或云長者修行經已曾三譯一存二闕備顯録中）
迦葉赴佛泹洹經（一名佛般泹洹時迦葉赴佛經）鐵城泥犁經（一名中阿含泥犁經）寂志果經三十七品經（抄諸經撰在别生録）七佛所結麻油述呪幻師陂陀神呪呪齲齒呪（一名呪齒）呪牙痛呪（一名呪齒）呪眼痛呪（迦葉赴下十經東晉竺曇无蘭譯）千佛因緣經海八德經（已上二經法上録云姚秦羅什譯）菩薩所生地經摩訶剎頭經（已上二經乞伏秦聖堅譯）寂調意所問經（一名如來所說清淨調伏經合作音字意者誤也）轉女身菩薩經（一名寶瓔珞莊嚴方便經一名瓔珞莊嚴女經已）

開元釋教録第一卷　第二十二張　　

（上二經宋代法海譯）沙弥威儀經（或无經字宋求那跋摩譯）四天王經（宋智嚴譯）鹽王五使者經（一名五天使經）譬喻經（已上二經宋慧簡譯）八部佛名經（元魏瞿曇般若流支譯）觀無量壽佛經（此經已曾兩譯一存一闕備顯録中）般若波羅蜜神呪經（出大品經）功德莊嚴王八萬四千歲請佛經（出大集經）大方廣如來性起微密藏經二卷（亦直云如來性起經是華嚴經如來性起品）合道神足經四卷（一名道神足无極變化經即道神足經之異名二本无別）持齋經（齋經別名）過去香蓮花佛世界經（出華嚴經）善德婆羅門求舍利經人弘法經（已上二經出大雲經）五十三佛名經（出藥王藥上經）弥勒爲女身經一切施王所行檀波羅蜜經（亦直云行檀波羅蜜經亦名薩和檀王經）摩調王經小兒聞法即解經（已上四經出六度集）淨除業障經（抄淨業障經）十住毗婆沙經（抄十住論）七寶經（出增一阿含經）質多長者請比丘經外道誘質多長者經佛見牧牛者請比丘示導經長者命終无子付囑經（稱富長者經異名質多等四經出雜阿含）積骨經（出七處三觀經）誨子經（出生經）梵志觀無常得解脫經（出義足經）梵志避死經貧子得財發狂經无容梵志

開元釋教録第一卷　第二十三張　　

執志經善唄比丘經（梵志避孝一經出出曜經）福
子經居士物故為婦鼻中虫經
須河辟經教子經（一名須達教子經亦云須達訓子經）福
（子等四經出雜譬喻）龍種尊國變化經觀世
樓炭經（古有三品）清淨法行經（已上三經先在）
偽錄華嚴瓔珞經般若得經（已上二經僧法）
（巳爾出本在偽錄）賢刧千佛名經一卷（祐云唯有
佛名典墨无蘭所出四諸經千佛名異出賢刧經中異譯）
右佛遺日下六十六部七十
二卷或翻譯有憑或別生疑
偽今既尋知所據故非漢代
失源同舊重編恐成繁雜今
並刪也長房錄云已上一百二
十五部一百四十八卷並是僧
祐律師出三藏記撰古舊二錄
及安錄失源并新集所得失譯
諸經卷部甚廣雖校群目無
織者衆出入相交實難詮定
末觀經卷空閱名題有入有
源無入无譯詳其初始非不
有由既涉遠年故附此末冀
後博識脫覩本流希還正取
以為有據瀅澄法海使靜波濤

焉今尋長房此言未可依據妄
求同異如前所述
已下新附此錄
拔陂菩薩經一卷（或為拔波安錄古跋陂菩薩經安公云出方等部）
（是般舟經初四品異譯第五出）
栴檀樹經一卷　阿鳩留經一卷
菩薩道地經一卷　安公云出方等部
魔王入目揵蘭腹經一卷（亦名弊魔試目連經舊錄云魔王入目連腹中經出中阿含第三十卷即後十紙之異）
佛有五百比丘經一卷
凡人有三事愚癡不足經一卷
佛誡諸比丘（言我以天眼視天下人生死好醜苦者早者經一卷）
安公云上三經出中阿含
自見自知為能盡結經一卷
有四求經一卷　佛本行經一卷
河中大聚沫經一卷（或云水沫所漂經或云聚沫譬經舊錄云出雜阿含今以安錄先集雜含後譯是別譯本非從彼出）
便賢者坑經一卷（坑字或作塪）
所非汝所經一卷
兩比丘得割經一卷
道德舍利日經一卷
舍利日在王舍國經一卷
獨居思惟自念止經一卷

問所明種經一卷
欲從本相有經一卷（或云欲從本經）
獨坐思惟意中生念經一卷
佛說如是有諸比丘經一卷
比丘所求色經一卷
道有比丘經一卷
色為非常念經一卷
（從自見自知下本有二十二經安公云是阿含一卷於中五經已偽缺今但有十七載雜含今中）
色比丘念本起經一卷
善惡意經一卷　比丘一法相經一卷
有二力本經一卷　有三力經一卷
有四力經一卷　人有五力經一卷
不聞者類相聚經一卷（舊錄云類相聚經與相應相可經同本）
天上釋為故世在人中經一卷（或作心上誤也）
瓜頭土經一卷
身為无有反復經一卷
師子畜生王經一卷
阿須倫子婆羅門經一卷
婆羅門子名不侵經一卷
生聞婆羅門經一卷（舊錄云生聞梵志經）
有傑竭經一卷
署杜乘婆羅門經一卷
佛在拘薩國經一卷

佛在優墮國經一卷 經作優墮
是時自梵守經一卷
有三方便經一卷 舊録云三方便經法經録云出七處三觀
婆羅門不信重經一卷
佛告舍日經一卷
四意止經一卷 舊録云四意止本行經法録云出中阿含
説人自説人骨不知腐經一卷 色比丘念下二十五經安公云並出雜阿含今尋藏中單卷雜阿含內並有此經多是後人合之成卷
雜阿含三十章經一卷 法經録云出雜阿含畢本
五十五法誡經一卷 或云五十五法行
一切義要一卷　説善惡道經一卷
愛欲聲經一卷 一本云愛欲一聲經
摩訶遮曷旋經一卷
天王下作猪經一卷
始造浴佛時經一卷
十二賢者經一卷
佛併父弟調達經一卷 五十五法下安公云上十經出阿毗曇今但有九一本入僞譯中即魔王入目連腹經是
憂墮羅迦葉經一卷
四部本文經一卷 安公云上二經出長阿含一本云出阿毗曇
讓德經一卷　有賢者法經一卷
摩訶厭弥難問經一卷 或云大厭弥經
大本藏經一卷

開元釋教録第一卷　第三十七張　莊

説阿難持戒經一卷
阿難問何因緣持 識見世間貪亦現道貪經一卷
給孤獨四姓家問應受施經一卷
曉所諍不解經者經一卷 今疑上經字錯
奇異道家難問住憂經一卷
奇異道家難問法本經一卷
賢者手力經一卷　八法行經一卷
憂多羅經一卷 或作夏字
旃檀調佛經一卷　惡人經一卷
難提和難經一卷 或云難提和羅經
四姓長者難經一卷 舊録云四姓長者經
折佛經一卷
道地經中要語章一卷 或云小道地經今疑支曜出者是
數練意章一卷 舊録云數練經安公云上二經出生經祐按今生經無此章名

右八十二部八十二卷 初拔陂等三經見在餘者闕 並是僧祐録中集安公古典經既云古典明是遠代今者編於漢末以為失源安公本録古典惣有九十二經今以餘之十經檢尋群録或標譯主或是別生彼中既載故此除之

開元釋教録第一卷　第三十八張　莊

通前舊失譯經五十九部七十六卷惣一百四十一部一百五十八卷並為漢代失源云

魏曹氏都洛陽

自文帝黄初元年庚子至元帝咸熙二年乙酉凡經五帝四十六年沙門五人所出經戒羯磨惣一十二部合一十八卷 於中四部五卷見在八部一十三卷闕本

沙門曇柯迦羅　一部　一卷戒
沙門康僧鎧　三部　四卷經羯磨
沙門曇无諦　一部　一卷羯磨
沙門白延　五部　七卷經
沙門安法賢　二部　五卷經

僧祇戒本一卷 初出見道祖魏世録

右一部一卷本闕

沙門曇柯迦羅魏云法時中印度人家世大富常修梵福迦羅幼而才悟質像過人讀書一覽皆文義通暢善學四韋陀論風雲星宿圖識運變莫不該綜自言天下文理畢已心腹至年二十五入一僧坊看遇見法勝毗

開元釋教録第一卷　第三十九張　莊

曇聊取覽之茫然不解慇懃重省更增惛漠乃歎曰吾積學多年浪志墳典遊刃經籍義不再思文无重覽今覩佛書頓出情外當理致鈎深別有精要於是賫牒入房請一比丘略為解釋遂深悟因果妙達三世始知佛教宏曠俗書所不能及乃棄捨世榮出家精苦誦大小乘經及諸部毗尼常貴遊化不樂專守以文帝黃初三年壬寅來至洛陽于時魏境雖有佛法而道風訛替亦有衆僧未禀歸戒止以剃落為殊俗耳設復齋懺事同祠祀迦羅既至大行佛法諸僧請出毗尼迦羅以律藏曲制文言繁廣佛教未昌必不承用遂以齊王芳嘉平二年庚午於洛陽白馬寺出僧祇戒心且備朝夕於是更集梵僧立羯磨受戒東夏戒律始自乎此迦羅後不知所終

郁伽長者所問經一卷（或二卷第三譯一名郁伽羅越問菩薩）

開元釋教錄第一卷　第四十張　笙

（薩行經嘉平四年出見竺道祖魏錄今編入寶積即第十九會是）

无量壽經二卷（第四譯見竺道祖晉世雜錄及寶唱錄與世高出者小異又與寶積无量壽會等同本）

四分雜羯磨一卷（題云曇无德律部雜羯磨以結戒場為首新附）

右三部四卷其本並在

沙門康僧鎧印度人也廣學群經義暢幽旨以嘉平四年壬申於洛陽白馬寺譯郁伽長者經等三部高僧傳中云譯四部不具顯名竺道祖魏晉錄僧祐寶唱梁代錄等及長房道宣靖邁三錄並云二部餘二既不顯名按閱未見今更得一部餘欠一經撿亦未獲

曇無德羯磨一卷（題云羯磨一卷出曇无德律以結大界為首見竺道祖魏錄）

右一部一卷其本見在

沙門曇无諦亦云曇諦魏云法實安息國人善學律藏妙達幽微以高貴鄉公正元元年甲戌屆于洛汭於白馬寺譯曇无德羯磨一部

無量清淨平等覺經二卷（第五出與漢世支讖等所出及

開元釋教錄第一卷　第四十一張　笙

寶積无量壽會並本同文異見竺道祖晉世雜錄及僧祐錄）

叉須賴經一卷（一本无叉字祐錄作叉初出見竺道祖及僧祐錄）

菩薩修行經一卷（一名長者威施所問菩薩修行經一名長者修行經第二出見始興寶唱二錄）

除災患經一卷（見僧祐錄初出與除恐災患經同本）

首楞嚴經二卷（第五出與漢世支讖等所出本同文異見竺道祖晉世雜錄及僧祐錄）

右五部七卷其本並闕

沙門白延西域人也才明蓋世深解踰倫以高貴鄉公甘露三年戊寅遊化洛陽止白馬寺出无量清淨等經五部長房等錄又有平等覺經一卷亦云白延所出今以此經即是无量清淨平等覺經但名有廣略故不復存也

羅摩伽經三卷（見竺道祖寶唱法上靈祐等四錄是華嚴經入法界品少分初出）

大般涅槃經二卷（第二出略大本前數品為此二卷見竺道祖魏錄）

右二部五卷其本並闕

沙門安法賢西域人善業克深慧解尤峻振錫遊邦自遠而至譯羅摩伽等經二部群錄並云魏世不辯何帝之年今依編于末

開元釋教錄第一卷　第四十二張　笙

又別録亦載諸失譯經惣於吴
録後列

開元釋教録卷第一　　恩録之一

乙巳歲高麗國大藏都監奉
勅雕造
開元釋教録第一卷　第四十三張　坐

開元釋教録卷第一
校勘記

一　底本，麗藏本。
一　一頁上一行末字「一」，資、磧、普作「一序」；南作「一序此號七卷」；清作「一并序」。
一　一頁上二行「庚午歲」，資、磧、普、南作「唐庚午歲」；徑、清作「唐」。
一　一頁上五行第六字「駢」，磧、普、南、徑作「胼」。
一　一頁中二〇行「部偶」，諸本（不含石，下同）作「部屬」。
一　一頁中末行夾註左「并附出」，徑、清作「并附」。
一　一頁下一行夾註右「經戒」，徑、清作「經」。又夾註左「前附出」，徑、清作「並附」。
一　一頁下三行夾註左第一〇字及五行夾註左第一三字「集」，徑、清無。
一　一頁下一〇行「二十」，磧作「一十」。
一　一頁下一一行夾註右「此祖」，資、磧、徑作「此粗」。又夾註左末字「内」，諸本無。
一　一頁下一八行夾註左「太小」，資、磧、南、徑作「大小」。
一　二頁上一五行夾註「二十二」，諸本作「二十三」。
一　二頁中三行夾註右「五十一」，諸本作「五十」。
一　二頁中二一行「明日」，諸本作「明旦」。
一　三頁上二一行第二字「佛」，資作「奇」；磧、普、南、徑、清作「倚」。
一　三頁中七作夾註左「會等」，諸本作「會」。
一　三頁中一三行夾註左「普明」，磧作「普門」。
一　三頁中一四行夾註右「般若經」，諸本作「般若」。
一　三頁中一六行夾註右「二卷」，諸本作「一卷」。
一　三頁中一七行夾註左「華嚴經」，磧、徑、清作「華嚴」。
一　三頁下一行夾註左末字「部」，諸本作「經」。
一　三頁下三行夾註右「无識」，徑作「識」。
一　三頁下七行夾註右「大般」，資、磧、普、南、徑作「大」。
一　三頁下一二行首字「孛」，磧作「字」。
一　三頁下一三行夾註左第五字「士」，磧作「十」。
一　四頁上一〇行「氏羌」，資作「互羌」，磧、普、南、徑、清作「氏羌」。
一　四頁上一四行「彼土」，磧作「彼

上」。
一　四頁中四行「揩摸」，諸本作「楷模」。
一　四頁中一三行「爲正」，磧作「爲王」。
一　四頁中一六行「慕魄」，資、磧、普、南、徑作「慕魂」。
一　四頁中一七行夾註左「經等」，諸本作「經」。
一　四頁下一四行夾註左「本相」，諸本作「大相」。
一　四頁下二一行夾註右「阿含」，諸本作「阿含經」。
一　四頁下二二行夾註左第九字「行」，諸本作「行作」。
一　五頁上一行夾註右「二十一」，諸本作「二十三」。
一　五頁上一四行夾註右「或名」，諸本作「或云」。
一　五頁上一五行夾註左「阿難」，徑作「阿」。
一　五頁上一七行夾註右「初出」，徑、清無。
一　五頁上二〇行夾註左「安般」，諸本作「安般經」。
一　五頁上二二行夾註左首字「云」，諸本作「云住」。
一　五頁中五行「阿鋡」，徑、清作「阿鋡」。
一　五頁中八行夾註「一録」，諸本作「二録」。
一　五頁中九行夾註右末字「夭」，資、磧、普作「忕」；徑、清作「懊」。
一　五頁中一二行夾註右「勤報」，磧、普、南、徑、清作「難報」。
一　五頁中一八行夾註左「二卷餘三」，資、磧、普、徑、清作「二卷餘三」；南作「一卷餘二」。
一　五頁中二〇行夾註右「准安」，清作「唯安」。
一　五頁下五行夾註左「十二月」，諸本作「十月」。
一　五頁下一〇行夾註左「伹存」，資、磧、普、徑、清作「且存」；南作「旦存」。
一　五頁下一五行夾註左「寶唱録」，資、磧、普、南、徑作「寶唱」。
一　五頁下二一行夾註右第三字「云」，諸本作「云出」。
一　六頁上二行諸本無。
一　六頁上九行夾註右「祐録」，諸本無。
一　六頁上末行夾註至頁中一行夾註右第三字「方等要慧下」，諸本作「阿毗曇五法上」。
一　六頁中八行「其變」，諸本作「其要」。
一　六頁中末行第七字「徵」，諸本作「幽徵」。
一　七頁上一行末字「懾」，諸本作「攝」。
一　七頁上二行第八字「舩」，諸本作「舫」。
一　七頁中二〇行末字「析」，徑作「析」。
一　七頁下三行「詭蹇」，磧、普、南、徑、清作「詭謇」。
一　七頁下一三行夾註右「僞疑」，諸

本作「爲疑」。

一　八頁上一三行「經論」，資、磧、普、南、徑、清作「經論經」。

一　八頁上一九行夾註左「大興」，諸本作「大興」。又正文「浮水」，資、普、南、徑作「浮木」。

一　八頁上二二行夾註右第四字「付」，諸本作「富」。

一　八頁中一〇行第六字「經」，徑無。

一　八頁中一九行夾註右「亦名」，磧、普、南、徑、清作「亦云」。

一　八頁中末行「二本」，諸本作「二年」。

一　八頁下八行夾註右「啓夾」，資、磧、普、南、徑、清作「啓衷」。又「出日同」，資作「日同出」。

一　八頁下二〇行夾註右「十一」，諸本作「十二」。

一　九頁上二一行夾註末字「闕」，諸本作「闕本」。

一　九頁下一〇行「三人」，諸本作「二人」。

一　九頁下一四行末字「隨」，資、磧、南、徑作「隋」。

一　九頁下二一行第四字「摩」，諸本作「摩訶」。

一　九頁下末行夾註左第二字「見」，諸本無。

一　一〇頁上三行夾註左末字「中」，諸本無。

一　一〇頁上一二行「弈弈」，資作「奕」。又第七字「是」，諸本作「足」。

一　一〇頁上一三行夾註左「本起經」，諸本作「舊本起經」。

一　一〇頁上一八行第五字「亦」，諸本作「並」。

一　一〇頁中九行夾註左末字「等」，諸本無。

一　一〇頁中一五行夾註右「呪經」，諸本作「呪法」。

一　一〇頁中一八行夾註左「目連」，諸本作「目揵」。

一　一〇頁中二二行夾註左「或五卷」，資、磧、普、南、徑作「五卷」。

一　一〇頁中末行第三字「呵」，徑作「阿」。

一　一〇頁下三行第五字「經」，諸本無。一二行第七字、一八行第五字、末行第一四字及次頁上八行第六字、九行第六字同。

一　一〇頁下三行夾註「已上存已下闕」，磧、南作「已上見存已下闕本」；普、徑、清作「已上見在已下闕本」。

一　一一頁上四行第七字「卷」，徑無。

一　一一頁上六行夾註左「或作」，諸本作「或云」。

一　一一頁上末行夾註左「七十六」，諸本作「七十六云」。

一　一一頁中一行「漢後」，諸本作「後漢」。

一　一一頁中九行夾註右「長房等録」，諸本作「長房録」。

一　一一頁中一八行夾註右「虫齒」，諸本作「蟲齒」。

一　一一頁下二行「鹽王」，徑、清作

「閻王」。

一 一一頁下四行正文第六字「經」，徑無。

一 一一頁下一〇行夾註左「別名」，諸本作「別生」。

一 一一頁下一六行夾註「抄淨業障經」，諸本作「抄淨業部經」。

一 一一頁下一九行「請比丘」，諸本無。

一 一一頁下二二行「解脫經」，徑作「脫經」。

一 一二頁上一行夾註右第三字「避」，徑、清作「避死」。

一 一二頁上四行夾註左「雜譬喻」，諸本作「雜譬喻經」。

一 一二頁上五行夾註左「三品」，南作「二品」。

一 一二頁上七行至八行夾註「賢劫……異譯」，資、磧、南、徑、清置於一〇頁下五行與六行之間。

一 一二頁上八行夾註左「異出」，資作「典出」。

一 一二頁上九行至一〇行「七十二卷」，諸本作「七十一卷」。

一 一二頁上一二行第三字「同」，南、徑、清作「用」。

一 一二頁中五行夾註「初四品」，南、徑、清作「第四品」。

一 一二頁中六行「阿鳩留」，磧作「鳩留」。

一 一二頁中八行夾註右「亦名」，諸本作「亦云」。

一 一二頁中一二行「佛誡」，諸本作「佛語」。

一 一二頁中一七行夾註右「雜含」，資、磧、普、南、徑、清作「雜阿含」。下八行夾註左南、徑、清同。

一 一二頁下一八行「婆羅門」，諸本作「披羅門」。下至次頁上四行同。

一 一三頁上六行夾註左「經法」，資、磧、普、南、徑作「法經」。

一 一三頁上二〇行夾註右「安公」，諸本作「安」。

一 一四頁中二行夾註右「竺道」，諸本作「竺道祖」。

一 一四頁下二行「一卷」，諸本作「一本」。

一 一四頁下一六行夾註右「靈祐」，諸本作「靈裕」。

一 一五頁上三行「恩録之一」，資、磧、普、南、徑無。

開元釋教録卷第二　　笙

庚午歲西崇福寺沙門智昇撰

揔括群經録上之二

吴孫氏前都武昌後都建業

從孫權諡大祖文皇帝黄武元年壬寅至孫晧諡末帝天紀四年庚子凢經四主五十九年緇素五人所出經等并及失譯揔一百八十九部四百一十七卷於中六十一部九十二卷見在一百二十八部三百二十五卷闕本

吴

沙門維衹難　二部　六卷　經集

沙門竺律炎　四部　六卷　經集

優婆塞支謙　八十八部　一百十八卷　經律集

沙門康僧會　七部　二十卷　經集

沙門支彊梁接　一部　六卷　經

魏吴兩代諸失譯經　八十七部　二百六十一卷

阿差末菩薩經四卷　初出與西晉法護阿差末及无盡意經等同本見吴別二録

法句經二卷　初出亦云法句集尊者法救撰與律炎文謙共出見僧祐録吴録云共卷未詳

右二部六卷　法句經二卷見在　阿差末四卷闕本

沙門維衹難吴云障㝵本印度人世奉異道以火祠為上時有天竺沙門習學小乘多行道術經遠行逼暮欲寄難家宿難家既奉異道猜忌釋子乃處之門外露地而宿沙門夜密加呪術令難家所事之火欻然變滅於是舉家共出啓請沙門入室供養沙門還以呪術變火令生難既覩沙門神力勝已即於佛法大生信樂乃捨本所事出家為道依此沙門以為和上受學三藏妙善四含遊化諸國莫不皆奉與同伴竺律炎發自西域因到江左以孫權黄武三年甲辰於武昌郡共竺律炎出阿差末等經二部而衹難及炎既未善方音翻梵之際頗有不盡志存義本辭近朴質

摩登伽經三卷　見法上録與支謙共出與舍頭諫經等同本或二卷第四譯

三摩竭經一卷　初出見寶唱録與分惒檀王經同本異出一名須摩提女經一名惒檀王經一名難國王經

佛醫經一卷　與支越共出非是全典從大經略出或云佛醫王經見寶唱録

梵志經一卷 見始興錄

右四部六卷 前三部五卷見在後一部一卷闕本

沙門竺律炎印度人也解行清羸內外博通與維祇難同遊吳境維祇卒後以孫權黃龍二年庚戌於楊都譯摩登伽等經四部其名羣錄不同或云將炎或云持炎或云律炎未詳孰是故備列之

大明度无極經四卷 第二出或六卷亦直云大明度經與道行小品等同本見竺道祖魏吳錄及僧祐等錄

阿弥陁經二卷 內題云佛說諸佛阿弥陁三耶三佛薩樓佛檀過度人道經第三出亦名无量壽見竺道祖僧祐二錄與世高等譯小異

菩薩本業經一卷 亦直名本業經亦名淨行品經是華嚴淨行品異譯見僧祐錄長房錄中本業之外別載淨行品者誤也

維摩詰經二卷 維摩詰說不思議法門之稱一名佛法普入道門三昧經第二出或三卷見竺道祖僧祐二錄與漢佛調等譯少異

慧印三昧經一卷 亦直云慧印經一名寶田慧印三昧經初出與如來智印經同本見道祖僧祐二錄

九色鹿經一卷 出六度集異譯見法上錄

老女人經一卷 安公云出阿毗曇吳錄直云老女經或云老母經初出見僧祐錄

犢子經一卷 見法上錄初出與乳光佛經等同本

開元釋教錄第二卷 第三張 笙

貝多樹下思惟十二因緣經一卷 見長房錄第三出與唐譯緣起聖道經等同本

了本生死經一卷 安公云出生經祐按五卷生經元此名見僧祐錄與稻芉經同本異出謝自注并製序安公序云漢末出謝注

龍施女經一卷 初出與龍施菩薩本起經同本祐大別錄所載安錄无

八吉祥神呪經一卷 初出或无神字或云八吉祥經與八陽神呪經等同本房云見古錄

无量門微密持經一卷 亦直云微密持經一名成道降魔得一切智經初出與出生无量門持經等同本見僧叡二秦錄及僧祐錄

華積陁羅尼神呪經一卷 見寶唱錄或无神字與華聚陁羅尼等同本

持句神呪經一卷 初出見長房錄與陁隣尼鉢經等同本亦云出陁羅尼句

私訶昧經一卷 第二出或云私訶末一名菩薩道樹經亦名道樹三昧見道安支敏度僧祐等三錄祐云此經即是菩薩道樹

菩薩生地經一卷 一名差摩竭經初出見竺道祖吳錄及僧祐錄

孛經一卷 亦云孛抄經祐云今孛經一卷即是第二出見僧祐錄及別錄

月明菩薩經一卷 或加三昧字一名月明童子經一名月明童男經見僧祐錄

三品弟子經一卷 一名弟子學有三輩經見長房錄

法律三昧經一卷 亦直云法律經第二出見長房錄

梵志阿颰經一卷 一名阿颰摩納經安錄直云阿拔經亦名佛開解梵志阿颰經出長阿含第十三卷異譯見長房錄

開元釋教錄第二卷 第四張 笙

梵網六十二見經一卷 一名梵網經房云見別錄出長阿含第十四卷異譯

七知經一卷 或作七智見長房錄出中阿含第一卷異譯

釋摩男本經一卷 祐錄无本字一名五陰因事經安錄云出中阿含第二十五異譯見竺道祖吳錄及僧祐錄

諸法本經一卷 出中阿含第二十八異譯見長房錄

弊魔試目連經一卷 一名魔嬈亂房云見舊錄出中阿含第三十卷異譯

賴吒和羅經一卷 或云羅漢賴吒和羅經與後漢支曜出者少異出中阿含第三十一異譯祐云別錄所載安錄中无

梵摩渝經一卷 或作渝字見道祖僧祐二錄出中阿含第四十一異譯

齋經一卷 一名持齋經見別錄及僧祐錄出中阿含第五十五異譯

須摩提女經一卷 出增一阿含第二十二異譯見長房錄

不自守意經一卷 或无意字或云自守亦不自守經出雜阿含第十一卷異譯見長房錄

五母子經一卷 見長房錄初出與沙彌羅經同本

太子瑞本起經二卷 黃武年譯第四出亦云太子本起瑞應亦直云瑞應本起與孟詳出者小異[illegible]河東王恆詳定見始興僧祐二錄

龍王兄弟經一卷 一名難龍王經或无王字一名降龍王經初出見長房錄

長者音悅經一卷 一云長者音悅不蘭迦葉經亦直云音悅

開元釋教錄第二卷 第五張 笙

七女經一卷 或云七女本經安公出阿含亦見吳録初出見僧祐録
八師經一卷 見竺道祖吳録及僧祐録初出
湃沙王五願經一卷 或作萍字一名弗沙迦王經見長房録初出安公云出中阿含撿无
義足經二卷 見竺道祖吳録及僧祐寶唱二録初出有一十六經
須摩提長者經一卷 一名會諸佛前亦名如來所說示現衆生見長房録
阿難四事經一卷 見僧祐録及别録
未生怨經一卷 見長房録
四願經一卷 見竺道祖吳録及僧祐録
里氏梵志經一卷 房云見别録
猘狗經一卷 見長房録
孫多耶致經一卷 或云梵志孫多耶致經見長房録
戒銷災經一卷 亦云戒銷伏災經見舊録安公云出中阿含撿无
撰集百緣經十卷 見内典録
菩薩本緣經三卷 亦云菩薩本緣集經或二卷或四卷天竺沙門僧伽斯那撰見長房録
惟日雜難經一卷 見長房録上見在巳下闕
摩訶般若波羅蜜呪經一卷 或无摩訶字見寶唱録
法鏡經二卷 第一卷第二出祐云見别録安録中无又長房等録更有郁伽長者經二卷亦云論譯即是此經不合重載

阿闍世王女阿術達菩薩經一卷 初出見長房録
阿差末菩薩經四卷 見吳録第二出與維摩詰所譯大本同文異
小阿差末經二卷 見别録及僧祐録既加小字與前經應非同本
大般泥洹經二卷 第三出此略大本序分哀歎品爲二卷後二紙小異耳見竺道祖吳録安公云出長阿含與此異
佛以三車喚經一卷 見長房録云出法華應出第二卷譬喻品
不莊校女經一卷 初出見寶唱録
須賴經一卷 或云須賴菩薩經第三出與白延等出者同本見竺道祖吳録及僧祐録
菩薩修行經一卷 初出見寶唱録
演道俗業經一卷 初出見舊録或无業字
方等首楞嚴經二卷 黄武年譯第二出與後漢支讖等出者同本見竺道祖吳録安録中无祐无方等字云見别録
惟明二十偈經一卷 初出或无經字見僧祐録
法滅盡經一卷 或云法沒盡或云空寂菩薩所問經見長房録
七佛神呪經一卷 一本无經字見長房録
摩訶精進經一卷 亦云大精進經見長房録
十二門大方等經一卷 安録无祐云見别録
佛從上所行三十偈經一卷 或无經字見僧祐録
四十二章經一卷 第二出與摩騰譯者小異文義允正辭句可觀見别録
禪秘要經四卷 或无經字初出見吳别二録
堅意經一卷 或云堅心經第二出見長房録

勸進學道經一卷 一本无勸字初出見長房録
恒水戒經一卷 或无戒字第二出見舊録
七漏經一卷 房云見别録
悔過法經一卷 或无法字一名序十方礼拜悔過文見僧祐録
賢者德經一卷 見僧祐録
梵志結淨經一卷 見長房録
阿賀國王經一卷 見長房録
惟婁王師子潼譬喻經一卷 一本无譬喻字見長房録
監達王經一卷 一云日達功德經亦云日連因緣功德經見吳録
百喻經一卷 見長房録
五陰事經一卷 見長房録
魔化作比丘經一卷 見長房録
優多羅母經一卷 一本无母字見僧祐録
人民求願經一卷 見長房録
修行方便經二卷 亦云修行方便禪經見吳録
法句經二卷 第二出亦云法句集見别録及僧祐録

右八十八部一百一十八卷 惟日雜難經上五十一部六十九卷見在摩訶般若呪下三十七部四十九卷闕本

優婆塞支謙字恭明一名越大月支人也祖父法度以漢靈帝世率國人數百歸化拜率善中郎將越年七歲騎竹馬戲於隣家爲狗所齧脛骨傷碎

隣人欲殺狗取肝傳瘡越曰天生此物為人守吠若不往君舍狗終不見齧此則失在於我不關於狗若殺之得差尚不可為況於我无益而空招大罪且畜生無知豈可理責由是隣人感其言至遂不復殺十歲學漢書十三學婆羅門書並得精妙兼通六國語音初桓靈世支讖譯出法典有支亮字紀明資學於讖讖又受業於亮博覽經籍莫不明練世間藝術多所綜習其為人細長黑瘦眼多白而睛黄時人為之語曰支郎眼中黄形體雖細是智囊其本奉大法精練經旨獻帝之末漢室大乱與鄉人數十共奔於吳初發日唯有一被有一客隨之大寒无被越呼客共眠夜將半客奪其被而去明旦同侶問被所在越曰昨夜為客所奪同侶咸曰何不相

告荅曰我若告發卿等必以劫罪罪之豈宜以一被而殺一人乎遠近聞者莫不歎服後吳主孫權聞其博學有才慧即召見之因問經中深隱之義越應機釋難無疑不折權大悅拜為博士使輔導東宮甚加寵秩越以大教雖行而經多梵文莫有解者既善華戎之語乃收集衆本譯為吳言從權黄武二年癸卯至亮建興二年癸酉三十餘載譯大明度等經八十八部曲得聖義辭旨文雅又依无量壽中本起經製讃菩薩連句梵唄三契注了本生死經皆行於世後太子登位遂隱於穹隘山不交世務從竺法蘭道人更練五戒凡所遊從皆沙門而已後卒於山中春秋六十吳主孫亮與衆僧書曰支恭明不救所疾其業履沖素始終可高為之惻愴不能已已

其為時所惜如此兼所出經部卷多少諸說不定其僧祐三藏記唯載三十六部祐録譙傳云出二十七經慧皎高僧傳乃有四十九經長房録中便載一百二十九部今以房録所載多是別生或異名重載今隨次刪之如後所述

鹿子經（與西晉竺法護所出鹿母經文同）

出家功德經（今有兩本一是秦譯附於秦録一從[illegible]）

申日經（移出今附別生錄中　亦與法護所出日光童子經同）

金剛清淨經（亦云金剛三昧本性清淨不壞不滅經後漢失譯錄中復載詳文非是支謙所出今移附秦錄）

大慈無減經

寶女問三十二相經

魔女聞佛說法得男身經（大莊）

（无減等三經並出大集經）

寶海寂志成就大悲經（出悲華經）

普廣菩薩經（即別行灌頂經是出灌頂經）

摩調王經（出六度經）

佛為訶利曠野鬼說法經（或云訶利出中阿含）

枯樹經（或上加大字）

鷹鷂獵經

鷄鳥事經 枯樹等經亦出增一阿含
色无常經　諸漏盡經 或无漏字
雪山無獼猴經 或作獼猴或无无字
無母子經　不淨觀經
三種良馬經　四種良馬經
壽命促經　河中草龜
國王成就五法久存於世經
佛為外道須深說離欲經 亦不
常等十一經並出雜阿含
是我所經　梵志經 上二經並出生經
𤚲貪王經 出義足經
外道仙尼說度經
度梵志經 上二經小乘抄
瞎鱉經　梵志問佛世間增減經
三魚失水經　甘露道經
降千梵志經　梵志子死稽敗經
護口意經　梵志問佛師經
法施勝經　水上泡經 瞎鱉等十經並出出曜經
修行慈經 出修行道地經
度脫狗子經 出雜譬喻
右大慈無減經等三十八部
三十八卷長房等錄並云謙
譯今按隨代二本衆經錄及

新括出別生抄經等此等並
從諸經抄出不合足為翻譯
之數今存實錄故並刪之

六度集經八卷 或九卷或云六度无極度經或云度无極集或云雜无極經見竺道祖吳錄及僧祐錄
舊雜譬喻經二卷 內典有舊字房錄中无亦云雜譬喻集經或无集字見高僧傳及長房錄
吳品經五卷 祐錄无經字大凡有十品第三出房云即是小品般若見僧祐錄
菩薩淨行經二卷 是大集寶髻品異譯或直云淨律經亦烏年出見竺道祖吳錄
權方便經一卷 與順權方便經等同本初出見吳錄及別記
二百五十法經一卷 或二卷以此替大僧二百五十戒亦略者是見高僧傳及長房錄
坐禪經一卷 見長房錄

右七部二十卷 六度等二部十卷見在吳品等五部十卷闕本
沙門康僧會其先康居國人
世居印度其父因商賈移于
交阯會年十餘歲二親並亡
以至性奉孝服畢出家厲行
甚峻為人弘雅有識量篤志
好學明解三藏博覽六經天
文圖緯多所綜涉辯於樞機

善屬文翰時孫權稱制江左
而佛教未行先有優婆塞支
謙宣譯經典既初染大法風
化未全僧會欲使道振江左
興立圖寺乃杖錫東遊以吳
赤烏十年初達建業營立茅
茨設像行道時吳國以初見
沙門覩形未及其道疑為矯
異有司奏曰有胡人入境自稱
沙門容服非恒事應檢察權
曰吾聞漢明夢神号稱為佛
彼之所事豈有遺風耶即召
會詰問有何靈驗會曰如來
遷迹忽逾千載遺骨舍利神
曜无方昔阿育王起塔乃八
万四千夫塔寺之興所以表遺
化也權以為誇誕乃謂會曰若
能得舍利當為造塔如其虛妄
國有常刑會請期七日乃謂其
屬曰法之興廢在此一舉今不
至誠後將何及乃共潔齋靜室
以銅甁加持燒香礼請七日期
畢寂然无應求申二七亦復

開元釋教錄第二卷

如之權日此寔欺誑將欲加罪更請三七權又特聽會謂法屬日宣尼有言文王既沒文不在茲乎法雲應降而吾等无感何假王憲當以誓死爲期耳三七日暮猶无所見莫不震懼既入五更忽聞瓶中鎗然有聲會自往視果獲舍利明旦呈權舉朝集觀五色光炎照曜瓶上權自手執瓶寫于銅盤舍利所衝盤即破碎權肅然驚起日希有之瑞也會進而言曰舍利威神豈直光相而已乃劫燒之火不能焚金剛之杵不能碎權命令試之會更誓曰法雲方被蒼生仰澤願更垂神迹以廣示威靈乃置舍利於鐵砧上使力者擊之於是砧碓俱陷舍利无損權大嗟服即爲建塔以始有佛寺故号建初寺因名其地爲佛陁里由是江左大法遂興至孫皓即政法令苛虐廢弃淫祀乃

開元釋教錄第二卷 第十六張 牲字号

及佛寺並欲毀壞皓曰此由何而興若其義教真正與聖典相應者當存奉其道如其无實皆悉焚之諸臣僉曰佛之威力不同餘神康會感瑞大皇創寺今若輕毀恐貽後悔皓遣張昱詣寺詰會昱雅有才辯難問從横會應機騁詞文理鋒出自旦至夕昱不能屈既退會送于門時寺側有淫祀者昱曰玄化既孚此輩何故近而不革會曰震雷破山聾者不聞非音之細苟在理通則万里懸應如其阻塞則肝膽楚越昱還歎會才明非臣所測願天鑒察之皓大集朝賢以馬車迎會會就坐皓問曰佛教所明善惡報應何者是耶會對曰夫明主以孝慈訓世則赤烏翔而老人見仁德育物則醴泉涌而嘉禾生善既有瑞惡亦如之故爲惡於隱鬼得而殺之爲惡於

開元釋教錄第二卷 第十五張 星字号

顯人得而誅之易稱積善餘慶詩詠求福不回雖儒典之格言即佛教之明訓皓曰若然則周孔已明何用佛教會曰周孔所言略示近迹至於釋教則備極幽微故行惡則有地獄長苦修善則有天宮永樂舉茲以明勸助不亦大哉皓當時无以折其言皓雖聞正法而昏暴之性不勝其虐後使宿衛兵入後宮治園於地得一金像高數尺呈皓皓使著不淨處至四月八日以穢汁灌之共諸群臣笑以爲樂俄尔之間舉身大腫陰處尤痛叫呼徹天太史占言犯大神所爲即祈祀諸廟而苦痛弥劇婇女先有奉法者因問訊云陛下就佛圖中求福不皓舉頭問曰佛神大耶婇女云佛爲大聖天神所尊皓爲心悟其語意故婇女即迎像置殿上香湯洗數十過燒香懺悔皓叩頭于

枕自陳罪狀有頃痛閒遣使至寺問訊諸道人請會說法會即隨入皓具問罪福之由會為敷析詞甚精要皓先有才解欣然大悅因求看沙門戒會以戒文秘禁不可輕宣乃取本業百二十五願分為二百五十事行住坐卧皆願衆生皓見慈願廣普益增善意即就會受五戒旬日疾瘳乃於會所住更加修飾号為天子寺宣示宗室莫不必奉會在吳朝亟說正法以皓性兇麁不及妙義唯敘報應近事以開其心至吳天紀四年四月皓降晉九月會遘疾而終是歲晉武太康元年也至晉成咸和中蘇峻作乱焚會所建塔司空何充復更修造平西將軍趙誘世不奉法傲蔑三寶入此寺謂諸道人曰久聞此塔屢放光明虗誕不經所未能信若必自覩所不論耳言竟塔

即出五色光照曜堂刹誘肅然毛竪由此信敬於寺東更立小塔遠由大聖神感近亦康會之力故圖寫厥像傳之于今孫綽為之賛曰會公蕭瑟寔惟令質心无近累情有餘逸屬此幽夜振彼尤黜超然遠詣早矣高出會以權太元元年辛未於所創建初寺譯六度等經七部並妙得經體文義允正又傳泥洹唄聲清靡哀亮一代模式又長房等録更有阿難念弥經鏡面王經察微王經梵皇王經上之四經雖云會譯然並出六度集中不合為正譯之數今載別生録中復有法鏡經注解二卷道樹經注解一卷安般經注解一卷已上三經會兼製序三經會雖注解本非僧會所翻故亦不為會譯之數兼前七部今並刪之

法華三昧經六卷（一本有正字初出與法護正法華同本見竺道祖魏録亦見世興録）

右一部六卷本闕

沙門支彊梁接吳云正无畏西域人以孫亮五鳳二年乙亥於交州譯法華三昧經沙門竺道馨筆受長房内典二録編於曹魏之代今依交州及始興地割入吳録

不思議功德諸佛所護念經二卷（出衆經目録云不思議功德或直云功德經）

七佛父母姓字經一卷（舊録云七佛姓字經出增一阿含第四十五異譯）

雜阿含經一卷（見舊録出雜阿含中異譯）

阿毗曇甘露味論二卷（或无論字亦云甘露味阿毗曇或云甘露味經尊者瞿沙造）

上見存巳下闕

蜀普曜經八卷（似是蜀土所出第一譯）

長者子懊惱經一卷（見舊録第二出）

无端底持經一卷（舊録云无端底總持經第二出）

蜀首楞嚴經二卷（見舊録似蜀土所出第三譯）

後出首楞嚴經二卷（見舊録云古十偈第四譯）

阿惟越致轉經一十八卷（見舊録）

摩訶乘經十四卷（或云摩訶衍）

摩訶衍優波提舍經五卷（祐云摩訶乘）

三昧王經五卷　梵王請問經五卷

佛從兜率降中陰經四卷　出王宗錄

四天王經四卷　疑四部四本

摩王請問經四卷

釋提桓因所問經三卷

大梵天王請轉法輪經三卷

法華光瑞菩薩現壽經三卷　今疑抄正法華

普賢菩薩荅難二千經王卷

梵天王請佛千首經二卷　又大梵天王經一卷似此

菩薩常行經一卷　見舊錄

熒火六度經一卷　舊錄有明度經一卷云一名熒火明度經

內禪波羅蜜經一卷　見舊錄

六波羅蜜經一卷　見舊錄

大摠持神呪經一卷　見舊錄亦云摠持呪經

阿惟越致菩薩戒經一卷　舊錄无菩薩字

雜數經二十卷　見舊錄

郁先辟喻經四卷　見舊錄

太子試藝本起經二卷

深斷連經二卷

摩訶目揵連與佛捔能經一卷　見舊錄

阿難得道經一卷　見舊錄

阿難般泥洹經一卷　見舊錄

阿那律念復生經一卷　見舊錄

沙門分衛見怪異經一卷　見舊錄

弟子本行經一卷　見舊錄高僧傳云白法祖譯

為壽盡天子說法經一卷　舊錄云命盡天子經

魔試佛經一卷　見舊錄

阿須倫問八事經一卷　舊錄云阿須倫所問八事經

摩竭王經一卷　舊錄云摩竭國王經

薩波達王經一卷　見舊錄祐錄云昔和達王經

年少王經一卷　見舊錄

是光太子經一卷　見舊錄

長者難提經一卷　見舊錄

女利行經一卷　見舊錄

四婦因緣經一卷　見舊錄

須多羅經一卷　舊錄云須多羅入胎經

憍迦經一卷　見舊錄晉言堅強既曰晉言合編晉錄或作憍字

盤達龍王經一卷　見舊錄

牛米自供養經一卷　舊錄无養字

行牧食牛經一卷　見舊錄或作放字

墮釋迦牧牛經一卷　見舊錄或作隨字

法嚴經一卷　見舊錄疑即是等入法嚴經

辟四經一卷　見舊錄

止寺中經一卷　見舊錄

安般行道經一卷　見舊錄

解慧微妙經一卷　見舊錄

失道得道經一卷　見舊錄

心情心識經一卷　見舊錄云有注

撿意向正經一卷　見舊錄

道德果證經一卷　見舊錄

父子因緣經一卷　見舊錄

小觀世樓炭經一卷　見舊錄

大四諦經一卷　見舊錄

五方便經一卷　見舊錄

五惟越羅名解說經一卷　見舊錄

五陰經一卷　見舊錄

中五濁世經一卷　見舊錄

大七車經一卷　見舊錄

八正邪經一卷　見舊錄祐云八正邪極

八摠持經一卷　見舊錄

八輩經一卷　見舊錄

大十二因緣經一卷　見舊錄

十八難經一卷　見舊錄

五十二章經一卷　見舊錄別有孝明四十二章經

百八愛經一卷　見舊錄似抄五蓋疑結經

小安般舟三昧經一卷　見舊錄

禪數經一卷　見舊錄

群生偈經一卷　見舊錄

大戒經一卷　見舊錄

開元釋教録第二卷　第二十四張　集字号

衣服制經一卷 見舊録

沙弥離威儀經一卷 見舊録

道本五戒經一卷 見舊録

威儀經一卷 見舊録法經録中无經字

雜譬喩經八十卷 見舊録

已上八十七部僧祐失譯録並載

右八十七部二百六十一卷 不思議等四部六卷見在蜀普曜等八十三部二百五十卷闕本

長房等録魏吳失譯摠有一百一十部一百九十一卷去並是古舊二録失譯諸經今經附此以彰遠年无所依據今以餘二十三部三十卷或翻譯有源或別名異号或大部流出或疑偽非真今並刪除庶免繁雜備述如左

不退轉輪經四卷 祐録失譯中有此中復載故知是重僧祐録云安公涼土異經今在涼録中除之

小本起經二卷 後漢支曜譯

四輩經 或云四輩弟子經亦云四輩學經法上二録云西晉竺法護譯

逮慧三昧經 一名文殊師利問菩薩十事行經單卷月燈經異名

禪行斂意經 亦云禪行檢意經阿那律八念經異名

開元釋教録第二卷　第二十五張　集字号

濡首菩薩經二卷 即濡首菩薩清淨分衛經是此名但略耳

度无極譬經三卷 或四卷出大品經

尸呵過王經 或作尼字

太子法慧經 或作惠字尸呵等二經出六度集經

淫人申踵行經 出義足經

人詐名為道經　貧女聽經

她醫命終經 亦云貧女聽經地醫命終生天經

國王癡夫人經　貴智慧經

初受道經　學經　福經 學福共是一經

八部僧行名經

化辟經 亦云化鬚經人許名等八經並出雜譬

五百婆羅門問有無經 五百梵志經異名

薩和菩經 亦云國王薩和菩經

慧定普遍神通菩薩經 亦云慧定普遍國土神通菩薩經

貧女人經 亦云貧女難陀經

阿利那經 亦云阿秋那三昧經五百婆羅門等五經並在舊雜録

西晉司馬氏都洛陽 亦云北晉

起武帝太始元年乙酉至愍帝建興四年景子凡經四帝五十二年緇素一十二人所出經戒集等及新舊集失譯諸

開元釋教録第二卷　第二十六張　集字号

經揔三百三十部合五百九十卷 於中一百五十六部三百二十一卷見在一百七十四部二百六十九卷闕本

沙門竺法護 一百七十五部三百五十四卷經戒集

沙門彊梁婁至 一部 一卷集

沙門安法欽 五部 一十六卷經集

沙門無羅叉 一部 三十卷經

優婆塞竺叔蘭 二部 五卷經

沙門白法祖 一十六部 一十八卷經

沙門釋法立 四部 一十二卷經集

沙門釋法炬 卌部 五十卷經律

清信士聶承遠 二部 三卷經

清信士聶道真 二十四部 三十六卷經律集

沙門支法度 四部 五卷經

沙門若羅嚴 一部 一卷經

新舊諸失譯經 五十八部 五十九卷 五十五部五十六卷新附 三部三卷舊集

西晉

光讃般若波羅蜜經十五卷 初出或十卷與大般若第二會及放光大品並同本亦云光讃摩訶般若經凡二十七品太康七年十一月二十五日出見道安録及僧祐録

密迹金剛力士經七卷 或五卷或四卷或八卷太康元年十月八日出亦直云密迹經見支敏度並道祖及僧祐三録今編入寶積

菩薩說夢經二卷 見法上録今編入寶積當第四會改名淨居天當第三會

子會法上錄云曇公所出譯文乃非且依上錄為定

寶髻菩薩所問經二卷　一名菩薩淨行經舊錄直云寶髻經是別譯大集寶髻品太康元年七月十四日出見道真僧祐二錄今入寶積當四十七會

普門品經一卷　初出亦云普門經與寶積文殊普門會等同本太康八年正月十一日出見聶道真錄及僧祐錄

胞胎經一卷　舊錄云胞胎受身經太安二年八月一日出與寶積處胎會同本見聶道真錄及僧祐錄

文殊師利佛土嚴淨經二卷　或直云嚴淨佛土經亦云佛土嚴淨經太熙元年譯初出與寶積文殊授記會等同本見竺道祖晉世雜錄及僧祐錄

郁迦羅越問菩薩行經一卷　或云郁伽長者經初大郁伽經或二卷第四出與安玄法鏡及寶積郁伽長者會等同本見道安錄度僧祐三錄

幻士仁賢經一卷　或云仁賢幻士經初出與寶積授幻師跋陀羅記會同本見聶道真錄及僧祐錄

須摩提經一卷　初出亦直云須摩提菩薩經與寶積妙慧童女會等同本見聶道真竺道祖僧祐等三錄

阿闍貰王女阿術達菩薩經一卷　二紙出亦云阿闍貰女經亦云阿述達女經建武元年譯見真錄祐等三錄房二錄別存無憂施經祐錄更載阿闍貰經二俱誤也

離垢施女經一卷　初出太康十年十二月二日出與寶積無垢施會等同本見道真僧祐二錄內典錄內更載無垢施應辯經者誤也故從

真譯如後所顯

如幻三昧經二卷　第一出或三卷或四卷與寶積善住意會等同本見僧祐錄

太子刷護經一卷　初出見法上錄與寶積阿闍世王子會等同本

慧上菩薩問大善權經二卷　第二出或一卷太康六年六月十七日出或云大善權經或云慧上菩薩經或云善權方便經或云善權方便所度無極經見真祐二錄

彌勒菩薩所問本願經一卷　初出太安二年五月十一日譯或無所問二字亦云彌勒本願經一名彌勒菩薩經與寶積彌勒所問會等同本見道真道祖僧祐三錄

阿差末經七卷　亦云晉曰無盡意或一卷或五卷出大集第三譯元康元年十一月一日出或加菩薩字見真祐二錄房二錄直載無盡意經四卷誤也

大哀經八卷　舊錄云如來大哀經元康元年七月七日出八月二十三日訖有二十八品是大集初品別譯或六卷或七卷見竺道祖晉世雜錄及僧祐錄

寶女所問經三卷　太康八年四月二十七日出是大集寶女品異譯或四卷亦直云寶女問慧經亦云寶女三昧經見道祖僧祐二錄

無言童子經二卷　或云無言菩薩經是大集無言品異譯或十卷見聶道真錄及僧祐錄

菩薩十住行道品一卷　是華嚴十住品異譯見隋沙門法經錄祐房二錄直云菩薩十住經此行道品是

漸備一切智德經五卷　一名十住又名大慧光三昧或十卷元康元年十一月二十一日出是華嚴十地品異譯見聶道真及僧祐二錄

等目菩薩所問三昧經二卷　一名普賢菩薩定意經或直云等目菩薩經或三卷是新華嚴十定品異譯舊經無此品見僧祐錄

如來興顯經四卷　一名興顯如幻經元康元年十二月二十五日出是華嚴經如來性起品及十忍品異譯見聶道真及僧祐二錄

度世品經六卷　或云度世經或五卷元康元年四月十三日出是華嚴離世間品異譯見聶道真僧祐二錄

方等般泥洹經二卷　初出與隋譯四童子經同本或無般字或三卷或云大般泥洹經太始五年七月二十三日出見道真僧祐二錄

普曜經八卷　一名方等本起安公云出方等部永嘉二年五月於天水寺出第二譯沙門康殊白法巨筆受見古真祐三錄

正法華經十卷　或云方等正法華或七卷二十七品太康七年八月十日出第三譯清信張仲正聶承遠筆受見真祐二錄

大方等頂王經一卷　初出安公云出方等部亦直云頂王經一名維摩詰子問經亦云善思童子經凡四名見支敏度錄及僧祐錄

佛昇忉利天為母說法經二卷　初出或三卷亦云佛昇忉利天品經與道神足經等同本太始年出見聶道真及僧祐錄

阿惟越致遮經三卷　初出或四卷或云阿惟越致經太康五年十月十四日於燉煌出與不退轉法輪經廣博嚴淨經同本異譯見真祐二錄

等集眾德三昧經三卷　初出安公云出方等集眾德經或直云等集經與集一切福德等同本或二卷見聶道真錄及僧祐錄

持心梵天經四卷　一名莊嚴佛法又名等御諸法凡十七品或六卷初出或加所問二字或直云持心經太康七年三月十日出聶承遠筆受見聶真祐三錄

持人菩薩經四卷　初云持人菩薩所問陰種諸入以了道慧經所出或

三卷與持世經同本出見僧祐録

濟諸方等學經一卷　亦云濟方等學經或无學字初出與大方廣總持經同本見道祖録及僧祐録

文殊師利現寶藏經三卷　初出或无經字與方廣寶篋經等同本太始六年十月出或二卷亦直云寶藏經見僧祐録長房録中别載寶藏經二卷誤之甚也

無極寶三昧經一卷　初出或云无極寶經與寶如來三昧經同本永嘉元年三月三日出見别録及聶道真僧祐二録

普超三昧經三卷　第二出或四卷一名阿闍世王品太康七年十二月二十七日出或无三昧字或上加文殊師利字安録云更出阿闍世王經見祖祐二録

無所希望經一卷　第二出或作悕字一名象步經與象腋經等同本見聶道真録及僧祐録

大淨法門經一卷　題云大淨法門品上金光首女所問溥首童真所開化經初出與大莊嚴法門經等同本建興元年十二月二十六日出見聶道真及僧祐二録

順權方便經二卷　一名轉女身菩薩經或作惟權菩録云順權女經亦云隨權女經第二出或一卷見道真僧祐二録别存隨權女經誤也

太子沐魄經一卷　第三出六度集第四卷異譯或作慕魄見僧祐録

月光童子經一卷　初出一名月明童子經或名申日經與申日兒本經等同本見僧祐録

乳光佛經一卷　第二出亦云乳光經與犢子經等同本與出見僧祐録

無垢賢女經一卷　第二出或名胎藏經與轉女身經等同本見聶道真録祐房二録載胎藏經即此无垢賢女經是

決定總持經一卷　初出或云決總持經與謗佛經同本見僧祐録

如來獨證自誓三昧經一卷　亦云獨證自誓三昧經或云如來自誓三昧經第二出與漢安世高自誓三昧經同本見僧祐録

龍施菩薩本起經一卷　舊録云龍施本經或云龍施女經第二出與龍施女經同本見僧祐録

八陽神呪經一卷　亦直云八陽經第二出與八吉祥呪經等同本見長房録

盂蘭盆經一卷　亦云盂蘭經與報恩奉盆經同本見長房録

四不可得經一卷　第二出見聶道真釋正度僧祐等三録

梵女首意經一卷　初出一名首意女經見僧祐録

寶網經一卷　初出亦云寶網童子經見聶道真僧祐二録

菩薩行五十緣身經一卷　初出舊録云菩薩緣身五十事經亦云五十緣身行經見竺道祖録及僧祐録

須真天子經三卷　初出或二卷或加所問二字亦云問四事經太始二年十一月八日於長安青門外白馬寺出安文惠帛元信等傳承遠等筆受十二月十三日訖見道祖僧祐二録

海龍王經四卷　初出或三卷太康六年七月十日出見聶道真録及僧祐録

諸佛要集經二卷　天竺曰佛陀僧祇提亦直云要集經初出見僧祐録

賢劫經十三卷　題云颰陀劫三昧晉曰賢劫定意經永康元年七月二十一日出或七卷或十卷見道真僧祐二録房等别存颰陀劫三昧經誤也

弘道廣顯三昧經四卷　一名阿耨達龍王所問決諸狐疑清淨品亦名入金剛問定意經凡十二品或二卷永嘉二年三月出見真祐二録内典中别載阿耨達經誤也

心明經一卷　一名心明女梵志婦飯汁施經見僧祐録

滅十方冥經一卷　光熙元年八月十四日出或云十方滅冥經見聶道真録及僧祐録

鹿母經一卷　又别有鹿子經一卷與此全同見僧祐録

魔逆經一卷　太康十年十二月二日於洛陽城西白馬寺出見聶道真録及僧祐録及經後記

德光太子經一卷　或云賴吒和羅所問光德太子經太始六年九月三十日出見竺道祖録及僧祐録

般泥洹後灌臘經一卷　或云般泥洹後四輩灌臘經亦直云灌臘經見長房録

四輩經一卷　或云四輩弟子經亦云四輩學經見法上録

當來變經一卷　或云當來變滅經見道真僧祐二録

過去佛分衛經一卷　舊録云過去世佛分衛經見僧祐録

文殊師利淨律經一卷　初出又直云淨律經太康十年四月八日於白馬寺出先西域寂志誦出經本後尚有數品其人忘但宣其道見祖祐二録

文殊悔過經一卷　初出或加師利字亦云文殊五體悔過經見僧祐録

離睡經一卷　出中阿含第二十卷異譯見長房録

受歲經一卷　出中阿含第二十三卷異譯見長房録

樂想經一卷　出中阿含第二十六卷異譯見長房録

開元釋教錄第二卷　第三十三張　笙字號

尊上經一卷 出中阿含第四十三異譯見長房錄

意經一卷 出中阿含第四十五異譯見長房錄

應法經一卷 亦出中阿含第四十五異譯見長房錄

鴦崛摩經一卷 或作魔字或云指鬘經出增一阿含第三十一異譯見道真僧祐二錄

力士移山經一卷 亦直云移山經見僧祐錄出增一阿含第三十六異譯

四未曾有法經一卷 或無法字亦云四未有經見長房錄亦出增一阿含第三十六異譯

聖法印經一卷 天竺名阿遮曇摩文圖出雜阿含第三卷元康四年十二月五日於酒泉郡出竺法首筆受見道真寶唱僧祐二錄

舍頭諫經一卷 題云舍頭諫太子二十八宿經一名虎耳經與摩登伽經等同本第五出與法護高出者少異見道安錄祐云虎耳意經

所欲致患經一卷 初出太安三年五月譯道真王宗僧祐三錄

瑠璃王經一卷 第二出或作流離王見僧祐錄

生經五卷 初出或四卷太康六年正月十九日出有五十五經見聶道真錄及僧祐錄

分別經一卷 舊云與阿難分別經等同本者也見長房錄

五百弟子自說本起經一卷 太安二年五月譯或云六佛五百弟子自說本起舊錄云五百弟子自說本末經亦云五百弟子本起經見道真僧祐二錄

大迦葉本經一卷 或云迦葉本經見僧祐錄

四自侵經一卷 安公云出阿含曇見僧祐錄

開元釋教錄第二卷　第三十四張　笙字號

身觀經一卷 云出雜阿含亦見長房錄

修行道地經六卷 初卷題云榆遮伽復彌經晉曰修行道地太康五年二月二十三日出或七卷二十七品第二出亦直云修行經見祐唱二錄

法觀經一卷 見長房錄

上見存已下闕

新道行經十卷 亦名小品或七卷祐云更出小品太始八年譯第四出與舊道行等同本房錄更載小品七卷誤也見祐房二錄藏中者非此本先闕

仁王般若經一卷 或二卷三十一紙初出房云見晉世雜錄

無量壽經二卷 一名無量清淨平等覺經永嘉二年正月二十一日出第六譯與漢世高支讖等所出本同文異見竺道祖錄及僧祐錄

菩薩藏經三卷 初出見長房錄

般舟三昧經二卷 安公錄云更出般舟三昧經第五出見僧祐錄

菩薩十地經一卷 亦云大方廣經亦直云十地經初出見僧祐錄

薩芸芬陁利經六卷 太始元年譯見竺道祖晉世雜錄第二出隋錄云薩芸芬者恐誤祐錄中无

維摩詰所說法門經一卷 太安二年四月一日譯第四出見聶道真錄祐錄直云維摩詰經祐錄又有刪維摩詰經祐云意謂先出維摩繁重護刪出偈也

閑居經一卷 與慧華經等同本異譯初出見僧祐錄

更出阿闍世王經二卷 第四出見僧祐錄若准安錄但有更出阿闍世王經无普超三昧房二錄皆載二經既梵本同不合再出

弥勒成佛經一卷 初出一名弥勒當來下生經太安二年出一十七紙

開元釋教錄第二卷　第三十五張　笙字號

十二因緣經一卷 第四出亦云貝多樹下思惟十二因緣經見僧祐錄見聶道真錄及僧祐錄

溫室洗浴衆僧經一卷 第二出亦直云溫室經見聶道真錄僧祐錄

百佛名經一卷 初出祐錄無經字見僧祐錄

光世音大勢至受決經一卷 初出亦直云觀世音受記經見聶道真僧祐二錄

勇伏定經二卷 安公云更出首楞嚴元康元年四月九日出聶承遠筆受第六譯見道真僧祐二錄更載首楞嚴二卷者誤也

無思議光孩童菩薩經一卷 亦云無思議孩童經亦名無思議光經舊錄直云孩童經初出見僧祐錄

超日明三昧經二卷 太始七年正月譯初出或三卷或直云超日明經見聶道真錄及僧祐錄

照明三昧經一卷 初出見僧祐錄

惟明二十偈經一卷 或無經字第二出與吳代支謙出者本同見長房錄

法沒盡經一卷 或云空寂菩薩所問經第二出與支謙出者同本或云法滅盡經見僧祐錄

諸神呪經三卷 見僧祐錄

文殊師利菩薩經一卷 見長房錄

小郁伽經一卷 與大郁伽經不同見僧祐錄或作迦字

諸方佛名功德經一卷 祐無功德字見僧祐長房二錄

十方佛名經一卷 祐無經字見僧祐長房二錄

開元釋教錄第二卷　第三十六張　笙字号

慈仁問八十種好經一卷 或直云八十種好經見道安錄及長房錄

三十二相因緣經一卷 或云菩薩三十二相經見道安錄及長房錄

嚴淨定經一卷 一名序世經見僧祐錄

寶施女經一卷 一名須摩提法律三昧見僧祐錄及道真錄

金益長者子經一卷 見僧祐錄

離垢蓋經一卷 見僧祐錄

慧明經一卷 見僧祐錄

衆祐經一卷 見僧祐錄

三轉日明經一卷 祐錄云月明見僧祐錄

十等藏經一卷 見僧祐錄

決道俗經一卷 見僧祐錄

殖衆德本經一卷 見僧祐錄

小法没盡經一卷 見僧祐錄

猛施經一卷 舊錄云猛施道地經見僧祐錄

目連上淨居天經一卷 一名无天字房云舊本行集經見僧祐錄

菩薩齋法經一卷 或无經字或无法字一名菩薩正齋經一名賢首菩薩齋法經初名持齋經一出見僧祐長房二錄別載菩薩齋經

舍利弗悔過經一卷 第二出亦直云悔過經見僧祐錄

佛悔過經一卷 見僧祐錄

大六向拜經一卷 舊錄无大字太安元年譯或云尸迦羅越六向拜經出長阿含第十一異譯見支敏度僧祐寶唱三錄

開元釋教錄第二卷　第三十七張　笙字号

六十二見經一卷 亦云梵网六十二見經見竺道祖僧祐二錄出長阿含第十四異譯

樓炭經六卷 或五卷或八卷初出是長阿含第四分記世經異譯見聶道真錄及僧祐錄安公云出方等部者不然也

普法義經一卷 亦云普義經第二出與漢代世高出者大同小異見聶道真及僧祐錄

舍利弗目連遊諸國經一卷 或云舍利弗摩目揵連遊諸四衢經出增一阿含第四十一異譯見僧祐錄

柰女耆域經一卷 或云柰女經太安年譯第二出見聶道真錄及僧祐錄

七女本經一卷 或云七女經太安年譯第二出見聶道真錄及僧祐錄

五蓋疑結失行經一卷 永寧二年四月十二日出第一譯安公云不似護公出見聶道真錄及僧祐錄

佛為菩薩五夢經一卷 太安二年五月譯第二出一名佛五夢經一名太子五夢經一名仙人五夢經見舊錄及道真僧祐二錄

摩目揵連本經一卷 一名有訶字无揵字見僧祐錄

五福施經一卷 見僧祐錄

觀行不移四事經一卷 見僧祐錄

四婦喻經一卷 見僧祐錄

廬夷亘經一卷 見僧祐錄

盧羅王經一卷 見僧祐錄

檀若經一卷 見僧祐錄

龍施經一卷 今疑是龍施菩薩本起經見僧祐錄

開元釋教錄第二卷　第三十八張　笙字号

給孤獨明德經一卷 舊錄給孤獨氏經見僧祐錄

龍王兄弟陀達誠王經一卷 見僧祐錄

勸化王經一卷 見僧祐錄

鴈王經一卷 見僧祐錄

鴈王五百鴈俱經一卷 見僧祐錄

解无常經一卷 見僧祐錄

戒俞經一卷 見僧祐錄

降龍經一卷 見長房錄

邪法經一卷 見長房錄

犯罪經一卷 見長房錄

苦應經一卷 見長房錄

三品悔行經一卷 亦云三品悔過經安公云近代人合大修行經見僧祐長房二錄別存三品悔過經誤也

夫郍羅經一卷 見長房錄

賈客經二卷 見僧祐錄

沙門果證經一卷 見僧祐錄今疑與寂志果經同本

貧女為國王夫人經一卷 見長房錄

誡王經一卷 見僧祐錄

識具經一卷 見僧祐錄

誡羅云經一卷 見僧祐錄

比丘尼戒一卷 祐云比丘尼戒經出十誦律與曇摩持所出少異初出見僧祐錄

迦葉結集傳經一卷 或无傳字舊錄云迦葉結經或云結集戒

經抽云迦葉集結經等二出見道真僧祐二錄

耆闍崛山解一卷　見僧祐錄

譬喻三百五十首經二十五卷　祐云辟喻三百首經見僧祐錄房云見別錄

右一百七十五部三百五十四卷　法護經上九十一部二百八卷見在新道行經下八十四部一百四十六卷闕本

沙門竺曇摩羅察晉言法護其先月氏國人本姓支氏世居燉煌郡年八歲出家事外國沙門竺高座為師遂稱竺姓秦晉已前沙門多隨師稱姓後因弥天道安遂總稱釋氏誦經日萬言過目則能而天性純懿操行精苦篤志好學万里尋師是以博覽六經遊心七籍雖世務毀譽未嘗介抱是時晉武之世寺廟圖像雖崇京邑而方等深經蘊在葱外護乃慨然發憤志弘大道遂隨師至西域歷遊諸國外國異言三十六種書亦如之護皆遍學貫綜詁訓音義字體无不備曉遂大齎梵經還歸東夏自燉煌至長安後到洛陽及往江左沿路傳譯

寫為晉文起武帝太始二年景戌至愍帝建興元年癸酉出光讚般若等經一百七十五部清信士聶承遠及子道真竺法首陳士倫孫伯虎虞世雅等皆共承護旨執筆詳挍而護孜孜所務唯以弘通為業終身寫譯勞不告倦經法所以廣流東夏者護之力也末隱居深山山有清澗恒取澡漱後有採薪者穢其水側俄頃而燥護乃俳佪歎曰人之無德遂使清泉輟流水若永竭真无以自給正當移去耳言訖而泉流滿澗其幽誠所感皆此類也故支遁為之像贊云護公澄寂道德淵美微吟窮谷枯泉漱水邈矣護公天挺弘懿濯足流沙領拔玄致後立寺於長安青門外精勤行道於是德化遐布聲蓋四遠僧徒數千咸共宗事及晉惠西幸長安關中蕭條百姓流移護與門徒避地東下至澠池遘疾而卒春秋七

十有八　護於懷愍之世仍更出經傳士惠帝西幸長安護與避亂東出澠池本者考未然也護世居燉煌而化道周洽時人咸謂燉煌菩薩也眾錄或云月支菩薩亦云天竺菩薩者斯皆重其德稱矣其号也然法護者此土翻名曇摩羅刹西方梵語而與僧祐錄及隋法經錄內之為二人云各別出經小非詳審也今詳檢群錄護所出經多少不定長房錄中其數眾令細尋括多是別生重疊有非護公所出不可足為正譯之數今為實錄故翻之如後所述

師子月佛本生經　或无本字房等錄云護公譯詳文乃非今為失譯編於秦錄

法社經　世注為疑曾見其本是人所造今編疑錄

寶女問慧經

梵王變身經　上二經出大集

四自在神通經　出白在王經

金剛藏菩薩行經　出漸備經

光世音經　出正法華經

寶日光明菩薩經　亦云寶日光明菩薩問蓮華國相貌經出悲華經

普首童真經　或作濡字出普超經

隨藍本經　馬王經

弥勒為女身經

摩調王經　隋藍等四經並出六度集

菩薩悔過法經　或无經字出龍樹十住論

人從所來經　亦云人所從來出人本欲生經

貧窮經　何苦經　貧窮等二並出中阿

七寶經（出增一阿含經）　醫王經

忞鞞棃天子詣佛說偈經

四種人經（醫王等三經並出雜阿含）　惒持經（或云佛心惣持）

閑居經　　蜜具經

腹使經

雜讃經（閑居等五經並出生經）

女人慾熾荒迷經　　多聞經

寤意經（已上三經並出出曜經）

寶女下二十七經並是別生抄經從大部出今並刪之衆經目録一卷（護公自撰非梵本翻叙目録中列此不復存也）

十二遊經一卷（初出）

右一部一卷本闕

沙門彊梁婁至晉言真喜西域人志情曠放弘化在懐以武帝太康二年辛丑於廣州譯十二遊經一部見始興録及寶唱録

道神足无極變化經四卷（第二出一名合道神足經或三卷與安法欽所出佛昇忉利天爲母說法經同本異譯見竺道祖録）

阿育王傳七卷（或加大字亦云大阿育王經或五卷初出與梁譯育王經同本光熙年譯見竺道祖録）

文殊師利現寶藏經二卷（初出亦云宗現寶藏經或三卷與寶篋經等同本太安年譯見竺道祖録）

阿闍貰王經二卷（太康年譯見竺道祖録第三出與支讖阿闍世王經等同本）

阿難目佉經一卷（第三出與微密持經等同本見竺道祖録）

右五部一十六卷（前五部十一卷見在後三部五卷闕本）

沙門安法欽安息國人學瞻衆經幽監无滯以武帝太康二年辛丑訖惠帝光熙元年景寅於洛陽譯道神足等經五部

放光般若波羅蜜經三十卷（第二出與支讖大品經同本或二十卷亦云放光摩訶般若經或云摩訶般若放光經元康元年出見出經後記）

右一部三十卷其本見在

沙門无羅叉（經後記云无叉羅）于闐國人以惠帝元康元年辛亥五月十五日於陳留倉恒（經記作垣）水南寺譯放光經一部至十二月二十四日訖河南居士竺叔蘭口傳祝太玄周玄明筆受其經梵本元是穎川沙門朱士衡甞於洛陽講道行經至於深義往往不通每歎此經大乘之要而譯理不盡誓志精身發心尋取遂以曹魏甘露五年庚辰發迹雍州西度流沙至于闐國寫得正梵文九

十章六十萬餘言以晉太康三年壬寅遣弟子弗如檀（晉言法饒）等十人送還洛陽未發之間于闐小乘學衆遂以白王云漢地沙門欲以婆羅門書惑乱正典王爲地主若不禁之將斷大法聾盲漢地王之咎也王即不聽齎經士衡憤慨乃求燒經爲證王欲試驗乃積薪殿庭以火燒之士衡臨階而誓曰若大法應流漢地者經當不燒若其无應命也如何言已投經不損一字皮牒如故更覺光鮮大衆駭服稱其神感遂送達到洛陽住三年復至許昌二年後至陳留水南寺衆請无羅叉等譯出而竺道祖僧祐王宗寶唱李廓法上靈裕等諸録並云朱士衡出者此蓋據其元尋之人推功歸之耳今據後記支敏度録諸雜目等乃是无叉羅竺叔蘭等共譯其朱士衡停在于闐年八十而卒依西方闍維法薪盡火滅屍

開元釋教錄卷二　第五張　董字号

散猶全衆咸驚異乃呪曰若真
得道法當毀壞應聲碎散遂斂
骨起塔焉既在于闐終亡其經
定非其譯也

毘摩羅詰經三卷 拾古毘摩羅詰經或作思字或二卷元康六年譯第三出與佛調支讖等所出本同文異見道祖僧祐二錄

首楞嚴經二卷 元康七年出第七譯與支讖支亮白延法護等所出本同文異見寶唱道慧錄及僧祐錄

右二部五卷其本並闕

優婆塞竺叔蘭 今准僧祐錄中朱士行傳竺叔蘭傳放光經後記支敏度合首楞嚴記皆云叔蘭是白衣居士長房内典等錄云是沙門者誤也

本天竺人祖父婁陁篤志好學
清簡有節操時國王無道百姓
思乱有賊自將兵得罪懼誅以
其國豪呼與共反婁陁怒曰君
出於微賤而任居要職不能以
德報恩而反為逆謀乎我寧守
忠而死不反而生也反者懼謀泄
即殺之而作乱婁陁子達摩尸
羅 晉言法首 先在他國其婦兄二人
並為沙門聞父被害國内大乱即
與二沙門奔晉居于河南生叔蘭

元釋教錄卷二　第六張　董字号

叔蘭幼而聰辯從二舅諮受經法
一聞而悟善梵晉語及書亦兼諸
文史然性頗輕躁遊獵无度嘗
單騎逐鹿值虎墮馬折其右髀
久之乃差後馳騁不已母數呵
諫終不改為之疏食乃止性嗜
酒飲至五六升方暢嘗大醉臥
於路傍仍入河南郡門喚呼吏
錄送河南獄時河南尹樂廣與
賓客共酣已醉謂蘭曰君僑客
何以學人飲酒叔蘭曰杜康釀
酒天下共飲何有僑舊廣又曰
飲酒可尔何以狂乱乎荅曰民
雖狂而不乱猶府君雖醉而不
狂廣大呼時坐客曰外國人那得
面白叔蘭曰河南人面黑尚不
疑僕面白復何怪耶於是賓主
歎其機辯遂釋之頃之無疾暴
亡三日還蘇自說入一朱門金銀
為堂見一人自云是其祖父謂
叔蘭曰吾脩善累年今受此報
汝罪人何得來耶時守門人以
杖駈之入竹林中見其獵伴為

開元釋教錄卷二　第七張　董字号

鷹犬所啄齧流血號叫求救於
叔蘭叔蘭走避數十步值牛頭
人欲叙之叔蘭曰我累世佛弟
子常供二沙門何罪見治牛頭
人荅此雖受福不関獵罪俄而
見其兩舅來語牛頭曰我等二
人恒受其供悪少善多可得相
免遂隨道人歸既而還蘇於是
改節修慈專志經法以晉惠帝
元康元年與无羅叉出放光經
後於洛陽自出異毘摩詰等經
二部既學兼梵晉故譯義精允
後遭母艱三月便欲葬有隣人
告曰今歲月不便可待來年叔
蘭曰夫生者必有一死死者不
復再生人神異塗理之然也若
使亡母棲靈有地則烏鳥之心
畢矣若待來年恐逃走无地何
暇奉營乎遂即葬畢明年石勒
果作乱殺賊縱横因避地奔荆
州後无疾忽告知識曰吾將死矣
數日便卒識者以為知命

菩薩逝經一卷 第三出亦云菩薩逝經或直云逝經與長者子制經

等同本見長房録

菩薩修行經一卷 第三出亦云威施長者問觀身行經亦云長者修行經見長房録

佛般泥洹經二卷 出長阿含是初出與遊行經異譯亦直云泥洹經見長房録

大愛道般泥洹經一卷 出增一阿含第五十卷異譯

賢者五福經一卷 見長房録

上見在已下闕

嚴淨佛土經二卷 第二出亦云淨土經與文殊佛土嚴淨經等同本見長房録

𠁊伽羅越問菩薩經一卷 第五出與安玄所出法鏡經等同本見長房録

等集三昧經一卷 第二出見長房録

无量破魔陀羅尼經一卷 第四出與般若持經等同本異譯

大方等如來藏經一卷 第二出見長房録

惟逮菩薩經一卷 見高僧傳及僧祐録

檀特陀羅尼經一卷 見長房録

如來興顯經一卷 見長房録

善權經一卷 見長房録

海龍王經一卷 見長房録

持心梵志經一卷 見長房録

右一十六部一十八卷 賢者五福上五部六卷見在嚴淨佛土下十一部十二卷闕本

沙門白遠字法祖本姓萬氏河内人父威達以儒雅知名州府辟命皆不行祖少發道心啓父出家詞理切至父不能奪遂改服從道祖才思儁徹敏朗絶倫誦經日八九千言研味方等妙入幽微世俗墳索多所該貫乃於長安造築精舍以講習為業白黒宗稟幾且千人晉惠之末太宰河閒王顒鎮關中虚心敬重待以師友之敬每至閑辰靖夜輒談講道德于時西府初建俊乂甚盛能言之士咸伏其遠達祖既博涉多閑善通梵晉之語於惠帝代譯菩薩逝經等一十六部後忽謂弟子及諸道人云我數日對當至便辭別作素書分布經像及資財訖時張輔為秦州刺史祖與俱往明晨詣輔共語忽忤輔意遂為所害時人以為知宿命矣後少時有人姓李名通死而更蘇云見祖法師在閻羅王處為王講首楞嚴經

大講竟應往忉利天又見祭酒王浮及道士基公次被杻械求祖懺悔昔祖平素之日與浮每爭邪正浮屢屈既瞋不自忍乃作老子化胡經以誣謗佛法殃有所歸故死方思悔耳又長房等録更有七經亦云祖出今以並是別生故刪不立謗佛閒四

童子經

調伏王子道心經 已上二經並出大集

五百王子作淨土願經 或作幼童出普超經

二童子見佛說偈供養經 出雜阿含

五百幼童經 亦云幼童子

首達經 亦云惟先首達經上二經並出生經

諸德福田經一卷 初出或云諸德福田經直云福田經與法炬共出見僧祐録

樓炭經六卷 第一出或云大樓炭經出長阿含與第一卷記世經同本異出與法護所出五卷者同本異或五卷或八卷見僧祐録

法句譬喻經四卷 第二出一名法句本末經亦云法句譬經或四卷或云法句喻經見僧祐録

大方等如來藏經一卷 舊録云大方等藏經初出見僧祐録

右四部一十二卷 前三部十一卷見在後一部一卷闕本

沙門釋法立不知何許人也亂

遺弘救悟物爲先於惠帝代共
法炬等於洛陽譯諸德福田
等經四部
優塡王經一卷 與寶積優陀延王會同本初出見長房錄
前世三轉經一卷 初出與銀色女經同本見長房錄
阿闍世王受決經一卷 初出與採蓮違王經同本見長房錄
灌洗佛形像經一卷 初出亦云四月八日灌經亦直云灌經與摩訶剎頭經同本見長房錄
恒水經一卷 亦云恒水戒經出中阿含第九卷異譯見長房錄
頂生王故事經一卷 亦直云頂生王經出中阿含第十一異譯見長房錄
求欲經一卷 出中阿含第二十異譯見長房錄
苦陰因事經一卷 出中阿含第二十五異譯見長房錄
瞻婆比丘經一卷 或作瞻波出中阿含第二十九異譯見長房錄
伏婬經一卷 出中阿含第三十卷異譯見長房錄
數經一卷 出中阿含第三十五卷異譯見長房錄
波斯匿王太后崩塵土坌身經一卷 出增一阿含第十八卷異譯見長房錄又有波斯匿王喪母經即此塵土坌身經長无喪字錄載
頻毗娑羅王詣佛供養經一卷 亦云頻婆 出增一阿含第二十六異譯見房錄
鴦崛髻經一卷 與生經鴦掘摩經大同小異出增一阿含第三十一異譯見長房錄
難提釋經一卷 出雜阿含第三十卷異譯見長房錄

相應相可經一卷 出雜阿含經異譯見長房錄
慘法經一卷 第二出與普法義經等同本見長房錄
法海經一卷 第二出與海八德經同本見長房錄
阿闍世王問五逆經一卷 第二出見長房錄
羅云忍辱經一卷 或直云忍辱經見長房錄
佛爲年少比丘說正事經一卷 見長房錄
沙曷比丘功德經一卷 房云見舊錄
群牛譬經一卷 見長房錄
比丘避女惡名欲自殺經一卷 見長房錄
上見存已下闕
福田經一卷 一名諸德福田經第二出與法立譯者少異見竺道祖晉錄
諸經菩薩名經二卷 見長房錄
正意經一卷 見長房錄錄中無云第二出竺法護者爲初譯本
明帝釋施經一卷 見長房錄
樓炭經八卷 第三出是長阿含第四分記世經異譯 與法護法立所出者大同少異共法立出立以意未爲故續之見竺道祖晉二錄
淨飯王般泥洹經一卷 初出見長房錄
貧窮老公經一卷 初出見法上錄
危脆經一卷 見長房錄
大魚譬喻經一卷 亦直云大魚經房云見舊錄
羅漢迦留陀夷經一卷 或无羅漢字見長房錄
於中華土譬經一卷 亦云爪甲取土經房云見舊錄
衰利經一卷 見長房錄

衆生未然三界經一卷 見長房錄
求欲說法經一卷 見長房錄
羅旬喻經一卷 今疑是別生經中羅旬喻經異名見長房錄
遺教法律經三卷 一名遺教法律三昧經一云遺教三昧經或二卷見長房錄
右四十部五十卷 比丘避女上二十四部二十四卷見在福田經下一十六部二十六卷闕本
沙門釋法炬亦未詳氏族器量
高峙遊化在懷於惠帝代初與
法立同共出經法立沒後炬遂
自譯優塡王等經四十部又長
房等錄更有諸經並云炬出今
以皆是別生之經錄家誤上今並
刪之如後所述
時非時經 亦直云時經准經後記非法炬譯如後所述 魔
女聞佛說法得男身經 出大集經 大
悲比丘本願經 出悲華 往古造行經
舉鉢經 上二經並出普曜二除經 以金貢太山
贖罪經 調達教人爲惡經 上二經並出六度集
佛降鴦崛魔人民歡喜經 鴦
崛魔歸化經 或云竊取 經云出鴦崛魔經 上二
提希子月夜問夫人經 或作天人 出長阿含
福行經 惡道經 名惡意經或作惡意錄誤也一惡道惡意

二名雙載者非也 息恚經　柔軟經　受持經
名稱經　浮弥經 翻行下七經並出中阿含 飛鳥
喻經　積木燒燃經 一本云枯樹經 波斯匿
王詣佛有五威儀經　增一阿含
經 飛鳥喻等四經並出增一阿含 普施經　差摩比
丘喻重病經　佛為比丘說燒頭
喻經　優陁夷坐樹下寐靜調伏
經　佛為比丘說大力經　四大色身
生厭離經　異信異欲經　佛為比
丘說三法經　業喻多少經　佛為
比丘說極深險難處經　佛為諸
比丘說莫思惟世間經 或云莫思惟世間思
惟錄 衆生身穢經　眼色相繫經　比
丘於色猒離經　捨諸世務經　嬰
兒喻經　轉輪聖王七寶現世間
經　向邪違法經　田夫喻經　信人
者生五種過患經　少多制戒經
无始本際經　羅漢遇瓶沙王經
尊者瞿低迦獨一思惟經　人民
疾疫受三歸經　恒水流澍經 或作泝樹
灰河經 一名壍灰河群喻經錄中二名別載誤也 波斯匿
王祖母命終經　鑄金喻經　木杵喻
經　金師精舍尊者病經　群羊喻

經　處中行道經　波斯匿王女命
過詣佛經　比丘問佛多優婆塞
命終經 普施下三十五經並出雜阿含 比丘分衛經
和難經　邪業自活經　比丘荅言
志經　和難釋經　比丘疾病經　無
懼經　毒草喻經　毒喻經　馬喻經
比丘分衛下十經並出生經 辟喻六人經 出寫意經 阿
闍世王問瞋恨從何生經　摩訶
比丘經　調達喻經 阿闍世等三經小乘抄經 摒擅
塗塔經 出百緣經 無常經　比丘求證
人經　阿梵和利比丘無常經　比丘
問佛何故捨世學道經　佛看病
比丘不受長者請經　坐禪比丘
命過生天經　放逸經　深淺學比
丘經　拘提比丘經　波利比丘謗梵
行經　北方世利經　流離王攻釋
子經　信能渡河經　有衆生三世
作惡經　聰明比丘經　說法難值
經　調達問佛顏色經 无常下一十七經並出出曜經 須河喻經 出修行道地經 辟喻
曉食經 出雜辟喻 魔
女下八十九經並從大經抄出
別生録載此中除之
超日明三昧經二卷 第二出或直云超日明經或三卷此經初後先

越難經一卷 一名日難長者經一名難經初出見長房録 出梵文而辭義煩重承遠詳整文偈刪改勝前見高僧傳及僧祐録
右二部三卷其本並在
清信士聶承遠明解有才篤志
務法護公出經多參正文句兼
執筆承旨後於惠帝代自譯
超日明等經二部又長房等録
云承遠更譯迦葉詰阿難經此
乃雜辟喻抄非是別翻又漢世佛
調世高及此承遠三録俱載誤
之甚也
無垢施菩薩分別應辯經一卷 第二出與法護離垢施經等同本亦云分別應辯今編入寶積當第三十三會
諸菩薩求佛本業經一卷 或无諸字是花嚴淨行品有云出雜譬喻者誤也見長房録
異譯見長房録
文殊師利般涅槃經一卷 見長房録
異出菩薩本起經一卷 或无起字見長房録
三曼陁颰陁羅菩薩經一卷 見長房録
菩薩受齋經一卷 第二出見長房録
上見存已下闕
大方廣菩薩十地經一卷 第二出與法護漸備經等同本見長房録

開元釋教錄第二卷　第五十七張　笙字

菩薩十法住經一卷 是花嚴十住品異譯第三出見長房錄
十住經十二卷 是花嚴十地品異譯第二出見長房錄
菩薩緣身五十事經一卷 第二出與五十緣身經大同小異見長房錄
觀世音受記經一卷 第二出見長房錄
諸佛要集經二卷 第二出見長房錄
寂音菩薩願經一卷 見長房錄
菩薩求五眼法經一卷 祐无經字或云王唯文見長房錄
菩薩道行六法經一卷 見長房錄
菩薩初地經一卷 見長房錄
菩薩十道地經一卷 有云是前譯菩薩見長房錄
文殊師利與離意女論議極似維摩經一卷 見長房錄
菩薩雜行法一卷 見長房錄
菩薩所行四法一卷 見長房錄
菩薩宿命經一卷 見長房錄
文殊師利淨律經一卷 第二出與出護譯小異見長房錄
菩薩戒獨受壇文一卷 見長房錄
菩薩懺悔法一卷 云異出本見長房錄
右二十四部三十六卷 菩薩受齋上六部六卷見在大方廣下一十八部三十卷闕本
清信士聶道真即承遠息父子
清悟皆以度語為業從武帝太

開元釋教錄第二卷　第五十八張　笙字号

康初至懷帝永嘉末其間詢稟
諮承法護筆受之外及護歿後
真遂自譯无垢施應辯等經二
十四部誠師護公真當其稱頗
善文句辭義分炳一又長房等
錄更有二十九經亦云道真所
出今以並是別生抄經故刪之
不存也
菩薩奉施詣塔作願念經　師子
步雷音菩薩問發心經　菩薩三
法經 菩薩奉施等三經並出文殊佛土嚴淨經 菩薩布施
懺悔法 出決定毗尼經 自在王菩薩問如
來警戒經 或云菩薩戒身自在經 菩薩導示
行經　菩薩初發心時經　无言菩
薩流通法經　无言菩薩經　菩薩
出要行无㝵法門經　光味菩薩
造七寶梯經 自在王菩薩等八經並出大集 菩薩
如意神通經　菩薩戒自在經 上二
經出自在王經 寂音菩薩問五濁經 或云寂意
轉輪聖王發心求淨土經 上二經出悲華
大雲密藏菩薩問大海三昧經
出大雲經 溥首童真經 出普超經 儒童菩薩
經 或无菩薩字出六度集經 波斯匿王欲伐鴦

開元釋教錄第二卷　第五十九張　笙字号

崛魔羅經 出鴦崛魔羅經 大光明菩薩百
四十八願經　菩薩六法行經　菩薩
本願行品經　菩薩呰行經　菩薩
呵睡眠經　菩薩呵家過經 大光明等六度
祐錄云抄今並為大乘抄經 菩薩戒要義經 出地持經
菩薩五法行經　初發意菩薩行
易行法經 上二經並出十住論 轉輪聖王七
寶具足經 出雜阿含 衆經目錄一卷 道真
自撰非梵本翻傳故錄中列此不復存也 又長房等錄云
優婆塞衛士度於惠帝代出摩
訶般若波羅蜜道行經二卷云
從舊道行中刪改略出 僧祐錄云衆錄
並云道行經二卷衛士度略出 既取舊經刪略即非
梵本別翻今載別生錄中此不
復存也
逝童子經一卷 第四出亦名長者制經亦直云制經亦名菩薩逝經
亦直云逝經五本大同別譯為異另錄耳見寶唱錄
善生子經一卷 初出與祇多蜜竺難提等所出同本出中阿含第三
十三異譯見支敏度並道祖寶唱等二錄
文殊師利現寶藏經二卷 第三出與竺法護所出現寶藏
經等同本見竺道祖錄及寶唱錄
十善十惡經一卷 初出見竺道祖晉錄及寶唱錄
右四部五卷 逝童子等二部二卷見在文殊現寶藏等二

部三卷闕本

沙門支法度未詳何許人於惠帝代永寧元年辛酉譯逝童子經等四部

又僧祐長房等錄於惠帝時沙門支敏度合兩支（支讖支謙）兩竺（竺法護竺叔蘭）四本（房錄更加一白為五本今准祐錄及合經記但四本合成无白延也）首楞嚴為八卷（祐云或為五卷）合一支（支謙）兩竺（竺法護竺叔蘭）三本維摩為五卷既非梵本別翻復闕其本故此錄中刪而不載

時非時經一卷（或直云時經見經後記）

右一部一卷其本見在

沙門若羅嚴外國人也譯時非時經一部經後記云外國法師若羅嚴手執胡本口自宣譯涼州道人釪鎮（或作釪瓚）城中寫記房等皆云法炬譯者謬也既莫知於帝代且附西晉錄中

方等陁羅尼經一卷

寶嚴經一卷　五福德經一卷

右三部三卷（其本並闕）長房等錄西晉失譯總八部一十五卷云吳

別二錄並單注元康年中出不顯譯人詳覽群錄未見指的所以衆別件殊失譯今以餘之五部一十二卷揄尋群錄兼閱經文皆有所憑即非失譯具述由委列之如左

度世品經六卷　阿耨達龍王經二卷（是弘道廣顯三昧經異名已上二錄竺法護譯）　如來秘密藏經二卷（一名大方廣如來性起微密藏經亦直云如來性起經是舊華嚴經如來性起品護譯失譯已有此復重載誤之甚也今附別生錄中）

明相續解脫地波羅蜜經一卷（宋求那跋陁羅譯）　弟子學有三輩經一卷（三品弟子經異名吳支謙譯）

巳後新附此錄

太子和休經一卷（第二出與太子刹護經等同本）

薩曇分陁利經一卷（舊錄云薩芸芬陁利經亦直云分陁利經是法華經寶塔天授二品各少分異譯）

放鉢經一卷（是普曜經鉢品異譯出第一卷異出云出方等部）

菩薩睒經一卷（或云菩薩睒子經亦直云睒經第二出與六度集第二卷異譯）

長壽王經一卷　法常住經一卷

鹹水喻經一卷（舊錄云鹹水譬喻經出中阿含第一卷異譯）

撓調經一卷（出中阿含第一十四卷異譯）

舍衛國王夢見十事經一卷（或直云十夢經皆羸

云舍衛國王十夢經或云波斯匿王十夢經出增一阿含第五十一卷異譯安公云出阿毗曇）

玉耶女經一卷（或云玉耶經初出與阿遬達經等同本）

孝子經一卷（一名孝子報恩經）

頻多和多耆經一卷

普達王經一卷

佛滅度後棺斂葬送經一卷（一名比丘師經亦名師比丘經）

鬼子母經一卷　梵摩難國王經一卷

迦旃延說法沒盡偈經一卷（題云佛使比丘迦旃延說法沒盡偈百二十章直云迦旃延偈）

佛治身經一卷（或无佛字舊錄云佛治身經餘錄並同）

治意經一卷（舊錄云佛治意經餘錄並同）

上見存巳下闕

彌勒當來生經一卷（初出與來時經等同本）

失利越經一卷（第二出與月光童子經等同本）

異了本生經一卷（與稻芉經等同本）

內藏大方等經一卷（本疑是佛藏大方等經）

小阿闍世經一卷　小須賴經一卷（安公云出方等部今疑是阿難目佉經）

目佉經一卷

彌勒經一卷（安公云出長阿含）

墮藍經一卷（安公云出中阿含）

七事經一卷（安公云出中阿含）

賴吒諦羅經一卷　安公云出中阿含
歡豫經一卷　法經録云勸豫云出中阿含第十二
十二死經一卷　今疑是十二品生死經
七婦經一卷
阿難邠坻四時施經一卷　舊録云阿難邠郁四時布施經
七車經一卷　今疑是中阿含七車譬喻經
海有八事經一卷
難等各第一經一卷　舊録云阿難迦葉各説第一紀
惟留經一卷　舊録云惟留王經
理家難經一卷　迦留多王經一卷
梵志闍孫經一卷　古録云梵志闍遜經
波達王經一卷　悲心悒悒經一卷
趣度世道經一卷　長者威勢經一卷
癡注經一卷　調達經一卷　和達經一卷
鉢呿沙經一卷　分八舍利經一卷　或作命身
應行律一卷　恚曇慕二卷　吉法驗一卷
口傳劫起盡一卷　打揵椌法一卷
右五十五部五十六卷　治意經上一十九部一十九卷見在殊勃當來下三十六部三十七卷闕本
梁僧祐録云安公録中失譯經
唯祐録載房等並闕祐載安公
失譯揔一百四十二經今以餘八
十七部撿尋諸録多題譯　王或

是别生抄經及人撰傳記既有
所憑故刪不載安既不標時代
今且附於晉末
通前舊失譯經三部三卷揔
五十八部五十九卷並爲西
晉失源云

開元釋教録卷第二　揔録之二

開元釋教録卷第二

校勘記

一　底本，金藏廣勝寺本。一九頁中至次頁下一三行，原版殘缺，以麗本換。

一　一九頁中一行「第二」，南作「第二之上」；徑、清作「第二上」。

一　一九頁中二行「庚午歲」，資、磧、普作「唐庚午歲」；徑、清作「唐」。

一　一九頁中五行夾註左「文皇帝」，資、磧、普、南、徑、清作「大皇帝」。

一　一九頁中二〇行夾註左首字「笠」，資、磧、普、南、徑、清作「五」。

一　一九頁下二〇行夾註右「二卷」，資、磧、普、南、徑、清作「一卷」。

一　一九頁下二一行夾註左「檀王經」，徑作「檀王經」。

一　一九頁下末行夾註左「寶唱録」，磧、普作「寶唱經」。

一　二〇頁上一二行夾註左「樓檀過」，資、磧、普、南、徑、清作「樓佛檀」。

一　二〇頁中四行夾註左「安公序云漢未出謙注」，資作「云漢未出謙注」；磧、普、南作「漢未出謙注」；徑、清作「云漢未出」。

一　二〇頁中一〇行夾註「及僧祐録」，磧、普、南、徑、清作「僧祐録」。

一　二〇頁中一三行夾註左第七字「出」，資、磧、普、南、徑、清無。

一　二〇頁中一四行第三字「昧」，資、磧、普、南、徑、清作「三昧」。又夾註左第八字「樹」，資、磧、普、南、徑、清作「樹亦名道樹」。

一　二〇頁中一七行夾註右末字「即」，資、磧、普、南、徑、清作「即此」。

一　二〇頁中二一行夾註「第二出」，磧、普、南、徑、清作「第三出」。

一　二〇頁下七行夾註右「娩乱」，資、磧、普、南、徑、清作「娩亂經」。

一　二〇頁下一八行第三字「瑞」，諸本（不含石，下同）作「瑞應」。

一　二〇頁下二〇行夾註右「王桓」，資、磧、普、南、徑、清作「王植」。

一　二一頁上二行夾註右「安公」，諸本作「安公云」。

一　二一頁上四行夾註右「瓶字」，磧、普、南、徑、清作「荓字」。

一　二一頁上一一行首字「里」，資、磧、普、南、徑、清作「黑」。

一　二一頁上一三行夾註左「房録」，諸本作「長房録」。

一　二一頁上一七行「三卷」，麗作「二卷」。

一　二一頁上一九行夾註「上見在己下開」，資作「已上見存己下闕」；磧、普、南、徑、清作「已上見存已下闕本」；麗作「上見存已下闕」。

一　二一頁上二一行夾註「寶唱雜」，諸本作「寶唱録」。

一　二一頁中三行夾註右「第二出」，麗作「第三出」。

一　二一頁中五行夾註右「第三出」，資作「第二出」。又左「二卷」，磧、南作「一卷」。

一　二一頁中六行夾註左「與此異」，諸本作「祐云今長阿含與此異」。

一　二一頁中九行夾註右末字「句」，諸本作「白」。又左「同本」，麗作「同本別譯」。

一　二一頁中一四行夾註左首字「祐」，資、磧、普、南、徑、清作「祐云」。

一　二一頁下四行夾註左第四字「文」，磧、普、南無。

一　二一頁下八行第六字「潼」，資、磧、普、南、徑、清作「潼」。

一　二一頁下一六行夾註右第四字「亦」，資、磧、普、南、徑、清作「亦云」。

一　二一頁下一八行夾註右「五十一部」，磧、普、南作「五十部」。

一　二一頁下末行第八字「脞」，諸本作「脛」。

一　二二頁上三行第六字「見」，徑無。

一　二二頁上一三行「明練」，資、磧、普、南、徑、清作「究練」。

一　二二頁上一九行末字「一」，資、磧、普、南、徑、清無。

一　二二頁上二行首字「且」，諸本作「旦」。
一　二二頁中六行第一〇字「折」，磧、普、徑、清作「析」。
一　二二頁中二〇行第四字「後」，徑作「從」。
一　二二頁下四行「二十七」，資、磧、普、南、徑、清作「三十七」。
一　二二頁下九行夾註右第四字「竺」，資、磧、普、南、徑、清無。
一　二二頁下一〇行經名及其夾註與一一行經名及其夾註，諸本前後互置。
一　二二頁下一一行夾註左「日光」，諸本作「月光」。
一　二二頁下一二行夾註右「亦云」，資、磧、普、南、徑、清作「亦名」。
一　二二頁下一八行「寂志」，資、磧、普、南、徑、清作「梵志」。
一　二二頁下一九行夾註「往經」，諸本作「往生經」。
一　二三頁上一行第四字「經」，徑無。
又夾註右「經經」，諸本作「三經」。又左「增一阿含」，資、磧、普、南、徑、清作「增一阿含經」。
一　二三頁上三行夾註右「或作獮猴」，諸本作「或作猨猴」。
一　二三頁上四行首字「無」，資、磧、普、南、徑、清無。
一　二三頁上六行「草龜」，諸本作「草龜經」。
一　二三頁上二〇行夾註「出雜譬喻」，資、磧、普、南、徑、清作「出譬喻經」。
一　二三頁上末行「隨代」，諸本作「隋代」。
一　二三頁中四行夾註右「度經」，資、磧、普、南、徑、清作「經」。
一　二三頁中六行夾註左第五字「譬」，資、磧、普、南、徑、清作「譬喻」。
一　二三頁中一二行夾註左「別記」，資、磧、普、南、徑、清作「別録」。
一　二三頁中一三行「二百」，諸本作「菩薩二百」。
一　二三頁下一行「善屬」，資、磧、普、南、徑、清作「兼善」。又第五字「時」，資、磧、普、南、徑、清無。
一　二三頁下一二行「豈有」，諸本作「豈其」。
一　二三頁下二二行「加持」，磧、普、南、徑、清作「加几」。
一　二四頁上四行「法雲」，資、磧、普、南、徑作「法靈」。
一　二四頁上七行「鎗然」，資作「錚然」；磧、普、南、徑、清作「鏗然」。
一　二四頁上一八行「鐵鉆」，磧、普、南、徑、清作「鐵砧」；麗作「鐵鉆」。
一　二四頁上二二行「孫腊」，諸本作「孫皓」。
一　二四頁上末行第五字「荷」，磧、南、徑、麗作「苛」。
一　二四頁中九行第六字「且」，諸本作「旦」。
一　二四頁中末行「殺之」，磧、普、南、徑、清作「誅之」。
一　二四頁下八行「勸助」，資作「勸勵」；磧、普、南、徑、清作「勸沮」。

一　二四頁下一六行「大神所爲即祈祀」，資、磧、普、南、徑、清作「天神所爲即禱祀」。

一　二四頁下二一行「其語」，麗作「具語」。

一　二四頁下末行「十過」，資、磧、普、南、徑、清作「十遍」。

一　二五頁上一二行「真不」，諸本作「莫不」。

一　二五頁中一三行末字「王」，資、磧、普、南、徑、清無。

一　二五頁下八行夾註「衆經」，麗作「虫經」。

一　二五頁下九行夾註右「功德」，資、磧、普、南、徑、清作「功德經」。

一　二五頁下一五行「上見存巳下闕」，資、磧、普、南、徑、清作「已上見存已下闕本」。

一　二五頁下一九行夾註右首字「見」，資、磧、普、南、徑、清無。

一　二五頁下二〇行夾註左「第四譯」，資、磧、普、南、徑、清作「第四出」。

一　二五頁下末行夾註「摩訶乘」，清作「訶乘」。

一　二六頁上一行末字「卷」，徑無。二行第一〇字同。

一　二六頁上三行夾註「四部」，資、磧、普、南、徑、清作「一部」。

一　二六頁上九行夾註右「梵天王」，資、磧、普、南、徑作「梵王」。又左「一卷」，諸本作「二卷」。

一　二六頁中七行夾註左首字「菩」，資、磧、普、南、徑、清作「薩」。

一　二六頁中一四行夾註左「昏録」，資作「録」。

一　二六頁中二一行「一卷」，磧、普、南、徑無。

一　二六頁下一三行夾註「八正邪」，諸本作「八正八邪」。

一　二七頁上二行第六字「經」，資、磧、普、南、徑、清無。

一　二七頁上八行夾註左「二百五十」，諸本作「二百五十五」。

一　二七頁上一二行首字「經」，資、磧、普、南、徑、清作「結」。

一　二七頁中五行夾註左「二經」，磧、普、南作「經」。

一　二七頁中八行夾註右末字「虵」，磧無。

一　二七頁中一二行夾註左「並出雜譬喻」，資、磧、普、清作「亦出雜譬喻」；南、麗作「並出雜譬喻」；徑作「亦出雜譬喻經」。

一　二七頁中一三行夾註左首字「志」，磧、南無。

一　二七頁中一四行「薩和菩經」，麗作「薩和菩薩經」。又夾註右「亦云」，徑、清作「亦名」。又左末字「經」，資、磧、普、南、徑作「薩」。

一　二七頁中一七行「女人」，資、磧、普、南、徑作「女」。

一　二七頁中一八行「阿利」，諸本作「阿秋」。

一　二七頁下一行「三百三十」，資、磧、普、南、徑、清作「三百三十三」。

一　二七頁下三行夾註左末字「集」，

徑、清作「律」。

一　二七頁下六行「三十卷經」，磧、普、南作「三十六卷」；徑、清作「三十六卷經」。

一　二七頁下二〇行夾註左「八卷」，資、磧、普、南作「八」。

一　二八頁上五行夾註右「亦云」，資、磧、普、南、徑、清作「云」。

一　二八頁上七行夾註左「日出」，資、磧、普、南、徑、清作「日出初出」。

一　二八頁上八行夾註左第二字「録」，磧、普、南、徑、清無。

一　二八頁上九行「二卷」，磧、南作「一卷」。又夾註左「淨土」，資、磧、普、徑、清作「佛土」。

一　二八頁上一〇行夾註右「亦云」，資、磧、普、南、徑、清作「亦直云」。

一　二八頁上一七行夾註右「亦直云」，資、磧、普、南、徑、清作「亦直云須摩經亦云」。又左「妙慧」，磧、南、徑、清作「妙思」。

一　二八頁上二一行夾註右「憂施」，資、磧、普、南、徑、清作「憂陀」。又左「貫經二俱誤也」，資、磧、普、南作「貫王經三俱誤」；徑、清作「世王經三俱誤」；麗作「貫王女經二俱誤也」。

一　二八頁上末行夾註左首字「内」，磧、徑作「中」。

一　二八頁中九行夾註右「亦云」，資、磧、普、南、徑、清作「亦名」。

一　二八頁中一一行夾註「或五卷」，資無。

一　二八頁中一二行夾註右「十一月」，資、磧、普、南、徑、清作「十二月」。

一　二八頁中一四行夾註右「日訖」，麗作「已訖」。

一　二八頁中一六行夾註右「亦直云」，資、磧、普、南、徑、清作「亦直云寶女經或云」。又左「道祖」，資、磧、普、南、徑、清作「道真」。

一　二八頁中二一行夾註左「大慧」，資、磧、普、南、徑、清作「大智慧」。

一　二八頁中二二行夾註右「元年」，資、磧、普、南、徑、清作「七年」。

一　二八頁下一〇行夾註左「等受」，諸本作「等筆受」。又「三録」，資、磧、普、南、徑、清作「二録」。

一　二八頁下一一行夾註右「或七卷」，資、磧、普、南、徑、清作「或云七卷」。

一　二八頁下一二行夾註右「清信」，諸本作「清信士張士明」。又左「真祐二録」，徑作「真祐録」。

一　二八頁下一三行夾註右「安云」，諸本作「安公云」。

一　二八頁下一六行夾註右首字「云」，資、磧、普、南、徑、清無。

一　二八頁下一九行夾註左首字「集」，資、磧、普、南、徑、清無。

一　二八頁下二二行夾註左「十日」，徑作「十五日」。又「三録」，資、磧、普、南、徑、清作「二録」。

一　二八頁下末行夾註右第九字「陰」，資無。

一　二九頁上七行夾註左「三昧」，資、磧、普、南、徑、清作「三昧經」。

一　二九頁上一四行夾註右第四字「出」，資、磧、普、南、徑、清無。本頁下一八行夾註右第九字同。

一　二九頁上一八行夾註右「第三出」，資、磧、普、南、徑、清作「第三出出」。

一　二九頁上二一行夾註「第二出亦云」，資、磧、普、南作「第二亦直云出」；徑、清作「第二出亦直云出」。

一　二九頁上末行夾註左「无賢女」，諸本作「無垢賢女」。

一　二九頁中一行夾註右「決摠持經」，資、磧、普、南、徑、清作「決總持經亦云決定總持經」。

一　二九頁中三行夾註右第一四字「與」，清無。

一　二九頁中九行夾註右末字「釋」，麗無。

一　二九頁中一四行夾註左「四事經」，磧、普、南、徑、清作「四字經」。

一　二九頁中一五行夾註右「三年」，資、磧、普、南、徑、清作「二年」。

一　二九頁中一五行夾註左至一六行夾註右「十二月十三日」，資、清作「十二月三十日」；磧、普、南、徑作「至十二月三十日」；麗作「至十二月十三日」。

一　二九頁中一六行夾註右末字「道」，資、磧、普、南作「僧」。

一　二九頁中一七行夾註右「三卷」，磧作「二卷」。又左第九字「録」，徑、清無。

一　二九頁中一八行夾註末字「録」，徑、清作「二録」。

一　二九頁下一三行夾註右，「灌像」，資、磧、普、南、徑、清作「灌臘」。

一　二九頁下一八行夾註右第九字「出」，資、磧、普、南、徑、清無。

一　二九頁下一九行夾註右「筆授」，資、磧、普、南、徑、清作「筆受」。

一　二九頁下末行夾註「二十六」，資、磧、普、南、徑、清作「二十六卷」。

一　三〇頁上四行夾註左「指鬘」，磧作「指髻」。

一　三〇頁上九行夾註左「第三」，資、磧、普、南、徑、清作「第二」。

一　三〇頁上一〇行夾註右「五日」，南作「三日」。又左第八字「筆」，麗作「筆受」。

一　三〇頁上一四行夾註右「太安」，徑作「本安」。又左「道真」，諸本作「見道真」。

一　三〇頁上一八行夾註左「同本者也」，諸本作「同本者非也」。

一　三〇頁上一九行「本起經」，資、磧、普、南、徑、清作「本起緣經」。

一　三〇頁上二〇行夾註左「本未經」，諸本作「本末經」。又「第本起經」，諸本作「弟子本起」。

一　三〇頁上末行夾註右「安公」，麗作「安康」。

一　三〇頁中五行「上見存已下闕」，磧、普、南、徑、清作「已上見存已下闕本」。

一　三〇頁中九行夾註右「房云」，徑、清作「房公」。

一　三〇頁中二一行夾註右「第四出」，

資、磧、普、南、徑、清作「第二出」。

— 三〇頁下五行夾註右「祐无」，資、磧、普、南、徑、清作「或無」。

— 三〇頁下六行「光世音」，徑作「觀世音」。

— 三〇頁下七行夾註左末字「録」，至此，南、徑、清卷第二上終，卷第二下始。

— 三〇頁下八行夾註右末字「元」，麗作「也」。

— 三〇頁下九行夾註左「二録」，諸本作「二録祐房二録」。

— 三〇頁下一〇行夾註右「亦云」，資、磧、普、南、徑、清作「亦名」。

— 三〇頁下一三行夾註右「聶真」，諸本作「聶道真」。

— 三〇頁下一五行「二十偈」，麗作「三十偈」。

— 三〇頁下二二行夾註右「祐无」，資、磧、普、南、徑、清作「初无」。末行同。

— 三一頁上三行夾註左「道安録」，徑、清作「道安」。

— 三一頁上六行夾註右「三昧」，資、磧、普、南、徑、清作「三昧經」。

— 三一頁上一七行夾註右「一名」，諸本作「一本」。

— 三一頁上一九行夾註左「僧祐長房二録」，資、磧、南、徑、清作「僧祐録祐房二録」。

— 三一頁上末行夾註右「長阿含」，資、磧、普、南、徑、清作「長阿含經」。

— 三一頁中七行夾註左「弗摩」，資、磧、普作「弗建」。

— 三一頁中八行夾註右「僧一阿含」，諸本作「增一阿含」。

— 三一頁中九行夾註左「道真録」，磧、普、南、徑、清作「道真」。

— 三一頁中一一行夾註「或云……及僧祐録」，資、磧、普、南、徑、清作「第二出與吴代支謙譯者本同見長房録」。

— 三一頁中一五行夾註左「二録」，資、磧、普、南、徑、清作「三録」。

— 三一頁中一六行小字右「一名」，資、磧、普、南、徑、清作「一本」。

— 三一頁下一行夾註右「舊録」，資、磧、普、南、徑、清作「舊録云」。

— 三一頁下一二行夾註右「三品」，清作「五品」。

— 三一頁下一二行至一三行夾註「僧祐録長房二録」，資、磧、普、南、徑、清作「僧祐録祐房二録」；麗作「僧祐長房二録」。

— 三一頁下一九行「一卷」，清作「卷」。

— 三二頁上三行夾註右「祐云」，資、磧、普、南、徑、清作「亦云」。

— 三二頁上二〇行「亦如之」，麗無。

— 三二頁上二一行第九字「曉」，磧作「時」。

— 三二頁上末行「江左」，資、磧、普、南、徑、清作「江右」。

— 三二頁下一行夾註左「出至」，資、磧、普、南、徑、清作「出於」。

— 三二頁下二行夾註左「咸謂」，麗作「咸謂之」。

一　三二頁下四行夾註右第一四字「内」，資、磧、普、南、徑、清無。又左「詳撿」，徑作「詳校」。

一　三二頁下一二行夾註右「白在」，諸本作「自在」。

一　三二頁下一三行夾註「漸偹」，麗作「斬備」。

一　三二頁下一七行「普首」，資、磧、普、南、徑、清作「溥首」。又夾註右第三字「溥」，資、磧、普、南、徑、清作「普」。又左「超經」，徑作「起經」。

一　三二頁下二〇行夾註右「隋藍」，諸本作「隨藍」。又左「六度集」，資、磧、普、南、徑、清作「六度經」。

一　三三頁上一八行夾註左第四字「經」，資、磧、普、南、徑、清作「經或二卷」。

一　三三頁中三行夾註右「前三部」，諸本作「前二部」。

一　三三頁中六行「景寅」，麗作「丙寅」。

一　三三頁中八行夾註右「第二出」，清作「第一出」。

一　三三頁中九行夾註右「等同本」，資、磧、普、南、徑、清作「同」。又左「无年」，諸本作「元年」。

一　三三頁中一四行第七字「恒」，磧、普、南、徑、清作「垣」。又夾註「經記作垣」，資、磧、普、南、徑、清作「經記作桓」。

一　三三頁中一八行「士衡」，資、磧、普、南、徑、清作「士行」。下同。

一　三三頁中二〇行「之要」，資、普、徑、清作「之本要」。

一　三三頁中末行第九字「正」，諸本作「正品」。

一　三三頁下二行夾註「法饒」，資、磧、普、南、徑、清作「法鏡」。

一　三三頁下九行「燒之」，資、磧、普、南、徑、清作「燔之」。

一　三三頁下一八行首字「裕」，磧、普、南、徑、清作「祐」。

一　三三頁下二〇行「後記」，諸本作「經後記」。

一　三四頁上一一行夾註左「白衣」，磧、普、南作「河南」。

一　三四頁上一二行夾註右「沙門者」，麗作「沙門首」。又左「誤也」，資作「謬也」。

一　三四頁上一五行「賊臣」，磧、普、南、徑、清作「賤臣」。

一　三四頁中三行第五字「頗」，徑作「頎」。

一　三四頁中七行「五六升」，資、磧、普、南、徑、清作「五六斗」。

一　三五頁上六行夾註右「增一阿含」，磧作「增阿含」。又左末字「譯」，資、磧、普、南、徑、清作「譯亦云湼槃見長房録」。

一　三五頁上九行夾註左「嚴淨經等」，資、磧、普、南、清作「嚴淨等」；徑作「嚴淨寺」。

一　三五頁上一一行夾註左「安玄」，麗作「安公」。

一　三五頁上一四行夾註左末字「譯」，資、磧、普、南、徑、清作「譯見長房録」。

一 三五頁上一七行「檀特」，磧、普作「檀持」；南、徑、清作「袒持」。

一 三五頁中九行「幾旦」，資、磧、普、南、徑、清作「幾具」；麗作「幾亘」。

一 三五頁中一一行「靖夜」，麗作「靜夜」。

一 三五頁中一四行「多閑」，徑、清、麗作「多聞」。

一 三五頁下八行第九字「謂」，資、磧、普、南、徑、清無。

一 三五頁下一一行夾註「或作幼童出普超經」，資、磧、普、南、徑、清作「出悲華經」。

一 三五頁下一一行與一二行之間，資、麗有「三幼童經」；磧、普、南、徑、清有「三幻童經」；各一行；並諸本各有夾註「或作幼童出普超經」。

一 三五頁下一二行「二童子」，磧、普、南、徑、清作「三童子」。

一 三五頁下一五行夾註左「立與」，磧、普、南、徑、清作「云與」。

一 三五頁下二〇行夾註右「立與法矩」，資、磧、普、南、徑、清作「法立與法矩」。

一 三五頁下二一行夾註左「初出」，資、磧、普、南、徑作「出」。

一 三六頁上八行夾註右末字「本」，磧無。

一 三六頁上一一行夾註右「二十」，諸本作「二十二」。

一 三六頁上一三行夾註右「或作」，徑作「我作」。

一 三六頁上一五行夾註右「三十五」，清作「二十五」。

一 三六頁上一八行夾註左首字「繁」，資、磧、普、南、徑、清作「煩」。

一 三六頁上一九行「娑羅」，磧、普、南、徑、清作「婆羅」。

一 三六頁上二〇行夾註左「房録」，諸本作「長房録」。

一 三六頁上二一行夾註右「大同」，資、磧、普、南、徑作「本同」。

一 三六頁中一〇行「上見存」，徑作「已上見存」。下同。

一 三六頁中一二行「二卷」，磧作「一卷」。

一 三六頁中一五行夾註右「長阿含」，資、磧、普、南、徑、清作「阿含」。

一 三六頁中一六行夾註右末字「立」，資、磧、普、南、徑、清無。

一 三六頁中二二行「抓中」，諸本作「爪甲」。

一 三六頁下一五行夾註右末字「記」，徑無。又左「如後所述」，資作「具如後述」；磧、普、南、徑、清作「具如後譯」。

一 三六頁下一七行夾註「出悲華」，諸本作「出悲華經」。

一 三六頁下一八行夾註右末字「並」，諸本作「並出」。

一 三六頁下末行夾註右首字「名」，諸本作「一名」。

一 三七頁上一三行夾註左「維」，諸本作「經」。

一 三七頁中二行第九字「多」，麗作

「名經」。

一　三七頁中四行「答言」，諸本作「各言」。

一　三七頁中五行第六字「經」，資、磧、普、南、徑、清無。

一　三七頁中七行夾註「下十經」，徑作「下九經」。

一　三七頁中二二行第三字「録」，資、磧、普、南、徑、清作「舊録」。

一　三七頁中末行夾註「超日明經」，徑作「超日月經」。

一　三七頁下一四行夾註右「竺護」，諸本作「竺法護」。

一　三七頁下二二行至末行夾註「第二者……見長房録」，諸本作「第二出與法護譯者大同小異見長房録」。

一　三八頁上二行夾註左「第二出」，徑、清作「第一出」。

一　三八頁上八行夾註右首字「祐」，資作「初」。

一　三八頁上一一行夾註「菩薩」，諸本作「菩薩十地」。

一　三八頁上一二行第一一字至一三行第三字「極似維摩經一卷」，資、磧、普、南、徑、清作「經一卷極似維摩經」。

一　三八頁上一五行夾註「見長房録」，資、磧、普、南、徑、清無。

一　三八頁中五行第八字「一」，資、磧、普、南、徑、清無。

一　三八頁中一七行夾註左「八經」，諸本作「七經」。

一　三八頁下三行第五字「經」，磧無。

一　三八頁下四行夾註左「六度」，諸本作「六經」。

一　三八頁下五行夾註右第五字「令」，諸本作「今」。又左末字「經」，徑作「録」。

一　三八頁下一一行「波羅蜜」，資作「波羅蜜多」。

一　三八頁下一七行夾註右「亦直云」，諸本作「亦直名」。

一　三九頁上一七行「釪鑕」，資、磧、普、南、徑、清作「釪鐐」。又夾註左「釪瓚」，資、麗作「于闐」；磧、普、徑作「釪鑕」。

一　三九頁中三行「衆別件殊」，諸本作「別件猶殊」。

一　三九頁中八行夾註左「二録」，諸本作「二經」。

一　三九頁中一八行夾註右末字「出」，資、磧、普、南、徑、清無。

一　三九頁中一九行夾註左「出出」，資、磧、普、南、徑、清作「出」。

一　三九頁下二行夾註右首字「公」，資、磧、普、南、徑、清無。

一　三九頁下七行「棺斂葬送」，資、磧、普、南、清作「棺殮葬送」；徑作「棺殮葬終」。

一　三九頁下一〇行夾註右末字「使」，資、磧、普、南、徑、清無。又左第三字「迦」，資、磧、普、南、徑、清無。

一　三九頁下一一行夾註左「直云」，資、磧、普、南、徑、清作「亦直云」。

一　三九頁下一二行夾註右末字「何」，諸本作「佛」。

一　三九頁下一五行夾註右「來時」，諸本作「彌勒來時」。

一　三九頁下一七行「本生經」，諸本作「本生死經」。又夾註「稻竿經」，資、磧、普、南、徑、清作「稻稈經」；麗作「稻芋經」。

一　三九頁下二一行夾註「長阿含」，麗作「中阿含」。

一　四〇頁上五行夾註「那祁」，資、磧、普、南、徑、清作「邠祁」；麗作「邠祇」。

一　四〇頁上一六行「吉法驗」，資作「古法驗」；徑作「言法驗」。

一　四〇頁上一七行「栢法」，資作「推法」；磧、普、南、徑、清作「椎法」。

一　四〇頁上末行「譯王」，諸本作「譯主」。

一　四〇頁中末行「惣録之二」，磧、南無；徑、清作「下」。

開元釋教録卷第三　　　　　　　　　　　　　　　　　　坐

庚午歲西崇福寺沙門智昇撰

摠括群經録上之三

東晉司馬氏都建康　亦云南晉

從元帝建武元年丁丑至恭帝

論并新舊集失譯諸經揔一

百六十八部四百六十八卷八十五部三百三十六卷見在八十三部一百三十二卷闕本

沙門帛尸梨蜜多羅　三部一十四卷經

沙門支道根　二部七卷經

沙門竺曇無蘭　一百十部一百十三卷　經戒

沙門瞿曇僧伽提婆　五部一百十八部經論撰法

沙門迦留陁伽　一部一卷賢聖集

沙門康道和　一部三卷經

沙門佛陁跋陁羅　一十五部一百一十五卷

經律論集

沙門曇摩　一部二卷律要

沙門卑摩羅叉　二部五卷律雜事

沙門釋法顯　七部二十六卷經戒論集

沙門祇多蜜　三十三部四十五卷集

居士竺難提　二部五卷經　坐字號

沙門竺法力　一部一卷經

沙門釋嵩公　三部三卷經集

沙門釋退公　一部一卷經

沙門釋法勇　一部一卷經

新舊諸失譯經　四十部四十八卷

二部三卷失譯集二十八部四十五卷新附

大灌頂經十二卷　亦云大字經亦云九卷未詳房云見雜録

大孔雀王神咒經一卷　見竺道祖錄及僧祐錄初出

孔雀王雜神咒經一卷　見竺道祖錄及僧祐錄第二出

右三部一十四卷　初一部十二卷見在後二部二卷闕本

沙門帛尸梨蜜多羅晉言吉友

西域人國王之子當承繼世而以

國讓弟闇軌太伯既而悟心天

啓遂為沙門蜜天姿高朗風神

超邁直尒對之便卓出於物况

其聡辯言悟者乎西晉永嘉中

始到此土仍過江左止建初寺

丞相王導一見而奇之以為吾

之徒也由是名顯太尉庾元規

光祿周伯仁太常謝幼輿廷尉

桓茂倫皆一代名士見之終日

累歎披襟致契道䇿語蜜

解帶偃伏悟言神解時尚書令卞望之亦與蜜致善須臾望之至蜜乃斂襟飾容端坐對之有問其故蜜曰王公風道期人卞令軌度格物故其然耳諸公於是歎其精神灑厲皆得其所桓廷尉嘗欲為蜜作目久之未得有云尸黎蜜可謂卓朗於是桓乃咨嗟絶歎以為標題之極大將軍王處沖時在南夏聞王周諸公皆器重蜜疑以為失鑒及自見蜜乃欣振奔至一面盡虔王公嘗謂蜜曰外國有君一人而已耳蜜笑而荅曰若使我如諸君今日豈得在此當時以為佳對蜜性高簡不學晉語每與諸公言論雖因傳譯而神領意解盡其傳致以為自然縱拔非常情所測也蜜善持呪術所向皆驗時人呼為高座法師於元帝代譯灌頂等經三部又授弟子覓歷高聲梵唄傳響于今年八十餘咸康中卒諸公聞之痛

惜流涕蜜常在石子崗東行頭陀既卒因葬于此成帝懷其風為樹刹冢所後有關右沙門來遊建康迺於冢處起寺陳郡謝琨贊成其業追旌往事仍日高座寺也

阿閦佛刹諸菩薩學成品經二卷 太康年出第二譯與漢支讖譯者大同小異見竺道祖晉世雜錄

方等法華經五卷 咸康元年譯見竺道祖晉世雜錄第四出與法護正法華等同本

右二部七卷其本並闕

沙門支道根履味遊方懷道利物以成帝咸康元年乙未譯阿閦佛刹等經二部 長房等錄並云阿閦佛經太康年譯其太康年在西晉武帝代與咸康相去向六十年同是一人兩朝出經者恐謬太甚也此蓋傳寫差誤多是咸康耳

採蓮違王上佛授決号妙華經一卷 亦直云採蓮違王經第二出與阿闍世王受決經同本

陀鄰尼鉢經一卷 亦云陀鄰鉢呪經第二出與持句神呪經等同本 房錄陀鄰鉢經外更存持句神呪經者非也

摩尼羅亶經一卷 亦云摩尼羅亶神呪經

玄師颰陀所說神呪經一卷 錄云幻師無所說字 或作跋字古錄云幻王跋陀經

寂志果經一卷 出長阿含第十七卷異譯

鐵城泥犁經一卷 出中阿含第十二卷與五天使經同本

阿耨風經一卷 晉言依次出中阿含第二十七卷異譯

梵志頞羅延問種尊經一卷 亦云頞波羅延出中阿含第三十七卷異譯

泥犁經一卷 或云長阿含泥犁經出中阿含第五十三卷異譯

誠德香經一卷 或云成德經出增一阿含第十三卷異譯

四泥犁經一卷 或云四大泥犁房云別錄載祐云失譯出增一阿含第四十八卷異譯

國王不犁先尼七夢經一卷 或作先泥出增一阿含第五十一卷異譯

水沫所漂經一卷 一名河中大聚沫經一名聚沫譬經與五陰譬喻經同本出雜阿含經第十卷異譯

玉耶經一卷 一名長者詣佛說子婦無敬經或云玉耶女經第二出與阿遬達經等同本

五苦章句經一卷 初出一名諸天五苦經一名五道章句經一名淨除罪蓋妙樂佛法經

自愛經一卷 或云自愛不自愛經房云見舊錄

中心經一卷 或云中心正行經舊錄云大忠心經或云小中心經房錄云出六度集今檢無

見正經一卷 一名生死志識經

大魚事經一卷

阿難七夢經一卷 或直云七夢經

阿鵰阿那含經一卷 一名阿鵰或作鵰字

新歲經一卷

比丘聽施經一卷　一名聽施比丘經

佛般泥洹摩訶迦葉赴佛經一卷　亦云迦葉赴佛般泥洹經

上見存巳下闕

犢牛經一卷　一云犢子經第三出與孔雀經等同本

孔雀王呪經一卷　第三出與吉友所譯者同本

七佛所結麻油述呪經一卷　祐失譯録中載兩本一云異本

大神母結誓呪經一卷

伊洹法願神呪經一卷

解日厄神呪經一卷

六神名神呪經一卷

檀持羅麻油述神呪經一卷

麻油述呪經一卷

摩尼羅亶神呪案摩經一卷

醫王惟樓延神呪經一卷　亦云阿難所問醫王惟樓延神呪經

龍王呪水浴經一卷

十八龍王神呪經一卷

請雨呪經一卷　止雨呪經一卷

嘅水經一卷

幻師阿夷鄒神呪經一卷

呪水經一卷　藥呪經一卷

呪毒經一卷　呪時氣病經一卷

呪小兒經一卷

呪齒經一卷　祐失譯録更載一本名呪齒經或云異本

呪牙痛經一卷　祐失譯録更載一本名與此同題云異本或作齒痛

呪眼痛經一卷

五眼文經一卷　今疑是五眼法異名出求王經

離欲優婆塞優婆夷戒文一卷　出十二卷大般泥洹經

罪業報應經一卷　與罪業應報教化地獄經同本第二出

八師經一卷　第二出

蓱沙王五願經一卷　一名弗沙王經第二出

義足經二卷　房云見吳録亦云異出第二出

十善十惡經一卷　第二譯見吳録云異出安公云出阿毗曇

治禪法經一卷

梵天策數經一卷　舊録云諸大事經

諸天地經一卷

十誦比丘戒本一卷　太元六年合僧純曇摩持竺僧舒三家本

以爲此一卷見寶唱録當第二出

三百六十戒三部合異二卷　序如大比丘字太元六年六月二十日於謝鎮西寺合僧舒重校見寶唱録

右六十一部六十三卷　佛般泥洹上二十部二十四卷見在　犢牛經下三十七部三十九卷闕本

沙門竺曇無蘭晉云法正西域人也以孝武帝太元六年辛巳至太元二十年乙未於楊都謝鎮

西寺譯羅漢遠王等經六十一部見長房録　又長房等録更有四十八經亦云法正所譯今以並是別生抄經或是疑僞故並刪之如後所述

救護身命經　亦云救護身命濟人病苦厄經　周録編入正經　舊録云僞今依舊録

諸天問如來警戒不可思議經

見水世界經　巳上二經並出大集

大將軍神呪經　巳上二經出灌頂

龍王結願五龍神呪經

無吾我經　出普超經

彌蘭經　或作彌連亦云彌蓮

摩天國王經　阿難念彌經　等三經並出六度集

賢劫千佛名經　出賢劫經序云賢劫經說二十一百諸度無極以梅檀林佛爲首此千佛名有別譯本拘留孫佛以爲初首

三十七品經　安公云出律經僧祐録云晉太元二十年歲在景申六月在謝鎮西寺撰出

三十三天園觀經

比丘成就五法入地獄經

學人亂意經　上三經出增一阿含

佛爲比丘說大熱地獄經

釋提桓因詣目連放光經

開元釋教錄第三卷　第九張　發字号

目連見大身衆生然鐵纏身經
見一衆生舉體糞穢塗身經
衆生頂有鐵磨盛火熾然經
羅婆鳥為鷹所捉經
十法成就惡業入地獄經
馳行法經　比丘浴遇天子放光經
天於脩羅欲鬪戰經
天帝釋受戒經
比丘問佛釋提桓因因緣經
四天生案行世間經
佛見梵天頂經
帝釋慈心戰勝經
天神禁寶經
阿育王供養道場樹經
勸行有證經　戒相應法經
禪思滿足經 佛為比丘說下二十經並出雜阿含　獼猴經
野雞經
蠱狐烏經 或作烏字　驢駝經
弟子命過經
拘薩羅國烏王經 或无羅字
孔雀經　夫婦經 野雞等八經並出生經中
群牛千頭經　集脩行士經
暴象經 群牛等三經並出出曜經

開元釋教錄第三卷　第十張　策

地獄衆生相害經 出僧行道地經
赤嘴烏喻經 赤嘴烏等三經並僧祐鈔
阿難多洹羅六母經
中阿含經六十卷 第二出或五十八卷隆安元年十一月十日於東亭寺出二年六月二十五日訖與曇摩難提出者同本沙門道慈筆受見道祖錄
增壹阿含經五十一卷 第二出隆安元年正月出與難提本小異竺道祖筆受或四十二或三十三無定亦有六十卷成者見道祖及寶唱錄
阿毗曇心論四卷 或云阿毗曇心无論字亦云法勝造太元十六年在廬山為慧遠法師譯出道慈筆受見僧祐錄
三法度論二卷 太元十六年在廬山為遠法師出第二譯與難提出者大同小異或三卷別錄云一卷或直云三法度无論字或云經論見僧祐錄
教授比丘尼法一卷 房云見別錄亦云存廬山出
右五部一百一十八卷 前四部
一百一十七卷本在後一部一卷本闕

沙門瞿曇僧伽提婆晉言衆天或云提和音訛故也罽賓國人入道脩學遠訪明師學通三藏多所誦持尤善阿毗曇心洞其纖旨常誦三法度晝夜嗟味以為道之府也為人儁朗有深鑒儀止溫恭務在誨人恂恂不怠苻秦建元中來入長安宣流法

開元釋教錄第三卷　第十一張　發字号

化譯論二部俗於秦錄後以晉孝武帝世太元十六年辛卯遊化江左先是廬山慧遠法師翹勤妙典廣集經藏虛心側席延望遠賓聞其至止即請入廬岳即以其年請出阿毗曇心及三法度等提婆乃於般若臺手執梵文口宣晉語去華存實務盡義本今之所傳蓋其文也至安帝隆安元年丁酉來遊建康晉朝王公及風流名士莫不造席致敬時尚書令衛軍東亭侯琅瑘王珣 准高僧傳祐錄長房錄等並云王珣中含經序乃云王元琳多是珣之字也 雅有信慧脩持正法建立精舍廣招學衆提婆既至珣即延請仍於其舍講阿毗曇名僧畢集提婆宗致既精詞旨明析振發義與衆咸悅悟其冬珣集義學沙門釋慧持等四十餘人更請提婆於其寺譯中增二阿含罽賓沙門僧伽羅叉執梵本提婆翻為晉言至來夏方訖豫州沙門道慈筆受吳國李

寶唐化共曹提婆於廬山建康二處共出五部一百一十八卷提婆歷遊華戎備悉風俗既容機警善於談笑其道化聲譽莫不聞焉後不知所終

十二遊經一卷 第二出與量果譯者少異見道祖晉世雜錄及寶唱錄

右一部一卷其本見在

沙門迦留陁伽晉言時水西域人弘贊有方懷道遊國以孝武帝太元十七年壬辰譯十二遊經一部

益意經三卷 第二出見竺道祖晉世雜錄朱士行漢錄亡二卷不顯譯人

右一部三卷本闕

沙門康道和戒德有儀軌範群物以孝武帝太元二十一年景申譯益意經一部

大方廣佛華嚴經六十卷 初出元五十卷後人分為六十沙門支法領從于闐得梵本來義熙十四年三月十日於道場寺出元熙二年六月十日訖沙門法業筆受見祖祐二錄

出生無量門持經一卷 或云新微密持經於廬山譯第五出與支謙無量門微密持經等同本見祖祐二錄祐房等錄則有新微密持經誤也

大方等如來藏經一卷 或直云如來藏經第三出元熙二年於道場寺譯見竺道祖晉世雜錄及僧祐錄

觀佛三昧海經十卷 或云觀佛三昧經或八卷見竺道祖晉世雜錄亦見僧祐錄亦出宋世

摩訶僧祇律四十卷 或云三十卷本是法顯於摩竭提國將來義熙十二年十一月於闘場寺共法顯出見竺道祖錄祐錄詳校耳

僧祇比丘戒本一卷 第二出於道場寺譯亦云摩訶僧祇戒本見寶唱錄祐在法顯錄中祐與覺賢共出未載皆得

達摩多羅禪經二卷 一名庾伽遮羅浮迷譯言修行道地亦名不淨觀經於廬山出一名修行方便禪經亦云禪經修行方便凡十七品見僧祐錄

文殊師利發願經一卷 或加偈字二年於[illegible]出見僧祐寶唱二錄經後記云[illegible]衆執梵時多誦此經以發願求佛道

新無量壽經二卷 宋永初二年於道場寺出見僧祐寶唱二錄第八譯與世高支讖支謙僧鎧等所出同本

菩薩本業經一卷 亦直云本業經是華嚴淨行品見僧祐長房二錄大周入藏有今闕且復存之

淨六波羅蜜經一卷 見僧祐長房二錄

方便心論一卷 共法業出見高僧傳初出

過去因果經四卷 房云見別錄第五譯

右一十三部一百二十五卷 文殊發願上八部一百一十六卷見在新無量壽下五部九卷闕本

沙門佛陁跋陁羅晉言覺賢本姓釋氏迦維羅衛國人甘露飯王之苗裔也祖父達摩提婆 此云法天

商旅於北天竺因而居焉父達摩修利耶 此云日 少亡賢三歲孤與母居五年復喪母為外氏所養從祖鳩摩利聞其聰敏兼悼其孤露乃迎還度為沙弥至年十七與同學數人俱以習誦為業衆皆一月賢一日誦畢其師歎曰賢一日敵三十夫也及受具戒修業精勤博學群經多所通達少以禪律馳名常與同學僧伽達多共遊罽賓同處積載達多雖服其才明而未測其人也後於密室閉戶坐禪忽見賢至驚問何來答云暫至兜率致敬弥勒言訖便隱達多知聖人未測深淺後屢見賢神變乃敬心祈問方知得不還果常欲遊方弘化備觀風俗會有秦僧智嚴西至罽賓覩法衆清僧乃慨然東顧曰我之同輩斯有道志而不遇真匠發悟莫由即諮詢國衆孰能流化東土僉云有佛陁跋陁者出生天竺那呵梨城族姓相承世尊

開元釋教錄第三卷　第十五張　蓋字號

道學其窴齔出家已通解經論少受業於大禪師佛大先先時亦在罽賓乃謂嚴曰可以振維僧徒宣授禪法者佛陀跋陀其人也嚴既要請苦至賢遂愍而許焉於是捨眾辭師裹糧東逝涉驟三載綿歷寒暑既度葱嶺路經六國國主矜其遠化並傾懷資俸至交阯乃附舶循海而行經一島下賢以手指山曰可止於此舶主曰客行惜日調風難遇不可停也行二百餘里忽風轉吹舶還向島下眾人方悟其神咸師事之聽其進止後遇便風同侶皆發賢曰不可動舶主乃止既而有先發者一時覆敗後於闇夜之中忽令眾舶俱發無肯從者賢自起收纜唯一舶獨發俄尒賊至留者悉被抄害頃之至青州東萊郡聞鳩摩羅什在長安即往從之什大欣悅共論法相振發玄微多所悟益因謂什曰君所釋不出人意而致高名何耶

開元釋教錄第三卷　第十六張　蓋字號

什曰吾年老故耳何必能稱美談什每有疑義必共諮決時秦主姚興專志經法供養三千餘僧並往來宮闕盛修人事唯賢守靜不與眾同後語弟子云我昨見本鄉有五舶俱發既而弟子傳告外人關中舊僧咸以為顯異惑眾又賢在長安大弘禪業四方樂靜者並聞風而至但染學有淺深得法有濃淡澆偽之徒因而詭滑有一弟子因少觀行自言得阿那含果賢未即撿問遂致流言大被謗讟將有不測之禍於是徒眾或藏名潛去或踰牆夜走半日之中眾散殆盡賢乃夷然初不介意時舊僧僧䂮道恒等謂賢曰佛尚不聽說己所得法先言五舶將至虛而無實又門徒誑惑互起同異既於律有違理不同止宜可時去勿得久留賢曰我身若流萍去留甚易但恨懷抱未申以為慨然耳於是與弟子慧觀等四十餘人

開元釋教錄第三卷　第十七張　蓋字號

俱發神志從容初無異色識真者咸共歎惜白黑送者數千人姚興聞去悵恨乃謂道恒曰佛賢沙門挾道來遊欲宣遺教緘言未吐良用深慨豈可以一言之咎令萬夫無導因勑令追之賢謂使曰誠知恩旨無預聞命於是率侶宵征南指廬岳沙門慧遠素欽風德乃遣使入關致書祈請後至廬岳忻然如舊遠以賢之被擯過由門人若懸記五舶止說在同意亦於律無犯乃遣弟子曇邕致書姚主及關中眾僧解其擯事遠乃請出禪數諸經賢志在遊化居無求安停山歲許復西適江陵遇外國舶主既而訪諮果是天竺五舶先所見者也傾境士庶競來禮事其有奉施悉皆不受持鉢分衛不問豪賤時陳郡袁豹為宋武帝太尉長史宋武南討劉毅豹隨府屆于江陵賢將弟子慧觀詣豹乞食豹素不敬信待之甚

籌未飽辭退豹曰似未足且復小留賢曰檀越施心有限故令所設已罄豹即呼左右益飯飯果盡豹大慚愧既而問慧觀曰此沙門何如人觀曰德量高邈非凡所測豹深歎異以啓太尉太尉請與相見甚崇敬之資供備至俄而太尉還都請與俱歸安止道場寺賢儀軌率素不同華俗而志韻清遠雅有淵致揚都法師僧弼與名德沙門寶林書曰鬪場禪師甚有天心便是天竺王何風流人也其見稱如此先是沙門支法領於于闐國得華嚴梵本三万六千偈未有宣譯到義熈十四年吳郡內史孟顗右衛將軍褚叔度即請賢為譯匠乃手執梵文共沙門法業慧嚴慧義等百有餘人於道場寺譯出詮定文旨會通華戎妙得經體故道場寺猶有華嚴堂焉又沙門法顯於天竺所得僧祇梵本復請賢譯賢從安帝

隆安二年戊戌訖宋永初二年辛酉於楊都廬山二處譯華嚴等經總一十三部並究其幽旨妙盡文意賢以宋元嘉六年混迹春秋七十有一矣（又僧祐長房二錄復云賢出新微密持經即出生无量門持經是不合故加新字又有菩薩十住及本業經此之二經並是華嚴別品豈賢既譯大部不合別出此經其本業一經開入藏錄有未見其本且復存之十住一經删之不立）

雜問律事二卷（初出見長房錄）

右一部二卷本闕

沙門曇摩晉翻云法善於律學以安帝隆安四年庚子三月二日於揚都尚書令王法度精舍沙門釋僧遵等二十餘德請譯雜問律事序具卷首明佛法僧物互相交涉分齊殊甚須善防護

十誦律毗尼序三卷（亦云十誦律序今合入十誦末後三卷是云毗尼誦注云是十誦後善誦非也其善誦有一卷是十誦中第十誦也見二秦錄）

雜問律事二卷（衆律要用第一出見二秦錄）

右二部五卷（前毗尼序三卷見在後雜問事二卷本闕）

沙門卑摩羅叉晉云无垢眼罽賓國人沉靜有志幼出家履道苦節成務為人眼青時亦号為青

眼律師先在龜茲弘闡律藏四方學者競往師之鳩摩羅什時亦預焉及龜茲陷没乃避地烏纏頂之聞什在長安大弘經藏又欲使毗尼勝品復洽東國於是杖錫流沙冒險東入以姚秦弘始八年達自關中什以師礼敬待叉亦以遠遇欣然及羅什棄世叉以安帝義熈年中乃出遊關左逗于壽春止石澗寺律徒雲聚盛闡毗尼羅什所譯十誦五十八卷冣後一誦謂明受戒法及諸成善法事逐其義要名為善誦叉後改善誦為毗尼誦故猶二名存焉復出三卷律序置之於後總成六十一卷（高僧傳及長房錄乃云開前五十八卷為六十一卷者小非詳審也其毗尼序三卷或有近代經本編在第九誦後第十誦前卷當第五十五六七者非也今據古十誦本乃在第十誦後卷當第五十九至六十一今者依古本為正）

頃之南適江陵於辛寺夏坐開講十誦既通晉言善相領納无作妙本大闡當時析文求理者其聚如林明條知禁者數亦殷

矣律藏大弘又之力也後出雜問律事二卷道場慧觀筆受（古傳云道場慧觀深括宗旨記其所制內禁輕重撰為二卷送還京師僧尼披習競相傳寫時聞者諺曰卑羅鄙語慧觀中錄都人語寫紙貴如玉今謂雜問律事乃是道場慧觀於教有疑隨事諮問卑摩為決聞便錄之撰成二卷流行於世即非別有梵本卑摩譯之其曇摩出者本即此是錄家誤載也）又養德好閑棄諠離俗其年冬復還壽春石澗卒於寺焉春秋七十有七

大般泥洹經六卷（或十卷第四譯　經記云方等大般泥洹經義熙十二年十月一日於道場寺共覺賢出寶雲筆受至十四年正月二日訖見道祖僧祐二錄）

大般涅槃經三卷（或二卷是長阿含初分遊行經異譯群錄並云顯出方等泥洹者非也前大泥洹經加方等字此小乘涅槃文似顯譯故以此替之）

雜藏經一卷（第二出與鬼問目連餓鬼報應經等同本見僧祐寶唱二錄）

僧祇比丘尼戒本一卷（亦云比丘尼波羅提木叉僧祇戒本　共覺賢譯見長房錄）

歷遊天竺記傳一卷（亦云法顯傳法顯自撰述往來天竺事見長房錄）

雜阿毗曇心十三卷（第二出與符秦僧伽提婆等所出同本見僧祐錄房云藏與覺賢共譯）

佛遊天竺記一卷（見僧祐錄）

右七部二十六卷（前五部一十二卷見在後二部一十四卷闕本）

沙門釋法顯本姓龔平陽武陽

人也顯有三兄齠年亡其父恐懼及顯數歲便放出家居數年病篤欲死因送還寺信宿便差不肯復歸母欲見之不能得為立小屋於門外以擬去來十歲遭父憂叔父以其母寡獨不立逼使還俗顯曰本不以有父而出家也正欲遠塵離俗故入道耳叔父善其言乃止頃之母喪至性過人葬事既畢仍即還寺嘗與同學數十人於田中刈稻時有飢賊欲奪其穀諸沙彌悉奔走唯顯獨留語賊曰若欲須穀隨意所取但君等昔不布施故此生飢貧今復奪人恐來世彌甚貧道預為君憂故相語耳言訖即還賊棄穀而去眾僧數百人莫不歎服及受大戒志行明潔儀軌整肅常慨經律舛闕誓志尋求以安帝隆安三年與同學慧景道整慧應慧嵬等發自長安西度沙河上無飛鳥下無走獸四顧茫茫莫測所

之唯視日以准東西人骨以標行路耳屢有熱風惡鬼遇之必死顯任緣委命直過險難有頃至葱嶺嶺冬夏積雪有惡龍吐毒風雨沙礫山路艱危壁立千仞昔有人鑿石通路傍施梯道凡度七百餘梯又躡懸絙過河數十餘處皆漢時張騫甘父所不至也次度小雪山遇寒風暴起慧景噤戰不能前語顯云吾其死矣卿可時去勿得俱殞言絕而卒顯撫之泣曰本圖不果命也奈何復自力孤行遂過山險凡所經歷三十餘國至北天竺次往中國未至王舍城三十餘里有一寺逼暮仍停明旦顯欲詣耆闍崛山寺僧諫曰路甚艱險且多黑師子亟經噉人何由可至顯曰遠涉數萬誓到靈鷲身命不期出息非保豈可使積年之誠既至而廢耶雖有險難吾不懼也眾莫能止乃遣兩僧送之顯既至山中日將曛夕

開元釋教録第三卷　第二十四張　[illegible]

遂欲停宿兩僧危懼捨之而還顯獨留山中燒香礼拜翹感舊跡如覩聖儀至夜有三黑師子來蹲顯前舐脣摇尾顯誦經不輟一心念佛師子乃低頭下尾伏顯足前顯以手摩之呪曰汝若欲相害待我誦竟若見試者可便退去師子良久乃去明晨還反路窮幽深榛木荒梗禽獸交橫正有一徑通行而已未至里餘忽逢一道人年可九十容服麁素而神氣儁遠顯雖覺其韻高而不悟是神人須臾進前逢一年少道人顯問曰向耆年是誰耶荅曰頭陁弟子大迦葉也顯方悵慨良久既至山前有一大石橫塞室口遂不得入顯乃流涕致敬而去（今者顯所睹者是雞足山大迦葉入定之所非佛舊居處鷲峯山也）又至迦施國精舍裏有白耳龍每與衆僧約令國內豐熟皆有信効沙門為起龍舍幷設福食每夏坐訖日龍輒化作一小蛇兩耳悉白衆咸識是

開元釋教録第三卷　第二十五張　[illegible]

龍以銅盂盛酪置於其中從上坐至下行之似若問訊遍乃化去年輒一出顯亦親見此龍後却至中天竺於摩竭提巴連弗邑阿育王塔南天王寺得摩訶僧祇律又得薩婆多律抄雜阿毗曇心綖經方等泥洹等經（此方等泥洹卽六卷大般泥洹經之梵本也唯題名爲方等大般泥洹經非謂三卷方等泥洹也）顯留三年學梵書梵語躬自書寫於是持經像寄附商客到師子國顯同旅十餘或留或亡顧影唯已常懷悲慨忽於玉像前見商人以晉地一白團扇供養不覺悽然下淚停二年復得彌沙塞律長雜二阿含及雜藏本並漢土所无其師子國中有佛齒每年三月彼之國王預前十日莊嚴白象遣一貴重辯說智自著王衣乘象上擊鼓大聲唱言如來在世四十五年說法度人无量億數衆生緣盡乃般泥洹自尒已來一千四百九十七載世

開元釋教録第三卷　第二十六張　[illegible]

聞長昏衆生可愍却後十日佛齒當出无畏精舍可辦香花各來供養時正當晉義熙元年計從義熙元年太歲乙巳至今開元十八年歲次庚午便成一千八百二十二載矣既而附商人大船循海東還船有二百許人值大暴風船壞水入衆人惶怖卽取雜物棄之顯恐商人棄其經像唯一心念觀世音及歸命漢土衆僧船任風而去得無傷壞行九十日達耶婆提國停五月復隨他商侶東趣廣州舉帆月餘日夜忽大風合船震懼衆共議曰坐載此沙門使我等狼狽不可以一人故令一衆俱亡欲推棄之法顯檀越厲聲呵商人曰汝若下此沙門亦應下我不介便當見殺漢地帝王奉佛敬僧我至彼告王必當罪汝商人相視失色僶俛而止既水盡粮竭唯任風隨流忽至岸見藜藋菜依然知是漢地但未測何方卽

乘小舶入浦尋村遇獵者二人
顯問此何地耶獵人曰是青州
長廣郡牢山南岸獵人還以告
太守李嶷嶷素敬信忽聞沙門
遠至躬自迎勞顯持經像隨還
頃之欲南歸時刺史請留過冬
顯曰貧道投身於不反之地志
在弘通所期未果不得久停遂
南造建康於道場寺就外國禪
師佛陀跋陀羅譯大般泥洹經
等六部撰遊天竺傳一卷顯既
出大泥洹經流布教化咸使見
聞有一家失其姓名居近揚都
朱雀門世奉正化自寫一部讀
誦供養无別經室與雜書共屋
後風火忽起延及其家資物皆
盡唯泥洹經儼然具存煨燼不
侵卷色无異楊都共傳咸稱神
妙後到荊州卒于辛寺春秋八
十有六衆咸慟惜焉

菩薩十住經一卷 是華嚴十住品異譯見長房錄

寶如來三昧經二卷 或一卷一名无極寶三昧經第二出與无極寶經同本見長房錄

大智度經四卷 第五出與支讖道行經及大般若第四會等同本見僧祐錄及道祖錄

普門品經一卷 第二出與法護普門品及寶積文殊普門會同本見僧祐錄及道祖錄

阿述達經一卷 與寶積无畏德會等同本第三出見長房錄也

如幻三昧經二卷 與世高如幻三昧及寶積善住意會等同本第三出見道祖晉錄

弥勒所問本願經一卷 與法護弥勒本願及寶積弥勒所問會同本第二出見長房錄

十地經一卷 與法護菩薩十地經等同本第二出見長房錄

維摩詰經四卷 與嚴佛調古維摩經等同本第五出房云見南來新錄

無所悕望經一卷 第三出與象腋經等同本見長房錄

浮光經一卷 或作孔光與寶子經等同本第一出見長房錄

如來獨證自誓三昧經一卷 第三出與世高自誓三昧經等同本見長房錄

普賢觀經一卷 一名觀普賢菩薩經初觀房云見道慧錄

瓔珞經十二卷 一名現前報與出生佛念菩薩瓔珞同本或十一卷房云見南來新錄初出

照明三昧經一卷 第二出見長房錄

禪經四卷 房云見南來新錄

法沒盡經一卷 見長房錄

菩薩正齊經一卷 第三出見長房錄

威革長者六向拜經一卷 或作威擘第二出見長房錄出中阿含第三十三異譯

指髻經一卷 或作指鬘出增一阿含第三十一異譯見長房錄

所欲致患經一卷 第二出見長房錄

五蓋疑結失行經一卷 第二出見長房錄

分衛經一卷 見長房錄

右二十三部四十五卷 初二部三卷本在大智度下二十一部四十二卷本闕

沙門祇多蜜或云祇蜜多晉云
謌友西域人識性通敏聰達宏
遠志存弘化无憚遠遊爰於晉
代譯菩薩十住等經二十三部
諸錄盡云祇多蜜晉世譯未詳
何帝若非咸洛應是江南一部
見僧祐錄房云巳外並彰雜別
諸錄又有寶施女經出大集經摩調
王經出六度集既是別生刪之不錄

大乘方便經三卷 元熙二年譯第三出或二卷與法護大善權經等同本見始興錄今編入寶積當第三十八會

請觀世音菩薩消伏毒害陁羅尼呪
經一卷 亦直云請觀世音經第二出見法上錄

威革長者六向拜經一卷 晉宋間於廣州譯出中阿含第三十三卷異譯見始興錄及寶唱錄

開元釋教録　第三　第三十張　笙字号

右三部五卷前二部四卷本在後一部一卷本闕

居士竺難提晉翻大喜西域人志道无倦履遠能安解悟幽旨言通晉俗以恭帝元熙元年巳未[歲]暨宋世譯大乘方便經等三部

无量壽至真等正覺經一卷一名樂佛土樂經一名極樂佛土經第七譯見正度錄與世高支讖支謙僧鎧白延法護等所出同本

右一部一卷本闕

沙門竺法力西域人業行清高智道崇峙善通方語妙穪經微以恭帝元熙元年巳未二月譯无量壽至真等正覺經一部

日難經一卷第二出與是越難經後說事少異見始録及始興録

蓱沙王五願經一卷亦名蓱沙王五經第三出見始録及始興録

迦葉結集戒經一卷第三出見始録及始興録

右三部三卷其本並闕

沙門釋嵩公或云高公於晉末譯日難等經三部群録並云晉末不知何帝之年

迦葉禁戒經一卷一名摩訶比丘經一名真偽沙門經初出見始興録

右一部一卷本闕

沙門釋退公譯迦葉禁戒經

開元釋教録第三卷　第三十一張　笙字号

部云於晉末詳何帝之年

佛開解梵志阿颰經一卷出長阿含第十三卷異譯見長房録

右一部一卷本闕

沙門釋法勇譯梵志阿颰經一部云晉末出亦未詳何帝之年

鄉先比丘經二卷羲云鄉先經或三卷初出見僧祐失譯録

賢聖集見在

陁羅尼章句經一卷拾元章字見僧祐失譯録第三出與持句神咒經等同本　大乘經闕本

右二部三卷長房等録東晉失譯總有五十三部五十七卷今除二部三卷之外餘五十一部五十四卷並是房録録上或後漢失譯録中已載之者及有譯人別生經等委刋如左

觀无量壽經　三世三千佛名經

千佛因緣經　五十三佛名經

八部佛名經　十方佛名經

賢劫千佛名經

稱揚百千佛名經

南方佛名經　滅罪得福佛名經

比丘諸禁律經

開元釋教録第三卷　第三十二張　笙

摩訶僧祇律比丘要集優波離問佛經

沙弥威儀比丘尼十戒經

受十善戒經　沙弥尼戒經

賢者五戒經　優婆塞威儀經

波若得經　觀世樓炭經

般舟三昧念佛章經

庚伽三摩斯經　禪要呵欲經

七佛所結麻油述呪五龍呪毒經

齲齒呪七佛安宅神呪安宅呪巳上二十九部二十九卷後漢失譯録中已有此中復載故知重也

三歸五戒帶佩護身呪經

七万二千神王護比丘呪經

十二万神王護比丘尼呪經

百結神王護身呪經

宮宅神王守鎮左右經

塚墓因緣四方神呪經

伏魔封印大神呪經

魔尼羅亶大神呪經

召五方龍攝疫毒神呪經

梵天神策經　普廣經巳上一十一部一十一卷並是尸梨蜜所譯大灌頂經從第一卷至第十一

遺教三昧經二卷或云遺教三昧法律經西晉法

沖譯儀錄中亦有

阿那含經二卷 宋智嚴譯 僧祐錄亦有

未曾有因緣經二卷 或直云未曾有經 已曾再譯一存一闕

禪定方便次第法經 後漢安世高譯

七佛神呪 吳支謙譯

賢者五福經 西晉白法祖譯

摩尼羅亶神王呪案摩經 或无王字 竺曇无蘭譯

本行六波羅蜜經 宋求那跋陀羅譯

優婆塞五戒經 宋沮渠京聲譯

三歸五戒神王名經 抄灌頂經

定意三昧經 出十住斷結經

已下新附此錄

决定毗尼經一卷 一名破壞一切心識 初出與寶積優波離會同本 舊錄云於燉煌出不顯譯人 僧祐云晉世出未詳何帝時

弥勒來時經一卷 第三出 與羅什所譯下生經等同本 見法上錄

稻芉經一卷 與丁本生死經等同本

造立形像福報經一卷 與作佛形像經同本

報恩奉盆經一卷 與盂蘭盆經同本

師子奮迅菩薩所問經一卷

華聚陀羅尼呪經一卷 上二經同本異出

六字呪王經一卷 與六字神呪王經同本

善法方便陀羅尼經一卷

金剛秘密善門陀羅尼經一卷 上三經同本異出

菩薩本行經三卷

七佛所說神呪經四卷 初卷云七佛十一菩薩說大陀羅尼神呪經

薩羅國經一卷 或云薩羅國王經

般泥洹經二卷 或直云泥洹經 亦云大般泥洹經 是長阿含初分遊行經異譯 諸藏中一卷者是上卷大下卷也

緣本致經一卷 出中阿含第十卷異譯

古來世時經一卷 出中阿含第十三卷異譯

梵志計水淨經一卷 出中阿含第二十三卷異譯

三歸五戒慈心厭離功德經一卷 出中阿含第三十九卷異譯

箭喻經一卷 出中阿含第六十卷異譯

食施獲五福報經一卷 一名施色力經 一名福德經 出增一阿含第二十四卷異譯

蒲願子經一卷 僧祐失譯錄中有 故移編此 出雜阿含第十三卷異譯

摩鄧女解形中六事經一卷 第五出 與摩登伽經等同本 頭諫經等同本

餓鬼報應經一卷 第三出 一名目連說地獄餓鬼因緣經 與鬼問目連經等同本

得道梯橙錫杖經一卷 題云得道梯橙錫杖品第十 一亦直云錫杖經

僧護經一卷 或云僧護因緣經 亦云因緣僧護經

護淨經一卷　木槵子經一卷 或作患字 又作槵

無上處經一卷

盧志長者因緣經一卷

五王經一卷

沙弥十戒法并威儀一卷 亦云沙弥戒儀本

沙弥尼離戒文一卷

舍利弗問經一卷

五百問事經一卷

阿育王辟喻經一卷 題云天尊說阿育王譬喻經 古稱呼佛以爲天尊 即佛說也

撰集三藏及雜藏傳一卷 亦云撰三藏經及雜藏經

弥勒作佛時事經一卷 祐錄云第二出 與弥勒來時經等同本 見寶唱錄

道樹三昧經二卷 第二出 與私阿末經同本 見支敏度錄

右三十八部四十五卷 末後二部三卷闕本餘並見在

前三十六部四十二卷並是入藏見經莫知譯主諸失譯錄闕而未書似是遠代之經故編於晉末庶无遺漏焉

通前舊失譯經二部三卷惣四十部四十八卷並爲東晉失源去

秦苻氏都長安 亦云前秦

起前健 謚為明帝 皇始元年辛亥至苻登 謚元 太初九年甲午凡經五主四十四年沙門六人所譯經律論等揔一十五部合一百九十七卷 於中七部六十五卷見在八部一百三十二卷闕本房云皇始元年甲寅建初元年丁酉與諸家年曆不同按二年內複准安公增一彥勘其甲子房錄錯矣

沙門曇摩持 三部 三卷戒本壇文

沙門鳩摩羅佛提 一部 二卷集

沙門僧伽跋澄 三部 二十七卷論

沙門曇摩蜱 一部 五卷經

沙門僧伽提婆 二部 四十六卷論

沙門曇摩難提 五部 一百一十四卷經論集

十誦比丘戒本一卷 或云十誦大比丘戒初出見僧祐錄

比丘尼大戒一卷 亦云十誦比丘尼戒第二出見僧祐錄

教授比丘尼二歲壇文一卷 或無尼字僧純於龜茲國得梵本佛念譯慧常筆受見寶唱錄

右三部三卷其本並闕

沙門曇摩持或云侍秦言法慧或云法海西域人善持律藏妙入契經以苻堅 謚壯烈天王 建元三年丁卯四年戊辰於長安譯十誦戒本等三部竺佛念傳語慧常

筆受 安公僧戒序云佛念寫其梵文道賢為譯慧常筆受其比丘尼戒祐錄云晉簡文帝時沙門僧純於西域拘夷國得梵本到關中令佛念曇摩侍慧常共出祐錄長房等錄皆以慧常為其譯主與曇摩持共念共譯今以秦僧慧常元不遊於天竺當雖共出尼戒執本乃是曇摩佛念傳譯常為筆受與其僧戒何別此乃別標慧常推於本末事乃分明常為助翻曇摩為主故入曇摩之錄慧常不別存焉

四阿含暮抄解二卷 亦云四阿含暮抄經見僧祐錄

右一部二卷其本見在

沙門鳩摩羅佛提秦言童覺西域人以苻堅建元十八年壬午八月於鄴寺譯阿含暮抄一部冬十一月乃訖佛提執梵本佛念佛護譯為秦文沙門僧導僧叡曇究筆受

尊婆須蜜菩薩所集論十卷 或云須蜜經或十二卷或十四卷建元二十年三月五日出至七月十三日訖跋澄難提提婆三人執本佛念譯傳慧嵩筆受見僧祐錄

鞞婆沙論十四卷 或無論字亦云鞞婆沙阿毗曇亦云廣說或十五卷或十九卷建元十九年四月出至八月末訖難提錄為梵文佛圖羅刹譯傳敏智筆受見僧祐錄

僧伽羅刹所集經三卷 或云僧伽羅刹集初出或五卷建元二十年出十一月三十日訖佛念傳譯慧嵩筆受見僧祐錄於長安石羊寺出亦云佛護譯

右三部二十七卷其本並在

沙門僧伽跋澄或云跋撜秦言衆現罽賓國人毅然有淵懿之量歷尋名師修習精詣博覽衆典特善數經暗誦毗婆沙貫其妙旨 毗婆沙即鞞婆沙是非大毗婆沙也 常浪志遊方觀風弘化苻堅建元之末來入關中先是大乘之典未廣禪數之學甚盛既至長安咸稱法匠焉堅秘書郎趙政字文業博學有才崇仰大法嘗聞外國宗習毗婆沙而跋澄諷誦乃四事礼供請譯梵文澄以建元十七年辛巳至二十一年乙酉共名德法師釋道安等譯婆須蜜等三部涼州沙門竺佛念外國沙門佛圖羅刹傳語沙門敏智慧嵩秘書郎趙文業筆受安公法和對共校定跋澄戒德整峻虛靖離俗關中僧衆則而像之後不知所終佛圖羅刹不知何國人德業純粹該覽經典久遊中土善達秦言其宣譯梵文見稱當世 祐等錄並云鞞婆沙論僧伽提婆譯今准安公論序云

摩訶般若波羅蜜鈔經五卷 或无鈔字 或七卷 亦云般若一名須菩提品第六出與道行小品明度等同本見僧叡二秦錄及僧祐錄

僧伽跋澄譯今准論序及祐等羣錄撿古跋澄譯鞞阿毗曇毗婆沙論十四卷者即鞞婆沙論是也

右一部五卷其本見在

沙門曇摩蜱秦言法愛印度人器宇明敏志存弘諭以苻堅建元十八年壬午譯般若鈔經一部佛護譯傳 佛護即佛圖羅刹也 慧進筆受安公挍定共傳云與大品放光光讃同本者或恐尋之未審也

阿毗曇八揵度論三十卷 或无論字 或二十卷 或云迦旃延阿毗曇或云阿毗曇經八揵度初出與唐譯發智論同本建元十九年四月二十日出至十月二十三日訖見僧祐錄

阿毗曇心十六卷 初出或十三卷建元末年於洛陽出見僧祐及僧祐錄 祐二秦錄

右二部四十六卷 前一部三十卷見在後一部十六卷闕本

沙門僧伽提婆 或云提和亦云僧迦禘婆 禘婆是言音楚夏耳 秦言衆天罽賓國人姓瞿曇氏以苻堅建元十九年癸未遊於長安沙門法和請令翻譯

起十九年訖建元末出八揵度等論二部 其鞞婆沙十四卷准安公序是跋澄譯今此除之 涼州沙門竺佛念譯傳慧力僧茂筆受法和理其指歸安公製序後以晉孝武帝太元十六年遊於廬山及往建康更出經論具如晉錄所顯

中阿鋡經五十九卷 建元二十年出是第一譯竺佛念筆受見道祖晉世雜錄及僧祐錄

增壹阿鋡經五十卷 第一譯建元二十年甲申夏出至來春訖為四十卷佛念傳譯曇嵩筆受見安公經序僧叡僧祐寶唱錄並載祐云三十三及二十四卷恐誤

三法度論二卷 初出或云三法度无論字與晉世僧伽提婆出者小異見長房錄

僧伽羅刹集二卷 佛去世後七百年僧伽羅刹造初出見寶唱錄

阿育王息壞目因緣經一卷 第三出姚秦建初六年辛丑於安定城為尚書令姚旻二月十八日出至二十五日訖佛念傳譯兼製序見二秦錄此應入後秦故多附此

右五部一百一十四卷 前四部一百一十三卷闕本後一部一卷見在

沙門曇摩難提秦言法喜兜佉勒國人齠年離俗聰慧夙成研諷經典以專精致業遍觀三藏闇誦中增二阿含博識洽聞靡所不練是以國內遠近咸共推服少而觀方遍涉諸國常謂弘法之體宜宣布未聞故遠冒流沙懷寶東遊以苻堅建元二十年至于長安難提學業既優道聲甚盛符堅深見礼接厚致供施先是中土群經未有四含堅侍臣武威太守趙政志深法藏乃與安公共請出經政於長安城內集義學僧寫出二含并本方始翻譯佛念傳語慧嵩筆受提以苻堅建元二十年甲申至姚萇建初六年辛卯譯中含等經五部提後還西域不知所終

開元釋教錄卷第三　撥錄之三

開元釋教録卷第三

校勘記

一 底本，金藏廣勝寺本。

一 五一頁中二行「庚午歲」，徑、清作「唐」。

一 五一頁中五行「恭帝」，磧、普、南、徑、清、麗作「恭帝元熙二年庚申凡一十一帝一百四年緇素一十六人所譯經律」。

一 五一頁中九行「沙門」，磧、普、徑、清、麗作「東晉沙門」。

一 五一頁中末行「三十三」，磧、普、南、徑、清作「二十三」。

一 五一頁下一行「三部」，麗作「二部」。

一 五一頁下七行「二十八部」，磧、普、南、徑、清、麗作「三十八部」。

一 五二頁中五行首字「琨」，磧、普、南、徑作「混」。 又第一一字「日」，磧、普、南、徑、清、麗作「曰」。

一 五二頁中八行夾註右第二字「出」，磧、普、南、徑、清無。 又第七字「漢」，磧、普、南、徑、清無。

一 五二頁中一九行夾註右「陁鉢」，磧、普、南、徑、清、麗作「陀隣鉢」。

一 五二頁中二〇行夾註左第四字「呪」，磧、普、南、徑無。

一 五二頁下四行夾註左末字「中」，磧、普、南、徑、清無。

一 五二頁下六行夾註右「長阿含」，磧、普、南、徑、清、麗作「中阿含」。

一 五二頁下八行「四泥黎」，磧、普、南、徑、清作「四泥犁」。

一 五二頁下一〇行「七夢」，磧、普、南、徑、清、麗作「十夢」。

一 五二頁下一二行夾註左「五種」，磧、普、南、徑、麗作「五陰」。

一 五二頁下一三行夾註左「第十卷」，磧、普、南、徑作「第十」。

一 五二頁下一四行首字「玉」，徑作「王」。又夾註右「詣佛」，磧、普、南、徑、清作「謂佛」。

一 五二頁下一六行夾註左「五道章一句」，磧作「五道童句」；普、南、徑、清、麗作「五道章句」。

一 五二頁下一七行夾註右「妙樂」，磧、普、南、徑、清、麗作「娛樂」。

一 五二頁下二一行夾註「忘識」，磧、普、南、徑、清、麗作「變識」。

一 五二頁下末行首字「阿」，磧、普、南、徑、麗作「呵」。 又夾註右「阿鵰」，磧、普、南、徑、清、麗作「荷鵰」。

一 五三頁上五行首字「上」，徑、清作「已上」。

一 五三頁中三行夾註右第一字「祐」，麗作「祐云」。

一 五三頁中九行夾註右「一名弗迦」，磧、普、南、徑、清作「一云弗沙迦」；麗作「一名弗沙迦」。

一 五三頁中一五行夾註左「三家」，磧、普、南、徑、清作「二家」。

一 五三頁中一七行「三百」，磧、普、南、徑、清作「二百」。

一 五三頁中末行末字「謓」，磧、普、南、徑、清、麗作「鎮」。

一 五三頁下三行「法正」，磧作「法王」。

一　五三頁下六行夾註右「胥人」，磧、普、徑、清、麗作「濟人」；南作「濟」。

一　五三頁下一二行夾註「出普起經」，磧、普、南、徑、清、麗作「出普超經」。

一　五三頁下一五行夾註左「別譯」，清作「引譯」。

一　五三頁下一七行夾註左「二十年歲在景申」，麗作「二十一年歲在丙申」。

一　五四頁上一八行夾註「鳥字」，磧、普、清作「鳥經」，徑作「烏經」。

一　五四頁中三行「阿難」，徑、清作「阿羅」。又夾註「三經雜譬喻抄」，磧、普、南、麗作「二經雜譬喻抄」；徑、清作「三經雜喻抄」。

一　五四頁中五行夾註左「道慈」，磧、普、南、徑、清作「道慈等」。

一　五四頁中六行夾註左末字「難」，磧、普作「雜」。

一　五四頁中七行夾註「或二十三」，磧、普、南、徑、清、麗作「或三十三」、

一　五四頁中一〇行夾註右第五字「爲」，磧、南、徑、清無。

一　五四頁中一一行夾註右「爲遠」，磧、普、南、徑、清作「慧遠」。

一　五四頁中一二行夾註左「或云經論」，磧、普、南、徑、清作「或云經或云經論」。

一　五四頁中一三行夾註左第二字「存」，磧、普、南、徑、清、麗作「在」。

一　五四頁下一三行夾註右「祐錄」，磧、普、南、徑、清、麗作「僧祐錄」。又左「中含」，磧、普、南、徑、清作「阿含」。

一　五五頁上一八行夾註右「六十」，磧、普、南、徑、清作「六十卷」。

一　五五頁上一九行夾註左「祖祐」，磧、普、南、徑、清、麗作「祖祐」。

一　五五頁上二二行夾註左第七字「於」，磧、普、南、徑無。

一　五五頁中二行夾註左「亦出宋世」，磧、普、南、徑、清作「或云宋世出」。

一　五五頁中三行夾註右第六字「本」，磧、普、南、徑、清、麗作「梵本」。

一　五五頁中四行夾註右「鬪場寺」，徑、清作「道場寺」，一〇行夾註左同。又左第八字「祐」，磧、普、南、徑、清、麗作「祐在」。

一　五五頁中一五行夾註左首字「有」，磧、普、南、徑、清作「有本」。

一　五五頁下二行「利耶」，磧、普、南、徑、清作「耶利」。

一　五五頁下一〇行第七字「訾」，磧、普、南、徑、清作「常」。

一　五五頁下一五行「知聖人」，磧、普、南、徑、清、麗作「知是聖人」。

一　五五頁下一九行第二字「覩」，徑作「覩」。又第六字「僧」，磧、普、南、徑、清作「朗」。

一　五五頁下二一行第八字「訊」，磧、普、南、徑、清作「祈」。

一　五五頁下二二行「跋陁」，磧、普、南、徑、清作「跋陀羅」。次頁上四行同。

一　五六頁中一六行「僧僧」，磧、普、南、徑、清作「僧」。

一　五六頁下一八行第七字「士」，磧、普作「七」。

一　五六頁下二二行「隨府」，南、徑、清作「隨尉」。

一　五七頁上一行第七字「日」，磧、普、南、徑、清、麗作「曰」。

一　五七頁上二行末字「令」，麗作「令」。

一　五七頁上一二行「闘場」，徑、清作「道場」。又「天心」，麗作「大心」。

一　五七頁上一五行「六千」，徑作「六十」。

一　五七頁中六行夾註右末字「傍」，磧、普、南、徑、清、麗作「雙」。

一　五七頁中一三行「正法度」，磧、普、南、徑、清、麗作「王法度」。

一　五七頁中一六行第六字「齊」，磧、普、南、徑、清作「劑」。又第九字「甚」，磧、普、南、徑、清、麗作「甚要」。

一　五七頁中一八行夾註右第三字「房」，徑作「十」。

一　五七頁中一九行夾註「第一出」，磧、普、南、徑、清、麗作「第二出」。

一　五七頁中二二行第八字「幼」，磧、普、南、徑、清作「力」。

一　五七頁下九行「出述」，磧、普、南、徑、清、麗作「出遊」。

一　五七頁下一八行夾註右「七者」，磧、徑、清作「十者」。

一　五八頁上四行夾註右「聞者該曰」，磧、普、南、徑、清、麗作「聞者諺曰」。又「中録」，磧、普、南、徑、清、麗作「才録」。

一　五八頁上五行夾註右「慧觀」，磧、普、南、徑、清作「慧觀觀」。又「隨事」，磧、普、南、徑、清作「通事」。

一　五八頁上九行夾註左「義熙十二」，磧、普、南、徑、清作「義熙十三」。

一　五八頁上一一行夾註右「二卷」，磧、普、南作「一卷」。

一　五八頁中一一行末字「別」，磧、普、南、徑、清、麗作「刈」。

一　五八頁中一六行「故故」，磧、普、南、徑、清、麗作「故相」。

一　五八頁下一行第四字「日」，磧、普、南、徑、清作「日月」。

一　五九頁上一〇行第二字「正」，南、徑、清作「止」。

一　五九頁上一九行夾註右「居處」，磧作「舍處」。

一　五九頁上二二行第五字「每」，磧、普、南、徑、清、麗作「每至」。

一　五九頁中八行夾註左「太般」，磧、普、南、徑、清、麗作「大般」。又「三卷」，磧、普、南、徑、清作「二卷」。

一　五九頁中二一行「四十五」，磧、普、南、徑、清作「四十九」。

一　五九頁下二二行「藿菜」，徑、清作「藿菜」。

一　六〇頁上一行「小舶」，磧、普、南、徑、清、麗作「小船」。

一　六〇頁中一行至二行夾註「見僧祐録及竺道祖録」，磧、普、南、徑、清作「房云見南來新録」。

一　六〇頁中一七行夾註左「初觀」，磧、普、南、徑、清、麗作「初出」。

一　六〇頁中末行夾註左「長房録」，磧、普、南、徑、清、麗作「見長房録」。

一　六〇頁下四行「致患」，徑作「思患」。

一　六〇頁下五行夾註右末字「見」，磧、普無。

一　六一頁上一行夾註左「一卷本闕」，磧、普、南、徑、清作「一本闕」。

一　六一頁上八行夾註右「見正度録」，磧、普、南、徑、清作「見釋正度録」。

一　六一頁上一四行「目難經」，磧、普、南、徑、清、麗作「日難經」。

一　六一頁中一行第四字「昝」，磧、普、南、徑、清作「昝末」。

一　六一頁中九行「大乘經闕本」，磧、普、南、徑、清作「大乘闕本」。

一　六一頁中一三行「房録」，磧、普、南、徑、清作「房録錯」；麗作「房録」。

一　六一頁中一七行「无量壽」，磧、普、南、徑、清、麗作「無量壽佛」。

一　六一頁下七行「三昧」，磧、普、南、徑、清作「三時」。

一　六一頁下一一行夾註右「二十九卷」，麗作「一十九卷」。

一　六一頁下二二行夾註右「所譯」，磧、普、南、徑、清作「譯」。

一　六二頁上二行夾註右首字「未」，磧、普、南、徑、清、麗作「宋」。

一　六二頁上一四行「已下」，徑作「已上」。

一　六二頁上一六行夾註左末字「時」，徑、清無。

一　六二頁上一八行「稻芊」，磧、普、南、徑、清作「稻秆」。

一　六二頁上二二行夾註右「上二經」，磧、南作「上二」。

一　六二頁中二行夾註右「上二經」，南作「上三經」。

一　六二頁中四行夾註左「十一」，清作「一十」。

一　六二頁中七行夾註左「是是」，磧、普、南、徑、清、麗作「是」。

一　六二頁中一九行夾註左第三字「伽」，清無。

一　六二頁中二一行夾註左「餓鬼」，磧、普、南、徑、清、麗作「餓鬼因緣經與鬼」。

一　六二頁中二二行第四字「橙」，磧、普、南、徑、清作「隥」。又夾註右末同。

一　六二頁中末行夾註右首字「一」，磧、普、南、徑、清、麗作「二」。

一　六二頁下六行夾註左首字「戒」，磧、普、南、徑、清、麗作「威」。

一　六二頁下一二行夾註右「雜三藏」，磧、普、南、徑、清、麗作「撰三藏」。

一　六二頁下一五行夾註右「阿昧經」，磧、普、南、徑、清作「呵三昧經」。

一　六二頁下一六行夾註左末字「餘」，磧、普、南、徑作「録」。

一　六三頁上二行「前健」，磧、普、南、徑、清、麗作「符健」。

一　六三頁上八行「沙門」，磧、普、徑、清、麗作「符秦沙門」。

一　六三頁上九行「二卷」，磧、普、南、徑、清作「三卷」。

一·六三頁上一〇行夾註「二十七卷論」，磧、普、南、徑、清作「三十七卷論集」；麗作「二十七卷論集」。

一　六三頁上一七行夾註右「得梵本」，磧、普、南、徑、清、麗作「得本來」。

一　六三頁上二〇行「或云」，磧、普、南、徑、清作「亦云」。

一　六三頁中三行夾註右「侍慧」，磧、普、南、徑、清作「持惠」。又左「念共譯今以」，磧、普、南、徑、清作「法念共譯令以」；麗作「佛念共譯今以」。

一　六三頁中四行夾註右「當雖」，磧、普、南、徑、清、麗作「常雖」。

一　六三頁中五行夾註右「乃公」，磧、普、南、徑、清、麗作「乃分」。又左「故人」，磧、普、南、徑、清、麗作「故入」。

一　六三頁中一四行夾註右「須蜜經」，磧、普、南、徑、清、麗作「婆須蜜經」。

一　六三頁中一八行夾註右「或云」，磧、普、南、徑、清、麗作「建元」。

一　六三頁下二一行「夂遊」，磧、普、南、徑、清、麗作「久遊」。

一　六四頁上四行夾註右「一名須菩提品」，磧、普、南、徑、清作「亦名須菩提品亦名長安品」；麗作「一名須菩提品亦名長安品次」。

一　六四頁上一五行夾註右末字「至」，徑無。

一　六四頁上二〇行小字左末字「音」，徑無。

一　六四頁中一一行夾註右「四十卷」，磧、普、南、徑、清作「四十一卷」。

一　六四頁中一三行「二卷」，磧、南作「一卷」。

一　六四頁中一八行夾註右「辛丑」，磧、普、南、徑、清、麗作「辛卯」。

一　六四頁下三行末字「椎」，磧、普、南、徑、清、麗作「推」。

一　六四頁下末行「摠録之三」，磧、普、徑無；南作「宗四」。

開元釋教録卷第四 笙

庚午歲西崇福寺沙門智昇撰

揔括群經録上之四

亦云後秦

秦姚氏都常安

起姚萇諡武皇帝白雀元年甲申

至姚泓無諡永和三年丁巳凡經三主

三十四年沙門五人所出經律論

等揔九十四部合六百二十四卷於中六十六部五百二十八卷見在二十八部九十六卷闕本准大智度論後記云弘始二年歲在辛丑王道摽玄庚子一本亦云歲在辛丑房及甄鸞更壹一歲今依後記爲正次第排之

沙門竺佛念一十二部七十四卷經律集

沙門鳩摩羅什七十四部三百八十四卷經律論集

沙門弗若多羅一部五十八卷律

沙門佛陁耶舍四部八十四卷經律

沙門曇摩耶舍三部二十四卷經論

姚秦

十住斷結經十卷初云寂勝問菩薩十住除垢斷結經一名十地斷結或十一卷或十四卷第二出見三秦録高僧傳僧祐録 四見三昧定亦云十

菩薩瓔珞經十二卷一名現在報第二出或十三卷或十四卷或十六卷符秦建元十二年七月出見二秦録高僧傳僧祐録

菩薩處胎經五卷初云菩薩從兜術天降神母胎說廣普經亦直云胎經或四卷或八卷見二秦録僧傳僧祐録

中陰經二卷見二秦録高僧傳僧祐録

菩薩瓔珞本業經二卷或直云瓔珞本業經初出見長房録

鼻柰耶律十卷一名誡因緣經亦云鼻柰耶經亦云戒果因緣經沙門曇景筆受見安公經序符秦建元十四年壬午正月十二日出

出曜經二十卷亦云出曜論或十九卷符秦建元十九年出見二秦録高僧傳僧祐寶唱等録

上見在巳下闕

持人菩薩經三卷第二出與法護持人羅什持世同本見長房録

大方等無相經五卷亦名大雲經或四卷與曇无讖方等大雲同本初出見長房録

菩薩普處經三卷見長房録

十誦比丘尼戒所出本末一卷第三出僧純於拘夷國得梵本佛念爲譯文煩後竺法汰删改正之見寶唱録

王子法益壞目因緣經一卷或云阿育王息壞目因緣經第三出見僧祐録

右一十二部七十四卷出曜上七部六十一卷見在持人下五部一十三卷闕本

沙門竺佛念涼州人弱年出家志業清堅外和内朗有通敏之鑒諷習衆經粗涉外典其蒼雅詁訓尤所明練少好遊方備觀風俗家世西河洞曉方語華戎音義莫不兼釋故義學之譽雖闕洽聞之聲甚著符氏建元年

開元釋教録第四卷 第二張 笙

中有曇摩持鳩摩羅佛提僧伽跋澄提婆難提等來入長安安公趙政等請出衆經當時名德莫能傳譯衆咸推念以為明匠自安高支讖之後莫踰於念在苻姚二代為譯人之宗故關中僧衆咸共嘉焉念於苻姚二代自譯十住斷結等經一十二部長房録中別存十地斷結經十卷者非也作之疑地二義无別今存十住十地一個之後遘疾卒于常安遠近白黑莫不歎惜

摩訶般若波羅蜜經四十卷亦名大品般若録祐云新大品經第三出與放光等同本或三十卷或二十四或二十七弘始五年癸卯四月二十三日出至六年四月二十三日訖見二秦録及僧祐録

小品般若波羅蜜經十卷題云摩訶般若波羅蜜元小品字祐云新小品經與道行明度等同本第七譯或七卷弘始十年二月六日出至四月三十日訖見二秦録及僧祐録

金剛般若波羅蜜經一卷亦云金剛般若經佛在舍衛國者初出與元魏留支等出者同本見二秦録及僧祐録

仁王護國般若波羅蜜經二卷亦云仁王般若經或云一卷第二出與晉世法護譯與梁朝真諦譯者同本異出房云見別録

摩訶般若波羅蜜大明咒經一卷亦云摩訶大明咒經初出與唐譯般若心經等同本見經題上

菩薩藏經三卷一名富樓那問經亦名大悲心經今編入寶積當第十七會名富樓那會弘始七年出或二卷第二出與法護出者同本見二秦録僧祐録

善臂菩薩經二卷今編入寶積當第二十六會見法上録

須摩提菩薩經一卷第二出與寶積妙慧會等同本見長房録

自在王菩薩經二卷或无菩薩字初出與奮迅王經同本弘始九年於尚書令姚顯第出僧叡筆受并製序見二秦録及僧祐録

莊嚴菩提心經一卷第四出與法護菩薩十地經等同本房云見別録

十住經四卷或五卷是華嚴十地品異譯什與佛陀耶舍共出見二秦録及僧祐録

妙法蓮華經八卷僧祐録云新妙法華經初七卷二十七品後人益天授品成二十八品弘始八年夏於大寺出僧叡筆受并製序第五譯見二秦録及僧祐録

維摩詰所說經三卷一名不可思議解脫或直云維摩詰經僧祐録云新維摩詰經弘始八年於大寺出僧肇筆受叡製序第六譯見二秦録及僧祐録亦云說不可思議品或直

大樹緊那羅王所問經四卷云大樹緊那羅經第二出與支讖伏真陀羅經同本見長房録

集一切福德三昧經三卷與竺法護等集衆德經等同本異出第三譯見真寂寺録

思益梵天所問經四卷或直云思益經僧祐録云新思益經弘始四年十二月一日於逍遙園出第二譯與法護持心梵天經等同本見二秦録及僧祐録

持世經四卷一名法印經或三卷第三出與法護持人經等同本見二秦録及僧祐録

諸法無行經二卷或一卷與隋崛多諸法本无經等同本初出見二秦録及僧祐録

阿弥陀經一卷亦名无量壽經弘始四年二月八日譯初出與唐譯稱讚淨土經等同本見二秦録及僧祐録

弥勒成佛經一卷第二出與法護弥勒成佛經同本弘始四年出見二秦録及僧祐録

弥勒下生經一卷一名弥勒受決經初云大智舍利弗與弥勒來時經同本第四出亦云弥勒成佛經亦云下生成佛或云當下成佛見二秦録及僧祐録

文殊師利問菩提經一卷亦直云菩提經一名伽耶山頂經一名菩提无行經初出與伽耶山頂經象頭精舍經等同本見僧祐録經圖中則闕譯一卷者誤也

孔雀王咒經一卷第四出亦名大金色孔雀王經在逍遙園出并結界場法先俗具房云見別録

首楞嚴三昧經三卷或二卷亦直云首楞嚴經僧祐録云新首楞嚴經第九出與支讖等同本見僧祐録

不思議光菩薩所問經一卷亦云不思議光菩薩所說經亦云不思議光孩童菩薩經第二出與竺法護無思議光孩童菩薩經同本見長房録

華手經十三卷或為華首一名攝諸善根經亦名攝諸福德經或十卷或十一卷或十二卷弘始八年譯見二秦録及僧祐録

佛垂般涅槃略說教誡經一卷亦云佛臨般涅槃略說教誡經一名遺教經見僧祐録

千佛因緣經一卷　見法上錄

梵網經二卷　第二出弘始八年於草堂寺三千學士最後出此一品梵本有六十一品譯訖融影等三百人一時共受菩薩十戒僧肇受見經前序

佛藏經四卷　一名選擇諸法經或三卷或二卷弘始七年六月十二日出見二秦錄及僧祐錄

清淨毗尼方廣經一卷　與文殊淨律經等同本第三出見法上錄

大智度論一百卷　或云大智度經論亦云摩訶般若釋論或七十卷或一百一十卷弘始四年夏於逍遙園出七年十二月二十七日訖見二秦錄及僧祐錄

中論四卷　亦云中觀或八卷弘始十一年於大寺出僧叡製序見二秦錄及僧祐錄並[?]前智度論出[?]龍樹菩薩造

十二門論一卷　龍樹菩薩造弘始十年於大寺出僧叡製序見僧祐錄及寶唱錄

百論二卷　提婆菩薩造弘始六年出僧肇製序見二秦錄及僧祐錄

十住毗婆沙論十四卷　或无論字龍樹菩薩造或十二卷或十五卷見長房錄

大莊嚴論經十五卷　或無經字馬鳴菩薩造或十卷見長房錄

發菩提心論二卷　或云發菩提心經亦云經論見李廓錄

放牛經一卷　亦云牧牛經出增一阿含第四十六卷異譯房云見別錄

海八德經一卷　第三出與法海經等同本見法上錄

禪秘要經三卷　或云禪秘要法无經字或四卷與支謙譯者同本第二出房云見別錄

燈指因緣經一卷　見李廓錄

十誦比丘戒本一卷　亦云十誦波羅提木叉戒第三出與曇摩持等出者同本見僧祐錄

成實論二十卷　或二十四或十六或十四卷弘始十三年九月八日尚書令姚顯請出至十四年九月十五日訖曇晷筆受佛後九百年訶梨跋摩造見僧祐錄

坐禪三昧經三卷　一名菩薩禪法初出或直云禪法或云禪法要或云阿蘭若習禪法三名同是一本弘始四年正月五日出至九年閏五月重校正見二秦僧祐寶唱三錄

菩薩呵色欲法一卷　或云菩薩訶色欲經或直云菩薩呵色欲初出見僧祐錄

禪法要解二卷　或云禪要經初出見僧祐錄

思惟要略法一卷　或云思惟要略法經或直云思惟經第二出見長房錄

雜譬喻經一卷　弘始七年十月出道略集

馬鳴菩薩傳一卷　見長房錄

龍樹菩薩傳一卷　見長房錄

提婆菩薩傳一卷　見長房錄

法界體性無分別經二卷　與寶積法界體性會同本初出見法上錄

從此下闕

大善權經二卷　與寶積大乘方便會等同本第四出見李廓錄

大方等大集經三十卷　兼加新字或二十四卷與支讖所出者同本見二秦錄及李廓錄

大方等頂王經一卷　與法護等出者同本第二出見長房錄

阿闍世經二卷　與支讖等出者同本第五譯房云見別錄

睒本起經一卷　亦直云睒經出六度集第三出見李廓錄

請觀世音經一卷　初出與竺難提出者同本見李廓錄

寶網經一卷　第二出與法護出者同本見李廓錄

稱揚諸佛功德經三卷　一名集華經初出弘始七年譯

觀普賢菩薩經一卷　第二出見李廓錄

未曾有因緣經二卷　初出見法上錄

賢劫經七卷　第二出弘始四年三月五日出與法護出者同本曇恭筆受見二秦錄及僧祐錄一名賢劫三昧經一名賢劫定意經凡三名祐錄云新賢劫經

善信摩訶神呪經二卷　見李廓錄

持地經一卷　見長房錄

觀佛三昧經一卷　見李廓錄

菩薩戒本一卷　初出見長房錄今疑此菩薩戒本即梵網下卷是

文殊悔過經一卷　第二出見長房錄

舍利弗悔過經一卷　第三出見法上錄

十住論十卷　龍樹菩薩造弘始年譯未訖第八未[?]於六度集見二秦錄及僧祐錄今疑此十住論即十住婆沙是

檢諸罪福經十卷　房云見別錄

十二因緣觀經一卷　見長房錄

婆藪盤豆傳一卷　初出見翻經圖

右七十四部三百八十四卷

提婆菩薩傳上五十一部三百二卷見在法界體性經下二十二部八十二卷

闕

沙門鳩摩羅什秦言童壽（一名鳩摩羅耆婆外國製名多以父母爲本什父鳩摩炎母字耆婆故兼取爲名也）天竺人也家世國相什祖父達多倜儻不群名重於國父鳩摩炎聡明有懿節將嗣相位乃辭避出家東度葱嶺龜兹王聞其棄榮捨俗甚敬慕之自出郊迎請爲國師王有妹年始二十才悟明敏過目必能一聞則誦且體有赤黶法生智子諸國娉之並不行及見炎心欲當之王聞大喜逼以妻焉遂生於什什之在胎其母慧解倍常往雀梨大寺聽經忽自通天竺語難問之辭必窮測致衆咸歎異有羅漢達摩瞿沙曰此必懷智子爲説舍利弗在胎之證既而生什岐嶷若神什生之後還忘前語頃之其母出家修道學得初果什年七歲亦俱出家從師受經日

誦千偈偈有三十二字凡三万二千言誦毗曇既過師授其義即自通解無幽不暢時龜兹國人以其母王女利養甚多乃携什避之什年九歲進到罽賓遇名德法師槃頭達多即罽賓王之從弟也淵粹有大量三藏九部莫不綜貫亦日誦千偈名播諸國什既至仍師事之遂誦雜藏中長二阿含凡四百万言達多每與什論議深推服之聲徹於王王即請入集外道論師共相攻難言氣始交外道輕其幼稚言頗不順什乘其隙而挫之外道折服愧惋无言王益敬異日給鵝腊一雙粳麵各三斗酥六升此外國之上供也所住寺僧乃差大僧五人沙弥十人營視灑掃有若弟子其見尊崇如此至年十二其母携還龜兹至月氏北山有一羅漢見而異之謂其母言常當守護此沙弥若至三十五不破戒者當大興

佛法度無數人與優波毱多無異若戒不全无能爲也正可才明儁藝法師而已什進到沙勒國頂戴佛鉢心自念鉢形甚大何其輕耶即重不可勝失聲下之母問其故答曰我心有分別故鉢有輕重耳什於沙勒國誦阿毗曇六足諸門增一阿含及還龜兹名蓋諸國時龜兹僧衆一万餘人疑非凡夫咸推而敬之莫敢居上由是不預燒香之次遂博覽四韋陁五明諸論外道經書陰陽星筭莫不究曉妙達吉凶言若符契爲性率達不厲小撿修行者頗怪之什自得於心未嘗介意彼從罽賓羅漢又學十誦律又從須利耶蘇摩諮稟大乘乃歎曰吾昔學小乘譬人不識金以鍮石爲妙矣於是廣求義要誦中百二論及十二門等有項什母辭往天竺謂龜兹王白純曰汝國尋衰吾其去矣行至天竺進登三果什母臨去謂什

日方等深教應大闡眞丹傳之
東土唯介之力但於自身无利
其可如何什曰大士之道利彼亡
軀若必使大化流傳洗悟矇俗
雖復身當鑪鑊苦而无恨於是
留住龜茲止王新寺得大品經
始就披讀魔來蔽文唯見空牒
什知魔所為誓心逾固魔去字
顯仍誦習之後於雀梨大寺讀
大乘經忽聞空中語曰汝是智
人何以讀此什曰汝是小魔宜
時速去我心如地不可轉也停
住一年廣誦大乘經論洞其秘
奧龜茲王為造金師子座以大
秦錦褥鋪之令什陞而說法後
往罽賓為其師槃頭達多具說
一乘妙義師感悟心服即礼什
為師言我是和上小乘師和上
是我大乘師矣西域諸國咸伏什
神儁咸共崇仰每至講說諸王
長跪座側命什踐而登焉其見
重如此什道震西域聲被東國
符氏建元十三年歲次丁丑正

月太史奏有星見外國分野當
有大德智人入輔中國堅素聞
什名乃悟曰朕聞西域有鳩摩
羅什將非此耶十九年堅遣驍
騎將軍呂光等率兵七万西伐
龜茲及烏耆諸國臨發謂光曰
聞彼方鳩摩羅什深解法相善
閑陰陽為後學之宗朕甚思之
若剋龜茲即馳驛送什光軍未
至什謂其王白純曰國運衰矣
當有勍敵日下人從東方來宜
恭承之勿抗其鋒純不從而戰
光遂破龜茲殺純獲什光性疎
慢未測什智量見其年尚少乃
凡人戲之什被逼既至遂虧其
節或令騎牛及乘惡馬欲使墮
落什常懷忍辱曾无異色光慚
愧而止光還中路置軍於山下
將士已休什曰不可在此必見
狼狽宜徙軍隴上光不納至夜
果雨洪潦暴起水深數丈死者
數千光始加數異什謂光曰此
凶亡之地不宜淹留推數揆運

應速言歸中路必有福地可居
光從之至涼州聞苻堅已死遂
割據涼土制命一隅焉什停涼
積年數言未然後皆如說呂光
父子既不弘道故蘊其經法无
所宣化苻堅已亡竟不相見姚
萇聞其高名虛心要請諸呂以
什智計多解恐為姚謀不許東
入及萇卒子興（諡為文桓皇帝）襲位復
遣敦請弘始三年歲次辛丑三
月有樹連理生于廟庭逍遙一
園葱變為茝以為美瑞謂智人
應入其年十二月二十日什至
常安興待以國師之礼甚見優
寵晤言相對則淹留終日研微
造盡則窮年忘勸自大法東被
始於漢明歷涉魏晉經論漸多
而支竺所出多滯文格義興少
崇三寶銳志講集什既至止仍
請入西明閣及逍遙園譯出衆
經什率多闇誦无不究達轉解
秦言音譯流利既覽舊經義多
乖謬皆由先譯失旨不與梵本

開元釋教録第四卷　第十五張

相應興使沙門僧肇僧䂮僧遷
僧叡等八百餘人諮受什旨
令出大品什持梵本興執舊經
以相讎校其新文異舊者義皆
圓通衆皆愜服莫不欣讚焉興
以佛道冲邃其行唯善信為出
苦之良津御世之洪則故託意
九經遊心十二乃著通三世論
以勗示因果王公已下並欽贊
厥風興宗室常山公顯安成侯
嵩並篤信緣業屢請什於常安
大寺講說新經什以弘始四年
壬寅至十四年壬子譯大品小
品金剛等經七十四部三百八
十餘卷並暢顯神源發揮幽
致于時四方義學沙門不遠万
里名德秀拔者才暢二公及至
道恒僧標慧叡僧敦僧弼僧肇
等三十餘僧稟訪精研務窮幽
旨廬山慧遠道業冲粹乃遣
使脩問龍光道生慧解洞微亦
入關諮禀盛業久大至今仰則
馬初沙門慧叡才識高朗常

開元釋教録第四卷　第十六張

隨什傳寫什每為叡論西方辭
體商略同異云天竺國俗甚重
文藻其宮商體韻以入絃為善
凡覲國王必有讚德見佛之儀
以歌歎為尊經中偈頌皆其式
也但改梵為秦失其藻蔚雖得
大意殊隔文體有似嚼飯與人
非徒失味乃令人嘔噦也什嘗
作頌贈沙門法和云心山育德
薰流芳万由旬哀鸞鳴孤桐清
響徹九天凡為十偈辭喻皆尒什
雅好大乘志存敷廣嘗歎曰吾
若著筆作大乘阿毗曇非迦旃
延子比也今在秦地深識者寡
折翮於此將何所論乃悽然而
止唯為姚興著實相論二卷出言
成章无所删改辭喻婉約莫非
淵奧什為人神情映徹崖岸出群
應機領會鮮有其疋且篤性仁
厚汎愛為心虛己善誘終日无
勌時有沙門僧叡　興甚喜焉什
所譯經叡並參正昔竺法護出
正法華受決品云天見人人見

開元釋教録第四卷　第十七張

天什譯經至此乃言曰此語與
梵本義同但在言過質叡應聲
曰將非人天交接兩得相見乎什
大喜曰實然而叡與什共相開
發皆此類也嘗聽秦僧道融講
新法華什乃歎曰佛法之興融
其人也俄而師子國有一婆羅
門聰辯多學西土俗書罕不披
誦而為彼國外道之宗聞什在
關大行佛法乃慨然謂其徒
曰寧可偏使釋氏之風獨傳震
旦而令吾等正化之典不洽東
國因遂乘駝負書遠涉來入常
安姚興見其口眼便僻頗亦惑
之而婆羅門乃啓興曰至道无
方各尊其事今故遠來請與秦
僧捔其辯力隨有優者即傳其
化興即許焉于時關中四方僧
衆相視缺然莫敢當者什謂融
曰此之外道聰明殊人捔言必
勝豈可得使无上大道在吾
徒為彼而屈良可悲矣若使外
道肆情得志則是我等法輪摧

開元釋教錄第四卷　第十八張　生字号

軸豈可然乎如吾所覩在君一人
道融自顧才力不減而彼西域
外道經書未盡披讀乃密令人
寫婆羅門所讀經目一披即誦
其後剋日將就論義姚興自出
公卿皆會闕中僧衆四遠必集
尒時道融與婆羅門擬相詶抗
鋒辯飛玄彼所不逮時婆羅門
辭自覺知辭理已屈然意猶以
廣讀為誇道融乃列其所讀書
并更通論秦地經史名目卷部
三倍多之什仍乘勢因嘲之曰
君可不聞大秦廣學那忽輕尒
遠來婆羅門心生愧伏頂禮融
足旬日之中无何而去像運再顯
鳩摩羅什道融力焉又杯度比
丘在彭城聞什在常安乃歎曰
吾與此子戲別三百餘年杳然
未期遲有遇於來生耳什臨終
力疾與衆僧告別曰因法相遇
殊未盡伊心方復異世惻愴可
言自以闇昧謬充傳譯若所傳
无謬使焚身之後舌不燋爛以

開元釋教錄第四卷　第十九張　生字号

秦弘始中卒即於逍遙園依外
國法焚尸薪滅形化唯舌不變
信弘法之有徵也 什公卒時諸記不定高僧傳云弘始十一年八月二十日卒於常安或云七年或云八年傳取十一為正此不然也准成實論後記云大秦弘始十三年歲次[illegible]亥九月八日尚書令姚顯請出此論至來年九月十五日訖准此十四年末什仍未卒又准僧肇上秦主姚興涅槃无名論表云肇在什公門下十有餘載若什四年出經十一年卒始終八載未滿十年二何乃言十有餘載故知但卒弘始年中不可定其年月也 然什出
經部卷衆說多少不同長房
錄中其數弥廣今細參驗多是
別生或有一本數名或是錄家
錯上具件如左今悉刪之

十

十誦律六十一卷 僧祐錄云是什譯出今以為五十八卷弃什度譯非什正翻後之三卷卑摩羅叉續出置之於後已備律錄此不存之

放光般若波羅蜜經二十卷 房云第二出見別錄今以放光梵本與大品同譯大品時與放舊經什出新本若言放光什譯書經何者是耶故知大品為新放光為舊重載二本誤之甚也

般若經論集二十卷 房云見吳錄今謂此集乃是廬山遠法師以大智度論文句繁積初學難尋乃刪煩翦乱令質文有體撮為二十卷亦云大智論要略亦云釋論要抄此乃遠公撮略前論非什別翻也

禪法要三卷 下注云先譯弘始元年重挍正欲與序既云先譯重挍不合存 其二名注僧叡經序即坐禪三昧經是

阿蘭若習禪法經二卷 房云見別錄或无經字與坐禪

開元釋教錄第四卷　第二十張　生字号

三時同本異出今謂不然此即坐禪三昧之別名也尋其文句首末大同是初出本非挍正者

樂瓔珞莊嚴經一卷 房云見寶唱錄今准經後記乃是曇摩耶舍所譯非什翻也今移附彼錄

實相論一卷 高僧傳云二卷什為姚興撰出非梵本傳故闕之也

徃古性和佛國願行法典經 或作坐和出文

珠佛王嚴淨經

佛[illegible]咳徹十方經

佛啓化出菩薩經

魔業經　過去无邊光淨佛土經

虛空藏菩薩問持經

得幾功德經 亦云得無相經

過魔法界經　太白魔王堅信經

佛弟子化魔子偈頌經

開化魔經　魔王變身經 佛嗟咳下文經並出大集

觀世音經 出法華經

陁羅尼法門六種動經

弥勒菩薩本願待時成佛經

佛變時會身經

東方善華世界佛座震動經 陁羅尼等四經並出悲華經

雀王經　佛昔為鹿王經

菩薩身為鴿王經 雀王等三經並出六度集

无量樂佛土經 亦云國土出興顯經

佛問阿須倫大海有减經 出中阿含
佛跡見千輻輪相經 出雜阿含
佛心揔持經　水牛王經
菟王經 佛心等三經並出生經
獼猴與婢共戲致變經
王后為蟣虱經 獼猴等二經並出雜譬喻
比丘應供法行經 祐注入疑經今亦在疑録
已上都有三十五部一百三十六卷
十誦律五十八卷 弘始六年十月十七日於中寺出見二秦録
右一部五十八卷本在
沙門弗若多羅秦言功德華罽
賓國人少出家以戒節見稱備
通三藏而專精十誦律部為外
國師宗時人咸謂已階聖果以
弘始中振錫入關秦主興待
以上賓之禮羅什亦挹其戒範
厚相崇敬先是經法雖傳律藏
未闡聞多羅既善斯部咸共思
慕以弘始六年甲辰十月十七
日集義學沙門六百餘人於常
安中寺延請多羅誦出十誦梵
本羅什譯為秦文三分獲二多
羅遘疾奄然棄世衆以大業未

卒而匠人殂往悲恨之深有踰
常痛次有西域沙門曇摩流支秦云法樂
弃家入道偏以律藏持名以
弘始七年秋達自關中廬山釋
慧遠聞支既善毗尼希得究竟
律部乃遣書通好曰佛教之興
先行上國自分流以来四百餘年
至於沙門德式所闕尤多頃西
域道士弗若多羅是罽賓人其
諷十誦梵本有羅什法師通才
博見為之傳譯十誦之中文始
過半多羅早喪中途而寢不得
究竟大業慨恨良深傳聞仁者
齎此經自隨甚欣所遇冥運之
来豈人事而已耶想弘道為物
感時而動叩之有人必情无不所
悕若能為律學之徒畢此経本
開示梵行洗其耳目使始涉之
流不失无上之律叅懷勝業者
日月弥朗此則惠深德厚人神
同感矣幸願垂懷不乘往意流
支既得遠書及姚興敦請乃與
什共譯十誦都畢研詳考覈條

制審定而什猶恨文煩未善既
而什化不獲刪治流支住常安
大寺慧觀欲請徃揚都支曰彼
土有人有法足以利世吾當更
行无律教處於是遊化餘方莫
知所之
虛空藏菩薩經一卷 初出或无菩薩字與虛空孕經等同本是大集別分三藏從罽賓得此經附商人送致涼州見道慧宋齊録及僧祐録
長阿含經二十二卷 弘始十五年出至十五年訖涼州沙門竺佛念傳譯秦國沙門道含筆受見僧叡二秦録及僧祐録高僧傳等
四分律六十卷 亦云曇无德律本譯四十五卷或云四十卷或云四十四卷今亦有七十卷者弘始十二年於長安中寺出見晉世雜録及祐録僧傳等
四分僧戒本一卷 或无僧字亦云曇无德戒本見晉世雜録及僧祐録
右四部八十四卷其本並在
沙門佛陀耶舍秦言覺名或云
覺稱 耶舍是名稱義高僧傳中翻為覺明義稍乖也
罽賓國人婆羅門種世事外道
有一沙門從其家乞其父瞋怒
令人歐之父遂手腳攣躄不能
行止乃問於巫師對曰坐犯賢
人鬼神使然也即請此沙門竭
誠悔過數日便瘳因令耶舍出

家為其弟子時年十三嘗從師
逺行於曠野逢虎師欲走避耶
舍曰此虎已飽必不侵人俄而
虎去前行果見餘肉師密異之
至年十五誦經日得五六万言
所住寺常於外分衛廢於誦習
有一羅漢重其聦敏恒乞食供
之十九誦大小乘經數百万言
然性簡慠頗以知見自處謂少
堪已師故不為諸僧所重但美
儀正善談笑見者忘其深恨年
及受戒莫為臨壇所以向立之歲
猶為沙弥乃從其舅學五明諸
論世間法術多所通習二十有
七方受具戒恒以讀誦為務手
不釋牒每端坐思義不覺虛中
而過其專精如此後至沙勒國
時太子達摩弗多秦言法子見其容
貌端雅問所從來耶舍訓對清
辯太子悅之仍請宮內供養待
遇隆厚羅什後至從其受學甚
相尊敬什隨母東歸耶舍留止
頃之王薨太子即位時苻堅遣

呂光攻龜茲龜茲王急求救於
沙勒王自率兵救之使耶舍留
輔太子委以後任救軍未至而
龜茲已敗王歸具說羅什為光
所執乃歎曰我與羅什相遇雖
久未盡懷抱其忽羈虜相見何
期停十餘年王薨因至龜茲法
化甚盛時什在姑臧遣信要之
裹粮欲去國人請留復停歲餘
後語弟子云吾欲尋羅什可密
裝夜發勿使人知弟子曰恐明
旦追至不免復還耶舍乃取
清水一鉢以藥投中呪數十言
與弟子洗足即便夜發比至旦
行數百里問弟子曰何所覺耶
荅曰唯聞疾風之響眼中淚出
耳耶舍又與呪水洗足住息明旦
國人追之已差數百里不及行
達姑臧而什已入常安什聞其
至姑臧勸興迎之興未納頃之
命什譯出經藏什曰夫弘宣法
教宜令文義圓通貧道雖誦其
文未善其理唯佛陀耶舍深達

經致今在姑臧願下詔徵之一
言三詳然後著筆使微言不
墜取信千載也興從之即遣使
招迎厚加贈遺悉不受重信敦
諭方至常安興自出候問別立
新省於逍遙園四事供養並不
受至時分衛一食而已于時羅
什出十住經一月餘日疑難猶
豫尚未操筆耶舍既至共相徵
决辭理方定道俗三千餘人皆
歎其賞要舍為人髭赤善解毗
婆沙故時人号曰赤髭毗婆沙
既為羅什之師亦稱大毗婆沙
四輩供養衣鉢卧具滿三間屋
不以關心興為貨之於城南造
寺耶舍先誦曇無徳律司隸校
尉姚爽請令出之興疑其遺
謬乃試耶舍令誦羌籍藥方各
四十餘紙三日乃執文覆之不誤
一字衆服其強記即以弘始十
年戊申譯四分律并長阿含等
經至十五年癸丑方訖涼州沙
門竺佛念譯為秦言道含筆

開元釋教錄第四　第二十七張　笙字

受譯畢解坐興親耶舍布絹万疋悉皆不受佛念道舍布絹各千疋名德沙門五百人皆重餞施耶舍後還罽賓不知所終四分序云壬辰之年有晉國沙門支法領西越流沙遠期天竺路經于填會遇曇无德部體大乘三藏沙門佛陁耶舍才體博閑明練經律三藏方等皆諷誦通利即於其國廣集諸經於精舍還以歲在戊申始達秦國秦主欣然即以其年請出律藏時集持律沙門三百餘人於長安中寺出即以領弟子慧辯為譯其壬辰年即秦建初七年也戊申歲即弘始十年也又有說云耶舍與佛念等共勘法領所將梵本然後翻出衆說少殊未詳孰正又准僧肇長阿含序及高僧並云四分弘始十二年出者此或據部終時說也

羌摩經一卷東晉隆安年達廣州在白沙寺為清信女張普明譯此應入晉錄隨人附秦見高僧傳及長房錄

樂瓔珞莊嚴方便品經一卷一名轉女身菩薩問答經第三出與法護順權方便經等同本李廓錄云羅什譯准挺後記云耶舍出故移編此

舍利弗阿毗曇論二十二卷或无論字或二十卷或三十卷共曇摩崛多於石羊寺出釋道標製序見僧祐寶唱二錄及高僧傳

右三部二十四卷初一部一卷闕今後二部二十三卷見在

沙門曇摩耶舍秦言法稱高僧傳云此云法明秦言也罽賓國人少而好學年十四為弗若多羅所知長而氣幹高爽雅有神慧該覽經律明

開元釋教錄第四卷　第二十八張　笙

悟出群陶思八禪遊心七覺時人方之浮頭婆馱孤行山澤不避虎兕獨處思念動移宵日嘗於樹下每自克責年將三十尚未得果何其懈哉於是累日不寢不食專精苦到以悔先罪乃夢見博叉天王語之曰沙門當觀方弘化曠濟為懷何守小節獨善而已道假衆緣復須時熟非分強求死而无證覺自思惟欲遊方授道既而踰歷諸國冒涉艱危以晉隆安中初達廣州住白沙寺耶舍善誦毗婆沙律人咸號為大毗婆沙時有清信女張普明諮受佛法耶舍為說佛生緣起并為譯出羌摩經一卷至義熙中來入長安時姚興僭號甚宗佛法耶舍既至深加禮異會有天竺沙門曇摩掘多秦言法藏來入關中同氣相求宛然若舊因共出舍利弗阿毗曇以秦弘始九年丁未書出梵文停至十六年甲寅經師漸閑秦語令自

開元釋教錄第四卷　第二十九張　笙

宣譯至十七年乙卯方訖凡二十二卷秦太子泓親管理味沙門道標為之作序又出樂瓔珞經一卷耶舍後南遊江陵止于辛寺大弘禪法其有味靖之賓披榛而至者三百餘人凡士庶造者雖先无信心見皆敬悅自說有一師一弟子修業並得羅漢傅者失其名又嘗於外門閉戶坐禪忽有五沙門來入其室又時見沙門飛來樹端者往往非一常交接神明而俯同驟俗雖道迹未彰時人咸謂已階聖果至宋元嘉中辭還西域而不知所終

秦乞伏氏都苑川　亦云西秦

從乞伏國仁姓宣烈王建義元年乙酉至乞伏慕末天盤永弘四年辛未凡經四主四十七年沙門一人所譯經及三秦代新舊失譯經律論等五十六部一百一十卷於中三十部七十九卷見在二十四部三十一卷闕本

乞伏秦

沙門釋聖堅　一十五部　二十四卷經

開元釋教錄卷第四　第十張　從字號

三秦代新舊諸失譯經四十一部八十六卷

七部七卷舊集　三十四部七十九卷新附

羅摩伽經三卷 是華嚴入法界品出異譯見內典錄

太子須大拏經一卷 出六度集第二卷異譯於江陵辛寺出康孟詳第二受或云須達拏見始興錄及寶唱錄舊入晉世隨人附秦

睒子經一卷 一名孝子睒經一名菩薩睒經一名睒本經一名孝子隱經九六名第四出六度集第二卷異譯見始興錄及法上錄

摩訶刹頭經一卷 亦名灌佛形像經亦直云灌佛經第二出與譯浴佛形像經同本見始興錄

无崖際持法門經一卷 一名无際經與尊勝菩薩所問經同本初出見始興錄及法上錄

濱道俗業經一卷 第二出與支謙譯者同本見法上錄

除恐災患經一卷 第二出與帛延譯者同本見始興錄寶唱法上三錄

賢首經一卷 名賢首夫人經見始興錄

阿難分別經一卷 亦名阿難問事佛吉凶經第三出見始興錄及法上錄

婦人遇辜經一卷 一名婦人遇對經見始興錄法上二錄上見存已下闕

方等主虛空藏經八卷 亦云虛空藏所問經一名勸發菩薩莊嚴菩提經或五卷是大集虛空品異譯見寶唱錄及法上錄六錄 鄢摩伽經同本非也

菩薩所生地經一卷 一名摩調所問經第二出見始興錄未知前後遠近人附秦錄

開元釋教錄卷第四　第十一張　從字號

孝經一卷 第三出見法上錄

僮迦葉解難經一卷 亦云童迦葉經與王宗寶唱支敏度等四錄同本

七女本經一卷 亦名七女本心明經亦名七女經第三出見支敏度錄

右一十五部二十四卷 單人譯本 上部一十二卷見在 下五部一十二卷闕本

沙門釋聖堅或云法堅亦謂堅公未詳孰是故備列之器量弘普利物為心以乞伏秦太初年間於河南國為乾歸譯 摩伽等經一十五部尋其聖堅遊化隨處出經既適无恒所弗知附見何代世錄為正本依法上慧法入乞伏秦世錄云

沙弥羅經一卷 第二出與五母子經同本

薩和薩王經一卷

阿多三昧經一卷 或作阿陁

陁賢王經一卷

颰陁悔過經一卷　方等決經一卷

比丘二事經一卷 祐錄云二事

上七部僧祐錄云安公關中異經

右七部七卷 初沙弥羅經有本餘者並闕

長房錄云並是沙門僧祐出三

開元釋教錄卷第四　第十二張　從字號

藏集錄釋道安所記關中異經今還附入三秦世錄惣為失譯時代覆云房錄復有梵本經四卷 已下注云是長安中出 後漢失譯錄中已有此中復載既是重上刪之不存也

已下新附此錄

天王太子辟羅經一卷 或云天王太子辟羅經

菩薩本行經一卷

大弥寶積作日經一卷

墮迦羅問菩薩經一卷

阿難為蠱道呪經一卷 舊錄云阿難為蠱道所呪 經今疑是藏中摩鄧女經

王舍城靈鷲山經一卷 舊錄云王舍城靈鷲山要真經

思道經一卷　佛在作圍經一卷

法為人經一卷　道意經一卷

阿美比丘經一卷　八德經一卷 今疑是八德經

善德經一卷

摩訶揵陁作衛羅畫 僧比丘等舊錄云本云摩訶比丘經度經一卷

右一十四部一十四卷 初太子辟羅經有本 餘者並闕

僧祐錄云安公關中異經長房等錄並闕不載祐載安公關中

異經總二十四部二十四卷於中七部如房録中列今更出一十四經通有二十一部餘之三部長房等録皆摽譯主故此闕之

大寶積經一卷 今編入寶積當第四十三會改名普明菩薩會第三出與摩訶衍寶嚴經佛遺日摩尼寶二經同本異譯

度諸佛境界智光嚴經一卷 初出與佛華嚴入如來德智不思議境界經等同本佛境界經等同本者非也

大悲分陁利經八卷 亦云大悲經與悲華經同本第一譯與曇无讖

大金色孔雀王呪經一卷 第五出

佛說大金色孔雀王呪經一卷 第六出二經同卷

大方廣如來秘密藏經二卷 大周録云與大方等如來藏經同本者非也

金剛三昧本性清淨不壞不滅經一卷 亦名金剛清淨經長房等録云吳支謙譯今尋文句非是謙出

師子月佛本生經一卷 長房等録云西晉竺法護譯今尋文句非是護公所出

十吉祥經一卷

一切智光明仙人慈心因緣不食肉經一卷

淨業障經一卷

別譯雜阿含經二十卷

出家功德經一卷 非是賢愚抄出者

毗丘母經八卷 亦云毗丘母論

薩婆多毗丘毗婆沙九卷

三弥底部論三卷 或无部字或云四卷

辟支佛因緣論二卷

十八部論一卷 初出與部異執論等同本並云真諦譯者非也

佛入涅槃密迹金剛力士哀戀經一卷

无明羅刹集一卷 亦云无明羅剎經或二卷

右二十部六十五卷並是見入藏經似是秦時譯出 數本經中並有秦言之字

諸失譯録並未曾載今附此秦録庶免遺漏焉

通前舊失譯經七部七卷及新附安公關中異經等總四十一部合八十六卷並爲三秦失譯訖

前涼張氏都姑臧 涼上餘録无年依晉年號

從張軌謚爲武王永寧元年辛酉至天錫秦封爲歸義侯晉封大將軍涼州咸安六年景子凡經八主七十六年外

國優婆塞一人譯經四部合六卷 於中一部一卷見在三部五卷闕本

前涼優婆塞支施崙四部六卷經

須賴經一卷 與曹魏白延吳支謙宋功德賢所出須賴經同本見經後記第三出咸安三年出

如幻三昧經二卷 第四出與安高竺法護如幻三昧及寶積善住意會等同本見首楞嚴經後記咸安三年出

上金光首經一卷 第二出與晉法護大淨法門經隨耶舍大莊嚴法門經同本咸安三年出見首楞嚴經後記

首楞嚴經二卷 第八出與漢支讖吳支謙魏白延晉法護等所譯出首楞嚴同本咸安三年出見經後記

右四部六卷 須賴經一部一卷見在如幻等三部五卷闕本

優婆塞支施崙月支人也博綜眾經特善方等意存開化傳於未聞奉經來遊達於涼土張公見而重之請令翻譯以咸安三年癸酉晉年号也於涼州州內正聽堂後湛露軒下出須賴等經四部龜茲王世子帛延傳語常侍西海趙瀟會水令馬亦內侍來恭政三人筆受沙門釋慧常釋進行同在會證涼州自屬辭

不加文飾也出須賴經後記及首楞嚴經後記 前涼之代應更出經後遭遇之幸續編附

北涼沮渠氏初都張掖後徙姑臧自蒙遜 謚武宣王 永安元年辛丑至茂虔 魏封河西王 承和七年己卯凡經二主三十九年緇素九人所出經律論等并新舊集失譯諸經總八十二部合三百一十一卷 於中二十五部二百九卷見在 五十一部一百二卷闕本

沙門釋道龔　二部　一十二卷　經

沙門釋法衆　一部　四卷　經

沙門僧伽陁　一部　二卷　經

沙門曇無讖　一十九部　一百三十一卷　經律集

安陽侯沮渠京聲　一部　二卷　集

沙門浮陁跋摩　一部　六十卷　論

沙門釋智猛　一部　二十卷　經

沙門釋道泰　二部　四卷　論

沙門釋法盛　一部　一卷　經

新舊諸失譯經　五十二部　七十五卷　五部　一十八卷

舊集四十八部　五十七卷　新附

寶梁經二卷 今編入寶積當第四十四會見竺道祖河西錄及僧祐錄

悲華經十卷 第三出與法護閑居經及大悲分陁利 曇无讖悲華

經等同本房云見古錄似是先譯讖更刪改今疑即无讖出者是

右二部一十二卷 前寶梁經一部二卷見存 後悲華經一部十卷闕本

沙門釋道龔虛心廣運弘利為道以北涼河西王 蒙遜僭号 永安年閒於張掖為蒙遜譯寶梁等經二部

大方等陁羅尼經四卷 或无大字一名方等檀持陁羅尼經見竺道祖晉世雜錄及僧祐錄

右一部四卷其本見在

沙門釋法衆高昌郡人亦以永安年中於張掖為河西王蒙遜譯大方等陁羅尼經一部寶唱錄云在高昌郡譯未詳孰是

慧上菩薩問大善權經二卷 一名大善權經一名慧上菩薩經一名大乘方便經凡四名本普同第五出與漢佛調晉法護所出大善權經及寶積大乘方便會等同本

右一部二卷本闕

沙門僧伽陁涼言饒善西域人意存兼濟化誘居懷亦以永安年中於張掖為蒙遜譯大善權經一部見始興錄及法上錄

大般涅槃經四十卷 或三十六卷第五譯玄始三年出至

十年十月二十三日訖梵本具足有三万五千偈今所譯者止万餘偈三分始一耳見竺道祖涼錄及僧祐錄

大方等大集經三十卷 或直云大集經第三出與舊錄支讖姚秦羅什出者同本或二十九或三十一或三十二或四十卷良由初出即篇分卷不同竺道祖涼錄及僧祐錄

大方廣三戒經三卷 初出與寶積三律儀會同本見法上錄

悲華經十卷 第四出與大悲分陁利經等同本見竺道祖河西錄及僧祐錄祐云別錄或云龔上出今與道龔譯者異譯同是一經二本並載恐未然也

金光明經四卷 初出一十八品見竺道祖河西錄及僧祐錄與新譯金光明最勝王經等同本今入八卷合經中此四卷者在刪繁錄

大方等大雲經六卷 一名大方等无相大雲經一名大雲无相經一名大雲密藏經或大方等大雲經或四卷或五卷第二出見僧叡李廓僧祐三錄

腹中女聽經一卷 一名不莊校女經與无垢賢女經轉女身經等同本第三出見長房錄

菩薩地持經十卷 或无經字亦云菩薩戒經又云菩薩地或八卷出瑜伽論本地分中菩薩地見竺道祖河西錄及僧祐錄

優婆塞戒經七卷 或无經字是在家菩薩戒或五卷或六卷或十卷玄始十五年景寅四月二十三日出至七月二十三日訖沙門道朗筆受見經後記及僧祐錄

菩薩戒本一卷 出地持戒品中第五出與大唐奘法師所出戒本等同本別錄云讖出見僧祐錄

文陁竭王經一卷 出中阿含第十一卷異譯見長房錄

佛所行讚經傳五卷 或云經无傳字或云傳无經字馬鳴菩薩

並亦云佛本行經見長房録

上見在巳下闕

勝鬘經一卷 亦云勝鬘師子吼一乘大方便經初出見長房録與宋功徳賢所出勝鬘經及寶積勝鬘夫人會同本

羅摩伽經一卷 第四出與曹魏安法賢等所出同本但廣略異 是華嚴入法界品少分見長房録

楞伽經四卷 初出與宋功徳賢元魏菩提支唐實叉難陀等所出同本見長房録

須真天子經一卷 第二出與西晉法護出者同本房云見吳録 又云羅什出似再譯

海龍王經四卷 或加新字第二出與生法護出者同本玄始七年出 見竺道祖河西録及僧祐録

功徳寶光菩薩經一卷 見長房録

菩薩戒壇文一卷 亦云優婆塞戒壇文祐云菩薩戒優婆塞戒壇文見僧祐寶唱二録

右一十九部一百三十一卷 所行讚上一十二部一百一十八卷見在勝鬘經下七部一十三卷闕本

沙門曇无讖或云曇摩讖亦云曇摩懺蓋取梵音不同故也涼云法豐中印度人婆羅門種讖六歲父亡母以傭織養讖見沙門摩耶舍此言法明道俗宗敬豐於利養其母羨之故以讖為弟

子十歲與同學數人讀呪聰敏出群誦經日得万餘言初學小乘兼覽五明諸論講說精辯莫能詶抗後遇白頭禪師共讖論議習業既異交諍十旬讖雖攻難鋒起而禪師終不肯屈讖服其精理乃謂禪師曰頗有經典可得見不禪師即授以樹皮涅槃經本讖尋讀驚悟方自慙恨以為坎井之識久迷大方於是集衆悔過遂專業大乘至年二十所誦大小乘經二百餘万言讖從兄善能調象騎殺王所乘白耳大象王怒誅之令曰敢有視者夷三族親屬莫敢往讖哭而葬之王怒欲誅讖讖曰王以法故殺之我以親而葬之並不違大義何為見怒傍人為之寒心其神色自若王奇其志氣遂留供養讖明解呪術所向皆驗西域号為大神呪師後隨王入山王渴乏須水不能得讖乃密呪石出水因讚曰大王惠澤所感

遂使枯石生泉隣國聞者皆歎王德于時雨澤甚調百姓稱詠王悅其道術深佳優寵頃之王意稍歇待之漸薄讖怒曰我當以呪水詣池呪龍入缾令天下大旱王必請呪然後放龍降雨待何如遂持缾造龍有密告之者王怒捕讖讖懼誅乃賫大涅槃經本前分一夾并菩薩戒經地持經也菩薩戒本奔龜茲龜茲國多小乘學不信涅槃遂至姑臧止於傳舍慮失經本枕之而寢有人牽之在地讖驚謂是盜者如此三夕聞空中語曰此如來解脫之藏何以枕之讖乃慙悟別置高處夜有盜之者舉不能勝乃數過舉之遂不能動明旦讖持經去不以為重盜者見之謂是聖人悉來拜謝河西王沮渠蒙遜聞讖名呼與相見接待甚厚蒙遜素奉大法志在弘通請令出其經本讖以未參土言又無傳譯恐言舛於理不許即

開元釋教錄第四卷　第四十二張

翻於是學語三年方譯初分十卷是時沙門慧嵩道朗獨步河西值其宣出法藏深相推重轉易梵文嵩公筆受道俗數百人疑難縱横識臨機釋滞未甞留尋嵩朗等更請廣出餘經謂大集大雲悲華地持等并涅槃經揔十九部識以涅槃經本品數未足還國尋求值其母亡遂留歲餘後於于填更得經本復還姑臧續譯成四帙焉識以玄始三年甲寅創首翻譯至十五年景寅都訖（房云玄始十年訖者此乃涅槃竟時非餘經也准優婆塞戒經後記云景寅年出此即十五年翻出經也識至義和三年癸酉三月方卒中間六載應更出經録中不言故未詳也）識甞告遜云有鬼入聚落必多災疫遜不信欲躬見為驗識即以術加遜遜見而駭怖識曰宜絜誠齋戒神呪驅之乃讀呪三日謂遜曰鬼已去矣既而北境之外疫死万數遜益敬憚禮遇弥崇會魏太武皇帝聞其道術遣使迎請且告遜曰若不遣識便即加兵遜自揆

開元釋教錄第四卷　第四十三張

國弱難以拒命兼慮識多術或為魏謀已進退惶惑乃密計除之初識譯出涅槃卷數已定而外國沙門曇無發云此品未盡識甞慨然誓必重尋蒙遜因其行志乃偽資發遣厚贈寶貨未發數日乃流涕告衆曰識業對將至衆聖不能救矣以本有心誓義不容停行四十里遜密遣剌客害之時年四十九衆咸慟惜焉既而遜左右常白日見鬼神以劍擊遜至四月寢疾而終（遜以義和三年三月害識即其年四月遇疾而終信哉報應不虛如影之隨形也房云識在宋世永和四年卒者非也其義和三年即魏延和二年歲在癸酉也）初識在姑臧有張掖沙門道進欲從識受菩薩戒識云且悔過乃竭誠七日七夜至第八日晨詣識求受識忽大怒進更思惟但是我業障未銷耳乃戮力三年且禪且懺即於定中見釋迦文佛與諸大士授已戒法其夕同止十餘人皆感夢如進所見進欲詣識說之未至十步識驚

開元釋教錄第四卷　第四十四張

起唱言善哉善哉已感戒矣吾當更為汝作證次第於佛像前為說戒相時沙門道朗振譽關西當進感戒之夕朗亦通夢乃自卑戒臘求為法弟於是從進受者千有餘人傳授此法迄至于今皆識之遺則有別記云菩薩地持經應是伊波勒菩薩傳來此土後果是識所傳譯疑識或非凢也

菩薩戒經八卷（祐房等錄並云識譯今以是地持之別名故不雙載也）

虛空藏經五卷（祐房等錄亦云識譯今以即是大集虛空藏品排出別行今載別生錄中此不復存也）

優婆塞戒本一卷（寶唱錄云識譯復云出優婆塞戒經今亦載別生錄中不別存也）

善信女經二卷

無為道經二卷

居士請僧福田經一卷

決定罪福經一卷（上之四經長房等錄皆云識譯復云世注為疑今並依舊附疑此中不載）

禪法要解二卷（第二出與羅什出者同本見長房錄）

右一部二卷本闕

安陽侯沮渠京聲即河西王蒙遜從弟為人強志疎通敏朗少有智鑒涉獵書記善於談論幼稟五戒說意内典所讀衆經即能諷誦常以為務多聞大士之盛業也少時嘗度流沙到于闐國於瞿摩帝大寺遇天竺法師佛陁斯那（涼言覺將）安陽從之諮問道義斯那本學大乘天才秀出誦半億偈明了禪法故西諸國號為人中師子安陽從受禪法諸秘要術口誦梵本東歸於涼以我虔承和年中譯禪法要解一部

阿毗曇毗婆沙論六十卷（或加揵度字初出與唐譯大毗婆沙論本或分成八十四卷或一百九卷佛後六百餘年五百羅漢造見僧祐寶唱二録）

右一部六十卷其本見在

沙門浮陁跋摩或云佛陁跋摩涼言覺鎧西域人也幼而履操明直聰悟出群習學三藏偏善毗婆沙常誦持此論以為要承和年中達於姑臧先有沙門道

秦志用強果少遊葱右遍歷諸國得毗婆沙梵本十有万偈還至姑臧側席虚襟企待明匠聞跋摩遊心此論請為翻譯時蒙遜已薨子茂虔襲位以虔承和五年丁丑四月中旬於涼州城内閑豫宫寺請跋摩譯為泰即筆受沙門慧嵩道朗與義學僧三百餘人考正文義至七年己卯七月方訖凡一百卷沙門道挺為之製序有頃魏太武帝西伐姑臧涼土崩乱經書什物皆被焚蕩遂失四十卷今唯有六十存焉跋摩避乱西反不知所終（序云乙丑歲出即蒙遜玄始十四年也丁卯歲訖即玄始十六年也與録不同未詳何以）

般泥洹經二十卷（見道慧宋齊録及僧祐録第六譯與无讖大般涅槃經等同本）

右一部二十卷本闕

沙門釋智猛京兆新豐人禀性端明厲行清白少襲法服修業專至諷誦之聲以夜續晝每見外國道人說釋迦遺跡又聞方

等衆經布在西域常慨然有感馳心遐外以為万里咫尺千載可追也遂以姚秦弘始六年甲辰之歲招結同志十有五人發跡長安渡河跨谷三十六所至涼州城既而西出陽関入于流沙二千餘里地无水草路絶行人冬則嚴厲夏則瘴炎人死聚骨以標行路驝駝負粮理極辛阻遂歷鄯鄯龜茲于填諸國備觀風俗從于填西南行二千里始登葱嶺而同侶九人退還猛與餘伴進行千七百餘里至波淪國同旅竺道嵩又復无常將欲闍毗忽失尸所在猛悲歎驚異於是自力而前與餘四人三度雪山氷崖皓然百千餘仞飛絙為橋乘虚而過窺不見底仰不見天寒氣慘酷影戰魂慄復南行千里至罽賓國再渡辛頭河雪山壁立轉甚於前下多障氣惡鬼斷路行者多死猛誠心冥徹履險能濟既至罽賓城恒

有五百羅漢住此國中而常往反阿耨達池有大德羅漢見猛至止歡喜讚歎猛諮問方土為說四天子事具在猛傳猛先於奇沙國見佛文石唾壺又於此國見佛鉢光色紫紺四際盡然猛香花供養頂戴發願鉢若有應能輕能重既而轉重力遂不堪及下案時復不覺重其道心所應如此復西南行千三百里至迦維羅衛國見佛髮佛牙及肉髻骨佛影佛跡炳然具存又覩泥洹堅固之林降魔菩提之樹猛喜心內充設供一日兼以寶蓋大衣覆降魔像其所遊踐究觀靈變天聯龍池之事不可勝數後至華氏城是阿育王舊都有大智婆羅門名羅閱宗舉族弘法王所欽重造純銀塔高三丈沙門法顯先於其家已得六卷泥洹及見猛至問云秦地有大乘學不答曰悉大乘學羅閱驚歎曰希有希有將非菩薩

往化耶猛就其家得泥洹梵本一部又尋得摩訶僧祇律梵本一部及餘經梵本誓願流通於是便反以甲子歲發天竺同行四僧於路无常唯猛與曇纂俱還涼州以虔承和年中譯出泥洹成二十卷猛以宋元嘉末卒昇歷尋遊方沙門記列道路時或不同佛鉢頂骨處亦乖爽將知遊往天竺非止一路頂鉢靈遷時屆異土故傳述見聞難以例也

大丈夫論二卷 提婆羅菩薩造見翻經圖

入大乘論二卷 堅意菩薩造見唐舊錄亦見內典錄及翻經圖

右二部四卷其本見在

沙門釋道泰才鑒自天沖氣踈朗博聞奇趣遠參異言往以漢土方等既備幽宗粗暢其所未練唯二藏九部故杖策冒嶮爰至葱西綜覽梵文義承高旨并獲婆沙梵本十万餘偈及諸經論東歸於涼遂遇浮陁跋摩共翻毗婆沙論泰後自譯大丈夫

論等二部 又長房內典二錄亦於其涼代復有沙門曇覺於高昌國譯賢愚經一部即當宋元嘉二十二年也今謂不然元嘉十六年已知涼國已絕如何二十二年乙酉仍有譯經故知二錄誤也今精尋經圖編在元魏之代魏宋雖然宋居建業魏都恒安以地而論合屬魏錄

菩薩投身餓虎起塔因緣經一卷 僧祐錄云以身施餓虎經見經後記

右一部一卷其本見在

沙門釋法盛高昌人也亦於涼代譯投身餓虎經一卷故前高僧曇无讖傳末云于時有高昌沙門法盛亦經往外國有傳四卷其投身餓虎經後記云介時國王聞佛說已即於是處起立大塔名為菩薩投身餓虎塔今見在塔東面山下有僧房講堂精舍常有五千眾僧四事供養法盛介時見諸國中有人癩病及癲狂聾盲手脚躄跛及種種疾病悉來就此塔燒香然燈香泥塗地修治掃灑并叩頭懺悔百病皆愈前來差者便去後來輒介常有百餘人不問貴賤皆介終無絕時今詳僧傳之文及

閲經記之詮法盛遊於西域此
事不虛復云覩靈龕故應非
謬若非盛之自譯何得著彼經
終既能自往西方豈有不傳經
教考覈終始事乃分明今為盛
翻編載斯録

不退轉法輪經四卷 一名不退轉經第二出與法護阿惟越致遮經等同本

金剛二昧經二卷 或一卷

大忍辱經十卷

金輪王經一卷

賢劫五百佛名一卷

右五部一十八卷 前二部六卷見在後三部一十二卷闕本

長房等録並云是沙門僧祐新
集釋道安涼土異經今還附入
涼世目録為失譯源庶知時代
顯譯有无卷部多少出之處所
已下新附此録

優婆夷淨行法門經二卷 或无經字亦直云淨行經

長者法志妻經一卷

大愛道比丘尼經二卷 亦云大愛道受戒經舊録云大愛道經

三慧經一卷　菩薩等行經一卷

四无畏經一卷 此已下闕

權變經一卷 舊録云文殊師利權變三昧經或直云權變三昧經

十漚惒經一卷

七言禪利經一卷 舊録云漚惒七言禪利經

菩薩十漚惒經一卷 今疑與前十漚惒同

氣沙王經一卷　有无經一卷

五百偈經一卷

須耶越國貢人經一卷 舊録云須耶越國貢人[illegible]國經

浮木經一卷　坏喻經一卷

妖怪經一卷

阿般計泥洹經一卷 一本作陶射計泥洹經

四非常經一卷　五失蓋經一卷

要真經一卷　本无經一卷

勸德經一卷　十五德經一卷

父母因緣經一卷 今疑與父子因緣經同

慧行經一卷　末生王經一卷 今疑是未生怨經

內外无為經一卷　道淨經一卷

七事本末經一卷 舊録云七事本末行經

百寶三昧經一卷　三乘經

耆域術經一卷 舊録云耆域四術經

五蓋離疑經一卷 今疑是五蓋疑結失行經

太子智止經一卷　道德章經一卷

苦相經一卷

須佛得度經一卷　由經一卷

分然洹國迦羅越經一卷

五陰事經一卷　義決法事經一卷

十思惟經一卷　分別六情經一卷

三失蓋經一卷　佛寶三昧經一卷

法志女經一卷

右四十七部四十九卷 唯?初四部六卷有本餘者並闕

僧祐録云安公涼土異經長房
等録闕而不載今還附入涼録
以為失譯祐載安公涼土異經
惣五十九部於中五部房録已
載今更出四十七部通前五十
二部餘有七部一十四卷謹按
長房等録皆有所憑即非失
譯是故此録刪之不存故具條
件列之如左

須菩提品經七卷 般若鈔經異名前秦曇摩蜱譯

文殊師利示現寶藏經二卷 西晉竺法護譯

七知經一卷 或作七智吳支謙譯

難龍王經一卷 或云難龍經龍王兄弟經異名吳支謙譯

阿陁三昧經一卷 即阿多三昧經異名安公関中異經已載

開元釋教録第四卷　真五十四引　壁字号

大五濁經一卷舊録云大五濁悪世經祥録云僞今亦編之

首至問十四章經一卷舊録云道至問佛十四意經或云首至問十四事經亦云後漢支曜譯今爲抄經載別生録

大方廣十輪經八卷初出與唐譯地藏十輪經同本是大集第十三分似凉代譯群録不載今附北凉録末庶免遺漏耳

通新及舊揔五十三部合七十五卷並爲北凉失源云

開元釋教録卷第四　揔録之四

開元釋教録卷第四

校勘記

一　底本，金藏廣勝寺本。七〇頁中、下原版殘，以麗藏本换。

一　七〇頁中一行「卷第四」，㊂作「卷第四上」。

一　七〇頁中二行「庚午歲」，㊂、㊓作「唐」。

一　七〇頁中一〇行夾註右「庚子」，㊮、㊃、㊟、㊁、㊂、㊓作「歲在庚子」。

一　七〇頁中一一行「姚秦」，㊃、㊟、㊂無。

一　七〇頁中一四行夾註「經律」，㊮、作「律」。

一　七〇頁中一七行夾註左「三秦録」，㊮、㊃、㊟、㊁、㊂、㊓作「二秦録」。

一　七〇頁中二一行夾註左「二秦録」，㊃、㊁作「一秦録」。

一　七〇頁下一行夾註左「初出」，㊮、㊃、㊟、㊂、㊓作「初云」。

一　七〇頁下六行首字「上」，㊂、㊓作「已上」。

一　七〇頁下一一行夾註左「拘夷」，㊂作「拘夾」。

一　七一頁上五行第五字「謙」，㊂作「讃」。

一　七一頁上九行夾註右「十卷」，㊮、㊃、㊟、㊁、㊂、㊓作「十一卷」。

一　七一頁上一〇行「常安」，㊓作「長安」。下同。

一　七一頁上一二行夾註右「亦名」，㊂、㊓作「亦云」。

一　七一頁上一三行夾註右第六字「第」，㊃、㊟、㊁、㊂、㊓作「等」。

一　七一頁上一六行夾註左「或七卷」，㊮、㊃、㊟、㊁、㊂、㊓作「或七卷或八卷」。

一　七一頁上二一行夾註右末字「與」，㊮、㊃、㊟、㊁、㊂、㊓無。

一　七一頁上末行夾註左「經題上」，㊃作「經題二」。

一　七一頁中二行夾註左「僧祐録」，㊂作「及僧祐録」。

一　七一頁中七行夾註右第一〇字「出」，徑作「二出」。

一　七一頁中九行首字夾註「見」，磧、普、南、徑、清無。

一　七一頁中一〇行夾註右「華嚴」，磧、普、南作「莊嚴」。

一　七一頁中一六行夾註右「摩詰經」，資、磧、普、南、徑、清作「摩經」。

一　七一頁下五行夾註左末字「釋」，諸本（不含石，下同）作「稱」。

一　七一頁下七行夾註左首字「佛」，諸本作「佛經」。

一　七一頁下九行夾註左末字「經」，資、磧、普、南、徑、清作「經等」。

一　七一頁下一四行夾註右「大金」，諸本作「大金色」。

一　七一頁下一九行夾註左「同本」，磧、普、南、徑、清作「同」。

一　七二頁上三行夾註右「融影」，磧、普、南、徑、清作「融景」。

一　七二頁上三行夾註左「僧肇受」，資、磧、南、清作「僧肇筆受」；徑作「僧肇等受」。

一　七二頁上一一行夾註右「中觀」，諸本作「中觀論」。

一　七二頁上一八行「論經」，麗作「經論」。

一　七二頁中四行夾註右「或二十四」，資、磧、普、南、徑、清作「或二十四或二十七」。

一　七二頁中五行夾註左「佛後」，麗作「佛滅後」。

一　七二頁中七行夾註右「禪法」，諸本作「禪法經」。又左「禪法要」，諸本作「禪經」。

一　七二頁中八行夾註右首字「要」，資無。又左「至九年閏五月」，資、磧、普、南、徑、清作「九年閏月五日」。

一　七二頁中九行夾註右「二秦」，清作「一秦」。

一　七二頁中一五行「一卷」，資、磧、普、南、徑、清作「二卷」。

一　七二頁中一八行與一九行之間，磧、普、南、徑、清有「已上見存已下闕本」一行。

一　七二頁中二〇行「從此下闕」，磧、普、南、徑、清無。

一　七二頁下一行夾註右第五字「出」，資、磧、普、南、徑、清無。

一　七二頁下六行夾註左「七年」，資、磧、普、南、徑、清作「十年」。

一　七二頁下一〇行夾註右「三月」，資、磧、普、南、徑、清作「二月」。

一　七二頁下一〇行夾註左「出者」，諸本作「譯者」。

一　七二頁下一六行夾註左「即梵網下卷是」，資無。

一　七二頁下一九行夾註左「第八」，資、磧、普、南、徑、清作「第一卷」。

一　七二頁下二二行「十二」，磧、南、徑、清作「十住」。

一　七三頁上二行夾註左「八十二卷」，徑作「八十三卷」。

一　七三頁上五行夾註右「耆婆」，資、磧、普、南、徑、清作「耆婆者」。

一　七三頁上八行首字「炎」，資作「羅

毬」；磧、普、南、徑、清、麗作「羅炎」。

一 七三頁上一四行第六字「炎」，資作「毬」。

一 七三頁下二行第一〇字「正」，徑、清作「止」。

一 七三頁下三行第三字「詣」，資作「又」；磧、普、南、徑、清作「藝」。

一 七三頁下四行「心自念鉢」，諸本作「心念言鉢」。

一 七三頁下六行第四字「其」，諸本作「其故」。

一 七三頁下一五行「恠之」，諸本作「非之」。

一 七四頁上一二行「如地」，磧、南作「知地」。

一 七四頁上二一行第五字「命」，資、磧、普、南、徑、清作「令」。

一 七四頁中一行「星見」，資、磧、普、南、徑、清作「星現」。

一 七四頁中七行「彼方」，麗作「彼有」。

一 七四頁中一七行「異色」，資、磧、普、南、徑、清作「畏色」。

一 七四頁下九行夾註「文祖皇帝」，資、磧、普、南、徑、清作「文初皇帝」。

一 七四頁下一一行「廟廷」，資、磧、普、南、徑、清作「殿廷」。

一 七四頁下一五行「悟言」，資、磧、普、南、徑、清作「晤言」。

一 七五頁上一〇行「常山公」，清作「長山公」。

一 七五頁上一七行第一一字「及」，諸本作「乃」。

一 七五頁上一八行「慧歡」，資、磧、普、南、徑、清作「僧叡」。末行同。

一 七五頁上一九行「三十」，磧、普、南、徑、清作「三千」。

一 七五頁中八行「歐嘁」，資、磧、普、南、徑、清作「嘔嘁」。

一 七五頁中一〇行「由句」，磧、普、南、徑、清作「由延」。

一 七五頁中一二行「雅好」，徑、清作「推好」。又「敷廣」，麗作「敷演」。

一 七五頁中一八行第一〇字「岸」，諸本作「傲岸」。

一 七五頁中二一行「甚喜」，諸本作「甚嘉」。

一 七六頁上二一行末字「可」，麗作「何」。

一 七六頁中三行「有微也」，資、磧、普、南、徑、清作「有微矣」。

一 七六頁中七行夾註左第八字「卒」，普作「辛」。

一 七六頁中一六行夾註左首字「興」，徑作「與」。

一 七六頁中一七行夾註右「是耶」，清作「是界」。

一 七六頁中二一行夾註左末字「存」，磧作「有」。

一 七六頁中二二行夾註左末字「是」，資、磧、普、南、徑、清作「也」；麗作「是也」。

一 七六頁下二行夾註右「廓録今准」，磧作「廓録今唯」；麗作「李廓録今准」。

一 七六頁下六行夾註右「佛壬」，資作「佛王」；磧、普、南、徑、清、麗作

「佛土」。

一　七六頁下一一行夾註右第二字「云」，磧作「一」。

一　七六頁下一三行「偈頌經」，磧、普、徑作「偈訟經」。

一　七六頁下一四行夾註「佛嚳咳下文經」，資、磧、普、南作「佛謦及下十經」；徑、清、麗作「佛謦咳下十經」。

一　七七頁上一五行「弘始十年」，資、磧、普、南、徑、清作「弘始年中」。又「秦主興」，資、磧、普、南、徑、清作「秦主姚興」。

一　七七頁上末行末字「未」，資、普作「末」。

一　七七頁中一一行第九字「梵」，諸本作「之」。

一　七七頁中一六行「无不」，資作「无有」；磧、普、南、清、麗作「無」。

一　七七頁中一七行第九字「畢」，資、徑、清作「冀」。

一　七七頁中一八行第五字「洗」，清作「浣」。

一　七七頁中一九行第七字「律」，諸本作「津」。

一　七七頁中二一行第六字「乘」，諸本作「垂」。

一　七七頁下三行第六字「請」，清作「諸」。

一　七七頁下一三行夾註右「七年於寺中」，磧、普、南、徑、清作「七年於中寺」；麗作「十年於寺中」。

一　七七頁下二一行「筮師」，磧、普、南、徑、清作「巫師」。

一　七八頁上一一行第二字「正」，諸本作「止」。

一　七八頁上一六行「釋牒」，徑作「失牒」。

一　七八頁下一八行第八字「羌」，資、磧、普、南、徑、清作「差」。

一　七九頁上六行夾註右「佛陁」，徑作「佛尼」。

一　七九頁上七行夾註「秦主姚」，資、磧、普、南、徑、清作「秦主姚興」。

一　七九頁上一〇行夾註左「高僧」，磧、普、南、徑、清、麗作「高僧傳」。

一　七九頁上一一行夾註左末字「也」，至此，徑、清卷第四上終、卷第四下始。

一　七九頁上一二行夾註「白沙寺」，資作「長沙寺」。

一　七九頁上一三行夾註右「隨人」，普、徑、清作「隋人」。

一　七九頁上一八行夾註右第一三字「釋」，資、磧、普、南、徑、清無。

一　七九頁中一六行末字「至」，資、磧、普、南、徑、清無。

一　七九頁下一七行第四字「國」，麗作「國仁」。

一　七九頁下二一行「五十六部」，諸本作「總五十六部」。

一　七九頁下二二行夾註右「三十部」，諸本作「三十二部」。

一　八〇頁上五行夾註右「康叟」，諸本作「庚叟」，下同。又左「隨人」，徑、清作「隋人」。

一 八〇頁上七行夾註右「第四出」，諸本作「第四出出」。

一 八〇頁上一〇行夾註左末字「問」，諸本作「問經」。

一 八〇頁上一一行夾註左「法上」，諸本作「法上録」。

一 八〇頁上一五行夾註右「名賢首」，諸本作「二名賢首」。

一 八〇頁上一六行至一七行夾註「始興録及法上録」，磧、普、南、徑、清作「始興法上二録」。

一 八〇頁上二〇行夾註左首字「空」，磧、普、南、徑、清、麗作「空藏」。

一 八〇頁中四行「七女本經」，資、普、徑作「七女七經」；磧、南作「女七經」。又夾註左末字「經」，磧、南、麗作「録」。

一 八〇頁下七行「已下」，徑、清作「已上」。

一 八〇頁下一四行夾註左「真經」，資、磧、普、南、徑、清作「直經」。

一 八〇頁下一九行第八字「盡」，及小字「信比丘等舊録云盡信比丘經度經一卷」，諸本作「盡信比丘等度經一卷」並有夾註「舊録云盡信比丘經」。

一 八一頁上八行夾註右首字「人」，諸本作「入」。

一 八一頁上二〇行夾註左第二字「似」，南無；徑作「此」。又末字「此」，南無。

一 八一頁中四行夾註「毗母論」，諸本作「毗尼母論」。

一 八一頁中五行「毗尼」，徑、清無。

一 八一頁中二二行夾註左「涼州」，諸本作「涼州牧」。

一 八一頁下八行夾註左第五字「隨」，諸本作「隋」。

一 八一頁下一二行夾註左「五部三卷」，資、磧、普、南、徑、清作「三部五卷」。

一 八一頁下末行首字「釋」，資作「精」。

一 八二頁上二行夾註左第五字「辛」，諸本作「幸」。

一 八二頁上四行末字至五行首字「茂虔」，資、磧、南、徑、清作「牧犍」；普作「目揵」。

一 八二頁上五行「永和」，諸本作「承和」。下同。

一 八二頁上一〇行「沙門」，資、磧、普、徑、清、麗作「北涼沙門」。

一 八二頁上一九行夾註右「五十二」，磧、普、南、徑、清、麗作「五十三」。

一 八二頁中二行夾註左「見存」，資、磧、普、南、徑、清作「見在」。

一 八二頁中一六行夾註左「本普同」，諸本作「本並同」。

一 八二頁下一行夾註左第一〇字「止」，清作「上」。

一 八二頁下五行夾註「竺道祖」，諸本作「見竺道祖」。

一 八二頁下一〇行夾註右末字「卷」，磧、普、南、徑、清作「卷卷」。又左第五字「四」，資無。

一 八二頁下一三行第六字「經」，麗無。

一八二頁下一五行至一六行夾註「又菩薩地」，諸本作「又名菩薩地經」。

一八二頁下一六行夾註左第二字「地」，資作「地持經」。

一八二頁下一八行夾註右「景寅」，麗作「丙寅」，下同。又左「道泰」，諸本作「道養」。

一八二頁下二〇行夾註右「第二出」，資、磧、普、南作「第一出」。

一八三頁上一二行夾註左首字「録」，磧、普、南、徑、清無。

一八三頁上二二行「摩耶舍」，諸本作「達摩耶舍」。

一八三頁中二行「讀經」，資、磧、普、南、徑、清作「誦經」。

一八三頁中四行「白禪師」，諸本作「白頭禪師」。

一八三頁下七行「待何如」，諸本作「則見待何如」。

一八四頁上三行「深時」，諸本作「深相」。

一八四頁上一〇行「于塡」，資、磧、普、南、徑、清作「于闐」。下同。

一八四頁上一四行夾註右「十五年」，諸本作「十五年中」。

一八四頁中四行「此品」，磧、普、南、徑、清、麗作「此經品」。

一八四頁中一四行夾註右「虔世」，麗作「處世」。

一八四頁下一三行夾註右「亦云」，磧、普、南、徑、清作「並云」。

一八四頁下二一行夾註右「世注」，南、徑、清作「世法」。

一八五頁上三行末字「秉」，諸本作「稟」。

一八五頁上四行第三字「説」，資、磧、普、南、清、麗作「鋭」；徑作「銳」。

一八五頁上六行第六字「眘」，資、磧、普、南、徑、清作「常」。

一八五頁上九行「大斈」，諸本作「本學」。

一八五頁上一三行「茂虔」，徑、清作「牧揵」，下同。

一八五頁上一五行夾註右「揵度」，諸本作「八犍度」。

一八五頁上一六行夾註右第二字「本」，諸本作「同本」。

一八五頁上一七行首字「右」，磧無。

一八五頁上二一行第一一字「要」，諸本作「心要」。

一八五頁中一行首字「秦」，諸本作「泰」。

一八五頁中五行第一〇字「虔」，徑、清作「揵」。次頁中六行第五字同。

一八五頁中一二行「涼上」，諸本作「涼土」。

一八五頁中一四行「不知」，麗作「莫知」。

一八五頁中一七行夾註右第七字「及」，麗作「反」。

一八六頁上六行「晝然」，普、南、徑、清作「畫然」。

一八六頁下三行夾註左「靖邁經圖編」，資、磧、普、南、清作「依靖邁經圖」；徑作「依靖邁國圖」；麗作

「依靖邁經圖編」。又「之伐魏」，資無；磧、普、南、徑、清、麗作「之代魏」。

一　八六頁下四行夾註右「宋居」，資、普作「宋君」。

一　八七頁上九行「三昧」，諸本作「三昧」。

一　八七頁上一一行「一卷」，資、磧、普、南、徑、清作「十卷」。

一　八七頁中一五行第四字「一」，徑、清作「二」。

一　八七頁中一六行第六字「一」，清無。

一　八七頁中二〇行「三乘經」下，資、磧、普、南、徑、清有「一卷」二字。

一　八七頁中二二行夾註左「失行」，磧、普、南、徑、清作「本行」。

一　八七頁下一七行第一〇字「故」，麗作「今」。

一　八七頁下二二行夾註右「龍王光」，資、磧、普、南、徑、清作「龍王」；麗作「亦云龍王」。

一　八八頁上一行夾註右「濁濁」，諸本作「濁」。

一　八八頁上二行夾註右第四字「道」，諸本作「首」。

一　八八頁上末行「惣録之四」，徑、清作「總録之四下」。

開元釋教録卷第五　笙

庚午歲西崇福寺沙門智昇撰

總括群經録上之五

宋劉氏都建業

自武帝永初元年庚申至順帝昇明三年己未凡八主六十年緇素共有二十二人所出經律論等并新集失譯諸經總四百六十五部七百一十七卷（於中九十三部二百四十三卷見在 三百七十二部四百七十四卷闕本）

宋沙門佛陀什　三部三十二卷律戒羯磨

沙門畺良耶舍　二部　二卷經

沙門曇摩蜜多　一十二部　一十七卷經

沙門釋智嚴　一十部　三十二卷經

沙門釋寶雲　四部　一十七卷經集

沙門伊葉波羅　一部　一十三卷論

沙門求那跋摩　一十部　一十八卷律集

沙門僧伽跋摩　五部　二十四卷律論集

沙門求那跋陁羅　五十二部　一百三十四卷經論集

沙門釋曇元謁　一部　一卷經

居士沮渠京聲　二十八部　二十八卷經律

沙門釋慧簡　一十部　一十卷經集

沙門功德直　二部　七卷經

沙門釋僧璩　一部　一卷羯磨

沙門釋法潁　一部　一卷尼戒

沙門竺法眷　六部　二十九卷經

沙門釋翔公　一部　二卷經

沙門釋道嚴　二部　三卷經律

沙門釋勇公　二部　三卷經

沙門釋法海　二部　二卷經律

沙門釋先公　一部　一卷經

沙門僧伽跋弥　一部　一卷律抄

新集失譯諸經　三百七部　三百四十卷

五分律三十卷（亦云弥沙塞律或三十四卷別録云二十四卷恐誤 見道慧宋齊録及僧祐録）

五分比丘戒本一卷（亦云弥沙塞戒本見竺道祖録及僧祐録）

弥沙塞羯磨一卷（見竺道祖録及僧祐録）

右三部三十二卷（律戒見在羯磨本闕）

沙門佛陁什宋言覺壽罽賓國人少受業於弥沙塞部專精律品兼達禪要以廢帝義符景平元年癸亥七月届於楊都先沙門法顯於師子國得弥沙塞律梵本未及翻譯而顯遷化建業諸僧聞什既善此學於是請令

出焉即以其年冬十一月集龍光寺譯稱為五分律什執梵文于闐沙門智勝傳語龍光沙門竺道生東安沙門釋慧嚴共執筆參正宋侍中瑯瑘王練為檀越至來年十二月方訖仍出戒心及羯磨文等並行於世什後不知所終

觀無量壽佛經一卷（亦云觀无量壽經初出見道慧宋齊録及高僧傳）

觀藥王藥上二菩薩經一卷（第二出見宋齊録及高僧傳）

右二部二卷其本見在

沙門畺良耶舍宋云時稱西域人性剛直寡嗜欲善誦阿毗曇博涉律部其餘諸經多所該綜雖三藏兼明而以禪門專業每一遊觀或七日不起常以三昧正受傳化諸國以元嘉元年甲子遠冒沙河萃于建業文帝義隆深加歎異勑止鍾山道林精舍沙門寶誌崇其禪法沙門僧含請譯觀元量壽及藥王藥上觀含即筆受以此二經是淨上之洪因

轉障之秘術故沉吟咾味流通宋國平昌孟顗承風欽敬資給豐厚顗出守會稽固請不從後移憩江陵元嘉十九年西遊岷蜀處處弘道禪學成群後還卒於江陵春秋六十矣

虛空藏菩薩神呪經一卷 第二出與姚秦耶舍虛空藏及隋崛多虛空孕經等同本見李廓魏世錄

觀虛空藏菩薩經一卷 亦名虛空藏觀經亦直云虛空藏菩薩經見道慧宋齊錄及僧祐錄

象腋經一卷 第四出與元所希望經等同本見李廓錄

諸法勇王經一卷 第二出與一切法高王經等同本見李廓錄

轉女身經一卷 第四出與无垢賢女經等同本見李廓錄

觀普賢菩薩行法經一卷 下注云出深功德經中或无行法字亦云普賢觀經第三出見僧祐錄

五門禪經要用法一卷 第二出與安高出者同本見寶唱錄及僧祐錄

新无量壽經二卷 第十出與世高无量壽經及寶積无量壽會等同本見真寂寺錄

郁伽長者所問經一卷 第六出與安玄法鏡經及寶積郁伽長者會等同本見李廓錄

佛昇忉利天為母說法經一卷 第三出與法護佛昇忉利天經等同本見李廓錄

觀無量壽佛經一卷 第二出與畺良耶舍出者同本見寶唱錄

禪秘要經五卷 或无經字一名禪法要元嘉十八年於祇洹寺出或三卷見僧祐錄第三出今有禪秘要經五卷文極交錯不可流行如刪繁錄中述

右一十二部一十七卷 五門禪經上七部七卷見在无量壽經下五部十卷闕本

沙門曇摩蜜多宋言法秀罽賓人也年六七歲神明澄正每見法事輒自然欣躍其親愛而異之遂令出家罽賓多出聖達屢值明師博貫群經特深禪法所得之要極其微奧為人沉邃有慧解儀軌詳整生而連眉故世稱連眉禪師焉少好遊方誓志宣化遊歷諸國遂適龜茲未至一日王夢神告曰有大福德人明當入國汝應供養明旦即勑外司若有異人入境必馳奏聞俄而蜜多果至王自出郊迎延請入宮遂從稟戒盡四事之供蜜多安而能遷不滯利養居數年蜜有去志神又降夢曰福德人捨王去矣王惕然驚覺既而君臣固留莫之能止遂度流沙進到燉

煌於曠野之地建立精舍植㮈千株開園百畝房閣池林極為嚴淨頃之復適涼州乃於公府舊寺更營堂宇學徒濟濟禪業甚盛常以江左多民志欲傳法以元嘉元年展轉至蜀俄而出峽停止荊州於長沙寺造立禪館翹誠懇惻祈請舍利旬有餘日遂感一枚衝器出聲放光滿室門徒道俗莫不更增勇猛人百其心居頃之沿流東下至于建業初止中興寺晚憩祇洹其道聲素著傾都禮訊自宋文哀皇后及皇子公主莫不設齋桂宮請戒椒掖參候之使旬日相屬從元嘉元年甲子至十八年辛巳譯虛空藏神呪等經一十二部常以禪道教授學徒凡所歸投不遠千里四輩遠近皆号大禪師焉會稽太守孟顗深信真諦以三寶為己任素好禪味敬心殷重及臨浙河請與同遊乃於鄮縣之山建立塔寺東境舊

佉多趣巫祝及妙化所移比屋歸正自西徂東无思不服後還建業憩定林下寺禪師天性凝靜雅愛山水以為鍾山鎮岳特美嵩華常歎下寺基構未窮形勝於是乘高相地揆卜山勢斬石刊木營建上寺殿房禪室肅然深遠實依俙鷲巖髣髴祇樹矣於是息心之衆万里來集諷誦肅邑望風成化爰自西域至于南土凡所遊履靡不興造檀會敷陳教法初禪師之發罽賓也有迦毗羅神衛送遂至龜玆於中路欲反乃現形告辭禪師曰汝神力通變自在遊處將不相隨共往南方語畢即收影不見遂遠從至于揚都故仍於上寺圖像著辟迄至于今猶有聲影之驗潔誠祈福莫不享願以元嘉十九年七月六日卒于上寺春秋八十有七道俗四部行哭相趍仍葬于鍾山宋熙寺前

无盡意菩薩經六卷　初題云大集經中无盡意所說不可

開元釋教録第五卷　第七張　笙

盡義品第二十二亦直云无盡意經亦名阿差末經第四出與法護阿差末等同本見李廓録

法華三昧經一卷　法華支流見長房録

廣博嚴淨不退轉輪經四卷　第三出或六卷或直云廣博嚴淨經亦直云不退轉法輪經與法護阿惟越致遮經等同本元嘉四年出見宋齊録及僧祐録

四天王經一卷　見僧祐録及高僧傳

普曜經八卷　第三出或六卷或四卷與蜀普曜竺法護普曜及唐譯方廣莊嚴並同本見宋齊録及僧祐録高僧傳等

淨度三昧經一卷　初出見長房録

菩薩瓔珞本業經二卷　第二出見長房録

生經五卷　第二出與法護出者同本房云見別録

善德優婆塞經一卷　見長房録

阿那含經二卷　見長房録

右一十部三十一卷　四天王經上四部一十二卷見在　普曜經下六部一十九卷闕本

沙門釋智嚴西涼州人弱冠出家便以精勤著稱納衣宴坐蔬食永年每欲博事名師廣求經誥遂周流西國進到罽賓入摩天陁羅精舍從佛馱先比丘諮受禪法漸染三年功踰十載佛馱先見其禪思有緒特深器異彼

開元釋教録第五卷　第八張　笙

諸道俗聞而歎曰秦地乃有求道沙門矣始不輕秦類敬接遠人時有佛陁跋陁羅比丘亦是彼國禪匠嚴乃要請東歸欲傳法中土跋陁嘉其懇至遂共東行踰越歲時達于關內恒相依附共止長安須之跋陁擯為秦僧所擯嚴與西來徒衆並分散出關仍憩山東精舍坐禪誦經力精修學晉義熙十三年宋武西伐姚泓剋捷旋斾塗出山東時始興公王恢從駕遊觀山川至嚴精舍見其同志三僧各坐繩牀禪思湛然恢乃彈指三人開目俄而還閉不與交言恢心敬其奇訪諸耆老皆云隱居積歲未嘗輙出恢即啓宋武延請還都莫肯行者屢請既至二人推嚴隨行恢道懷素篤礼事甚備還都即住始興寺嚴性虛靜志避諠塵恢乃於東郊之際更起精舍即枳園寺也嚴前還於西域所得梵本衆經未及譯

開元釋教録第五卷　第九張　笙

寫到元嘉四年丁卯乃共沙門寶雲譯出无盡意等經十部嚴在寺不受别請常分衛自資道化所被幽顯咸服嚴清素寡欲隨受隨施少而遊方无所滯著禀性冲退不自陳叙故雖多美行世无得而盡傳嚴昔未出家時曾受五戒有所虧犯後入道受具足常疑不得戒每以為懼積年禪觀而不能自了遂更汎海重到天竺諮諸明達值羅漢比丘具以事問羅漢不敢判決乃為嚴入定往兜率宫諮啓弥勒弥勒合去得戒嚴大喜躍於是步歸行至罽賓无疾而卒時年七十八彼國凡聖燒身各處嚴雖戒操高明而實行未辯始移尸向凡僧墓地而尸重不起改向聖墓則飄然自輕嚴弟子智羽智遠故從西來報此徵瑞俱還外國以此推嚴信是得道人也但未知果向中間若深淺耳

調伏衆生業經 出大集經

一音顯正法經 或云一音演正法經出悲華經

善德婆羅門問提婆達多經 出大寶積經

毗羅三昧經二卷 祐等諸録皆注為疑大周録中刊之為正

今尋文言淺鄙義理踈遺故入疑科用除粗穢

調伏衆生等四部五卷長房等録皆云嚴譯今以前三別生從一疑僞今為實録故並删之

佛本行經七卷 或云佛本行讚傳於六合山寺出或五卷見僧祐寶唱内典等録高僧傳云佛本行讚經

新无量壽經二卷 永初二年於道場寺出一録云於六合山寺出

第九譯與寶積无量壽會等同本見道慧僧祐等録

淨度三昧經二卷 第二出見竺道祖晉録

付法藏經六卷 初出見李廓録

右四部一十七卷 前一部七卷見在後三部十卷闕本

沙門釋寶雲涼州人也弱年出家精勤有學行志韻剛潔不偶於世故少以直方純業為名而求法懇惻忘身殉道誓欲躬覩靈跡廣尋經教以晉隆安之初遠適西域與法顯智嚴先後相隨涉履流沙登踰雪嶺勤苦艱至不以為難遂歷于填天竺諸國備覩靈異乃經羅刹之野聞天鼓

之音釋迦影跡多所瞻礼雲在外域遍學梵書天竺諸國音字詁訓悉皆貫練後還長安隨禪師佛陁跋陁受業修學禪門孜孜不怠及禪師擯為秦僧所擯雲亦奔走會廬山遠公解其擯事共歸楊都安止道場寺僧衆以雲志力堅猛弘道絶域莫不披衿諮問敬而愛焉初共智嚴同出諸經嚴既遷化雲獨宣譯以元嘉年中譯佛本行經等四部雲手執梵本口自宣譯華戎兼通音訓允正雲之所定衆咸信服初關中沙門竺佛念善於宣譯於苻姚二代顯出衆經江左練梵莫踰於雲故於晉宋之際弘通法藏沙門慧觀等咸友而善之雲性好幽居以保閑寂遂適六合山寺山多荒民俗好草竊雲説法教誘多有改悉礼事供養十室而九頃之道場慧觀臨卒請雲還都揔理寺任雲不得已而還居道場歳許復還六合以元

嘉二十六年終於山寺春秋七十有四其遊履外國别有記傳

雜阿毗曇心十三卷（第三出見高僧傳及僧祐録或十四卷）

右一部一十三卷闕本

沙門伊葉波羅宋云自在西域人妙通三藏明解四含以元嘉三年景寅遊於彭城為北徐州刺史太原王仲德譯雜阿毗曇心譯至擇品緣尋未竟遂輟但成十卷刺史親自筆受至八年辛未更請求那跋摩續譯都訖成十三卷

菩薩善戒經九卷（一名菩薩地或十卷於祇洹寺出見竺道祖僧祐二録及高僧傳長房等録並云善戒經二十卷又云弟子更出二品成三十卷並非也）

菩薩善戒經一卷（優波離問菩薩受戒法見寶唱録若准祐記將此為初卷兼前九卷共成十卷然此地經本離之已久不可合之且依舊定）

菩薩内戒經一卷　見法上録

優婆塞五戒威儀經一卷　見寶唱録

沙彌威儀一卷（或云沙彌威儀經見長房録）

四分比丘尼羯磨法一卷（祐云曇无德羯磨亦云雜羯磨元嘉八年於祇洹寺出見僧祐寶唱二録及高僧傳等亦直云四分羯磨）

優婆塞五戒相經一卷（一名優婆塞五戒略論元嘉八年於祇

洹寺出第一譯見僧祐寶唱二録及高僧傳）

龍樹菩薩為禪陁迦王說法要偈一卷　見唐舊録

善信二十二戒一卷（亦云離欲優婆塞優婆夷具行二十二戒文亦云三歸優婆塞戒祐云三歸及優婆塞二十二戒或云優婆塞戒見高僧傳及僧祐録）

經律分異記一卷　見長房録

右一十部一十八卷（龍樹說法要偈上八部一十六卷見在善信二十二戒下二部二卷闕本）

沙門求那跋摩宋言功德鎧本剎利種累世為王治在罽賓國祖父呵梨跋陁（此云師子賢）以剛直被徙父僧伽阿難（此云衆喜）因潛隱山澤跋摩年十四便機見俊達深有遠度仁愛汎博崇德務善其母嘗須野肉令跋摩辦之跋摩啓曰有命之類莫不貪生夭彼之命非仁人矣母怒曰設令得罪吾當代汝跋摩他日煑油誤澆其指因謂母曰代兒忍痛母曰痛在汝身吾何能代跋摩曰眼前之苦尚不能代況三塗耶母乃悔悟終身斷殺至年十八相工見而謂曰君年三十當撫臨大國南面稱尊若不樂世

榮當獲聖果至年二十出家受戒洞明九部博曉四含誦經百餘萬言深達律品妙入禪要時号曰三藏法師至年三十罽賓王薨絕无紹嗣衆咸議曰跋摩帝室之胤又才明德重可請令還俗以紹國位群臣數百再三固請跋摩不納乃辭師違衆林栖谷飲孤行山野遁迹人世後到師子國觀風弘教識真之衆咸謂已得初果儀形感物見者發心後至闍婆國初未至一日闍婆王母夢見一道士飛船入國明旦果是跋摩來至母敬以聖礼從受五戒母因勸王曰宿世因緣得為母子我已受戒而汝不信恐後生之因永絕今果王迫以母勑即奉命受戒染習既久專精漸篤頃之隣兵犯境王謂跋摩曰外賊恃力欲見侵侮若與鬪戰傷殺必多如其不拒危亡將至今唯歸命師尊不知何計跋摩曰暴寇相攻宜須御捍但當起慈悲心勿興害念耳

王自領兵擬之旗鼓始交賊便退散王遇流矢傷腳跋摩為呪水洗之信宿平復王恭信稍殷乃欲出家修道因告群臣曰吾欲躬栖法門卿等更擇明主群臣皆拜伏勸請曰王若捨國則子民无依且敵國兇強恃險相對如失恩覆則黔首奚處大王天慈寧不愍命王不忍固違乃就群臣請三願若許者當留治國一願凡所王境同奉和上二願盡所治内一切斷殺三願所有儲財賑給貧病群臣歡喜僉然敬諾於是一國皆從受戒王後為跋摩立精舍躬自引材傷王腳指跋摩又為呪治有頃平復道化之聲播於遐迩鄰國聞風皆遣使要請時楊都名德沙門慧觀慧聰等遠挹風猷思欲餐稟以元嘉元年九月面啓文帝求迎請跋摩當即勅交州刺史令汎舶延致觀等又遣沙門法長道冲道雋等往彼祈請并致書於跋摩及闍婆王婆多伽等必希顧臨宋

境流行道教跋摩以聖化宜廣不憚遊方先已隨商人竺難提舶欲向一小國會值便風遂至廣州故其遺文云業行風所吹遂之於宋境此之謂也文帝知跋摩已至南海於是復勅州郡令資發至都路由始興經停歲許始興有虎丘山形似嵩崒嶺高絶跋摩謂其髣髴耆闍崛乃改名靈鷲於山寺之外別立禪室去寺數里磬音不聞每至鳴椎跋摩已至或致雨不沾或履泥不濕時衆道俗莫不肅然增敬寺有寶月殿跋摩於殿北壁手自畫作羅云像及定光儒童布髮之形像成之後每夕放光久之乃歇始興太守蔡茂之深加敬仰後茂之將死跋摩躬自往視說法安慰後家人夢見茂之在寺中與衆僧講法實由跋摩化導之力也此山本多虎災自跋摩居之晝行夜往或時值虎以杖按頭弄之而去於是山旅水賓去来無梗

感德歸化者十有七八焉跋摩甞於別室入禪累日不出寺僧遣沙弥往候之見一白師子緣柱而立亘空弥漫生青蓮花沙弥驚恐大呼往逐師子豁无所見其靈異无方類多如此後文帝重勅觀等復更敦請乃汎舟下都以元嘉八年正月達于建業文帝引見勞問慇懃因又言曰弟子常欲持齋不殺迫以身殉物不獲從志法師既不遠萬里来化此國將何以教之跋摩曰夫道在心不在事法由已非由人且帝王與疋夫所脩各異疋夫身賤名劣言令不威若不尅已苦躬將何為用帝王以四海為家万民為子出一嘉言則士女咸悦布一善政則人神以和刑不夭命役無勞力則使風雨適時寒暖應節百穀滋繁桒麻欝茂如此持齋齋亦大矣不殺亦衆矣寧在闕半日之飡全一禽之命然後方為弘濟耶帝乃撫凡歎曰夫俗

人迷於遠理沙門滯於近教迷遠理者謂至道虛說滯近教者則拘戀篇章至如跋摩法師所言真謂開悟明達可與談於天人之際矣乃勑住祇洹寺供給隆厚公王英彥莫不宗奉俄而於寺開講法花及十地法席之日軒蓋盈衢觀矚往還肩隨踵接跋摩神府自然妙辯天絶或時假譯人而往復懸悟跋摩即於祇洹寺譯菩薩善戒經等十部（其菩薩善戒經長房等録並云二十卷下注云後弟子於定林更出二品成三十卷者非也今但九卷或云十卷應是傳寫差誤加其二字僧祐録中只云十卷故知餘録傳寫誤也又按高僧傳云祇洹慧義請出菩薩善戒始得二十八品後弟子代出一品成三十品房等録云續成三十卷者誤之甚也又長房等録復云跋摩譯雜阿毗曇心十三卷今以伊葉波羅譯出十卷跋摩後續成其十三非謂跋摩更別翻出二處俱載此亦不然今此刪之載於前録）並文義詳允梵宋弗差時影福寺尼慧果淨音等共請跋摩云去六年有師子國八尼至都云宋地先未經有尼那得二衆受戒恐戒品不全跋摩云戒法本在大僧衆發設不本事无妨得

戒如愛道之緣諸尼又恐年月不滿苦欲更受跋摩稱云善哉苟欲增明甚助隨喜但西國尼年臘未登又十人不滿且令學宋語別因西域居士更請外國尼來足滿十數其年夏在定林下寺安居時有信者採花布席唯跋摩所坐花彩更鮮衆咸崇以聖礼夏竟還祇洹其年九月二十八日中食未畢先起還閤其弟子後至奄然已終春秋六十有五未終之前預造遺文偈頌三十六行自說因緣云已證二果手自封緘付弟子阿沙羅云我終後可以此文還示天竺僧亦可示此境僧也既終之後即扶坐繩牀顏貌不異似若入定道俗赴者千有餘人並聞香氣芬烈咸見一物狀若龍虵可長一疋許起於尸側直上衝天莫能名者即於南林戒壇前依外國法闍毗之四部鱗集香薪成積灌之香油以燒遺陰五色焰起

氛氳麗空是時天景澄朗道俗哀歎仍於其處起立白塔欲重受戒諸尼悲泣望斷不能自勝初跋摩至宋文帝欲從受菩薩戒未及諮稟奄而遷化以本意不遂傷恨弥深乃令衆僧譯出其遺文云（遺文在傳恐繁故止）

毗尼摩得勒伽十卷（初卷云薩婆多部毗尼摩得勒伽元嘉十二年乙亥正月於秣陵平樂寺出至九月二十二日訖見道慧宋齊録及僧祐録）

雜阿毗曇心論十一卷（或元論字亦云雜阿毗曇經房云雜阿毗曇婆沙或十四卷第四譯元嘉十一年甲戌九月於長干寺出周年乃訖見僧祐録及經序）

勸發諸王要偈一卷（龍樹菩薩撰第二出見僧祐録）

分別業報略一卷（大勇菩薩撰或云大勇菩薩分別業報略集見僧祐録及高僧傳）

請聖僧浴文一卷（見僧祐録及高僧傳）

右五部二十四卷（前四部二十三卷見在後一部一卷闕本）

沙門僧伽跋摩宋言衆鎧印度人也少而棄俗清峻有戒德明解律藏尤精雜心以元嘉十年癸酉步自流沙屆于建業風宇

宏肅道俗敬異咸宗而事之号日三藏法師初景平元年平陸令許桒捨宅建剎因名平陸寺後道場慧觀以䟦摩道行純備請住此寺崇其供養以表厥德䟦摩共觀起塔三層行道諷誦日夜不輟僧衆歸集道化流布初三藏法師深明戒品將為影福寺尼慧果等重受具戒是時二衆未備而三藏遷化俄而師子國比丘尼鐵薩羅等至衆乃共請䟦摩為師繼軌三藏祇洹慧義擅步揚都謂為矯異執志不同親與䟦摩往論翻覆䟦摩標宗顯法理證明允慧義遂迴其剛褊靡然推服乃率其弟子服膺稟戒僧尼受者數百許人宋彭城王義康崇其戒範廣設齋供四衆殷盛傾于都邑頃之名德大僧慧觀等以䟦摩妙解雜心諷誦通達先三藏雖譯未及繕寫以十一年九月於長干寺招集學士更請出焉寶雲譯語觀

自筆受研校精悉周年方就續出摩得勒伽等凡五部䟦摩遊化為志不滯一方既傳經事畢將還本土衆咸祈請莫之能留以元嘉十九年隨西域賈人舶還外國莫詳其終

勝鬘師子吼一乘大方便方廣經一卷 第二出與寶積勝鬘夫人會等同本元嘉十三年八月十四日於丹陽郡出寶雲傳語慧嚴筆受見道慧僧祐李廓等錄

大方廣寶篋經三卷 第四出或二卷與文殊現寶藏經等同本見李廓錄

相續解脫地波羅蜜了義經一卷 或二卷亦名解脫了義經亦直云相續解脫經於東安寺出是解深密經後二品見道慧僧祐李廓法上等四錄高僧傳云於荊州出

楞伽阿䟦多羅寶經四卷 第二出元嘉二十年於道場寺譯慧觀筆受與入楞伽及大乘入楞伽經等同本見道慧僧祐法上等錄高僧傳云丹陽郡出

菩薩行方便境界神通變化經三卷 初出與大薩遮尼乾子經同本或无境界字見李廓錄

老母女六英經一卷 亦云老母經第三出與老女人經等同本房云見別錄

申日兒本經一卷 或云申兒本第三出與月光童子經等同本房云見別錄錄云申兒本誤也

阿難陁目佉尼呵離陁經一卷 或云上无量門持經第六譯與无量門微密持經等同本房云見別錄房錄別載出无量門持經者誤也

央崛魔羅經四卷 道場寺出見道慧僧祐法上等錄高僧傳云於荊州辛寺出

大法鼓經二卷 東安寺出見道慧僧祐李廓法上等四錄

大意經一卷 房云見別錄

十二頭陁經一卷 房云見別錄

樹提伽經一卷 房云見別錄

雜阿含經五十卷 於瓦官寺譯梵本法顯賷來高僧傳云於祇洹寺出見道慧宋齊錄及僧祐錄

鸚鵡經一卷 亦名兜調經出中阿含第四十四異譯房云見別錄

鞞摩肅經一卷 出中阿含第五十七異譯

四人出現世間經一卷 出增一阿含第八卷異譯房云見別錄

十一想思念如來經一卷 或云十一思惟念如來經出增一阿含第四十八初異譯房云見別錄

阿遬達經一卷 第三出與玉耶經等同本房云見別錄

過去現在因果經四卷 於荊州辛寺出第六譯與修行本起瑞應本起等同本見始興及李廓僧祐等錄

摩訶迦葉度貧母經一卷 房云見別錄

十二品生死經一卷 房云見別錄

罪福報應經一卷 一名輪轉五道罪福報應經亦云輪轉五道經亦云五道輪經房云見別錄

衆事分阿毗曇論十二卷 或无論字共弟子菩提耶舍譯初出與唐譯品類足論同本房錄不題所出

四品學法經一卷 或无經字房云見別錄

賓頭盧突羅闍為優陁延王說法經一卷 亦云賓頭盧為王說法經房云見別錄上見存已後闕

虛空藏菩薩經一卷 第二出與姚秦佛陁耶舍所出虛藏經等同本房云見別錄

無量義經一卷 初出與蕭齊曇摩伽陁耶舍出者同本見李廓錄

諸法无行經一卷 第二出與羅什所出二卷者及諸法本无經同本房云見別錄

小無量壽經一卷 或无小字第二出與羅什阿弥陁及唐譯稱讚淨土同本孝建年出一名阿弥陁見道慧僧祐二錄高僧傳云於荆州出房錄別存阿弥陁經者誤也

八吉祥經一卷 第三出與支謙八吉祥呪法護八陽神呪經等同本元嘉二十九年正月三日於荆州城内為司空荆州刺史南譙王劉義宣出六日訖見僧祐寶唱二錄

無崖際持法門經一卷 第二出與聖堅出者及尊勝菩薩所問經同本房云見別錄

貧子須頼經一卷 第四出與白延支謙等出者同本見李廓錄

現在佛名經三卷 亦名華嚴現在佛名第二出與稱揚諸佛功德經等同本元嘉二十九年正月七日於荆州為南譙王出見始興錄及高僧傳

淨度三昧經三卷 第三出見李廓錄

无憂王經一卷 於荆州辛寺譯見吳錄及僧祐錄

本行六波羅蜜經一卷 房云見別錄

異處七處三觀經一卷 或无異處字出雜阿含異譯房云見別錄

雜藏經一卷 第四出與鬼問目連經等同本房云見別錄

目連降龍王經一卷 或无王字或云降龍經或云降龍王經第二出與龍王兄弟經同本房云見別錄

日難經一卷 一云越難經第三出與喬承遠越難經等同本房云見別錄

釋六十二見經四卷 房云見別錄祐錄云一卷

請般特比丘經一卷 或作般特亦云般特房云見別錄

十二頭陁經一卷 房云見別錄

阿那律七念章經一卷 房云見別錄

十報法三統略經一卷 房云見別錄

六齋八戒經一卷 房云見別錄

阿蘭若習禪經二卷 第二出與羅什坐禪三昧經同本見李廓錄

菩薩訶欲經一卷 第二出與羅什出者同本房云見別錄

那先經一卷 第二出與二卷者同本房云見別錄

十二遊經一卷 第二出房云見舊錄

第一義五相略集一卷 於東安寺出見僧祐錄高僧傳云於荆州辛寺出

右五十二部一百三十四卷 賓頭盧上二十六部一百卷見在虛空藏下二十六部三十四卷闕本

沙門求那跋陁羅宋言功德賢中印度人也以大乘學故世号摩訶衍本婆羅門種幼學五明諸論天文書筭醫方呪術靡不博貫後遇見雜心尋讀驚悟乃深崇佛法焉其家世外道禁絕沙門乃捨家潛遁遠求師匠即落髮改服專志學業及受具戒博通三藏為人慈和恭順事師盡勤頃之辭小乘師進學大乘大乘師試令探取經匣即得大品華嚴師喜而歎曰汝於大乘有重緣矣於是讀誦講義莫能訓抗進受菩薩戒法乃奉書父母勸歸正法曰若專守外道則雖還无益若歸依三寶則長得相見其父感其至言遂棄邪從正跋陁前到師子諸國皆傳送資供既有緣東方乃隨舶汎海中塗風止淡水復竭舉舶憂惶跋陁曰可同心并力念十方佛稱觀世音何往不感乃密誦呪經懇到礼懺俄而信風暴至

密雲降雨一船蒙濟其誠感如
此元嘉十二年乙亥至廣州時
刺史車朗表聞文帝遣使延接既
至揚都勑名僧慧嚴慧觀於
新亭郊勞見其神情朗徹莫不
虔敬雖因譯交言而欣若傾蓋
初住祇洹寺俄而文帝延請深
加崇敬琅耶顏延之通才碩學
束帶造門於是宋都遠近冠蓋
相望大將軍彭城王義康丞相
南譙王義宣並師事焉頃之衆
僧共請出經於祇洹寺集義學
諸僧譯出雜阿含經東安寺出
法鼓經後於丹陽郡譯出勝鬘
楞伽經徒衆七百餘人寶雲傳
譯慧觀執筆往復諮析妙得本
旨後譙王鎮荊州請與俱行安
止辛寺更創殿房即於辛寺出
无憂王過現因果小无量壽央
崛魔羅相續解脫波羅蜜了義
現在佛名第一義五相略八吉
祥等諸經并前所出凡五十二
部多是弟子法勇傳度譙王欲

開元釋教錄第五卷　第二十八張　笙

請講華嚴等經而跋陀自忖未
善宋語愧歎積旬即旦夕礼懺
請乞冥應夢有人白服持劍擎
一人首來至其前曰何故憂耶跋
陀具以事對荅曰无所多憂即
以劍易首更安新頭語令迴轉
曰得无痛耶荅曰不痛豁然便覺
心神喜悅旦起言義皆備領宋
語於是就講弟子法勇傳譯僧
念為都講雖因譯人而玄解往
復元嘉將末譙王屢有怪夢跋
陀曰都中將有禍乱未及一年
而二凶構逆及孝建之初譙王
陰謀逆節跋陀顏容憂慘而未
及發言譙王問其故跋陀諫爭
懇切乃流涕而出曰必无所冀
貧道不容扈從譙王以其物情
所信乃逼與俱下梁山之敗火
艦轉迫去岸懸遠判无濟理唯
一心稱觀世音手捉筇竹杖投身
江中水齊至膝以杖刺水水深
流駛見一童子尋後而至以手
牽之顧謂童子汝小兒何能度

開元釋教錄第五卷　第二十九張　笙

我恍惚之閒覺行十餘步仍得
上岸即脫衲衣欲賞童子顧覓
不見舉身毛竪方知神力焉時
王玄謨督軍梁山孝武帝駮勑
軍中得摩訶衍善加料理驛信
送臺俄而尋得令舸送都孝武
即時引見顧問委曲曰企望日
久今始相遇跋陀對曰既染釁
戾分為灰粉今得接見重荷生
造勑問並誰為賊荅曰出家之
人不預戎事然張暢宗靈秀等
並是驅逼貧道所明但不圖宿
緣乃逢此事孝武曰无所懼也
是日勑住後堂供施衣物給以
人乘初跋陀在荊州十載每與
譙王書疏无不記錄及軍敗簡
撿无片言及軍事者孝武明
其純謹益加礼遇後因閑談聊
戲問曰念丞相不荅曰受供十
年何可忘德今從陛下乞願為
丞相三年燒香帝悽然動容義
而許焉及中興寺成勑令移住
為開三閒房後於東府讌會王

開元釋教錄第五卷　第三十張　笙

公畢集勑見跋陁時未及淨䟦
白首晧然孝武遥望顧謂尚書
謝莊曰摩訶衍聦明機解但念
老期已至朕試問之其必悟人
意也跋陁上階因迎謂之曰摩
訶衍不負遠來之意但有一在
即應聲荅曰貧道遠歸帝京垂
三十載天子恩遇銜愧罔極但
七十老病唯一死在帝嘉其機
辯勑近御而坐舉朝屬目後於
秣陵界鳳凰樓西起寺每至夜
半輙有推戶而喚視不見人衆
屢魘夢跋陁燒香呪願曰汝宿
緣居此我今起寺行道礼懺常
為汝等若住者為護寺善神若
不能居各隨所安既而道俗十
餘人同夕夢見鬼神千數皆荷
擔移去寺衆遂安大明七年天
下亢旱祈禱山川累月无驗帝
遂請令祈雨必使有感如其无
効不須相見跋陁荅曰仰憑三
寶陛下天威冀必降澤如其无
獲不復重見即往北湖釣臺燒

香祈請不復飲食黙而誦經密
加秘呪明日晡時西北角雲起初
如車蓋日在桒榆風震雲合連日
降雨明旦公卿入賀勑見慰勞䞋
施相續跋陁自幼以來蔬食終
身常執持香爐未嘗輟手每
食輙分食飛鳥乃集手取食至
明帝之世礼供弥盛到太始四
年正月覺體不平便預與明帝
及公卿等告辭臨終之日延佇而
望云見天華聖像禺中遂卒春
秋七十有五明帝慟惜賻送殷
厚公卿會葬榮哀備焉

般泥洹經一卷（或无般字孝建元年於辛寺譯見道慧宋齊錄今尋此經卷泥洹上下文句非是跋陀所翻似是謙護等譯今尋撿二卷且附東晉錄中）
釋摩男本經一卷（宋文諫譯）
三藏法師自述喻一卷（非此本出故亦删之）
當來選擇諸惡世界經
過去行檀波羅蜜經（上二經並出悲華經）
殺龍濟一國經（出六度經）
三因緣經（出長阿含）
三小刧經（出樓炭經）

佛入甘露門正意經（出大十二門經）
阿蘭那經（出中阿含）
舍利弗等比丘得身作證經（出雜阿含）
鄉賴經　墮珠著海中經
男㝹經　舍利弗般泥洹經
負債為牛經
君臣經（上六經並出生經）
四食經（小乘雜抄）
阿難見妓樂啼哭无常經
佛往慰迦葉病經
佛命阿難詣冣勝長者經
二僑士經
目連弟布施望即報經（上五經並出出曜經）
般泥洹等二十三部二十三卷
或是別生抄經或非跋陁所出
今為實錄故惣删之

觀世音菩薩受記經一卷（一名觀世音受決經第三出與西晉法護道真出者同本見王宋僧祐李廓法上等錄及高僧傳）
右一部一卷其本見在

沙門釋法勇梵名曇无竭本姓
李氏幽州黃龍國人也幼為沙
弥便修苦行持戒諷經為師所
異甞聞法顯寶雲諸僧躬踐佛

國慨然有志身之捨遂以宋永初之元招集同志沙門僧猛曇朗之徒二十五人共賫幡盖供養之具發跡北土遠適西方初至河南國仍出海西郡進入流沙到高昌郡經歷龜茲沙勒諸國前登蔥嶺雪山棧路險惡驢馬不通增氷峩峩絶无草木山多瘴氣下有大江浚急如箭於東西兩山之脇繫索為橋相去極遠十人一過到彼岸已舉煙為識後人見煙知前已度方得更進若久不見煙則知暴風吹索人墮江中行蔥嶺三日方過復上雪山懸崖壁立无安足處石壁皆有故弋孔處處相對人各執四弋先拔下弋手攀上弋展轉相代三日方過乃到平地相待料撿同侶失十二人進至罽賓國礼拜佛鉢停歲餘學梵書竟便解梵語求得觀世音受記經梵文一部无竭同行沙門餘十三人西行到新頭那提河 此云師子口

開元釋教錄第五卷　第三十四張　丞

緣河西入月氏國礼拜佛肉髻骨及覩自拂木杖後至檀特山南石留寺住僧三百餘人雜三乘學无竭便停此寺受具足戒天竺沙門佛陁多羅 此云覺救 彼方衆僧云其已得道果无竭請為和上漢沙門志定為阿闍梨於寺夏坐三月日復北行至中天竺曠遠之處常賫石蜜為粮其同侶八人路亡五人俱行屢經危棘无竭所賫觀世音經常專心繫念進涉舍衛國中野逢山象一群无竭稱名歸命即有師子從林中出象驚怖奔走後渡恒河復值野牛一群鳴吼而來將欲害人无竭歸命如初尋有大鷲飛來野牛驚散遂得免害其誠心所感在險克濟皆此類也後於南天竺隨舶汎海達廣州所歷事跡別有記傳元嘉末年達于楊都手自宣譯觀世音受記經一部今見傳于世後不知所終

開元釋教錄第五卷　第三十五張　丞

觀弥勒菩薩上生兜率天經一卷 亦云弥勒上生經見道慧宋齊錄及僧祐錄云先在高昌郡譯出於後賚還

諫王經一卷 初出亦云大小諫王經與唐譯樂軍王經及勝光天子經同本 房云見別錄

治禪病秘要經一卷 或云治禪病秘要法无經字或云禪要秘密治病經或二卷云出雜阿含孝建二年九月八日於竹園寺出其月二十五日訖見僧祐寶唱等錄

淨飯王涅槃經一卷 或加般字第二出與法炬出者同本 房云見別錄

進學經一卷 或云勸進學道經第二出與支謙等出者同本房云見別錄

八關齋經一卷 異出本房云見別錄

五無返復經一卷 一名五反覆大義經或作附字房云見別錄

佛大僧大經一卷 二見名房云見別錄

耶祇經一卷 房云見別錄

末羅王經一卷 房云見別錄

摩達國王經一卷 房云見別錄或无國王字

旃陁越國王經一卷 或无國王字房云見別錄

五恐怖世經一卷 或云五恐怖經房云見別錄

弟子死復生經一卷 或云死亡更生房云見別錄

迦葉禁戒經一卷 一名摩訶比丘經亦名真偽沙門經第二出房云見別錄

菩薩揞經一卷 第五出與長者子制經等同本房云見別錄

開元釋教錄第五卷　第三十六張　㘴

中陰經一卷 房云見別錄
觀世音觀經一卷 先在高昌郡譯出於彼齎還見僧祐錄
波斯匿王喪母經一卷 或云波斯匿王經祐云波邪匿王房云見別錄出增一阿含第十八卷異譯
佛母般泥洹經一卷 孝建二年於鍾山定林上寺出一名大愛道般泥洹經見僧祐錄出增一阿含第五十卷異譯
弟子慢爲耆域述經一卷 亦云弟子爲耆域述慢戒羽弟子戳誕經第四出與阿難問事佛吉凶經等同本房云見別錄
長者音悅經一卷 第二出與支謙出者同本房云見別錄
五苦章句經一卷 第二出與曇无蘭出者同本房云見別錄
分愍檀王經一卷 第二出與竺律炎三摩竭經同本房云見別錄
弟子事佛吉凶經一卷 祐云弟子問事佛吉凶經房云見別錄
生死變識經一卷 今疑是撿中見正經異名房云見別錄
優婆塞五戒經一卷 亦云五相經第二出與五戒相經同本房云見別錄
賢者律儀經一卷 亦云威儀房云見別錄

右二十八部二十八卷 迦葉禁戒上一十五部一十五卷見在菩薩藏經下一十三部一十三卷闕本

居士沮渠京聲即北涼河西王蒙遜從弟安陽侯也魏併涼後南奔于宋晦志卑身不交世務常遊止塔寺以居士自畢丹陽尹孟顗見而善之請與相見一

面之後雅相崇愛亟設供饌厚相優贍京聲以孝武帝孝建二年乙未於楊都竹園寺及鍾山定林上寺譯弥勒上生經等二十八部通習積久臨筆无滯京聲居絕妻孥无欲榮利從容法侶宣通經典是以建業白黒咸敬而嘉焉以大明之末遘疾而卒

普明王經　梵摩皇經 上二經並出六度集
摩夷比丘經
優婆塞五法經 上二經並出中阿含
釋種問優婆塞經 出雜阿含
清信士阿夷扇經 亦云阿夷扇持父子經出生經
五百梵志經 群錄注疑

普明王等七經六是別生一云疑僞今為實錄故並刪之

閻羅王五天使者經一卷 一名鐵城泥犁經見長房錄出中阿含第十二異譯
瞿曇弥記果經一卷 出中阿含第二十八異譯見長房等錄
長者子六過出家經一卷 出增一阿含第二十七卷異譯見長房錄
佛母般泥洹經一卷 出增一阿含第五十卷異譯見長房錄
貧窮老公經一卷 或云貧老經第二出見長房錄

懈怠耕者經一卷 舊錄云懈怠耕見經見長房錄
請賓頭盧法一卷 或加經字見長房錄
善生子經一卷 亦云異出六向拜經見長房錄出中阿含第三十三卷異譯
佛涅槃後諸比丘經一卷 亦云力士跋陀羅云出雜阿含見長房錄
辟諭經一卷 見長房錄

右一十部一十卷 請賓頭盧上七部七卷見在善生子經下三部三卷闕本

沙門釋慧簡未詳何許人也以孝武帝大明元年丁酉於鹿野寺譯五天使者等經十部真偽

沙門經 與京聲所出迦葉禁戒經文句全同乃是彼經異名錄家錯上
藥師琉璃光經 亦云灌頂拔除過罪生死得度經出大灌頂經祐錄注爲疑經者非
釋迦畢罪經
殺身濟賈人經 上二經並出六度集
阿難見水光瑞經 一云水光經大乘拟經
商人求財經
瞿曇弥經 上二經並出中阿含
舍衛城中人喪子發狂經
學人乱意經 亦云母子作比丘比丘尼乱意經上二經並出增一阿含
大力士出家得道經 亦云力士跋陀經
二老男女見佛出家得道經 上二

（經並出雜阿含）

旃闍摩暴志謗佛經（出生經）

竊為沙門經

猘師捨家學道經（上二經並出出曜經）

呪願經（祐載僞錄）

真偽沙門等一十五部長房等錄並云慧簡所出今以多是別生等經故删之不存也

菩薩念佛三昧經六卷（或直云念佛三昧經或五卷第一譯與隋笈多出者同本是大集別分見道慧宋齊錄及僧祐錄）

无量門破魔陁羅尼經一卷（或直云破魔陁羅尼經第七譯見僧祐錄與支謙无量門微密持經等同本）

右二部七卷其本並在

沙門功德直西域人也道契既廣善誘日新以孝武帝大明六年壬寅遊至荆州禺禪房寺沙門玄暢請出念佛三昧等經二部暢刊正文義詞旨婉密而暢舒手出香掌中流水莫之測也後適成都止大石寺即是阿育王塔乃手自作金剛密迹等十六神像傳至于今直留荆數年後不知所終矣

開元釋教錄第五卷　第四十張　笙

十誦羯磨比丘要用一卷（或云略要羯磨法房云二卷祐公一卷見僧祐錄）

右一部一卷其本見在

沙門釋僧璩姓朱吴國人出家為僧業弟子愬悦衆經尤明十誦兼善史籍頗製文藻始住吴虎丘山孝武欽其風聞勑出楊都為僧正悦衆止于中興寺璩以大明七年癸夘撰十誦羯磨一部

十誦比丘尼戒本一卷（亦云十誦比丘尼波羅提木义戒本或云十誦比丘尼大戒見僧祐寶唱二錄）

右一部一卷其本見在

沙門釋法頴俗姓索氏燉煌人十三出家為法香弟子住凉州公府寺與同學法力俱以律藏知名頴伏膺已後學无再請記在一聞研精律部博涉經論元嘉末至建業止新亭寺孝武以頴學業蕪明勑為都邑僧正後辝任還多寶寺常習定閑房亦時開律席後移住長干寺以明帝或太始年中集出十誦尼戒一部兼出羯磨流行於代

開元釋教錄第五卷　第四十一張　笙

无盡意經十卷（第五出與阿差末經等同本見始興僧祐寶唱等錄）

阿述達菩薩經一卷（第四出與寶積无畏德會等同本大始年於廣州出見始興寶唱等錄）

海意經七卷（見始興僧祐寶唱等錄）

如来恩智不思議經五卷（見始興僧祐寶唱等錄）

寶頂經五卷（見始興僧祐寶唱等錄）

三密底耶經一卷（宋言賢人用律經見始興僧祐寶唱等錄）

右六部二十九卷其本並闕

沙門竺法眷印度人也志性弘簡開利為務以明帝或太始年中於廣州譯无盡意等經六部

濡首菩薩无上清淨分衛經二卷（一名決了諸法如幻化三昧經第二出與漢嚴佛調譯者及大般若那伽室利分並同本見始興錄）

右一部二卷其本見在

沙門釋翔公亦云栩公在南海郡譯濡首菩薩經一部群錄直云宋世不顯年名未詳何帝

佛藏大方等經一卷（亦名問明顯經是華嚴經明難品異譯見始興錄及法上錄）

瓔珞本業經二卷（一名菩薩瓔珞經第三出見始興及法上錄）

右二部三卷其本並闕

開元釋教錄第五卷　第四十二張　笙

沙門釋道嚴於宋世譯佛藏方
等經等二部群録直云宋世出
不顯帝年
梵女首意經一卷 第二出見始興録及趙録法上録
空淨三昧經一卷 亦云空淨天感應三昧經第二出見始興録及趙録法上録
勸進學道經一卷 亦名勸進經與梁史共出第三譯
右三部三卷其本並闕
沙門釋勇公於宋世譯梵女首
意等經三部群録雖云宋世不
顯帝年
車匿經 亦名車匿本末經出六度集中是尸阿遍王經異名群録雖云勇公所出今以是別生抄經故删之不存也
齋調音所問經一卷 一名如來所說清淨調伏經與西晉法護文殊淨律經等同本第四出見始興録及法上録
樂瓔珞莊嚴方便經一卷 一名大乘瓔珞莊嚴經亦名轉女身菩薩經第四出與西晉法護順權方便經等同本見始興録及僧祐法上録
右二部二卷 前齋調音經見在後樂瓔珞經闕本
沙門釋法海於宋世譯寂調
音等經二部羣録注云宋世譯
出既不顯年未詳何帝
月燈三昧經一卷 一名文殊師利菩薩十事行經一名逮慧

開元釋教録第五卷　第四十三張　差

三昧經出大月燈經第七卷異譯見趙録及法上録
右一部一卷其本見在
沙門釋先公於宋世譯月燈經
一部群録注云宋世不顯譯年未
詳何帝
弥沙塞律抄一卷 見寶唱録
右一部一卷闕本
沙門僧伽跋弥師子國人也譯
弥沙塞律抄一部大周録中指
寶唱録不言帝代其寶唱録
尋本未獲且寄於宋録以彰
有據耳
新集失譯諸經
如來智印經一卷 一名諸佛法身經第二出與慧印三昧經同本
老母經一卷 第二出與老女人經等同本
法滅盡經一卷
甚深大迴向經一卷
佛為黃竹園老婆羅門說學經一卷 出中阿含第四十卷異譯
優波夷墮舍迦經一卷 出中阿含第五十五異譯或无迦字
邪見經一卷 出中阿含第六十卷異譯
大沙門百一羯磨法一卷 或云大沙門羯磨法出十誦律
迦丁比丘說當來變經一卷 或直云迦丁比丘經

開元釋教録第五卷　第四十四張　差

已後闕本
十方佛名經一卷 本作十万疑錯 華嚴淨經一卷
三十七品經一卷 祐載兩本並云異出今且存一
七佛各說偈一卷
乳王如來經一卷 或无乳王經今疑與乳光佛經同本
現在十方佛名經一卷
過去諸佛名經一卷
千五百佛名經一卷
五百七百佛名經一卷 或云五百七十
觀世音成佛經一卷
文殊因緣經一卷 文殊本願經一卷
文殊觀經一卷 弥勒須河經一卷
導師問佛經一卷
颰陁菩薩百二千難經一卷
持身菩薩經一卷 或云持身經
賢首菩薩二百問經一卷
金剛女菩薩經一卷
善意菩薩經一卷
菩薩從兜率天降中陰經一卷
菩薩行喜經一卷
菩薩淨本業經一卷
菩薩初業經一卷
菩薩四事經一卷
菩薩十六願經一卷

開元釋教録第五卷　第四十五張　生

菩薩五十德行經一卷
菩薩教法經一卷　菩薩正行經一卷
菩薩出入諸則經一卷
菩薩毋姓字經一卷
菩薩家姓經一卷　菩薩比丘經一卷
菩薩經一卷　今疑本上脫字
菩薩作六承緣本事經一卷
菩薩師子王經一卷
浴像功德經一卷　與前譯等是本同本譯同別
浴僧功德經一卷
陀隣尼目佉經一卷　今疑即是難陀目佉尼經
礼敬諸塔經一卷
般若波羅蜜偈經一卷
佛清淨偈經一卷
太子出國二十偈一卷
佛十力偈一卷　十方佛神咒一卷
四天王神咒一卷
十二因緣結縛神咒一卷
摩訶神咒一卷　移山神咒一卷
降魔神咒一卷　咸德陀羅神咒一卷
本作咸字誤也　和魔結神咒一卷
鳩摩迦葉經一卷　出長阿含第七卷同本異譯
法炬錄出中阿含第十六卷異譯
開元釋教錄第五卷　第四十六張　莊

出要經二十卷　行道經七卷
長阿含經三卷　錄云出長阿含經　孔道經二卷
四天王經一卷　似從人抄所撰別有咒
諸天阿須倫鬪經一卷
金色女經一卷　林錄云出中阿含
治禪見鬼不安經一卷
瞻波國佛說戒經一卷
佛在拘枝山說法經一卷
佛三毒事經一卷　佛七事經一卷
佛問和伏經一卷　佛意行經一卷
因佛生三心經一卷　佛聚經一卷
七佛本緣經一卷
釋迦文枝錄經一卷　佛祭淡經一卷
佛大衣經一卷　迦葉解經一卷
迦葉因緣經一卷　舍利弗問署經一卷
迦葉獨證自誓經一卷
舍利弗歎度女人經一卷
舍利弗生西方經一卷
舍利弗目連泥洹經一卷　今疑是舍利弗般泥洹經
目連所問經一卷　目連因緣經一卷
阿難見變經一卷　難陀經一卷
阿那含七念經一卷
羅漢善子經一卷
開元釋教錄第五卷　第四十七張　竹

賓頭盧取鉢經一卷
愛行比丘經一卷　愛身比丘經一卷
栴比丘經一卷　善星比丘經一卷
六群比丘經一卷　自在王比丘經一卷
羅邪達比丘經一卷
比丘和須蜜經一卷
玄戒來來比丘經一卷　今疑字誤也
比丘法相經一卷　釋種童子經一卷
尊者婆蹉律經一卷
罽賓三沙彌經一卷　沙彌持戒經一卷
海淵優婆塞會經一卷
賢者雜事經一卷　弟子修學經一卷
弟子行澤中遇賊劫經一卷
弟子精進經一卷
迦提羅越問五戒經一卷
那羅延天王經一卷
毗沙門天王經一卷　四大天王經一卷
諸天壽經一卷　魔現成佛經一卷
魔王誠經　疑是誤字　一卷　淨飯王經一卷
佛弟子閱頭檀王經一卷
阿育王作小兒時經一卷　今疑出阿育王傳
小阿育王經一卷
優填王聽迦心共經一卷　今疑是大寶積中優填王經
開元釋教錄第三卷　第四十八張　莊

迦夷王頭布施經一卷
果䔉王經一卷　佛居士經一卷
降恐王經一卷 令疑恐字錯 摩羅王經一卷
摩登王經一卷　舍衛國經一卷
羅提埵王經一卷 或作國王羅提埵經
摩訶惟越王經一卷
流沙王經一卷　十四王經一卷
王以竹施經一卷　勸王持五戒經一卷
太子旃舍羅巷經一卷
長者盛德經一卷　長者法心經一卷
長者仁賢經一卷
長者洹羅越經一卷
佛問淳陁長者受樂淨行經一卷
婆羅門問事經一卷
婆羅門等爭說經一卷
六師詣波斯匿王經一卷
尼揵齋經一卷　明星梵志經一卷
兜率梵志經一卷　梵志拔陁經一卷
梵志計火淨經一卷　梵志問疑經一卷
梵志意經一卷　梵志好母經一卷
梵志婦女經一卷　梵志六師經一卷
天后賢女經一卷　德女問經一卷
貧女少施獲孔報經一卷

弥家女經一卷
二人作沙門弟斷兄舌經一卷
氣噓殺旃陁羅經一卷
眼能視殺人經一卷
孤獨三兄弟經一卷　阿劒他經一卷
不蘭伽經一卷　小申日經一卷
波羅奈嬋四姓經一卷 或作婵字
大姓家主叩書不經一卷
提謂經一卷
薩羅經一卷　金轉龍王經一卷
蘇曷龍王經一卷　三龍王經一卷
虎王經一卷　鍬王經一卷
毒龍虵施經一卷
放牛法經一卷 令疑是藏中放牛經 養牛經一卷
閻羅王經一卷 令疑是藏中閻羅王五天使者經
餓鬼經一卷　鐵杵泥犁經一卷
緣經一卷　藥經一卷　苦慧經一卷
慧達經一卷　法足經一卷
身數經一卷　選福經一卷
布施經一卷　助善經一卷
古來經一卷 令疑是藏中古來世時經 孝順經一卷
緣本經一卷 令疑是藏中緣本致經 度世經一卷
法藏經一卷　明住經一卷
善憩經一卷　植質經一卷

名相經一卷　怪異經一卷
滅怪經一卷　本鉢經一卷
案鉢經一卷　諸法經一卷
輿脫經一卷　伏頞經一卷
寶見經一卷　真提經一卷
明義經一卷　見在經一卷
釋論一卷 祐云疑是大智度論抄之一卷 雜事經一卷
盲解經一卷 祐云疑即義方雜解 釋學經一卷
度道俗經一卷　諸福德經一卷
說人身經一卷　施色力經一卷
色入施經一卷　戒法律經一卷
未生火經一卷　未生哭經一卷
念佛品經一卷　須弥山經一卷
成敗品經一卷 經目或云成敗品第四祇是積業經之一品今撿撿失無此品
世間珎寶經一卷 舊錄云世間所生珎寶經
現道神足經一卷　成行无想經一卷
悔過除罪經一卷　深自僥倖經一卷
布施持戒經一卷　生西方齋經一卷
造浴室法經一卷　有疑徃解經一卷
長阿含方法經一卷
令人孝有德經一卷
人於出家者經一卷
心應深貪慕經一卷

地水火風空經一卷
求欲着除意經一卷
持戒教人殺生經一卷
七月十五日臘法經一卷
切高憍慢有二輩經一卷
歡喜布施有五事經一卷或作勸字錯　三悔憂經一卷
三夢經一卷
三乘无當經一卷　四署經一卷
四等意經一卷　四政斷經一卷
四厚經一卷　五署經一卷
五殺世經一卷　五乱經一卷
五耶經一卷　六禪經一卷
六度六十行經一卷
六輩阿惟越致經一卷　七衆經一卷
七流經一卷　七使經一卷
七輩人攢死經一卷　七歲作善經一卷
八方万物无常經一卷　八雙經一卷
九結經一卷　九惱經一卷
九道觀身經一卷　十部僧經一卷
十二意經一卷　十二阿練若高行經一卷
十二部經名一卷　三十二僧鄰經一卷
三十四意經一卷　五十德相經一卷
六十品經一卷　六十二疑經一卷

開元釋教録第五卷　第五十二張　筌

七十二觀經一卷　百法經一卷
惟日三昧經一卷　月電三昧經一卷
元言三昧經一卷　阿和三昧經一卷
禪行法經一卷今疑是藏中禪行法想經
須弥山譬經一卷　日月譬經一卷
海水譬經一卷　藥草喻經一卷
切德天譬經一卷　賢劫譬經一卷
金剛譬經一卷　寶藏譬經一卷
明珠譬經一卷　聚木譬經一卷
四大譬經一卷
五部威儀所服經一卷或云五部僧服經高僧傳云白法祖譯
結界文經一卷　沙弥離戒經一卷
五戒報應經一卷　六足阿毗曇一卷
雜譬喻經六卷或云諸雜譬喻
譬喻經一卷祐云異出又有一本今且存一
雜譬喻經一卷凡十一事
　右三百七部三百四十卷准初九部九卷有本餘者並闕並是梁代沙門僧祐録
　中新集失譯諸經然僧祐本
　録祐所新集惣一千三百六
　部一千五百七十卷今細撿括
　餘九百九十九部一千二百三
　十卷多是諸别生經或長房

開元釋教録第五卷　第五十三張　筌

　等失譯録中已載及有代録
　之中標其譯主除此之外有三
　百七部三百四十卷撿括長
　房等録皆未曾載今新集於
　此以為失源然祐録中但云
　失譯不標年代今且附於宋
　録之末庶免遺漏焉

開元釋教録卷第五　惣録之五

乙巳歲高麗國大藏都監奉
勑雕造

開元釋教録第五卷　第五十四張　筌

開元釋教録卷第五

校勘記

一 底本，麗藏本。

一 九五頁上一行「卷第五」，徑、清作「卷第五上」。

一 九五頁上二行「庚午歲」，徑、清作「唐」。

一 九五頁上八行「雜集」，諸本（不含石，下同）作「新集」。

一 九五頁中七行夾註「二部」，資、磧、普、南、徑作「三部」。

一 九五頁中一二行夾註左「恐謬」，資、普、南、徑、清作「恐誤」。

一 九五頁下三行「于填」，諸本作「于闐」。下同。

一 九五頁下二一行「僧含」，徑作「僧舍」。

一 九六頁上三行「不從」，諸本作「不去」。

一 九六頁上七行夾註右「第二出」，諸本作「第三出」。

一 九六頁上九行夾註右「亦名」，徑作「亦云」。

一 九六頁上一六行至一七行夾註「寶唱録及僧祐録」，徑作「僧祐及寶唱録」。

一 九六頁中一行夾註右「曇良耶舍」，徑作「曇長耶舍」。

一 九六頁中一四行「遊歷」，諸本作「周歷」。

一 九六頁下一二行第三字「上」，諸本作「止」。

一 九六頁下一六行首字「從」，諸本作「竄從」。

一 九六頁下末行「鄭縣」，諸本作「鄮縣」。

一 九七頁上一〇行末字「土」，磧作「王」。

一 九七頁上一九行「亨願」，諸本作「享願」。

一 九七頁中一行夾註右「二十二」，諸本作「三十二」。

一 九七頁中三行「支流」，諸本作「支派」。

一 九七頁中五行夾註左第一一字「等」，徑無。

一 九七頁中一五行夾註左「一十二卷」，清作「一十一卷」。

一 九七頁中二二行第四字「染」，資作「深」。

一 九八頁上八行第二字「曾」，諸本作「嘗」。

一 九八頁上一四行「合云」，諸本作「答曰」。

一 九八頁上一八行第二字「尼」，諸本作「屍」。

一 九八頁中八行夾註左「山寺」，磧作「此寺」。

一 九八頁下九行第三字「受」，諸本作「愛」。

一 九八頁下一二行「華戎」，磧、普、南、徑、清作「華梵」。

一 九八頁下二二行「寺任」，資、磧、普、南作「寺住」。

一 九九頁上三行夾註右末字「及」，

一 磧、普、南、徑、清無。

一 九九頁上一五行夾註左第二字「並」，資、普作「非」；磧、南、徑、清作「非也」。

一 九九頁上一七行夾註左「北地」，磧作「比地」。又第一三字「且」，諸本作「宜」。

一 九九頁中五行夾註右末字「塞」，徑無。又左「僧祐録」，磧、普、南、徑、清作「祐録」。

一 九九頁中七行夾註右「龍樹」，諸本作「龍樹菩薩」。

一 九九頁中二二行「相工」，諸本作「相師」。

一 九九頁下一四行「至母」，諸本作「至王母」。

一 九九頁下末行「害念」，諸本作「念害」。

一 一〇〇頁上一八行第九字「湌」，磧、南、徑、清作「諮」。

一 一〇〇頁中一行第一一字「宜」，徑作「宣」。

一 一〇〇頁中八行首字「丘」，諸本作「市」。又末字「謂」，資作「訶」；普作「謌」。

一 一〇〇頁中末行「水賓」，磧、普、南、徑、清作「水濱」。

一 一〇〇頁下二一行第三字「齋」，諸本無。

一 一〇〇頁下末行第八字「凡」，磧、普、南、徑、清作「几」。

一 一〇一頁上一二行夾註右「並云」，磧、普、南作「也云」。

一 一〇一頁上一三行夾註右「應是」，諸本作「此是」。

一 一〇一頁上一四行夾註左「一品」，諸本作「二品」。

一 一〇一頁上一五行夾註左「長房等録」，諸本作「長房録」。

一 一〇一頁上一六行夾註左「十三」，諸本作「十三卷」。

一 一〇一頁上二一行「未經」，諸本作「未曾」。

一 一〇一頁中八行首字「唯」，諸本無。

一 一〇一頁中二〇行第七字「尸」，資作「壁」。

一 一〇一頁下九行夾註右「十二年」，資、磧、普、南、徑作「二十二年」；清作「一十二年」。又「正月於秣陵」，資作「月於秣陵」；磧、普、南作「正月於林陵」。

一 一〇一頁下一九行夾註右「二十三卷」，資作「二十二卷」。

一 一〇一頁下二〇行「印度」，磧、南作「印土」。一〇三頁下二行磧同。

一 一〇二頁上六行第五字「起」，諸本作「加」。

一 一〇二頁上一二行第八字「軌」，磧作「執」。

一 一〇二頁中八行夾註右第一二字「等」，諸本無。又左「十三年」，徑、清作「十二年」。

一 一〇二頁中九行夾註左「道慧」，諸本無。

一 一〇二頁中一〇行「經三卷」，諸

一　本作「經二卷」。又夾註右「或二卷」、諸本作「或三卷」。

一　一〇二頁中一三行夾註左末字「二」，南作「一」。

一　一〇二頁中一六行夾註左第三字「入」，諸本無。

一　一〇二頁中二二行夾註右「第三出」，磧作「第二出」。

一　一〇二頁下一行「呵離陁經一卷」、資、磧、普、南作「阿離陀經一卷」；徑、清作「阿離陀經二卷」。

一　一⊙二頁下四行夾註左「等録」，諸本作「等三録」。

一　一〇二頁下一三行夾註「第五十七異譯」，諸本作「五十七卷異譯房云見別録」。

一　一〇二頁下一四行夾註右「第八卷」，諸本作「第十七卷」。

一　一〇二頁下一六行夾註左「見別録」，徑無。

一　一〇二頁下末行夾註左「輪經」，磧、普、南、徑、清作「輪轉經」。

一　一〇三頁上五行夾註左「上見存已後闕」，資、磧、普、南作「上見存已下闕」；徑、清作「已上見存已下闕」。

一　一〇三頁上七行夾註右首字「虛」，諸本作「虛空」。

一　一〇三頁上一三行夾註右「一名」，磧、南作「二名」。

一　一〇三頁上一七行夾註左「二録」，徑作「録」。

一　一〇三頁上二二行夾註右「經等」，諸本作「等經」。又「二十九」，磧、徑作「三十九」。

一　一〇三頁中七行夾註左末字「録」下，資有「李文智捨」四字。

一　一〇三頁中一〇行夾註左首字「時」，諸本作「持」。

一　一〇三頁中一九行夾註「第二出」，諸本作「第三出」。

一　一〇三頁中末行夾註右「二十六部」，資作「三十六部」。又「一百卷」，磧、普、南作「一百二卷」。

一　一〇四頁上三行「延接」，諸本作「迎接」。

一　一〇四頁上一四行「丹楊」，資、磧、南、徑、清作「丹陽」。

一　一〇四頁上一六行「諮抍」，諸本作「諮析」。

一　一〇四頁中五行第一〇字「多」，諸本無。

一　一〇四頁中一三行「二凶」，磧、普、南、徑、清作「元凶」。

一　一〇四頁中二一行第九字「剋」，磧、普、南作「利」。

一　一〇四頁下一〇行第五字「譙」，諸本作「誰」。

一　一〇四頁下二〇行第一一字「頋」，磧、普、南、徑、清作「願願」。

一　一〇五頁上三行末字「念」，磧、普、南、徑、清無。

一　一〇五頁上一〇行「屬目」，諸本作「矚目」。

一　一〇五頁上一一行「鳳凰樓」，資、磧、普、南、清作「鳳樓」；徑作「鳳棲」。

一 一〇五頁中七行首字「食」，諸本作「食竟」。

一 一〇五頁中一二行第一一字「送」，徑作「逆」。

一 一〇五頁中一八行夾註右第三字「本」，資無。

一 一〇五頁中二一行夾註「六度經」，諸本作「六度集」。

一 一〇五頁下七行夾註左「生經」，徑作「主經」。

一 一〇五頁下八行夾註左第二字「抄」，徑無。

一 一〇五頁下一六行末字「之」，至此，徑、清卷第五上終，卷第五下始。

一 一〇五頁下一八行夾註左第八字「等」，資、磧、普、南、徑無。

一 一〇六頁上八行「增氷」，磧、普、南、徑、清作「層冰」。

一 一〇六頁上一二行第二字「識」，諸本作「幟」。

一 一〇六頁上一四行「三日」，磧作「二日」。一八行同。

一 一〇六頁中二行「白拂木舩」，資作「白沸水船」；磧、普、南、徑、清作「自沸水船」。

一 一〇六頁中九行「曠遠」，諸本作「曠絶」。

一 一〇六頁中一五行「野牛」，諸本作「野干」。一七行同。

一 一〇六頁下二行夾註「僧祐録云」，諸本作「祐録」。又左「於後」，諸本作「於彼」。

一 一〇六頁下一三行夾註右「五反覆」，諸本作「五無返覆」。

一 一〇六頁下二〇行夾註右「更生」，諸本作「更生經」。

一 一〇七頁上三行夾註左「波邪匿王」，諸本作「波耶匿王經」。

一 一〇七頁上五行夾註右「鐘山」，諸本作「鍾山」。

一 一〇七頁上六行夾註右第三字「泥」，磧、普、南、徑、清無。又左首字「一」，磧、普無。

一 一〇七頁上九行夾註右第七字「出」，諸本無。

一 一〇七頁上一〇行夾註左「見別録」，磧作「是別録」。

一 一〇七頁上一一行夾註右「第二出」，資作「第一出」。

一 一〇七頁中三行第四字「於」，諸本無。

一 一〇七頁中九行夾註左「六度集」，徑、清作「六度經」。

一 一〇七頁中一八行夾註右「中含」，諸本作「中阿含」。

一 一〇七頁下一行夾註右末字「秭」，諸本作「耕」。

一 一〇七頁下二行夾註左末字「録」下，諸本有「第二出」三字。

一 一〇七頁下三行夾註右首字「亦」，資、磧、普、南、徑無。

一 一〇七頁下四行夾註「亦云力士跋陁經云」，諸本無。

一 一〇七頁下一七行「殺身」，徑、清

作「殺人」。

— 一〇七頁下二三行「大力土」，諸本作「大力士」。

— 一〇八頁上一五行「孝武帝」，徑作「孝帝帝」。

— 一〇八頁上二二行第一〇字「荆」，諸本作「荆州」。

— 一〇八頁中五行第七字「悦」，諸本作「鋭」。

— 一〇八頁中一〇行夾註左第六字「戒」，諸本無。

— 一〇八頁中二〇行第二字「任」，磧作「住」；徑、清作「往」。

— 一〇八頁中二二行第二字「或」，諸本作「或」。下同。

— 一〇八頁下五行「七卷」，諸本作「一卷」。

— 一〇八頁下六行「恩智」，資作「思智」；磧、普、南、徑、清作「智」。

— 一〇八頁下一一行第六字「以」，諸本作「亦以」。

— 一〇八頁下二一行夾註左首字「及」，徑作「又」。

— 一〇八頁下二二行夾註左「始興」，諸本作「始興録」。

— 一〇九頁上七行夾註右「亦名」，磧、普、徑、清作「亦云」。又左末字「譯」下，諸本有「見始興録及趙録法上録」十字。

— 一〇九頁中一六行第三字「盡」，徑作「淨」。

— 一〇九頁中二〇行夾註「第三十五」，諸本作「第五十五」。

— 一〇九頁下一行「已後闕本」，磧、普、南、徑、清作「已上見存已後闕本」。

— 一〇九頁下二行夾註「本作十万」，資、磧、普、南作「本作千萬」；徑、清作「一本作千萬」。又正文「華嚴淨經」，徑作「華嚴淨」。

— 一〇九頁下五行夾註右「或无」，諸本作「或云」。

— 一〇九頁下一四行「二千」，諸本作「二十」。

— 一一〇頁上六行夾註右「今疑」，資、磧、普、南作「今從」。

— 一一〇頁上九行夾註左「同未詳同別」，諸本作「未詳別同」。

— 一一〇頁上二一行夾註「本作成字錯也」，資、磧、普、南作「作成字錯也」；徑、清無。

— 一一〇頁中一三行第四字「枝」，諸本作「杖」。

— 一一〇頁下八行「童子」，諸本作「子」。

— 一一〇頁下二〇行第四字「頭」，諸本無。

— 一一一頁中八行第七字「不」，諸本作「示」。

— 一一一頁下一四行第四字「經」，諸本無。又夾註左「檢樓炭」，諸本作「檢樓炭經」。

— 一一一頁下一六行「无想」，諸本作「無相」。

— 一一二頁上一二行「五耶經」，諸本作「五邪經」。

一一二頁中四行夾註左「法想」，諸本作「法相」。

一一二頁中一一行夾註右「或云」，資、磧、普、南作「或服」。

一一二頁中一二行第一一字「經」，諸本無。

一一二頁下八行夾註「惣録之五」，磧無；南作「三十五末」，徑、清作「下」。

開元釋教録卷第六　　笙

庚午歲西崇福寺沙門智昇撰

摠括群經録上之六

齊蕭氏都建業　亦云南齊

自高帝建元元年己未至和帝中興二年壬午凡經七主二十四年沙門七人所譯經律摠一十二部三十三卷　並中七部二十八卷見在五部五卷闕本

蕭齊

沙門曇摩伽陁耶舍　一部　一卷經

沙門摩訶乘　二部　二卷經律

沙門僧伽跋陁羅　一部　一十八卷律

沙門達摩摩提　二部　二卷經

沙門求那毗地　三部　六卷經集

沙門釋曇景　二部　二卷經

沙門釋法化　一部　一卷經

無量義經一卷　第二出見僧祐録

右一部一卷其本見在

沙門曇摩伽陁耶舍齊言法生稱中印度人悟物居情導利无捨以高帝建元三年辛酉於廣州朝亭寺譯无量義經一部邪舍手善隷書口解齊言傳受經人武當山沙門慧表永明三年賫至揚都繕寫流布

五百本生經一卷　見僧祐録祐云未詳卷數房云一卷

他毗利律一卷　齊言宿德律見僧祐録祐云未詳卷數房云一卷

右二部二卷其本並闕

沙門摩訶乘西域人也栖心妙道結志弘通以武帝永明年中於廣州譯五百本生經等二部

善見律毗婆沙十八卷　或云毗婆沙律亦直云善見律見道慧宋齊録及僧祐録

右一部一十八卷其本見在

沙門僧伽跋陁羅齊言衆賢西域人懐道放曠化恵无窮師資相傳云佛涅槃後優波離既結集律藏訖即於其年七月十五日受自恣竟以香花供養律藏便下一點置律藏前年年如是優波離欲涅槃持付弟子陁寫俱陁寫俱欲涅槃付弟子須俱須俱付弟子悉伽婆悉伽婆付弟子目揵連子帝須目揵連子帝須付弟子旃陁跋闍如是師

開元釋教録第六卷　第一張　笙

師相付至今三藏法師（不出其名）三藏法師將律藏至廣州臨上船反還去以律藏付弟子僧伽跋陁羅跋陁以武帝永明六年戊辰歲（多太巳巳）共沙門僧禕於廣州竹林寺譯出名為善見律毗婆沙因共安居以永明七年己巳歲（居士）七月半受自恣竟如前師法以香花供養律藏訖即下一點當其年計得九百七十五點點是一年趙伯休梁大同九年於廬山值遇行律師弘度得此佛涅槃後衆聖點記年月訖齊永明七年伯休訪弘度云自永明七年已後云何不復見點弘度答云自此已前皆是得道聖人手自下點貧道凡夫止可奉持頂戴而已不敢輒點伯休因此筭至梁大同九年癸亥歲合得一千二十八年昇依伯休所計推至大唐開元十八年庚午之歲合得一千二百一十六年若然則是如來滅度遠近粗以未堪

取行（此豈點記與法顯所傳師子國佛牙精舍同記年歲全覺此去像法歸集錄歲竟自恣了已手自下點年年如是展轉相付源傳至今者此或不然尋此善見婆沙非是波離所集乃是部分已後二十部中曇無德所宗輝一家義撮要而解非全部毗尼也即此撰集已後年下一點此或如然若言波離手自下點者未可即為指南也）

妙法蓮華經提婆達多品第十二一卷（今編入妙法華在第五卷勅沙門法獻於于填國得梵本來見道慧宋齊錄僧祐錄亦於高昌郡獲梵本未詳孰正）

觀世音懺悔罪呪經一卷（永明八年十二月十五日譯出見僧祐錄及寶唱錄）

右二部二卷（提婆達多品見在觀世音呪經闕本）

沙門達摩摩提齊言法意西域人悟物情深隨方啓諭以武帝永明八年庚午為沙門法獻於揚都瓦官寺譯提婆達多品等二部獻以宋元徽三年遊歷西域於于填國得經梵本 并及佛牙有迦毗羅神衛護還宋一經至齊永明中共沙門 法意譯出佛牙安置鍾山上定 林寺（佛牙可長三寸闊本如之色帶黃自共牙論常凸若今印文而温潤光紫頗類琢玉諸持內經佛有四牙一在忉利天一在龍王宮一在師子國一在烏長國此即烏長國牙也後編失之乃現于填獻於于填請還）忽有數人並執器仗初夜扣門

稱臨川殿下奴叛有人告云在佛牙閣上請開閣 撿視寺僧從其言至師至佛牙座 前開函取牙作三礼已錦巾盛牙遶山東去後尋抑得還安定林隋文併陳仍在鍾岳至仁壽三年內使令豫章王暕從楊州將獻文帝其年五月十五日勅送東禪定寺供養佛牙靈異具如僧祐佛牙記此不復廣其東禪定寺即今大莊嚴寺是也

須達經一卷（一名須達長者經出中阿含第三十九卷僧祐云建武二年出異譯見長房錄及高僧傳）

百喻經四卷（亦云百句譬喻經或五卷天竺僧伽斯那撰永明十年九月十日譯見僧祐錄祐等並云譯成十卷此之四卷百事足矣）

十二因緣經一卷（第五出與貝多樹下經等同本祐云建武二年見高僧傳及長房錄）

右三部六卷（前二部五卷見在後一部一卷闕本）

沙門求那毗地齊言德進中印度人弱齡從道師事天竺大乘法師僧伽斯聰慧強記勤於諷習所誦大小乘經十餘萬言兼學世典明解陰陽其候時達占

多有徵驗故道術之稱有聞西域建元初來至江淮止耶舍寺執錫從徒威儀端肅王公已下競相請謁初僧伽斯於天竺國抄集修多羅藏十二部經中要切譬喻撰為一部凡有百事以教授新學耶舍皆通誦兼明義旨以武帝永明十年壬申秋九月譯為齊文即百喻經也復出須達及十二因緣自宋大明已後譯經殆絕及其宣流法寶世咸美之耶舍為人弘厚有識度善於接誘勤躬行道夙夜匪懈是以外國僧衆萬里歸集南海商人悉共宗事供贈往來歲時不絕性頗福積富於財寶然營建法事已無私焉於建業淮側造正觀寺重閣層門殿房整飭養徒施化德業甚著以中興二年冬卒

摩訶摩耶經一卷 第二出一名佛昇忉利天為母說法亦云摩耶經或二卷見王宗寶唱共上等三錄

未曾有因緣經二卷 度羅睺羅沙彌序亦直云未曾有經

第二出見始興錄

右二部三卷其本並在

沙門釋曇景不知何許人於齊代譯摩耶經等二部群錄直云齊世譯出既不顯年未詳何帝

腹中女聽經一卷 第五出與無垢賢女經等同本房云見古錄

右一部一卷闕本

沙門釋法化以廢帝寶卷永元年中誦出腹中女聽經一部衆錄相承並云誦出未詳誦意依而列之以有先譯故免疑失

又長房內典等錄云齊時江州沙門道歡耶舍譯成佛經一卷此或不然如後大乘錄中廣述又房等復云齊代沙門法度於楊都出毗河經一卷毗跋律一卷今以阿經出雜阿含其毗跋律隋法錄云法度偽造以為律名今廢不立房等又云齊代沙門釋法尼譯益意經二卷今以此經即是齊末梁初僧法尼閉目誦出者今見有本文理乖舛不可流行若言齊末出者祐錄何故不載今編疑部正錄不存房等又云齊代沙門道備出九傷等經五部五卷群錄並疑今依舊為定也

梁蕭氏都建業 亦云蕭梁

自武帝天監元年壬午至敬帝太平二年丁丑凡經四主五十六年緇素八人所出經律論及諸傳記等并新集失譯諸經總四十六部二百一卷 於中四十部一百[illegible]卷見在六部十卷闕本

沙門釋僧祐 五部 三十九卷 譜錄集

沙門曼陀羅仙 三部 一十一卷 經

沙門僧伽婆羅 十一部 三十二卷 經論傳

沙門釋寶唱 二部 五十四卷 經集尼傳

沙門釋明徽 一部 一卷 尼戒

王子月婆首那 一部 一卷 經

沙門波羅末陀 一十一部 二十四卷 經論

沙門釋慧皎 一部 一十四卷 僧傳

新集失譯諸經 十四部 二十五卷 經論集

釋迦譜十卷 於齊代撰別有五卷本與此廣略異房云四卷恐誤見僧祐錄及長房內典等錄舍入齊錄隋人附梁

出三藏記集十五卷 祐錄自云十卷且有十五卷長房內典二錄云十六卷見僧祐長房內典等錄亦齊時撰

弘明集十四卷 祐等三錄並云十卷今見十四卷見僧祐長房內典等錄

右三部三十九卷其本並在

沙門釋僧祐楊都建初寺僧也本姓俞氏其先彭城下邳人父世居建業祐年數歲入建初寺禮拜因踊躍樂道不肯還家父母憐其志且許入道師事僧範道人年十四家人密為訪婚祐

知而避至定林投法達法師達亦戒德精嚴為法門梁棟祐師奉竭誠及年滿具戒執操堅明初受業於沙門法穎穎既一時名匠為律學所宗祐迺竭思鑽求无懈昏曉遂大精律部有邁先哲武帝衍深相礼遇凡僧事碩疑皆勑就審決年衰腳疾勑聽乘輿入內為六宮受戒其見重如此及齊竟陵文宣王子良梁臨川王宏南平王偉儀同陳郡袁昂永康定公主貴嬪丁氏等並崇其戒範盡師資之敬凡白黑門徒万有餘衆祐洞明律藏兼善文藻搜集記錄撰為部帙庶辱覽之者功省而博達實法門之綱要釋氏之元宗也自蕭齊末及梁代撰釋迦譜等三部自外法苑集世界記師資傳等以非入藏故闕不論並如三藏記等具顯

文殊師利所說摩訶般若波羅蜜經二卷（或一卷亦直云文殊般若波羅蜜經初出與僧伽婆羅出者及大般）

法界體性无分別經二卷（第二寶積）（若第七會勇殊室利身同本亦編當第十六會見李廓錄及續高僧傳）

寶雲經七卷（初出與陳代須菩提大乘寶雲經及唐達摩流支寶雨經等同本異譯見李廓錄及續高僧傳）（會見李廓寶唱二錄及續高僧傳）

右三部一十一卷其本並在

沙門曼陀羅仙梁言弱聲亦云弘弱扶南國人神解超悟幽明畢覩無憚夷險志存開化大賫梵經遠來貢獻以武帝天監二年癸未届于楊都勑僧伽婆羅令共翻譯遂出文殊般若等經三部雖事傳譯未善梁言故所出經文多隱質

文殊師利所說般若波羅蜜經一卷（第二出與前曼陀羅出者及大般若曼殊室利分同本勇云少勝前曼陀羅所出二卷者）

大乘十法經一卷（初出與元魏覺定所出十法經同本普通年譯第二出與）

度一切諸佛境界智嚴經一卷（元魏曇摩流支入佛境界經同本）

八吉祥經一卷（若人聞此八佛名号不為一切諸鬼神衆難所侵第四出與八吉祥呪及八陽神呪經等同本）

孔雀王呪經二卷（亦云孔雀王陀羅尼經第七譯與唐義淨大孔）

舍利弗陀羅尼經一卷（此呪有大神力若能持者雪山雀呪王經等同本見寶唱錄）（有八夜叉王常來擁護所欲隨心第九譯支謙所出无量門微密持經等同本）

文殊師利問經二卷（亦直云文殊問經天監十七年於占雲館譯袁曇允筆受光宅寺沙門法雲詳定）

菩薩藏經一卷

解脫道論十二卷（亦云十三卷天監十四年於占雲館譯）

阿育王經十卷（或加大字第二出與西晉安法欽育王傳同本異譯天監十一年六月二十日於楊都壽光殿譯見寶唱錄）

右一十部三十二卷其本並在（並見長房錄續高僧傳中都有部數者不備列）

沙門僧伽婆羅梁言衆鎧亦云僧養扶南國人也幼而穎悟早附法律雖經論具採而偏習對法聲聞漸布每譽海南具足已後廣精律藏勇意觀方樂崇開化聞齊國弘法隨舶至都住正觀寺為天竺沙門求那跋陀弟子復從跋陀研精方等未盈炎燠博涉多通乃解數國書語值齊曆亡墜道教凌夷婆羅靜潔身心外絶交故擁室樞閑養素資業大梁御寓搜訪術能

開元釋教錄第六卷　第十二張　塵字号

以天監五年被勅徵召於楊都壽光殿華林園正觀寺占雲館扶南館等五處傳譯即以天監五年景戍至普通元年庚子譯文殊般若等經十部（其梵本並是曼陀羅所獻者長房等錄復云婆羅更出寶雲傳五卷者非也前言寶雲經即是其傳不合重載）初翻經日於壽光殿武帝躬臨法座筆受其文然後乃付譯人盡其經本勅沙門寶唱慧超僧智法雲及袁曇允等相對疏出華質有叙不墜譯宗天子禮接甚厚引為家僧所司資給道俗改觀婆羅不畜私財以其嚫施成立住寺大尉臨川王宏接遇隆重普通五年因疾卒于正觀寺春秋六十有五

經律異相五十卷（天監十五年奉勅撰錄云并目錄五十五卷今闕其目但五十卷其目但集舊類應无别事見寶唱錄及長房錄）

比丘尼傳四卷（述晉宋齊梁四代尼行新編入錄）

右二部五十四卷其本並在

沙門釋寶唱楊都莊嚴寺僧也俗姓岑氏吳郡人僧祐律師之高足也博識洽文筆有其功武

開元釋教錄第六卷　第十三張　塵字号

帝甚相崇敬天監年中頻勅撰集皆恆帝旨十五年景申又勅撰經律異相一部唱又别撰尼傳四卷房錄之中復有名僧傳等七部非入藏故闕不論餘並備在續高僧傳

五分比丘尼戒本一卷（亦云弥沙塞尼戒本見寶唱錄）

右一部一卷其本見在

沙門釋明徽楊都建初寺僧也戒行精岦習弥沙塞部徽以宋代覺壽譯弥沙塞律但出比丘戒本而无尼戒遂以武帝普通三年壬寅於大律內抄出尼戒一卷今見行者是（撰錄者曰捨此戒中衆學之後无七滅諍律本雖略准義合安豈可尼僧有諍不殄於律正文與僧同有故彼律第四十衆學法中唯除汙草及水七滅諍法隨顯法並同比丘彼師不安理不通也）

大乘頂王經一卷（亦云維摩兒經與西晉法護方等頂王及隨嶇多菩思童子經等同本第三出見長房錄及續高僧傳等）

右一部一卷其本見在

王子月婆首那中印度優禪尼國王之子（此優禪尼國或云在南天竺亦云在西天生未詳定決哉可此國譯在中天竺傳西近南故傳說差訛不定一方也）

開元釋教錄第六卷　第十四張　塵字号

生而俊朗體悟幽微專學佛經尤尊義理洞曉音韻兼善方言先於東魏興和年中譯經三部梁大同中從魏之梁武帝留住勅遣慰知外國使命因譯頂王經一部

金光明經七卷（戊六卷二十二品承聖元年於正觀寺及揚雄宅出慧寶等筆受无讖出四卷者十八品真諦更出四品足前成二十二品为七卷今在刪繁錄）

無上依經二卷（梁紹泰三年丁丑九月八日於平固縣南康內史劉文陀請令譯出見經後記房云陳代出者非也諸家年曆並无紹泰三年如別錄中會）

涅槃經本有今无偈論一卷（房云太清四年出檢諸年曆太清不至四年巳下並同）

決定藏論三卷（中有梁字字是梁代譯其文句是真諦出也）

大乘起信論一卷（初出與唐實叉難陀出者同本承聖二年癸酉九月十日於衡州始興郡建興寺出月婆首那等傳語沙門智愷等執筆并製序見論序）

如實論一卷（初題云如實論反質難品房云太清四年出）

仁王般若經一卷（承聖三年於豫章寶田寺譯第三出與西晉法護等出者同本）

弥勒下生經一卷（承聖三年於豫章寶田寺譯第五出與羅什等出者同本）

十七地論五卷（與唐譯瑜伽師地論同本翻得五卷遇難遂輟見續高僧傳大清四年於富春令陸元哲宅爲沙門寶瓊等二十餘名僧譯）

中論一卷（房云太清四年出）

三世分別論一卷 房云太清四年出

已上並見長房內典等錄

右一十一部二十四卷 如實論上六部一十五卷見在仁王經下五部九卷闕本

沙門波羅末陀梁言真諦或云拘羅那他此曰親依並梵文之名字也本西印度優禪尼國人婆羅門種姓頗羅墮景行澄明器宇清肅風神爽拔悠然自遠群藏廣部罔不厝懷藝術異能偏素精練雖遵融佛理而以通道知名遠涉艱關无憚夷險歷遊諸國遂止中天梁武大同中勑直省張氾等送扶南獻使返國仍遣躬中天竺摩伽陁國請名德三藏并求大乘諸論雜華經等真諦遠聞行化儀軌聖賢搜選名匠惠益氓品彼國乃屈真諦并賷經論恭膺帝旨既素蓄在心渙然聞命以大同十二年八月十五日達于南海沿歷險阻仍滯兩春以太清二年閏八月始届都邑武皇面申

礼敬安置於寶雲殿竭誠供養帝欲傳翻經教不羨秦時更出新文有逾齊日屬道銷梁季寇羯憑陵法為時崩不果宣述乃步入東土又往冨春令陸元哲創奉問津將事傳譯招延英秀沙門寶瓊等二十餘人翻十七地論適得五卷而國難未靜側附通傳至大寶年為侯景請還在臺供養于斯時也兵飢相接法幾頹焉會元帝啓祚承聖清夷乃止于金陵正觀寺與願禪師等二十餘人翻金光明經三年二月還返豫章又往新吳始興復隨蕭太保度嶺至于南康並隨方翻譯栖遑靡託諦於梁代所出經論揔十一部　梁末入陳復出經論如後所述　長房內典等錄有十八部論一卷亦云諦譯今尋文句非是諦翻既與部執本同不合再出今此刪之如別錄中述復有金光明疏等六部二十六卷並是真諦所

撰亦並刪之 長房內典等錄復云天監十五年木道賢獻婁頂經一卷直云獻上不辯妄出且編疑錄此刪不載

高僧傳十四卷 序錄一卷共成十四天監十八年撰見長房內典二錄

右一部一十四卷其本見在

沙門釋慧皎未詳氏族會稽上虞人學通內外博訓經律住嘉祥寺春夏弘法秋冬著述撰涅槃梵網義疏又以唱公所撰名僧頗多浮冗因遂開例成廣著高僧傳一部始于漢明帝永平十年終至梁天監十八年凢四百五十三載二百五十七人又傍出附見者二百三十九人都合四百九十六人開其德業大為十例其序略云前之作者或嫌以繁廣刪減其事而抗迹之奇多所遺削謂出家之士處國賓王不應慠然自遠高蹈獨絕尋辭棄愛本以勵俗為賢若此而不論竟何所紀又云前代所撰多曰名僧竊謂名之與高如有優劣至若實行潛光則高而不名寡德適時則名而不高

開元釋教録第六卷 第十八張

本非所紀高而不名則僃之今録故省彼名音代以高字謹詳覽此傳義何甄著文詞婉約實可以傳之不朽永為龜鏡矣

新集失譯諸經

摩利支天經一卷 或云小摩利支天經是陁羅尼經第十卷初摩利支天經少分異譯

六字神呪王經一卷 第二出與六字呪王經同本

虛空藏菩薩問佛經一卷 亦云虛空藏菩薩問七佛陁羅尼呪經亦云七佛神呪經初出與隋譯如來方便巧呪經同本

三劫三千佛名經三卷 過去莊嚴劫千佛名經卷上現在賢劫千佛名經卷中未來星宿劫千佛名經卷下見房入藏録彼為三本經今合為一部

牟黎曼陁羅呪經一卷 或无經字

阿吒婆拘鬼神大將上佛陁羅尼經一卷 亦直云阿吒婆拘呪經

阿弥陁鼓音聲王陁羅尼經一卷

大普賢陁羅尼經一卷

大七寶陁羅尼經一卷

六字大陁羅尼經一卷

長者女菴提遮師子吼了義經一卷

菩薩五法懺悔文一卷 亦名菩薩五法懺悔經

陁羅尼雜集十卷

開元釋教録第六卷 第十九張

大乘五陰論一卷 婆藪盤豆菩薩造見陳朝大乘寺藏録初出與唐譯大乘五蘊論同本

右一十四部二十五卷除五陰論餘並入藏經房等失譯録中

此論闕

闕而不載尋其文句非是遠代故編梁末以為梁代失源云

魏元氏初都恒安南遷洛陽後遷鄴 亦云後魏

始從道武帝皇始元年景申 晉太元二十一年也 終東魏孝靖帝武定八年庚午凡一十三帝一百五十五年 五帝都恒安至孝文帝太和十八年南遷七帝都洛陽一主都鄴 緇素一十二人所譯經論傳等惣八十三部二百七十四卷 於中七十三部二百五十五卷見在一十部一十九卷闕本

沙門釋慧覺 一部 一十三卷集經

沙門釋曇曜 三部 七卷經傳

沙門吉迦夜 五部 一十九卷經論傳集

沙門曇摩流支 三部 八卷經

沙門釋法場 一部 一卷經

沙門勒那摩提 三部 九卷論

沙門菩提留支 三十部 一百一卷經論

沙門佛陁扇多 一十部 一十一卷經論

元魏

開元釋教録第六卷 第廿張

婆羅門瞿曇般若流支 一十八部 九十二卷經撰論

王子月婆首那 三部 七卷經

沙門毗目智仙 五部 五卷論

沙門達磨菩提 一部 一卷論

賢愚經十三卷 或十五卷或十六卷或十七卷亦云賢愚因緣經見道慧宋齊録及僧祐録

右一部一十三卷其本見在

沙門釋慧覺一云曇覺祐云曇覺涼州人墻仞連霄風神爽悟戒地清拔慧鑒通徹於于闐國得經梵本以太武皇帝太平真君六年乙酉從于闐還到高昌國共沙門威德譯賢愚經一部見靖邁經圖 按梁沙門僧祐賢愚經記云河西沙門釋曇覺威德等凡有八僧結志遊方遠尋經典於于闐大寺遇般遮于瑟之會般遮于瑟者漢言五年一切大衆集也三藏諸學各弘法寶說經講律依業而教覺等八僧隨緣分聽於是競習胡音析以漢義精思通譯各書所聞還至高昌乃集為一部既而踰越流沙齎到涼州于時沙門釋慧朗河西宗匠道業淵博摠持方等以為此經所記源在譬喻譬喻所明兼載善惡善惡相翻則賢愚之分也前代傳經已多譬喻故因事改名号曰賢愚焉

大吉義神呪經二卷 或四卷見法上録

淨度三昧經一卷 第四出見生道祖録及續高僧傳

付法藏傳四卷 第二出見菩提流支録及續高僧傳

右三部七卷 吉義呪經一部二卷見在 淨度經等二部五卷闕本

沙門釋曇曜未詳何許人也少出家攝行堅貞風鑒閑約以魏和平年中住北臺昭玄統綏緝僧衆妙得其心住恒安石窟通樂寺即魏帝之所造也去恒安西北三十里武周山北面石崖就而鐫之建立佛寺名曰靈巖龕之大者舉高二十餘丈可受三千許人面別鐫像窮諸巧麗龕別異狀駭動人神櫛比相連三十餘里東頭僧寺恒供千人碑碣見存未卒陳委先是太武皇帝太平真君七年司徒崔皓邪佞諛詞令帝崇重道士寇謙之拜為天師珍敬老氏殘害釋種焚毀寺塔至庚寅年太武感致癘疾方始開悟兼有白足禪師來相啓發生愧悔心即誅崔皓埋之都市以口為廁令衆穢之至壬辰年太武亡崩孫文成立即起塔寺搜訪經典毀法七載

三寶還興曜慨前凌廢欣今重復以和平三年壬寅故於北臺石窟集諸德僧對天竺沙門譯吉義等經三部流通後賢意存无絶

大方廣菩薩十地經一卷 第五出與羅什莊嚴菩提心經等同本見始興錄及道慧宋齊錄

稱揚諸佛功德經三卷 亦名集諸佛花經一名現存佛名經或四卷第三出與羅什等出者同本見道慧宋齊錄

方便心論一卷 或二卷凡四品第二出與東晉覺賢出者同本見道慧宋齊錄及僧祐錄

付法藏因緣傳六卷 或无因緣字亦云付法藏經或四卷或云二卷見道慧宋齊錄第三出與宋智嚴寶雲出者同本亦見僧祐錄

雜寶藏經八卷 錄云十三卷未詳今只有八卷見道慧宋齊錄及僧祐錄

右五部一十九卷其本並在

沙門吉迦夜魏云何事西域人也遊化在慮導物為心以孝文帝延興二年壬子為昭玄統沙門曇曜譯大方廣十地等經五部劉孝標筆受

信力入印法門經五卷 正始元年出華嚴眷屬經

如來莊嚴智慧光明入一切佛境界

經二卷 亦名如來入一切佛境界經景明二年於白馬寺出第一譯與宋梁僧伽婆羅度一切諸佛境界智嚴經同本

金色王經一卷 和出與瞿曇流支譯者同本正始四年出法上錄云菩提留支後更重勘

右三部八卷 前二部七卷見在後一部一卷闕本

沙門曇摩流支魏云法希亦云法樂南印度人棄家入道偏以律藏傳名弘道為務感物而動宣武帝世游化洛陽以景明二年辛巳至正始四年丁亥為宣武帝譯信力等經三部沙門道寶筆受見長房等錄

辯意長者子經一卷 或云辯意長者子所問經一名長者辯意經見法上錄

右一部一卷其本見在

沙門釋法場未詳何許人也亦以宣武帝時於洛陽譯辯意經一部 撰錄者曰謹按高僧傳並云晉是辯意經一卷可五千言一覽便誦又安公失譯錄載其經名此東晉之時辯意已行於世如何至魏宣武始云法場出也

妙法蓮華經論一卷 婆藪盤豆菩薩造亦云法華經論并中翻光僧朗筆受長房錄初出與菩提留支譯者大同小異題云妙法蓮華經優波提舍

究竟一乘寶性論四卷（亦云寶性分別七乘增上論或三卷或五卷於趙欣宅出見寶唱錄第二譯與菩提留支出者同本）

寶積經論四卷（第二出與菩提留支大乘寶積經論同本見寶唱錄）

右三部九卷（前二部五卷見在後一部四卷闕本）

沙門勒那摩提或云婆提魏言寶意中印度人學識優贍理事兼通三藏教文九誦一億偈偈三十二字尤明禪觀意存遊化以宣武帝正始五年戊子初届洛邑遂譯法華論等三部沙門僧朗覺意侍中崔光等筆受當翻經日於洛陽內殿菩提留支傳本勒扇多參助其後三德乃徇流言各傳師習不相詢訪帝以弘法之盛略叙曲煩勅三處各翻訖乃參按其間隱没互有不同致有文旨時兼異綴後人合之共成通部見寶唱等錄（所以法華寶積寶性等論各有兩本耳）初寶意沙門神理標異領牒魏詞偏盡隅奧帝每令講華嚴經披釋開悟精義每發一日正處高座忽有持笏執名者形如大官云奉天帝命來請

法師講華嚴經意曰今此法席尚未停止待訖經文當從來命雖然法事所資獨不能建都講香火維那梵唄咸亦須之可請令定使者即如所請見講諸僧既而法事將了又見前使云奉天帝命故來下迎意乃含笑焉告眾辭訣奄然卒於法座都講等四僧亦同時俱逝凡所聞見歎未曾有

毗耶娑問經二卷（長房等錄並云寶意於洛陽譯今按經序乃云興和四年瞿曇流支於鄴都譯今移在瞿曇錄中）

十地經論十二卷（注云初譯論時未善魏言名器世間為盞子世間後因入殿齋見諸宿德從弟子索器乃捻授鉢傳因悟器是捻名遂改為器世間此地論長房等錄勒那菩提二處俱載今按崔光論序乃云菩提留支勒那摩提在洛陽殿內二人同譯佛陀扇多傳語帝親筆受二錄各存理淅未可今合為二本在留支錄中）

龍樹菩薩和香方一卷（凡五十法今以非三藏教故不錄之）

上之三部今並刪也

金剛般若波羅蜜經一卷（永平二年於胡相國譯是第二出僧朗筆受與秦世羅什及大般若第九會能斷金剛分等同本見法上錄）

弥勒菩薩所問經一卷（第二出與大乘方等要慧經同本於趙欣宅譯覺意筆受今編入寶積當第四十一會改名弥勒菩薩問八法會）

勝思惟梵天所問經六卷（神龜元年於洛陽譯是第三出與法護持心羅什思益並同本異出見法上錄及續高僧傳）

深密解脫經五卷（全本異譯延昌三年於洛陽出僧辯筆受與唐譯解深密經及相續解脫節經等並同本見法上錄及續高僧傳）

入楞伽經十卷（延昌二年譯是第三出與宋功德賢四卷楞伽及唐譯大乘入楞伽等並同本僧朗道湛筆受見續高僧傳）

大薩遮尼乾子所說經十卷（或加受記无所說字或七卷或八卷一名菩薩境界奮迅法門經正光元年於洛陽為司州牧汝南王於第出第二譯與宋神通變化經同本）

无字寶篋經一卷（初出僧朗筆受與唐譯大乘離文字經等同本）

伽耶山頂經一卷（亦云伽耶頂經第二出與羅什文殊問菩提經等同本）

謗佛經一卷（第二出與西晉法護決定總經同本）

大方等脩多羅王經一卷（初出與覺定轉有經同本）

文殊師利巡行經一卷（初出與隋崛多文殊尸利行經同本）

（覺意筆受）

佛語經一卷（初出與周世崛多出者同本僧朗筆受）

佛名經十二卷（或云十三卷或分為十二卷正光年於胡相國第譯見續高僧傳）

法集經六卷（或七卷或八卷延昌四年於洛陽出僧朗筆受見法上錄及續高僧傳）

護諸童子陀羅尼經一卷（亦云護諸童子請求男女陀羅尼經）

差摩婆帝受記經一卷（正光年於洛陽出）

不增不減經一卷（正光元年於洛陽出七紙錄云二卷者誤）

十地經論十二卷 或十五卷天親菩薩造釋十地永平元年四月於太極紫亭譯帝親筆受後付沙門僧辯等訖盡論文至四年夏首畢見崔光序

彌勒菩薩所問經論五卷 或六卷或七卷或十卷釋彌勒所問經即寶積第四十一會是在洛陽趙欣宅

大乘寶積經論四卷 第一譯與寶意出者同本釋單卷寶積經即大寶積第四十三會普明菩薩會是

金剛般若波羅蜜經論三卷 天親菩薩造永平二年於胡相國宅出僧朗筆受第一譯與崔義淨所出能斷金剛論釋等同本

文殊師利菩薩問菩提經論二卷 一云伽耶山頂經論婆藪盤豆菩薩造天平二年在鄴城般舟寺僧辯道湛筆受

法華經論二卷 題云妙法蓮華經優波提舍或一卷曇林筆受并製序第二出與前寶意出者同本初有歸敬頌者是見續高僧傳

勝思惟梵天所問經論四卷 或三卷普泰元年於洛陽元桃湯宅出僧辯僧朗筆受錄云十卷者誤見續高僧傳

無量壽經論一卷 題云無量壽經優波提舍願生偈婆藪盤豆菩薩造永安二年於洛陽永寧寺出僧辯筆受

十二因緣論一卷 淨意菩薩造

百字論一卷 提婆菩薩造

破外道小乘四宗論一卷 提婆菩薩造

破外道小乘涅槃論一卷 提婆菩薩造

寶性論四卷 或五卷初出與寶意出者同本已上並見長房錄及內典錄

右三十部一百一卷 前二十九部見在後寶性

論一部闕本

沙門菩提留支魏言道希北印度人也遍通三藏妙入總持志在弘法廣流視聽遂挾道賫經遠莅葱左以魏永平之歲至止東華宣武下勅慇懃勞後處之永寧大寺供待甚豐七百梵僧並皆周給勅以流支為譯經之元匠也其寺本孝明帝熙平元年靈太后胡氏所立在宮前閶闔門南御道之東中有九層浮圖架木為之舉高九十餘丈上有金剎復高十丈出地千尺去臺百里已遙見之初營基日掘至黃泉獲金像三十二區太后以為嘉瑞奉信法之徵也是以飾制壞奇窮世華美剎表置金寶瓶容二十五斛承露金槃一十一重鐵鏁角張槃及鏁上皆金鐸如一石甕九級諸角皆懸大鐸上下凡有一百三十枚其塔四面九間六窗三戶皆朱漆扉扇垂諸金鈴層有五千四百

枚復施金鐶鋪首佛事精妙殫土木之工繡柱金鋪驚駭心目高風永夜鈴鐸和鳴鏗鏘之音聞十餘里北有正殿形擬太極中諸像設金玉珠繡作工巧綺冠絕當世僧房周接千有餘間臺觀星羅參差間出彫飾朱紫繢以丹青栝栢楨松異草華集院牆周帀皆施椽瓦正南三門樓開三道三重去地二百餘尺狀若天門赫弈華麗夾門列四力士四師子飾以金玉莊嚴煥爛東西兩門例皆如此所可異者唯樓兩重北門通道但路而置其四門外樹以青槐亘以淥水京師行旅多庇其下路斷飛塵不由渰雲之潤清風送涼豈藉合歡之發乃詔中書舍人常景製寺碑文故云須彌寶殿兜率淨宮莫尚於斯是也外國所獻經像皆在此寺寺既初成明帝及太后共登浮圖視宮中如掌內下臨雲雨上天清朗以見

宫中事故禁人不聽登之時有西域沙門菩提達摩者波斯國人也越自西域来遊洛京見金盤炫日光照雲表寶鐸含風響出天外歌詠讚歎疑是神工自云年一百五十歳歴涉諸國靡不周遍如此寺精麗閻浮所无也訖佛境界亦无有比口唱南无合掌連日孝昌二年大風發屋拔樹刹上寶瓶隨風而墮入地丈餘復命工人更安新者至永熙三年二月為天所震帝登凌雲臺望火遣南陽王寶炬録尚書長孫稚將羽林一千来救于斯時也雷雨晦冥霰雪交注第八級中平旦火起有二道人不忍焚燼投火而死其焰相續經餘三月入地刹柱乃至周年猶有煙氣其年五月有人從東萊郡至云見浮圖在於海中光明儼然同覩非一俄而雲霧乱起失其所在至七月平陽王為侍中斛斯椿所挾西奔長安至十

月而洛京遷于漳鄴先時留支奉勅創翻十地經論厥初命章宣武皇帝親自筆受然後方付沙門僧辯等訖盡論文佛法隆盛英俊蔚然相從傳授孜孜如也三藏留支從洛陽宣武帝永平元年戊子至鄴都孝靖帝天平二年乙卯將三十年相継翻譯出金剛般若等經十地等論共三十部帝又勅清信士李廓撰衆經録廓學通玄素條貫經論雅有標擬故其録云三藏法師留支房内經論梵本可有万甲所翻新文筆受藁本滿一間屋然其慧解與勒那相亞而神悟聦敏洞善方言兼工呪術則无枕衡矣嘗坐井口澡灌内空弟子未来无人汲水流支乃操柳枝聊揚井中密加誦呪纔始數遍泉水上涌平及井欄即以鉢酌用之灌洗傍僧具見莫測其神咸共嘉歎大聖人也留支曰勿妄宣賞斯乃術法外國

共行此方不習謂為聖耳懼惑世同遂祕不恒

奮迅王問經二卷

不必定入印經一卷

一切法高王經一卷

第一義法勝經一卷

順中論二卷　已上五部七卷長房寺録並云菩提留支所譯今按經初本譯序記並云瞿曇留支非菩提也今移在瞿曇録中

寶髻菩薩四法經論一卷

三具足經論一卷

轉法輪經論一卷　已上三部三卷房等亦云菩提留支所譯今按序記乃是瞿曇目智仙故此三部亦移彼録

衆經論目録一卷　此是留支所撰非是梵本別翻今目録中叙不復存也

菩薩境界奮迅法門經十卷　寶唱録云菩提留支譯今以即是薩遮尼乾子經異名故不別存也

十法經一卷　元象二年於鄴都出第二譯與梁僧伽婆羅出者同本今編入寶積當第九會名大乘十法會

无畏德菩薩經一卷　亦云无畏德女經元象二年於鄴都譯第五出與阿術達經等同本今編入寶積當第三十二會曇林筆受

如来師子吼經一卷　正光六年於洛陽出第一譯與唐日照方廣師子吼經同本

銀色女經一卷　元象二年於鄴都譯第二出與西法炬前世三轉經同本

正恭敬經一卷　一名威德陀羅尼中説經或名正法恭敬經元象二年於

開元釋教錄第六卷　第三十三張　筆字号

鄴都出第一譯與隋闍那崛多善敬經同本

轉有經一卷（元象二年於鄴都譯第二出與菩提留支方等修多羅同本）

阿難陀目佉尼訶離陀隣尼經一卷（第八譯與支謙无量門微密持經等同本）

金剛上味陀羅尼經一卷（正光六年於洛陽出第一譯與隋崛多金剛場經同本）

攝大乘論二卷（普泰元年於洛陽出與陳真諦唐玄奘所出攝論同本阿僧佉作）

無字寶篋經一卷（元象二年於鄴都出第二譯與留支等出者同本上十部並見隋費長房錄及唐內典錄等）

右一十部一十一卷（前九部十卷見在後一部一卷闕本）

沙門佛陀扇多魏言覺定北印度人神悟聰敏內外博通特善方言尤工藝術以孝明帝正光六年乙巳至孝靜帝元象二年己未於洛陽白馬寺及鄴都金花寺譯十法等經十部沙門曇林等筆受

得無垢女經一卷（或无得字一名論義辯才法門興和三年於鄴都出第三譯與寶積无垢施會及法護垢施經同本見長房錄）

聖善住意天子所問經三卷（興和三年於鄴城金華寺出曇林筆受第五譯或四卷與寶積善住意及法護如幻三昧經等同本見長房錄）

開元釋教錄第六卷　第三十四張　筆字号

毗耶娑問經二卷（初出與寶積廣博仙人會同本興和四年七月七日於尚書令儀同高公第譯三十日畢沙門曇林筆受見經前序記）

奮迅王問經二卷（第二出與羅什自在王經同本興和四年七月三十日於尚書令儀同高公第內扶創譯沙門曇林筆受見經前序記）

不必定入定入印經一卷（初出與廣藏淨入定不定印經同本興和四年九月十九日於尚書令儀同高公第譯沙門曇林筆受見經前序記）

一切法高王經一卷（一名一切法義王經第三出與諸法勇王經等同本興和四年六月二十三日在寶太尉定昌寺譯沙門曇林筆受見經前序記）

第一義法勝經一卷（初出與大威燈光仙人經同本興和四年九月一日於尚書令儀同高公第譯沙門曇林筆受見經前序記）

金色王經一卷（興和四年於金華寺出沙門曇林筆受第二出與曇摩流支出者同本見長房錄）

八部佛名經一卷（亦云八佛經興和四年於金華寺出沙門曇林筆受見長房錄）

順中論二卷（無著菩薩造武定元年八月十日於尚書令儀同高公第譯沙門曇林筆受見經前序記）

唯識論一卷（一名破色心或云唯識无境界論在金花寺出天親菩薩造第一譯與陳真諦唯識論及唐譯二十唯識論並同本見長房錄）

一輸盧迦論一卷（龍樹菩薩造在金華寺出見長房錄或云伊迦輸盧迦論）

正法念處經七十卷（興和元年於鄴城大承相高公第譯曇林僧昉等筆授見長房錄）

无垢優婆夷問經一卷（興和四年出見長房錄）

開元釋教錄第六卷　第三十五張　筆字号

解脫戒本經一卷（出迦葉毗部武定元年在鄴都侍中尚書令高澄請出見經前序僧昉筆受并製序亦見長房錄）

菩薩四法經一卷（金華寺出曇林李希義等筆受見長房錄）

寶意猫兒經一卷（於金華寺為高仲密出見長房錄）

犢子道人問論一卷（於金華寺為高仲密出李希義筆受）

右一十八部九十二卷（解脫戒上一十五部八十九卷見在菩薩四法經下三部三卷闕本）

婆羅門瞿曇般若流支魏云智希中印度波羅㮏城淨志之種少學佛法妙閑經音神理標異領悟方言以孝明帝熙平元年遊寓洛陽後京師遷鄴亦與時徙以孝靜帝元象元年戊午至武定元年癸亥於鄴城內在金華昌定二寺及尚書令儀同高公第內譯得无垢女等經一十八部沙門僧昉曇林居士李希義等筆受

迴諍論一卷　業成就論一卷（已上二論長房等錄皆云瞿曇流支譯今按經初本譯序記乃云毗目智仙今依經記為正）

又續高僧傳云當魏時有沙門菩提流支與般若流支前後出

開元釋教録第六卷　第三十六張　筆字号

經而衆録傳寫率多輕略各去
上字但云流支而不知是何流
支迄今群録譯目相涉難得詳
定今捜訪實録件注如前餘所
未見者俟諸後進耳

摩訶迦葉經二卷 亦云大迦葉經或元大字興和三年於驃騎大將軍左僕射内侍中司徒公孫騰第譯見經前序今編入寶積當第二十三會

僧伽吒經四卷 元象元年於司徒公孫騰第譯見續高僧傳

頻婆娑羅王問佛供養經一卷 興和三年出增一阿含第二十六卷異譯

右三部七卷 前二部六卷見在後一部一卷闕本

王子月婆首那魏言高空中印
度優禪尼國王子以孝靖帝元
象元年戊午訖興和三年辛酉
於鄴都司徒公孫騰之第譯迦
葉等經三部沙門僧昉筆受首
那從魏之梁及於陳代更譯諸
經如別所述

寶髻菩薩四法經論一卷 題云寶髻四法優波提舍天親菩薩造興和三年九月一日在金華寺爲御史中尉高仲密譯沙門曇林筆受見經前序記

三具足經論一卷 題云三具足經優波提舍天親菩薩造興和三年九月十三日在金華寺爲驃騎大將軍高仲密譯沙門曇林筆受見經前序記

開元釋教録第六卷　第三十七張　筆字号

轉法輪經論一卷 題云轉法輪經優波提舍天親菩薩造興和三年八月十一日在金華寺爲開府儀同三司勅海高仲密譯沙門曇林筆受見經前序記

業成就論一卷 天親菩薩造初出與唐譯大乘成業論同本興和三年七月二十五日爲高仲密於金華寺譯沙門曇林筆受見經前序記

迴諍論一卷 龍樹菩薩造興和三年三月二十日於金華寺爲驃騎大將軍開府儀同三司御史中尉勅海高仲密譯沙門曇林筆受

右五部五卷其本見在

沙門毗目智仙北印度烏萇國
人刹利王種釋迦之苗裔曩者
毗流離王壞迦毗羅城誅殘釋
種當斯時也有四釋子忿其見
逼不思犯戒出外拒軍流離遂
退歸還本國城中不受告曰吾
爲法種擯不行師汝退彼軍非
吾族也既被放斥遠投諸國本
是聖胤覺宗樹之四釋支離皆
王一國今烏萇梵衍王等並其
後也嗣胤相承于今不絶智仙
法師即斯王種妙閑三藏寂善
毗曇與瞿曇流支同遊魏境而
瞿曇流支尊事爲師以孝靖帝
興和三年辛酉於鄴城内在金

開元釋教録第六卷　第三十八張　筆字号

華寺共瞿曇流支譯寶髻論等
五部沙門曇林筆受驃騎大將
軍開府儀同三司御史中尉勅
海高仲密爲檀越啓請供養並
見經前序記而智仙法師遊方
弘化踰越沙險志在利生既啓
梵文應多部卷但余見淺狹尋
覽未周所覩五經件述如右後
進儻遇幸希續補使法門無譯
智仙法師未蒙編載弘法之名
莫著高行之迹靡彰傷哉悲哉
深可歎矣

涅槃論一卷 或云大般涅槃經論婆藪盤豆菩薩造略釋大經見内典録初出

右一部一卷其本見在

沙門達磨菩提此云法覺内典
録云達磨菩提譯涅槃論不顯
帝代而編魏末今同彼附於此
中 復有涅槃論三卷亦題達磨菩提譯尋文乃釋前論或疑是人造也

齊高氏都鄴 亦云北齊

從文宣帝天保元年庚午至高
恒元名承光元年丁酉凡經六主

開元釋教錄第六 第三十九張 鉅字

二十八年緇素二人所出經論八部五十二卷

高齊

沙門那連提黎耶舍 七部五十一卷經論

居士萬天懿 一部一卷經

菩薩見寶三昧經十六卷 或十四卷天統四年於天平寺出今編入寶積當第十六會

大集月藏經十卷 題云大集經月藏分第十二卷或十五卷或直云月藏經天統二年於天平寺出

大集須弥藏經二卷 內題云大乘大集經須弥藏分第十五或直云須弥藏經天保九年於天平寺出

大悲經五卷 天保九年於天平寺出大周錄云達摩支流

月燈三昧經十一卷 或十卷天保八年於天平寺出

施燈功德經一卷 亦名然燈經天保九年於天平寺出

法勝阿毗曇心論經六卷 大德優波扇多造或七卷或无經字无法勝字或加別譯字或云法勝阿毗曇論河清二年於天平寺出並見長房錄

右七部五十一卷其本並在

沙門那連提黎耶舍齊言尊稱北印度烏場國人正音應云鄔荼 荼音持耶反奘法師云烏仗那唐言苑謂昔輪王之苑囿也其王與佛同氏亦姓釋迦刹帝利種 齊云田主也田剎利之時先為分地主因即号焉今所謂國王者是也舍年十七發意出家尋值名師

開元釋教錄第六卷 第四十張 鉅字号

備聞正教二十有一得受具篇聞諸宿老歎佛景迹或言某國有鉢某國有衣頂骨牙齒神變非一遂即起心願得瞻奉以戒初受須知律相既滿五夏發足遊方所以天梯石臺之迹龍廟寶塔之方廣周諸國並親頂礼僅无遺逸曾竹園寺一住十年通履僧坊多值明德有一尊者深識人機見語舍云若能靜修應獲聖果恐汝遊涉終无所成尒日雖聞情无領悟晚來却想悔將何及耶舍北背雪山南窮師子歷覽聖迹仍旋舊壤乃覩烏場國主真大士焉自所經見罕儔其類試略述之安民以理民愛若親後夜五更先礼三寶香花伎樂竭誠供養日出昇殿方覽万機次到辰時香水浴像宮中常設日百僧齋王及夫人手自行食齋後消食習諸武藝日景將昳寫十行經與諸德僧共談法義復與群臣量議

開元釋教錄第六卷 第四十一張 鉅字号

治政暝入佛堂自奉燈燭礼拜讀誦各有恒條了其常業乃還退靜三十餘年斯功不替至有百子誠孝君懷釋種餘風胤流此國但以寺接山阜野火所焚各相差遣四遠投告六人為伴行化雪山之北至于峻頂見有人鬼二路人道荒險鬼道利通行客心迷多尋鬼道漸入其境便遭殺害昔有聖王於其路首作毗沙門天王石像手指人路同伴一僧入鬼道耶舍覺已口誦觀音神呪至百步追及已被鬼害自以呪力得免斯厄因復前行又逢山賊專念前呪便蒙靈衛賊來相突對目不見循路東指到芮芮國值突厥乱西路不通反鄉意絕乃隨流轉北至泥海之旁南岠突厥七千餘里彼既不安遠投齊境天保七年屆於鄴都文宣帝洋極見殊禮偏異恒倫耶舍時年四十骨梗雄雅物議彈之緣是文宣礼遇

開元釋教録第六卷　第四十二張　筵　号

隆重安置天平寺中請爲翻經三藏殿内梵本千有餘甲勅送於寺處以上房爲建道場供窮珎妙別立厨庫以表尊崇合從文宣帝天保八年丁丑至緯（九諡）天統四年戊子於鄴城天平寺譯菩薩見實等經七部勅昭玄大統沙門法上等二十餘人監掌翻譯昭玄都瞿曇般若流支長子沙門達摩闍那（齊言法智）及居士萬天懿傳語舍於齊時大興正化引暢衆心文宣重法殊異躬礼梵本顧謂群臣曰此乃三寶洪基故我偏勸其奉信推誠爲如此也耶舍每於宣譯之暇時陳神呪冥救顯助立功多矣未幾授昭玄都俄轉爲統所獲兵禄不專自資好起慈惠樂興福業設供飯僧施諸貧乏獄囚繫畜咸將濟之市闉肉所多造義井親自漉水津給衆生又於汲郡西山建立三寺依泉旁谷製極山美又取養厲疾男女別

開元釋教録第六卷　第四十三張　筵字

坊四事供承務令周給又往突厥客館勸持六齋羊斷放生受行素食又曾遇病百日不起天子皇后躬問起居耶舍歎曰我本外客德行未隆乘輿今降重法故介内撫其心愧懼交集耶舍後至隋代更出諸經備在隋録具如彼述

尊勝菩薩所問一切諸法入无量門陁羅尼經一卷（第三出與无崖際持法門經等同本　或直云尊勝菩薩所問經亦直云入无量門陁羅尼經）

右一部一卷其本見在

居士萬天懿本姓拓跋北代雲中人也魏分十族因爲万俟氏世居洛陽故復爲河南人也後單稱万氏少曾出家師婆羅門而聡慧有志力善梵書梵語兼工呪術由是應召得預翻傳之數懿以武成帝湛河清年中於鄴都自譯尊勝菩薩所問一部見長房録

開元釋教録卷第六

開元釋教録卷第六

校勘記

一　底本，金藏廣勝寺本。一一九頁中、下原版殘缺，以麗藏本補換。

一　一一九頁中二行「庚午歲」，磧、南作「唐庚午歲」；徑、清作「唐」。

一　一一九頁中六行第一〇字「主」，磧作「王」。

一　一一九頁中七行首字「四」，磧、南作「六」。

一　一一九頁中一三行夾註「二部」，資、磧、普、南、徑、清作「一部」。

一　一一九頁中一五行夾註「二卷」，資、磧、普、南、徑、清作「三卷」。

一　一一九頁中一七行夾註末字「録」，資、磧、普、南、徑、清作「録荊州隱士劉虬爲序」。

一　一一九頁下五行夾註左首字「祐」，資、磧、普、南、清無。

一　一二〇頁上一行夾註右「不出」，資、磧、普、南、徑、清作「不知」。

一二〇頁上一八行末字「筭」，資、磧、普、南、徑、清作「舊點下推」。

一二〇頁中二行夾註左「婆沙」，資、磧、普、南、徑、清作「毗婆沙」。

一二〇頁中五行「十二」，清作「十一」。

一二〇頁中六行夾註右「妙法華」，資、磧、普、南、徑、清作「妙法蓮華經」。又「五卷初」，磧、普、南、徑、清作「四卷中」。又左「于填」，資、磧、普、南、徑、清作「于闐」，下同。

一二〇頁中八行第六字「罪」，諸本（不含石，下同）作「除罪」。

一二〇頁中九行夾註左「寶唱」，諸本作「寶唱録」。

一二〇頁中一五行第三字「獻」，諸本作「獻時爲僧正初獻」。

一二〇頁中二〇行夾註左第八字「謹」，資、磧、普、南、徑、清無。

一二〇頁中末行「忽有」，諸本作「到梁普通三年正月忽有」。

一二〇頁下三行「主師」，諸本作「主帥」。

一二〇頁下四行「山東」，麗作「東山」。

一二〇頁下七行第五字「腂」，諸本作「睞」。

一二〇頁下一二行夾註左「僧祐云」，資、磧、普、南、徑、清作「祐云」。

一二〇頁下一五行夾註右第七字「祐」，資、磧、普、南、徑、清無。

一二〇頁下一六行夾註右「貝多樹」，徑作「具多樹」。又左「二年」，諸本作「二年出」。

一二一頁上一二行首字「世」，磧、南作「出」。

一二一頁上一六行「福積」，資、磧、普、南、徑、清作「稸積」。

一二一頁上一八行「正觀寺」，麗作「止觀寺」。

一二一頁上二一行夾註左「亦云」，資、磧、普、南、徑、清作「亦直云」。

一二一頁中二行「並在」，資、磧、普、南、徑、清作「見在」。

一二一頁中六行夾註左第七字「右」，資、磧、普、南、徑、清作「古」。

一二一頁中八行「永元」，磧作「永光」。

一二一頁中一三行夾註右第一〇字「代」，資、磧、普、南、徑、清作「大」。

一二一頁中一四行夾註右「法録」，資、磧、普、南、徑、清作「法經録」。

一二一頁中一七行夾註左第五字「並」，資、磧、普、南、徑、清作「注」。

一二一頁下二行「沙門」，資、磧、普、南、徑、清作「梁沙門」。又夾註「三部」，磧、普、南、徑、清作「二部」。

一二一頁下三行夾註末字「經」，資無。

一二一頁下八行夾註「一十一」，資、磧、普、南、徑、清作「一十」。

一二一頁下一二行夾註左第三字「異」，徑無。又第一〇字「見」，資、磧、普、南、徑、清作「也」。

一二一頁下一三行夾註左「隋人」，

資作「隋入」；磧、普、南、徑、清作「隨入」；麗作「隨人」。

一　一二二頁下一四行夾註右第三字「自」，資、磧、普、南、徑、清作「目」。

一　一二二頁上四行第九字「顯」，資、磧、普、南、徑、清無。

一　一二二頁上六行末字「邁」，麗作「勵」。

一　一二二頁中五行夾註「東録」，資、磧、普、南、徑、清作「陳録」。

一　一二二頁中一一行「楊都」，麗作「梁都」。次頁上一行、二一行及次頁中九行同。

一　一二二頁中一八行夾註左末字「譯」，麗作「譯亦直云十法經」。

一　一二二頁下二行夾註右「有大」，資、磧、普、南、徑、清作「大有」。

一　一二二頁下三行夾註左「支謙」，諸本作「與支謙」。

一　一二二頁下七行夾註右末字「十」，磧、普、南、徑、清無。

一　一二二頁下九行夾註右第一〇字「於」，資、磧、普、南、徑、清無。

一　一二二頁下一〇行「三十二」，資、磧、普、南、徑、清作「三十三」。

一　一二二頁下一四行「法津」，資、磧、普、南、徑、清作「法律」。

一　一二二頁下一五行第六字「垂」，資作「乘」。

一　一二三頁上七行第四字「曰」，諸本作「日」。

一　一二三頁上末行第七字「文」，麗作「聞」。

一　一二三頁中四行第一一字「僧」，徑無。

一　一二三頁中五行第四字「非」，資、磧、普、南、徑、清作「非此」。

一　一二三頁中一一行首字「代」，資、磧、普、南、徑、清作「時」。

一　一二三頁中一四行第三字「今」，諸本作「即今」。

一　一二三頁中一六行夾註左第四字「法」，資、磧、普、南、徑、清作「法法」。

一　一二三頁中一八行夾註左第八字「隨」，資、磧、普、南、徑、清作「隋」。

一　一二三頁中末行夾註右第七字「天」，諸本作「天之」。

一　一二三頁下一行第二字「而」，麗作「知」。

一　一二三頁下二行「尤專」，諸本作「尤工」。

一　一二三頁下八行夾註右「十八品」，諸本作「有十八品」。

一　一二三頁下一〇行夾註右第六字「經」，資、磧、普、南、徑無。

一　一二三頁下一一行夾註「太清四年」，磧、南作「太清三年」。二二行、末行、次頁上一行同。

一　一二三頁下一三行夾註右「字字」，諸本作「言字」。

一　一二三頁下一五行夾註右「衡出」，資、磧、普、南、徑、清作「衡州」；麗作「衡州」。

一　一二三頁下一六行夾註左首字「難」，諸本作「難品」。又末字「出」，資、磧、普、南、徑、清無。

一　一二四頁上六行「那也」，諸本作「那他」。

一　一二四頁上一○行第七字「曆」，資作「歷」。

一　一二四頁上一一行「精練」，資、磧、普、南、徑、清作「請練」。

一　一二四頁上一二行「難閑」，諸本作「艱閑」。

一　一二四頁上一五行「遑躬」，諸本作「遑聘」。

一　一二四頁中六行「傳譯」，諸本作「傳」。

一　一二四頁中末行「二十六」，南作「三十六」。

一　一二四頁下一行夾注左第五字「木」，徑作「未」。

一　一二四頁下三行夾注右第四字「卷」下，諸本有「傳十三卷」四字。

一　一二四頁下一一行第三字「經」，諸本作「終」。

一　一二四頁下一七行第一一字「慶」，磧、普、南、徑、清、麗作「處」。

一　一二四頁下末行「名而不高」，諸本重出。

一　一二五頁上六行夾注左「陀羅尼經」，資、磧、普、南、徑、清作「陀羅尼集」；麗作「陀羅尼集經」。

一　一二五頁上一二行夾注右「未來」，資無。又左第七字「房」，諸本作「長房」。

一　一二五頁中一行夾注左「藏錄」，資、磧、普、南、徑、清作「藏經」。

一　一二五頁中四行第六字「經」，資、磧、普、南、徑、清作「見長」。

一　一二五頁中九行「景中」，麗作「丙中」。

一　一二五頁中一六行夾注「一十三」，清作「一十二」。

一　一二五頁下一七行夾注右第五字「覺」，資、磧、普、南、徑、清作「學」。又左「胡音」，資、磧、普、南、徑、清作「梵音」。

一　一二五頁下一九行夾注左第一三字「愚」，諸本作「賢愚」。

一　一二五頁下二○行夾注左末字「馬」，資、磧、普、南、徑、清作「經」。

一　一二六頁上一行夾注右首字「吉」，資、磧、普、南、徑、清作「大吉」。又左第四字「經」，資、磧、普、南、徑、清無。

一　一二六頁上五行「中任北臺」，資、磧、普作「中住比臺」；南、徑、清、麗作「中住北臺」。又第八字「昭」，資、磧、普、南、徑、清作「爲昭」。

一　一二六頁上一二行「太武亡萌」，資、磧、普、南、徑、清作「武帝云萌」；麗作「太武云萌」。

一　一二六頁中一行第一一字「令」，資、磧、普、南、清作「今」。

一　一二六頁中八行夾注左「一直名」，資、磧、普、南、徑、清作「亦直云」；麗作「亦直名」。

一　一二六頁中九行夾注右「現存」，諸本作「現在」。又左末字「本」，諸本無。

一　一二六頁中一一行夾註右第三字「及」，資、磧、普、南、徑、清無。

一　一二六頁中一四行夾註左「有八卷」，資、磧、普、南、徑、清作「有八卷卷或可即分此八爲十三也」。

一　一二六頁下二行夾註右首字「宋」，諸本無。

一　一二六頁下一八行夾註右第四字「口」，諸本作「曰」。又末字「是」，諸本作「時」。

一　一二六頁下一九行夾註右第一〇字「一」，資無。

一　一二六頁下二二行夾註右「長房録」，諸本作「見長房録」。

一　一二七頁上一三行「勒扇多」，諸本作「勒那扇多」。

一　一二七頁上一四行「詢詢」，資、磧、普、南、徑、清作「詢訪」；麗作「訪問」。

一　一二七頁中一一行「毗耶娑」，資、磧、普、南、徑、清作「毗耶婆」。

一　一二七頁中一五行夾註右「地論」，諸本作「十地論」。

一　一二七頁中一七行夾註右「二本」，諸本作「一本」。

一　一二七頁中二〇行夾註左「相國」，諸本作「相國第」。

一　一二七頁中末行夾註左「政名」，諸本作「改名」。

一　一二七頁下二行夾註右首字「三」，資作「二」，又左第二字「異」，磧無。

一　一二七頁下三行夾註右「異譯」，諸本作「初異」。

一　一二七頁下四行夾註右末字「節」，資、磧、普、南、徑、清作「解節」。又左「法上録」，諸本作「見法上録」。

一　一二七頁下六行夾註右第二字「入」，資、磧、普、南、徑、清無。又左首字「明」，諸本作「朗」。

一　一二七頁下一二行夾註左「惱經」，諸本作「總持經」。

一　一二七頁下一四行第六字「行」，資、磧、普、南、徑、清無。

一　一二七頁下一六行夾註「周世」，磧、普作「周出」。

一　一二七頁下一七行夾註右「十二」，諸本作「二十」。

一　一二七頁下末行夾註「七紙」，徑、清作「經」。

一　一二八頁上一行夾註左「十地」，諸本作「十地經」。

一　一二八頁上五行夾註左末字「宅」，諸本作「宅出」。

一　一二八頁上九行夾註左第一二字「等」，資、磧、普、南、徑、清無。

一　一二八頁上一一行夾註右「一云」，資、磧、普、南、徑、清作「一名」。又左「般周寺」，諸本作「般周寺出」。

一　一二八頁上一二行夾註左「曇林」，資、磧、普、南、徑、清作「曇琳」。

一　一二八頁上一五行夾註右第六字「挑」，資、磧、普、南作「桃」；徑、清作「於」。

一　一二八頁上末行夾註左第三字「後」，徑作「後後」。

一　一二八頁中一四行第九字「營」，

諸本作「初營」。

一　一二八頁中一五行第一〇字「區」，資、磧、普、南、徑、清作「軀」。

一　一二八頁中一七行「壞奇」，諸本作「瓌奇」。

一　一二八頁中一九行末字「皆」，諸本作「皆有」。

一　一二八頁中末行首字「扉」，資、磧、普、南、徑、清作「扇」。

一　一二八頁下二行第七字「莊」，資、磧、普、南、徑、清作「柱」。

一　一二八頁下三行首字「目」，清作「日」。

一　一二八頁下八行末字「華」，諸本作「叢」。

一　一二八頁下九行第八字「椓」，資、磧、普、南、徑、清作「椽」。

一　一二八頁下一〇行首字「門」，資作「月門」；磧、普、南、徑作「門門」。

一　一二八頁下一二行「金王」，諸本作「金玉」。

一　一二八頁下一七行第四字「渀」，資、磧、普、南、徑、清作「渀」；麗作「渀」。

一　一二八頁下一八行末字「當」，諸本作「常」。

一　一二九頁上八行首字「訖」，資、磧、普、南、徑、清作「説」。

一　一二九頁上一四行「長孫稚」，磧作「長孫雅」。

一　一二九頁中一四行「万甲」，徑作「萬夾」。

一　一二九頁中一七行「杭衡」，諸本作「抗衡」。

一　一二九頁中一九行第三字「杖」，資、磧、普、南、徑、清作「枝」。

一　一二九頁中二一行「灌洗」，資、磧、普、南、徑、清作「盥洗」。

一　一二九頁中二二行「嘉歎」，資、磧、普、南、徑、清作「驚歎」。

一　一二九頁下二行「世冈」，麗作「世間」。又「不恒」，資、磧、普、南、徑、清作「不行」。

一　一二九頁下七行夾註右第九字「寺」，諸本作「等」。

一　一二九頁下一三行夾註左「今目録中叙不復存也」，資、普、南、徑、清、麗作「今目録中叙此不復存也」；磧作「今目録中叙此不復在也」。

一　一二九頁下二二行夾註左「西法炬」，諸本作「西晉法炬」。又「世三」，資、磧、普、徑作「三世」；南作「三出」。

一　一三〇頁上一行夾註左「善葪經」，資、磧、普、南、清作「善恭敬經」；徑作「善恭經」。

一　一三〇頁上二行夾註左「修多羅」，諸本作「修多羅經」。

一　一三〇頁上五行夾註左「第一」，南、徑、清作「第二」。

一　一三〇頁上七行夾註左「所出」，資、磧、普、南、徑、清作「所譯」。

一　一三〇頁上九行夾註左「第二」，清作「第一」。

一　一三〇頁上一九行夾註左「法門」，資、磧、普、南、徑、清作「法門經」。

一 一三〇頁上二〇行夾註左「垢施經」，諸本作「離垢施經」。

一 一三〇頁上二二行夾註左「善住意」，諸本作「善住意會」。

一 一三〇頁中一行夾註「他人」，諸本作「仙人」。

一 一三〇頁中二行夾註右「七日」，資、磧、普、南、徑、清作「十七日」。

一 一三〇頁中四行夾註左首字「抰」，資、磧、普、南、徑、清作「啓夾」；麗作「啓抰」。

一 一三〇頁中五行夾註右第四字「唐」，資、磧、普、南、徑、清無。

一 一三〇頁中九行夾註右「燈見」，諸本作「燈光」。

一 一三〇頁中一〇行夾註左末字「序」，資、磧、普、南、徑、清作「序記」。

一 一三〇頁中一三行夾註右「八佛經」，諸本作「八佛名經」。

一 一三〇頁中一五行夾註右「無著」，徑作「無造」。

一 一三〇頁中一九行夾註左第六字「録」，資、磧、普、南、徑、清無。

一 一三〇頁中二一行夾註左「承相」，資、磧、普、南、徑、清作「丞相」。又「高公」，諸本作「高澄」。

一 一三〇頁中二二行夾註「僧助等筆授」，資、磧、普、南、徑、清作「僧昉筆受」；麗作「僧昉等筆授」。

一 一三〇頁下五行夾註左「筆受」，資、磧、普、南、徑、清作「筆受見長房録」。

一 一三〇頁下一三行首字「従」，諸本作「徙」。

一 一三〇頁下一五行「昌定」，資、磧、普、南、徑、清作「定昌」。

一 一三一頁上四行第二字「今」，資、磧、普、南、徑、清作「昇今」。又第一字「餘」，資、磧、普、南、徑、清無。

一 一三一頁上七行夾註左「令編入」，諸本作「今編入」。

一 一三一頁上一〇行夾註右首字「出」，資、磧、普、南、徑、清作「出出」。又左「異譯」，資、磧、普、南、徑、清作「異譯見長房録」。

一 一三一頁上一七行第六字「及」，資、磧、普、南、徑、清作「乃」。

一 一三一頁上一九行夾註右「寶髻」，諸本作「寶髻經」。

一 一三一頁上二〇行夾註左第五字「中」，徑無。

一 一三一頁上二二行第五字「論」，資、磧、普、南、徑無。又夾註左「三年」，清作「二年」。

一 一三一頁中五行夾註左末字「記」，徑無。

一 一三一頁中六行夾註「二十日」，清作「一十日」。

一 一三一頁中七行夾註左「筆受」下，諸本有「見經前序記」五字。

一 一三一頁中末行「興和」，磧作「興平」。

一 一三一頁下一四行夾註右「大船」，諸本作「大般」。

一 一三一頁下一九行「今同彼」，諸本作「今亦同彼」。

一 一三一頁下二〇行夾註右「三卷」，資、磧、普、南、徑、清作「二卷」。

一 一三二頁上一行「二人」，清作「一人」。

一 一三二頁上三行夾註左第二字「經」，資、磧、普、南、徑、清無。

一 一三二頁上五行第四字「寶」，資、磧、普、南、徑作「實」。

一 一三二頁上七行夾註「第十二卷」，資、磧、普、南、徑、清作「第十二或十二卷」；麗作「或十二卷」。

一 一三二頁上一二行第五字「經」，徑無。

一 一三二頁上一五行夾註右第五字「无」，諸本作「或無」。

一 一三二頁上一七行「並在」，資、磧、普、南、徑、清作「見在」。

一 一三二頁上二〇行夾註左第二字「音」，諸本無。

一 一三二頁上二二行夾註右「田主也田由劫初」，諸本作「土田主也由劫初」。

一 一三二頁中一四行「舊壞」，資、磧、普、南、徑、清作「故壞」。

一 一三二頁下一行第三字「瞑」，資、磧、普、南、徑、清作「瞑」。

一 一三二頁下四行第五字「君」，諸本作「居」。

一 一三二頁下一二行第五字「入」，諸本作「錯入」。

一 一三二頁下一三行第六字「至」，資、磧、普、南、徑、清無。

一 一三二頁下一九行第六字「岠」，資、磧、普、南、徑、清作「歫」；麗作「距」。

一 一三二頁下末行「彈之」，資、磧、普、南、徑、清作「憚之」。

一 一三三頁上一行「天平」，磧、普、南、徑、清作「太平」。

一 一三三頁上五行「至緯」，資、磧、普、南、徑、清作「至高緯」。

一 一三三頁上一〇行夾註右「齊音」，諸本作「齊言」。

一 一三三頁上一二行「正化」，諸本作「正法」。

一 一三二頁上一八行「兵禄」，諸本作「供禄」。

一 一三三頁上二〇行「市閭」，資、磧、普、南、徑、清作「市廛」。

一 一三三頁上末行首字「製」，資、磧、普、南、徑、清作「制」。

一 一三三頁中二行「羊斷」，資、磧、普、南、徑、清作「羊料」。

一 一三三頁中一三行「柘跋」，諸本作「拓跋」。又「北代」，資、磧、普、南、徑、清作「北岱」。

一 一三三頁中一四行「十族」，諸本作「十姓」。

一 一三三頁中二〇行「所問」，諸本作「所問經」。

一

一　一三三頁中末行末字「六」下，資、普有夾註「總録之六」。

開元釋教録卷第七　陞

庚午歲西崇福寺沙門智昇撰

揔括群經録上之七

周宇文氏都長安

從閔帝元年丁丑（依古樂號直稱元年）至靖帝大定元年辛丑凡經五帝二十五年沙門四人所出經論一十四部二十九卷（於中六部一十一卷見在八部一十八卷闕本）

（周）沙門攘那跋陁羅（一部一卷論）

沙門闍那耶舍（六部一十五卷經）

沙門耶舍崛多（三部八卷經論）

沙門闍那崛多（四部五卷經）

五明論合一卷（一聲論　二醫方論　三工巧論　四呪術論　五符印論　見長房録）

右一部一卷本闕

沙門攘那跋陁羅周云智賢波頭摩國人雖善達三藏而偏精律部以明帝二年戊寅於長安舊城婆伽寺共闍那耶舍譯五明論一部耶舍崛多闍那崛多等傳沙門智僊筆受（又長房等録云周武帝代天和四年己丑摩勒國沙門達摩流支周言法希為大冢宰晉蕩公宇文護譯婆羅門天文二十卷今以非三藏教故不存之）

大乘同性經二卷（亦名一切佛行入智毗盧遮那藏說經一名佛十地）

經或四卷天和五年譯上儀同城陽公蕭吉筆受初出與唐日照譯大乘顯識經同本

大雲請雨經一卷（內題云大雲請雨品第六十四旁云品第一百非也天和五年譯沙門圓明筆受初出與大雲輪請雨及大方等大雲請雨二經並同本）

寶積經三卷（天和六年譯沙門道習筆受）

定意天子所問經五卷（天和六年譯沙門圓明筆受出大集今疑與善住意經同本）

入如來智不思議經三卷（見翻經圖第二出與度諸佛境界智光嚴經等同本建德元年譯）

佛頂呪經并功能一卷（保定四年譯學士鮑永筆受五部見長房録）

右六部一十五卷（請雨經上二部三卷見在寶積經下四部十二卷闕本）

沙門闍那耶舍周言藏稱亦曰勝名中印度摩伽陁國人專脩定業坐妙窮定業共二弟子耶舍崛多闍那崛多以武帝保定四年甲申至建德元年壬辰為大冢宰晉蕩公宇文護於長安舊城四天王寺譯大乘同性經等六部柱國平高公侯伏壽為揔監撿挍

金光明經更廣壽量大辯陁羅尼經五卷（於歸聖寺譯智僊筆受此五卷金光明經非是今譯但於曇无識四卷經中續壽量大辯二品今在刪繁録）

十一面觀世音神呪經一卷（於四天王寺譯上儀同城陽公蕭吉筆受初出與唐譯十一面神呪心經等同本）

須跋陀羅因緣論二卷（於四天王寺譯沙門圓明筆受並見長房錄）

右三部八卷（前二部六卷見在後一部二卷闕本）

沙門耶舍崛多周言稱藏優婆國人

共小同學闍那崛多於武帝時為

大冢宰宇文護於四天王寺及歸聖

寺譯金光明經等三部（靖邁經圖中又有大雲請雨經一卷亦云稱崛所譯今以尋即是與崛崛耶舍共出之者不合別上二藏俱存者誤也）

妙法蓮華經普門品重誦偈一卷（在益州龍淵寺譯今編入卷普門品）

種種雜呪經一卷（或無經字呪總二十三首在益州龍淵寺譯）

佛語經一卷（第二出與元魏菩提留支譯者同本在益州龍淵寺譯）

金色仙人問經二卷（於長安舊城四天王寺譯讃寺筆受並見長房錄）

右四部五卷（前二部二卷見在後二部三卷闕本）

沙門闍那崛多周言志德北印度

揵達國人師徒同遊來達茲境以

武帝時於四天王寺譯金色仙人

問經後隨譙王宇文儉往益州於

龍淵寺復譯普門偈等三部崛多

入隋更廣翻譯備如後述

陳

陳氏都建業

自武帝永定元年丁丑至煬帝禎

明三年己酉凡經五主三十三年

緇素三人所出經律論及集傳等

總四十部一百三十三卷（於中二十六部八十九卷見在一十四部四十四卷闕）

沙門拘那羅陀（三十八部一百一十八卷經律論集）

王子月婆首那（一部七卷經）

沙門須菩提（一部八卷經）

金剛般若波羅蜜經一卷（第三譯與姚秦羅什元魏留支等出者同）

解節經一卷（是解深密經初五品異譯出第一卷此經非是全部真諦略出以證義耳）

遺教經論一卷（釋遺教經）

十八空論一卷

攝大乘論三卷（無著菩薩造第二出與元魏佛陀扇多等譯者同本天嘉四年於廣州制旨寺譯慧愷筆受）

攝大乘論釋十五卷（世親菩薩釋亦云釋論或十二卷與隋笈多等出者同本第一譯天嘉四年於廣州制旨寺出慧愷筆受）

佛性論四卷（天親菩薩造）

中邊分別論二卷（婆藪盤豆造或三卷於臨川郡出第一譯與唐譯辯中邊論同本）

顯識論一卷（內題云顯識品從無相論出題云真諦譯新附此）

轉識論一卷（即出前顯識論中題云真諦譯新附此）

唯識論一卷（天親菩薩造初云修道不共他在臨川郡譯第二出與元魏般若流支等出者同本）

寶行王正論一卷

三無性論二卷（出無相論或一卷）

無相思塵論一卷（初出與唐譯觀所緣緣論同本見靖邁經圖及內典錄）

解捲論一卷（初出與唐義淨掌中論同本見靖邁經圖及內典錄）

廣義法門經一卷（第三出與漢安高所出普法義經等同本題云是中阿含一品別譯天嘉四年十一月十日於廣州制旨寺譯）

佛阿毗曇經二卷（亦云論錄云九卷今只二軸未詳所以又內典錄中更載佛阿毗曇一卷非也）

律二十二明了論一卷（亦直云明了論出正量部波羅提木叉論中受讖法師造光大二年正月二十日於廣州譯沙門慧愷筆受）

阿毗達磨俱舍釋論二十二卷（婆藪盤豆造第一譯與唐譯俱舍論同本天嘉四年正月二十五日於制旨寺出至閏十月十日訖至五年十二月二日更勘至光大元年十二月二十五日訖）

隨相論一卷（或云求那摩諦隨相論德慧法師造或二卷）

立世阿毗曇論十卷（題云立世毗曇藏或無論字亦云天地記經永定三年出錄云十五卷未詳）

四諦論四卷（婆藪跋摩造）

部執異論一卷（亦名部異執論第二出與十八部論及宗輪論同本）

婆藪盤豆法師傳一卷（此曰天親第二出）

金七十論三卷（外道迦毗羅仙人造明二十五諦謂數論也或二卷見房等錄別存僧佉論三卷者非也謂梵名僧佉此翻為數）

金剛般若論一卷

大般涅槃經論一卷（或無般字第二出）

反質論一卷（今疑即藏中如實論是故彼題云如實論反質難品）

墮負論一卷

成就三乘論一卷

正說道理論一卷

意業論一卷

大空論三卷

僧澀多律一卷陳言揔攝

俱舍論偈一卷初出與唐譯俱舍頌同本

俱舍論本十六卷天嘉四年於制旨寺出攝其論本即前偈是今復言本未詳所以

翻外國語七卷一名俱舍論因緣事一名雜事

修禪定法一卷除四部外餘三十四部見長房錄

右三十八部一百一十八卷金七十論上二十五部八十二卷見在金剛論下一十三部三十六卷闕本

沙門拘羅那他陳曰親依或云波羅末陀此云真諦並梵文之名字也本西印度優禪尼國人以梁武太清二年届于建業頂屬梁季肖亂不果宣傳雖翻經論栖遑靡託逮陳武永定二年七月還返豫章又上臨川晉安諸郡真諦雖傳經論道缺情離本意不申更覿機壞遂欲汎舶往楞伽修國道俗虔請結誓留之不免物議遂停南越便與前梁舊齒重覈所翻其有文旨乖競者

皆鎔治成範始末倫通至文帝天嘉四年楊都建元寺沙門僧宗法准僧忍律師等並建業標領欽聞新教故使遠浮江表親承芳問諦欣其來意乃為翻攝大乘等論首尾兩載覆疎宗旨而飄寓投委无心寧寄又汎小舶至梁安郡更裝大舶欲返西國學徒追逐相續留連太守王方奢述眾元情重申邀請諦又且循人事權止海隅伺旅束裝未思安堵至三年九月發自梁安汎舶西引業風賦命飄還廣州十二月中上南海岸刺史歐陽穆公頠迎住制旨寺請翻新文諦顧此業緣西還无指乃對沙門慧愷等翻廣義法門經及唯識論等後穆公薨沒世子紇重為檀越開傳經論時又許焉而神思幽通量非情測嘗居別所四絕水洲紇往造之嶺峻濤涌未敢陵犯諦乃鋪舒坐具在於水上加坐其內如乘舟焉浮波達岸既登接對而坐具不濕依常敷置有時或以荷葉藉水乘之

而度如斯神異其例甚眾至光大二年六月諦猒世浮雜情弊形骸未若佩理資神早生勝壤遂入南海北山將捐身命時智愷正講俱舍聞告馳往道俗奔赴相繼山川刺史又遣使人伺衛防遏躬自稽顙致留三日方紆本情因尒迎還止于王園寺時宗愷諸僧欲延還建業會楊輦碩望恐奪時榮乃奏曰嶺表所譯眾部多明无塵唯識言乖治術有蔽國風不隸諸華可流荒服帝然之故南海雜文有藏陳世以太建元年遘疾少時遺訣嚴正勗示因果書傳累紙其文付弟子智休至正月十一日午時遷化時年七十有一明日於潮亭焚身起塔十三日僧宗法准等各齎經論還返匡山自諦來東夏雖廣出眾經而偏宗攝論故討尋教旨者通覽所譯則彼此相發綺繢鋪顯故隨處翻傳親承疏解諦從陳武永定二年戊寅至孝宣太建元年己丑更譯金剛般若經等三十

八部微附華飾感顯隋唐見曹毗別歷及隋費長房録唐内典録等餘有未譯梵本書並多羅樹葉凡有二百四十甲若依陳紙翻之則列二万餘卷今見譯訖上是數甲之文並在廣州制旨王園兩寺是知法寶弘博定在中天識量沖現誠歸東夏何以明之見譯藏經四千餘卷生便棄擲習學全希用此量情情可知矣初諦傳度攝論宗愷歸心窮括教源銓題義旨遊心既久懷敞相承諦又面對闡揚情理无伏一日氣屬嚴厲衣服單疎忍噤通宵門人側席愷等終夜靜立奉侍諮詢言久情諠有時眠寐愷密以衣被覆足諦潛覺知便曳之于地其節儉知足如此愷如先奉侍逾久逾親諦以他日便喟然憤氣衝口者三愷問其故答曰君等欵誠正法實副參傳但恨弘法非時有阻來意耳愷聞之如噎良久聲淚俱發跪而啓曰大法絕塵遠通赤縣群生無感可遂埋耶諦以手

指西北曰此方有大國非近非遠吾等沒後當感弘之但不覩其興以為太息耳即驗往隋今統敷揚有宗傳者以為神用不同妄生異執惟識不識其識不無慨然

無上依經二卷（准經後記云梁代譯今編梁録）入長房内典等録復有正論釋義等一十三部一百八卷今以並是經論義疏真諦所撰非梵本翻故刪不録又内典録中梁陳二代俱載起信論者非也

勝天王般若波羅蜜經七卷（初出與大般若第六會同本）

右一部七卷其本見在

五品娑婆首那陳言高空中印度授祇舍國王之子從魏之梁譯業无輟大梁太清二年六月有于闐沙門求那跋陀（陳言德賢）賫勝天王般若一部梵文凡十六品始泊建業首那忽見德賢有此經典敬戀冥懷如對真佛因從祈法畢命弘宣德賢嘉其雅操虔心授與那得保持以為希遇屬侯大作亂未暇翻傳負載東西諷持供養民之所欲天必

從馬遂屬陳朝覇於建業首那負笈懷經自遠而至江州刺史儀同黃法氍渴仰大乘護持正法以文帝倩天嘉六年歲次乙酉七月辛巳朔二十三日癸卯勸請首那於州廳事略開題序設無遮大會四衆雲集五千餘人匡山釋僧果及遠近名德並學班百家博通五部各有碩難紛綸靡不渙然冰釋到其月二十九日還興業伽藍揵挓既嚮僧徒咸萃首那躬執梵文譯為陳語揚州阿育王寺釋智昕暫遊彭匯伏膺至教耳聽筆疏一言敢失再三循環撰為七卷訖其年九月十八日文句乃盡江州僧正釋慧恭博通三學始末監掌具經前序及長房等録那雖一身而備經涉歷元魏梁陳相繼宣譯後不測其終

大乘寶雲經八卷（第二出與梁世曼陀羅七卷寶雲及唐譯十卷寶雨並同本見一乘寺藏録）

右一部八卷本闕

沙門須善提陳言善現或云善吉

亦云善業扶南國人解悟超群詞彩逸俗化物無倦遊方届兹於揚都城内至敬寺為陳主譯大乘寶雲經一部

隋楊氏都大興

自文帝開皇元年辛丑至恭帝義寧二年戊寅相承三帝三十八年緇素九人所出經論及傳録等揔六十四部三百一卷於中六十一部二百八十七卷見在三部一十四卷闕本

隋

洋川郡守瞿曇法智 一部一卷經

沙門毗尼多流支 二部二卷經

沙門那連提黎耶舍 八部二十三卷經

沙門闍那崛多 三十九部一百九十二卷經

沙門釋法經等 二部一十二卷經録目

沙門釋寶貴 一部八卷合經

沙門菩提登 一部一卷經

翻經學士費長房 一部一十五卷三寶録

沙門達摩笈多 九部四十六卷經論

業報差別經一卷 開皇二年三月譯房云第二出與罪業報應經大同小異者全乖也見長房録及續高僧傳

右一部一卷其本見在

優婆塞達磨闍那隋云法智姓瞿曇氏即元魏般若流支長子本中印度婆羅痆斯國人婆羅門種流滯東川遂鄉華俗父子相承祖習傳譯高齊之季為昭玄都齊國既平佛法同毀智因僧職轉任俗官冊授洋州洋川郡守隋受周禪梵牒即來勅召智還使掌翻譯智既妙善隋梵二言執本自翻无勞傳度以開皇二年壬寅譯業報差別經一部成都沙門釋智鉉筆受文詞銓序義體超郡沙門釋彦琮製序 長房録云於興善寺譯業報經琮序謂不然此經二年季春譯出彦琮序有始遷大興云興善寺翻小非譯者也

大乘方廣揔持經一卷 或无廣字開皇二年七月譯第二出與西晉法護濟諸方等學經同本見長房録

象頭精舍經一卷 開皇二年二月譯第二出與羅什文殊問菩提經等同本見長房録

右二部二卷其本並在

沙門毗尼多流支隋言滅喜北印度烏萇國人不遠五百由旬振錫巡方來覲盛化至止便召入令翻經以文帝開皇二年壬寅譯方廣揔持等經二部給事李道寶般若流支次子曇皮二人傳語長安沙門釋法纂筆受為隋言并整比文義沙門彦琮並皆製序 長房等録 亦云於興善寺出此亦不然過如前述

大方等大集日藏經十卷 或十二卷或十五卷 題云大乘大方等日藏分經與大集日藏分同本當第四出開皇四年五月起翻五年一月訖沙門智鉉費長房等筆受

大雲輪請雨經二卷 開皇五年正月出沙門慧獻筆受是大雲經請雨品第六十四第二出與周世闍那耶舍大雲請雨經及隋崛多方等請雨經並同本

大莊嚴法門經二卷 一名文殊師利神通力經亦名勝金色光明德女經開皇三年正月出第三譯與法護大淨法門經等同本沙門智鉉筆受

德護長者經二卷 一名尸利崛多長者經開皇三年六月出沙門僧琨筆受第四譯與法護月光童子經等同本

百佛名經一卷 開皇二年十二月出沙門法纂筆受第二出

力莊嚴三昧經三卷 開皇五年十月出費長房筆受

蓮華面經二卷 開皇四年二月出沙門慧獻筆受

堅固女經一卷 開皇三年十二月出沙門慧獻筆受 亦云以上八部並見長房録

右八部二十三卷其本並在

沙門那連提黎耶舍隋言尊稱北印度烏萇國人先於齊國為昭玄統共昭玄都沙門法智譯經七部脩在齊錄建德之季周武克齊佛教與國一時平殄耶舍外假俗服内

開元釋教錄卷七　第十五張　隨字號

襲三衣避地東西不遑寧息五衆彫窘投厝無所偸餓滿壑者減食施之老病扶力者隨緣濟益雖事力屢薄排諫行之而神志休強說導无倦屯負留難便歷四年有隋御寓重興三寶開皇之始梵經遐應爰降璽書請來弘譯二年七月弟子道密等侍送入京住大興善寺其年季冬草創翻業勑昭玄統沙門曇延等三十餘人令對翻傳主上礼問殷繁供奉隆渥年雖朽邁行轉精勤曾依舍利弗陁羅尼具依修業夢得境界自當作佛如此靈祥雜沓其例非一後移住廣濟寺（煬帝名廣改為弘濟今復避諱為崇濟焉）爲外國僧主在撫囑容妙得物心忽一旦告弟子曰吾年老力微不久去世及今明了誠尒門徒佛法難逢宜勤修學人身難獲慎勿空過言訖就枕奄尒而化時滿百歲即開皇九年八月二十九日初耶舍先逢善相者云年必至百亦合登仙中壽果終其言驗矣登仙冥理猶難測之然

開元釋教錄卷第七　第十六張　隨字號

其形貌瓌奇頂如肉髻耳長而聳目正處中有異常倫特為殊相固是傳法之碩德也法主既傾哀慟道俗紛隆之事將漸墜焉凡於隋代譯經八部即大集日藏大雲輪大莊嚴法門等經是也並沙門僧琛明芬給事李道寶學士曇皮等僧俗四人更遞度語沙門智鉉道邃慧獻僧琨奉朝請度質學士費長房等筆受昭玄統沙門曇延昭玄都大興善寺主靈藏等二十餘德監護始末至五年冬勘練俱了並沙門彥琮製序尋耶舍遊涉四十許年國五十餘里十五萬瑞景靈迹勝寺高僧馭水深林山神海獸無非奉敬並預懲降事既廣周未遑陳叙沙門彥琮為之本傳具流於世

護國菩薩經二卷（見內典錄今編入寶積當第十八會）

移識經二卷（今編入寶積當第三十九會改名賢護長者會初出與唐譯顯識經同本開皇十一年十月出十二月訖學士費長房筆受見長房錄）

發覺淨心經二卷（初出與寶積發勝志樂會同本開皇十五年九月四十月訖沙門僧琛等筆受見長房錄）

開元釋教錄卷七　第十七張　隨字號

虛空孕菩薩經二卷（大集第十六分第四出與虛空藏經及虛空藏神呪經等同本開皇七年正月出三月訖沙門僧曇筆受彥琮製序見長房錄）

大方等大集賢護經五卷（或六卷題云大方等大集經賢護分亦云賢護菩薩經第七譯與般舟三昧經等同本開皇十四年十二月出十五年二月訖沙門明芬等筆受）

大集譬喻王經二卷（或无大集字是大集別品開皇十五年五月出六月訖沙門道密等筆受見前賢經並見長房錄）

佛華嚴入如來德智不思議境界經二卷（第三出與度諸佛境界智光嚴經等同本見內典錄）

四童子三昧經三卷（或直名四童子經第二出與法護方等泥洹同本開皇十三年五月出七月訖沙門僧琨筆受見長房錄）

妙法蓮華經添品七卷（或八卷二十七品寶塔天授連之為一故二十七仁壽元年因普曜寺沙門上行所請崛多笈多二法師重勘梵本闕者添之見經前序）

善思童子經二卷（第四出與大方等頂王經及大乘頂王經等同本開皇十一年七月出九月訖學士費長房筆受沙門彥琮製序見長房錄）

金光明經銀主陁羅尼品囑累品一卷（曇无讖出四卷真諦七卷周世崛多五卷並无此二品故覺本有故復出之見長房錄檢十七年沙門寶貴取前後譯合成八卷故不別存）

大方等大雲請雨經一卷（內題云大方等大雲經請雨品第六十四第三出與大雲請雨及大雲輪請雨上點並同本異譯見內典錄）

諸法本無經二卷（第三出與諸法無行經等同本開皇十五年六月出七月訖學士劉憑等筆受見長房錄）

大威燈光仙人問疑經一卷（第二出與第一義法勝經同）

開元釋教錄卷第七　第十八張　陸

同本開皇六年正月出二月訖沙門道邃筆受沙門彥琮製序見長房錄

入法界體性經一卷 或无體性字第二出與寶積三昧文殊問法身經同本開皇十五年七月出八月訖沙門道𨗉等筆受見長房錄

希有希有校量功德經一卷 或云希有校量功德經初出與唐譯最無比經同本開皇六年六月出其日訖沙門僧曇纂筆受沙門彥琮製序見長房錄

善敬經一卷 亦名善恭敬經一名善恭敬師經第二出與正恭敬經同本開皇六年七月出八月訖沙門僧曇等筆受沙門彥琮製序見長房錄

文殊尸利行經一卷 第二出與文殊師利行經同本開皇六年三月出四月訖沙門僧曇筆受沙門彥琮製序見長房錄

八佛名號經一卷 第五出與八吉祥神呪八陽神呪經等同本開皇六年五月出六月訖沙門道邃等筆受彥琮製序見長房錄

不空羂索呪經一卷 亦云不空羂索觀世音心呪經初出與唐譯不空羂索神呪心經等同本開皇七年四月出五月訖僧曇等筆受彥琮序見長房錄

十二佛名神呪經一卷 題云十二佛名神呪校量功德除障滅罪經初出與唐譯稱讚如來功德神呪經同本開皇七年五月出其月訖僧曇等筆受彥琮序見長房錄

一向出生菩薩經一卷 第十譯與無量門微密持經等同本開皇五年十一月出十二月訖沙門僧曇等筆受沙門彥琮製序見長房錄

金剛場陀羅尼經一卷 第二出與金剛上味陀羅尼經同本開皇七年六月出八月訖沙門僧琛等筆受沙門彥琮製序見長房錄

如來方便善巧呪經一卷 第二出與虛空藏菩薩問持經同本開皇七年正月出其月訖沙門僧曇等筆受沙門彥琮製序見長房錄

東方最勝燈王如來經一卷 題云東方最勝燈王如來遣二菩薩送呪奉釋迦如來助護持世間經第四出與持句神呪經等同本見內典錄

開元釋教錄卷第七　第十九張

大法炬陀羅尼經二十卷 開皇十二年四月出十四年六月訖沙門道邃等筆受見長房錄

大威德陀羅尼經二十卷 開皇十五年七月出十六年十二月訖沙門僧琛等筆受見長房錄

五千五百佛名經八卷 開皇十三年八月出十四年九月訖沙門僧曇等筆受見長房錄

觀察諸法行經四卷 開皇十五年四月二十四日出五月二十五日訖學士費長房等筆受見長房錄

无所有菩薩經四卷 見內典錄

月上女經二卷 開皇十一年四月出六月訖學士劉憑筆受沙門彥琮製序見長房錄

出生菩提心經一卷 開皇十五年十月出其月訖學士劉憑等筆受見長房錄

商主天子所問經一卷 或无所問字開皇十五年八月出九月訖學士費長房等筆受見長房錄

諸法最上王經一卷 開皇十五年五月出七月訖沙門明芬等筆受見長房錄

大乘三聚懺悔經一卷 見內典錄

起世經十卷 第三譯是長阿含記世經與出見經題上云崛多笈多二法師共出新編入

佛本行集經六十卷 開皇七年七月出十一年二月訖沙門僧曇學士費長房劉憑等筆受沙門彥琮製序見長房錄

聖善住意天子所問經四卷 第六出與如幻三昧經及寶積善住意會等同本開皇十五年四月出沙門道𨗉等筆受見長房錄

諸佛護念經十卷 開皇十四年十月出十二月訖沙門僧曇等筆受見長房錄

開元釋教錄卷第七　第二十張　陸

右三十九部一百九十二卷 本行集上三十七部一百七十八卷見在藏中下二部一十四卷闕本

沙門闍那崛多 隋云志德北賢豆 賢豆本音因陀羅婆陀那此云主處謂天帝釋所護故也賢豆之音彼國之訛略耳身毒天竺此方之訛稱也而彼國人總言賢豆而已以為五方也唐西域記云正音印度者唐翻為月月有多名斯其一稱言諸群生輪迴不息無明長夜莫有司晨其猶白日既隱宵燭斯繼雖有星光之照豈如朗月之明苟緣斯致因而譬月良以其土聖賢繼軌導凡御物如月照臨由是義故謂之印度印度種姓族類群分而婆羅門特為清貴從其雅稱傳以成俗无云經界之別總謂婆羅門國焉 揵陀羅國 隋云香行國 人也居富留沙富邏城 隋云丈夫宮也 剎帝利種姓金步 隋云項也謂如孔雀之項彼國以為貴族 父名跋闍邏娑囉 隋云金剛堅也 幼懷遠量長慕清範位居家宰爽理有經崛多昆季五人身居最小宿殖德本早發道心適在髫年便求出離二親識其誠量仍為贊成即入大林伽藍因蒙度脫其郁波弟耶 隋云常近受持者今所謂和上此乃于闐之訛略也奘法師云中天正音鄔波駄耶唐云親教亦云依學 名嗜那耶舍 隋云勝名 專修宴坐妙窮定業其阿遮利耶 隋云傳授或云正行即所謂阿闍梨也亦近國之訛略耳奘法師云阿遮利耶唐云軌範亦云教授 名闍若那跋達囉 隋云智賢 遍通三學徧明律藏崛多自出家後孝敬專誠教誨積年稍歸通觀然以賢豆聖境靈迹尚

存便隨本師具得瞻奉時年二十有七受戒三夏師徒結志遊方弘法初有十人同契出境路由迦臂施國淹留歲序國王敦請其師奉為法主益利頗周將事巡歷便踰大雪山西足固是天險之峻極也至猒怛國既初至止野曠民希所須食飲無人營造崛多遂捨具戒竭力供待數經時艱冥靈所祐幸免災横又經渴羅槃陁及于闐等國屢遭夏雨寒雪暫時停住既无弘演栖寓非久又達吐谷渾國漸至鄯州于時即西魏後元年也雖歷艱危心逾猛厲發蹤跋涉三載于茲同伴十人唯存四箇以周明武成之歲初届長安止草堂寺師徒遊化已果來心更登淨壇再受具足精誠從道尤甚由來既精處京華漸通隋語名聞稍遠時輩所欽被詔延入後園共論佛法殊禮別供充諸禁中思欲通法無由自展具情上啓即蒙別勅為造四天王寺聽在居住自茲已後乃翻新經及挨

先闕既非弘泰罷歷而已會譙王宇文儉鎮蜀復請同行於彼三年恒任益州僧主住龍淵寺建德隳運像教不弘五衆一期同斯俗服武帝下勅追入京輦重加爵祿逼從儒礼秉操鏗然守死无懼帝愍其貞亮哀而放歸路出甘州北由突厥遇值中面他鉢可汗慇重請留因從役日同有成壞勞師去還此無廢興幸安意住資給供養當使稱心遂尒併停十有餘載闍梨智賢還西滅度未久之間和上還化集影孤寄莫知所安頼以北狄君民頗弘福利因斯飄寓隨方利物有齊僧寶暹道邃智周僧威法寶僧曇智照僧律等十人以武平六年相結同行採經西域往返七載將事東歸凡獲梵本二百六十部迴至突厥聞周滅齊併毀佛法退則不可進無所歸遷延彼閣遂逢至德如渴值飲若暗遇明因與同居講道相歡所賫新經仍共尋閱請翻名題勘舊錄目轉覺巧

便有異前人律等內誠各私慶幸獲寶遇匠得不虛行同誓焚香共契宣布大隋受禪佛法即興暹等賫經先來應運開皇元年季冬届止勅付所司訪人令譯二年仲春便就傳述季夏詔曰殷之五遷恐民盡死是則以吉凶之土制長短之命謀新去故如農望秋龍首之山川原秀麗卉木滋阜宜建都邑定鼎之基永固無窮之業在茲可域城曰大興城殿曰大興殿門曰大興門縣曰大興縣園苑池沼其号並同寺曰大興善也於此寺中傳度法本于時崛多仍住北狄至開皇四年大興善寺沙門曇延等三十餘人以躬當翻譯音義乖越承崛多在北乃奏請還京帝乃別勅追延崛多西歸已絕流滯十年深思明世重遇三寶忽蒙遠訪欣願交并即與使乎同來入國于時文帝巡幸洛陽於彼奉謁天子大悅賜問頻仍未還京闕尋勅敷譯新至梵本衆部弥多或經或

開元釋教錄卷第七　第十四張　陛字

書且內且外諸有翻傳必以崛多
為主念以崛多言識異方字曉殊
俗故得宣辯自運不勞傳度理會
義門句圓詞體文意粗定銓本便
成筆受之徒不費其力試比先達
抑亦継之五年勅令崛多共婆羅門
沙門若那竭多開府高恭息都督
天奴和仁及婆羅門毗舍達等道
俗六人令於內史內省翻梵古書
及乾文等于時廣濟寺唯獨耶舍
一人譯經別勅崛多使兼翻經兩
頭來往到十二年翻書訖了合得
二百餘卷進畢尒時耶舍先已終
亡仍勅崛多專主翻譯移法席就
大興善寺更召婆羅門沙門達摩
笈多并勅高天奴高和仁兄弟等
同傳梵語又增置十大德沙門僧
休法粲法經慧藏洪遵慧遠法纂
僧暉明穆曇遷等監掌翻事銓定
宗旨沙門明穆彥琮重對梵本再
審覆勘整理文義崛多曾傳于闐
東南二千餘里有遮拘迦國彼王
純信敬重大乘宮中自有摩訶般

開元釋教錄卷第七　第十五張　陛

若大集華嚴三部大經並十萬偈
王躬受持親執鎖鑰轉讀則開香花
供養又道場內種種莊嚴誘諸小
王令入礼拜此國東南二十餘里
山甚巖險有深淨窟置大集華嚴
方等寶積楞伽方廣舍利弗花聚
二陀羅尼都薩羅藏摩訶般若八
部般若大雲經等凡十二部咸十万
偈國法相傳防衛守護又有入滅
定羅漢三人窟中禪寂每至月半
諸僧就山為其淨髮此則人法住持
有生之所憑賴崛多道性純厚神
志剛正愛德無猒求法不懈博聞
三藏遠究真宗遍學五明兼閑世
論經行得道場之趣總持通神呪
之理三衣一食終固其誠仁濟弘誘
非關勸請勸誦佛經老而弥篤強
識先古久而逾詣士庶欽重道俗崇
敬隋滕王遵仰戒範奉以為師因
事塵染流擯東越又在甌閩道聲載
洽身心兩救為益極多至開皇二十
年便從物故春秋七十有八（準添品法華序仁壽元年辛酉崛多笈多二法師於大興善寺重勘梵本開者添譯既在仁壽之元出此添品知）

開元釋教錄卷第十　第二十六張　陛

（非開皇二十年卒也又內典錄云仁壽之末崛多以緣他事流擯東越簡高僧傳即云開皇二十年卒傳錄俱宜所撰而自知子猶何也）崛多自從西服來至
東華備歷翻傳自開皇五年訖仁
壽之末出護國等經總三十九部
合一百九十二卷並詳括陶冶理教
圓通文明義結具流於世見隋唐二
錄（護國菩薩經佛華嚴入如來德智經大方等大雲請雨經東方寶藏經五如來經元所有菩薩經大乘三聚懺悔經已上六部內典錄云崛多所譯請觀世音經圖云笈多出今依內典為正大集譬喻王經哉識經法炬陀羅尼經已上三部經圖云中崛多笈多二錄俱載者誤也今並載崛多之錄笈多錄內除之）

衆經目錄七卷（開皇十四年五月十日勅興善寺翻經所撰至七月十四日畢）（別錄六卷總錄一卷總別成七見長房錄）
衆經目錄五卷（仁壽二年勅請興善寺翻經沙門及學士等撰見續高僧傳）

右二部一十二卷其本並在
沙門釋法經等並大興善寺翻經
大德也開皇十四年甲寅文帝勅
撰一切經錄法經等二十大德緝
撰成之總標經記位為九錄區別
品類有四十二分合有二千二百
五十七部五千三百一十卷揚化
寺沙門明穆區域條分指蹤緒路
日嚴寺沙門彥琮覶縷緝維考校
同異見長房錄又至仁壽二年勅所

司請興善寺大德與翻經沙門及學士等披撿法藏詳定經錄隨類區辯揔為五分單本第一重翻第二別生第三賢聖集傳第四疑偽第五見闕都合二千一百九部五千五十八卷別生疑偽不須抄寫已外三分入藏見錄並沙門彦琮綜理裁定見續高僧傳

合金光明經八卷（二十四品　開皇十七年合當第四本見長房錄沙門彦琮製序）

右一部八卷其本見在

沙門釋寶貴大興善寺僧也開皇十七年丁巳合金光明經一部貴即周世智度論師道安之神足翫閲群典見昔晉世沙門支敏度合兩支兩竺一白五家首楞嚴為一部（作八卷　今准祐錄及合經記四本合成无白延也）又合一支兩竺三家維摩為一部作五卷又沙門僧就合四家大集為六十卷諸此合經文義完具斯既先哲遺蹤貴遂依承以為規矩遂合涼世法豊（四卷十八品者）周朝穪蔵（續壽量大辯二品合為五卷）梁時真諦（更出四品謂三身分別品業障滅品陀羅尼最淨地品依空滿願品通前十八成二十四分成七卷）隋代志德（復出銀主陀羅尼品及囑累品）前後所出共二十四品分為八卷沙門彦琮重覆勘挍品部究足始自于斯文号經王義稱深妙顧言幽顯頂戴護持（又長房錄云招提寺沙門僧就開皇六年合大集經成六十卷當今尋訪所合經雜為還准中有兼新如後大乘錄及刪繁錄中具述故此錄中存其別本合部之者刪之不存）

占察善惡業報經二卷（出六根聚經亦云大乘實義經亦名地藏菩薩經亦直云占察經）

右一部二卷其本見在

沙門菩提登外國人也不知何代譯占察經一部長房錄云此經捡錄無目而經首題云菩提登在外國譯似近代出今諸藏内並寫流傳而廣州有一僧行塔懺法以皮作二枚帖子一書善字一書惡字令人擲之得善者好得惡者不好又行自撲法以為滅罪青州亦有一居士同行此法開皇十三年有人告廣州官司云是其妖官司推問其人引證云塔懺法依占察經自撲法依諸經中五體投地如太山崩廣州司馬郭誼来京向岐州具狀聞奏勅不信占察經道理令内史侍郎李元操共郭誼就寶昌寺問諸大德沙門法經等報云占察經目錄無名及譯處塔懺法與衆經復異不可依行勅云諸如此者不須流行今謂不然豈得以已管窺而不許有博見之士耶法門八万理乃多途自非金口所宣何得顯斯輿旨大唐天后天冊万歲元年勅東都佛授記寺沙門明佺等刊定一切經錄以編入正經訖後諸覽者幸無惑焉

開皇三寶錄十五卷（開皇十七年十二月二十三日上内題云歷代三寶紀見内典錄及續高僧傳）

右一部一十五卷見在

翻經學士費長房成都人也房本出家周廢僧侶及隋興復仍習白衣時預参傳筆受詞義以歷代群錄多惟編經至於佛僧紀述蓋寡乃撰三寶履歷帝年始自周莊魯莊至於開皇末歲首列甲子傍列衆經翻譯時代附見綸綜号為開皇三寶錄撰成陳奏下勅行之其序略云今之所撰略准三書以為指南顯茲三寶佛生年瑞依周夜

明經庚時祥承漢宵夢僧之允始城塹棟梁毗賛光輝崇於慧皎其外傍採隱居歷年國誌典墳僧祐集記諸史傳等僅數十家摘彼翠零成斯紀翻扇之千載風於百王共秉智炬之光照時昏暗同傳法流之潤洽世燋枯闡我皇猷導開厥始昔結集之首並指在某國城今宣譯之功理須各宗時代故此錄體率舉号稱為漢魏吳及大隋錄也失譯疑偽依舊法之人以年為先經隨大而次有重列者猶約世分揔其華戎黑白道俗合有一百九十七人都所出經律戒論傳二千一百四十六部六千二百三十五卷位而分之為十五軸一卷揔目兩卷入藏三卷帝年九卷代錄代錄編鑒經翻譯之少多帝年張知佛在世之遐迩入藏別識教小大之淺深（古太）

大方等善住意天子所問經四卷（第七譯與如幻三昧及聖善住意經等同本見內典錄今編入寶積當第三十六會）

大方等大集菩薩念佛三昧經十卷（第二出與宋功德直菩薩念佛三昧經同本是大集別分見內典錄）

緣生初勝分法本經二卷（初出與唐譯分別緣起經同本亦直云緣生經見內典錄大業十二年十月出費長房錄云大業十三年九月譯論並記見經前序）

藥師如來本願經一卷（第二出與灌頂第十二卷及唐譯藥師本願功德經等同本見內典錄大業十一年十二月八日於翻經館譯說沙門行矩製序）

金剛般若論二卷（無著菩薩造見內典錄）

菩提資糧論六卷（聖者龍樹本比丘自在釋見內典錄）

攝大乘論釋論十卷（第二出與真諦譯者及唐譯世親攝論並同本世親菩薩釋見內典錄）

緣生論一卷（聖者欝楞伽造此緣生經同時出見內典錄）

起世因本經十卷（第六出與長阿含第四分記世經及樓炭經等同本亦直云起世經見內典錄）

右九部四十六卷其本並在

沙門達摩笈多隋云法密亦云法藏本南印度羅囉國人也（內典錄及翻經圖並云北天竺烏場國人者非也）剎帝利種姓弊耶伽羅（隋云虎氏）有弟四人身居長子父母留戀不聽出家然以篤愛法門深願離俗年二十三往中印度界鞬拏究撥闍城（隋云耳出）於究牟地（隋云黃花色）僧伽囉磨（隋云衆園舊云僧伽藍者訛略也）笈多於此寺中方得落髮改名法密年二十五方受具戒其郁波弟耶名佛馱笈多（隋云覺密）阿遮利夜名普達多（隋云德施）又一阿遮利夜名為普照通大小乘經論咸能誦說行賓荼夜法（謂行乞食者舊云分衛訛略也）入第耶那（隋云念修舊為禪那及持阿那並訛略也）恒入此觀以為常業笈多受具之後仍住三年就師學問師之所得略窺戶牖後以普照師為吒迦國王所請從師至彼經停一載師還本國笈多更留四年住於提婆鼻何羅（隋云天遊也天謂國王遊謂僧履其所王立故名天遊舊以寺代之寺乃此土公院之名所謂司也更也又云招提者亦訛略也世依字解招謂招引提謂提捨並浪語也此乃西言耳正音云招鬪提奢此云四方謂處所為四方衆僧之所依住也）於是歷諸大小乘國及以僧寺聞見倍多北路貧人頗至於彼遠傳東域有大支那國焉（舊名真丹振旦者並非正音無義可譯惟知是興神州之總名也）明信未作來心但以志在遊方情无所繫遂往迦辟施國六人為伴仍留此國停住王寺笈多遂將四伴於國城中二年停止遍歷諸寺備觀所學遠遊之心尚未寧處其國乃是北路之會雪山北陰商旅咸湊其境於商客所又聞支那大國三寶興盛同侶一心屬意來此非

開元釋教録卷第七　第三十三張　陛

惟觀其風化頗在利物弘經便踰雪山西足薄佉羅國沙多叉拏國達摩悉鬚多國此諸國中並不久住足知風土諸寺儀式又至渴羅槃陁國留停一年未多開導又至沙勒國同伴一人復還本邑餘有三人停在王寺謂沙勒王之所造也經住兩載仍為彼僧講念破論有二千偈旨明三印多破外道又為講如實論亦二千偈約其文理乃是世間論義之法又至龜茲國亦停王寺又住二年仍為彼僧講釋前論其王篤好大乘多所開悟留引之心旦夕相造笈多係心東夏無志潛停密將一僧間行至烏耆國在阿蘭拏寺講通前論又經二年漸至高昌客遊諸寺其國僧侶多學漢言雖停二年无所宣述又至伊吾便停一載值難避地西南路純砂磧水草俱乏同侶相頋性命莫投乃以所賷經論權置道旁越山求水冀以存濟求既不遂勞弊轉增專誦觀世音呪夜雨

開元釋教録卷第七　第三十四張　陛

忽降身心充悅尋還本途四顧茫然方道迷失踟躕進退乃任前行遂達于瓜州方知曲取北路之道也笈多遠慕大國跋涉積年初契同徒或留或歿獨頋單影屆斯勝地靜言思之悲喜交集尋蒙帝旨延入京城處之名寺供給豐渥即開皇十年冬十月也至止未淹華言略悉又奉別勑令就翻經移住興善執本對譯允正寔繁所誦大小乘論並是深要至於宣解大弘微旨此方舊學頻遣積疑然而慈恕立身柔和成性心非道外行在言前誠地夷而靜智水幽而潔經洞字源論窮聲意加以威容詳正勤節高猛誦響繼晨宵法言通內外又性好端居簡絶情務索薄嗜欲息杜希求無倦誨人有踰利已曾不忤顏於賤品輕心於微類遂使未覩者傾風暫謁者欽敬自居譯人之首惟存傳授所有覆踈務存綱領煬帝定鼎東都敬重隆厚至於佛法彌增崇樹乃下勑於洛水

開元釋教録卷第七　第三十五張　陛字号

開元釋教録卷第七　第三十五張　陛字号

南濱上林園內置翻經館搜舉翹秀永鎮傳法登即下徵笈多并諸學士並預集焉四事供承復恒常度致使譯人不墜其緒成簡无替於時及隋納云鄭郊壘煙擁梵本新經一時斯斷笈多蘊其深解遂闕陳弘始於開皇中歲屆于京師即與崛多共參傳譯于時崛多控擢令坐居宸傳梵隋時推稱美至於深義莫不及啓斯人而容範滔然无涉世路所以傳譯聲壁抑已揚人仁壽之末崛多以緣他事派擯東越笈多乘機專主傳譯從大業初年終大業末歲譯大方等善住意等經九部並文義澄潔華質顯暢沙門彥琮明則行矩等筆受至大唐武德二年終于洛汭沙門彥琮為之作傳初笈多翻金剛斷割般若波羅蜜經一卷及普樂經一十五卷未及練覆值僞鄭淪廢不暇重脩今卷部在京多明八相等事今謂大唐日照三藏翻方廣大莊嚴經一十二卷與舊普曜梵本是同於中亦明八相等事與此普樂然亦應梵本同也

開元釋教錄卷第七　總錄之七

開元釋教錄卷第七　薄三十六張　[illegible]

開元釋教錄卷第七

校勘記

一　底本，金藏廣勝寺本。一四二頁中一至三行原版漫漶，以麗藏本换。

一　一四二頁中二行「庚午歲」，徑、清作「唐」。

一　一四二頁中九行「跋陁羅」，徑作「政陀羅」。

一　一四二頁中一六行第一一字「精」，資、磧、普、南、徑、清作「釋」。

一　一四二頁中一九行第一〇字「傳」，諸本（不含石，下同）作「傳譯」。

一　一四二頁中二一行夾註右「昏蕩公」，資、磧、普、南、徑、清作「昏陽公」。本頁下一五行同。

一　一四二頁下一行夾註「蕭意」，諸本作「蕭吉」。

一　一四二頁下二行夾註右「大雲」，資、磧、普、南、徑、清作「大雲經」。又左「一百」，麗作「一者」。

一　一四二頁下三行夾註左第五字「大」，徑作「入」。

一　一四二頁下六行夾註右首字「今」，磧作「含」。

一　一四二頁下七行首字「入」，徑、清作「八」。

一　一四二頁下一一行「藏稱」，資作「藏積」。

一　一四二頁下二〇行夾註右「歸聖寺」，徑作「聖歸寺」。又左「今譯」，資、磧、普、南、徑、清作「全譯」。

一　一四三頁上九行夾註左第二字「卷」，諸本作「第八卷」。

一　一四三頁上一一行夾註左「同本」，資、磧、普、南、徑、清作「本同」。

一　一四三頁上二〇行「陳陳」，資、磧、普、南、徑、清作「陳」。

一　一四三頁上二一行「煬帝」，磧、南、徑、清作「後主」。

一　一四三頁中二行夾註左末字「闕」，諸本作「闕本」。

一　一四三頁中七行夾註左末字「同」，諸本作「同本」。

一　一四三頁中一四行夾註右「世親」，資、磧、普、南、徑作「天親」。

一　一四三頁下二行夾註右「緣緣」，諸本作「緣」。

一　一四三頁下七行夾註右第三字「佛」，資無。

一　一四三頁下一一行夾註右第三字「譯」，資、普作「釋」。又左「十二月」，資、磧、普、南、徑、清作「二月」。

一　一四三頁下一二行夾註左末字「訖」，資、磧、普、南、徑、清作「畢」。

一　一四三頁下一三行夾註左「二卷」，徑、清作「一卷」。

一　一四三頁下一七行夾註左「十八部論」，資、磧、普、南、徑、清作「大部論」。

一　一四三頁下一九行夾註右第九字「明」，資、磧、普、南、徑、清無。

一　一四四頁上五行末字「卷」下，諸本有夾註「於豫章栖隱寺出」。

一　一四四頁上八行「十六卷」，麗作「六卷」。

一　一四四頁上一〇行夾註「三十四」，資、磧、普、南、徑、清作「三十六」。

一　一四四頁上一七行「翻經論」，資、磧、普、南、徑、清作「復翻經」。

一　一四四頁上二〇行「機壞」，資、徑、清作「機攘」。

一　一四四頁上末行第一二字「競」，資、磧、普、南、徑、清作「意」。

一　一四四頁中一行第三字「治」，徑作「治」。又第八字「倫」，諸本作「倫」。

一　一四四頁中一四行「顧迎」，資作「額延」；磧、普、南、徑、清作「頠延」；麗作「顧延」。

一　一四四頁中末行第一〇字「蒻」，資、磧、普、南、徑、清作「弱」。

一　一四四頁下九行第六字「顧」，資、磧、普、南、徑、清作「碩」。

一　一四四頁下一二行「雜文」，諸本作「新文」。

一　一四四頁下一三行末字「遣」，諸本作「遺」。

一　一四四頁下一四行首字「訣」，資作「語」。

一　一四四頁下一五行「午時」，徑作「子時」。

一　一四四頁下一八行第三字「還」，資、磧、普、南、徑、清無。

一　一四五頁上四行第六字「甲」，南、徑、清作「夾」。五行末字同。

一　一四五頁上一三行第六字「屬」，資、磧、普、南、徑、清無。

一　一四五頁上一五行第八字「諠」，資、磧、普、南、徑、清作「昏」；麗作「諠」。

一　一四五頁上一八行首字「侍」，麗作「持」。

一　一四五頁上二二行第七字「啓」，徑作「起」。

一　一四五頁中一行第八字「大」，資、磧、普、徑作「大大」。

一　一四五頁中六行「入長房」，諸本作「又長房」。

一　一四五頁中八行第七字「以」，資、

磧、普、南、徑、清無。

一四五頁中一四行「五品娑婆首那」，諸本作「王子月婆首那」。

一四五頁中一五行「授祇舍」，諸本作「優禪尼」。

一四五頁中一六行「无載大梁」，諸本作「無輟以梁」。

一四五頁中一七行末字至次行首字「般若」，麗作「般若經」。

一四五頁中二〇行「祈法」，諸本作「祈請」。

一四五頁中二二行「侯大」，諸本作「侯景」。

一四五頁下四行第二字「倩」，磧、普、南、徑、清作「蒨」。

一四五頁下六行第一〇字「遮」，徑作「遼」。

一四五頁下二〇行第四字「雲」，麗作「雨」。次頁上三行末字同。

一四五頁下二一行夾註右首字「具」，諸本作「寶」。

一四六頁上九行夾註右「六十一」，諸本作「六十二」。

一四六頁上一三行夾註左第二字「卷」，資無。

一四六頁上一四行夾註右「二十九」，諸本作「三十九」。又左第五字「經」，資、磧、普、南、徑、清無。

一四六頁上一七行夾註「一卷」，諸本作「二卷」。

一四六頁中七行第一二字「譯」，資作「釋」。

一四六頁中一三行夾註左「譯審」，資、磧、普、南、徑、清作「詳審」。

一四六頁中一五行夾註左第七字「長」，資、磧、普、南、徑、清無。

一四六頁中二〇行「由旬」，資、磧、普、南、徑、清作「由延」。

一四六頁下一六行夾註右「二月」，諸本作「三月」。

一四六頁下一七行夾註左首字「亦」，諸本作「亦云」。

一四七頁上一六行首字「在」，諸本作「存」。

一四七頁上一九行末字「枕」，諸本作「杭」。

一四七頁中一六行第一〇字「懲」，磧、南、徑、清作「徵」。

一四七頁中二一行右「十一年」，磧、普、南、徑、清作「十六年」。

一四七頁中末行夾註右「十月訖」，麗作「十月記」。

一四七頁下三行夾註「大方等」，磧、普、南、徑、清作「十方等」。

一四七頁下四行夾註右第九字「經」，資、磧、普、南、徑、清無。

一四七頁下七行夾註左第五字「經」，諸本作「護經」。

一四七頁下九行「二卷」，資、磧、普、南、徑、清作「一卷」。同行夾註右「第三出」，南、徑、清作「第二出」。

一四七頁下一〇行夾註右「直名」，資、磧、普、南、徑、清作「直云」。

一四七頁下一三行夾註右「所請」，資、磧、普、南、徑、清作「所謂」。

一四七頁下一四行「善思」，磧作

「善心」。

— 一四七頁下二〇行夾註左第四字「上」，諸本作「二」。

— 一四七頁下二二行夾註右末字「等」，資、磧、普、南、徑、清無。次頁上二一行夾註左第二字同。

— 一四八頁上三行夾註右首字「經」，資、磧、普、南、徑、清作「經等」。

— 一四八頁上一三行夾註左第一〇字「彥」，資、磧、普、南、徑、清無。一五行夾註左第一五字同。

— 一四八頁上一四行夾註右「十二」，資、磧、普、南、徑、清作「十三」。

— 一四八頁上二一行夾註右「序見長」，諸本作「二月訖」。

— 一四八頁中二行夾註右末字「等」，資、磧、普、南、徑、清無。

— 一四八頁中一一行夾註左第四字「六」，諸本作「士」。

— 一四八頁中一三行第二字「主」，徑作「生」。

— 一四八頁中一七行夾註右「第三譯」，諸本作「五」。

— 一四八頁中一八行夾註右「共出」，資、磧、普、南、徑、清作「共譯」。

— 一四八頁中一九行夾註「十一年」，普作「十二年」。

— 一四八頁中二一行第八字「問」，諸本作「問經」。

— 一四八頁下一行夾註左「三十七」，資、磧、普、南、徑、清作「二十七」。

— 一四八頁下五行夾註右「印度」，諸本作「印度印度」。

— 一四八頁下八行夾註左首字「元」，諸本作「無」。

— 一四八頁下九行夾註「文夫宮」，諸本作「丈夫宮」。

— 一四八頁下二〇行夾註左末字「授」，磧、普、南、徑、清無。

— 一四八頁下二一行「偏明」，徑作「徧明」。

— 一四九頁上一八行第一〇字「梢」，諸本無。

— 一四九頁中四行「一朞」，諸本作「一期」。

— 一四九頁中九行第九字「壞」，徑作「壞」。

— 一四九頁中一三行「集影」，諸本作「隻影」。

— 一四九頁中一六行「智照」，資、磧、普、南、徑、清作「智昭」。

— 一四九頁下五行首字「止」，南作「正」。

— 一四九頁下七行「之士」，諸本作「之土」。

— 一四九頁下一四行首字「度」，徑、清作「受」。

— 一四九頁下一八行「追近」，諸本作「追延」。

— 一四九頁下二〇行第九字「乎」，資、磧、普、南、徑、清作「命」。

— 一五〇頁上二一行「于填」，資、磧、普、南、徑、清作「于闐」。

— 一五〇頁中八行第一二字「咸」，資、磧、普、南、徑、清作「滅」。

— 一五〇頁中一三行「博聞」，資、磧、

普、南、徑、清作「傳聞」。

一五〇頁中一七行第九字「老」，資作「孝」。

一五〇頁下一行夾註右第八字「也」，資作「地」。又「又內典録」，資、磧、普、南、徑、清作「又於內典録」。

一五〇頁下五行「陶治」，諸本作「陶冶」。

一五〇頁下六行「隨唐」，諸本作「隋唐」。

一五〇頁下八行夾註「所有」，資作「所見」。

一五〇頁下一〇行夾註右第六字「之」，資、磧、普、南、徑、清無。

一五〇頁下一一行夾註左「翻經所撰」，資、磧、普、南、徑、清作「法經撰」。

一五〇頁下一八行「經記」，資、磧、普、南、徑、清作「綱紀」。

一五〇頁下二一行「修分」，諸本作「條分」。

一五一頁上一六行夾註右第一字「今」，徑、清作「令」。

一五一頁上一九行「完具」，諸本作「究具」。

一五一頁上二一行夾註左「二品」，資作「一品」。

一五一頁上末行夾註右「十四」，資、磧、普、南、徑、清作「十二」。

一五一頁中四行夾註右首字「又」，徑作「是」。

一五一頁中六行夾註左「亦云」，資、磧、普、南、徑、清作「亦名」。又第五字「實」，徑作「寶」。

一五一頁中七行夾註左首字「經」，資、磧、普、南、徑、清無。

一五一頁下一一行夾註「十三日」，資、磧、普、南、徑、清作「二十三日」。

一五一頁下一五行「仍習」，資、磧、普、南、徑、清作「仍襲」。

一五一頁下二〇行「綸綜」，麗作「編綜」。

一五二頁上二行「光輝」，資、磧、普、南、徑、清作「光耀」。

一五二頁上五行首字「零」，資、磧、普、南、徑、清作「翎」。又第四字「紀」，磧、普、南、徑、清作「己」。

一五二頁上九行第三字「理」，徑作「理理」。

一五二頁上一二行首字「大」，資、磧、普、南、徑、清作「本」；麗作「代」。

一五二頁上二一行夾註右第五字「及」，資、磧、普、南、徑、清無。

一五二頁中三行夾註左「十二卷」，磧、普、南、徑、清作「十三卷」。

一五二頁中四行夾註「十一年十二月」，資、磧、普、南、徑、清作「十二年十一月」。

一五二頁下三行夾註左「訛略也」，徑作「訛辭也」。

一五二頁下三行至四行「入第耶郍隋云念修舊爲禪郍及持訶郍並訛僻也」，徑無。

一五二頁下四行夾註左第六字「僻」，資、磧、普、南、清作「辭」。

一　一五二頁下一〇行夾註「所謂」，資、磧、普、南、徑、清作「謂之」。

一　一五二頁下一三行「賞人」，諸本作「商人」。

一　一五二頁下一四行夾註右末字「舟」，諸本作「丹」。

一　一五二頁下一五行夾註左「神册」，諸本作「神州」。

一　一五二頁下一六行第三字「末」，諸本作「未」。二〇行第九字同。

一　一五三頁上一四行「旦夕」，資作「且多」。

一　一五三頁下一行第一一字「挍」，諸本作「捜」。

一　一五三頁下七行第一一字「于」，資、磧、普、南、徑、清無。

一　一五三頁下一〇行第七字「及」，諸本作「反」。

一　一五三頁下二二行夾註左「莊嚴經」，資、磧、普、南、徑、清作「莊嚴」；麗作「華嚴經」。

一　一五三頁下末行夾註右第八字「八」，徑作「入」。

一　一五四頁上一行「愡録之七」，徑、清無。

開元釋教録卷第八　　泰八

庚午歲西崇福寺沙門智昇撰

摠括羣經上之八

大唐李都長安

自　高祖神尭皇帝武德元年歲次戊寅至開元神武皇帝開元十八年庚午之歲兼天后代凡經一百一十三載傳譯緇素已有三十七人所出經律論及傳録等摠三百一齣二千一百七十卷於中二百八十一部二千一百四十三卷見在二十部二十七卷訪本未獲

大唐　沙門婆羅頗迦羅蜜多羅三部三十八卷經

沙門釋法琳　二部　一十卷集論

沙門釋玄奘　七十六部　一千三百四十七卷　經律論記傳

沙門釋道宣　八部　八十一卷譜録傳集

沙門釋道宣　八部　八十一卷譜録傳集

沙門釋玄應　一部二十五卷經音義

沙門釋靖邁　一部四卷圖記

沙門釋智通　四部五卷經

沙門伽梵達摩　一部一卷經

沙門阿地瞿多　一部一十二卷經

沙門釋玄惲　一部二十卷經集

沙門釋彥琮　一部六卷集讚

沙門那提　三部三卷經

沙門若那跋陀羅　一部二卷經

沙門地婆訶羅　一十八部三十四卷經論

清信士杜行顗　一部一卷經

沙門釋復禮　一部二卷集論

沙門釋慧立　一部一十卷集傳

沙門釋懷素　四部八卷戒本羯磨

沙門佛陀多羅　一部一卷經

沙門佛陀波利　一部一卷經

沙門提雲般若　六部七卷經論

沙門釋慧智　一部一卷讚頌

沙門釋明佺　一部一十五卷目録

沙門實叉難陀　一十九部一百七卷經

婆羅門李無諂　一部一卷經

沙門弥陀山　一部一卷經

沙門釋玄嶷　一部三卷集論

沙門阿你真那　七部九卷經

沙門釋義淨　六十一部

二百三十九卷經律論傳

沙門菩提流志　五十三部

一百一十一卷經論

開元釋教録卷第八　第二張　陛字号

沙門釋愛同　一部一卷將譯
沙門釋慧苑　一部二卷經音義
沙門釋智嚴　四部六卷經集
沙門跋日羅菩提　四部七卷經
沙門釋懷迪　一部一十卷經
沙門輸波迦羅　四部一十四卷經
沙門釋智昇　五部二十五卷經録儀等

寶星陁羅尼經十卷（或八卷見内典録　貞觀三年三月於興善寺出四年四月訖沙門法琳製序　佛於大集會中重説此經即大集寶幢分是非重譯也）

般若燈論釋十五卷（龍樹菩薩本　分別明菩薩釋　見内典録　貞觀四年六月於勝光寺出至六年十月十七日畢沙門慧賾製序）

大乘莊嚴經論十三卷（或十五卷　无著菩薩造　見内典録　貞觀四年夏於勝光寺與般若燈論同時出至七年春訖　勅太子庶子李百藥為序）

右三部三十八卷其本並在沙門波羅頗迦羅蜜多羅唐言作明知識略云朋友或一云波頗唐言光智中印度人也本刹利王種姓刹帝利十歲出家隨師習學誦一洛叉大乘經可十万偈受具已後便學律藏既通戒綱心樂禪思又隨勝德修習定業因循不捨經

十二年末復南遊摩伽陁國那爛陁寺值戒賢論師盛弘十七地論因復聽採以此論中兼明小教又誦一洛叉偈小乘諸論波頗識度通敏器宇冲邃博通内外研精大小傳燈教授同侶所推承化門人般若因陁羅跋摩等學功樹勳深達義經相繼領徒本國主化為彼王臣之所欽重但以出家釋子不滯一方六月一移任緣靡定承北狄貪勇未識義方法藉人弘敢欲傳化乃與道俗十人展轉北行達西面可汗葉護衙所以法訓罰未浹旬特為戎主深所信伏日給二十人料旦夕祗奉同侶道俗咸被珍遇生福增敬日倍於前武德九年高平王出使入蕃因與相見承此風化將事東歸而葉護君臣留戀不許王即奏聞下勅徵入乃與高平同來謁帝以貞觀元年歲次丁亥十一月二十日達京勅住興善釋門英達莫不脩造自古教傳詞旨有所未諳

者皆委其宗緒括其同異内計外執指掌釋然徵問相訓披解無滯乃上簡聞奏引内見躬傳法理無爽對揚賜綵四十段并宮禁新納一領所將五僧加料供給重頻慰問勞接殊倫至三年三月上以諸有非樂物我皆空睠言真要无過釋典流通之極豈尚翻傳下詔所司搜駁碩德兼閑三教備舉十科者一十九人於大興善創開傳譯沙門玄謨僧伽等譯語及三藏同舉崛多律師證譯沙門法琳慧明慧賾慧淨等執筆承旨懇懃詳覆審定名義具意成文沙門慧乘法常慧朗曇藏智解智首僧辯僧珍道岳靈佳文順等證義又勅上柱國尚書左僕射邢國公房玄齡散騎常侍太子詹事杜正倫禮部尚書趙郡王李孝恭等叅助詮定右光禄大夫太府卿蘭陵男蕭璟揔知監護百司供送四事豐華至四年四月譯寶星經訖後移勝光又譯般

若燈大莊嚴經論至七年春勘閱
既周繕寫云畢所司詳讀乃上聞
奏下勑各寫十部散流海內仍
賜頗物百段餘承譯僧有差東帛
波頗意在傳法餘無挂懷而時輩
不詢或生異議云頗俵倖時譽最
馳於後故聚名達廣講經論斯未
是弘通者時有沙門靈佳卓犖拔
群妙通機會對監護使具述事理
六頗遠投東夏情乖名利欲使道
流千載聲振上古昔符姚兩代翻
經學士乃有三千今大唐譯人不
過二十意在明德同證信非徒
說後代昭奉無疑於今耳識者
僉議攸同後遂不行時為太子
染患衆治无効下勑延頗入內一
百餘日親問承對不虧帝旨疾既
漸降辭出本寺賜綾帛等六十
段并及時服十具頗誓傳法化
不憚艱危遠度葱河來歸震旦
經途所亘四万有餘躬賫梵文望
並翻盡不言英彥有墜綸言大
志頹然雅懷莫訴因而遘疾自

知不救分散衣資造諸淨業端
坐觀佛遺表施身下勑特聽尋
介而卒於勝光寺春秋六十有九
東宮下令給二十人轝屍坐送至
于山所闍維既了沙門玄謨収拾
餘骸為之起塔於勝光寺在乘法
師塔東即貞觀七年四月六日也
有識同嗟法輪輟轍群生無導良
可悲夫內典錄云于斯時也大集梵文將事廣傳陶津後代而恨語由唐化弘匠不行致使梵實無由分布故十載之譯三部獻功可悲深矣今考靈序中譯時年月三年三月創譯七年獻春功畢續高僧傳云六年訖傳錄俱是宣脩年月自乎豬也

破邪論二卷或一卷見內典錄

辯正論八卷見內典錄

右二部十卷其本見在

沙門釋法琳姓陳氏頴川人遠祖
隨官寓居襄陽少而出家遊獵儒
釋博綜詞義金陵楚郢從道問
津自文苑才林靡不尋造而意
存經梗不營浮綺野栖木食於
青溪等山晝則承誨佛經夜則
吟覽俗典故於內外詞旨經緯遺
文精會所歸咸肆其抱而風韻

閑雅韞德潛形氣揚采飛方陳
神略隋季承乱入關觀化沠雒
八水頻步三秦每以槐里仙宗乎
陳名實昔在荆楚梗槩其文而
秘法奇章猶未探括自非同其
形服塵其本情方可體彼宗師
靜兹紛結乃權捨法服長髮多
年外統儒門內希黼術遂以義
寧初歲假被巾褐從其居館琳
素通莊老談吐清奇道侶服其
精華膜拜而從遊處情契莫二共
叙金蘭故彼所禁文詞並用諮琳
取定致令李宗奉釋之典包舉
具舒張偽葛妄之言銓題品錄
武德初運還莅釋宗擁裵延光
栖遑問道以帝壤同歸名教是
則鼓言鄭衛易可箴規乃住京
師濟法寺至武德四年有太史令
傅弈先是黃巾深忌佛法上廢
佛法事十有一條云釋經誕妄言
妖事隱損國破家未聞益世請胡
佛邪教退還天竺凡是沙門放歸
桑梓則家國昌大李孔之教行

馮武皇容其小辯朝輔未能抗也時謂遵其邪徑通廢宏獨莫不懼焉乃下詔問曰棄父母之鬚髮去君臣之章服利在何間之中益在何情之外損益二宜請動妙適琳憤激傳詞側聽明勅承有斯問即陳對曰琳聞至道絕言豈九流能辯法身無象非十翼所詮但四趣茫茫漂淪欲海三界蠢蠢顛墜邪山諸子迷以自焚凡夫溺而不出大聖為之興世至人所以降靈遂開解脫之門亦以安隱之路於是中天王種辭恩愛而出家東夏貴遊猒榮華而入道誓出二種生死志求一妙涅槃弘善以報四恩立德以資三有此其利益也毀形以成其志故棄鬚髮美容變俗以會其道故去君臣華服雖形闕奉親而內懷其孝禮乖事主而心戢其恩澤被怨親以成大順福沾幽顯豈拘小違上智之人依佛語故為益下凡之類虧聖教故為損懲惡則濫者自新進

開元釋教録卷第八　第十張　陸字号

善則通人感化此其大略也而傳氏所奏在司猶未施行弈乃多寫表狀遠近公然流布京室閭里咸傳禿丁之誚劇談酒席昌言胡鬼之謡佛日翳而不明僧尼阻而無勢于時達量道俗動豪成論者非一各迹佛理具引梵文委亦業緣曲垂邪正但並是弈之所廢豈有引證成難曰破邪終歸邪破琳情性玄摸獨覺千載器局天授博悟生知睹作者之無功信乘權之有據乃著破邪論二卷用擬傳詞文有三十餘紙自琳之綴采貫絕群篇野無遺賢朝無遺士家藏一本咸誦在心並流略之菁華文章之冠冕譽於是乎騰廣昏情由之而開尚矣琳又以論卷初出意在弘通自非廣露其情則卑顏不墮其道乃上啓儲后諸王及公卿侯伯等並文理弘被庶績咸嘉其博詣焉故弈奏狀因之致寢遂得釋門重敞琳寔其功東宮庶子虞世南詳琳

著論乃為之序飛而傳氏不慊其情重施密譖搆扇黃巾用為黨類道士李仲卿上十異九迷論道士劉進喜上顯正論皆貶量佛聖塵黷釋宗昏冒生靈衒曜朝野薰猶既雜時所疑焉武德九年春下詔京置三寺惟立千僧餘並放還桑梓嚴勅既下莫敢致詞五眾哀號於槀街四民顧嘆於城市于時道俗蒙然投骸无措賴由震方出帝氛祲廓清素襲啓聞薄究宗領登即大赦還返神居故佛日重朗於唐世又由琳矣琳頻逢黜陟誓結維持道挫世情良資索學乃探索典籍隱括玄奧撰辯正論八卷潁川陳子良注之并製序良文學雄伯群儒仰戴誘勸成則其從如雲貞觀初文帝捨終南山大和舊宮置龍田寺琳性欣幽靜就而住之眾所推美舉知寺任從容山服詠哥林野三年勅波頗三藏翻寶星經及般若燈等論

呂琳令執筆承旨兼詳覆名義
至十三年冬有黃巾秦世英者
挾方術以要榮遂程器於儲貳
素嫉釋種陰陳琳論謗訕皇宗
罪當訶上帝勃然下勅沙汰僧
足見有衆侶宜依遺教仍訪琳
身據法推勘琳扼捥奮發不待
追徵獨詣公庭輕生徇理乃縶以
縲紲下詔問曰周之宗盟異姓為
後尊祖重親寔由先古何為追
遂其短首尾兩端廣引形似之言
備陳不遜之喻圯毀我祖祢謗
讟我先人如此要君罪有不恕
琳荅曰文王大聖周公大賢追
遠慎終昊天靡荅孝悌之至通
於神明雖有宗周義不爭長何
者皇天无親竟由輔德古人黨理
而不黨親不自我先不自我後雖
親有罪必罰雖踈有功必賞賞罰
理當故天下和平老子習訓道宗
德教加於百姓恕己謙光仁風刑
于四海又云吾師名佛佛者覺一
切人也乾竺古皇西昇逝矣討尋

老教始末可退曰授中經示諭子
弟言吾師者善入泥洹綿綿常
存吾今逝矣令劉李所述謗滅
老氏之師世莫能知著茲辯正
論有八卷略對道士六十餘條
並陳史籍前言實非謗毀家國
自後辯對二十餘列並據琳詞具
狀聞奏勅曰所著辯正論信毀交
報篇曰有念觀音者臨刃不傷
且赦七日令尒自念試及刑決能
无傷不琳外纏桎梏內迫刑期水
火交懷訴仰無路乃緣生來所
聞經教及三聖尊名銘誦心府
擬為顯應至于限滿忽神思彩
勇擴逸冒懷歡慶相尋頡忘死
畏立待對問須臾勅至云令赦期
已滿當至臨刑有何所念念有靈
不琳援筆荅曰自隋季擾攘四海
沸騰佞毒流行干戈競起興師相
伐各擅兵威臣佞君荒不為正
治遏絕王路因執一隅自皇王宇
伐載清陸海斯寔觀音之力咸資
勢至之恩比德連蹤齊上聖救橫

死於帝庭免濫刑於都市琳於七
日已来不念觀音惟念陛下勅治
書侍御韋琮問琳有詔令念觀音
何因不念乃云惟念陛下琳荅伏
承觀音聖鑒塵形六道上天下地
皆為師範然大唐光宅四海九夷
奉職八表刑清君聖臣賢不為枉
濫今陛下子育恒品如經即是觀
音既其靈鑒相符所以惟念陛下
且琳所著正論爰與書史倫同一句
參差任從斧鉞陛下若順忠順正琳
則不損一毛陛下若刑濫無辜琳
則有伏屍之痛具以事聞遂不加
罪有勅徙于益部僧寺行至百
牢關菩提寺因疾而卒時年六
十九沙門慧序經理所苦情結斷
金曉夕同衾慰撫承接及命將盡
在序膝上序慟哭崩摧淚如駛雨
乃以諸關旁道俗葬於東山之
頂高樹白塔勒銘誌之行路望者
知便下淚琳所著詩賦啓頌碑表
章誄大乘教注并諸論記傳合三
十餘卷並金石擊其風韻縟錦績其

文思流靡雅便騰焰弥穆又善應機説導即事騁詞言會宮商義符玄籍其秦英竟以狂匿被誅公私佑其死晚劉李傅氏相継化往故其遺文往行可為万代管轄矣

大般若波羅蜜多經六百卷 見翻經圖佛於四處十六會説顯慶五年正月一日於玉華宮寺玉華殿譯至龍朔三年十月二十日畢沙門大乘光大乘欽嘉尚等筆受

能斷金剛般若波羅蜜多經一卷 見內典錄第四出與姚秦羅什等出者同本貞觀二十二年十月一日於坊州宜君縣玉華宮弘法臺譯直中書杜行顗筆受

般若波羅蜜多心經一卷 見內典錄第二出與摩訶般若大明呪經等同本貞觀二十三年五月二十四日於終南山翠微宮譯沙門知仁筆受

大菩薩藏經二十卷 見內典錄今編入寶積當第十二會貞觀十九年五月二日於西京弘福寺翻經院譯至九月二日畢沙門智證筆受道宣證文

大乘大集地藏十輪經十卷 見內典錄是大集第十三分與舊方廣十輪同本永徽二年正月二十三日於西京大慈恩寺翻經院譯至六月二十九日畢沙門大乘光等筆受

顯無邊佛土功德經一卷 見內典錄是華嚴經壽量品異譯永徽五年九月二十八日於大慈恩寺翻經院譯沙門大乘雲筆受

說無垢稱經六卷 見內典錄第七譯與羅什維摩經等同本永徽元年二月

解深密經五卷 見內典錄第二譯與深密解脫解節相續解脫等並同本貞觀二十一年五月十八日於弘福寺譯至七月十三日畢沙門大乘光筆受

分別緣起初勝法門經二卷 見內典錄第二出與隋笈多緣生經同本永徽元年二月三日於慈恩寺翻經院譯至八日畢沙門大乘詢筆受

藥師瑠璃光如來本願功德經一卷 見內典錄第二出與隋笈多等出者同本永徽元年五月於大慈恩寺翻經院譯沙門慧立筆受

稱讚淨土佛攝受經一卷 見內典錄第三出與羅阿弥陁經等同本永徽元年正月一日於大慈恩寺翻經院譯沙門大乘光筆受

甚希有經一卷 見內典錄第三出與未曾有經等同本貞觀二十三年五月十八日於終南山翠微宮譯沙門大乘欽筆受

寂無比經一卷 見內典錄第二出與隋譯希有校量功德經同本貞觀二十三年七月十九日於大慈恩寺翻經院譯沙門大乘光筆受

稱讚大乘功德經一卷 見內典錄初出與決定業障經同本永徽五年六月五日於大慈恩寺翻經院譯沙門大乘光筆受

如來示教勝軍王經一卷 見內典錄第二出與諫王經等同本貞觀二十三年二月六日於大慈恩寺翻經院譯沙門大乘光筆受

緣起聖道經一卷 見內典錄第六出與貝多樹下經等同本貞觀二十三年正月一日於西京北闕內紫微殿右弘法院譯沙門大乘光筆受

不空羂索神呪心經一卷 見內典錄第二出與隋崛多等

出者同本顯慶年四月十九日於大慈恩寺翻經院譯沙門大乘光筆受

十一面神呪心經一卷 見內典錄第二出與周耶舍崛多等出者同本顯慶元年三月二十八日於大慈恩寺翻經院譯沙門玄則筆受

呪五首經一卷 見翻經圖麟德元年正月日於玉華寺玉華殿譯沙門大乘光筆受

勝幢臂印陁羅尼經一卷 見內典錄初出與妙臂印幢陁羅尼同本永徽五年九月二十九日於大慈恩寺翻經院譯沙門大乘雲筆受

諸佛心陁羅尼經一卷 見內典錄永徽元年九月二十六日於大慈恩寺翻經院譯沙門大乘雲筆受

拔濟苦難陁羅尼經一卷 見內典錄永徽五年九月十日於大慈恩寺翻經院譯沙門大乘光筆受

八名普密陁羅尼經一卷 見內典錄永徽五年九月二十七日於大慈恩寺翻經院譯沙門大乘雲筆受

持世陁羅尼經一卷 見內典錄永徽五年十月十日於大慈恩寺翻經院譯沙門神察筆受

六門陁羅尼經一卷 見內典錄貞觀十九年七月十四日於弘福寺翻經院譯沙門辯機筆受

佛地經一卷 見內典錄貞觀十九年七月十五日於弘福寺翻經院譯沙門辯機筆受

受持七佛名号所生功德經一卷 見內典錄永徽二年正月九日於大慈恩寺翻經院譯沙門大乘光筆受

佛臨涅槃記法住經一卷 見翻經圖永徽三年四月

開元釋教錄卷第八　第十八張　陛字号

寂照神變三摩地經一卷 見翻經圖龍朔三年十二月二十九日於玉華寺玉華殿譯沙門大乘光筆受

菩薩戒本一卷 見內典錄第三譯出瑜伽論本地分中菩薩地與曇無讖等出者同本貞觀二十三年七月二十一日於大慈恩寺翻經院譯大乘光筆受

菩薩戒羯磨文一卷 見內典錄出瑜伽論本地分中菩薩地貞觀二十三年七月十五日於大慈恩寺翻經院譯沙門大乘光筆受

佛地經論七卷 見內典錄親光等菩薩造貞觀二十三年十月三日於大慈恩寺翻經院譯至十一月二十四日畢沙門大乘光筆受

瑜伽師地論一百卷 見內典錄弥勒菩薩說貞觀二十年五月十五日於弘福寺翻經院譯至二十二年五月十五日畢沙門靈會朗濬等筆受

顯揚聖教論二十卷 見內典錄無著菩薩造貞觀十九年十月一日於弘福寺翻經院譯至二十年正月十五日畢沙門智證等筆受

瑜伽師地論釋一卷 見翻經圖最勝子等菩薩造永徽九年二月一日於大慈恩寺翻經院譯沙門大乘巽筆受

顯揚聖教論頌一卷 見內典錄無著菩薩造貞觀十九年六月十日於弘福寺翻經院譯沙門辯機筆受

王法正理論一卷 見內典錄弥勒菩薩造貞觀二十三年七月十八日於大慈恩寺翻經院譯沙門大乘林筆受

大乘阿毗達磨集論七卷 見內典錄無著菩薩造永徽三年正月十六日於大慈恩寺翻經院譯至三月二十八日

開元釋教錄卷第八　第十九張　陛字号

畢沙門大乘光大乘雲等筆受

大乘阿毗達磨雜集論十六卷 見內典錄安慧菩薩糅貞觀二十年正月十七日於弘福寺翻經院譯至閏三月二十九日畢沙門玄賾等筆受

廣百論本一卷 見內典錄聖天菩薩造永徽元年六月十日於大慈恩寺翻經院譯沙門大乘諶筆受

大乘廣百論釋論十卷 見內典錄護法菩薩釋永徽九年六月二十七日於大慈恩寺翻經院譯至十二月二十三日畢沙門敬明筆受

攝大乘論本三卷 見內典錄無著菩薩造三出貞觀二十二年閏十二月二十六日於北闕紫微殿西弘法院譯至二十三年六月十七日慈恩寺畢大乘巍等筆受

攝大乘論世親釋十卷 見內典錄第三出與陳真諦隋笈多出者同本貞觀二十二年十二月八日於北闕弘法院譯至二十三年六月十七日慈恩寺畢大乘巍等筆受

攝大乘論無性釋十卷 見內典錄貞觀二十一年三月一日於弘福寺翻經院譯至二十三年六月十七日於大慈恩寺翻經院畢沙門大乘巍大乘林等筆受

辯中邊論頌一卷 見內典錄弥勒菩薩造龍朔元年五月一日於玉華寺嘉壽殿譯沙門大乘基筆受

辯中邊論三卷 見內典錄世親菩薩造第一出與中邊分別論同本龍朔九年五月十日於玉華寺嘉壽殿譯至二十日畢沙門大乘基筆受

大乘成業論一卷 見內典錄世親菩薩造第二出與業成就論同本永徽二年閏九月五日於大慈恩寺翻經院譯沙門大乘光筆受

因明正理門論本一卷 見內典錄大域龍菩薩造初出與義淨出者同

開元釋教錄卷第八　第二十張　陛字号

本貞觀二十三年十二月二十五日於慈恩寺翻經院譯沙門知仁筆受

因明入正理論一卷 見內典錄商羯羅主菩薩造貞觀二十一年八月六日於弘福寺翻經院譯沙門知仁筆受

唯識二十論一卷 見翻經圖世親菩薩造第三出與元魏智希陳真諦出者同本龍朔九年六月一日於玉華寺慶福殿譯沙門大乘基筆受

唯識三十論一卷 見內典錄世親菩薩造貞觀二十二年五月二十九日於弘福寺翻經院譯沙門大乘光筆受

成唯識論十卷 見內典錄護法等菩薩造顯慶四年閏十月於玉華寺雲光殿譯沙門大乘基筆受

大乘掌珍論二卷 見內典錄清辯菩薩造貞觀二十三年九月八日於大慈恩寺翻經院譯至十三日畢沙門大乘暉筆受

大乘五蘊論一卷 見內典錄世親菩薩造第二出與五陰論同本貞觀二十一年翻經院譯沙門大乘光等筆受

觀所緣緣論一卷 見內典錄陳那菩薩造第二出與無相思塵論同本顯慶二年十二月二十九日於東都大內麗日殿譯沙門大乘光筆受

大乘百法明門論一卷 見內典錄世親菩薩造貞觀二十二年十一月十七日於北闕弘法院譯沙門神昉筆受

緣起經一卷 見翻經圖出增一阿含第四十六卷異譯龍朔九年七月九日於玉華寺八桂亭譯沙門神昉筆受

本事經七卷 見內典錄永徽元年九月十日於大慈恩寺翻經院譯至十一月八日畢沙門靜邁神昉等筆受

大請問經一卷 見內典錄貞觀二十二年三月二十日於弘福寺翻經院譯沙門辯機筆受

阿毗達磨發智論二十卷見內典錄迦多衍尼子造第二出興舊八揵度論同本顯慶二年正月二十六日於西京大內順賢閣譯至五年五月七日於玉華寺畢沙門玄則等筆受

阿毗達磨法蘊足論十二卷見內典錄大採菽氏造顯慶四年七月二十七日於慈恩寺翻經院譯至九月十四日畢沙門大乘光等筆受

阿毗達磨集異門足論二十卷見內典錄舍利子說顯慶五年十一月二十六日於玉華寺明月殿至龍朔三年十二月二十九日畢沙門弘彥釋詮等筆受

阿毗達磨識身足論十六卷見內典錄提婆設摩造貞觀二十三年正月十五日於北闕弘法院譯至八月八日於慈恩寺畢沙門大乘光等筆受

阿毗達磨品類足論十八卷見內典錄筏蘇蜜多羅造第二出與宋事分阿毗曇同本顯慶五年九月一日於玉華寺雲光殿譯至十月二十三日畢大乘光等筆受

阿毗達磨界身足論三卷見翻經圖筏蘇蜜多羅造龍朔三年六月四日於玉華寺八桂亭譯畢沙門大乘基筆受

阿毗達磨大毗婆沙論二百卷見內典錄五百大阿羅漢等造顯慶元年七月二十七日於大慈恩寺翻經院譯至四年七月三日畢沙門嘉尚大乘光等筆受

阿毗達磨俱舍論本頌一卷見內典錄世親造第二出與眞諦出者同本永徽二年於大慈恩寺翻經院譯沙門元瑜等筆受

阿毗達磨俱舍論三十卷見內典錄世親造第二出與眞諦出

者同本永徽二年五月十日於大慈恩寺翻經院譯至五年七月二十七日畢沙門元瑜筆受

阿毗達磨順正理論八十卷見內典錄衆賢造永徽四年正月一日於大慈恩寺翻經院譯至五年七月十日畢沙門元瑜筆受

阿毗達磨顯宗論四十卷見內典錄衆賢造永徽二年四月五日於大慈恩寺翻經院譯至三年十月二十日畢沙門慧朗嘉尚等筆受

入阿毗達磨論二卷見內典錄塞建地羅造顯慶三年十月八日於大慈恩寺翻經院譯至十三日畢沙門釋詮嘉尚筆受

五事毗婆沙論二卷見翻經圖法救造龍朔三年十二月三日於玉華寺玉華殿譯至八日畢沙門釋詮等筆受

異部宗輪論一卷見翻經圖世友造第二出與十八部論部執異論並同本龍朔二年七月十四日於玉華寺慶福殿譯沙門大乘基筆受

大阿羅漢難提蜜多羅所說法住記一卷見內典錄永徽五年閏五月十八日於大慈恩寺翻經院譯沙門大乘光筆受

勝宗十句義論一卷見翻經圖慧月造貞觀二十二年五月十五日於弘福寺翻經院譯沙門靈隽筆受

大唐西域記十二卷見內典錄貞觀二十年奉勑於弘福寺翻經院撰沙門辯機承旨綴緝秋七月絕筆

右七十六部一千三百四十七卷

其本並在

沙門釋玄奘本名褘俗姓陳氏陳留人也漢太丘長仲弓之後曾祖欽後魏上黨太守祖康北

齊國子博士食邑周南子孫因家又為緱氏人也父惠英絜有雅操早通經術形長八尺美眉明目拜江陵令解纓而返卽大業識者以為剋終隱淪之候故也有四男奘寂小幼而珪璋特達聰悟不群年八歲父坐於机側口授孝經至曾子避席忽整襟而起問其故對曰曾子聞師命尚猶避席某今奉慈訓豈宜安坐父甚悅知其必成召宗人語之皆賀之曰此公之揚烏也其早慧如此自後備通經奧次兄長捷先出家住東都淨土寺以奘少罹窮酷携以將之日授精理旁兼巧論年十一誦維摩法華東都恒度便預其次自尒卓然梗正不偶朋流口誦目緣略无閑暇覩諸沙弥劇談掉戲奘謂之曰經不云乎夫出家者為無為法豈復恒為兒戲可謂徒喪百年時寺有景法師講涅槃經執卷伏膺遂忘寢食又學嚴法師攝大乘論一聞將盡再覽

无遺時年十三也其後隋氏失御天下沸騰昆季相攜届于京邑住莊嚴寺是時武德九年也國基草創兵甲尚興所以京城未有講肆然綿蜀之中法事甚盛遂與兄從之經子午谷入漢川遂逢空景二法師停月餘日從之受學仍相與進向成都諸德既萃大建法筵於是更聽基暹攝論毗曇道振迦旃延論敬惜寸陰勵清無怠二三年間究通諸部年滿二十即以武德五年於成都受具夏坐學律五篇七聚之宗一遍斯得奘自惟曰學貴經遠義重疏通鑽仰一方未成探賾遂從蜀至荆詢求先德漸至相州造慧休師質問疑礙次到趙州謁道深法師學成實論又入長安止大覺寺就岳法師學俱舍論皆一遍而盡其首經目而記於心雖宿學者年不能出也至於鈎深致遠開微發伏衆所不至獨悟於幽奧者非一義焉時長安有常辯二法師為

上京法匠奘又諮稟然其所有深致亦一拾斯盡二德並深嗟賞乃謂奘曰汝可謂釋門千里之駒其再明慧日當在尒躬恨吾輩老朽恐不見也自是學徒改觀譽滿京邑僕射宋公蕭瑀敬其脫頴奏住莊嚴然非本志情栖物表乃又惟曰余周流吳蜀爰逮趙魏末及周秦預有講筵皆登踐已布之言今雖藴習襟未吐之詞宗解籤无地若不輕生殉命誓往華胥何能具覿成言用通神解一覩明法了義真文要返東華傳揚聖化則先賢高勝豈決疑於弥勒後進鋒頴寧輟想於瑜伽耶遂厲然舉詣闕陳表有司不為通引頓迹京皐廣就諸蕃遍學書語行坐尋授數日便通側席面西思聞機候會貞觀三年時遭霜儉下勑道俗隨豐四出幸因斯際徑往姑臧漸至燉煌路由天塞裹粮予影前望悠然但見平沙絶無人徑迴遑委命任業而前展轉因循達于高昌

境王麹文泰得信於佛殊礼供待請留弘法奘告誠懇至遂任西行厚相贈遺以充資什仍勑殿中侍郎史歡賫綾帛五百疋果味兩車獻葉護可汗書二十四封通屈支等二十四國每一封書附大綾一疋為信給馬三十疋手力二十五人送至突厥葉護衙所以大雪山北六十餘國皆其部統遂勑所部諸國令供給傳送展轉遂達迦濕弥羅國斯並高昌麹王葉護可汗之力也奘周遊五印遍師明匠至如五明四含之典三藏十二之筌七例八轉之音三聲六釋之句皆盡其微畢究其妙初那爛陁寺大德師子光等立中百論宗破瑜伽等義奘曰聖人作論終不相違但學者有向背耳自造會宗論三千頌融會瑜伽中百之旨先有南印度王灌頂師名般若毱多明正量部造破大乘論七百頌奘申大乘

義破之名制惡見論千六百頌諸師咸曰斯論窮天下之勍寇也何敵當之又東印度拘摩羅王因奘通化初開信門請問諸佛何所功德奘讃如来三身利物因造三身論三百頌以贈之王曰未曾有也頂戴歸依斯之三論義府幽奥五印度境咸傳派布是知道風昭著德行高明學蘊三冬聲馳万里印度學人咸仰威德既曰經笥亦稱法將小乘學徒号奘為木叉提婆唐言解脫天大乘法衆号摩訶耶那提婆唐言大乘天斯乃高其德而傳徽号勸其人而議嘉名又戒日大王五印臣伏彼聞奘名遣人要請奘初至止王即問云聞彼支那國有秦王破陣樂哥儛之曲秦王何人致此哥詠奘曰即今正國之天子也未登皇極之前封為秦王是大聖人撥乱反正恩霑六合故有斯詠王曰如此之人故天縱之為物主也王於

奘所盡心師敬欲使芳音於遐迩故於曲女城施大論場集五印度沙門婆羅門能言之士令奘立論竟十八日無敢問者王大嗟賞施金錢一万銀錢三万上氎衣一百具悉皆不受五印度境戒日王等慇重請留用光玄化奘志存弘益傳於未聞確擬東旋拒而不受王重請暫住觀七十五日大施場相事訖辭還王勑所部通送出境并施象一頭金銀錢各數万戒日拘摩羅十八國王流淚執別奘便辭而不受諸僧勸受象施皆曰斯勝相也佛滅度来王雖崇敬種種布施未聞以象用及釋門象為國寶今既見惠信之極矣因即納象而返錢寶然其象也其形圓大高可丈三長二丈許上容八人并諸什物縁國北旋出印度境奘歷遊諸國觀礼聖迹及感靈應具如大唐西域記及續高僧傳兼奘法師傳等備顯奘於西域請得如来肉

舍利一百五十粒金佛像一軀通光座高尺有六寸擬摩揭陁國前正覺山龍窟影像金佛一軀通光座高三尺三寸擬婆羅痆斯國鹿野苑初轉法輪像刻檀佛像一軀通光座高尺有五寸擬憍賞弥國出愛王思慕如来刻檀寫真像刻檀佛像一軀通光座高二尺九寸擬刧比他國如来自天宮下降寶階像銀佛像一軀通光座高四尺擬摩揭陁國鷲峯山說法華等經像金佛像一軀通光座高三尺五寸擬那揭羅曷國伏毒龍所留影像刻檀佛像一軀通光座高尺有三寸擬吠舍釐國巡城行化像大乘經二百二十四部大乘論一百九十二部上座部經律論一十四部大衆部經律論一十五部三弥底部經律論一十五部弥沙塞部經律論二十二部迦葉臂耶部經律論一十七部法密部經律論四十二部說一切有部經律論六十七部因論三十六部聲論一十三部凡五百二十夾

六百五十七部並載之㠯為還返帝城初奘既度葱嶺先遣侍人賷表陳露遣國化也下勅流問令早相見行達于闐以為致死所賫經像交无運致又上表請尋下別勅令于闐王給其輦乘既奉嚴勅馳馬相運至于沙州又蒙別勅計其行程酬雇價直並不受而還自介乘傳二十許乘以貞觀十九年正月二十四日屆于京郊之西道俗相趍乇赴闐闐數十万衆如值下生將欲入都人物諠擁取進不前遂停別館通夕禁衛候佇遮斷停駐道旁從故城之西南至京師朱雀街之都亭驛二十餘里列衆礼謁動不得旋于時駕幸洛陽奘乃留諸經像送弘福寺京邑僧衆競列幢帳助運莊嚴四部諠譁又倍初至當斯時也復感瑞雲現于日北團圓如蓋紅白相映當于像上顯發輪光既非遠日同共嗟仰從午至晡像入弘福方始歇滅致使京都五日四民廢業七衆歸承

當此一期仰之弥高終古罕類也謁帝於洛陽宮見于儀鸞殿特蒙慰問面奉天顏談叙真俗無爽帝旨從卯至酉不覺時延迄于閉鼓上即事戎旃問罪遼左明旦將發下勅同行固辭疾苦不違其請先是中印度菩提寺僧三人送經初至下勅普請京城設齋仍於弘福寺譯大嚴等經不久之間奘信又至乃勅且停待到方譯既見洛宮深沃虛想即陳翻譯搜擢賢明上曰法師唐梵具贍詞理通敏將恐徒揚仄陋終虧聖典奘曰昔二秦之譯門徒三千雖復翻傳猶恐後代無聞懷疑爭信若不搜舉同奉玄規豈以褊能妄參朝委頻又固請乃蒙降許帝曰自師去後朕奉為穆太后於西京造弘福寺可就翻譯所須人物吏力並與玄齡商量務令優給既承明命返迹京師遂召證義大德諳解大小乘經證為時輩所推者一十一人至即京弘福寺

沙門靈閏沙門文備羅漢寺沙門慧貴實際寺沙門明琰寶昌寺沙門法祥靜法寺沙門普賢法海寺沙門神昉廓州法講寺沙門道深汴州演覺寺沙門玄忠蒲州普救寺沙門神泰綿州振響寺沙門敬明等綴文大德九人至即京普光寺沙門栖玄弘福寺沙門明濬會昌寺沙門辯機終南山豐德寺沙門道宣簡州福衆寺沙門靖邁蒲州普救寺沙門行友棲巖寺沙門道卓豳州昭仁寺沙門慧立洛州天宮寺沙門玄則等字學大德一人至即京大總持寺沙門玄應證梵語梵文大德一人至即京大興善寺沙門玄謨其年五月方操貝葉開演梵文創譯大菩薩藏經沙門道宣執筆并刪綴詞理又復旁翻佛地經六門陁羅尼經顯揚聖教論二十年春正月又譯大乘阿毗達磨雜集論次譯瑜伽師地論法師於論重加陶練微有餘隙又出西域記十二卷沙門辯機親受

時事連比前後自前代已來所譯
經教初從梵語倒寫本文次乃迴
之順同此俗然後筆人乱理文句
中間增損多墜金言今所翻傳都
由奘旨意思獨斷出語成章詞人
隨寫即可披翫于時駕返西京奘
乃進新譯經論并大唐西域記表
請題序手勑荅書略云朕學淺心
拙在物猶迷況佛教幽微豈能仰
測請為經題非已所聞其新撰西
域記者當自披覽又冊三表請方
蒙允許遂謂駙馬都尉高履行曰
卿前請朕為父作碑今氣力不如
昔願作功德為法師作序不能作
碑卿知之貞觀二十二年春幸玉
華宮六月勑追法師赴宮見於玉
華殿帝問比翻何經論荅近翻
瑜伽師地論凡一百卷帝曰此
論甚大何聖所說復明何義荅曰
論是弥勒菩薩說明十七地義又
問何名十七地奘舉綱提目陳列
大義帝深愛焉遣使向京取瑜伽
論帝自詳覽觀其詞義宏遠非從

來所聞歎謂侍臣曰朕觀佛經譬
猶瞻天望海莫測高深法師能於
異域得是深法朕比以軍國務殷
不及委尋佛教而今觀之宗源杳
曠靡知涯際其儒道九流比之猶
汀瀅之池方溟海耳而世云三教
齊致此妄談也因勑所司簡秘書
書手寫新翻經論為九本頒與雍
洛兗相荊揚涼益等九大州展轉
流通使率土之人同稟未聞之義
帝先許作新經序機務繁劇未及
措意至此法師重啓方為染翰少
頃而成名大唐三藏聖教序神筆
自寫勑貫衆經之首帝居慶福
殿百寮侍衛命法師坐使弘文舘
學士上官儀以所製序對群寮宣
讀霞爍錦舒極褒揚之美致天皇
在春宮奉覽聖文又製述三藏聖
記自此常參內禁扣問沉隱翻譯
相續不爽法機帝又讀法師所進
菩薩藏經美之因勑春宮作其後
序秋七月夏罷勑賜雲納袈裟一
領妙絕今古又勑天下諸寺各度

五人弘福寺宜度五十人維持聖
種皆奘正言之力也冬十月隨
駕還京勑所司於北闕紫微殿西
別營一所号弘法院令奘居之晝
則帝留談說夜乃還院翻經更譯
無性攝論世親攝論緣起聖道經
百法明門論皇太子奉為文德聖
皇后於晉昌里置慈恩寺度三
百人別造翻經院令法師移就翻
譯仍綱維寺任給新度弟子一十
五人弘福舊處仍給十人皇儲親
降製詩褒飾二十三年夏四月駕
幸翠微宮仍勑陪從既至處分之
外唯談玄論道問因果報應及西
域先聖遺芳故迹皆引經訓對帝
深信納數擭袂歎曰朕共師相逢
晚不得廣興佛事逮高宗嗣籙
素所珍敬追入優問礼殊恒袟永
徽二年請造梵本經臺蒙勑賜物
尋得成就又追入內於修文殿翻發
智等論降手詔飛白書慰問優洽
顯慶元年正月為皇太子於慈恩
設大齋朝寀揔至黃門侍郎薛元

起中書侍郎李義府曰譯經佛法之大未知何德可以光揚耶奘曰公之此問常所懷矣譯經雖位在僧光價終憑朝貴至如苻秦時曇摩難提譯經黃門侍郎趙文業執筆姚秦時鳩摩羅什譯經秦主及安成侯姚嵩筆受元魏時菩提留支譯經則宣武皇帝及侍中崔光錄文齊梁周隋並皆如是大唐貞觀初波頗翻譯勑左僕射房玄齡趙郡王李孝恭太子詹事杜正倫太府卿蕭璟等監閱詳定今並無之不足光遠公等能為致言則斯美可至二公許為陳尋下勑曰慈恩翻譯文義須精宜令左僕射于志寧中書令來濟禮部尚書許敬宗黃門侍郎薛元超中書侍郎李義府等時為看閱有不穩便處即隨事潤色若須學士任量追兩三人冬十一月中宮在難歸依三寶請垂加祐法師啓曰聖體必安和無苦然所懷者是男平安之後願聽出家當蒙勑許其月一日皇

后施納袈裟一領妙勝前者并時服玩百有餘件五日有勑令報法師皇后分難已訖端正奇特神光滿院自庭燭天朕歡喜無已內外舞躍必不違所許願法師護念遂号為佛光王當即受三歸被袈裟服十二月五日滿月勑為佛光王度七人仍請法師為王剃頭其佛光王即中宗孝和皇帝初生瑞号也創登皇極勑為法師於兩京各置一佛光寺并度人居之其東都佛光寺即法師之故宅也復內出畫影裝之寶轝送慈恩寺翻譯堂中追謚法師稱大遍覺顯慶二年春二月駕幸洛陽宮法師與佛光王駕前而發并翻經僧五人陪從弟子各一事事公給既到安置積翠宮召入大內麗日殿翻觀所緣等論夏四月車駕避暑於明德宮法師亦陪從安置飛花殿譯大毗婆沙等論五月勑法師還於積翠宮翻譯法師初謁文帝已請於少林寺翻經至是秋九月復請入少林

天皇手詔抑而不許三年二月隨駕還京秋七月西明寺、勑法師居之令給上房一口新度沙弥海會等十人充弟子天皇以法師先朝所重嗣位之後禮敬逾隆中使朝日問慰無絕東國重於般若前代雖翻文不周備衆人更請委悉重翻然般若部大京師多務又人命無常恐難得了請就於玉華宮翻譯即以四年冬十月從於玉華宮并翻經大德及門徒等同去其供給諸事一如京下至彼安置肅誠院焉五年春正月一日起首翻大般若經梵本揔有二十万頌佛於四處十六會說文既廣大學徒請刪略如羅什所翻除繁去重法師將順衆意於夜夢中即有極怖畏事以相警誡覺已驚懼向諸衆說還依廣譯夜中乃見諸佛菩薩勝吉祥事覺而喜慶不敢更刪至龍朔三年十月二十日功畢絕筆合成六百卷合掌歡喜告徒衆曰此經於此地有緣玄奘來此

玉華者經之力也向在京師諸緣
牽乱豈有了時今得終訖並是諸
佛冥加龍天擁祐此乃鎮國之典
人天大寶徒衆宜各踊躍欣慶於
時又翻成唯識論辯中邊論唯識
二十論品類足論等至十一月二
十二日令弟子窺基奉表奏聞請
御製經序至十二月七日通事舍人
馮義宣勅垂許麟德元年正月一
日翻經大德及玉華寺衆慇懃啓
請翻大寶積經法師見衆情專至
俛仰翻數行訖便攝梵本停住告
衆曰此經部軸與大般若同玄奘
自量氣力不復辦此奘自貞觀十
九年乙巳於弘福寺創啓梵文訖
麟德元年甲子終於玉華宮寺凡
二十載揔出大小乘經律論等合
七十五部一千三百三十五卷又
別撰西域記一部自般若翻了惟
自策勤行道礼懺告翻經僧及
門人曰有為之法必歸磨滅泡幻
形質何得久停行年六十五矣必
卒玉華於經論有疑者今可速

問又謂門人曰吾來玉華本緣般
若今經事既終吾生涯亦盡若無
常後汝等遣吾宜從省儉可以
蘧篨裹送仍擇山澗僻處安置
勿近宮寺不淨之身宜從屏遠門
徒等聞之莫不哀鯁奘生常以
來願生彌勒及遊西域又聞無著
兄弟皆生彼天又頻祈請咸有顯
證懷此專至益增翹勵所造功德
皆願往生至正月九日腳跌傷脛
因即寢疾開目閉目見大蓮華鮮
白而至又見偉相知生佛前遂命
僧嘉尚讀所翻經論名目及造
像寫經施僧濟乏然燈放生具
今讀訖自慶欣悅揔召門人有緣
並集於是罄捨衣資更令造像及
轉讀齋覵又命塑工宗法智於嘉
壽殿竪菩提像骨對寺僧門人辭
訣并遺表訖便默念彌勒又令傍
人稱願生頌至二月四日右脇累
足右手搘頭左手申髀暨于屬纊
竟不迴轉不飲不食至五日中夜弟
子光等問和上決定得生彌勒

內衆不答曰得生言訖氣息漸微
少間神逝侍人不覺屬纊方委
從足漸冷最後頂暖顏色赤白怡
悅勝常過七七日竟无改變亦无
異氣自非定慧莊嚴戒香資被孰
能致此又冥應衆多具於別傳此
略不述時坊州刺史竇師倫奏法
師已亡帝聞之哀慟傷感為之罷
朝曰朕失國寶矣時文武寮莫
不悲咽流涕帝言已嗚咽悲不能
勝翌日又謂群臣曰惜哉朕國內
失奘法師一人可謂釋衆梁摧矣
四生無導矣亦何異苦海方欹舟
檝遽沉闇室猶昏燈炬斯掩帝言
已嗟惋不怡尋下勑移神柩歸京
安置慈恩寺葬事所須並令官
給又勑葬日聽京城僧尼幢蓋
送至墓所法師道茂德高為明時
痛惜故於亡後重疊降恩求之古
人无以加也於是素蓋素幢浮空
雲合哀笳哀梵氛氳過人神四俗
以之悲涼七衆惜其沉沒以四月
十五日葬於滻東白鹿原四十里

中天竺弥满其莹與兄捷公相近皆然白塔近燭帝城禁中多見時傷聖慮至總章元年四月八有勅改葬樊川北原與州縣相知供給吏力乃又出之衆咸歎異經久埋瘞色相如初自非願力所持焉能致此法師形長七尺枚身赤白色眉目疎朗體貌端凝談論清華音詞遠暢使聽者无倦睹者忘疲或處徒衆或對嘉賓一坐半日略无傾動服尚乾陁裁唯細氎脩廣適中行步雍容直前而視輙不顧眄滔滔焉若大江之紀地灼灼焉類芙蕖之在水加以戒範端凝始終如一愛惜之志過護浮囊持敬之堅超逾繫草性愛恬簡不好交遊一入道場非朝命不出又聞咸暑之辰體無霑液祁寒之際貌不條悽又不衣不中不欠不叀斯蓋未祥其地位何賢聖之可揣哉又北宫現疾之時徵應繁縟將終之日色貌敷愉亦難得而測也及終後月餘日有人賫梅檀末香至請依西國

法以塗三藏身衆咸莫之許其人作色曰弟子别奉進止師等若不許請録狀以聞衆從之及開棺發殮已人覺異香等蓮花之氣乎相驚問皆云若兹向人除併殮衣唯留襯服衆覩三藏貌如生人皆悲絶共視向人塗香服殮蓋棺已俄失所在衆疑天人焉又其聽言觀行名實相守精厲晨昏計時分業度度不懈專思法務言无名利倨不謟行藏適時吐味幽深辯開疑議寔當代之英賢乃釋門之法將矣且其發趣入法特異常倫聽覽經論用爲恒任既周行東夏挹酌諸師披露所睹盡其精義莫不傾倒林藪更新學府遂能不遠數万諸求勝法誓捨形命必會爲期發趾張掖途次龍沙中途艱險身心僅絶既達高昌倍光來價傳國祖送備閲靈儀路出鐵門石門躬乗沙嶺雪嶺歷天險而志逾慷慨遭凶賊而神弥厲勇兼以歸

禀正教師承戒賢理逐言揚義非再授廣聞異論包藏胸臆致使梵侶傾心不遺其法又以起信一論文出馬鳴印度諸僧思承其本奘乃譯唐爲梵通布五天斯則法化之緣東西互舉又西華餘論深尚聲明奘乃單心請決隨授隨曉致有七變其勢動發異蹤三循廣論恢張懷抱故得施無猒寺三千學僧皆号智囊謨持城壍及覩其脣吻聽其詞義皆彈指讚嘆何斯入也隨其遊歷塞外海東百三十國道俗邪正承其名者莫不仰德歸依更崇開信可以家國增榮光宅推遠猷奉歲至咸奘之功若非天挺英靈生知聖授何能振斯鴻緒導達遺蹤前後僧傳往天竺者首自法顯法勇終于道邃道生相繼中途一十七返取其通言華梵妙達文筌揚導國風開悟邪正莫高於法師矣恨其經部不翻其數猶衆年未遑暮足得出之無常奄及惜哉

四分律刪補隨機羯磨一卷 序題云曇無德部四分律刪補隨機羯磨見內典錄

釋迦氏略譜一卷 或無略字見內典錄麟德二年九月十八日於西明寺撰訖

釋迦方志二卷 見內典錄永徽元年撰

大唐內典錄十卷 見內典錄麟德元年於西明寺撰

集古今佛道論衡四卷 見內典錄首三卷龍朔元年於西明寺撰第四卷麟德元年撰或二卷

東夏三寶感通錄三卷 亦云集神州三寶感通錄見內典錄麟德元年夏六月於清官精舍集

續高僧傳三十卷 見內典錄

廣弘明集三十卷 見內典錄

右八部八十一卷其本並在

沙門釋道宣俗姓錢氏吳興人也彭祖之後胤宣少尋教相長慕尋師閑之東西河之南北追訪賢友無憚苦辛外傳九流內精三學戒香芬潔定水澄瀞存護法城著述無輟尤工律藏刪補章儀常於終南山以堅其志凡所修撰並行於代護法經要此錄載之餘別行門在於內典貞觀末年方事修緝撰四分刪補羯磨等八部內典錄中更有後續高僧傳

十卷尋本未獲故闕

一切經音義二十五卷 見內典錄

右一部二十五卷其本見在

沙門釋玄應大慈恩寺翻經沙門也博聞強記鏡林苑之宏標窮討本支通古今之互體故能訓挍源流勘閱時代刪雅古之野素削澆薄之浮雜悟通俗而顯教舉集略而騰美真可謂文字之鴻圖言音之眾鏡者也以貞觀之末勅召參傳綜經正緯咨為實錄因譯尋閱捃拾藏經為之音義注釋訓解援引群籍證據卓明煥然可領昔高齊沙門釋道慧為一切經音依字直反曾無追顧致失教義寔迷匡俗應所作者全異恒倫徵覈本據務存實錄即万代之師宗亦當朝之難偶也恨叙緝纔了未及覆疎遂從物故惜哉

古今譯經圖紀四卷

右一部四卷其本見在

沙門釋靖邁簡州人也以博學馳譽大唐三藏翻譯眾經召充綴文

大德後大慈恩寺翻經堂中壁畫古來傳譯緇素靖邁於是緝維其事撰成圖紀題之于壁但略費長房錄續逮皇朝直述譯經餘無所紀

千眼千臂觀世音菩薩陁羅尼神咒經二卷 或一卷貞觀中在內譯初出與唐孫志千眼千手身經同本沙門波崙製序

千轉陁羅尼觀世音菩薩咒經一卷 或無題字永徽四年於總持寺譯

觀自在菩薩隨心咒經一卷 亦云多唎心經永徽四年於總持寺譯

清淨觀世音普賢陁羅尼經一卷 永徽四年於總持寺譯見大周錄

右四部五卷其本並在

沙門釋智通律行清苦兼明經論於總持寺特所留意通以隋大業年中出家住京大總持寺有志方志遂於洛京翻經館學梵書語早通精奧唐貞觀中有北天竺僧賷千臂千眼經梵本奉進文帝勅通共梵僧相對譯出勒成二卷後於天皇永徽四年癸丑於總持寺又出千轉等經三部

千手千眼觀世音菩薩（房大周錄謨大悲心陁羅尼經一卷）

右一部一卷其本見在

沙門伽梵達摩唐云尊法西印度人也譯千手千眼大悲心經一卷然題云西天竺伽梵達摩譯不據年代推其本末似是皇朝新譯但以傳法之士隨緣利見出經流布更適餘方既不記年号故莫知近遠昇覩阿梵僧云有梵本既非謬妄故載斯錄准千臂經序亦云智通共出

陁羅尼集經十二卷（見大周錄永徽四年三月十四日於慧日寺譯至五年四月十五日畢沙門玄楷筆受）

右一部一十二卷其本見在

沙門阿地瞿多唐言無極高中印度人學窮滿字行潔圓珠精練五明妙通三藏加以大士利生無怯鄉國志弘像教罔憚艱險遂西踰雪嶺東越沙河載曆艱難来儀帝闕以天皇永徽三年壬子正月廣將梵本来屆長安勑令慈門寺安置沙門大乘琮等一十六人英公鄂公等一十二人請高於

開元釋教錄卷第八　第十六張　隨字号

慧日寺浮圖院建陁羅尼普集會壇緣壇所須並皆供辦法成之日屢降靈異京中道俗咸歎希逢沙門玄楷等遂固請翻其本後以四年癸丑至五年甲寅於慧日寺從金剛大道場經中撮要鈔譯集成一十二卷沙門玄楷等筆受于時有中印度大菩提寺僧阿難律木叉師迦葉師等於經行寺譯功德天法編在集經第十卷内故不別存也

諸經要集二十卷（顯慶年西明寺撰）

右一部二十卷其本見在

沙門釋玄惲本名世道律學高譽藂重前良綴緝為務兼有鈔踈注解衆經西明創居召為大德顯慶年中讀一切經鈔諸要事撰成一部名諸經要集餘如内典錄載

集沙門不拜俗議六卷（見内典錄）

右一部六卷其本見在

沙門釋彥悰識量聦敏博曉群經善屬文華左工著述天皇龍朔二

開元釋教錄卷第八　第十七張　隨字号

年壬戌有詔令拜君親恐傷國化令百司遍議于時沙門道宣等共上書啓聞于朝廷衆議異端所司進入聖躬親覽下勑罷之悰恐後代無聞故纂斯事并前代故事及先賢答對名為集沙門不拜俗議傳之後代永作楷模櫛法城玄風不墜也兼撰大唐京師錄行於代（松錄之八）

開元釋教錄卷第八

開元釋教録卷第八

校勘記

一 底本，金藏廣勝寺本。

一 一六〇頁中一行「卷第八」，徑、清作「卷第八上」。

一 一六〇頁中二行「庚午歲」，徑、清作「唐」。

一 一六〇頁中三行第四字「經」，資、磧、普、徑、麗作「經録」。

一 一六〇頁中四行第三字「李」，諸本(不含石，下同)作「李氏」。

一 一六〇頁中六行「戊寅」，資、磧、普作「戊寅」。

一 一六〇頁中一一行「二十部」，麗作「一十部」。又「末獲」，諸本作「未獲」。

一 一六〇頁中一二行首字「大」，徑、清無。

一 一六〇頁中一三行末字「經」，諸本作「經論」。

一 一六〇頁中一四行「二部」，麗作「一部」。

一 一六〇頁中一八行至一九行「沙門釋道宣八部八十一卷譜録傳集」，諸本無。

一 一六〇頁下一行夾註左第二字「經」，資、磧、普、南、徑、清無。

一 一六〇頁下二行第五字「琮」，資、磧、普、南、徑作「悰」。

一 一六〇頁下三行夾註右「三部」，資、磧、普、南、徑、清作「一部」。

一 一六〇頁下四行夾註「二卷」，資、磧、普、南、徑、清作「三卷」。

一 一六〇頁下八行夾註「一十卷」，麗作「一十一卷」。

一 一六〇頁下末行夾註「一百一十一卷」，資、磧、普、南、徑、清作「一百一十卷」。

一 一六一頁上三行夾註右「四部」，徑作「一部」。

一 一六一頁上一五行夾註右「勝光寺」，南、徑、清作「勝元寺」。又左「太子庶子」，諸本作「太子右庶子」。

一 一六一頁上一八行「朋友」，磧、普、徑作「明友」。

一 一六一頁中一四行「未決旬」，諸本作「曾未浹旬」。

一 一六一頁中末行「修造」，資、徑、清作「循」。

一 一六一頁下一二行「同舉」，諸本作「同學」。

一 一六一頁下一八行「邢國公」，資、磧、南作「邦國公」；普、徑作「邢國公」；清作「刊國公」。

一 一六二頁上一行第二字「燈」，麗作「燈論」。

一 一六二頁上一〇行首字「六」，諸本作「云」。

一 一六二頁上二二行末字「大」，資、磧、普、南、徑、清作「本」。

一 一六二頁中一一行夾註右「獻春」，麗作「春獻」。又左第二字「續」，徑、清作「讀」。

一六二頁中末行第九字「抱」，資作「挹」。

一六二頁下三行首字「八」，清作「入」。

一六二頁下六行第三字「塵」，資、磧、普、南、徑、清作「陳」。

一六三頁上五行第一二字「適」，資、磧、普、南、徑、清作「釋」。

一六三頁上六行「傅詞」，資、磧、普作「傳詞」。

一六三頁上一五行「志求」，徑作「智求」。

一六三頁中五行「僧尼」，磧、普、南、徑、清作「僧威」。

一六三頁中七行第七字「踈」，磧、普、南、徑、清作「陳」。

一六三頁中一〇行第八字「性」，資、磧、普、南、徑、清作「出」。

一六三頁中一九行「阜類」，諸本作「皂隸」。

一六三頁中二〇行第四字「后」，資作「右」。

一六三頁下一二行「薄究」，資、磧、普、南、徑、清作「博究」。

一六三頁下二〇行第七字「寺」下，資、磧、普、南、徑、清有「後却爲翠微宮即今翠微寺是」十二字。

一六四頁上一二行第七字「圯」，資作「把」；磧、普、南、徑、清作「犯」。

一六四頁上一三行首字「謫」，資、磧、普、南、徑、清作「黷」。

一六四頁上二一行末字「刑」，資、磧、普、南、徑、清作「形」。

一六四頁中一四行末字「影」，資、磧、普、南、徑、清作「飄」。

一六四頁中一五行第一一字「忘」，徑作「亡」。

一六四頁中一九行第三字「促」，資、磧、普、南、徑、清作「疫」。

一六四頁下八行第五字「子」，資、磧、普、南、徑、清作「字」。

一六四頁下一〇行「正論」，麗作「辯正論」。

一六四頁下二二行第六字「注」，諸本作「法」。

一六四頁下末行「錦繢」，資、磧、普、南作「錦繪」；徑、清作「綿繪」。

一六五頁上二行「宮商」，諸本作「宮商」。

一六五頁上三行第一〇字「匿」，諸本作「慝心」。

一六五頁上五行末字「管」，資、磧、普、南、徑、清作「宗」；麗作「館」。

一六五頁上一〇行第一〇字「多」，資、磧、普、南、徑、清無。

一六五頁上二〇行夾註左「等筆受」，資、磧、普、南、清作「筆受」；徑作「受筆」。

一六五頁中一行夾註右「慈恩寺」，諸本作「大慈恩寺」。本頁下一二行夾註右同。

一六五頁中三行夾註右第四字「並」，資、磧、普、南、徑、清作「經」。又「二十一年」，資、磧、普、南、徑、清作「十一年」。

一　一六五頁中六行夾註左「於慈恩寺」，資、磧、普、南、徑、清作「大慈恩寺」；麗作「於大慈恩寺」。

一　一六五頁中九行夾註右「第二出」，資、磧、普、南、徑、清作「第三出」。

一　一六五頁中九行夾註左「五月」，諸本作「五月五日」。

一　一六五頁中一一行夾註左第四字「羅」，諸本作「羅什」。

一　一六五頁中一二行夾註左「大乘光」，資、磧、普、南、徑、清作「大乘詢」。

一　一六五頁中一三行夾註左第二字「等」，資、磧、普、南、徑、清無。

一　一六五頁下一行夾註右「顯慶年」，諸本作「顯慶四年」。

一　一六五頁下四行夾註左首字「日」，諸本作「一日」。

一　一六五頁下七行夾註左第五字「於」，資、磧、普、南、徑、清無。

一　一六五頁下一五行夾註左「大慈恩寺」，資、磧、普、南、清作「慈恩寺」。

一　一六五頁下末行夾註左「四月」，諸本作「四月四日」。

一　一六六頁上一行夾註右「大慈恩寺」，資、磧、普、南、徑、清作「慈恩寺」。以下間有出現。

一　一六六頁上一二行夾註左「二十二年」，磧、普、南、徑、清作「二十一年」。

一　一六六頁上一三行夾註右「朗濬」，資、磧、普、南、徑、清作「明濬」。

一　一六六頁上一六行夾註左「元年」，磧、普、南、徑、清作「九年」。

一　一六六頁中一行夾註左「等筆受」，資、磧、普、南、清作「筆受」；徑作「筆集」。

一　一六六頁中三行夾註右第五字「楺」，清作「造」。又左「三月」，南、徑、清作「二月」。

一　一六六頁中七行夾註左「九年」，諸本作「元年」。

一　一六六頁中八行夾註左「敬朋」，諸本作「敬明等」。

一　一六六頁中九行夾註左「三出」，諸本作「第三出」。

一　一六六頁中一三行夾註右「十二月」，資、磧、普、南、徑、清作「二月」。

一　一六六頁中一六行夾註左第六字「畢」，資作「譯」；麗作「譯畢」。

一　一六六頁中一九行夾註右「第一出」，諸本作「第二出」。又左「九年」，諸本作「元年」。

一　一六六頁中二〇行夾註左「二十日」，諸本作「三十日」。

一　一六六頁中二二行夾註左「大乘光」，徑作「大乘雲」。

一　一六六頁下一行夾註右「二十三年」，磧、普、南、徑、清作「二十二年」。

一　一六六頁下三行夾註左「知仁」，資、磧、普、南、徑、清作「明濬」。

一　一六六頁下八行夾註右第七字「等」，資、磧、普、南、徑、清無。

一　一六六頁下一三行夾註右「二十一年」，諸本作「二十一年二月二十四日於弘福寺」。

一　一六六頁下一六行夾註左「二十二」，清作「二十一」。

一　一六六頁下一七行夾註左「神昉」，諸本作「玄忠」。

一　一六六頁下一九行夾註左「神昉」，麗作「神皎」。

一　一六七頁上五行夾註右「慈恩寺」，諸本作「大慈恩寺」。

一　一六七頁上八行夾註左「明月殿」，諸本作「明月殿譯」。又「十二月」，徑作「十一月」。

一　一六七頁上一一行夾註左「弘去院」，諸本作「弘法寺」。

一　一六七頁上一五行夾註左「大乘光」，資、磧、普、南、徑、清作「沙門大乘光」。

一　一六七頁上一七行夾註右第七字「於」，資、磧、普、南、徑、清無。

一　一六七頁中一〇行夾註左「等筆受」，資、磧、普、南、徑、清作「筆受」。下同。

一　一六七頁中一一行夾註右「第二」，諸本作「第三」。又左「執異」，麗作「異執」。

一　一六七頁中一六行夾註左「靈雋」，磧、普、南、徑、清作「靈攜」。

一　一六七頁中二〇行末字「在」，至此，徑、清卷第八上終，卷第八下始。

一　一六七頁下四行「大業」，諸本作「大業年」。

一　一六七頁下五行第七字「淪」，資作「倫」。

一　一六七頁下一一行第四字「成」，資、磧、普、南、徑、清作「成器」。

一　一六七頁下一四行「將之」，諸本作「奬之」。

一　一六七頁下一九行第九字「乎」，諸本作「乎」。

一　一六七頁下二二行「伏膺」，磧、普、南、徑、清作「服膺」。

一　一六八頁上一五行「採贖」，資、磧、普、南、徑、清作「採賾」。

一　一六八頁上一七行首字「師」，諸本作「法師」。

一　一六八頁上二〇行末字「者」，諸本作「耆」。

一　一六八頁上二二行末字「非」，諸本作「固非」。

一　一六八頁中四行第五字「當」，磧、南作「常」。

一　一六八頁中六行「蕭瑀」，資、磧、普、南、徑、清作「蕭瑀」。

一　一六八頁中一五行第七字「舉」，諸本作「獨舉」。

一　一六八頁中末行第一〇字「于」，資、磧、普、南、徑、清無。

一　一六八頁下二〇行「自造」，諸本作「因造」。

一　一六九頁上一七行「要請」，資、磧、南、徑、清作「邀請」。

一　一六九頁上一九行「致此」，徑作

「至此」。

一　一六九頁中一行第一一字「於」，諸本作「布於」。

一　一六九頁中一二行「十八國王」，諸本作「等十八大國王」。

一　一六九頁下三行「金佛」，諸本作「金佛像」。

一　一六九頁下四行「擬婆羅」，磧、普、南、徑、清作「提婆羅」。

一　一七〇頁上三行第四字「達」，資、磧、普、南、徑、清作「達」。

一　一七〇頁上二二行「引福」，麗作「弘福寺」。

一　一七〇頁中五行第五字「旃」，資、磧、普、南、徑、清作「旆」。

一　一七〇頁中九行「大嚴」，麗作「大華嚴」。

一　一七〇頁中一六行「猵能」，資作「偏能」；磧、普、南、徑、清、麗作「褊能」。

一　一七〇頁中一八行「去後」，資、磧、普、南、徑作「行後」。

一　一七〇頁中二二行「經證」，諸本作「經論」。

一　一七〇頁下一行「霊閩」，資、磧、普、南、徑、清作「靈潤」。

一　一七〇頁下一〇行「福衆寺」，諸本作「福聚寺」。

一　一七〇頁下一二行「幽州照仁寺」，資、磧、普、南、徑、清作「幽州昭仁寺」；麗作「幽州昭仁寺」。

一　一七一頁上八行「手勑」，資、磧、普、南、徑、清作「首勑」。

一　一七一頁中六行第七字「海」，資、磧、普、南、徑、清作「渤」。

一　一七一頁下七行第九字「奉」，徑、清作「泰」。

一　一七一頁下一五行「訓對」，徑、清作「訓對」。

一　一七一頁下二一行末字「治」，資、磧、普、南、徑、清作「洽」；麗作「給」。

一　一七一頁下二二行「慈恩」，諸本作「慈恩寺」。

一　一七二頁上一二行「蕭璟」，資、磧、普、南、徑、清作「蕭璟」。

一　一七二頁上一四行第八字「陳」，諸本作「陳奏」。

一　一七二頁中八行「剃頭」，諸本作「剃髮」。

一　一七二頁中九行「初生」，諸本作「初生之」。

一　一七二頁中一八行「所緣」，資、磧、普、南、徑、清作「所緣緣」。

一　一七二頁下一〇行第一〇字「從」，諸本作「從」。

一　一七二頁下一五行末字「請」，資、磧、普、南、徑、清作「每請」。

一　一七二頁下一九行第六字「譯」，資、磧、普、南、徑、清作「翻」。

一　一七三頁上四行末字至五行首字「於開」，資、磧、普、南、徑、清作「於間」；麗作「中間」。

一　一七三頁上末行首字「卒」，麗作「卒於」。

一　一七三頁中一五行首字「今」，諸

本作「令」。

一七三頁中一七行「塑工宗法智」，資、磧、普、南、徑、清作「素工宗法智」；麗作「塑工宗法智」。

一七三頁中一九行第三字「遣」，資、磧、普、南、徑、清作「遺」。

一七三頁中二一行「播頭」，諸本作「支頭」。

一七三頁中末行第二字「光」，諸本作「法光」。

一七三頁下一四行「猶昏」，徑作「有昏」。

一七三頁下末行第一一字「四」，麗作「西」。

一七四頁上三行第一一字「八」，諸本作「八日」。

一七四頁上一八行第六字「祁」，徑、清作「祈」。

一七四頁上一九行「未祥」，諸本作「未詳」。

一七四頁上二一行第九字「終」，資、磧、普、南、徑、清作「終滅」。

一七四頁中五行第一〇字「除」，資、磧、普、南、徑、清作「徐」。

一七四頁中六行第九字「貌」，資、磧、普、南、徑、清作「顔貌」。

一七五頁上七行夾註左「二卷」，資、磧、普、南、徑、清作「三卷」。

一七五頁上九行夾註左「於清官」，資、磧、普、南作「清官」；徑、清作「一清宮」。

一七五頁中六行末字「訓」，麗作「雛」。

一七五頁中七行第九字「雅」，麗作「稚」。

一七五頁中一〇行第四字「數」，諸本作「龜」。

一七五頁中一七行第二字「龜」，諸本作「數」。

一七五頁下六行夾註左「千眼」，資、磧、普、南、徑、清無。

一七五頁下一二行「普賢」，徑作「菩薩」。

一七五頁下一五行「清苦」，資、磧、普、南、徑、清作「精苦」。

一七五頁下一六行第五字「寺」，諸本作「門」。

一七五頁下一八行第二字「志」，諸本作「之志」。

一七六頁上五行「然題云」，諸本作「然經題云」。

一七六頁上一八行「難險」，諸本作「艱險」。

一七六頁上二二行「慈門寺」，諸本作「慈恩寺」。

一七六頁中四行第九字「本」，諸本作「法本」。

一七六頁中一四行「世道」，資、磧、普、南、徑、清作「道世」。

一七六頁中二一行「見在」，資、磧、普、南、徑、清作「並在」。

一七六頁中末行第五字「左」，諸本作「尤」。

一七六頁下八行「京師録」，諸本作「京師寺録」。

一七六頁下九行首字「代」，資、磧、

普、南、徑、清作「代矣」。又夾註「捴録之八」，諸本無。

一　一七六頁下末行「卷第八」，徑、清作「卷第八下」；麗作「卷第八」並有夾註「捴録之八」。

開元釋教録卷第九　陛

庚午歲西崇福寺沙門智昇撰

惣括群經録上之九 大唐傳譯之餘

師子莊嚴王菩薩請問經一卷 一名八曼荼羅經龍朔三年於慈恩寺譯見大周録

離垢慧菩薩所問礼佛法經一卷 龍朔三年於慈恩寺譯見大周録

阿吒那智經一卷 龍朔三年於慈恩寺譯見續高僧傳

右三部三卷 前二部二卷見在 後一部一卷本闕

沙門那提唐曰福生具依梵言則云布如烏伐耶以言煩多故此但訛略而云那提也本中印度人少出家名師開悟志氣雄遠弘道為懷歷遊諸國務在開物而善達聲明通諸詁訓大夏呂為文士擬此土蘭臺著作者性沈愛好奇尚聞有涉悟不憚遠夷曾往執師子國又東南上楞伽山南海諸國隨緣達化承胎那東國盛傳大乘佛法崇盛贍洲稱寂乃搜集大小乘經律論五百餘甲合一千五百餘部以天皇永徽六年創達京師有勅令於慈恩安置所司供給時玄奘法師當途翻譯聲華騰蔚無由克彰掩抑蕭條般若是難那提不蒙引致無由自敷顯慶元年勑往昆崙諸國採取異藥既至南海諸王歸敬為別立寺度人授法弘化之廣又倍於前以昔被勑往理須返命慈恩梵本擬重尋研龍朔三年還返舊寺所賫諸經並為奘將北出意欲翻度莫有依憑惟譯八曼荼羅等經三部要約精寂可常行學禪林寺沙門慧澤譯語豐德寺沙門道宣綴文并製序其年南海真臘國為那提素所化者奉敬無已思見其人手相牽率假途遠請乃云國有好藥惟提識之請自採取下勑聽往返亦未由曾有慱訪大夏行人云那提三藏乃龍樹之門人也所解無相與奘碩反西梵僧云大師隱後斯人第一深解實相善達方便小乘五部毗尼外道四韋陁論莫不洞達源底通明言義詞出珠聯理暢霞擧所著大乘集

義論可有四十餘卷將事譯之被遣逐闕夫以抱麟之歎代有斯蹤知人難哉千齡罕遇那提挾道遠至投俾北冥既無所待乃三被毒再充南役崎嶇數萬頻歷瘴氛委命遺命斯人斯在嗚呼惜哉

大般涅槃經後譯荼毗分二卷 亦云闍維分亦云後分沙門慧立製序見大周録

右一部二卷其本見在

沙門若那跋陁羅唐云智賢南海波淩 亦曰訶陵 國人也善三藏學往者麟德年中益府成都沙門會寧故遊天竺觀礼聖跡泛舶西逝路經波淩國遂共智賢譯涅槃後分二卷寄經達於交州會寧方之天竺後至儀鳳年初交州都督梁難敵遣使附經入京三年戊寅大慈恩寺沙門靈會於東宮啓請施行

大乘顯識經二卷 第二出與寶積賢護長者會同本見大周録永隆元年於東都東太原寺譯

大方廣佛華嚴經續入法界品一卷 或無續字續舊華嚴經闕文見大周録垂拱元年於西太原寺歸寧院譯

方廣大莊嚴經十二卷 一名神通遊戲第四出與竺法護普

譯經等同本見大周録永淳二年九月十五日於西太原寺歸寧院譯沙門復禮筆受

證契大乘經二卷（亦名入一切佛境智陪盧遮那藏第二出與大乘同性經同本見大周録永隆元年於東太原寺譯）

大乘離文字普光明藏經一卷（第三出與元魏菩提留支所出無字寶篋經等同本見大周録永淳二年於西太原寺歸寧院譯）

大乘遍照光明藏無字法門經一卷（第四出即與次前離文字經同本日照重出）

大方廣師子吼經一卷（第二出與如來師子吼經同本見大周録永隆元年於東太原寺譯）

大乘百福相經一卷（初出見大周録永淳二年於西太原寺歸寧院譯）

大乘百福莊嚴相經一卷（第二出即與次前百福相經同本日照重出）

大乘四法經一卷（初出見大周録永隆元年於東太原寺譯）

菩薩脩行四法經一卷（永隆二年正月於京弘福寺譯沙門彦悰製序第二出與前大乘四法同本於京重出）

七俱胝佛大心准提陀羅尼經一卷（初出與金剛智出者同本見大周録垂拱元年於西太原寺歸寧院譯）

佛頂最勝陀羅尼經一卷（第二出與杜顗等出者同本永淳元年五月二十二日於京弘福寺共沙門彦琮譯琮並製序）

最勝佛頂陀羅尼淨除業障經一卷（第四出與前經同本日照後欲歸國於東都共沙門慧智再譯前緣後法二文並廣）

大乘密嚴經三卷（見大周録）

造塔功德經一卷（見大周録永隆元年於東太原寺譯）

金剛般若波羅蜜經破取著不壞假名論二卷（功德施菩薩造亦云功德施論見大周録永淳二年九月十五日於西太原寺歸寧院譯）

大乘廣五蘊論一卷（安慧菩薩造成無廣字見大周録畫垂拱元年六月二十五日於西太原寺歸寧院譯）

右一十八部三十四卷其本並在

沙門地婆訶羅唐言日照中印度人洞明八藏博曉四含戒行清高學業優贍尤工呪術兼洞五明志在利生來遊此國以天皇儀鳳初至天后垂拱末於兩京東西太原寺（西太原寺即今西崇福寺是也東太原寺即今大福先寺是也）及西京弘福寺譯大乘顯識經等一十八部沙門戰陀般若提婆譯語沙門慧智證梵語勑召名德十人助其法化沙門道成薄塵嘉尚圓測靈辯明恂懷度等證義沙門思玄復禮等綴文筆受天后親敷睿藻製序標首光飾像教傳之不朽也

佛頂尊勝陀羅尼經一卷（初出與日照等出者同本儀鳳四年正月五日譯畢）

右一部一卷其本見在

清信士杜行顗京兆人儀鳳中任

朝散郎行鴻臚寺典客署令顗明諸蕃語兼有文藻天竺語書亦窮其妙于時有罽賓國僧佛陀波利賫梵經一夾詣闕奉獻天皇有詔令顗翻出名為佛頂尊勝陀羅尼寧遠將軍度婆及中印度三藏法師地婆訶羅證譯是時儀鳳四年正月也此杜譯者有廟諱國諱皆隱而避之即世尊為聖尊世界為生界大勢為大趣救治為救除譯訖奉進皇上讀訖顧謂顗曰既是聖言不須避諱杜時奉詔以正屬有故而寢焉荏苒之間杜君長逝未遑改正其經遂行後日照三藏奉詔再譯名佛頂最勝陀羅尼大周録云佛頂尊勝陀羅尼日照三藏譯者誤也

十門辯惑論二卷（答太子文學權無二釋典稽疑或三卷）

右一部二卷其本見在

沙門釋復禮京兆人俗姓皇甫氏少出家住興善寺性虛靜寡嗜慾遊心內典兼博玄儒尤工賦詠善於著述俗流名士皆慕仰之三藏地婆

訶羅實叉難陁等譯大莊嚴花嚴等經皆勑旨禮令同翻譯綴文哉義實屬斯人天皇永隆二年辛巳因太子文學權無二述釋典稽疑十條用以問禮請令釋滯遂爲荅之撰成二卷名曰十門辯惑論賓主酬荅剖枏稽疑文出於智府義在於心外如斯荅對非此而誰可謂龍猛更生馬鳴再出權文學覩斯論已衆疑頓遣頂戴遵行此雖一時之酬荅寔爲万代之龜鏡也法師兼有文集行於代焉

大唐慈恩寺三藏法師傳十卷

右一部十卷其本見在

沙門釋慧立本名子立天皇改爲慧立俗姓趙氏天水人也遠祖因官徙寓新平故爲豳（今改爲邠）人焉爰祖及父俱馳高譽立即隋秘書郎毅之第三子也生而岐嶷有棄俗之志年十五貞觀三年出家住豳州昭仁寺此寺即破薛舉之戰場也立識敏才俊神清道遠習林遠之高風有肇融之識量聲譽聞徹

勑召充大慈恩寺翻經大德次補西明寺都維那後授太原寺主皆降綸言令維寺任天皇之代頻召入內與黃冠對論皆愜帝旨事在別傳立以玄奘法師求經印度若無紀述季代罕聞遂撰慈恩三藏行傳未成而卒後弘福沙門彥悰續而成之揔成十卷故初題云沙門慧立本釋彥悰箋

四分比丘戒本一卷（題云四分戒本并序西太原寺沙門懷素集）

四分比丘尼戒本一卷（題加尼字餘同前）

四分僧羯磨三卷（題云羯磨卷上并序出四分律西太原寺沙門懷素集）

四分尼羯磨三卷（題加尼字餘同前）

右四部八卷其本並在

沙門釋懷素俗姓范氏京兆人世襲冠冕貞觀十九年出家師奘法師爲弟子而立性聰敏專尋經論進具之後偏肄毗尼依道成律師學四分律不淹時序而爲上首先居弘濟後住太原學侶雲奔教授無斁以先德所集多不依文率已私見妄生增減遂乃撿尋律藏抄出戒心羯磨但取成文非妄穿鑿可

謂嗣徽迦葉繼軌波離而已焉又別撰四分記鈔并經論疏記等五十餘卷行於代

大方廣圓覺修多羅了義經一卷

右一部一卷其本見在

沙門佛陁多羅唐言覺救北印度罽賓人也於東都白馬寺譯圓覺了義經一部此經近出不委何年且弘道爲懷務甄詐妄但真詮不謬豈假具知年月耶

佛頂尊勝陁羅尼經一卷（第三出與杜顗等出者同）（本見大周錄及經前序）

右一部一卷其本見在

沙門佛陁波利唐言覺護北印度罽賓國人忘身徇道遍觀靈跡聞文殊師利在清涼山遠涉流沙躬来礼謁以天皇儀鳳元年丙子杖錫五臺虔誠礼拜悲泣雨淚望覩聖容倏焉見一老翁從山中出来作婆羅門語謂波利曰師精誠懇惻何所求耶波利荅曰聞文殊大士隱跡此山從印度来欲求瞻礼翁曰師從彼國將佛頂尊勝陁羅

尼經來不此土衆生多造諸罪出家之輩亦多所犯佛頂神呪除罪秘方若不將經徒來何益縱見文殊何必能識師可還西國取彼經來流傳此土即是遍奉衆聖廣利群生拯濟幽冥報諸佛恩也師取經來至此弟子當示師文殊師利菩薩所在波利聞此語已不勝喜躍遂裁抑悲淚向山更禮擧頭之頃忽不見老人波利驚愕倍增虔敬遂返歸本國取得經來既達帝城便求進見有司具狀聞奏天皇賞其精誠崇斯秘典遂詔鴻臚寺典客令杜行顗及日照三藏於內共譯譯訖儭絹三十疋經留在內波利因乃垂泣奏曰委棄身命志在利人請布流行是所誠望帝愍其專至遂留所譯之經還其梵本任將流布波利得經不勝喜躍將向西明寺訪得善梵語僧順貞奏共翻譯帝允其請遂對諸大德共貞翻出名佛頂尊勝陁羅尼與前杜令所翻之者呪韻經文大同小

異波利所願已畢持經梵本入於五臺于今不出莫知所之比諸衆譯此寂引布（准經前序乃云永淳二年迴至西京具狀聞奏其年即共順貞再譯名佛頂尊勝陁羅尼經今尋此説年月稍乖其杜令譯者乃儀鳳四年正月五日也日照再譯乃永淳元年五月十三日也既云永淳二年方達唐境前之二本從何而得又永淳二年天皇已幸東都如何乃云在京譯出其序復是永昌已後有人述記却敘前事致有參差此波利譯者不可依序定其年月也）

大方廣佛華嚴經不思議佛境界分一卷（或二卷十二紙永昌元年於魏國東寺譯見大周録初出與後實叉難陁所譯不思議境界經同本）

大方廣佛華嚴經脩慈分一卷（天授二年於大周東寺譯見大周録）

大乘造像功德經二卷（或一卷天授二年於大周東寺譯見大周録）

智炬陁羅尼經一卷（天授二年於大周東寺譯見大周録）

諸佛集會陁羅尼經一卷（天授二年於大周東寺譯見大周録）

大乘法界無差別論一卷（天授二年十月十四日於大周東寺譯見大周録）

右六部七卷其本並在

沙門提雲般若或云提雲陁若那唐云天智于闐國人學通大小智

兼真俗呪術禪門悉皆諳曉以天后永昌元年來届于此即以其年謁帝于洛勅於魏國東寺（後改為大周東寺）翻經以永昌元年己丑至天授二年辛卯惣出經論六部沙門戰陁慧智等譯語沙門處一等筆受沙門復禮等綴文沙門德感慧儼法明弘景等證義

讚觀世音菩薩頌一卷（見大周録）

右一部一卷其本見在

沙門釋慧智父印度人也婆羅門種因使遊此而生於智少而精勤有出俗之志天皇時因長年婆羅門僧奉勅度為弟子本既梵人善閑天竺書語又生唐國復練此土言音三藏地婆訶羅提雲若那寶思惟等所有翻譯皆召智為證兼令度語智以天后長壽二年癸巳於東都佛授記寺自譯讚觀世音頌一部

大周刊定衆經目録十五卷

右一部十五卷其本見在

沙門釋明佺東都佛授記寺僧也

尤精律學兼閑經論天后天冊万歲元年乙未勅刊定經目佺首末條録編比次序與翻經大德二十餘人同共参定雖去刊定繁穢尤多雖見流行實難憑准中有乖舛如别所述

大方廣佛花嚴經八十卷 第二出與東晉覺賢譯者同本證聖元年三月十四日於東都大内大遍空寺譯天后親受筆削至聖暦二年十月八日於佛授記寺功畢

文殊師利授記經三卷 於清禪寺譯第三出與文殊佛土嚴淨經等同本今編入寶積當第十五會

大方廣入如來智德不思議經一卷

大方廣如來不思議境界經一卷 第二出與於京都佛授記寺譯第四出與度諸佛境界智光嚴經等同本

大方廣普賢菩薩所說經一卷 出與提雲般若所出境界分同本

大乘入楞伽經七卷 第四出與宋功德賢等出者同本久視元年五月五日於東都三陽宫内初出至長安四年正月五日繕寫功畢

觀世音菩薩秘密藏神呪經一卷 初出與寶思惟等出者同本

妙臂印幢陁羅尼經一卷 第二出與勝幢臂印陁羅尼經同本

百千印陁羅尼經一卷

開元釋教録卷第九　第十三張　陸

拔面燃餓鬼陁羅尼神呪經一卷

右繞佛塔功德經一卷 亦云遶塔功德經

大乘四法經一卷 與前日照三藏出者名字雖同梵體全異

十善業道經一卷

大乘起信論二卷 第二出與真諦出者同本

摩訶般若隨心經一卷

大方廣不生不滅經一卷

大方廣如來難思議境界經一卷

離垢淨光陁羅尼經一卷 初出與弥陁出譯者同本

菩薩出生四法經一卷

右一十九部一百七卷 起信論上一十四部一百二卷見在摩訶般若隨心經下五部五卷闕本

沙門實叉難陁唐云喜學于闐國人智度弘曠利物為心善大小乘兼異學論天后明揚佛日敬重大乘以華嚴舊經處會未備遠聞于闐有斯梵本發使求訪并請譯人實叉與經同臻帝闕以天后證聖元年乙未於東都大内大遍空寺譯花嚴經天后親臨法座煥發序文自運仙毫首題名品南印度沙門菩提流志沙門義淨同宣梵本後付沙門復禮法藏等於佛授記

開元釋教録卷第九　第十四張　陸

寺譯至聖暦二年己亥功畢又至久視元年庚子於三陽宫内譯大乘入楞伽經及於西京清禪寺東都授記寺譯文殊授記等經前後揔譯一十九部沙門波崙玄軌等筆受沙門復禮等綴文沙門法寶弘景等證義太子中舍賈膺福監護至長安四年實叉緣母年老請歸覲省表書再上方蒙允許勅御史霍嗣光送至于闐後和帝龍興重暉佛日勅再徵召方屆帝城以景龍二年達于兹土帝屈万乘之尊親迎於開遠門外京城緇侶備諸幢幡逆路導引仍裝飾青烏令乘入城勅於大薦福寺安置未遑翻譯遘疾弥留以景雲元年十月十二日右脇累足終于大薦福寺春秋五十有九緇徒悲噎歎法棟之遽摧俗侶哀號恨群生之失導有詔聽依外國法葬以十一月十二日於開遠門外古然燈臺焚之薪盡火滅其舌猶存斯是弘法之嘉瑞也至十二月二十三日本國

開元釋教録卷第九　第十五張　陸

門人悲智勅使哥舒道元送其餘骸及斯靈舌還歸于闐起塔供養後人復於焚尸之所起七層塔焉

不空羂索陀羅尼經一卷（一名普門此有一十六品是梵本經沙門波崙製序第二出與寶思惟譯三卷者同本）

右一部一卷其本見在

婆羅門李無諂北印度嵐波國人識量聰敏內外該通唐梵二言洞曉無滯三藏阿你真那菩提流志等翻譯衆經並無諂度語於天后代聖曆三年庚子三月有新羅國僧明曉遠觀唐化將欲旋途於揔持門先所留意遂懇勤固請譯此真言使彼邊維同聞秘教遂於佛授記寺翻經院為譯不空羂索陀羅尼經一部沙門波崙筆受至久視元年八月將所譯經更於罽賓重勘梵本方寫流布

無垢淨光大陀羅尼經一卷（第二出與實叉難陀譯垢淨光陀羅尼同本）

右一部一卷其本見在

沙門彌陀山唐言寂友覩貨邏國人也幼小出家遊諸印度遍學經

論於楞伽俱舍最為精妙志弘像法無憚鄉邦杖錫而遊來臻皇闕於天后代共實叉難陀譯大乘入楞伽經後於天后末年共沙門法藏等譯無垢淨光陀羅尼經一部譯畢進內辭帝歸邦天后厚遺任歸本國

甄正論三卷

右一部三卷其本見在

沙門釋玄嶷俗姓杜名乂先是黃冠為東都大弘道觀主遊心七籍妙善三玄黃宗之中此為綱領天后心崇大法弘闡釋宗人遂歸心請求剃落詔許度之住佛授記寺後為寺都兼預翻譯患彼宗之虛誕知正教之可憑遂造甄正論一部指陳虛偽主客問荅極為省要

不空羂索陀羅尼自在王呪經三卷（亦名不空羂索心呪王經長壽二年七月於東都佛授記寺譯沙門德感筆受初出與李无諂出一卷者同本）

浴像功德經一卷（神龍元年正月二十日於東都大福先寺譯婆羅門李無諂譯語初出與後義淨出者同本）

校量數珠功德經一卷（神龍元年正月二十三日於大

福先寺譯李无諂譯語初出與後義淨出者同本）

觀世音菩薩如意摩尼陀羅尼經一卷（第二出與寶叉難陀等出者同本）

文殊師利根本一字陀羅尼經一卷（長安二年於天宮寺譯沙門慧智等證梵文婆羅門李无諂譯語直中書李无璥筆受初出與後義淨出者同本）

大陀羅尼末法中一字心呪經一卷（神龍元年於大福先寺譯李无諂譯語）

隨求即得大自在陀羅尼神呪經一卷（亦云所得見大周録長壽二年於東都天宮寺譯罽賓沙門尸利難陀等證梵文李无諂譯語李無礙筆受）

右七部九卷其本並在

沙門阿你真那唐云寶思惟北印度迦濕蜜羅國人剎帝利種彼王之華胄幼而捨家禪誦為業進具之後專精律品復慧解超群學兼真俗乹文呪術尤工其妙加以化導為心無戀鄉國以天后長壽二年癸巳屆于洛都勑於天宮寺安置即以天后長壽二年癸巳至中宗神龍二年丙午於授記天宮福先等寺譯不空羂索陀羅尼經等七部後至睿宗太極元年壬子四

月太子洗馬張齊賢等繕寫進內至延和元年六月勑令禮部尚書晉國公薛稷右常侍高平侯徐彥伯等詳定入目施行三藏自神龍二年已後更不譯經唯精勤礼誦脩諸福業每於晨朝磨香為水塗浴佛像後方飲食從始至終此為恒業衣鉢之外隨得隨施後於龍門山請置一寺依外國法式製造呼為天竺已及門人同居此寺精誠所感其數寔多壽年百餘以開元九年終於寺矣

金光明最勝王經十卷 第五出與北涼曇無讖四卷金光明等同本長安三年十月四日於西明寺譯畢沙門波崙惠表筆受

能斷金剛般若波羅蜜多經一卷 第五出與姚秦羅什元魏留支陳真諦等出者同本長安三年十月四日於西明寺譯

佛為難陀說出家入胎經二卷 出根本說一切有部毗奈耶雜事第十一十二卷景龍四年於大薦福寺譯令編入寶積當第十四會改名入胎藏會

入定不定印經一卷 第二出與元魏瞿曇流支所出不必定入定入印經同本久視元年五月五日譯畢

藥師瑠璃光七佛本願功德經二卷

第四出與隋笈多等出者同本但廣略有異神龍三年夏於大內佛光殿譯帝親御法筵手自筆受

弥勒下生成佛經一卷 第六出與羅什弥勒下經等同本大足元年九月二十三日於東都大福先寺譯

佛為勝光天子說王法經一卷 第三出與菩薩諫王經及唐譯勝軍王經並同本神龍元年七月十五日於東都大福先寺譯沙門玄傘筆受

浴像功德經一卷 第二出與寶思惟出者同本景龍四年四月十五日於大薦福寺翻經院譯

數珠功德經一卷 第二出與寶思惟出者同本景龍四年四月十五日於大薦福寺翻經院譯

觀自在菩薩如意心陁羅尼呪經一卷 第三出與寶叉難陁寶思惟等出者同本景龍四年於大薦福寺翻經院譯

曼殊室利菩薩呪藏中一字呪王經一卷 第二出與寶思惟出者同本長安三年十月四日於西明寺譯

稱讚如來功德神呪經一卷 第二出與隋譯十二佛名神呪經同本景雲二年閏六月二十三日於大薦福寺翻經院譯

大孔雀呪王經三卷 第八出與梁僧伽婆羅等出者同本神龍元年於東都內道場譯沙門玄傘智積等筆受

佛頂尊勝陁羅尼經一卷 第五出與杜行顗日照波利等出者同本景龍四年於大薦福寺翻經院譯

莊嚴王陁羅尼呪經一卷 大足元年九月二十三日於東都大福先寺譯

香王菩薩陁羅尼呪經一卷 神龍元年於東都大福先寺譯

一切功德莊嚴王經一卷 神龍元年七月十五日於東都大福先寺譯沙門玄傘筆受

拔除罪障呪王經一卷 景龍四年於大薦福寺翻經院譯

善夜經一卷 大足元年九月二十三日於東都大福先寺譯

大乘流轉諸有經一卷 大足元年九月二十三日於東都大福先寺譯

妙色王因緣經一卷 大足元年九月二十三日於東都大福先寺譯

佛為海龍王說法印經一卷 景雲二年閏六月二十三日於大薦福寺翻經院譯沙門玄傘智積等筆受

能斷金剛般若波羅蜜多經論頌一卷 无著菩薩造景雲二年於大薦福寺翻經院譯沙門玄傘智積等筆受

能斷金剛般若波羅蜜多經論釋三卷 無著菩薩頌世親菩薩釋景雲二年於大薦福寺翻經院譯沙門玄傘智積等筆受

因明正理門論一卷 大域龍菩薩造第二出與奘法師譯者同本景雲二年於大薦福寺翻經院譯沙門玄傘智積等筆受

成唯識寶生論五卷 一名二十唯識順釋論護法菩薩造景龍四年四月十五日於大薦福寺翻經院譯沙門玄傘智積等筆受

觀所緣論釋一卷 護法菩薩造景龍四年四月十五日於大

萬福寺翻經院譯沙門玄傘智積等筆受

掌中論一卷 陳那菩薩造第二出與解捲論同本長安三年十月十四日於西明寺譯

取因假設論一卷 陳那菩薩造長安三年十月四日於西明寺譯沙門惠表筆受

觀揔相論頌一卷 陳那菩薩造景雲二年於大薦福寺翻經院譯沙門智積等筆受

止觀門論頌一卷 世親菩薩造景雲二年於大薦福寺翻經院譯沙門玄傘等筆受

手杖論一卷 尊者釋迦稱造景雲二年於大薦福寺翻經院譯沙門玄傘等筆受

六門教授習定論一卷 無著菩薩本世親菩薩釋長安三年十月四日於西明寺譯

五蘊皆空經一卷 出雜阿含經第二卷異譯景龍四年於大薦福寺翻經院譯沙門智積等筆受

三轉法輪經一卷 出雜阿含經第十五卷異譯景龍四年於大薦福寺翻經院譯沙門玄傘等筆受

無常經一卷 亦名三啓經大足元年九月二十三日於東都大福先寺譯

八無暇有暇經一卷 大足元年九月二十三日於東都大福先寺譯

長爪梵志請問經一卷 久視元年十二月二十三日於東都大福先寺譯

開元釋教録卷第九　第二十二張　陸

譬喻經一卷 景龍四年於大薦福寺翻經院譯沙門玄傘等筆受

略教誡經一卷 景雲二年閏六月二十三日於大薦福寺翻經院譯沙門智積等筆受

療痔病經一卷 亦云痔瘻景龍四年於大薦福寺翻經院譯沙門玄傘等筆受

根本說一切有部毗奈耶五十卷 長安三年十月四日於西明寺譯沙門波崙惠表等筆受

根本說一切有部苾芻尼毗奈耶二十卷 景龍四年於大薦福寺翻經院譯

根本說一切有部毗奈耶雜事四十卷 景龍四年於大薦福寺翻經院譯

根本說一切有部尼陁那目得迦十卷 或八卷長安三年十月四日於西明寺譯

根本說一切有部戒經一卷 景龍四年於大薦福寺翻經院譯

根本說一切有部苾芻尼戒經一卷 景龍四年於大薦福寺翻經院譯

根本說一切有部百一羯磨十卷 長安三年十月四日於西明寺譯

根本說一切有部毗奈耶頌五卷 尊者毗舍佉造景龍四年大薦福寺翻經院譯先在西域那爛陁寺譯出還都刪正景龍奏行

根本說一切有部毗奈耶雜事攝頌一卷 景龍四年於大薦福寺翻經院譯

開元釋教録卷第九　第二十三張　陸

根本說一切有部尼陁那目得迦攝頌一卷 景龍四年於大薦福寺翻經院譯

根本薩婆多部律攝二十卷 尊者勝友集或十四卷久視元年十二月二十三日於東都大福先寺譯

一百五十讚佛頌一卷 尊者摩咥里制吒造於中印度那爛陁寺譯至景雲二年於薦福寺重更刪綴

龍樹菩薩勸誡王頌一卷 第二出與舊勸發諸王要偈等同本於東印度耽摩立底國譯至都重綴

大唐西域求法高僧傳二卷 從西國還在南海室利佛逝撰寄歸

大唐南海寄歸內法傳四卷 從西國還在南海室利佛逝撰寄歸

別說罪要行法一卷 或無別字

受用三水要法一卷 或云要行法

護命放生軌儀一卷 或云軌儀法

法華論五卷 莫知造者單重未悉景雲二年譯

集量論四卷 景雲二年譯已上委取奏行年月所以出日名同

右六十一部二百三十九卷 法華論下二部九卷失本

沙門釋義淨齊州人俗姓張字文明髫齓之年辭榮落彩於是遍詢名匠廣探群籍內外閑曉今古遍知年十有五志遊西域仰法顯之

開元釋教録卷第九　第二十四張　陸

雅操慕玄奘之高風加以勤無棄
時手不釋卷弱冠登具逾厲堅貞
咸亨二年三十有七方叶夙懷遂
之廣府初結儔同志數滿十人泊
乎汎舶餘皆退罷唯淨堅心轉熾
遂即孤行備歷艱難漸達印度所
至之境皆洞言音凡遇王臣咸蒙
礼重鷲峯雞足並親登陟祇園鹿
死咸悉周遊懇那爛陁礼菩提樹
遍師明匠學大小乘所為事周還
歸故里凡所歷遊三十餘國往來
問道出二十年以天后證聖之元
乙未仲夏還至河洛將梵本經律
論近四百部合五十万頌金剛座
真容一鋪舍利三百粒天后敬法
重人親迎于上東門外洛陽緇侶
備設幢幡兼陳鼓樂在前導引勅
於佛授記寺安置所將梵本並令
翻譯初共于闐三藏實叉難陁翻
花嚴經久視已後方自翻譯即以
久視元年庚子至長安三年癸卯
於東都福先寺及西京西明寺譯
金光明最勝王能斷金剛般若入

定不定印弥勒成佛一字呪王莊
嚴王陁羅尼善夜流轉諸有妙色
王因緣無常八無暇有暇長爪梵
志等經根本說一切有部毗柰耶
尼陁那目得迦百一羯磨及律攝
等掌中取因假設六門教授等論
及龍樹勸誡頌已上二十部一百
一十五卷北印度沙門阿你真那
證梵文義沙門波崙復禮慧表智
積等筆受證文沙門法寶法藏德
感成莊神英仁亮大儀慈訓等證
義成均太學助教許觀監護繕寫
進內天后製新翻聖教序令標經
首暨和帝龍興神龍元年乙巳於
東都內道塲譯孔雀王經又於大
福先寺譯勝光天子香王菩薩呪
一切功德莊嚴王等經上四部六
卷沙門盤度讀梵文沙門玄傘筆
受沙門大儀證文沙門勝莊利貞
等證義兵部侍郎崔湜給事盧粲
等潤文正字秘書大監駙馬都尉
觀國公楊慎交監護和帝心崇釋
典製序褒揚号爲大唐龍興三藏

聖教序帝御洛城西門宣示群辟
淨所新翻並令標引二年丙午隨
駕歸京勅於大薦福寺別置翻經
院處之三年丁未帝召入內并同
翻經沙門九旬坐夏帝以昔居房
部幽厄無歸祈念藥師遂蒙降祉
賀茲往澤重闡洪猷因命法徒更
令翻譯於大佛光殿譯成二卷名
藥師瑠璃光七佛本願功德經帝
御法筵手自筆受又至景龍四年
庚戌於大薦福寺譯浴像功德數
珠功德如意心尊勝拔除罪障出
家入胎五蘊皆空三轉法輪譬喻
療痔病等經根本說一切有部苾
芻尼毗柰耶毗柰耶雜事二衆戒
經毗柰耶頌雜事攝頌尼陁那目
得迦攝頌唯識寶生觀所緣釋等
已上二十部八十八卷吐火羅沙
門達磨末磨中印度沙門拔弩證
梵義罽賓沙門達磨難陁證梵文
居士東印度首領伊舍羅證梵本
沙門慧積居士中印度李釋迦度
頗多等讀梵本沙門文綱慧沼利

貞勝莊愛同思恒等證義沙門玄傘智積等筆受居士東印度瞿曇金剛迦濕弥羅國王子阿順等證譯修文館大學士特進趙國公李嶠兵部尚書逍遥公韋嗣立中書侍郎趙彥昭吏部侍郎盧藏用兵部侍郎張說中書舍人李乂蘇頲等二十餘人次文潤色左僕射舒國公韋巨源右僕射許國公蘇瓌等監譯秘書大監嗣虢王邕監護又至睿宗景雲二年辛亥於大薦福寺復譯稱讚如來功德神呪佛為龍王說法印略教誡等經能斷般若論頌及釋因明理門觀總相頌止觀門頌手杖等論及法華集量百五十讚合一十二部二十一卷沙門大利末底烏帝提婆等讀梵本沙門玄傘智積等筆受沙門慧沼等證義太常卿衛國公薛崇胤監護合從天后久視元年庚子至睿宗景雲二年辛亥都譯五十六部二百三十卷又別撰大唐西域求法高僧傳南海寄歸内法傳

別說罪要行法受用三水要法護命放生軌儀凡五部合九卷又出說一切有部跋窣堵（即諸律中揵度跋渠之類也梵音有楚夏耳）約七八十卷但出其本未遑刪綴遽入涅洹其文遂寢淨又於一切有部律中抄諸緣起別部流行如摩竭魚因緣等四十二經四十九卷既是別生抄經不合爲翻譯正數今載別生録中如刪繁録中具列名目淨雖遍翻三藏而偏功律部譯綴之暇曲授學徒凡所行事皆尚其急瀘漉滌穢特異常倫學侶傳行遍於京洛美哉亦遺法之盛事也以先天二年卒春秋七十九矣

大寶積經一百二十卷（單重合譯神龍二年創首先天二年功畢）

右此部經新譯舊譯四十九經合（古沓反）成一部於中析取二十六會三十九卷為菩提流志新譯餘二十三會八十一卷並是舊譯勘同編入已偹餘録故不重存其新譯會名具如別録初第十一卷寶積

部中依次編列

實相般若波羅蜜經一卷（見大周錄第二出與大般若第十會理趣分同本廣略少異長壽二年於東都大周東寺譯）

文殊師利所說不思議佛境界經二卷（見大周錄或一卷初出與寶積第三十五善德天子會同本長壽二年於大周東寺譯）

大乘金剛髻珠菩薩修行分一卷（見大周錄亦名金剛髻菩薩加行品是花嚴眷屬經長壽二年於大周東寺譯）

寶雨經十卷（見大周錄第三出與梁曼陀羅所出寶雲經等同本長壽二年於佛授記寺譯沙門處一等筆受）

大乘伽耶山頂經一卷（見大周錄第四出與羅什文殊問菩提經等同本長壽二年於大周東寺譯）

不空羂索神變真言經三十卷（當第四出舊譯單卷者即是此經初品神龍三年夏於西崇福寺譯弟子般若丘多助宣梵本至景龍三年冬功畢）

千手千眼觀世音菩薩姥陁羅尼身經一卷（第二出與唐智通譯二卷者同本景龍三年夏於西崇福寺譯弟子般若丘多助宣梵本）

如意輪陁羅尼經一卷（第四出與寶叉難陁等出者同本此法稍異景龍三年夏於西崇福寺譯弟子般若丘多助宣梵本）

六字神呪經一卷（或云六字呪法經第四出長壽二年於佛授記寺譯）

護命法門神咒經一卷（見大周錄第三出與壽法方便陀羅尼經等同本長壽二年於佛授記寺譯）
廣大寶樓閣善住秘密陀羅尼經三
卷（神龍二年九月十五日於西崇福寺譯畢東天竺伊舍羅等譯[illegible]）
一字佛頂輪王經五卷（亦云五佛頂或四卷景龍三年夏於西崇福寺譯弟子般若丘多助宣梵本其年冬譯畢）
文殊師利寶藏陀羅尼經一卷（景龍四年於西崇福寺譯弟子般若丘多助宣梵本）
金剛光焰止風雨陀羅尼經一卷（景龍四年於西崇福寺譯弟子般若丘多助宣梵本）
有德女所問大乘經一卷（見大周錄長壽二年於大周東寺譯）
般若波羅蜜多那經一卷（第三出與摩訶大明咒經等同本長壽二年於佛授記寺譯）
妙慧童女所問經一卷（第三出與須摩提經等同本長壽二年於大周東寺譯）
不空羂索咒心經一卷（見大周錄第三出與不空羂索神咒心經等同本長壽二年於佛授記寺譯）
妙德婆羅門女問佛轉何法輪經一卷（今疑即有德女所問大乘經是長壽二年於大周東寺譯）
智猛長者問經一卷（長壽二年於佛授記寺譯）
佛入毘耶離除一切鬼病經一卷（長壽

開元釋教錄卷第九　第三十一張　隆

二年於佛授記寺譯）
那邪經一卷（長壽二年於佛授記寺譯）
大陀羅尼經一卷（長壽二年於佛授記寺譯）
文殊師利咒法藏經一卷（長壽二年於佛授記寺譯）
一字咒王經一卷（今檢與前咒儀共是一經長壽二年於佛授記寺譯）
無迦略曳菩薩遊廣大摩尼秘密善住經一卷（長壽二年於佛授記寺譯）
釋般若六字三句論一卷（長壽二年於佛授記寺譯）
右五十三部（寶積二十六會即為二十六部）一百一十一卷（般若波羅蜜多那下一十二部一十二卷尋本未獲）
沙門菩提流志本名達摩流支唐言法希天后改為菩提流志唐云覺愛南印度人婆羅門種姓迦葉氏聰叡絕倫風神爽異生年十二外道出家師事波羅奢羅學彼經術遂洞曉聲明尤閑數論陰陽曆數地理天文咒術醫方皆如指掌年登耳順自謂孤行撩僧論議驕以身事時有大乘上座部三藏厥号耶舍瞿沙知其根熟遂與交論未越幾關詞理俱屈始知佛日高明匪螢燈並照法海深廣豈涓滴等潤於是沒身敬事專學佛乘奉

開元釋教錄卷第九　第三十二張　隆

戒無虧志節高峻崇慧有在解學寬深未越五年通達三藏天皇遂聞雅譽遣使往邀未及使還白雲遽駕暨天后御極方赴帝京以長壽二年癸巳創達都邑即以其年於佛授記寺譯寶雨經中印度王使沙門梵摩同宣梵本沙門戰陀居士婆羅門李無諂譯語沙門慧智證譯語沙門處一等筆受沙門思玄等綴文沙門圓測神英等證義司賓寺丞孫辟監護後於大周東寺譯實相般若金剛髻大乘伽耶頂有德妙慧文殊不思議境界妙德女問佛等經又於佛授記寺譯護命法門六字神咒般若蜜多那不空羂索咒心智猛長者問除鬼病那邪大陀羅尼文殊咒法藏一字咒王摩尼秘密善住等經及般若六字三句論已上一十九部合二十卷沙門行感等同譯後至和帝龍興神龍二年丙午隨駕歸京勅於西崇福寺安置遂譯廣大寶樓閣不空羂索神變一字佛頂

開元釋教錄卷第九　第三十三張　隆

千手千眼姥陁羅尼如意輪文殊寶藏金剛光焰等經及大寶積此經都有四十九會上代譯者摘會別翻而不終部帙往者貞觀中玄奘法師往遊印度將梵本還於弘福寺譯大菩薩藏經即是寶積第十二之一會後於玉華宮寺翻大般若竟諸德慇懃請翻寶積奘法師云譯寶積之功不謝於般若余生崖已窮恐不終其事固請不已遂啓夾譯之可得數行乃嗟歎曰此經與此土群生未有緣矣余氣力衰竭不能辦也因而遂輟流志來日復賫其梵本和帝命志續奘餘功遂廣鳩碩德并名儒尋繹舊翻之經考挍新來之夾上代譯者勘同即附昔來未出按本具翻兼復舊義擁迷詳文重譯始乎神龍二年丙午創筵迄于睿宗先天二年癸丑畢席於中二十六會三十九卷流志新譯謂三律儀會无邊莊嚴會无量壽如來會不動如來會被甲莊嚴會文殊師利普門

會出現光明會佛為阿難說處胎會無盡伏藏會授幻師跋陁羅記會大神變會優波離會發勝志樂會善順菩薩會勤授長者會優陁延王會妙慧童女會恒河上優婆夷會功德寶花敷菩薩會善德天子會阿闍世王子會淨信童女會弥勒菩薩所問會无盡慧菩薩會勝鬘夫人會廣博仙人會創發題日於大內佛光殿和帝親御法筵筆受經首百僚侍坐妃后同觀求之古人無以加也逮睿宗嗣曆復於北苑白蓮花亭及大內甘露等殿別開會首亦親筆受並沙門思忠及東印度大首領伊舍羅直中書度頗具等譯梵文北印度沙門達摩南印度沙門波若丘多等證梵義沙門慧覺宗一普敬履方等筆受沙門勝莊法藏塵外無著深亮懷迪等證義沙門承禮神暕雲觀等次文太子詹事東海郡公徐堅邠王傅固安伯盧粲尚書右丞東海男盧藏用中書舍人野王男

蘇瑨禮部郎中彭景直左補闕祁縣男王瑨太府丞顏溫之太常博士賀知章等潤色中書侍郎平輿侯陸象先侍中鉅鹿公魏知古等監譯前太常卿薛崇胤通事舍人弘農男楊仲嗣監護繕寫既了將本進內睿宗外捴万方內崇三寶御筆製序標於經首前後捴譯五十三部合一百一十一卷三藏流志自翻寶積經了更不譯經禪觀怡神全丹養志壽雖過百道業無虧持誦經行晨昏靡替至開元十二年隨駕入洛勅於長壽寺安置以流志所住加号開元至十五年九月顧謂門人曰泡幻之身曰就衰朽縱然久住終歸磨滅吾生年攝養莫免衰弊今漸遲暮徒更延時遂從二十日不飲不食藥餌俱絕雖向五旬神色不異至十一月三日遂索香水洗浴換新潔衣至四日晨朝取梵本眾經手擎頂戴一一讚歎至五日齋時告諸侍人皆令四散吾暫就靜汝勿喧聲遂

於淨室之中右脇而卧奄然而卒
春秋一百五十有六自非積脩勝
業脱屣塵劳焉能保此遐齡去留
專己者也旣聞天聽皇衷感慕慟
歎久之追贈鴻臚大卿謚曰開元
一切遍知三藏詔遣内侍杜懷敬
往東都監葬勑内庫出物供葬所
須務令優贍無限其數於是鹵簿
羽儀幡幢花蓋闐塞衢巷而不可
數遂遷窆於龍門起塔供養焉
五分羯磨一卷 題云弥沙塞羯磨本
右一部一卷其本見在
沙門釋愛同俗姓趙氏本天水人
代襲冠冕同弱齡出家後以律學
馳譽讎弥沙塞律遠近師稟昔宋
朝罽賓三藏覺壽譯弥沙塞律因
出羯磨一卷時運遷移其本零落
尋求不獲學者無依同遂於大律
之内抄出羯磨一卷彼宗學者咸
傳流布
新譯花嚴音義二卷
右一部二卷其本見在
沙門釋慧苑京兆人花嚴藏法師

開元釋教錄卷第九　第三十七張　陸

上首門人也勤學無惰内外兼通
花嚴一宗尤所精達苑以新譯之
經未有音義披讀之者取決無從
遂博覽字書撰成二卷使尋讀之
者不遠求師而決於字義也
說妙法決定業障經一卷 第二出與奘法師譯讚大乘功德經同本開元九年六月於終南山石鼈谷耆尹蘭若譯
出生無邊門陁羅尼經一卷 第十一譯與無量門微密持經等同本開元九年於奉恩寺譯
師子素馱娑王斷肉經一卷 開元九年於奉恩寺譯
大乘修行菩薩行門諸經要集三卷 開元九年六月二十日於終南山石鼈谷耆尹蘭若譯
右四部六卷其本並在
沙門釋智嚴于闐國王之質子姓
尉遲名樂 盧各反 幼至大唐早居榮
禄授左領軍衛大將軍上柱國封
金滿郡公而立性淳質貞信居懷
請捨宅置寺奉為國家神龍二年
五月十一日勑允其所請又自惟
生居異域長自中華幸得侍奉四
朝班榮寵極猶恐叨承厚禄濫沐
殊恩於是固請出家冀酬玄澤神
龍二年十一月二十四日墨制云

開元釋教錄卷第九　第三十八張　陸

人之情也莫不貪惜禄位卿之願
也乃欲棄俗出家襲蘭若之蹤起
禪那之行忽省来奏嗟賞兼懷特
遂所祈式成高志以景龍元年十
一月五日和帝生日捨家剃落法
号智嚴仍請住於終南山至相寺
蘭若修道猶是虛心靜慮宴坐經
行精苦居懷幽棲積念加以經明
唐梵智照幽微寶積真詮如来秘
偈莫不屢承綸旨久預翻詳頻奉
絲言兼令證譯常於石鼈谷居阿
練若習頭陁行開元九年於石鼈
練若及奉恩寺譯決定業障經等
四部並文質相兼得其深趣又譯
尊勝陁羅尼呪一首及法華經藥
王菩薩等呪六首時有經本寫新
呪入幸勿怯之
七俱胝佛母准泥大明陁羅尼經一
卷 第二出與日照三藏譯者同本
金剛頂瑜伽中略出念誦法四卷 亦云經
金剛頂經曼殊室利菩薩五字心陁
羅尼品一卷
觀自在如意輪菩薩瑜伽法要一卷

開元釋教錄卷第九　第三十九張　陸

右四部七卷其本並在（上三經並出梵本金剛頂經撮要抄譯非全部也）

沙門跋曰羅菩（上聲）提（上聲地之）唐云金剛智南印度摩賴耶國人（此云光明國其國近觀音宮殿補陁落山）婆羅門種幼而出家遊諸印度雖内外博達而偏善揔持於此法門罕有其疋隨緣遊化隨處利生聞大支那佛法崇盛遂汎舶東遊達于海隅開元八年中方届京邑於是廣弘秘教建曼荼羅依法作成皆感靈瑞沙門一行欽斯秘法數就諮詢智一一指陳復為立壇灌頂一行敬受斯法請譯流通以十一年癸亥於資聖寺為譯瑜伽念誦法及七俱胝陁羅尼東印度婆羅門大首領直中書伊舍羅譯語嵩岳沙門温古筆受至十八年庚午於大薦福寺出曼殊室利五字心及觀自在瑜伽要沙門智藏譯語又於舊隨求中更續新呪智執揔持契所至皆驗秘教流傳寔斯人矣

大佛頂如來密因脩證了義諸菩薩

萬行首楞嚴經十卷

右一部十卷其本見在

沙門釋懷迪循州人也住本州羅浮山南樓寺其山乃仙聖遊居之處迪久習經論多所該博九流七略粗亦討尋但以居近海隅數有梵僧遊止迪就學書語復皆通悉往者三藏菩提流志譯寶積經遠召迪來以充證義所為事畢還歸故鄉後因遊廣府遇一梵僧（未得其名）齎梵經一夾請共譯之勒成十卷即大佛頂万行首楞嚴經是也迪筆受經旨兼緝綴文理其梵僧傳經事畢莫知所之有因南使流經至此

大毗盧遮那成佛神變加持經七卷（第七一卷是念誦法）

蘇婆呼童子經三卷（唐云妙臂童子亦云蘇婆呼律或二卷）

蘇悉地羯羅經一卷（唐言妙成就法此與蘇婆呼並是呪毗柰耶不曾入大曼荼羅不合輙讀同未受具人盜聽戒律便成盜法）

虛空藏菩薩能滿諸願最勝心陁羅尼求聞持法一卷（出梵本金剛頂經成就一切義品略譯少分）

右四部一十四卷其本並在

沙門輸波迦羅唐言善無畏中印度人釋迦之苗裔風儀爽俊聰叡超群解究五乘行該三學揔持禪觀妙達其源藝術異能無不諳曉加以弘法為務豈憚艱危遂發跡中天來遊東夏塗至北印度境聲譽已達帝京令上搜集賢良發使迎接以開元四年丙辰大賫梵本來達長安初於興福寺南院安置次後有勅令住西明至五年丁巳於菩提院譯虛空藏求聞持法一卷沙門悉達譯語沙門無著綴文筆受其無畏所將梵本有勅並令進内緣此未得廣譯諸經曩時沙門無行西遊天竺學畢言歸迴至北天不幸而卒所將梵本有勅迎歸比在西京華嚴寺收掌無畏與沙門一行於彼簡得數本梵經並揔持妙門先未曾譯至十二年隨駕入洛於大福先寺安置遂為沙門一行譯大毗盧遮那經其經具足梵文有十万頌今所出者撮其

要耳沙門寶月譯語沙門一行筆受承旨兼刪綴詞理文質相半妙諧深趣又出蘇婆呼蘇悉地二經無畏性愛恬簡靜慮怡神時開禪觀獎勸初學慈悲作念接誘無虧人或問疑剖析無滯

開元釋教録二十卷上帙總録下帙別録十八年庚午於西崇福寺東塔院撰

續大唐内典録一卷同前十八年撰

續古今譯經圖紀一卷同前十八年撰

續集古今佛道論衡一卷同前

集諸經礼懺儀二卷同前

右上五部二十五卷智昇所撰昇早預釋流志弘大教但才微力寡無遂本懐俛仰之間亟經寒暑曾未能宣傳正法荷擔菩提而近閲藏經仍探衆録覩其差謬或所未安狂簡斐然考成斯記雖文詞靡叙而事有所憑但鄙見未弘固多蹖闕耳其續内典録等附於本部之末幸諸来哲無貽誚焉右從後漢逮至皇朝合一十九代所出大小乘經律論并賢聖集傳揔二千

開元釋教録卷第九　第四十三張　性

二百七十八部都合七千四十六卷於中一千一百二十四部五千四十八卷見行入藏其梁代曼陀羅譯文殊般若經般若部中已載寶積經中亦復編入故此一經録中重載據其實數但一千一百二十三部五千四十七卷是見行數其集傳中有四十部三百六十八卷並是此方撰集非梵本翻出一千一百四十八部一千九百八十卷是闕本數兩件見闕合有二千二百七十一部七千二十七卷與前都數欠七部一千九卷不同者其東晉無垢眼譯毗尼序合入十誦其蕭齊法意譯提婆達多品一卷及周武帝代志德譯普門品重誦偈一卷並合入妙法華中其隋闍崛多譯銀主品囑累品共一卷合入金光明中其北涼曇無識譯四卷金光明梁朝真諦譯七卷金光明周世崛多譯五卷金光明隋朝沙門寶貴取前三本合成八卷數上三經在刪繁録加此七部一十九卷還與都數符同一無欠少

開元釋教録卷第九　摠録之九

乙巳歲高麗國大藏都監奉
勅雕造

開元釋教録卷第九　第四十四張　愛

開元釋教録卷第九

校勘記

一　底本，麗藏本。

一　一八四頁上二行「庚午歲」，資、磧、普、南作「唐庚午歲」；徑、清作「唐」。

一　一八四頁上一九行「遠化」，諸本(不含石，下同)作「違化」。又「盛傳」，諸本作「盛轉」。

一　一八四頁上二一行第六字「甲」，諸本作「夾」。

一　一八四頁上末行「京師」，資、磧作「宗師」。

一　一八四頁中一二行「慧澤」，徑作「慧譯」。

一　一八四頁中一九行第九字「碩」，資、磧、南作「顧」。

一　一八四頁下五行「瘴氣」，諸本作「瘴氣」。

一　一八四頁下二二行夾註左第七字「西」，資、磧無。

一　一八五頁上一行夾註左第一〇字

「訖」，諸本無。

一　一八五頁上二行夾註「陪盧遮那」，諸本作「毗盧遮那」。又「第二出」，南作「第一出」。

一　一八五頁上一三行夾註左「九年」，磧、南、清作「元年」。

一　一八五頁上一八行夾註右「杜顗」，諸本作「杜行顗」。

一　一八五頁上一九行夾註右「元年五月二十二日」，資、磧作「五月二十三日」；普、南、徑、清作「元年五月二十三日」。又左「彥琮譯琮兼製序」，諸本作「彥悰譯悰兼製序見經前序」。

一　一八五頁上二一行夾註右第四字「即」，諸本無。

一　一八五頁中二行夾註右「亦云」，諸本作「亦名」。

一　一八五頁中二〇行「佛頂尊勝」，諸本作「佛頂勝」。下同。

一　一八六頁上一一行「寔爲」，普作「是爲」。

一　一八六頁上一二行「代爲」，諸本作「當代」。

一　一八六頁上一七行首字「官」，諸本作「宦」。

一　一八六頁上二二行第一二字「林」，諸本作「琳」。

一　一八六頁中八行第四字「成」，諸本無。

一　一八六頁中一六行「冠冤」，諸本作「冠冕」。下同。

一　一八六頁中一八行第五字「隸」，諸本作「肆」。

一　一八六頁下一七行「丙子」，諸本作「景子」。

一　一八七頁中五行夾註左「十三日」，諸本作「二十三日」。

一　一八七頁下四行「翻經」，磧作「時翻經」。

一　一八七頁下二〇行「一部」，諸本作「一卷」。

一　一八八頁上一六行「菩薩」，諸本無。

一　一八八頁上一八行夾註右第一四字「內」，諸本無。

一　一八八頁中九行夾註左首字「出」，諸本作「山」。

一　一八八頁中一二行夾註左「五部」，諸本無。

一　一八八頁中一三行「喜學」，諸本作「學喜」。

一　一八九頁上五行夾註右第四字「經」，諸本作「經抄」。

一　一八九頁上一七行第一一字「於」，徑無。

一　一八九頁中六行「厚遺」，諸本作「厚遺」。

一　一八九頁中一〇行「名又」，資作「名叉」。

一　一八九頁中一三行第一〇字「人」，資作「叉」；普、南、徑、清作「乂」。

一　一八九頁中一九行夾註左「七月」，諸本作「十月」。

一　一八九頁中二一行夾註「二十二日」，諸本作「二十三日」。

一　一八九頁下二一行「丙午」，諸本作「景午」。下同。

一　一九〇頁上二二行夾註左末字「畢」，諸本無。

一　一九〇頁中一行夾註右第四字「與」，諸本無。

一　一九〇頁中三行夾註左第三字「下」，諸本作「下生」。

一　一九〇頁下一八行夾註左首字「積」，徑無。

一　一九〇頁下二一行夾註左首字「頌」，磧、普、南、徑、清作「順」。

一　一九一頁上三行夾註右「十四日」，諸本作「四日」。

一　一九一頁上四行夾註左第六字「於」，資、磧、普、南、徑無。

一　一九一頁上一〇行夾註左首字「於」，諸本無。二〇行夾註左第四字同。

一　一九一頁上二〇行第三字「暇」，諸本作「暇」。下同。

一　一九一頁上二二行第二字「爪」，徑作「爪」。

一　一九一頁中一行夾註左第八字「等」，諸本無。

一　一九一頁中三行夾註「智積」，資、磧、普、南、徑作「玄傘」。

一　一九一頁中二一行夾註右「大薦福寺」，諸本作「於大薦福寺」。

一　一九一頁下四行夾註「勝支」，諸本作「勝友」。

一　一九一頁下七行夾註右「景雲」，諸本作「景龍」。

一　一九一頁下一七行夾註左「二年」，南作「一年」。

一　一九一頁下一八行夾註左「名同」，諸本作「多同」。

一　一九一頁下二一行第九字「彩」，諸本作「鬃」。

一　一九二頁上一行第二字「操」，徑作「藻」。

一　一九二頁上一〇行「所爲」，徑作「所謂」。

一　一九二頁中三行「長爪」，資、磧、普作「長爪」。

一　一九二頁中一一行「成莊」，諸本作「勝莊」。

一　一九二頁下六行第六字「祈」，徑作「析」。

一　一九二頁下七行首字「賀」，諸本作「荷」。

一　一九三頁中四行夾註右第三字「音」，諸本無。

一　一九三頁中四行「但出其本」；資、磧、普、南、清作「但出真本」；徑作「俱出真本」。

一　一九三頁中一一行「偏功」，諸本作「偏攻」。

一　一九三頁中一二行「瀘漉」，資、磧、南、徑、清作「濾漉」，普作「濾渡」。

一　一九三頁下五行夾註左「三十五」，磧、普、南、徑、清作「二十五」。

一　一九三頁下一五行夾註右第五字「者」，諸本無。

一　一九三頁下二一行夾註右第二字「此」，資無。

一　一九四頁上四行夾註左第一一字「等」，諸本無。

一　一九四頁上六行夾註右「五佛頂」，諸本作「五佛頂經」。

一　一九四頁中五行夾註右第五字「呪」，諸本作「呪法」。

一　一九四頁中一二行「法希」，磧作「法布」。

一　一九四頁中一六行「洞曉」，徑作「洞僥」。

一　一九五頁上一五行末字「繹」，諸本作「譯」。

一　一九五頁上一七行第三字「同」，諸本作「會同」。

一　一九五頁中一二行第八字「建」，諸本作「逮」。

一　一九五頁下一五行第八字「泡」，資作「胞」。

一　一九六頁上二一行「花嚴」，諸本作「大方廣佛華嚴經」。

一　一九六頁中五行「決於字義」，資、磧、普作「訣於字書義」；徑、清作「決於字書義」。

一　一九六頁中一〇行夾註右末字「於」，諸本無。又左「蘭若」，南作「蘭石」。

一　一九六頁中末行「十一月」，諸本作「十二月」。

一　一九六頁下五行末字「法」，徑、清作「髮」。

一　一九六頁下七行「猶是」，諸本作「於是」。

一　一九六頁下一〇行第六字「綸」，磧、普、南、徑、清作「絲」。

一　一九六頁下一一行首字「絲」，資作「綸」。

一　一九六頁下二〇行夾註「亦云經」，普作「亦云開元十一年於資聖寺譯」；磧、南、徑、清作「開元十一年於資聖寺譯」。

一　一九七頁上一行夾註右「三經」，徑、清作「二經」。

一　一九七頁中一九行夾註右「唐言」，諸本作「唐云」。

一　一九七頁下五行第八字「異」，諸本作「奇」。

一　一九七頁下九行「丙辰」，諸本作「景辰」。

一　一九七頁下一七行首字「北天」，徑作「比天」。又「不幸」，諸本作「不達」。

一　一九七頁下一八行首字「歸」，諸本作「還」。

一　一九八頁上一七行第一一字「或」，諸本作「惑」。

一　一九八頁中六行夾註左「三百」，磧、南作「二百」。

一　一九八頁中一〇行夾註右第九字「千」，諸本作「十」。

一　一九八頁中一二行夾註左第四字「隋」，徑作「隨」。

一　一九八頁中一四行夾註左首字「朝」，諸本無。

一　一九八頁中一五行夾註右第四字「在」，徑作「衣」。

一　一九八頁中一五行夾註左「符同

一」，資、磧、普、清作「扶同一」；南作「扶一」；徑作「扶同一」。

一一　一九八頁中末行經名夾註「摠録之九」，磧、南、徑、清無。

開元釋教録卷第十　陞

庚午歲西崇福寺沙門智昇撰

惣括群經録上之十

敘列古今諸家目録

古經録一卷

右尋諸舊録多稱爲古録似是秦始皇時釋利防等所賫經録

舊經録一卷

右似是前漢劉向挍書天閣往見有佛經即謂古藏經録謂孔壁所藏或秦正焚書人中所藏者

漢時佛經目録一卷

右似是明帝時迦葉摩騰創譯四十二章經因即撰録

朱士行漢録一卷

右曹魏時潁川沙門朱士行於洛陽講道行經因著其録後往西域求經於彼而卒

衆經録一卷

右西晉武帝代長安青門外大寺西域沙門竺法護翻譯衆經因出其録

衆經録一卷

右西晉惠帝代永嘉中清信士聶道真稟受護公之筆匠也後自翻經因出其録

趙録一卷

右似是二趙時諸録遥注未知姓氏

綜理衆經目録一卷

右符秦代沙門釋道安所撰自前諸録但列經名至於品類時代盖闕而不紀後人披覽莫測根由安乃捴集名題表其時代銓品新舊定其制作衆經有據自此而明在後群録資而增廣是知高懷獨悟足以垂範後昆所撰之文見僧祐録

二秦録一卷

右後秦姚興弘始年長安沙門釋僧叡所撰叡即安公之弟子神用通朗思力標舉參譯什門多有撰緝

衆經録四卷　魏世録　吳世録　晉世雜録　河西録

右東晉廬山東林寺遠公弟子釋道流創撰未就而卒同學竺道祖續而成之

經論都録一卷　別録一卷

右東晉成帝豫章山沙門支敏度撰其人捴挍古今群經故撰都録敏度又撰別録一部

衆經目録二卷

右蕭齊武帝時沙門釋王宗撰見梁三藏記

釋弘充録一卷　南齊楊都人

釋道慧宋齊録一卷　南齊

釋道憑録一卷　北齊

釋正度録一卷

王車騎録一卷

始興録一卷　未詳撰者　亦云南録

廬山録一卷　未詳作者

岑号録一卷

菩提留支録一卷　元魏洛京永寧寺天竺沙門也

華林佛殿衆經目録四卷　梁天監十四年勅沙門僧紹撰

隋沙門釋靈裕譯經録一卷　長房録中顯隋字

衆經都録八卷　似是揔合諸家未詳作者

已前諸錄二十五家長房內典
二錄云上件諸錄撿傳記有之
未見其本故列名而已
衆經別錄二卷 未詳作者言似宋時 撰分十例具如後列
大乘經錄第一 三百七十部 七百七十九卷
三乘通教錄第二 三十一部 九十七卷
三乘中大乘錄第三 十七部 三十八卷
右上卷三錄捴四百三十八部九
百一十四卷
小乘經錄第四 四百三十六部 六百十卷
第五篇目本闕 此闕本錄不顯部卷 應散在諸錄中故耳
大小乘不判錄第六 一百七十四部 一百八十四卷
疑經錄第七 一十七部 二十卷
律錄第八 一十二部 一百九十五卷
數錄第九 六部 一百二十一卷
論錄第十 六部 一百五十三卷
右下卷七錄捴六百五十一部
一千六百八十二卷
上下兩卷合有十篇都一千八十
九部二千五百九十六卷 其下卷七 錄部數勘
元魏衆經目錄 永熙年 勅舍人李廓撰一卷成
開卷數少四 百未詳所以
大乘經目錄一 二百二十四部
開元釋教錄卷第十 第四張 陸

大乘論目錄二 二十九部
大乘經子注目錄三 十二部
大乘未譯經論目錄四 二十三部
小乘經目錄五 六十九部
小乘論目錄六 二部
有目未得經目錄七 十六部
非真經目錄八 六十二部
非真論目錄九 四部
全非經愚人妄作目錄十 十一部
都十件經律論真僞四百二十
七部二千五十三卷 部數勘與都數不同 應十五部未詳所以
梁代衆經目錄 天監十七年 勅沙門寶唱撰
衆經目錄卷第一 大乘二百六十二部 六百七十四卷
有譯人多卷一 六十九部 四百六十七卷
無譯人多卷二 五部 十九卷
有譯人一卷三 九十部 九十卷
無譯人一卷四 九十八部 九十八卷
衆經目錄卷第二 小乘二百八十五部 四百卷
有譯人多卷一 一十七部 一百二十卷
無譯人多卷二 五部 十七卷
有譯人一卷三 五十部 五十卷
無譯人一卷四 二百一十三部 二百一十三卷
衆經目錄卷第三 三百六十二部 一千六百八十二卷
開元釋教錄卷第十 第五張 陸

先異譯經一 四十五部多卷 二百七十九卷 三十八部一卷 三十八卷 九部多卷 三十一部一卷 三十一卷
禪經二 六十八部 二百七十卷
戒律三 六十二部 六十七卷
疑經四 四十部 二百四十六卷
注經五 三十一部 三百六十七卷
數論六 三十八部 三百四十一卷
義記七
衆經目錄卷第四 二百二十九部 九百八十五卷 根部數勘 欠五不同
隨事別名一 一十三部 四百一十三卷
隨事共名二 二十五部 四百七十卷
譬喻三 一十五部 三十六卷
佛名四 一十四部 二十九卷
神呪五 四十七部 四十七卷
捴四卷都二十件凡一千四百
三十三部三千七百四十一卷 此都
部數與前數勘欠三百 九十五部未詳所以
高齊衆經目錄 武平年沙門統法上撰 梵名達摩 鬱多羅 一卷成
雜藏錄一 二百九十一部 八百七十四卷
修多羅錄二 一百七十九部 三百三十卷
毗尼錄三 一十九部 二百五十六卷
阿毗曇錄四 五十部 四百二十一卷
別錄第五 三十七部 七十四卷
衆經抄錄六 一百二十七部 一百三十七卷
開元釋教錄卷第十 第六張 陸

集録第七 三十三部 一百四十七卷
人作録八 五十一部 一百六卷
都八件經律論真僞七百八十七部二千三百三十四卷 此部數與前數勘欠十一卷不同未詳所以
從衆經別録下四家目録長房内典二録具列篇題今尋本未獲但具存其目
唐衆經目録五卷 貞觀初普光寺沙門玄琬撰出内典録
右内典録中引用云唐舊録未見其本似取隋五卷衆經録編新經入餘者大同
衆經目録五卷 於隋録内加唐新翻經論皆無異 大唐大敬愛寺沙門靜泰撰
右從古録已下三十一家諸録之中雖皆備述欲尋其本難可備焉且列名題知其有據 撰録者曰又如長房録中引一乘寺藏録問録之中引真寂寺録義善寺録玄法寺録都林寺録上之五録但引其名不言卷數又有隋朝大乘中藏録四卷並不知何人製作似是當寺衆經略記由是既有多少局録未可通行故知録次闕而不載
梁出三藏記集一十五卷 建初寺沙門釋僧祐撰
其序略云祐以庸淺豫憑法門翹仰玄風擔弘末化每至昏曉諷持秋夏講説未嘗不心馳菴

園影躍靈岳於是牽課羸志沿波討源綴其所聞名曰出三藏記集一撰縁記二詮名録三揔經序四述列傳縁記撰則原始之本克昭名録詮則年代之目不墜經序揔則勝集之時足徵列傳述則伊人之風可見並鑽折内經研鏡外籍 云云
出三藏記集卷第一 第一卷撰縁記第二至第五詮名録第六至第十二摠經序第十三至第十五述列傳
集三藏縁記第一 出大智度論
十誦律五百羅漢出三藏記第二
菩薩處胎經出八藏記第三
胡漢譯經文字音義同異記第四 [illegible]
前後出經異記第五
出三藏記集卷第二
新集撰出經律論録第一 四百五十部 一千八百六十七卷
新集條解異出經録第二 直納部名以配當譯不云卷數或無標類矣
新集表序四部律録第三 初題有卷中無 四部一百八十卷
出三藏記集卷第三
新集安公古異經録第一 九十二部 九十二卷
新集安公失譯經録第二 一百四十二部 一百四十七卷
新集安公涼土異經録第三 五十九部 七十九卷

新集安公關中異經録第四 二十四部 二十四卷
新集律分為五部記録第五 [illegible]
新集律分為十八部記録第六
新集律來漢地四部記録第七
出三藏記集卷第四
新集續撰失譯雜經録第一 一千三百六部 一千五百七十卷
出三藏記集卷第五
新集抄經録第一 四十六部 三百五十一卷
新集安公疑經録第二 二十六部 三十卷
新集疑經僞撰雜録第三 二十部 二十六卷
新集安公注經及雜經志録第四 四十八部 三百五十九卷
小乘迷學竺法度造異儀記第五
長安叡法師喻疑第六
出三藏記集卷第六 四十二章經序等十首
出三藏記集卷第七 道行經序等二十首
出三藏記集卷第八 般若鈔經序等十九首
出三藏記集卷第九 華嚴經記等二十四首
出三藏記集卷第十 道地經序等二十一首
出三藏記集卷第十一 中論序等一十六首
出三藏記集卷第十二 雜記序録十首
出三藏記集卷第十三 安世高傳等十二
出三藏記集卷第十四 鳩摩羅什傳等十
出三藏記集卷第十五 白法祖傳等十

撰録者曰祐録所撰條例可觀若細尋求不無乖失只如第一卷前後出經異記中舊經怛薩阿竭阿羅訶三耶三佛新經阿耨多羅三藐三菩提者一誤若新舊相對應云舊經怛薩阿竭阿羅訶三耶三佛新經多陁阿伽度阿羅訶三藐三佛陁舊經阿耨多羅三耶三菩新經阿耨多羅三藐三菩提二義全殊不可交互又如曇摩羅刹與竺法護乃是一人梵云法羅刹言護分為二人二誤異出經論録中但名目相似即云重譯而不細料簡大小淆雜三誤僧伽羅刹等序云衆護撰者僧伽云衆羅刹言護衆護乃是集經之人序是翻譯者作題云衆護四誤此諸衆作率譯全甚此今增舉之一端也

隋衆經目録七卷 一卷摠録 別録六卷 開皇十四年

勅翻經所法經等二十大德撰

大乘脩多羅藏録一六分 合七百八十四部 一千七百一十八卷

衆經一譯分 合一百三十三部 四百二十一卷

衆經異譯分 合一百九十五部 五百二十二卷

衆經失譯分 合一百三十四部 三百七十五卷

衆經別生分 合二百二十一部 三百六十四卷

衆經疑惑分 合二十一部 三十卷

衆經僞妄分 合八十部 一百九十六卷

小乘修多羅藏録二六分 合八百四十二部 業傳四十五部 一千三百一卷 業傳三百四卷

衆經一譯分 合七十二部 一百九十二卷

衆經異譯分 合一百部 二百七十卷

衆經失譯分 合一百五十部 二百七十二卷

衆經別生分 合三百四十二部 三百四十六卷

衆經疑惑分 合二十九部 三十一卷

衆經僞妄分 合五十三部 九十三卷

大乘毗尼藏録三六分 合五十部 八十二卷

衆律一譯分 合一十二部 三十二卷

衆律異譯分 合七部 七卷

衆律失譯分 合一十一部 一十四卷

衆律別生分 合一十六部 一十六卷

衆律疑惑分 合一部 二卷

衆律僞妄分 合二部 一十一卷

小乘毗尼藏録四六分 合六十三部 三百八十一卷

衆律一譯分 合一十五部 一百九十八卷

衆律異譯分 合八部 一百二十六卷

衆律失譯分 合二十九部 四十五卷

衆律別生分 合六部 六卷

衆律疑惑分 合二部 二卷

衆律僞妄分 合三部 二卷

大乘阿毗曇藏五六分 合六十八部 三百八十一卷

衆論一譯分 合四十一部 二百六卷

衆論異譯分 合八部 五十二卷

衆論失譯分 合一部 二卷

衆論別生分 合一十五部 一十九卷

衆論疑惑分 合一部 一卷

衆論僞妄分 合一部 一卷

小乘阿毗曇藏六六分 合一百一十六部 四百八十一卷

衆論一譯分 合一十四部 三百七十六卷

衆論異譯分 合八部 六十六卷

衆論失譯分 合五部 二十二卷

衆論別生分 合八十六部 一百七卷

衆論疑惑分 合一部 一卷

衆論僞妄分 合二部 一十卷

佛滅度後抄集録七二分 合一百四十四部 六百二十七卷

西域賢聖抄集分 合四十八部 一百一十九卷

此方諸德抄集分 合九十六部 五百八卷

佛滅度後傳記録八二分 合六十八部 一百八十五卷

西域賢聖傳記分 合一十三部 三十卷

此方諸德傳記分 合五十五部 一百五十五卷

佛滅度後著述録九二分 合百十九部 一百二十卷

西域賢聖著述分 合一十五部 一十九卷

此方諸德著述分 合一百四部 一百一十五卷

右九録合二千二百五十七部五千三百一十卷 業傳二千二百五十四部五千一百九十一卷細數 別録部卷復與摠録不同 分為六卷摠録第七合為七卷 撰録者曰今撿尋此録非編並錯即如曇摩羅刹晉言法護撰是一人録中分二云各出須真天子經二卷編為重譯不識梵晉之言一誤也如律二十二明了論摠是一經録中分為二部律二十二卷編在律中明了論一卷在於是論録一經之題分二上録二誤也其律二十二乃是明了論半題今云二十二卷

誤之甚也莫攝論十二卷與十五卷者二本不殊存其二部而言重譯三誤也以仁王經起信論等編在疑録四誤也不能備陳略述如此

隋開皇三寶録一十五卷（内題云歷代三寶紀 開皇十七年興善寺翻經學士成都費長房撰）

歷代三寶紀第一（帝年上 周秦）

從周莊王他十年甲午至秦始皇帝子子嬰甲午年凡二十六主四百八十一載

歷代三寶紀第二（帝年次 前漢 新王 後漢）

從前漢高帝元年乙未至後漢獻帝建安二十四年己亥凡二十六君四百二十五載

歷代三寶紀第三（帝年下 魏晉 宋齊梁周隋）

從魏文帝黃初元年庚子至隋開皇十七年丁巳凡四十四主三百七十八載

歷代三寶紀第四（譯經後漢）

右從明帝永平十年丁卯至獻帝末年歷一十一主一百五十二年華戎道俗十有二人并古失譯合出經律三百三十四部四百一十六卷

歷代三寶紀第五（譯經 魏吳）

右魏吳兩代道俗十人所出經律羯磨并舊失譯合三百一十二部四百八十二卷

歷代三寶紀第六（譯經 西晉）

右西晉代華戎道俗十有三人并前失譯諸經戒等合四百五十一部七百一十七卷

歷代三寶紀第七（譯經 東晉）

右東晉代華戎道俗二十七人而所出經并舊失譯合二百六十三部五百八十五卷

歷代三寶紀第八（譯經 苻秦 姚秦）

右二秦之代華戎釋種一十六人合出經論傳等一百六十四部九百四卷

歷代三寶紀第九（譯經 西秦 北涼 元魏 高齊 陳氏）

右五代緇素共二十七人所出三藏及記録等并及失譯合二百三部八百五十五卷

歷代三寶紀第十（譯經 宋一）

右宋代華戎道俗二十三人出經律論及傳録等凡二百一十部四百九十卷

歷代三寶紀第十一（譯經 齊梁周）

右三代緇素共五十一人出經律論及傳録等一百六十二部一千三百二十六卷

歷代三寶紀第十二（譯經 大隋）

右隋代華戎緇素十有九人所翻新文及雜舊本論傳法式合七十五部四百六十二卷

歷代三寶紀第十三（大乘録入藏目 五百五十一部 一千五百八十六卷）

大乘

修多羅有譯一　三百三十四部　八百八十五卷

修多羅失譯二　三百三十五部　四百二卷

毗尼有譯三　一十九部　四十卷

毗尼失譯四　一十二部　一十四卷

阿毗曇有譯五　四十九部　二百三十八卷

阿毗曇失譯六　二部　七卷

歷代三寶紀第十四（小乘録入藏目 五百二十五部 一千七百三 錄云七百一十卷十二卷者誤）

小乘

修多羅有譯一　一百八部　五百二十七卷

修多羅失譯二　三百一十六部　四百八十二卷

毗尼有譯三　三十九部　一百八十五卷

毗尼失譯四　三十一部　六十七卷

阿毗曇有譯五　二十一部　三百五十一卷

阿毗曇失譯六　一十部　二十七卷

開皇三寶錄總目一卷（內典錄云房錄所出經律論傳總二千一百四十六部六千二百三十五卷非入藏數并傳七十四部三十七卷與內典不同）

右兼總目共成一十五卷（其第十三十四大小乘入藏目錄合一千七十六部二千二百二十五卷房錄本數三千三百九十二卷者計數錯也）

內典錄云房所撰者入藏之中

瓦玉相謬得在繁富未可覈通

非無憑准未可偏削（撰錄者曰余檢長房入藏錄中事實雜謬其闕本疑偽皆編入藏竊為不可又如大乘錄中賢劫經賢劫三昧經此是一經兩名今存二部一誤須菩提品經及長安品此並般若鈔之異名今別存兩部亦二誤須真天子經須真天子問四事經亦一經兩名重載二部三誤象步經即無所希望經異名二名各存四誤菩提無行經即文殊問菩提經異名各存其二本五誤以僧佉外道論入大乘中六誤小乘錄中達摩多羅禪經與不淨觀經是一經異不淨觀約法為名達摩多羅從人立稱二部俱存七誤十誦律六十一卷十誦律五十九卷二本不錄其六十一卷者即卑摩羅叉加毗尼序置之於後餘並無異今云重譯二本俱存八誤律二十二卷於律中明了論在於論錄一誤分二十九誤其律二十二乃是明了論之半題今存律二十二卷誤中重誤也眾事分阿毗曇論代錄之中即言宋朝求那跋陀羅共菩提耶舍譯入藏之內別言失譯前後甚違十誤錄者在錄不能繁敘）

隋眾經目錄五卷（仁壽二年勅諸興善寺大德與翻經沙門及學士等撰）

都合二千一百九部五千五十九卷

單本（原來一本更無別翻）合三百七十部一千七百八十六卷

右第一卷

重翻（本是一部或有二重翻者乃至六重翻者）合二百七十七部五百

八十三卷

賢聖集傳（賢聖所撰翻譯有源）合四十一部一百六十四卷

右第二卷（已前二卷三分合六百八十八部二千五百三十三卷入藏見錄）

別生（於本部內抄出別行）合八百一十部一千二百八十八卷

右第三卷

疑偽（名雖似正義涉人造）合二百九部四百九十一卷

右第四卷（已前二卷二分合一千一十九部一千七百七十九卷不須抄寫）

闕本（舊錄有目而無經本）合四百二部七百四十七卷（請訪）

右第五卷

其序略云別生疑偽不須抄寫已外三分入藏所取至如法寶集之流淨住子之類還同略抄例入別生餘有僧傳等詞參文史體非淳正事雖可尋義無在錄內典錄云即今京輦通寫咸行直列經名仍銓傳譯所略過半未足撿尋（撰錄者曰余撿尋此錄非無差謬只如弘道廣顯三昧經與阿耨達龍王經此是一經兩名俱云竺法護譯存其兩本一誤又如普曜經八卷云西晉竺法護譯闕本錄中復云普曜經八卷亦云竺法護譯見闕俱載二誤又入藏錄中普曜經八卷即云單本闕本錄中復云重譯闕本前後差殊三誤真諦所譯攝大乘論十二卷者與十五卷者卷雖增減文則不殊今二本俱存四誤彌沙塞羯磨闕本錄中前後重載五誤以隨願往生經遺教論等編為疑偽六誤餘在錄中不能備記）

大唐內典錄十卷（麟德元年甲子西明寺沙門釋道宣撰）

歷代眾經傳譯所從錄第一（歷代別出經及人述作無非通法並入經錄以所從出）

後漢朝傳譯道俗一十二人所出經律等（三百三十四部四百一十六卷　失譯經一百二十五部一百四十八卷）

前魏朝傳譯僧六人所出經律等一十（三部二十五卷）

南吳孫氏傳譯道俗四人所出經傳等（一百四十八部一百九十五卷　失譯經一百一十部二百九十二卷）

西晉朝傳譯道俗一十三人所出經戒等（四百四十六部七百一十三卷　失譯經八部一十五卷）

東晉朝傳譯道俗二十七人所出經傳等（二百六十三部五百七十四卷　失譯經五十部五十四卷）

前秦符氏傳譯僧八人所出經傳等（四十部二百三十九卷）

西秦乞伏氏傳譯僧一人所出經等（一十五部二十二卷　失譯經八部一十一卷）

後秦姚氏傳譯僧八人所出經傳等（一百二十四部六百七十六卷）

北涼沮渠氏傳譯道俗九人所出經傳（三十四部二百七十卷　失譯經五部一十七卷）

宋朝傳譯道俗二十四人所出經傳（二百一十七部五百三卷）

前齊朝傳譯道俗二十人所出經傳

梁朝傳譯道俗二十一人所出經律傳 一十二部 二百九十六卷
等 八十九部 九百三卷
後魏元氏傳譯道俗一十四人所出經論傳錄 八十八部 二百九十八卷
後齊高氏傳譯道俗二人所出經論 八部 五十二卷
後周宇文氏傳譯道俗一十一人所出經論天文等 三十二部 一百五卷
陳朝傳譯道俗三人所出經論傳疏等 五十四部 二百五十一卷
隋朝傳譯道俗二十五人所出經論等 一百六部 六百三十二卷
皇朝傳譯僧等十有二人所出經論等 一百一十七部 一千六百六十八卷
都合一十八代所出衆經揔有二千四百八十七部八千四百七十六卷 其第一卷初都數與第十卷中都數多少不同又與諸本對勘數亦少多並別未詳何者為正
已上一錄分為五卷 從第一盡第五
歷代翻本單重人代存亡錄第二 謂前後異出人代不同又遭離亂道否波遊今揔計會故有單重緣敘其如致傳失譯
大乘經單重譯本并譯有無錄 含亖 亓八 十六部一千一百五十一卷 一万八千五百二十二紙

開元釋教錄卷第十　第十九張　陸

大乘律單重譯本并譯有無錄 合二十二部 三十四卷
大乘論單重譯本并譯有無錄 合七十二部 五百卷 九千二百二十紙
小乘經單重譯本并譯有無錄 合二百四部 五百四十四卷 七千六百七十四紙
小乘律本譯有無錄 合三十五部 二百七十四卷 五千八百一十三紙
小乘論單重譯本并譯有無錄 合三十三部 六百七十六卷 一万二千一百七十七紙
賢聖集錄通大小乘 合四十七部 一百八十四卷 二千七百六十紙
右一錄分為第六第七二卷
歷代衆經分乘入藏錄第三 謂經部繁多經要偽列從帙入藏以類相從故分大小二乘顯單重兩譯
衆經律論傳合八百一部 三千三百六十一卷 五万六十一百七十紙 三百二十六帙
大乘經一譯二百四部 六百八十五卷 一万一千四十三紙 六十六帙
大乘經重翻二百二部 四百九十七卷 一千二百九十紙 四十九帙
小乘經一譯一百八部 四百三十五卷 六千六百九十紙 三十九帙

開元釋教錄卷第十　第二十張　陸

小乘經重翻九十六部 一百一十四卷 九百七十七紙 六帙
小乘律三十五部 二百七十四卷 五千八百一十三紙 二十八帙
大乘論七十四部 五百二卷 九千一百三十紙 五十二帙
小乘論三十三部 六百六十六卷 一万二千一百七十七紙 六十八帙
賢聖集傳四十九部 一百八十四卷 二千八百八十四紙 一十八帙
右一錄為第八卷 撰錄者曰於此錄類與前錄部卷有同者有不同者前錄出大乘律此合入經中又單重交雜前後差殊故何准定
歷代衆經舉要轉讀錄第四 謂轉讀尋玩務在要博繁文重義非日故時故隨部揔舉簡取通道自餘重本存而未暇
大乘經正本二百五十四部 七百九十五卷 一万三千七十九紙
大乘律本二十部 三十二卷 四百三十紙
大乘論本六十三部 四百四十五卷 八千一百一十五紙
都合大乘經律論合三百三十七部 一千二百六十七卷 二万一千六百二十五紙
小乘經合一百一十八部 四百三十三卷 六千七百一十三紙
小乘律合三十五部 二百七十四卷 五千七百一十八紙
小乘論合二十九部 五百六十五卷 九千九百九十七紙
都合小乘經律論合一百八十二部 一千二百五十二卷 二万二千四百二十八紙
賢聖集傳合四十三部 一百七十七卷 二千九百九十七紙
右一錄為第九卷 撰錄者曰於此中意上所列者是轉讀教諸重譯經但存一本餘並執理無異删而不存
歷代衆經有目闕本錄第五 謂統檢群錄校本則無隨方別

開元釋教錄卷第十　第二十一張　陸

歷代道俗述作注解錄第六 謂注述聖言用通未悟前已雜出來能通遍故別顯目訪之

歷代諸經支派陳化錄第七 謂別生諸經曲順時俗未通廣顯來足中明今別題錄使尋覧易曉

歷代所出疑僞經論錄第八 謂正法深遠凡愚未達隨俗下本且接初心一四句頌來可輙削故也化有物真宗者不攜顯玉石斯濫

歷代衆經錄目始終序第九 謂經錄代出須識其源

歷代衆經應感興敬錄第十 謂經翻東夏應感徵祥而育象祐增信故使傳狩惟遠

古六錄合為第十卷 欲其委之恐繁故略

內典錄中宣律師云余少沐法流五十餘載宗匠成教軌範賢明每值經誥德能無不目閱親謁至於經部大錄欣悟良多無論真僞思聞其異云云故魏晉之後騰譯欝蒸製錄討論居然非一或以數列或用名求或憑時代或寄参譯各紀一隅務存所見斯並當時稽古識量修明而綴撰筆削不至詳審者非為才不足而智不周也云云上集群目取訡僧傳等文勘閱詳定便条祐房等錄祐錄徵據文義可觀然大小偏同三藏糅雜抄集条正傳記亂經考括始終莫能通決房錄後出該贍前聞然三寶共部僞真淆乱自餘諸錄胡可勝言今余所撰望革前弊 撰錄者曰宣公所撰類例明審實有可觀作者之風見於茲矣然少有差雜未祭盡善述作之事設謂雜哉今略叙數料以辞既錄非欲指陳盛否實檢致異是非只如人代存亡錄中所小品等六經並云大品之同本皆不然義理雖通據會全異而言同本一誤善攝淨行經與實踰著陸經俱云並法違譯此是一經兩名存其二本二誤弘道廣顯三昧經與阿稱達龍王經亦是一經兩名二本俱存三誤須弥藏經二卷此是高齊耶舍所翻前技畫上四誤攝大乘論真諦諦者有十二婆本有十五成者二本俱存五誤設若紗經大乘錄中及集傳內二叢俱嚴六誤又如分乘入藏錄中深寄解脫經前後重上前與等薩處胎經同鉄後與解深密經同帙七誤以舊輪經為單本新十輪經為高譯八誤以她世經為單本樓炎經為重譯九誤與顯非一不從倫乘如來要辨讀經中信力入印法門經藥是華嚴文類大部中無同於度世漸偏等經攝歸大部不為轉讀之數一不然也諸部般若唯乘大品一經放光等九部云重皆呼平乘前以統大義斷盡玉華很譯大般若者明佛一化十有六會得存供婆縱用常行令謂不然豈可以凡愚淡智而攝黃法海手人性不同所嫌各異董以自情好略令他同已見耶般若大經轉讀林泉佛把弘閑左東北方而言雖用常行痛為未可又小品大品攝李全珠一疑一與二下然也如須弥藏經等四是大集別分大部中無攝而不行理為未當又須弥藏經前則攝歸大集後即別譯流行前後差殊三不然也如樓炎經等析入長含起世一經別令轉讀起世之與樓炎梵本何殊一廢一興四不然也如安般中意與大安般無殊此乃何緣二俱轉讀五不然也如十八部論與部執異論本不殊此復何緣異令轉讀六不然也又云錄外有外道金七十論破外道涅槃論破外道四宗論未明故開者如金七十論外道所撰非是佛法除之可然涅槃四宗同彼一例制釋為未可此是內論破於外宗一例制除七不然也又如人代存亡錄及衆經要轉讀大乘錄中二藏諸異入藏錄中大乘經律並可前後俱有中間偶無自為矛盾八不然也如上所列作無來許而云萃弊並所未然差錯極多率難陳委明達之筆幸自詳焉

續大唐內典錄一卷 開元庚午歲西崇福寺沙門智昇撰

歷代衆經傳譯所從錄 從麟德元年甲子至開元十八年庚午前錄未載今故續之

大唐古今譯經圖紀四卷 大慈恩寺翻經沙門靖邁撰

大慈恩寺翻經堂內壁畫古今翻譯圖變靖邁因撰題之于壁但略費長房錄翻經之者紀之餘撰集者不錄逮至皇朝揔成四卷房所錯者此亦同然更欲廣陳恐繁故止

續古今譯經圖紀一卷 開元庚午歲西崇福寺沙門智昇撰

從奘法師後至輸波迦羅前紀未載今故續之

大周刊定衆經目録十五卷（天白天册萬歲元年乙未）

勅東都佛授記寺沙門明佺等撰定

大小乘經律論及賢聖集傳合三千六百一十六部八千六百四十一卷（其見定入藏流行部卷不在此數）

大乘單譯經目　五百二十八卷　卷第一（二百八十三部）

大乘重譯經目之一　一千二百九十四卷　卷第二（一百七十八部）

大乘重譯經目之二　三百三十八卷　卷第三（一百六十八部）

大乘重譯經目之三　四百二十一卷　卷第四（一百八十部）

大乘重譯經目之四　一百六十五卷　卷第五（一百八十八部）

大乘律大乘論目　七百一十六卷　卷第六（一百六十二部）

小乘單譯經目　二百一十卷　卷第七（一百二十八部）

小乘重譯經目之一　八百四十二卷　卷第八（二百七十一部）

小乘重譯經目之二　五百八十一卷　卷第九（二百七十九部）

小乘律論賢聖集傳目　一千三百四十一卷　卷第十（一百九十四部）

大小乘失譯經目　五百八十卷　卷第十一（三百七十七部）

大小乘闕本經目　六百七十七卷　卷第十二（四百七十八部）

見定入藏流行目上　卷第十三

見定入藏流行目下　卷第十四

合大小乘三藏及賢聖集傳等八百七十四部四千二百五十三卷（上卷入藏大乘經律論五百六十二部二千五百三十二卷下卷小乘經律論及集傳二百九十九部一千六百二十卷）

大乘經　四百六十二部　一千九百六十三卷（一百九十六帙）

大乘律　二十三部　四十九卷（五帙）

大乘論　八十八部　五百二十卷（五十一帙）

已上為入藏録上卷

小乘經　二百七部　四百四十三卷（四十四帙）

小乘律　三十五部　二百六十卷（二十八帙）

小乘論　三十六部　七百四十四卷（七十三帙）

賢聖集傳二十一部　四十一卷（四帙）

已上為入藏録下卷（細算部卷數與卷中數並悉參差不同未見定本）

僞經目録一卷　二百二十八部　四百一十九卷

右兼僞録總一十五卷（撰録者曰當刊定此録法匠如林㧾是名髙未能親覺但指撝末學令緝撰成之中間亦失或將太半此乃委不得人過在於能使也且如第十二卷關本數總四百七十八部六百七十七卷前十一卷中以合有訖今通計此數總成三千六百一十六部八千六百四十一卷者此不然也妄増部卷推實即無諸録文舛斯可尚況刪繁紐中已述多少更欲細委恐繁故止）

大唐開元釋教録二十卷（庚午歲西崇福寺沙門智昇撰）

右此中所撰總分上下兩録具件如左

總括群經録上（從漢至唐所出經教區別人代具顯此中目録始終續於後列）

後漢傳譯緇素一十二人所出經律并新舊集失譯諸經總二百九十二部合三百九十五卷（九十七部一百三十一卷見在一百九十五部二百六十四卷本闕）

曹魏傳譯沙門五人所出經戒羯磨總一十二部合一十八卷（四部五卷見在八部一十三卷本闕）

右為第一卷

吴代傳譯緇素五人所出經等并及失譯總一百八十九部合

四百一十七卷（六十一部九十二卷見在一百二十八部三百二十五卷本闕）

西晉傳譯緇素一十二人所出經戒等并新舊集失譯諸經捴三百三十二部合五百九十卷（一百五十六部三百二十一卷見在一百七十六部二百六十九卷本闕）

右為第二卷

東晉傳譯緇素一十六人所出經律論并新舊集失譯諸經捴一百六十八部合四百六十八卷（八十五部三百三十六卷見在八十三部一百三十二卷本闕）

符秦傳譯沙門六人所出經律論等捴一十五部合一百九十七卷（七部六十五卷見在八部一百三十二卷本闕）

右為第三卷

姚秦傳譯沙門五人所出經律論等捴九十四部合六百二十四卷（六十六部五百二十八卷見在二十八部九十六卷本闕）

乞伏秦傳譯沙門一人所出經并三秦代新舊失譯經律論等捴五十六部合一百一十卷（三十二部七十九卷

見在二十四部三十一卷本闕）

前涼傳譯外國優婆塞一人所出經捴四部合六卷（一部一卷見在三部五卷本闕）

北涼傳譯緇素九人所出經律論等并新舊集失譯諸經捴八十二部合三百一十一卷（二十五部二百九卷見在五十七部一百二卷本闕）

右為第四卷

宋代傳譯緇素二十二人所出經律論等并新舊集失譯諸經捴四百六十五部合七百一十七卷（九十三部二百四十三卷見在三百七十二部四百七十四卷本闕）

右為第五卷

蕭齊傳譯沙門七人所出經律捴一十二部合三十三卷（七部二十八卷見在五部五卷本闕）

梁代傳譯緇素八人所出經論及諸傳記并新集失譯經律集等捴四十六部合二百一卷（四十部一百九十一卷見在六部十卷本闕）

元魏傳譯緇素一十二人所出經論捴八十三部合二百七十四卷（七十三部二百五十五卷見在一十部一十九卷本闕）

高齊傳譯緇素二人所出經論捴八部合五十二卷（並在無闕）

右為第六卷

周朝傳譯沙門四人所出經論等捴一十四部合二十九卷（六部一十一卷見在八部一十八卷本闕）

陳代傳譯緇素三人所出經律論及集傳等捴四十部合一百三十三卷（二十六部八十九卷見在一十四部四十四卷本闕）

隋朝傳譯緇素九人所出經論傳錄等捴六十四部合三百一卷（六十二部二百八十七卷見在二部一十四卷本闕）

右為第七卷

皇朝傳譯緇素已有三十七人所出經律論及傳錄等捴三百一部合二千一百七十卷（二百八十一部二千一百四十三卷見在二十部二十七卷訪本未獲）

都計一十九代傳譯道俗捴一百七十六人所出大小乘經律論及賢聖集傳捴二千二百七十八部都合七千四十六卷（一千一百三十部五千六十六卷見在一千一百四十八部一千九百八十卷本闕）

右為第八第九卷

合從古録至開元釋教新録及
續補舊闕揔有四十一家具如
前列

右為第十卷

別分乘藏録下 上録所辯揔出經而大小未分三藏淆雜此録之内具件科條闕本等經續附於後

就別録中曲分為七

有譯有本録第一　一千一百二十四部
五千四十八卷

復就此録更開為三

菩薩三藏録第一　六百八十六部　二千七百四十五卷
菩薩契經藏　五百六十三部　二千一百七十三卷
大乘經單重合譯　揔四百三十二部　一千八百八十卷
般若經新舊譯　二十一部　七百三十六卷
寶積經新舊譯　八十二部　一百六十九卷
大集經新舊譯　二十四部　一百四十二卷
華嚴經新舊譯　二十六部　一百八十七卷
涅槃經新舊譯　六部　五十八卷
五大部外諸重譯經　二百七十二部　五百八十八卷
大乘經單譯　揔一百三十一部　二百九十三卷
菩薩調伏藏　二十六部　五十四卷
菩薩對法藏　九十七部　五百一十八卷
大乘釋經論　三十一部　一百五十五卷

開元釋教録卷第十　第三十一張　豈

大乘集義論　七十六部　三百六十三卷

右為第十一十二卷

聲聞三藏録第二　二百四十部　六百一十八卷
聲聞契經藏　二百四十部　六百一十八卷
小乘經單重合譯　揔一百五十三部　三百九十四卷
根本四阿含經　五部　二百三卷
長阿含中別譯經　一十三部　四十二卷
中阿含中別譯經　五十三部　五十三卷
增壹阿含中別譯經　二十四部　二十四卷
雜阿含中別譯經　一十六部　一十六卷
四含外諸重譯經　四十二部　五十六卷
小乘經單譯　揔八十七部　二百二十四卷
聲聞調伏藏　五十四部　四百四十六卷
正調伏藏　四十一部　三百五十八卷
調伏藏眷屬　一十二部　八十八卷
聲聞對法藏　三十六部　六百九十八卷
有部根本身足論　八部　一百三十一卷
有部及餘支派論　二十八部　五百六十七卷
聖賢傳記録第三　一百八部　五百四十一卷
梵本翻譯集傳　六十八部　一百七十三卷
此方撰述集傳　四十部　三百六十八卷

右為第十三卷

有譯無本録第二　一千一百四十八部　一千九百八十卷

開元釋教録卷第十　第三十二張　豈

大乘經闕本　四百八部　八百一卷
大乘經重譯闕本　揔二百部　四百八十四卷
般若部中闕本　一十部　二十七卷
寶積部中闕本　三十部　五十四卷
大集部中闕本　一十三部　九十七卷
華嚴部中闕本　一十二部　二十七卷
涅槃部中闕本　四部　二十六卷
諸重譯經闕本　一百三十一部　一百五十二卷
大乘經單譯闕本　揔二百八部　三百一十六卷
大乘律闕本　二十二部　二十五卷
大乘論闕本　二十部　四十八卷
大乘釋經論闕本　四部　一十一卷
大乘集義論闕本　一十六部　三十七卷

右為第十四卷

小乘經闕本　六百五部　八百一十五卷
小乘經重譯闕本　揔一百二十五部　二百六十五卷
根本四阿含闕本　二部　一百九卷
長阿含部分闕本　一十四部　二十八卷
中阿含部分闕本　一十四部　一十四卷
增一阿含部分闕本　七部　八卷
雜阿含部分闕本　四十五部　四十五卷
諸重譯經闕本　四十二部　六十一卷
小乘經單譯闕本　揔四百八十部　五百五十卷

開元釋教録卷第十　第三十三張　豈

小乘律闕本 二十七部 四十二卷
小乘論闕本 九部 六十五卷
賢聖集傳闕本 四十七部 一百八十四卷

右為第十五卷

支派別行錄第三 六百八十二部 八百一十二卷

大乘別生經 二百九部 三百一十八卷
般若部中別生 一十部 一百一十九卷
寶積部中別生 一十三部 一十五卷
大集部中別生 五十一部 五十八卷
華嚴部中別生 一十部 一十一卷
諸大乘經別生 一百二十五部 一百二十五卷
大乘律別生 七部 七卷
大乘論別生 七部 一十一卷
小乘別生經 二百八十三部 二百八十三卷
長阿含部分別生 一十四部 一十四卷
中阿含部分別生 二十四部 二十四卷
增一阿含部分別生 二十六部 二十六卷
雜阿含部分別生 一百三十六部 一百三十六卷
諸小乘經別生 八十三部 八十三卷
小乘律別生 小乘論別生 四十二部 四十九卷
賢聖集傳別生 一百三十四部 一百三十四卷

右為第十六卷

刪略繁重錄第四 一百四十七部 四百八卷

開元釋教錄卷第十 第三十四張 堂

新括出別生經 六十七部 一百八十五卷
新括出名異文同經 二十部 五十二卷
新括出重上錄經 八部 三十卷
新括出合入大部經 五十二部 一百四十一卷

補闕拾遺錄第五 三百六部 一千一百一十一卷

大乘經舊譯 五十九部 六十九卷
大乘律舊譯 二部 二卷
大乘論舊譯 三部 四卷
小乘經舊譯 五十九部 六十八卷
小乘律舊譯 五部 五卷
賢聖集傳舊譯 三十六部 五十七卷

右已上一百六十四部二百五卷並是舊譯今見有本大周入藏中無今拾遺編入

新譯大乘經 六十一部 三百三十六卷
新譯大乘律 一部 一卷
新譯大乘論 一十五部 一十九卷
新譯小乘經 八部 八卷
新譯小乘律 一十一部 一百五十九卷
新譯賢聖集傳 三部 五卷

右已上九十六部五百二十八卷並是大周刊定錄後新譯所以前錄未載今補闕編入

開元釋教錄卷第十 第三十五張 怛

又小乘律戒羯磨 六部 一十卷 然並撰述有識時代歲行稱闕編入
又此方所撰集傳 四十部 三百六十八卷 然皆釋助正教於此補闕編入見錄

右為第十七卷

疑惑再詳錄第六 一十四部 一十九卷
偽妄亂真錄第七 三百九十二部 一千五十五卷

開元釋教錄新編偽經 二十七部 五十四卷
符秦釋道安錄中偽經 一十五部 二十八卷
梁釋僧祐錄中偽經 二十四部 二十六卷
蕭齊釋道備偽撰經 五部 五卷 見長房錄
蕭齊僧法尼誦出經 二十一部 三十五卷 僧祐有錄並編入偽
元魏孫敬德夢授經 一部 一卷 見內典錄
梁沙門妙光偽造經 一部 一卷 見僧祐錄
隋開皇衆經錄中偽經 八十六部 一百四十一卷
隋仁壽衆經錄中偽經 一十一部 四十一卷
大唐內典錄中偽經 二十二部 八十七卷
大周刊定錄中偽經 八十部 一百一卷
隋沙門信行三階集錄 三十五部 四十四卷 開鈔錄載次之不盡
諸雜抄經增減聖說 五十四部 五百一卷

右為第十八卷

大乘入藏錄上 大乘經律論起六百三十八部二千七百四十五卷二百五十八帙 此直述經名及標帙數餘如廣錄

大乘經 五百一十五部 二千一百七十三卷 二百三帙

開元釋教錄卷第十 第三十六張 陪

大乘律　二十六部　五十四卷　五帙
大乘論　九十七部　五百一十八卷　五十帙
右爲第十九卷
小乘入藏録下　小乘經律論總二百三十部一千七百六十二卷一百六十五帙 集傳録附此末 此直述經名及摽紙數餘如廣録
小乘經　二百四十部　六百一十八卷　四十八帙
小乘律　五十四部　四百四十六卷　四十五帙
小乘論　三十六部　六百九十八卷　七十二帙
賢聖集　一百八部　五百四十一卷　五十七帙
都計大小乘經律論及賢聖傳見入藏者揔一千七十六部合五千四十八卷四百八十帙 此入藏中大乘經部數與前廣録部數不同者前以大寶積經諸部合成故存本數爲四十九部上録此中合爲一部故欠四十八不同
右爲第二十卷

開元釋教録卷第十　揔録之十

乙巳歲高麗國大藏都監奉
勅雕造

開元釋教録卷第十　第六十七張　湛

開元釋教録卷第十
校勘記

一　底本，麗藏本。
一　二〇三頁上二行「庚午歲」，[資]、[磧]、[普]作「大唐庚午歲」；[南]作「唐庚午歲」；[徑]、[清]作「唐」。又末字「撰」，[徑]作「譯」。
一　二〇三頁上五行「古經録」，[徑]作「古今録」。
一　二〇三頁上一一行首字「往」，諸本（不含[石]，下同）作「往往」。
一　二〇三頁上一九行第九字「著」，諸本作「撰」。
一　二〇三頁中四行「晉惠帝」，[磧]、[普]、[南]、[徑]、[清]作「晉懷帝」。
一　二〇三頁下九行末字「卷」下，[徑]有夾註「右部前二十二卷其在合三十五卷左部後二十二部其在合三十五部」。
一　二〇三頁下一二行「弘充」；諸本作「弘充」。
一　二〇三頁下一八行夾註「未詳作者」，諸本無。
一　二〇四頁上七行夾註「三十八卷」，[徑]作「三百三十八卷」。
一　二〇四頁上二〇行夾註左第二字「部」，[徑]作「十五卷合前部三十三卷」。
一　二〇四頁上二一行夾註右「卷數」，[徑]作「卷數三千一百六十四部」。
一　二〇四頁上末行夾註「二百一十四部」，[徑]作「二百一十二卷四十四部一卷」。
一　二〇四頁中一行夾註「二十九部」，[徑]作「二十二部一百一十一卷」。
一　二〇四頁中二行夾註「一十二部」，[徑]作「一十一部一百一十二卷」。
一　二〇四頁中三行第四字「譯」，[資]、[磧]、[普]、[南]、[徑]作「詳」。又夾註「二十三部」，[徑]作「二十二部一百一十一卷」。
一　二〇四頁中四行第三字「經」，諸本作「經律」。又夾註「六十九部」，徑作「六十六部一百九十九卷」。

一　二〇四頁中五行夾註「二部」，徑
作「二十二部一百一十一卷」。

一　二〇四頁中六行夾註「一十六部」，
徑作「一十一部一百三十三卷」。

一　二〇四頁中七行夾註「六十二部」，
徑作「六十八卷一百二十二部二
百三十三卷」。

一　二〇四頁中八行夾註「四部」，徑
作「四十一卷一百五十八部合一
十一卷一十部」。

一　二〇四頁中九行夾註「一十一部」，
徑作「一十三卷五千一百十一部
合十一卷十一部」。

一　二〇四頁中一一行夾註左首字
「賸」，諸本作「賸」。下同。

一　二〇四頁中一五行夾註「一十九
卷」，徑作「一百一十九卷」。

一　二〇四頁下一行夾註左「三十八
部一卷三十八卷」，磧、普、南、徑、
清作「三十六部一卷三十六卷」。

一　二〇四頁下三行夾註「二百七十
三卷」，諸本作「二百七十五卷」。

一　二〇四頁下四行夾註「六十二部
六十七卷」，徑作「六十二部二百五
十三卷六十二卷二千五百四十部」。

一　二〇四頁下八行夾註「二百」，諸
本作「一百」。

一　二〇四頁下九行夾註「一十三部」，
磧作「二十三部」。

一　二〇四頁下一二行「二十九卷」，
諸本作「一十九卷」。

一　二〇四頁下一六行夾註「三百九
十五部未詳所以」，徑作「三千三
百九十五部未詳所以上下右」。

一　二〇四頁下一七行夾註右首字
「梵」，徑作「梵王經一卷」。又正文
末字「成」，徑作「成部上下三卷」。

一　二〇四頁下一九行夾註「三百二
十卷」，諸本作「三百三十卷」。

一　二〇四頁下二二行夾註「七十四
卷」，徑作「二百七十四卷」。

一　二〇五頁上一行夾註「一百四十
七卷」，徑作「一千六百四十七卷」。

一　二〇五頁上四行夾註右「都數」，
諸本作「部數」。

一　二〇五頁上五行夾註左「未詳所
以」，徑作「末一卷不同未詳所以
上右二十二部」。

一　二〇五頁上一一行第四字「似」，
資作「以」。

一　二〇五頁上一三行夾註左「餘皆
無異」，諸本作「餘皆異」。又夾註
「大唐大敬愛寺」，徑、清作「唐大
唐愛寺」。

一　二〇五頁中一行「靈岳」，諸本作
「靈鷲」。又「牽課嬴志」，資作「率
課嬴志」；磧、普、南、徑作「率課嬴
恙」；清作「牽課嬴恙」。又末字
「沿」，資作「治」。

一　二〇五頁中一四行「胡漢」，磧、普、
南、徑、清作「梵漢」。又夾註「應云
梵漢」，磧、普、南、徑、清無。

一　二〇五頁中一九行夾註「四部」，
徑作「四十一部」。

一　二〇五頁中二一行夾註「九十二

一　部九十二卷」，[徑]作「九十二部一千九十二卷一千」。
一　二〇五頁中末行「七十九卷」，[徑]作「一百七十九卷」。
一　二〇五頁下一行夾註「二十四卷」，[徑]作「一百二十四卷」。
一　二〇五頁下六行「第一」，諸本無。
一　又夾註「五百」，諸本作「三百」。
一　二〇五頁下八行夾註「五十一」，諸本作「五十二」。
一　二〇五頁下一〇行夾註「二十六」諸本作「三十六」。
一　二〇五頁下一一行夾註左「三百」諸本作「二百」。
一　二〇五頁下二〇行夾註「雜記」，[資]作「集記」。
一　二〇六頁上一行左「不無」，諸本作「非無」。又「異記中」，諸本作「異記中云」。
一　二〇六頁上四行右「三菩」，諸本作「三菩提」。
一　二〇六頁上七行左「四誤」，[徑]作「四百一十誤」。又「此諸」，諸本作「比諸」。又「全甚」，諸本作「全尠」。
一　二〇六頁上八行左末字「也」，[徑]作「也二十一」。
一　二〇六頁上一一行夾註「一千」，[徑]作「分一千」。
一　二〇六頁上一三行夾註「二十二」，諸本作「三十二」。
一　二〇六頁上一九行夾註「三百四十六卷」，[徑]作「三百四十一部合一百三十六卷」。
一　二〇六頁上二二行夾註「一百五十部」，諸本作「二百五十部」。
一　二〇六頁上末行夾註「四十二部」，諸本作「四十一部」。
一　二〇六頁中六行「一十一部」，諸本作「二十一部」。
一　二〇六頁中一五行夾註「二卷」，[資]、[磧]、[普]、[南]、[清]作「三卷」；[徑]作「一百十三卷」。一六行同。
一　二〇六頁中一八行夾註「四十一部」，諸本作「四十二部」。
一　二〇六頁下一行夾註「四百八十一卷」。諸本作「四百八十二部」。
一　二〇六頁下七行夾註「一十卷」，[徑]作「一百一十卷」。
一　二〇六頁下一四行夾註「一百二十卷」，諸本作「一百三十四卷」。
一　二〇六頁下一五行「賢聖」，諸本作「聖賢」。
一　二〇六頁下一八行夾註右「二千」，諸本作「一千」。
一　二〇六頁下二〇行夾註左「曇摩羅剎」，諸本作「曇摩剎」。
一　二〇六頁下末行夾註右首字「是」，諸本無。
一　二〇七頁上一行夾註右「真諦」，[磧]、[南]、[徑]、[清]作「真諦譯」。
一　二〇七頁上一二行「二十五」，[資]、[磧]、[南]、[徑]、[清]作「一十五」。
一　二〇七頁上一四行第五字「黄」，[徑]作「皇」。
一　二〇七頁上二〇行「十有二人」，諸本作「十有一人」。

一　二〇七頁上末行「魏漢」，諸本作「魏吴」。
一　二〇七頁中二二行第七字「九」，徑無。
一　二〇七頁下七行第五字「雜」，資、磧、普、徑作「維」。
一　二〇七頁下一〇行夾註「三百」，諸本作「二百」。一一行同。
一　二〇七頁下一七行夾註左第四字「者」，資、磧、普、南、徑無。
一　二〇七頁下二〇行夾註「一百八十五卷」，諸本作「二百八十五卷」。
一　二〇八頁上四行夾註右「二千」，諸本作「三千」。
一　二〇八頁上八行夾註右「闕本」，磧、普作「闕中」。
一　二〇八頁上一〇行夾註右末字「亦」，諸本作「並」。
一　二〇八頁上一二行夾註左「觀經」，諸本作「觀禪經」。
一　二〇八頁中一八行「撿尋」，諸本作「尋之」。
一　二〇八頁下六行夾註「二十五卷」，磧、普、南、徑、清作「二十四卷」。
一　二〇八頁下一五行末字「等」，諸本無。
一　二〇九頁上一行夾註右「一十二部」，諸本作「五十二部」。
一　二〇九頁上六行「經論」，諸本作「經論等」。
一　二〇九頁上一二行夾註左「三十三」，磧、普、徑作「三十二」。
一　二〇九頁上一八行夾註右「對勘」，諸本作「校勘」。又「差別」，資作「差朱」；磧、南、徑、清作「差互」。
一　二〇九頁上末行夾註右「五十一卷」，諸本作「五十二卷」。
一　二〇九頁中二行夾註左末字「卷」下，諸本作「四百六十一紙」六字。
一　二〇九頁中一二行夾註「二千」，磧、普、南、徑、清作「一千」。
一　二〇九頁中一三行第一〇字「二」，諸本無。
一　二〇九頁中二〇行夾註左「一千」，諸本作「七千」。
一　二〇九頁中二二行夾註右「三十五」，資、磧、普作「二十五」。
一　二〇九頁下五行夾註左「八十四」，諸本作「八百八」。
一　二〇九頁下六行第五字「第」，諸本無。
一　二〇九頁下九行夾註左「通道」，資作「道通」。
一　二〇九頁下一一行夾註右「三十二卷」，諸本作「三十三卷」。
一　二〇九頁下一四行夾註右「一千」，磧作「二千」。
一　二〇九頁下二〇行夾註左「九千七」，諸本作「九十」。
一　二一〇頁上四行「支泒」，諸本作「支流」。
一　二一〇頁上七行夾註右「有勑」，諸本作「有悖」。又左第三字「顯」，徑無。
一　二一〇頁上八行「録目」，諸本作「目録」。

一　二一〇頁上一〇行夾註右「增信」，資作「僧信」。
一　二一〇頁上二一行「詳審」，資、磧、普、南、徑作「詳密」。
一　二一〇頁上末行「取訡」，諸本作「取訊」。
一　二一〇頁中二行「偪同」，諸本作「雷同」。
一　二一〇頁中四行「前聞」，徑作「前文」。
一　二一〇頁中九行夾註右「新小」，資、磧、普作「雜小」；南、徑、清作「雜少」。
一　二一〇頁中一三行夾註右「真諦」，磧、普、南、徑、清作「陳真諦」。
一　二一〇頁中一六行夾註右末字「以」，諸本無。
一　二一〇頁中二〇行夾註左第二字「存」，諸本作「在」。
一　二一〇頁中末行夾註右第八字「本」，諸本作「會」。又左第一一字「唯」，諸本作「雖」。
一　二一〇頁下五行夾註右第一一字「又」，資、磧、普、南、徑無。
一　二一一頁上五行「四十一」，諸本作「四十」。
一　二一一頁上七行夾註「二十八」，諸本作「二十五」。
一　二一一頁上一五行夾註「一百六十五」，諸本作「三百六十五」。
一　二一一頁上一八行夾註右「一百」，諸本作「二百」。
一　二一一頁上一九行夾註「二百」，諸本作「三百」。
一　二一一頁中四行夾註「五百八十」，諸本作「五百八」。
一　二一一頁中一一行夾註右「六十二」，諸本作「六十三」。又左「三十二」，諸本作「二十二」。
一　二一一頁下六行夾註左首字「合」，徑、清作「含」。
一　二一一頁下七行夾註左第一三字「餘」，諸本作「餘處」。
一　二一一頁下一六行「二百」，諸本作「一百」。
一　二一一頁下一七行夾註右第一二字至左首字「在一百」，資、普、南、徑、清作「在」；磧無。又「本闕」，資、普、南、徑、清作「闕本」；磧作「闕」。
一　二一二頁上六行夾註右「二十一」，磧、南、徑、清作「二十二」。
一　二一二頁上二〇行夾註左「本闕」，諸本作「闕本」。
一　二一二頁上二二行末字「捴」，諸本無。
一　二一二頁中六行夾註「二百九」，諸本作「二百九十」。
一　二一二頁中一〇行「新集」，徑作「所集」。
一　二一二頁中二一行「經論」，諸本作「經律」。
一　二一二頁下九行夾註右「八十九」，諸本作「八十八」。
一　二一三頁上五行夾註左末字至六行夾註右首字「具件」，磧作「見往」。

一　八一三頁上一七行夾註左「一百八十七卷」，資作「一百八卷」。

一　二一三頁上一九行夾註右「七十二」，諸本作「七十三」。

一　二一三頁上末行夾註右「三十一」，諸本作「二十一」。

一　二一三頁中三行夾註「二百四十部六百一十八卷」，資作「三百三十部一千七百六十一卷」；磧、普、南、徑、清作「三百三十部一千七百六十二卷」。

一　二一三頁中五行第五字「重」，諸本無。

一　二一三頁中一五行「眷屬」，徑作「卷屬」。又夾註右「一十二」，諸本作「一十三」。

一　二一三頁中一八行夾註右「二十八」，諸本作「三十八」。

一　二一三頁下三行夾註右「一十」，諸本作「二十」。

一　二一三頁下八行夾註左「一百五十二」，諸本作「二百五十三」。

一　二一三頁下一五行夾註左「一十五」，磧作「一十三」。

一　二一三頁下二二行夾註右「四十二」，諸本作「四十三」。

一　二一四頁上一四行夾註右「二百」，磧作「一百」。左同。

一　二一四頁上一五行第五字「分」，諸本無。

一　二一四頁中一行夾註右「六十七」，磧、普、南、徑、清作「六十六部」。

一　二一四頁中五行夾註右「三百六」，資、普作「二百六」。

一　二一四頁中九行夾註右「五十九」，諸本作「五十五」。

一　二一四頁中一七行夾註右「一十三」，諸本作「一十二」。

一　二一四頁下五行夾註右「三百」，磧、普、徑作「二百」。

一　二一四頁下六行夾註右「三十七」，諸本作「二十七」。

一　二一四頁下七行夾註右「一十五」，諸本作「二十五」。

一　二一四頁下八行夾註右及左首字「二」，諸本作「一」。

一　二一四頁下二〇行夾註右「三十八」，磧作「二十八」。

一　二一四頁下末行夾註「二百」，磧、南、徑作「二千」。

一　二一五頁上四行夾註右「二百三十」，資、磧、普、徑作「三百三十」；南作「三百二十」。又左「六十二」，磧作「六十三」。

一　二一五頁上末行夾註「捴録之十」，磧、南、徑、清無。

開元釋教録卷第十一 別録之一　陞

庚午歲西崇福寺沙門智昇撰

別分乘藏録下

就別録中更分為七

有譯有本録第一　一千一百二十四部

五千四十八卷

有譯無本録第二　一千一百四十八部

一千九百八十卷

支派別行録第三　六百八十二部

八百一十二卷

刪略繁重録第四　一百四十七部

四百八卷

補闕拾遺録第五　三百六部

一千一百一十一卷

疑惑再詳録第六　一十四部

一十九卷

偽妄亂真録第七　三百九十二部

一千五十五卷

有譯有本録第一之一

此有本録中復有三録

菩薩三藏録第一　六百八十六部

二千七百四十五卷

開元釋教録卷第十一　第二張　陞

聲聞三藏録第二　三百三十部

一千七百六十二卷

聖賢傳記録第三　一百八部

五百四十一卷

有譯有本録中菩薩三藏録第一之一

菩薩藏者大乘所詮之教也統論教主則法身常在無滅无生所詮之理則方廣真如忘名離相惣乃三藏差異別則一十二科條始乎發心終於十地三明八解之說六度四攝之文若是科條名為此藏始自漢明丁卯之歲至我開元庚午之載見流行者揔六百八十六部合二千七百四十五卷二百五十八帙結為大乘法藏惣別條例具如後列

菩薩契經藏　五百六十三部

二千一百七十二卷二百三帙

菩薩調伏藏　二十六部

五十四卷五帙

菩薩對法藏　九十七部

五百一十八卷五十帙

大乘經重單合譯　四百三十二部

一千八百八十卷一百七十九帙

開元釋教錄卷第十一　第三張　陛字号

舊錄皆以單譯為先今此錄中以重譯者居首所以然者重譯諸經文義備足名相楷定所以標初也又舊錄中直名重譯今改名重單合譯者以大般若經九會單本七會重譯大寶積經二十會單本二十九會重譯直云重譯攝義不周餘經例然故名重單合譯也又古譯經首皆无譯人時代年月淺遠尋討莫知失譯之言寔由於此今尋諸舊錄參定是非時代譯人具標經首共譯之者載之於錄庶釋尊遺教燦六万之餘齡矣

般若部新舊譯本及支派經並編於此　總二十一部七百三十六卷七十三帙般若經建初者謂諸佛之母也舊錄之中編比无次今此錄中大小乘經皆以部類編為次第小乘諸律居本末而為論次大乘諸論以釋經者為先集解義者列之於後小乘諸論擬有部次第賢聖為初六足居次毗婆沙等支派編末聖賢集傳內外兩分大夏神州東西有異欲使科條各別覽者易知

大般若波羅蜜多經六百卷　六十帙

大唐三藏玄奘於玉華寺譯出翻經圖

右此經總四處十六會重單合譯具列如左

第一會王舍城鷲峯山說四百卷

右新譯單本從第一卷至第四百

第二重會王舍城鷲峯山說七十八卷第四譯

右新譯重本與舊大品放光光讃般若同本異譯從四百一卷至四百七十八比於舊經闕無常啼等品

第三重會王舍城鷲峯山說五十九卷

餘意大同

開元釋教錄卷第十一　第四張　陛字号

右新譯單本從四百七十九卷至五百三十七

第四重會王舍城鷲峯山說十八卷第八譯

右新譯重本與舊道行小品明度大安品等同本異譯從五百三十八卷至五百五十五比於舊經亦闕常啼等品餘意不殊

第五重會王舍城鷲峯山說十卷

右新譯單本從五百五十六卷至五百六十五

第六重會王舍城鷲峯山說八卷第二譯

右新譯重本與舊勝天王般若同本異譯從五百六十六卷至五百七十三

第七重會室羅筏城給孤獨園說曼殊室利分二卷第三譯

右新譯重本與舊兩譯文殊般若同本異譯當第五百七十四七十五卷

第八重會室羅筏城給孤獨園說那伽室利分一卷第三譯

右新譯重本與舊濡首菩薩分衛經等同本異譯當第五百七十六卷

開元釋教錄卷第十一　第五張　陛字号

第九重會室羅筏城給孤獨園說能斷金剛分一卷第四譯

右新譯重本與新舊四譯金剛般若同本異譯當第五百七十七卷

第十會他化自在天王宮說般若理趣分一卷第一譯

右新譯重本與後譯實相般若同本異譯當第五百七十八卷

第十一重會室羅筏城給孤獨園說布施波羅蜜多分五卷

右新譯單本從五百七十九卷至五百八十三

第十二重會室羅筏城給孤獨園說淨戒波羅蜜多分五卷

右新譯單本從五百八十四卷至五百八十八

第十三重會室羅筏城給孤獨園說安忍波羅蜜多分一卷

右新譯單本當第五百八十九卷

第十四重會室羅筏城給孤獨園說精進波羅蜜多分一卷

右新譯單本當第五百九十卷

第十五重會王舍城鷲峯山說靜慮波羅

蜜多分（二卷）

右新譯單本當第五百九十一九十二卷

第十六會王舍城竹林園中白鷺池側說般若波羅蜜多分（八卷）

右新譯單本從五百九十三卷至第六百

放光般若波羅蜜經三十卷（或二十卷三帙）

西晉三藏無羅叉共竺叔蘭譯（第二譯）

摩訶般若波羅蜜經四十卷（亦名大品般若經或三十卷四帙）

姚秦三藏鳩摩羅什共僧叡等譯（第三譯）

光讚般若波羅蜜經十五卷（或十卷）

西晉三藏竺法護譯（第一譯）

右三經與大般若第二會同本異譯其光讚般若比於新經三分將一至散花品後文並關又按姚秦僧叡小品序云斯經正文凡有四種是佛異時適化廣略之說也其多者云有十万偈少者六百偈此之大品即是天竺之中品也准斯中品故知與大經第二會同梵文也

摩訶般若波羅蜜鈔經五卷（一名須菩提品亦名長安品）

符秦天竺沙門曇摩蜱共竺佛念譯（第六譯）

右一經長房内典二録云是外國經鈔者尋之未審也據其文理乃與小品道行經等同本異譯故初題云摩訶般若波羅蜜經道行品第一但文不足三分過二准道行經後闕十品

上三經二十卷二帙

道行般若波羅蜜經十卷（亦名般若道行品或八卷一帙）

後漢月支三藏支婁迦讖譯（第一譯）

小品般若波羅蜜經十卷（或七卷或八卷一帙）

姚秦三藏鳩摩羅什譯（第一譯）

大明度無極經四卷（亦直云大明度經或六卷）

吳月支優婆塞支謙譯（第三譯）

右四經與大般若第四會同本異譯其西晉三藏竺法護譯新道行經（但有其名而无其本謝藏録有即與小品文同但題目異耳故不重出前後八譯五存三闕）

勝天王般若波羅蜜經七卷

陳優禪尼國王子月婆首那譯（第一譯）

右一經與大般若第六會同本異譯

上二經十一卷同帙

文殊師利所說摩訶般若波羅蜜經一卷（或二卷二十一紙）

梁扶南三藏曼陀羅仙譯（第一譯）

右一經亦名文殊般若波羅蜜經初文无十重光後文有一行三昧文言文殊師利童真者是又編入寶積在第四十六會為與後經名同恐有差錯故復出之

文殊師利所說般若波羅蜜經一卷（二十紙）

梁扶南三藏僧伽婆羅譯（拾遺編入第二譯）

右一經初文有十重光後文無一行三昧文言文殊師利法王子者是初歎菩薩德及列菩薩名此本稍廣又此二經亦互有廣略

右二經與大般若第七會曼殊室利分同本異譯

濡首菩薩無上清淨分衛經二卷（或一卷）

宋沙門翔公於南海郡譯（決了諸法如幻化三昧經第二譯）

右一經與大般若第八會那伽室利分同本異譯新舊相比舊經稍廣

金剛般若波羅蜜經一卷（舍衛國）

姚秦三藏鳩摩羅什譯（第一譯首後三譯二存一闕）

金剛般若波羅蜜經一卷（婆伽婆）

元魏天竺三藏菩提留支譯（第二譯）

開元釋教錄卷第十一　第九張　隨字号

金剛般若波羅蜜經一卷 祇樹林

陳天竺三藏真諦譯 第三譯

能斷金剛般若波羅蜜多經一卷 室羅筏

大唐三藏玄奘譯 出內典錄 第四譯

能斷金剛般若波羅蜜多經一卷 名稱城

大唐天后三藏義淨譯 新編入錄 第五譯

右五經同本異譯其第四本能斷般若貞觀二十二年沙門玄奘從駕於玉華宮弘法臺譯後至顯慶五年於玉華寺翻大般若即當第九能斷金剛分全本編入更不重翻准諸經例合入大部者即同別生此錄之中不合重載為與沙門義淨譯者名同恐有差錯故復出之 三師造論同釋此經

實相般若波羅蜜經一卷

大唐天后代天竺三藏菩提流志譯 或大 同錄第二譯

右一經與大般若第十會般若理趣分同本異譯而西域梵文有廣略二本故實相理趣文意乃同況大小異

仁王護國般若波羅蜜經二卷 或云一卷

開元釋教錄卷第十一　第十張　隨字号

摩訶般若波羅蜜大明呪一卷

姚秦三藏鳩摩羅什譯 第二譯三譯二闕

姚秦三藏鳩摩羅什譯 出經題第一譯拾遺編入

般若波羅蜜多心經一卷

大唐三藏玄奘譯 出內典錄 第二譯

右二經同本異譯 前後三譯二存一闕 其般若心經舊錄為單本新勘為重譯仁王般若等三經大義雖通大部全本大部中无是支派摘非從彼出

上十二經十五卷同帙

寶積部 但諸會重本並次第編之 總八十二部 此以諸部合成 故在本數上錄

一百六十九卷 二十七帙

大寶積經一百二十卷 十二帙

大唐南天竺三藏菩提流志等譯 新編入錄

右此經新舊重單合譯共四十九會合 古替交 成一部 新舊共二十會單本新省 共二十九會重譯於中二十六會大唐三藏菩提流志新譯二十三會古譯及唐舊錄菩提流志勘梵本同編入會次具列如左

第一三律儀會三卷

大唐三藏菩提流志新譯 第二譯

右新譯重本與舊大方廣三戒經同本異譯從第一卷至第三卷

第二無邊莊嚴會四卷

大唐三藏菩提流志新譯

右新譯單本從第四卷至第七卷

開元釋教錄卷第十一　第十一張　隨字号

第三密迹金剛力士會七卷

西晉三藏竺法護譯 勘同編入

右舊譯單本從第八卷至第十四

第四淨居天子會二卷

西晉三藏竺法護譯 出法上錄 勘同編入

右舊譯單本本名菩薩說夢經新改名淨居天子會當第十五及十六卷 細詳文句與竺法護經稍不相類長房等錄皆云失譯法上錄中云竺法護出今者且依法上錄定

第五無量壽如來會二卷

大唐三藏菩提流志新譯 第十一譯

右新譯重本與舊無量清淨平等覺大阿弥陁無量壽經等同本異譯當第十七十八卷

第六不動如來會二卷

大唐三藏菩提流志新譯 第三譯

右新譯重本與舊阿閦佛國經等同本異譯當第十九卷及二十卷

第七被甲莊嚴會五卷

大唐三藏菩提流志新譯

右新譯單本從第二十一卷至第二十五

第八法界體性无分別會二卷

開元釋教錄卷第十一　第十三張　陛字

梁三藏曼陀羅仙譯（第二譯　勘同編入）

右舊譯重本與姚秦童壽所譯法界體性經同本異譯當第二十六二十七卷（秦本闕）

第九大乘十法會一卷

元魏三藏佛陀扇多譯（第二譯　勘同編入）

右舊譯重本與梁衆鎧所譯大乘十法經同本異譯（初云梁伽婆羅譯者是也）當第二十八卷（經本題為僧伽婆羅譯者誤也）

第十文殊師利普門會一卷

大唐三藏菩提流志新譯（第三譯）

右新譯重本與舊普門品經等同本異譯當第二十九卷

第十一出現光明會五卷

大唐三藏菩提流志新譯

右新譯單本從第三十卷至第三十四

第十二菩薩藏會二十卷

大唐三藏玄奘譯（出內典錄　勘同編入）

右唐舊譯單本從第三十五卷至第五十四（其菩薩藏會准大周錄入重譯中大與三卷菩薩藏經同本異譯者誤之甚也名目雖同多少全異檢尋文義更復懸殊其三卷菩薩藏經亦編入此中即冨樓郍會是今改舊轍以為單譯）

開元釋教錄卷第十一　第十三張　陛字号

第十三佛為阿難說處胎會一卷

大唐三藏菩提流志新譯（第二譯）

右新譯重本與舊胞胎經同本異譯當第五十五卷

第十四佛說入胎藏會二卷

大唐三藏義淨譯（勘同編入）

右唐舊譯單本當第五十六卷及五十七（此入胎藏會本名佛為難陀說出家入胎經在根本說一切有部毗柰耶雜事第十一十二卷三藏義淨新出別行本菩提流志勘梵本同編入會次既不重譯故為單本又與難陀寶藏經難陀為佛通出家緣初雖少同後乃全異不合以為重譯此會攝其文理合入聲聞藏內今為編入寶積通在菩薩藏收）

第十五文殊師利授記會三卷

大唐天后代于闐三藏實叉難陀譯（第三譯　勘同編入）

右唐舊譯重本與舊文殊師利佛土嚴淨同本異譯從第五十八卷至第六十

第十六菩薩見實會十六卷

高齊三藏那連提耶舍譯（勘同編入）

右舊譯單本從第六十一卷至第七十六

第十七冨樓郍會三卷

姚秦三藏鳩摩羅什譯（第二譯　勘同編入）

右舊譯重本本名菩薩藏經亦名

開元釋教錄卷第十一　第十四張　陛字号

大悲心經與西晉竺法護所譯菩薩藏經同本異譯從第七十七卷至第七十九（晉譯本闕）

第十八護國菩薩會二卷

隋三藏闍那崛多譯（出內典錄　勘同編入）

右舊譯單本當第八十卷及八十一

第十九郁伽長者會一卷

曹魏三藏康僧鎧譯（第三譯　勘同編入）

右舊譯重本與法鏡經及郁迦羅越問菩薩行經等同本異譯當第八十二卷（經本題為康僧鎧者誤也）

第二十無盡伏藏會二卷

大唐三藏菩提流志新譯

右新譯單本當第八十三卷及第八十四

第二十一授幻師跋陀羅記會一卷

大唐三藏菩提流志新譯（第二譯）

右新譯重本與舊幻士仁賢經本同異譯當第八十五卷

第二十二大神變會二卷

大唐三藏菩提流志新譯

右新譯單本當第八十六卷及第八十七

第二十三摩訶迦葉會二卷　元魏優禪尼國王子月婆首那譯(新編入)

右舊譯單本當第八十八卷及第八十九

第二十四優波離會一卷　大唐三藏菩提流志新譯(第二譯)

右新譯重本與舊決定毗尼經同本異譯當第九十卷

第二十五發勝志樂會二卷　大唐三藏菩提流志新譯(第三譯)

右新譯本與舊發覺淨心經同本異譯當第九十一卷及第九十二

第二十六善臂菩薩會二卷　姚秦三藏鳩摩羅什譯(出法上錄勘同編入)

右舊譯單本當第九十三卷及第九十四(此善臂會大周錄云與持人菩薩經及持世經善有品經等同本異譯者非也尋其文理與持人經等義有懸殊其善臂經錄出與法華經普門品同類既有斯異故為單譯)

第二十七善順菩薩會一卷　大唐三藏菩提流志新譯

右新譯單本當第九十五卷

第二十八勤授長者會一卷　大唐三藏菩提流志新譯

右新譯單本當第九十六卷

第二十九優陀延王會一卷　大唐三藏菩提流志新譯(第二譯)

右新譯重本與舊優填王經同本異譯當第九十七卷(新舊二經廣略不同)

第三十妙慧童女會一卷(兼後一卷)　大唐三藏菩提流志新譯

右新譯重本與舊兩譯須摩提經及流志先譯妙慧童女經同本異譯當第九十八卷從初至半(其先譯妙慧經本在東都尋之未獲)

第三十一恒河上優婆夷會(與前同卷)　大唐三藏菩提流志新譯

右新譯單本當第九十八卷從半至末

第三十二無畏德菩薩會一卷　元魏三藏佛陀扇多譯(第五譯勘同編入)

右舊譯重本與阿闍世王女阿術達菩薩經等同本異譯當第九十九卷

第三十三無垢施菩薩應辯會一卷　西晉居士聶道真譯(第二譯勘同編入)

右舊譯重本與離垢施女經及得無垢女經同本異譯當第一百卷(經本題為竺法護譯者誤也共離垢施女經是竺法護譯如後所顯)

第三十四功德寶華敷菩薩會(兼後一卷)　大唐三藏菩提流志新譯

右新譯單本當第一百一卷從初至半

第三十五善德天子會(與前同卷)　大唐三藏菩提流志新譯(第三譯)

右新譯重本與流志先譯文殊師利所說不思議佛境界經同本異譯當第一百一卷從半至末

第三十六善住意天子會四卷　隋三藏達摩笈多譯(出內典錄第七譯勘同編入)

右舊譯重本與如幻三昧經及聖善住意經等同本異譯從第一百二卷至第一百五

第三十七阿闍世王子會(兼後三卷)　大唐三藏菩提流志新譯(第三譯)

右新譯重本與舊太子刷護太子和休二經同本異譯當第一百六卷從初至半

第三十八大乘方便會三卷(兼前)　東晉天竺居士竺難提譯(第三譯勘同編入)

右舊譯重本與慧上菩薩問大善權經等同本異譯從第一百六卷半至

一百八卷盡（經本題云西晉者誤）

第三十九賢護長者會二卷

隋三藏闍那崛多譯（第一譯 勘同編入）

右舊譯重本本名移識經新改名賢護長者會（本移識經翻譯信序今寶積中者新加之）與顯識經同本異譯當第一百九卷及一百一十

第四十淨信童女會（新譯 復三會同卷）

大唐三藏菩提流志新譯

右新譯單本當第一百一十一卷初

第四十一弥勒菩薩問八法會

元魏三藏菩提留支譯（第三譯 勘同編入）

右舊譯重本本名弥勒菩薩所問經與大乘方等要慧經同本異譯當第一百一十一卷中（此八法會有釋論五卷共要慧經文少略耳）

第四十二弥勒菩薩所問會（新前三會同卷）

大唐三藏菩提流志新譯（第三譯）

右新譯重本與舊弥勒菩薩所問本願經等同本異譯當第一百一十一卷末（經本題為西晉竺法護譯者錯也其舊本願經是竺法護譯如後所敘）

第四十三普明菩薩會一卷

失譯（今附秦錄 勘同編入）第三譯

右舊譯重本是舊單卷大寶積經新改名普明菩薩會與摩訶衍寶嚴經佛遺日摩尼寶二經同本異譯當第一百一十二卷（此舊寶積經有釋論四卷）

第四十四寶梁聚會二卷

北涼沙門釋道龔譯（勘同編入）

右舊譯單本當第一百一十三卷及一百一十四

第四十五無盡慧菩薩會（新後二卷）

大唐三藏菩提流志新譯

右新譯單本當第一百一十五卷初

第四十六文殊說般若會（新前二卷）

梁三藏曼陀羅仙譯（第一譯 勘同編入）

右舊譯重本與大般若曼殊室利分及衆鎧所譯文殊般若同本異譯從第一百一十五卷中至一百一十六卷末（經本題為僧伽婆羅譯者誤也）

第四十七寶髻菩薩會二卷

西晉三藏竺法護譯（別品第二譯 勘同編入）

右舊譯重本亦名菩薩淨行經與大集寶髻品及康僧會所出菩薩淨行經同本異譯當第一百一十七卷及一百一十八（此寶髻會有釋論一卷）

第四十八勝鬘夫人會一卷

大唐三藏菩提流志新譯（第三譯）

右新譯重本與舊勝鬘師子吼一乘大方便經等同本異譯當第一百一十九卷

第四十九廣博仙人會一卷

大唐三藏菩提流志新譯（第二譯）

右新譯重本與舊毗耶娑經同本異譯當第一百二十卷（其新譯本比於舊經後文不足向少一紙或有持舊經續入者欲使意詳圓滿故也）

大方廣三戒經三卷

北涼天竺三藏曇無讖譯（出法上錄 第一譯）

右一經與寶積第一三律儀會同本異譯

無量清淨平等覺經二卷（亦直云無量清淨經 第二譯）

後漢月支三藏支婁迦讖譯

阿弥陀經二卷（內題云阿弥陀三耶三佛薩樓佛檀過度人道經 第三譯）

吳月支優婆塞支謙字恭明譯

無量壽經二卷

曹魏天竺三藏康僧鎧譯（第四譯）

右三經與寶積第五無量壽會同本異譯（此第五會新舊十一譯七譯闕本天親菩薩依經製造論一卷）

上四經九卷同帙

開元釋教錄卷第十一　第二十一張　陛字

阿閦佛國經二卷 一名阿閦佛刹諸菩薩學成品經

後漢月支三藏支婁迦讖譯 第一譯三譯一闕

右一經與寶積第六不動如來會同本異譯

大乘十法經一卷 初云佛住王舍城

梁扶南三藏僧伽婆羅譯 拾遺編入第一譯

右一經與寶積第九大乘十法會同本異譯

普門品經一卷 亦云普門經

西晉三藏竺法護譯 第一譯

右一經與寶積第十文殊師利普門會同本異譯 周錄特為法華支派者誤之甚也新舊三譯一譯闕本

胞胎經一卷 一名胞胎受身經

西晉三藏竺法護譯 第一譯

右一經與寶積第十三佛為阿難說處胎會同本異譯 此胞胎經唯舊錄中編為小乘單本今以類相從附之於此

文殊師利佛土嚴淨經二卷 或直云嚴淨佛土經亦直云佛土嚴淨經

西晉三藏竺法護譯 三譯一闕

右一經與寶積第十五文殊授記會同本異譯

法鏡經二卷 或一卷

開元釋教錄卷第十一　第二十二張　陛字

後漢安息優婆塞安玄共沙門嚴佛調譯 第一譯

上六經九卷同帙

郁迦羅越問菩薩行經一卷 或云郁伽長者經或二卷

西晉三藏竺法護譯 第四譯六譯三闕

右二經與寶積第十九郁伽長者會同本異譯

幻士仁賢經一卷 或云仁賢幻士經

西晉三藏竺法護譯 第一譯

右一經與寶積第二十一授幻師記會同本異譯

決定毗尼經一卷 一名破壞一切心識

羣錄皆云燉煌譯竟不顯人名代今附東晉錄第一譯

右一經與寶積第二十四優波離會同本異譯

發覺淨心經二卷

隋天竺三藏闍那崛多等譯 第一譯

右一經與寶積第二十五發勝志樂會同本異譯

優填王經一卷

西晉沙門釋法炬譯 拾遺編入第一譯

右一經與寶積第二十九優陁延王會同本異譯

須摩提經一卷 亦直云須摩經

開元釋教錄卷第十一　第二十三張　陛字

西晉三藏竺法護譯 第一譯

須摩提菩薩經一卷

姚秦三藏鳩摩羅什譯 拾遺編入第二譯新舊四譯一闕

右二經與寶積第三十妙慧童女會同本異譯

阿闍貰王女阿術達菩薩經一卷 亦云阿貰女經亦直云阿述達經

西晉三藏竺法護譯 第二譯五譯二闕

右一經與寶積第三十二无畏德會同本異譯

離垢施女經一卷

西晉三藏竺法護譯 第一譯

得無垢女經一卷 或云无垢女經一名論義辯才法門

元魏婆羅門瞿曇般若流志譯 第三譯

上九經十卷同帙

右二經與寶積第三十三無垢施會同本異譯

文殊師利所說不思議佛境界經二卷

大唐天后代天竺三藏菩提流志譯 出大周錄第一譯

右一經與寶積第三十五善德天子會同本異譯

如幻三昧經二卷 或三卷或四卷

西晉三藏竺法護譯 第二譯

聖善住意天子所問經三卷 或四卷

元魏婆羅門瞿曇般若流支譯（第五譯七譯四闕）

右二經與寶積第三十六善住意會同本異譯

太子刷護經一卷

西晉三藏竺法護譯（出法上錄第一譯）

太子和休經一卷（或作私休）

僧祐録云安公録中失譯經（今附西晉錄第三譯）

右二經與寶積第三十七阿闍貰王子會同本異譯

上六經十卷同帙

慧上菩薩問大善權經二卷（或一卷）

西晉三藏竺法護譯（第二譯五譯三闕）

右一經與寶積第三十八大乘方便會同本異譯

大乘顯識經二卷

大唐中天竺三藏地婆訶羅譯（出大周錄第二譯）

右一經與寶積第三十九賢護長者會同本異譯

大乘方等要慧經一卷

後漢安息三藏安世高譯（第一譯）

右一經與寶積第四十一弥勒問八法會同本異譯

弥勒菩薩所問本願經一卷

西晉三藏竺法護譯（第一譯三譯一闕）

右一經與寶積第四十二弥勒所問會同本異譯

佛遺日摩尼寶經一卷（亦名古品日遺日說般若經）

後漢月支三藏支婁迦讖譯（第一譯）

摩訶衍寶嚴經一卷（一名大迦葉品）

晉代譯失三藏名（舊在後漢錄今且附晉第二譯）

右二經與寶積第四十三普明菩薩會同本異譯

勝鬘師子吼一乘大方便方廣經一卷（亦直云勝鬘經）

宋天竺三藏求那跋陀羅譯（第二譯三譯一闕）

右一經與寶積第四十八勝鬘夫人會同本異譯

毗耶娑問經二卷

元魏婆羅門瞿曇般若流支譯（出序記第一譯）

右一經與寶積第四十九廣博仙人會同本異譯（其序記云魏興和四年歲次壬戌月建壬申朔次乙丑婆羅門客瞿曇流支沙門曇林於尚書令儀同高公第譯建初辛巳甲午畢功凡有一万四千四百五十七字諸錄皆云勒那摩提或云菩提留支譯者二俱謬也今依序記為正此毗耶娑經舊錄為小乘單本今勘為大乘重譯）

上八經十一卷同帙

大集部　總二十四部　一百四十二卷

一十四帙　大方等大集經三十卷（或四十卷三帙）

謹按梁沙門僧祐大集記云有十二段說共成一經第一瓔珞品第二陁羅尼自在王品第三寶女品第四不眴品第五海慧品第六無言品七不可說品八虛空藏品九寶幢分十虛空目分十一寶髻品十二无盡意品今撿經本與祐記不同第一陁羅尼自在王菩薩品（亦有經本分為瓔珞品者不然此是一段不合分二後大衆經即是此品）第二寶女品第三不眴菩薩品第四海慧菩薩品第五虛空藏菩薩品第六無言菩薩品第七不可說菩薩品第八寶幢分第九虛空目分第十寶髻菩薩品第十一日密分（尋撿羣錄此大集經卷無定准或云二十九或云三十或三十一或三十二或四十卷今時大集多分三十其日密分文不具足合少一卷其三十一卷者尤為諧具今尋求未獲）然僧祐記中無日密分有無盡意品者不然今以無盡意經雖是大集別分非無讖譯又非次第不合入中其虛空藏品祐在不可說後未詳所以今從陁羅尼自在王品至日密分總十一分其日藏經與日密分同本異譯亦是第十一分（日密日藏初俱云說虛空目分都辦甘露門已次說此經又日密分既於虛

（空曰後說准義不合唯實語品今經本中有此品闕未詳所以又日密日藏舜是同本其日密分文殆掠略後文復闕可少卷餘）月藏經是第十二分（或有經本題云大乘大集經月藏分第十二經初又云化諸龍衆說日藏經已次說此經）十輪經是第十三分（初云說月藏經已次說此經此十輪後第十四分本在西方未流於此）須弥藏經是第十五分（經題云大乘大集經須弥藏分第十五）第十六分合是虛空孕經（初云授功德天記別法已次說此經然須弥藏經因功德天問如來方說故知此經合居其次）其日藏經初在迦蘭陁竹園說次昇須弥頂後因龍請往佉羅帝耶山月藏等四經並在佉羅帝耶山說次第如是其念佛三昧賢護譬喻王无盡意經等雖是大集別分既不知次第難可編記然隋朝僧就合大集經乃將明度五十挍計經題為十方菩薩品編月藏後及無盡意經成五十八卷者非也既無憑准故不依彼（其合大集經亦有六十卷成者三十一二兩卷重有寶髻品足成六十其寶髻品在日密前二十六七卷是此復重編未詳何意又日密日藏梵本不殊重重編載誤之甚矣）若欲合者前大集中除日密分有二十七卷以日藏分替處續次（日密日藏梵本雖同日密分中文略闕少故以日藏替之）次月藏次地藏十輪（唐譯十卷成者）次須弥藏次虛空孕後之四經雖不知說次以意合之亦將無失虛空孕

後次念佛三昧（以宋朝譯六卷者充其隋譯十卷者後闕二品）次賢護次譬喻王未無盡意揔成八十卷亦將契矣（其無盡意經初首題云大集經中无盡意菩薩說不可盡義品第三十二品即分也是第三十二分然僧祐記中在寶髻品後及僧就所合大集編之於末者是非明矣又有善住意天子所問經詳其文義合是大集別分今已編入大寶積中不可更載故此闕也）

大方等大集日藏經十卷（或十五卷一帙第十一分）

隋天竺三藏那連提耶舍譯（與日密同當第四譯）

右一經與前大集經末日密分同本異譯（日密文略此中稍廣）

大集月藏經十卷（或十五卷帙第十二分）

高齊天竺三藏那連提耶舍譯（單本）

大乘大集地藏十輪經十卷（第十三分一帙）

大唐三藏玄奘譯（出內典錄第二譯）

大方廣十輪經八卷（失譯今附北涼錄第一譯）

右二經同本異譯（其舊十輪經大周錄云曇無讖譯出長房錄撿長房入藏錄中乃云失譯周錄誤也）

大集須弥藏經二卷（第十五分）

高齊天竺三藏那連提耶舍共法智譯（單本）

上三經十卷同帙

虛空藏菩薩經一卷（或無菩薩字）

姚秦罽賓三藏佛陁耶舍（歸罽賓譯寄來秦國第一譯）

虛空藏菩薩神呪經一卷

宋罽賓三藏曇摩蜜多譯（第三譯）

虛空孕菩薩經二卷（合是第十六分）

隋天竺三藏闍那崛多等譯（第四譯）

右三經同本異譯（前後四譯一譯闕本）

觀虛空藏菩薩經一卷（亦名虛空藏觀經或無觀字）

宋罽賓三藏曇摩蜜多譯（單本）

菩薩念佛三昧經六卷（或無菩薩字）

宋天竺沙門功德直共玄暢譯（第一譯）

上五經十一卷同帙

大方等大集菩薩念佛三昧經十卷（一帙）

隋天竺三藏達摩笈多譯（出內典錄第二譯）

右二經同本異譯（其隋譯本比於前經後闕二品文不足矣）

般舟三昧經三卷（或加大字或二卷）

後漢月支三藏支婁迦讖譯（第一譯）

拔陂菩薩經一卷（一名拔波）

僧祐錄云安公古典經（是般舟經初四品異譯第五出今附漢錄）

大方等大集賢護經五卷（亦直云賢護經或六卷）

隋天竺三藏闍那崛多等譯（第七譯）

右三經同本異譯（前後七譯四譯本闕）

上三經九卷同帙

阿差末經七卷（晉曰无盡意或四卷或五卷）

西晉三藏竺法護譯（第三譯）

無盡意菩薩經六卷 亦云阿差末經出大集經

宋涼州沙門智嚴共寶雲譯 第四譯

右二經同本異譯 前後五譯三譯闕本

上二經十三卷同帙

大集譬喻王經二卷 大集別品

隋天竺三藏闍那崛多等譯 拾遺編入單本

大哀經八卷 或云如來大哀經或六卷或七卷

西晉三藏竺法護譯

右一經是大集經初陁羅尼自在王菩薩品異譯 出第一卷初至第五卷半

上二經十卷同帙

寶女所問經三卷 亦云寶女問慧經或四卷

西晉三藏竺法護譯

右一經是大集經寶女品異譯 出第五卷半後至第七卷半前

無言童子經二卷 或云無言菩薩經或一卷

西晉三藏竺法護譯

右一經是大集經無言品異譯 出第十七卷半至十八卷盡

自在王菩薩經二卷

姚秦三藏鳩摩羅什於逍遙園譯 第一譯

奮迅王問經二卷

元魏婆羅門瞿曇般若流支等譯 出序記第一譯

右二經同本異譯 其奮迅王經李記云興和四年歲次壬戌月建在申朔次乙丑甲午之日啓袟創筆沙門曇林瞿曇流支於尚書令儀同高公第譯凡有二万八千三百四十一字諸録皆云菩提留支譯者誤也今依序記為正又上二經内典録云抄大集經陁羅尼自在王菩薩品異譯者不然尋其文理懸絶不同但可為大集別分耳或可此之二經非大集分但以上代群録皆云異譯抄陁羅尼自在王品勘撿雖則不同且記於大集之末

上四經九卷同帙

寶星陁羅尼經十卷 或八卷一帙

大唐天竺三藏波羅頗蜜多羅譯 出内典録單本

右一經内典録云是大集經別分 謹撿前大集經中寶幢分佛於欲色二界中間大寶坊中重說此寶星陁羅尼經故寶幢分初云佛在欲色二界中間大寶坊中告大衆言我昔初得菩提已住王舍城迦蘭陁竹林[illegible]時城中有二智人一名優波提舍二名拘律陁等次第至末文意並同此經可為重說不可為重譯也又舊録中有寶髻菩薩所問經是寶髻品異譯今編入寶積在第四十七會既入彼中此不重載又有虛空藏經八卷撿無異本即是虛空藏品抄出別行又有虛空藏問持經得幾福經亦是虛空藏品別文抄出既是別生除之不録又内典録及大周録中更有大集經八卷尋其文句即是合部大集經第六帙也初兩卷名十方菩薩品此品乃是明度五十校計經不知何故編入此中後之六卷乃是無盡意經既是繁重亦除不録

華嚴部 華嚴本部及眷屬經皆集於此 總二十六部

一百八十七卷　一十八帙

大方廣佛華嚴經六十卷 或五十卷六帙

東晉天竺三藏佛陁跋陁羅等譯 大本初譯

右此經總七處八會合三十四品會列如左

第一寂滅道場會 合二品三卷

第二普光法堂會 合六品四卷

第三忉利天宮會 合六品三卷

第四夜摩天宮會 合四品三卷

第五兜率天宮會 合三品十卷

第六他化天宮會 合十一品十三卷新經開為二會

第七普光法堂重會 一品六卷

第八給孤獨園會 一品一十四卷

大方廣佛花嚴經八十卷 八帙

大唐天后代于闐三藏實叉難陁等譯 新編入大本第二譯

右二經同本異譯其新譯經總七處九會合三十九品會列如左

第一會菩提場中說 合六品十一卷

第二會普光明殿說 合六品四卷

第三會忉利天宮說 合六品三卷

第四會夜摩天宮說 合四品三卷

第五會兜率天宮說 合三品十二卷

第六會他化自在天宮說 一品六卷

第七重會普光明殿說 合十一品十三卷

第八重會普光明殿說 一品七卷

第九會給孤獨園說 一品二十一卷

信力入印法門經五卷

元魏天竺三藏曇摩流支譯 單本

度諸佛境界智光嚴經一卷

右一經大周録云元魏三藏菩提留

支譯（出安公錄今按長房等錄皆支所譯无此經名今爲失譯附於秦錄又云與如來莊嚴智慧光明入一切佛境界經及度一切諸佛境界智嚴經同本異譯者謬也今尋文理義旨全殊名雖似同所詮乃異求其旨趣乃與佛華嚴入如來德智不思議境界經等同本異譯故移編此）

佛華嚴入如來德智不思議境界經二卷

隋天竺三藏闍那崛多等譯（出內典錄第三譯）

大方廣入如來智德不思議經一卷

大唐天后代于闐三藏實叉難陀譯（新編入錄第四譯）

右三經同本異譯（新舊四譯一譯本闕）

大方廣佛華嚴經不思議佛境界分一卷（或二卷十三紙）

大唐天后代于闐三藏提雲般若譯（出大周錄第一譯）

大方廣如來不思議境界經一卷

大唐天后代于闐三藏實叉難陀譯（新編入錄第二譯）

右二經同本異譯

大乘金剛髻珠菩薩修行分一卷（亦名剛髻菩薩如行品）

大唐天后代天竺三藏菩提流志譯（出大周錄單本）

大方廣佛華嚴經修慈分一卷

大唐天后代于闐三藏提雲般若譯（新編入錄單本）

上八經十三卷同帙

大方廣普賢菩薩所說經一卷

大唐天后代于闐三藏實叉難陀譯（新編入錄單本）

莊嚴菩提心經一卷

姚秦三藏鳩摩羅什譯（第四譯）

大方廣菩薩十地經一卷

元魏西域三藏吉迦夜共曇曜譯（第五譯）

右二經同本異譯（前後五譯三譯闕本此菩薩十地經大周錄云是華嚴十住品異譯者謬也尋閱文句義旨懸殊但可爲華嚴眷屬耳）

右信力入印法門等十一經並與華嚴分有相似是眷屬攝而非正部以其三種世間嚴事劣故

兜沙經一卷

後漢月支三藏支婁迦讖譯

右一經是華嚴經如來名号品異譯（舊經在第五卷新經在第十二比於大本此經稍略）

菩薩本業經一卷（亦直云本業經亦名淨行品經）

吳月支優婆塞支謙譯

諸菩薩求佛本業經一卷（或无諸字）

西晉清信士聶道真譯

右二經是華嚴淨行品異譯（舊經在第六卷新經在第十四其支謙譯者兼十住品略无偈大周入藏錄中更有菩薩本業經一卷亦是異譯淨行品另本不揆故闕之耳）

菩薩十住行道品一卷（亦直云菩薩十住）

西晉三藏竺法護譯（出法經錄拾遺編入）

菩薩十住經一卷

東晉西域三藏祇多蜜譯

右二經是華嚴菩薩十住品異譯（舊經

在第九卷新經在第十六卷略釋偈）

漸備一切智德經五卷（或十卷）

西晉三藏竺法護譯

上九經十三卷同帙

十住經四卷（或五卷）

姚秦三藏鳩摩羅什共佛陀耶舍譯

右二經是華嚴十地品異譯（舊經從第二十五卷至第二十九新經從三十四卷至第三十九天親菩薩造十地釋論一十二卷）

等目菩薩所問三昧經二卷（一名普賢菩薩定意或三卷）

西晉三藏竺法護譯

右一經是新花嚴十定品異譯（從第四十卷至第四十三舊花嚴經无十定品此等目所問經周錄爲單本今勘爲重譯）

顯無邊佛土功德經一卷

大唐三藏玄奘譯（出內典錄）

右一經是華嚴壽量品異譯（舊經在第三十一卷新經在第四十五）

如來興顯經四卷（一名興顯如幻經）

西晉三藏竺法護譯

右一經是舊華嚴寶王如來性起品及十忍品異譯（從第三十五卷至第三十七卷盡其十忍品在第三十卷此唯无偈不知何故前後塗異）新經名如來出現品（從第五十卷至第五十二其十忍品在第四十）

上四經十一卷同帙 四舊錄中又有如來性起微密藏經二卷即是舊經性起品抄出別行其文不異但取第二會初緣起揉於經首加證信序說非別翻故不重載

度世品經六卷 或五卷

西晉三藏竺法護譯

右一經是華嚴離世間品異譯 舊經從三十八卷至第四十四新經從第五十三卷至第五十九

羅摩伽經三卷

乞伏秦沙門釋聖堅譯 出內典錄

右一經是華嚴入法界品異譯 此羅摩伽經比於本品文闕不足於其中間譯出少分舊經從第五十一卷无上勝長者至第五十三卷初妙德救護衆生夜天所其文即盡新經從第六十七卷半至第七十卷初

大方廣佛華嚴經續入法界品一卷 或無續字

大唐中天竺三藏地婆訶羅譯 出大周錄

右一經續舊華嚴經入法界品 此有經本續入大部之中在第五十七卷

上三經十卷同帙 從兜沙下十三經並是大部之中別品異譯

涅槃部 及支流經並纂於此 總六部 五十八卷

六帙

大般涅槃經四十卷 或三十六卷四帙

北涼天竺三藏曇無讖於姑臧譯 第五單重合譯 其涅槃經宋文帝代元嘉年中達于建業時有豫州沙門范慧嚴清河沙門崔慧觀

開元釋教錄卷第十一 第三十六張 少陵

開元釋教錄卷第十一 第三十七張 少字号

陳郡處士謝靈運等以讖前經品數疎簡乃依舊泥洹經加之品目文有過質頗亦改治始爲三十六卷行於江左比於前經時有小異有論一卷略釋大經又論一卷釋本有今無一偈

大般涅槃經後譯荼毗分二卷 亦云闍維分亦云後分

大唐南海波凌國沙門若那跋陀羅共唐國沙門會寧於彼國共譯 出大周錄單本

右一經是前大般涅槃經之餘憍陳如品之末兼說滅度已後焚燒等事 義淨三藏求法傳云益府成都沙門會寧麟德年中往遊天竺到南海訶陵國逆與彼國三藏沙門若那跋陀羅唐云智賢於阿笈摩經抄出如來涅槃焚燒之事非大乘涅槃經也遣使寄來方之天竺今尋此經與長阿含初分遊行經少分相似而不全同經中復言法身常存常樂我淨佛菩薩境界非二乘所知與大涅槃義理相涉經初復題陳如品末文勢相接且編於此後諸博識詳而定之

大般泥洹經六卷 或十卷

東晉平陽沙門釋法顯共覺賢譯 第四譯

右一經是大般涅槃經之前分盡大衆問品同本異譯 與荼毗分前後七譯四譯闕本

上三經八卷同帙

方等般泥洹經二卷 亦名大般泥洹經或三卷

西晉三藏竺法護譯 第一譯

四童子三昧經三卷 或直名四童子經

開元釋教錄卷第十一 第三十八張 少字号

隋天竺三藏闍那崛多等譯 第二譯

右二經同本異譯 案舊錄中又有哀泣經二卷或三卷亦與方等泥洹同本異譯亦不述其翻譯所由尋其文句即是方等泥洹更無有異其方等泥洹初品名爲哀泣但取此品題目以作經名比於方等泥洹仍闕三品餘並无別既是實重刪之不錄也

大悲經五卷

高齊天竺三藏那連提耶舍共法智譯 單本

上三經十卷同帙 方等泥洹等三經涅槃支流

五大部外諸重譯經 二百七十三部

五百八十八卷 五十一帙

方廣大莊嚴經十二卷 一名神通遊戲

大唐中天竺三藏地婆訶羅譯 出大周錄 第四譯

普曜經八卷 一名方等本起

西晉三藏竺法護譯 第二譯四譯二闕

右二經同本異譯 其大莊嚴經周錄爲單譯或有以普曜經在小乘者二俱誤也

上二經二十卷二帙

法華三昧經一卷 法華支派

宋涼州沙門釋智嚴譯 單本

無量義經一卷 法華前說

蕭齊天竺沙門曇摩伽陀耶舍譯 第二譯兩譯一闕

薩曇分陀利經一卷 是異出法華寶塔天授二品各少分

僧祐錄云安公錄中失譯經 今附西晉錄 拾遺編入

妙法蓮華經八卷 二十八品 或七卷

姚秦三藏鳩摩羅什譯 第五譯

上四經十一卷同帙 此妙法蓮華經第五卷初提婆達多品蕭齊武帝時外國三藏達摩菩提共揚都僧正沙門法獻於瓦官寺譯其經梵本是法獻於于闐將來其第八卷初普門品中重誦偈周武帝時北天竺三藏闍那崛多於益州龍淵寺譯泰本並闕後續編入又第八卷中藥王菩薩等呪六首大唐三藏玄奘重譯在音義中此不別出

正法華經十卷 或云方等正法華 或七卷一帙

西晉三藏竺法護譯 第三譯

妙法蓮華經七卷 二十七品 或八卷

隋天竺三藏崛多笈多二法師添品 出經前序及內典錄

右三經同本異譯 其添品序略云正法護翻妙法什譯檢驗二本文旨有闕護所闕者普門品偈也什所闕者藥草喻品之半富樓那及法師等二品之初提婆達多品普門品偈也什移囑累在藥王之前二本陁羅尼並置普門之後其間異同言不能極竊見提婆達多品及普門品偈先賢續出補闕流行余景仰遺風寫章成簡大隋仁壽元年辛酉之歲翻普曜寺沙門上行所請遂共崛多笈多二法師於大興善寺重勘天竺多羅葉本富樓那及法師等二品之初勘本猶闕藥草喻品更益其半提婆達多通入塔品陁羅尼次神力之後囑累還結其終字句差殊頗亦改正儀有披尋勿疑或焉此添品猶成六譯三存三闕

維摩詰所說經三卷 一名不可思議解脫 或直云維摩詰經

姚秦三藏鳩摩羅什譯 第六譯

上二經十卷同帙

維摩詰經二卷 或三卷

吳月支優婆塞支謙譯 第二譯

說無垢稱經六卷

大唐三藏玄奘譯 出內典錄 第七譯

右三經同本異譯 前後七譯 一譯闕本

大方等頂王經一卷 一名維摩詰子問經 亦名善思童子經

西晉三藏竺法護譯 第一譯

大乘頂王經一卷 亦名維摩兒經

梁優禪尼國王子月婆首那譯 第二譯

上四經十卷同帙

善思童子經二卷

隋天竺三藏闍那崛多等譯 第四譯

右三經同本異譯 其善思童子經周錄在單本中誤也前後四譯 第三本闕

大悲分陀利經八卷 亦云大乘悲

失譯 今附秦錄 第二譯

上二經十卷同帙

悲華經十卷 一帙

北涼天竺三藏曇無讖於姑臧譯 第四譯

右二經同本異譯 前後四譯 兩譯闕本

金光明最勝王經十卷 一帙

大唐天后代三藏義淨譯 新編入錄 第五譯

金光明經八卷 二十四品

隋大興善寺沙門寶貴合出

右三經同本異譯 其序略云而金光明見有三本初在涼世有曇無讖譯為四卷止十八品其次周世闍那崛多譯為五卷成二十品後逮梁世真諦三藏於建康譯三身分別業障滅陁羅尼最淨地依空滿願等四品足前出沒為二十二品寶貴每歎此經祕奧後分如何竟无囑累舊雖三譯本疑未周長想梵文願言逢遇大隋馭寓新經即來帝勑所司相續翻譯至開皇十七年法席小間因請北天竺揵達國三藏法師此云志德重尋後本果有囑累品復得銀主陁羅尼品在京大興善寺即為翻譯并前先出合二十四品寫為八卷學士成都費長房筆受通梵沙門日嚴寺釋彥琮校練撰錄者曰此合部經文義偹足其無讖四卷真諦七卷崛多五卷並皆有闕故此三經無紊重載謹按長房等錄同武帝代天竺三藏耶舍崛多譯出一本名金光明經更廣壽量大辯陁羅尼經五卷成部今詳此名乃非全譯但於無讖四卷經中續演二品其壽量品更續其文大辯品中更廣呪法餘品之中亦有續者故云更廣壽量大辯陁羅尼經故六卷合經存云壽量大辯又補其闕以此證知但是續闕非是別翻又經序云闍那崛多譯為五卷等諸錄乃云耶舍崛多者此二三藏乃同師當時共翻弓載皆得其合部經有六卷本與此八卷明同異者其六卷經一品熟側比校新經八卷者是又二經囑累文意全別六卷囑累乃與法華囑累大呪相似未詳所以今勘八卷之者亦與新經校同二本少殊不可雙載故存八卷為正編之入藏後尋覽者幸無惑焉猶此合經勘成五譯兩本在藏三本入刪繁錄

伅真陀羅所問經二卷 或三卷

後漢月支三藏支婁迦讖譯 第一譯

上二經十卷同帙

大樹緊那羅王所問經四卷 亦名說不可思議品

姚秦三藏鳩摩羅什譯 第二譯

右二經同本異譯

佛昇忉利天為母說法經二卷 亦名佛昇忉利天品經或三卷

西晉三藏竺法護譯 第一譯

道神足無極變化經四卷 一名合道神足經或二卷或三卷

西晉安息三藏安法欽譯 第二譯

右二經同本異譯 前後三譯第三本闕

上三經十卷同帙

寶雨經十卷 一帙

大唐天后代南印度三藏達摩流支等譯 出大周錄第三譯

寶雲經七卷

梁扶南三藏曼陀羅仙共僧伽婆羅譯 第一譯

右二經同本異譯 新舊三譯第三本闕

阿惟越致遮經三卷 或無遮字或四卷

西晉三藏竺法護譯 第一譯

上二經十卷同帙

不退轉法輪經四卷

僧祐錄云安公涼土異經 在北涼錄第二譯

廣博嚴淨不退轉輪經四卷 或六卷

宋涼州沙門智嚴共寶雲譯 第三譯

右三經同本異譯 其阿惟越致遮開錄在單本中誤也

不必定入定入印經一卷

元魏婆羅門瞿曇般若流支譯 出序記第一譯

右經初序記云魏興和四年歲次降婁月建在戌朔次甲子壬午之日瞿曇流支沙門曇林於尚書令儀同高公第譯九千一百九十三字諸錄皆云菩提留支譯者誤也今依序記為正

入定不定印經一卷

大唐天后代三藏義淨譯 新編入錄第二譯

右二經同本異譯 共舊譯經周錄為單本新勘共重譯

上四經十卷同帙

等集衆德三昧經三卷 或二卷

西晉三藏竺法護譯 第一譯

集一切福德三昧經三卷

姚秦三藏鳩摩羅什譯 出真寂寺錄第二譯

右二經同本異譯 前後三譯一譯闕本

持心梵天經四卷 一名莊嚴佛法經又名等御諸法經

西晉三藏竺法護譯 或六卷十七品第一譯

上三經十卷同帙 按姚秦釋僧叡思益序云恭明前譯頗麗其辭迷其旨今按羣錄吳時月支國優婆塞支謙字恭明翻譯衆經而無思益同本之者其持心經與思益同乃是西晉竺法護譯叡云恭明先譯失之者誤

思益梵天所問經四卷 或直云思益經祐云思益義經

姚秦三藏鳩摩羅什譯 第二譯

勝思惟梵天所問經六卷

元魏天竺三藏菩提留支譯 第三譯

右三經同本異譯 共勝思惟經有釋論四卷

上二經十卷同帙

持人菩薩經四卷 有加所問二字或三卷

西晉三藏竺法護譯 第一譯

持世經四卷 一名法印經或三卷

姚秦三藏鳩摩羅什譯 第三譯

右二經同本異譯 前後三譯第二本闕

濟諸方等學經一卷 或无學字

西晉三藏竺法護譯 第一譯

大乘方廣摠持經一卷 或无乘字

隋天竺三藏毗尼多流支譯 第二譯

右二經同本異譯 周錄為單本新勘為重譯

上四經十卷同帙

文殊師利現寶藏經三卷 或直云寶藏經或二卷第一譯

西晉三藏竺法護譯

大方廣寶篋經三卷 或二卷

宋天竺三藏求那跋陀羅譯 第四譯

右二經同本異譯 前後四譯兩譯闕本

大乘同性經二卷 亦名一切佛行入智毗盧遮那藏說經或四卷

周宇文氏天竺三藏闍那耶舍等譯 第一譯

證契大乘經二卷 亦名入一切佛境智陪盧遮那藏

大唐中天竺三藏地婆訶羅譯 出大周錄第二譯

右二經同本異譯

上四經十卷同帙

深密解脫經五卷
元魏天竺三藏菩提留支譯 初譯 今本
解深密經五卷
大唐三藏玄奘譯 出內典錄 今本第四譯
上二經十卷同帙
解節經一卷
陳天竺三藏真諦譯
右一經是解深密經初五品異譯 出第一卷
相續解脫地波羅蜜了義經一卷 亦名了義經 亦名相續解脫經
宋天竺三藏求那跋陀羅譯
右一經是解深密經後二品異譯 出第四五二卷
右四經同本異譯 二是全本 二是初譯
緣生初勝分法本經二卷
隋天竺三藏達摩笈多譯 出內典錄 第一譯
分別緣起初勝法門經二卷
大唐三藏玄奘譯 出內典錄 第二譯
右二經同本異譯
楞伽阿跋多羅寶經四卷
宋天竺三藏求那跋陀羅譯 第一譯
上五經十卷同帙
入楞伽經十卷 帙
元魏天竺三藏菩提留支譯 第二譯

大乘入楞伽經七卷
大唐天后代于闐三藏實叉難陀譯 新編入錄 第四譯
右三經同本異譯 一新譯闕本 出四卷化經
菩薩行方便境界神通變化經三卷
宋天竺三藏求那跋陀羅譯 第一譯
上三經十卷同帙
大薩遮尼乾子所說經十卷 或七卷或八卷一帙
元魏天竺三藏菩提留支譯 第二譯
右二經同本異譯
大方等大雲經六卷 亦名大方等無相大雲經或四卷或五卷
北涼天竺三藏曇無讖譯 第二譯一闕一明
大雲輪請雨經一卷 內題云大雲經請雨品第六十四
周宇文氏天竺三藏闍那耶舍等譯 第一譯
大雲輪請雨經二卷
隋天竺三藏那連提耶舍譯 第二譯
大方等大雲請雨經一卷 內題云大方等大雲經請雨品第六十四
隋天竺三藏闍那崛多等譯 出內典錄 第三譯
右三經同本異譯
上四經十卷同帙
諸法無行經二卷 或一卷
姚秦三藏鳩摩羅什譯 第二譯

諸法本無經三卷
隋天竺三藏闍那崛多等譯
右二經同本異譯 一前譯 後三譯 附本
無極寶三昧經一卷 或直云無極寶經
西晉三藏竺法護譯 第一譯
寶如來三昧經二卷 一名無極寶三昧經 或一卷
東晉西域三藏祇多蜜譯 第二譯
右二經同本異譯
慧印三昧經一卷 一名寶田慧印三昧經
吳月支優婆塞支謙譯 第一譯
如來智印經一卷 一名佛生身
僧祐錄中失譯經 今附宋錄 第二譯
右二經同本異譯
上六經十卷同帙
大灌頂經十二卷 或無大字 或九卷或十卷一帙
東晉西域三藏帛尸梨蜜多羅譯 今譯 單
右卷別各是一經具列如左 第一灌頂三歸五戒帶佩護身呪經 第二灌頂七萬二千神王護比丘呪經 第三灌頂十二萬神王護比丘尼經 第四灌頂百結神王護身呪經 第五灌頂宮宅神王守鎮左右呪經 第六灌頂塚墓因緣四方神呪經 第七灌頂伏魔封印大神呪經 第八灌頂摩尼羅亶大神呪經 第九灌頂召五方龍王攝疫毒神呪經 第十灌頂梵天神策經 第十一灌頂隨願往生十方淨土經 第十二灌頂拔除過罪生死得度經

藥師如来本願經一卷
隋天竺三藏達摩笈多譯 出内典録第二譯
藥師瑠璃光如来本願功德經一卷
大唐三藏玄奘譯 出内典録第三譯
藥師瑠璃光七佛本願功德經二卷
大唐三藏義淨於大内佛光殿譯 新編入録第四譯

右三經同本異譯 與前灌頂第十二卷拔除過罪生死得度經同本其三藏義淨所譯二卷者更加六佛本願及呪録文大同奘法師譯者其舊藥師經群録皆云宋時鹿野寺沙門慧簡所譯尋撿其文即是灌頂第十二卷排出別行更无異本其灌頂往生經等録或云異時支謙或云西晉竺法護譯其見流行者即是大灌頂經第十一卷普廣品更無別本此之二經既在大部之中其別生流行者刪之不録

阿闍世王經二卷
後漢月支三藏支婁迦讖譯 第一譯
普超三昧經三卷 或上加文殊師利字或四卷
西晉三藏竺法護譯 第二譯
放鉢經一卷 是普超經舉鉢品異譯出第一卷
僧祐録云安公録中失譯經 安公云出方等部令附西晉録

右三經同本異譯 前後六譯三譯闕本

上六經十卷同帙

開元釋教録卷第十一　別録之一

開元釋教録卷第十一

校勘記

一 底本，金藏廣勝寺本。二三三頁上原版手抄，以麗藏本換。

一 二二一頁中一行第五字「録」，資、磧、南、徑作「目録」。

一 二二一頁中一行夾註「別録之一」，南作「別録之一上」；清作「上別録之一」。

一 二二一頁中二行「庚午歲」，徑、清作「唐」。

一 二二一頁下六行「統論」，麗作「能説」。

一 二二一頁下九行第八字「條」，磧、南、徑、清、麗無。

一 二二一頁下一七行「二千一百七十二卷」，資、磧、南、徑、清作「二千一百七十三卷」。

一 二二二頁上四行夾註右「經經」，資、磧、南、徑、清作「經」。又夾註左「尋討」，資、磧、南、徑、清作「尋訪」。

一 二二二頁上五行夾註右「尋諸」，徑作「尋舊」。

一 二二二頁上九行夾註右「編比」，磧、南、徑、清作「編此」。

一 二二二頁上一一行夾註右「集傳」，資、南、徑、清作「傳」。

一 二二二頁上一二行「大般若」，磧作「般若」。

一 二二二頁上一三行「大唐」，徑、清作「唐」。下同。

一 二二二頁上一三行「玉華寺」，資、磧、南、徑、清、麗作「玉華宮寺」。

一 二二二頁上一四行至一五行「右此……如左」，資、磧、南、徑、清作「右此經梵本都有二十萬頌總四處十六會唐言譯之成六百卷重單合譯具(磧作「其」)列如左」。

一 二二二頁上一七行第五字「本」，資、磧、南、徑、清作「本梵文一十三萬二千六百頌唐譯成四百卷七十九品」。同行「至第四百」，資、磧、南、徑、清作「至四百卷」。

一　二二二頁上一九行第五字「本」，資、磧、南、徑、清作「本梵文二萬五千頌唐譯成七十八卷八十五品」。

一　二二二頁中一行第五字「本」，資、磧、南、徑、清作「本梵文一萬八千頌譯成五十九卷三十一品」。

一　二二二頁中二行第四字「七」，資、磧、南、徑、清作「七卷」。

一　二二二頁中四行第五字「本」，資、磧、南、徑、清作「本梵文八千頌譯成一十八卷二十九品」。

一　二二二頁中九行第五字「本」，資、磧、南、徑、清作「本梵文四千頌譯成十卷二十四品」。

一　二二二頁中一〇行第五字「五」，資、磧、南、徑、清作「五卷」。

一　二二二頁中一二行第五字「本」，資、磧、南、徑、清作「本梵文二千五百頌譯成八卷一十七品」。

一　二二二頁中一三行末二字至一四行第三字「五百七十三」，資、磧、南、徑、清作「五百七十三卷」；徑作「百七十三卷」。

一　二二二頁中一七行第五字「本」，資、磧、南、徑、清作「本梵文八百頌譯成二卷無品」。

一　二二二頁中一八行末二字「七十」，資、磧、南、徑、清作「至五百七十」。

一　二二二頁中二二行第五字「本」，資、磧、南、徑、清作「本梵文四百頌譯成一卷無品」。本頁下一九行第五字、二二行第五字同。

一　二二二頁下三行及七行第五字「本」，資、磧、南、徑、清作「本梵文三百頌譯成一卷無品」。

一　二二二頁下一一行第五字「本」，資、磧、南、徑、清作「本梵文二千頌譯(「譯」，南作「譯成」)五卷無品」。

一　二二二頁下一二行「八十三」，資、磧、南、徑、清作「八十三卷」。

一　二二二頁下一五行第五字「本」，資、磧、南、徑、清作「本梵文二千頌譯成五卷無品」。

一　二二二頁下一六行「八十八」，資、磧、南、徑、清作「八十八卷」。

一　二二三頁上二行第五字「本」，資、磧、南、徑、清作「本梵文八百頌譯成二卷無品」。

一　二二三頁上二行末字「九」，資、磧、南、徑、清作「至九」。

一　二二三頁上六行第五字「本」，資、磧、南、徑、清作「本梵文二千五百頌譯成八卷無品」。

一　二二三頁上七行第三字「百」，資、磧、南、徑、清作「百卷」。

一　二二三頁上九行第八字「共」，徑、清作「其」。

一　二二三頁上一〇行夾註「般若經」，資、磧、南、徑、清作「般若」。

一　二二三頁上一一行及同頁中一四行夾註「第三譯」，資、磧、南、徑、清、麗作「第二譯」。

一　二二三頁上末行「鈔經」，資、磧、南、徑、清作「經」。同行夾註左「長安品」，資、磧、南、徑、清作「長安品第六譯」。

一　二二三頁中一行夾註「第六譯」，資、磧、南、徑、清無。

一　二二三頁中一二行夾註「第一譯」，麗作「第七譯」。

一　二二三頁中一三行夾註「云大」，徑作「三天」。

一　二二三頁中一四行夾註「第三譯」，資、磧、南、徑作「第二譯」。

一　二二三頁中二二行夾註右末字「一」，資、磧、南、徑、清、麗作「二」。

一　二二三頁下五行「差錯」，磧作「嗟錯」。

一　二二三頁下一五行夾註右「諸法」，磧、南、徑、清作「諸經」。

一　二二三頁下一六行「翔公」，資、磧、南、徑、清作朔公」。

一　二二三頁下二二行及二二五頁上八行夾註「娑伽婆」，資、磧、南、徑、清、麗作「婆伽婆」。

一　二二四頁上二行與三行間，資、磧、南、徑、清有「金剛能斷般若波羅蜜多經一卷　隋大業年中三藏笈多譯第四譯」。

一　二二四頁上三行第一〇字「多」，資、磧、南、徑、清無。

一　二二四頁上四行夾註「第四譯」，資、磧、南、徑、清無。

一　二二四頁上六行「天后」，資、磧、南、徑、清、麗作「天后代」。

一　二二四頁上七行「五經同本異譯其第四本」，資、磧、南、徑、清作「六經同本異譯其第五本」。

一　二二四頁上二〇行第七字「而」，資、磧、南、徑、清無。

一　二二四頁上二一行末字「況」，資、磧、南、徑、清作「呪」。

一　二二四頁中二行「大明呪」，資、磧、南、徑、清、麗作「大明呪經」。

一　二二四頁中七行夾註右「大義」，資、磧、南、徑、清作「文義」。

一　二二四頁中七行夾註左「大都」，資、磧、南、徑、清、麗作「大部」。

一　二二四頁中八行「十二經」，磧、南、徑、清、麗作「十三經」。

一　二二四頁中一〇行夾註右第二字「在」，資、磧、南、徑、清、麗作「存」。

一　二二四頁中一一行夾註「十二帙」，磧無。

一　二二四頁中一五行夾註左「唐舊録」，資、磧、南、徑、清、麗作「唐舊譯」。

一　二二四頁下三行「十四」，徑作「十四卷」。

一　二二四頁下一一行夾註「第十一譯」，徑作「第十一卷」。

一　二二四頁下二二行「二十五」，磧、南、徑、清作「二十五卷」。

一　二二五頁上四行夾註「秦本」，麗作「秦譯本」。

一　二二五頁上一七行「十四」，資、磧、南、徑、清作「十四卷」。

一　二二五頁中八行「五十七」，磧、南、徑、清作「五十七卷」。

一　二二五頁中九行夾註左第三字

「本」，資、磧、南、徑、清作「今」。

一　二二五頁中一一行夾註右「此會」，資、磧、南、徑、清作「此會及前會」。

一　二二五頁中一五行第三字「淨」，資、磧、南、徑、清、麗作「淨經」。

一　二二五頁中一六行「六十」，磧、南、徑、清作「六十卷」。

一　二二五頁中二〇行「七十六」，磧、南、徑、清作「七十六卷」。

一　二二五頁中二二行夾註「第二譯」，資、磧、南、徑、清作「第三譯」。

一　二二五頁下五行夾註左末字「入」，清無。

一　二二五頁下六行「八十一」，磧、南、徑、清作「八十一卷」。

一　二二五頁下一五行「八十四」，磧、南、徑、清作「八十四卷」。

一　二二五頁下末行「八十七」，磧、南、徑、清作「八十七卷」。

一　二二六頁上二行「國王子月婆首那譯」，磧、南、徑、清作「國王二月婆首那譯」。

一　二二六頁上四行「八十九」，磧、南、徑、清作「八十九卷」。

一　二二六頁上六行夾註「第二譯」，資作「第三譯」。

一　二二六頁上一〇行夾註「第三譯」，資、磧、南、徑、清作「第二譯」。

一　二二六頁上一一行第四字「本」，資、磧、南、徑、清、麗作「重本」。

一　二二六頁上一二行「九十二」，南作「九十二卷」。

一　二二六頁上一三行第六字「臂」，徑作「譬」。

一　二二六頁中四行夾註「三經」，資、磧、南、徑、清、麗作「二經」。

一　二二六頁中四行夾註「手有」，南作「宋有」。

一　二二六頁中六行末字「譯」下，資、磧、南、徑、清、麗有夾註「第四譯」。

一　二二六頁中一二行「流忠」，資、磧、南、徑、清、麗作「流志」。

一　二二六頁中一九行末字「一」，資、磧、南、徑、清、麗作「一卷」。

一　二二六頁中末行夾註「者誤……所顯」十八字，磧、南、徑、清無。

一　二二六頁下一行第八字「華」，資、磧、南、徑、清、麗作「華數」。

一　二二七頁上七行「一十」下，資、磧、南、徑、清有夾註「此賢護會元編移識時或有經改編顯識者二經梵本雖則不殊輒然改換竊爲未可」。

一　二二七頁上一二行夾註「第三譯」，資、磧、南、徑作「第二譯」；清作「第一譯」。

一　二二七頁上一五行「一百一十一卷中」，徑作「一百一十一卷」；清作「一百二十卷中」。

一　二二七頁中八行「一百一十四」，資、磧、南、徑、清作「一百一十四卷」。

一　二二七頁中一一行「一十五」，資、磧作「二十五」。

一　二二七頁中一二行夾註左「二卷」，南、徑、清作「三卷」。

一　二二七頁中一五行第一二字「本」，清作「大」。

一　二二七頁下四行第五字「等」，徑無。

一　二二七頁下八行「娑經」，資、南、徑、清作「婆問經」；磧、麗作「娑問經」。

一　二二七頁下一五行夾註「第二譯」，資、磧、南、徑、清無。

一　二二七頁下一六行「支婁迦譯」，資、磧、南、徑、清作「支婁迦讖譯第二譯」；麗作「支婁迦讖譯」。

一　二二七頁下一七行夾註右「阿彌」，資、磧作「佛説諸佛阿彌」；南、徑、清作「佛説諸佛阿彌陀」。

一　二二七頁下二二行夾註右第一一字「譯」，資、磧、南、徑無。

一　二二八頁上一行第二字「閦」，徑作「門」。

一　二二八頁上一六行夾註右第五字「唯」，資、磧、南、徑、清、麗作「准」。

一　二二八頁上一九行夾註右第一字「亦」，資、磧、南、徑、清作「或」。

一　二二八頁上二〇行「竺法護譯」，資、磧、南、徑、清作「竺法護譯第一譯」。

一　二二八頁下六行夾註右第三字「阿」，資、磧、南、徑、清、麗作「阿閦」。

一　二二八頁下七行夾註左「二閦」，資、磧、南、徑、清作「三閦」。

一　二二八頁下二〇行末字「譯」，至此，南、徑、清卷第十一上終，卷第十一下始。

一　二二九頁上七行夾註「第三譯」，磧、南、徑、清作「第二譯」。

一　二二九頁上一二行夾註左末字「閦」，資、磧、南、徑、清作「閦問下加大字」。

一　二二九頁中四行夾註「曰遺日」，資、磧、南、徑、清作「遺日」。

一　二二九頁中七行夾註「後漢録」，資、磧、南、徑、清作「漢録」。又夾註左第一字「且」，徑作「具」。

一　二二九頁中九行「同本」，南、徑、清作「同會」。

一　二二九頁中一〇行「方廣經」，資、南、徑、清作「廣經」。又夾註「亦直云」，資、磧、南、徑、清作「亦云」。

一　二二九頁中一七行夾註左「壬申」，資、磧、南、徑、清、麗作「在申」。

一　二二九頁中一八行夾註右第三字「客」，資、磧、南、徑、清作「名」。同行「於尚書」，麗作「尚書」。

一　二二九頁中一八行夾註左「高公第譯建初」，磧、徑、清作「高公第譯建功」；南作「名公第譯建功」。

一　二二九頁中一九行夾註右第一六字「譯」，資、磧、南、徑、清無。

一　二二九頁中一九行夾註左第八字「惣」，資、磧、南、徑、清作「皆」。

一　二二九頁中二〇行夾註右「舊録」，資、磧、南、徑、清作「舊譯」。

一　二二九頁中二〇行夾註左第二字「今」，南、徑作「令」。

一　二二九頁中二一行首字「上」，資、磧、南、徑、清作「右」。

一　二二九頁中二二行「大集部」下，資、磧、南、徑、清有夾註「但是大集流類皆編於此」。

一 二二九頁中末行夾註「或四十卷三帙」，麗無。

一 二二九頁中末行後，資、磧、南、徑、清、麗有「北涼天竺三藏曇無讖於姑藏譯」及夾註「第三譯三譯二闕」。

一 二三〇頁上二行夾註右第四字「文」，資、磧、南、徑、清作「又文」。

一 二三〇頁上一三行第九字「就」，徑、清作「祐」。

一 二三〇頁中一行夾註右首字「以」，徑作「安」。

一 二三〇頁中三行夾註右末字「題」，徑作「頭」。

一 二三〇頁中三行夾註左第五字「中」，資作「大」。

一 二三〇頁中六行夾註右「大寶積」，磧作「大寶」。又左末字「也」，資、磧、南、徑、清無。

一 二三〇頁中一一行夾註左首字「帙」，資、磧作「一袠」；南、徑、清、麗作「一帙」。

一 二三〇頁下九行「功德真」，資、磧、南、徑、清、麗作「功德直」。

一 二三〇頁下一三行夾註左「二品」，麗作「一品」。

一 二三〇頁下一六行夾註右「一名」，資、磧、南、徑、清作「或名」。

一 二三一頁上二行「寶曇」，資、磧、南、徑、清、麗作「寶雲」。

一 二三一頁上六行第七字「那」，徑作「服」。

一 二三一頁上二一行夾註左「第一譯」，資、磧、南、徑、清、麗作「第二譯」。

一 二三一頁上二二行夾註右「王經」，資、磧作「五經」。

一 二三一頁中九行夾註右「一界」，資、磧、南、徑、清、麗作「二界」。

一 二三一頁中一三行夾註右「云是」，資、磧、南、徑、清作「亦是」。

一 二三一頁中一四行夾註左「初兩卷」，資、磧、南、徑、清、麗作「初之兩卷」。

一 二三一頁中二二行夾註左「三卷」，資、磧、南、徑、清作「四卷」。

一 二三一頁下二行夾註左「三卷」，麗作「二卷」。

一 二三一頁下五行夾註「一品六卷」，資、磧、南、徑、清作「二品七卷」。

一 二三一頁下六行夾註「一十四卷」，資、磧、南、徑、清作「一十六卷」。

一 二三一頁下八行夾註右第三字「入」，資、磧、南、徑、清、麗作「入録」。

一 二三一頁下二〇行首字「信」，徑作「言」。

一 二三一頁下二二行後，資、磧、南、徑、清有「失譯今附秦録第一譯」；麗有「失譯今附秦録第鐸」。

一 二三二頁上五行小字「境界經二卷」，徑作「佛境界分二卷」。

一 二三二頁上六行第一一字「譯」，磧、南無。

一 二三二頁上九行夾註右第四字「譯」，資、磧、南、徑、清作「録」。

一 二三二頁上一〇行小字右「八境

二三二頁上一〇行小字左「十三紙」，資、磧、南、徑、清無。

界」，資、磧、南、徑、清、麗作「境界」。

二三二頁上一〇行小字左「十三紙」，資、磧、南、徑、清無。

二三二頁上一一行夾註左末字「譯」下，資有「十二紙」三字。

二三二頁上一五行夾註右「剛鬘」，資、磧、南、徑、清作「金剛鬘」。

二三二頁上一九行首字「上」，資、磧、南、徑、清作「右」。

二三二頁中一二行夾註左「亦名」，資、磧、南、徑、清作「亦云」。

二三二頁中一七行夾註左「一卷」，南作「卷」。

二三二頁中二〇行夾註右「出法經録」，徑、清、麗作「出法上經録」。

二三二頁下九行「等目」，清作「等、自」。

二三三頁上二行夾註右「緣起」，資、磧、南、徑、清作「緣」。

二三三頁上七行夾註右「三十八卷至第四十四」，資、磧、南、徑、清作「第三十八卷至第四十」。

二三三頁上一一行夾註右「其中間」，資、磧、南、徑、清作「其間」。

二三三頁上一二行夾註左「夜天」，資、磧、南、徑、清作「夜摩天」。

二三三頁中七行「共譯」，資、磧、南、徑、清作「譯」。

二三三頁中一二行夾註右「三藏」，磧作「竺藏」。

二三三頁中一七行第一〇字「共」，徑作「其」。

二三三頁下三行夾註右「翻譯」，磧、南作「本譯」。

二三三頁下四行夾註右「但取」，磧、南作「但於」。同行夾註左「仍闕」，磧、南、徑、清作「同本」。

二三三頁下一四行夾註右第三字「等」，資、磧、南、徑、麗作「方等」。

二三三頁下一七行夾註右「小乘」，資、磧、南、徑、清、麗作「小乘藏」。又左末字「也」，資、磧、南、徑、清無。

二三四頁上七行夾註左「六首」，磧、南、徑、清作「六譯」。

二三四頁上一一行夾註右「二十七品」，資、磧、南、徑、清作「三十七品」。

二三四頁上一四行「右三經」，資、磧、南、徑、清作「右二經」。

二三四頁上一七行夾註左第十五字「仲」，資、磧、南、徑、清、麗作「仰」。

二三四頁上一八行夾註右末字「損」，資、磧、南、徑、清、麗作「因」。

二三四頁上一九行夾註右第七字「寺」，資、磧、南、徑、清無。

二三四頁上一九行夾註左「勘本」，麗作「斯本」。

二三四頁上二〇行夾註右第一三字「塔」，資、磧、南、徑、清作「寶塔」。

二三四頁上二〇行夾註左末字「殊」，磧、南、徑、清作「舛」。

二三四頁中五行夾註左「第十譯」，資、磧、南、徑、清、麗作「第七譯」。

二三四頁中六行夾註左「一譯」，

資、磧、南、徑、清、麗作「四譯」。

一　二三四頁中七行「頂王經一卷」，磧、南作「頂王經十卷」。同行夾註右「問經」，磧、南、徑、清作「問」。

一　二三四頁中一〇行夾註「第二譯」，資、磧、南、徑、清、麗作「第三譯」。

一　二三四頁中一四行夾註左第四字「誤」，南、徑、清作「是」。

一　二三四頁下二行末字「出」下，資、磧、麗有「當第四本」四字；南、徑、清有「當第四卷本」五字。

一　二三四頁下四行夾註左「後建梁世」，資、磧、南、徑、清、麗作「後遂梁世」。

一　二三四頁下六行夾註右「十三」，資、磧、南、徑、清作「十二」。

一　二三四頁下六行夾註左「疑未」，徑作「疑末」。

一　二三四頁下八行夾註左「復得」，資、磧、南、徑、清作「復有」。

一　二三四頁下一一行夾註右「三經」，清作「五經」。

一　二三四頁下一一行夾註左「崛多」，南、徑、清作「羅多」。

一　二三四頁下一五行夾註左「乃同師」，資、磧、南、徑、清、麗作「乃是同師」。

一　二三四頁下一七行夾註右「大呪」，資、磧、南、徑、清作「大况」。又夾註左「所以」，資、磧、南、徑、清作「何以」。

一　二三四頁下一八行夾註右首字「沙」，資、磧、南、徑、清、麗作「少」。

一　二三五頁上三行夾註右「亦名」，資、磧、南、徑、清作「亦云」。

一　二三五頁上七行夾註左「本闕」，南、徑、清作「闕本」。

一　二三五頁上一三行正文末字「譯」，南、徑、清作「等譯」。二一行第一一字同。

一　二三五頁上一四行夾註左「第三」，資、磧、南、徑、清、麗作「第二」。

一　二三五頁上一九行夾註右「在北涼」，徑作「在此涼」。

一　二三五頁上二二行夾註右第六字「遮」，資、磧、南、徑、清、麗作「遮經」。

一　二三五頁中二行夾註右首字「右」，徑、清作「又」。

一　二三五頁中四行夾註右「今依」，南、徑、清作「依」。

一　二三五頁中七行夾註左第五字「其」，資、磧、南、徑、清、麗作「爲」。

一　二三五頁中一三行夾註右「三譯」，徑、清作「二譯」。又左「闕本」，資、磧、南、徑、麗作「本闕」。

一　二三五頁中一七行夾註右第三字「迷」，資、磧、南、徑、清作「而迷」。

一　二三五頁中一八行夾註左「失之者誤」，資、磧、南、徑、清作「失旨者誤也」。

一　二三五頁中二〇行第九字「譯」，徑、清無。

一　二三五頁中二二行夾註「第三譯」，麗作「第二譯」。

一　二三五頁下一三行夾註左「第一

譯」，資、磧、南、徑、清無。

一　二三五頁下一四行末字「譯」，資、磧、南、徑、清作「譯第一譯」。

一　二三五頁下二〇行夾註「佛境智倍蘆遮那」，磧作「佛符陪蘆遮那」；南、清作「佛境智蘆遮羅」；徑作「佛境智毘蘆遮羅」。

一　二三六頁上二行夾註右及四行夾註左「今本」，資、磧、南、徑、清作「全本」。

一　二三六頁上八行夾註「第一卷」，資、磧、南、徑作「第一譯」。

一　二三六頁上九行夾註左末字「義」，資、磧、南、徑、清作「義經」。

一　二三六頁上一三行夾註左第三字「初」，資、磧、南、徑、清作「抄」。

一　二三六頁上一七行夾註「第一譯」，資、磧、南、徑、清、麗作「第二譯」。二〇行夾註同。

一　二三六頁上二二行夾註「帙」，資、磧、南、徑、清、麗作「一帙」。

一　二三六頁上末行夾註「第二譯」，資、磧、南、徑、清、麗作「第三譯」。本頁中一九行夾註左同。

一　二三六頁中九行夾註「第一譯」，資、磧、南、徑、清作「第二譯」。

一　二三六頁中一三行第三字「輪」，資、磧、南、徑、清無。

一　二三六頁下二行末字「譯」，資、磧、南、徑、清作「譯第三譯」。

一　二三六頁下一八行夾註「比丘呪經」，麗作「比丘尼呪經」。

一　二三六頁下二二行夾註右「灌頂」，南、徑、清作「灌頂普廣菩薩」。

一　二三六頁下末行夾註右首字「拔」，南、清作「技」。

一　二三六頁下末行夾註左「第一譯」，南、徑、清作「本譯第一譯」。

一　二三七頁上一〇行夾註左「拱出」，磧作「將出」；南作「析出」。

一　二三七頁上一一行夾註右「支謙」，磧、南、徑、清作「支謙譯」。

一　二三七頁上一一行夾註左「竺護」，資、磧、南、徑、清作「竺法護」。

一　二三七頁上一二行夾註右首字「一」，南、徑、清作「二」。

一　二三七頁上一二行夾註右「此之二經」，資、磧作「比之一經」；南、徑作「比之二經」。

一　二三七頁上一七行夾註左第二字「普」，資、磧、南、徑、清、麗作「譯」。

一　二三七頁上二一行「上六經十卷同帙」，徑無。

一　二三七頁上末行，南、徑、清作「開元釋教録卷第十一下」。

開元釋教録卷第十二（別録之二） 陛

庚午歳西崇福寺沙門智昇撰

有譯有本録中菩薩三藏録之二

月燈三昧經十一卷（或十卷一帙） 高齊天竺（大乘經重單合譯下）

三藏那連提耶舍譯（全本後出單重合譯）

月燈三昧經一卷（一名文殊師利菩薩十事行經）

宋沙門釋先公譯（第二別譯）

右一經出前大月燈經第七卷異譯（第一別譯單卷者本闕）

無所希望經一卷（一名象步經） 西晉三藏竺法護譯（第二譯）

象腋經一卷 宋罽賓三藏曇摩蜜多譯（第四譯）

右二經同本異譯（前後四譯兩譯本闕）

大淨法門經一卷 西晉三藏竺法護譯（第一譯）

大莊嚴法門經二卷 隋天竺三藏那連提耶舍譯（第三譯）

右二經同本異譯（前後三譯一譯闕本）

如來莊嚴智慧光明入一切佛境界經二卷

元魏天竺三藏曇摩流支譯（第一譯）

度一切諸佛境界智嚴經一卷

梁扶南三藏僧伽婆羅等譯（第二譯）

右二經同本異譯

後出阿弥陀佛偈經一卷（與後經異本亦無經字）

後漢失譯（第二譯兩譯一闕）

觀無量壽佛經一卷（亦云無量壽觀經與前後經異本）

宋西域三藏畺良耶舍譯（第一譯二譯一闕）

阿弥陀經一卷（亦名無量壽經） 姚秦三藏鳩摩

羅什譯（第一譯第二本闕）

稱讚淨土佛攝受經一卷（亦直云稱讚淨土經）

大唐三藏玄奘譯（出內典録第三譯）

右二經同本異譯（其求那跋陀羅所譯小無量壽經與本不猶諸藏録有即與阿弥陀文同不異）

上十一經十三卷同帙

觀弥勒菩薩上生兜率天經一卷（亦云弥勒上生經）

宋居士沮渠京聲譯 單本

右上生經雖是單譯隨成佛經次第編此

弥勒成佛經一卷（與後經異本） 姚秦三藏鳩

摩羅什譯（第二譯兩譯一闕）

弥勒来時經一卷 失譯（出法上録今附東晉録第三譯）

弥勒下生經一卷（一名弥勒受決經初云大智舍利弗）

姚秦三藏鳩摩羅什譯（第四譯）

謹依長房內典二録並云弥勒下生經初云大智舍利弗者其經先是長安沙門釋道標譯簡

晉江州沙門道政刪改今詳此說或謂不然其釋道標乃是什公門下詮義之僧尤非翻譯之主縱使是標譯出文義有何不周降至齊朝政重刪改年月懸遠叙述參差彼云道政所刪難為准的經中子注乃曰秦言故是秦翻無聚裁矣什録先載是其出焉

弥勒下生成佛經一卷 大唐天后代三

藏義淨譯（第六譯）

右三經同本異譯（前後六譯三譯本闕）

諸法勇王經一卷 宋罽賓三藏曇摩

蜜多譯（第二譯）

一切法高王經一卷（一名一切法義王經） 元魏婆羅

門瞿曇般若流支譯（出序記第三譯）

右經初序記云魏興和四年歲次壬戌季夏六月朔次乙未二十三日丁巳創譯婆羅門客瞿曇流支沙門曇林在賓太尉定昌寺譯八千四百四十九字諸録皆云菩提留支譯者誤也今依序記為正其一切法高王經閣録為單本者誤也

右二經同本異譯（前後三譯一譯本闕）

第一義法勝經一卷 元魏婆羅門瞿

曇般若流支譯（出序記第一譯）

右經初序記云魏興和四年歲次壬戌九月一日甲子瞿曇流支沙門曇林於尚書令儀同高公第譯五千五百七十六字諸録皆云菩提留支譯者誤也今依序記為正

大威燈光仙人問疑經一卷

隋天竺三藏闍那崛多等譯（第二譯）

右二經同本異譯

權方便經二卷（一名轉女身菩薩經或一卷）

三藏竺法護譯（第二譯）

樂瓔珞莊嚴方便品經一卷亦云轉女身菩薩問答經
姚秦罽賓三藏曇摩耶舍譯出經後記第三譯
右二經同本異譯其樂瓔珞莊嚴經檢尋羣錄或云姚秦羅什所翻亦云宋朝法海所譯今准經後記士北丘慧法於罽賓泰寺請毗婆沙曇摩耶舍譯胡為秦其罽賓泰寺未詳其處耶施譯出故應無謬羣錄咸云曇摩耶舍善毗婆沙時人共号為毗婆沙故僧祐錄云舍利弗毗曇毗婆沙譯者即其人也舍之與祐聲相近耳今什錄中除附耶舍之錄前後四譯兩譯闕本
上十一經十二卷同帙
六度集經八卷亦名六度無極經或九卷
吳天竺三藏康僧會譯單重合譯
太子須大拏經一卷或云須達拏
乞伏秦沙門釋聖堅譯周錄為單今為重譯
右一經出六度經第二卷施度中異譯
菩薩睒子經一卷亦云孝子睒經
僧祐錄云安公錄中失譯經今附西晉錄第二譯
睒子經一卷乞伏秦沙門釋聖堅譯第四譯
右二經同本出六度經第二卷施度中異譯
太子慕魄經一卷
後漢安息三藏安世高譯第一譯
太子沐魄經一卷或作慕魄
西晉三藏竺法護譯第三譯拾遺編入
開元釋教錄卷第十二　第四張　陞

右二經同本出六度經第四卷戒度中異譯
九色鹿經一卷吳月支優婆塞支謙譯出法上錄
右一經出六度經第六卷精進度中異譯
上七經十四卷同帙其九色鹿經周錄為單本誤也
無字寶篋經一卷元魏天竺三藏菩提留支譯第一譯
大乘離文字普光明藏經一卷大唐中天竺三藏地婆訶羅於西太原寺譯出大周錄第二譯
大乘遍照光明藏無字法門經一卷大唐中天竺三藏地婆訶羅重譯拾遺編入第四譯
右三經同本異譯大周錄云與大方廣寶篋經同本異譯者誤也前後四譯一譯闕本
老女人經一卷亦名老母經或云老女經
吳月支優婆塞支謙譯拾遺編入第一譯
老母經一卷僧祐錄中失譯經今附宋錄第二譯
老母女六英經一卷亦云老母經
宋天竺三藏求那跋陀羅譯第三譯
右三經同本異譯
月光童子經一卷一名月明童子經或名申日經
開元釋教錄卷第十二　第五張　陞

西晉三藏竺法護譯第一譯
申日兒本經一卷經作兒本誤也或無日
宋天竺三藏求那跋陀羅譯第二譯拾遺編入
德護長者經二卷一名尸利毱多長者經
隋天竺三藏那連提耶舍譯第四譯一譯闕
右三經同本異譯上之三經雖是同本而廣略全異有增減又支謙譯中有申日經一卷云與月光童子經同本異譯今檢尋大二經不殊父名申日子号月光約父子名以分二軸兩本既同故不雙出其申日經或在小乘藏中云出阿含其增一阿含中雖有尸利毱多長者緣起無月光童子事編在彼中亦將誤也
文殊師利問菩提經一卷一名菩提無行經亦直名菩提經
姚秦三藏鳩摩羅什譯第一譯
伽耶山頂經一卷亦云伽耶頂經
元魏天竺三藏菩提留支譯第二譯
象頭精舍經一卷隋天竺沙門毗尼多流支譯第三譯
大乘伽耶山頂經一卷大唐天后代天竺三藏菩提流志譯出大周錄第四譯
右四經同本異譯其沙門靖邁翻經圖中別載菩提經一卷大周錄中又有菩提無行經一卷此之二經並是什公所譯文殊問菩提經之異名煩重載
長者子制經一卷一名制經
後漢安息三藏安世高譯第一譯
開元釋教錄卷第十二　第六張　陞

菩薩逝經一卷 或云逝童子經或直云逝經 西晉沙門白法祖譯 第三譯

逝童子經一卷 西晉沙門支法度譯 第四譯五譯二闕

右三經同本異譯 又大周錄中別載制經一卷即安高譯者異名不合重載

犢子經一卷 吳月支優婆塞支謙譯 出法上錄第一譯

乳光佛經一卷 亦云乳光經 西晉三藏竺法護譯 第二譯

右二經同本異譯 廣略稍異前後四譯兩譯闕本

無垢賢女經一卷 或名胎藏經 西晉三藏竺法護譯 出聶道真錄第二譯

腹中女聽經一卷 一名不莊校女經 北涼天竺三藏曇無讖譯 第三譯

右一經云與胎藏經同本俱云竺法護譯今勘二本文句全同但名有異今存一本

轉女身經一卷 宋罽賓三藏曇摩蜜多譯 第四譯

右三經同本異譯 前二經稍略五譯二闕

上二十一經二十二卷同帙

無上依經二卷 梁天竺三藏真諦譯 全本第二譯出經後記

右此無上依經謹按長房等錄並云陳永定二年丁丑真諦三藏於南康郡淨土寺出其經後記乃云梁紹泰三年太歲丁丑九月八日三藏真諦於平固縣南康內史劉文陁請令譯出今尋諸家年曆差互不同長房年曆但至承聖五年丙子梁國即絕歎鸞及王道珪年紀至紹泰二年丙子改為太平元年太平二年丁丑改為永定元年陳霸先立號為陳國又有年紀不知何人所撰彼云承聖三年甲戌改為大定元年遠於後梁凡經八載方改年號然四家年曆並無紹泰三年四本既並不同未詳孰為正讖或可梁紹泰三年丁丑即是陳初永定元年也曆中但紀後號不載前名今者且依經記為梁代譯也

未曾有經一卷 後漢失譯 舊錄在小乘單本中誤也第一譯

甚希有經一卷 大唐三藏玄奘譯 出內典錄第三譯

右二經同本異譯 是前無上依經物品出第一卷

決定總持經一卷 或云決定總持經亦云決總持經 西晉三藏竺法護譯 第一譯

謗佛經一卷 元魏天竺三藏菩提留支譯 第二譯

右二經同本異譯

寶積三昧文殊問法身經一卷 後漢安息三藏安世高譯 第一譯

入法界體性經一卷 隋天竺三藏闍那崛多等譯 拾遺編入第二譯

右二經同本異譯

如來師子吼經一卷 元魏天竺三藏

佛陀扇多譯 第一譯

大方廣師子吼經一卷 大唐中天竺三藏地婆訶羅譯 出大周錄第二譯

右二經同本異譯

大乘百福相經一卷 大唐中天竺三藏地婆訶羅譯 出大周錄第一譯

大乘百福莊嚴相經一卷 大唐中天竺三藏地婆訶羅再譯 拾遺編入第二譯

右二經同本異譯

大乘四法經一卷 大唐中天竺三藏地婆訶羅於東太原寺譯 出大周錄第一譯

菩薩脩行四法經一卷 大唐中天竺三藏地婆訶羅於弘福寺譯 拾遺編入第二譯

右二經同本異譯

希有希有校量功德經一卷 或直云希有校量功德經 隋天竺三藏闍那崛多等譯 第一譯

最無比經一卷 大唐三藏玄奘譯 出內典錄第二譯

右二經同本異譯 廣略少異

前世三轉經一卷 西晉沙門釋法炬譯 第一譯

銀色女經一卷 元魏天竺三藏佛陀扇多譯 第二譯

右二經同本異譯
阿闍世王受決經一卷　西晉沙門釋法炬
譯　譯第一
採蓮違王上佛授決號妙花經一卷　亦直云採蓮違王經　東晉西域沙門竺曇無蘭譯
拾遺編入　第二譯
右二經同本異譯　從無上依經下一十九經大周錄中在單本內今為重譯
正恭敬經一卷　或名正法恭敬經　元魏天竺三
藏佛陀扇多譯　譯第一
善敬經一卷　亦名善恭敬經一名善恭敬師經　譯第二
隋天竺三藏闍那崛多等譯
右二經同本異譯　廣略少異
稱讚大乘功德經一卷　大唐三藏玄奘
譯　出內典錄　第一譯
說妙法決定業障經一卷　大唐至相寺
沙門釋智嚴譯　新編入錄　第二譯
右二經同本異譯　其稱讚大乘經舊為單本今為重譯
上二十三經二十四卷同帙
諫王經一卷　亦云大小諫王經　宋居士沮渠京
聲譯　譯第一
如來示教勝軍王經一卷　亦直云勝軍王經
大唐三藏玄奘譯　出內典錄　第二譯
開元釋教錄卷第十二　第十張　陸

佛為勝光天子說王法經一卷　亦直云勝光天子經
大唐三藏義淨譯　新編入錄　第三譯
右三經同本異譯　其諫王經同在小乘錄勝軍王經在大乘錄並云單本者誤也
大方等脩多羅王經一卷
元魏天竺三藏菩提留支譯　譯第一
轉有經一卷　元魏天竺三藏佛陀扇
多譯　譯第二
右二經同本異譯
文殊師利巡行經一卷
元魏天竺三藏菩提留支譯　譯第一
文殊尸利行經一卷　隋天竺三藏闍
那崛多等譯　譯第二
右二經同本異譯
貝多樹下思惟十二因緣經一卷
吳月支優婆塞支謙譯　譯第三
緣起聖道經一卷　大唐三藏玄奘
譯　出內典錄　第六譯
右二經同本異譯　前後六譯四譯闕本其緣起聖道經周錄在單本中誤也又有聞城十二因緣經一卷即與貝多樹下思惟十二因緣經大同不異但名別耳今存一本
稻芉經一卷　失譯　今附東晉錄
了本生死經一卷　吳月支優婆塞
開元釋教錄卷第十二　第十一張　陸

支謙譯　謙自注解三譯一闕
右二經同本異譯　莫辯先後
自誓三昧經一卷　題下注云獨證品第四出比丘淨行中
後漢安息三藏安世高譯　拾遺編入　第一譯
如來獨證自誓三昧經一卷　西晉三藏
竺法護譯　譯第二
右二經同本異譯　前後三譯一譯闕本
灌洗佛形像經一卷　亦云四月八日灌經亦直云灌經
西晉沙門釋法炬譯　拾遺編入　第一譯
摩訶剎頭經一卷　亦名灌佛形像經
乞伏秦沙門釋聖堅譯　譯第二
右二經同本異譯
造立形像福報經一卷　亦云優塡王作佛形像經　失譯　今附東晉錄
作佛形像經一卷　失譯
今在漢錄周錄在小乘單本中及云西晉沙門法炬譯者誤也
右二經同本異譯　莫辯先後
龍施女經一卷　或無女字　吳月支優婆塞
支謙譯　譯第一
龍施菩薩本起經一卷　或云龍施女經亦云龍施本經
西晉三藏竺法護譯　譯第二
右二經同本異譯　廣略少異
八吉祥神呪經一卷　或無神字　吳月支優
婆塞支謙譯　譯第一
開元釋教錄卷第十二　第十二張　陸

八陽神呪經一卷 亦直云八陽經 新勘為重譯
西晉三藏竺法護譯 第二譯
八吉祥經一卷 梁扶南三藏僧伽婆羅譯
第四譯
八佛名号經一卷 隋天竺三藏闍那崛
多等譯 第五譯
右四經同本異譯 緣起大同佛名稍異前後五譯一譯闕本
盂蘭盆經一卷 亦云盂蘭經
西晉三藏竺法護譯
報恩奉盆經一卷 失譯今附東晉錄
右二經同本異譯 其辭先後廣略稍異
浴像功德經一卷 大唐天竺三藏寶
思惟譯 新編入錄 第一譯
浴像功德經一卷 大唐三藏義淨譯
新編入錄 第二譯
右二經同本異譯 後本稍廣
挍量數珠功德經一卷 大唐天竺三
藏寶思惟譯 新編入錄 第一譯
數珠功德經一卷 內云曼殊室利呪藏中挍量數珠功德法
大唐三藏義淨譯 新編入錄 第二譯
右二經同本異譯
上二十九經二十九卷同帙
不空羂索神變真言經三十卷 三帙
開元釋教錄卷第十二 第十三張 陛

大唐南天竺三藏菩提流志譯 新編入錄 當第四譯
不空羂索呪經一卷 隋天竺三藏闍那
崛多等譯 第一譯
不空羂索神呪心經一卷 大唐三藏
玄奘譯 出內典錄 第二譯
右二經同本異譯 是前大經序品三藏流志先譯一卷名不空羂索呪心經亦本末稍殊
不空羂索陀羅尼自在王呪經三卷 亦云不空羂索心呪王經 大唐天后代天竺三藏寶思惟譯 新編入錄 第一譯
不空羂索陀羅尼經一卷 一名普門 大唐天
后代北天竺婆羅門李無諂譯 新編入錄 第二譯
右二經同本異譯 此是梵本經抄非是全部與前三經同名異本
千眼千臂觀世音菩薩陀羅尼神呪經二卷 拾遺編入
或一卷 大唐摠持寺沙門釋智通譯 第一譯
千手千眼觀世音菩薩姥陀羅尼身經一卷
或云千臂千眼 大唐南天竺三藏菩提流志譯 新編入錄
第二譯
右二經同本異譯 其初譯本貝葉交錯文少失次
千手千眼觀世音菩薩廣大圓滿無
导大悲心陀羅尼經一卷
大唐西天竺沙門伽梵達摩譯 拾遺編 單本
右此心經雖是單本隨前身經
開元釋教錄卷第十二 第十四張 陛

編之於此
觀世音菩薩秘密藏神呪經一卷
大唐天后代于闐三藏實叉難陀譯 新編入錄 第一譯
觀世音菩薩如意摩尼陀羅尼經一卷
大唐天竺三藏寶思惟譯 新編入錄 第二譯
上九經十二卷同帙
觀自在菩薩如意心陀羅尼呪經一卷
大唐三藏義淨譯 新編入錄 第三譯
如意輪陀羅尼經一卷 大唐天竺三藏
菩提流志譯 新編入錄 第四譯
右四經同本異譯 上四本經雖有廣略據其梵本並譯未盡義淨出者其法最略
文殊師利根本一字陀羅尼經一卷 亦名一字呪王經 大唐天后代天竺三藏寶思惟譯 新編入錄
第一譯
曼殊室利菩薩呪藏中一字呪王經一卷
大唐天后代三藏義淨譯 新編入錄 第二譯
右二經同本異譯
十二佛名神呪經一卷 隋天竺三藏闍
那崛多等譯 第一譯
稱讚如來功德神呪經一卷 大唐三藏
義淨譯 新編入錄 第二譯
右二經同本異譯 其五千五百佛名經第一卷初十二
開元釋教錄卷第十二 第十五張 陛

佛號與前十二佛名同而不別又十二佛名經舊錄為單本新勘為重譯

孔雀王呪經一卷 亦名大金色孔雀王經并結界場法具

姚秦三藏鳩摩羅什譯 第四譯

大金色孔雀王呪經一卷 失譯今附秦錄拾遺編入

第五譯

佛說大金色孔雀王呪經一卷 失譯亦附秦錄

拾遺編入 第六譯

孔雀王呪經二卷 梁扶南三藏僧伽

婆羅譯 第七譯

大孔雀呪王經三卷 大唐三藏義淨於

東都內道場譯 新編入錄第八譯

右五經同本異譯 新舊八譯五存三闕前六文略後二稍廣

上十一經十四卷同帙

陀羅尼集經十二卷 大唐中天竺三藏

阿地瞿多譯 出大周錄單重合譯

右出金剛大道場經大明呪藏之少

分也撮要而譯 此集之中大般若呪經等有別行者錄不具顯人

多生疑惑非正典今為除疑故別條末列之如後

第一卷佛部卷上 大神力陀羅尼釋迦佛頂三昧陀羅尼品第

二卷佛部卷下 初盡一切佛頂像法次有二十六印并呪諸佛呪印

法第三阿弥陀佛大思惟經序分呪印法并說

持誦得往生事及數珠法第四大金輪陀羅尼

第五拔折羅切能法相品 第三卷 摩訶般若波羅蜜多心經佛在舍衛國說大般

若理趣中呪及般若心呪皆在此中於中第十二

印并呪名般若無盡藏注云是一印呪彼梨耶思

開元釋教録卷第十二　第十六張　陛

絕伽法師譯卷末復有大輪金剛陀羅尼若誦此呪即當入壇及得用印不成益法

第四卷觀世音卷上 十一面觀世音神呪經 第

五卷觀世音卷中 初有二印及呪千轉觀世音菩薩呪次有六印

及呪觀世音雜呪印第三十二臂觀世音菩薩一

印并呪第四不空羂索觀世音四印并呪第五畫

觀世音像法第六觀世音毗

俱知菩薩三昧法印呪品也 第六卷觀世音

等諸菩薩卷下 初阿耶揭唎婆觀世音菩薩法印呪唐云馬頭

第二諸大菩薩法會印呪品大勢至菩薩文殊

師利菩薩彌勒菩薩地藏菩薩普賢菩薩虛空

藏菩薩等並有印呪法 第七卷金剛部卷上 初金剛藏

大威神力三昧法印呪品第二金剛藏

眷屬法印呪品諸眷屬金剛說呪并印 第八

卷金剛部卷中 初金剛阿蜜哩多軍荼利菩薩自在神力呪印品第

二拔折羅吒呵娑印呪法唐云大笑金剛 第九卷金剛部卷下

初金剛烏樞沙摩法印呪品唐云不淨潔金

剛即火頭金剛是第二天青面金剛呪法 第

十卷諸天卷上 初摩利支天經第二功德天法中天竺國菩提

寺僧阿難律木叉師迦葉師

等於法行寺翻流行於唐國 第十一卷

諸天卷下 諸天等獻佛助成三昧法印呪品大梵摩天帝釋摩醯首羅

四天王日天月天星宿天地天火天閻羅

天一切罪王呪印并祈雨法那羅延天乹闥婆緊

那羅摩睺羅伽孔雀王師子王伽魯荼大辯天神王

鳩摩羅陀水天風天阿修羅王遮文荼天法一切毗那

夜迦法一切藥叉法一切羅剎法

右大梵摩天等皆獻呪印

第十二卷 諸佛大陀羅尼都會道場印呪品是灌頂普集會壇法

十一面觀世音神呪經一卷 周宇文氏

天竺三藏耶舍崛多等譯第一譯

十一面神呪心經一卷 大唐三藏玄奘

譯 出內典錄第二譯

右二經與前陀羅尼集經第四卷十

開元釋教録卷第十二　第十七張　陛

一面神呪經同本異譯 而集經中印法稍廣

摩利支天經一卷 或加小字 失譯 今附梁錄拾遺編入

右一經是集經第十卷初摩利支

天經少分異譯

呪五首經一卷 大唐三藏玄奘譯

出翻經圖單重合譯

呪五首者 能滅諸罪千轉陀羅尼呪一六字陀羅尼呪二 七俱胝

佛所說神呪三 隨一切如來意神呪四

觀自在菩薩隨心呪五 其千轉呪亦有別

寫以為一經既在此中故不別

出大周錄中分為五經者非也

千轉陀羅尼觀世音菩薩呪經一卷

大唐總持寺沙門釋智通譯 拾遺編入第二譯

右千轉呪二首與上集經第五卷

初千轉觀世音呪及雜呪中千轉

陀羅尼同本異譯

六字神呪經一卷 或云六字呪法 大唐天后代

天竺三藏菩提流志譯 新編入錄第四譯

右一經與上集經第六卷中文殊

師利菩薩呪法及呪五首經六字

陀羅尼并雜呪中六字陀羅尼

呪同本異譯

七俱胝佛大心准提陀羅尼經一卷

大唐中天竺三藏地婆訶羅譯 出大周錄第一譯

七俱胝佛母准泥大明陀羅尼經一卷

開元釋教録卷第十二　第十八張　陛

大唐南天竺三藏金剛智譯 新編入録 第二譯
右二經同本異譯 比於舊經新者稍 廣然據梵文譯仍
未盡呪五首中及雜呪 內准獨譯呪更無餘法
觀自在菩薩隨心呪經一卷 亦云多 唎心經
大唐摠持寺沙門釋智通譯 新編 入録
上九經二十卷二帙 上帙七卷 下帙十三
右此觀自在隨心呪前呪五首經及
雜呪經中觀世音初隨心呪并集經
第五並先譯出故編於此
種種雜呪經一卷 或無 經字 周宇文氏天竺
三藏闍那崛多譯 拾遺編入 單重合譯
雜呪摠二十三首 法華經內呪六首 旋塔滅罪陁羅尼一 礼拜滅罪命終諸佛來迎呪一 供養三寶呪一 觀世音懺悔呪一 金剛呪地呪一 生禪安隱呪一呪隨呪一 金剛呪治惡鬼病一 千轉陁羅尼一觀世音隨心呪四首 七俱胝佛神呪一 隨一切如來意神呪一與呪五首中者同本 六字陁羅尼呪一 歸依三寶呪一
佛頂尊勝陁羅尼經一卷
大唐朝散郎杜行顗奉　制譯 出大周録 第一譯
佛頂最勝陁羅尼經一卷　大唐中天竺
三藏地婆訶羅譯 拾遺編入 第二譯
佛頂尊勝陁羅尼經一卷　大唐罽賓沙
門佛陁波利譯 出大周録 第三譯
最勝佛頂陁羅尼淨除業障經一卷
大唐中天竺三藏地婆訶羅於東都再譯 拾遺 編入

第四譯
佛頂尊勝陁羅尼經一卷 或加 呪字
大唐三藏義淨譯 新編入録 第五譯
右五經同本異譯
無量門微密持經一卷 一名成道降魔 得一切智經
吳月支優婆塞支謙譯 第一 譯
出生無量門持經一卷 或云新微 密持經
東晉天竺三藏佛陁跋陁羅譯 第五 譯
阿難陁目佉尼呵離陁經一卷 或云出無 量門持經
宋天竺三藏求那跋陁羅譯 拾遺編入 第六譯
無量門破魔陁羅尼經一卷 或直云破魔 陁羅尼經
宋西域沙門功德直共玄暢譯 第七 譯
阿難陁目佉尼訶離陁隣尼經一卷
元魏天竺三藏佛陁扇多譯 第八 譯
舍利弗陁羅尼經一卷　梁扶南三藏僧
伽婆羅譯 第九 譯
一向出生菩薩經一卷　隋天竺三藏闍
那崛多等譯 第十 譯
出生無邊門陁羅尼經一卷　大唐至相寺
沙門釋智嚴譯 新編入録 第十一譯
右八經同本異譯 長房等録中覺賢經數更有新微密持經一卷即是出生無量門持經是功德賢經數復有出無量門持經一卷即是阿難陁目佉尼呵離陁經是既是重載故不別存新舊十一譯三譯闕本

勝幢臂印陁羅尼經一卷　大唐三藏玄奘
譯 出內典録 第一譯
妙臂印幢陁羅尼經一卷　大唐天后代于
闐三藏實叉難陁譯 新編入録 第二譯
右二經同本異譯 其勝幢臂印經舊録 為單本新勘為重譯
上十七經十七卷同帙
無崖際持法門經一卷 一名無 際經
乞伏秦沙門釋聖堅譯 第一 譯
尊勝菩薩所問一切諸法入無量門陁羅尼
經一卷　高齊居士萬天懿譯 第三 譯
右二經同本異譯 前後三譯 一譯闕本
金剛上味陁羅尼經一卷　元魏天竺三
藏佛陁扇多譯 第一 譯
金剛場陁羅尼經一卷　隋天竺三藏闍
那崛多等譯 第二 譯
右二經同本異譯
師子奮迅菩薩所問經一卷　失譯
今附東晉録
華聚陁羅尼呪經一卷 失譯 今附東晉録
華積陁羅尼神呪經一卷　吳月支優
婆塞支謙譯 周録在單 本中誤也
右三經同本異譯 莫辯先後
六字呪王經一卷 失譯 今附東晉録 第一譯

六字神呪王經一卷 失譯 拾遺編入今附梁錄第二譯
右二經同本異譯
虛空藏菩薩問佛經一卷 亦云虛空藏菩薩問七佛陀羅尼呪經 失譯 今附梁錄第一譯拾遺編入
如來方便善巧呪經一卷 隋天竺三藏闍那崛多等譯 第二譯
持句神呪經一卷 亦云陀羅尼句 吳月支優婆塞支謙譯 第一譯 拾遺編入
右二經同本異譯 其如來方便經舊錄為單本新勘為重譯
陁鄰尼鉢經一卷 亦云陁隣鉢呪 東晉西域沙門竺曇無蘭譯 拾遺編入 第三譯
東方最勝燈王如來經一卷 隋天竺三藏闍那崛多等譯 出內典錄 第四譯
右三經同本異譯 前二本略後經稍廣 前後四譯三存一闕 其最勝燈王經舊錄為單本新勘為重譯
善法方便陁羅尼呪經一卷 失譯 今附東晉錄
金剛秘密善門陁羅尼經一卷 失譯
護命法門神呪經一卷 大唐天后代天竺三藏菩提流志譯 出大周錄 第三譯
右三經同本異譯 前之二經莫辯先後 其護命法門經周錄在單本中誤也
無垢淨光大陁羅尼經一卷 大唐天后代

開元釋教錄卷第十二　第二十二張　陞

西域沙門彌陁山等譯 新編入錄第二譯 又于闐三藏實叉難陁初譯名離垢淨光陁羅尼經尋本未獲故闕之耳
請觀世音菩薩消伏毒害陁羅尼呪經一卷 亦直云請觀世音經 東晉外國居士竺難提譯 第二譯 兩譯一闕
上十九經十九卷同帙
內藏百寶經一卷 亦云內藏百品經 後漢月支三藏支婁迦讖譯 第一譯 兩譯一闕
溫室洗浴衆僧經一卷 亦直云溫室經 後漢安息三藏安世高譯 拾遺編入第一譯 前後兩譯一本闕
須賴經一卷 前涼月支優婆塞支施崙譯 出經後記 第三譯 前後四譯三本闕
私訶昧經一卷 一名菩薩道樹經 亦名道樹三昧經 吳月支優婆塞支謙譯 第一譯 兩譯一闕
菩薩生地經一卷 一名差摩竭經 吳月支優婆塞支謙譯 周為單本錄第一譯 前後兩譯一本闕
四不可得經一卷 西晉三藏竺法護譯 第二譯 兩譯一闕
梵女首意經一卷 一名首意女經 西晉三藏竺法護譯 第一譯 兩譯一闕
成具光明定意經一卷 亦云成具光明三昧經 或直云成具光明經 後漢西域三藏支曜譯 第二譯 兩譯一闕
寶網經一卷 亦云寶網童子經 西晉三藏竺法

開元釋教錄卷第十二　第二十三張　陞

護譯 第一譯 兩譯一闕
菩薩行五十緣身經一卷 西晉三藏竺法護譯 第一譯 兩譯一闕
菩薩修行經一卷 亦名威施長者問觀身行經 西晉河內沙門白法祖譯 第一譯 兩譯一闕
諸德福田經一卷 或云諸福田經 或直云福田經 西晉沙門法立法炬共譯 第一譯 兩譯一闕
大方等如來藏經一卷 東晉天竺三藏佛陁跋陁羅譯 第三譯 三譯二闕
佛語經一卷 元魏天竺三藏菩提留支譯 第一譯 兩譯一闕
金色王經一卷 元魏婆羅門瞿曇般若流支譯 第二譯 兩譯一闕
演道俗業經一卷 乞伏秦沙門釋聖堅譯 第二譯 兩譯一闕
百佛名經一卷 隋天竺三藏那連提耶舍譯 第二譯 兩譯一闕
上十七經十七卷同帙
稱揚諸佛功德經三卷 一名集諸佛華 或四卷 元魏西域三藏吉迦夜共曇曜譯 第三譯 三譯二闕
須真天子經三卷 亦云問四事經 或二卷 西晉沙門竺法護譯 第一譯 兩譯一闕
摩訶摩耶經一卷 亦直云摩耶經 或二卷

開元釋教錄卷第十二　第二十四張　陞

蕭齊沙門釋曇景譯 第二譯兩譯一闕
除恐災患經一卷　乞伏秦沙門釋聖堅
譯 第二譯兩譯一闕
孛經一卷 或云孛經抄　吴月支優婆塞支
謙譯 拾遺編入第二譯前後三譯兩本闕
觀世音菩薩受記經一卷 一名觀世音受决經
宋黄龍沙門釋曇無竭譯 第三譯三譯二闕
上六經十卷同帙
海龍王經四卷 或三卷　西晉三藏竺法護
譯 第一譯兩譯一闕
首楞嚴三昧經三卷 亦直云首楞嚴經或二卷
姚秦三藏鳩摩羅什譯 第九譯九譯八闕
觀普賢菩薩行法經一卷 云出深功德經中亦云普賢觀
經　宋罽賓三藏曇摩蜜多譯 第三譯三譯二闕
觀藥王藥上二菩薩經一卷
宋西域三藏畺良耶舍譯 第一譯兩譯一闕
不思議光菩薩所問經一卷 亦云所說
姚秦三藏鳩摩羅什譯 第二譯兩譯一闕
上五經十卷同帙
十住斷結經十卷 或云十地斷結經或十一卷或十四
姚秦涼州沙門竺佛念譯 第二譯兩譯一闕
諸佛要集經二卷 亦直云要集經　西晉三藏竺
法護譯 第一譯兩譯一闕

未曾有因緣經二卷 亦直云未曾有經　蕭齊沙
門釋曇景譯 第二譯兩譯一闕
上三經十四卷二帙
菩薩瓔珞經十二卷 或十四卷或十六卷
姚秦涼州沙門竺佛念譯 第二譯兩譯一闕
超日明三昧經二卷 或無三昧字或三卷
西晉清信士聶承遠譯 第二譯兩譯一闕
上二經十四卷二帙
賢劫經十三卷 亦名颰陁劫三昧經或七或十一卷
西晉三藏竺法護譯 第一譯兩譯一闕
從無垢淨光陁羅尼經下三十六經雖云重譯但一本存餘皆遺失尋求不獲
大乘經單譯　一百三十一部　二百九
十三卷　二十四帙
大法炬陁羅尼經二十卷 二帙
隋天竺三藏闍那崛多等譯
大威德陁羅尼經二十卷 二帙
隋天竺三藏闍那崛多等譯
佛名經十二卷 或十三卷　元魏天竺三藏菩
提留支譯
三劫三千佛名經三卷 過去莊嚴劫千佛名經卷上現在賢劫千佛名經卷中未來星宿劫千佛名經卷下失譯拾遺編入今附梁録
上二經十五卷二帙 其三劫佛名出長房入藏録中今合
成一部其中賢劫佛名出賢劫經中今合
為重譯今以上下佛名是其單本以

相從編之於此
五千五百佛名經八卷
隋天竺三藏闍那崛多等譯
不思議功德諸佛所護念經二卷 云出衆經或四
卷　曹魏代譯失三藏名 拾遺編入
上二經十卷同帙 其不思議功德經大周録云與不思議光
菩薩所問經等同本者誤也
華手經十三卷 一名攝諸善根經或十卷或十一或十二一帙
姚秦三藏鳩摩羅什譯
大方等陁羅尼經四卷 一名方等檀持陁羅尼經
北涼沙門法衆於高昌郡譯 出寶唱録
僧伽吒經四卷　元魏優禪尼國王子月
婆首那譯
力莊嚴三昧經三卷　隋天竺三藏那
連提耶舍譯
大方廣圓覺脩多羅了義經一卷
大唐罽賓沙門佛陁多羅譯 拾遺編入
上四經十二卷同帙
觀佛三昧海經十卷 或八卷一帙或無海字
東晉天竺三藏佛陁跋陁羅譯
右此觀佛三昧經大周録云宋永初年求那跋陁羅譯出内典録者謹按内典録云是東晉覺賢所譯非宋代功德賢周録誤也又云與後秦羅什所譯單卷觀佛三昧經同本編為重譯今以什公譯者久闕其本卷數全殊不可懸配今依諸舊録編單本内

大方便佛報恩經七卷 失譯 在後漢錄 今附東晉錄 拾遺編入

菩薩本行經三卷 失譯

上二經十卷同帙 按大周錄中其七卷報恩經云與漢代支讖所譯單卷大方便報恩經同本其三卷菩薩本行經云與西晉聶道真所譯單卷菩薩本行經同本今以單卷報恩及本行二經先是闕本卷數全殊不可懸配今依諸舊錄編單本內

法集經六卷 或七卷或八卷 元魏天竺三藏菩提留支譯

觀察諸法行經四卷 隋天竺三藏闍那崛多等譯

上二經十卷同帙

菩薩處胎經五卷 亦直云胎經或八卷 姚秦涼州沙門竺佛念譯

弘道廣顯三昧經四卷 或無三昧字亦名阿耨達龍王經亦名入金剛問定意經凡十二品 西晉三藏竺法護譯

右一經仁壽大周等錄皆云與阿耨達龍王經同本異譯二經俱云竺法護出編為重譯按僧祐錄竺護所出但有阿耨達經二卷下注云一名弘道廣顯三昧經二卷下注云亦名所譯有弘道廣顯三昧經長房錄中竺護阿耨達請佛經唐內典錄公所譯變載二經又長房內典二錄西晉失譯復有阿耨達龍王經二卷今對勘二經文並無異但以立名多種致使群錄差殊或有雙載二經或有立乎題名目時無悟者源濫日深今一廢一存庶無謬失但留一本編入單中

施燈功德經一卷 一名然燈經 高齊天竺三藏那連提耶舍譯

開元釋教錄卷第十二　第二十八張　竹

上三經十卷同帙

央崛魔羅經四卷 宋天竺三藏求那跋陀羅譯

右此央崛魔羅經大周錄云與竺法護譯指髻等七經同本異譯者誤也不可以名目似同懸即配為重譯謹按隋錄其指髻經出增壹阿含中鴦崛悔過等六經從前大經抄出既非同本異譯依舊編在單中

無所有菩薩經四卷 隋天竺三藏闍那崛多等譯 出內典錄

明度五十校計經二卷 或無明度字或無五十字 後漢安息三藏安世高譯

上三經十卷同帙

中陰經二卷 姚秦涼州沙門竺佛念譯

大法鼓經二卷 宋天竺三藏求那跋陀羅譯

文殊師利問經二卷 亦直云文殊問經 梁扶南三藏僧伽婆羅譯

月上女經二卷 隋天竺三藏闍那崛多等譯

大方廣如來秘密藏經二卷 失譯今附秦錄

上五經十卷同帙 其大方廣如來秘密藏經大周錄云與大方等如來藏經同本異譯今尋文理義旨懸殊故為單本

大乘密嚴經三卷 大唐中天竺三藏地婆訶羅譯 出大周錄

占察善惡業報經二卷 亦名大乘實義經亦云出六根聚經 外國沙門菩提登譯 莫知年代出大周錄今附隋錄

開元釋教錄卷第十二　第二十九張　世

蓮華面經二卷 隋天竺三藏那連提耶舍譯

文殊師利問菩薩署經一卷 一名問署經 後漢月支三藏支婁迦讖譯 拾遺編入

大乘造像功德經二卷 或一卷 大唐天后代于闐三藏提雲般若譯 出大周錄

上五經十卷同帙 其大乘造像功德經大周錄云與造立形像福報經同本異譯者誤也文意既殊故為單譯

廣大寶樓閣善住秘密陀羅尼經三卷 大唐南天竺三藏菩提流志譯 新編入錄

一字佛頂輪王經五卷 亦云五佛頂經或四卷 大唐南天竺三藏菩提流志譯 新編入錄

大陀羅尼末法中一字心呪經一卷 大唐北天竺三藏寶思惟譯 新編入錄

上三經九卷同帙

大佛頂如來密因修證了義諸菩薩萬行首楞嚴經十卷 一帙 大唐循州沙門懷迪共梵僧於廣州譯 新編入錄

大毗盧遮那成佛神變加持經七卷 大唐中天竺三藏輸波迦羅共沙門一行譯 新編入錄

蘇婆呼童子經三卷 或云蘇婆呼律或二卷 大唐中天竺三藏輸波迦羅譯 新編入錄

開元釋教錄卷第十二　第三十張　堅

上二經十卷同帙

蘇悉地羯羅經三卷　大唐中天竺三藏輸波迦羅譯　新編入錄

牟梨曼陀羅呪經一卷　或無經字失譯　拾遺編入今附梁錄

金剛頂瑜伽中略出念誦法四卷　亦云經

大唐南天竺三藏金剛智譯　新編入錄

上三經八卷同帙

七佛所說神呪經四卷　或無所說字

晉代譯失三藏名　今附東晉錄

右此七佛神呪經大周錄中編爲重譯云與吳代外國優婆塞支謙所譯單卷七佛神呪經同本今以此單卷經文闕其本數復殊不可懸配今依舊錄編單本內

大吉義神呪經二卷　或四卷

元魏昭玄統沙門釋曇曜譯　出法上錄

文殊師利寶藏陀羅尼經一卷

大唐南天竺三藏菩提流志譯　新編入錄

金剛光焰陀羅尼經一卷

大唐南天竺三藏菩提流志譯　新編入錄

阿吒婆拘鬼神大將上佛陀羅尼經一卷

失譯　拾遺編入今附梁錄

阿弥陀鼓音聲王陀羅尼經一卷　失譯

拾遺編入今附梁錄

大普賢陀羅尼經一卷　失譯　拾遺編入今附梁錄

大七寶陀羅尼經一卷　失譯　拾遺編入今附梁錄

六字大陀羅尼呪經一卷　失譯　拾遺編入今附梁錄

安宅神呪經一卷　後漢失譯

摩尼羅亶經一卷　東晉西域沙門竺曇無蘭譯　拾遺編入

玄師颰陀所說神呪經一卷　錄云幻師無所說字

東晉西域沙門竺曇無蘭譯　拾遺編入

護諸童子陀羅尼呪經一卷

元魏天竺三藏菩提留支譯

諸佛心陀羅尼經一卷　大唐三藏玄奘譯　出內典錄

拔濟苦難陀羅尼經一卷　大唐三藏玄奘譯　出內典錄

八名普密陀羅尼經一卷　大唐三藏玄奘譯　出內典錄

持世陀羅尼經一卷　大唐三藏玄奘譯　出內典錄

六門陀羅尼經一卷　大唐三藏玄奘譯　出內典錄

清淨觀世音普賢陀羅尼經一卷

大唐捴持寺沙門釋智通譯　出大周錄

上十九經二十三卷同帙

智炬陀羅尼經一卷　大唐天后代于闐

三藏提雲般若譯　出大周錄

諸佛集會陀羅尼經一卷　大唐天后代于闐三藏提雲般若譯　出大周錄

隨求即得大自在陀羅尼神呪經一卷

大唐天后代北天竺三藏寶思惟譯亦云所得　出大周錄

百千印陀羅尼經一卷　大唐天后代于闐三藏實叉難陀譯　新編入錄

救面燃餓鬼陀羅尼神呪經一卷　亦云施餓鬼食呪經

後兼有施水呪　大唐天后代于闐三藏實叉難陀譯　新編入錄

莊嚴王陀羅尼呪經一卷　大唐天后代三藏義淨譯　新編入錄

香王菩薩陀羅尼呪經一卷　大唐三藏義淨譯　新編入錄

一切功德莊嚴王經一卷　大唐三藏義淨譯　新編入錄

拔除罪障呪王經一卷　大唐三藏義淨譯　新編入錄

善夜經一卷　大唐天后代三藏義淨譯　新編入錄

虛空藏菩薩能滿諸願最勝心陀羅尼

求聞持法一卷　出成就一切義品

大唐中天竺三藏輸波迦羅譯　新編入錄

金剛頂經曼殊室利菩薩五字心陁羅尼品一卷　大唐南天竺三藏金剛智譯 新編入錄

觀自在如意輪菩薩瑜伽法要一卷

大唐南天竺三藏金剛智譯 新編入錄

右虛空藏等三經及前四卷瑜伽並出金剛頂經彼經梵本有十萬頌此之四經略要抄譯非全部也

佛地經一卷　大唐三藏玄奘譯 出內典錄有論七卷釋

佛垂般涅槃略說教誡經一卷 亦云佛臨般涅槃略說教誡經亦名遺教經

姚秦三藏鳩摩羅什譯 有釋論一卷

右此遺教經舊錄所載多在小乘律中或編小乘經內今以真諦法師譯遺教論中解釋多約大乘不顯故移編此

出生菩提心經一卷　隋天竺三藏闍那崛多等譯

佛印三昧經一卷　後漢安息三藏安世高譯 拾遺編入

文殊師利般涅槃經一卷　西晉居士聶道真譯 拾遺編入

異出菩薩本起經一卷 或無起字 拾遺編入

西晉居士聶道真譯

千佛因緣經一卷　姚秦三藏鳩摩羅什譯 出法上錄

賢首經一卷 一名賢首夫人經　乞伏秦沙門釋聖堅譯

開元釋教錄卷第十二　第三十四張　陸

月明菩薩經一卷 或云月明童子經

吳月支優婆塞支謙譯

右此月明菩薩經大周錄中編為重譯云與月光童子經等同本者誤也文意全異故為單譯

心明經一卷 一名心明女梵志婦飯汁施經

西晉三藏竺法護譯

滅十方冥經一卷 或云十方滅冥經

西晉三藏竺法護譯

鹿母經一卷　西晉三藏竺法護譯

又羣錄中更有鹿子經一卷云是吳代外國優婆塞支謙所譯即與前鹿母經文句全同但立名殊故不復出

魔逆經一卷　西晉三藏竺法護譯

上二十六經二十六卷同帙

德光太子經一卷 一名賴咤和羅所問光德太子經

西晉三藏竺法護譯

右德光太子經大周錄中編為重譯云與須賴經等同本異譯者誤也文意既異故為單本

大意經一卷　宋天竺三藏求那跋陁羅譯

堅固女經一卷 一名牢固女經

隋天竺三藏那連提耶舍譯

商主天子所問經一卷 或無所問字

隋天竺三藏闍那崛多等譯

諸法最上王經一卷　隋天竺三藏闍那崛多等譯

開元釋教錄卷第十二　第三十三張　陸

師子莊嚴王菩薩請問經一卷 一名八男菩薩經

大唐天竺三藏那提譯 出大周錄

離垢慧菩薩所問禮佛法經一卷

大唐天竺三藏那提譯 出大周錄拾遺編入

受持七佛名號所生功德經一卷

大唐三藏玄奘譯 出內典錄

佛臨涅槃記法住經一卷 或加般字

大唐三藏玄奘譯 出翻經圖

寂照神變三摩地經一卷

大唐三藏玄奘譯 出翻經圖

差摩婆帝受記經一卷

元魏天竺三藏菩提留支譯

不增不減經一卷 或云二卷者誤也

元魏天竺三藏菩提留支譯

造塔功德經一卷　大唐中天竺三藏地婆訶羅譯 出大周錄拾遺編入

右繞佛塔功德經一卷 亦云遶塔功德經

大唐天后代于闐三藏實叉難陁譯 新編入錄

大乘四法經一卷

大唐天后代于闐三藏實叉難陁譯 新編入錄

有德女所問大乘經一卷　大唐天后代天竺三藏菩提流志譯 出大周錄

大乘流轉諸有經一卷　大唐天后代三藏

開元釋教錄卷第十二　第三十六張　陸

義淨譯 新編入錄

妙色王因緣經一卷 大唐天后代三藏

義淨譯 新編入錄

佛為海龍王說法印經一卷 大唐三藏

義淨譯 新編入錄

師子素馱娑王斷肉經一卷 大唐至相寺

沙門釋智嚴譯 新編入錄

般泥洹後灌臘經一卷 一名四輩灌臘經 亦直云灌臘經

西天三藏竺法護譯

右此灌臘經大周等錄皆為重譯云與盂蘭盆經等同本異譯者誤也今尋文異故為單本

八部佛名經一卷 亦云八佛經 元魏婆羅門

瞿曇般若流支譯

上二十二經二十二卷同帙 其八部佛名經大周錄云與八吉祥呪經等同本異譯者誤也八軸雖同說灑金異所為復別故為單本

菩薩內習六波羅蜜經一卷 或云內六波羅蜜經 安公出方等部

後漢臨淮沙門嚴佛調譯 拾遺編入

菩薩投身餓虎起塔因緣經一卷 僧祐錄云以身施餓虎經

北涼高昌沙門釋法盛譯 出經後記

金剛三昧本性清淨不壞不滅經一卷

新為共譯 附三秦錄 亦名金剛清淨經

師子月佛本生經一卷 新為失譯 附三秦錄

古今刊清淨經群錄並云吳代外國優婆塞支謙譯漢後失譯復有共名師子月佛經群

開元釋教錄卷第十二 第三十七張 陸

錄並云西晉三藏竺法護譯今詳二經文句並非護譯所翻似是秦涼已來什公等譯今為失源附於秦錄

長者法志妻經一卷 失譯 安公涼土異經錄中有名今亦附涼錄

薩羅國經一卷 或云薩羅國王經 失譯 今附東晉錄

右二經法上錄中並云晚秦三藏鳩摩羅什譯今詳二經文句並非什公所翻似是晉魏代譯其法志妻經安公涼土異經錄中先有其名今亦附涼錄薩羅國經附於晉錄

十吉祥經一卷 失譯 今附秦錄

長者女菴提遮師子吼了義經一卷

失譯 今附梁錄 拾遺編入

一切智光明仙人慈心因緣不食肉經一卷

失譯 今附秦錄

金剛三昧經二卷 或一卷 北涼失譯 拾遺編入

法滅盡經一卷 僧祐錄中失譯經 今附宋錄

甚深大迴向經一卷 僧祐錄中失譯

經 今附宋錄

天王太子辟羅經一卷 或無天王字 亦云辟羅

僧祐錄云安公關中異經 今附秦錄 拾遺編入

優婆夷淨行法門經二卷 亦直云淨行經 或無經字

僧祐錄云安公涼土異經 今附涼錄

八大人覺經一卷

後漢安息三藏安世高譯 出寶唱錄

三品弟子經一卷 亦云弟子學有三輩經

開元釋教錄卷第十二 第三十八張 陸

吳月支優婆塞支謙譯

四輩經一卷 或云四輩弟子經 亦云四輩學經

西晉三藏竺法護譯 出法上錄

當來變經一卷 或云當來變識經

西晉三藏竺法護譯

過去佛分衛經一卷 或云過世

西晉三藏竺法護譯

十二頭陀經一卷 一名沙門頭陀經

宋天竺三藏求那跋陀羅譯

樹提伽經一卷 宋天竺三藏求那跋陀羅譯

長壽王經一卷 僧祐錄云安公失譯經 今附西晉錄

右此長壽王經大周錄等云出阿含謹按四阿含內並無此經雖增一第十六中有長壽王緣起文意全異此乃大乘故編於此

法常住經一卷 僧祐錄云安公失譯經 今附西晉錄

上二十三經二十五卷同帙 從優婆夷淨行經下十經舊錄之中皆編小乘部內今檢尋文理多涉大義編在小中恐乖至理故移於此

菩薩調伏藏 二十六部 五十四卷

五帙

夫戒者防患之稱名也菩薩淨戒唯禁於心聲聞律儀則防身語故有託緣興過聚徒訶結菩薩大人都無此事佛直為說令使遵行既無犯制之由故闕訶結之事諸大乘

開元釋教錄卷第十二 第三十九張 陸

經明學處者撿之於此為菩薩調伏藏云

菩薩地持經十卷 或名地持論 或八卷一帙

北涼天竺三藏曇無讖於姑臧譯

右一經初有歸敬頌出瑜伽論本地分中菩薩地昔高齊昭玄統沙門法上答高句麗問云地持是阿僧佉比丘從彌勒受得阿僧佉者即無著菩薩是也又按梁沙門僧祐地持記云菩薩地持經八卷有二十七品分為三段第一段十八品第二段四品第三段五品文中不出有異名而今此本或題云菩薩戒經或題云菩薩地經今撿尋經本亦有多名文云名為菩薩地名為菩薩藏摩得勒伽名摩訶衍攝名不壞顯示名無障导清淨智根本祐云不出異名者不然又撿羣錄曇無讖所譯別存菩薩戒經或云菩薩地經者誤也

菩薩善戒經九卷 一云菩薩地或十卷

宋罽賓三藏求那跋摩等譯

右一經羣錄皆云與地持經同本異譯今詳文理非不全殊其善戒經前有序品後有奉行地持經並無其地持戒品中有受菩薩戒文及菩薩戒本善戒經即無自餘之外文意大同地持復出瑜伽諸錄編入論既有差殊未敢為定又按梁沙門僧祐菩薩地記云此名菩薩地名菩薩毗尼摩夷名如來藏名一切善法根本名安樂國名諸波羅蜜聚凡有七名第一卷先出優波離問受戒法第二卷始方有如是我聞次第別品乃有三十而復有別本題為菩薩地經今按尋經本與祐記不同經初即有如是我聞而無優波離問受戒法但有九卷其優波離問受戒法即後單卷菩薩善戒經是若將此為初卷即與祐記符同然此地經本離之已久乍合成十或恐生疑此善戒經亦同地持作其三段第一段名菩薩地有三十品第二段名如法住有四品第三段名畢竟地有六品祐云次第列品者或恐尋之未審也

淨業障經一卷 失譯 今附秦錄單本

上二經十卷同帙 其淨業障經法上錄云竺法護譯詳其文句與護公譯經文勢全異故為失譯

優婆塞戒經七卷 是在家菩薩戒 或五或六或十卷

北涼天竺三藏曇無讖於姑臧譯 單本

梵網經二卷 姚秦三藏鳩摩羅什譯 第二譯 前本闕

受十善戒經一卷 漢後失譯 拾遺編入單本

上三經十卷同帙

菩薩瓔珞本業經二卷 或無菩薩字 新編為律

姚秦涼州沙門竺佛念譯 第一譯 三譯二闕

佛藏經四卷 一名選擇諸法經 或二卷或三卷

姚秦三藏鳩摩羅什譯 單本

菩薩戒本一卷 出地持戒品中 慈氏菩薩說

北涼天竺三藏曇無讖於姑臧譯 拾遺編入 第二譯

菩薩戒本一卷 出瑜伽論本地分中菩薩地彌勒菩薩說

大唐三藏玄奘譯 出內典錄 第三譯

右二經同本異譯 前後三譯 一譯闕本

菩薩戒羯磨文一卷 出瑜伽論本地分中菩薩地彌勒菩薩說

大唐三藏玄奘譯 出內典錄單本

菩薩善戒經一卷 優波離問菩薩受戒法

宋罽賓三藏求那跋摩譯 出寶唱錄單本

上六經十卷同帙

菩薩內戒經一卷 宋罽賓三藏求那跋摩譯 出法上錄單本

優婆塞五戒威儀經一卷 宋罽賓三藏求那跋摩譯 出寶唱錄單本

右此優婆塞五戒威儀經羣錄編在小乘律中者誤也初是菩薩戒本後是受菩薩戒文及捨懺等法既非小宗故移編此

文殊師利淨律經一卷 或直云淨律經

西晉三藏竺法護譯 第一譯

清淨毗尼方廣經一卷 姚秦三藏鳩摩羅什譯 出法上錄 第三譯

寂調音所問經一卷 一名如來所說清淨調伏經

宋沙門釋法海譯 第四譯

右三經同本異譯 前後四譯 一譯闕本

大乘三聚懺悔經一卷 隋天竺三藏闍那崛多等譯 出內典錄單本

菩薩五法懺悔文一卷 或云菩薩五法懺悔經

失譯 今附梁錄單本

菩薩藏經一卷 梁扶南三藏僧伽婆羅譯 單本

三曼陁颰陁羅菩薩經一卷

西晉清信士聶道真譯 單本

菩薩受齋經一卷 西晉清信士聶道真譯 第二譯 三譯二闕

文殊悔過經一卷 一名文殊五體悔過經 西晉三藏竺法護譯 第一譯 兩譯一闕

舍利弗悔過經一卷 亦直云悔過經 後漢安息三藏安世高譯 第一譯 譯二闕

法律三昧經一卷 亦直云法律經 吳月支優婆塞支謙譯 第二譯 兩譯一闕

十善業道經一卷 大唐天后代于闐三藏實叉難陀譯 新編入錄 單本

上十四經十四卷同帙 謹按舊錄大乘律中有寶梁經迦葉經今為編入寶積會中故不重出 共大方廣三戒經與寶積三律儀會同本決定毗尼經與寶積優波離會同本今並編入寶積部中故此不載

菩薩對法藏九十七部 五百一十八卷

五十帙

菩薩阿毗達磨有其二類一者解釋契經二者詮法體相舊錄所載和雜編之今所集者分為二例釋契經者列之於前詮法性者編之於後庶無糅雜覽者易知

大乘釋經論二十一部 一百五十五卷

一十五帙

大智度論一百卷 或一百一十卷 七十卷十帙 姚秦三藏鳩摩羅什譯 單本

右龍樹菩薩造釋摩訶般若波羅蜜

開元釋教錄卷第十二 第四十三張 陸

經 什法師云若具足翻應有千卷秦人識弱故略之十分存一

十地經論十二卷 或十五卷一帙

元魏天竺三藏菩提留支等譯 單本

右天親菩薩造釋十地經即華嚴十地品是 論序云菩提留支勒那摩提在洛陽殿內二人同譯佛陀扇多傳語帝親筆受長房錄中留支摩提二錄俱載者不然今合為一本在留支錄

彌勒菩薩所問經論五卷 或六卷或七卷或十卷

元魏天竺三藏菩提留支譯 單本

右釋彌勒所問經即寶積經第四十一會是

大乘寶積經論四卷 元魏天竺三藏菩提留支譯 第一譯 兩譯一闕

右釋舊單卷大寶積經即寶積第四十三會是

寶髻菩薩四法經論一卷 天親菩薩造

元魏天竺三藏毗目智仙等譯 出序記 單本

右釋大集經寶髻品今入寶積在第四十七會 論序記云魏興和三年歲次辛酉九月朔旦庚子之日烏萇國人剎利王種三藏法師毗目智仙中天竺國婆羅門人瞿曇流支譯法大士驃騎大將軍開府儀同三司御史中尉勃海高仲密愛法之人沙門曇林道俗相綴於鄴城內在金華寺譯四千九百九十七字諸錄皆云菩提留支譯者誤也今依序記為定

上三論十卷同帙

佛地經論七卷 親光等菩薩造釋佛地經

開元釋教錄卷第十二 第四十四張 陸

大唐三藏玄奘譯 出內典錄單本

金剛般若論二卷 無著菩薩造

隋天竺三藏達摩笈多譯 出內典錄單本

能斷金剛般若波羅蜜多經論頌一卷 無著菩薩造 大唐三藏義淨譯 新編入錄

上三論十卷同帙

金剛般若波羅蜜經論三卷 天親菩薩造

元魏天竺三藏菩提留支譯 第一譯

能斷金剛般若波羅蜜多經論釋三卷 無著菩薩頌世親菩薩釋 大唐三藏義淨譯 新編入錄 第二譯

右二論及頌同本異譯

金剛般若波羅蜜經破取著不壞假名論二卷 功德施菩薩造 亦云功德施論 大唐中天竺三藏地婆訶羅譯 單本 出大周錄

上四論及頌造者雖異並釋金剛般若經又有金剛仙論十卷尋閱文理乃是元魏三藏菩提留支所撰釋天親論既非梵本翻傳所以此中不載

文殊師利菩薩問菩提經論二卷 一名伽耶山頂經論 婆藪槃豆菩薩造 元魏天竺三藏菩提留支譯單本 第一譯

妙法蓮華經論一卷 婆藪槃豆菩薩造 元魏中天竺三藏勒那摩提共僧朗等譯 第一譯

法華經論二卷 初有歸敬頌者或一卷

上五論十一卷同帙

開元釋教錄卷第十二 第四十五張 陸

元魏北天竺三藏菩提留支共曇林等譯
拾遺編入　第二譯
右二論同本異譯　其三藏義淨新譯法華論五卷尋本未獲
勝思惟梵天所問經論四卷　釋勝思惟經或三卷
元魏天竺三藏菩提留支譯　單本
涅槃論一卷　婆藪槃豆菩薩造略釋涅槃經
菩提譯不知年代　內典録中附元魏代第一譯後本闕
涅槃經本有今無偈論一卷　釋涅槃一頌
梁天竺三藏真諦譯　單本
遺教經論一卷　釋遺教經
陳天竺三藏真諦譯　拾遺編入單本
無量壽經論一卷　婆藪槃豆菩薩造
元魏天竺三藏菩提留支譯　單本
三具足經論一卷　天親菩薩造有釋論無經本
元魏天竺三藏毗目智仙等譯　出序記單本
右論初記云三藏法師毗目智仙婆羅門人瞿曇流支優婆塞法人沙門曇林於鄴城內在金華寺魏興和三年歲次辛酉月建在戊朔次庚午十三日譯千百十言驃騎大將軍開府儀同三司御史中尉渤海高仲密啓請供養守護流通諸録皆云菩提留支譯者誤也今依序記爲正
轉法輪經論一卷　天親菩薩造有釋論無經本
元魏天竺三藏毗目智仙等譯　出序記單本
古論初記云魏驃騎大將軍開府儀同三司御史中尉渤海高仲密善求義方還真蔭偈故請法

開元釋教録卷第十二　第四十六張　陸

師毗目智仙并其弟子瞿曇流支於鄴城內在金華寺興和三年歲次大梁建酉之月朔次庚子十一日譯三千九百四十二言沙門曇林對譯録記詳録皆去菩提留支譯者誤也今依序記爲正
上八論十二卷同帙
大乘集義論　七十六部　三百六十三卷　三十五帙
瑜伽師地論一百卷　弥勒菩薩說　十帙
大唐三藏玄奘譯　出內典録　單重合譯
右此瑜伽論梁代三藏真諦譯者名十七地論只得五卷緣爭逐斷北涼三藏曇無識譯地持論但成十卷乃是本地分中菩薩地此瑜伽論當第三譯前之二本部帙不終大唐譯者方具備矣
顯揚聖教論二十卷　無著菩薩造　二帙
大唐三藏玄奘譯　出內典録單本
瑜伽師地論釋一卷　最勝子等菩薩造
大唐三藏玄奘譯　出翻經圖單本
顯揚聖教論頌一卷　無著菩薩造
大唐三藏玄奘譯　出內典録單本
王法正理論一卷　弥勒菩薩造
大唐三藏玄奘譯　出內典録單本
大乘阿毗達磨集論七卷　無著菩薩造
大唐三藏玄奘譯　出內典録單本
上四論十卷同帙
大乘阿毗達磨雜集論十六卷　安慧菩薩糅釋
上集論　大唐三藏玄奘譯　出內典録單本

開元釋教録卷第十二　第四十七張　陸

中論四卷　龍樹菩薩本梵志青目釋
姚秦三藏鳩摩羅什譯　單本或八卷
上二論二十卷二帙
般若燈論釋十五卷　龍樹菩薩本分別明菩薩釋
大唐天竺三藏波羅頗蜜多羅譯　出內典録單本
右與中論本同釋異
十二門論一卷　龍樹菩薩造
姚秦三藏鳩摩羅什譯　單本
十八空論一卷　陳天竺三藏真諦譯　出翻經圖
百論二卷　提婆菩薩造婆藪開士釋
姚秦三藏鳩摩羅什譯　單本
廣百論本一卷　聖天菩薩造
大唐三藏玄奘譯　出內典録單本
上五論二十卷二帙
大乘廣百論釋論十卷　聖天本護法釋一帙
大唐三藏玄奘譯　出內典録單本
十住毗婆沙論十四卷　龍樹菩薩造或十二或十五
姚秦三藏鳩摩羅什譯　單本
菩提資粮論六卷　聖者龍樹本比丘自在釋
隋天竺三藏達摩笈多譯　出內典録單本
上三論二十卷二帙
大乘莊嚴經論十三卷　無著菩薩造或十五卷一帙
大唐天竺三藏波羅頗蜜多羅譯　出內典録單本

開元釋教録卷第十二　第四十八張　陸

大莊嚴論經十五卷（馬鳴菩薩造或十卷）
姚秦三藏鳩摩羅什譯　單本
順中論二卷（無著菩薩造）　元魏婆羅門瞿曇
般若流支譯（出序記）（單本）
（右順中論序記云魏尚書令儀同高公延國上賓瞿曇流支在第供養正遍佛法對譯曇林出斯義論或定元年歲次癸亥八月十日揮豪丙寅凡有一萬三千七百二十七字諸録皆云菩提留支譯者誤也今依序記為正）
攝大乘論三卷（無著菩薩造）
陳天竺三藏真諦譯　第二譯
上三論二十卷二帙
攝大乘論二卷（無著菩薩造）　元魏天竺三藏
佛陁扇多譯　第一譯
攝大乘本論三卷（無著菩薩造）
大唐三藏玄奘譯（出内典録）（第三譯）
右三本論同本異譯
攝大乘釋論十五卷（世親菩薩釋）（或十二卷）
陳天竺三藏真諦譯　第一譯
上三論二十卷二帙（又按仁壽大周等録復有攝論一本十二卷成部亦云真諦所譯勘與此同今者但存一本）
攝大乘論釋十卷（世親菩薩釋一帙）
隋天竺三藏達摩笈多譯（出内典録）（第二譯）
攝大乘論釋十卷
大唐三藏玄奘譯（出内典録）（第三譯）
開元釋教録卷第十二　第四十九張　陞

右三釋論同本異譯
攝大乘論釋十卷（無性菩薩釋一帙）
大唐三藏玄奘譯（出内典録）（單本）
右與前三論本同釋異
佛性論四卷（天親菩薩造）
陳天竺三藏真諦譯　單本
決定藏論三卷　梁天竺三藏真諦譯（單本）
（右此決定藏論大周録中乃云失譯而不指言何代翻出今詳此論文勢乃是真諦所翻論中子注乃曰梁言前代録家遺之不上今為真諦所譯編於梁代録中）
辯中邊論頌一卷（弥勒菩薩造）
大唐三藏玄奘譯（出内典録單本）
中邊分別論二卷（婆藪槃豆造或三卷）
陳天竺三藏真諦譯　第一譯
上四論十卷同帙
辯中邊論三卷（世親菩薩造）
大唐三藏玄奘譯（出内典録）（第三譯）
右二釋論同本異譯
究竟一乘寶性論四卷（或三卷或五卷）
元魏天竺三藏勒那摩提譯（第二譯兩譯一闕）
業成就論一卷（天親菩薩造）　元魏天竺三
藏毗目智仙等譯（出序記）（第一譯）
（右論序記云魏興和三年歲次大梁七月辛未朔二十五日驃騎大將軍開府儀同三司御史中尉渤海高仲密散請三藏法師烏萇國人中天竺國婆羅門人瞿曇流）
開元釋教録卷第十二　第五十張　陞

（支釋曇林等在鄴城内金華寺譯四千八百七十二字序中三藏雖不列名准制即是毗目智仙翠録直云瞿曇流支譯者誤也今依序記為正）
大乘成業論一卷（世親菩薩造）
大唐三藏玄奘譯（出内典録）（第二譯）
右二論同本異譯
因明正理門論本一卷（大域龍菩薩造）
大唐三藏玄奘譯（出内典録）（第一譯）
上五論十卷同帙
因明正理門論一卷（大域龍菩薩造）
大唐三藏義淨譯（新編入録）（第二譯）
右二論同本異譯（舊理門論周録為單本新勘為重譯）
因明入正理論一卷（商羯羅主菩薩造）
大唐三藏玄奘譯（出内典録單本）
顯識論一卷（内題云顯識品從無相論出）
天竺三藏真諦譯（出論題單本）（附陳代録）
轉識論一卷（即出前顯識論）
天竺三藏真諦譯（出論題單本）（附陳代録）
唯識論一卷（一名破色心初云唯識無境界）
元魏婆羅門瞿曇般若流支譯（第一譯）
唯識論一卷（初云修道不共他上二論並天親造）
陳天竺三藏真諦譯（第二譯）
唯識二十論一卷（世親菩薩造）
大唐三藏玄奘譯（出翻經圖）（第三譯）
開元釋教録卷第十二　第五十一張　陞

右三論同本異譯 周錄不言同本新勘爲重譯

成唯識寶生論五卷 一名二十唯識順釋論 護法菩薩造

大唐三藏義淨譯 新編入錄 單本

唯識二十論一卷 世親菩薩造

大唐三藏玄奘譯 出內典錄單本拾遺編入

上九論十三卷同帙

成唯識論十卷 護法等菩薩造釋上三十論 一帙

大唐三藏玄奘譯 出內典錄單本

大丈夫論二卷 提婆羅菩薩造

北涼沙門釋道泰譯 出翻經圖 單本

入大乘論二卷 堅意菩薩造

北涼沙門釋道泰譯 出內典錄 單本

大乘掌珍論二卷 清辯菩薩造

大唐三藏玄奘譯 出內典錄 單本

大乘五蘊論一卷 世親菩薩造

大唐三藏玄奘譯 出內典錄第二譯初譯本闕

大乘廣五蘊論一卷 安慧菩薩造與前論異本

大唐中天竺三藏地婆訶羅譯 出大周錄 單本

寶行王正論一卷 陳天竺三藏真諦譯 單本

大乘起信論一卷 馬鳴菩薩造

梁天竺三藏真諦譯 第一譯

上七論十卷同帙

大乘起信論二卷 馬鳴菩薩造

開元釋教錄卷第十二 第五十二張 陛

大唐天后代于闐三藏實叉難陀譯 新編入錄

右二論同本異譯 其起信論周錄爲單本新勘爲重譯

發菩提心論二卷 或云發菩提心經

姚秦三藏鳩摩羅什譯 單本

右此發菩提心論大周錄中經論二錄俱有其名今以菩薩所造編於論錄但存一本或云天親菩薩所造亦云彌勒菩薩所說未詳孰是

三無性論二卷 出無相論 或一卷

陳天竺三藏真諦譯 單本

方便心論一卷 凡四品 或二卷 元魏西域沙門吉

迦夜共曇曜譯 第二譯 兩譯一闕

如實論一卷 題云如實論反質難品

梁天竺三藏真諦譯 單本

無相思塵論一卷 或直云思塵論 陳天竺三藏

真諦譯 第一譯 出翻經圖

觀所緣論一卷 陳那菩薩造

大唐三藏玄奘譯 出內典錄 第二譯

右二論同本異譯 周錄不言同本新勘爲重譯

觀所緣論釋一卷 護法菩薩造

大唐三藏義淨譯 新編入錄 單本

上八論十一卷同帙

迴諍論一卷 龍樹菩薩造 元魏天竺三藏毗

目智仙等譯 出序記 單本

右論序云魏興和三年歲次大梁建辰之月朔次癸酉辛卯之日烏長國人剎利王種三

開元釋教錄卷第十二 第五十三張 陛

藏法師毗目智仙共天竺國婆羅門人瞿曇流支在鄴城内金華寺譯凡有一萬一千九十八字沙門曇林之筆錄驃騎大將軍開府儀同三司御史中尉渤海高仲密啓請供養尋錄直云瞿曇流支譯者誤也今依序記爲正

緣生論一卷 聖者鬱楞伽造 隋天竺三藏達

摩笈多譯 出內典錄 單本

十二因緣論一卷 淨意菩薩造 元魏天竺三

藏菩提留支譯 單本

壹輸盧迦論一卷 龍樹菩薩造 元魏婆羅門

瞿曇般若流支譯 單本

大乘百法明門論一卷 世親菩薩造

大唐三藏玄奘譯 出內典錄 單本

百字論一卷 提婆菩薩造 元魏天竺三藏

菩提留支譯

解捲論一卷 陳那菩薩造 陳天竺三藏真諦譯 出翻經圖 第一譯

掌中論一卷 陳那菩薩造 大唐天后代三

藏義淨譯 新編入錄 第二譯

右二論同本異譯 其解捲論周錄爲單本新勘爲重譯

取因假設論一卷 陳那菩薩造 大唐天后代

三藏義淨譯 新編入錄 單本

觀總相論頌一卷 陳那菩薩造

大唐三藏義淨譯 新編入錄 單本

止觀門論頌一卷 世親菩薩造

大唐三藏義淨譯 新編入錄 單本

開元釋教錄卷第十二 第五十四張 陛

手杖論一卷 尊者釋迦稱造 大唐三藏義淨譯 新編入錄單本

六門教授習定論一卷 無著菩薩本世親菩薩釋 大唐天后代三藏義淨譯 新編入錄單本

大乘法界無差別論一卷 堅慧菩薩造 大唐天后代于闐三藏提雲般若譯 出大周錄單本

破外道小乘四宗論一卷 提婆菩薩造 元魏天竺三藏菩提留支譯 單本

破外道小乘涅槃論一卷 提婆菩薩造 元魏天竺三藏菩提留支譯 單本

上十六論十六卷同帙

部計大乘經律論見流行者總六百八十六部二千七百四十五卷二百五十八帙

開元釋教錄卷第十二 之二別錄

丁未歲高麗國大藏都監奉

勅雕造

開元釋教錄卷第十二 第五十五張 陛

開元釋教錄卷第十二

校勘記

一 底本，麗藏本。

一 二四六頁上一行第五字「錄」，資、磧、南、徑、清作「目錄」。又正文末字「二」後，南、徑、清有「上」。

一 二四六頁上二行「庚午歲」，徑、清作「唐」。

一 二四六頁上三行第一字「錄」，資、磧、南、徑、清無。

一 二四六頁上六行夾註右首字「全」，資、磧、南、徑、清作「合」。

一 二四六頁上一二行夾註「第二譯」，資、南、徑、清作「第一譯」。

一 二四六頁中二行夾註「第二譯」，磧、徑、清作「第一譯」。

一 二四六頁中四行夾註右「後經」，資、磧、南、徑、清作「後」。

一 二四六頁中六行夾註右「亦云」，資、南、徑、清作「或云」。

一 二四六頁中七行夾註「二譯」，徑、清作「一譯」。

一 二四六頁中一一行夾註「大唐」，徑、清作「唐」。下同。

一 二四六頁下二行夾註右「不周」，資、南作「不同」。

一 二四六頁下三行夾註右「准約」，資、磧、南、徑、清作「准的」。又左「無繫」，資、磧、南、徑、清作「無頌」。

一 二四六頁下五行夾註「第六譯」，資、磧、南、徑、清作「第六譯新編入錄」。

一 二四六頁下一一行夾註右「經」，徑、清作「又經」。一七行夾註右同。

一 二四六頁下一二行夾註右「叢林」，資、磧、南、徑、清作「叢琳」。一七行夾註左同。

一 二四六頁下一三行夾註右首字「者」，資、磧、南、徑、清無。

一 二四六頁下二二行夾註左「一卷」，磧、南作「云卷」。

一 二四七頁上一行夾註右「亦云」，資作「亦名」，徑作「一名」。

一 二四七頁上三行夾註右末字「撿」，資、磧、南、徑作「按」。

一 二四七頁上五行夾註右「譯胡」，資、磧、南、徑、清作「譯梵」。

一 二四七頁上八行第四字「經」，資、磧、南、徑、清作「部」。

一 二四七頁上一二行夾註右末字「單」，資、磧、南、徑、清作「單譯」。

一 二四七頁上一三行末字至一四行首字「度中」，磧、南作「中度」。

一 二四七頁上一六行夾註左「第二譯」，磧作「第二經」。

一 二四七頁中一二行夾註「第二譯」，資、磧、南、徑、清作「第三譯」。

一 二四七頁中一九行夾註「失譯經」，磧、南、徑、清作「失譯」。

一 二四七頁中二一行夾註「第三譯」，磧作「第二譯」。

一 二四七頁下二行夾註左末字「日」，資、磧、南、徑、清作「日字」。

一 二四七頁下三行夾註「第二譯拾遺編入」，資、徑、清作「第三譯」；磧作「第譯第三譯拾遺編入」；南作「第二譯第三譯拾遺編入」。

一 二四七頁下四行「二卷」，清作「一卷」。

一 二四七頁下一三行夾註右「亦云」，資、磧、南、徑、清作「亦名」。以下時有出現。

一 二四七頁下一七行至一八行首「大唐天后代天竺」，磧作「大唐天后代尼竺」，徑、清作「唐天竺」。

一 二四七頁下末行夾註「第一譯」，磧、南、徑、清作「第四譯」。

一 二四八頁上一行夾註右「誓童子經」，磧、南、徑、清作「逝童子經」。

一 二四八頁上九行夾註「西晉」，徑作「西西」。

一 二四八頁上一一行第五字「本」，磧、南無。

一 二四八頁上一四行夾註左「有異」，磧、南作「異」。

一 二四八頁上末行夾註左「二年」，磧、南、徑、清作「元年」。又第一三字「康」，資作「唐」。

一 二四八頁中二行夾註右第七字「令」，資、磧、南、徑、清作「全」。

一 二四八頁中二行夾註左「丙子」，資、磧、南、徑、清作「景子」。三行夾註左同。

一 二四八頁中五行夾註右第五字「逮」，資、磧、南、徑、清作「建」。又左「三年」，磧、南、徑、清作「一年」。

一 二四八頁中六行夾註右「紹泰三年」，磧、南、徑、清作「太平二年」。

一 二四八頁中一三行夾註左第三字「決」，資、磧、南、徑、清無。

一 二四八頁中二一行夾註右第四字「入」，磧無。

一 二四八頁下一行夾註「第一譯」，南、徑、清作「第二譯」。

一 二四八頁下六行夾註「第一譯」，磧作「第二譯」。次頁中一一行夾註同。

一 二四八頁下八行夾註右第四字「入」，磧、南無。

一 二四九頁上四行第一二字「經」，資、磧、南、徑、清作「如來經」。
一 二四九頁上八行夾註右第二字「内」，資、磧、南、徑、清作「之内」。
一 二四九頁上九行「正恭敬經」，徑作「王恭敬經」。
一 二四九頁上一七行第三字「釋」，磧、南、徑、清無。
一 二四九頁上二〇行「居士」，徑、清無。
一 二四九頁中三行夾註右第五字「同」，資、南、徑作「周」。
一 二四九頁中一六行夾註「第三譯」，資、磧、南、徑、清作「第二譯」。
一 二四九頁中二一行夾註左第二字「耳」，資、磧、南、徑、清無。又「今存」，南作「今有」。
一 二四九頁下一行夾註左「一闕」，磧、南、徑、清作「二闕」。
一 二四九頁下三行夾註右「云獨」，徑、清作「蜀」。
一 二四九頁下四行夾註右「編入」，南作「增入」。
一 二四九頁下七行夾註右「三譯」，磧、南、徑、清作「二譯」。
一 二四九頁下一六行「異譯」，資、磧、南、徑、清作「失譯」。
一 二四九頁下一八行夾註「第一譯」，磧、南、徑、清作「第二譯」。
一 二五〇頁上一〇行夾註「失譯」，南、徑、清作「失譯人」。
一 二五〇頁中一五行「釋智通」，磧作「釋皆通」。
一 二五〇頁中一七行「流志」，徑作「流」。
一 二五〇頁中二一行第八字「經」，資、磧、南、徑、清無。
一 二五〇頁中二二行夾註右末字「編」，資、磧、南、徑、清作「編入」。
一 二五〇頁下一〇行夾註左「第四譯」，資、磧、南、徑、清無。
一 二五〇頁下一一行夾註左「梵本」，資、磧、南、徑、清作「梵文」。
一 二五〇頁下一二行夾註右末字「出」，磧、南、徑、清作「譯」。
一 二五一頁上七行第四字「入」，磧無。
一 二五一頁上一五行夾註右首字「出」，徑作「譯出」。
一 二五一頁上一八行夾註左第五字「未」，資、磧、南、徑、清作「示」。
一 二五一頁上二〇行夾註右「初晝」，資作「初書」。又末字「有」，資作「一」。
一 二五一頁上二二行夾註左「功能法相品」，資、磧、南、徑、清作「功德法相品也」。
一 二五一頁上末行夾註右「般若心呪」，南、徑、清作「般若心經」。
一 二五一頁中一行夾註右「卷末」，磧、南、徑、清作「末卷」。
一 二五一頁中四行夾註左末字「晝」，磧作「寺」。
一 二五一頁中一二行夾註左第一〇字「天」，資、磧、南、徑、清作「大」。
一 二五一頁中一四行夾註左「於法」，

資、磧、南、徑、清作「於經」。

一　二五一頁中一九行夾註左第六字「普」，資、磧、南、徑、清作「並」。

一　二五一頁中末行第二字「二」，南、徑、清作「三」。

一　二五一頁下一五行夾註左「呪法」，資、磧、南、徑、清作「呪」。

一　二五一頁下一六行夾註左首字「第」，清無。

一　二五一頁下末行第七字「泥」，南、徑、清作「提」。

一　二五二頁上一行第三字「南」，資、磧、南、徑、清無。

一　二五二頁上三行夾註右「離呪」，資、磧、南、徑、清作「新呪」。

一　二五二頁上六行「大唐捻持寺」，資作「大唐總持」；磧、南、徑、清作「唐總持」。

一　二五二頁上八行第三字「經」，磧、南、徑、清無。

一　二五二頁上一一行夾註左「單重」，磧、南、徑、清作「單本」。

一　二五二頁上一三行夾註左第一四字「生」，資、磧、南、徑、清作「坐」。

一　二五二頁上一五行夾註右「呪一」，南作「呪」。

一　二五二頁上二一行夾註左「第三譯」，資、磧、南、徑、清作「第二譯」。次頁上一一行夾註同。

一　二五二頁上二二行第九字「除」，資、磧、南、徑、清無。

一　二五二頁中九行夾註右第三字「出」，資、磧、南、徑、清無。

一　二五二頁中一三行第六字「尼」，資、磧、南、徑、清無。

一　二五二頁中一五行夾註「三藏」，清作「二藏」。

一　二五二頁中一七行「一向出」，磧、南作「一向」。

一　二五二頁中末行夾註左第四字「存」，南作「有」。

一　二五二頁下一〇行「居士」，資、磧、南、徑、清作「天竺居士」。

一　二五二頁下一七行「一卷」，磧、南、徑、清無。

一　二五二頁下二一行夾註「周録在單本中誤也」，資、磧、南、徑、清無。

一　二五二頁下二二行夾註末字「後」，資、磧、南、徑、清作「後其華積經周録在單本中誤也」。

一　二五三頁上一一行夾註「今附梁録第二譯」，資、磧、南、徑、清作「第三譯今附梁録」。

一　二五三頁上七行夾註左末字「譯」，磧無。

一　二五三頁上一八行第二字「附」，磧無。

一　二五三頁中五行夾註「兩譯」，資、磧、南、徑、清作「二譯」。又「一闕」，資、磧、徑、清作「闕一」；南作「闕」。

一　二五三頁中一〇行夾註左「前後」，資、磧、南、徑、清作「前本」。

一　二五三頁中一三行第三字「昧」，資、磧、南、徑、清作「三昧」。

一　二五三頁下一行夾註「第一譯」，徑、清作「第二譯」。

一　二五三頁下五行「帛法祖」，資、磧、南、徑、清作「白法祖」。又夾註「第一譯兩譯一闕」，資、磧、南、徑、清作「第三譯三譯二闕」。

一　二五三頁下九行「阤羅」，徑作「阤羅羅」。

一　二五三頁下二二行「沙門」，資、磧、南、徑、清作「三藏」。

一　二五四頁上五行夾註左「前後三譯」，磧作「前卷三譯」；南作「前後二譯」。

一　二五四頁上六行夾註右末字「世」，磧、南、徑、清無。

一　二五四頁上一六行夾註右「第一譯」，資、磧、南、徑、清作「第二譯」。

一　二五四頁上二二行夾註左第三字「經」，資無。

一　二五四頁中二行夾註右「第二譯」，磧、南、徑、清作「第一譯」。

一　二五四頁中六行夾註左「三卷」，磧作「二卷」。

一　二五四頁中七行夾註右末字「兩」，南作「一」。

一　二五四頁中九行夾註左「七或十一卷」，資、磧、南作「七卷或十卷一袠」；徑、清作「七卷或十卷一帙」。

一　二五四頁中二〇行夾註左「却千」，資、磧、南、徑、清作「劫千」。

一　二五四頁中末行夾註左末字「以」，資、磧、南、徑、清作「以類」。

一　二五四頁下四行夾註右首字「云」，資、磧、南、徑、清作「亦」。

一　二五四頁下八行夾註「或十或十一或十二」，資、南、徑、清作「或十卷或十一卷或十二卷」；磧作「或十或十一卷或十二卷」。

一　二五四頁下一八行末字「帙」，至此，南、徑、清卷第十二上終，卷第十二下始。

一　二五五頁上一行「十卷」，資、磧、南、徑、清作「七卷」。

一　二五五頁上一七行夾註左「廣顯」，資作「廣願」。

一　二五五頁上一八行夾註左第四字「請」，資作「諸」。

一　二五五頁中五行夾註左第四字「經」，資、磧、南、徑、清作「結」。

一　二五五頁中六行夾註左末字「中」，資、磧、南、徑作「本」。

一　二五五頁中一六行「二卷」下，資、磧、南、徑、清有夾註「維摩詰之女」。

一　二五五頁中一九行夾註左「義言」，磧作「義音」。

一　二五五頁下七行夾註左首字「誤」，磧作「譯」。

一　二五五頁下九行「大唐南天竺三藏菩提流志譯新編入録」，徑、清無。次頁上一六行同。

一　二五五頁下二〇行「一行」，磧作「行」。

一　二五六頁上一〇行「三藏」，徑作「二藏」。

一　二五六頁上一二行夾註左第七字「配」，南、徑、清作「記」。

一　二五六頁上一七行第四字「焰」，資、磧、南、徑、清作「焰止風雨」。

一　二五六頁上二〇行夾註「失譯拾遺編入今附梁録」，經、清無。下至本頁中二行同。

一　二五六頁中二行首字「六」，磧作「大」。又第七字「呪」，資、磧、南、經、清無。

一　二五六頁中四行至五行「東晉西域沙門竺曇無蘭譯拾遺編入」，經、清無。

一　二五六頁中一〇行至一一行「大唐三藏玄奘譯出内典録」，經、清無。下至一七行同。

一　二五六頁中末行至本頁下一行「大唐天后代于闐三藏提雲般若譯出大周録」，經、清無。

一　二五六頁下二行「大唐天后代」，經、清作「唐」。五行、一〇行、二〇行同。

一　二五六頁下七行至八行「大唐天后代于闐三藏實叉難陁譯新編入録」，經、清無。

一　二五六頁下九行第二字「面」，經作「而」。

一　二五六頁下一二行至一三行「大唐天后代三藏義淨譯新編入録」，經、清無。

一　二五六頁下一四行至一五行「大唐三藏義淨譯新編入録」，經、清無。下至一九行同。

一　二五七頁上二行「大唐南天竺三藏金剛智譯新編入録」，經、清無。

一　二五七頁上六行夾註「全部」，磧作「上部」。

一　二五七頁上八行夾註左「亦名」，資、磧、南、經、清作「一名」。

一　二五七頁上一六至一七行「西晉居士聶道真譯拾遺編入」，經、清無。

一　二五七頁中一行夾註左「月童子」，資、磧、南、經、清作「月明童男」。

一　二五七頁中四行夾註右「改爲」，資、磧、南、經、清作「故爲」。

一　二五七頁中六行「西晉三藏竺法護譯」，經、清無。八行、九行、次頁下五行同。

一　二五七頁中一四行夾註左「光德」，資、磧、南、經、清作「德光」。

一　二五七頁中二二行「隋天竺三藏闍那崛多等譯」，經、清無。

一　二五七頁下八行「大唐三藏玄奘譯出翻經圖」，經、清無。

一　二五七頁下一二行「元魏天竺三藏菩提留支譯」，經、清無。

一　二五七頁下一八行「大唐天后代于闐三藏實叉難陁譯新編入録」，經、清無。

一　二五七頁下二一行「一卷」下，資、磧、南、經、清有夾註「第三譯與梵女守意經同本新勘出」。

一　二五七頁下末行至次頁上一行「大唐天后代三藏義淨譯新編入録」，經、清無。

一　二五八頁上九行「西天」，資、磧、南、經、清作「西晉」。

一　二五八頁上一六行夾註左「安公」，資、磧、南、經、清作「安公云」。

一　二五八頁上二一行夾註右「新爲

共譯附三秦録」，資、磧、南作「新爲失譯附三秦録」；徑、清無。

一　二五八頁中七行夾註左第三字「有」，資、磧、南、徑、清作「無」。又「涼録」，徑作「梁録」。

一　二五八頁中一四行夾註「僧祐録中失譯經今附宋録」，徑、清無。

一　二五八頁中一九行夾註左首字「經」，資、磧、南、徑無。

一　二五八頁下一一行夾註「僧祐録云」，磧、南、徑、清作「僧祐録」。

一　二五八頁下一二行夾註右末字「按」，資、磧、南、徑、清作「檢」。

一　二五八頁下一五行「二十五」，磧、南、徑、清作「共二十五」。

一　二五八頁下一六行夾註左「恐乘」，資、磧、南、徑、清作「恐乖」。

一　二五九頁上七行夾註右「二十七品」，南作「三十七品」。

一　二五九頁上九行夾註左「不壞顯示」，資作「不壞顯亦」；磧作「不懷顯示」；南、徑、清作「不懷顯亦」。

一　二五九頁上一二行夾註右「一云」，資、磧、南、徑、清作「一名」。

一　二五九頁上一六行夾註右「成編」，資、南、徑、清作「或編」。又左「爲定」，南、徑、清作「爲耳」。

一　二五九頁上一七行夾註右「摩戒」，資、南、徑、清作「摩夷」。

一　二五九頁上一八行夾註左「別品」，資、磧、南、徑、清作「列品」。

一　二五九頁上二一行夾註右「符同」，資、磧、南、徑、清作「扶同」。

一　二五九頁上二二行夾註右「三十品」，資、磧、南、徑、清作「二十品」。

一　二五九頁中四行夾註左末字「卷」，資、磧、南、徑、清無。

一　二五九頁中八行夾註「漢後」，資、磧、南、徑、清作「後漢」。

一　二五九頁中一〇行夾註左「新編爲律」，磧、南、徑、清作「新編削爲律」。

一　二五九頁中一五行夾註右末字「入」，磧無。

一　二五九頁下末行夾註「第二譯三譯」，資作「第二譯譯」；磧、徑、清作「第一譯三譯」。

一　二六〇頁上一行夾註右「一名文殊」，徑作「一者又殊」。

一　二六〇頁上四行夾註左首字「譯」，資作「三譯」；磧、南、徑、清作「二譯」。

一　二六〇頁上六行夾註「第二譯」，資、磧、南、徑、清作「第一譯」。

一　二六〇頁上二一行夾註「或七十卷十帙」，資、磧、南作「或七十一十帙」；徑、清作「或七十一帙」。

一　二六〇頁中一六行第一〇字「仙」，徑作「自」。

一　二六〇頁中一八行夾註左「朔旦庚子之日」，資、磧、南、徑、清作「庚午日」。

一　二六〇頁中二〇行夾註右「將軍」，資作「將單」。

一　二六〇頁中二一行夾註左第一三字「今」，磧作「含」。

一　二六〇頁下二行第五字「論」，資、

磧、南、徑、清作「經論」。

一　二六〇頁下五行夾註左第二字、「造」，磧、南無。

一　二六〇頁下七行「三卷」，磧、徑、清作「二卷」。

一　二六〇頁下九行「三卷」，磧、南、徑、清作「二卷」。

一　二六〇頁下一〇行夾註「新編入第二譯」，資作「新編入録第二譯」；磧、南、徑、清作「新編入録第一譯」。

一　二六〇頁下一一行「及頌」，磧、南作「及」。

一　二六〇頁下一九行「單本」，資、磧作「小單本」。

一　二六一頁上一一行夾註右首字「釋」，南無。

一　二六一頁中二行夾註右「四十二」，南、徑、清作「四十三」。

一　二六一頁中九行夾註左「二本」，南作「一本」。

一　二六一頁中一六行「大唐三藏玄奘譯出内典録單本」，徑、清無。一八行、二〇行及本頁下一三行同。

一　二六一頁中一九行「七卷」，南、徑、清無。

一　二六一頁下三行「二帙」，徑作「同帙」。

一　二六一頁下五行「多羅」，南、徑作「多」。

一　二六一頁下二二行夾註左「一帙」，南、徑、清作「二帙」。

一　二六二頁上一行「論經」，南、徑、清作「經論」。

一　二六二頁上三行夾註「無著菩薩造」，資、磧作「無著菩薩譯龍樹造」；南、徑、清作「無著菩薩釋龍樹造」。

一　二六二頁上五行夾註右「順中論」，資、磧、南、徑、清作「順中本論」。

一　二六二頁上六行夾註左「丙寅」，資、磧、南、徑、清作「景寅」。又「三千」，徑作「二千」。

一　二六二頁上七行夾註左「今依」，南作「今爲」。

一　二六二頁上一三行「本論」，資、磧、南、徑、清作「論本」。

一　二六二頁上一六行「釋論」，資、磧、南、徑、清作「論釋」。又夾註右「世親」，資、磧、南、徑、清作「天親」。

一　二六二頁上一八行夾註右首字「又」，資、磧、南、徑、清作「右」。又左「復有」，磧作「後有」。

一　二六二頁上一九行夾註右「十二」，徑作「十一」。

一　二六二頁上二一行夾註左「第二譯」，徑作「第三譯」。

一　二六二頁上末行夾註右末字「録」，磧無。

一　二六二頁中四行末字「異」，資、磧、南、徑、清作「異譯」。

一　二六二頁中一五行「中邊」，磧、南、徑、清作「中邊分別」。

一　二六二頁中一六行夾註左「第三譯」，資作「第二譯」。

一　二六二頁中二二行夾註右「七月」，磧作「月」。又左「開府」，磧作「開」。

一　二六二頁中末行夾註右「敬請」，

磧作「敬」。又左「門人」，磧作「人」。

一　二六二頁下一行夾註左「准制」，資、磧、南作「准例」；徑、清作「準例」。

一　二六二頁下四行夾註左「第二譯」，磧作「第一譯」。

一　二六二頁下一二行夾註右末字「主」，資、磧、南、徑、清作「王」。

一　二六二頁下一九行第五字「門」，資、磧、南、徑、清無。

一　二六三頁上一行夾註右「周録」，磧、南、徑作「同録」。

一　二六三頁上一六行夾註左「本闕」，資、磧、南、徑、清作「失譯」。

一　二六三頁中一行夾註「新編入録」，資、磧、南、徑、清作「新編入録第二譯」。

一　二六三頁中六行夾註右「亦云」，資、磧、南、徑、清作「云」。

一　二六三頁中九行夾註右「凡四品」，資、磧、南、徑、清作「又四品」。

一　二六三頁中末行夾註右第三字「序」，資、磧、南、徑、清作「序記」。又左「烏長國」，資、磧、南、徑、清作「烏萇國」。

一　二六三頁下二行夾註右第六字「筆」，資、磧、南、徑、清作「筆受」。

一　二六三頁下三行夾註左第三字「記」，南、徑、清作「説」。

一　二六三頁下六行夾註右「淨意」，徑作「淨義」。

一　二六三頁下一三行末字「譯」下，資、磧、南、徑、清有「單本」二字。

一　二六三頁下二一行「大唐三藏義淨譯新編入録單本」，徑、清無。末行同。

一　二六四頁上末行「別録之二」，南作「別録之二下」；徑、清作「下」。

開元釋教録卷第十三 別録之三　陞

庚午歲西崇福寺沙門智昇撰

有譯有本録中聲聞三藏録第二

聲聞藏者小乘所詮之教也能說教主則示生示滅應物隨緣所詮之教則九部四含毗曇戒律善男善女稟之而脫屣塵勞緣覺聲聞奉之而昇乎彼岸蓋真乘之小駕乃菩提之化城誘進初心莫斯為勝始乎仙苑迄彼金河所詮半字之文是謂聲聞之藏洎乎百川同會三車共適齊登妙覺俱證泥洹豈有小大之異名信為我尊之漸誘者也始自漢明丁卯之歲終我開元庚午之年小乘三藏見流行者揔三百三十部一千七百六十二卷一百六十五帙結為聲聞法藏科條別顯具如後列

聲聞契經藏　二百四十部　六百一十八卷　四十八帙

聲聞調伏藏　五十四部　四百四十六卷　四十五帙

聲聞對法藏　三十六部　六百九十八卷　七十二帙

小乘經重單合譯　一百五十三部　三百九十四卷　三十一帙

四阿笈摩經小乘契經之本故標初首後列餘經

長阿含經二十二卷 二帙 姚秦罽賓三藏佛陁耶舍共竺佛念譯 單重合譯

右此部經凡有四分揔三十經別 僧肇序云長含四分四誦合三十經以為一部

中阿含經六十卷 或五十八卷六帙 東晉罽賓三藏瞿曇僧伽提婆譯 第二譯兩譯一闕

右此部經凡有五誦都十八品揔二百二十二經別 僧肇長含序云中含四分五誦

增壹阿含經五十一卷 或五十卷或四十二或三十三 五帙 東晉罽賓三藏瞿曇僧伽提婆譯 第二譯兩譯一闕

右此部經凡有五十品揔四百七十二經別 僧肇長含序云增壹阿含四分八誦

雜阿含經五十卷 五帙 宋天竺三藏求那跋陁羅譯 單重合譯

右此部經說事既雜故無品次誦等 僧肇長含序云雜含四分十誦

別譯雜阿含經二十卷 二帙 失譯 經中子註有秦言字諱不的知譯人世名今且三秦代譯今附秦録

右此部經與前經文雖先後不次
子細尋究不出前經此但撮要故
為別部 佛般泥洹下諸經並是四含中別經異譯
佛般泥洹經二卷 或直云泥洹經 西晉河内沙門白法祖譯
大般涅槃經三卷 或二卷 東晉平陽沙門釋法
顯譯 今為法顯譯如群錄中述
般泥洹經二卷 或無般字 新為失譯附東晉錄
右三經出長阿含經第二至第四卷
與初分遊行經同本異譯 其般泥洹經群錄皆云宋代求那跋陀羅譯者非也尋其文句多是古譯與羽德賢所翻全不相類諸藏之中但有上卷無其下卷今為失源編在晉錄或有經本其佛般泥洹經上卷與此泥洹經上卷文句全同者本錯也
人本欲生經一卷 後漢安息三藏安世高譯
右出長阿含經第十卷與第二分
大方便經同本異譯 此人本欲生經上代錄中者誤也
尸迦羅越六向拜經一卷 或云尸迦羅越六方禮經
後漢安息三藏安世高譯
右出長阿含經第十一卷與第
二分善生經同本異譯 比於本經此稍略耳
中阿含三十三卷中亦有此經
梵志阿颰經一卷 一名佛開解梵志阿颰經 一名阿颰摩納經
吳月支優婆塞支謙譯

右出長阿含經第十三卷與第三
分阿摩晝經同本異譯
梵網六十二見經一卷 一名梵經
吳月支優婆塞支謙譯
右出長阿含經第十四卷與第三
分梵動經同本異譯
寂志果經一卷 東晉西域沙門竺曇無蘭譯
右出長阿含經第十七卷與第三
分沙門果經同本異譯
上八經十二卷同帙
起世經十卷 一帙 隋天竺三藏闍那崛多等譯 出經題上第五譯
起世因本經十卷 題下別云起世因本經一帙
隋天竺三藏達摩笈多譯 出內典錄第六紀遺編入隆帙大
唐內典錄及靖邁經圖並云笈多三藏大業年中於東都上林園翻經館譯起世經十卷今檢尋諸錄乃有兩本大意雖同文句有異至於品目時有參差經初云婆伽婆在舍婆提城[illegible]梵言[illegible]本又前[illegible]同出今以其為[illegible]多[illegible]今故[illegible]舍衛帝城故知同是笈多譯也[illegible]二本題下別云起世因本焉
樓炭經六卷 或云大樓炭經 或五卷或八卷
西晉沙門釋法立共法炬譯 第二譯
右三經出長阿含經第十八至二十

二卷與第四分記世經同本異譯
長阿含十報法經二卷 一名多增道章經 或直云十報經
後漢安息三藏安世高譯
右出長阿含經第九卷與第二分
十上經同本異譯 廣略少異
中本起經二卷 或云太子中本起經 經初題云出長阿含
後漢西域沙門曇果共康孟詳譯
上三經十卷同帙 其中本起經題云出長阿含檢尋長舍大本無此一經或恐梵文譯之未盡既云出彼且編於末大周錄云與過去現在因果修行本起瑞應本起經等同本異譯者誤也又此中本起經群錄咸云後漢代譯共經本中有斷梵語處乃曰晉言未詳何以
從佛般泥洹下一十三經並出長
阿含中別經異譯
七知經一卷 或云七智經
吳月支優婆塞支謙譯
右出中阿含經第一卷與初善
法經同本異譯
鹹水喻經一卷 或云鹹水譬喻
僧祐錄云安公失譯經 今附西晉錄
右出中阿含經第一卷與水喻
經同本異譯
一切流攝守因經一卷
後漢安息三藏安世高譯

右出中阿含經第二卷與漏盡
經同本異譯
四諦經一卷　後漢安息三藏安世高譯
聖諦經同本異譯
右出中阿含經第七卷與分別
恒水經一卷　亦云恒水河喻經　西晉沙門釋法炬譯
右出中阿含經第九卷與瞻波經
同本異譯
本相倚致經一卷　亦云大相倚致
後漢安息三藏安世高譯
緣本致經一卷　失譯　今附東晉録
右二經同本異譯出中阿含經第
十卷與本際經同本
頂生王故事經一卷　或直云頂生王經
西晉沙門釋法炬譯
文陁竭王經一卷　北涼天竺三藏曇
無讖譯　拾遺編入
右二經同本異譯出中阿含經第
十一卷與四洲經同本
閻羅王五天使者經一卷　一名鐵城泥犁經
宋沙門釋慧簡譯
鐵城泥犁經一卷　東晉西域沙門竺
曇無蘭譯　拾遺編入

右二經同本異譯出中阿含經
第十二卷與天使經同本　比於本經此稍略耳
古來世時經一卷　失譯　今附東晉録
右出中阿含經第十三卷與說
本經同本異譯
阿那律八念經一卷　一名禪行斂意經　或直云八念經
後漢西域三藏支曜譯
右出中阿含經第十八卷與八念
經同本異譯
離睡經一卷　西晉三藏竺法護譯
拾遺編入
右出中阿含經第二十卷與長
老上尊睡眠經同本異譯
是法非法經一卷
後漢安息三藏安世高譯
右出中阿含經第二十一卷與真
人經同本異譯
求欲經一卷　西晉沙門釋法炬譯
右出中阿含經第二十二卷與穢
經同本異譯
受歲經一卷　西晉三藏竺法護譯
拾遺編入
右出中阿含經第二十三卷初與

比丘請經同本異譯
梵志計水淨經一卷　失譯　今附東晉録　拾遺編入
右出中阿含經第二十三卷與水
淨梵志經同本異譯
苦陰經一卷　失譯　在後漢録　拾遺編入
右出中阿含經第二十五卷與前苦
陰經同本異譯
釋摩男本經一卷　一名五陰因事經
吳月支優婆塞支謙譯
苦陰因事經一卷　西晉沙門釋法炬譯
拾遺編入
右二經同本異譯出中阿含經第
二十五卷與後苦陰經同本
樂想經一卷　西晉三藏竺法護譯
拾遺編入
右出中阿含經第二十六卷與想
經同本異譯
漏分布經一卷　後漢安息三藏安世高譯
右出中阿含經第二十七卷與達
梵行經同本異譯
阿耨風經一卷　晉言依伙
東晉西域沙門竺曇無蘭譯　拾遺編入
右出中阿含經第二十七卷與阿

奴波經同本異譯
諸法本經一卷 吳月支優婆塞支謙譯
右出中阿含經第二十八卷初與
諸法本經同本異譯
瞿曇弥記果經一卷 宋沙門釋慧簡譯
右出中阿含經第二十八卷與瞿
曇弥經同本異譯
瞻婆比丘經一卷 亦云瞻波 西晉沙門釋法
炬譯　拾遺編入
右出中阿含經第二十九卷與瞻
波經同本異譯
伏婬經一卷 西晉沙門釋法炬譯
拾遺編入
右出中阿含經第三十卷與行
欲經同本異譯
魔嬈乱經一卷 一名弊魔試目連經一名魔王入目連蘭腹經
失譯　在後漢錄
弊魔試目連經一卷 一名魔嬈乱經
吳月支優婆塞支謙譯　拾遺編入
右二經同本異譯出中阿含經第
三十卷與降魔經同本
上三十經三十卷同帙
賴吒和羅經一卷 一名羅漢賴吒和羅經

吳月支優婆塞支謙譯
右出中阿含經第三十一卷與賴
吒惒羅經同本異譯
善生子經一卷 西晉沙門支法度譯
拾遺編入
右出中阿含經第三十三卷與善
生經同本異譯
數經一卷 西晉沙門釋法炬譯
拾遺編入
右出中阿含經第三十五卷與筭
數目揵連經同本異譯
梵志頞羅延問種尊經一卷
東晉西域沙門竺曇無蘭譯　拾遺編入
右出中阿含經第三十七卷與阿
攝和經同本異譯
三歸五戒慈心猒離功德經一卷 失譯
今附東晉錄　拾遺編入
須達經一卷 一名須達長者經
蕭齊天竺三藏求那毗地譯
右二經同本異譯出中阿含經第
三十九卷與須達哆經同本 其慈心猒德經文句稍略或有題云出增一阿含第十二者非也
佛為黃竹園老婆羅門說學經一卷

僧祐錄中失譯經　今附宋錄　拾遺編入
右出中阿含經第四十卷與黃蘆
園經同本異譯
梵摩渝經一卷 吳月支優婆塞支謙譯
右出中阿含經第四十卷與梵
摩經同本異譯 比於本經此稍略耳
尊上經一卷 西晉三藏竺法護譯
拾遺編入
右出中阿含經第四十三卷與釋
中禪室尊經同本異譯
鸚鵡經一卷 亦名兜調經
宋天竺三藏求那跋陁羅譯
兜調經一卷 僧祐錄云安公失譯經
今附西晉錄　拾遺編入
右二經同本異譯出中阿含經第
四十四卷與鸚鵡同本
意經一卷 西晉三藏竺法護譯
拾遺編入
右出中阿含經第四十五卷與心經
同本異譯
應法經一卷 西晉三藏竺法護譯
拾遺編入
右出中阿含經第四十五卷與後

受法同本異譯

泥犁經一卷 或云中阿含泥犁經

東晉西域沙門竺曇無蘭譯

右出中阿含經第五十三卷與癡慧地經同本異譯

優陂夷墮舍迦經一卷 僧祐録中失譯經今附宋録

齋經一卷 一名持齋經　吳月支優婆塞支謙譯　拾遺編入

右二經同本異譯出中阿含經第五十五卷與持齋經同本

鞞摩肅經一卷　宋天竺三藏求那跋陁羅譯　拾遺編入

右出中阿含經第五十七卷與鞞摩那脩經同本異譯

婆羅門子命終愛念不離經一卷

後漢安息三藏安世高譯　拾遺編入

右出中阿含經第六十卷與愛生經同本異譯

十支居士八城人經一卷 亦直云十支經

後漢安息三藏安世高譯

右出中阿含經第六十卷與八城經同本異譯

邪見經一卷　僧祐録中失譯經　拾遺編入

右出中阿含經第六十卷與見經同本異譯

箭喻經一卷　失譯　拾遺編入今附東晉録

右出中阿含經第六十卷與箭喻經同本異譯

普法義經一卷 一名具法行經 亦名普義經

後漢安息三藏安世高譯　第一譯

廣義法門經一卷　陳天竺三藏真諦譯　第三譯　三譯一闕

右二經同本異譯 其廣義法門經初首題云是中阿含經一品譯今撿中阿含大本無此一經或恐梵文譯之未盡既云出彼且編於末其大周入藏録中編為大乘單本者誤也又普法義經作舍利日具法行經作舍利弗但此一字別餘文並無異

右七知經下五十三經並出中阿含中別經異譯

戒德香經一卷 或云戒德經

東晉西域沙門竺曇無蘭譯

右出增壹阿含經第十三卷地主品異譯

四人出現世間經一卷　宋天竺三藏求那跋陁羅譯　拾遺編入

右出增壹阿含經第十八卷四意斷品異譯

波斯匿王太后崩塵土坌身經一卷

西晉沙門釋法炬譯

右出增壹阿含經第十八卷四意斷品異譯

須摩提女經一卷　吳月支優婆塞支謙譯　拾遺編入

右出增壹阿含經第二十二卷須陁品異譯 比於本經此稍文略

婆羅門避死經一卷　後漢安息三藏安世高譯　拾遺編入

右出增壹阿含經第二十三卷增上品異譯

食施獲五福報經一卷 一名施色力經 一名福德經

失譯今附東晉録

右出增壹阿含經第二十四卷善聚品異譯

頻毗娑羅王詣佛供養經一卷 亦云頻婆

西晉沙門釋法炬譯

右出增壹阿含經第二十六卷等見品異譯 比於本經此稍文略諸録編在大乘藏中誤也

長者子六過出家經一卷

開元釋教錄卷第十三　第十五張　陸

宋沙門釋慧簡譯

右出增壹阿含經第二十七卷聚品異譯　本經稍廣

鴦崛摩經一卷　或有作魔字　一名指鬘經

西晉三藏竺法護譯　拾遺編入

上三十二經三十二卷同帙

鴦崛髻經一卷　西晉沙門釋法炬譯

右二經同本異譯出增壹阿含經第三十一卷力品　此文稍廣

力士移山經一卷　或直云移山經

西晉三藏竺法護譯

四未曾有法經一卷　亦云四未有經或無法字

西晉三藏竺法護譯

右二經出增壹阿含經第三十六卷八難品異譯　本是一經別譯分二本經稍廣此出不盡

舍利弗摩目揵連遊四衢經一卷

後漢外國三藏康孟詳譯

右出增壹阿含經第四十一卷馬王品異譯　周錄編在大乘重譯中者誤也

七佛父母姓字經一卷　一名七佛姓字經

曹魏失譯

右出增壹阿含經第四十五卷不善品異譯

開元釋教錄卷第十三　第十六張　陸

放牛經一卷　亦云牧牛經　姚秦三藏鳩摩羅什譯

右出增壹阿含經第四十六卷放牛品異譯　此文稍廣

緣起經一卷　亦云十二緣起經

大唐三藏玄奘譯　出翻經圖

右出增壹阿含經第四十六卷放牛品異譯　比於本經此文稍略周錄編為大乘單本者誤也

十一想思念如來經一卷　或云十一思惟

宋天竺三藏求那跋陀羅譯　拾遺編入

右出增壹阿含經第四十八卷礼三寶品初異譯　此十一想連有二經初十一事文意勘同後十一事尋之未見

四泥犁經一卷　或云四大泥犁　東晉西域沙門竺曇無蘭譯　拾遺編入

右出增壹阿含經第四十八卷礼三寶品異譯　本經稍廣

阿那邠邸化七子經一卷

後漢安息三藏安世高譯

右出增壹阿含經第四十九卷非常品異譯　本經唯有四子餘意大同

大愛道般泥洹經一卷

西晉河內沙門白法祖譯

佛母般泥洹經一卷　宋沙門釋慧簡

開元釋教錄卷第十三　第十七張

譯　拾遺編入

右二經同本異譯出增壹阿含經第五十卷大愛道般涅槃品

國王不犁先尼十夢經一卷

東晉西域沙門竺曇無蘭譯

舍衛國王夢見十事經一卷　僧祐錄云安公失譯經今附西晉錄　拾遺編入

右二經同本異譯出增壹阿含經第五十一卷大愛道般涅槃品

阿難同學經一卷

後漢安息三藏安世高譯

右阿難同學經經首題云出增壹阿含檢其大本無此一經既云出彼且編其末

從戒德香經下二十四經並增壹阿含中別經異譯

五蘊皆空經一卷

大唐三藏義淨譯　新編入錄

右出雜阿含經第二卷異譯　此五蘊皆空經根本說一切有部毗奈耶雜事第三十九卷中雖有此經然不例此乃律引契經非是別生所以存而不廢

三

七處三觀經一卷　或二卷

後漢安息三藏安世高譯

右出雜阿含經中異譯　此經首末有三十經初是七處三觀後名積骨以初標名故也其初七處三觀經出第二卷後積骨經出

第三十四卷餘者散在諸文不次第一處

卷十三 第十八張 陛字号

聖法印經一卷 亦直云聖印經 亦云慧印經

西晉三藏竺法護譯

右出雜阿含經第三卷異譯

雜阿含經一卷 失譯 在魏吳録

右出雜阿含經中異譯 此經首末有二十七經初之三經出第四卷中而先後不次七處三觀經居其卷末文句大同前經此中稍廣其積骨經亦在其中未詳何以二經相涉餘者散在廣文自古群録皆云失譯參閱文句與七處三觀辭理稍同似是安高所出未見寶録且依舊為失譯

五陰譬喩經一卷 亦云五陰喩經 一名水沫所漂經

後漢安息三藏安世高譯

水沫所漂經一卷 一名河中大聚沫經 一名聚沫譬經

東晉西域沙門竺曇無蘭譯 拾遺編入

右二經同本出雜阿含經第十卷異譯

不自守意經一卷 或無意字

吳月支優婆塞支謙譯

右出雜阿含經第十一卷異譯

滿願子經一卷 晉代失譯 今附東晉録 拾遺編入

右出雜阿含經第十三卷異譯

轉法輪經一卷 或云法輪轉經

後漢安息三藏安世高譯

開元釋教録卷第十三 第十九張 陛字号

三轉法輪經一卷 大唐三藏義淨譯

新編入録

右二經同本出雜阿含經第十五卷異譯 此三轉法輪經根本說一切有部毗奈耶雜事第十九卷中雜有此經然不例所生所以存而不發此乃律引契經亦非契經從律而生也其轉法輪經與其本經後同前異未詳所以

八正道經一卷 後漢安息三藏安世高譯

右出雜阿含經第二十卷異譯

難提釋經一卷 西晉沙門釋法炬譯

右出雜阿含經第三十卷異譯 大本

馬有三相經一卷 亦云善馬有三相

後漢西域三藏支曜譯

馬有八態譬人經一卷 亦直云馬有八態

後漢西域三藏支曜譯

右二經並出雜阿含經第三十三卷異譯 有二經此中合為一其文稍廣舊録在單本中今編於此

相應相可經一卷 西晉沙門釋法炬譯

拾遺編入

右出前單卷雜阿含經中異譯

治禪病祕要經一卷 或云治禪病祕要法經 或二卷

宋居士沮渠京聲譯

右一經初首題云尊者舍利弗所問出雜阿含經阿練若雜事中今尋雜含大本無

開元釋教録卷第十三 十張 陛字号

此等文或恐梵經譯之未盡既云出彼且編於末然尋文理與大乘經微有相涉舊録編在集傳中恐將乖僻也

上三十一經三十一卷同帙

從五蘊皆空經下一十六經並出雜阿含中別經異譯

摩鄧女經一卷 一名阿難為蠱道女惑經

後漢安息三藏安世高譯 第一譯

摩鄧女解形中六事經一卷 失譯

今附東晉録第五譯

摩登伽經三卷 或二卷

吳天竺沙門竺律炎共支謙譯 出法上録 第三譯

舍頭諫經一卷 一名太子二十八宿經 一名虎耳經

西晉三藏竺法護譯 第四譯

右四經同本異譯 前文二經但是後經一品前後五譯一譯闕本

鬼問目連經一卷 後漢安息三藏安世高譯 第一譯

雜藏經一卷 與前後經文理稍別

東晉平陽沙門釋法顯譯 第二譯

餓鬼報應經一卷 一名目連說地獄餓鬼因緣經 失譯

今附東晉録 第三譯

右三經同本異譯 前後四譯一譯闕本

阿難問事佛吉凶經一卷 或名阿難問事經亦云事佛吉凶經

後漢安息三藏安世高譯 第一譯

㥏法經一卷　西晉沙門釋法炬譯
第二譯 拾遺編入
阿難分別經一卷　乞伏秦沙門釋聖
堅譯 第三譯
右三經同本異譯 其㥏法經新為重譯 前後四譯一譯闕本
五母子經一卷　吳月支優婆塞支
謙譯 第一譯
沙弥羅經一卷　僧祐錄云安公闕中
異經 在三秦錄 第二譯
右二經同本異譯 其沙弥羅大周錄云曇無讖譯 出長房錄今檢房錄中無周錄誤也
玉耶女經一卷 或云玉耶經 僧祐錄云安公失
譯經 今附西晉錄 出拾遺編入 初
玉耶經一卷 一名長者詣佛說子婦無敬經
東晉西域沙門竺曇無蘭譯 第二譯
阿遬達經一卷　宋天竺三藏求那跋
陀羅譯 第三譯
右三經同本異譯
修行本起經二卷 一名宿行本起
後漢西域沙門竺大力共康孟詳譯 第三譯
上十六經十九卷同帙
太子瑞應本起經二卷 亦名本起瑞應亦直云瑞應本起
吳月支優婆塞支謙譯 第四譯

過去現在因果經四卷　宋天竺三藏求
那跋陀羅譯 第六譯
右三經同本異譯 前之二經文略不備 前後六譯三譯闕本
法海經一卷　西晉沙門釋法炬譯
拾遺編入 第二譯
海八德經一卷　姚秦三藏鳩摩羅什
譯 出法上錄 拾遺編入 第三譯
右二經同本異譯 前後三譯 一譯闕本
四十二章經一卷　後漢天竺沙門迦葉
摩騰共法蘭譯 第一譯 兩譯一闕
柰女耆域因緣經一卷 或無因緣字 或直云柰女經
後漢安息三藏安世高譯
罪業應報教化地獄經一卷 或云地獄報應經
後漢安息三藏安世高譯 第一譯 兩譯一闕
龍王兄弟經一卷 一名難龍王經 一名降龍王經
吳月支優婆塞支謙譯 第一譯 兩譯一闕
長者音悅經一卷 或云長者音悅不蘭迦葉經
吳月支優婆塞支謙譯 第一譯 兩譯一闕
上九經十三卷同帙 其長者音悅經周錄之中編在
大乘藏內今尋文理移之於此
禪秘要經三卷 或云禪秘要法 或四卷
姚秦三藏鳩摩羅什譯 第二譯 三譯二闕
右此禪秘要經古舊群錄之中皆編集傳之內今檢此經首末三分極以分明上下

經文多明禪觀於中觀佛觀等明滅重罪事然與大乘微有相涉既非製撰故移於此又群錄中更有禪秘要經五卷云是宋代三藏曇摩蜜多所譯文甚交錯不可流行如刪繁錄中廣述
七女經一卷 一名七女本經　吳月支優婆塞支
謙譯 第一譯 三譯二闕
八師經一卷　吳月支優婆塞支
謙譯 第一譯 兩譯一闕
越難經一卷 一名日難經 一名難長者經　西晉清信士
聶承遠譯 第一譯 三譯二闕
所欲致患經一卷　西晉三藏竺法護譯
第一譯 兩譯一闕
阿闍世王問五逆經一卷　西晉沙門釋法
炬譯 拾遺編入 第二譯 兩譯一闕
五苦章句經一卷 一名五道章句經　東晉西域
沙門曇無蘭譯 第一譯 兩譯一闕
堅意經一卷 一名堅心經 一名堅心正意經　後漢安息
三藏安世高譯 第一譯 兩譯一闕
淨飯王涅槃經一卷　宋居士沮渠京
聲譯 第二譯 兩譯一闕
集學經一卷 或云勸進學道經　宋居士沮渠京
聲譯 拾遺編入 第二譯 三譯二闕
得道梯橙錫杖經一卷 亦直云錫杖經 失譯
今附東晉錄

右此錫杖經大周錄云出雜譬喻經今大本既無難為定准且編於此

貧窮老公經一卷 一名貧老經 宋沙門釋慧簡譯 第二譯 兩譯一闕

三摩竭經一卷 一名恕和檀王經 一名難國王經 吳天竺沙門竺律炎譯 第一譯 兩譯一闕

右此三摩竭經大周錄云出增壹阿含撿彼中無且編於此

蓱沙王五願經一卷 一名弗沙迦王經 吳月支優婆塞支謙譯 第一譯 二譯一闕

右此蓱王五願經大周等錄皆云出中阿含撿彼文無且編於此

瑠璃王經一卷 西晉三藏竺法護譯 第二譯 兩譯一闕

右此瑠璃王經大周等錄云出增一阿含其增一二十六中雖有瑠璃王緣越文意全異故編於此

上十五經十七卷同帙

生經五卷 有五十五經或四卷 西晉三藏竺法護譯 第一譯 兩譯一闕

義足經二卷 有一十六經 吳月支優婆塞支謙譯 第一譯 兩譯一闕

上二經七卷同帙

合徒四十二章經下二十二經雖是重譯今見流行但有一本餘並零落尋求不獲

小乘經單譯八十七部二百二十四卷一十七帙

正法念處經七十卷 七帙 元魏婆羅門瞿曇般若流支譯

右此正法念經大周錄中編為重譯云與善時鵝王經同本異譯者誤也其善時鵝王經從此經抄出彼是別生此為單本

佛本行集經六十卷 六帙 隋天竺三藏闍那崛多等譯

右此佛本行經大周錄中編為大乘重譯云與七卷本行經同本異譯者誤也彼是偈讚與此懸殊諸錄或在大乘經中或編集傳之內恐將乖舛今移編此

本事經七卷 大唐三藏玄奘譯 出內典錄

興起行經二卷 亦名嚴誡宿緣經題云出雜藏 後漢外國三藏康孟詳譯

右此興起行經大周錄中編為重譯云與木槍刺脚因緣經同本異譯者誤也比尋經本總有十緣其木槍刺脚經即十緣之一緣也鈔出別行如觀世音經等類既非翻譯故為單本

業報差別經一卷 隋洋川郡守瞿曇法智譯 其業報差別經大周錄云與罪福報應經同本異譯者非也尋其文句義旨懸殊差異不同故為單本

上三經十卷同帙

大安般守意經二卷 亦直云大安般經或云小安般或一卷 後漢安息三藏安世高譯

又大周等錄更有大安般經一卷亦云安世高譯勘其文句即是安般守意經上卷文既全同故不重載

陰持入經二卷 或作除字誤也或一卷 後漢安息三藏安世高譯

處處經一卷 後漢安息三藏安世高譯

罵意經一卷 後漢安息三藏安世高譯

拾遺編入

分別善惡所起經一卷 拾遺編入 後漢安息三藏安世高譯

出家緣經一卷 一名出家因緣經 後漢安息三藏安世高譯

阿鋡正行經一卷 一名正意經 後漢安息三藏安世高譯

十八泥犁經一卷 或云十八地獄經 後漢安息三藏安世高譯

法受塵經一卷 後漢安息三藏安世高譯

禪行法想經一卷 後漢安息三藏安世高譯

長者子懊惱三處經一卷 一名長者夫惱經亦云三處惱經 後漢安息三藏安世高譯

揵陀國王經一卷 或無國字 後漢安息三藏安世高譯

須摩提長者經一卷 吳月支優婆塞支謙譯

阿難四事經一卷 吳月支優婆塞支謙譯

未生怨經一卷 吳月支優婆塞支謙譯

四願經一卷 吳月支優婆塞支謙譯

黑氏梵志經一卷　吳月支優婆塞支謙譯　拾遺編入

猘狗經一卷 祐云與猘狗同　吳月支優婆塞支謙譯　拾遺編入

分別經一卷 舊云與阿難分別經異同本者非也　西晉三藏竺法護譯　拾遺編入

八關齋經一卷　宋居士沮渠京聲譯　拾遺編入

阿鳩留經一卷　僧祐錄云安公古經今附漢錄　拾遺編入

孝子經一卷 亦云孝子報恩經　僧祐錄云安公失譯經今附西晉錄　拾遺編入

上二十二經二十四卷同帙

五百弟子自說本起經一卷 或無自說字亦云本末　西晉三藏竺法護譯

大迦葉本經一卷 或無大字　西晉三藏竺法護譯

四自侵經一卷　西晉三藏竺法護譯

羅云忍辱經一卷 或直云忍辱經　西晉沙門釋法炬譯

佛為年少比丘說正事經一卷　西晉沙門釋法炬譯

沙曷比丘功德經一卷

西晉沙門釋法炬譯

時非時經一卷 或直云時經　外國法師若羅嚴譯 莫知帝代出經後記

右此時非時經群錄皆云西晉沙門法炬所譯經後題云外國法師若羅嚴手執胡本口自宣譯涼州道人于闐城中寫記今但依經記為正既莫知於帝代且附西晉錄中

自愛經一卷 或云自愛不自愛　東晉西域沙門竺曇無蘭譯

中心經一卷 亦云中心正行經　東晉西域沙門竺曇無蘭譯　拾遺編入

見正經一卷 一名生死變識經　東晉西域沙門竺曇無蘭譯

大魚事經一卷　東晉西域沙門竺曇無蘭譯

阿難七夢經一卷 或直云七夢經　東晉西域沙門竺曇無蘭譯

呵鵰阿那含經一卷 一名荷鵰或作苛字　東晉西域沙門竺曇無蘭譯

燈指因緣經一卷　姚秦三藏鳩摩羅什譯

婦人遇辜經一卷 一名婦遇對經　乞伏秦沙門釋聖堅譯

四天王經一卷　宋涼州沙門釋智嚴共寶雲譯

摩訶迦葉度貧母經一卷　宋天竺三藏求那跋陀羅譯

十二品生死經一卷　宋天竺三藏求那跋陀羅譯

罪福報應經一卷 一名輪轉五道罪福報應經　宋天竺三藏求那跋陀羅譯

古大周錄中更有輪轉五道罪福報應經一卷今檢尋文句與此不殊但立名題廣略有異文既無別但存一本耳

五無返復經一卷 一名五返履大義經　宋居士沮渠京聲譯

佛大僧大經一卷　宋居士沮渠京聲譯

耶祇經一卷　宋居士沮渠京聲譯

末羅王經一卷　宋居士沮渠京聲譯

摩達國王經一卷　宋居士沮渠京聲譯

旃陀越國王經一卷 或無國王字　宋居士沮渠京聲譯

五恐怖世經一卷 或無世字　宋居士沮渠京聲譯

弟子死復生經一卷 或云死亡更生經　宋居士沮渠京聲譯　拾遺編入

懈怠耕者經一卷 或云耕兒　宋沙門釋慧簡譯

辯意長者子經一卷 或云長者辯意經或加所問字

開元釋教録卷第十三　第三十張　陛字号

元魏沙門釋法場譯

無垢優婆夷問經一卷

元魏婆羅門瞿曇般若流支譯

上三十經三十卷同帙

賢者五福經一卷　西晉河内沙門白法祖譯

天請問經一卷　大唐三藏玄奘譯出内典録

右賢者五福天請問二經大周等録皆編大乘經中今尋文理頗涉小宗故移編此

僧護經一卷 或有因緣字　失譯　今附東晉録

讓淨經一卷　失譯　今附東晉録

木槵子經一卷 或作患字又作棵　失譯

今附東晉録

無上處經一卷　失譯　今附東晉録

盧志長者因緣經一卷　失譯　今附東晉録

五王經一卷　失譯　今附東晉録

出家功德經一卷　失譯　今附三秦録　拾遺編入

右出家功德經有三本流行録二雜有與略並從賢愚抄出云佛在王舍城迦蘭陀竹園中説今並載別生録中此本佛在毗舍離國為梨車子鞞羅羨那説其復云鞞羅羨那秦言勇軍雖不知譯人姓名必是秦朝譯也

栴檀樹經一卷　僧祐録云安公古典經

法上録云羅什譯者非也今附漢録

頞多和多耆經一卷　僧祐録云安公失

譯經　今附西晉録

普達王經一卷　僧祐録云安公失譯

開元釋教録卷第十三　第三十一張　陛字号

經　今附西晉録

佛滅度後棺斂葬送經一卷 一名比丘師經亦名師比丘經　僧祐録云安公失譯經　今附西晉録

鬼子母經一卷　僧祐録云安公失譯

經　今附西晉録

梵摩難國王經一卷　僧祐録云安公

失譯　今附西晉録　拾遺編入

父母恩難報經一卷 亦云勤報　後漢安息三藏安世高譯　拾遺編入

孫多耶致經一卷 或上加梵志字　吴月支優婆塞支謙譯

新編入録

略教誡經一卷　大唐三藏義淨譯

新編入録

右此略教誡經有云出根本説一切有部毗奈耶雜事第十九卷者誤也彼中雖有略教文意與此懸殊既非別生故編於此

療痔病經一卷 亦云痔瘻

大唐三藏義淨譯　新編入録

右此療痔病經根本説一切有部毗奈耶第二卷中亦有此呪並有編為重譯今謂不然彼云告諸苾芻此痔病經我於餘處已曾宣説而所為復別處亦不同此是重説非重譯也

上三十經三十卷同帙

聲聞調伏藏 五十四部 四百四十六卷　四十五帙

開元釋教録卷第十三　第三十二張　陛字号

身觀經一卷　西晉三藏竺法護譯

拾遺編入

右九撗等四經大周録云出雜阿含是異譯本其身觀經云是別生撿文並無故編於此

無常經一卷 亦名三啓經　大唐天后代三

藏義淨譯　新編入録

八無暇有暇經一卷　大唐天后代三

藏義淨譯　新編入録

長爪梵志請問經一卷　大唐天后代三

藏義淨譯　新編入録

辟喻經一卷　大唐三藏義淨譯

新歳經一卷　東晉西域沙門竺曇無蘭譯

右父母恩難報等三經大周等録皆云出中阿含經撿其中舍大本無此等經其增一阿含第二十四中雖有受歳緣起文意全異故編於此

羣牛譬經一卷　西晉沙門釋法炬譯

右羣牛譬經大周録云出增一阿含撿彼中無故編於此

九撗經一卷　後漢安息三藏安世高譯

禪行三十七經一卷 或加品字

後漢安息三藏安世高譯

比丘避女惡名欲自殺經一卷

西晉沙門釋法炬譯

比丘聽施經一卷 一名聽施比丘經

東晉西域沙門竺曇無蘭譯

調伏藏者經云勝故秘故佛獨制故
如契經中諸弟子說法或諸天說法
律則不尒一切佛說自古群錄皆將
摩得勒伽善見論等編為正毗奈耶
藏今者尋思恐將非當此等並是分
部已後諸聖賢等依宗贊述非佛金
口所宣又非千聖結集今之撰錄分
為二例初明五部正調伏藏次明諸
論奈耶眷屬廣狹條不雜本末區分
幸諸達人重垂刊正

摩訶僧祇律四十卷　或云三十卷　四帙
東晉天竺三藏佛陁羅共法顯譯　單本
右一經是根本調伏藏即大衆部
毗奈耶也佛圓寂後尊者迦葉集千
應真於王舍城竹林石室之所結也

十誦律六十一卷　六帙　前五十八卷姚秦三藏弗若多羅共羅什譯後毗尼序三卷東晉三藏卑摩羅叉續譯
右一經即說一切有部毗奈耶藏佛
圓寂後三百年初從上座部之所
出也　此十誦律中毗尼序三卷或有經本編在第九誦後第十誦前從第五十五卷至五十七卷者錯也今撿古本皆在其末今者依古為正

根本說一切有部毗奈耶　五十卷　五帙
大唐天后代三藏義淨譯　新編入錄

根本說一切有部苾芻尼毗奈耶二十卷　二帙
大唐三藏義淨譯　新編入錄

根本說一切有部毗奈耶雜事四十卷　四帙
大唐三藏義淨譯　新編入錄

根本說一切有部尼陁那目得迦十卷或八卷　一帙
大唐天后代三藏義淨譯　新編入錄
右四經與十誦律俱是說一切有
部然其文理與十誦律非無有異
未詳所以

五分律三十卷　亦云彌沙塞律或三十四卷　三帙
宋罽賓三藏佛陁什共竺道生等譯　單本
右一經即化地部毗奈耶藏佛圓
寂後三百年中從說一切有部之所
出也

四分律六十卷　或四十五或七十卷　六帙
姚秦罽賓三藏佛陁耶舍共竺佛念等譯　單本
右一經即法密部毗奈耶藏佛圓
寂後三百年中從化地部之所出
也　其飲光部但有戒本律藏未翻

僧祇比丘戒本一卷　亦云摩訶僧祇戒本
東晉天竺三藏佛陁跋陁羅譯　第二譯　兩譯一闕

僧祇比丘尼戒本一卷　亦云摩訶僧祇尼戒本
東晉平陽沙門法顯共覺賢譯　單本

十誦比丘戒本一卷　亦云十誦波羅提木叉戒
姚秦三藏鳩摩羅什譯　第三譯　三譯二闕

十誦比丘尼戒本一卷　亦云十誦比丘尼波羅提木叉戒本
宋長干寺沙門釋法頴集出

根本說一切有部戒經一卷
大唐三藏義淨譯　新編入錄

五分比丘戒本一卷　亦云彌沙塞戒本
宋罽賓三藏佛陁什等譯　單本

根本說一切有部苾芻尼戒經一卷　大唐三藏義淨譯　新編入錄

五分比丘尼戒本一卷　亦云彌沙塞尼戒
梁沙門釋明徽於建初寺集　出寶唱錄拾遺編入
上七經七卷同帙

四分比丘戒本一卷　亦云四分戒本
大唐西太原寺沙門懷素依律集出　新編入錄

四分比丘尼戒本一卷　亦云四分尼戒本　大唐西太原寺沙門懷素依律集出新編入錄

四分僧戒本一卷　或云曇無德戒本或無僧字
姚秦罽賓三藏佛陁耶舍譯　單本
右此戒本初無稽首頌有入堂等
偈者是　共四分僧尼戒乃有數本流行而皆不依正文見生增減今唯姚秦耶舍譯本及太原祖師依文集者餘皆隨棄不載錄中

解脫戒本一卷　出迦葉毗部
元魏婆羅門瞿曇般若流支譯　單本

沙彌十戒法并威儀一卷　亦云沙彌威儀戒本

開元釋教録卷第十三　第三十六張　陸字号
沙弥威儀一卷 或有經字與前威儀大同小異
失譯 今附東晋録
宋罽賓三藏求那跋摩譯
沙弥尼離戒文一卷 失譯 今附東晋録
沙弥尼戒經一卷 失譯 在後漢録拾遺編入
舍利弗問經一卷 失譯 今附東晋録單本
上十經十卷同帙
根本說一切有部百一羯磨十卷 一帙
大唐天后代三藏義淨譯 新編入録
大沙門百一羯磨法一卷 出十誦律 僧祐録中
失譯經 今附宋録
十誦羯磨比丘要用一卷 出十誦律 或二卷
宋沙門釋僧璩於楊都中興寺依律撰出
優波離問佛經一卷 或云優波離律 失譯
在後録 單本
五分羯磨一卷 題云弥沙塞羯磨本
大唐大開業寺沙門釋愛同集 新編入録
四分雜羯磨一卷 題云曇無徳律部雜羯磨以結戒場為首
曹魏天竺三藏康僧鎧譯 拾遺編入
曇無徳羯磨一卷 以結大界為首或二卷
曹魏安息沙門曇諦譯
四分比丘尼羯磨法一卷 祐云曇無徳羯磨或云雜羯磨
宋罽賓三藏求那跋摩譯

開元釋教録卷第十三　第三十七張　陸字号
上七經七卷同帙
四分律刪補隨機羯磨一卷
大唐崇義寺沙門釋道宣集 新編入録
四分僧羯磨三卷 題云羯磨卷上出四分律
大唐西太原寺沙門釋懐素依律集出
新編入録
四分尼羯磨三卷 題云尼羯磨卷上出四分律
大唐西太原寺沙門釋懐素依律集出
新編入録
上三經七卷同帙 上六本羯磨並出四分然文有廣略先後異耳
大愛道比丘尼經二卷 亦云大愛道受戒經或直云大愛道經
失譯 僧祐録云安公涼土異經今附北涼録單本
迦葉禁戒經一卷 一名摩訶比丘經亦名真偽沙門經
宋居士沮渠京聲譯 第二譯兩譯一闕 又群録中更有真偽沙門經一卷云是宋代沙門慧簡所譯與迦葉禁戒經同本撿尋文句與禁戒經首末全同既無異文故不㸃出
犯戒報應輕重經一卷 出目連問毗尼經或云目連問經
後漢安息三藏安世高譯 拾遺編入單本
戒銷灾經一卷 或名戒伏銷灾經
呉月支優婆塞支謙譯 單本
優婆塞五戒相經一卷 一名優婆塞五戒略論
宋罽賓三藏求那跋摩譯 第一譯兩譯一闕
右已上經律正調伏藏已下論等

開元釋教録卷第十三　第三十八張　陸字号
為順前宗故名眷屬其戒心羯磨
但依文纂要無增減故列之於前
其律攝等擴其本文屢有增減輙
編於後
根本說一切有部毗奈耶頌五卷 尊者毗舍佉造
大唐三藏義淨譯 新編入録單本
根本說一切有部毗奈耶雜事攝頌一卷
大唐三藏義淨譯 新編入録單本
根本說一切有部毗奈耶尼陁那目得迦攝頌一卷
大唐三藏義淨譯 新編入録單本
五百問事經一卷 失譯 今附東晋録拾遺編入
上九經十四卷同帙
根本薩婆多部律攝二十卷 尊者勝友集或十四卷二帙
大唐天后代三藏義淨譯 新編入録單本
毗尼摩得勒伽十卷 一帙
宋天竺三藏僧伽跋摩譯 單本
鼻奈耶律十卷 一名戒因緣經 一帙
姚秦涼州沙門竺佛念於苻秦代譯 單本
善見律毗婆沙十八卷 或云毗婆沙律亦直云善見律
蕭齊外國沙門僧伽跋陁羅譯 單本
佛阿毗曇經二卷 亦云佛阿毗曇論
陳天竺三藏真諦譯 單本
上二經二十卷二帙 其佛阿毗曇論群録並云九卷

開元釋教錄卷第十三　第三十九張　陛字号

未詳所以今只有二卷舊錄編在大乘論中今者尋其文理多說度人受戒等事與此相應故移編此

毗尼母經八卷 亦云毗尼母論 失譯 今附秦錄單本

大比丘三千威儀經二卷 亦云大僧威儀經或四卷

後漢安息三藏安世高譯　單本

上二經十卷同帙 其毗尼母經大周錄云東晉太安年神謝譯也法上錄謹按帝王代錄於東晉代無太安年其太安年乃在西晉惠帝代其法上錄尋之未獲年代既錯未可依憑又撿文中有翻梵語處皆日秦言故是秦時譯也今為失源編於秦錄其三千威儀經僧祐失譯錄中分為兩部各二卷房等諸錄並云兩本合之成其四卷今只有二餘二莫存

薩婆多毗尼毗婆沙九卷 失譯 今附秦錄單本

律二十二明了論一卷 亦直云明了論

陳天竺三藏真諦譯　單本

上二經十卷同帙 其明了論出正量部波羅提木叉論中其大論未譯凡有六千頌彼部法師阿那含人厥名覺護依律毗婆沙及足等造於中與律相應者略成一卷謂明了謂此論解釋律藏中二十二條貞實要義能除正法人迷闇心通達律義故稱明了隨沙門法經錄及長房入藏錄中並分為兩部律二十二二卷編在律中明了論一卷載於論錄又律二十二乃是明了論半題彼存二十二卷誤之甚也誤之甚也

聲聞對法藏三十六部六百九十八卷七十二帙

此對法藏諸部不同流布此方比諸為衆今者據其有部根本身論

開元釋教錄卷第十三　第四十張　陛字号

為初足論居次毗婆沙等支派編末餘部既衆難以科條以俟將来此無先後

阿毗曇八揵度論三十卷 迦旃延子造或二十卷三帙

符秦罽賓三藏僧伽提婆共竺佛念譯

第一譯

阿毗達磨發智論二十卷 迦多衍尼子造二帙

大唐三藏玄奘譯 出內典錄第二譯

右上二論同本異譯即是說一切有部對法藏之根本佛圓寂後三百年中論師迦多衍尼子之所造也後代傳人本有廣略此發智論文義具足傳習之者号為身論以餘六論各辯一支有異於身故名為足次編於後諸部継焉

一阿毗達磨法蘊足論十二卷 尊者大目乾連造一帙

大唐三藏玄奘譯 出內典錄單本

一阿毗達磨集異門足論二十卷 尊者舍利子說

二帙 大唐三藏玄奘譯 出內典錄單本

三施設足論有一万八千頌尊者大迦多衍那造 迦多衍那此云剪剃種是男聲 婆羅門中一姓 其論未譯 上三足論並佛在世時造

四阿毗達磨識身足論十六卷

開元釋教錄卷第十三　第四十一張　陛字号

大唐三藏玄奘譯 出內典錄單本

右一論佛圓寂後一百年中尊者提婆設磨 唐云天寂 阿羅漢造

五阿毗達磨品類足論十八卷

大唐三藏玄奘譯 出內典錄第二譯

右一論佛圓寂後三百年中尊者筏蘇蜜多羅 唐云世友 造

衆事分阿毗曇論十二卷 宋天竺三藏求那跋陁羅共菩提耶舍譯 第一譯

右二論同本異譯

上二論三十卷三帙

六阿毗達磨界身足論三卷

大唐三藏玄奘譯 出翻經圖單本

右一論佛圓寂後三百年中尊者世友造與上識身足論共十九卷二帙

阿毗曇毗婆沙論六十卷 六帙或八十四卷或一百九卷

北涼天竺沙門浮陁跋摩共道泰等譯

第一譯

右此論創譯百卷成部沙門道挺製序屬魏併涼失四十卷今唯六十卷在但畢第三揵度下五揵度時闕其本新譯之者八蘊並足其

八十四卷本及一百九卷者後人分此六十卷成非是元來不闕

阿毗達磨大毗婆沙論二百卷 二十帙

大唐三藏玄奘譯 第二譯 出內典録

右上二論同本異譯即釋上發智論佛圓寂後四百年中五百大阿羅漢等於迦濕弥羅國造

阿毗達磨俱舍釋論二十二卷 婆藪槃豆造

陳天竺三藏真諦譯　第一譯

阿毗達磨俱舍論本頌一卷 尊者世親造或三卷

大唐三藏玄奘譯 出內典録第二譯 真諦譯者闕本

阿毗達磨俱舍論三十卷 尊者世親造三帙

上二論二十三卷三帙

阿毗達磨俱舍論三十卷 尊者世親造三帙

大唐三藏玄奘譯 第二譯 出內典録

右二論及頌同本異譯

阿毗達磨順正理論八十卷 尊者衆賢造八帙

大唐三藏玄奘譯 出內典録單本

阿毗達磨顯宗論四十卷 尊者衆賢造四帙

大唐三藏玄奘譯 出內典録單本

右二部論與俱舍論頌同釋異並衆賢造 衆賢尊者先述正理文廣難尋後造顯宗略而易曉所以重釋

阿毗曇心論四卷 尊者法勝造 或無論字

東晉罽賓三藏瞿曇僧伽提婆譯　單本

法勝阿毗曇心論經六卷 大德優波扇多造或七卷

高齊天竺三藏那連提耶舍共法智譯

單本

上二論十卷同帙

雜阿毗曇心論十一卷 亦云雜阿毗曇毗婆沙尊者法救造

宋天竺三藏僧伽跋摩等譯 或十四卷 第四譯四譯三闕

右上三論俱名阿毗曇心然其所釋廣略有異 雜阿毗曇心論第一卷初注云諸師釋法勝阿毗曇心義廣略不同法勝所釋家為略也優波扇多有八千偈釋又有一師万二千偈釋此二論名為廣也和修槃頭以六千偈釋又論初頌云敬礼尊法勝所說我頂受我達摩多羅說彼未曾說故上三論初四卷者是法勝本論次六卷者是優波扇多釋故彼論末云大德優波扇多爲利益弟子故造此阿毗曇心論故知此即釋法勝論非法勝造而論外題有法勝字者或恐不然論卷中題無此二字羣録皆云法勝阿毗曇或云別譯法勝阿毗曇後雜心論是法救造比前二論文義稍廣

阿毗曇甘露味論二卷 或云甘露味阿毗曇尊者瞿沙造

曹魏代譯失三藏名　單本

隨相論一卷 或云求那摩諦隨相論德慧法師造或二卷

陳天竺三藏真諦譯　單本

上三論十四卷二帙

尊婆須蜜菩薩所集論十卷 尊者婆須蜜造

符秦罽賓三藏僧伽跋澄等譯 或十四卷 或十二卷

單本

三法度論二卷 或無論字或云經或三卷或云一卷 東晉罽

賓三藏瞿曇僧伽提婆譯 第二譯兩譯一闕

右此三法度論有本有釋本有三章九真度釋亦有九品廬山遠法師序云本是衆者山賢造釋是天竺大乘居士僧伽先撰經後記云大乘比丘釋僧伽先撰二說少殊求詳執正

入阿毗達磨論二卷 塞建地羅阿羅漢造

大唐三藏玄奘譯 出內典録單本

上三論十四卷二帙

成實論二十卷 訶梨跋摩造凡二百二品或二十四卷二帙

姚秦三藏鳩摩羅什譯　單本

立世阿毗曇論十卷 或無論字一帙或云十五卷

陳天竺三藏真諦譯　單本

解脫道論十二卷 或十三卷一帙

梁扶南三藏僧伽婆羅譯　單本

舍利弗阿毗曇論二十二卷 或二十卷或三十卷

姚秦罽賓三藏曇摩耶舍共曇摩堀多譯

五事毗婆沙論二卷 亦云阿毗達摩五事論尊者法救造

大唐三藏玄奘譯 出翻經圖單本

上二論二十四卷三帙 大周録中別載阿毗達磨五事論者誤也

鞞婆沙論十四卷 亦云鞞婆沙阿毗曇論阿羅漢尸陁槃尼撰

符秦罽賓三藏僧伽跋澄譯　單本

三弥底部論三卷 或無部字或云四卷　失譯 三弥底者此云正量即正量部中論也今附秦録單本

上二論十七卷二帙

分別功德論四卷　或云分別功德經　或三卷或五卷

失譯　在後漢録　單本

右此一論釋增壹阿含經義從初序品至弟子品過半釋王比丘即止法上録云竺法護譯者不然此中牒經解釋文句並同本經似與增壹阿含同一人譯而餘録並云失源且依此定僧祐録云迦葉阿難撰者此亦不然如論第一卷中引外國師及薩婆多說故知非是二尊所撰

四諦論四卷　婆藪跋摩造　陳天竺三藏真諦譯　單本

辟支佛因緣論二卷　失譯今附秦録　單本

十八部論一卷　新爲失譯附秦録　第一譯

右十八部論按李廓録並云梁代三藏真諦所譯今詳真諦三藏已譯十八部論不合更譯部異執論其十八部論初首引文殊問經分別部品後次云羅什法師集是論者是羅什所翻秦時未有文殊問經不合引之置於初也或可準别録中文殊問經編爲失譯秦時引證此亦無疑若是真諦番譯論中子注不合有秦言之字詳其文理多是秦時羅什譯出諸録從濁致有疑焉其真諦十八部疏即部異執疏是雖有斯理未敢指南後諸博聞請求實録

陳天竺三藏真諦譯　第二譯

部執異論一卷　亦名部異執論

異部宗輪論一卷　世友菩薩造

大唐三藏玄奘譯　出翻經圖　第三譯

右三論同本異譯

上六論十三卷同帙

有譯有本録中聖賢傳記録第三

一百八部　五百四十一卷　五十七帙

傳記録者佛圓寂後聖賢弟子之所撰集雖非三藏正典然亦助揚玄化於此之中揔爲五類一讚揚佛德二明法真理三述僧行軌四摧邪護法五外宗異執讚佛德者所行讚傳釋迦譜等也明法理者修行道地經經律異相等也述僧行者龍樹馬鳴法顯玄奘等傳也摧邪護法者辯正弘明破邪辯惑論等也外宗異計者數勝二論是也以類科分莫過此五五中所辯通大小乘又於此中更開二例梵本翻譯者居先此土傳揚者於後庶東西不雜覽者除疑焉

梵本翻譯集傳　六十八部　一百七十三卷　一十五帙

佛所行讚經傳五卷　馬鳴菩薩撰亦云佛本行經

北涼天竺三藏曇無讖譯　單本

佛本行經七卷　一名佛本行讚傳

宋涼州沙門釋寶雲譯　單本

右大周録編在大乘重譯經中云與六十卷佛本行集經同本異譯

者誤也

上二集十二卷同帙

撰集百緣經十卷　一帙　吳月支優婆塞支謙譯　出內典録　單本

出曜經二十卷　或云出曜論　或十九卷　本拾遺編入

姚秦涼州沙門竺佛念於符秦代譯　單本

賢愚經十三卷　或十五或十六或十七

元魏涼州沙門慧覺等在高昌郡譯　出翻經圖　單本

謹按梁沙門僧祐賢愚序云河西沙門釋慧覺等八僧遊方聞道到于闐大寺遇五年大會八人分聽各記所聞還至高昌乃集爲一部即上賢愚經是上代群録皆編經藏今以其集所聞則非廣喜本誦與餘集等亦復何殊編入正經理將未當故今移附傳録中其出曜百緣二經亦是別集還非本誦亦附此焉

上三集三十三卷四帙　上三帙各八卷　第四帙九卷

道地經一卷　或加大字　是修行經抄　元外國略本

後漢安息三藏安世高譯　第二譯　拾遺編入

右一經是後修行道地經之少分異譯

准安法師序云沙門衆護撰述經要以爲一部二十七章世高梵護所集者七章以爲漢文今以章名與數二種皆同故知即是安高所出此經七章總十八紙諸録皆云二卷者誤也

修行道地經六卷　或直云修行經　或七卷

西晉三藏竺法護譯　第三譯　三譯一闕

右二經同本異譯佛圓寂後七百年中西域沙門衆護所撰　衆護者是此方言天竺梵

晉言僧伽羅刹 舊録編入經者理不然也
與後僧伽羅刹集經撰入不殊何
得一載正經一編集内例既如此
故附此中

僧伽羅刹所集經三卷 僧伽羅刹撰或五卷
苻秦罽賓三藏僧伽跋澄等譯 第一譯兩譯一闕

上三集十卷同帙

百喻經四卷 僧伽斯那撰或五卷
蕭齊天竺三藏求那毗地譯 單本

菩薩本緣經三卷 僧伽斯那撰或四卷或三卷
吳月支優婆塞支謙譯 單本

大乘修行菩薩行門諸經要集三卷
大唐至相寺沙門釋智嚴譯 新編入録單本

上三集十卷同帙

付法藏因緣傳六卷 或无因緣字或四卷或二卷
元魏西域三藏吉迦夜共曇曜譯 第三譯三譯二闕

坐禪三昧經三卷 一名菩薩禪法經或云禪經或二卷
姚秦三藏鳩摩羅什譯 第一譯兩譯一闕

又羣録中復有阿蘭若習禪法
經二卷云與坐禪三昧經同本異
譯亦云羅什法師所出尋閱文句
首末全同但為殊名分成兩部既
非別譯未可雙行

佛醫經一卷 亦云佛醫王經 吳天竺沙門竺律
炎共支越譯 拾遺編入 單本

惟日雜難經一卷 吳月支優婆塞支
謙譯 拾遺編入 單本

佛般泥洹摩訶迦葉赴佛經一卷 亦云迦葉赴般泥洹經
東晉西域沙門竺曇无蘭譯 單本

菩薩呵色欲法一卷
姚秦三藏鳩摩羅什譯

四品學法經一卷 或无經字
宋天竺三藏求那跋陀羅譯 單本

佛入涅槃密迹金剛力士哀戀經一卷
失譯 今附秦録 單本

迦旃延說法沒盡偈經一卷 僧祐録云安公
失譯 今附西秦録 單本

佛治身經一卷 或云治身經 僧祐録云安公
失譯經 今附西晉録 單本拾遺編入

治意經一卷 或云治意經 僧祐録云安公
失譯經 今附西晉録 單本拾遺編

上十一集十八卷同帙

雜寶藏經八卷 或云十卷或三卷 元魏西域三藏
吉迦夜共曇曜譯 單本

那先比丘經二卷 或云那先經或三卷 失譯
在東晉録 第一本兩譯一闕

上二集十卷同帙

五門禪經要用法一卷 大禪師佛陀蜜多撰
宋罽賓三藏曇摩蜜多譯 拾遺編入第二譯兩譯一闕

達摩多羅禪經二卷 一名不淨觀經或名修行方便禪經
東晉天竺三藏佛陀跋陀羅譯 單本

右達摩多羅及佛大先所造 先罽賓人也彼國禪匠佛陀跋陀羅之師智嚴往遊西域亦於先所學禪 從坐禪
三昧下一十四經周録之中編在經
内今以並非佛說移之於此其雜
寶藏經雖集佛語兼雜餘緣非
全佛說故編集内

禪法要解二卷 一名禪要經
姚秦三藏鳩摩羅什譯 第一譯一

禪要呵欲經一卷 題云禪要經呵欲品闕
後漢失譯 拾遺編入 單本

內身觀章句經一卷 後漢失譯
拾遺編入 單本

法觀經一卷 西晉三藏竺法護譯
拾遺編入 單本

思惟要略法一卷 或加經字 姚秦三藏鳩摩
羅什譯 拾遺編入第二譯兩譯一闕

十二遊經一卷 東晉西域沙門迦留陀
伽譯 拾遺編入第二譯三譯二闕

開元釋教録卷第十三　第五十一張　陛字号
舊雜譬喻經二卷 亦云雜譬喻集經
吳天竺三藏康僧會譯 拾遺編入單本
雜譬喻經一卷 後漢月支三藏支婁
迦讖譯 拾遺編入 單本
上十集十三卷同帙
雜譬喻經二卷 一名菩薩度人經 失譯
在後漢録 單本 拾遺編入
雜譬喻經二卷 比丘道略集 姚秦三藏鳩摩
羅什譯 拾遺編入 單本
阿育王譬喻經一卷 失譯 今附東晉録是本拾遺編入
阿育王經十卷 或加大字 梁扶南三藏僧伽
婆羅譯 拾遺編入 第二譯
上四集十五卷同帙
阿育王傳七卷 亦云大阿育王經或五卷
西晉安息三藏安法欽譯 第一譯
右二傳同本異譯佛圓寂後一百
年餘育王出世方有此傳大周録
中編在大乘經中者誤也 長房等録復云
僧伽婆羅更出育王傳五卷者誤也前經即傳不合重載
阿育王息壞目因緣經一卷 一名子法益壞目因緣經
符秦天竺三藏曇摩難提於姚秦代譯
拾遺編入 第二譯二闕
四阿含暮抄解二卷 阿羅漢婆素跋陀撰

開元釋教録卷第十三　第五十二張　陛字号
符秦西域沙門鳩摩羅什佛提等譯 拾遺編入單本
上三集十卷同帙
法句經二卷 亦云法句集 尊者法救撰
吳天竺沙門維祇難等譯 第一譯 兩譯一闕
阿毗曇毗婆沙論第一云如法句經
世尊於處處方邑為衆生故種種
演說尊者達摩多羅 此云法救 於佛滅
後種種說中無常義者立無常品
乃至梵志義者立梵志品故知此
經是法救撰周入藏録編在大乘經
中及集傳内前後重載誤之甚也
法句譬喻經四卷 一名法句本末經 或五卷或六卷
西晉沙門釋法立共法炬譯 第二譯 兩譯一闕
右與前法句經明同異者前經但
纂偈句不兼長行今此後經兼說偈
之由起有其因緣世尊方說比前偈
文此略不備又前後偈文乎有增減
周録編在大乘經中者誤也
迦葉結經一卷 後漢安息三藏安世高
譯 拾遺編入 第一譯
撰集三藏及雜藏傳一卷 失譯 今附東晉
録單本 拾遺編入
三慧經一卷 僧祐録云安公涼土異經

開元釋教録卷第十三　第五十三張　陛字号
今附北涼録 拾遺編入 單本
阿毗曇五法行經一卷 亦云阿毗曇苦慧經或無行字
後漢安息三藏安世高譯 拾遺編入單本
阿含口解十二因緣經一卷 亦直云阿含口解經或名斷十二因緣經
後漢安息優婆塞安玄共嚴佛調譯 單本
小道地經一卷 後漢西域三藏支曜譯
拾遺編入 單本
文殊師利發願經一卷 或加偈字 東晉天竺
三藏佛陀跋陀羅譯 拾遺編入單本
六菩薩名一卷 房入藏録云六菩薩名亦當誦持
後漢失譯 拾遺編入單本
一百五十讚佛頌一卷 尊者摩咥利制吒造
大唐三藏義淨譯 新編入録單本
讚觀世音菩薩頌一卷 大唐天后代佛授
記寺沙門釋慧智譯 出大周録單本拾遺編入
上十二集十六卷同帙
無明羅剎集一卷 亦云無明羅剎經或二卷 失譯
拾遺編入單本 今附秦録
馬鳴菩薩傳一卷 姚秦三藏鳩摩羅
什譯 拾遺編入單本
龍樹菩薩傳一卷 姚秦三藏鳩摩羅
什譯 拾遺編入單本
提婆菩薩傳一卷 姚秦三藏鳩摩羅

什譯　拾遺編入　單本
婆藪槃豆法師傳一卷　此曰天親
陳天竺三藏真諦譯　拾遺編入第二譯兩譯一門
龍樹菩薩為禪陁迦王說法要偈一卷
宋罽賓三藏求那跋摩譯　出唐舊録　第一譯
勸發諸王要偈一卷　龍樹菩薩撰
宋天竺三藏僧伽跋摩譯　拾遺編入　第二譯
龍樹菩薩勸誡王頌一卷　大唐天后代
三藏義淨譯　新編入録　第三譯
右三集同本異譯　前二本偈諸經藏中連為一卷今分二軸
賓頭盧突羅闍為優陁延王說法經一卷
宋天竺三藏求那跋陁羅譯　單本
又有賓頭盧為王說法經一卷文與此
同故不雙出
請賓頭盧法一卷　或加經字　宋沙門釋慧
簡譯　第二譯兩譯一闕
分別業報略一卷　大勇菩薩撰　或加集字
宋天竺三藏僧伽跋摩譯　拾遺編入　單本
迦丁比丘說當來變經一卷　僧祐録中
失譯經　拾遺編入　今附宋録　單本
大阿羅漢難提蜜多羅所說法住記一卷
大唐三藏玄奘譯　出内典録　單本
金七十論三卷　亦名僧佉論或二卷

陳天竺三藏真諦譯　單本
右一論外道迦毗羅仙人造明二
十五諦所謂數論經中云迦毗羅
論是也　長房内典二録真諦譯中有金七十論二卷復有僧佉論三卷二目俱存者誤也
勝宗十句義論一卷　大唐三藏玄奘譯　出翻經圖　單本
右一論勝者慧月造明十句義　鵂鶹仙人本所造論但六句義慧月加四足成十句本來通論故名勝宗十句論也
經中云衛世師論是也　其數勝二論非是佛法諸外道宗此二為上以今博學之者要需異道之宗故譯之耳
此方撰述集傳　四十部　二百六十
八卷　四十二帙
上十五集十七卷同帙
釋迦譜十卷　別有五卷本與此廣略異　蕭齊建初寺
沙門釋僧祐撰　出長房録　新編入藏
釋迦氏略譜一卷　或無氏字　大唐西明寺沙門
釋道宣撰　出内典録　新編入藏
釋迦方志二卷　大唐西明寺沙門釋道
宣撰　出内典録　新編入藏
上三集十三卷二帙　上帙七　下帙六
經律異相五十卷　五帙　梁天監十五年
勅沙門寶唱等撰　出長房録　新編入藏

陁羅尼雜集十卷　一帙　未詳撰者　今附梁録
右一呪集大周録中為大乘單本復大失譯者不然尋撿其文乃是此方抄集而非梵本別翻所以知者如七佛神呪經及陁鄰尼鉢經等並是晉朝所翻諸童子陁羅尼經七觀菩提留支所譯又陁鄰尼鉢經共東勝燈王經二是同本與此等經並皆集故非梵本所傳必是此方撰集未知的是何人所撰故此述也
諸經要集二十卷　大唐西明寺沙門釋
玄惲撰　新編入藏
上一集二十卷分爲三帙　上下各七　中帙六卷
出三藏記集十五卷　梁建初寺沙門釋
僧祐撰　出長房録　新編入藏
衆經目録七卷　隋開皇十四年勅翻經
沙門法經等撰　出長房録　新編入藏
上二集二十二卷二帙　上帙十卷　下帙十二
開皇三寶録十五卷　内題云歷代三寶記　隋開皇
七年翻經學士成都費長房撰　出内典録　新編入藏
衆經目録五卷　隋仁壽二年勅翻經
沙門及學士等撰　出内典録　新編入藏
上二集二十卷二帙
大唐内典録十卷　一帙　大唐西明寺沙門
釋道宣撰　出内典録　新編入藏
續大唐内典録一卷　大唐西崇福寺沙門
釋智昇撰　新編入藏
古今譯經圖紀四卷　大唐翻經沙門釋

靖邁撰　新編入藏　大唐西崇福寺
續古今譯經圖紀一卷
沙門釋智昇撰　新編入藏
大周刊定衆經目録十五卷　大唐天后
勅佛授記寺沙門明佺等撰　新編入藏
上四集二十卷二帙　上帙一十　下帙十卷
開元釋教録二十卷　二帙　大唐西崇福寺
沙門釋智昇撰　新編入藏
一切經音義二十五卷　大唐翻經沙門
釋玄應撰　新編入藏　出內典録
新譯花嚴音義二卷　大唐淨法寺沙
門釋慧苑撰　新編入藏
上三集二十七卷四帙　第一帙六卷　下三帙各七
大唐西域記十二卷　大唐三藏玄奘撰
出內典録　新編入藏
集古今佛道論衡四卷　或三卷　出內典録　大唐西明
寺沙門釋道宣撰　新編入藏
續集古今佛道論衡一卷　大唐西崇福
寺沙門釋智昇撰　新編入藏
上三集十七卷二帙　上帙八　下帙九
東夏三寶感通録三卷　大唐西明寺沙
門釋道宣撰　出內典録　新編入藏
集沙門不拜俗議六卷　大唐弘福寺沙

門釋彦悰撰　出內典録　新編入藏
上二集九卷同帙
大唐慈恩寺三藏法師傳一帙十卷
大唐西太原寺沙門釋慧立等撰　新編入藏
大唐西域求法高僧傳二卷
大唐三藏義淨撰　新編入藏
法顯傳一卷　亦云歷遊天竺記傳　東晉沙門釋法
顯自記遊天竺事　出長房録　新編入藏
高僧傳十四卷　一卷是目録　梁會稽嘉祥寺
沙門釋慧皎撰　出長房録　新編入録
上三集十七卷二帙　上帙九　下帙八
續高僧傳三十卷　大唐西明寺沙門釋
道宣撰　出內典録　新編入藏
上一集三十卷分為四帙　第一第二各八　第三第四各七
辯正論八卷　一帙　大唐終南山龍田寺
釋氏撰　出內典録　新編入藏
破邪論二卷　或一卷　大唐終南山龍田寺
釋氏撰　出內典録　新編入藏
甄正論三卷　大唐天后代佛授記寺
沙門釋玄嶷撰　新編入藏
十門辯惑論二卷　或三卷　大唐大興善
寺沙門釋復禮撰　新編入藏
弘明集十四卷　梁建初寺沙門釋僧

開元釋教録卷第十三　第十九張　陛字号
祐撰　出長房録　新編入藏
廣弘明集三十卷　大唐西明寺沙門釋
道宣撰　出內典録　新編入藏
上四集二十一卷二帙　上帙十一　下帙十卷
上一集三十卷分為四帙　第一帙十　第二帙七　第三帙七　第四帙六
集諸經禮懺儀二卷　大唐西崇福寺
沙門釋智昇撰　新編入藏
大唐南海寄歸內法傳四卷
大唐三藏義淨撰　新編入藏
比丘尼傳四卷　梁莊嚴寺沙門釋寶
唱撰　新編入藏
別說罪要行法一卷　或無別字
大唐三藏義淨撰　新編入藏
受用三水要法一卷　或云要行法
大唐三藏義淨撰　新編入藏
護命放生軌儀一卷　或云軌儀法
大唐三藏義淨撰　新編入藏
上六集十三卷同帙
從釋迦譜下四十部合三百六十八卷
並是此方賢德撰集然於大法裨助
光揚季代維持寔為綱要故編此録
繕布流行若寫藏經隨情取捨諸餘

開元釋教録卷第十三　第六十張　陸

傳記雖涉釋宗非護法者此中不録

都計小乘經律論及賢聖集傳

見流行者總四百三十八部合二千

三百三卷二百二十二帙

開元釋教録卷第十三　別録之三

開元釋教録卷第十三

校勘記

一　底本，金藏廣勝寺本。二七三頁中及二八一頁下原版漫漶，以麗藏本換。

一　二七三頁中一行經名，資、磧作「開元釋教目録卷第十三別録之三」；南、徑作「開元釋教目録卷第十三別録之三上」；清作「開元釋教目録卷第十三上別録之三」。

一　二七三頁．二行「庚午歲」，磧、南作「庚子歲」；徑、清作「唐」。

一　二七三頁中三行「第二」，南、徑作「第二此號七卷」。

一　二七三頁中一二行第一三字「信」，徑作「姓」。

一　二七三頁下九行夾註左「三十經」，資、磧、普、南、徑、清作「二十經」。

一　二七三頁下一四行夾註「四十二」，徑、清作「四十二卷」。

一　二七四頁上一七行夾註左「六户」，資、磧、普、南、徑、清作「六方」。

一　二七四頁上二一行夾註左「此經」，資作「經」。

一　二七四頁中二行第四字「畫」，磧、普、南、徑、清作「晝」。

一　二七四頁中三行夾註左「梵經」，資、磧、普、南、徑、清作「梵網經」。

一　二七四頁中一二行夾註右末字「上」，徑無。

一　二七四頁中一四行夾註左首字「拾」，徑作「録」。

一　二七四頁中一六行夾註右行首字「今」，資、磧、普、南、徑、清無。

一　二七四頁中一七行夾註左首字「據」，諸本（不含石，下同）作「若據」。

一　二七四頁中一八行夾註右「崛多」，諸本作「崛多笈多」。

一　二七四頁中一九行夾註「囉婆」，資、普、南、徑、清、麗作「舍囉娑」；磧作「舍囉婆」。

一　二七四頁下一行「記世經」，資、磧、

一 普、南、徑、清作「起世經」。

一 二七四頁下五行「十上經」，資、磧、普、南、徑、清作「上十經」。

一 二七四頁下六行夾註左首字「經」，資、磧、普、南、徑無。又「長阿含」，清作「長阿含經」。

一 二七四頁下八行至九行夾註「長含大本」，資、磧、普、南、徑、清作「長阿含本」。

一 二七四頁下九行夾註右「恐梵文」，南、徑作「衆梵文」。

一 二七四頁下一一行夾註左第三字「曰」，徑作「白」。

一 二七四頁下一八行夾註左末字「喻」，資、磧、普、南、徑、清無；麗作「喻今附西晉録」。

一 二七五頁中三行夾註末字「録」，磧無。

一 二七五頁中六行首字「阿」，磧、徑、清作「四」。

一 二七五頁下二一行第三字「風」，資、磧、普、南、徑、清作「颸」。又夾註「晉言」，清作「阿耨颰此言」。

一 二七六頁上五行「記異經」，諸本作「記果經」。又「慧簡」，麗作「惠蘭」。

一 二七六頁上一〇行「三十九卷」，資、磧、普、南、徑、清作「二十九卷」。

一 二七六頁上一六行夾註左「目連」，資、磧、普、南、徑、清作「目揵」。

一 二七六頁上一九行末字「入」，清無。

一 二七六頁下五行「四十卷」，資、磧、普、南、徑、清作「四十一卷」。

一 二七六頁下一一行夾註右「亦名」，徑作「一名」。以下時有出現。

一 二七六頁下一二行「宋天竺三藏求那跋陁羅譯」，徑無。

一 二七六頁下一六行「鸚鵡」，諸本作「鸚鵡經」。

一 二七七頁上一行「受法」，諸本作「受法經」。

一 二七七頁上八行夾註左末字「經」，資、磧、南無。

一 二七七頁中二行「拾遺編入」，諸本作「拾遺編入今附宋録」。

一 二七七頁中一二行夾註右首字「其」，資作「具」。

一 二七七頁中一三行夾註右「一品」，諸本作「一品別譯」。

一 二七七頁中一六行首字「右」，資、磧、普、南、徑、清作「從」。

一 二七七頁下一九行「婆羅」，資、磧、普、清、麗作「娑羅」。又夾註右「亦云」，徑作「一云」，以下時有出現。

一 二七八頁上五行末字「入」，資無。

一 二七八頁上九行「力品」，資、磧、普、南、徑、清作「力士品」。

一 二七八頁上一五行夾註右第六字「譯」，徑作「一」。

一 二七八頁上一六行第四字「摩」，資、磧、普、南、徑、清作「摩訶」。

一 二七八頁中一七行「一卷」，清無。

一 二七八頁中二〇行夾註左第四字「大」，資、普作「文」。

一 二七八頁下一二行夾註右「經首」，

資、磧、普、南、徑作「首」。又左「大本」，磧、南、徑、清作「本末」。又「且編」，清作「且結」。

一　二七八頁下一三行第一一字「並」，資、磧、南、徑、清作「並出」。

一　二七八頁下一九行夾註左第三字「從」，清作「後」。

一　二七八頁下二一行「安世高」，徑作「安高」。

一　二七八頁下二二行夾註左「三十經」，清作「二十經」。

一　二七九頁上一行夾註左「一處」，資、磧、普、南、清作「一處也」，徑作「處也」。

一　二七九頁上三行「二藏」，諸本作「三藏」。

一　二七九頁上七行夾註左第六字「其」，徑作「共」。

一　二七九頁上一二行夾註右「河中」，徑作「河水」。

一　二七九頁中一行「二轉」，諸本作「三轉」。

一　二七九頁中二行「新編」，清作「所編」。

一　二七九頁中八行「二十卷」，諸本作「二十八卷」。

一　二七九頁中一一行夾註左「於此」，資、磧、普、南、徑、清作「在此」。

一　二七九頁下一四行夾註右「前文二經」，諸本作「前之二經」。

一　二七九頁下二二行夾註右「或名」，資、磧、普、南、徑、清作「或云」。

一　二七九頁下末行「安息」，徑作「恒安息」。

一　二八〇頁上二行「第二譯」，資、磧、普、南、徑、清無。

一　二八〇頁上三行第七字「卷」下，麗有夾註「或直云分別經」。

一　二八〇頁上一〇行夾註右「沙弥羅」，諸本作「沙彌羅經」。

一　二八〇頁上一三行第二字「經」，資、磧、普、南、徑、清無。

一　二八〇頁中一〇行「法蘭」，諸本作「竺法蘭」。又夾註「兩譯一闕」，磧、南作「二譯闕本一闕」。

一　二八〇頁中一二行末字「譯」下，諸本有夾註「第一譯兩譯一闕」。

一　二八〇頁中二二行夾註左「二闕」，徑作「一闕」。

一　二八〇頁下一行夾註左末字「移」，麗作「多」。

一　二八〇頁下四行「七女經」，磧、南、徑、清作「七如經」。

一　二八〇頁下一〇行「竺法護」，磧、南、徑作「竺法謙」。

一　二八〇頁下一三行夾註「第二譯」，資、磧、普、南、徑、清作「第一譯」。

一　二八〇頁下一五行「曇無蘭」，資、磧、南、徑、清作「竺曇無蘭」。

一　二八〇頁下一六行夾註「王意經」，諸本作「正意經」。

一　二八〇頁下二〇行「集學經」，諸本作「進學經」。

一　二八〇頁下二二行「梯橙」，磧、普、南、徑、清作「梯隥」。

一　二八一頁上三行夾註右「第二譯」，

清作「第一譯」。

一　二八一頁上八行夾註「二譯」，諸本作「三譯」。

一　二八一頁上九行夾註右「汫王」，資、磧、普、南、徑、清作「汫沙王」。

一　二八一頁上一九行夾註左「二十二經」，清作「三十一經」。

一　二八一頁上二一行夾註「一十七帙」，磧作「二十七袠」。

一　二八一頁中一一行夾註右第九字「槍」，徑作「創」。

一　二八一頁中一六行夾註「安公」，諸本作「安公云」。

一　二八一頁中一八行夾註右行首字「又」，清、麗作「右」。又左「安般」，磧作「大般」；清作「大安般」。

一　二八一頁下一四行夾註右「天惱經」，資作「忕惱」；磧、普、南、徑、清作「懊惱」。

一　二八二頁上二行末字「入」，磧、南無。

一　二八二頁上九行「古經」，資、磧、普、南、徑、清作「古典經」。

一　二八二頁上一二行第四字「經」，徑無。

一　二八二頁中二行首字「時」，磧作「特」。

一　二八二頁中五行夾註右「釺瑱城中」，資、磧、普、南、徑、清作「鈣錄城中」。

一　二八二頁中一一行末字「譯」，至此，南、徑、清卷第十三上終，卷第十三下始。

一　二八二頁中一二行至一三行「東晉西域沙門竺曇無蘭譯」，清無。一五行同。

一　二八二頁中一六行首字「呵」，徑作「阿」。

一　二八二頁中一七行「東晉」，清冠以「已上三經」四字。

一　二八二頁下二行「宋天竺三藏求那跋陁羅譯」，清無。四行同。

一　二八二頁下五行夾註「一名輪轉五道罪福報應經」，資、磧、南、徑作「一名轉輪五逆罪福報應經」；清無。

一　二八二頁下六行「宋天竺」，清冠以「已上三經」四字。

一　二八二頁下七行夾註右首字「右」，資、磧、南、徑作「又」；清無。又「輪轉」，徑作「轉輪」。

一　二八二頁下一〇行「宋居士沮渠京聲譯」，清無。下至一八行同。

一　二八二頁下二〇行「宋居士沮渠京聲譯拾遺編入」，清作「拾遺編入已上八經宋沮渠京聲譯」。

一　二八三頁上六行「大唐」，清作「唐」。下同。

一　二八三頁上七行夾註左末字「此」，磧作「止」。

一　二八三頁上八行夾註左第二字「字」，清無。

一　二八三頁上八行「失譯今附東晉錄」，清無。下至一三行同。

一　二八三頁上一〇行夾註右第四字「字」，磧、普、南、徑、清無。

一　二八三頁上一四行「失譯」，徑、清

作「已上六經失譯」。

一　二八三頁上一八行夾註右行首字「其」，諸本作「其中」。又「言勇」，南、徑作「吉西」。又左第一一字「譯」，資、磧、普、南、徑、清作「者」。

一　二八三頁上二一行第五字「者」，資、磧、普、南、徑、清作「者」。

一　二八三頁上二一行至二二行「僧祐録云安公失譯經今附西晉録」。清無。下至本頁中三行同。

一　二八三頁中五行「今附西晉録」下，諸本有夾註「拾遺編入」。

一　二八三頁中六行「僧祐録」，清冠以「以上五經」四字。

一　二八三頁中七行「失譯」，資、磧、普、南、徑作「失譯經」。

一　二八三頁中八行夾註左「勲報」，資作「勒報經」；磧、普、南、徑、清作「勸報經」。

一　二八三頁中一二行「新編入録」，諸本無。

一　二八三頁中一三行「大唐」，磧、普、南、徑作「大唐天后代」。

一　二八三頁中一三行「大唐三藏義淨譯」，清作「已上五經唐三藏義淨譯」。

一　二八三頁下一行至一一行「身觀經一卷……大唐三藏義淨譯」與一二行至末行「新歲經一卷……竺曇無蘭譯」，諸本互置，然後一併置於本頁中一二行與一三行之間。

一　二八三頁下五行至一〇行「大唐天后代三藏義淨譯新編入録」，清無。次頁上末行同。

一　二八三頁下一一行「大唐三藏義淨譯」，資、麗作「大唐三藏義淨譯新編入録」；磧、普、南、徑作「大唐天后代三藏義淨譯新編入録」，清無。

一　二八三頁下一三行夾註左第八字「含」，徑作「阿含」。

一　二八三頁下一七行夾註「後漢安息三藏安世高譯」，清無。

一　二八三頁下一九行「後漢安息三藏安世高譯」，清冠以「已上二經」四字。

一　二八四頁上九行「不離」，磧、普、南、徑、清作「不離」。

一　二八四頁上一二行「佛陁羅」，諸本作「佛陀跋陀羅」。

一　二八四頁上二〇行夾註左第一一字「從」，徑無。

一　二八四頁上末行「天后代」，磧、普、南、徑無。本頁中六行、次頁下一四行同。

一　二八四頁中二行中四行及下六行「大唐三藏義淨譯新編入録」，清無。次頁下六行、八行同。

一　二八四頁中五行「尼陁那目得迦十卷或八卷一帙」，資、磧、普、南、徑、清作「尼陀那目得迦或八卷或十卷一帙」；麗作「尼陁那目得迦譯十卷或八卷一帙」。

一　二八四頁中六行「大唐天后代」，清作「唐」。下同。

一　二八四頁中一〇行夾註右「彌沙

塞」，徑作「沙彌塞」。

一 二八四頁中一一行「等譯」，磧、普、南、徑、清作「譯」。

一 二八四頁中一五行夾註右「四十五」，資、磧、普、南、徑、清作「四十五卷」。

一 二八四頁中二二行夾註「亦云摩訶僧祇尼戒本」，資、磧、普、南、徑、清作「亦云比丘尼波羅提木叉僧祇戒本」；麗作「亦云摩訶僧祇戒本」。

一 二八四頁下四行第七字「釋」，資、磧、普、南、徑、清無。

一 二八四頁下一〇行「七經」，磧、南、徑作「十經」。

一 二八四頁下一二行第一一字「集」，資、磧、普、南、徑、清作「集出」。

一 二八四頁下一三行夾註右「亦云」，資、磧、普、南、徑、清作「題云」。

一 二八四頁下一四行「大唐西太原寺沙門懷素依律集出新編入録」，清無。

一 二八四頁下一五行第二字「分」，徑作「本」。又夾註右「亦云」，資、磧、普、南、徑、清作「題云」。又「大唐西太原寺沙門懷素依律集出」，清冠以「以上二經」四字。

一 二八四頁下一六行夾註左首字「本」，清無。

一 二八四頁下一九行夾註右第四字「僧」，資、磧、普、南、徑、清作「律」。

一 二八五頁上四行「離戒」，磧、普、南、徑、清作「離戒」。

一 二八五頁上六行夾註「失譯今附東晉録單本」，資、磧、普、南、徑、清無。

一 二八五頁上一五行「後録」，諸本作「後漢録」。

一 二八五頁中八行「西太原寺」，磧、普、南、徑、清無。

一 二八五頁中一二行夾註左第六字「録」，資、磧、普、南、徑、清無。

一 二八五頁中一五行夾註右首字「又」，清作「右」。

一 二八五頁下三行第九字「屢」，資作「屬」。

一 二八五頁下一八行「沙門」，磧、普、南、徑、清無。

一 二八六頁上一行夾註左末字「與」，普作「焉」；徑、清作「爲」。

一 二八六頁上三行夾註「今附秦録」，磧作「今附秦」。

一 二八六頁上七行夾註左第五字「在」，資、磧、普、南、徑、清無。

一 二八六頁上八行夾註左「夫原」，資、磧、普、南、徑、清作「失源」；麗作「失譯」。

一 二八六頁上九行夾註右「兩部」，諸本作「兩部部」。

一 二八六頁上一一行「毗尼毗婆沙」，資、磧、普、南、徑、清作「毗尼婆沙」。

一 二八六頁上一五行夾註左行第一字「足」，資、磧、普、南、徑、清作「五足」；麗作「是」。

一 二八六頁上一六行右行「謂明了謂」，資、麗作「謂明了論」；磧、普、

一　南、徑、清作「謂了論」。又左「貞實」，諸本作「真實」。

一　二八六頁上二二行「不同」，磧作「不問」。

一　二八六頁中四行夾註左「二十卷」，資、磧、普、南、徑、清作「二十一卷」。

一　二八六頁中一七行「大唐三藏玄奘譯出内典録單本」，清無。次頁上一七行同。

一　二八六頁中一八行首字「一」，諸本作「二」。

一　二八六頁中一九行「二帙」，徑作「一帙」。又「大唐三藏玄奘譯」，清冠以「已上二論」四字，次頁上一九行同。

一　二八六頁中二〇行首字「三」，資、磧、普、南、徑、清作「第三」。

一　二八六頁中二二行夾註右「三足論」，資、磧、普、南、徑、清作「二足論」。

一　二八六頁下二行「右一論」，清無。六行、一四行同。

一　二八六頁下九行「耶舍」，清作「那舍」。

一　二八六頁下一一行「上二論」，徑、清無。

一　二八六頁下一九行「第一譯」，資、磧、普、南、徑、清作「第二譯」。

一　二八七頁上二行第五字「成」，資無。又末字「闕」下，諸本有夾註「又按梁（麗作「涼」）僧祐法苑云天監十一年二月勅僧伽婆羅更出婆沙餘五揵度雖有此説本仍未覩（徑作「觀」）也」。

一　二八七頁上一〇行夾註左「三卷」，磧、普、南、徑、清、麗作「二卷」。

一　二八七頁上二〇行首字「右」，清作「上」。又第一二字「異」，資、清作「異名」。

一　二八七頁上二一行夾註左末字「釋」，徑作「譯」。

一　二八七頁中一行第八字「經」，資、磧、普、南、徑、清無。

一　二八七頁中四行「上二論」，徑、清作「右上二論」。

一　二八七頁中一二行夾註右「末云」，資、磧、普、南、徑、清作「初云」。

一　二八七頁中二一行夾註「或十四卷或十二卷」，資、磧、普、南、徑、清作「十三卷或十四卷」。

一　二八七頁下一行夾註「兩譯」，清作「一譯」。

一　二八七頁下二行夾註右第一四字「章」，資作「童」。

一　二八七頁下八行夾註「凡二百二品」，資作「有二百二品」；磧、普、南、徑、清作「有二百三品」。

一　二八七頁下一〇行夾註左「十五卷」，南作「十五卷一袠」。

一　二八七頁下一五行末字「譯」下，諸本有夾註「單本」。

一　二八七頁下一七行「大唐」，徑作「唐」。以下間有出現。

一　二八七頁下末行「上二論十七卷二帙」，磧、普、南、徑、清無。

一　二八八頁上三行夾註右第一二字

「從」，資、磧、普、南、徑、清作「後」。又左第一一字「止」，徑作「正」。

一 二八八頁上四行夾註左第三字「似」，資、磧、普、南、徑、清作「以」。

一 二八八頁上五行夾註左「外國」，磧、普、南、徑、清作「外同」。

一 二八八頁上一〇行「秦録」，資、磧、普、南、徑、清作「三秦録」。

一 二八八頁上一一行夾註右「按尋」，麗作「檢尋」。又「二藏」，諸本作「三藏」。

一 二八八頁上一二行夾註左第七字「品」，資、磧、普、南、徑、清作「品品」。

一 二八八頁上一三行夾註右末字「門」，諸本作「問」。又左第一二字「准」，南、徑、清作「唯」。

一 二八八頁上一四行夾註左「子註」，資、磧、普、南、徑、清作「于註」。

一 二八八頁中一行「一百八部」，徑、清作「合一百八部」。

一 二八八頁中二行「傳記」，資、磧、普、南、徑、清作「右傳記」。又「聖賢弟子」，資、磧、普、徑作「聖弟子」。

一 二八八頁中六行首字「推」，徑作「催」。

一 二八八頁中一四行「居先」，資、磧、普、南、徑、清作「於先」。

一 二八八頁下七行夾註「或十五或十六或十七」，資、磧、清作「或十五卷或十六或十七」；徑作「或十五卷或十六卷或十七卷」。

一 二八八頁下一二行夾註右「二經」，清作「一經」。

一 二八八頁下一三行夾註右「各八」，資、磧、普、南、徑、清作「各八卷」。

一 二八八頁下一五行「安息三藏」，清無。

一 二八八頁下一八行夾註左首字「與」，徑、清作「爲」。

一 二八九頁上九行「求那毗陁」，資、磧、普、南、徑、清作「求那毗地」。

一 二八九頁上一〇行夾註左「三卷」，資、磧、普、南、徑、清作「二卷」。

一 二八九頁上一五行夾註左「二卷」，麗作「三卷」。

一 二八九頁上一六行夾註「三譯二闕」，南作「二譯二闕」；徑作「二譯一闕」。

一 二八九頁上一八行「羅付」，諸本作「羅什」。

一 二八九頁上一九行首字「又」，資、磧、普、南、徑、清作「右」。

一 二八九頁中二行「單本」，清無。

一 二八九頁中五行夾註右末字「赴」，諸本作「赴佛」。

一 二八九頁中七行末字「卷」下，諸本有夾註「亦云經第一譯二譯一闕」。

一 二八九頁中一三行至一四行「僧祐録……單本」，資、磧、普、南、徑作「僧祐録云安公失譯經今附西晉録單本」；清無。

一 二八九頁中一五行夾註「或云身經」，資、磧、普、南、徑、清作「或云治身經」；麗作「或云治意經一」。

- 二八九頁中一五行至一六行夾註「僧祐録……編入」，清無。
- 二八九頁中一七行首字「治」，磧無。又夾註「或云佛治意經」，資、磧、普、南、徑作「或云佛治意」；麗作「或云佛治身經」。又「僧祐録云」，清冠以「已上三經」四字。
- 二八九頁中一八行夾註左「拾遺編」，諸本作「拾遺編入」。
- 二八九頁中二〇行夾註右第二字「云」，資、磧、普、南、徑無。
- 二八九頁中二二行夾註左「三卷」，資、磧、普、南、徑、清作「或三卷」。
- 二八九頁中末行夾註「一闕」，資、磧、普、南、徑、清無。
- 二八九頁下一三行夾註「第一譯一」，諸本作「第一譯二譯一闕」。
- 二八九頁下一四行末字「闕」，諸本無。
- 二八九頁下一五行「後漢失譯拾遺編入單本」，清無。
- 二八九頁下一六行第八字「卷」下，資、磧、普、南、徑、清有夾註「題云禪要經呵欲品」。
- 二八九頁下二〇行「要略」，資、磧、普、南、徑、清作「略要」。
- 二八九頁下二一行夾註左「兩譯一闕」，資、磧、普、南、徑、清作「三譯二闕」。
- 二九〇頁上八行夾註「道略集」，資作「道毘集」；磧、普、南、徑、清作「道略經」。
- 二九〇頁上一三行「十五卷」，資、磧、普、南、徑、清作「十四卷」。
- 二九〇頁上一七行「年餘」，清作「餘年」。
- 二九〇頁上二〇行夾註右第三字「子」，諸本作「王子」。又左首字「壞」，麗作「懷」。
- 二九〇頁上二二行「第二譯二闕」，資、磧、普、南、徑、清作「第二譯三譯二闕」；麗作「第二譯二譯一闕」。
- 二九〇頁中一行「苻秦」，徑無。
- 二九〇頁中四行夾註「第一譯」，清、麗作「第二譯」。
- 二九〇頁中一三行第九字「炬」，諸本作「法炬」。
- 二九〇頁中二〇行「第一譯」，諸本作「第一譯三譯二闕」。
- 二九〇頁中末行夾註「涼土」，磧、普、南、徑作「涼上」。
- 二九〇頁下四行夾註左「或名」，資、磧、普、南、徑、清作「亦名」。
- 二九〇頁下一二行夾註左末字「造」，資、磧、普、南、徑、清作「撰」。
- 二九〇頁下一七行夾註右「無明」，徑作「無名」。
- 二九〇頁下一九行至二〇行夾註「姚秦三藏……單本」，清無。二一行至二二行夾註同。
- 二九〇頁下末行「姚秦三藏」，清冠以「已上三傳」四字。
- 二九一頁上三行夾註左「一門」，諸本作「一闕」。
- 二九一頁上一四行「不雙出」，資、磧、普、南、徑、清作「不復出」。

一 二九一頁中四行夾註左「二卷」，麗作「三卷」。

一 二九一頁中七行夾註左首字「圖」，資無。

一 二九一頁中一三行「二百」，諸本作「三百」。

一 二九一頁中一六行「沙門釋」，磧、普、南、徑、清作「沙門」。以下間有出現。

一 二九一頁中一七行夾註左「备字」，諸本作「略字」。

一 二九一頁中一七行至一八行「大唐西明寺沙門釋道宣撰出内典録新編入藏」，清無。

一 二九一頁下五行夾註右「皆集」，諸本作「皆集入」。又左末字「也」，資、磧、普、南、徑、清作「之」。

一 二九一頁下七行「玄惲」，徑、清作「道世」。

一 二九一頁下一五行「七年」，諸本作「十七年」。又「費長房撰」，資作「費長房録」。

一 二九一頁下一八行「二帙」，徑作「同帙」。

一 二九一頁下一九行夾註「一帙」，資、磧、普、南、徑、清無。

一 二九一頁下二〇行夾註左「入藏」，磧、普、南、徑、清作「録」。

一 二九二頁上六行「二十卷」，諸本作「二十一卷」。又夾註右「一十」，諸本作「十一」。

一 二九二頁上七行「開元釋教録」，清作「開元釋教目録」。下同。

一 二九二頁上八行「沙門釋」，清無。

一 二九二頁上一一行「花嚴」，資、磧、普、南、徑、清作「大方廣佛華嚴經」。

一 二九二頁上二一行「東夏」，磧無。

一 二九二頁上二二行夾註左「入藏」，資作「入録」。

一 二九二頁中一〇行夾註左「入録」，資、磧、普、南、徑作「入藏」。

一 二九二頁中一四行夾註左「各十」，諸本作「各七」。

一 二九二頁中一六行「釋氏」，資、磧、普、南、徑、清作「釋法琳」。一八行同。

一 二九二頁中一九行「大唐天后代」，清作「唐」。

一 二九二頁下八行「新編入藏」，資、磧、普、南、徑無。

一 二九二頁下一四行「大唐三藏義淨撰新編入藏」，清無。一六行同。

一 二九三頁上末行夾註「別録之三」，南、徑、清作「別録之三下」。又本行後，資、磧、普、南、徑、麗有經文「漢法本内傳五卷未詳撰者　法門（麗作「沙門」）法琳傳三卷沙門彦悰撰　右二部傳明勅禁斷不許流行故不編載」。

開元釋教録卷第十四 別錄之四 階

庚午歲西崇福寺沙門智昇撰

別録中有譯無本録第二之一

有譯无本者謂三藏教文及聖賢集傳名存本闕之類也自聖教東移殆乎千祀笈文亟改鍾鼎屢遷重以周武陵夷緇徒喪滅致使法燈蔵耀慧日韜光三藏要文多從散軼或東都近譯未達西京或創出本稀尋求匪獲詎聞精奥空閲名題引領既勞撫膺奚及今者討求諸録備載遺亡冀望名賢共垂詢訪

合大小乘經律論及聖賢集傳

闕本者惣一千一百四十八部

一千九百八十卷

大乘經闕本 四百八部 八百一卷

大乘律闕本 二十二部 二十五卷

大乘論闕本 二十部 四十八卷

小乘經闕本 六百五部 八百一十五卷

小乘律闕本 三十七部 四十二卷

小乘論闕本 九部 六十五卷

賢聖集傳闕本 四十七部 一百八十四卷

大乘經重譯闕本 二百部 四百八十四卷 即是小品般若

吴品經五卷

吴天竺三蔵康僧會譯 第三譯

新道行經十卷 亦名小品或七卷 祐録名更出小品

西晉三藏竺法護譯 第四譯 又按長房等録竺法護譯中更有小品經七卷者不然護公既有新道行經不合別出小品又道行即是亦名小品又義善寺録中有大智度无極經四卷亦云護公所出既與道行同本更亦不合別翻既並繁重故不存也

大智度經四卷

東晉西域三蔵祇多蜜譯 第五譯

右三經與大般若第四會同本前後八譯五本在藏三本闕 長房等録羅什經數復有放光般若二十卷者不然什公既譯大品不合重出放光有者誤也

濡首菩薩无上清淨分衛經二卷 一名決了諸法如幻三昧經或一卷後漢臨淮沙門嚴佛調譯第一譯

右一經與大般若第八會同本前後三譯兩本在蔵一本闕

仁王般若經一卷 或二卷三十一紙

西晉三藏竺法護譯 第一譯

仁王般若經一卷

梁天竺三藏真諦譯 第三譯

開元釋教録第十四卷 第二張 階

右前後三譯一本在蔵二本闕

般若波羅蜜多那經一卷 大唐天后代天竺三藏菩提流志譯新編入録第三譯

右與大明呪經等同本前後三譯兩本在藏一本闕

道行經一卷 安公云是般若抄外國高明者所撰安為之製序

後漢天竺沙門竺佛朔譯

右一經雖名道行卷部全小不可與前道行等以為同本且別記之

摩訶般若波羅蜜呪經一卷 或无摩訶字

吴月支優婆塞支謙譯

摩訶般若隨心經一卷

大唐天后代于闐三藏實叉難陀譯 新編入録

從吴品經下十部二十七卷般若部中闕本

無量壽經二卷

後漢安息三藏安世高譯 第一譯

無量清淨平等覺經二卷

曹魏西域三藏帛延譯 第五譯

又長房等録帛延譯中更有平

開元釋教録第十四卷 第三張 階

等覺經一卷即是前經无繁重載

無量壽經二卷 亦云无量清淨平等覺經

西晉三藏竺法護譯 第六譯

無量壽至真等正覺經一卷 一名樂佛土樂經 一名極樂佛土經

東晉外國沙門竺法力譯 第七譯

新无量壽經二卷

東晉天竺三藏佛陁跋陁羅譯 亦云宋永初二年出第八譯

新无量壽經二卷

宋涼州沙門釋寶雲譯 第九譯

新无量壽經二卷

宋罽賓三藏曇摩蜜多譯 出東安寺錄 第十譯

右七經與大寶積第五无量壽會同本此經前後經十一譯四本在藏七本闕

阿閦佛剎諸菩薩學成品經三卷

東晉沙門支道根譯 第三譯

右一經與第六不動如來會同本前後三譯二存一闕

法界體性无分別經二卷

姚秦三藏鳩摩羅什譯 出法上錄 第一譯

右一經與第八法界體性會

同本前後兩譯一存一闕

普門品經一卷

東晉西域三藏祇多蜜譯 第二譯

右一經與第十文殊普門會同本前後三譯兩存一闕

嚴淨佛土經二卷 亦云淨土經

西晉河内沙門白法祖譯 第二譯

右一經與第十五文殊授記會同本前後三譯二存一闕

菩薩藏經三卷

西晉三藏竺法護譯 第一譯

右一經與第十七富樓那會同本前後兩譯一存一闕

法鏡經二卷 或一卷

吳月支優婆塞支謙譯 第二譯

又長房等錄支謙所譯更有郁伽長者經二卷即法鏡經是不繁重載

郁伽羅越問菩薩經一卷

西晉河内沙門白法祖譯 第五譯

郁伽長者所問經一卷

宋罽賓三藏曇摩蜜多譯 第六譯

右三經與第十九郁伽長

者會同本前後六譯三存三闕

妙慧童女所問經一卷

大唐天后代天竺三藏菩提流志譯 新編入錄 第三譯

右一經與第三十妙慧童女會同本前後四譯三存一闕

阿闍世王女阿術達菩薩經一卷

吳月支優婆塞支謙譯 第一譯

阿術達經一卷

東晉西域三藏祇多蜜譯 第二譯

阿述達菩薩經一卷

宋天竺三藏竺法眷譯 第四譯

右三經與第三十二无畏德菩薩會同本前後五譯二存三闕 又長房等錄竺法護更有阿闍世王女無憂施經一卷此乃梵晉音異不合重上阿術達是梵言无憂施是晉語二經雙載錄家誤也

如幻三昧經二卷 或一卷

後漢安息三藏安世高譯 第一譯

如幻三昧經二卷

東晉西域三藏祇多蜜譯 第五譯

如幻三昧經二卷
前涼月支優婆塞支施崙譯 出首楞嚴後記 第四譯 新編入
聖善住意天子所問經四卷
隋天竺三藏闍那崛多譯 第六譯
右四經與第三十六善住意天子會同本前後七譯
三存四闕
慧上菩薩問大善權經二卷 或无菩薩字 或一卷
後漢臨淮沙門嚴佛調譯 第一譯
大善權經二卷
姚秦三藏鳩摩羅什譯 第四譯 一名慧上菩薩經
慧上菩薩問大善權經二卷 一直名大善權經 一名大乘方便經
北涼西域三藏僧伽陁譯 第五譯
右三經與第三十八大乘方便會同本前後五譯二
存三闕
弥勒所問本願經一卷
東晉西域三藏祇多蜜譯 第二譯
右一經與第四十二弥勒所問會同本前後三譯二
存一闕
開元釋教録第十四卷　第七張　階

菩薩淨行經二卷 亦云淨律經
吳天竺三藏康僧會譯 别品初譯
右一經與第四十七寶髻菩薩會同本此是大集寶髻品除其本經前後兩譯
一存一闕
勝鬘經一卷 亦云勝鬘師子吼一乘大方便經
北涼天竺三藏曇無讖譯 第一譯
右一經與第四十八勝鬘夫人會同本前後三譯二
存一闕
寶積經三卷
周宇文氏三藏禪師闍那耶舍譯
右一經雖云寶積既無本可挍不知與何會同本且記於末
從无量壽經下三十部五十四卷寶積部中闕本
大方等大集經二十七卷
後漢月支三藏支婁迦讖譯 第一譯
大方等大集經三十卷 或有新字 或二十四卷
姚秦三藏鳩摩羅什譯 第二譯
右二經同本前後三譯一
開元釋教録第十四卷　第八張　階

本在藏兩本闕
虚空藏菩薩經一卷
宋天竺三藏求那跋陁羅譯 第二譯
右一經前後四譯三存一闕
般舟三昧經二卷 或加大字 或一卷
後漢天竺三藏竺佛朔譯 第二譯
般舟三昧經一卷 是後十品重翻者 有一卷无三卷者
後漢月支三藏支婁迦讖譯 出靜泰録 第三譯
般舟三昧念佛章經一卷 是行品别翻
後漢代失譯 第四譯
般舟三昧經二卷 安公録云更出般舟三昧經
西晉三藏竺法護譯 第六譯
右四經同本前後七譯三存
四闕 四是全本 三是抄譯
阿差末菩薩經四卷
吳天竺沙門維祇難譯 第一譯
阿差末菩薩經四卷
吳月支優婆塞支謙譯 第二譯
无盡意經十卷
宋天竺三藏竺法眷譯 第五譯
右三經同本前後五譯二
本在藏三本闕 又長房等録更有无盡意經四卷 生法護譯中 據其法護已出阿差末經 不合再出无盡意并阿差
開元釋教録第十四卷　第九張　階

末經題云晉日无盡意錄中脚注云或四卷此是梵晉名異理實一經錄存二本誤之甚也

小阿差末經二卷

吴月支優婆塞支謙譯

右一經既加小字與前諸

經應非同本

方等主虛空藏經八卷 亦云虛空藏所問或五卷

乞伏秦沙門釋聖堅譯

右一經是大集虛空藏品

異譯藏中綖有乃是別生

虛空藏品无識所翻非異

譯者 或即是經是无識譯非聖堅出

定意天子所問經五卷 出大集今疑與善住意經同本

周宇文氏三藏禪師闍那耶舍譯

從大集經下一十三部九十七卷

大集部中闕本

入如来智不思議經三卷

周宇文氏三藏禪師闍那耶

舍譯 出翻經圖第二譯

右一經前後四譯三存一闕

菩薩十地經一卷 亦云大方廣經亦直云十地經

西晉三藏竺法護譯 第一譯

大方廣菩薩十地經一卷

西晉清信士聶道真譯 第二譯

十地經一卷

東晉西域三藏祇多蜜譯 第三譯

右三經同本前後五譯二

存三闕

大方廣不生不滅經一卷

大唐天后代于闐三藏實叉

難陀譯 新編入錄單本

大方廣如来難思議境界經一卷

大唐天后代于闐三藏實叉難

陀譯 新編入錄單本

佛藏方等經一卷 亦名閻明顯經

宋沙門釋道嚴譯

右一經隋代沙門法經錄云

是華嚴經明難品異譯今

闕此經 舊經在第六卷新經在第十三

菩薩本業經一卷 是華嚴淨行品亦直云本業經

東晉天竺三藏佛陁跋陁羅

譯第三譯

右兼本品前後五譯四本

在藏一本闕 其舊華嚴經既是覺賢所譯不合別出此本業經以大周錄入藏中有来是其本且此述之又長房錄中支謙再出淨行品經者誤也其淨行經脚注云一名菩薩本業經

菩薩十法住經一卷 是十住品

西晉清信士聶道真譯 第三譯

右兼本品前後五譯四本在

藏一本闕 長房等錄更有菩薩十住經一卷云是東晉佛陁跋陁羅譯詳其覺賢既譯大本不合別出此經房錄誤也

十住經十二卷 是十地品

西晉清信士聶道真譯 第二譯

右兼本品前後五譯四本在

藏一本闕

羅摩伽經三卷 是入法界品少分

曹魏西域三藏安法賢譯 第一譯

羅摩伽經一卷 是入法界品少分

北涼天竺三藏曇无讖譯 第四譯

右兼本品前後五譯三本在

藏二本闕

從入如来智不思議經下一十二

部二十七卷華嚴部中闕本

梵般泥洹經二卷 舊錄云胡般今改為梵字或一卷

後漢月支三藏支婁迦讖譯 第一譯

大般涅槃經二卷

曹魏外國三藏安法賢略 前品為二卷 第二譯

大般泥洹經二卷

吴優婆塞支謙譯 序品哀歎品為二卷 第三譯

般泥洹經二十卷
　北涼雍州沙門智猛於涼州譯 異譯
　右兼涅槃大本及新譯後分
　前後七譯三本在藏四本闕 又大周錄中指竺道祖錄云東晉義熙十三年佛陀跋陀羅於道場寺譯大般泥洹經一卷或六十卷是大本前分十卷盡大衆問品今尋諸錄及傳記等其法顯譯大般泥洹亦是義熙十三年於道場寺譯其法顯所出諸經並與覺賢共譯諸錄題注多相參涉將蒙既同必非兩出今合為一更不別存

從梵般泥洹經下四部二十六卷
　涅槃部中闕本

蜀普曜經八卷　失譯 似是蜀土所出在魏吳錄　第一譯
普曜經八卷 或六卷或五卷
　宋沙門智嚴共寶雲譯 第三譯
　右二經與方廣莊嚴經同
　本前後四譯二存二闕

无量義經一卷
　宋天竺三藏求那跋陁羅譯 第一譯
　右一經前後兩譯一存一闕

法華三昧經六卷 一本加正字
　吳外國三藏支彊良接譯 出翻經圖更譯

薩芸芬陁利經六卷
　西晉三藏竺法護太始年譯 第二譯 謹按長房等錄其正法華是竺法護太康七年譯見前逼真錄復云太始元年譯薩

開元釋教錄第十四卷　第十三張　階

方等法華經五卷 芸芬陁利經六卷出竺道祖錄同是一經不合再出名目既殊本復存退未詳所以故可薩芸芬陁利是梵語正法華是晉名梵晉俱存錄家誤也
　東晉沙門支道根譯 第四譯
　右三經同本兼及添品前後
　六譯三存三闕

佛以三車喚經一卷
　吳月支優婆塞支謙譯
　右一經出法華經中異譯應
　是譬喻品

古維摩詰經二卷
　後漢臨淮沙門嚴佛調譯 第一譯

異毗摩羅詰經三卷 祐云異維摩詰或作思字或二卷
　西晉西域優婆塞竺叔蘭譯 第三譯

維摩詰所說法門經一卷 或云維摩詰經
　西晉三藏竺法護譯 第四譯 謹按僧祐錄中更有刪維摩詰經一卷亦云竺法護譯下注云祐意謂先出維摩繁重護刪出逸偈也今尋與前无異故不別存又周錄中更有維摩詰經二卷亦云吳黃武年支謙譯出長房錄檢長房錄无此經名周錄誤也

維摩詰經四卷
　東晉西域三藏祇多蜜譯 第五譯
　右四經同本前後七譯三存
　四闕 其西晉沙門支敏度合一支兩竺五本共為五卷者以非別翻又闕其本故不存之

開元釋教錄第十四卷　第十四張　階

大方等頂王經一卷
　姚秦三藏鳩摩羅什譯 第二譯
　右一經前後四譯三存一闕

閑居經十卷　西晉三藏竺法護譯 第一譯

悲華經十卷　北涼沙門釋道龔譯 第二譯
　右二經同本前後四譯二存
　二闕

佛昇忉利天為母說法經一卷
　宋罽賓三藏曇摩蜜多譯 第一譯
　右一經前後三譯二存一闕

大乘寶雲經八卷
　陳扶南國沙門須菩提譯 第二譯
　右一經前後三譯二存一闕

等集三昧經一卷
　西晉河內沙門帛法祖譯 第二譯
　右一經前後三譯二存一闕

持人菩薩經三卷
　姚秦涼州沙門竺佛念譯 第二譯
　右一經前後三譯二存一闕

文殊師利現寶藏經二卷 亦云示現寶藏或三卷
　西晉安息三藏安法欽譯 第二譯

文殊師利現寶藏經二卷
　西晉沙門支法度譯 第三譯

開元釋教錄第十四卷　第十五張　階

右二經同本前後四譯二
存二闕
楞伽經四卷
北凉天竺三藏曇无讖譯 第一譯
右一經前後四譯三存一闕
大方等無相經五卷 一名大方等大雲經亦云大雲經或四卷
姚秦涼州沙門竺佛念譯 第一譯
右一經前後兩譯一存一闕
諸法无行經一卷
宋天竺三藏求那跋陁羅譯 第二譯
右一經前後三譯二存一闕
阿闍世王經二卷
西晉安息三藏安法欽譯 第三譯
更出阿闍世王經二卷
西晉三藏竺法護重譯 第四譯
右竺法護太康七年譯普超經此後再翻故題更出 若准安錄但有更出阿闍世王經无普超三昧對挍支讖先譯故云更出祐錄之中二本俱載
阿闍世經二卷
姚秦三藏鳩摩羅什譯 第五譯
右三經同本兼放鉢經前後六譯三存三闕
開元釋教錄第十四卷 第十六張 階

月燈三昧經一卷 出大月燈經第七
後漢安息三藏安世高譯 第一別譯
右兼大本前後三譯二存一闕
象腋經一卷
後漢月支三藏支婁迦讖譯 出法上錄第一譯
無所希望經一卷
東晉西域三藏祇多蜜譯 第三譯
右二經同本前後四譯二存二闕
上金光首經一卷
前涼月支優婆塞支施崙譯 出首楞嚴後記第二譯新編入
右一經與大淨法門經等同本前後三譯二存一闕
阿弥陁佛偈一卷 失譯 在後漢錄第一譯
右與後出阿弥陁偈同本前後兩譯一存一闕
觀无量壽佛經一卷
宋罽賓三藏曇摩蜜多譯 出寶唱錄第二譯
右一經前後兩譯一存一闕
開元釋教錄第十四卷 第十七張 階

小无量壽經一卷 一名阿弥陁經或无小字
宋天竺三藏求那跋陁羅譯 第二譯
右與阿弥陁經等同本前後三譯二存一闕 大周入藏錄中有小无量壽經其文乃與阿弥陁不異故為闕本
弥勒成佛經一卷 一名弥勒當來下生經十七紙
西晉三藏竺法護譯 第一譯
右一經前後兩譯一存一闕
弥勒當來生經一卷 僧祐錄云安公錄中失譯經今附西晉錄 第一譯
弥勒作佛時事經一卷 祐錄无事字
失譯 出寶唱錄八紙今附東晉錄 第二譯
弥勒下生經一卷
梁天竺三藏真諦譯 第五譯
右三經同本前後六譯三
存三闕
諸法勇王經一卷
後漢月支三藏支婁迦讖譯 出法上錄第一譯
右一經前後三譯二存一闕
權方便經一卷
吳天竺三藏康僧會譯 第一譯
樂瓔珞莊嚴方便經一卷 一名大乘瓔珞莊嚴經亦名轉女身菩薩經
宋沙門法海譯 第四譯
開元釋教錄第十四卷 第十八張 階

右二經同本前後四譯二存
二闕　長房等録中並云法護譯順權方便經二卷又譯護權女經二卷其順權方便經下又注云亦名順權女經今以護權順權二義相似故僧祐録云護權女經別録所載安録中无故知即是順權經是多是諸家遺録名字誤耳護權女經今刪不立
睒本起經一卷　一名睒經出六度經
姚秦三藏鳩摩羅什譯　第三譯
右兼六度本經前後四譯
三存一闕
無字寶篋經一卷
元魏天竺三藏佛陁扇多譯　第三譯
右一經前後四譯三存一闕
失利越經一卷
僧祐録云安公録中失譯經　今附西晉録　第二譯
右一經與月光童子經等
同本前後四譯三存一闕
長者子誓經一卷
曹魏失譯　第二譯
菩薩誓經一卷
宋居士沮渠京聲譯　第五譯
右二經同本前後五譯三
存二闕
犢子經一卷　一云犢子經
開元釋教録第十四卷　第十九張　階

東晉西域沙門竺曇无蘭譯　第三譯
浮光經一卷　或作乳光
東晉西域三藏祇多蜜譯　第四譯
右二經同本前後四譯二存
二闕
不莊校女經一卷
吳月支優婆塞支謙譯　第一譯
腹中女聽經一卷
蕭齊沙門釋法化誦出　第五譯
右二經同本前後五譯三
存二闕
十二因縁經一卷　亦云閒城十二因縁
後漢安息三藏安世高譯　第一譯
閒城十二因縁經一卷
後漢西域三藏支曜譯　第二譯
十二因縁經一卷　亦云貝多樹下思惟十二因縁
西晉三藏竺法護譯　第四譯
十二因縁經一卷
蕭齊天竺三藏求那毗地譯　第五譯
右四經同本前後六譯二存
四闕　其閒城經藏中雖有其文即貝多樹下經同又有十二因縁經一卷乃出增一阿含第四十六卷故此二經不合入藏別求異本
異了本生死經一卷　僧祐録云安公録中失譯經今附西晉録
開元釋教録第十四卷　第二十張

右一經前後三譯二存一闕
如來獨證自誓三昧經一卷
東晉西域三藏祇多蜜譯　第三譯
右一經前後三譯二存一闕
八吉祥經一卷
宋天竺三藏求那跋陁羅譯　第二譯
右一經前後五譯四存一闕
不空羂索呪心經一卷
大唐天后代天竺三藏菩提流
志譯　出大周録　第三譯
右一經新舊廣略總經四
譯三存一闕
大孔雀王神呪經一卷
東晉西域三藏帛尸梨蜜多羅
譯　第一譯
孔雀王雜神呪經一卷
東晉西域三藏帛尸梨蜜多羅
譯　第二譯
孔雀王呪經一卷
東晉西域沙門竺曇无蘭譯　第三譯
右三經同本前後八譯五
存三闕　前六本略後二本廣其尸梨蜜所出雜神呪經應是異本今既永逸其經難爲揩定
開元釋教録第十四卷　第二十一張　階

無端底持經一卷 舊錄云總持 魏吳失譯 第二譯
阿難目佉經一卷
西晉安息三藏安法欽譯 第三譯
無量破魔陀羅尼經一卷
西晉河內沙門白法祖譯 第四譯
右三經同本前後十一譯八
存三闕
无崖際持法門經一卷
宋天竺三藏求那跋陀羅譯 第五譯
右一經前後三譯二存一闕
陀羅尼章句經一卷 誌无章字
東晉失譯 第三譯
右一經與持句神呪經等同
本前後四譯三存一闕
離垢淨光陀羅尼經一卷
大唐天后代于闐三藏實叉難
陀譯 第一譯 新編入錄
右一經前後兩譯一存一闕
請觀世音經一卷
姚秦三藏鳩摩羅什譯 第一譯
右一經前後兩譯一存一闕
内藏經一卷 或云內藏百品經 或云內藏百寶經
後漢安息三藏安世高譯 第二譯
開元釋教錄第十四卷 第二十二張 階

右一經前後兩譯一存一闕
温室洗浴衆僧經一卷 或云温室經
西晉三藏竺法護譯 第二譯
右一經前後兩譯一存一闕
又須賴經一卷 或无又字
曹魏西域三藏白延譯 第一譯
須賴經一卷 或名須賴菩薩經
吳月支優婆塞支謙譯 第二譯
貧子須賴經一卷
宋天竺三藏求那跋陀羅譯 第三譯
右三經同本前後四譯一存
三闕
道樹三昧經二卷 安錄云一卷 即應私呵昧經是
失譯 出支敏度錄 今附東晉錄 第二譯
右一經與私呵昧經同本前
後兩譯一存一闕
又長房等錄吳代康僧會注道樹經一卷 今以僧會注者即是支謙所翻此之注經不可爲翻譯之數
菩薩所生地經一卷 一名摩竭所問
乞伏秦沙門釋聖堅譯 第二譯
右一經前後兩譯一存一闕 大周入藏錄有 今尋求未獲
四不可得經一卷 或无可字
開元釋教錄第十四卷 第二十三張 階

後漢安息三藏安世高譯 第一譯
右一經前後兩譯一存一闕
梵女首意經一卷
宋沙門釋勇公譯 第二譯
右一經前後兩譯一存一闕
光明三昧經一卷
後漢月支三藏支婁迦讖譯 出僧祐錄 第一譯
右一經與成具光明定意
經同本前後兩譯一存一闕
寶網經一卷
姚秦三藏鳩摩羅什譯 第三譯
右一經前後兩譯一存一闕
菩薩緣身五十事經一卷
西晉清信士聶道真譯 第二譯
右一經前後兩譯一存一闕
菩薩修行經一卷
吳月支優婆塞支謙譯 第一譯
菩薩修行經一卷 一名長者威施所問菩薩修行經 一名長者修行經
曹魏西域三藏白延譯 第二譯
右二經同本前後三譯一存
二闕
福田經一卷 一云諸德福田經
開元釋教錄第十四卷 第二十四張 階

西晉沙門釋法炬譯 第二譯
右一經前後兩譯一存一闕
大方等如來藏經一卷 一名佛藏方等經
西晉沙門法立共法炬譯 第一譯
大方等如來藏經一卷
西晉河內沙門白法祖譯 第二譯
右二經同本前後三譯一存
二闕
佛語經一卷
周宇文氏天竺三藏闍那崛多
譯 第三譯
右一經前後兩譯一存一闕
金色王經一卷
元魏天竺三藏瞿曇般若流支譯 第一譯
右一經前後兩譯一存一闕
演道俗業經一卷 一本無業字
吳月支優婆塞支謙譯 第一譯
右一經前後兩譯一存一闕
百佛名經一卷
西晉三藏竺法護譯 第一譯
右一經前後兩譯一存一闕
稱揚諸佛功德經三卷 一名集華
姚秦三藏鳩摩羅什譯 第一譯
開元釋教錄卷第十四 第三十五張 諧

現在佛名經三卷 一名現在佛名經
宋天竺三藏求那跋陀羅譯 第三譯
右二經同本前後三譯一存
二闕 僧祐錄中一本名支元魏代時 中有吉吉支字本譯所以
須真天子經一卷
北涼天竺三藏曇無讖譯 第三譯
右一經前後兩譯一存一闕
太摩耶經一卷 或無大字 或二卷
後漢西域三藏支曜譯 第一譯
右一經前後兩譯一存一闕
除災患經一卷
曹魏西域三藏白延譯 第一譯
右一經前後兩譯一存一闕
孛本經二卷
後漢月支三藏支婁迦讖譯 第一譯
孛經一卷
乞伏秦沙門釋聖堅譯 第三譯
右二經同本前後三譯一存
二闕
光世音大勢至受決經一卷 或云觀世音大勢至受記經
西晉三藏竺法護譯 第一譯
觀世音授記經一卷
西晉清信士聶道真譯 第二譯
開元釋教錄卷第十四 第三十六張 諧

右二經同本前後三譯一存
二闕
海龍王經四卷 或加新字
北涼天竺三藏曇無讖譯 第二譯
右一經前後兩譯一存一闕
首楞嚴經二卷 或三卷
後漢月支三藏支婁迦讖譯 第一譯
方等首楞嚴經二卷
吳月支優婆塞支謙譯 第二譯
蜀首楞嚴經二卷 出蜀土
曹魏失譯 第三譯
後出首楞嚴經二卷 曹魏失譯 第四譯
首楞嚴經二卷
曹魏西域三藏白延譯 第五譯
勇伏定經二卷 安公云更出首楞嚴經
西晉三藏竺法護譯 第六譯
又僧祐長房等錄竺法護更有首楞嚴
經二卷今以首楞嚴與勇伏定梵音本異
二經不本故勇伏定經後記云元康元
年四月九日數菩薩權支法護手執胡
經口出首楞嚴三昧菩薩婆承遠筆
受以此推知首楞嚴經與勇伏定不合
立今二賢劫經亦於首楞嚴經今錄不
注經復記言支法護首楞嚴其本並闕
首楞嚴經二卷
西晉西域優婆塞竺叔蘭譯 第七譯
首楞嚴經二卷
前涼月支優婆塞支施崙譯 出舊錄
開元釋教錄卷第十四 第三十七張 諧

右八經同本前後九譯第 後記第八譯新編入録

九本存前八並闕 又撿祐房等録西晉惠帝代沙門支敏度合兩支兩竺四本經共為一部八卷者既非梵本别飜不合入儴譯正數故不别存也

普賢觀經一卷 一名觀普賢菩薩經

東晉西域三藏祇多蜜譯第一譯

觀普賢菩薩經一卷

姚秦三藏鳩摩羅什譯 第二譯

右二經同本前後三譯一存二闕

藥王藥上菩薩觀經一卷

後漢安息三藏安世高譯第一譯

右一經前後兩譯一存一闕

無思議光孩童菩薩經一卷 亦名无思議孩童經

西晉三藏竺法護譯 第一譯 亦名无思議兒經 僧祐録直云孩童經

右一經前後兩譯一存一闕

十地斷結經八卷 或云十住 或四卷

後漢天竺三藏竺法蘭於白馬寺譯 第一譯

右一經前後兩譯一存一闕 又長房等録並備念復譯十地斷結經十卷者誤也即十住斷結經是也之與

開元釋教録第十四卷 第二十八張 階

諸佛要集經二卷 法炎藏大同僧祐經中但有一本今依祐録為正

西晉清信士聶道真譯 第二譯

右一經前後兩譯一存一闕

未曾有因緣經二卷

姚秦三藏鳩摩羅什譯 出法上録 第一譯

右一經前後兩譯一存一闕

瓔珞經十二卷 一名現前報 或十四卷

東晉西域三藏祇多蜜譯第一譯

右一經前後兩譯一存一闕

超日明三昧經二卷 或直云超日明經或三卷

西晉三藏竺法護譯第一譯

右一經前後兩譯一存一闕

賢劫經七卷 亦名賢劫定意亦名賢劫三昧祐録云新賢劫經

姚秦三藏鳩摩羅什譯 第二譯

右一經前後兩譯一存一闕 又長房等録竺法護賢劫經十卷更有颰陀劫三昧經七卷今詳此名録家誤也颰陀劫與賢劫梵音異耳故賢劫經初云颰陀劫三昧經晉曰賢劫定意祐録之中但有一本存為二録誤之甚也今合為一也

賢劫千佛名經一卷

後漢失譯 房云唯有佛名與曇无蘭所出四諦經千佛名異

右一佛名出賢劫經中異譯闕本

開元釋教録第十四卷 第二十九張 階

淨度三昧經一卷

宋沙門釋智嚴譯 第一譯

淨度三昧經二卷

宋沙門釋寶雲譯 第二譯

淨度三昧經三卷

宋天竺三藏求那跋陁羅譯 第三譯

淨度三昧經一卷

元魏昭玄統釋曇曜譯 第四譯

右四經同本異譯並闕 大周入藏録中有淨度三昧經三卷尋其文詞味淺義理差違事涉人謀難為聖典故編非録

思意經一卷 亦云益意經 別訪真經

後漢臨淮沙門嚴佛調譯第一譯

益意經三卷 東晉三藏康道和譯第二譯

右二經同本異譯並闕 長房等録並云蕭齊僧法尼誦益意經二卷者多是録家相傳誤也共南齊末年大學博士江泌女小而出家名為僧法閒目誦出二十一部凡三十五卷於中有益意經二卷長房以為梵習有由編在正録諸録以非梵本傳譯置在偽中存此一經恐將乖也其名或云僧法尼或云尼僧法此之尼字或上或下故使然也祐是齊人録中不載故知餘録並誤同入藏中有益意經兩卷尋其文義亦涉人疑下卷初有一紙半許文與前卷求文句全同其益意菩薩兩重受記名字國土各異不同諸經之中皆无此類故編疑品更訪真經

開元釋教録第十四卷 第三十張 階

照明三昧經一卷
西晉三藏竺法護譯 第一譯
照明三昧經一卷
東晉西域三藏祇多蜜譯 第二譯
右二經同本異譯並闕
惟明二十偈經一卷 或无經字
吳月支優婆塞支謙譯 第一譯
惟明二十偈經一卷 或无經字
西晉三藏竺法護譯 第二譯
右二經同本異譯並闕
空淨天感應三昧經一卷 亦云空淨三昧經
後漢安息三藏安世高譯 第一譯
空淨三昧經一卷 亦云空淨天感應三昧經
宋沙門釋勇公譯 第二譯
右二經同本異譯並闕
法滅盡經一卷 亦云空寂菩薩所問亦云法没盡
吳月支優婆塞支謙譯 第一譯
法没盡經一卷 或云空寂菩薩所問或云法滅盡
西晉三藏竺法護譯 第二譯
右二經同本異譯並闕
從蜀普曜經下一百三十一部
二百五十三卷除五大部外諸
重譯經闕本

大乘經單譯闕本 二百八部 三百一十七卷
大方便報恩經一卷
後漢月支三藏支婁迦讖譯
平逢賊結衣帶呪經一卷
後漢安息三藏安世高譯
呪賊經一卷 一云除睥賊害呪祐録更有一本呪賊經
後漢安息三藏安世高譯
十四意經一卷 一名菩薩十四意經
後漢安息三藏安世高譯
七佛神呪經一卷 云與結縛者異本故无經字祐録更有一本名與咒
吳月支優婆塞支謙譯
摩訶精進經一卷 一名大精進經
吳月支優婆塞支謙譯
十二門大方等經一卷
吳月支優婆塞支謙譯
佛從上所行三十偈經一卷 或无經字
吳月支優婆塞支謙譯
菩薩二百五十法經一卷 舊大僧威儀示捻略者或二卷
吳西域三藏康僧會譯
諸神呪經三卷 西晉三藏竺法護譯
文殊師利菩薩經一卷
西晉三藏竺法護譯
小郁伽經一卷 與大郁伽經不同或作迦字

西晉三藏竺法護譯
諸方佛名功德經一卷 祐无功德字
西晉三藏竺法護譯
十方佛名經一卷 祐无經字
西晉三藏竺法護譯
慈仁問八十種好經一卷 或直云八十種好經
西晉三藏竺法護譯
三十二相因緣經一卷 或云菩薩三十二相經
西晉三藏竺法護譯
嚴淨定經一卷 一名序世經
西晉三藏竺法護譯
寶施女經一卷 一名須摩提法律三昧經
西晉三藏竺法護譯
金益長者子經一卷
西晉三藏竺法護譯
離垢蓋經一卷 西晉三藏竺法護譯
慧明經一卷 西晉三藏竺法護譯
衆祐經一卷 西晉三藏竺法護譯
三轉日明經一卷 西晉三藏竺法護譯
十等藏經一卷 西晉三藏竺法護譯
決道俗經一卷 西晉三藏竺法護譯
殖衆德本經一卷
西晉三藏竺法護譯

小法沒盡經一卷 西晉三藏竺法護譯
猛施經一卷 一名猛施道地經
西晉三藏竺法護譯
目連上淨居天經一卷 一云出佛本行集一本无天字
西晉三藏竺法護譯
惟逮菩薩經一卷
西晉河内沙門帛法祖譯
檀持陁羅尼經一卷
西晉河内沙門帛法祖譯
如來興顯經一卷
西晉河内沙門帛法祖譯
善權經一卷
西晉河内沙門帛法祖譯
海龍王經一卷
西晉河内沙門帛法祖譯
持心梵志經一卷
西晉河内沙門帛法祖譯
諸經菩薩名經二卷
西晉沙門釋法炬譯
正意經一卷 房錄注云第二出未詳初本何者是
西晉沙門釋法炬譯
明帝釋施經一卷
西晉沙門釋法炬譯
齊音菩薩願經一卷
西晉沙門釋法炬譯
開元釋教錄第十四卷 第三十四張 階

菩薩求五明法經一卷 祐云經字或云五明論
西晉清信士聶道真譯
菩薩道行六法經一卷
西晉清信士聶道真譯
菩薩初地經一卷
西晉清信士聶道真譯
菩薩十道地經一卷
西晉清信士聶道真譯
文殊師利與離意女論 謙極似維摩經一卷
西晉清信士聶道真譯
菩薩雜行法一卷
西晉清信士聶道真譯
菩薩所行四法一卷
西晉清信士聶道真譯
菩薩宿命經一卷
西晉清信士聶道真譯
七佛所結麻油述呪經一卷 祐失譯錄中載兩本一云異字
東晉西域沙門竺曇无蘭譯
大神母結誓呪經一卷
東晉西域沙門竺曇无蘭譯
伊洹法願神呪經一卷
東晉西域沙門竺曇无蘭譯
開元釋教錄第十四卷 第三十五張 階

解日厄神呪經一卷
東晉西域沙門竺曇无蘭譯
六神名神呪經一卷
東晉西域沙門竺曇无蘭譯
檀持羅麻油述神呪經一卷
東晉西域沙門竺曇无蘭譯
麻油述呪經一卷
東晉西域沙門竺曇无蘭譯
麻尼羅亶神呪案摩經一卷
東晉西域沙門竺曇无蘭譯
醫王惟樓延神呪經一卷 一名阿難所問醫王惟樓延神呪經
東晉西域沙門竺曇无蘭譯
龍王呪水浴經一卷
東晉西域沙門竺曇无蘭譯
十八龍王神呪經一卷
東晉西域沙門竺曇无蘭譯
請雨呪經一卷
東晉西域沙門竺曇无蘭譯
止雨呪經一卷
東晉西域沙門竺曇无蘭譯
嚫水經一卷
東晉西域沙門竺曇无蘭譯
幻師阿夷鄒神呪經一卷 大周入藏錄有今闕
開元釋教錄第十四卷 第三十六張 階

呪水經一卷　東晉西域沙門竺曇無蘭譯
藥呪經一卷　東晉西域沙門竺曇無蘭譯
呪毒經一卷　東晉西域沙門竺曇無蘭譯
呪時氣病經一卷　東晉西域沙門竺曇無蘭譯
呪小兒經一卷　東晉西域沙門竺曇無蘭譯
呪齒經一卷 更有一本名與此同文異出本一云虫齒二云齲齒　東晉西域沙門竺曇無蘭譯
呪牙痛經一卷 更有一本名與此同文異出本或作齒痛　東晉西域沙門竺曇無蘭譯
呪眼痛經一卷　東晉西域沙門竺曇無蘭譯
五眼文經一卷 今疑是聶道真所出菩薩求五眼法異名　東晉西域沙門竺曇無蘭譯
淨六波羅蜜經一卷　東晉天竺三藏佛陁跋陁羅譯
禪經四卷　東晉西域三藏祇多蜜譯
法沒盡經一卷　東晉西域三藏祇多蜜譯

菩薩普處經一卷　姚秦涼州沙門竺佛念譯
善信摩訶神呪經二卷　姚秦三藏鳩摩羅什譯
持地經一卷　姚秦三藏鳩摩羅什譯
觀佛三昧經一卷　姚秦三藏鳩摩羅什譯
差摩經一卷 今疑與差摩婆帝受記經同本　姚秦罽賓三藏曇摩耶舍
於晉代譯
功德寶光菩薩經一卷　北涼天竺三藏曇無讖譯
无憂王經一卷　宋天竺三藏求那跋陁羅譯
本行六波羅蜜經一卷　宋天竺三藏求那跋陁羅譯
中陰經一卷　宋居士沮渠京聲譯
觀世音觀經一卷　宋居士沮渠京聲譯
海意經七卷　宋天竺三藏竺法眷譯
如來恩智不思議經五卷　宋天竺三藏竺法眷譯
寶頂經五卷　宋天竺三藏竺法眷譯
三容底耶經一卷 宋名賢人用禪經

觀世音懺悔除罪呪經一卷　宋天竺三藏竺法眷譯
菩薩四法經一卷　蕭齊西域三藏達摩摩提譯
寶意猫兒經一卷　元魏婆羅門瞿曇般若流支譯
佛頂呪經并功能一卷　周宇文氏天竺三藏闍那耶舍等譯 右一經大周錄中編爲直譯云與佛頂尊勝經同本今以佛頂部中呪法極廣未勘其經不可輒配故爲單本
金色仙人問經二卷　周宇文氏天竺三藏闍那崛多譯
諸佛護念經十卷　隋天竺三藏闍那崛多等譯
清淨觀世音普賢陁羅尼經一卷　大唐摠持寺沙門智通譯 大周入藏中有今闕西京藏有非是本經
阿吒那智經一卷 此一經名出續高僧傳　大唐天竺三藏那提龍朔年慈恩寺譯 周録中遺今新編入

大乘四法經一卷
大唐永隆元年三藏地婆訶羅譯（大周入藏中有今闕）
文殊師利所說不思議佛境界經二卷（或一卷）
大唐天后代三藏菩提流志譯（大周入藏中有今闕 西京經有非是本經）
妙德婆羅門女問佛轉何法輪經一卷（今疑有德女所問大乘經即是新編入錄）
大唐天后代天竺三藏菩提流志譯（新編入錄）
智猛長者問經一卷
大唐天后代天竺三藏菩提流志譯（新編入錄）
佛入毗耶離除一切鬼病經一卷
大唐天后代天竺三藏菩提流志譯（新編入錄）
鄉耶經一卷
大唐天后代天竺三藏菩提流志譯（新編入錄）
大陁羅尼經一卷
大唐天后代天竺三藏菩提流志譯（新編入錄）
文殊師利呪法藏經一卷（今疑是重譯）

開元釋教錄第十四卷　第卌張　階

大唐天后代天竺三藏菩提流志譯（新編入錄）
一字呪王經一卷（今疑與前呪經共是一經）
大唐天后代天竺三藏菩提流志譯（新編入錄）
无迦略叓菩薩造廣大摩尼秘密善住經一卷
大唐天后代天竺三藏菩提流志譯（新編入錄）
菩薩出生四法經一卷（今有一本外題出生四法內是修行四法）
大唐天后代于闐三藏實叉難陁譯（新編入錄）
梵本經四卷（似吳安中出 舊云胡本）　後漢失譯
泥洹後千歲變記經四卷（一名千歲變出 祐錄云一卷）　後漢失譯
諸經佛名二卷（今疑不思議功德經是）　後漢失譯
三千佛名經一卷　後漢失譯
稱揚百七十佛名經一卷（寶唱錄名百七十佛名 今疑出稱揚功德經）　後漢失譯
南方佛名經一卷（舊云一名治城寺經者誤也）　後漢失譯
滅罪得福佛名經一卷　後漢失譯
觀世音所說行法經一卷（是呪經）　後漢失譯

開元釋教錄第十四卷　第四十一張　階

薩陁波崙菩薩求深般若圖像經一卷　後漢失譯
受持佛名不墮惡道經一卷　後漢失譯
五龍呪毒經一卷　後漢失譯
取血氣神呪一卷（舊錄云血呪）　後漢失譯
呪賊呪法一卷（異本）　後漢失譯
七佛安宅神呪經一卷　後漢失譯
阿惟越致轉經十八卷　魏吳失譯
摩訶衍經十四卷（或云摩訶衍）　魏吳失譯
摩訶衍優波提舍經五卷　魏吳失譯
三昧王經五卷　魏吳失譯
梵王請問經五卷　魏吳失譯
佛從兜率降中陰經四卷　魏吳失譯
四天王經四卷（房云從一部四本）　魏吳失譯
魔王請問經四卷　魏吳失譯
釋提桓因所問經三卷　魏吳失譯
大梵天王請轉法輪經三卷　魏吳失譯
法華光瑞菩薩現壽經三卷（今疑於正法華）　魏吳失譯
普賢菩薩荅難二千經三卷　魏吳失譯

開元釋教錄第十四卷　第四十二張　階

梵天王請佛千首經二卷 又大梵天王經二卷似此
　魏吴失譯
菩薩常行經一卷　魏吴失譯
熒火六度經一卷 舊録有明度經一卷一云亦名熒火明度經
　魏吴失譯
内禪波羅蜜經一卷　魏吴失譯
六波羅蜜經一卷　魏吴失譯
大摠持神呪經一卷 或无神字　魏吴失譯
方等陁羅尼經一卷　西晉失譯
寶嚴經一卷　西晉失譯
五福德經一卷 亦直云五福經　西晉失譯
内藏大方等經一卷 今疑是佛藏大方等經
　僧祐録云安公失譯經 附西晉録
小阿闍世經一卷
　僧祐録云安公失譯經 附西晉録
小須賴經一卷
　僧祐録云安公失譯經 附西晉録
目佉經一卷 安公云出方等部今疑是阿難目佉經
　僧祐録云安公失譯經 附西晉録
菩薩道地經一卷 安公云出方等部
　僧祐録云安公古典經 今附漢録
菩薩本行經一卷
　僧祐録云安公關中異經 今附秦録
大珎寶積惟日經一卷

　僧祐録云安公關中異經 今附秦録
墮迦羅問菩薩經一卷
　僧祐録云安公關中異經 今附秦録
菩薩等行經一卷 僧祐録云安公涼土異經今附涼録
四無畏經一卷 僧祐録云安公涼土異經今附涼録
權變經一卷 舊録云文殊師利權變三昧經或直云權變三昧經
　僧祐録云安公涼土異經 今附涼録
十遍恕經一卷
　僧祐録云安公涼土異經 今附涼録
七言禪利經一卷 舊録云大遍恕七言禪利經
　僧祐録云安公涼土異經 今附涼録
菩薩十遍恕經一卷 今疑與前十遍恕同
　僧祐録云安公涼土異經 今附涼録
大忍辱經一卷　北涼失譯
金輪王經一卷　北涼失譯
賢刼五百佛名一卷　北涼失譯
十方佛名經一卷 一本作十方painted
華嚴淨經一卷
三十七品經一卷 祐載兩本并云異出今且存一
　七佛各説偈一卷
乳王如來經一卷 或云乳王經今疑與乳光佛經同本
現在十方佛名經一卷
過去諸佛名一卷　千五百佛名一卷
五百七百佛名經一卷 或云五百七十

觀世音成佛經一卷　文殊本願經一卷
文殊因緣經一卷　弥勒須河經一卷
文殊觀經一卷
導師問佛經一卷
颰陁菩薩百二千難經一卷
持身菩薩經一卷 或云持身經
賢首菩薩二百問經一卷
金剛女菩薩經一卷
善意菩薩經一卷
菩薩從兜率天降中陰經一卷
菩薩行喜經一卷
菩薩淨本業經一卷
菩薩初業經一卷
菩薩四事經一卷
菩薩十六願經一卷
菩薩五十德行經一卷
菩薩教法經一卷
菩薩正行經一卷
菩薩出入諸則經一卷
菩薩母姓字經一卷
菩薩家姓經一卷　菩薩比丘經一卷
菩薩經一卷 今疑上脱字
菩薩作六牙象本事經一卷
菩薩師子王經一卷

浴像功德經一卷 與新譯者梵本未詳同別
浴僧功德經一卷
陁隣尼目佉經一卷 今疑即是阿難陁目佉尼經
礼敬諸塔經一卷
般若波羅蜜偈經一卷
佛清淨偈經一卷
太子出國二十偈一卷
佛十力偈一卷　十方佛神呪一卷
四天王神呪一卷
十二因緣結縷神呪一卷
摩訶神呪一卷　狡山神呪一卷
降魔神呪一卷
威德陁羅神呪一卷 本作成字疑錯也
和摩結神呪一卷

十方佛名下五十二經並是梁僧祐錄中新集失譯經 今附宋錄 從梵本經下失譯諸經群錄之中但題名目文闕其本无可披尋大小二乘實難詮定且粗分判尚多參涉幸諸明士詳而定之

大乘律闕本　二十二部　二十五卷
梵網經二卷 或三卷
後漢西域三藏康孟詳譯 第一譯
右前後兩譯一本在藏一

開元釋教錄第十四卷　第十六張　階

菩薩瓔珞本業經一卷
本闕
宋沙門釋智嚴譯 第二譯
瓔珞本業經二卷 一名菩薩瓔珞經
宋沙門釋道嚴譯 第三譯
右前後三譯一本在藏二本闕
菩薩戒本一卷
姚秦三藏鳩摩羅什譯 第一譯
右前後三譯二存一闕
文殊師利淨律經一卷
西晉清信士聶道真譯 第二譯
右前後四譯三存一闕
菩薩齋法經一卷 或无經字一名賢首菩薩齋法經一名正齋一名持齋
西晉三藏竺法護譯 第一譯
菩薩正齋經一卷
東晉西域三藏祇多蜜譯 第五譯
右與菩薩受齋經同本前後三譯一存二闕
文殊悔過經一卷 亦名文殊懺悔經
姚秦三藏鳩摩羅什譯 第二譯
右前後兩譯一存一闕
舍利弗悔過經一卷 亦直云悔過經
西晉三藏竺法護譯 第二譯

開元釋教錄第十四卷　第十七張　階

舍利弗悔過經一卷
姚秦三藏鳩摩羅什譯 出法上錄第三譯
右前後三譯一存二闕
法律三昧經一卷
後漢安息三藏安世高譯 出法上錄第一譯
右前後兩譯一存一闕
佛悔過經一卷
西晉三藏竺法護譯 單本
菩薩戒獨受壇文一卷
西晉清信士聶道真譯 單本
菩薩懺悔法一卷 房錄云異出本
西晉清信士聶道真譯 單本
離欲優婆塞優婆夷戒文一卷 亦云具行二十二戒文
東晉西域沙門竺曇无蘭譯 單本
菩薩戒壇文一卷 亦云優婆塞戒壇文
北涼天竺三藏曇无讖譯 單本
善信二十二戒一卷 亦云離欲優婆塞優婆夷具行二十二戒文亦名三歸優婆塞戒
宋罽賓三藏求那跋摩譯 單本
菩薩受戒法經一卷 祐錄无經字房云異出本
後漢失譯
受菩薩戒次第十法一卷
後漢失譯
菩薩懺悔法一卷
後漢失譯

開元釋教錄第十四卷　第十八張　階

初發意菩薩常晝夜六時行五事
一卷　後漢失譯
阿惟越致菩薩戒經一卷 舊錄云菩薩字
魏吳失譯
大乘論闕本　二十部　四十八卷
寶積經論四卷
元魏天竺三藏勒那摩提譯 第二譯 大周入
藏中有今尋本未獲
右前後兩譯一存一闕
金剛般若論一卷 莫知造者 單重未悉
陳天竺三藏真諦譯
法華論五卷 莫知造者 單重未悉
大唐三藏義淨譯 新編入錄 訪本未獲
大般涅槃經論一卷
陳天竺三藏真諦譯
右前後兩譯一存一闕 第二譯 已上四部釋經論
十七地論五卷
梁天竺三藏真諦譯　重本
右與瑜伽論同本異譯既
闕其本十七地中未知與
何地相應
中論一卷 未知造者 單重未悉　梁天竺三藏真諦譯
寶性論四卷 或五卷
開元釋教錄第十四卷　第四十九張　階

元魏天竺三藏菩提留支譯 第二譯
右前後兩譯一存一闕 大周入藏 錄有今尋本未獲
大乘五陰論一卷 安慧菩薩造
失譯 出陳朝大乘寺藏錄 第一譯 新附梁錄
右陳錄云陳太建四年五
月沙門慧布北將來前後
兩譯一存一闕
方便心論一卷
東晉天竺三藏佛陀跋陀羅譯 第二譯
右前後兩譯一存一闕
三世分別論一卷　梁天竺三藏真諦譯 單本
反質論一卷 今疑即藏中如實論是故復題云如實論反質難品
陳天竺三藏真諦譯　單本
墮負論一卷　陳天竺三藏真諦譯　單本
成就三乘論一卷
陳天竺三藏真諦譯　單本
正說道理論一卷
陳天竺三藏真諦譯　單本
意業論一卷　陳天竺三藏真諦譯　單本
大空論三卷　陳天竺三藏真諦譯　單本
五明論合一卷 一聲論 二醫方論 三工巧論 四咒術論 五符印論
周宇文氏天竺沙門攘那跋陀
開元釋教錄第十四卷　第五十張　階

羅譯　單本
十住論十卷　龍樹菩薩造
姚秦三藏鳩摩羅什譯　單本
右長房錄云什公弘始年
譯未訖卷末似六度集
見二秦錄 陳朝大乘寺藏錄云一名十住毗婆沙今疑即是藏中十住毗婆沙也
釋般若六字三句論一卷
大唐天后代南天竺三藏菩
提流志譯 新編入錄 單本
集量論四卷　大唐三藏義淨譯 新編入錄 單本
又法上錄云梁太清二年真諦三藏譯攝大乘論二十卷者此應誤也多是十二傳寫者錯 今按長房等錄諦譯攝論在於陳代梁錄既无故不存也
部計大乘經律論闕本者摠
四百五十部八百七十四卷
開元釋教錄卷第十四　別錄之四
丙午歲高麗國大藏都監奉
勑彫造
開元釋教錄第十四卷　第五十一張　階

開元釋教録卷第十四

校勘記

一　底本，麗藏本。

一　三〇三頁上一行第五字「録」，諸本(不含[石]，下同)作「目録」。同行夾註「別録之四」，[徑]、[清]作「別録之四上」。

一　三〇三頁上二行「庚午歲」，[徑]、[清]作「唐」。

一　三〇三頁上六行第七字「改」，諸本作「故」。

一　三〇三頁上末行「一百」，[南]、[徑]、[清]作「二百」。

一　三〇三頁中八行夾註左「故不存也」，諸本作「此故不存」。

一　三〇三頁中一六行夾註右「或一卷」，諸本無。又夾註左「第一譯」，諸本作「第一譯或一卷」。

一　三〇三頁中末行夾註「第三譯」，諸本作「第二譯」。三〇四頁上一八行、三〇五頁下三行、三〇六頁下末行、三一〇頁下一二行諸本夾註皆同。

一　三〇三頁下一七行第三字「品」，諸本作「小品」。

一　三〇三頁下二二行「帛延」，諸本作「白延」。下同。

一　三〇四頁上二行夾註右「亦云」，[徑]、[清]作「亦名」。

一　三〇四頁上四行夾註右第四字「佛」，諸本無。又夾註左「一名」，[徑]、[清]作「亦名」。

一　三〇四頁中七行夾註「第二譯」，諸本作「第三譯」。

一　三〇四頁下一七行夾註右「法護」，[徑]、[清]作「法譯」。

一　三〇五頁上一行「如幻」，諸本作「如幻」。

一　三〇五頁下一二行第八字「譯」，[徑]無。三一一頁上二〇行第八字同。

一　三〇五頁下二二行「在藏」，諸本作「藏中」。

一　三〇六頁上一三行「五卷」，[磧]、[普]、[南]、[徑]、[清]作「三卷」。

一　三〇六頁中一二行第三字「方」，諸本作「大方」。

一　三〇六頁下一行「二卷」，諸本作「一卷」。

一　三〇六頁下四行夾註左「十住經」，諸本作「十住」。

一　三〇七頁上六行夾註右「泥洹經」，[資]、[磧]作「泥涅經」。

一　三〇七頁上一一行首字「蜀」，[徑]、[清]無。

一　三〇七頁上一二行夾註「或五卷」，諸本作「或四卷」。

一　三〇七頁上一五行「二存」，諸本作「二在」。

一　三〇七頁上二二行夾註「第二譯」，諸本作「第一譯」。三〇八頁中一四行[磧]、[普]、[南]同。

一　三〇七頁上末行夾註右第五字「等」，諸本無。

一　三〇七頁中二行夾註左「誤也」，[徑]作「語也」。

一　三〇七頁中一三行夾註右「摩詰」，諸本作「摩詰經」。

一　三〇七頁中一四行夾註「第三譯」，徑作「第二譯」。

一　三〇七頁中一八行夾註右第一一字「无」，諸本無。

一　三〇七頁中末行夾註右「其西」，徑作「其曰」。

一　三〇七頁下九行夾註「第三譯」，普作「第二譯」。

一　三〇七頁下一五行「帛法祖」，諸本作「白法祖」。下同。

一　三〇八頁上一〇行夾註「第二譯」，資作「第三譯」。

一　三〇八頁上一三行夾註「第三譯」，徑作「第二譯」。

一　三〇八頁上二二行第八字「鉢」，磧、普、南、徑、清作「本」。

一　三〇八頁上末行「三闕」，南作「三闕」。

一　三〇八頁中一一行「二闕」，資、磧、普、南作「一闕」。

一　三〇八頁下九行夾註左首字「經」，諸本無。次頁下二二行夾註左第八字資、磧、普同。三一一頁下一四行夾註左行末字、一八行夾註右第九字諸本同。三一二頁上六行夾註左行末字資、磧、徑同。

一　三〇九頁上四行夾註右第一三字「是」，諸本無。

一　三〇九頁上一八行夾註「第二譯」，諸本作「第二本」。

一　三〇九頁下一八行夾註「第二譯」，諸本作「第一譯」。

一　三一〇頁上一行夾註「第二譯」，徑作「第三譯」。

一　三一〇頁上末行第六字「藏」，徑無。

一　三一〇頁中一五行第七字「眛」，諸本作「三昧」。

一　三一〇頁中一八行夾註左末字「數」，諸本作「數者」。

一　三一〇頁下末行及三一三頁中六行夾註「一云」，諸本作「一名」。

一　三一一頁上二一行「一存一闕」，至此，徑、清卷第十四上終，卷第十四下始。

一　三一一頁中二二行「授記」，磧、普、徑作「受記」。

一　三一二頁上一行夾註左末字「録」，諸本無。

一　三一二頁上四行夾註右第二字「撿」，諸本作「按」。

一　三一二頁上一五行夾註右第二字「名」，徑作「云」。三一六頁中一八行夾註右第三字同。

一　三一二頁上一六行夾註右第六字「皃」，諸本作「光」。

一　三一二頁中二一行「後漢」，資、磧、普作「漢後」。

一　三一二頁下二〇行夾註右第八字「將」，諸本作「爲」。

一　三一二頁下二一行夾註左「周入」，資、普作「同入」。

一　三一二頁下二二行夾註右第一〇字「疑」，磧、普、南、徑、清作「謀」。

一　三一三頁上二一行「三十一部」，徑、清作「二十一部」。

一　三一三頁上二二行「五十三卷」，諸本作「五十二卷」。

一　三一三頁中一〇行夾註左「一本」，磧、普、南、徑作「本」。

一　三一四頁上四行夾註「一云」，諸本作「亦」。

一　三一四頁上二〇行夾註左「初本」，諸本作「初出」。

一　三一四頁中二行第五字「明」，諸本作「眼」。

一　三一四頁中一八行首字「七」，磧作「十」。

一　三一五頁中一行「一卷」，諸本作「三卷」。

一　三一五頁中一五行首字「本」，諸本作「大」。

一　三一五頁下一八行「等譯」，諸本作「譯」。

一　三一五頁下一九行至二一行夾註左「清淨觀世音……本經」共三十九字，諸本無。

一　三一五頁下二二行「智經」，諸本作「智咒經」。

一　三一六頁上一行至七行夾註左「大乘四法經……本經」共七十四字，諸本無。

一　三一六頁上九行夾註「新編入録」，諸本無。

一　三一六頁上末行「一卷」，清作「二卷」。

一　三一六頁中一八行夾註右「佛名」，諸本作「佛名經」。

一　三一六頁中二〇行夾註左「者誤也」，南、徑、清作「有誤」。

一　三一六頁下二三行「三卷」下，諸本有夾註「今疑抄度世品」。

一　三一七頁上四行夾註「一云」，諸本無。又「亦名」，徑作「亦明」。

一　三一七頁上一六行第二字「湏」，徑作「阿」。

一　三一七頁中一四行及一五行「一卷」，諸本作「十卷」。

一　三一八頁上一三行夾註左首字「疑」，諸本無。

一　三一八頁上一五行首字「十」，磧、普、南、徑、清作「右十」。

一　三一八頁上一八行「名目」，磧、普、南、徑、清作「名曰」。

一　三一八頁中二行「一卷」，諸本作「二卷」。

一　三一八頁中一一行夾註「第二譯」，徑作「第二卷」。

一　三一八頁中一九行夾註「亦名」，資、磧、徑、清作「亦云」。

一　三一八頁中二二行夾註右末字「云」，徑作「云殊」。

一　三一八頁下一六行第九字「識」，徑作「蘭」。

一　三一八頁下一七行夾註左「亦名」，諸本作「不名」。

一　三一九頁上七行夾註「第二譯」，諸本作「第三譯」。

一　三一九頁上二二行夾註左「未悉」，諸本作「莫悉」。同行正文末字「譯」，

一　三一九頁中一三行夾註右「彼題」，徑無。

一　三一九頁中二〇行首字「意」，徑作「志」。

一　三一九頁中二一行首字「大」，徑無。

一　三一九頁下三行第五字「嶋」，徑無。

一　三一九頁下一三行夾註左「不存」，諸本作「不在」。

一　三一九頁下一六行第五字「録」，徑作「目録」。又夾註「別録之四」，徑、清作「別録之四下」。

開元釋教録卷第十五　別録之五　階

庚午歲西崇福寺沙門智昇撰

別録中有譯無本録之二

小乘經重譯闕本一百二十五部　二百

六十五卷

中阿鋡經五十九卷

符秦天竺三藏曇摩難提譯第一譯

右一經前後兩譯一本在一本闕

增壹阿鋡經五十卷　房云四十卷或三十三卷

符秦天竺三藏曇摩難提譯第一譯

右一經前後兩譯一本在一本闕

鳩摩迦葉經一卷　一名童迦葉解難經

僧祐録中失譯經　法經録云出中阿含　第十六卷異譯本

僂迦葉解難經一卷　亦名童迦葉經　祐云出長阿含

乞伏秦沙門聖堅譯　房云與羅什迦葉同本什无迦葉經

右二經同本異譯出長阿含第七卷

與藏宿經同本其本並闕

大六向拜經一卷　一名尸迦羅越六向拜經　寶直云六向拜經

西晉三藏竺法護譯

右兼長阿含第十一中善

生經前後三譯二存一闕

佛開解梵志阿颰經一卷

東晉沙門釋法勇譯

右兼長阿含第十三中阿

摩晝經前後三譯二存一闕

六十二見經一卷　亦云梵網六十二見經

西晉三藏竺法護譯

右兼長阿含第十四梵

動經前後三譯二存一闕

樓炭經六卷　或五卷或八卷

西晉三藏竺法護譯　第一譯

樓炭經八卷　西晉沙門釋法炬譯　第一譯

右兼長阿含第四分中記

世經前後六譯四存二闕

道意發行經二卷　房録云出長含第一卷

後漢安息三藏安世高譯

大十二門經一卷　或二卷安公注解　房録云出長含

後漢安息三藏安世高譯

小十二門經一卷　房録云出長含　安公注解

後漢安息三藏安世高譯

七法經一卷　舊録云阿毗曇七法行經或直云七法行經房云出長含經

後漢安息三藏安世高譯

多增道章經一卷 僧祐録無道字異出十報法房云出長含

後漢安息三藏安世高譯

義決律經一卷 或無經字亦云義決律法行經房云出長含

後漢安息三藏安世高譯

彌勒經一卷 安公云出長含

僧祐録云安公失譯經 附西晉録

鳩摩迦葉經下一十四部二十八卷並是長含部分闕本

四諦經一卷　後漢西域三藏康孟詳譯

右兼中含第七卷中分別聖諦經前後四譯二存二闕

魔王入目揵蘭腹經一卷 亦名弊魔試目連經舊録云魔王入目連腹中經

僧祐録云安公古典經今附漢録

右兼中含第三十卷中降魔經前後五譯三存二闕

賴吒和羅經一卷

後漢西域三藏支曜譯

右兼中含第三十一中賴吒惒羅經前後四譯二存二闕

慼華長者六向拜經一卷 或作威華

東晉西域三藏祇多蜜譯 第二譯

東晉天竺居士竺難提譯 第五譯

善生子經一卷 亦云異出六向拜經

宋沙門釋慧簡譯 第四譯

右兼中阿含第三十三中善生經前後六譯二存四闕

墮藍經一卷 安公云出中阿含

祐録云安公失譯經 附西晉録

七事經一卷 安公云出中阿含

祐録云安公失譯經 附西晉録

賴吒譯羅經一卷 安公云出中阿含

祐録云安公失譯經 附西晉録

右一經疑與第三十一中賴吒惒羅經同本

歡豫經一卷 法經録云勸豫云出中含第十二

祐録云安公失譯經 附西晉録

佛有五百比丘經一卷 安公云出中阿含

祐録云安公古典經 今附漢録

凡人有三事愚癡不足經一卷 安公云出中阿含

祐録云安公古典經 今附漢録

佛誡諸比丘言我以天眼視天下人生死好醜尊者卑者經一卷 安公云出中阿含

祐録云安公古典經 今附漢録

普法義經一卷 亦云普義經

西晉三藏竺法護譯 第二譯三譯一闕

四諦經下一十四部一十四卷並是中含部分闕本

波斯匿王喪母經一卷 或云波斯匿王經祐云波斯匿王母經

宋居士沮渠京聲譯

右兼增一本經前後四譯二存二闕出第十八卷

頻婆娑羅王問佛供養經一卷

元魏優禪尼國王子月婆首那譯

右兼增一本經前後四譯二存二闕出第二十六卷

指鬘經一卷 或作指髻經

東晉西域三藏祇多蜜譯

右兼增一本經前後五譯三存二闕出第三十一卷

舍利弗目連遊諸國經一卷 亦云遊諸四衢

西晉三藏竺法護譯

右兼增一本經前後四譯二存二闕出第四十一卷

佛母般泥洹經一卷 一名大愛道般泥洹經

宋居士沮渠京聲譯

右兼增一本經前後五譯三存二闕出第五十卷

開元釋教錄第十五卷　第六

雜四十四篇經二卷 安公云出增一阿含

後漢安息三藏安世高譯

右或云雜經四十四篇既不顯別名未詳出何卷中

百六十品經一卷 舊錄云增一阿含百六十章經

後漢安息三藏安世高譯

波斯匿王喪母經下七部八卷並是增一阿含部分闕本

異處七處三觀經一卷 或無異處字出雜阿含

宋天竺三藏求那跋陀羅譯

佛涅槃後諸比丘經一卷 出雜阿含

宋沙門釋慧簡譯

自見自知為能盡結經一卷

僧祐錄云安公古典經 今附漢錄

有四求經一卷

僧祐錄云安公古典經 今附漢譯

佛本行經一卷

僧祐錄云安公古典經 今附漢錄

河中大聚沫經一卷 或云水沫所漂經或云聚沫譬經

僧祐錄云安公古典經 今附漢錄

便賢者坑經一卷 坑字或作墫

僧祐錄云安公古典經 今附漢錄

所非汝所經一卷

開元釋教錄第十五卷　第七張　附字号

兩比丘得諍經一卷

僧祐錄云安公古典經 今附漢錄

道德舍利日經一卷

僧祐錄云安公古典經 今附漢錄

舍利日在王舍國經一卷

僧祐錄云安公古典經 今附漢錄

獨居思惟自念止經一卷

僧祐錄云安公古典經 今附漢錄

問所明種經一卷

僧祐錄云安公古典經 今附漢錄

欲從本相有經一卷 或云欲從本經

僧祐錄云安公古典經 今附漢錄

獨坐思惟意中生念經一卷

僧祐錄云安公古典經 今附漢錄

佛說如是有諸比丘經一卷

僧祐錄云安公古典經 今附漢錄

比丘所求色經一卷

僧祐錄云安公古典經 今附漢錄

道有比丘經一卷

僧祐錄云安公古典經 今附漢錄

色為非常念經一卷

僧祐錄云安公古典經 今附漢錄

開元釋教錄第十五卷　第八張　附字号

安公本錄從自見自知下有二十二經云是阿含一卷於中五經已備錄不復重載安公云是阿含一卷者四諦阿含之中而不的指何部今且附以雜含之錄

色比丘念本起經一卷

僧祐錄云安公古典經 今附漢錄

善惡意經一卷

僧祐錄云安公古典經 今附漢錄

比丘一法相經一卷

僧祐錄云安公古典經 今附漢錄

有二力本經一卷

僧祐錄云安公古典經 今附漢錄

有三力經一卷

僧祐錄云安公古典經 今附漢錄

有四力經一卷

僧祐錄云安公古典經 今附漢錄

人有五力經一卷

僧祐錄云安公古典經 今附漢錄

不聞者類相聚經一卷 舊錄云類相聚經

僧祐錄云安公古典經 今附漢錄

天上釋為故在人中經一卷 或作天上釋種也

僧祐錄云安公古典經 今附漢錄

不頭土經一卷

僧祐錄云安公古典經 今附漢錄

身為无有反復經一卷

僧祐錄云安公古典經 今附漢錄

師子畜生王經一卷

僧祐錄云安公古典經 今附漢錄

阿須倫子披羅門經一卷

僧祐錄云安公古典經 今附漢錄

披羅門子名不侵經一卷

僧祐錄云安公古典經 今附漢錄

生聞披羅門經一卷 舊錄云生聞梵志經

僧祐錄云安公古典經 今附漢錄

有陸蝎經一卷

僧祐錄云安公古典經 今附漢錄

耆杜乘披羅門經一卷

僧祐錄云安公古典經 今附漢錄

佛在拘薩國經一卷

僧祐錄云安公古典經 今附漢錄

佛在優墮國經一卷 經作優隨

僧祐錄云安公古典經 今附漢錄

是時自梵守經一卷

僧祐錄云安公古典經 今附漢錄

有三方便經一卷 舊錄云三方便經 法經錄云出七處三觀

僧祐錄云安公古典經 今附漢錄

披羅門不信重經一卷

僧祐錄云安公古典經 今附漢錄

佛告舍日經一卷

僧祐錄云安公古典經 今附漢錄

四意止經一卷 舊錄云四意止本行經 法經錄云出中阿含

僧祐錄云安公古典經 今附漢錄

說人自說人骨不知腐經一卷

僧祐錄云安公古典經 今附漢錄

色比丘念本起經下二十五經

安公云並出雜阿含

雜阿含三十章經一卷 法經錄云出雜阿含異本

僧祐錄云安公古典經 今附漢錄

異處三觀經下四十五部四十

五卷並是雜阿含部分闕本

舍頭諫經一卷 亦云舍頭諫太子明二十八宿經亦云太子明星二十八宿經亦云虎耳經

後漢安息三藏安世高譯 第一譯

右前後五譯四存一闕 藏中摩鄧女經是世高譯今撿有舍頭諫經其摩鄧女經與舍頭諫旣是同本不合重出今二本俱載未詳所以或可此經即是藏中舍頭諫經法護譯者錄家錯上

雜藏經一卷

宋天竺三藏求那跋陀羅譯 第四譯

右前後四譯三存一闕

第子慢爲耆域述經一卷 亦云第子爲耆域述偈或云第子歲諛經

宋居士沮渠京聲譯 第四譯

右與阿難問事佛經等同

本前後四譯三存一闕

小本起經二卷 近加小字或云修行本起或云宿行本起

後漢西域三藏支曜譯 第一譯

太子本起瑞應經二卷 亦云瑞應本起

後漢外國三藏康孟詳譯 第五譯

過去因果經四卷

東晉天竺三藏佛陀跋羅譯 第五譯

右前後六譯三存三闕

法海藏經一卷 或云法海經

後漢天竺三藏竺法蘭譯 第一譯

右前後三譯二存一闕

四十二章經一卷 房錄云與摩騰譯者少異

吳月支優婆塞支謙譯 第二譯

右前後兩譯一存一闕

柰女耆域經一卷 或云柰女經

西晉三藏竺法護譯 第二譯

右前後兩譯一存一闕

罪業報應經一卷

東晉西域沙門竺曇無蘭譯 第二譯

右前後兩譯一存一闕

目連降龍王經一卷 或无王字或云降龍王經

宋天竺三藏求那跋陀羅譯 第二譯

右前後兩譯一存一闕

長者音悅經一卷

宋居士沮渠京聲譯 第二譯

右前後兩譯一存一闕

禪秘要經四卷 或无經字

吳月支優婆塞支謙譯 第一譯

禪秘要經五卷 一名禪法要或四卷或无經字

宋罽賓三藏曇摩蜜多譯 第三譯

右前後三譯一存二闕 今有禪秘要經五卷文極交雜不可流行如別錄中具述

七女本經一卷

西晉三藏竺法護譯 第二譯

七女本經一卷 亦云女本心明經亦名七女經

乞伏秦沙門釋聖堅譯 第三譯

右前後三譯一存二闕

八師經一卷

東晉西域沙門竺曇无蘭譯 第二譯

右前後兩譯一存一闕

日難經一卷 一名越難經

東晉沙門釋嵩公譯 第二譯

日難經一卷 一名越難經

宋天竺三藏求那跋陁羅譯 第三譯

右前後三譯一存二闕

所欲致患經一卷

東晉西域三藏祇多蜜譯 第二譯

右前後兩譯一存一闕

阿闍世王問五逆經一卷 一名阿闍世王經

後漢月支三藏支婁迦讖譯 第一譯

右前後兩譯一存一闕

五苦章句經一卷

宋居士沮渠京聲譯 第二譯

右前後兩譯一存一闕

堅意經一卷 或云堅心經

吳月支優婆塞支謙譯 第二譯

右前後兩譯一存一闕

淨飯王般泥洹經一卷

西晉沙門釋法炬譯 第一譯

右前後兩譯一存一闕

勸進學道經一卷 一本无勸字

吳月支優婆塞支謙譯 第一譯

勸進學道經一卷 亦名勸進經

宋沙門釋勇公譯 第三譯

右前後三譯一存二闕

貧窮老公經一卷

西晉沙門釋法炬譯 出法上錄 第一譯

右前後兩譯一存一闕

分恕檀王經一卷

宋居士沮渠京聲譯 第二譯

右與三摩竭經同本前後

兩譯一存一闕

蓱沙王五願經一卷 一名弗沙迦王經

東晉西域沙門竺曇无蘭譯 第二譯

洴沙王五願經一卷 亦名弗沙王經

東晉沙門釋嵩公譯 第三譯

右前後三譯一存二闕

瑠璃王經一卷

後漢安息三藏安世高譯 第一譯

右前後兩譯一存一闕

生經五卷　宋涼州沙門釋智嚴譯 第二譯

右前後兩譯一存一闕

義足經二卷

東晉西域沙門竺曇无蘭譯 第二譯

右前後兩譯一存一闕

五蓋疑結失行經一卷

西晉三藏竺法護譯 第一譯

五蓋疑結失行經一卷

西晉西域三藏祇多蜜譯 第二譯

右二經同本異譯二本俱闕

太子夢經一卷

後漢安息三藏安世高譯 第一譯

佛爲菩薩五夢經一卷 一名佛五夢經一名太子五夢經一名仙人五夢經

西晉三藏竺法護譯 第二譯

右二經同本異譯二本俱闕

十善十惡經一卷

西晉沙門支法度譯 第一譯

十善十惡經一卷 安公云出阿毗曇

東晉西域沙門竺曇无蘭譯 第二譯

右二經同本異譯二本俱闕

禪經一卷

後漢月支三藏支婁迦讖譯 第一譯

禪經一卷 後漢安息三藏安世高譯 第二譯

右二經同本異譯二本俱闕

恒水經一卷 寶唱錄云恒水誡經亦云恒水不說戒經

後漢安息三藏安世高譯 出法上錄第一譯

恒水戒經一卷 或云恒水經

吴月支優婆塞支謙譯 第二譯

右二經同本異譯其本並闕

從舍頭諫經下四十三部六十一卷除四阿含外諸重譯經闕本

小乘經單譯闕本 四百八十部 五百五十卷

佛本行經五卷

後漢天竺三藏竺法蘭譯

佛本生經一卷分別善惡所起經一卷 後漢安息三藏安世高譯

後漢天竺三藏竺法蘭譯

悔過法經一卷

後漢安息三藏安世高譯

五法經一卷

後漢安息三藏安世高譯

五行經一卷

後漢安息三藏安世高譯

小般泥洹經一卷 祐錄云或名泥洹後諸比丘經或云般泥洹後比丘世變經或云小般泥洹後比丘世變經

後漢安息三藏安世高譯

正齊經一卷

後漢安息三藏安世高譯

分明罪福經一卷

後漢安息三藏安世高譯

難提迦羅越經一卷

後漢安息三藏安世高譯

禪定方便次第法經一卷

後漢安息三藏安世高譯

禪法經一卷 祐錄无經字

後漢安息三藏安世高譯

當來變滅經一卷

後漢安息三藏安世高譯

隋落優婆塞經一卷 或云優婆塞

後漢西域三藏支曜譯

問地獄事經一卷

後漢外国沙門康巨譯

報福經一卷 或云福報經

後漢外国三藏康孟祥譯

梵志經一卷 吴天竺沙門竺律炎譯

七漏經 安公古典中有亦名七漏[illegible]云出阿含

吴月氏優婆塞支謙譯

悔過法經一卷 一名叙十方礼拜悔過文或无法字

吴月氏優婆塞支謙譯

賢者德經一卷

吴月氏優婆塞支謙譯

梵志結淨經一卷

吴月氏優婆塞支謙譯

阿質國王經一卷 祐錄无国字

吴月氏優婆塞支謙譯

惟婁王師子湩譬喻經一卷 一本无譬喻字

吴月氏優婆塞支謙譯

藍達王經一卷 亦云目連因緣功德亦云目連功德

吴月氏優婆塞支謙譯

百喻經一卷 吴月氏優婆塞支謙譯

五陰事經一卷 吴月氏優婆塞支謙譯

魔化作比丘經一卷

開元釋教錄卷第十五 第十八張 階字号

優多羅母經一卷 或无母字 吳月氏優婆塞支謙譯
人民求願經一卷 吳月氏優婆塞支謙譯
坐禪經一卷 吳西域三藏康僧會譯
摩目揵連本經 一本有訶字无揵字 西晉三藏竺法護譯
五福施經一卷 西晉三藏竺法護譯
觀行不移四事經一卷 西晉三藏竺法護譯
四婦喻經一卷 西晉三藏竺法護譯
廬夷亘經一卷 西晉三藏竺法護譯
盧羅王經一卷 西晉三藏竺法護譯
檀若經一卷 西晉三藏竺法護譯
龍施經一卷 今疑是龍施菩薩本起經 西晉三藏竺法護譯
給孤獨明德經一卷 有云給孤獨氏經 西晉三藏竺法護譯
龍王兄弟陁達誠王經一卷 西晉三藏竺法護譯
勸化王經一卷 西晉三藏竺法護譯
灦王經一卷 西晉三藏竺法護譯

開元釋教錄第十五卷 第十九張 階字号

鴈王五百鴈俱經一卷 西晉三藏竺法護譯
解無常經一卷 西晉三藏竺法護譯
城喻經一卷 西晉三藏竺法護譯
降龍經一卷 西晉三藏竺法護譯
邪法經一卷 西晉三藏竺法護譯
犯罪經一卷 西晉三藏竺法護譯
苦應經一卷 西晉三藏竺法護譯
三品修行經一卷 一名三品悔過經 西晉三藏竺法護譯
夫那羅經一卷 西晉三藏竺法護譯
賈客經二卷 西晉三藏竺法護譯
沙門果證經一卷 今疑與寂志果經同本 西晉三藏竺法護譯
貧女為國王夫人經一卷 西晉三藏竺法護譯
誡王經一卷 西晉三藏竺法護譯
誡具經一卷 西晉三藏竺法護譯
誡羅大經一卷 西晉三藏竺法護譯
危脆經一卷 西晉沙門釋法炬譯
大虵譬喻經一卷 亦名大虵經 西晉沙門釋法炬譯
羅漢迦留陁夷經一卷 或无羅漢字 西晉沙門釋法炬譯

開元釋教錄第十五卷 第二十張 階

瓜甲擎土譬經一卷 一名瓜甲取土經 西晉沙門釋法炬譯
裹利經一卷 西晉沙門釋法炬譯
衆生未然三界經一卷 西晉沙門釋法炬譯
求欲說法經一卷 西晉沙門釋法炬譯
羅旬喻經一卷 今疑是別生中阿含經異名 西晉沙門釋法炬譯
治禪法經一卷 西晉西域沙門竺曇无蘭譯
梵天策數經一卷 一名諸天事經 東晉西域沙門竺曇无蘭譯
諸天地經一卷 東晉西域沙門竺曇無蘭譯
分衛經一卷 東晉西域三藏祇多蜜譯
撿諸罪福經十卷 姚秦三藏鳩摩羅什譯
十二因緣觀經一卷 姚秦三藏鳩摩羅什譯
善德優婆塞經一卷 宋涼州沙門釋智嚴譯
阿鋡合經二卷

宋涼州沙門釋智嚴譯
釋六十二見經四卷 祐録云一卷
宋天竺三藏求那跋陀羅譯
請般特比丘經一卷 或作般特亦云般時
宋天竺三藏求那跋陀羅譯
十二頭陀經一卷
宋天竺三藏求那跋陀羅譯
阿那律七念章經一卷
宋天竺三藏求那跋陀羅譯
十報法三統略經一卷
宋天竺三藏求那跋陀羅譯
弟子事佛吉凶經一卷 佑云弟子問事佛吉凶經
宋居士沮渠京聲譯
生死變識經一卷 今疑是藏中見玉經異名
宋居士沮渠京聲譯
辟喻經一卷　宋沙門釋慧簡譯
五百本生經一卷
蕭齊西域三藏摩訶乘譯
頂生王因緣經一卷 舊録云頂生王經
後漢失譯
長者賢首經一卷　後漢失譯
梵志喪女經一卷　後漢失譯
獼狗猴王經一卷 舊録云獼狗經 後漢失譯

勸苦泥犂經一卷　後漢失譯
地獄經一卷　後漢失譯
十一因緣章經一卷 舊録云十一因緣或作十二
後漢失譯
沙門爲十二頭陀經一卷　後漢失譯
五十五法誡經一卷 或云五十五法行
僧祐録云安公古典經 今附漢録
一切義要經一卷
僧祐録云安公古典經 今附漢録
說善惡道經一卷
僧祐録云安公古典經 今附漢録
愛欲聲經一卷
僧祐録云安公古典經 今附漢録
摩訶遮曷從經一卷
僧祐録云安公古典經 今附漢録
天王下作猪經一卷
僧祐録云安公古典經 今附漢録
始造浴佛時經一卷
僧祐録云安公古典經
十二賢者經一卷 舊録云十二賢經
僧祐録云安公古典經 今附漢録
佛併父弟調達經一卷 安公云上十經出阿毗曇今移入重譯經
僧祐録云安公古典經

憂墮羅迦葉經一卷
僧祐録云安公古典經 今附漢録
四部本文經一卷 安公云上二經出長阿含一本云出阿毗曇
僧祐録云安公古典經 今附漢録
讓德經一卷　僧祐録云安公古典經 今附漢録
有賢者法經一卷
僧祐録云安公古典經 今附漢録
摩訶厭弥難問經一卷 或云大厭弥經
僧祐録云安公古典經
大本藏經一卷
僧祐録云安公古典經 今附漢録
說阿難持誡經一卷
僧祐録云安公古典經 今附漢録
阿難問何因緣持誡見世間貧亦現
道貧經一卷
僧祐録云安公古典經 今附漢録
給孤獨四姓家問應受施經一卷
僧祐録云安公古典經 今附漢録
曉所諍不解經者經一卷 今疑上經字錯
僧祐録云安公古典經 今附漢録
奇異道家難問住處經一卷
僧祐録云安公古典經
奇異道家難問法本經一卷

僧祐錄云安公古典經 今附漢錄

賢者手力經一卷

僧祐錄云安公古典經 今附漢錄

八法行經一卷

僧祐錄云安公古典經 今附漢錄

憂多羅經一卷 或作夏字

僧祐錄云安公古典經 今附漢錄

旃檀調佛經一卷

僧祐錄云安公古典經 今附漢錄

惡人經一卷 僧祐錄云安公古典經 今附漢錄

難提和難經一卷 或云難提和羅經

僧祐錄云安公古典經 今附漢錄

四姓長者難經一卷 舊錄云四姓長者經

僧祐錄云安公古典經

析佛經一卷

僧祐錄云安公古典經

雜數經二十卷　魏吳失譯

椰先辟喻經四卷　魏吳失譯

太子試藝本起經二卷　魏吳失譯

深斷連經二卷　魏吳失譯

摩訶目揵連與佛角能經一卷

魏吳失譯

阿難得道經一卷　魏吳失譯

阿難般泥洹經一卷　魏吳失譯

阿那律念復生經一卷　魏吳失譯

沙門分衛見怪異經一卷

魏吳失譯

弟子本行經一卷 高僧傳云白法祖譯　魏吳失譯

為壽盡天子說法經一卷 舊錄云命盡天子經

魏吳失譯

魔試佛經一卷　魏吳失譯

阿須倫問八事經一卷 舊錄云阿須倫所問八事經

魏吳失譯

摩竭王經一卷 舊錄云摩竭國王經　魏吳失譯

薩波達王經一卷　魏吳失譯

年少王經一卷　魏吳失譯

是光太子經一卷　魏吳失譯

長者難提經一卷　魏吳失譯

女利行經一卷　魏吳失譯

四婦因緣經一卷　魏吳失譯

須多羅經一卷 舊錄云須多羅八胎經　魏吳失譯

惰迦經一卷 晉言堅強合在晉錄　魏吳失譯

槃達龍王經一卷　魏吳失譯

牛米自供養經一卷 舊錄无養字　魏吳失譯

行牧食牛經一卷 或作放字　魏吳失譯

墮釋迦牧牛經一卷 或作隨字　魏吳失譯

法嚴經一卷 疑即是等入法嚴經　魏吳失譯

辟四經一卷　魏吳失譯

止寺中經一卷　魏吳失譯

安般行道經一卷　魏吳失譯

解慧微妙經一卷　魏吳失譯

失道得道經一卷　魏吳失譯

心情心識經一卷 亡有法　魏吳失譯

撿意向正經一卷　魏吳失譯

道得果諦經一卷　魏吳失譯

父子因緣經一卷　魏吳失譯

小觀世樓炭經一卷　魏吳失譯

大四諦經一卷　魏吳失譯

五方便經一卷　魏吳失譯

五惟越羅名解說經一卷　魏吳失譯

五陰經一卷　魏吳失譯

中五濁世經一卷　魏吳失譯

大七車經一卷　魏吳失譯

八正邪經一卷 祐云八正八邪　魏吳失譯

八揔持經一卷　魏吳失譯

八輩經一卷　魏吳失譯

大十二因緣經一卷　魏吳失譯

十八難經一卷　魏吳失譯

五十二章經一卷 別有孝明四十二章經　魏吳失譯

開元釋教録第十五卷　第二十七張　階字号

百八愛經一卷（以扑五蓋疑結經）　魏吳失譯
小安般舟三昧經一卷　魏吳失譯
禪數経一卷　魏吳失譯
群生偈経一卷　魏吳失譯
十二死経一卷（今疑是十二品生死經）
僧祐録云安公失譯経　附西晉録
七婦経一卷　僧祐録云安公失譯経
阿難邠坻四時施経一卷（舊録云阿難邠祁四時布施経）
僧祐録云安公失譯経　附西晉録
七車経一卷（今疑是中阿含中七車喻経）
僧祐録云安公失譯経　附西晉録
海有八事経一卷
僧祐録云安公失譯経　附西晉録
難等各第一經一卷（舊録云阿難迦葉各說第一経）
僧祐録云安公失譯　附西晉録
惟留経一卷（舊録云惟留王経）
僧祐録云安公失譯経　附西晉録
理家難經一卷
僧祐録云安公失譯経　附西晉録
迦留多王経一卷
僧祐録云安公失譯経
梵志闍孫経一卷（舊録云梵志闍遜経）
僧祐録云安公失譯経　附西晉録

開元釋教録第十五卷　第二十八張　階字号

波達王経一卷
僧祐録云安公失譯経　附西晉録
悲心邑邑経一卷
僧祐録云安公失譯経　附西晉録
趣度世道經一卷
僧祐録云安公失譯経　附西晉録
長者威勢經一卷
僧祐録云安公失譯経　附西晉録
癡注経一卷
僧祐録云安公失譯経　附西晉録
調達経一卷
僧祐録云安公失譯経　附西晉録
和達経一卷
僧祐録云安公失譯経　附西晉録
鉢呿沙経一卷
僧祐録云安公失譯経　附西晉録
分八舍利経一卷（或作分身）
僧祐録云安公失譯経　附西晉録
薩和薩王経一卷　三秦失譯
阿多三昧経一卷（或作阿陁）　三秦失譯
陁賢王経一卷　三秦失譯
颰陁悔過経一卷　三秦失譯
方等決経一卷　三秦失譯

開元釋教録第十五卷　第二十九張　階字号

比丘二事経一卷（祐録云二事）　三秦失譯
阿難為蠱道呪経一卷（舊録云阿難為蠱道所呪経今疑是藏中摩鄧女経）僧祐録云安公関中異経（今附秦録）
王舍城靈鷲山経一卷（舊録云王舍城靈鷲山要直経）
僧祐録云安公関中異経（今附秦録）
思道経一卷
僧祐録云安公関中異経（今附秦録）
佛在竹園経一卷
僧祐録云安公関中異經（今附秦録）
法為人経一卷
僧祐録云安公関中異経（今附秦録）
道意経一卷
僧祐録云安公関中異経（今附秦録）
阿夷比丘經一卷
僧祐録云安公関中異経（今附秦録）
八德経一卷（今疑是海八德経）
僧祐録云安公関中異経（今附秦録）
善德経一卷
僧祐録云安公関中異経（今附秦録）
摩訶揵陁惟衛羅盡信比丘等度経一卷（舊録云盡信比丘経）僧祐録云安公関中異経（今附秦録）
頻沙王経一卷

有無經一卷

僧祐録云安公關中異經　今附涼録

五百偈經一卷

僧祐録云安公涼土異經　今附涼録

須耶越國貧人經一卷　舊録云須耶越國貧人負劇頭經

僧祐録云安公涼土異經　今附涼録

浮木經一卷

僧祐録云安公涼土異經　今附涼録

坏喻經一卷

僧祐録云安公涼土異經　今附涼録

妖怪經一卷

僧祐録云安公涼土異經　今附涼録

阿般計泥洹經一卷　一本作陶般計泥洹經

僧祐録云安公涼土異經　今附涼録

四非常經一卷

僧祐録云安公涼土異經　今附涼録

五失蓋經一卷

僧祐録云安公涼土異經　今附涼録

要真經一卷

僧祐録云安公涼土異經　今附涼録

本无經一卷

僧祐録云安公涼土異經　今附涼録

勸德經一卷

僧祐録云安公涼土異經　今附涼録

十五德經一卷

僧祐録云安公涼土異經　今附涼録

父母因緣經一卷　今疑與父子因緣同

僧祐録云安公涼土異經　今附涼録

慧行經一卷

僧祐録云安公涼土異經　今附涼録

未生王經一卷　今疑是未生怨經

僧祐録云安公涼土異經　今附涼録

内外无為經一卷

僧祐録云安公涼土異經　今附涼録

道淨經一卷

僧祐録云安公涼土異經　今附涼録

七事本末經一卷　舊録云七事行本經

僧祐録云安公涼土異經　今附涼録

百寶三昧經一卷

僧祐録云安公涼土異經　今附涼録

三乘經一卷

僧祐録云安公涼土異經　今附涼録

耆域術經一卷　舊録云耆域四術經

五蓋離疑經一卷　今疑是五蓋疑結失行經

僧祐録云安公涼土異經　今附涼録

僧祐録云安公涼土異經　今附涼録

太子智止經一卷

僧祐録云安公涼土異經　今附涼録

道德章一卷

僧祐録云安公涼土異經　今附涼録

呰相經一卷

僧祐録云安公涼土異經　今附涼録

須佛得度經一卷

僧祐録云安公涼土異經　今附涼録

由經一卷

僧祐録云安公涼土異經　今附涼録

分然洹國迦羅越經一卷

僧祐録云安公涼土異經　今附涼録

五陰事經一卷

僧祐録云安公涼土異經　今附涼録

義決法事經一卷

僧祐録云安公涼土異經　今附涼録

十思惟經一卷

僧祐録云安公涼土異經　今附涼録

分別六情經一卷

僧祐録云安公涼土異經　今附涼録

三失蓋經一卷

僧祐録云安公涼土異經　今附涼録

佛寶三昧經一卷
僧祐錄云安公涼土異經（今附涼錄）
法志女經一卷
僧祐錄云安公涼土異經（今附涼錄）
出要經二十卷　行道經七卷
長阿含經三卷（祐云疑經 非長阿含經）
弘道經二卷　四天王經一卷（祐云後有呪 以人所附）
諸天阿須倫鬪經一卷
金色女經一卷（雜譬喻中有 祐云異出本）
治禪鬼魅不安經一卷
曕波國佛說戒經一卷
佛在耆枝山說法經一卷
佛三毒事經一卷　佛七事經一卷
佛開和伏經一卷　佛意行經一卷
因佛生三心經一卷　佛聚經一卷
七佛本緣經一卷　釋迦文技鉢經一卷
佛袈裟經一卷　佛大衣經一卷
迦葉解經一卷　迦葉因緣經一卷
舍利弗問暑經一卷
迦葉獨證自誓經一卷
舍利弗歎度女人經一卷
舍利弗生西方經一卷
舍利弗目連泥洹經一卷（今疑是生經中舍利弗般泥洹經）

目連所問經一卷　目連因緣經一卷
阿難見變經一卷　難陁經一卷
阿那含七念經一卷
羅漢善子經一卷
賓頭盧取鉢經一卷
愛行比丘經一卷　愛身比丘經一卷
旃比丘經一卷　善星比丘經一卷
六羣比丘經一卷　自在王比丘經一卷
羅耶達比丘經一卷
比丘和須蜜經一卷
玄戒未來比丘經一卷（今疑玄字錯）
比丘法相經一卷　釋種子經一卷
尊者婆蹉律經一卷
劉竅二沙弥經一卷　沙弥持戒經一卷
海洲優婆塞會經一卷
賢者雜事經一卷　弟子修學經一卷
弟子行澤中遇賊刼經一卷
弟子精進經一卷
迦提羅越問五戒經一卷
那羅延天王經一卷
毗沙門天王經一卷
四大天王經一卷　諸天壽經一卷
魔現成佛經一卷　魔王誡經一卷（疑是誡字）

淨飯王經一卷
佛葬閱頭檀王經一卷
阿育王作小兒時經一卷（今疑出育王傳）
小阿育王經一卷
優塡王照逝心女經一卷（今疑是大乘藏中優塡王經）
迦或王頭布施經一卷
果尊王經一卷　佛居士經一卷
降恐王經一卷（今疑恐字錯）　摩羅王經一卷
摩登王經一卷　含或國經一卷
羅提垣王經一卷（或作國主羅提埋經）
摩訶惟越王經一卷
流沙王經一卷　十四王經一卷
王以竹施經一卷
勸王持五誡經一卷
太子旃舍羅若經一卷
長者威德經一卷　長者法心經一卷
長者仁賢經一卷
長者洹羅越經一卷
佛問淳陁長者受樂淨行經一卷
婆羅門問事經一卷
婆羅門等爭說經一卷
六師詣波斯匿王經一卷
旦揵齋經一卷　明星梵志經一卷

兜率梵志經一卷
梵志拔陁經一卷　梵志計火淨經一卷
梵志問疑經一卷　梵志意經一卷
梵志好母經一卷　梵志姪女經一卷
梵志六師經一卷　天后賢女經一卷
德女問經一卷
貧女少施獲弥報經一卷
弥家女經一卷
二人作沙門弟斷兄舌經一卷
氣嘘殺旃陁羅經一卷
眼能視殺人經一卷
孤獨三兄弟經一卷
阿劒他經一卷　不蘭伽經一卷
小申日經一卷
波羅柰婢四姓經一卷（或作婢字）
大姓家主叩書不經一卷
提謂經一卷　强羅經一卷
金轉龍王經一卷　蘇曷龍王經一卷
三龍王經一卷　虎王經一卷
鵄王經一卷　毒龍虵施經一卷
放牛法經一卷（今疑是賢中放牛經）　養牛經一卷
閻羅王經一卷（今疑是載中閻羅王五天使者經）
餓鬼經一卷　鐵杵泥犂經一卷

緣經一卷　藥經一卷
嵜慧經一卷　慧達經一卷
法足經一卷　身數經一卷
選福經一卷　布施經一卷
助善經一卷　古來經一卷（今疑是藏）
孝順經一卷
緣本經一卷（中古來世時經）　度世經一卷（今疑是藏中緣本致經）
法藏經一卷　明住經一卷
善惒經一卷　植貨經一卷
名相經一卷　怪異經一卷
滅怪經一卷　本鉢經一卷
桊鉢經一卷　諸法經一卷
與脫經一卷　伏願經一卷
寶脫經一卷　真提經一卷
明義經一卷　見在經一卷
釋論一卷（祐云疑是大智度論抄之一卷）　雜事經一卷
百解經一卷（祐云疑即義音雜解）　釋學經一卷
度道俗經一卷　諸福德經一卷
說人身經一卷　施色力經一卷
色入施經一卷　戒法律經一卷
未生火經一卷、未生災經一卷
念佛品經一卷　須弥山經一卷
成敗品經一卷（經目或云成敗品第四似是樓炭經之一品今檢樓炭无此品）

世間珍寶經一卷（舊錄云世間所望珍寶經）
現道神足經一卷　成行无想經一卷
悔過除罪經一卷　深自僥倖經一卷
布施持戒經一卷　生西方齋經一卷
造浴室法經一卷　有疑往解經一卷
長阿含方法經一卷
令人孝有德經一卷
人於出家者經一卷
心應深貪慕經一卷
地水火風空經一卷
求欲者除意經一卷
持戒教人不殺生經一卷
七月十五日臈法經一卷
功高慵懷有二華經一卷
歡喜布施有五事經一卷（本作歡字誤）
三夢經一卷　三悔憂經一卷
三乘无當經一卷　四暑經一卷
四等意經一卷　四政斷經一卷
四厚經一卷　五暑經一卷
五穀世經一卷　五亂經一卷
五邪經一卷　六禅經一卷
六度六十行經一卷
六箄阿惟越致經一卷

開元釋教録第十五卷　第三十九張　附

七衆經一卷　七流經一卷
七使經一卷　七輩人擮死經一卷
七歳作善經一卷
八方萬物无常經一卷
八雙經一卷　九結經一卷
九惱經一卷　九道觀身經一卷
十部僧經一卷　十二意經一卷
十二阿練若高行經一卷
十二部經名一卷
三十二僧鄉經一卷
三十四意經一卷　五十德相經一卷
六十品經一卷　六十二疑經一卷
七十二觀經一卷　百法經一卷
惟日三昧經一卷　月電三昧經一卷
無言三昧經一卷　阿和三昧經一卷
禪行法經一卷 今疑是藏中禪行法想經
須弥山辟經一卷　日月辟經一卷
海水辟經一卷　藥草喻經一卷
功德天辟經一卷　賢劫辟經一卷
金剛辟經一卷　寶藏辟經一卷
明珠辟經一卷　聚木辟經一卷
四大辟經一卷
出要經中二百三十七經是梁僧

開元釋教録第十五卷　第四十張　附

祐録中新集失譯經 今附宋録
從頂生王因緣經下諸失譯經
群録之中但題名目久虧其本
无可披尋大小二乘實難詮定
且粗分判尚多參涉幸諸明士
詳而正之
小乘律闕本　三十七部　四十二卷
僧祇戒本一卷
曹魏天竺沙門曇柯迦羅譯 第一譯
右前後兩譯一本在藏一
本闕
十誦比丘戒本一卷 或云十誦大比丘戒
苻秦西域沙門曇摩持共竺佛
念譯 第一譯
十誦比丘戒本一卷
東晉西域沙門竺曇无蘭合出 第二本
右長房録云大元六年曇无蘭合僧純曇摩持竺僧舒二家本以為一卷見寶唱録證披羣録僧純於拘夷國得十誦比丘戒本將來令曇摩持譯出唯此僧純與曇摩持同是一本其竺僧舒群録无名不知合本從何而得未詳所以
右無合本前後三譯一存
二闕
比丘尼戒一卷 或云比丘尼戒經出十誦律
西晉三藏竺法護譯 第一譯

開元釋教録第十五卷　第四十一張　附

比丘尼大戒一卷 亦云十誦比丘尼戒
苻秦西域沙門曇摩持共佛念
等譯 第二譯
十誦比丘尼戒所出本末一卷
姚秦涼州沙門竺佛念譯 第三譯
右長房録云僧純於拘夷國得梵本佛念為譯文繁從竺法汰删改正之見寶唱録今疑佛念譯者與曇摩持同是尼戒所出何異而别存之
前後三譯其本並闕
弥沙塞羯磨一卷 出弥沙塞律
宋罽賓三藏佛陁什等譯 單本
弥沙塞律抄一卷
師子國沙門僧伽跋弥譯不知年
代出寶唱録單本附宋
迦葉禁戒經一卷 一名摩訶比丘經一名真偽沙門經
東晉沙門釋退公譯 第一譯
右前後兩譯一存一闕
優婆塞五戒經一卷 一名五戒經
宋居士沮渠京聲譯 第二譯
右前後兩譯一存一闕
雜問律事二卷
東晉西域沙門曇摩譯 第一譯
雜問律事二卷
東晉罽賓沙門卑摩羅叉譯 第二譯

右二雜事同本異譯其本並闕

靜泰録云後秦曇摩卑譯十誦律釋雜事問二卷寶唱録云後秦罽賓沙門曇摩耶舍譯十誦律雜事一卷此之二說多是録家人名差誤或即是前第一譯者長房内典二録並云東晉所翻非秦代譯依此二録爲正房録又云曇摩譯者明佛法僧物互相交涉分齊差殊甚要須善防護今藏中有五百問事經一卷有三十三紙亦明佛法僧物不得參涉事然名目不同莫知所以餘録云出十誦律者即五百問經中明三十九夜受日等事即與十誦狀同但以名甘有殊未爲剋定後諸博見詳而正之

教授比丘尼法一卷

東晉罽賓三藏瞿曇僧伽提婆譯　單本

教授比丘尼二歲檀文一卷　或无尼字

苻秦西域沙門曇摩持共竺佛念譯　單本

二百六十戒三部合異二卷　序加大比丘字

東晉西域沙門竺曇无蘭撰

右合戒序云晉太元六年辛巳六月二十五日比丘竺曇无蘭在楊州謝鎮西寺合此三戒到七月十八日訖故記之又長房内典二録及靖邁經圖之中並云孝武帝時沙門竺法蘭譯二百六十戒合異二卷今詳此說理定不然當佛法初興戒律未備戒之合異從何而來今懸見所載只是竺曇无蘭所合之者二人名姓俱同録家誤上曇无而法遂是法蘭故高僧傳法蘭所譯但採餘部無此戒名今此録中廢之不立其曇無所合非是正翻此録之中亦不合載但以二說參誤故存兩記之

他毗利律一卷　齊言宿徒律

蕭齊西域三藏摩訶乘譯　單本

僧澀多律一卷　陳言揔攝

陳天竺三藏真諦譯　單本

遺教法律經三卷　或云遺教法律三昧亦云遺教三昧或二卷

西晉沙門釋法炬譯　單本

六齋八戒經一卷

宋天竺三藏求那跋陁羅譯　單本

賢者律儀經一卷　亦云威儀

宋居士沮渠京聲譯　單本

僧名數事行一卷　後漢失譯

比丘諸禁律一卷　後漢失譯

摩訶僧祇律比丘要集一卷　一名摩訶僧祇部比丘隨用要集法　後漢失譯

沙弥十戒經一卷　舊録云沙弥戒　後漢失譯

比丘尼十戒經一卷　後漢失譯

賢者五戒經一卷　後漢失譯

優婆塞威儀經一卷　後漢失譯

大戒經一卷　魏吳失譯

教服制經一卷　魏吳失譯

沙弥離威儀經一卷　魏吳失譯

道本五戒經一卷　魏吳失譯

威儀經一卷　法經録中无經字　魏吳失譯

應行律一卷

僧祐録云安公失譯經　附西晉録

五部威儀所服經一卷　或云五部僧服經高僧傳云曰法祖譯

僧祐録中失譯經　今附宋録

結界文經一卷　僧祐録中失譯經　今附宋録

沙弥離戒一卷　僧祐録中失譯經　今附宋録

五戒報應經一卷

僧祐録中失譯經　今附宋録

小乘論闕本　九部　六十五卷

俱舍論偈一卷

陳天竺三藏真諦譯　第二譯

右前後兩譯一存一闕

俱舍論本十六卷

陳天竺三藏真諦譯

右據俱舍本論即前偈是今復言論本一十六卷未詳所以

阿毗曇心十六卷　或十三卷

苻秦罽賓三藏僧伽提婆譯　第一譯

雜阿毗曇心十三卷

東晉沙門法顯共覺賢譯　第二譯

雜阿毗曇心十三卷　梵本十卷續成十三卷或十四卷

宋外國沙門伊葉波羅等譯　第三譯

開元釋教録第十五卷　第四十五張　階字号

右長房録云宋文帝代外國沙門伊葉波羅譯至擇品緣母未竟遂輟後求那跋摩續譯都訂成十三卷見高僧傳房録之中伊葉波羅及求那跋摩各存其本唐內典録及翻經圖同此今以求那跋摩但續前闕更不弄翻前後俱存理爲未當今爲一本其第四譯見流行者長房録云宋文帝代天竺沙門僧伽跋摩元嘉十年届自建業善律藏明静心道場慧觀以跋摩妙解雜心諷誦通利先三藏等雖復譯出未及繕寫更請重翻寶雲傳語慧觀自筆受一周乃訖故知見行之者是其後本也

前後四譯一存三闕

三法度論二卷 或云三法度无論字

苻秦天竺三藏曇摩難提譯 第一譯

右前後兩譯一存一闕

犢子道人問論一卷

元魏婆羅門瞿曇般若流支譯 單本

須跋陀羅因緣論二卷

周宇文氏天竺三藏耶舍崛多等譯 單本

六足阿毗曇一卷

僧祐録中失譯論 今附宋録

聖賢集傳闕本 四十七部 一百八十卷

修行道地經七卷 或云修行道經或六卷

後漢安息三藏安世高譯 第一譯

右前後三譯二存一闕

僧伽羅刹集二卷

開元釋教録第十五卷　第四十六張　階字号

苻秦天竺三藏曇摩難提譯 第三譯

右前後兩譯一存一闕

付法藏經六卷

宋涼州沙門釋寶雲譯 第一譯

付法藏傳四卷

元魏照玄統釋曇曜譯 第二譯

右前後三譯一存二闕

阿蘭若習禪經二卷

宋天竺三藏求那跋陀羅譯 第二譯

右與坐禪三昧經同本前後兩譯一存一闕

菩薩呵欲經一卷

宋天竺三藏求那跋陀羅譯 第二譯

右前後兩譯一存一闕

鄉先經一卷

宋天竺三藏求那跋陀羅譯 第二譯

右前後兩譯一存一闕

五門禪要用法經一卷

後漢安息三藏安世高譯 第一譯

右前後兩譯一存一闕

修行方便經二卷 亦云修行方便禪經

吳月支優婆塞支謙譯 單本

右此修行方便經詳其名

開元釋教録第十五卷　第四十七張　階字号

目與達摩多羅禪經合是同本而彼禪經亦名修行方便經是東晉代覺賢所譯佛大先造先罽賓人也覺賢之師賢與支謙相去一百四十餘年恐佛大先彼時未出配爲同本或將未當故爲單譯

禪法要解二卷

北涼安陽侯沮渠京聲譯 第二譯

右前後兩譯一存一闕

思惟要略經一卷 或直云思惟經

後漢安息三藏安世高譯 第一譯

右前後兩譯一存一闕

十二遊經一卷

西晉西域沙門彊梁婁至譯 第一譯

十二遊經一卷

宋天竺三藏求那跋陀羅譯 第一譯

右前後三譯一存二闕

阿育王太子壞目因緣經一卷 或无經字

後漢月支三藏支婁迦讖譯 第一譯

王子法益壞目因緣經一卷 或云阿育王息壞目因緣經

姚秦涼州沙門竺佛念譯 第三譯

開元釋教錄第十五卷　第四十八張　附　字号

右前後三譯一存二闕 姚秦建初六年辛卯佛念共難提出壇回歸經二人共出合是一本二處俱存或恐誤也

法句經二卷 或一云法句集

吳月支優婆塞支謙譯 第二譯

右前後兩譯一存一闕

法句經四卷

後漢安息三藏安世高譯 第一譯

右與法句喻經同本前後兩譯一存一闕

迦葉結集傳經一卷 或无傳字亦云迦葉結經或云經集戒經

西晉三藏竺法護譯 第二譯

迦葉結集戒經一卷

東晉沙門釋嵩公譯 第三譯

右前後三譯一存二闕

婆藪盤豆傳一卷

後秦三藏鳩摩羅什譯 出翻經圖 第一譯

右前後兩譯一存一闕

請賓頭盧法一卷

後漢安息三藏安世高譯 出内典錄 第一譯

右前後兩譯一存一闕

阿毗曇九十八結經一卷

後漢安息三藏安世高譯 單本

開元釋教錄第十五卷　第四十九張　階

耆闍崛山解一卷

西晉三藏竺法護譯 單本

佛遊天竺記一卷

東晉沙門釋法顯譯 出僧祐錄

經律分異記一卷 或云義律

宋罽賓三藏求那跋摩譯 單本

請聖僧浴文一卷

宋天竺三藏僧伽跋摩譯 單本

第一義五相略集一卷

宋天竺三藏求那跋陀羅譯 單本

雜譬喻三百五十首經二十五卷 祐錄云譬喻三百首經

西晉三藏竺法護譯 單本

翻外國語七卷 一名俱舍論因緣事一名雜事

陳天竺三藏真諦譯 單本

修禪定法一卷

陳天竺三藏真諦譯 單本

庾伽三磨斯經一卷 譯言修行略一名達磨多羅禪法或云達磨多羅菩薩撰禪經要集

後漢失譯

梵音偈本一卷 舊錄云胡音

後漢失譯

讚七佛偈一卷

後漢失譯

怛和尼百句一卷

後漢失譯

五言詠頌本起一卷 一百四十二章

後漢失譯

道行品諸經梵音解一卷 舊錄云胡音

後漢失譯

開元釋教錄第十五卷　第五十張　附

法句譬喻經一卷 祐錄云凡十七事或无喻字

後漢失譯

雜譬喻經八十卷

魏吳失譯

道地經中要語章一卷 或云小道地經

僧祐錄云安公古典經 今附漢錄

數練意章一卷 舊錄云數練經

僧祐錄云安公古典經 今附漢錄

安公云上二經出生經祐按今生經无此章名

志曇慕三卷

僧祐錄云安公失譯經 附西晉錄

吉法驗一卷

僧祐錄云安公失譯經 附西晉錄

口傳劫起盡一卷

僧祐錄云安公失譯經 附西晉錄

打揵抳法一卷

僧祐錄云安公失譯經 附西晉錄

雜譬喻經六卷 或云諸雜譬喻

僧祐錄中失譯經 今附宋錄

譬喻經一卷 祐云異出更有一本今且存

僧祐錄中失譯經 今附宋錄

雜譬喻經一卷 凡十一事

僧祐錄中失譯經 今附宋錄

都計小乘經律論及聖賢集傳闕本者揔六百九十八部一千一百六卷

開元釋教録第十五卷　第五張　階字号

開元釋教録卷第十五　別録之五

開元釋教録卷第十五

校勘記

一　底本，金藏廣勝寺本。

一　三二四頁中一行第五字「録」，資、磧、普、南、徑、清作「目録」。同行夾註「別録之五」，徑、清作「別録之五上」。

一　三二四頁中二行「庚午歲」，徑、清作「唐」。

一　三二四頁中八行第一〇字及一一行第一〇字「在」，諸本(不含石，下同)作「在藏」。

一　三二四頁中九行夾註右「四十卷」，資、磧、普、南、徑、清作「四十一卷」。

一　三二四頁中九行夾註左「三十三卷」下，麗有「或爲二十四卷」六字。

一　三二四頁中一三行夾註右第七字「阿」，麗無。

一　三二四頁中一四行夾註右及次頁上一二行夾註「亦名」，徑、清作「亦云」。

一　三二四頁下二行「二存」，資作「二在」。

一　三二四頁下七行夾註右「梵綱」，資、磧、普、南作「梵鋼」；徑、清作「梵經」。

一　三二四頁下九行「十四」，諸本作「十四中」。

一　三二四頁下一三行首字「樓」，資、磧、普、南、徑、清作「楞」。

一　三二四頁下一六行及二〇行夾註「長含」，資、磧、普、南、徑、清作「長阿含」。

一　三二四頁下一八行「一卷」，資、磧、普、南、徑、清作「二卷」。同行夾註右「二卷安公」，資、磧、普、南、徑、清作「一卷安」。

一　三二四頁下二二行夾註「出長含經」，資、磧、普、南、徑、清作「長阿含」。

一　三二五頁上一〇、一九行「中含」，資、磧、普、南、徑、清作「中阿含」。

一　三二五頁中七行「佑録」，徑、清作

「僧祐録」。下至二二行同。

一 三二五頁中一五行第八字「經」，資、磧、普、南無。

一 三二五頁下一三行第七字「祐」，諸本作「祇」。

一 三二六頁上一行夾註左「阿含」，諸本作「阿含或云一卷」。

一 三二六頁上八行至九行之間，麗有「轉法輪經一卷十紙後漢安息三藏安世高譯右一經群録並云出雜阿含諸藏中者非是本經並是轉法輪論其經闕本」四十七字。

一 三二六頁上一六行夾註末字「譯」，諸本作「録」。

一 三二六頁下一行夾註左第八字「録」，諸本作「餘録」。

一 三二六頁下二行夾註左「雜含」，資、磧、普、南、徑、清作「雜阿含」。

一 三二六頁下一九行第五字「故」，諸本作「故世」。

一 三二七頁上二行第二字「子」，資、磧、普、南、徑、清作「爲」。

一 三二七頁上四行「拔羅門」，磧、普、南、徑、清、麗作「婆羅門」。下至二二行同。

一 三二七頁上一二行第二字「杜」，資、磧、普、南、徑、清作「社」。

一 三二七頁上一六行夾註「經作優隨」，徑無。

一 三二七頁中一一行首字「異」，磧、普、南、徑、清作「右異」。

一 三二七頁中一三行首字「舍」，徑作「含」。同行夾註右第一三字「經」，資、磧、普、南、徑、清無。

一 三二七頁中一四行第三字「安」，資、磧、普、南、徑、清無。

一 三二七頁中一七行夾註左第二字「舍」，麗作「含」。

一 三二七頁中一九行夾註「第四譯」，資、磧、普、南、徑、清作「第二譯」。

一 三二七頁下二行夾註左「或云宿行本起」，資、磧、普、南、徑、清無。

一 三二七頁下五行、次頁上一九行及次頁中一八行夾註「第三譯」，資、磧、普、南、徑、清作「第二譯」。

一 三二七頁下七行第九字「跋」，諸本作「跋陁」。

一 三二七頁下二一行夾註左「或云降龍王經」，資、磧、普、南、徑、清無。

一 三二八頁上一九行夾註「第三譯」，麗作「第二譯」。

一 三二八頁中二行首字「右」，普、南無。

一 三二八頁中三行首字「何」，諸本作「阿」。

一 三二八頁中二一行夾註「法士録」，諸本作「法上録」。

一 三二八頁下四行夾註右末字「沙」，資、磧、普、南、徑、清無。

一 三二八頁下六行夾註右「亦名」，磧、南、徑、清作「一名」。

一 三二八頁下一〇行夾註「第一譯」，資、磧作「第二譯」。

一 三二八頁下一六行與一七行之間，

麗有「五門禪要用法經一卷後漢安息三藏安世高譯第一譯五門禪經要用法一卷宗罽賓三藏曇摩蜜多譯第二譯右二經同本異譯二本俱闕」共五十五字。

一　三二八頁下二〇行「西晉」，諸本作「東晉」。三三〇頁下一一行同。

一　三二九頁上二行夾註「第二譯」，資作「第一譯」。

一　三二九頁上一一行「一卷」，資、磧、普、南、徑、清作「二卷」。同行夾註「第二譯」，資、磧、普、南、徑、清作「第三譯」。

一　三二九頁上末行「分別善惡……安世高譯」，資、磧、普、南、徑、清無。

一　三二九頁中六行「五行經」，徑作「五法經」。

一　三二九頁中二二行末字「譯」下，資、磧、普、南、徑、清有夾註「第二譯」。

一　三二九頁下三行第八字「巨」，資、磧、普、南、徑、清作「臣」。

一　三二九頁下七行第三字「經」下，諸本有「一卷」。

一　三三〇頁上一八行夾註「有云」，諸本作「亦云」。

一　三三〇頁中末行夾註末字「字」，資、磧、普、南、徑、清無。

一　三三〇頁下七行「說法」，徑、清無。

一　三三一頁上四行夾註右末字「持」，資、磧、普、南、徑、清作「特」。

一　三三一頁上一四行夾註左「王經」，諸本作「正經」。

一　三三一頁中三行夾註「因緣」，資、磧、普、南、徑、清作「因緣經」。

一　三三一頁中一二行「一卷」下，諸本有夾註「一本云愛欲一聲經」。

一　三三一頁中一四行第五字「從」，資、磧、普、南、徑、清作「泷」。

一　三三一頁中一九行「古典經」下，諸本有夾註「今附漢録」。下至次頁上一六行同。

一　三三一頁中二二行夾註左末字「經」，資、磧、普、南、徑、清作「中」。

一　三三一頁下三行夾註左第四字「云」，徑、清無。

一　三三一頁下一四行「亦現」，資、磧、普、南、徑、清作「示現」。

一　三三二頁上八行第三字「調」，磧、普、南、徑、清作「凋」。

一　三三二頁上一六行「古典經」，至此，徑、清卷第十五別録之五上終，卷第十五別録之五下始。

一　三三二頁上一七行至次頁上三行「魏吴失譯」，徑、清無。

一　三三二頁中一八行夾註左第二字「八」，諸本作「入」。

一　三三二頁下七行夾註首字「云」，徑、清無。

一　三三二頁下一四行「解說」，徑、清作「解脱」。

一　三三二頁下一八行夾註左「八邪」，資、磧、普、南、徑、清作「八邪經」。

一　三三三頁上一行夾註右「以抄」，資、普、徑作「似抄」。

一　三三三頁上四行「魏吴失譯」，徑、

清作「已上魏吴失譯」。

一　三三三頁上五行第三字「死」，資、磧、普、南、徑、清作「死生」。

一　三三三頁上六行「僧祐録……附西晉録」十三字，徑、清無。下同。

一　三三三頁上六行夾註首字「附」，資、磧、普、南作「今附」。

一　三三三頁上七行及二一行「僧祐録……經」九字，徑、清無。同行末字「經」下，諸本有「今附西晉録」。

一　三三三頁上一〇行夾註左「七重」，資、磧、普、南、徑、清作「七車」。

一　三三三頁上一四行夾註左「各説」，磧、普、南、徑、清作「名説」。

一　三三三頁上一五行第八字「譯」，資、磧、普作「譯經」。

一　三三三頁上一五行「僧祐録……附西晉録」十二字，徑無。

一　三三三頁上二二行夾註「右録」，資、磧、普、南、徑、清作「祐録」；麗作「古録」。

一　三三三頁中三行「邑邑」，磧、普、南、徑、清、麗作「悒悒」。

一　三三三頁中一八行「僧祐録」，徑、清作「已上僧祐録」。

一　三三三頁中一九行至末行「三秦失譯」，徑、清無。

一　三三三頁中二一行首字「陁」，磧、普、南、徑、清作「阿」。

一　三三三頁下一行「三秦失譯」，徑、清作「已上三秦失譯」。

一　三三三頁下三行「僧祐録……今附吴録」，資、磧、普、南、麗作「僧祐録云安公關中異經今附秦録」；徑、清無。

一　三三三頁下五行至一九行「僧祐録……今附秦録」十四字，徑、清無。次頁上一行同。

一　三三三頁下二一行「僧祐録」，徑、清作「已上僧祐録」。三三五頁上四行同。

一　三三四頁上一行「　中」，資、磧、普、南作「涼土」。

一　三三四頁上三行至三三五頁上二行「僧祐録……今附涼録」十四字，徑、清無。

一　三三四頁上一四行第五字「洹」，徑無。同行夾註右第四字「陶」，徑作「淘」。

一　三三四頁下四行第三字「章」，資、磧、普、南、徑、清作「章經」。

一　三三五頁上九行夾註右首字「離」，資、磧、普、南作「離」。

一　三三五頁上一二行第二字「在」，資作「詣」。

一　三三五頁上一三行「七事」，磧、普、南、徑、清作「意事」。

一　三三五頁上一四行「意行」，磧、普、南、徑、清作「七行」。

一　三三五頁上一六行第一一字「枝」，麗作「楮」。

一　三三五頁上一七行第四字「經」，麗作「緣」。

一　三三五頁上一九行第五字「暑」，資、磧、普、南、徑、清作「署」。次頁下一七行第九字及一九行第七字，資、南、徑、清同。

一　三三五頁中四行「菩子」，磧、普、南、徑作「菩薩」。

一　三三五頁下一〇行夾註左第三字「垾」，資、磧、普、南、徑、清作「捍」。

一　三三五頁下一九行第七字「受」，資、磧、普、南、徑、清作「愛」。

一　三三六頁上七行第六字「彌」，磧、普、南、徑、清、麗作「弘」。

一　三三六頁中一四行第二字「脱」，諸本作「見」。

一　三三六頁中末行第四字「經」，資、磧、普、南、徑、清無。

一　三三六頁下二行第三字「神」，磧作「紳」。

一　三三六頁下一五行夾註右末字「歡」，資、磧、普、南、徑、清作「勸」。

一　三三七頁上二一行「聚木」，磧、普、南、徑作「聚禾」。

一　三三七頁上末行「經中」，諸本作「經下」。同行「經是」，諸本作「經並是」。

一　三三七頁中一行第八字「經」，資、磧、普、南、徑、清無。

一　三三七頁中九行夾註「等譯」，諸本作「第一譯」。

一　三三七頁中一六行夾註「第二本」，諸本作「第二譯」。

一　三三七頁中一七行夾註左「二家」，諸本作「三家」。

一　三三七頁中一八行夾註右第二字「桉」，諸本作「按」。又夾註左「唯此」，資、磧、普、南、徑、清作「准此」。

一　三三七頁下六行夾註左第二字「繁」，資、磧、普、南、徑、清作「煩」。

一　三三七頁下一一行「一卷」下，資、磧、普、南、徑、清有夾註「亦名提阿波檀那眷屬鼻膩經」。

一　三三七頁下一三行「附宋」，資、磧、普、南作「附宋録」；徑、清作「今附宋録」。

一　三三八頁上二行夾註左「十誦」，徑作「十論」。

一　三三八頁上四行夾註右第七字「誤」，資、磧、普、南、徑、清作「謬」。

一　三三八頁上八行夾註右「三十力」，諸本作「三十九」。又夾註左第八字「牀」，諸本作「符」。又夾註左末字「甘」，諸本作「目」。

一　三三八頁上一六行「二百」，徑、清作「三百」。

一　三三八頁中一一行至一七行及三四〇頁中一八行至末行「後漢失譯」，徑、清無。

一　三三八頁中一八行「後漢失譯」，徑、清作「已上後漢失譯」。三四〇頁下一行同。

一　三三八頁中一九行至二二行「魏吴失譯」，徑、清無。

一　三三八頁中末行「魏吴失譯」，徑、清作「已上魏吴失譯」。

一　三三八頁下三行夾註左「月法祖」，諸本作「白法祖」。

一　三三八頁下四、五、六行「僧祐録中失譯經」及夾註「今附宋録」，徑、清無。

一 三三八頁下五行第二字「界」，徑作「戒」。

一 三三八頁下八行「僧祐」，徑、清作「已上僧祐」。三四〇頁下六行、一四行、二〇行同。

一 三三八頁下二二行夾註「成十三卷」，資、磧、普、南、徑、清作「或十三」。

一 三三九頁上一行夾註左末字「計」，資、磧、普、南、徑、清作「訖」。

一 三三九頁上三行夾註左第四字「今」，諸本作「今合」。又夾註左第一六字「長」，資、磧、普、南、徑、清作「見」。

一 三三九頁上四行夾註左「道場」，徑作「道諹」。

一 三三九頁上五行夾註右「摩妙解」，徑作「藏等雖」。

一 三三九頁上一二行「般若」，資、磧、普、南、徑、清作「般若波」。

一 三三九頁上一五行「耶舍」，徑作「卯舍」。

一 三三九頁中六行第三字「照」，諸本作「昭」。

一 三三九頁中一八至一九行「五門……第一譯」與頁下九行至一〇行「禪法……第二譯」，資、磧、普、南、徑、清互置。

一 三三九頁下一八行夾註「第一譯」，諸本作「第三譯」。

一 三三九頁下一九行「二闕」，徑作「一闕」。

一 三三九頁下二二行夾註右末字「自」，資、磧、普、南、徑、清無；麗作「息」。

一 三四〇頁上二行夾註左「緣經」，諸本作「因緣經」。

一 三四〇頁上四行夾註「或一云」，諸本作「或云」。

一 三四〇頁上一一行夾註左「經集」，諸本作「結集」。

一 三四〇頁上二〇行夾註末字「譯」，資、磧、普、南、徑、清作「出」。

一 三四〇頁中四行夾註「出僧祐録」，資、磧、普、南、徑、清作「出僧祐録單本」；麗作「單本出僧祐録」。

一 三四〇頁中八行夾註「單本」，徑無。

一 三四〇頁中一一行夾註右「祐録」，資、磧、普、南、徑、清作「祐」。

一 三四〇頁中一六行與一七行之間，麗有「一百五十讚一卷大唐三藏義淨譯」及夾註「新編入録單本」二十字。

一 三四〇頁中二一行「恒恕」，磧、普、南、徑作「恒和」。

一 三四〇頁下三行夾註「小道」，清作「出道」。

一 三四〇頁下四行「僧祐録……今附漢録」，徑、清無。

一 三四〇頁下五行「數練」，資、磧、普、南、徑、清作「數諫」。

一 三四〇頁下一三行第三字「抷」，資作「推」；磧、普、南、徑、清作「稚」。

一 三四〇頁下一六行及一八行「僧

祐録……宋録」十一字，徑、清無。

同行「宋録」，麗作「安録」。

一　三四〇頁下一七行夾註左末字「存」，諸本作「存一」。

一　三四一頁上一行經名第五字「録」，徑、清作「目録」。同行夾註「之五」，徑、清作「之五下」。

開元釋教錄卷十六　第一張　階六
庚午歲西崇福寺沙門智昇撰

別錄中支派別行錄第三

六百八十二部八百二十二卷

支派經者謂大部之中抄出別行大　般若第二會之類是也夫法門浩廣　罕究津涯典籍紛綸靡窮邊際故有　隨宜化誘應物隨緣多於大部之中　隨時略用披尋者莫不知所出讀習者將義不終今統集多端會歸當部仍刪夷舊錄增減有無具載名題備詳差互庶使將來學者覽派知源或　恐未周用希來哲

大乘別生經　二百九部　三百二十八卷

大般若第二會經七十八卷時俗

大般若第四會經一十八卷時俗題大般若新譯道行

亦云新譯大品放光般若　新編上

小品般若　新編上

最勝天王般若經八卷亦云新譯勝天王般若是大般若第六會　新編上

曼殊般若經二卷亦云新譯文殊般若是大般若第七會

新編上

理趣般若經一卷是大般若第十會　新編上

開元釋教錄第十六卷　第二張　附字

第二會下五經並大般若

大智度無極經四卷非藏中者

智度無極譬經三卷或云无極譬經或四卷或加大字

惣攝无盡義經二卷

般若波羅蜜神呪經一卷

大智度无極下四經隋衆經錄云並出大品

摩訶般若波羅蜜道行經二卷亦直云大道行經　新編上

右一經長房等錄並云西晉惠帝代優婆塞衛士度略出從舊道行中刪改亦是小品及放光等要別名耳撰錄者曰

既從大經略出即類別生編正經中恐將乖誤故附斯錄

大般若第二會經下一十部一百一十九卷般若部中別生經

密迹金剛力士經二卷出密迹力士會下文內典等錄編入正經

中著錄出　新編上

菩薩見實三昧經二卷出菩薩見實會抄六界差別品

中重文　新編上

具善根經一卷出富樓那會下卷即舊三卷菩薩藏經初

善肩品經一卷出善臂菩薩會

抄寶積經一卷出普明菩薩會

開元釋教録第十六卷　第三張　陽字号

窬迹下五經並出大寶積經
菩薩奉施詣塔作願經一卷 或作諸塔 抄上卷
往古性和佛國願行法典經一卷 或作生和
師子步雷音菩薩問文殊師利發心 祐録云抄上卷 新編上
經一卷 抄上卷
師子步雷音菩薩問文殊師利佛時
事經一卷 抄下卷
菩薩三法經一卷
棄惡長者問菩薩法經一卷
菩薩奉施下六經出文殊佛土
嚴淨經
三十五佛名經一卷 出決定毗尼經
菩薩布施懺悔法一卷 亦出決定毗尼經
窬迹力士經下一十三部一十
五卷寶積部中別生經
佛入三昧以一毛放大光明經一卷 抄第一卷
菩薩瓔珞莊嚴經一卷 僧祐録云菩薩莊嚴瓔珞經抄第一卷
自在王菩薩問如来警戒經一卷 或云菩薩戒身自在經抄第一卷 新編上
佛謦欬撒十方經一卷 抄第二卷
八光經一卷 抄第二卷
不與婆羅門等諍訟經一卷 抄第三卷

開元釋教録第十六卷　第四張　陽字号

調伏衆生業經一卷 抄第三卷
大慈无減經一卷 抄第三卷
諸天問如来境界不可思議經一卷 或作警字 抄第四卷
舍利弗問寶女經一卷 出寶女品
舍利弗歎寶女說不思議經一卷 亦云歎寶女經 出寶女品
菩薩導示行經一卷 出寶女品
寶女問三十二相經一卷 或云明三十二相一女問慧經一卷 三十二事經一云寶女問經 出寶女品
寶施女經一卷 出寶女品或云寶女施
寶女問慧經一卷 抄別譯四卷寶女經 亦云抄寶女品
見水世界經一卷 抄第八卷
穿菩提心經一卷 抄第九卷海慧品三紙
功德寶光菩薩問護持經一卷 祐録云抄陀羅尼 云抄大集第九 新編上
菩薩初發心時經一卷 抄第九卷 或作持字
佛辟化出菩薩經一卷 抄无言品
无言菩薩流通法經一卷 抄无言品
无言菩薩經一卷 抄第十一卷
魔業經一卷 抄第十一卷
過去無邊光淨佛土經一卷 抄第十一卷
菩薩本願經一卷 抄第十一卷出海慧品

開元釋教録第十六卷　第五張　陽字号

佛問四童子經一卷 抄第十二卷
菩薩出要行无㝵法門經一卷 抄第十二卷虛空藏品
虛空藏菩薩問持經得幾福經一卷
過魔法界經一卷 抄第十六卷虛空藏品
虛空藏所問經八卷 抄第十六卷虛空藏品 新編上 亦云方等主虛空藏經或五卷或六卷是大集經虛空藏品一品 新編上
大白魔王堅信經一卷 出寶幢分抄第十七卷
佛弟子化魔子誦偈經一卷 出第二十卷寶幢分
魔女聞佛說法得男身經一卷 出寶幢分
開化魔經一卷 出寶幢分
魔王入苦宅經一卷 出寶幢分抄第十九卷
寶幢呪經一 出寶幢分
魔王變身經一卷 出第二十二卷 是寶幢分中授記一品
四紙新編上
光味仙人覩佛身經一卷 出寶幢分
光味菩薩造七寶梯經一卷 出寶幢分
梵王變身經一卷 出寶幢分
波斯匿王蒙佛神力到寶坊經一卷 抄第二十五卷
明星天子問慈經一卷 抄第二十三卷
調伏王子道心經一卷 抄第二十六卷
功德莊嚴王八萬四千歲請佛經一卷

開元釋教錄第十六卷　第六張　階字號

法心呪經一卷
十八不共品經一卷 云抄異譯寶女品
中越長者悔過供佛經一卷 亦云由悔過經中越由起長者來詳何正
偈經一卷 僧祐錄云抄大集經 新編上
已上四十八經並出大集
菩薩如意神通經一卷 出自在王經上卷舊云出大集非也
四自在神通經一卷 出自在王經上卷
菩薩戒自在經一卷 出自在王經上卷
佛入三昧經下五十一部五十八
卷大集部中別生經
大方廣如來性起微密藏經二卷 是華嚴經如來性起全一品 新編上
華嚴經十種生法經一卷
佛名經一卷　菩薩名經一卷
淨行品經一卷　抄華嚴經一卷
菩薩十地經卷
已上七經並出舊華嚴經
曇昧摩提菩薩說經一卷 法經錄云出菩薩十住行道品
金剛藏問菩薩行經一卷 出漸備一切智德經
漸備經一卷 出漸備一切智德經
大方廣如來性起經下一十部一十
一卷　華嚴部中別生經

開元釋教錄第十六卷　第七張　階字號

名字功德品經一卷 出大般涅槃經
還國品經一卷 出舊曜經亦抄中本起經上卷
提婆達多品經一卷 出妙法蓮花經第五卷
藥王菩薩經一卷 陳錄云抄妙法華經第六卷 新編上
觀世音經一卷 是抄法華經普門品出第八卷
光世音經一卷 出正法華經
隨羅尼法門六種動經一卷 抄第一卷或無種字
弥勒菩薩本願待時成佛經一卷 抄第一卷
寶日光明菩薩問蓮華國相貌經
一卷 亦云寶日光明菩薩經
梵志向佛說夢經一卷 抄第二卷
寶海梵志請如來經一卷 抄第二卷
寐意菩薩問五濁經一卷 抄第二卷或云寐音
梵志勸轉輪王發菩提心經一卷 抄第二卷
轉輪聖王發心求淨土經一卷 抄第二卷
樹提摩納發菩提心攝願經一卷 抄第五卷
寶海梵志成就大悲經一卷 抄第十卷
佛變時會身經一卷 抄第十卷
當來選擇諸惡世界經一卷 抄第十卷
一音演正法經一卷 抄第十卷或云願正法
五百王子作淨土願經一卷
過去行檀波羅蜜經一卷
觀世音求十方佛各為受記經一卷

開元釋教錄第十六卷　第八張　階字號

東方善華世界佛坐震動經一卷
文殊師利授記經一卷
大悲比丘本願經一卷
過去香蓮華佛世界經一卷
隨羅尼法門經下二十部二十
卷並出悲華經
寶雲經一卷 出寶雲經抄禪行
不退轉法輪經一卷 出阿惟越致遮經第一
等御諸法經一卷 出持心梵天經第一
楞伽阿跋多羅經一卷 僧祐錄云楞伽阿跋多羅寶一切佛語斷肉章經一卷或云楞伽抄經
右一經出入楞伽經斷肉品 斷文出四卷楞伽第四卷
入弘法經一卷
善得婆羅門求舍利經一卷
善得婆羅門問提婆達經一卷
大雲密藏菩薩問大海三昧經一卷
大雲密藏菩薩請雨經一卷
四百三昧名經一卷
入弘法經下六部六卷並出大方
等大雲經
三歸五戒帶佩護身呪經一卷
三歸五戒神王名經一卷 亦云三歸五戒三十六部神王

開元釋教録第十六卷　第九張

龍王結願五龍神呪經一卷 名經陳朝大乘寺等録云挾灌頂經　新編上
五龍呪經一卷　大將軍神呪經一卷
隨願往生經一卷 亦云灌頂隨願往生十方淨土經亦云普廣菩薩經
新編上
藥師琉璃光經一卷 亦云灌頂拔除過罪生死得度經　新編上
三歸五戒帶佩下七部七卷並
出大灌頂經
無吾我經一卷　三幻童經一卷 或作幻童非也
往古造行經一卷　舉鉢經一卷
心本淨經一卷
溥首童真經一卷 或作普首
無吾我經下六部六卷並出普
超三昧經
布施度無極經一卷 出第一卷
菩薩為魚王經一卷 出第一卷
乹夷王經一卷 出第一卷　仙歎經一卷 出第一卷
波耶王經一卷 出第二卷
一切施王所行檀波羅蜜經一卷 亦云薩和檀王經出第二卷
右此一切施王經群録並云羅什所譯別生録中名薩和檀王經猶復失譯亦有此經經云薩和檀者一切施也梵音傳經勘文同不異故編於此
和嘿王經一卷 出第三卷

開元釋教録第十六卷　第十張

彈藍經一卷 舊録云隨藍本經出第三卷
戒度无極經一卷 出第四卷
象王經一卷 舊録云出生經中誤或第四卷
太子法施經一卷 或云法惠出第四卷
太子暮魄經一卷 或云沐魄出第四卷　在藏中者
是別譯本
弥蘭經一卷 或云弥蓮亦云弥蓮出第四卷
普明王經一卷 出第四卷
忍度无極經一卷 出第五卷
羼提和經一卷 出第五卷
摩天羅王經一卷 或云國王出第五卷
睒達龍王經一卷 出第五卷
雀王經一卷 出第五卷
釋家畢罪經一卷 出第五卷
菩薩為鹿王經一卷 亦云佛昔為鹿王經出第六卷　新編上
九色鹿經一卷 出第六卷
在藏中者是別譯本
馬王經一卷 安公云出六度集第六卷　新編上
菩薩作龜本事經一卷 出第六卷
菩薩身為鴿王經一卷 出第六卷
蜜蜂王經一卷 出第六卷
佛以三事笑經一卷 出第六卷
小兒聞法即解經一卷 出第六卷

開元釋教録第十七卷　第十一張

殺身濟賈人經一卷 出第六卷
以金貢太山贖罪經一卷 出第六卷
調達教人為惡經一卷 出第六卷
殺龍濟一國經一卷 出第六卷
弥勒為女身經一卷 出第六卷
禪度无極經一卷 出第七卷
尸呵遍王經一卷 出第八卷
又舊録中有車匿本末經一卷亦云出第八卷今檢其文即是尸呵遍王經更无有異尸呵遍王經約初緣立名車匿本末經據後文立稱既是一緣不可分二今存一名耳
遮羅國王經一卷 或无國字出第八卷
菩薩以明離鬼妻經一卷 出第八卷
儒童經一卷 出第八卷
摩調王經一卷 事同中阿含大天經出第八卷 或无王字
阿難念弥經一卷 或云阿難念經出第八卷
鏡面王經一卷 與義足經中鏡面王經大同出第八卷　新編上
察微王經一卷 出第八卷
梵皇經一卷 或云梵皇王經亦云梵魔皇經出第八卷
明度无極經一卷 陳録云秘六度經合出第八卷　新編上
右施度无極經下四十四部四十四卷並出六度集經舊録中有忠心正行經一卷亦云出六度經文中撿无故闕之耳 其和嘿王經象王經菩薩為鹿王經馬王經鏡面王經此之五經雖載群録名與此同並新編上

能滅諸罪千轉陀羅尼經一卷 此是奘法師所譯呪五首中一首之呪既類別生故載斯錄 新編上

寶軆品抄經一卷 出寶網經 新編上

稱揚諸佛功德經一卷 僧祐錄云抄三卷稱揚功德經或與復經二文无別 新編上

寶海如來等十方百七十佛名一卷 陳錄云抄稱揚功德經亦云礼佛功德經 新編上

德內豐嚴王佛名經一卷 祐錄云抄今撿稱揚功德經上卷有此佛名即出彼經上卷也 新編上

過去五十三名經一卷 亦云五十三佛名經出觀藥王藥上經

定意三昧經一卷 出十住斷結經第四

賢劫千佛名經一卷 出賢劫經 僧祐錄云東晉沙門竺曇无蘭抄出千佛名初序云賢劫經說二千一百諸度无極以拘樓孫佛為首此經有別譯本以拘那提佛為首者是

觀佛相好經一卷 出觀佛三昧海經 新編上

央崛魔羅母因緣經一卷 抄第一卷 新編上

无量樂佛土經一卷 抄第三卷或云國土

有稱十方佛名得多福經一卷 祐錄云抄陳錄云抄央崛經第三卷 新編上

佛降央崛魔羅人民歡喜經一卷 抄第四卷

帝釋施央崛魔羅法服經一卷

央崛魔羅歸化經一卷 或云婦死應誤

央崛魔羅悔過法經一卷 或无法字

波斯匿王欲伐央崛魔羅經一卷 祐錄云抄 新編上

央崛魔羅母下八部八卷並出央崛魔羅經

七佛八菩薩所說神呪經一卷 陳錄云抄七佛經

三十七品經一卷 安公云出律經 新編上

大光明菩薩百四十八願經一卷 祐錄云抄 僧祐錄云東晉沙門竺曇无蘭太元二十一年六月譯錄西寺撰蘭序自記而不標所出 新編上

菩薩六法行經一卷 祐錄云抄 新編上

菩薩諸普行經一卷 祐錄云抄或无諸字 四紙餘少許 新編上

菩薩訶睡眠經一卷 祐錄云抄 新編上

菩薩訶家過經一卷 祐錄云抄 新編上

阿難見水光瑞經一卷 祐錄云抄 新編上

棄惡長者問菩薩法經一卷 祐錄云抄 新編上

陀羅尼偈經一卷 祐錄云抄 新編上

六淨經一卷 安公云出律經失譯中載 八紙半 新編上

菩薩等入法嚴經一卷 或无菩薩字安錄失譯中載 五紙 新編上

菩薩本願行品經一卷 祐錄云抄 新編上

同号佛名經一卷 三紙 新編上

散侍法經一卷 或作持字 二紙 新編上

三十七品等十經祐錄云抄而不指所出於中菩薩諸普行經撿見其本是抄不疑亦未知出何經律其六淨等四經今並見其本還是抄經又隋仁壽衆經錄中大乘別生抄經惣有一百一十七部一百三十七卷亦不指陳所出今撿諸代錄中多已載訖彼以護諸童子經陁鄰鉢經等為別生抄者理不然也既无的據難可依憑略述如前餘刪不載

大乘律別生　七部　七卷

菩薩地持戒經一卷 法經錄云出菩薩地持

菩薩戒要義經一卷 僧祐錄云抄菩薩戒即地持是法經錄同

菩薩善戒受戒經一卷 法經錄云出善戒經

淨除業障經一卷 僧祐錄云抄淨業障經法經錄同

優婆塞戒本一卷 法經錄云出優婆塞戒經

勸德經一卷 法經錄云出舍利弗悔過經

在家菩薩戒一卷

右一戒法經錄中編為失譯今

覩見其本雖未知出處是抄不疑乃取五分戒序置之於初後方是戒此是人集非翻譯出也法經録中更有十經云衆律抄既不陳所出故不存之諸代録中或有載者此中故闕

大乘論別生 七部 一十一卷

大乘優波提舍論五卷 真寂寺録云是衆論抄法經録同

摩訶衍精進度中罪報品經一卷 陳録云抄智度論第十七 新編上

菩薩悔過法經一卷 出龍樹十住論 或无經字 新編上

菩薩五法行經一卷 祐録云抄陳録云抄十住論 新編上

初發意菩薩行易行法一卷 僧祐録云出十住論易行品 新編上

十住毗婆沙經一卷 僧祐録云抄十住論 新編上

易行品諸佛名經一卷 法經録云出十住毗婆沙或即與前易行法同

法經録中更有十經云衆論抄既不陳所出故不存之諸代録中或有載者此中故闕

小乘別生經 二百八十三部二百八十三卷

大迦葉遇尼乹子經一卷 陳録云抄第四卷

三劫經一卷 陳録云抄第五卷

卑提希子月夜問夫人經一卷 或作天人 祐録云抄陳録云抄長含第七 新編上

三因緣經一卷 陳録云抄第二十卷

天地成敗經一卷 陳録云抄世記經 祐録云是抄衆經

大迦葉下五經並出長阿含經

阿難戒經一卷 出人本欲生經

人從所來經一卷 長房録云出人本欲生經亦云人所從來 新編上

閻浮利經一卷 僧祐失譯録中載今捡是樓炭經初品 新編上

三小劫經一卷 是樓炭經三小劫品出第五卷 陳録云抄長含第二十二卷 新編上

變化本起經一卷 出中本起經 亦云即中本起上卷

第一四門經一卷 抄十二門經三 乘通教明定 新編上

第二四門經一卷 抄十二門經與前同

第三四門經一卷 即是甘露道律經 祐云捨離日録或有不稱第三四門而直云甘露道律經 新編上

甘露正意經一卷 亦云佛入甘露調正意經 明定祐云佛入甘露調意經

第一四門下四經並出十二大門經 祐云從第一四門至甘露調意凡四品並是大十二門經一部後人分品寫出遂成四經

大迦葉遇尼乹子經等一十四部一十四卷並是長阿含部

分別生經

福行經一卷 出第二卷

婆拘羅答異學問經一卷 真寂寺録云尊者薄拘羅經一名薄拘羅經出第八卷

佛問阿須倫大海有減經一卷 一名海有八事經出第八卷

佛為呵利曠野鬼說法經一卷 祐録云呵利出第九卷

麼夷比丘經一卷 一名摩夷經出第十卷

惡道經一卷 一名惡意經亦云第四十九出第十五卷

四意止經一卷 一名四意止本行經出第二十四卷

息恚經一卷 或云息恚經一出第二十七卷

貧窮經一卷 出第二十九卷 柔軟經一卷 出第二十九卷

優婆塞五法經一卷 出第三十卷

受持經一卷 出第三十卷 亦云出雜阿含第三十五

福經一卷 出第三十四卷 商人求財經一卷 出增壹十三卷

名稱經一卷 出第三十六卷 何苦經一卷 出第三十六卷

婆羅門行經一卷 出第三十九卷

阿蘭那經一卷 出第四十卷

浮弥經一卷 出第四十卷 祐録云抄增一

瞿曇弥經一卷 出第四十七卷

中阿含本文經一卷 出第六十卷

七車譬喻經一卷

長者梨師達多兄弟二人往佛所經一卷 亦云長者兄弟詣佛經 亦云抄雜阿含第三十

捺女經一卷 祐録云抄中阿含

福行經下二十四部二十四卷　新編上

並出中阿含經 准隋開皇仁壽二衆經錄中更有七知經雜藏經受歲經梵志計水淨經苦陰經苦陰因事經樂想經阿耨風經伏婬經黄竹園經尊上經意經應法經鞞摩肅經邪見經箭喻經上十六經亦云出中阿含今與本經文勘乃是異譯非是別生已編入正錄訖其父母恩難報經亦云別生今勘文不同且編見錄

飛鳥喻經一卷 抄第十五卷

三十三天園觀經一卷 抄第十五卷

五戰鬭人經一卷 抄第十八卷

波斯匿王何欲衆樂經一卷 抄第十九卷

舍衛城人喪子狂經一卷 名梵志喪女經抄第二十卷

大枯樹經一卷 一名枯樹經无大字一名積木燒然經抄第二十二卷亦出中阿含第一卷

鷹鷄獵經一卷 抄第二十三

毗羅斯鄰居士五欲娛樂經一卷 抄第三十四卷

長者詣佛說子婦不恭經一卷 祐錄云抄阿含

比丘成就五法入地獄經一卷 祐錄云抄阿含

陳錄云抄增一三十四　新編上

陳錄云抄增一三十八　新編上

波斯匿王詣佛有五威儀經一卷

調達入地獄經一卷 或云調達入地獄事經祐云抄中阿含

抄第四十一卷

掃地經一卷　世間強益布施經一卷

羅閱城人民請佛經一卷

梵天詣婆羅門講堂經一卷

郁伽居士見佛聞法醒悟經一卷 亦云郁伽陁居士佛為說法得性悟經

水喻經一卷　七寶經一卷

鷄鳥事經一卷

學人意乱經一卷 一名母子作僧旦意乱經亦名乱意

六乘事經一卷 祐錄失譯中有今見其本云出增一　四紙半

新編上

弥勒下生經一卷 出第四十四卷佛在舍衛國因阿難請說

七紙　新編上

增一阿含經一卷 出第三十一卷　三紙　新編上

行七行現報經一卷 出第三十四卷　一紙　新編上

十二因緣經一卷 出第四十六卷舊在大乘藏中誤也　三紙

新編上

飛鳥喻經下二十六部二十六卷並出增一阿含經 准隋開皇仁壽二衆經錄中更有三經謂四人出現世間經婆羅門避死經四泥黎經亦云出增一阿含今撿是異譯本非別生者已編入正錄訖故此除之共增一阿含行七行現報二經舊云增一中言是異譯編入見錄今撿是別生經非異譯者共十二因緣經及彌勒下生經六齋事經亦出增一故附斯錄

佛為婆羅門說四法經一卷 出第二卷

佛跡見千輻輪相經一卷 出第四卷

普施經一卷　出第四卷

佛為事火婆羅門說悟道經一卷 出第四卷

佛為婆羅門說耕田經一卷 或无田字 出第四卷

佛為老婆羅門說偈經一卷　出第四卷

佛為憍慢婆羅門說偈經一卷　出第四卷

差摩比丘喻重病經一卷　出第五卷

佛為比丘說燒頭喻經一卷　出第七卷

優陁夷坐樹下寂靜調伏經一卷 出第九卷

色無常經一卷　出第十卷

諸漏盡經一卷 或云諸盡漏經　出第十卷

恒河辟經一卷 祐錄云抄　出第十卷　新編上

佛為比丘說大力經一卷　出第十一卷

佛為頻頭婆羅門說像類經一卷

出第十一卷

四大色身生猒離經一卷　出第十二卷

佛為阿支羅迦葉說自他作苦經一卷 祐錄云抄陳錄云抄雜含　出第十三卷　新編上

異信異欲經一卷　出第十四卷

佛為比丘說三法經一卷　出第十四卷

葉喻多少經一卷　出第十四卷

四食經一卷 出陳朝大乘寺寺錄　出第十五卷　新編上

醫王經一卷　出第十五卷

佛為比丘說極深險處經一卷　出第十六卷

佛為諸比丘說莫思惟世間思惟經一卷 或无上思作字 出第十六卷
佛為比丘說大熱地獄經一卷 出第十六卷
舍利弗等比丘得身作證經一卷 出第十八卷
釋提桓因詣目連放光經一卷 出第十九卷
目連見大身衆生燃鐵纒身經一卷
出第十九卷
目連見衆生身毛如箭經一卷 出第十九卷
見一衆生舉體糞穢塗身經一卷 亦名衆生身糞穢經 出第十九卷
阿那律思惟目連神力經一卷 出第十九卷
衆生頂有鐵磨風火熾然經一卷 出第十九卷
三行經一卷 出第二十一卷
眼色相繫經一卷 出第二十一卷
無畏離車白阿難經一卷 出第二十一卷
質多羅長者請比丘經一卷 出第二十一卷
外道誘質多長者經一卷 出第二十一卷
新編上
世尊繫念經一卷 出第二十二卷
商人脫賊難經一卷 出第二十二卷
長者命終生兜率天經一卷 出第二十二卷
如來神力經一卷 出第二十三卷
大力士出家得道經一卷 亦云力士出家得道經

出第二十三卷
阿育王獲果報經一卷 出第二十三卷
阿育王於佛所生大敬信經一卷 出第二十三卷
二童子見佛說偈供養經一卷
出第二十三卷
羅婆鳥為鷹所捉經一卷 此言半雞
出第二十四卷
世間言美色經一卷 出第二十四卷
純陁沙弥經一卷 或云沙門或作淳字 出第二十四卷
雪山無獼猴經一卷 或作獼猴 出第二十四卷
商人子作佛事經一卷 出第二十五卷
婆羅門通達經論經一卷 出第二十五卷
比丘於色猒離經一卷 出第二十六卷
捨諸世務經一卷 出第二十六卷
嬰兒辟經一卷 亦云嬰兒喻 出第二十六卷
外道出家經一卷 出第二十七卷
轉輪聖王七寶現世間經一卷 出第二十七卷
无毋子經一卷 出第二十八卷
婆羅門服白經一卷 出第二十八卷
向邪違法經一卷 出第二十八卷
精勤四念處經一卷 出第二十九卷
田夫喻經一卷 出第二十九卷
不淨觀經一卷 出第二十九卷

信人者生五種過患經一卷 出第三十卷
婆羅門虛偽經一卷 出第三十卷
轉輪聖王七寶具足經一卷 祐録云抄隨録云抄雜含
出第三十卷　新編上
三種良馬經一卷 出第三十二卷
佛將比丘優婆塞七人遊行遇外道
說法經一卷 出第三十二卷
外道進問佛生歡喜天因緣經一卷
出第三十二卷
佛為調馬聚落主說法經一卷 出第三十二卷
外道問佛鬪戰生天因緣經一卷 出第三十二卷
少多制戒經一卷 出第三十三卷
四種良馬經一卷 出第三十三卷
釋種問優婆塞經一卷 出第三十三卷
无始本際經一卷 出第三十四卷
一切行不恒安住經一卷 或无住字 出第三十四卷
婆羅門問世尊將來有幾佛經一卷
出第三十四卷
忠鞞黎天子詣佛說偈經一卷 出第三十六卷
長壽童子病見世尊經一卷 出第三十七卷
婆羅門問佛布施得福經一卷 出第三十七卷
十法成就惡業入地獄經一卷 出第三十七卷
独行法經一卷 出第三十七卷

開元釋教録第十六卷　第二十四張　階字号

羅漢遇瓶沙王經一卷 祐録云said阿含 陳録云雜含

出第三十八卷　新編上

佛見牧牛者示道經一卷 出第三十八卷

比丘浴遇天子放光經一卷 出第三十八卷

魔作不淨色欲嬈亂經一卷 十九卷 出第三

尊者瞿伍迦獨一思惟經一卷 十九卷 出第三

人民疾疫受三師經一卷 出第三十九卷

仙人說阿脩羅王歸化經一卷 十九卷 出第三

魔化年少詣佛說偈經一卷 出第三十九卷

壽命促經一卷 出第三十九卷

天於阿脩羅欲戰鬪經一卷 十卷 出第四

天帝釋受戒經一卷 出第四十卷

比丘問佛釋提桓因因緣經一卷 十卷 出第四

四天王案行世間經一卷 出第四十卷

帝釋礼三寶供養經一卷 或无供養字 出第四十卷

四種人經一卷 出第四十一卷

豆遮婆羅門論議出家經一卷 十二卷 出第四

佛化火與婆羅門出家經一卷 或作大與

出第四十二卷

二老男女見佛出家得道經一卷 十二卷 出第四

河中草龜經一卷 出第四十三卷

四毑經一卷 一名四毑喻經 或云四毑經 出第四十三卷

恒水流樹經一卷 一名浮木譬喻經 或作流樹 出第四十三卷

開元釋教録第十六卷　第二十五張　階字号

灰河經一卷 一名灰河譬喻經 出第四十三卷

四吒婆羅門出家得道經一卷 十四卷 出第四

佛見梵天頂經一卷 出第四十四卷

帝釋慈心戰勝經一卷 出第四十六卷

波斯匿王祖母命終經一卷 出第四十六卷

鑄金喻經一卷 出第四十七卷

離車不放逸經一卷 出第四十七卷

木杵喻經一卷 出第四十七卷

金師精舍尊者病經一卷 出第四十七卷

過去鳴鼓人經一卷 出第四十七卷

過去彈琴人經一卷 出第四十八卷

天神禁寶經一卷 出第五十卷

羊群喻經一卷 或云羣羊喻

處中行道經一卷

阿育王供養道場樹經一卷

長者命終生无熱天經一卷

不壞淨經一卷　勸行有證經一卷

婆羅門解知惡衆術經一卷 陳録云出增一二十二

波斯匿王女命過詣佛經一卷 陳録云出增一三十四

國王成就五法久存於世經一卷 陳録

云蔔譯增一三十八

三時過經一卷 陳録云抄出增第十二

戒相應法經一卷 或云戒相應經 出第五十卷　新編上

開元釋教録第十六卷　第二十六張　階字号

比丘問佛多優婆塞命終經一卷 出第十卷

新編上

獨富長者經一卷 亦云獨竹長者財物无付囑經 亦云長者命終无子付囑經

出第四十六卷 亦云出增一第十二

佛為年少婆羅門說知善不善經

一卷 出第四卷　新編上

佛為鄁拘羅長者說根熟經一卷 或無羅根熟三字 出第五卷　新編上

佛為外道須深說離欲經一卷 出第四卷

新編上

阿育王施半阿摩勒果經一卷 出第二十五卷

禪思滿足經一卷 出第二十九卷　新編上

佛為婆羅門說四法經下一百三

十二經並出新阿含經 准隋闍崛仁壽二本衆經録中更有八經謂七處三觀經滿願子經水沫所漂經為有八慧經相應相可經此之五經勘文乃是異譯非是別生又有數經十一相思念如來經身觀經其數經出中阿含是異譯本十一相經出增一中亦是異譯其身觀經文中雖无上之八經並編見録故此除之其相應經下三經大乚雜中編單本内今檢並出雜阿含中其年少婆羅門下五經周録之中編闕本内今檢得其本勘與雜阿含同於中獨富長者經半阿摩勒果經隋衆經録別生經中已載

今並相從編之於此

三方便經一卷　積骨經一卷

地獄讃經一卷 經後有地獄讃此經出勘本不同未詳所以

三方便下三經並出七處三觀經

禪秘要經一卷 僧祐等録並云禪要秘密治病經即是治禪病秘要法中出

新編上

佛為婆羅門說四法經下一百三十六部一百三十六卷並是雜阿含部分別生經

鄰頼經一卷　出第一卷

分衛比丘經一卷 亦云比丘分衛經　出第一卷

和難經一卷　出第一卷

邪業自活經一卷　出第一卷

是我所經一卷　出第一卷

野雞經一卷　出第一卷

前世諍女經一卷　出第一卷

墮珠海水中經一卷　出第一卷

旃闍摩暴志謗佛經一卷　出第一卷

鷩猕猴經一卷　出第一卷

五仙人經一卷　出第一卷

舅甥經一卷　出第一卷

閑居經一卷　出第二卷

舍利弗般泥洹經一卷　出第二卷

子命過經一卷　出第二卷

比丘各言志經一卷　出第二卷

迦旃延無常經一卷　出第二卷

和利長者問事經一卷　出第二卷

佛心總持經一卷 或云總持經　出第二卷

護諸比丘呪經一卷　出第二卷　新編上

吉祥呪經一卷　出第二卷

和難釋經一卷　出第三卷

國王五人經一卷 一名五福德子經　出第三卷

蠱狐烏經一卷 或作烏字　出第三卷

比丘疾病經一卷　出第三卷

審裸形子經一卷 一名佛覆裸形子經　出第三卷

腹使經一卷　出第三卷

弟子命過經一卷　出第三卷

水牛王經一卷　出第四卷

苑王經一卷　出第四卷

無懼經一卷　出第四卷　新編上

五百幼童經一卷 亦云五百童子　出第四卷

毒草喻經一卷　出第四卷

鷲喻經一卷　出第四卷　新編上

菩薩曾為鷲王經一卷 祐云失譯　出第四卷

新編上

毒喻經一卷 舊録雜譬喻中亦有今彼中除　出第四卷

誨子經一卷　出第四卷　新編上

負為牛者經一卷 亦云負債為牛　出第四卷

光華梵志經一卷　出第四卷

毒悔喻經一卷　出第四卷

馬喻經一卷　出第四卷　新編上

比丘尼現變經一卷　出第四卷

梵志經一卷　出第五卷

驢駝經一卷 出第五卷

君臣經一卷　出第五卷

拘薩羅國烏王經一卷 或无國字　出第五卷

蜜具經一卷 出第五卷

雜讚經一卷 出第五卷

孔雀經一卷　出第五卷

仙人撥刧經一卷 僧祐録云仙人撥劫喻經　出第五卷

清信士阿夷扇持父子經一卷 或无父子字　出第五卷

夫婦經一卷　出第五卷　新編上

薩和達王經一卷　出第五卷　新編上

首達經一卷 亦云惟先首達經　出第五卷　新編上

鄰頼經下五十四部五十四卷並出生經 此生經上下總有五十五經其第五十五名餅喻經於中雖出薩和達及首達二經合五十六此五十六中除懃持經孤獨經除二經外餘五十四經上別生録又隨衆經録別生經中更有四經謂命過神經象王經拘經八陽神呪經中有諸比丘呪經無懼經鷲喻經菩薩為鷲王經誨子經馬喻經薩和達經首達經上之八經新編此録於中无懼鷲喻誨子馬喻首達第五經衆經録云出辯毀譬諸比丘呪薩和達二經衆經録云是大小乘抄未知所出今以並與生經之中經名目同編之於此菩薩曾為鷲王經祐云失譯者誤也既與此同故編斯録

梵志觀无常得解脫經一卷 與梵貪王同是一經 約録 出上卷

開元釋教録第十六卷　第三十張　階字号

禁貪王經一卷　出上卷

須陁利經一卷　出失譯　出上卷　新編上

摩竭梵志經一卷　祐云出義足　出上卷　新編上

梵志疑爭得解脫經一卷　與鏡面王同是一經約緣分二

出上卷

鏡面王經一卷　大度集中亦有此經與此大同　出上卷

老少俱死經一卷　祐云失譯出上卷　新編上

弥勒難經一卷　祐云失譯出上卷　新編上

戴辭梵志經一卷　出上卷

婬人曳踵行經一卷　房云失譯六度集中亦有與此大同

出上卷　新編上

猛觀梵志經一卷　出下卷

法觀梵志經一卷　出下卷

兜勒梵志經一卷　出下卷

蓮花色比丘尼經一卷　祐云失譯出下卷

新編上

禁貪王經下一十四部一十四卷

並出義足經　其摩竭梵志經僧祐録云出義足經其須陁利經老少俱死經弥勒難經蓮花色比丘尼經此之四經祐云失譯其婬人曳踵行經房云失譯今勘並與此同故編斯録撿其義足上下卷有一十六經今除優填王經異學捔飛經子父共會經維樓勒詠釋經除此四外餘十二經編為十四是義斯録

善時鵝王經一卷　出正法念處經

木鎗刺脚因緣經一卷　出興起行經

開元釋教録第十六卷　第三十一張　階字号

鞞諭六人經一卷　亦云六人喻經出罵意經

阿闍世王問瞋恨從何生經一卷　祐録云抄

新編上

不與婆羅門等爭訟經一卷　祐録云抄

新編上

摩訶比丘經一卷　祐録云抄　新編上

外道仙尼說度經一卷　祐録云抄　新編上

度梵志經一卷　祐録云抄　新編上

祭亡人不得食經一卷　祐録云抄　新編上

三毒經一卷　祐録云抄　新編上

四食經一卷　祐録云抄　新編上

調達諭經一卷　祐録云抄　新編上

二十八天經一卷　祐録失譯中載八紙半　新編上

首至問佛十四事經一卷　亦云十四意亦云十四章

兩紙半　新編上

數息事一卷　祐云新說數息事　兩紙　新編上

阿闍世王等九經祐録云抄而不指所出其二十八天等三經撿見其本並是抄經而未的知出何經律又隋仁壽衆經録中小乘別生抄經揔二百一十三部二百二十七卷亦不指陳所出今撿諸代録多已載訖彼録

開元釋教録第十六卷　第三十二張　階字号

以受十善戒經迦丁比丘經等為別生抄者理不然也既无的據難可依憑略述如前餘刪不載

小乘律別生　四十二部　四十九卷

摩竭魚因緣經一卷　出第九卷　新編上

尊者鄔陁夷引導諸人礼佛僧經一卷　出第十一卷　新編上

還本國度父王經一卷　出第十七卷末第十八卷初

新編上

水生太子經一卷　出第十九卷　新編上

施物法非法經一卷　出第二十四卷　新編上

教試羅怙羅經一卷　出第二十五卷　新編上

五趣生死輪轉經一卷　出第三十四卷　新編上

善來苾芻因緣經一卷　出第四十二卷　新編上

七有事无事福業經一卷　出第四十六卷

新編上

摩竭魚下九經並出根本說一切有部毗柰耶中

火生長者受報經二卷　出第二第三卷

新編上

尊者善和好聲經一卷　出第四卷　新編上

五種水羅經一卷　出第五卷　新編上

勝鬘夫人本緣經一卷　出第七卷　新編上

勝光王信佛経一卷 出第八卷 新編上
誅粺種受報経一卷 出第八第九卷 新編上
大世主苾芻尼入涅槃経一卷 出第十卷
新編上
佛為難陁説出家入胎経二卷 編入寶積第十四會
敬法捨身経一卷 出第十四卷初 新編上
度二邪見童子得果経一卷 出第十四卷
新編上
清淨威儀経一卷 或作洗淨 出第十六卷
新編上
大目連受報経一卷 出第十八卷 新編上
初誕生現大瑞應経一卷 出第二十卷 新編上
度迦多演那経一卷 出第二十一卷 新編上
醫羅鉢龍王業報因緣経一卷 出第二十卷
新編上
安樂夫人因緣経一卷 出第二十一卷 新編上
增養因緣経三卷 出第二十二二十三二十四卷 新編上
妙光因緣経一卷 出第二十五卷 新編上
降伏外道現大神通経一卷 出第二十六卷
新編上
大藥善巧方便経二卷 出第二十七二十八卷 新編上
佛從天下贍部洲経一卷 出第二十九卷 新編上

度瘦瞿荅弥経一卷 出第三十卷 新編上
呵利底母因緣経一卷 出第三十卷 新編上
法與尼在家得果経一卷 出第三十二卷 新編上
樹生婆羅門憍慢経一卷 出第三十四卷末第三十五卷初 新編上
新編上
弟子事師経一卷 出第三十五卷 新編上
七種不退轉経一卷 出第三十五卷 新編上
佛為長者説放逸経一卷 出第三十六卷 新編上
地動因緣経一卷 出第三十六卷 新編上
四種黒白法印経一卷 出第三十七卷 新編上
佛將入涅槃度善賢経二卷 出第三十七卷半後三十八卷半前 新編上
佛般涅槃行雨大臣告王経一卷 出第三十八卷 新編上
八大國王分舍利経一卷 出第三十八卷末第三十九卷初
新編上
火生長者下三十三経並出根本説一切有部毗柰耶雜事中 又有給孤長者請畫寺因緣一卷 出雜事第十七及毗柰耶頌第五卷
從摩竭魚因緣経下四十二部四十九卷並是説一切有部律中緣起三藏義淨鈔出流行既是別生故編斯録

賢聖集別生一百三十四部　一百三十四卷
羅弥壽経一卷 一名羅旬喻 一名鄰孫壽 一名羅賢壽
栴檀塗塔経一卷
右上二経出撰集百緣経
无常経一卷 非新譯者 出第一卷
阿難見伎樂帝哭無常経一卷 出第一卷
比丘求證人経一卷 出第一卷
群牛千頭経一卷 出第一卷
竊為沙門経一卷 出第一卷
凡師逃走経一卷 出第一卷
七老婆羅門請為弟子経一卷 出第一卷
瞎鱉経一卷 出第一卷
阿梵和利比丘无常経一卷 出第二卷
集脩行士経一卷 或云脩士行 出第二卷
比丘問佛何故捨世學道経一卷 出第二卷
梵志問世間減損経一卷 出第二卷
梵志避死経一卷 出第二卷
佛看比丘病不受長者請経一卷 出第二卷
童子善射術経一卷 出第二卷
孤母喪一子経一卷 出第二卷
三魚失水經一卷 出第三卷
慳貪長者經一卷 出第三卷

斫毒樹復生經一卷 亦云更生　出第三卷
女人欲熾荒迷經一卷　出第三卷
獵師捨家學道經一卷　出第三卷
坐禪比丘命過生天經一卷　出第三卷
貧子得財發狂經一卷　出第三卷
放逸經一卷　出第四卷
甘露道經一卷　出第四卷
多聞經一卷　出第四卷
求離牢獄經一卷　出第四卷
深淺學比丘經一卷　出第五卷
降千梵志經一卷　出第五卷
暴象經一卷　出第五卷
拘提比丘經一卷　出第五卷
良時難遇經一卷　出第五卷
梵志子死稻敗經一卷　出第六卷
歡喜過差天經一卷　出第六卷
昔有二人相愛敬經一卷　出第六卷
佛往慰迦葉病經一卷　出第六卷
護口意經一卷　出第七卷
波利比丘謗梵行經一卷　出第七卷
慈仁不殺經一卷　出第七卷
摩耶祇女人謗佛生身入地獄經一卷　出第七卷

佛命阿難請家勝長者經一卷　出第八卷
家勝長者受咒願經一卷 或直云咒願經　出第八卷
北方世利經一卷　出第八卷
佛神力救長者子經一卷　出第八卷
沠離王攻釋子經一卷　出第八卷
信能度河經一卷　出第八卷
有衆生三世作惡經一卷　出第八卷
昔為鹿王經一卷　出第九卷
梵志誠大恩經一卷 或作誠　出第十卷
二倚士經一卷　出第十卷
聰明比丘經一卷　出第十卷
宿意經一卷　出第十卷
長壽王經一卷　出第十卷
說法難值經一卷　出第十一卷
調達問佛顏色經一卷　出第十一卷
无害梵志執志經一卷　出第十二卷
國王歡世典經一卷　出第十二卷
佛度旃陁羅兒出家經一卷 或无出家字
出第十三卷
出曜華經一卷　出第十三卷
承事勝已經一卷　出第十四卷
梵志問佛師經一卷　出第十四卷
善唄比丘經一卷　出第十四卷

六師結誓經一卷　出第十四卷
無病第一利經一卷　出第十五卷
法施勝經一卷　出第十五卷
水上泡經一卷　出第十六卷
沠離王生身入地獄經一卷 或無生身字
出第十六卷
目連弟布施望即報經一卷　出第十六卷
調達生身入地獄經一卷　出第十六卷
童子問佛乞食事經一卷　出第十六卷
多倒見衆生經一卷 或无多字　出第十六卷
乞兒發惡心經一卷　出第十八卷
長者夜輪得非常觀經一卷 亦直云非常觀經
出第十九卷
八歲沙彌降伏外道經一卷 舊錄云八歲沙彌折外異學經
鍾磬負之經一卷
无常經下七十五部七十五卷
並出出曜經中其有衆生三世
作惡經周錄去是異本編在藏
錄者誤也
優波斯那優婆夷經一卷 陳錄云亦賢慧經
出第三卷　新編上
出家功德經一卷 祐出家功德品初无相增同錄　出第七卷之二
新編上

開元釋教録第十六卷　第二十九張　階字号

出家功德度福增因緣經一卷 祐云出家功德品初撰福增因緣少分類別安置加諸佐序并度人經五紙 新編上

𡨥離比丘尼本緣經一卷 陳録云抄賢愚經

出第七卷　新編上

沙弥守戒自殺經一卷　出第七卷

二鸚䳇聞四諦經一卷　出第十三卷

烏聞比丘法生天經一卷　出第十二卷

五百鴈聞佛法生天經一卷　出第十三卷

堅撍師子經一卷　出第十三卷

優波斯那經下九部九卷並出賢

愚經

人受身入陰經一卷　出第一卷

人身八十種虫經一卷　出第一卷

人身四百四病經一卷　出第一卷

五陰成敗經一卷　出第一卷

除恐怖品經一卷　出第一卷

徃行慈經一卷　出第一卷

徃行勸意經一卷 祐録云抄中阿含　出第二卷

忍辱經一卷 陳録云抄徃行道地　出第三卷

晚食經一卷 抄晚了食品　出第三卷

地獄罪人衆苦經一卷 或云衆苦事　出第三卷

地獄衆生相害經一卷　出第三卷

歡悅品經一卷 或作勸悅　出第四卷

開元釋教録第十六卷　第卅張　階字号

人病醫不能治經一卷 或云不能自治

入受身入陰經下一十三經並出

修行道地經

阿練若習禪法經一卷 即是抄菩薩禪法第一卷其菩薩 新編上

禪經偈一卷 禪法即坐禪三昧經是 新編上

形疾三品風經一卷 祐云抄禪經中偈即是禪法要解抄 新編上

諸法實相觀經一卷 祐云抄思惟略要經 亦抄思惟略要法 新編上

阿恕伽王本緣經一卷 出阿育王傳第二卷 新編上

蓮華女經一卷 是法句喻經別抄出第二卷

初受道經一卷　賣智慧經一卷

福子經一卷　國王癡夫人經一卷

八歲沙弥開解國王經一卷

化辟經一卷 一名化喻經

獮猴與婢共戲致變經一卷

居士沒故為婦鼻中虫經一卷

度脫狗子經一卷 或無脫字

俱夷懐羅云本經一卷

須河辟喻經一卷 或无辟字 陳録云抄雜含第十

派離王入地獄經一卷 出曜中亦有未詳所以

福報經一卷 法經録中重上

教子經一卷 祐云一名須達教子經 舊録云須達訓子經

迦葉詰阿難經一卷 亦名迦葉責阿難雙度羅漢喻經 隋衆經録存

開元釋教録第十六卷　第卅張

為二經者非

人許名為道經一卷

貧女人聽經為毒虵所齧命終生天

經一卷

明宿願果報經一卷

聽四因辟喻經一卷

王后為蝗蝛經一卷

金色女經一卷 安公云出阿毗曇

赤嘴烏喻經一卷

神通應化經一卷 一名羅漢比丘答問

阿難多桓羅云母經一卷 一名羅云母經

種田經一卷　覺福經一卷 或云覺福經一卷

四飯聖法章一卷

八部僧行名經一卷

阿難邠祁四時布施經一卷

初受道下二十九經並出雜辟

喻經 准隋仁壽衆經録中有三十九經今以寫意經一卷檢諸代録云安高譯今編入藏此中故闕其六人喻經云出寫意已編上故此除之其譬道地撿經亦云出雜譬喻今以大本既無且編入藏其无懼經譬喻經毒喻經獮子經馬喻經首達經已上六經並出生經之中舊云出雜譬喻者誤也今編彼録此亦除之其迦葉責阿難雙度羅漢喻經即迦葉詰阿難經異名不合雙出除此十經之外有二十九經如前所列既云出雜譬喻未知止的出何者雙卷譬喻二本撿並无此等經應出八十卷者或可出護公所譯雜譬喻三百五十首經其經並在闕本録内

開元釋教録卷第十六　第四十三張　陀字号

開元釋教録卷第十六 別録之六

開元釋教録卷第十六

校勘記

一　底本，金藏廣勝寺本。

一　三四八頁中一行第五字「録」，資、磧、普、南、徑、清作「目録」。

一　三四八頁中二行「庚午歲」，徑、清作「唐」。

一　三四八頁中三行第八字「録」，麗作「經」。

一　三四八頁中四行「二十二卷」，麗作「一十二卷」。

一　三四八頁中一〇行第五字「不」，諸本(不含石，下同)無。

一　三四八頁下一行第七字「並」，諸本作「並出」。

一　三四八頁下一四行夾註左「乖設」，資、磧、普、南、徑、清作「來誤」；麗作「乖誤」。

一　三四八頁下末行夾註末字「會」下，諸本有「即舊單卷寶積經抄」。

一　三四九頁上七行末二字「佛時」，諸本作「成佛時」。

一　三四九頁中七行夾註「云歎寶」，徑作「穿」。

一　三四九頁中一一行夾註右末字「或」，磧、南、徑、清無。

一　三四九頁中一四行夾註下，資、磧、普、南、徑、清有「新編上」。次頁上四行夾註下，三五一頁上末行夾註下，三五一頁中二行夾註下同。

一　三四九頁中一五行第三字「寶」，資、磧、普、南、徑、清無。

一　三四九頁中一九行與二〇行之間徑有「無言菩薩經流通法經一卷抄無言品」十五字。

一　三四九頁下四行夾註下，諸本有「新編上」。

一　三四九頁下六行夾註右第五字「主」，麗無。

一　三四九頁下一三行第五字「一」，諸本作「一卷」。

一　三五〇頁上三行夾註左「起長」，徑作「越長」。

一　三五〇頁上八行夾註右第四字「王」，徑作「上」。

一　三五〇頁上一六行第七字「抄」，資、磧、普、南、徑、清作「妙」。

一　三五〇頁上一七行末字「卷」，諸本作「一卷」。又「卷」下，資、磧、普、南、徑、清有夾註「抄出」二字。

一　三五〇頁中一行夾註末字「經」，資、磧、普、南、徑、清無。

一　三五〇頁中二行夾註右第五字「亦」，資、磧、普、南、徑、清作「云」；麗作「亦云」。

一　三五〇頁中三行夾註右首字「出」，徑作「本」。

一　三五〇頁中五行夾註「八卷」，資、磧、普、南、徑、清作「七卷」。

一　三五〇頁中一〇行夾註左末字「經」，資、磧、普、南、徑、清作「經抄第一卷」。

一　三五〇頁中一二行夾註「第二卷」，麗作「第一卷」。

一　三五〇頁中一四行第三字「勸」，徑作「觀」。

一　三五〇頁中一七行夾註「第十卷」，諸本作「第七卷」。

一　三五〇頁下二行「授記」，資、磧、普、南、徑、清作「所說」。

一　三五一頁上一行夾註右第八字「等」，資、磧、普、南、徑、清作「藏」。三五四頁下二一行夾註左第三字同。

一　三五一頁上二一行夾註右首字「右」，磧、南、徑、清作「有」。

一　三五一頁上二二行夾註右第一〇字「將」，資作「時」。

一　三五一頁中三行夾註左「或第四卷」，資、磧、普、南、徑、清作「新編上」。

一　三五一頁中九行夾註「五卷」，資、磧、普、南、徑、清作「四卷」。

一　三五一頁中一八行首字「馬」，磧作「爲」。

一　三五一頁中一八行夾註左首字「集」，資、磧、普、南、徑、清作「出」。

一　三五一頁下九行夾註右「經約」，資、磧、普、南、徑、清作「約經」。

一　三五一頁下二一行第一〇字「云」，資、磧、普、南、徑、清無。

一　三五一頁下末行夾註左「此之」，徑作「北之」。

一　三五二頁上四行夾註左「稱揚」，資、磧、普、南、徑、清作「稱揚諸佛」。

一　三五二頁上六行「佛名」，諸本作「佛名經」。

一　三五二頁上一〇行「名經」，諸本作「佛名經」。

一　三五二頁中六行夾註下，諸本有「新編上」。

一　三五二頁中一一行與一二行之間，資、磧、普、南、徑、清有「菩薩本願行品一卷祐録云抄新編上」十五字。

一　三五二頁中一二行第三字「諸」，資、磧、普、南、徑、清無。

一　三五二頁中二〇行夾註左末字「載」，資、磧、普、南、徑、清作「義」。

一　三五二頁下六行「今並」，資作「金並」。

一 三五二頁下二二行第五字「戎」，徑作「戒經」。同行「一卷」下，諸本有「新編上」。

一 三五三頁上九行第五字「進」，資、磧、普、南、徑、清作「集」。

一 三五三頁上一五行「行法」，麗作「行法經」。

一 三五三頁中一行夾註「四卷」，徑作「五卷」。

一 三五三頁中八行第三字「或」，資、磧、普、南、徑作「成」；麗作「惑」。

一 三五三頁中一六行夾註左末字「同」，資、磧、普、南、徑、清作「新編上」。

一 三五三頁中一七行夾註左「而且」，諸本作「而直」。

一 三五三頁中一八行夾註左「經」，諸本作「經者」。

一 三五三頁下四行夾註右「直名」，資、磧、普、南、徑作「直云」。

一 三五三頁下八行夾註右「亦云」，諸本作「亦云出」。

一 三五三頁下一〇行夾註右第三字「息」，諸本作「自」。

一 三五三頁下一四行第三至四字「一卷」下，資、磧、普、南、徑、清有夾註「雜阿含第三十五」。

一 三五四頁上一行首字「捺」，資、磧、普、南、徑、清作「柰」。

一 三五四頁上一五行夾註「二十三」，諸本作「二十三卷」。

一 三五四頁上一七行第九字「恭」，資、磧、普、南、徑、清作「恭敬」。

一 三五四頁上一八行夾註左「三十四」，資、磧、普、南、徑、清作「二十四卷」。

一 三五四頁上二〇行夾註左「三十八」，資、磧、普、南、徑、清作「三十四卷」。

一 三五四頁中一行「強益」，資、磧、普、南、徑、清作「強盜」。

一 三五四頁中九行「四紙半」，磧作「五紙」。

一 三五四頁中一五行夾註左「設也」，諸本作「誤」。

一 三五四頁中一八行左第四字「録」，資、磧、普、南、徑、清無。

一 三五四頁中二〇行左第七字「云」，諸本作「云出」。

一 三五四頁下二一行夾註左「等録」，資、磧、普、南、徑、清作「藏録」。又夾註「十五卷」，資、磧、普、南、徑、清作「十四卷」。

一 三五五頁上二行夾註右「无上」，諸本作「無下」。

一 三五五頁上七行「十九卷」，資、磧、普、南、徑、清作「十卷」。

一 三五五頁上一二行「風火」，諸本作「盛火」。

一 三五五頁中三行夾註右末字「三」，諸本作「二」。

一 三五五頁中二〇行第三字「達」，資、磧、普、南、徑、清作「違」。

一 三五五頁下五行夾註「三十二卷」，資、磧、普、南、徑、清作「三十三卷」。

一 三五五頁下一〇行夾註「三十二卷」，資、磧、普、南、徑、清作「三十卷」。

一　三五五頁下一一行第六字「戰」，徑作「戰經」。

一　三五六頁上一行夾註左第三字「云」，麗作「云抄」。

一　三五六頁上二行「出……上」九字，資、磧、普、南、徑、清無。

一　三五六頁上七行「三師」，諸本作「三歸」。

一　三五六頁上二二行夾註「四十三卷」，徑作「四十八卷」。

一　三五六頁上末行夾註右「浮木」，徑作「浮水」。

一　三五六頁中一八行第六字「惡」，資、磧、普、南、徑、清無。

一　三五六頁中二一行夾註右「前譯」，麗作「前譯出」。

一　三五六頁中末行夾註「三十卷」，清作「二十卷」。

一　三五六頁下一行「十卷」，磧、普、南、徑、清作「三十卷」；麗作「二十卷」。

一　三五六頁下三行夾註右第四字「付」，資、磧、普、南、徑、清作「富」。

一　三五六頁下一一行夾註「一十五」，諸本作「二十五」。

一　三五六頁下一二行夾註首字「出」，磧、普、南、清無。

一　三五六頁下一四行第六字「新」，諸本作「雜」。

一　三五六頁下二二行夾註右「此經」，資、磧、普、南、徑、清作「非此經」。

一　三五七頁上一行夾註左第七字「禪」，資、磧、普、南、徑、清無。

一　三五七頁上一四行第八字「經」，資無。

一　三五七頁上一九行「一卷」，資、磧、普、南無。

一　三五七頁中一二行首字「莬」，資、磧、普、南、徑、清作「兎」；麗「兎」。

一　三五七頁中一九行夾註右第三字「雜」，資、磧、普、南、徑、清作「新」。

一　三五七頁下一三行首字「首」，資作「道」。

一　三五七頁下一七行夾註左「神呪經」下，諸本有「並云出生經中今檢生經之内揔無此經檢本既無除之不上此五十四經」二十九字。

一　三五七頁下一八行夾註右第一三字「爲」，諸本作「曾爲」。

一　三五八頁上九行首字「戓」，麗作「勇」。

一　三五八頁上二〇行夾註右第五字「令」，諸本作「今」。

一　三五八頁上二一行夾註「子父共會」，徑作「子父其會」；麗作「父子共會」。又夾註左「十二」，麗作「十四」。

一　三五八頁上末行第二字「鏘」，諸本作「槍」。

一　三五八頁中一三行夾註「祐録」，資、磧、普、南、徑、清作「祐録云」。

一　三五八頁中一六行第三字「事」，資、磧、普、南、徑、清作「事經」。同行夾註右第三字「新」，資、磧、普、南、徑、清無。

一　三五八頁下六行第一二字「僧」，麗無。

一　三五八頁下一一行第二字「物」，徑作「佛」。

一　三五八頁下一九行夾註「第二第三卷」，資、磧、普、南、徑、清作「第三卷第四卷」。

一　三五九頁上二行「一卷」，資、磧、普、南、徑、清作「二卷」。

一　三五九頁上一五行首字「豎」，麗作「竪」。同行夾註「二十卷」，資、磧、普、南、徑、清作「二十一卷」。

一　三五九頁上二二行第四字「巧」，資、磧、普、南、徑、清作「功」。

一　三五九頁中二行夾註「三十卷」，資、磧、普、南、徑、清作「三十一卷」。

一　三五九頁中四行夾註右末字「未」，諸本作「末」。

一　三五九頁中一三行夾註「三十八卷」，清作「二十八卷」。

一　三五九頁中一七行第四字「者」，麗作「者經」。

一　三五九頁下三行夾註右第四字「旬」，資、磧、普、徑、清作「句」。又夾註左「羅賢」，諸本作「羅貧」。

一　三五九頁下一五行夾註左「土行」，諸本作「士行」。

一　三五九頁下二二行夾註「三卷」，資、磧、普、南、徑、清作「二卷」。

一　三六〇頁上三行第六字「道」，徑無。

一　三六〇頁上一九行「第七卷」，徑作「第十卷」。

一　三六〇頁下一二行夾註右「直云」，資、磧、普、南作「直云得」；徑、清作「云得」。

一　三六〇頁下一七行第六字「中」，徑、清無。

一　三六〇頁下二二行夾註左「无福增因緣」，資作「兼福增因緣」；磧、普、南、徑、清作「兼福增因經」。

一　三六一頁上三行首字「弃」，諸本作「叔」。

一　三六一頁上一八行夾註右第四字「抄」，磧、南無。

一　三六一頁中七行夾註左末字「經」，資、磧、普、南、徑、清作「法新編上」。

一　三六一頁中一〇行夾註「經別抄出第二卷」，資、磧、普、南、徑、清無。

一　三六一頁中一九行第二字「河」，資作「阿」。

一　三六一頁中末行夾註右「亦名」，資、磧、普、南、徑、清作「亦云」。

一　三六一頁下八行夾註右第三字「云」，資、磧、普、南、徑、清無。

一　三六一頁下一二行夾註左「經一卷」，資、磧、普、南、徑、清無。

一　三六一頁下一七行夾註左「安高」，資、磧、普、南、徑、清作「安世高」。

一　三六一頁下一八行夾註左「梯橙」，徑、清作「梯隥」。

一　三六一頁下一九行夾註左第九字「馬」，資、磧、普、南、徑、清作「罵」。

一　三六一頁下二一行夾註右「合雙出」，資、磧、普、南、徑、清作「名雙上」。

一　三六一頁下二二行夾註右第五字「止」，資、磧、普、南、徑、清無。又夾註右第九字「者」，資、磧、普、南、徑、清作「者其」。

一　三六二頁上經名第五字「録」，徑、清作「目録」。

開元釋教録卷第十七 別録之七 階

庚午歲西崇福寺沙門智昇撰

別録中删略繁重録第四 一百四十七部 四百八卷

删繁録者謂同本異名或廣中略出以為繁賸今並删除但以年歲久淹共傳訛替徒盈卷帙有費功勞今者詳校異同甄明得失具為條目有可觀焉

新括出別生經 六十七部 一百八十五卷

虛空藏所問經八卷 亦云方等王虛空藏經或直云虛空藏經或五卷

右一經是大集經中虛空藏菩薩品別抄流行大周録云乞伏秦代沙門聖堅譯者謬也彼聖堅譯者闕本

虛空藏菩薩問持經得幾福經一卷

右一經亦是大集虛空藏品中別文抄出諸録皆云姚秦三藏鳩摩羅什譯者謬也

一切施王所行檀波羅蜜經一卷

右一經出六度集經施度无極中諸録皆云姚秦三藏鳩摩羅什譯者誤也

開元釋教録第十七卷 第二張 六

大方廣如來性起微密藏經二卷

右一經即是舊華嚴經寶王如來性起品別出流行初加證信序及取第二會初緣起置之於首長房等録並云西晉失譯者謬也

隨願往生經一卷 本名灌頂隨願往生十方淨土經亦云普廣菩薩經

右一經是大灌頂經第十一卷普廣品或有經本在第十二長房等録皆云吳代優婆塞支謙譯或云西晉三藏竺法護譯者二俱謬也

藥師琉璃光經一卷 亦名灌頂拔除過罪生死得度經

右一經是大灌頂經第十二卷或有經本在第十一長房等録皆云宋代鹿野寺沙門慧簡譯者謬

大般若第二會經七十八卷 時俗題云新譯大品 放光般若

大般若第四會經一十八卷 時俗題云新譯道行小品般若

右二經時俗共傳云是三藏義淨所譯別改題目抄寫

派行撿尋淨公經目不曾别
譯此經及勘其文乃與大
般若无異恐不知委故此
述之

最勝天王般若經八卷 亦云新譯勝天王般若
右一經即大般若第六會
與舊勝天王般若同本異譯

曼殊般若經二卷 亦云新譯文殊般若
右一經即大般若第七會
曼殊室利分與舊文殊般
若同本異譯

理趣般若經一卷
右一經即大般若第十會
般若理趣分

密迹金剛力士經二卷
右一經內典録云失譯者非
也今尋其本乃出五卷密
迹力士經中從第四卷初
第四紙五言偈後第五行
第五字下生起至第五卷
末句全同

增壹阿含經一卷 二紙
右一經出增壹阿含經第

二十一卷抄出三經初明
四梵福次明四食後明四
辯長房録云西晉沙門法
炬譯者誤也

行七行現報經一卷 一紙
右一經出增壹阿含經第三
十四卷

十二因緣經一卷 三紙
右一經出增壹阿含經第
四十六卷周録編在大乘
藏中云與貝多樹下思惟十
二因緣經同本異譯者謬也

戒相應法經一卷
右一經出雜阿含經第三
十卷長房録云東晉西域
沙門竺曇无蘭譯者謬也

比丘問佛多優婆塞命終經一卷
右一經亦出雜阿含經第三
十卷長房録云西晉沙門
法炬譯者謬也

獨富長者經一卷
右一經出雜阿含經第四十
六卷長房録云後漢三藏

安世高譯者謬也

有衆生三世作惡經一卷
右一經出出曜經第八卷長
房録云西晉沙門法炬譯
者謬也

出家功德經一卷
右一經出賢愚經出家功
德品初長房録云吳代優
婆塞支謙譯者謬也

佛為年少婆羅門說知善不善經一卷 出雜阿含經第四卷長房録云後漢三藏安世高譯者謬

佛為那拘羅長者說根熟經一卷 出雜阿含經第五卷長房録云後漢三藏安世高譯者謬也

佛為外道須深說離欲經一卷 出雜阿含經第十四卷長房録云吳代優婆塞支謙譯者謬也

阿育王施半阿摩勒果經一卷 出雜阿含經第二十五卷

禪思滿足經一卷 出雜阿含經第二十九卷長房録前後兩譯者並謬也

右上五經周録之中編在闕
本經內今撿得其本並出
雜阿含中既是别生除之
不録

摩竭魚因緣經一卷 出第九卷

尊者鄔陀夷引導諸人礼佛僧經

一卷　出第十一卷

還本國度父王經一卷　出第十七卷末第十八卷初

水生太子經一卷　出第十九卷

施物法非法經一卷　出第二十四卷

教識羅怙羅經一卷　出第二十五卷

五趣生死輪轉經一卷　出第三十四卷

善来苾蒭因緣經一卷　出第四十二卷

七有事无事福業經一卷　出第四十六卷

摩竭魚因緣下九經並出根本

説一切有部毗柰耶中

火生長者受報經一卷　出第二第三卷

尊者善和好聲經一卷　出第四卷

五種水羅經一卷　出第五卷

勝鬘夫人本緣經一卷　出第七卷

勝光王信佛經一卷　出第八卷

誅釋種受報經二卷　出第八第九卷

大世主苾蒭尼入涅槃經一卷　出第十卷

佛為難陁説出家入胎経二卷　編入寶積第十四會

出第十一十二卷

勸法捨身經一卷　出第十四卷初

度二邪見童子得果經一卷　出第十四卷

清淨威儀經一卷　或云淨威儀　出第十六卷

大目連受報經一卷　出第十八卷

初誕生現大瑞應經一卷　出第二十卷

度迦多演那經一卷　出第二十卷

晵羅鉢龍王業報因緣經一卷　出第二十一卷　此晵羅鉢龍王經與度迦多演那經明同翠者但前經初文別贈四紙緣起下文並同无別何勞重鈔分為二經

安樂夫人因緣經一卷　出第二十一卷

增養因緣經三卷　出第二十二二十三二十四卷

妙光因緣經一卷　出第二十五卷

降伏外道現大神通經一卷　出第二十六卷

大藥善巧方便經二卷　出第二十七二十八卷

佛從天下贍部洲經一卷　出第二十九卷

度瘦瞿答弥經一卷　出第三十卷

訶利底母因緣經一卷　出第三十一卷

法與尼在家得果經一卷　出第三十二卷

樹生婆羅門憍慢經一卷　出第三十四卷末第三十五卷初

弟子事師經一卷　出第三十五卷

七種不退轉經一卷　出第三十五卷

佛為長者説放逸經一卷　出第三十六卷

地動因緣經一卷　出第三十六卷

四種黑白法印經一卷　出第三十七卷

佛將入涅槃度善賢經二卷　出第三十七卷半後三十八卷前

佛般涅槃行雨大臣告王經一卷　出第三十八卷

八大國王分舍利經一卷　出第三十八卷末第三十九卷初

此上二經文相錯涉其大臣告王經比於後經前文贈兩紙餘其分舍利經比於前經後文可减三紙餘並无異鈔為二經繁而未當

火生長者下三十三經並出根本説一

切有部毗柰耶雜事中

從摩竭魚因緣經下四十二經四十九

卷並是説一切有部律中緣起三藏

義淨鈔出流行既類別生故並刪削

於中施物法非法經弟子事師經比

於廣文雖少增減義既不異於本豈

繁別為部卷類諸別生亦並刪也

新括出名異文同経二十部五十二卷

菩薩境界奮迅法門經十卷

元魏三藏菩提留支譯　出寶唱録

右一經即薩遮尼乾子經

之異名周録別載復云闕

本者誤也

新道行經七卷　或十卷

西晉三藏竺法護譯　出長房等録

右一經撿諸藏本並與小

品般若文句全同者其本

錯也護公所譯新道行經

時无其本　承聞東都有護譯本尋之未獲

大方等大集経八卷

右一經唐内典録及大周録二録俱載今撿其文即是合部大集經第六帙也初之二卷名十方菩薩品即是明度五十挍計經後之六卷乃是无盡意經其明度五十挍計經不知何故編入大集以有差殊今存別部之者此既重載今故刪除

阿耨達龍王經二卷

右一經與弘道廣顯三昧經文句全同但名別異今存一本

合道神足經三卷

右一經與道神足无極變化經文同名異

哀泣經三卷 或二卷 六品

右一經與方等般泥洹經文同名異其方等泥洹初品名為哀泣乃取此品名目以作經題比於方等泥洹後闕三品文不足矣

寶田慧印三昧經一卷

右一經與慧印三昧經文句全同名廣略異長房録云慧印三昧經亦名寶田慧印三昧經周入藏録二本俱載一單一重誤之甚也

庚子經一卷

右一經與庚母經文同名異撿其文義合從母立名長房録云庚子經吴代優婆塞支讖譯者謬也

小無量壽經一卷

右一經與阿弥陁經文同名異其宋代三藏求那跋陁羅所譯小無量壽經時无其本

胎藏經一卷 出長房録

右一經與无垢賢女經文同名異

閻城十二因緣經一卷

右一經與貝多樹下思惟十二因緣經文同名異此閻城經合有異本尋之未獲

大安般經一卷 或二卷 内典録云二卷 長房録云一卷

右一經與大安般守意經文句全同名廣略異羣録之中存其二本者誤之甚也

申日經一卷

右一經與大乘藏中月光童子經文同名異父名申日子号月光約此不同立經名別長房録云申日經吴代優婆塞支謙譯者謬也

輪轉五道罪福報應經一卷

右一經與罪福報應經文句全同名廣略異

栴陁越經一卷

右一經與栴陁越國王經文句全同名廣略異周入藏中栴陁越經編在單本栴陁越國王經在於重譯二處載者誤之甚也

真偽沙門經一卷 長房録云一名摩訶比丘經 亦名迦葉禁戒經

右一經即迦葉禁戒經之異名文句全同或云宋代鹿野寺沙門慧簡譯者謬也

轉法輪經一卷

右一經撿无其本諸經藏內皆以轉法輪論替之者誤也（近於東都尋得正本編入藏訖）

賓頭盧為王說法經一卷

右一經與賓頭盧突羅闍為優陁延王說法文句全同名廣略異

阿蘭若習禪法經二卷

右一經與坐禪三昧經文同名異

禪秘要經五卷

右一經云是宋代三藏曇摩蜜多譯云與姚秦三藏鳩摩羅什所譯禪秘要法同本異出今撿尋上下文極交錯非是本經初之一卷乃是治禪病秘要法文仍不盡至半而止第二卷已去即是羅什所譯禪秘要法從第一卷過半生起至第三卷末文亦不盡欠十餘紙均為四卷通前成

五其曇摩蜜多譯者時闕其本

新括出重上錄經　八部　三十卷

菩薩地持經十卷（或八卷 亦名菩薩戒經 又名菩薩地經）

右一經亦名菩薩地持論今此錄中編之為律存其經名除其論錄周錄中云菩薩地持經闕本者誤也又周錄中此一本經既有多名前後差互凡六處重上錯之甚也（大乘經中一處上大乘律中二處上大乘論中一處上闕本錄中二處上）

無畏德女經一卷（今編入寶積）

餘經重載其數非一恐繁紙墨故略述之

第一義法勝經一卷

弥勒菩薩所問本願經一卷

右三經大周入藏錄中單本重譯二處俱載者誤也今除單本編重譯中

發菩提心經二卷（亦名發菩提心論）

右一經周入藏錄大乘經中及大乘論二處俱載者誤

也今以菩薩所造除其經名存於論錄

諫王經一卷（亦名大小諫王經）

右一經周入藏闕本二錄俱載者誤也

法句經二卷（亦云法句集）

右一經周入藏錄大乘重譯及集傳內二處俱載者誤也尋文並同不可分二雖曾再譯一本闕無今經中除編於集內

攝大乘釋論十二卷

右一論隋開皇仁壽二眾經錄及唐內典大周錄等皆存二本云與十五卷攝論同本異出俱是陳朝三藏真諦所譯者誤也今勘文句首末全同卷雖多少有殊不可分為二部但存十五卷本十二成者除之

新括出合入大部經（五十二部 一百四十二卷）

金光明經四卷　一十八品

北凉三藏曇无讖譯

開元釋教録第十七卷　第十五張　階字号

金光明經七卷 二十二品 或六卷
陳三藏真諦全譯 四品合成七卷
金光明經更廣壽量 大辯陁羅尼經 五卷續四卷本
周宇文氏三藏耶舍崛多續
壽量大辯二品
右隋興善寺沙門寶貴
取前三本及闍那崛多所
譯銀主囑累二品摠二十
四品合成八卷前之三本
並合入中一無增减其八
卷成者留之入藏上之三
本既重故略
密迹金剛力士經七卷 西晉三藏竺法護譯
在第三會 或四卷或五卷 或八卷
菩薩夢經二卷 西晉三藏竺法護譯
在第四會 新改名淨居天子會
法界體性无分別經二卷 梁三藏曼陁羅仙譯
在第八會
十法經一卷 元魏三藏佛陁扇多譯 在第九會 如名大乘十法會
大菩薩藏經二十卷 大唐三藏玄奘譯
在第十二會
佛為難陁說出家入胎經二卷 出說一切有部律
大唐三藏義淨譯 在第十四會 改名入胎藏會

開元釋教録第十七卷　第十六張　階字号

文殊師利授記經三卷 大唐三藏實叉難陁譯
在第十五會
菩薩見實三昧經十六卷 高齊三藏那連提耶舍譯
在第十六會 或十四卷 或十卷
菩薩藏經三卷 一名富樓那問經 姚秦鳩摩羅什譯
在第十七會 亦名大悲心經 改名富樓那會 或二卷
護國菩薩經二卷 隋三藏闍那崛多譯
在第十八會
郁伽長者所問經一卷 曹魏三藏康僧鎧譯
在第十九會 或二卷
迦葉經二卷 元魏外國王子月婆首那譯。 在第二十三會
善臂菩薩所問經二卷 姚秦三藏鳩摩羅什譯
在第二十六會 或一卷
無畏德女經一卷 元魏三藏佛陁扇多譯 在第三十二會
無垢施菩薩分別應辯經一卷 西晉清信士聶道真譯
在第三十三會 或二卷
大方等善住意天子問經四卷 隋三藏達摩笈多譯
在第三十六會
大乘方便經三卷 東晉外國居士竺難提譯
在第三十八會
移識經二卷 隋三藏闍那崛多譯
在第三十九會 改名賢護長者會
弥勒菩薩所問經一卷 元魏三藏菩提留支譯

開元釋教録第十七卷　第十七張　階字号

在第四十一會 改名弥勒問八法會
大寶積經一卷 失譯 在第四十三會
改名普明菩薩會
寶梁經二卷 北涼沙門道龔譯 在第四十四會
文殊般若波羅蜜經一卷 梁三藏曼陁羅仙譯 或二卷
在第四十六會 般若部中重出一本此在次不可偏除故存著
寶髻菩薩所問經二卷 亦名菩薩淨行經 西晉竺法護譯
在第四十七會
右密迹力士經下合二十
三部共八十一卷並是大
寶積經諸會舊譯三藏菩
提流志勘梵本同更不重
翻直編會次既合入大部別
者刪之
三律儀經三卷 與舊大方廣三戒經同本 在第一會
無邊莊嚴經四卷 在第二會
無量壽如来經二卷 與舊大阿弥陁經等同本 在第五會
不動如来經二卷 與舊阿閦佛國經同本 在第六會
被甲莊嚴經五卷 在第七會
文殊師利普門經一卷 與舊普門品經同本
在第十會
出現光明經五卷 在第十一會
佛為阿難說處胎經一卷 與舊胞胎經同本

在第十三會

無盡伏藏經二卷　在第二十會

授幻師跋陀羅記經一卷（與舊幻士仁賢經同本）　在第二十一會

大神變經二卷　在第二十二會

優波離問經一卷（與舊決定毗尼經同本）　在第二十四會

發勝志樂經二卷（與舊發覺淨心經同本）　在第二十五會

善順菩薩經一卷　在第二十七會

勤授長者經一卷　在第二十八會

優陁延王經一卷（與舊優填王經同本）　在第二十九會

妙慧童女經一卷（與舊須摩提經同本）　在第三十會

恒河上優婆夷經一卷　在第三十三會

功德寶花敷菩薩經一卷　在第三十四會

善德天經一卷（與舊文殊不思議境界經同本）　在第三十五會

阿闍世王太子經一卷（與舊太子刷護經等同本）　在第三十七會

淨信童女經一卷　在第四十會

弥勒菩薩所問經一卷（與舊弥勒所問本願經同本）　在第四十二會

无盡慧菩薩經一卷　在第四十五會

勝鬘夫人經一卷（與舊勝鬘經同本）　在第四十八會

廣慱仙人問經一卷（與舊毗耶娑問經同本）　在第四十九會

右三律儀經下合二十六部共四十四卷大唐先天二年南印度三藏沙門菩提流志（唐云覺愛）於西崇福寺譯並是寶積諸會編在大部之中亦有鈔寫别部沵行恐不知根源故具條示

別録中補闕拾遺録第五（三百六部　一千一百十二卷）

（若新舊相合共成一百二十卷　若分别分之則成一百二十五卷矣）

補拾録者謂舊録闕題新翻未載之類今並詳而具之也所異法輪无玷慧日增暉永燭幽途恒霑潤沃者矣

文殊師利問菩薩署經一卷

後漢三藏支婁迦讖譯

自誓三昧經一卷

後漢三藏安世高譯

温室洗浴衆僧經一卷

後漢三藏安世高譯

佛印三昧經一卷

後漢三藏安世高譯

菩薩内習六波羅蜜經一卷

後漢沙門嚴佛調譯

老女人經一卷　吴優婆塞支謙譯

持句神呪經一卷　吴優婆塞支謙譯

孛經一卷　吴優婆塞支謙譯

菩薩十住行道品一卷

西晉三藏竺法護譯

太子沐魄經一卷

西晉三藏竺法護譯

優填王經一卷　西晉沙門釋法炬譯

灌洗佛形像經一卷

西晉沙門釋法炬譯

文殊師利般涅槃經一卷

西晉居士聶道真譯

異出菩薩本起經一卷

西晉居士聶道真譯

採蓮違王上佛授決号妙華經一卷

東晉沙門竺曇无蘭譯

陁鄰尼鉢經一卷

東晉沙門竺曇无蘭譯

摩尼羅亶經一巻
東晉沙門竺曇无蘭譯
玄師颰陁所説神呪經一巻
東晉沙門竺曇无蘭譯
摩訶般若波羅蜜大明呪經一巻
姚秦三藏鳩摩羅什譯
須摩提菩薩經一巻
姚秦三藏鳩摩羅什譯
申日兒本經一巻
宋三藏求那跋陁羅譯
阿難陁目佉尼呵離陁經一巻
宋三藏求那跋陁羅譯
弥勒菩薩所問經一巻 今編入寶積
元魏三藏菩提留支譯
文殊師利所説般若波羅蜜經一巻
梁三藏僧伽婆羅譯
大乘十法經一巻 梁三藏僧伽婆羅譯
種種雜呪經一巻 周三藏闍那崛多譯
大集譬喻王經二巻
隋三藏闍那崛多譯
入法界體性經一巻
隋三藏闍那崛多譯
離垢慧菩薩所問礼佛法經一巻

大唐三藏那提譯
大乘遍照光明藏无字法門經一巻
大唐三藏地婆訶羅譯
大乘百福荘嚴相經一巻
大唐三藏地婆訶羅譯
菩薩修行四法經一巻
大唐三藏地婆訶羅譯
佛頂冣勝陁羅尼經一巻
大唐三藏地婆訶羅譯
冣勝佛頂陁羅尼淨除業障經一巻
大唐三藏地婆訶羅譯
造塔功徳經一巻
大唐三藏地婆訶羅譯
千手千眼觀世音菩薩廣大圓滿無导大悲心陁羅尼經一巻
天竺沙門伽梵達摩譯
千手千臂觀世音菩薩陁羅尼神呪經二巻 或一巻 大唐沙門釋智通譯
千囀陁羅尼觀世音菩薩呪經一巻
大唐沙門釋智通譯
觀自在菩薩隨心呪經一巻
大唐沙門釋智通譯
大方廣圓覺脩多羅了義經一巻

大唐罽賓沙門佛陁多羅譯
不空羂索陁羅尼自在王呪經三巻
大唐三藏寶思惟長壽二年譯
薩曇分陁利經一巻 失譯
不思議功徳諸佛所護念經二巻
失譯
菩薩本行經三巻 失譯
大金色孔雀王呪經一巻 失譯
佛説大金色孔雀王呪經一巻 失譯
天王太子辟羅經一巻 失譯
金剛三昧經二巻 失譯
摩利支天經一巻 失譯
六字神呪王經一巻 失譯
虚空藏菩薩問佛經一巻 或云問七佛陁羅尼經
失譯
三劫三千佛名經三巻 失譯
手栥鼻陁羅呪經一巻 失譯
阿弥陁鼓音聲王陁羅尼經一巻
失譯
阿吒婆拘鬼神大將上佛陁羅尼經一巻 失譯
大普賢陁羅尼經一巻 失譯
大七寶陁羅尼經一巻 失譯

開元釋教錄第十七卷　第二十四張　階字号
六字大陀羅尼經一卷　失譯
長者女菴提遮師子吼了義經一卷
失譯　已上大乘經五十九部拾遺編入
菩薩戒本一卷　北凉三藏曇无讖譯
受十善戒經一卷　失譯　已上大乘律二部拾遺編入
法華經論二卷　或一卷
元魏三藏菩提留支譯
遺教經論一卷　陳三藏真諦譯
唯識三十論一卷　大唐三藏玄奘譯
已上大乘論三部拾遺編入
婆羅門子命終愛念不離經一卷
後漢三藏安世高譯
婆羅門避死經一卷
後漢三藏安世高譯
罵意經一卷　後漢三藏安世高譯
分別善惡所起經一卷
後漢三藏安世高譯
父母恩難報經一卷
後漢三藏安世高譯
弊魔試目連經一卷
吳優婆塞支謙譯
齋經一卷　吳優婆塞支謙譯
須摩提女經一卷

開元釋教錄第十七卷　第二十五張　階字号
吳優婆塞支謙譯
黑氏梵志經一卷　吳優婆塞支謙譯
猘狗經一卷　吳優婆塞支謙譯
離睡經一卷　西晉三藏竺法護譯
受歲經一卷　西晉三藏竺法護譯
樂想經一卷　西晉三藏竺法護譯
尊上經一卷　西晉三藏竺法護譯
意經一卷　西晉三藏竺法護譯
應法經一卷　西晉三藏竺法護譯
鴦崛摩經一卷　西晉三藏竺法護譯
分別經一卷　西晉三藏竺法護譯
身觀經一卷　西晉三藏竺法護譯
苦陰因事經一卷
西晉沙門釋法炬譯
瞻波比丘經一卷
西晉沙門釋法炬譯
伏婬經一卷　西晉沙門釋法炬譯
數經一卷　西晉沙門釋法炬譯
相應相可經一卷
西晉沙門釋法炬譯
慯法經一卷　西晉沙門釋法炬譯
法海經一卷　西晉沙門釋法炬譯
阿闍世王問五逆經一卷

開元釋教錄第十七卷　第二十六張　階字号
西晉沙門釋法炬譯
善生子經一卷　西晉沙門釋度譯
鐵城泥犁經一卷
東晉沙門竺曇无蘭譯
阿耨風經一卷
東晉沙門竺曇无蘭譯
梵志頞羅延問種尊經一卷
東晉沙門竺曇无蘭譯
四泥犁經一卷
東晉沙門竺曇无蘭譯
水沫所漂經一卷
東晉沙門竺曇无蘭譯
中心經一卷　東晉沙門竺曇无蘭譯
海八德經一卷
姚秦三藏鳩摩羅什譯
文陁竭王經一卷　北凉三藏曇无讖譯
鞞摩肅經一卷
宋三藏求那跋陁羅譯
四人出現世間經一卷
宋三藏求那跋陁羅譯
十一想思念如來經一卷
宋三藏求那跋陁羅譯
進學經一卷　宋居士沮渠京聲譯

八關齋經一卷　宋居士沮渠京聲譯
弟子死復生經一卷
宋居士沮渠京聲譯
佛母般泥洹經一卷
宋沙門釋慧簡譯
起世因本經十卷
隋三藏達摩笈多譯
苦陰經一卷　失譯
阿鳩留經一卷　失譯
兜調經一卷　失譯
舍衛國王夢見十事經一卷　失譯
玉耶女經一卷　失譯
孝子經一卷　失譯
鬼子母經一卷　失譯
梵摩難國王經一卷　失譯
梵志計水淨經一卷　失譯
三歸五戒慈心厭離功德經一卷
失譯
箭喻經一卷　失譯
滿願子經一卷　失譯
出家功德經一卷　失譯
佛為黄竹園老婆羅門説學經一卷
失譯

邪見經一卷　失譯　已上小乘經五十九部拾遺編入
五分比丘尼戒本一卷
梁沙門釋明徽集出
四分雜羯磨一卷　以結戒場為首
東魏三藏康僧鎧譯
犯戒報應軽重經一卷
後漢三藏安世高譯
沙弥尼戒經一卷　失譯
五百問事經一卷　失譯　已上小乘律五部拾遺編
道地經一卷　小乘論无遺　後漢三藏安世高譯
迦葉結經一卷　後漢三藏安世高譯
阿毗曇五法行經一卷
後漢三藏安世高譯
小道地經一卷　後漢三藏支曜譯
雜譬喻經一卷
後漢三藏支婁迦讖譯
舊雜譬喻經二卷
吴三藏康僧會譯
佛醫經一卷　吴沙門竺律炎譯
撰集百緣經十卷
吴優婆塞支謙譯
惟日雜難經一卷

吴優婆塞支謙譯
法觀經一卷　西晉三藏竺法護譯
十二遊經一卷
東晉沙門迦留陁伽譯
文殊師利發願經一卷
東晉三藏佛陁跋陁羅譯
五門禪經要用法一卷
宋三藏曇摩蜜多譯
勸發諸王要偈一卷
宋三藏僧伽跋摩譯
分別業報略一卷　或加集字
宋三藏僧伽跋摩譯
阿育王經十卷
梁三藏僧伽婆羅譯
阿育王息壞目因緣經一卷
苻秦三藏曇摩難提譯
四阿含暮抄解二卷
苻秦三藏鳩摩羅佛提譯
思惟略要法一卷
姚秦三藏鳩摩羅什譯
雜譬喻經一卷
姚秦三藏鳩摩羅什譯
馬鳴菩薩傳一卷

姚秦三藏鳩摩羅什譯
龍樹菩薩傳一卷
姚秦三藏鳩摩羅什譯
提婆菩薩傳一卷
姚秦三藏鳩摩羅什譯
婆藪槃豆法師傳一卷
梁三藏真諦譯
讃觀世音菩薩頌一卷
大唐沙門釋慧智譯
禪要呵欲經一卷　失譯
內身觀章句經一卷　失譯
雜辟喻經二卷　失譯
六菩薩名一卷　失譯
佛治身經一卷　失譯
治意經一卷　失譯
阿育王辟喻經一卷　失譯
撰集三藏及雜藏傳一卷　失譯
无明羅刹集一卷　失譯
三慧經一卷　失譯
迦丁比丘說當來變經一卷　失譯
已上賢聖集傳三十六部拾遺編入
右文殊問署經下一百六十
四部合二百五卷並是舊

譯經律論等大周廣録有
目入藏之內並無闕本録
中有載不載或有周録遺
漏諸録有者今並拾遺編
入藏録
大方廣佛花嚴經八十卷
大唐三藏實叉難陁譯
文殊師利授記經三卷 今編入寶積
大唐三藏實叉難陁譯
大方廣入如来智德不思議經一卷
大唐三藏實叉難陁譯
大方廣如来不思議界經一卷
大唐三藏實叉難陁譯
大方廣普賢菩薩所說經一卷
大唐三藏實叉難陁譯
大乘入楞伽經七卷
大唐三藏實叉難陁譯
觀世音菩薩秘密藏神呪經一卷
大唐三藏實叉難陁譯
妙臂印幢陁羅尼經一卷
大唐三藏實叉難陁譯
百千印陁羅尼經一卷
大唐三藏實叉難陁譯

救面燃餓鬼陁羅尼神呪經一卷
大唐三藏實叉難陁譯
右繞佛塔功德經一卷
大唐三藏實叉難陁譯
大乘四法經一卷
大唐三藏實叉難陁譯
不空羂索陁羅尼經一卷
大唐婆羅門李无諂譯
無垢淨光大陁羅尼經一卷
大唐三藏弥陁山等譯
文殊師利根本一字陁羅尼經一卷
大唐三藏寶思惟譯
六字神呪經一卷
大唐三藏菩提流志譯
金光明冣勝王經十卷
大唐三藏義淨譯
能斷金剛般若波羅蜜經一卷
大唐三藏義淨譯
入定不定印經一卷
大唐三藏義淨譯
弥勒下生成佛經一卷
大唐三藏義淨譯
曼殊室利一字呪王經一卷

大唐三藏義淨譯
莊嚴王陁羅尼經一卷
大唐三藏義淨譯
善夜經一卷　大唐三藏義淨譯
大乘流轉諸有經一卷
大唐三藏義淨譯
妙色王因緣經一卷
大唐三藏義淨譯 已上五經天后代譯
浴像功德經一卷
大唐三藏寶思惟譯
校量數珠功德經一卷
大唐三藏寶思惟譯
觀世音菩薩如意摩尼陁羅尼
經一卷　大唐三藏寶思惟譯
大陁羅尼末法中一字心呪經一卷
大唐三藏寶思惟譯
藥師琉璃光七佛本願功德經二卷
大唐三藏義淨譯
佛為勝光天子說王法經一卷
大唐三藏義淨譯
浴像功德經一卷　大唐三藏義淨譯
數珠功德經一卷　大唐三藏義淨譯
觀自在菩薩如意心陁羅尼呪經一卷

大唐三藏義淨譯
稱讚如來功德神呪經一卷
大唐三藏義淨譯
大孔雀呪王經三卷
大唐三藏義淨譯
佛頂尊勝陁羅尼經一卷
大唐三藏義淨譯
香王菩薩陁羅尼呪經一卷
大唐三藏義淨譯
一切功德莊嚴王經一卷
大唐三藏義淨譯
拔除罪障呪王經一卷
大唐三藏義淨譯
佛為海龍王說法印經一卷
大唐三藏義淨譯
大寶積經一百二十卷
大唐三藏菩提流志集譯
不空羂索神變真言經三十卷
大唐三藏菩提流志譯
千手千眼觀世音菩薩姥陁羅尼
身經一卷
大唐三藏菩提流志譯
如意輪陁羅尼經一卷

大唐三藏菩提流志譯
廣大寶樓閣善住秘密陁羅尼經
三卷　大唐三藏菩提流志譯
一字佛頂輪王經五卷
大唐三藏菩提流志譯
文殊師利寶藏陁羅尼經一卷
大唐三藏菩提流志譯
金剛光焰陁羅尼經一卷
大唐三藏菩提流志譯
大毗盧遮那成佛神變加持經七卷
大唐三藏輸波迦羅譯
蘇婆呼童子經三卷
大唐三藏輸波迦羅譯
蘇悉地羯羅經三卷
大唐三藏輸波迦羅譯
虚空藏菩薩能滿諸願最勝心陁羅
尼求聞持法一卷
大唐三藏輸波迦羅譯
七俱胝佛母准泥大明陁羅尼經一卷
大唐三藏金剛智譯
金剛頂瑜伽中略出念誦法四卷
大唐三藏金剛智譯
金剛頂經曼殊室利菩薩五字心陁

羅尼品一卷
大唐三藏金剛智譯
觀自在如意輪菩薩瑜伽法要一卷
大唐三藏金剛智譯
大佛頂如來密因修證了義諸菩
薩萬行首楞嚴經十卷
大唐沙門懷迪於廣州譯
說妙法決定業障經一卷
大唐沙門釋智嚴譯
出生無邊門陀羅尼經一卷
大唐沙門釋智嚴譯
師子素馱娑王斷肉經一卷
大唐沙門釋智嚴譯（已上大乘經廿二部新譯補闕編入）
十善業道經一卷
大唐三藏實叉難陀譯（已上大乘律一部新譯補闕編入）
大乘起信論二卷
大唐三藏實叉難陀譯
掌中論一卷　大唐三藏義淨譯
取因假設論一卷　大唐三藏義淨譯
六門教授習定論一卷　大唐三藏義淨譯
能斷金剛般若波羅蜜多經論頌一卷
大唐三藏義淨譯（十善經下天后代譯）

大唐三藏義淨譯
能斷金剛般若波羅蜜多經論釋三卷
大唐三藏義淨譯
因明正理門論一卷
大唐三藏義淨譯
成唯識寶生論五卷
大唐三藏義淨譯
觀所緣論釋一卷
大唐三藏義淨譯
觀總相論頌一卷
大唐三藏義淨譯
止觀門論頌一卷
大唐三藏義淨譯
手杖論一卷
大唐三藏義淨譯（已上大乘論十二部新譯補闕編入）
無常經一卷　大唐三藏義淨譯
八無暇有暇經一卷
大唐三藏義淨譯
長爪梵志請問經一卷
大唐三藏義淨譯（無常等三經天后代譯）
五蘊皆空經一卷　大唐三藏義淨譯
三轉法輪經一卷　大唐三藏義淨譯
譬喻經一卷　大唐三藏義淨譯

療痔病經一卷（亦云痔瘻）
大唐三藏義淨譯
略教誡經一卷
大唐三藏義淨譯（已上小乘經八部新譯補闕編入）
根本說一切有部毗柰耶五十卷
大唐三藏義淨譯（天后代譯）
根本說一切有部苾芻尼毗柰耶二
十卷　大唐三藏義淨譯
根本說一切有部毗柰耶雜事四十
卷　大唐三藏義淨譯
根本說一切有部尼陁那目得迦十卷（或八卷）
大唐三藏義淨譯（天后代譯）
根本說一切有部戒經一卷
大唐三藏義淨譯
根本說一切有部苾芻尼戒經一卷
大唐三藏義淨譯
根本說一切有部百一羯磨十卷
大唐三藏義淨譯（天后代譯）
根本薩婆多部律攝二十卷（或十四卷）
大唐三藏義淨譯（天后代譯）
根本說一切有部毗柰耶頌五卷
大唐三藏義淨譯
根本說一切有部毗柰耶雜事攝頌

一卷　大唐三藏義淨譯
根本說一切有部毗柰耶 及隨部目得迦攝頌一卷
大唐三藏義淨譯 已上小乘律十一部新譯補闕編入
一百五十讚佛頌一卷
大唐三藏義淨譯
龍樹菩薩勸誡王頌一卷
大唐三藏義淨譯
大乘修行菩薩行門諸經要集三卷
大唐沙門釋智嚴譯 已上賢聖集傳三部新編補闕編入
右花嚴經下九十六部合
五百二十八卷並是大周
刊定録後新譯所以前録
未載今並補闕編入藏録
四分比丘戒本一卷 小乘論録後元新譯
大唐沙門懷素依律集
四分比丘尼戒本一卷
大唐沙門懷素依律撰
四分僧羯磨三卷
大唐沙門懷素依律集
四分尼羯磨三卷
大唐沙門懷素依律撰

四分律刪補隨機羯磨一卷
大唐沙門釋道宣撰
五分羯磨一卷 亦云彌沙塞羯磨
大唐沙門釋愛同撰
右四分戒本下並小乘律
合六部十卷然並撰述有
據時代盛行故補先闕編
之見録
釋迦譜十卷　蕭齊沙門釋僧祐撰
釋迦氏略譜一卷 或無譜字
大唐沙門釋道宣撰
釋迦方志二卷　大唐沙門釋道宣撰
經律異相五十卷
梁勅沙門寶唱等撰
陁羅尼雜集十卷
未詳撰者舊録亦載
諸經要集二十卷
大唐沙門釋玄惲撰
出三藏記集十五卷
梁沙門釋僧祐撰
衆經目録七卷　隋勅沙門法經等撰
開皇三寶録十五卷 内題云歷代三寶紀
隋翻經學士費長房撰

衆經目録五卷
隋勅翻經沙門學士等撰
大唐内典録十卷大唐沙門釋道宣撰
續大唐内典録一卷
大唐沙門釋智昇撰
古今譯經圖紀四卷
大唐沙門釋靖邁撰
續古今譯經圖紀一卷
大唐沙門釋智昇撰
大周刊定衆經目録十五卷
大唐　天后勅沙門佺等撰
開元釋教録二十卷
大唐沙門釋智昇撰
一切經音義二十五卷
大唐沙門釋玄應撰
新譯花嚴音義二卷
大唐沙門釋慧苑撰
大唐西域記十二卷
大唐三藏玄奘撰
集古今佛道論衡四卷 或三卷
大唐沙門釋道宣撰
續集古今佛道論衡一卷
大唐沙門釋智昇撰

東夏三寶感通錄三卷

大唐沙門釋道宣撰

集沙門不拜俗議六卷

大唐沙門釋彥悰撰

大唐慈恩寺三藏法師傳十卷

大唐沙門慧立等撰

大唐西域求法高僧傳二卷

大唐三藏義淨撰

法顯傳一卷（亦云歷遊天竺記傳）

東晉沙門法顯自述

高僧傳十四卷（一卷是錄目）

梁沙門釋慧皎撰

續高僧傳三十卷

大唐沙門釋道宣撰

辯正論八卷　大唐龍田寺釋氏撰

破邪論二卷（或一卷）　大唐龍田寺釋氏撰

甄正論三卷　大唐沙門釋玄嶷撰

十門辯惑論二卷（或三卷）

大唐沙門釋復禮撰

弘明集十四卷　梁沙門釋僧祐撰

廣弘明集三十卷

大唐沙門釋道宣撰

集諸經禮懺儀二卷

大唐沙門釋智昇撰

大唐南海寄歸內法傳四卷

大唐三藏義淨撰

別說罪要行法一卷

大唐三藏義淨撰

比丘尼傳四卷　梁沙門釋寶唱撰

受用三水要法一卷

大唐三藏義淨撰

護命放生軌儀一卷

大唐三藏義淨撰

右釋迦譜下合四十部三百六十八卷並是此方所撰傳記，然於大法裨助光揚，故補先闕編之見錄

開元釋教錄卷第十七　別錄之七

開元釋教錄卷第十七

校勘記

一　底本，金藏廣勝寺本。三六八頁中至本頁下五行原版殘，以麗藏本換。

一　三六八頁中一行「開元釋教錄卷第十七」，南、徑、清作「開元釋教目錄卷第十七」。卷末經名同。

一　三六八頁中二行撰者，徑、清作「唐西崇福寺沙門智昇撰」。

一　三六八頁中五行第四字「賸」，磧、普、徑作「賸」。下同。

一　三六八頁中一〇行夾註左「或直云」，徑、清作「或云」。

一　三六八頁中末行「誤也」，磧、普、南、徑、清作「謬也」。

一　三六八頁下一六行「第十一」，南作「第十」。

一　三六八頁下一八行末字「謬」，磧、普、南、徑、清作「謬也」。次頁下一一行夾註左末字同。

一　三六九頁上二一行「句全同」，磧、普、南、徑、清、麗作「文句全同」。

一　三六九頁中一行「三經」，麗作「二經」。

一　三六九頁中四行「誤也」，磧、普、南、徑、清、麗作「謬也」。

一　三六九頁下一〇行「不善經」，徑作「不知善經」。

一　三六九頁下一七行夾註左第九字「並」，徑、清無。

一　三七〇頁上一一行「一卷」，磧、普、南、徑、清作「二卷」。

一　三七〇頁上一八行夾註右「寶稸」，磧、普、南、徑、清、麗作「寶積」。

一　三七〇頁上二二行夾註「洗淨威儀」，磧、普、南、徑、清作「淨威儀」。

一　三七〇頁中二行夾註「出第二十卷」，南作「出第一十卷」。

一　三七〇頁中四行夾註左「无別」，磧、普、南、徑、清無。

一　三七〇頁中五行夾註右「何繁」，磧、普、南、徑、清作「何煩」。

一　三七〇頁中七行夾註「出第二十二十三二十四卷」，磧、普、南、徑、清作「出第二十四卷」。

一　三七〇頁中一〇行夾註「出第二十七」，磧、普、南、徑、清作「出第二十七卷」。

一　三七〇頁中一五行夾註「出第三十四卷末弟三十五卷初」，磧、普、南、清作「出第三十五卷初」；徑作「二出第三十五卷」。

一　三七〇頁中二一行夾註「出第三十七卷半後三十八卷半前」，磧、普、南、徑、清作「出第三十八卷半前」。

一　三七〇頁中末行夾註「出弟三十八卷末第三十九卷初」，磧、普、南、徑、清作「出第二十八卷末第二十九卷初」。

一　三七〇頁下二行夾註左「未當」，磧、普、南、徑、清作「不當」。

一　三七〇頁下四行末字「中」下，磧、普、南、徑、清有夾註「又有給孤長者請畫寺因緣一卷出雜事第十七及毗奈耶頌第五卷」。

一　三七一頁上一四行「存一本」，磧、南、徑作「存一在」。

一　三七一頁下一一行「輪轉」，徑作「轉輪」。

一　三七一頁下二〇行夾註左「亦名」，磧、普、麗作「一名」。

一　三七二頁上三行第七字「論」，徑作「倫」。

一　三七二頁上六行「突羅閑」，磧、普、南、徑、清、麗作「突羅闍」。

一　三七二頁上七行「說法」，磧、普、南、徑、清、麗作「說法經」。

一　三七二頁中四行夾註「或八卷」，徑作「戒八卷」。

一　三七二頁中一八行「大周」，徑、清作「周」。下同。

一　三七二頁中二一行夾註「亦名」，磧、普、南、徑、清作「亦云」。

一　三七二頁下一三行「仁壽二」，磧、普、南、徑、清作「仁壽年」，麗作「仁壽中」。

一 三七三頁上二行夾註「合成七卷」，徑、清作「合成十卷」。

一 三七三頁上一四行「在第三會」，徑作「在第二會」。又夾註左「或八卷」，徑、清作「八卷」。

一 三七三頁上一九行「在第九會」下夾註右「加名」，磧、普、南、徑、清作「改名」。

一 三七三頁中五行夾註右「富樓那問經」，磧、南、徑、清作「富那問經」。

一 三七三頁中一一行「二卷」，南作「一卷」。又「二十三會」，清作「二十二會」。

一 三七三頁下三行夾註「普明菩薩會」，磧、南、清作「普明會」；徑作「普名會」。

一 三七三頁下四行「在第四十四會」，徑作「第四十四會」。

一 三七三頁下六行夾註右末字「此」，磧、普、南、徑、清作「此以」。

一 三七三頁下七行小字左「西晉」，磧、普、南、徑、清作「西晉三藏」。

一 三七三頁下八行「在第十七會」，磧、普、南作「在四十七會」；徑、清、麗作「在第四十七會」。

一 三七四頁上七行「志樂經二卷」，磧、普、南、清作「志樂經一卷」；徑作「智樂經一卷」。

一 三七四頁上一〇行夾註左末字「本」，磧無。

一 三七四頁上一二行夾註左「同本」，徑作「同卷」。

一 三七四頁上一七行「善德天經」，磧、普、南、徑、清、麗作「善德天子經」。又夾註左第四字「經」，磧、普、南、徑、清無。

一 三七四頁中一三行夾註左「分別」，磧、普、南、徑、清、麗作「各別」。又末字「矣」，磧、南、徑、清無。

一 三七四頁下六、七、八行經名後譯者「吳優婆塞支謙譯」，徑、清無，而於八行後概括爲「右三經吳優婆塞支謙譯」。以下凡各經相連而其譯者相同，徑、清一般例同。

一 三七五頁中一六行「天竺」，磧、普、南、徑、清作「西晉天竺」。

一 三七六頁下二行「沙門釋度」，磧、普、南、徑、清、麗作「沙門支法度」。

一 三七七頁中一行夾註「五十九部」，磧、普、南作「五十九卷」。

一 三七七頁中五行「東魏」，磧、普、南、徑、清作「曹魏」。

一 三七七頁中九行夾註左「五部拾遺編」，磧作「二部拾遺編入」；普、南、徑、清、麗作「五部拾遺編入」。

一 三七七頁下一四行「僧伽婆羅」，磧、南、徑作「伽婆羅」。

一 三七八頁上二一行「賢聖集傳」，磧、普、南、徑、清作「賢聖傳」。

一 三七八頁中一二行「不思議界經」，磧、普、南、徑、清、麗作「不思議境界經」。

一 三七八頁中一六行「七卷」，麗作「一卷」。

一 三七八頁下一七行「波羅蜜經」，磧、普、南、徑、清作「波羅蜜多經」。

一　三七九頁中一七行「菩提流志集」，磧、普、南、徑、清作「菩提流志等譯」。

一　三七九頁下八行「陁羅尼經」，磧、普、南、徑、清作「止風雨陁羅尼經」。

一　三八〇頁上一三行夾註右「已上大乘」，磧、普、南、徑、清、麗作「已上大乘經」。

一　三八〇頁上一五行夾註左「一部」，磧作「二部」。

一　三八〇頁上二二行夾註「十善經下天后代譯」，磧作「十善經二天后代一」；南作「十善經日下天后代」；徑、清作「十善經已下天后代譯」。

一　三八〇頁下一一行「十卷」，磧、普、南、徑、清作「八卷」。

一　三八〇頁下一二行夾註「或八卷」，磧、普、南、徑、清作「或十卷」。

一　三八一頁上一五行夾註右「小乘」，磧作「乘」；南、徑、清作「大乘」。

一　三八一頁中一四行第二字「勑」，徑、清無。二一行第八字、本頁下二行第二字同。

一　三八一頁下一一行「天后勑沙門明佺」，磧、普、南作「天后勅沙門明佺」；徑、清作「沙門明佺」。

一　三八一頁下一六行「花嚴」，磧、普、南、徑、清作「大方廣佛華嚴經」。

一　三八二頁上九行夾註「歷遊天竺記傳」，磧、普、南、徑、清作「遊歷天竺記傳」。

一　三八二頁上一一行夾註「一卷是録目」，磧、南、徑、清作「二卷是目録」；麗作「一卷是目録」。

開元釋教錄卷第十八 別錄之八 階

庚午歲西崇福寺沙門智昇撰

別錄中疑惑再詳錄第六 一十四部 一十九卷

部

疑惑錄者自梵經東闡年將七百教有興廢時復遷移先後翻傳卷將萬計部袠既廣尋閱難周定錄之人隨聞便上而不細尋宗旨理或疑焉今以真偽交參是非根涉故爲別錄以示將來庶明達高人重爲詳定

毗羅三昧經二卷

決定罪福經一卷

慧定普遍國土神通菩薩經一卷 余親見其本全非聖言

救護身命濟人病苦厄經一卷 與救疾經文勢相似一真一偽將爲未可

最妙勝定經一卷 與最妙初教經文勢相似一真一偽亦將未可

觀世音三昧經一卷

清淨法行經一卷 記說孔老顏回事

五百梵志經一卷 亦名五百婆羅門問有无經經云人身從五穀生

右毗羅三昧經下八部九卷古舊錄中皆編偽妄大周刊定附入正經尋閱宗

徒理多乖舛論量義句頗涉凡情且附疑科難從錄或去取量聖教罪有所歸佛有誠言此非責難經云於我所說若生疑者尚不應受況如是等准斯通理須簡是非仍俟諸賢共詳真偽 上之八經舊錄編偽今此錄之次亦存而不削舊錄偽經周錄刊爲正者更有數部余未見本故此不論

法社經二卷 內題云業報輪轉償債引導地獄為善莊嚴法社經

右一經大周錄云西晉三藏竺法護譯謹按長房等錄竺法護所譯有法社經一卷脚下注云世注爲疑此應多是舊偽錄中小法社經前經初題復云皇甫三藏翻胡經出然尋此文意狀涉人情題注參差難爲指准且編疑錄待更詳之

淨度三昧經三卷 蕭子良抄撰中有淨度三昧經三卷疑此經是

益意經二卷 僧法尼誦中有益意經二卷疑此經是

右二部五卷大周錄中編之入藏尋閱奇恠大

情事須重詳且編疑録

優婁頻經一卷 僧法足録中有名疑此經是

右一經長房内典二録直云梁天監十年一本道賢獻上更不辯委曲既无其本真為難定且附疑録

淨土盂蘭盆經一卷 五紙

右一經新舊之録皆未曾載時俗傳行將為正典細尋文句亦涉人情事須審詳且附疑録

三厨經一卷

右一經新舊諸録並未曾載然尋文理亦涉人謀依而行之獲驗非一復須詳審且附疑科

別録中僞妄乱真録第七 三百九十二部 一千五十五卷

僞經者邪見所造以乱真經者也自大師韜影向二千年魔教競興正法衰損自有頑愚之輩悪見迷心僞造諸經誑惑流俗邪言乱正可不哀哉今恐真僞

相參是非一槩辟夫崐山寶玉與凡石而同流驪部真金共鈆鐵而齊價今為件別真僞可分㢘涇渭殊流无貽後患

佛名經十六卷 本經雖真以有偽雜編之於此或三十二卷

右一經時俗号為馬頭羅刹佛名似是近代所集乃取留支所譯十二卷者錯綜而成於中取諸經名目取後辟支佛名及菩薩名諸經阿羅漢名以為三寶次第惣有三十二件礼三寶後皆有懺悔懺悔之下仍引馬頭羅刹偽經置之於後乃以凡俗鄙語雜於聖言經言抄前著後抄後著前前後著中中著前後此正當也尋其所集之者全是庸愚只如第四卷中云南无法顯傳經在法寶中列此傳乃是東晉平陽沙門法顯往遊天竺自記

行迹元非是經置法寶中誤謬之甚又如第九卷云南无富樓那南无弥多羅尼子此是一人之名分為二唱次云南无阿難羅睺羅此乃二人之名合之為一如斯謬妄其數寔繁不能廣陳略指如右群愚倣習邪黨共傳若不指明恐穢真教故述之也

要行捨身經一卷 三紙餘後有捨身願文共有五紙

右一經不知何人所造邪黨盛行經題云三藏法師玄奘譯按法師所譯无有此經僞謬之情昭然可見且述四件用曉愚心

一僞經初云王舍城靈鷲山者靈鷲山名古譯經有奘法師譯皆曰鷲峯今言靈鷲一僞彰也

一僞經初又云靈鷲山屍陁林側者按諸傳記其鷲峯山在摩伽陁國山城之内

開元釋教録第十八卷　第六張　陛字号

宮城東北十四五里豈有
都城之側而安棄屍之處
事既不然二偽彰也
一偽經中又云佛說過去燃
燈佛時初願捨身者燃燈
如來是釋迦牟尼佛第二
無數劫滿授記之師豈有
得記當成方能死捨事與
理乖三偽彰也
一偽經中又云若有人殺害
有情遍索訶界四重五逆
謗方等經及盜常住現前
僧物如是等罪合墮地獄
若能捨身罪必消滅者謗
經造逆合墮阿鼻死捨
得除便無重報（如外道妄計殑伽河浴罪垢消除輕命自沉生天受福也言死捨除罪與彼妄計何殊）愚
夫造惡用此除愆智者審
思勿被欺誑永淪惡趣無
解脫期事與理乖四偽彰
也（訛殊極多不能偹記）
瑜伽法鏡經二卷（或一卷無有偽序）
右一經即舊偽録中像法

開元釋教録第十八卷　第七張　陛字号

決疑經前文增加二品共
成一經初云佛涅槃為阿
難說法住滅品此品乃取
奘法師所譯佛臨涅槃記
法住經改換增減置之於
首次是地藏菩薩讚歎法
身觀行品後是常施菩薩
所問品此品即是舊經擴
其文勢次第不相聯貫景
龍元年三階僧師利偽造
序中妄云三藏菩提流志
三藏寶思惟等於崇福寺
同譯師利云有梵夾流志
曾不見聞以舊編入偽中
再造壁鑿疑録偽上加偽
訛舛尤多目閱可知不勞
廣叙（撰録者曰余曾以此事親問流志三藏三藏口云寺邊元无梵夾不曾翻譯此經二藏弟子般若丘多識量明敏奚委其事恐前代錄遺謬濫真詮故此指明以誡於後其僧師利因此聞訟聖躬親覽特令還俗豈非上天不祐降罰斯人又臨終之時應大知覺惡徵遂見可不懼歟）
弥勒下生遣觀世音大勢至勸化衆生捨惡作善壽樂經一卷（亦直云壽樂經　十紙）

開元釋教録第十八卷　第八張　陛字号

光慈菩薩問如來出世當用何時
普告經一卷（八紙）
隨身本官弥勒成佛經一卷（賢劫菩薩問佛品）
金剛密要論一卷（亦名方明王毀起經或无論字無說弥勒下生事）
十四紙
右上四經並是妖徒偽造
其中說弥勒如來即欲下
生等事（謹按正經從釋迦滅後人間經五十七俱胝六十百千歲贍部洲人壽增八万弥勒如來方始出世豈可壽年減百而有弥勒下生耶）以斯妖妄誘惑凡愚
淺識之流多從信受因斯
墜没可謂傷哉故此甄明
特希詳鑒耳
佛昇忉利天後阿難為諸四部衆
說礼佛持齋儀式經一卷（亦云佛昇忉利天持齋儀式經）
弥勒摩尼佛說開悟佛性經一卷（經後題云人身因縁開悟佛性經或直云開悟佛性經）九紙
淨行優婆塞戒經一卷（或云淨行優婆塞戒經應品第十三設遺教經作）
甲申年洪災大水經一卷（與彼佛鉢記中甲申年水事不同）
蝦蟇經青呱品一卷（半紙許）
自省經一卷

（開元釋教録第十八卷　第九張　丹字号）

父母恩重經一卷（經引丁蘭董黯郭巨等故知人造）向三紙
如来正教秘要藏經一卷　十紙
毗尼藏經一卷　八紙
頂蓋經一卷（內題云佛說深妙法義論說深義生死道）七紙
禪門經一卷　五紙
嫉妬新婦經一卷（亦云妬婦經）
右一經近代人造忘其人名緣妻嫉妬僞造此經以誑之於中說嫉妬之人受報極重
央崛摩羅經二卷（亦直云央崛經與真經名同中有央崛魔）（羅經二卷疑此經是蕭子良抄撰）
重樓戒經一卷
清淨居士子度人經一卷（亦云清淨士經）
摩登者經一卷
譬喻經一卷（宋慧簡譯中有譬喻經一卷時閑元本與此名同真僞相濫故兩存之）
目連問經一卷（與真經名同語意全異）
小法滅盡經一卷（與真經中法滅盡經文意全異）
鳴鍾經一卷　持戒法經一卷
金錍决口經一卷
地獄經一卷（漢代失譯有地獄經一卷疑即此是且兩存之）
優鉢祇王經一卷
阿難請福報論一卷

（開元釋教録第十八卷　第十張　丹字号）

阿難請問毗尼論一卷（或即阿難請問戒律論是）
沙門論一卷　獨乞辟支迦論一卷
毗尼請問論一卷　地獄傳一卷
央崛經下一十八部一十九卷
並義理乖背爲妄昭然章疏
共引靡知濫爲故載斯録傳示
後賢儻悟非真希同革弊又爲
經之類其數寔繁更待尋求續
編此例
從佛名經下三十七部五十四卷承
前諸録皆未曾載今開元新録搜集
編上
定行三昧經一卷（一名摩訶目揵連所問經或云佛遺定行經）
真諦比丘慧明經一卷（或云慧明比丘經或云清淨真諦經）
旦吒國王經一卷（或云旦吒黃羅國王經或云黃羅王經）
智有萬字經一卷（或云智現万字經）
薩悊菩薩經一卷（舊録云國王薩悊菩薩經或云薩悊薩經）
善信女經二卷（法經録云一名國一切度經）（或云善住經）
護身主妙經一卷（一名度世護世經有云十二妙者訣）
度護經一卷（或云度護法經法經録云度法護經）
毗羅三昧經二卷
善王皇帝經二卷（或云善王皇帝功德尊經或爲一卷）

（開元釋教録第十八卷　第十一張　丹字号）

惟務三昧經一卷（或作惟无三昧）
阿羅呵公經一卷（或云相國阿羅訶公經）
慧定普遍神通菩薩經一卷（舊録云定普遍國土神通菩薩經）
陰馬藏經一卷（或云陰馬藏光明經決經鈔云一名身土王所問治國經）
大阿育王經一卷（云佛在波羅柰者）
四事解脫經一卷（或云四事解脫度人經）
大阿耶律經一卷（非是八念者）
貧女人經一卷（名難陁者舊録云貧女難陁經謹按賢愚經第十一卷有貧女難陁緣起者與彼同即非是僞）
鑄金像經一卷　四身經一卷
普慧三昧經一卷
阿秋那經一卷（舊録云阿秋那三昧經）
雨部獨證經一卷
法本齋經一卷（云西涼州来）
見歷所傳大比丘尼戒一卷（周録云異比丘尼戒本）（黎蜜弟子見歷所傳）
右定行三昧經下二十五部二十八卷符秦沙門弥天釋道安録中僞疑經（安公傳録本有二十六卷今以實知来三昧經翻譯有源以曾兩譯編之正録故此覽之）
安公云外國僧法學皆跪而口受同師所受若十二

十轉以授後學若有一字異者共相推校得便擴之僧法無疑也經至晉土其年未遠而憙事者以沙揉金斌斌如也而无括正何以別真為乎農者禾草俱存后稷為之歎息金匱玉石同緘卞和為之懷耻安敢豫學次見涇渭雜龍蛇並進豈不耻之今列意謂非佛經者如右以示將來學士共知鄙陪焉

比丘應供法行經一卷 亦云如來初度五比丘即說應供行經

僧祐錄云此經前題云羅什出祐經卷舊无譯名兼羅什所出又无此經故入疑錄

居士請僧福田經一卷 祐云此經前題云曇无讖出按讖所出无此經故入疑錄

灌頂度星招魂斷絕復連經一卷 法經錄云此經更有一小本盡是人作

无為道經二卷 長房等錄云无讖譯復云世注為疑隨法經錄及仁壽錄並云大乘似經

右一經余親見其本似是

漢魏之代此方撰集非本翻周錄之中編之入正今以名濫真經依祐編之為錄

決定罪福經一卷 法經錄云一名惠法經仁壽錄云二卷

情離有罪經一卷 題云情離有罪經品下

燒香呪願經一卷 一云呪願經

安墓呪經一卷 法經錄云安墓神呪經長房錄云蕭齊道備撰

觀月光菩薩記一卷 或有經字

佛鉢記一卷 或云佛鉢記甲申年大水及月光菩薩事

弥勒下教經一卷 或在鉢記後

九十六種道經一卷 法經錄云九十五種道經仁壽錄云二卷具題云除去九十五種邪道雜類神呪經

右一十二部經記僧祐錄云或義理乖背或文偈淺鄙故入疑錄庶耘蕪穢以顯法寶 祐錄又有灌頂藥師經一卷云宋代慧簡依經抄撰今以此經本出灌頂新舊已經四譯所以偽錄除之

提謂波利經二卷 宋武時北國比丘曇靖撰舊別有提謂經一卷與此真偽全異

寶車經一卷 或云妙好寶車經北國淮州比丘曇辯撰青州比丘道侍改治

右比丘應供經下一十四部一十六卷梁僧祐錄中

偽經祐錄略云祐校閱群經廣集同異約以經律頗見所疑夫真經體趣融然深遠假託之文辞意淺雜乃玉朱紫無所逃形也今區別所疑注之於錄并近世妄撰亦標于末並依倚雜經而自製名題進不聞遠適西域退不見承譯西賓我聞興於戶牖印可出於胸懷誑誤後學良足寒心既躬所見聞寧敢默已嗚呼來葉慎而察焉 祐錄又有菩提福藏法化三昧經一卷衆經要攬法偈二十一首一卷並云沙門道歡所撰准長房等錄道歡更有偽經故從於後一處編上

九傷經一卷 房云見別錄

菩提福藏法化三昧經一卷 房云武帝世出

七佛各說偈經一卷 房云見吳錄 見二藏記及寶唱錄

深自知身偈經一卷 房云見吳錄 祐云失譯

衆經要攬法偈二十一首一卷 梁天監三年撰見三藏記及長房錄

右五部五卷長房錄云蕭

齊沙門釋道備撰備後改
名道歡雖見衆録然並注
入疑經今依舊編（長房録中道備更有安墓呪經一卷捨録雖不顯造入以顯僞録此不重載）

淨土經七卷（蕭齊永元元年出時年九歲）
寶頂經一卷（永元元年出時年九歲）
正頂經一卷（永元元年出時年九歲）
法華經一卷（永元元年出時年九歲）
勝鬘經一卷（永元元年出時年九歲）
藥草經一卷（永元二年出時年十歲）
太子經一卷（永元二年出時年十歲）
伽耶波經一卷（永元二年出時年十歲）
波羅捺經一卷（中興元年出時年十二）
優婁頻經一卷（中興元年出時年十二）
益意經二卷（梁天監元年出時年十三智遠承旨）
般若得經二卷（天監元年出時年十三智遠承旨）
華嚴瓔珞經一卷（天監元年出時年十三智遠承旨）
出乘師子吼經一卷（天監三年出時年十五）
踰陁衛經一卷（天監四年臺內華光殿出時年十六）
阿那含經二卷（天監四年出時年十六）
妙音師子吼經三卷（天監四年出時年十六）
優曇經一卷　妙莊嚴經四卷
維摩經一卷　序七世經一卷

右二十一種經凡三十五
卷如前所列並得三十四卷
梁僧祐録云齊末太學博
士江泌處女尼子所出初
尼子年在齠齓有時閉目
靜坐誦出此經或說上天
或稱神授發言通利如有
宿習令人寫出俄而還止
經歷旬朔續復如前京都
道俗咸傳其異今上勑見
面問所以其依事奉荅
不異常人然篤信正法少
修梵行父母欲嫁之誓而
弗許後遂出家名僧法住
青園寺祐既収集正典撿
括異聞事接耳目就求省
視其家秘隱不以見示唯
得妙音師子吼經三卷以
備疑經之録此尼天監年
三月亡有好事者得其文
疏前後所出定二十餘卷
厥昆孫箕以為真經行疏
勸化収合傳寫既染毫牘

必存於世昔漢建安末濟
陰丁氏之妻忽如中疾便
能胡語又求紙筆自為胡
書復有西域胡人見其此
書云是經莂推尋往古不
无此事但義非金口又無
師譯取捨兼懷附之疑例（長房以為蕭習有由置之正目仁壽録及內典等録以非梵本翻傳編於僞録今依仁壽等定亦編為中）

高王觀世音經一卷（亦云小觀世音經半紙餘）

右一經昔元魏天平年中
定州募士孫敬德在防造
觀世音像年滿將還在家
礼事後為賊所引不堪考
楚遂妄承罪明日將刑其
夜礼懺流淚忽如夢睹見
一沙門教誦救生觀世音
經經有諸佛名令誦千遍
得免苦難敬德覺如夢所
緣了无參錯遂誦一百遍
有司執縛向市且行且誦
臨刑滿千刀下斫之折為
三段皮肉不傷易刀又斫

凡經三換刀折如初監司問之具陳本末以狀聞承相高歎乃為表請免死因此廣行于世所謂高王觀世音經也敬德還設齋迎像乃見項上有三刀痕見齊書及辯正論內典錄等（撰錄者曰此經周錄之內編之入藏今則不然此雖冥授不因傳譯與前僧法所誦何殊何得彼入偽中此編正錄例既如此故附此中）

薩婆若陁眷屬莊嚴經一卷（二十餘紙）

右一經僧祐錄云梁天監九年郢州頭陁道人妙光戒歲七臈矯以勝相諸尼嫗人僉稱　聖道彼州僧正議欲駈擯遂潛下都住普弘寺造作此經又寫在屛風紅紗映覆香花供養雲集四部嚫供煙塞事源顯發勅付建康辯覈款狀云抄略諸經多有私意妄造借書人路琰屬辭潤色獄牒妙光巧詐事應斬刑路琰同謀十歲謫戍即以

其年四月二十一日勅僧正慧超令喚京師能講大法師宿德如僧祐曇准等二十人共至建康前辯妙光事起即奉旨與曇准僧祐法寵慧令慧集智藏僧旻法雲等二十人於縣辯問妙光伏罪事事如牒衆僧詳議依律擯治天恩免死恐於偏地復為惑乱長繫東治即收拾此經得二十餘本及屛風於縣燒除然猶有零散恐乱後生故復略說（薩婆若陁長者是妙光父名妙光弟名金剛德體弟子名師子撰錄者曰餘錄之中略述由委今具明者欲使委悉根源共同鑒聞）

阿郍含經二卷（余親見一本一卷成部亦是人造）

右按長房等代錄及失譯錄俱有此經僧法尼誦中復有阿郍含經二卷既並无本詮定真為難分且各存其目

像法決疑經一卷　清淨法行經一卷

龍種尊國變化經一卷（與安公偽錄中四事解脫經大同）

觀世音十大願經一卷（仁壽錄云一名大悲觀世音經具題云大悲觀世音弘猛慧海十大願品第七百）

觀世音三昧經一卷

大乘蓮華馬頭羅刹經一卷（亦云寶達菩薩問報應沙門經）

空淨三昧經一卷（一名空靜天感應三昧經謹按代錄已經兩譯恐濫竊真名故兩存其目）

初波羅耀經二卷

大法尊王經三十一卷

十方佛決狐疑經一卷

八方根原八十六佛名經一卷（亦云根大）

普賢菩薩說此證明經一卷

弥勒成佛本起經一十七卷（仁壽錄云七十卷）

弥勒下生觀世音施珠寶經一卷

弥勒成佛伏魔經一卷（一云救度衆生經）

妙法蓮華度量天地經一卷（亦云妙法蓮華經度量天地品第二十九）

觀世音詠託生經一卷

滅七部莊嚴成佛經一卷

空寂菩薩所問經一卷（一名法滅盡經亦云法沒盡經法經錄云此經為妄稱然目非空寂所譯）

右空寂所問經謹按群錄已經兩譯恐濫竊真名故

兩存其目又有法滅盡經
一卷即此異名不復重載 其法滅盡經大小二乘爲録皆載者誤也
照明菩薩經一卷 一加頭陁字
照明菩薩方便辟喻治病經一卷
首羅比丘見月光童子經一卷
阿難現變經一卷　般若玄記經一卷
幽深玄記經一卷　玄記經二卷 周録云一卷
大契經四卷 周録云一名弥勒下生結大善契經　或三卷
發菩提心經一卷 今有兩卷者是其真經此雖名同卷多少異
菩薩求五眼經一卷 貞道真所譯有此經名此中僞者應爲僞
異名所以真僞俱有
般泥洹後諸比丘經一卷 按僧祐録即小般泥洹異名
小般泥洹經一卷 一名大法滅盡經
右按安世高譯處有小般
泥洹經此既名同復無本
可定且二處俱載
五濁惡世經一卷 又有大五濁經應即此是
妙法蓮華天地變異經一卷
華嚴十惡經一卷
觀世樓炭經一卷
小樓炭經一卷　須弥四域經一卷
正化内外經一卷 一名老子化胡經僞録云晉時祭酒王浮作

魔化比丘經一卷 支謙録内有此經名恐爲竊真名且兩存其目
善信神呪經二卷 羅什録内有善信摩訶神呪經二卷名目相豐真僞未
今且兩存其目
五濁經一卷 又有小五濁經應此經是
華鮮經中説罪福經一卷 亦直云華鮮經
五龍悔過經一卷 一名五龍悔過護法經一名空慧悔過經
戒具三昧道門經一卷
寂妙勝定經一卷　天竺沙門經一卷
救護身命濟人病苦厄經一卷 亦直云救護身
命亦云護身經
右此經更有一本題云大
佛頂陁羅尼經初云婆羅
門三藏流支譯加呪一首
餘文大同 撰録者曰經題流支未詳何者若其流支乖譯經語與舊符合殊今乃呪異餘同未能令人除惑推尋无據不可妄編故依
舊録列之於此
大郍羅經一卷　惠明正行經一卷
天皇梵摩經一卷　安墓經一卷
安冢經一卷　安宅經一卷 正録中安宅神呪經與此異
天公經一卷　度生死海神舩經一卷
救蟻沙弥經一卷 謹按雜寶藏經第四卷有沙弥救蟻事如與彼
同即非是僞此既未覩且復存
北方礼佛呪經一卷

敬福經一卷 具題云如來在金棺囑累清淨莊嚴敬福經
阿羅訶條國王經一卷
五百梵志經一卷 一名亦有亦无經
修行方便經一卷　偈令經一卷
度世不死經一卷　齋法清淨經一卷
無爲法道經一卷　呪媚經一卷
正齋經一卷 安世高譯中有正齋經苦法護經亦有恐濫竊真名故亦存其目
尸陁林經一卷　招魂魄經一卷 亦云招魂經周録云招魂經
法社經一卷 法録云披尋古録更應别有法社制度但未見此經無假具顯
右此單卷法社經曾見三
本説處雖同文辞全異尋
其義理並是人造 一本三紙名爲法社
非福報應經一本兩紙一本一紙少許
太子讃經一卷
比丘法藏見地獄變經一卷
人民求願經一卷
閻羅王東太山經一卷
七寶經一卷　宇論經一卷
救護衆生惡疾經一卷 亦云救疾經
五果辟喻經一卷
孤兒孤女經一卷
庶人王并庶民受五戒正信除邪經一卷
遺教法律三昧經二卷

開元釋教録第十八卷第十四張 門字号

右按長房等代録及失譯録俱有此經既並无本詮定寔難且各存其目撰録者曰此經余雖不覩全本見所引者多是人造

二百五十戒經一卷法經録云諸録並云有六十七種與梵本所出故入疑

毗跋律一卷法經録云此律乃南齊永明年沙門法度於楊州作以濫律名及録注譯故附爲

右按梁僧祐録隋費長房録唐道宣録等並云齊武帝時沙門釋法度出而不言譯未詳出字其意云何爲是集出爲是偽出甚本復闕詮定寔難且依法經録中載之偽録

異威儀一卷法經録云宋元嘉世曇摩耶舍弟子法度造違反正律詿釋僧及楊州于今尚有行者故指明

五凡夫論一卷

右阿鄉含經下八十六部一百四十一卷隋開皇十四年勅沙門法經等所撰衆經録内爲疑經録云並名号乖真或首掠金言而末申謡讖或初

開元釋教録第十八卷第二十五張 陷字

論世術後託法詞或引陰陽吉凶或明神鬼禍福諸如此比偽妄灼然今宜秘寢以救世患然法經録中以隨願往生經藥師經梵天神策經仁王經寶如來三昧經占察經梵網經五苦章句經安宅神呪經遺教論等並編疑偽者不然其隨願往生等三經出大灌頂仁王等七經並翻譯有源編爲疑偽將爲未可今編正録此中不載

金剛藏經三十卷周録或云三十一卷

隨藥佛說須菩提經二卷一名須菩提經

般若得道經一卷法經録云般若得經或可般若得經即是僧法尼所誦者

造天地經一卷　蒺藜園經一卷

危脆經一卷生曇无蘭譯中有此經名既未見本實難詮定且兩存之

墮落優婆塞經一卷後漢支曜譯中有名既无本定且各存之

銀蹄金角犢子經一卷或云孝順子應變破惡業修行經

後母經一卷　應行律一卷或云應律行或有經字

大空般若論一卷

右金剛藏經下一十一部四十一卷隋仁壽二年勅請興善寺大德與翻經沙門及學士等共定衆經録内偽疑經撰録者曰此爲録中復有大光明菩薩百四十八願經僧祐録内注云抄經今別生録載爲録除之

諸佛下生大法王經六十卷宣律師云余於汾部

開元釋教録第十八卷第二十一張 字

方廣滅罪成佛經三卷亦云大通方廣懺悔滅罪莊嚴成佛經亦直云通方廣經 親見此文

法句經二卷下卷寶明菩薩時聞多有一卷流行與集傳中法句經名目文異此是人造

罪福決疑經一卷

五辛經一卷周録云大乘般若五辛經

初教經一卷亦云寶抄初教經與寶妙勝定經文勢相似

罪報經一卷與正經罪報輕重全異

日輪供養經一卷

乳光經一卷其文全異於正經云不得服乳服之獲罪

福田報應經一卷　寶印經一卷

究竟大悲經四卷或三卷亦云八卷　獨覺論一卷

毗尼决正論一卷　優波離論一卷或云優波離經

普决論一卷或云惟識普決論

阿難請問戒律論一卷

迦葉問論一卷或云迦葉問毗尼論

大威儀請問論一卷或云大威儀請問經

寶鵄論一卷　沙弥論一卷或云沙弥論經

文殊請問論一卷

右大法王經下二十二部八十七卷大唐麟徳元年京師西明寺沙門道宣所撰内典録中爲經宣云諸

為經論人間經藏往往有之其本尚多待見更録撰錄者日內典中復有金棺囑累經一卷即是法經錄中微細經是故不重載又有占察經道教論並翻傳有據文義可觀論之為錄將為未可已編正錄為中不載

諸佛下生經二十卷　善惡因果經一卷

內三十七品經一卷或无內字

戒正信邪經一卷

達空道士分別善惡度苦經一卷

老子教人服藥脩常住經一卷

佛道定行經一卷今疑是佛道定行經

決定要患經一卷

須弥像圖山經一卷今疑與法經錄中須弥四域經文同名異

滿子經卷下一卷

法王經一卷具題云澄刀佛解脫道甘露導涅槃如來智心遣嚴者除煩惱法王經一名涅槃般若波羅蜜經

決疑經一卷　不死經一卷

大辯邪正法門經一卷

佛性海藏經二卷具題云佛性海藏智慧解脫破心相經

心王菩薩說頭陁經一卷

新像法決疑經一卷

護身經一卷今疑是救護身命經

勝德長者所問菩薩觀行經一卷

內天兄弟五人得天品經一卷

反流盡源經一卷

師子鳩摩羅所問經一卷

大方廣不誘佛經一卷　本事經一卷

无量門淨除三障陁羅尼經一卷

三昧經童子菩薩四重問品一卷

天地畜像經一卷

大乘無盡藏經一卷

梵天王經二卷　側土經一卷或大側土亦云翻土

弥勒下山經一卷　聖水經一卷

弥勒下生救度苦厄經一卷

菩薩決定經一卷　新觀世音經一卷

延壽經一卷或云延年益壽經　閻羅王經一卷

續命經一卷

益笇經一卷亦云七佛神符經亦云益笇神符經大周錄分為三經者誤也

四讚偈及七佛名字礼懺經一卷

閻羅王說免地獄經一卷

花光經一卷　三塗累劫不覺經一卷

慈教經一卷　去惡除病經一卷

慈力王經一卷　寶登王太子經一卷

勇意菩薩將僧忍見弥勒弁示地獄經一卷

天宮經一卷　折刀經一卷或作折字

五戒本行經一卷　脩善行經一卷

大通善薩普利廣度經一卷

佛悲海中勇出一如無二行經一卷

流炭經一卷　如來成道經一卷

阿弥陀佛覺諸大衆觀身經一卷

十往生阿弥陀佛國經一卷撰錄者日此上二經余觀見本但前齊後略餘並无異

律藏經一卷　日藏觀世音經一卷厥半

救度大劫燒三災起經一卷

一乘不假羊鹿經一卷

聞善生信迴惡經一卷

弥勒下生甄別罪福經一卷

大薩若經一卷　摩訶薩埵經一卷

秘要經一卷　五無經一卷

清淨精進无上真諦大比丘慧法經一卷

佛初置塔經一卷今疑是法經錄中天公經異名

太子成道經一卷

恒伽達緣經一卷

寶圖經卷下一卷

辟喻折羅漢經一卷

降弃魔菩薩經一卷

蠶多三昧經一卷

發問罪福應報經一卷

五戒經一卷　現報當受經一卷

觀音无畏論一卷 隨日有人爲造釋高王觀世音經

右諸佛下生經下八十部一百一卷大唐天后天册万歲元年勑東都佛授記寺沙門明佺等刊定衆經錄中僞經周錄玄古来相傳皆玄僞謬觀其文言冗雜義理澆浮雖偷佛說之名終露人謀之狀迷墜群品因不由斯故具蹤條列之如上 授錄者曰此八十紙自古爲錄皆未曾載因錄獨錄大古来相傳皆玄爲謬而不顯出何錄中且依周錄件之如上

三階佛法四卷 內典錄云三階別集四卷者即此

十大段明義三卷 長房錄云三階別集三卷者即此是

根機普藥法二卷 大周錄中除此之外更有三階集錄二卷者謬

三十六種對面不識錯法一卷 明一切二十六種對面不識錯

右三階法都有四部初是四卷三階次是三卷三階三是兩卷三階後是一卷三階後之三本入集錄數

大乘驗人通行法一卷

對根淺深發菩提心法一卷 上加明諸經中四字

對根淺深同異法一卷 同前加四字

末法衆生於佛法內廢興所由法一卷 上加明諸經中對根淺深八字

學求善知識發菩提心法一卷 明世間五濁惡世界末法惡時十惡衆生福德下行於此四種且足人中謂當三乘器人依諸大乘經論學求善知識學發菩提心一卷

廣明法界衆生根機法一卷 廣明法界衆生根機上下起行淺深法

略明法界衆生根機法一卷 略明法界衆生根機上下起行淺深法

世間出世間兩階人發菩提心法一卷 明諸大乘經多羅內世間兩階人發菩提心同異法

世間十種具足人迴心入道法一卷 明十種具足人內家惡人迴心入道者斷惡修善法也

行行同異法一卷 明世間出世間人行行同異法

根器所行法一卷 明佛滅度第二五百年以後一切家大顛倒家大邪見惡大惡衆生當根器所行法

明善人惡人多少法一卷 明佛滅度一千五百年以後善人惡人多

就佛法內明一切佛法一切六師外道法二卷 就一切佛法內明一切佛法一切六師外道法同異

明大乘無盡藏法一卷

明諸經中發願法一卷

略發願法一卷

明人情行行法一卷　大衆制法一卷

敬三寶法一卷 明諸經中對根起行淺深敬三寶法

對根起行法一卷 明一切衆生對根上下起行法於內有五段

頭陀乞食法一卷 依諸經論略抄頭陀乞食法

明乞食八門法一卷

諸經要集二卷

十輪依義立名二卷 大方廣十輪經學依義立名

十輪略抄一卷 大方廣十輪經入集錄略抄出

大集月藏分依義立名一卷 大集月藏分經明像

大集月藏分抄一卷 大集月藏分經明像法中要行法入集錄略抄出

月燈經要略一卷

迦葉佛藏抄一卷 明一切出家人內惡出家人斷惡修善法如迦葉佛藏經說

廣七階佛名一卷 依藥王藥上菩薩經佛名一卷

略七階佛名一卷 已上三階法等於中亦題人集錄字其實曰如前注

右三階法及雜集錄總三十五部四十四卷隋真寂寺沙門信行撰 長房錄云總三十五卷內典錄云部四十卷大周偽錄但載二十二部二十九卷並不盡其三階

信行所撰雖引經文皆黨其偏見妄生穿鑿既乖反聖旨復冒真宗開皇二十年有勅禁斷不聽傳行而其徒既衆募遂弥廣同習相黨朋授繁多（即以信行為教主別行異法似同天授立邪三寶）隋文雖斷流行不能杜其根本我唐天后證聖之元有制令定偽經及雜符録遣送祠部集内前件教門既違背佛意别構異端即是偽雜符録之限又准天后聖曆二年勅其有學三階者唯得乞食長齋絶穀持戒坐禪此外輙行皆是違法違我開元神武皇帝聖德光被普洽黎元聖日麗天無幽不燭知反真𢪛奕出制斷之開元十三年乙丑歲六月三日

勅諸寺三階院並令除去隔障使與大院相通衆僧錯居不得别住所行集録悉禁斷除毁若綱維縱其行化誘人而不糺者勒還俗幸承　明旨使革往非不敢妄編在於正録並從刊削以示將来（其贊略七階佀後經集出雖无興義即是信行集録之數明制除廢不敢輙存故載斯録）

佛法有六義第一應知經一卷（祐无經字房録中有）

六通无㝵六根淨業義門經一卷（祐无經字房録中有）

右二部二卷梁僧祐録云齊武帝時比丘釋法願抄集經義所出雖㢤經義異於爲造然既立名号則别成部卷懼後代疑乱故明注于録（長房録云然並引用為疑經故復載傳後業識達者同鑒焉）

佛所制名數經五卷

右一部五卷梁僧祐録云齊武帝時比丘釋王宗所撰抄集衆經有似數林但題稱佛制懼乱名實故注于録（長房録云甘題經名編預）

戒果莊嚴經一卷（或無經字有八章頌）

右一部一卷隋翻經學士費長房録云蕭齊武帝代永明五年常侍庾頡採經意撰（撰録者目採意為頌不同為造既並經名恐濫於聖隋仁壽録及大周録編在爲中今亦同彼編於爲録）

抄華嚴經一十四卷

抄方等大集經一十二卷

抄菩薩地經一十二卷（長房録云抄持）

抄法句譬經三十八卷（長房録云抄百餘）

抄阿差末經四卷（仁壽録云十四卷）

抄淨度三昧經四卷（仁壽録云二卷）

抄摩訶摩耶經三卷

抄胎經三卷　抄央崛摩羅經二卷

抄報恩經二卷　抄頭陁二卷（抄律中事長房録云抄律頭陁事經）

抄義足經二卷　抄法華藥王品一卷

抄維摩所說佛國品一卷

抄維摩方便品一卷

抄維摩問疾品一卷（内典録中佛國方便）

抄安般守意經一卷

抄菩薩本業經一卷

抄菩薩本業願行品一卷

開元釋教錄第十八卷　第三十六張　階

抄四諦經要數一卷
抄法律三昧經一卷
抄照明三昧不思議事經一卷
抄諸佛要集經一卷
抄大乘方等要慧經一卷
抄普賢觀懺悔法一卷
抄瓔珞莊嚴方便經一卷
抄未曾有因緣經一卷
抄阿毗曇五法行經一卷
抄諸法無行經一卷
抄无為道經一卷
抄分別經一卷　抄德光太子經一卷
抄魔化比丘經一卷
抄優婆塞受戒品一卷
抄優婆塞受戒法一卷
抄貧女為國王夫人經一卷
　梁僧祐錄云從華嚴經至貧女為國王夫人經凡三十六部並齊竟陵文宣王所抄凡抄字在題上者皆文宣所抄也
抄妙法蓮華經五十九卷
抄阿毗曇毗婆沙五十九卷

開元釋教錄第十八卷　第三十七張　階

抄維摩經二十六卷
抄菩薩決定要行經十卷　亦云淨行優婆塞經　法經錄云菩薩決定經
抄成實論九卷　長房錄云八卷
　右成實論梁僧祐錄云永明七年文宣王請定林上寺釋僧柔小莊嚴寺釋慧次等於普弘寺共抄出
抄勝鬘經七卷　法華經下六部長房錄云是文宣抄出
抄為法捨身經六卷　仁壽錄云三卷
　已上一經內典錄云是文宣所抄
　右華嚴經下四十三部二百九十八卷勘技群錄並是南齊司徒竟陵文宣王蕭子良所抄　長房錄云王愛好博尋躬自纘撰依古撰歷不謂傳行後代學人相踵抄贖世人參雜亂正文故寀本綱本知由委但上題抄字者悉是其流類明細尋始末自用內典錄云既異本經題抄顯別今後尋者知有所由然風味殊適義理偏附競棄俗之繁俗者住欲之殊途有道存焉義非疑妄而僧祐長房等諸錄並注疑經莫不懸滌澆浮餘淚失本故也
淨度三昧抄一卷　律經雜抄一卷
本起抄經一卷　睒抄經一卷　祐云舊所載

開元釋教錄第十八卷　第三十八張　階

五百梵律經抄一卷　祐云舊錄所載
大海深嶮抄經一卷　祐云上六經並是舊抄
法苑經一百八十九卷　祐云此一經近代抄集撰要經以類相從雖立號法苑經入抄數
　右從佛法六義一五十四部五百一卷並名濫真經文句增減或雜糅異義別立名題若從正収恐玉石斯濫若一例為偽而推本有憑進退二途實難詮定且依舊錄編之為末後學尋覽幸詳得失耳

開元釋教錄卷第十八　別錄之八

開元釋教錄卷第十八

校勘記

一 底本，金藏廣勝寺本。

一 三八六頁中一行「開元釋教錄卷第十八」，資、磧、普、南、徑、清作「開元釋教目錄卷第十八」。

一 三八六頁中二行撰者，徑、清作「唐西崇福寺沙門智昇撰」。

一 三八六頁中四行「鄣」，諸本（不含石，下同）無。

一 三八六頁中七行「鄣泰」，諸本作「鄣帙」。

一 三八六頁中九行「根涉」，資、普、麗作「相涉」。

一 三八六頁中一三行夾註右「余覩見」，徑、清作「余見」。

一 三八六頁下一三行「大周錄」，徑、清作「周錄」。

一 三八六頁下末行「大周錄」，普、徑、清作「周錄」。

一 三八七頁上五行第七字「曲」，磧、南作「典」。

一 三八七頁上一七行夾註右「三百九十二」，資、磧、普、南、徑、清作「三百九十」。

一 三八七頁中一行「譬夫」，資、磧、普、南、徑、清作「譬如」。

一 三八七頁中六行夾註左「或三十二卷」，麗作「或十二卷」。

一 三八七頁下八行「如右」，磧、普、南作「如古」。

一 三八七頁下一三行「盡行」，徑作「甚行」。又「題云」，諸本作「初題云」。

一 三八七頁下一五行「昭然」，磧作「召然」；普作「照然」。

一 三八八頁上二行「之側」，諸本作「之內」。

一 三八八頁上一七行夾註右末字「也」，資、磧、普、南、徑、清作「此」。

一 三八八頁上一九行第七字「淪」，徑作「倫」。

一 三八八頁中二行「佛涅槃」，諸本作「佛臨涅槃」。

一 三八八頁中一九行夾註右末字「誠」，徑作「誡」。

一 三八八頁中二〇行夾註右首字「特」，資、磧、普、南、徑、清作「時」。

一 三八八頁下三行「本官」，磧、普、南、徑、清作「本宮」。

一 三八八頁下四行「密要論」，麗作「密要論經」。又夾註右「万明王」，資、磧、普、南、徑、清作「萬明王」。

一 三八八頁下一二行末字「朋」，諸本作「明」。

一 三八八頁下一五行小字「礼佛持齋儀式經」，資、磧、普、南、徑、清作「禮佛持齋經」。又夾註「佛昇忉利天持齋儀式經」下，資、磧、普、南、徑、清有「一卷七紙」四字。

一 三八八頁下一八行夾註左「應品」，資、磧、普、南、徑、清作「滅應品」；麗作「感應品」。

一 三八八頁下一九行夾註左末字「作」，諸本作「作六紙」。

一 三八八頁下二一行夾註「不同」下，諸本有「二紙」二字。

一 三八八頁下二二行「青吥品」，資、磧、普、南、徑、清作「青蛙品」。又夾註末字「許」，資、磧、普、南、徑、清無。

一 三八八頁下末行「自省經一卷」下，諸本有夾註「二紙」。

一 三八九頁上一行「向三紙」，諸本作「三紙」。

一 三八九頁上四行與五行之間，資、磧、普、南、徑、清有「天地八陽經一卷」及夾註「卷末題云八陽神呪經與正經中八陽神呪義理全異此說陰陽吉凶禳災除禍法八紙」。

一 三八九頁上一二行夾註右「二卷」，清作「三卷」。

一 三八九頁上一六行夾註右「慧蘭」，資、磧、普、南、徑、清作「惠蘭」。又末字「聞」，資、磧、普、南、徑、清作「問」。

一 三八九頁中一行與二行之間，資、磧、普、南、徑、清有「決正二部毗尼論一卷」及夾註「或即毗尼決正論是」。

一 三八九頁中四行「一十八部一十九卷」，資、磧、普、南、徑、清作「一十九部合二十卷」。

一 三八九頁中一三行夾註右「目揵連」，資、磧、普、南、徑、清作「目揵」。又左「佛遣」，資、磧、普、南、徑、清作「佛遺」。

一 三八九頁中一七行正文及夾註「薩惒善薩經」，資、磧、普、南、徑、清作「薩惒菩經」。

一 三八九頁中一八行夾註左首字「國」，資、磧、普、南、徑、清無。

一 三八九頁中一九行「二卷」，麗作「一卷」。又夾註「善住經」，諸本作「善信經」。

一 三八九頁中二〇行夾註左「妙者誤」，資、磧、普、南、徑、清作「妙音娛」。

一 三八九頁下二行夾註右「或云」，資、磧、普、南、徑、清作「或作」。

一 三八九頁下一四行「雨部」，諸本作「兩部」。

一 三九〇頁上二行「推校」，麗作「推劾」。

一 三九〇頁上三行「昝土」，磧、普、南作「昝士」。

一 三九〇頁上四行末字「揉」，諸本作「楺」。

一 三九〇頁上一二行「陪焉」，諸本作「倍焉」。

一 三九〇頁上一五行「祐經卷」，諸本作「祐桉經卷」。

一 三九〇頁上二二行夾註「並云大乘妙經」，資、磧、普、南作「並云大乘抄經」；徑、清作「云大乘抄經」。

一 三九〇頁中七行夾註「一云」，資、磧、普、南、徑、清作「一名」。

一 三九〇頁中八行「安墓呪經」，資、磧、普、南、徑、清作「安墓呪願經」。

一 三九〇頁中一一行夾註「或在」，資、磧、普、南、徑、清作「或作」。

一 三九〇頁中一二行夾註右「九十五」，普作「九十六」。

一 三九〇頁中一三行夾註右「具題云」，資、磧、普、南、徑、清作「且題云」。

一 三九〇頁中一八行夾註右第七字「本」，資、磧、普、南、徑、清作「合」。

一 三九〇頁中二一行夾註左「道侍」，磧、普、南、徑、清作「道持」。

一 三九〇頁下五行「瓦玉」，諸本作「玉石」。

一 三九〇頁下九行末字「西」，磧、普、南、徑、清作「東」。

一 三九〇頁下一五行夾註右第四字「准」，徑、清作「唯」。

一 三九一頁上四行夾註左第四字「顯」，磧、普、南、徑、清無。

一 三九一頁上五行夾註「蕭齊永元元年出時年九歲」，徑、清無。

一 三九一頁上六行至九行夾註「永元元年出時年九歲」，徑、清無。

一 三九一頁上一〇行夾註「永元二年出時年十歲」，資、磧、普、南作「永元元年出時年九歲」；徑、清作「右六經蕭齊永元元年出時年九歲」。

一 三九一頁上一一行夾註「永元二年出時年十歲」，徑、清無。

一 三九一頁上一二行夾註「永元二年出時年十歲」，徑、清冠以「右二經」。

一 三九一頁上一三行夾註「中興元年出時年十二」，徑、清無。

一 三九一頁上一四行夾註「中興元年出時年十二」，徑、清冠以「右二經」。

一 三九一頁上一五行夾註「梁天監元年出時年十三智遠承旨」，徑、清無。一六行同。

一 三九一頁上一六行「二卷」，資、磧、普、南、徑、清作「一卷」。

一 三九一頁上一七行「天監元年出時年十三智遠承旨」，徑、清作「右三經梁天監元年出時年十三歲智遠承旨」。

一 三九一頁上二〇行「天監四年出時年十六」，徑、清無。

一 三九一頁上二一行夾註「天監四年出時年十六」，徑、清冠以「右二經」。

一 三九一頁中二行第六字「弃」，麗作「并」。

一 三九一頁中六行「静坐」，資、普、徑作「淨坐」。

一 三九一頁中一二行第二字「鼠」，諸本作「舅」。

一 三九一頁中末行「收合」，資、磧、普、南、徑、清作「收拾」。

一 三九一頁下一行第二字「存」，資、磧、普、南、徑、清作「在」。

一 三九一頁下五行第五字「荊」，資、磧、普、南、徑、清作「别」。

一 三九一頁下七行「取捨」，資、磧、普、南作「所捨」。

一 三九一頁下九行夾註「等定亦編爲中」，資、磧、普、南、徑、清作「等録定亦編僞中也」。

一　三九一頁下一九行「敬德覺」，麗作「敬德驚覺」。

一　三九二頁上九行夾註右第二字「誦」，徑作「調」。

一　三九二頁上一三行第三字「七」，磧、普、南、徑、清作「士」。

一　三九二頁上一九行末字「狀」，資、磧、普、南、徑、清作「伏」。

一　三九二頁上二一行第二字「借」，磧、普、南、徑、清作「倩」。

一　三九二頁中一四行「略說」，資、磧、普、徑作「略記」。

一　三九二頁中一七行夾註左「亦是人造」，資、磧、普、南、徑、清無。

一　三九二頁下二行夾註左「具題云」，磧、南作「其題云」。

一　三九二頁下五行夾註右「寶達」，資、磧、普、南、徑、清作「寶遠」。又左「報應」，徑作「寶應」。

一　三九二頁下一一行夾註「亦云根大」，諸本作「亦云根本」。

一　三九二頁下一六行夾註「妙法蓮華經」，資、普、徑作「妙法蓮華」；磧、南、清作「沙法蓮華」。

一　三九三頁上九行夾註左「或三卷」，磧、南作「或二卷」。

一　三九三頁上一二行夾註右「具名」，諸本作「真名」。

一　三九三頁上末行「一卷」，資、磧、普、南、徑、清作「二卷」。

一　三九三頁中一行「一卷」，資、磧、普、南、徑、清作「三卷」。

一　三九三頁中一行夾註左第五字「且」，徑作「兩」。

一　三九三頁中二行正文「二卷」，麗作「一卷」。又夾註左「相監」，諸本作「相濫」。又「真爲」，資、磧、普、南作「真二」。

一　三九三頁中六行夾註右「五龍悔過」，磧、普、南、徑、清作「五悔過」。

一　三九三頁中九行至一〇行夾註「救護身命」，諸本作「救護身命經」。

一　三九三頁中一五行夾註右「合殊」，資作「全未」；徑、清作「今殊」；麗作「全殊」。

一　三九三頁中一九行夾註「安宅神呪經」，磧、普、南作「安寶神呪經」。

一　三九三頁中二二行夾註左「復存」，諸本作「復存之」。

一　三九三頁下一行夾註右「金揞」，諸本作「金棺」。

一　三九三頁下七行夾註左「亦存」，資、磧、普、南、徑、清作「各存」。

一　三九三頁下九行夾註右「法録」，資、磧、普、南、徑、清作「法經録」。又左「無假」，磧、普、南、徑、清作「無暇」。

一　三九三頁下一一行「全異」，資、磧、普、南、徑、清作「乃異」。

一　三九三頁下一三行夾註左「少許」，諸本作「餘少許」。

一　三九四頁上五行夾註左末字「疑」，徑、清作「疑録」。

一　三九四頁上一四行第四字「之」，南無。

一　三九四頁上一六行夾註左「指明」，麗作「指明耳」。

一　三九四頁上末行首字「掠」，資、磧、普、南、徑、清作「標」。

一　三九四頁中五行夾註右「三昧」，徑作「三時」。

一　三九四頁中六行夾註左「三經」，磧作「五經」。

一　三九四頁中七行夾註右「編爲」，資、磧、普、南、徑、清作「編載」。又左「此中」，徑作「比中」。

一　三九四頁中一〇行夾註左「即是」，磧作「見是」。

一　三九四頁中一二行夾註左「兩存之」，資、磧、普、南、徑、清作「兩存也」。

一　三九四頁中一三行夾註右「有名」，資、磧、普、南、徑、清作「有經」。又左「各存之」，資、磧、普、南、徑、清作「各存也」。

一　三九四頁下三行夾註左「通方廣經」，諸本作「大通方廣經」。

一　三九四頁下四行夾註右「寶明」，資作「實明」。又「時聞」，資、磧、普、南、徑、清作「時間」。又左「名目」，諸本作「名同」。

一　三九四頁下七行夾註右「冣抄初教經」，諸本作「最妙初教經」。

一　三九四頁下一八行夾註「或云弥沙論經」，資、磧、普、南、徑、清作「或云彌沙論」；麗作「或云沙彌論經」。

一　三九四頁下二一行「大唐」，徑、清無。下同。

一　三九四頁下末行「宣云」，徑作「宣公」。

一　三九五頁上四行夾註左「偽中」，資、磧、普、南、徑、清作「其偽中」。

一　三九五頁上一四行夾註右「具題云」，徑作「且題云」。又左第八字「服」，磧、南、徑、清作「眼」。

一　三九五頁上一五行夾註右末字「般」，資、磧、普、南、徑、清無。

一　三九五頁中九行「下山」，磧、普、南、徑、清作「下生」。

一　三九五頁中一四行夾註右「益竿神符經」，麗作「盜算神符經」。又左「大周」，徑、清作「周」，下同。

一　三九五頁中二二行「折刀經」，資、磧、普、南、徑、清作「析刀經」。又夾註「或作折字」，麗作「或作析字」。

一　三九六頁上九行「冗雜」，資、磧、普、南、徑、清作「糅雜」。

一　三九六頁上一三行夾註左「且依」，磧作「具依」。

一　三九六頁上一五行夾註左「即此」，諸本作「即此是」。

一　三九六頁上一六行夾註左第四字「即」，資、磧、普、南、徑、清無。

一　三九六頁上一七行夾註右第九字「更」，資、磧、普、南、徑、清作「更六」。

一　三九六頁上一八行夾註左「二十六」，諸本作「三十六」。

一　三九六頁中五行夾註左「對根」，資、磧、普、南、徑、清作「對相」。

一　三九六頁中七行夾註右「四種」，磧、南、徑、清作「種種」。又左第九字「人」，徑作「入」。

一　三九六頁中八行夾註左「一卷」，南無。

一　三九六頁中九行夾註左「衆主」，諸本作「衆生」。

一　三九六頁中一四行夾註右「内世間」，諸本作「内世間出世間」。

一　三九六頁中一五行「世間十種」，諸本作「世間十種惡」。

一　三九六頁中一六行夾註左「入道者斷修善法也」，資作「入道斷惡修善行」；磧、普、南、徑、清作「入道斷惡修善法」；麗作「入道者斷惡修善法也」。

一　三九六頁中一八行「根器」，諸本作「當根器」。

一　三九六頁中二一行夾註左末字「多」，資作「多少法」；磧、普、南、徑、清作「多法少」。

一　三九六頁下四行「行行法」，麗作「行法」。

一　三九六頁下七行夾註右末字「抄」，資、磧、普、南、徑、清無。

一　三九六頁下一一行夾註左首字「入」，資、磧、普、南、徑、清作「人」。

一　三九六頁下一四行夾註右「月藏」，資、磧、普、南作「日藏」。

一　三九六頁下一九行夾註左「如脚注」，諸本作「具如脚注」。

一　三九六頁下二二行左至次行夾註右「内與録云」，資、磧、普、南、徑、清作「内典録中」；麗作「内典録云」。

一　三九七頁上一行夾註右「興教碑」，磧、南、徑、清作「與教碑」。

一　三九七頁上四行第四字「冐」，諸本作「冒」。

一　三九七頁上五行末字「而」，資、磧、普、南、徑、清無。

一　三九七頁上七行第四字「授」，諸本作「援」。

一　三九七頁上一一行第八字「及」，磧、南作「乃」。

一　三九七頁上一二行「集内」，資、磧、普、南、徑、清作「進内」。

一　三九七頁上一三行「別稱」，資、磧、普、南、徑、清作「別構」。

一　三九七頁上二一行第四字「知」，諸本作「知彼」。

一　三九七頁中一八行夾註右「共引」，資、磧、普、南、徑、清作「共列」。

一　三九七頁下一行夾註右「長房録」，資、磧、普、南、徑、清作「長房録中」。又左「編預」，諸本作「編預於録既非正經世所疑惑也(「也」，麗無)」。

一　三九七頁下五行第九字「棎」，諸本作「採」。

一　三九七頁下六行夾註左「既並經名恐濫於聖」，諸本作「既別立經名恐濫於聖典」。

一　三九七頁下八行「抄華嚴經一十四卷」下，諸本有夾註「長房録云十三卷」。

一　三九七頁下一〇行夾註「抄持」，

諸本作「抄地持」。

一　三九七頁下一三行夾註「二卷」，諸本作「三卷」。

一　三九七頁下一六行「抄頭陁」，資、磧、普、南、徑、清作「抄頭陁經」。

一　三九七頁下二〇行夾註「佛國方便」，諸本作「佛國方便問疾三品共爲（「爲」，麗無）二卷」。

一　三九八頁上一六行與一七行之間，資有「抄照明三昧不思議事經一卷」一行。

一　三九八頁中一六行夾註左首字「愽」，資、磧、普、南、徑、清作「傳」。又末字「倫」，麗作「倫」。

一　三九八頁中一七行夾註右「後怠」，資、磧、普、南、徑、清作「後代」。

一　三九八頁中一九行夾註左「風味彌通」，資、磧、普、南、徑、清作「諷味弘通」。

一　三九八頁中二〇行夾註右「者住欲」，諸本作「考性欲」。

一　三九八頁中末行「本起」，資、磧、普、南、徑、清作「大起」。

一　三九八頁中末行夾註「祐云舊所或」，諸本作「祐云舊録所載」。

一　三九八頁下卷末經名，徑、清作「開元釋教目録卷第十八」。

開元釋教錄卷第十九　庚午歲西崇福寺沙門智昇撰

合大小乘經律論及聖賢集傳

見入藏者揔一千七十六部合

五千四十八卷成四百八十帙

大乘入藏目録上 大乘經律論揔六百三十八部二千七百四十五卷二百五十八帙此直列經名標紙數餘如廣目録

大乘經　五百一十五部　二千

一百七十三卷　二百三帙

大乘律　二十六部　五十四卷　五帙

大乘論　九十七部　五百一十八卷　五十帙

大乘經重單合譯

三百八十四部　一千八百八十卷

一百七十九帙

大般若波羅蜜多經六百卷 十六會說六十帙

一万五百八十一紙

放光般若波羅蜜經三十卷 亦云放光摩訶般若經三帙或二帙亦云摩訶般若放光

四百六十六紙

摩訶般若波羅蜜經四十卷 亦名大品般若經僧祐録云新大品或二十四卷或二十七卷或三十卷

六百二十三紙

光讚般若波羅蜜經十五卷 亦云光讚摩訶般若經或十卷

二百二十一紙

摩訶般若波羅蜜鈔經五卷 或无鈔字亦名長安品經一名須菩提品經或七卷

九十紙

上二經二十卷二帙

道行般若波羅蜜經十卷 一帙題云摩訶般若波羅蜜道行經或八卷亦云般若道行品經

一百七十紙

小品般若波羅蜜經十卷 題云摩訶般若波羅蜜經無小品字一帙

一百五十紙

大明度无極經四卷 亦直名大明度經或六卷

九十四紙

勝天王般若波羅蜜經七卷 一百二十五紙

上二經十一卷同帙

文殊師利所說摩訶般若波羅蜜

經二卷 亦直云文殊般若波羅蜜經或一卷二十一紙

文殊師利所說般若波羅蜜經一卷

二十紙

濡首菩薩无上清淨分衛經二卷 一名決了諸法如幻化三昧經

二十八紙

金剛般若波羅蜜經一卷 舍衛國第一譯

一十二紙

金剛般若波羅蜜經一卷 婆伽婆第二譯

一十四紙

金剛般若波羅蜜經一卷 祇樹林第三譯

一十四紙

能斷金剛般若波羅蜜多經一卷 第四譯

能断金剛般若波羅蜜経一卷 名稽城截勝林
笈第四譯 一十九紙
第五譯 一十二紙
實相般若波羅蜜経一卷 八紙
仁王護國般若波羅蜜経二卷 亦云仁王般若
經或一卷 二十八紙
摩訶般若波羅蜜大明呪経一卷 亦云摩訶
大明呪經 一紙
般若波羅蜜多心経一卷 亦云般若心經 一紙
上十二経十五卷同帙
大寶積経一百二十卷 四十九會說合成一部 十二帙 一千五百九十一紙
大方廣三戒経三卷 四十六紙
无量清淨平等覺経二卷 亦直云无量清淨經
或四卷 六十一紙
阿弥陀経二卷 上卷題云佛說諸佛阿弥陀三耶三佛薩樓佛檀過度人道經
亦名无量壽經 五十五紙
無量壽経二卷 三十九紙
上四経九卷同帙
阿閦佛國経二卷 一名阿閦佛刹諸菩薩學成品經 四十紙
大乘十法経一卷 佛住王舍城者 二十紙
普門品経一卷 亦云普門經 二十二紙
胞胎経一卷 一名胞胎受身經 一十五紙
文殊師利佛土嚴淨経二卷 或直云嚴淨佛土經

亦直云佛土嚴淨經 二十五紙
法鏡経二卷 或一卷 二十五紙
上六経九卷同帙
郁迦羅越問菩薩行経一卷 或云郁迦長者問居
家菩薩行經 二十五紙
幻士仁賢経一卷 或云仁賢幻士經 一十八紙
決定毗尼経一卷 一名破壞一切心識 一十七紙
發覺淨心経二卷 二十八紙
優塡王經一卷 五紙
須摩提経一卷 有加菩薩字 亦云須摩提經 八紙
須摩提菩薩経一卷 九紙
阿闍貰王女阿術達菩薩経一卷
一十九紙
離垢施女経一卷 二十三紙
上九経十卷同帙
得無垢女経一卷 一名論議辯才法門 或云无垢女經
二十五紙
文殊師利所說不思議佛境界経二
卷 或一卷 有一本乃是僞經 二十四紙
如幻三昧経二卷 或三卷 或四卷 五十七紙
聖善住意天子所問経三卷 或四卷 五十七紙
太子刷護経一卷 五紙
太子和休経一卷 或云和休 四紙

上六経十卷同帙
慧上菩薩問大善權経二卷 或一卷 或直云大善權經 或云方便所度无極經 或云慧上菩薩經 或云善權方便經 三十二紙
大乘顯識経二卷 二十五紙
大乘方等要慧経一卷 一紙
弥勒菩薩所問本願経一卷 或无所問字 亦云弥勒本
願經 一名弥勒難經 八紙
佛遺日摩尼寶経一卷 一名古品遺日說般若經 一名大寶積經 一名摩訶衍寶嚴經 一十六紙
摩訶衍寶嚴経一卷 一名大迦葉品 二十紙
勝鬘師子吼一乘大方便方廣経一卷
亦直名勝鬘經 或二卷 十九紙
毗耶娑問経二卷 三十四紙
上八経十一卷同帙
大方等大集経三十卷 三帙 或二十九卷 或三十一卷 或三
十二卷 或四十卷 六百二十一紙
大方等大集日藏経十卷 一帙 題云大乘大方等日藏 分或十二卷 或十五卷 二百六紙
大集月藏経十卷 一帙 題云大方大集經月藏分第十二 或十二卷 或十五卷
二百一十九紙
大乘大集地藏十輪経十卷 一帙
一百六十五紙
大方廣十輪経八卷 一百九紙

大乘須弥藏經三卷 內題云大乘大集經須弥藏分第十五或二卷
三十八紙
上二經十一卷同帙
虚空藏菩薩經一卷 一名虚空藏經 二十七紙
虚空藏菩薩神呪經一卷 一十七紙
虚空孕菩薩經二卷 三十一紙
觀虚空藏菩薩經一卷 亦名虚空藏觀經或无觀字
三紙
菩薩念佛三昧經六卷 或无菩薩字或五卷 九十八紙
上五經十一卷同帙
大方等大集菩薩念佛三昧經十卷 題云大方等大集經菩薩念佛三昧分一帙
般舟三昧經三卷 一名十方現在佛悉在前立定經或云大般舟三昧經 一百三十四紙
或二卷 五十紙
拔陂菩薩經一卷 亦云拔波菩薩經亦云䟦披陁菩薩經
一十四紙
大方等大集賢護經五卷 或六卷題云大方等大集經賢護分亦云賢護菩薩經亦直云賢護經 八十二紙
上三經九卷同帙
阿差末經七卷 晉曰无盡意或四卷或五卷或云阿差末菩薩經
九十二紙
無盡意菩薩經六卷 初題云大集經中无盡意品亦云說不可盡義品第二十二亦云阿差末經亦直云無盡意經 八十九紙

開元釋教錄第十九卷 第七張 隋字号
上二經十三卷同帙
大集譬喻王經二卷 或无大集字 三十四紙
大哀經八卷 或云如來大哀經或六卷或七卷 一百一十七紙
上二經十卷同帙
寶女所問經三卷 或直云寶女經亦云寶女問慧經亦云寶女三昧經或四卷
六十四紙
无言童子經二卷 或云无言菩薩經或一卷 四十一紙
自在王菩薩經二卷 或无菩薩字 三十四紙
奮迅王問經二卷 四十一紙
上四經九卷同帙
寶星陁羅尼經十卷 或八卷一帙 一百三十二紙
大方廣佛華嚴經六十卷 八會說舊譯六帙或五十卷
一千七十九紙
大方廣佛花嚴經八十卷 九會說新譯八帙
一千三百二十九紙
信力入印法門經五卷 九十五紙
度諸佛境界智光嚴經一卷 或二卷
一十七紙
佛花嚴入如來德智不思議境界經二
卷 二十二紙
大方廣入如來智德不思議經一卷
一十四紙
大方廣佛華嚴經不思議佛境界

分一卷 或二卷 一十二紙
大方廣如來不思議境界經一卷
一十一紙
大乘金剛髻珠菩薩脩行分一卷 亦名金剛髻菩薩加行品
一十八紙
大方廣佛花嚴經脩慈分一卷 七紙
上八經十三卷同帙
大方廣普賢所說經一卷 別有一本內三十紙非是本經應須揀擇
五紙
莊嚴菩提心經一卷 七紙
大方廣菩薩十地經一卷 七紙
兜沙經一卷 五紙
菩薩本業經一卷 亦直名本業經亦名淨行品經
一十二紙
諸菩薩求佛本業經一卷 或无諸字
一十一紙
菩薩十住行道品一卷 亦直云菩薩十住 八紙
菩薩十住經一卷 五紙
漸備一切智德經五卷 或十卷一名十住又名大慧光三昧
一百五紙
上九經十三卷同帙
十住經四卷 九十七紙
等目菩薩所問三昧經二卷 或三卷一名普賢

開元釋教録第十九卷　第九張　階字号

顯无邊佛土功德經一卷 華嚴或直云菩薩華目菩薩　五十二紙　二紙

如来興顯經四卷 一名興顯如幻經　六十六紙

上四經十一卷同帙

度世品經六卷 或五卷或无品字　一百二十紙

羅摩伽經三卷 或四卷　七十二紙

大方廣佛花嚴經續入法界品一卷 或无續字　八紙

上三經十卷同帙

大般涅槃經四十卷 或三十六卷四帙　七百三十紙

大般涅槃經後譯荼毗分二卷 亦云闍維亦云捄分

三十九紙

大般泥洹經六卷 記云方等大般泥洹經或七卷　一百四十一紙

上二經八卷同帙

方等般泥洹經二卷 亦名大般泥洹經或三卷　四十五紙

四童子三昧經三卷 或无三昧字　四十四紙

大悲經五卷　八十七紙

上三經十卷同帙

方廣大莊嚴經十二卷 一名神通遊戲或云大方廣

二百一十四紙

普曜經八卷 一名方等本起　一百四十三紙

上二經二十卷兩帙

法花三昧經一卷　一十一紙

開元釋教録第十九卷　第十張　階字号

無量義經一卷　一十七紙

薩曇分陁利經一卷 舊録云薩芸芬陁利經亦直云分陁利經

三紙

妙法蓮花經八卷 或七卷二十八品僧祐録云新法花經　一百五十二紙

上四經十一卷同帙

正法花經十卷 或云方等正法花或七卷一帙　一百九十紙

添品妙法蓮花經七卷 二十七品寶塔天授通為一品

一百五十八紙

維摩詰所説經三卷 一名不可思議解脱或直云維摩詰經

上二經十卷同帙

僧祐録云新維摩詰經　六十一紙

維摩詰經二卷 維摩詰説不思議法門之稱一名佛法普入道門三昧經　或三卷

五十五紙

説无垢稱經六卷　九十七紙

大方等頂王經一卷 一名維摩詰子問經亦名善思童子經 亦

直云頂王經　二十紙

大乘頂王經一卷 亦云維摩兒經　一十六紙

上四經十卷同帙

善思童子經二卷　二十一紙

大悲分陁利經八卷 亦云大乘悲分陁利經一百六十八紙

上二經十卷同帙

悲華經十卷 一帙　一百九十九紙

金光明冣勝王經十卷 一帙　一百四十九紙

開元釋教録第十九卷　第十一張　階字号

合部金光明經八卷 二十四品　一百二十紙

伅真陁羅所問經二卷 初云伅真陁羅所問寶如来三昧經或云伅真陁羅王經或三卷　五十八紙

上二經十卷同帙

大樹緊那羅王所問經四卷 亦名説不可思議品或云大樹緊那羅經　六十七紙

佛昇忉利天為母説法經二卷 亦云佛昇忉利天品經或三卷　三十七紙

道神足無極變化經四卷 一名合道神足經或二卷或三卷

四十九紙

上三經十卷同帙

寶雨經十卷 一帙　一百四十一紙

寶雲經七卷　一百三紙

阿惟越致遮經三卷 或无遮字或四卷　六十六紙

上二經十卷同帙

不退轉法輪經四卷 一名不退轉經　七十三紙

廣博嚴淨不退轉法輪經四卷 或六卷或

不必定入印經一卷 亦直云廣博嚴淨經亦云不退轉法輪經　七十八紙

入定不定印經一卷　二十一紙

一十六紙

上四經十卷同帙

等集衆德三昧經三卷 或二卷或无三昧字或直云等集經　五十紙

開元釋教錄第十九卷　第十二張　階字號

集一切福德三昧經三卷　五十紙

持心梵天經四卷　亦云持心梵天所問經　一名莊嚴佛法　又名等御諸法經

上三經十卷同帙　九十一紙　凡十七品　或六卷

思益梵天所問經四卷　或直云思益經　僧祐錄云思益義經

八十三紙

勝思惟梵天所問經六卷　一百一紙

上二經十卷同帙

持人菩薩經四卷　初云持人菩薩所問除種諸入以了道慧經　或三卷

五十四紙

持世經四卷　一名法印經　或三卷　七十八紙

濟諸方等學經一卷　天竺薩和櫛日僧迦　或无學字

一十五紙

大乘方廣摠持經一卷　或无乘字　一十四紙

上四經十卷同帙

文殊師利現寶藏經三卷　或二卷　或无現字　或直云寶藏經　四十二紙

大方廣寶篋經三卷　或二卷　四十三紙

大乘同性經二卷　亦名一切佛行入智毗盧遮那藏說　一名佛十地經　或四卷

三十八紙

證契大乘經二卷　亦名入一切佛境智陪盧遮那藏　三十二紙

上四經十卷同帙

深密解脫經五卷　七十一紙

開元釋教錄第十九卷　第十三張　階字号

解深密經五卷　七十五紙

上二經十卷同帙

解節經一卷　一十紙

相續解脫地波羅蜜了義經一卷　或二卷　亦名解脫了義經　亦直云相續解脫經　一十八紙

緣生初勝分法本經二卷　亦直云緣生經　二十三紙

分別緣起初勝法門經二卷　亦直云分別緣起經

二十三紙

楞伽阿跋多羅寶經四卷　九十二紙

上五經十卷同帙

入楞伽經十卷　一帙　一百七十四紙

大乘入楞伽經七卷　一百三十七紙

菩薩行方便境界神通變化經三卷

四十七紙

上二經十卷同帙

大薩遮尼乾子所說經十卷　一帙　或加授記字　无所說字　或七卷　或八卷　一名菩薩境界奮迅法門經　一百三十九紙

大方等大雲經六卷　一名大方等无相大雲經　一名大雲无相經　一名大雲密藏經　或四卷　或五卷　九十紙

大雲請雨經一卷　內題云大雲經請雨品第六十四　二十三紙

大雲輪請雨經二卷　二十七紙

大方等大雲請雨經一卷　內題云大方等大雲經請雨品第六十四　二十紙

開元釋教錄第十九卷　第十四張　階字号

上四經十卷同帙

諸法無行經二卷　或一卷　三十一紙

諸法本无經三卷　三十九紙

无極寶三昧經二卷　或无三昧字　一名无極寶三昧經　三十紙

寶如來三昧經二卷　一卷　三十八紙

慧印三昧經一卷　一名寶田慧印三昧經　亦直云慧印經　二十紙

如來智印經一卷　一名諸佛法身　一十九紙

上六經十一卷同帙

大灌頂經十二卷　一帙　或无大字　錄云九卷未詳　一百十八紙

藥師如來本願經一卷　隋笈多譯　一十二紙

藥師琉璃光如來本願功德經一卷

一十一紙

藥師琉璃光七佛本願功德經二卷

三十一紙

阿闍世王經二卷　五十五紙

普超三昧經三卷　或四卷　或上加文殊師利字　亦直云普超經　一名阿闍世王品　安公錄云更出阿闍世王經　六十八紙

放鉢經一卷　七紙

上六經十卷同帙

月燈三昧經十一卷　或十卷　一帙　一百九十八紙

月燈三昧經一卷　一名文殊師利菩薩十事行　一名逮慧三昧經

一十紙

无所希望經一卷　一名象步經　二十紙

開元釋教録第十九卷　第十五張　階字号

象腋経一卷　一十六紙
大淨法門経一卷 題云大淨法門品上金光首女所問濟普首童真所關化経
二十四紙
大莊嚴法門経二卷 亦名文殊師利神通力経亦名勝金色光明徳女経
二十六紙
如來莊嚴智慧光明入一切佛境界経二卷 亦云如來入一切佛境界経　三十四紙
度一切諸佛境界智嚴経一卷
一十二紙
後出阿弥陁佛偈経一卷 或无経字　一紙
觀无量壽佛経一卷 亦云无量壽觀経　一十六紙
阿弥陁経一卷 亦名无量壽経　三紙
稱讃淨土佛攝受経一卷 亦直云稱讃淨土経　一十紙
上十一経十三卷同帙
觀弥勒菩薩上生兜率天経一卷 亦云弥勒上生経　八紙
弥勒成佛経一卷　一十七紙
弥勒來時経一卷　三紙
弥勒下生経一卷 一名弥勒授決経亦云弥勒成佛経亦云當下成佛亦云下生成佛初云大智舍利弗　七紙
弥勒下生成佛経一卷 義淨三藏新譯　五紙
諸法勇王経一卷　一十八紙
一切法高王経一卷 一名一切法義王経　二十紙

開元釋教録第十九卷　第十六張　階字号

第一義法勝経一卷　一十四紙
大威燈光仙人問疑経一卷　一十五紙
順權方便経二卷 一名轉女身菩薩経亦云惟權方便経亦云順權女経亦云隨權女経或一卷　二十八紙
樂瓔珞莊嚴方便品経一卷 亦云轉女身菩薩問答経
二十六紙
上十一経十二卷同帙
六度集経八卷 亦名六度无極経亦云度无極集亦云雜无極経或九卷
一百四十七紙
太子須大拏経一卷 或云須達拏　一十六紙
菩薩睒子経一卷 亦云孝子睒経亦直云睒経　七紙
睒子経一卷 一名孝子睒経一名菩薩睒経一名佛說睒経一名睒本経一名孝子隱経　六紙
太子慕魄経一卷　六紙
太子沐魄経一卷 或作慕魄　三紙
九色鹿経一卷　三紙
上七経十四卷同帙
無字寶篋経一卷　六紙
大乘離文字普光明藏経一卷　五紙
大乘遍照光明藏无字法門経一卷 亦直云大乘遍照光明藏経　六紙
老女人経一卷 亦云老母経或云老女経　二紙
老母經一卷　二紙
申日経一卷　五紙

開元釋教録第十九卷　第十七張　階字号

一具光明定意經一卷
三千諸佛功德經一部三卷 一云集三經　六十七紙
央崛摩羅經一部四卷　十二紙
右四經十卷同帙
超日明三昧經一部一卷 或一名超日明經或二卷　五十[illegible]紙
孔雀王呪經一卷
孔雀王陁羅尼經一部二卷　三紙
須賴經一卷 或名須賴菩薩　二十紙
德光太子經一卷
須真天子經一部二卷 或一須真天子問四事經
月燈三昧經一卷 一名文殊十事行經一名逮
右七經十卷同帙
請觀世音經一卷
大淨法門經一卷
二莊嚴法門經一部二卷 大二法門二十六紙
菩薩睒子
睒子經
右二經同卷
觀世音菩薩受記經一卷 一名觀世音受記
菩薩修行經 一名威施長者所問觀身行經一名長者修行經
菩薩行五十緣身經 亦云五十緣身經亦云菩薩緣身五十事經　七紙
福田經 一名諸德福田經一名福田世經　六紙

開元釋教錄第十九卷　第十八張　陪字号

謗佛經一卷　七紙

寶積三昧文殊問法身經一卷（一名遺日寶積三昧文殊師利菩薩問法身經）　六紙

入法界體性經一卷（或云入法界經）　十紙

如來師子吼經一卷　六紙

大方廣師子吼經一卷　五紙

大乘百福相經一卷　七紙

一乘百福莊嚴相經一卷　九紙

大乘四法經一卷（與單本中實叉難陁譯者二名雖同多少全異）　一紙

菩薩修行四法經一卷　一紙

希有希有挍量功德經一卷　六紙

最無比經一卷　十二紙

前世三轉經一卷　六紙

銀色女經一卷　七紙

阿闍世王受決經一卷　四紙

採蓮違王上佛授決号妙華經一卷（亦直云採蓮違王經）　二紙

正恭敬經一卷（一名威德陁羅尼中說經或名正法恭敬經）　五紙

善敬經一卷（亦名善恭敬經一名善恭敬師經）　七紙

稱讚大乘功德經一卷　五紙

說妙法決定業障經一卷　三紙

開元釋教錄第十九卷　第十九張　陪字号

上一十三經二十四卷同帙

諫王經一卷（亦云大小諫王經）　四紙

如來示教勝軍王經一卷（亦直云勝軍王經）　十紙

佛為勝光天子說王法經一卷（亦直云勝光天子經）　七紙

大方等修多羅王經一卷（或无王字）　二紙

轉有經一卷　二紙

文殊師利巡行經一卷　五紙

文殊尸利行經一卷　八紙

貝多樹下思惟十二因緣經一卷（亦云聞城十二因緣經）　四紙

緣起聖道經一卷　八紙

稻芉經一卷　七紙

了本生死經一卷　五紙

自誓三昧經一卷（題下注云獨證品第四出比丘淨行中）　八紙

如來獨證自誓三昧經一卷（亦云獨證自誓三昧經亦云如來自誓三昧經）　七紙

灌洗佛形像經一卷（亦云四月八日灌經亦直云灌經）　二紙

摩訶刹頭經一卷（亦名灌佛形像經）　三紙

造立形像福報經一卷　三紙

作佛形像經一卷（亦云優填王作佛像經一名作像因緣經）　四紙

龍施女經一卷（或無女字）　二紙

龍施菩薩本起經一卷（或云龍施女經或云一龍施本經）

開元釋教錄第十九卷　第二十張

四紙

八吉祥神呪經一卷（或无神字）　三紙

八陽神呪經一卷（亦云八陽經別有一本云八陽神呪可半紙許初有七佛名号者非也）　四紙

八吉祥經一卷（亦云八方八世界八佛名号經）　二紙

八佛名号經一卷　四紙

盂蘭盆經一卷（亦云盂蘭經）　二紙

報恩奉盆經一卷　一紙

佛說浴像功德經一卷（三藏寶思惟譯）　三紙

浴像功德經一卷（三藏義淨譯）　四紙

挍量數珠功德經一卷　二紙

數珠功德經一卷（內云曼殊室利呪藏中挍量數珠功德法）　二紙

上二十九經二十九卷同帙

不空羂索神變真言經卅卷　二帙

五百二十六紙

不空羂索呪經一卷（亦云不空羂索觀世音心呪經）　一十一紙

不空羂索神呪心經一卷　一十三紙

不空羂索陁羅尼自在王呪經二卷（亦名不空羂索心呪王經）　三十四紙

不空羂索陁羅尼經一卷（一名普門）　三十七紙

千眼千臂觀世音菩薩陁羅尼神呪經二卷（或一卷）　一十九紙

千手千眼觀世音菩薩姥陁羅尼身

經一卷 或云千臂千眼　二十二紙
千手千眼觀世音菩薩廣大圓滿无
导大悲心陁羅尼經一卷 一十九紙
觀世音菩薩秘密藏神呪經一卷 八紙
觀世音菩薩如意摩尼陁羅尼經一
卷　七紙
上九經十二卷同帙
觀自在菩薩如意心陁羅尼呪經一卷
四紙
如意輪陁羅尼經一卷 此經出大蓮花金剛三昧耶加持秘密无障导經　二十四紙
文殊師利根本一字陁羅尼經一卷 [illegible] 大方廣菩薩藏中文殊師利根本一字陁羅尼法亦名一字呪王經　三紙
勇殊室利菩薩呪藏中一字呪王
經一卷　三紙
十二佛名神呪經一卷 題云十二佛名神呪校量功德除障滅罪經　六紙
稱讚如來功德神呪經一卷　三紙
孔雀王呪經一卷 亦名大金色孔雀王經并結界場法　八紙
大金色孔雀王呪經一卷　五紙
佛說大金色孔雀王呪經一卷 八紙
孔雀王呪經二卷 亦云孔雀王陁羅尼經　四十二紙
大孔雀呪王經三卷　六十紙

上十一經十四卷同帙
陁羅尼集經十二卷　三百四十三紙
十一面觀世音神呪經一卷　一十紙
十一面神呪心經一卷　一十紙
摩利支天經一卷 或上加小字　二紙
呪五首經一卷 或无經字　二紙
千囀陁羅尼觀世音菩薩呪經一卷
或无經字　三紙
六字神呪經一卷 或云六字呪法　六紙
七俱胝佛大心准提陁羅尼經一卷 亦直云七俱胝佛母心經　五紙
七俱胝佛母准泥大明陁羅尼經一卷
一十六紙
上九經二十卷二帙 上帙七卷 下帙十三卷
觀自在菩薩隨心呪經一卷 亦名多唎心經 十九紙
種種雜呪經一卷 或无經字　六紙
佛頂尊勝陁羅尼經一卷 杜行顗奉制譯 七紙
佛頂最勝陁羅尼經一卷 日照三藏譯 八紙
佛頂尊勝陁羅尼經一卷 佛陁波利譯 七紙
最勝佛頂陁羅尼淨除業障經一卷
日照三藏譯　十三紙
佛頂尊勝陁羅尼經一卷 義淨三藏譯加呪字八紙
無量門微密持經一卷 一名成道降魔得一切智經 六紙

出生無量門持經一卷 或云新微密持經　七紙
阿難陁目佉尼呵離陁經一卷 或云出无量門持經
一十紙
無量門破魔陁羅尼經一卷 或直云破魔陁羅尼經
一十一紙
阿難陁目佉尼訶離陁鄰尼經一卷
一十紙
舍利弗陁羅尼經一卷　八紙
一向出生菩薩經一卷　一十二紙
出生无邊門陁羅尼經一卷　一十四紙
勝幢臂印陁羅尼經一卷　二紙
妙臂印幢陁羅尼經一卷 別有一本十六七紙非是本經
不可流布　二紙
上十七經十七卷同帙
无崖際持法門經一卷 一名无崖際經　一十五紙
尊勝菩薩所問一切法入无量門陁羅
尼經一卷 或直云尊勝菩薩所問經亦云入无量門陁羅尼　十七紙
金剛上味陁羅尼經一卷　一十五紙
金剛場陁羅尼經一卷　一十四紙
師子奮迅菩薩所問經一卷　二紙
華聚陁羅尼呪經一卷　三紙
華積陁羅尼神呪經一卷　三紙
六字呪王經一卷　五紙

開元釋教錄第十九卷　第二十四張　階

六字神呪王經一卷　六紙
虛空藏菩薩問佛經一卷　亦云虛空藏菩薩問七佛陀羅尼呪經亦云七佛神呪經　十二紙
如來方便善巧呪經一卷　十紙
持句神呪經一卷　亦云陀羅尼句　三紙
陀鄰尼鉢經一卷　亦云陀鄰鉢呪　三紙
東方最勝燈王如來經一卷　題云東方最勝燈王如來遣二菩薩送呪奉釋迦如來助護持世間經　十三紙
善法方便陀羅尼經一卷　六紙
金剛秘密善門陀羅尼經一卷　五紙
護命法門神呪經一卷　一十一紙
无垢淨光大陀羅尼經一卷　一十二紙
請觀世音菩薩消伏毒害陀羅尼呪經一卷　亦直云請觀世音經　十二紙
上十九經十九卷同帙
內藏百寶經一卷　亦云內藏百品　八紙
溫室洗浴衆僧經一卷　亦直云溫室經　三紙
須賴經一卷　十八紙
私訶昧經一卷　或云私訶末經　一名菩薩道樹經　亦名道樹三昧經　十一紙
菩薩生地經一卷　一名差摩竭經　三紙
四不可得經一卷　五紙
梵女首意經一卷　一名首意女經　五紙

開元釋教錄第十九卷　第二十五張　階

成具光明定意經一卷　或云成具光明三昧經　或直云成具光明經　二十二紙
寶網經一卷　亦云寶網童子經　二十三紙
菩薩行五十緣身經一卷　亦云菩薩緣身五十事經　本云五十緣身行經　六紙
菩薩修行經一卷　亦云威施長者問觀身行經　亦云長者修行經　七紙
諸德福田經一卷　或直云福田經　或云諸福田經　五紙
大方等如來藏經一卷　直云如來藏經　九紙
佛語經一卷　四紙
金色王經一卷　九紙
演道俗業經一卷　九紙
百佛名經一卷　六紙
上十七經十七卷同帙
稱揚諸佛功德經三卷　亦名集諸佛華經　一名集華經　一名現在佛名經　或四卷　五十七紙
須真天子經三卷　亦云須真天子所問經　亦云問四事經　或二卷　四十六紙
摩訶摩耶經一卷　一名佛昇忉利天為母說法經　亦云摩耶經　或二卷　二十六紙
除恐災患經一卷　一十七紙
孛經一卷　或云孛經鈔　一十八紙
觀世音菩薩受記經一卷　一名觀世音受決經　一十三紙
上六經十卷同帙

開元釋教錄第十九卷　第二十六張　階

海龍王經四卷　或三卷　七十三紙
首楞嚴三昧經三卷　或二卷　亦直云首楞嚴經　僧祐錄云新首楞嚴經　五十二紙
觀普賢菩薩行法經一卷　亦出功德經　或无行法字　亦云普賢觀經　一十六紙
觀藥王藥上二菩薩經一卷　一十九紙
不思議光菩薩所問經一卷　亦云不思議光菩薩所說經　亦云无思光孩童菩薩經　一十二紙
上五經十卷同帙
十住斷結經十卷　亦云最勝問菩薩十住除垢斷結經　一名十千日光三昧定　或十一卷　二百五十四紙
諸佛要集經二卷　亦直云要集經　天竺曰佛陀僧祇提　四十三紙
未曾有因緣經二卷　或无因緣字　[illegible]羅睺羅淨行序　四十紙
上三經十四卷二帙
菩薩瓔珞經十二卷　一名現在報　或十四卷或十三卷　三百三十七紙
超日明三昧經二卷　或直云超日明經　或三卷　四十八紙
上二經十四卷二帙
賢劫經十三卷　題云颰陀劫三昧　晉曰賢劫定意經　青錄云賢劫三昧經　或十卷或七卷一帙　一百九十二紙
大乘經單譯

二百九十三卷　二十四帙

大法炬陁羅尼經二十卷　一帙

二百九十八紙

大威德陁羅尼經二十卷　二帙

二百六十八紙

佛名經十二卷　或云十三卷　或分為三十卷　二百五十三紙

三刧三千佛名經三卷　莊嚴劫上　賢劫中　星宿劫下

五十九紙

上二經十五卷二帙　上帙七卷　下帙八卷

五千五百佛名經八卷　一百三十一紙

不思議功德諸佛所護念經二卷　或直云不思議功德經　或四卷　三十七紙

上二經十卷同帙

華手經十三卷　一名攝諸善根經　亦名攝諸福德經　或十一卷或十二卷或十卷　一帙

二百二十九紙

大方等陁羅尼經四卷　一名方等檀持陁羅尼經　或無大字

六十三紙

僧伽吒經四卷　五十一紙

力莊嚴三昧經三卷　三十八紙

大方廣圓覺修多羅了義經一卷

二十七紙

上四經十二卷同帙

觀佛三昧海經十卷　或云觀佛三昧經　或八卷　一帙

一百五十六紙

大方便佛報恩經七卷　一百二十六紙

菩薩本行經三卷　四十七紙

上二經十卷同帙

法集經六卷　或七卷　或八卷　一百二十七紙

觀察諸法行經四卷　六十三紙

上二經十卷同帙

菩薩處胎經五卷　初云菩薩從兜術天降神母胎說廣普經　亦直云胎經　或八卷　或四卷　一百十五紙

弘道廣顯三昧經四卷　一名阿耨達龍王所問決諸狐疑清淨品　亦名入金剛問定意經　九十二品　或二卷　五十五紙

施燈功德經一卷　一名然燈經　一十五紙

上三經十卷同帙

央崛魔羅經四卷　七十八紙

無所有菩薩經四卷　六十二紙

明度五十校計經二卷　或無明度字　或無五十字　四十紙

上三經十卷同帙

中陰經二卷　二十八紙

大法鼓經二卷　三十一紙

文殊師利問經二卷　亦直云文殊問經　五十一紙

月上女經二卷　維摩詰之女　二十九紙

大方廣如來秘密藏經二卷　二十四紙

上五經十卷同帙

大乘密嚴經三卷　五十六紙

占察善惡業報經二卷　亦名大乘實義經　出六根聚經　亦直云占察經　亦名地藏菩薩經　二十八紙

蓮華面經二卷　二十三紙

文殊師利問菩薩署經一卷　亦云文殊問署經

二十紙

大乘造像功德經二卷　或一卷　二十一紙

上五經十卷同帙

廣大寶樓閣善住秘密陁羅尼經三卷　四十一紙

一字佛頂輪王經五卷　亦名五佛頂經　或四卷

一百二十一紙

大陁羅尼末法中一字心呪經一卷

一十四紙

上三經九卷同帙

大佛頂如來密因修證了義諸菩薩万行首楞嚴經十卷　一帙

一百四十三紙

大毗盧遮那成佛神變加持經七卷　亦云大毗盧遮那成佛經

一百三十五紙

蘇婆呼童子經三卷　亦云蘇婆呼請問經　或云蘇婆呼律　或云蘇磨呼　或二卷

四十九紙

上二經十卷同帙

開元釋教錄第十九卷　第三十張　隋字号

蘇悉地羯羅經三卷　九十一紙
牟梨曼陁羅呪經一卷　或无經字　三十三紙
金剛頂瑜伽中略出念誦法四卷　亦云經
八十一紙
上三經八卷同帙
七佛所說神呪經四卷　初卷云七佛十一菩薩說大陁羅尼神呪經
七十三紙
大吉義神呪經二卷　或四卷　三十九紙
文殊師利寶藏陁羅尼經一卷　十七紙
金剛光焰止風雨陁羅尼經一卷　二十一紙
阿吒婆拘鬼神大將上佛陁羅尼經
一卷　亦直云阿吒婆拘呪經　五紙
阿弥陁鼓音聲王陁羅尼經一卷　四紙
大普賢陁羅尼經一卷　三紙
大七寶陁羅尼經一卷　一紙
六字大陁羅尼呪經一卷　二紙
安宅神呪經一卷　亦云安宅呪經　四紙
摩尼羅亶經一卷　亦云摩尼羅亶神呪經　四紙
玄師颰陁所說神呪經一卷　錄云幻師颰陁所說神呪經
護諸童子陁羅尼呪經一卷　亦云護諸童子請求
男女陁羅尼經
二紙
諸佛心陁羅尼經一卷　三紙
四紙

開元釋教錄第十九卷　第三十一張　隋字号

拔濟苦難陁羅尼經一卷　二紙
八名普密陁羅尼經一卷　二紙
持世陁羅尼經一卷　四紙
六門陁羅尼經一卷　一紙
清淨觀世音普賢陁羅尼經一卷
此經有一錯本應須審之　五紙
上十九經二十三卷同帙
智炬陁羅尼經一卷　三紙
諸佛集會陁羅尼經一卷　四紙
隨求即得大自在陁羅尼神呪經
一卷　亦云隨求所得　一十四紙
百千印陁羅尼經一卷　二紙
救面燃餓鬼陁羅尼神呪經一卷　亦云施餓鬼食呪經後兼有施水呪　四紙
莊嚴王陁羅尼呪經一卷　四紙
香王菩薩陁羅尼呪經一卷　二紙
一切功德莊嚴王經一卷　一十四紙
拔除罪障呪王經一卷　三紙
善夜經一卷　三紙
虛空藏菩薩能滿諸願寂勝心陁羅
尼求聞持法一卷　亦云虛空藏菩薩求聞持法經　四紙
金剛頂經曼殊室利菩薩五字心陁
羅尼品一卷　一十一紙

開元釋教錄第十九卷　第三十二張　隋字号

觀自在如意輪菩薩瑜伽法要一卷　九紙
佛垂般涅槃略說教誡經一卷　亦云佛臨般涅槃略說教戒經　一名遺教經
佛地經一卷　一十三紙
六紙
出生菩提心經一卷　一十一紙
佛印三昧經一卷　三紙
文殊師利般涅槃經一卷　四紙
異出菩薩本起經一卷　一十一紙
千佛因緣經一卷　一十八紙
賢首經一卷　一名賢首夫人經　三紙
月明菩薩經一卷　或加三昧字或云月明童子經亦云月明童男經
三紙
心明經一卷　一名心明女梵志婦飯汁施經　三紙
滅十方冥經一卷　或云十方滅冥經　六紙
鹿母經一卷　別有鹿子經一卷　與此全同　三紙
魔逆經一卷　一十三紙
上二十六經二十六卷同帙
德光太子經一卷　一名賴吒和羅所問光德太子經　一十九紙
大意經一卷　五紙
堅固女經一卷　一名牢固女經　六紙
商主天子所問經一卷　或无所問字　一十七紙
諸法寂上王經一卷　二十三紙
師子莊嚴王菩薩請問經一卷　一名八曼荼羅經

五紙

離垢慧菩薩所問礼佛法經一卷　六紙

受持七佛名号所生功徳經一卷　四紙

佛臨涅槃記法住經一卷　或加般字　五紙

寂照神變三摩地經一卷　一十六紙

菩摩娑帝受記經一卷　三紙

不增不減經一卷　或云二卷者誤　七紙

造塔功徳經一卷　二紙

右繞佛塔功徳經一卷　亦云旋塔功徳經　三紙

大乘四法經一卷　與重譯中日照出者名字雖同體全異　八紙

有徳女所問大乘經一卷　時有一本可八九紙文錯不堪　四紙

大乘流轉諸有經一卷　三紙

妙色王因縁經一卷　四紙

佛為海龍王說法印經一卷　一紙

師子素馱娑王断肉經一卷　四紙

般泥洹後灌臘經一卷　一名般泥洹後四輩灌臘經亦直云灌臘經　二紙

八部佛名經一卷　亦云八佛經　三紙

上二十二經二十一卷同帙

菩薩内習六波羅蜜經一卷　或云内六波羅蜜經安公云出方等部　三紙

菩薩投身餓虎起塔因縁經一卷

僧祐録云以身施餓虎經　十一紙

金剛三昧本性清淨不壞不滅經一卷　亦名金剛清淨經　八紙

師子月佛本生經一卷　七紙

長者法志妻經一卷　三紙

薩羅國經一卷　或云薩羅國王經　四紙

十吉祥經一卷　二紙

長者女菴提遮師子吼了義經一卷　六紙

一切智光明仙人慈心因縁不食肉經一卷　五紙

金剛三昧經二卷　或一卷　二十七紙

法滅盡經一卷　三紙

甚深大迴向經一卷　四紙

天王太子辟羅經一卷　亦云太子辟羅經或无天王字　二紙

優婆夷淨行法門經二卷　亦直云淨行經或无經字　三十二紙

八大人覺經一卷　一紙

三品弟子經一卷　亦云弟子學有三輩經　三紙

四輩經一卷　或云四輩弟子經或云四輩學經　三紙

當来變經一卷　或云當来變識經　二紙

過去佛分衛經一卷　或云過世　二紙

十二頭陁經一卷　一名沙門頭陁經　五紙

樹提伽經一卷　三紙

長壽王經一卷　六紙

法常住經一卷　二紙

上二十三經二十五卷同帙

大乘律　二十六部　五十四卷　五帙

菩薩地持經十卷　或无經字亦云論亦名菩薩戒經又名菩薩地經　或八卷一帙　一百八十六紙

菩薩善戒經九卷　一名菩薩地或十卷　一百八十紙

淨業障經一卷　一十五紙

優婆塞戒經七卷　或五卷或六卷或十卷是在家菩薩戒

上二經十卷同帙

一百三十一紙

梵網經二卷　三十六紙

受十善戒一卷　一十六紙

上三經十卷同帙

菩薩瓔珞本業經二卷　或直云瓔珞本業經三十九紙　七十紙

佛藏經四卷　一名選擇諸法經或三卷或二卷　一十一紙

菩薩戒本一卷　曇无讖譯　一十八紙

菩薩戒本一卷　三藏玄奘譯　六紙

菩薩戒羯磨文一卷　一十五紙

菩薩善戒經一卷　優波離問菩薩受戒法

上六經十卷同帙

菩薩内戒經一卷　一十八紙

優婆塞五戒威儀經一卷　一十五紙

文殊師利淨律經一卷（或直名淨律經）　一十三紙

清淨毗尼方廣經一卷　一十七紙

寂調音所問經一卷（一名如來所說清淨調伏經）　一十八紙

大乘三聚懺悔經一卷　一十三紙

菩薩五法懺悔文一卷　二紙

菩薩藏經一卷　一十紙

三曼陁颰陁羅菩薩經一卷　七紙

菩薩受齋經一卷　三紙

文殊悔過經一卷（一名文殊五體悔過經）　二十一紙

舍利弗悔過經一卷　五紙

法律三昧經一卷（亦直云法律經）　七紙

十善業道經一卷　六紙

上十四經十四卷同帙

大乘論九十七部　五百一十八卷　五十帙

（二十一部　一百五十五卷　釋經論　七十六部　三百六十三卷　集義論）

大智度論一百卷（或云大智度經論　亦云摩訶般若釋論　或一百一十卷）

（或七十卷　十帙）　二千八十五紙

十地經論十二卷（或一十五卷　一帙）　二百四十六紙

弥勒菩薩所問經論五卷（或六卷或七卷或十卷）

一百二十八紙

大乘寶積經論四卷　八十四紙

寶髻菩薩四法經論一卷（題云寶髻經四法優波提舍）

一十二紙

佛地經論七卷　一百一十七紙

上三論十卷同帙

金剛般若論二卷（无著菩薩造）　三十紙

能斷金剛般若波羅蜜多經論頌一卷

（亦云能斷金剛論）　四紙

上三論十卷同帙

金剛般若波羅蜜經論三卷（天親菩薩造）

四十八紙

能斷金剛般若波羅蜜多經論釋三卷（亦云能斷金剛論釋）　三十三紙

金剛般若波羅蜜經破取著不壞假名論二卷（亦名功德施論）　三十三紙

文殊師利菩薩問菩提經論二卷（一大文殊問菩提經論　一大伽耶山頂論經）　三十紙

妙法蓮華經論一卷（題云妙法蓮華經優波提舍）　二十五紙

上五論十一卷同帙

法華經論二卷（初有歸敬頌者是或一卷題亦云妙法蓮華經優波提舍）

三十紙

勝思惟梵天所問經論四卷（或三卷）　五十九紙

涅槃論一卷（或云大般涅槃經）　一十紙

涅槃經本有今無偈論一卷（亦直云本有本无論）

六紙

遺教經論一卷　二十六紙

无量壽經論一卷（題云无量壽經優波提舍願生偈）　七紙

三具足經論一卷（題云三具足經優波提舍）　一十八紙

轉法輪經論一卷（題云轉法輪經優波提舍）　一十紙

上八論十二卷同帙（已上釋經論　已下集義論）

瑜伽師地論一百卷　十帙　一千八百十七紙

顯揚聖教論二十卷　二帙　三百三十七紙

瑜伽師地論釋一卷（最勝子等諸菩薩造）　十九紙

顯揚聖教論頌一卷（无著造　九十一品）　一十三紙

王法正理論一卷　二十紙

大乘阿毗達磨集論七卷　一百三紙

上四論十卷同帙

大乘阿毗達磨雜集論十六卷

二百五十五紙

中論四卷（亦云中觀論或八卷）　九十八紙

上二論二十卷二帙

般若燈論釋十五卷　二百五十二紙

十二門論一卷　二十四紙

十八空論一卷　二十二紙

百論二卷　四十三紙

廣百論本一卷　八紙

上五論二十卷二帙

開元釋教録第十九卷　第三十九張　階字号

大乘廣百論釋論十卷一帙　二百九十七紙

十住毗婆沙論十四卷　或无論字或十二卷或十五卷

二百七十六紙

菩提資粮論六卷　六十七紙

上三論二十卷二帙

大乘莊嚴經論十三卷　或十五卷一帙　二百五紙

大莊嚴論經十五卷　或无經字或十卷　二百九紙

順中論二卷　題云順中論義入大般若波羅蜜經初品法門　三十二紙

攝大乘論三卷　真諦三藏譯　五十九紙

上三論二十卷二帙

攝大乘論二卷　佛陁扇多譯　四十四紙

攝大乘論本三卷　三藏玄奘譯　六十一紙

攝大乘論釋十五卷　天親釋　真諦譯　或十二卷　亦云釋論

三百二十七紙

上三論二十卷二帙

攝大乘論釋論十卷　世親釋　笈多譯　一帙

一百五十六紙

攝大乘論釋十卷　世親釋　玄奘譯　一帙

一百七十六紙

攝大乘論釋十卷　无性釋　玄奘譯　一帙　二百十六紙

佛性論四卷　八十三紙

决定藏論三卷　五十三紙

辯中邊論頌一卷　五紙

開元釋教録第十九卷　第四十張　階字号

中邊分別論二卷　或三卷　三十八紙

上四論十卷同帙

辯中邊論三卷　三十九紙

究竟一乘寶性論四卷　亦云寶性分別七乘增上論或三卷或五卷

八十紙

業成就論一卷　一十二紙

大乘成業論一卷　一十七紙

因明正理門論本一卷　三藏玄奘譯　一十五紙

上五論十卷同帙

因明正理門論一卷　三藏義淨譯　一十六紙

因明入正理論一卷　六紙

顯識論一卷　題云顯識品從无相論出　一十九紙

轉識論一卷　三紙

唯識論一卷　一名破色心初云唯識无境界或云唯識无境界論

一十九紙

唯識論一卷　初云修道不共他　一十紙

唯識寶生論五卷　一名二十唯識順釋論　六十五紙

唯識三十論一卷　二紙

唯識二十論一卷　十紙

上九論十三卷同帙

成唯識論十卷一帙　一百七十五紙

大丈夫論二卷　三十四紙

入大乘論二卷　四十一紙

開元釋教録第十九卷　第四十一張　階字号

大乘掌珎論二卷　三十三紙

大乘五蘊論一卷　世親造　玄奘譯　八紙

大乘廣五蘊論一卷　安慧造　日照譯　與前論異本或无廣字

一十三紙

寶行王正論一卷　一十九紙

大乘起信論一卷　真諦三藏譯　二十五紙

上七論十卷同帙

大乘起信論二卷　實叉難陁譯　二十四紙

發菩提心論二卷　或云發菩提心經本云經論　二十八紙

三无性論二卷　題云三无性論出无相論品　三十五紙

方便心論一卷　或二卷凡四品　一十七紙

如實論一卷　題云如實論反質難品　二十三紙

無相思塵論一卷　或直云思塵論　三紙

觀所緣論一卷　三紙

觀所緣論釋一卷　一十三紙

上八論十一卷同帙

迴諍論一卷　二十五紙

緣生論一卷　一十一紙

十二因緣論一卷　四紙

一輪盧迦論一卷　或云一書　三紙

大乘百法明門論一卷　題云大乘百法明門論本事分中略錄名數

二紙

百字論一卷　八紙

解拳論一卷　二紙
掌中論一卷　三紙
取因假設論一卷　九紙
觀揔相論頌一卷　一紙
止觀門論頌一卷　四紙
手杖論一卷　七紙
六門教授習定論一卷　九紙
大乘法界无差別論一卷　六紙
破外道小乘四宗論一卷　六紙
破外道小乘涅槃論一卷　五紙
上十六論十六卷同帙

都計大乘經律論見入藏者揔六百三十八部合二千七百四十五卷二百五十八帙

與前廣錄部數不同者前廣錄中以大寶積經諸部合成分為四十九部上錄此合為一部故欠四十八部不同

開元釋教錄卷第十九　入藏錄卷上

老母女六英經一卷（亦云老母經）　一紙
月光童子經一卷（一名月明童子經，叙名申日經）　九紙
申日兒本經一卷（藏云申兒本經，經作兜本誤也）　三紙
德護長者經二卷（一名尸利崛多長者經）　二十八紙
文殊師利問菩提經一卷（一名伽耶山頂經，一名菩提无行經，亦直云菩提經）　七紙
伽耶山頂經一卷（亦云伽耶頂經）　一十紙
象頭精舍經一卷　九紙
大乘伽耶山頂經一卷　九紙
長者子制經一卷（亦直名制經）　四紙
菩薩逝經一卷（亦云稚童子經，或直名逝經）　四紙
逝童子經一卷（亦名長者制經，亦名菩薩逝經，亦直云大制經，亦直云逝經）　三紙
犢子經一卷　二紙
乳光佛經一卷（亦云乳光經）　六紙
无垢賢女經一卷（或名胎藏經）　三紙
腹中女聽經一卷（一名不莊校女經）　三紙
轉女身經一卷　一十九紙
上二十二經二十三卷同帙
无上依經二卷　三十一紙
未曾有經一卷　三紙
甚希有經一卷　五紙
决定揔持經一卷（或云決定揔持經，亦云決揔持經）　八紙

開元釋教錄卷第十九

校勘記

一　底本，金藏廣勝寺本。此經與麗藏本相近，而與宋資福藏本、磧砂藏本、元普寧藏本、明永樂南藏本、徑山藏本、清藏本殊異，玆以清藏本爲別本（上、下卷）附於卷後，並校以資、磧、普、南、徑。

一　四〇六頁中一行「第十九」下，麗有夾註「入藏録上」。

一　四〇六頁中五行「入藏目録上」，麗作「入藏録上」。

一　四〇六頁中六行夾註左「標紙數餘如廣目録」，麗作「及標紙數餘如廣録」。

一　四〇七頁上二行「波羅蜜經」，麗作「波羅蜜多經」。

一　四〇七頁上末行夾註左「佛云經」，麗作「佛土經」。

一　四〇七頁中一行夾註右「亦直云」，麗作「亦經直云」。

一　四〇七頁中一二行「阿述達菩薩經一卷」下，麗有夾註「亦名阿闍貰女經亦直名阿述達經」。

一　四〇七頁中一九行夾註左「乃是僞經」，麗作「乃是僞經佛性法藏題爲文殊所説應審觀也」。

一　四〇八頁上一行「大乘」，麗作「大集」。

一　四〇八頁上二〇行夾註左「菩薩」。麗作「菩薩經」。

一　四〇八頁下二二行「十住經四卷」下，麗有夾註「或五卷」。

一　四〇九頁上一行夾註右「菩薩」，麗作「菩薩定意」。又左「菩薩」，麗作「菩薩經」。

一　四〇九頁上一一行夾註右「闍維」。麗作「闍維分」。

一　四〇九頁中七行夾註左「一品」，麗作「一品或八卷」。

一　四〇九頁下一九行「不必定入印經一卷」下，麗有夾註「或不必定入定入印經」。

一　四一〇頁上一九行夾註左「藏説」。麗作「藏説經」。

一　四一〇頁下二一行夾註「十事行」。麗作「十事行經」。

一　四一一頁上一二行「三紙」，麗作「五紙」。

一　四一一頁下一行至末行經文與麗藏本殊異，玆據麗藏本翻照附於卷末，即四二〇頁中一行至末行「老母女……八紙」。

一　四一二頁上一二行「希有希挍量功德經一卷」下，麗有夾註「或直云希有挍量功德經」。

一　四一二頁中一行「上一十三經」，麗作「上二十三經」。

一　四一二頁中一〇行夾註左「問城」，麗作「聞城」。

一　四一二頁中末行夾註左「一施本經」，麗作「龍施本經」。

一　四一二頁下三行夾註「云八陽神呪」，麗作「亦云八陽神呪」。

一　四一二頁下一四行「一十卷」及夾註「二帙」，麗分别作「三十卷」、「三帙」。

一　四一二頁下一八行「二卷」，麗作「三卷」。

一　四一三頁上一九行夾註左「結界場具」，麗作「結界場法具」。

一　四一三頁中九行夾註「或六字呪法」，麗作「或云六字呪法」。

一　四一四頁中八行夾註右「直云」，麗作「或直云」。

一　四一四頁下四行夾註右「功德經」，麗作「深功德經」。

一　四一四頁下一一行夾註「或十一卷」，麗作「亦云十地斷結經或十一卷或十四卷」。

一　四一四頁下末行「大乘經單譯」下，麗有「一百三十一部」六字。

一　四一五頁上二行夾註「一帙」，麗作「二帙」。

一　四一六頁上二〇行夾註「跋字」下，麗有「亦云波陀古録云幻士跋陀經」十二字。

一　四一六頁下八行「異出菩薩本起經一卷」下，麗有夾註「或無起字」。

一　四一七頁上一〇行夾註左「體全異」，麗作「經體全異」。

一　四一七頁上二〇行「二十一卷」，麗作「二十二卷」。

一　四一七頁下一五行「受十善戒」，麗作「受十善戒經」。

一　四一八頁上一二行「舍利弗悔過經一卷」下，麗有夾註「亦直名悔過經」。

一　四一八頁中七行夾註「能斷金剛論」，麗作「能斷金剛論頌」。

一　四一八頁中一七行夾註左「三十五紙」，麗作夾註「二十五紙」。

一　四一八頁中二二行夾註「大般涅槃經」，麗作「大般涅槃經論」。

一　四一九頁中四行夾註右「七乘」，麗作「一乘」。又左「或五卷」，麗作「或二卷」。

一　四一九頁下一〇行夾註左「无相論」下，麗有「或一卷」三字。

開元釋教目録卷第十九 入藏録上之上　丁八

唐西崇福寺沙門智昇撰

合大小乘經律論及聖賢集傳見入藏者總一千七十六部合五千四十八卷四百八十帙

大乘入藏録上 又 大乘經律論總六百三十八部二千七百四十五卷二百五十八帙此直列經名及標紙數餘如廣目録

大乘經五百一十五部二千一百七十三卷二百三帙

大乘律二十六部五十四卷五帙

大乘論九十七部五百十八卷五十帙

大乘經重單合譯三百八十四部一千八百八十卷一百七十九帙

大般若波羅蜜多經六百卷 十六會說六十帙一萬三百三十二紙

唐三藏玄奘於玉華宮寺譯 出翻經圖

放光般若波羅蜜經三十卷 亦云放光摩訶般若經亦云摩訶般若放光經三帙或二十一卷四百六十六紙

西晉三藏無羅叉共竺叔蘭譯

摩訶般若波羅蜜經四十卷 亦云大品般若經僧祐録云新

姚秦三藏羅什共僧叡等譯 大品經四帙或二十四或二十七或三十卷六百二十三紙

光讚般若波羅蜜經十五卷 亦云光讚摩訶般若經一自二十一紙

西晉三藏竺法護譯

摩訶般若波羅蜜鈔經五卷 或無鈔字亦名長安品經一名須菩提品經或七卷九十紙

苻秦天竺沙門曇摩蜱共竺佛念譯

上二經二十卷二帙

道行般若波羅蜜經十卷 一帙題云摩訶般若波羅蜜道行經

後漢月支三藏支婁迦讖譯 或八卷亦云般若道行品經一百六十七紙

小品般若波羅蜜經十卷 一帙題云摩訶般若波羅蜜無小品字僧祐録云新小品經或八卷或七卷一百五十紙

姚秦三藏鳩摩羅什譯 丁八

大明度無極經四卷 亦直名大明度經或六卷八十紙 二

吳月支優婆塞支謙譯

勝天王般若波羅蜜經七卷 一百一十五紙

陳優禪尼國王子月婆首那譯

上二經十一卷同帙

文殊師利所說摩訶般若波羅蜜經二卷 亦直云文殊般若波羅蜜經或一卷二十一紙

梁扶南三藏曼陀羅仙譯

文殊師利所說般若波羅蜜經一卷 二十紙

扶南三藏僧伽婆羅譯

濡首菩薩無上清淨分衛經二卷 一名決了諸法如幻化三昧二十八紙

宋沙門翔公於南海郡譯

金剛般若波羅蜜經一卷 十一紙

舍衛國姚秦羅什譯

金剛般若波羅蜜經一卷 婆伽婆十四紙

元魏天竺三藏菩提留支譯

金剛能斷般若波羅蜜經一卷

隋大業年中三藏笈多譯 第四譯

金剛般若波羅蜜經一卷 祇樹林十四三紙 丁八

陳天竺三藏眞諦譯

能斷金剛般若波羅蜜多經一卷 室羅筏十九紙

唐三藏玄奘譯

實相般若波羅蜜經一卷 八紙

唐天后代三藏菩提流志譯

仁王護國般若波羅蜜經二卷亦云仁王般若經或一卷 一十八紙
摩訶般若波羅蜜大明呪經一卷亦云摩訶大明呪經 二紙
已上二經舍衞國姚秦羅什譯
般若波羅蜜多心經一卷亦云般若心經一紙
唐三藏玄奘譯
上十二經十五卷同帙
大寶積經一百二十卷四十九會說合成一部十二帙一千九百九十一紙
唐南天竺三藏菩提流志等譯
大方廣三戒經三卷四十六紙
北凉天竺三藏曇無讖譯
無量清淨平等覺經二卷亦云無量清淨經六十一紙
後漢月支三藏支婁迦讖譯
阿彌陀經二卷上卷題云佛說諸佛阿彌陀三耶三佛薩樓佛檀過度人道經亦名無量壽經五十五紙
吳月支優婆塞支謙譯
無量壽經二卷二十九紙
曹魏天竺三藏康僧鎧譯

上四經九卷同帙
阿閦佛國經二卷一名阿閦佛剎諸菩薩學成品或一卷四十紙
後漢月支三藏支婁迦讖譯
大乘十法經一卷佛住王舍城者二十紙
梁扶南三藏僧伽婆羅譯
普門品經一卷亦云普門經二十二紙 丁八 四
胞胎經一卷一名胞胎受身經一十五紙
文殊師利佛土嚴淨經二卷或直云嚴淨佛土經亦直云佛土嚴淨經三十四紙
已上三經西晉竺法護譯
法鏡經二卷或一卷二十五紙
後漢安息優婆塞安玄共嚴佛調譯
上六經九卷同帙
郁迦羅越問菩薩行經一卷或云郁迦長者問居家菩薩行經或二卷二十五紙
幻士仁賢經一卷或云仁賢幻士經一十八紙
已上二經西晉竺法護譯
決定毗尼經一卷一名破壞一切心識一十七紙
群錄皆云燉煌譯不顯人名
發覺淨心經二卷二十八紙

隋天竺三藏闍那崛多等譯
優填王經一卷五紙
西晉沙門法炬譯
須摩提經一卷有加菩薩字亦云非應經八紙
西晉竺法護譯
須摩提菩薩經一卷九紙 丁八 五
羅什譯
阿闍世王女阿術達菩薩經一卷亦名阿闍世女經亦直名阿述達經一十七紙
離垢施女經一卷二十三紙
上二經竺法護譯
上九經十卷同帙
得無垢女經一卷一名論議辯才法門或云無垢女經二十五紙
元魏婆羅門般若流支譯
文殊師利所說不思議佛境界經二卷或一卷又有一本乃是偽經佛性海藏題為文殊所說應審觀也一十四紙
唐天后代天竺三藏菩提流志譯
如幻三昧經四卷或三卷五十七紙
西晉竺法護譯

聖善住意天子所問經三卷 或四卷五十七紙

元魏婆羅門瞿曇般若流支譯

太子刷護經一卷 五紙

西晉竺法護譯

太子和休經一卷 或云和休四紙

失譯

上六經十二卷同帙

慧上菩薩問大善權經二卷 或一卷直云大善權經或云慧上菩薩經或云善權方便經或云方便所度無極經三十二紙

西晉竺法護譯

大乘顯識經二卷 二十五紙

唐中天竺三藏地婆訶羅譯

大乘方等要慧經一卷 一紙

安世高譯

彌勒菩薩所問本願經一卷 或無所問字亦云彌勒本願經六 丁八 一名彌勒薩經八紙

西晉竺法護譯

佛遺日摩尼寶經一卷 一名古品遺日說般若經一名大寶積經一名摩訶衍寶嚴經一十六紙

支婁迦讖譯

摩訶衍寶嚴經一卷 一名大迦葉品二十紙

晉譯失三藏名

勝鬘師子吼一乘大方便方廣經一卷 亦直名勝鬘經或一卷一十九紙

宋求那跋陀羅譯

毗耶娑問經二卷 三十四紙

瞿曇般若流支譯

上八經十一卷同帙

大方等大集經三十卷 三帙或二十九卷或三十一卷或三十二卷或四十二卷六百二十一紙

北涼天竺三藏曇無讖於姑臧譯

大方等大集日藏經十卷 一帙題云大乘大方等日藏分經或十二卷或十五卷二百六紙

隋三藏那連提耶舍譯

大集月藏經十卷 一帙題云大集經月藏分第十二或十二卷或十五 七 丁八 卷二百一十九紙

高齊天竺三藏那連提耶舍譯

大乘大集地藏十輪經十卷 一帙一百六十五紙

唐三藏玄奘譯

大方廣十輪經八卷 一百九紙

失譯今附北涼錄

大集須彌藏經二卷 內題云大乘大集經須彌藏分第十五三十八紙

高齊天竺三藏那連提耶舍共法智譯

上二經十卷同帙

虛空藏菩薩經一卷 一名虛空藏經二十七紙

姚秦罽賓三藏佛陀耶舍譯

虛空藏菩薩神呪經一卷 一十七紙

宋罽賓三藏曇摩蜜多譯

虛空孕菩薩經二卷 三十一紙

隋天竺三藏闍那崛多等譯

觀虛空藏菩薩經一卷 亦名虛空藏觀經或無觀字三紙

宋罽賓三藏曇摩蜜多譯

菩薩念佛三昧經六卷 或無菩薩字或五卷九十八紙

宋天竺沙門功德直共玄暢譯

上五經十一卷同帙

大方等大集菩薩念佛三昧經十卷 一帙題云大方等大集經菩薩念佛三昧分一百三十四紙

笈多譯

般舟三昧經三卷 一名十方現在佛悉在前立定經或云大般舟三昧

經或二卷五十紙

支婁迦讖譯

拔陂菩薩經一卷 亦名拔陂安錄云颰拔陀菩薩經一十四紙

僧祐錄云安公古典經今附漢錄

大方等大集賢護經五卷 或六卷題云大方等大集經賢護分亦云賢護菩薩亦直云賢護經八十二紙

闍那崛多等譯

上三經九卷同帙

阿差末經七卷 晉曰無盡意或四卷或五卷或云阿差末菩薩經九十二紙

西晉竺法護譯

無盡意菩薩經六卷 初題云大集經中無盡意所說不可盡義品第三十二亦云阿差末經或直云無盡意經八十九紙

智嚴寶雲等譯

上二經十三卷同帙

大集譬喻王經二卷 或無大集字大集別品三十四紙

隋天竺三藏闍那崛多等譯

大哀經八卷 或云如來大哀經或六卷或七卷一百一十七紙

西晉竺法護譯

上二經十卷同帙

寶女所問經三卷 或直云貧女經亦云寶女問慧經亦云寶女三昧經或四卷六十四紙

無言童子經二卷 或言無言菩薩經或一卷四十一紙

已上二經西晉竺法護譯

自在王菩薩經二卷 或無菩薩字三十四紙

羅什譯

奮迅王問經二卷 四十一紙

瞿曇般若流支譯

上四經九卷同帙

寶星陀羅尼經十卷 或八卷一帙一百三十三紙

唐天竺三藏波頗蜜多羅譯

大方廣佛華嚴經六十卷 八會說舊譯六帙或五十卷一千七十九紙

東晉天竺三藏佛陀羅等譯

大方廣佛華嚴經八十卷 九會說新譯八帙一千三百二十七紙

唐天后代于闐三藏實叉難陀等譯

信力入印法門經五卷 九十五紙

元魏三藏曇摩流支譯

度諸佛境界智光嚴經一卷 一十一紙

失譯今附秦錄

佛華嚴入如來德智不思議境界經二卷 二紙

隋天竺三藏闍那崛多等譯

大方廣入如來智德不思議經一卷 一十四紙

唐天后代于闐三藏實叉難陀譯

大方廣佛華嚴經不思議佛境界分一卷 或二卷一十二紙

唐天后代于闐三藏提雲般若譯

大方廣如來不思議境界經一卷 一十一紙

唐天后代于闐三藏實叉難陀譯

大乘金剛髻珠菩薩修行經一卷 亦名金剛髻菩薩加行品一十八紙

唐天后代菩提流志譯

大方廣佛華嚴經修慈分一卷 七紙

唐天后代于闐三藏提雲般若譯

上八經十三卷同帙

大方廣普賢所說經一卷 別有一本向三十紙非是本經應須簡擇五紙

實叉難陀譯

莊嚴菩提心經一卷七紙
姚秦羅什譯
大方廣菩薩十地經一卷七紙
元魏西域三藏吉迦夜共曇曜譯
兜沙經一卷五紙
後漢月支三藏支婁迦讖譯
菩薩本業經一卷亦直云本業經亦名淨行品經一十二紙
吳月支優婆塞支謙譯
諸菩薩求佛本業經一卷或無諸字一十一紙
西晉清信士聶道眞譯
菩薩十住行道品一卷亦直云菩薩十住八紙
西晉竺法護譯
菩薩十住經一卷五紙
東晉西域三藏祇多蜜譯
漸備一切智德經五卷或十卷一名十住又名大慧光三昧一百十二 丁八 五紙
西晉竺法護譯
上九經十三卷同帙
十住經四卷或五卷九十七紙
姚秦羅什共佛陀耶舍譯

等目菩薩所問三昧經二卷或三卷一名普賢菩薩入定或直云等目菩薩經五十二紙
西晉竺法護譯
顯無邊佛土功德經一卷二紙
唐玄奘譯
如來興顯經四卷一名興顯如幻經六十六紙
西晉竺法護譯
上四經十一卷同帙
度世品經六卷或五卷或無品字一百一十紙
西晉竺法護譯
羅摩伽經三卷七十二紙
乞伏秦沙門釋聖堅譯
大方廣佛華嚴經續入法界品一卷或無續字八紙
唐地婆訶羅譯
上三經十卷同帙
大般涅槃經四十卷或三十六卷四帙七百三十紙
北涼天竺三藏曇無讖於姑臧譯
大般涅槃經後譯荼毗分二卷亦云闍維分亦云後分
唐南海波淩國沙門若那跋陀羅共唐國沙門會寧於彼國譯三十九紙

大般泥洹經六卷記云方等大般泥洹經一百四十一紙
東晉平陽沙門釋法顯共覺賢譯
上二經八卷同帙
方等般泥洹經二卷亦云大般泥洹經或三卷四十五紙
西晉竺法護譯 丁八
四童子三昧經三卷或無三昧字四十四紙 十二
隋天竺三藏闍那崛多等譯
大悲經五卷八十七紙
高齊天竺三藏那連提耶舍共法智譯
上三經十卷同帙
方廣大莊嚴經十二卷一名神通遊戲或云大方廣二百十四紙
唐中天竺三藏地婆訶羅譯
普曜經八卷一名方等本起一百四十三紙
西晉三藏竺法護譯
上二經二十卷二帙
法華三昧經一卷一十一紙
宋涼州沙門釋智嚴譯
無量義經一卷一十七紙
蕭齊天竺沙門曇摩伽陀耶舍譯
薩曇分陀利經一卷舊錄云薩芸芬陀利經亦直云分陀利經三紙

僧祐録云安公失譯經今附西晉録

妙法蓮華經七卷 僧祐録云新法華經一百卅十二紙

姚秦羅什譯

上四經十卷同帙

正法華經十卷 或云方等正法華或七卷一帙一百九十紙 丁八 十三

西晉三藏竺法護譯

添品妙法蓮華經七卷 二十七品寶塔天授遂之爲一或八卷一百五十八紙

隋天竺三藏崛多笈多共譯

維摩詰所說經三卷 一名不可思議解脱或直云維摩詰經僧祐録云新維摩詰經六十紙

姚秦三藏羅什譯

上二經十卷同帙

維摩詰經二卷 維摩詰說不思議法門之稱一名佛法普入道門三昧經或三卷五十五紙

吳月支優婆塞支謙譯

說無垢稱經六卷 九十七紙

唐三藏玄奘譯

大方等頂王經一卷 一名維摩詰子問經亦名善思童子經亦直云頂王經二十紙

西晉三藏竺法護譯

大乘頂王經一卷 亦云維摩兒經一十六紙

梁優禪尼國王子月婆首那譯

上四經十一卷同帙

善思童子經二卷 二十一紙

隋天竺三藏闍那崛多等譯

大悲分陁利經八卷 亦云大乘悲分陁利經一百六十八紙

失譯今附秦録

上二經十卷同帙

悲華經十卷 一帙一百九十紙

北涼天竺三藏曇無讖於姑臧譯

金光明最勝王經十卷 一帙一百四十九紙

唐天后代三藏義淨譯

合部金光明經八卷 二十四品一百二十紙

隋大興善寺寶貴合出

伅眞陁羅所問經二卷 初云伅眞陁羅所問寶如來三昧經或云伅眞陁羅尼王經或三卷五十八紙 丁八 十四

後漢支婁迦讖譯

上二經十一卷同帙

大樹緊那羅王所問經四卷 亦名說不可思議品或直云大樹緊那羅經六十七紙

姚秦羅什譯

佛昇忉利天爲母說法經二卷 亦云佛昇忉利天品經或三卷三十七紙

西晉三藏竺法護譯

道神足無極變化經四卷 一名合道神足經或二卷或三卷四十九紙

西晉安息三藏安法欽譯

上三經十卷同帙

寶雨經十卷 一帙一百四十一紙

唐天后代南印度三藏達磨流支等譯

寶雲經七卷 一百二紙

梁扶南三藏曼陀羅仙共僧伽婆羅譯

阿惟越致遮經三卷 或無遮字或四卷六十六紙

西晉三藏竺法護譯

上二經十卷同帙 丁八 十五

不退轉法輪經四卷 一名不退轉經七十三紙

僧祐録云安公涼土異經在北涼録

廣博嚴淨不退轉法輪經四卷 或六卷或直云廣博嚴淨經亦直云不退轉法輪經七十八紙

宋涼州沙門智嚴共寶雲譯
不必定入定入印經一卷 二十一紙
元魏婆羅門瞿曇般若流支譯
入定不定印經一卷 一十六紙
唐天后代三藏義淨譯
上四經十卷同帙
等集衆德三昧經三卷 或二卷或無三昧字或直云等集經五十紙
西晉三藏竺法護譯
集一切福德三昧經三卷 五十紙
姚秦三藏羅什譯
持心梵天經四卷 亦云持心梵天所問經一名莊嚴佛法經又名等御諸法經九十七品或六卷九十一紙
西晉三藏竺法護譯
上三經十卷同帙
思益梵天所問經四卷 或直云思益經僧祐錄云思益義經八十三紙
姚秦三藏羅什譯
勝思惟梵天所問經六卷 一百一紙
元魏天竺三藏菩提留支譯

上二經十卷同帙
持人菩薩經四卷 初云持人菩薩所問陰種諸入以了道慧經或三卷五十四紙
西晉三藏竺法護譯
持世經四卷 一名法印經或三卷七十八紙 丁八 十六
姚秦三藏羅什譯
濟諸方等學經一卷 天竺和釋曰僧迦無學字一十五紙
西晉三藏竺法護譯
大乘方廣總持經一卷 或無乘字一十四紙
隋天竺三藏毗尼多流支譯
上四經十卷同帙
文殊師利現寶藏經三卷 或二卷或無現字或直云寶藏經四十二紙
西晉三藏竺法護譯
大方廣寶篋經三卷 或二卷四十三紙
宋天竺三藏求那跋陀羅譯
大乘同性經二卷 亦名一切佛行入智毗盧遮那藏說經一名佛十地經或四卷三十八紙
周宇文氏天竺三藏闍那耶舍等譯
證契大乘經二卷 亦名入一切佛境智毗盧遮那藏二十二紙

唐中天竺三藏地婆訶羅譯
上四經十卷同帙
深密解脫經三卷 七十一紙
元魏天竺三藏菩提留支譯
解深密經五卷 七十五紙 丁八 十七
唐三藏玄奘譯
上二經十卷同帙
解節經一卷 一十紙
陳天竺三藏真諦譯
相續解脫地波羅蜜了義經一卷 或二卷亦名解脫了義經亦直云相續解脫經一十八紙
宋求那跋陀羅譯
緣生初勝分法本經二卷 亦直云緣生經二十三紙
隋天竺三藏達磨笈多譯
分別緣起初勝法門經二卷 亦直云分別緣起經二十二紙
唐三藏玄奘譯
楞伽阿跋多羅寶經四卷 九十二紙
宋天竺三藏求那跋陀羅譯
上五經十卷同帙
入楞伽經十卷 一帙一百七十四紙

元魏三藏菩提留支譯
大乘入楞伽經七卷 一百二十七紙
唐天后代于闐三藏實叉難陀譯
菩薩行方便境界神通變化經三卷 四十七紙
宋天竺三藏求那跋陀羅譯
上二經十卷同帙
大薩遮尼乾子所說經十卷 一帙 或加受記無所說字 或七卷或八卷 一名菩薩境界奮迅法門經 一百三十九紙
元魏留支譯
大方等大雲經六卷 一名大方等無相大雲經 一名大雲無相經 一名大雲密藏經 或五卷 九十紙
北涼曇無讖譯
大雲請雨經一卷 內題云大雲經請雨品第六十四 二十三紙
周宇文氏天竺三藏闍那耶舍等譯
大雲輪請雨經二卷 三十七紙 丁八
隋天竺三藏那連提耶舍譯 十八
大方等大雲請雨經一卷 內題云大方等大雲經請雨品第六十四 十二紙
隋天竺三藏闍那崛多等譯
上四經十卷同帙

諸法無行經二卷 或一卷 三十一紙
姚秦三藏羅什譯
諸法本無經三卷 三十九紙
隋天竺三藏闍那崛多等譯
無極寶三昧經一卷 或無三昧字 三十紙
西晉三藏竺法護譯
寶如來三昧經二卷 一名無極寶三昧經 或一卷 三十八紙
東晉西域三藏祇多蜜譯
慧印三昧經一卷 一名寶田慧印三昧經 亦直云慧印經 二十紙
吳月支優婆塞支謙譯
如來智印經一卷 一名諸佛法身 一十九紙
僧祐錄中失譯經今附宋錄
上六經十一卷同帙
大灌頂經十二卷 一帙 或無大字 錄云九卷未詳 一百十八紙
東晉西域三藏帛尸梨蜜多羅譯 丁八 十九
藥師如來本願經一卷 一十二紙
隋天竺三藏達磨笈多譯
藥師瑠璃光如來本願功德經一卷 一十一紙
唐三藏玄奘譯
藥師瑠璃光七佛本願功德經二卷 三十一紙

唐三藏義淨譯
阿闍世王經二卷 五十五紙
後漢月支三藏支婁迦讖譯
普超三昧經三卷 或四卷 或上加文殊師利字 亦直云普超經 一名阿闍世王品 安公錄云更出阿闍世王經 六十八紙
西晉三藏竺法護譯
放鉢經一卷 七紙
僧祐錄云安公錄中失譯經今附西晉錄
上六經十卷同帙
月燈三昧經十一卷 或十卷 一帙 百九十八紙
高齊天竺三藏那連提耶舍譯
月燈三昧經一卷 一名文殊師利牛事行經 一名逮慧三昧經 十紙
宋沙門釋先公譯
無所希望經一卷 一名象步經 二十紙
西晉三藏竺法護譯
象腋經一卷 一十六紙
宋罽賓三藏曇摩蜜多譯
大淨法門經一卷 題云大淨法門經上金光首女所問溥首童真所開化經 二十四紙
西晉三藏竺法護譯

大莊嚴法門經二卷 亦云文殊師利神通力經亦名勝金色光明德女經二十六紙

隋天竺三藏那連耶舍譯

如來莊嚴智慧光明入一切佛境界經二卷 亦名如來入一切佛境界經三十四紙 丁八 二十

元魏曇摩流支譯

度一切諸佛境界智嚴經一卷 一十二紙

梁扶南三藏僧伽婆羅等譯

後出阿彌陀佛偈經一卷 或無經字一紙

後漢失譯

觀無量壽佛經一卷 亦云無量壽觀一十六紙

宋西域三藏畺良耶舍譯

阿彌陀經一卷 亦名無量壽經五紙

姚秦三藏羅什譯

稱讚淨土佛攝受經一卷 亦直云稱讚淨土經一十紙

唐三藏玄奘譯

上十一經十三卷同帙

觀彌勒菩薩上生兜率天經一卷 亦云彌勒上生經八紙

宋居士沮渠京聲譯

彌勒成佛經一卷 十七紙

姚秦三藏羅什譯

彌勒來時經一卷 三紙

失譯今附東晉録

彌勒下生經一卷 一名彌勒成佛經或云彌勒受決經亦云當下成佛 丁八 又云生成佛初云大智舍利弗七紙 二十二

姚秦三藏羅什譯

彌勒下生成佛經一卷 五紙

唐義淨三藏新譯

諸法勇王經一卷 一十八紙

宋罽賓三藏曇摩蜜多譯

一切法高王經一卷 一名一切義王經二十紙

元魏婆羅門瞿曇般若流支譯

第一義法勝經一卷 一十四紙

元魏婆羅門瞿曇般若流支譯

大威燈光仙人問疑經一卷 一十五紙

隋天竺三藏闍那崛多譯

順權方便經二卷 一名轉女身菩薩經亦云順方便經或云順權女經亦云隨權女經一卷二十八紙

西晉三藏竺法護譯

樂瓔珞莊嚴方便品經一卷 亦云轉女身菩薩問荅經

姚秦罽賓三藏曇摩耶舍譯

上十一經十二卷同帙

六度集經八卷 亦名六度無極經亦云度無極集亦云雜無極經或九卷二百四十七紙

吳天竺三藏康僧會譯

太子須大拏經一卷 或云須達拏一十六紙

乞伏秦沙門釋聖堅譯

菩薩睒子經一卷 亦云孝子睒經亦直云睒經七紙

僧祐録云安公録中失譯經今附西晉録

睒子經一卷 一名孝子睒經一名菩薩睒經一名佛說睒經一名睒本經一名孝子隱經六紙

乞伏秦沙門釋聖堅譯

太子墓魄經一卷 六紙

後漢安息三藏安世高譯

太子沐魄經一卷 或作墓魄三紙

西晉三藏竺法護譯

九色鹿經一卷 三紙

吳月支優婆塞支謙譯

上七經十四卷同帙

無字寶篋經一卷 紙六
元魏天竺三藏菩提留支譯
大乘離文字普光明藏經一卷 紙五
唐中天竺三藏地婆訶羅於太原寺譯
大乘遍照光明藏無字法門經一卷 亦直云大乘徧照光明藏經六紙
唐中天竺三藏地婆訶羅重譯
老女人經一卷 亦云老母經或云老女經二紙
吳月支優婆塞支謙譯
老母經一卷 紙二
僧祐錄中失譯今附宋錄
中日經一卷 紙五
老母女六英經一卷 亦云老母經一紙
右宋天竺三藏求那跋陀羅譯
月光童子經一卷 一名月明童子經或名申日經九紙 丁八 二十三
西晉三藏竺法護譯
申日兒本經一卷 或云申兒本經錄作兜本經也三紙
宋天竺三藏求那跋陀羅譯
德護長者經二卷 一名尸利堀多長者經二十八紙
隋天竺三藏那連提耶舍譯

文殊師利問菩提經一卷 一名伽耶山頂經一名菩提無行經亦直云菩提經七紙
姚秦三藏羅什譯
伽耶山頂經一卷 亦云伽耶頂經一十紙
元魏天竺三藏菩提留支譯
象頭精舍經一卷 紙九
隋天竺沙門毗尼多流支譯
大乘伽耶山頂經一卷 紙九
唐天后代天竺三藏菩提流志譯
長者子制經一卷 一直云制經四紙
漢世高譯
菩薩逝經一卷 亦云普童子經或直名逝經四紙
西晉沙門白法祖譯
逝童子經一卷 亦名長者制經亦直云制經亦名菩薩逝經亦直云逝經三紙
西晉沙門支法度譯
犢子經一卷 紙三
吳月支優婆塞支謙譯
乳光佛經一卷 亦云乳光經六紙
無垢賢女經一卷 或名胎藏經三紙

已上二經西晉三藏竺法護譯
腹中女聽經一卷 一名不莊校女經三紙
北涼天竺三藏曇無讖譯
轉女身經一卷 一十九紙
宋罽賓三藏曇摩蜜多譯
無上依經二卷 三十一紙
上二十一經二十二卷同帙 丁八 二十四
梁天竺三藏真諦譯
未曾有經一卷 紙三
後漢失譯
甚希有經一卷 紙五
唐三藏玄奘譯
決定總經一卷 或云決定總持經亦云決總持經八紙
西晉三藏竺法護譯
謗佛經一卷 紙七
元魏天竺三藏菩提留支譯
寶積三昧文殊問法身經一卷 一名遺日寶積三昧文殊師利菩薩問法身經六紙
後漢世高譯
入法界體性經一卷 或云入法界經十紙

隋天竺三藏闍那崛多等譯

如來師子吼經一卷 六紙

元魏天竺三藏佛陀扇多譯

大方廣師子吼經一卷 五紙

大乘百福相經一卷 七紙

丁八

已上二經唐中天竺三藏地婆訶羅譯

二十五

大乘百福莊嚴相經一卷 九紙

唐中天竺三藏地婆訶羅再譯

大乘四法經一卷 與單本中實叉難陀譯者二名雖同多少全異一紙

唐中天竺三藏地婆訶羅於東太原寺譯

菩薩修行四法經一卷 一紙

唐中天竺三藏地婆訶羅於弘福寺譯

希有希有校量功德經一卷 或直云希有校量功德經六紙

隋天竺三藏闍那崛多等譯

最無比經一卷 十二紙

唐三藏玄奘譯

前世三轉經一卷 六紙

西晉沙門釋法炬譯

銀色女經一卷 七紙

元魏天竺三藏佛陀扇多譯

阿闍世王受決經一卷 四紙

西晉沙門釋法炬譯

採蓮違王上佛授決號妙華經一卷 亦直云採華違王經二紙

東晉西域沙門竺曇無蘭譯

正恭敬經一卷 一名威德陀羅尼中說經或云正法恭敬經五紙

元魏天竺三藏佛陀扇多譯

善敬經一卷 亦名善恭敬經一名善恭敬師經七紙

隋天竺三藏闍那崛多等譯

稱讚大乘功德經一卷 五紙

唐三藏玄奘譯

說妙法決定業障經一卷 三紙

唐至相寺沙門釋智嚴譯

上二十三經二十四卷同帙

丁八

諫王經一卷 亦云大小諫王經四紙

二十六

宋居士沮渠京聲譯

如來示教勝軍王經一卷 亦云勝軍王經十紙

唐三藏玄奘譯

佛爲勝光天子說王法經一卷 亦直云勝光天子經七紙

唐三藏義淨譯

大方等修多羅王經一卷 或無王字二紙

元魏天竺三藏菩提留支譯

轉有經一卷 三紙

元魏天竺三藏佛陀扇多譯

文殊師利巡行經一卷 五紙

元魏天竺三藏菩提留支譯

文殊尸利行經一卷 八紙

隋天竺三藏闍那崛多等譯

貝多樹下思惟十二因緣經一卷 亦云聞城十二因緣經四紙

吳月支優婆塞支謙譯

緣起聖道經一卷 八紙

唐三藏玄奘譯

稻芉經一卷 七紙

失譯今附東晉錄

丁八

了本生死經一卷 五紙

二十七

吳月支優婆塞支謙譯

自誓三昧經一卷 題下注云獨證品第四出比丘淨行中八紙

後漢三藏安世高譯

如來獨證自誓三昧經一卷 亦云獨證自誓三昧經亦云如

西晉三藏竺法護譯 来自誓三昧經七紙
灌洗佛形像經一卷 亦云四月八日灌經
西晉沙門釋法炬譯 亦直云灌經三紙
摩訶刹頭經一卷 亦名灌佛形像經三紙
乞伏秦沙門釋聖堅譯
造立形像福報經一卷 三紙
失譯今附東晉録
作佛形像經一卷 亦云優填王作佛形像因緣經四紙
失譯今在漢録周録在小乘單本云法炬譯
龍施女經一卷 或無女字二紙
吳月支優婆塞支謙譯
龍施菩薩本起經一卷 或云龍施女經亦云龍施本經四紙
西晉三藏竺法護譯
八吉祥神呪經一卷 或無神字三紙
吳月支優婆塞支謙譯
八陽神呪經一卷 亦直云八陽經別有一本初有七佛名亦云八陽神呪可半紙許者非也四紙
西晉三藏竺法護譯

八吉祥經一卷 亦云八方世界佛名號經二紙 八
梁扶南三藏僧伽婆羅譯
八佛名號經一卷 四紙
隋天竺三藏闍那崛多等譯
盂蘭盆經一卷 亦云盂蘭經二紙 丁八 二十八
西晉三藏竺法護譯
報恩奉盆經一卷 一紙
失譯今附東晉録
佛說浴像功德經一卷 三紙
唐三藏寶思惟譯
浴像功德經一卷 四紙
唐三藏義淨譯
校量數珠功德經一卷 二紙
唐三藏寶思惟譯
數珠功德經一卷 內云曼殊室利呪藏中校量數珠功德法二紙
唐三藏義淨譯
上二十九經二十九卷同帙
不空羂索神變真言經三十卷 三帙五百二十六紙
唐南天竺三藏菩提流志譯
不空羂索呪經一卷 亦云不空羂索觀世音心呪經十一紙

隋天竺三藏闍那崛多等譯
不空羂索神呪心經一卷 一十三紙
唐三藏玄奘譯
不空羂索陀羅尼自在王呪經三卷 亦云不空羂索心呪王經二十四紙 二十九
唐天后代天竺三藏寶思惟譯 丁八
不空羂索陀羅尼經一卷 一名普門 三十七紙
唐天后代北天竺婆羅門李無諂譯
千手千臂觀世音菩薩陀羅尼神呪經二卷 或一卷十九紙
唐總持寺沙門釋智通譯
千手千眼觀世音菩薩姥陀羅尼身經一卷 或云千臂千眼二十二紙
唐南天竺三藏菩提流志譯
千手千眼觀世音菩薩廣大圓滿無礙大悲心陀羅尼經一卷 唐西天竺沙門伽梵達摩譯十九紙
觀世音菩薩祕密藏神呪經一卷 八紙
唐天后代于闐三藏實叉難陀譯
觀世音菩薩如意摩尼陀羅尼經一卷 七紙
唐天竺三藏寶思惟譯

上九經十二卷同帙

觀自在菩薩如意心陀羅尼呪經一卷 四紙

唐三藏義淨譯

如意輪陀羅尼經一卷 此經出大蓮華金剛三昧耶加持祕密無障礙經 二十四紙

唐天竺三藏菩提流志譯

文殊師利根本一字陀羅尼經一卷 題云大方廣菩薩藏中文殊師利根本一字陀羅尼法亦云一字呪王經 三紙

唐天后代寶思惟譯

曼殊室利菩薩呪藏中一字呪王經一卷 三紙

唐天后代三藏義淨譯

十二佛名神呪經一卷 題云十二佛名神呪校量功德除障滅罪經 六紙

丁八

隋天竺三藏闍那崛多等譯

稱讚如來功德神呪經一卷 三紙

三十

唐三藏義淨譯

孔雀王呪經一卷 亦名大金色孔雀王呪經并結界場法具 八紙

姚秦三藏羅什譯

大金色孔雀王呪經一卷 五紙

失譯今附秦録 拾遺編入

佛説大金色孔雀王呪經一卷 八紙

失譯入附秦録

孔雀王呪經二卷 亦云孔雀王陀羅尼經 四十三紙

梁扶南三藏僧伽婆羅譯

大孔雀呪王經三卷 六十紙

唐三藏義淨於東都内道場譯

上十一經十四卷同帙

陀羅尼集經十二卷 三百四十三紙

唐中天竺三藏阿地瞿多譯

十一面觀世音神呪經一卷 十一紙

周宇文氏天竺三藏耶舍崛多等譯

十一面神呪心經一卷 十一紙

唐三藏玄奘譯

摩利支天經一卷 或上加小字 二紙

失譯今附梁録

丁八

三十一

呪五首經一卷 或無經字 二紙

唐三藏玄奘譯

千轉陀羅尼觀世音菩薩呪經一卷 或無經字 三紙

唐總持寺沙門釋智通譯

六字神呪經一卷 或云六字呪法 六紙

唐天后代天竺三藏菩提流志譯

七俱胝佛大心准提陀羅尼經一卷 亦直云七俱胝佛母心經 四紙

唐中天竺三藏地婆訶羅譯

七俱胝佛母准泥大明陀羅尼經一卷 十六紙

唐南天竺三藏金剛智譯

上九經二十卷二帙 上帙七卷 下帙十三

觀自在菩薩隨心呪經一卷 亦名多利心經 十九紙

唐總持沙門釋智通譯

種種雜呪經一卷 或無經字 六紙

周宇文氏天竺三藏闍那崛多譯

佛頂尊勝陀羅尼經一卷 七紙

唐杜行顗奉制譯

佛頂最勝陀羅尼經一卷 八紙

唐日照三藏譯 亦名地婆訶羅中天竺人

佛頂尊勝陀羅尼經一卷 七紙

唐佛陀波利譯

最勝佛頂陀羅尼淨除業障經一卷

唐日照三藏再譯 十三紙 亦名地婆訶羅中天竺人於東都再譯

佛頂尊勝陀羅尼經一卷 或加呪字 八紙

唐義淨三藏譯

無量門微密持經一卷 一名成道降魔得一切智經六紙

吳月支優婆塞支謙譯

出生無量門持經一卷 或云新微密持經七紙

東晉天竺三藏佛陀跋陀羅譯

阿難陀目佉尼呵離陀經一卷 或云出無量門持經十紙 三十二

丁八

宋天竺三藏求那跋陀羅譯

無量門破魔陀羅尼經一卷 或直云破魔陀羅尼經十一紙

宋西域沙門功德直共玄暢譯

阿難陀目佉尼呵離陀鄰尼經一卷 一十紙

元魏天竺三藏佛陀扇多譯

舍利弗陀羅尼經一卷 八紙

梁扶南三藏僧伽婆羅譯

一向出生菩薩經一卷 一十二紙

隋天竺三藏闍那崛多譯

出生無邊門陀羅尼經一卷 十四紙

唐至相寺沙門釋智嚴譯

勝幢臂印陀羅尼經一卷 二紙

唐三藏玄奘譯

妙臂印幢陀羅尼經一卷 別有一本十六七紙非是本經不可流布 二紙

唐天后代于闐三藏實叉難陀譯

上十七經十七卷同帙

開元釋教目錄卷第十九 丁八

三十三

開元釋教目錄卷第十九上(別本)

校勘記

一 底本,清藏本。

一 四二三頁上一行夾註左「之上」,資、普無。

一 四二三頁上二行撰者,資、磧、普、南作「庚午歲西崇福寺沙門智昇撰」。

一 四二三頁上一五行夾註「十二紙」,資、磧、普、南、徑作「十一紙」。

一 四二三頁上一六行「唐」,資、磧、普、南作「大唐」。以下時有出現,不一一出校。

一 四二三頁下一一行夾註「十四紙」,徑作「十一紙」。

一 四二四頁上二行夾註「一十八紙」,資、磧、普、南、徑作「二十八紙」。

一 四二四頁上四行夾註「二紙」,資、普、南作「一紙」。

一 四二四頁中四行夾註「王舍城」,資、磧、普作「王舍」。

一　四二四頁中一二行「安玄」，資、磧、普無。

一　四二四頁中一六行夾註「幻十經」，資、磧、普、南、徑作「幻士經」。

一　四二四頁下四行夾註「八紙」，磧作「六紙」。

一　四二四頁下一六行至一七行夾註「一十四紙」，資、磧、普、徑作「二十四紙」。

一　四二五頁上七行「十二卷」，徑作「十二紙」。

一　四二五頁上八行「菩薩問」，資、普、徑作「菩薩門」。

一　四二五頁中六行夾註「三十四紙」，南作「二十四紙」。

一　四二五頁中八行「十一卷」，徑作「十卷」。

一　四二五頁下一一行首字「隋」，資、磧、普作「宋」。

一　四二六頁上四行「僧祐録」，資、磧、南作「僧祐」。

一　四二六頁下九行「唐天后代」，磧、南作「天后代」。一一行、一四行、一六行同。

一　四二六頁下一二行「修行經」，資、普作「修行分」；磧作「修行」。

一　四二七頁上七行小字「亦直云」，資、磧、普、南作「亦直名」；徑作「一直云」。

一　四二七頁中九行夾註「七一百一十紙」，資、磧、普、南、徑作「宇一百二十紙」。

一　四二八頁上一四行夾註右「訛不思議」，資作「說不思議」。

一　四二八頁下一二行夾註「一百二紙」，南作「一百一紙」。

一　四二九頁下末行夾註「一帙」，南無。

一　四三〇頁中三行夾註「三十九紙」，磧作「二十九紙」。

一　四三〇頁中九行夾註「亦直云」，徑作「一直云」。

一　四三〇頁中一六行夾註「一十二紙」，磧作「二十二紙」。

一　四三〇頁下一〇行夾註「或十卷」，磧作「一十卷」。

一　四三〇頁下一二行夾註右「文殊師利牛事行經」，資作「文殊師利菩薩十事行經」；磧、普、南、徑作「文殊師利菩薩牛事行經」。

一　四三一頁中一九行夾註「一卷」，資作「或一卷」。

一　四三一頁下五行夾註「二百四十七紙」，磧作「一百四十七紙」。

一　四三二頁上一四行首字「右」，資、磧、普、南無。

一　四三二頁中一〇行夾註「直云」，資、磧、普、南作「直名」。

一　四三二頁中一七行夾註「三紙」，徑無。

一　四三二頁中一八行「吴月支優婆塞支謙譯」，徑無。

一　四三二頁中一九行「乳光佛經一卷亦云乳光經六紙」，徑無。

一　四三三頁中一一行「三藏」，徑無。

一　四三三頁下三行夾註「三紙」，資、

磧、普作「二紙」。

一　四三四頁上一八行夾註右「一本」，磧作「一十」。

一　四三四頁中一八行夾註「五百二十六紙」，徑作「五百六十二紙」。

一　四三四頁下九行「千手」，資、磧、普、南作「千眼」。

一　四三四頁下一六行夾註「唐西天竺沙門伽梵達摩譯十九紙」，資、磧無。

一　四三五頁下七行「二帙」，磧、普、南作「二」。

一　四三六頁上六行「可離陀經」，資、磧、普、南、徑作「呵離陀經」。

一　四三六頁上一二行「一卷」，磧作「一十卷」。

一　四三六頁中二行「實叉難陀譯」，磧作「實叉難陀釋」。

一　四三六頁中卷末經名，資、磧、普無(未換卷)。

開元釋教目録卷第十九 入藏録上之下 丁九

唐西崇福寺沙門智昇撰

無崖際持法門經一卷 一名無際經 十五紙

乞伏秦沙門釋聖堅譯 譯第一

尊勝菩薩所問一切諸法入無量門陀羅尼經一卷 或直云尊勝菩薩所問經 亦直云入無量門陀羅尼經 一十七紙 丁九

高齊居士萬天懿譯

金剛上味陀羅尼經一卷 一十四紙

元魏天竺三藏佛陀扇多譯 第一譯

金剛場陀羅尼經一卷 一十四紙

隋天竺三藏闍那崛多等譯 第二譯

師子奮迅菩薩所問經一卷 二紙

華聚陀羅尼呪經一卷 三紙

已上二經失譯今附東晋録

華積陀羅尼神呪經一卷 三紙

吳月支優婆塞支謙譯

六字呪王經一卷 五紙 第一譯

失譯今附東晋録

六字神呪王經一卷 六紙 拾遺編入 第二譯

虛空藏菩薩問佛經一卷 亦云虛空藏菩薩問七佛陀羅尼呪經 亦云七佛神呪經 一十二紙 拾遺編入 第一譯

已上二經失譯今附梁録

如來方便善巧呪經一卷 一十紙

隋天竺三藏闍那崛多等譯 第譯

持句神呪經一卷 亦云陀羅尼句 三紙

吳月支優婆塞支謙譯 拾遺編入 第一譯

陀憐尼鉢經一卷 亦云陀憐鉢呪 三紙

東晋西域沙門竺曇無蘭譯 拾遺編入 第二譯

東方最勝燈王如來經一卷 題云東方最勝燈王如來遣二菩薩送呪奉釋迦如來助護持世間經 一十三紙 出內典録

隋天竺三藏闍那崛多等譯 第四譯

善法方便陀羅尼呪經一卷 六紙

金剛祕密善門陀羅尼經一卷 五紙 出周録 第三譯

已上二經失譯今附東晋録

丁九

護命法門神呪經一卷 一十一紙

唐天后代天竺三藏菩提流志譯 出周録 第三譯

無垢淨光大陀羅尼經一卷 十一紙

唐天后代西域沙門彌陀山等譯 新編入録

請觀世音菩薩消伏毒害陀羅尼呪經一卷

東晋外國居士竺難提譯 亦直云請觀世音經 一十二紙 兩譯一闕

上十九經十九卷同帙

內藏百寶經一卷 亦云內藏百品經 八紙

後漢月支三藏支婁迦讖譯 第一譯 兩譯一闕

溫室洗浴衆僧經一卷 亦直云溫室經 三紙

後漢安息三藏安世高譯 拾遺編入 第一譯 前後兩譯一一闕

須賴經一卷 一十八紙

前涼月支優婆塞支施崙譯 出經後記 第三譯 前後四譯三本闕

私訶三昧經一卷 或云私訶末經 一名菩薩道樹經 亦名道樹三昧經 一十一紙 周為單本 譯第一譯 前後兩譯一本闕

菩薩生地經一卷 一名差摩竭經 三紙 周為單本 第一譯 兩譯一闕

已上二經吳月支優婆塞支謙譯

丁九

四不可得經一卷 五紙 第二譯 兩譯一本闕 三

梵女首意經一卷 一名首意女經 五紙 第一譯 兩譯一闕

已上二經西晋三藏竺法護譯

成具光明定意經一卷 或云成具光明三昧經 或直云成具光明經 二十三紙

後漢西域三藏支曜譯 第二譯 兩譯一闕

寶網經一卷 亦云寶網童子經 二十二紙

菩薩行五十緣身經一卷 亦云菩薩緣身五十事經 亦云五十緣身行經 六紙

已上二經西晉三藏竺法護譯 俱第一譯 兩譯一闕

菩薩修行經一卷 亦云威施長者問觀身行經 亦云長者修行經 七紙

西晉河內沙門白法祖譯 第三譯 二闕

諸德福田經一卷 或直云福田經 或云諸福田經 五紙

西晉沙門法立法炬共譯 第一譯 兩譯一闕

大方等如來藏經一卷 或直云如來藏經 九紙

東晉天竺三藏佛陀跋陀羅譯 第三譯 三譯二闕

佛語經一卷 四紙

元魏天竺三藏菩提留支譯 第一譯 兩譯一闕

金色王經一卷 九紙

元魏婆羅門瞿曇般若流支譯 第二譯 兩譯一闕

演道俗業經一卷 九紙

乞伏秦沙門釋聖堅譯 第二譯 兩譯一闕

百佛名經一卷 六紙

隋天竺三藏那連提耶舍譯 第二譯 兩譯一闕

上十七經十七卷同帙

稱揚諸佛功德經三卷 亦名集諸佛華經一名集華經一名現在佛名經或四卷五十七紙

元魏西域三藏吉迦夜共曇曜譯 第三譯 三譯兩闕

須真天子經三卷 亦云須真天子所問經亦云問四事經或二卷四十六紙

西晉三藏竺法護譯 第二譯 兩譯一闕

摩訶摩耶經一卷 一名佛昇忉利天為母說法亦直云摩耶經或二卷 二十六紙

蕭齊沙門釋曇景譯 第二譯 兩譯一闕

除恐災患經一卷 一十七紙

乞伏秦沙門釋聖堅譯 第二譯 兩譯一闕

孛經一卷 或云孛經抄 一十八紙

吳月支優婆塞支謙譯 拾遺編入第二譯 前後三譯兩本闕

觀世音菩薩受記經一卷 一名觀世音受決經 一十三紙

宋黃龍沙門釋曇無竭譯 第三譯 三譯二闕

上六經十卷同帙

海龍王經四卷 或三卷 七十三紙

西晉三藏竺法護譯 兩譯一闕

首楞嚴三昧經三卷 或二卷亦直云首楞嚴經僧祐錄云新首楞嚴

經五十二紙

姚秦三藏鳩摩羅什譯 第九譯 八闕

觀普賢菩薩行法經一卷 亦云出深功德經中或無行法字亦云普賢觀經 一十六紙

宋罽賓三藏曇摩蜜多譯 第三譯 二闕

觀藥王藥上二菩薩經一卷 一十五 九紙

宋西域三藏畺良耶舍譯 第三譯 兩譯一闕

不思議光菩薩所問經一卷 亦云不思光菩薩所說經亦云不思光孩童菩薩經一十二紙

姚秦三藏鳩摩羅什譯 第二譯 兩譯一闕

上五經十卷同帙

十住斷結經十卷 最勝問菩薩十住除垢斷結經一名十千日光三昧定亦云十地斷結經或十一卷或十四卷二百五十四紙

姚秦涼州沙門竺佛念譯 第二譯 兩譯一闕

諸佛要集經二卷 亦直云要集經天竺曰佛陀僧祇提四十三紙

西晉三藏竺法護譯 第一譯 兩譯一闕

未曾有因緣經三卷 如無因緣字度羅睺羅沙彌序四十紙

蕭齊沙門釋曇景譯 第二譯 兩譯一闕

上三經十四卷同帙

菩薩瓔珞經十二卷 一名現在報或十四卷或十六卷或十三卷二

百三十一紙

姚秦涼州沙門竺佛念譯第二譯兩譯一闕

超日明三昧經二卷或直云超日明經或三卷四十八紙

西晉清信士聶承遠譯第二譯兩譯一闕

上二經十四卷二帙

賢劫經十三卷一云颰陀劫三昧晉曰賢劫定意經舊録云賢劫三昧經或十卷或七卷一帙一百九十二紙

西晉三藏竺法護譯第一譯兩譯一闕

大乘經單譯一百三十一部二百九十三卷二十四帙

大法炬陀羅尼經二十卷二帙三百九十八紙

大威德陀羅尼經二十卷二帙二百六十八紙

已上二經隋天竺三藏闍那崛多等譯

佛名經十二卷或云十三卷或分爲二十卷二百五十三紙

元魏天竺三藏菩提留支譯

三劫三千佛名經三卷莊嚴劫上賢劫中星宿劫下五十九紙

失譯今附梁録

上二經十五卷二帙上帙七下帙八

五千五百佛名經八卷一百三十一紙

隋天竺三藏闍那崛多等譯

不思議功德諸佛所護念經二卷或直云不思議功德

經或四卷三十七紙

曹魏代譯失三藏名拾遺編入

上二經十卷同帙

華手經十三卷一名攝諸善根經亦名攝諸福德經或十一卷或十二卷或十卷一帙二百二十九紙

姚秦三藏鳩摩羅什譯

大方等陀羅尼經四卷一名方等檀持陀羅尼經或無大字六十三紙

北涼沙門法譔於高昌郡譯出寶唱録

僧伽吒經四卷五十一紙

元魏優禪尼國王子月婆首那譯

力莊嚴三昧經三卷三十八紙

隋天竺三藏那連提耶舍譯

大方廣圓覺修多羅了義經一卷二十七紙

唐罽賓沙門佛陀多羅譯

上四經十二卷同帙

觀佛三昧海經十卷或云觀佛三昧經或八卷一帙一百五十六紙

東晉天竺三藏佛陀跋陀羅譯

大方便佛報恩經七卷一百二十六紙

失譯在後漢録

菩薩本行經三卷四十七紙

失譯今附東晉録拾遺編入

上二經十卷同帙

法集經六卷或七卷或八卷一百二十七紙

元魏天竺三藏菩提留支譯

觀察諸法行經四卷六十三紙

隋天竺三藏闍那崛多等譯

上二經十卷同帙

菩薩處胎經五卷初云菩薩從兜術天降神母胎說普廣經亦直云胎經或八卷或四卷一百一十五紙

姚秦涼州沙門竺佛念譯

弘道廣顯三昧經四卷一名阿耨達龍王所問決諸狐疑清淨亦名入金剛問定意經凡十二品或二卷五十五紙

西晉三藏竺法護譯

施燈功德經一卷一名然燈經一十五紙

高齊天竺三藏那連提耶舍譯

上三經十卷同帙

央掘魔羅經四卷七十八紙

宋天竺三藏求那跋陀羅譯

無所有菩薩經四卷六十二紙

隋天竺三藏闍那崛多等譯出内典録
明度五十校計經二卷或無明度字或無五十字四十紙
後漢安息三藏安世高譯
上三經十卷同帙
中陰經二卷二十八紙
姚秦涼州沙門竺佛念譯
大法鼓經二卷三十一紙
宋天竺三藏求那跋陀羅譯
文殊師利問經二卷亦直云文殊問經五十一紙
梁扶南三藏僧伽婆羅譯
月上女經二卷維摩詰之女一十九紙
隋天竺三藏闍那崛多等譯
大方廣如來祕密藏經二卷二十四紙
失譯今附秦録
上五經十卷同帙
大乘密嚴經三卷五十六紙
三藏地婆訶羅譯
占察善惡業報經二卷亦名大乘實義經出六根聚經亦直云占察經亦名地藏菩薩經二十八紙
外國沙門菩提登譯

蓮華面經二卷二十三紙
隋天竺三藏那連提耶舍譯
文殊師利問菩薩署經一卷亦云文殊問署經二十紙
支婁迦讖譯
大乘造像功德經二卷或一卷二十一紙
于闐提雲般若譯
上五經十卷同帙
廣大寶樓閣善住祕密陀羅尼經三卷四十紙
一字佛頂輪王經五卷亦云五佛頂經或四卷二百二十一紙
已上二經菩提流志譯
大陀羅尼末法中一字心呪經一卷一十四紙
寶思惟譯
上三經九卷同帙
大佛頂如來密因修證了義諸菩薩萬行首楞嚴經十卷一帙一百四十三紙
沙門懷迪譯
大毗盧遮那成佛神變加持經七卷亦云大毗盧遮那成佛經一百三十三紙
沙門一行譯
蘇婆呼童子經三卷亦云蘇婆呼請問經或云蘇婆呼律或云蘇婆

呼或二卷四十九紙
三藏輸波迦羅譯
上二經十卷同帙
蘇悉地羯羅經三卷九十一紙
三藏輸波迦羅譯
牟梨曼陀羅呪經一卷或無經字三十三紙
失譯
金剛頂瑜伽中略出念誦法四卷亦云經八十一紙
三藏金剛智譯
上三經八卷同帙
七佛所說神呪經四卷初卷云七佛十一菩薩說大陀羅尼神呪經七十三紙
晉代譯失三藏名
大吉義神呪經二卷或四卷三十一紙
曇曜譯
文殊師利寶藏陀羅尼經一卷十
金剛光焰止風雨陀羅尼經一卷三十一紙
已上二經菩提流志譯
阿吒婆拘鬼神大將上佛陀羅尼經一卷亦直云阿吒婆拘呪經五紙

阿彌陁鼓音聲王陁羅尼經一卷 四紙
大普賢陁羅尼經一卷 三紙
大七寶陁羅尼經一卷 一紙
六字大陁羅尼呪經一卷 二紙
已上五經失譯今附梁録
安宅神呪經一卷 亦云安宅呪法 四紙
後漢失譯
摩尼羅亶經一卷 亦云摩尼羅亶神呪經 四紙
幻師颰陁所說神呪經一卷 録云幻師無所說字或作跋字 亦云波陁古云録幻王跋陁經 二紙
已上三經沙門竺曇無蘭譯
護諸童子陁羅尼呪經一卷 亦云護諸童子請求男女陁羅尼經 四紙
元魏菩提留支譯
諸佛心陁羅尼經一卷 三紙
拔濟苦難陁羅尼經一卷 三紙 丁九
八名普密陁羅尼經一卷 二紙 十一
持世陁羅尼經一卷 四紙
六門陁羅尼經一卷 一紙
已上五經唐玄奘譯

清淨觀世音普賢陁羅尼經一卷 此經有一錯本應須審之 五紙
唐釋智通譯
上十九經二十三卷同帙
智炬陁羅尼經一卷 三紙
諸佛集會陁羅尼經一卷 四紙
已上二經唐提雲般若譯
隨求即得大自在陁羅尼神呪經一卷 亦云隨求所得 一十四紙
唐寶思惟譯
百千印陁羅尼經一卷 二紙
救面然餓鬼陁羅尼神呪經一卷 亦云施餓鬼食呪經後漢有施水呪 四紙
已上二經唐實叉難陁譯
莊嚴王陁羅尼呪經一卷 四紙
香王菩薩陁羅尼呪經一卷 二紙
一切功德莊嚴王經一卷 一十四紙
拔除罪障呪王經一卷 三紙
善夜經一卷 三紙
已上五經唐義淨譯

虛空藏菩薩能滿諸願最勝心陁羅尼求聞持法經一卷 亦名虛空藏菩薩求聞持法經 四紙
唐輸波迦羅譯
金剛頂經曼殊室利菩薩五字心陁羅尼品一卷 一十一紙
觀自在如意輪菩薩瑜伽法要一卷 丁九 十二 九紙
已上二經唐金剛智譯
佛地經一卷 一十三紙
唐玄奘譯
佛垂般涅槃略說教誡經一卷 亦云佛臨般涅槃一名遺教經 六紙
姚秦三藏羅什譯
出生菩提心經一卷 一十一紙
隋闍那崛多等譯
佛印三昧經一卷 三紙
漢世高譯
文殊師利般涅槃經一卷 四紙
西晉居士聶道真譯
異出菩薩本起經一卷 或無起字 一十一紙
西晉聶道真譯

千佛因緣經一卷 一十八紙
姚秦羅什譯
賢首經一卷 一名賢首夫人經 三紙
乞伏秦釋聖堅譯
月明菩薩經一卷 丁九 或加三昧字或云月明童子經亦云月明童男經三 十三 紙
吳月支優婆塞支謙譯
心明經一卷 一名心明女梵志婦飯汁施經 三紙
滅十方冥經一卷 或云十方滅冥經 六紙
鹿母經一卷 別有鹿子經一卷與此全同 三紙
魔逆經一卷 一十九紙
已上四經西晉竺法護譯
上二十六經二十六卷同帙
德光太子經一卷 一名賴吒和羅所問德光太子經 一十九紙
西晉竺法護譯
大意經一卷 五紙
宋求那跋陀羅譯
堅固女經一卷 一名牢固女經 六紙
隋那連提耶舍譯
商主天子所問經一卷 或無所問字 一十七紙

諸法最上王經一卷 二十三紙
已上二經隋闍那崛多等譯
師子莊嚴王菩薩請問經一卷 一名八曼荼羅 五紙
離垢慧菩薩所問禮佛法經一卷 六紙
已上二經唐那提譯
受持七佛名號所生功德經一卷 四紙
佛臨涅槃記法住經一卷 或加般字 五紙
寂照神變三摩地經一卷 一十六紙
已上三經唐玄奘譯
差摩婆帝受記經一卷 三紙
不增不減經一卷 或云二卷者誤 七紙
已上二經元魏菩提留支譯
造塔功德經一卷 二紙
唐地婆訶羅譯
右遶佛塔功德經一卷 亦云繞塔功德經 三紙 十四
大乘四法經一卷 丁九 與重譯中日照出者名字雖同經體全異 八紙
已上二經唐實叉難陀譯
有德女所問大乘經一卷 時有一本可八九紙文錯不堪 四紙
唐菩提流志譯
大乘流轉諸有經一卷 三紙

妙色王因緣經一卷 四紙
佛為海龍王說法印經一卷 一紙
已上三經唐義淨譯
師子素馱娑王斷肉經一卷 四紙
唐釋智嚴譯
般泥洹後灌臘經一卷 一名般泥洹後四輩灌臘經亦直云灌臘經 二紙
西晉竺法護譯
八部佛名經一卷 亦名八佛名經 三紙
元魏般若流支譯
上二十二經二十二卷同帙
菩薩內習六波羅蜜經一卷 或云內六波羅蜜經安公云出方等部 三紙
漢嚴佛調譯
菩薩投身餓虎起塔因緣經一卷 僧祐錄云以身施餓虎經 丁九 一十一紙 十五
北涼釋法盛譯
金剛三昧本性清淨不壞不滅經一卷 亦名金剛清淨經 八紙
師子月佛本生經一卷 七紙

巳上二經失譯今附秦録
長者法志妻經一卷 三紙
失譯今附梁録
薩羅國經一卷 或云薩羅國王經 四紙
失譯今附東晉録
十吉祥經一卷 二紙
失譯今附秦録
長者女菴提遮師子吼了義經一卷 六紙
失譯今附梁録
一切智光明仙人慈心因緣不食肉經一卷 五紙
失譯今附秦録
金剛三昧經二卷 或一卷 二十七紙
北涼失譯
法滅盡經一卷 三紙
甚深大迴向經一卷 四紙
巳上二經失譯今附宋録
天王太子辟羅經一卷 亦云太子辟羅經 或無天王字 僧祐録云安公關中異經 二紙

優婆夷淨行法門經二卷 亦直云淨行經 或無經字 三十二紙
僧祐録云安公涼土異經
八大人覺經一卷 一紙
漢世高譯
三品弟子經一卷 亦云弟子學有三輩經 三紙
吳月支支謙譯
四輩經一卷 或云四輩弟子經 或云四輩學經 三紙
當來變經一卷 或云當來變識經 一紙
過去佛分衛經一卷 或云過世 二紙
巳上三經西晉竺法護譯
十二頭陀經一卷 一名沙門頭陀經 五紙
樹提伽經一卷 三紙
巳上二經宋求那跋陀羅譯
長壽王經一卷 六紙
法常住經一卷 二紙
巳上二經失譯今附西晉録
上二十三經二十五卷同帙
大乘律二十六部五十四卷五帙
菩薩地持經十卷 或無經字 亦云論 亦云菩薩戒經 又名菩薩地 或八卷 一帙 一百八十六紙
北涼曇無讖譯

菩薩善戒經九卷 一名菩薩地 十卷 一百八十紙
宋求那跋摩等譯
淨業障經一卷 十五紙
失譯今附秦録
上二經十卷同帙
優婆塞戒經七卷 或五卷 或六卷 或十卷 是在家菩薩戒 一百三十一紙
北涼曇無讖譯
梵網經二卷 三十六紙
姚秦羅什譯
受十善戒經一卷 十六紙
漢失譯
上三經十卷同帙
菩薩瓔珞本業經二卷 或直云瓔珞本業經 三十九紙
姚秦竺佛念譯
佛藏經四卷 一名選擇諸法經 或三卷 或二卷 七十紙
姚秦羅什譯
菩薩戒本一卷 十一紙
北涼無讖譯
菩薩戒本一卷 十八紙

菩薩戒羯磨文一卷 六紙
已上二經唐玄奘譯
菩薩善戒經一卷 優波離問菩薩受戒法一十五紙
宋求那跋摩譯
上六經十卷同帙
菩薩內戒經一卷 十八紙
優婆塞五戒威儀經一卷 一十五紙
已上二經宋求那跋摩譯
文殊師利淨律經一卷 或直名淨律經十三紙
西晉竺法護譯
清淨毗尼方廣經一卷 一十七紙
姚秦羅什譯
寂調音所問經一卷 一名如來所說清淨調伏經十八紙
宋釋法海譯
大乘三聚懺悔經一卷 一十三紙
丁九
隋闍那崛多等譯 十八
菩薩五法懺悔文一卷 亦名菩薩五法懺悔經二紙
失譯今附梁錄
菩薩藏經一卷 一十紙
梁僧伽婆羅譯

三曼陀颰陀羅菩薩經一卷 三紙
菩薩受齋經一卷 三紙
已上二經西晉聶道真譯
文殊悔過經一卷 一名文殊五體悔過經二十一紙
西晉竺法護譯
舍利弗悔過經一卷 亦直名悔過經五紙
漢世高譯
法律三昧經一卷 亦直名法律經七紙
吳支謙譯
十善業道經一卷 六紙
唐實叉難陀譯
上十四經十四卷同帙
大乘論九十七部五百一十八卷五十帙一
十一部一百五十五卷釋經論七十六部三
百六十三卷集義論
丁九
大智度論一百卷 或云大智度論亦云摩訶般若釋論或一百一十卷或七十卷十帙二千八十五紙 十九
姚秦羅什譯
十地經論十二卷 或十五卷一帙二百四十六紙
彌勒菩薩所問經論五卷 或六卷或七卷或八卷一百二十八

紙
大乘寶積經論四卷 八十四紙
已上三經元魏菩提留支譯
寶髻菩薩四法經論一卷 題云寶髻經四法優波提舍十二紙
元魏毗目智仙譯
上三論十卷同帙
佛地經論七卷 一百一十七紙
唐玄奘譯
金剛般若論二卷 無著菩薩造三十紙
隋笈多譯
能斷金剛般若波羅蜜多經論頌一卷 亦云能斷金剛論頌四紙
唐義淨譯
上三論十卷同帙
金剛般若波羅蜜經論三卷 天親菩薩造四十八紙
元魏菩提留支譯
能斷金剛般若波羅蜜多經論釋三卷 亦云能斷金剛論釋三十三紙
唐義淨譯
金剛般若波羅蜜經破取著不壞假名論二

卷 亦名功德施論三十三紙

唐地婆訶羅譯

文殊師利菩薩問菩提經論二卷 亦云文殊問菩提經論一名伽耶山頂經論三十紙

元魏菩提留支譯

妙法蓮華經論一卷 題云妙法蓮華經優波提舍二十五紙 丁九 二十

元魏勒那摩提共僧朗等譯

上五論十一卷同帙

法華經論二卷 初有歸敬頌者是或一卷題亦云妙法蓮華經優波提舍二十紙

元魏留支共曇琳等譯

勝思惟梵天所問經論四卷 或三卷五十九紙

元魏菩提留支譯

涅槃論一卷 或云大般涅槃經論一十紙

沙門達磨菩提譯

涅槃經本有今無偈論一卷 亦直云本有今無論六紙

梁真諦譯

遺教經論一卷 二十六紙

陳真諦譯

無量壽經論一卷 題云無量壽經優波提舍願生偈七紙

元魏菩提留支譯

三具足經論一卷 題云三具足優波提舍一十八紙

元魏毗目智仙譯

轉法輪經論一卷 題云轉法輪經優波提舍一十紙

元魏毗目智仙等譯

上八論十二卷同帙 已上釋經論已下集義論 丁九 二十二

瑜伽師地論一百卷 十帙一千八百十七紙

顯揚聖教論二十卷 二帙三百二十七紙

瑜伽師地論釋一卷 一十九紙

顯揚聖教論頌一卷 一十九紙

王法正理論一卷 二十紙

大乘阿毗達磨集論七卷 一百三紙

巳上六經唐玄奘譯

上四論十卷同帙

大乘阿毗達磨雜集論十六卷 亦呼爲對法論二百五十五紙

唐玄奘譯

中論四卷 亦云中觀論或八卷九十八紙

姚秦羅什譯

上二論二十卷二帙

般若燈論釋十五卷 二百五十一紙

唐波羅頗蜜多羅譯

十二門論一卷 二十四紙

姚秦羅什譯

十八空論一卷 二十紙

陳真諦譯

百論二卷 四十三紙

姚秦羅什譯

廣百論本一卷 八紙

唐玄奘譯

上五論二十卷二帙

大乘廣百論釋論十卷 一帙一百九十紙

唐玄奘譯

十住毗婆沙論十四卷 或無論字或十二卷或十五卷二百七十六紙 丁九 二十三

姚秦羅什譯

菩提資粮論六卷 六十七紙

隋笈多譯

上二論二十卷二帙

大乘莊嚴經論十三卷 或十五卷一帙二百五紙

唐波羅頗蜜多羅譯
大莊嚴經論十五卷 或無經字或十卷二百九紙
姚秦羅什譯
順中論二卷 題云順中論義入大般若波羅蜜經初品法門三十二紙
元魏般若流支譯
攝大乘論三卷 五十九紙
真諦三藏譯
上三論二十卷二帙
攝大乘論二卷 四十四紙
佛陀扇多譯
攝大乘論本三卷 六十一紙
三藏玄奘譯
攝大乘論釋十五卷 亦云釋論或十二卷三百二十七紙
天親釋真諦譯
上三論二十卷二帙 丁九 辛三
攝大乘論釋十卷 一帙一百五十六紙
世親釋笈多譯
攝大乘論釋十卷 一帙一百七十六紙
世親釋玄奘譯
攝大乘論釋十卷 一帙二百十六紙

無性釋玄奘譯
佛性論四卷 八十三紙
陳真諦譯
決定藏論三卷 五十二紙
梁真諦譯
辯中邊論頌一卷 五紙
唐玄奘譯
中邊分別論二卷 或三卷五十八紙
陳真諦譯
上四論十卷同帙
辯中邊論三卷 三十九紙
唐玄奘譯
究竟一乘寶性論四卷 亦云寶性分別一乘增上論或三卷或五卷八十紙
元魏勒那摩提譯
業成就論一卷 一十二紙
元魏毗目智仙等譯
大乘成業論一卷 一十七紙
唐玄奘譯
因明正理門論本一卷 一十五紙

三藏玄奘譯
上五論十卷同帙
因明正理門論一卷 一十六紙
三藏義淨譯
因明入正理論一卷 六紙 丁九 二十四
唐玄奘譯
顯識論一卷 題云顯識品從無相論出一十九紙
陳真諦譯
轉識論一卷 三紙
隋真諦譯
唯識論一卷 一名破色心初云唯識無境界或云唯識無境界論十九紙
元魏般若流支譯
唯識論一卷 初云修道不共他一十紙
陳真諦譯
唯識二十論一卷 一十紙
唐玄奘譯
成唯識寶生論五卷 一名二十唯識順釋論六十五紙
唐義淨譯
唯識三十論一卷 二紙
唐玄奘譯

上九論十三卷同帙（一帙一百七十五紙）
成唯識論十卷
唐玄奘譯
大丈夫論二卷（三十四紙）　入大乘論二卷（四十一紙）
上二經北凉釋道泰譯
二十五
大乘掌珍論二卷（三十三紙）
唐玄奘譯
大乘五蘊論一卷（八紙）
世親造玄奘譯
大乘廣五蘊論一卷（與前論異本或無廣字安慧造一十三紙）
唐地婆訶羅譯
實行王正論一卷（一十九紙）
陳真諦譯
大乘起信論一卷（二十五紙）
真諦三藏譯
上七論十卷同帙
大乘起信論二卷（二十四紙）
實叉難陀譯
發菩提心論二卷（或云發菩提心經論二十八紙）
姚秦羅什譯

三無性論二卷（題云三無性論品出無相論三十五紙）
陳真諦譯
方便心論一卷（或二卷凡四品十七紙）
元魏吉迦夜共曇曜譯
如實論一卷（題云如實論反質難品二十三紙）
梁真諦譯
無相思塵論一卷（或直云思塵論三紙）
陳真諦譯
觀所緣緣論一卷（三紙）
唐玄奘譯
觀所緣論釋一卷（一十三紙）
唐義淨譯
上八論十一卷同帙
迴諍論一卷（二十五紙）
元魏毗目智仙等譯
緣生論一卷（一十一紙）
陳笈多譯
十二因緣論一卷（四紙）
元魏菩提留支譯
壹輸盧迦論一卷（或云壹書三紙）
二十六

元魏般若流支譯
大乘百法明門論一卷（題云大乘百法明門論本事分中略錄名數二紙）
百字論一卷（八紙）
唐玄奘譯
解捲論一卷（三紙）
元魏菩提留支譯
陳真諦譯
掌中論一卷（三紙）　取因假設論一卷（九紙）
觀總相論頌一卷（二紙）　止觀門論頌一卷（四紙）
唐義淨譯
手杖論一卷（七紙）
六門教授習定論一卷（九紙）
已上六經唐義淨譯
大乘法界無差別論一卷（六紙）
唐提雲般若譯
破外道小乘四宗論一卷（六紙）
破外道小乘涅槃論一卷（五紙）
已上二論元魏菩提留支譯
上十六論十六卷同帙
都計大乘經律論見入藏者總六百三十八
二十七

部合二千七百四十五卷二百五十八帙前與廣録部數不同者前廣録中以大寶積經諸部合成分爲四十九部上録此合爲一部故欠四十八不同

開元釋教目録卷第十九 入藏録上之下

開元釋教目録卷第十九下(别本)

校勘記

一　底本，清藏本。

一　四三九頁上一行經名、二行撰者，資、磧、普無(未换卷)。

一　四三九頁上四行「乞伏秦沙門釋聖堅譯第一譯」，資、磧、普無；南作「秦聖堅譯」。

一　四三九頁上一三行「師子奮迅菩薩所問經一卷二紙」下，資、磧、普、南有「失譯今附東晉録」七字。

一　四三九頁上一四行「華聚陀羅尼呪經一卷三紙」下，資、磧、普、南有「失譯今附東晉録」七字。

一　四三九頁上一五行「已上二經失譯今附東晉録」，資、磧、普、南無，因其於以上二經下分别刊出。以下凡經名相聯譯者相同者例同。

一　四三九頁中五行夾註「第譯」，資、磧、普、南、徑作「第二譯」。

一　四三九頁中一〇行夾註左「遣二」，徑作「遣三」。

一　四三九頁中一一行夾註左「一十三」，磧作「一十二」。

一　四三九頁中一四行夾註「周録」，資、磧、普、南作「大周録」。下同。

一　四三九頁中一七行「唐天后代」，資、磧、普、南作「大唐天后代」。

一　四三九頁中一八行夾註右「十一」，資、磧、普、南、徑作「十二」。

一　四三九頁下七行夾註右「拾遺」，徑作「十遺」。下同。

一　四三九頁下一二行夾註右「私訶末經」，資、磧、普、南作「私訶末經」。

一　四三九頁下一四行夾註左「一闕」，資、磧、普、南作「一本闕」。

一　四三九頁下一六行夾註左「一本闕」，資、普作「一本」；徑作「一闕本」。

一　四四〇頁上二行夾註左「二十二」，資、磧、普、南作「二十三」。

一　四四〇頁上五行夾註右首字「俱」，資、磧、普、南無。

一　四四〇頁上七行夾註右「第三譯」，南作「第一譯」。

一　四四〇頁中末行夾註右「或二卷」，磧作「或三卷」。

一　四四〇頁下二行「鳩摩羅什譯」，徑作「鳩摩蜜多譯」。又夾註右「八闕」，磧作「一闕」。

一　四四〇頁下五行夾註左「二闕」，磧作「一闕」。

一　四四〇頁下六行夾註「一十九」，磧作「二十九」。

一　四四〇頁下一七行「三卷」，磧作

「一卷」。又夾註右「如無」，資、磧、普作「或無」。

一 四四〇頁下末行夾註左末字「二」，資、磧、普、南、徑作「三」。

一 四四一頁上九行夾註「二百九十三卷二十四帙」，磧作「一百九十三卷一十四帙」。

一 四四一頁中九行「法隸」，南作「法眾」。

一 四四三頁上二行夾註「三紙」，磧、南作「二紙」。

一 四四三頁上九行「幻師」，磧、南作「玄師」。

一 四四三頁上一〇行夾註右「云錄」，資、磧、普、南作「錄云」。

一 四四三頁上一七行夾註「二紙」，磧作「三紙」。

一 四四四頁上八行夾註左「飯汁」，磧作「飯十」。

一 四四四頁上末行夾註左「一十七」，磧作「一十二」。

一 四四四頁下九行夾註「亦名」，資、磧、普、南作「亦云」。

一 四四四頁下一三行夾註左「三紙」，磧作「二紙」。

一 四四五頁上一五行夾註「三紙」，徑作「或一卷二十七紙」。

一 四四五頁中八行夾註左「一紙」，資、普作「二紙」；徑作「一卷」。

一 四四五頁下六行夾註左「菩薩戒」，磧、普、南作「菩戒」。

一 四四六頁中四行夾註「悔遇經」，徑作「海遇經」。

一 四四六頁中一七行夾註左「二十」，徑作「二百」。

一 四四六頁下四行夾註「題云寶髻經四法優波提舍十二紙」，徑無。

一 四四七頁上一〇行夾註「二十」，資、磧、普、南、徑作「三十」。

一 四四七頁上末行夾註左「七紙」，徑作「七卷」。

一 四四七頁中一二行夾註「一百三」，磧、南作「一百二」。

一 四四八頁上四行夾註右「人大般若」，徑作「人天般若」。

一 四四八頁上九行「二卷」，普作「三卷」。

一 四四八頁中一六行夾註「一十二」，磧作「二十二」。

一 四四八頁下三行夾註「一十六」，磧作「二十六」。

一 四四八頁下一三行夾註右「初云」，磧作「或云」。

一 四四九頁中五行夾註「反質難品」，南作「及質難品」。

一 四四九頁中一七行「陳笈多譯」，南作「隋笈多譯」。

一 四四九頁下三行夾註「二紙」，磧作「一紙」。

一 四五〇頁上末行「開元釋教目錄卷第十九」，資、磧、普、南作「開元釋教錄卷第十九」。又夾註「入藏錄上之下」，資、磧、普作「入藏錄卷上」；南作「入藏錄卷上之下」。

開元釋教錄卷第二十 入藏錄下　階

庚午歲晉宗勝寺沙門智昇撰

小乘入藏錄下 小乘經律論總三百三十部一千七百六十二卷一百六十五帙 賢聖集傳附此卷末此直列經名及標紙數餘如廣錄

小乘經　二百四十部　六百一十八卷

四十八帙

小乘律　五十四部　四百四十六卷

四十五帙

小乘論　三十六部　六百九十八卷

七十二帙

小乘經重單合譯　一百五十三部

三百九十四卷　三十一帙

長阿含經二十二卷 兩帙　四百三十一紙

中阿含經六十卷 或五十八卷六帙九十九品　一千一百四十六紙

增壹阿含經五十一卷 或五十卷 或四十二卷 或六十卷 或三十三卷

五帙八百一十紙

雜阿含經五十卷 五帙九四品　一千六十九紙

別譯雜阿含經二十卷 二帙　三百九紙

佛般泥洹經二卷 或直云泥洹經　四十七紙

大般涅槃經三卷 或二卷或云涅槃　五十一紙

般泥洹經二卷 或直云泥洹經 亦云大般泥洹經諸藏中一卷者唯是上卷欠下卷

四十四紙

人本欲生經一卷　一十五紙

尸迦羅越六向拜經一卷 或云尸迦羅越六方礼經　四紙

梵志阿颰經一卷 一名阿颰摩納經安錄直云阿拔經亦名佛開解梵志阿颰經

一十四紙

梵網六十二見經一卷 一名梵網經　二十一紙

寐志果經一卷　一十六紙

上八經十二卷同帙

起世經十卷 一帙　一百六十七紙

起世因本經十卷 此二本相淵題下別云起世因本經一帙諸藏多是前本此本稍稀

一百七十紙

樓炭經六卷 或云大樓炭經凡十三品或八卷或五卷　一百三紙

長阿含十報法經二卷 亦名多增道章經 或直云十報經

二十七紙

中本起經二卷 或云太子中本起經　四十七紙

上三經十卷同帙

七知經一卷 或云七智經　二紙

鹹水喻經一卷 或云鹹水譬喻經

一切流攝守因經一卷 或直云流攝經 或云一切流攝經 亦云一切流攝守中經 亦云流攝守因經　五紙

四諦經一卷　九紙

恒水經一卷 亦云恒河喻經　四紙

本相倚致經一卷 亦云大相倚致或作猗字　三紙

緣本致經一卷　三紙

開元釋教録第二十卷　第三張　階字号

頂生王故事經一卷 亦直云頂生王經 六紙
文陁竭王經一卷 四紙
閻羅王五天使者經一卷 一名鐵城泥犂經 三紙
鐵城泥犂經一卷 五紙
古来世時經一卷 五紙
阿那律八念經一卷 或云八念經一名禪行斂意經 三紙
離睡經一卷 三紙
是法非法經一卷 四紙
求欲經一卷 十紙
受歲經一卷 四紙
梵志計水淨經一卷 二紙
苦陰經一卷 五紙
釋摩男本經一卷 一名苦陰因事經 四紙
苦陰因事經一卷 六紙
樂想經一卷 二紙
漏分布經一卷 七紙
阿耨風經一卷 晉言長次 六紙
諸法本經一卷 一紙
瞿曇彌記果經一卷 七紙
瞻婆比丘經一卷 或云瞻波 四紙
伏婬經一卷 三紙
魔嬈乱經一卷 一名魔王入目連蘭腹經 一名弊魔試目連經 八紙

開元釋教録第二十卷　第四張　階字号

弊魔試目連經一卷 一名魔嬈乱 五紙
上三十經三十卷同帙
賴吒和羅經一卷 一名羅漢賴吒和羅經 十一紙
善生子經一卷 七紙
數經一卷 四紙
梵志頞羅延問尊重經一卷 或云頞波羅延 七紙
三歸五戒慈心厭離功德經一卷 一紙
須達經一卷 亦云須達長者經 四紙
佛為黄竹園老婆羅門說學經一卷 四紙
梵摩喻經一卷 九紙
尊上經一卷 四紙
鸚鵡經一卷 亦云兜調經 九紙
兜調經一卷 四紙
意經一卷 三紙
應法經一卷 四紙
泥犂經一卷 或云中阿含泥犂經 十二紙
優波夷墮舍迦經一卷 三紙
齋經一卷 一名持齋經 四紙
鞞摩肅經一卷 四紙
婆羅門子命終愛念不離經一卷 四紙

十支居士八城人經一卷 亦直云十支經 三紙
邪見經一卷 二紙
箭喻經一卷 四紙
普法義經一卷 一名具行法經 亦名普義經 九紙
廣義法門經一卷 九紙
誠德香經一卷 或云戒德經 二紙
四人出現世間經一卷 四紙
波斯匿王太后崩塵土坌身經一卷 三紙
須摩提女經一卷 六紙
婆羅門避死經一卷 一紙
施食獲五福報經一卷 一名施色力經 一名福德經 二紙
頻毗娑羅王詣佛供養經一卷 亦云頻婆 五紙
長者子六過出家經一卷 三紙
鴦崛摩經一卷 或有作魔字 或云指鬘經 亦云指髻經 六紙
上三十二經三十二卷同帙
鴦崛髻經一卷 六紙
力士移山經一卷 亦直云移山經 六紙
四未曾有法經一卷 亦云四未曾有經 或无法字 二紙
舍利弗摩訶目揵連遊四衢經一卷 三紙
七佛父母姓字經一卷 或云七佛姓字經 四紙

開元釋教錄第二十卷 第六張 階字號

放牛經一卷 四紙
緣起經一卷 亦云十二緣起經 三紙
十一想思念如來經一卷 或云十一思惟念如來經 一紙
四泥犁經一卷 或云四大泥犁經 二紙
阿那邠邸化七子經一卷 四紙
大愛道般泥洹經一卷 或作涅槃 七紙
佛母般泥洹經一卷 四紙
國王不犁先尼十夢經一卷 或作泥五紙
舍衛國王夢見十事經一卷 或直云十夢經 或云舍衛國王十夢經 或云波斯匿王十夢經 四紙
阿難同學經一卷 三紙
五蘊皆空經一卷 一紙
七處三觀經一卷 或二卷 一十七紙
聖法印經一卷 亦直云聖印經 亦云慧印經 二紙
雜阿含經一卷 二十一紙
五陰辟喻經一卷 或無辟字 一名水沫所漂經 二紙
水沫所漂經一卷 一名河中大聚沫經 一名聚沫辟經 二紙
不自守意經一卷 或云自守亦不自守經 或云不自守經 一紙
滿願子經一卷 二紙
轉法輪經一卷 二紙
三轉法輪經一卷 五紙
八正道經一卷 三紙

開元釋教錄第二十卷 第七張 階字號

難提釋經一卷 四紙
馬有八態辟人經一卷 一名馬有八弊惡態經 亦直云馬有八態經 一紙
馬有三相經一卷 亦云善馬有三相經 一紙
相應相可經一卷 二紙
治禪病秘要經一卷 或云治禪病秘要法 无經字 或云禪要秘密治病經 或二卷 二十八紙
上三十一經三十一卷同帙
摩鄧女經一卷 一名阿難爲蠱道女惑經 亦云摩鄧女 三紙
摩登女解形中六事經一卷 三紙
摩登伽經三卷 或二卷 三十四紙
舍頭諫經一卷 題云舍頭諫晉曰太子二十八宿經 一名虎耳經 一名倉頭諫經 二十六紙
鬼問目連經一卷 四紙
雜藏經一卷 九紙
餓鬼報應經一卷 一名目連說地獄餓鬼因緣經 五紙
阿難問事佛吉凶經一卷 或云阿難問事經 亦云事佛吉凶經 五紙
慢法經一卷 二紙
阿難分別經一卷 亦云阿難問事佛吉凶經 或直名分別經 五紙 二紙
五母子經一卷 二紙
沙弥羅經一卷 二紙
玉耶女經一卷 或云玉耶經 三紙

開元釋教錄第二十卷 第八張 階字號

玉耶經一卷 一名長者詣佛說子婦無敬經 或云玉耶女 伍紙
阿遬達經一卷 二紙
修行本起經二卷 一名宿行本起經 二十二紙
上十六經十九卷同帙
太子瑞應本起經二卷 亦名太子本起瑞應經 亦名瑞應本起經 三十一紙
過去現在因果經四卷 九十五紙
法海經一卷 三紙
海八德經一卷 三紙
四十二章經一卷 七紙
奈女耆域因緣經一卷 或云奈女耆域經 或直云奈女經 有本奈女耆婆者誤也 一十七紙
罪業應報教化地獄經一卷 或云地獄報應經 六紙
龍王兄弟經一卷 一名難龍王經 亦名降龍王經 二紙
長者音悅經一卷 或云長者音悅不蘭迦葉經 亦直云音悅經 五紙
禪秘要經三卷 或云禪秘要法 無經字 或四卷 八十四紙
上九經十三卷同帙
七女經一卷 一名七女本經 六紙
八師經一卷 四紙
越難經一卷 一名難長者經 一名難經 二紙
所欲致患經一卷 六紙

阿闍世王問五逆經一卷　五紙
五苦章句經一卷 一名諸天五苦經一名五道章句經一名淨除罪蓋娛樂佛法經　十三紙
堅意經一卷 一名堅心正意經一名堅心經　二紙
淨飯王涅槃經一卷 或加般字　六紙
進學經一卷 或云勸進學道經　一紙
得道梯橙錫杖經一卷 題云得梯橙經錫杖品第十二亦直云錫杖經　三紙
貧窮老公經一卷 一名貧老經　三紙
三摩竭經一卷 一名須摩提女經 一名蜂國王經一名恕和檀王經　八紙
蓱沙王五願經一卷 一名弗沙迦王經或作萍字　七紙
瑠璃王經一卷 或作流離　七紙
上十五經十七卷同帙
生經五卷 或四卷　一百九紙
義足經二卷　四十紙
上二經七卷同帙
小乘經單譯　八十七部　二百二十四卷　一十七帙
正法念處經七十卷 七帙　一千二百五紙
佛本行集經六十卷 或名昔集經 六帙　八百七十七紙
本事經七卷　九十五紙
興起行經二卷 亦名嚴誡宿緣經一名十緣經題云出雜藏　三十一紙

業報差別經一卷　一十五紙
上三經十卷同帙
大安般守意經二卷 亦直云大安般經或无大字安公云小安般經 或一卷　三十紙
陰持入經二卷 或云陰持入誤也或一卷亦云住陰持入　三十二紙
處處經一卷　一十五紙
罵意經一卷　一十五紙
分別善惡所起經一卷　一十五紙
出家緣經一卷 一名出家因緣經　二紙
阿鋡正行經一卷 一名正意經　四紙
十八泥犁經一卷 或云十八地獄經　六紙
法受塵經一卷　一紙
禪行法想經一卷　一紙
長者子懊惱三處經一卷 一名長者懊惱三處經亦云三處懊惱經　三紙
揵陁國王經一卷 或无國字　二紙
須摩提長者經一卷 一名會諸佛前亦名如來所說示現衆生 八紙
阿難四事經一卷　四紙
未生怨經一卷　四紙
四願經一卷　三紙
黑氏梵志經一卷　三紙
猘狗經一卷 經云與猘為同　二紙
分別經一卷　五紙

八關齋經一卷　二紙
阿鳩留經一卷　四紙
孝子經一卷 亦云孝子報恩經　二紙
上二十二經二十四卷同帙
五百弟子自說本起經一卷 或云佛五百弟子自說本起經亦云五百弟子本起經　二十一紙
大迦葉本經一卷 或无大字　五紙
四自侵經一卷　五紙
羅云忍辱經一卷 或直云忍辱經　三紙
佛為年少比丘說正事經一卷　二紙
沙曷比丘功德經一卷　三紙
時非時經一卷 亦直云時經　二紙
自愛經一卷 或云自愛不自愛經　五紙
中心經一卷 亦云中心正行經或云大忠心經 亦云小中心經　五紙
正見經一卷 一名生死變識經　八紙
大魚事經一卷　二紙
阿難七夢經一卷 亦直云七夢經　二紙
呵鵰阿那含經一卷 一名荷鵰或作苛字　二紙
燈指因緣經一卷　九紙
婦人遇辜經一卷 一名婦遇對經　一紙
四天王經一卷　三紙
摩訶迦葉度貧母經一卷　四紙
十二品生死經一卷　一紙

開元釋教錄第二十卷　第十二張　階字號

罪福報應經一卷 一名輪轉五道罪報應經亦云五道章句經 二紙

四紙

五無返復經一卷 一名五反覆大義經或作附字 二紙

佛大僧大經一卷 二見名 七紙

邪祇經一卷　二紙

末羅王經一卷　二紙

摩達國王經一卷 或无國王字 二紙

旃陁越國王經一卷 或无國王字 三紙

五恐怖世經一卷 或云五恐怖經 二紙

弟子死復生經一卷 或云死亡更生經 六紙

懈怠耕者經一卷 或云懈怠耕兒經 二紙

辯意長者子經一卷 或云長者辯意經或加所問字 九紙

無垢優婆夷問經一卷　三紙

上三十經三十卷同帙

賢者五福經一卷　一紙

天請問經一卷　二紙

僧護經一卷 或云僧護因緣經亦云因緣僧護經 二十紙

護淨經一卷　二紙

木槵子經一卷 或作患亦作樏 二紙

無上處經一卷　一紙

盧志長者因緣經一卷　十紙

五王經一卷　五紙

出家功德經一卷 非是賢愚中抄出者 五紙

開元釋教錄第二十卷　第十三張　階字號

旃檀樹經一卷　三紙

頞多和多耆經一卷　二紙

普達王經一卷　四紙

佛滅度後棺斂葬送經一卷 一名比丘師經亦名師比丘

三紙

鬼子母經一卷　四紙

梵摩難國王經一卷　二紙

父母恩難報經一卷 亦名勤報 二紙

孫多耶致經一卷 或云梵孫多耶致經 三紙

新歲經一卷　六紙

羣牛譬經一卷　二紙

九横經一卷　二紙

禪行三十七經一卷 或云禪行三十七品經 三紙

比丘避女惡名欲自殺經一卷　一紙

比丘聽施經一卷 一名聽施比丘經 三紙

身觀經一卷　二紙

無常經一卷 一名三啓經 三紙

八无暇有暇經一卷　七紙

長瓜梵志請問經一卷　三紙

譬喻經一卷　二紙

略教誡經一卷　二紙

療痔病經一卷 亦名痔病療經 二紙

上三十經三十卷同帙

開元釋教錄第二十卷　第十四張　階字號

小乘律　五十四部　四百四十六卷

四十五帙

摩訶僧祇律四十卷 或云三十卷四帙 九百九十七紙

十誦律六十一卷 六帙 一千四百三十紙

根本說一切有部毗奈耶五十卷 五帙

八百七十五紙

根本說一切有部苾芻尼毗奈耶二十卷 二帙 三百五十九紙

根本說一切有部毗奈耶雜事四十卷 四帙 六百四十四紙

根本說一切有部尼陁那目得迦十卷 前五卷尼陁那後五卷目得迦或八卷一帙 一百二十五紙

五分律三十卷 亦云沙弥塞律或三十四卷三帙 五百九十七紙

四分律六十卷 或四十五卷或七十卷或四十卷或云四十四卷 六帙

一千三百一十五紙

僧祇比丘戒本一卷 亦云摩訶僧祇戒本 二十紙

僧祇比丘尼戒本一卷 亦云比丘尼波羅提木叉僧祇戒本

十誦比丘戒本一卷 亦云十誦波羅提木叉戒本 二十六紙

三十五紙

十誦比丘尼戒本一卷 亦云十誦比丘尼波羅提木叉戒本 二十八紙

根本說一切有部戒經一卷 二十八紙

根本說一切有部苾芻尼戒經一卷

二十八紙

五分比丘戒本一卷 亦云彌沙塞戒本 二十二紙

上七經七卷同帙

五分比丘尼戒本一卷 亦云彌沙塞尼戒本 二十九紙

四分比丘戒本一卷 沙門懷素依律集題云四分戒本 二十四紙

四分比丘尼戒本一卷 沙門懷素依律集題云四分尼戒本 三十紙

四分僧戒本一卷 或无僧字或云曇无德戒本 姚秦佛陁耶舍譯

二十三紙

解脱戒本一卷 出迦葉毗部 二十二紙

沙彌十戒法并威儀一卷 亦云沙彌威儀戒本

二十一紙

沙彌威儀一卷 或云沙彌威儀經 九紙

沙彌尼離戒文一卷 四紙

沙彌尼戒經一卷 或无經字 五紙

舍利弗問經一卷 十一紙

上十經十卷同帙

根本說一切有部百一羯磨十卷 一帙

一百四十六紙

大沙門百一羯磨法一卷 出十誦律或云大沙門羯磨法

二十二紙

十誦羯磨比丘要用一卷 出十誦律或云毗尼要羯磨法

或二卷僧祐録云一卷 二十四紙

優波離問佛經一卷 或云優波離律 二十三紙

五分羯磨一卷 題云彌沙塞羯磨本 三十一紙

四分雜羯磨一卷 題云曇无德律部雜羯磨以結戒場爲首

三十四紙

曇无德羯磨一卷 題云羯磨一卷出曇无德律以結大戒爲首

三十七紙

四分比丘尼羯磨法一卷 祐云曇无德羯磨或云雜羯磨

一十五紙

上七經七卷同帙

四分律刪補隨機羯磨一卷 序題云曇无德部四分律刪補隨機羯磨 四十七紙

四分僧羯磨三卷 題云羯磨卷上出四分律 八十紙

四分尼羯磨三卷 題云尼羯磨卷上出四分律 七十紙

上三經七卷同帙

大愛道比丘尼經二卷 或云大愛道受誡經或直云大愛道經

三十一紙

迦葉禁戒經一卷 一名摩訶比丘經亦名真僞沙門經 三紙

犯戒報應輕重經一卷 出目連問毗尼經亦云罪報或云目連問經

二紙

戒銷災經一卷 或云戒銷伏災經 四紙

優婆塞五戒相經一卷 一名優婆塞五戒略論 十四紙

根本說一切有部毗奈耶頌五卷 或三卷

七十一紙

根本說一切有部毗奈耶雜事攝頌

一卷 六紙

根本說一切有部毗奈耶尼陁那目

得迦攝頌一卷 尼陁那攝頌在先目得迦在後 八紙

五百問事經一卷 三十三紙

上九經十四卷同帙

根本薩婆多部律攝二十卷 或十四卷二帙

二百七十七紙

毗尼摩得勒伽十卷 初卷云薩婆多部毗尼摩得勒伽 一帙

一百八十八紙

鼻奈耶律十卷 一名誡因緣經或名戒果因緣經亦名鼻奈耶戒經 一帙一百五十五紙

善見律毗婆沙十八卷 或云毗婆沙律亦直云善見律 三百五十八紙

佛阿毗曇經二卷 亦云佛阿毗曇論 四十五紙

上二經二十卷二帙

毗尼母經八卷 亦云毗尼母論 一百五十六紙

大比丘三千威儀經二卷 亦云大僧威儀經或四卷

四十二紙

上二經十卷同帙

薩婆多毗尼毗婆沙九卷 一百八十七紙

律二十二明了論一卷 亦直云明了論 二十四紙

上二經十卷同帙

小乘論三十六部六百九十八卷

七十二帙

阿毗曇八揵度論三十卷 三帙或无論字或云迦旃延阿毗曇或云阿毗曇經八揵度或二十卷 四百六十二紙

開元釋教録第二十卷　第十八張　階字号

阿毗達磨發智論二十卷　二帙　迦多衍尼子造
三百五十八紙
阿毗達磨法蘊足論十二卷　一帙　大目乾連造
一百八十九紙
阿毗達磨集異門足論二十卷　二帙　舍利弗造
二百七十八紙
阿毗達磨識身足論十六卷
二百六十五紙
阿毗達磨界身足論三卷　三十九紙
上二論一十九卷二帙
阿毗達磨品類足論十八卷
二百五十五紙
衆事分阿毗曇論十二卷　或无論字　二百紙
上二論三十卷三帙
阿毗曇毗婆沙論六十卷　或加八犍度字或八十四卷　六帙
一千二百六十九紙
阿毗達磨大毗婆沙論二百卷　或云阿毗達磨發智大毗婆沙
三千六十九紙
阿毗達磨俱舍釋論二十二卷　或无釋字
四百七十一紙
阿毗達磨俱舍論本頌一卷　或三卷
二十三紙
上二論二十三卷三帙　上七卷中下各八卷

開元釋教録第二十卷　第十九張　階字号

阿毗達磨俱舍論三十卷　三帙
四百六十五紙
阿毗達磨順正理論八十卷　八帙
一千三百九十四紙
阿毗達磨顯宗論四十卷　四帙
六百一十四紙
阿毗曇心論四卷　或无論字　六十九紙
法勝阿毗曇心論經六卷　或无經字或无法勝字
或七卷或云法勝阿毗曇論或加別譯　一百五紙
上二論十卷同帙
雜阿毗曇心論十一卷　或无論字或云雜阿毗曇經亦云雜阿毗曇毗婆沙
二百七十九紙
阿毗曇甘露味論二卷　或云甘露味阿毗曇或无論字
四十六紙
隨相論一卷　或云求那摩諦隨相論　三十四紙
上三論十四卷二帙
尊婆須蜜菩薩所集論十卷　或十二卷
或十四卷亦云婆須蜜經　二百六十二紙
三法度論二卷　或无論字或云經或一卷或三卷　四十九紙
入阿毗達磨論二卷　二十八紙
上三論十四卷二帙
成實論二十卷　凡二百二品　或二十四卷或二十七卷或十四卷或十六卷
三百九十八紙

開元釋教録第二十卷　第二十張　階字号

立世阿毗曇論十卷　或无論字亦名天地記或十五卷　題云立世毗曇藏
一百六十四紙
解脱道論十二卷　或十三一帙　一百九十七紙
舍利弗阿毗曇論二十二卷　或无論字或二十卷或三十卷
六百四紙
五事毗婆沙論二卷　亦云阿毗達磨五事　二十四紙
上二論二十四卷三帙
鞞婆沙論十四卷　亦云鞞婆沙阿毗曇論云廣說或十一卷或十五卷或九卷或无論字
三百三十四紙
三弥底部論三卷　或无部字四卷　三十六紙
上二論十七卷二帙
分別功德論四卷　或云分別功德經或三卷或五卷　七十二紙
四諦論四卷　七十五紙
辟支佛因緣論二卷　二十紙
十八部論一卷　八紙
部執異論一卷　亦名部異執論　九紙
異部宗輪論一卷　八紙
上六論十三卷同帙
賢聖集一百八部　五百四十一卷
五十七帙　六十八部出四千部　一百七十三卷梵本翻三百六十八卷此方撰
佛所行讚經傳五卷　或无經字或云傳无經字亦云佛本行經
九十紙
佛本行經七卷　一名本行讚傳　一百一十三紙

開元釋教録第二十卷　第二十一張　階字号

上二集十二卷同帙

撰集百緣經十卷 一帙 一百五十紙

出曜經二十卷 亦云出曜論 或十九卷 四百八十四紙

賢愚經十三卷 或十五卷或十六或十七卷 亦云賢愚經 二百八十三紙

上二集三十三卷四帙

道地經一卷 或云天道地經 抄元本同略本 十八紙

修行道地經六卷 初卷題云瑜伽遮復彌經 或直云修行經 或七卷

一百三十五紙

僧伽羅刹所集經三卷 或五卷 八十五紙

上三集十卷同帙

百喻經四卷 或五卷或十卷 亦云百句譬喻經 未詳 四十六紙

菩薩本緣經三卷 亦云菩薩本緣集經 或二卷或四卷 五十四紙

大乘修行菩薩行門諸經要集三卷

八十一紙

上三集十卷同帙

付法藏因緣傳六卷 或无因緣字 亦云付法藏經 或二卷 或四卷

八十二紙

坐禪三昧經三卷 一名菩薩禪法經 或直云禪經 或云阿蘭若習禪法經 或二卷

五十紙

佛醫經一卷 亦云佛醫王經 五紙

惟日雜難經一卷 一十五紙

佛般泥洹摩訶迦葉赴佛經一卷 亦云迦葉赴佛泥洹經 二紙

開元釋教録卷第二十　第二十二張　階字号

菩薩呵色欲法一卷 亦云經 一紙

四品學法一卷 或有經字 二紙

佛入涅槃密迹金剛力士哀戀經一卷

六紙

迦旃延說法沒盡偈經一卷 題云佛使比丘迦旃延說法沒盡偈百二十章 五紙

佛治身經一卷 或云治身經 一紙

治意經一卷 或云治意經 一紙

上十一集十八卷同帙

雜寶藏經八卷 或十三卷 一百五十三紙

那先比丘經二卷 或云那先經 或三卷 三十一紙

上二集十卷同帙

五門禪經要用法一卷 二十三紙

達摩多羅禪經二卷 一名庾伽遮羅浮迷 譯云修行道地 一名不淨觀經

五十一紙

禪法要解二卷 一名禪要經 三十四紙

禪要呵欲經一卷 題云禪要經呵欲品 四紙

內身觀章句經一卷 或无句字 二紙

法觀經一卷 六紙

思惟略要法一卷 或云思惟要略法 或云直思惟經

十二游經一卷 六紙

舊雜譬喻經二卷 亦云雜譬喻集 三十七紙

雜譬喻經一卷 九紙

開元釋教録第二十卷　第二十三張　階字号

上十集十三卷同帙

雜譬喻經二卷 一名菩薩度人經 二十五紙

雜譬喻經一卷 二十八紙

阿育王譬喻經一卷 題云天尊說阿育王譬喻經 或云佛以為天尊 即佛說也 七紙

阿育王經十卷 一百一十一紙

上四集十四卷同帙

阿育王傳七卷 或加大字 或五卷 一百紙

阿育王息壞目因緣經一卷 亦云大阿育王經 字題云阿育王太子法益壞目因緣經 或云阿育王太子壞目因緣經 二十六紙

四阿含暮抄解二卷 亦云四阿含暮抄 三十六紙

上三集十卷同帙

法句經二卷 亦云法句集 三十四紙

法句譬經四卷 一名法句本末經 亦云法句譬喻經 或五卷 或六卷

九十五紙

迦葉結經一卷 八紙

撰集三藏及雜藏傳一卷 亦云撰三藏經及雜藏經

八紙

三慧經一卷 十二紙

阿毗曇五法行經一卷 亦云阿毗曇五法經 十一紙

阿含口解十二因緣經一卷 亦云斷十二因緣經 八紙

小道地經一卷 四紙

文殊師利發願經一卷 或加偈字 二紙

開元釋教錄第二十卷　第二十四張　階字号

六菩薩名一卷（旁入藏錄云六菩薩名亦當誦持）　一紙
一百五十讚佛頌一卷　六紙
讚觀世音菩薩頌一卷　四紙
上十二集十六卷同帙
无明羅刹集一卷（亦云无明羅刹經或三卷）　二十三紙
馬鳴菩薩傳一卷　三紙
龍樹菩薩傳一卷　三紙
提婆菩薩傳一卷　四紙
婆藪盤豆法師傳一卷（此曰天親）　十紙
龍樹菩薩為禪陁迦王說法要偈一卷　九紙
勸發諸王要偈一卷　六紙
龍樹菩薩勸誡王頌一卷　六紙
賓頭盧突羅闍為優陁延王說法經一卷（亦云賓頭盧為王說法）　八紙
請賓頭盧法一卷（或云請賓頭盧法經）　二紙
分別業報略一卷（或云大勇菩薩分別業報略或云分別業報略集）　八紙
迦丁比丘說當來變經一卷（或直云迦丁比丘經）　九紙
大阿羅漢難提蜜多羅所說法住記一卷　七紙
金七十論三卷（亦名僧佉論）　五十三紙

開元釋教錄第二十卷　第二十五張　階字号

勝宗十句義論一卷　十一紙
上十五集十七卷同帙（已上梵本翻譯已下此方撰集）
釋迦譜十卷（別有五卷本與此廣略異）　二百三十八紙
釋迦氏略譜一卷（或无略字）　四十三紙
釋迦方志二卷　八十四紙
上三集十三卷二帙
經律異相五十卷（五帙）　八百二十七紙
陁羅尼雜集十卷（一帙）　一百八十八紙
諸經要集二十卷　五百八十二紙
上三集二十卷分為三帙（上下各七中帙六）
出三藏記集十五卷　三百十四紙
衆經目錄七卷　六十三紙
上二集二十二卷二帙
開皇三寶錄十五卷（內題云歷代三寶紀）　三百八紙
衆經目錄五卷　八十四紙
上二集二十卷二帙
大唐內典錄十卷（一帙）　一百二十紙
續大唐內典錄一卷　二十五紙
古今譯經圖紀四卷　六十紙
續古今譯經圖紀一卷　十六紙
大周刊定衆經目錄十五卷　二百九十七紙
上四集二十一卷二帙

開元釋教錄第二十卷　第二十六張　階字号

開元釋教錄二十卷（二帙）　五百四十五紙
一切經音義二十五卷　七百六十八紙
新譯大方廣佛花嚴音義二卷　四十九紙
上二集二十七卷四帙
大唐西域記十二卷　二百三十四紙
集古今佛道論衡四卷（或三卷）　九十九紙
續集古今佛道論衡一卷　三十紙
上三集十七卷二帙
東夏三寶感通錄三卷（亦云集神州三寶感通錄）　九十七紙
集沙門不拜俗議六卷　九十七紙
上二集九卷同帙
大唐慈恩寺三藏法師傳十卷（一帙）　一百七十紙
大唐西域求法高僧傳二卷　三十五紙
法顯傳一卷（亦云歷遊天竺記傳）　二十九紙
高僧傳十四卷（一卷是目錄）　二百九十紙
上三集十七卷二帙
續高僧傳三十卷　七百三十紙
上一集三十卷分為四帙
辯正論八卷　一百七十一紙
破邪論二卷　四十五紙

開元釋教録第二十卷　第二十七張　階字号

甄正論三卷　三十六紙
十門辯惑論三卷　二十七紙
弘明集十四卷　二百八十九紙
上五集三十卷三帙
廣弘明集三十卷　七百七十紙
上一集三十卷分為四帙
集諸經礼懺儀二卷　五十紙
大唐南海寄歸内法傳四卷　八十七紙
比丘尼傳四卷　四十二紙
別說罪要行法一卷（或無別字）　四紙
受用三水要法一卷（或云要行法）　四紙
護命放生軌儀一卷（或云軌儀）　二紙
上六集十三卷同帙
都計小乘經律論及賢聖傳見入藏者惣四百三十八部合二千三百三卷二百二十二帙

開元釋教録卷第二十　入藏卷下

窬迹金剛力士經七卷（或五卷）
菩薩夢經二卷（改名淨居天子會）
法界體性无分別經二卷
十法經一卷（加名大乘十法會）
大菩薩藏經二十卷

開元釋教録第二十卷　第二十八張　階字号

佛為難陁說出家入胎經二卷（改名胎藏會）
文殊師利授記經三卷
菩薩見實三昧經十六卷（或十四卷）
菩薩藏經三卷（改名富樓那會）
護國菩薩經二卷
郁伽長者所問經一卷
迦葉經二卷（改名摩訶迦葉會）
善臂菩薩所問經二卷
无畏德女經一卷
无垢施菩薩分別應辯經一卷
大方等善住意天子問經四卷
大乘方便經三卷
移識經二卷（改名賢護長者會）
弥勒菩薩所問經一卷（改名弥勒問八法會）
大寶積經一卷（改名普明菩薩會）
寶梁經二卷
寶髻菩薩所問經二卷
右窬迹力士經下二十二部合八十卷並編入大寶積經藏中故无別本
金光明經四卷（一十八品）
金光明經七卷（或六卷二十二品）
右二部一十一卷與藏中八

開元釋教録第二十卷　第二十九張　階字号

卷者文句不異其八卷本品數倍足故留入藏此三皆闕故不存之（其八卷本有二十四品）
新道行經七卷（或十卷檢諸本皆與小品文同而題目殊，不別寫其道行正本尋之未獲）
大方等大集經八卷（即是合大集經第六帙今存別本初兩卷是明度五十校計經下六卷是无盡意）
阿耨達龍王經二卷（與藏中弘道廣顯三昧經文句全同）
合道神足經（與藏中道神足无極變化經文句全同三卷或二卷）
哀泣經三卷（或二卷與藏中方等般泥洹文句全同）
寶田慧印三昧經一卷（與藏中慧印三昧經文句全同）
鹿子經一卷（與藏中鹿母經文句全同）
小無量壽經一卷（與藏中阿弥陁經文句全同）
胎藏經一卷（與藏中无垢賢女經文句全同）
聞城十二因緣經一卷（與藏中貝多樹下思惟十二因緣經文句全同）
大安般經一卷（與藏中大安般守意經上卷文句全同）
中日經一卷（與藏中月光童子經文句全同）
輪轉五道罪福報應經一卷（與藏中罪福報應經文句全同）
旃陁越經一卷（與藏中旃檀越國王經文句全同）
真為沙門經一卷（與藏中迦葉禁戒經文句全同）
轉法輪經一卷（檢諸藏中並是轉法輪論其轉法輪經與此全同）
賓頭盧為王說法經一卷（與藏中賓頭盧突羅闍為優陁延王說法經文句全同）

開元釋教録第二十卷　第三十張　陟字號

阿蘭若習禪法經二卷與僧中坐禪三昧經文句全同

禪秘要經五卷撿諸藏本文極交錯非是本經不堪流布其經正本尋求獲

右新道行等一十九部共四十二卷或是一經兩名或可時无正本故存一經重者不録

无畏德女經一卷

第一義法勝經一卷

弥勒菩薩所問本願經一卷

發菩提心經一卷　法句經二卷亦云集

攝大乘釋論十二卷或十五卷

右六部一十八卷周録入藏重載兩本今但存一

虚空藏所問經八卷或五卷是大集經虚空藏品全一品

虚空藏菩薩問持經得幾福經一卷即抄前虚空藏品

一切施王所行檀波羅蜜經一卷抄六度集中施度中出

大方廣如来性起微密藏經二卷是舊花嚴經寶王如來性起品全一品

隨願往生經一卷是灌頂經第十一卷

舊藥師經一卷佛遊維耶離者是灌頂經第十二卷

密迹金剛力士經二卷出五卷密迹經第四第五卷

開元釋教録第二十卷　第三十一張　陟字號

增一阿含經一卷出增一阿含經第二十一卷

行七行現報經一卷出增一阿含經第三十四卷

十二因緣經一卷出增一阿含經第四十六卷

戒相應法經一卷出雜阿含經第三十卷

比丘問佛多優婆塞命終經一卷亦出雜阿含經第三十卷

獨富長者經一卷出雜阿含經第四十六卷

有衆生三世作悪經一卷出出曜經第六卷

出家功德經一卷佛在迦蘭陁竹林園者抄賢愚經出家功德品

從虚空藏下一十五部二十四卷既從大經流出即是别生准衆經録别生之經不須抄寫故入藏録除之不載

摩竭魚因縁經一卷

尊者鄔陁夷引導諸人礼佛僧經一卷

還本國度父王經一卷

水生太子經一卷

施物法非法經一卷

教誡羅怙羅經一卷

五趣生死輪轉經一卷

善来苾芻因縁經一卷

七有事無事福業經一卷摩竭魚因縁下九經並出

根本說一切有部毗奈耶中

火生長者受報經二卷

尊者善和好聲經一卷

五種水羅經一卷

勝鬘夫人本縁經一卷

勝光王信佛經一卷

誅釋種受報經二卷

大世主苾芻尼入涅槃經一卷

敬法捨身經一卷

度二邪見童子得果經一卷

清淨威儀經一卷　大目連受報經一卷

初誕生現大瑞應經一卷

度迦多演那經一卷

淨罽羅鉢龍王業報因緣經一卷

安樂夫人因緣經一卷

增養因緣經三卷

妙光因緣經一卷

淨大藥善巧方便經二卷

降伏外道現大神通經一卷

淨度瘦瞿答弥經一卷

佛從天下贍部洲經一卷

淨法與尼在家得果經一卷

訶利底母因緣經一卷

弟子事師經一卷
樹生婆羅門憍慢經一卷
佛為長者說放逸經一卷
七種不退轉經一卷
四種黑白法印經一卷
地動因緣經一卷
佛般涅槃行雨大臣告王經一卷
佛將入涅槃度善賢經二卷
八大國王分舍利經一卷　大生長者下三十二經並出根本說一切有部毗柰耶雜事中
從摩竭魚因緣經下四十一部
四十七卷並是說一切有部律
中緣起三藏義淨鈔出流行既
類別生亦不編載
幻師阿夷鄒呪經一卷
寶性論四卷　寶積經論四卷
幻師下三部九卷並是周錄入
藏見經今尋本未獲所以錄中
不載其新譯經未得本者不
能繁記
淨度三昧經三卷　法社經二卷
毗羅三昧經二卷　決定罪福經一卷
益意經二卷

救護身命濟人病苦厄經一卷
寂妙勝定經一卷
觀世音三昧經一卷
清淨法行經一卷
高王觀世音經一卷　或云折刀經
淨度經下十部一十五卷並是
古舊錄中為疑之經周錄雖編
入正文理並涉人謀故此錄中
除之不載
已上都有一百一十八部二百四十
七卷多是諸錄見入藏經今以皆是
繁重或有尋求未獲故並不為定見
之數恐不知委且略述之若欲委知
根由並如刪繁錄中廣述

開元釋教錄卷第二十　入藏錄

大唐不空三藏新譯衆經論及念誦
儀軌法等目錄　摠一百三卷為八
帙　三紙入第八帙
經目一卷
虛空藏經八卷　一百一十五紙
仁王般若經二卷　三十四紙
上二經十卷同帙
大乘密嚴經三卷　五十四紙

大寶陁羅尼經三卷　四十五紙
大孔雀明王經三卷　五十紙
出生无邊門陁羅尼經一卷　十紙
上四經十卷同帙
菩提場莊嚴陁羅尼經一卷　二十三紙
菩提場一字頂輪王經五卷　八十一紙
一字奇特佛頂經三卷　六十八紙
大雲請雨經二卷　二十五紙
上四經十一卷同帙
七俱知佛母經一卷　十九紙
阿唎多陁羅尼經一卷　二十一紙
救拔焰口餓鬼陁羅尼經一卷　四紙
毗沙門天王經一卷　五紙
除一切疾病陁羅尼經一卷　二紙
大方廣曼殊室利經一卷　十三紙
大聖文殊佛刹經三卷　五十二紙
金剛頂大教王經三卷　三十七紙
上八經十二卷同帙
大隨求陁羅尼經二卷　三十紙
十一面觀世音菩薩經三卷　二十四紙
八大菩薩曼茶羅經一卷　三紙
金剛壽命念誦經一卷　三紙
觀自在菩薩說陁羅尼經一卷　五紙

葉衣觀自在菩薩經一卷　八紙
般若波羅蜜多理趣經一卷　三紙
一切如來全身寶篋經一卷　五紙
慈氏菩薩稻䕸經一卷　八紙
金剛頂瑜伽念珠經一卷　二紙
淨眼陁羅尼經一卷　二紙
雨寶陁羅尼經一卷　四紙
蘘麌梨童女經一卷　二紙
吉祥天女經一卷　一紙
大吉祥天女一百八名无垢經一卷　九紙
金剛頂恐怖最勝心明王經一卷　二十一紙
上十六經十九卷同帙
甘露軍荼利念誦儀軌一卷　十九紙
金剛頂蓮華部心念誦儀軌一卷
二十六紙
新譯仁王般若念誦軌儀一卷　二十紙
无量壽如來觀行儀軌一卷　十二紙
阿閦如來念誦儀一卷　十紙
金剛頂五秘密修行念誦儀一卷
十二紙
金剛頂瑜伽千手眼觀自在菩薩
修行儀一卷　二十七紙
金剛王菩薩念誦儀一卷　十二紙

普賢金剛薩埵念誦儀一卷　十二紙
一字頂輪王念誦儀一卷　十四紙
上十經十卷同帙
如意輪念誦儀一卷　八紙
金剛頂瑜伽護摩儀一卷　八紙
金剛頂經瑜伽五字念誦儀一卷
十二紙
佛頂尊勝念誦儀一卷　八紙
金剛頂經多羅菩薩念誦儀一卷
十紙
金剛頂勝初瑜伽略出念誦儀一卷
十紙
觀自在真言觀行儀一卷　五紙
底哩三昧耶不動使者念誦儀一卷
十四紙
瑜伽蓮華部念誦儀一卷　七紙
略述金剛頂瑜伽修證法門儀一卷
十三紙
金剛頂降三世大儀一卷　四紙
大孔雀明王壇儀一卷　五紙
大虛空藏菩薩念誦儀一卷　六紙
大樂金剛理趣一卷　七紙
大方廣佛華嚴經入法界品四十

二字觀門一卷　十紙
文殊師利菩薩問字母一卷　七紙
上十六經十六卷同帙
文殊師利讃佛法身礼一卷　三紙
三十五佛名礼懺文一卷　二紙
最上乘教受戒懺悔文一卷　二紙
金剛頂道場礼懺文一卷　四紙
蘘麌梨成就法一卷　一紙
訶利帝母真言法一卷　三紙
瑜伽指歸一卷　十紙
普賢菩薩行願讃一卷　五紙
地藏菩薩請問法身讃一卷　五紙
大樂金剛理趣釋一卷　三十二紙
陁羅尼門目一卷　五紙
新譯經論目録
王法政理論一卷　九紙
大乘起信論二卷　二十七紙
大乘緣生論一卷　十紙
上三十經三十一卷二帙
興元元年八月一日於正覺
寺新寫入藏便作此目録
已上并目一百四卷用紙捴一
千二百一十紙

開元釋教録第二十卷　第三十九張　冊字号

開元釋教録卷第二十

開元釋教録卷第二十

校勘記

一　底本，金藏廣勝寺本。此經與麗藏本相近，而與宋資福藏本、磧砂藏本、元普寧藏本、明永樂南藏本、徑山藏本、清藏本殊異。玆以清藏本爲別本，附於卷後，並校以資、磧、普、南、徑。

一　四五二頁下三行夾註右「安録」，麗作「安公録」。

一　四五二頁下一七行夾註「譬喻經」下，麗有正文「二紙」兩字。

一　四五三頁中一行夾註「魔燒乱」，麗作「魔嬈亂經」。

一　四五三頁中一四行夾註「亦云兆調經」，麗作「亦云兜調經或作兜者誤也」。

一　四五四頁上一行「放牛經一卷」下，麗有夾註「亦云牧牛經」。

一　四五四頁上二〇行與二一行之間，麗有「花積陁羅尼雜須經一卷此經在藏見闕無處訪本二紙」。

一　四五四頁上二一行「轉法輪經一卷」下，麗有夾註「或云法輪轉經京中諸藏並是轉法輪論非是本經應須簡擇」。

一　四五四頁下一行夾註「無教經或云耶女」，麗作「無敬經或云玉耶女經」。

一　四五四頁下三行「二十二紙」，麗作「三十二紙」。

一　四五四頁下七行「因果經四卷」下，麗有夾註「或五卷」。

一　四五四頁下二〇行夾註「一名七本經」，麗作「一名七女本經」。

一　四五五頁上一三行夾註「或作流離」，麗作「或作流離字」。

一　四五五頁下二〇行「一紙」，麗作「二紙」。

一　四五六頁上八行「三紙」，麗作「二紙」。

一　四五六頁中四行夾註左「師比丘」，麗作「師比丘經」。

一　四五六頁中九行夾註「梵孫多耶」，麗作「梵志孫多耶」。

一　四五六頁下一三行夾註右「沙彌塞律」，麗作「彌沙塞律」。

一　四五七頁中一行「四分雜羯磨一卷」，麗作「一分雜羯磨四卷」。又夾註右「羯磨」，麗作「雜羯磨」。

一　四五七頁下二行夾註「尼陁頌在先目得迦在後」，麗作「尼陀那頌在先目得迦頌在後」。

一　四五八頁上一八行夾註「大毗婆

沙」，麗作「大毗婆沙二十帙」。又「三千六十九紙」，麗作「三千一百六十九紙」。

一 四五八頁上末行夾註右「上七卷」，麗作「上帙七卷」。

一 四五八頁中九行夾註左「或加別譯」，麗作「或加別譯字」。

一 四五八頁中一二行夾註「阿毗曇毗婆沙」，麗作「阿毗曇毗婆沙或十四卷」。

一 四五八頁中一八行夾註「亦云婆須蜜」，麗作「亦云婆須蜜經」。

一 四五八頁中二二行夾註左「或十六卷」，麗作「或十六卷二帙」。

一 四五八頁下一行夾註右「或无論字」，麗作「一帙或無論字」。

一 四五八頁下三行夾註右「或十三」，麗作「或十三卷」。

一 四五八頁下六行夾註左「五事」，麗作「五事論」。

一 四五八頁下八行夾註右「云廣說」，麗作「亦云廣說」。

一 四五八頁下一〇行夾註左「四卷」，麗作「或四卷」。

一 四五八頁下一一行「二帙」下，麗有夾註「上帙八下帙九」。

一 四五八頁下一六行夾註「亦名部異釋論」，麗作「亦名部異執論」。

一 四五八頁下末行夾註「一名本行讚傳」，麗作「一名佛本行讚傳」。

一 四五九頁上四行夾註左「因緣經」，麗作「賢愚因緣經」。

一 四五九頁上五行「四帙」下，麗有夾註「上三帙各八卷第四帙九卷」。

一 四五九頁上七行夾註左「或十卷」，麗作「或七卷」。

一 四五九頁上一二行夾註左「或二」，麗作「或二卷」。

一 四五九頁上一八行夾註左「或阿蘭若」，麗作「或云阿蘭若」。

一 四五九頁上末行夾註左「涅槃經」，麗作「般涅槃經」。

一 四五九頁中一八行夾註「或无句經」，麗作「或无句字」。

一 四五九頁中二〇行夾註左「或直思惟經」，麗作「或直云思惟經」，並正文「十紙」二字。

一 四五九頁下九行夾註右「字題云」，麗作「序題云」。

一 四五九頁下一四行「法句譬經」，麗作「法句譬喻經」。

一 四五九頁下二〇行夾註「亦云阿毗曇苦患經」，麗作「亦云阿毗曇苦慧經亦云阿毗曇五法經」。

一 四五九頁下二一行夾註「亦云斷十二因緣經」，麗作「亦云斷十二因緣經亦云阿含口解經」。

一 四六〇頁上五行夾註左「或三卷」，麗作夾註「或二卷」。

一 四六〇頁上一五行夾註左「說法」，麗作「說法經」。

一 四六〇頁上末行夾註「僧佉論」，麗作「僧佉論或二卷」。

一 四六〇頁中六行「二帙」下，麗有夾註「上帙七下帙六」。

一 四六〇頁中一〇行「上三集」，麗

作「上一集」。
一 四六〇頁中一三行「二帙」下，麗有夾註「上帙十卷下帙十三」。
一 四六〇頁中一七行「一百二十紙」，麗作「二百二十紙」。
一 四六〇頁中末行「二帙」下，麗有夾註「上帙十一下帙十卷」。
一 四六〇頁下三行「花嚴」，麗作「花嚴經」。
一 四六〇頁下五行「四帙」下，麗有夾註「第一帙六卷下三帙各七卷」。
一 四六〇頁下七行夾註「或二卷」，麗作「或三卷」。
一 四六〇頁下九行「二帙」下，麗有夾註「上帙八下帙九」。
一 四六〇頁下一八行夾註「一卷」，麗作「內一卷」。
一 四六〇頁下一九行「二帙」下，麗有夾註「上帙九下帙八」。
一 四六〇頁下二一行「四帙」下，麗有夾註「第一第二各八第三第四各七」。
一 四六〇頁下二二行「辯正論八卷」下，麗有夾註「一帙」。
一 四六〇頁下末行「破邪論二卷」下，麗有夾註「或一卷」。
一 四六一頁上二行「十門辯惑論三卷」，麗作「十門辯惑論二卷」並夾註「或三卷」。
一 四六一頁上四行「上五集三十卷三帙」，麗作「上四集二十一卷二帙」並夾註「上帙十一下帙十卷」。
一 四六一頁上六行「四帙」下，麗有夾註「第一帙十第二帙七第三帙七第四帙六」。
一 四六一頁上一七行夾註「入藏卷下」，麗作「入藏録卷下」。
一 四六一頁中一行夾註「胎藏會」，麗作「入胎藏會」。
一 四六一頁下二行「此三」，麗作「此二」。
一 四六一頁下九行「合道神足經」，麗作「合道神足經三卷」。
一 四六一頁下二一行夾註右「諸藏中」，麗作「諸藏本」。
一 四六一頁下末行夾註右「優陁王」，麗作「優陀延王」。
一 四六二頁上一〇行「發菩提心經一卷」下，麗有夾註「亦云論」。
一 四六二頁下一一行「清淨威儀經一卷」下，麗有夾註「或云法淨」。
一 四六二頁下一四行「淨晵」，麗作「淨堅」。
一 四六三頁中一五行「入藏録」，麗作「入藏録下」。
一 四六四頁下一五行「新譯經論目録」，麗作「新譯論目録」。

開元釋教目録卷第二十 入藏録下 丁十

唐西崇福寺沙門智昇撰

小乘入藏録下 小乘經律總三百三十部一千七百六十二卷一百六十五帙賢聖集傳附此卷末此直列經名及標紙數餘如廣録

小乘經二百四十部六百一十八卷四十八帙 丁十一

小乘律五十四部四百四十六卷四十五帙

小乘論三十六部六百九十八卷七十二帙

小乘經重單合譯一百五十三部三百九十四卷三十一帙

長阿含經二十二卷 二帙四百三十一紙

姚秦佛陀耶舍共竺佛念譯

中阿含經六十卷 或五十八卷六帙一千一百四十六紙

增一阿含經五十一卷 或五十卷或四十二卷或六十卷或三十三卷五帙八百一十紙

右二經東晉僧伽提婆譯

雜阿含經五十卷 五帙一千六十九紙

宋求那跋陀羅譯

別譯雜阿含經二十卷 二帙三百九紙

失譯今附秦録

佛般泥洹經二卷 或直云泥洹經計四十七紙

西晉白法祖譯

大般涅槃經三卷 或二卷十一紙

東晉釋法顯譯

般泥洹經二卷 或直云泥洹經亦云大般泥洹經諸藏中一卷者唯是上卷欠下卷四十五紙

失譯附東晉録

人本欲生經一卷 一十五紙

尸迦羅越六向拜經一卷 或云尸迦羅越六方禮經四紙

右二經漢世高譯

梵志阿颰經一卷 一名阿颰摩納經安録直云阿颰經一名佛開解梵志阿颰經一十四紙

梵網六十二見經一卷 一名梵網經二十一紙 丁十

右二經吴支謙譯

寂志果經一卷 一十六紙

東晉竺曇無蘭譯

上八經十二卷同帙

起世經十卷 一帙一百六十七紙

隋闍那崛多等譯

起世因本經十卷 恐二本相濫題下別云起世因本經一帙諸藏多是前本此本稍稀一百七十紙

隋達磨笈多譯

樓炭經六卷 或八卷或五卷一百三紙

西晉釋法立共法炬譯

長阿含十報法經二卷 亦名多增道章經或直云十報經廿七紙

漢世高譯

中本起經二卷 或云太子中本起經四十七紙

漢曇果共康孟詳譯

上三經十卷同帙

七知經一卷 或云七智經二紙

吴支謙譯

鹹水喻經一卷 或云鹹水譬喻經二紙

失譯今附西晉録

一切流攝守因經一卷 或直云流攝經或云一切流攝經亦云一切流攝守經亦云流攝守因經亦云一切流攝守經五紙 丁十

四諦經一卷 九紙

右二經漢世高譯

恒水經一卷 亦云恒河喻經四紙

西晉釋法炬譯
本相倚致經一卷 亦云大相倚致或作倚字二紙
漢世高譯
縁本致經一卷 三紙
失譯今附東晉録
頂生王故事經一卷 亦直云頂生王經六紙
西晉釋法炬譯
文陀竭王經一卷 四紙
北涼曇無讖譯
閻羅王五天使者經一卷 一名鐵城泥犁經三紙
宋釋慧簡譯
鐵城泥犁經一卷 五紙
東晉竺曇無蘭譯
古來世時經一卷 五紙
失譯今附東晉録
阿那律八念經一卷 或直云八念經一名禪行斂意經舊録云禪行檢意四紙
漢支曜譯
離睡經一卷 三紙
西晉竺法護譯

是法非法經一卷 四紙
漢世高譯
求欲經一卷 十紙
西晉釋法炬譯
受歲經一卷 四紙
西晉竺法護譯
梵志計水淨經一卷 二紙
失譯今附東晉録
苦陰經一卷 五紙
失譯在後漢録
釋摩男本經一卷 或云五陰因事經四紙
吳支謙譯
苦陰因事經一卷 六紙
西晉釋法炬譯
樂想經一卷 二紙
西晉竺法護譯
漏分布經一卷 七紙
漢世高譯
阿耨颰經一卷 此言依次
東晉竺曇無蘭譯

諸法本經一卷 一紙
吳支謙譯
瞿曇彌記果經一卷 七紙
宋釋慧簡譯
瞻婆比丘經一卷 或云瞻波四紙
伏婬經一卷 三紙
右二經西晉釋法炬譯
魔嬈亂經一卷 一云魔王入目連蘭腹經一名弊魔試目連經八紙
失譯在漢録
弊魔試目連經一卷 一名魔嬈亂經五紙
上三十經三十卷同帙
賴吒和羅經一卷 一名羅漢賴吒和羅經十一紙
右二經吳支謙譯
善生子經一卷 四紙
西晉支法度譯
數經一卷 四紙
西晉釋法炬譯
梵志頞羅延問種尊經一卷 或云頞羅延七紙
東晉曇無蘭譯
三歸五戒慈心猒離功德經一卷 一紙

失譯今附東晉録
須達經一卷 亦云須達長者經四紙
蕭齊天竺三藏求那毗地譯
佛爲黄竹園老婆羅門説學經一卷 四紙
失譯今附宋録
梵摩喻經一卷 九紙
吴支謙譯
尊上經一卷 四紙
西晉竺法護譯
鸚鵡經一卷 亦云兜調經或作兜字者誤也九紙
宋求那跋陀羅譯
兜調經一卷 四紙
失譯附西晉録
意經一卷 三紙　應法經一卷 四紙
右二經西晉竺法護譯
泥犁經一卷 或云中阿含泥犁經十二紙
東晉竺曇無蘭譯
優波夷墮舍迦經一卷
失譯今附宋録
齋經一卷 一名持齋經四紙

吴支謙譯
鞞摩肅經一卷 四紙
宋求那跋陀羅譯
婆羅門子命終愛念不離經一卷 四紙
十支居士八城人經一卷 亦直云十支經三紙
右二經漢世高譯
邪見經一卷 三紙
失譯今附宋録
箭喻經一卷 四紙
失譯今附東晉録
普法義經一卷 一名具法行經亦名普義經九紙
漢世高譯
廣義法門經一卷 九紙
陳眞諦譯
戒德香經一卷 或云戒德經二紙
東晉竺曇無蘭譯
四人出現世間經一卷 四紙
宋求那跋陀羅譯
波斯匿王太后崩塵土坌身經一卷 三紙
西晉釋法炬譯

須摩提女經一卷 十六紙
吴支謙譯
婆羅門避死經一卷 一紙
漢世高譯
食施獲五福報經一卷 一名施色力經一名福德經二紙
失譯今附東晉録
頻毗娑羅王詣佛供養經一卷 亦云頻婆五紙
西晉釋法炬譯
長者子六過出家經一卷 三紙
宋釋慧簡譯
鴦崛摩經一卷 或有作魔字或云指髻經或作指鬘經六紙
西晉竺法護譯
上三十二經三十二卷同帙
鴦崛髻經一卷 六紙
西晉釋法炬譯
力士移山經一卷 亦直云移山經六紙
四未曾有法經一卷 亦云四未曾有經或無法字二紙
右二經西晉竺法護譯
舍利弗摩訶目揵連遊四衢經一卷
漢康孟詳譯

七佛父母姓字經一卷 或云七佛姓字經四紙
曹魏失譯
放牛經一卷 亦云牧牛經四紙
姚秦羅什譯
緣起經一卷 亦云十二緣起經三紙 丁十
唐玄奘譯 八
十一想思念如來經一卷 或云十一思惟念如來經一紙
宋求那跋陀羅譯
四泥犁經一卷 或云四大泥犁經二紙
東晉竺曇無蘭譯
阿那邠邸化七子經一卷 四紙
漢世高譯
大愛道般泥洹經一卷 或作涅槃七紙
西晉白法祖譯
佛母般泥洹經一卷 四紙
宋釋慧簡譯
國王不梨先尼十夢經一卷 或作泥五紙
東晉竺曇無蘭譯
舍衛王夢見十事經一卷 或直云十夢經或云舍衛國王十夢經或云波斯匿王十夢經四紙

失譯今附西晉錄
阿難同學經一卷 三紙
漢世高譯
五蘊皆空經一卷 一紙
唐義淨譯
七處三觀經一卷 或二卷一十七紙 丁十
漢世高譯 九
聖法印經一卷 亦直云聖印經亦云慧印經天竺名阿遮曇摩文圖二紙
西晉竺法護譯
雜阿含經一卷 二十一紙
失譯在魏吳錄
五陰譬喻經一卷 或無譬字一名水沫所漂經二紙
漢世高譯
水沫所漂經一卷 一名河中大聚沫經一名聚沫譬經二紙
東晉竺曇無蘭譯
不自守意經一卷 或云自守亦不自守經或云不自守經一紙
吳支謙譯
滿願子經一卷 二紙
失譯今附東晉錄
轉法輪經一卷 或云法輪轉經京中諸藏並是轉法輪論非是本經應須

簡擇 二紙
漢世高譯
三轉法輪經一卷 五紙
唐義淨譯
八正道經一卷 二紙
漢世高譯
難提釋經一卷 四紙
西晉法炬譯
馬有三相經一卷 亦云善馬有三相經一紙
漢支曜譯
馬有八態譬人經一卷 一名馬有八弊惡態經亦直云馬有八態經一紙
漢支曜譯
相應相可經一卷 二紙
西晉釋法炬譯 丁十
治禪病祕要經一卷 或云治禪病祕要治無經字或云禪要祕密治病經或二卷二十八紙
宋居士沮渠京聲譯
上三十一經三十一卷同帙
摩鄧女經一卷 一名阿難爲蠱道女惑經亦云摩鄧女三紙

漢世高譯
摩鄧女解形中六事經一卷 三紙
失譯今附東晉録
摩登伽經三卷 或二卷三十四紙
吳竺律炎共支謙譯
舍頭諫經一卷 題云舍頭諫此曰太子二十八宿經一名虎耳經一名虎意經二十六紙
西晉竺法護譯
鬼問目連經一卷 四紙
漢世高譯
雜藏經一卷 九紙
東晉釋法顯譯
餓鬼報應經一卷 一名目連說地獄餓鬼因緣經五紙
失譯今附東晉録
阿難問事佛吉凶經一卷 或云阿難問事經亦云事佛吉凶經十一丁十五紙
漢世高譯
慢法經一卷 二紙
西晉釋法炬譯
阿難分別經一卷 亦云阿難問事佛吉凶經或直云分別經五紙

乞伏秦釋聖堅譯
五母子經一卷 二紙
吳支謙譯
沙彌羅經一卷 二紙
西晉失譯
玉耶女經一卷 或云玉耶經三紙
失譯今附西晉録
玉耶經一卷 一名長者詣佛說子婦無敬經或云玉耶女經五紙
東晉竺曇無蘭譯
阿遬達經一卷 二紙
宋求那跋陀羅譯
修行本起經二卷 一名宿行本起經三十二紙
漢竺大力共康孟詳譯
上十六經十九卷同帙
太子瑞應本起經二卷 亦云太子本起瑞應經亦直云瑞應本起經三十一紙
吳支謙譯
過去現在因果經四卷 九十五紙
宋求那跋陀羅譯
法海經一卷 三紙

西晉釋法炬譯
海八德經一卷 三紙
姚秦羅什譯
四十二章經一卷 七紙
漢迦葉摩騰共竺法蘭譯
柰女耆域因緣經一卷 或云柰女耆域經或直云柰女經有云柰女耆域國耆誤也一十七紙 十二丁十
漢世高譯
罪業應報教化地獄經一卷 或云地獄報應經六紙
右二經漢世高譯
龍王兄弟經一卷 一名難龍王經亦名降龍王經二紙
長者音悅經一卷 或云長者音悅不蘭迦葉經亦直云音悅經五紙
右二經吳支謙譯
上九經十三卷同帙
禪祕要經三卷 或云禪祕要法無經字或四卷八十四紙
姚秦羅什譯
七女經一卷 一名七女本經六紙
八師經一卷 四紙
右二經吳支謙譯
越難經一卷 二紙
西晉居士聶承遠譯

所欲致患經一卷 六紙
西晉竺法護譯
阿闍世王問五逆經一卷 五紙
西晉釋法炬譯
五苦章句經一卷 一名諸天五苦經一名五道章句經一名淨除罪蓋娛樂佛法經十三紙
東晉竺曇無蘭譯
堅意經一卷 一名堅心正意經一名堅心經二紙
漢世高譯
淨飯王涅槃經一卷 或加般字七紙
進學經一卷 或云勸進學道經一紙
右二經宋京聲譯
得道梯橙錫杖經一卷 題云得道梯橙經錫杖品第十二亦直云錫杖經三紙
失譯今附東晉錄
貧窮老公經一卷 一名貧老經三紙
宋釋慧簡譯
三摩竭經一卷 一名須摩提女經一名難國王經一名恕和檀王經八紙
吳竺律炎譯
蓱沙王五願經一卷 一名弗沙迦王經或作瓶字七紙

吳支謙譯
瑠璃王經一卷 或作瑠字或作流離七紙
上十五經十七卷同帙
生經五卷 或四卷一百九紙
右二經西晉竺法護譯
義足經二卷 四十紙
吳支謙譯
上二經七卷同帙
小乘經單譯八十七部二百二十四卷一十七帙
正法念處經七十卷 七帙一千二百五紙
元魏般若流支譯
佛本行集經六十卷 或名皆集經六帙八百七十七紙
隋闍那崛多等譯
本事經七卷 九十五紙
唐玄奘譯
興起行經二卷 亦名嚴誡宿緣經三十紙
漢康孟詳譯
業報差別經一卷 一十五紙
隋瞿曇法智譯

上三經十卷同帙
大安般守意經二卷 亦直云大安般經或無大字安公云小安般經或一卷三十紙
陰持入經二卷 或云除持入誤也或一卷亦云住除持入三十二紙
處處經一卷 一十五紙
罵意經一卷 三紙
分別善惡所起經一卷 一十五紙
出家緣經一卷 一名出家因緣經二紙
阿含正行經一卷 一名正意經四紙
十八泥犁經一卷 或云十八地獄經六紙
法受塵經一卷 一紙
禪行法想經一卷 一紙
長者子懊惱三處經一卷 一名長者懊惱經亦云三處惱經三紙
犍陀國王經一卷 或無國字二紙
右十二經漢世高譯
須摩提長者經一卷 一名會諸佛前亦名如來所說示現衆生經八紙
阿難四事經一卷 四紙
未生冤經一卷 四紙
四願經一卷 三紙
黑氏梵志經一卷 三紙
㮏狗經一卷 祐云與㮏狗同二紙
右六經吳支謙譯
分別經一卷 五紙

西晉竺法護譯
八關齋經一卷 紙二
宋京聲譯
阿鳩留經一卷 紙四
失譯今附漢録
孝子經一卷 亦云孝子報恩經二紙
失譯今附西晉録
上二十二經二十四卷同帙
五百弟子自說本起經一卷 或云佛五百弟子自說本起經亦云五百弟子自說本末經亦云五百弟子本起經二十一紙
大迦葉本經一卷 或無大字五紙
四自侵經一卷 紙五
右三經西晉竺法護譯
羅云忍辱經一卷 或直云忍辱經二紙
佛爲年少比丘說正事經一卷 紙二
沙曷比丘功德經一卷 紙三
右三經西晉釋法炬譯
時非時經一卷 亦直云時經二紙
外國法師若羅嚴譯 莫知帝代
自愛經一卷 或云自愛不自愛經五紙

中心經一卷 亦云中心正行經或大忠心經亦云小忠心經五紙
見正經一卷 一名生死變識經八紙
大魚事經一卷 紙二
阿難七夢經一卷 亦云七夢經二紙
呵鵰阿那含經一卷 一名荷鵰或作苛宁二紙 丁十 十六
右六經東晉竺曇無蘭譯
燈指因緣經一卷 紙九
姚秦羅什譯
婦人遇辜經一卷 一名婦遇對經二紙
乞伏秦釋聖堅譯
四天王經一卷 紙三
宋涼州釋智嚴共寶雲譯
摩訶迦葉度貧母經一卷 紙四
十二品生死經一卷 紙一
罪福報應經一卷 一名轉輪五道罪福報應經亦云轉五道經亦云五道輪經四紙
右三經宋求那跋陀羅譯
五無返復經一卷 一名五反復大義經或作附字二紙
佛大僧大經一卷 二兒名七紙
耶祇經一卷 紙二 末羅王經一卷 紙二

摩達國王經一卷 或無國字二紙
旃陀越國王經一卷 或無國王字二紙
五恐怖世經一卷 或云五恐怖經二紙
弟子死復生經一卷 或云死亡更生經六紙
右八經宋京聲譯
懈怠耕者經一卷 或云懈怠耕兒經二紙 丁十 十七
宋釋慧簡譯
辯意長者子經一卷 或云長者辯意經或加所問字九紙
元魏釋法場譯
無垢優婆夷問經一卷 紙三
元魏般若流支譯
上三十經三十卷同帙
賢者五福經一卷 紙一
西晉白法祖譯
天請問經一卷 紙二
唐玄奘譯
僧護經一卷 或云僧護因緣經亦云因緣僧護經二十紙
護淨經一卷 紙二
木槵子經一卷 或作息字亦作櫰二紙 無上處經一卷 紙一
盧志長者因緣經一卷 紙十

五王經一卷 紙五
右六經失譯今附東晉錄
出家功德經一卷 非是賢愚中抄出者五紙
失譯今附秦錄
栴檀樹經一卷 紙三
安公古典經附漢錄
頞多和多耆經一卷 紙二
普達王經一卷 紙四
佛滅度後棺斂葬送經一卷 一名比丘師經亦名師比丘經 紙三
鬼子母經一卷 紙四
梵摩難國王經一卷 紙二
右五經安公失譯經今附西晉錄
父母恩難報經一卷 亦云勤報二紙
漢世高譯
孫多耶致經一卷 丁十 或云梵志孫多耶致經三紙 十八
吳支謙譯
新歲經一卷 紙六
東晉竺曇無蘭譯
群牛譬經一卷 紙二

西晉釋法炬譯
九横經一卷 紙二
禪行三十七經一卷 或云禪行三十七品經三紙
右二經漢世高譯
比丘避女惡名欲自殺經一卷 紙一
西晉釋法炬譯
比丘聽施經一卷 一名聽施比丘經三紙
東晉竺曇無蘭譯
身觀經一卷 紙二
西晉竺法護譯
無常經一卷 亦名三啓經三紙
八無暇有暇經一卷 紙七
長爪梵志請問經一卷 紙三
譬喻經一卷 紙二　略教誡經一卷 紙二
療痔病經一卷 亦名療痔病經二紙
右六經唐義淨譯 丁十 十九
上三十經三十卷同帙
小乘律五十四部四百四十六卷四十五帙
摩訶僧祇律四十卷 或云三十卷四帙九百九十七紙
東晉佛陀跋陀羅共法顯譯

十誦律六十一卷 六帙一千四百三十紙
姚秦弗若多羅共羅什譯
根本說一切有部毗柰耶五十卷 五帙八百七十五紙
根本說一切有部苾芻尼毗柰耶二十卷 二帙三百五十九紙
根本說一切有部毗柰耶雜事四十卷 四帙六百一十一紙
根本說一切有部尼陀那目得迦十卷 前五卷尼那後五卷目得迦或八卷一帙一百二十五紙
右四經唐義淨譯
五分律三十卷 亦云彌沙塞律或云四卷三帙五百九十七紙
宋佛陀什共竺道生譯
四分律六十卷 或四十五卷或七十卷或云四十卷或云四十四卷六帙一千二百一十五紙
姚秦佛陀耶舍共竺佛念譯
僧祇比丘戒本一卷 亦云摩訶僧祇戒本二十紙
東晉佛陀跋陀羅譯
僧祇比丘尼戒本一卷 亦云比丘尼波羅提木叉僧祇戒本三十五紙
東晉法顯共覺賢譯

十誦比丘戒本一卷 亦云十誦波羅提木叉戒本二十六紙
十誦比丘尼戒本一卷 亦云十誦比丘尼波羅提木叉戒本二十六紙
右二經姚秦羅什譯
根本說一切有部戒經一卷 二十八紙 羊十
根本說一切有部苾芻尼戒經一卷 三十四紙 二十
右二經唐義淨譯
五分比丘戒本一卷 亦云彌沙塞戒本一十八紙
宋佛陀什等譯
上七經七卷同帙
五分比丘尼戒本一卷 亦云彌沙塞尼戒本二十九紙
宋罽賓三藏佛陀什等譯
四分比丘戒本一卷 沙門懷素依律集題云四分戒本二十四紙
四分比丘尼戒本一卷 沙門懷素依律集題云四分尼戒本三十紙
右二經唐沙門懷素集出
四分僧戒本一卷 或無僧字或云曇無德戒本三十三紙
姚秦佛陀耶舍譯
解脫戒本一卷 出迦葉毗部三十二紙
元魏般若流支譯

沙彌十戒法并威儀一卷 亦云沙彌威儀戒本二十一紙
失譯今附東晉錄
沙彌威儀一卷 或云沙彌威儀經九紙
宋求那跋摩譯
沙彌尼雜戒文一卷 四紙 羊十
失譯今附東晉錄
沙彌尼戒經一卷 或無經字五紙
失譯在漢錄
舍利弗問經一卷 十一紙
失譯今附東晉錄
羊一
上十經十卷同帙
根本說一切有部百一羯磨十卷 一帙一百四十六紙
唐義淨譯
大沙門百一羯磨法一卷 出十誦律或云大沙門羯磨法二十四紙
失譯今附宋錄
十誦羯磨比丘要用一卷 出十誦律或云略要羯磨法或二卷僧祐錄云二十四紙
宋沙門僧璩集出
優波離問佛經一卷 或云優波離律三十三紙

失譯在後漢錄
五分羯磨一卷 題云彌沙塞羯磨本三十一紙
唐沙門愛同集出
四分雜羯磨一卷 題云曇無德律部雜羯磨以結戒場爲首二十四紙
曹魏康僧鎧譯
曇無德羯磨一卷 題云羯磨一卷出曇無德律以結大界爲首三十七紙
曹魏沙門曇諦譯
四分比丘尼羯磨法一卷 祐云曇無德羯磨或云雜羯磨一十五紙
宋求那跋摩譯
上七經七卷同帙
四分律刪補隨機羯磨一卷 序題云曇無德部四分律刪補隨機羯磨四十七紙
唐釋道宣集
四分僧羯磨三卷 題云羯磨卷上出四分律八十紙 羊十二
四分尼羯磨三卷 題云尼羯磨卷上出四分律七十紙
右二經唐釋懷素集出
上三經七卷同帙
大愛道比丘尼經二卷 亦云大愛道受戒經或直云大愛道經三

十一紙

失譯今附北涼錄

迦葉禁戒經一卷 一名摩訶比丘經亦云真僞沙門經三紙

宋京聲譯

犯戒報應輕重經一卷 出目連問毗尼經亦云罪報或云目連問經二紙

漢世高譯

戒銷災經一卷 或云戒伏銷災經四紙

吳支謙譯

優婆塞五戒相經一卷 一名優婆塞五戒略論一十四紙

宋求那跋摩譯

根本說一切有部毗柰耶頌五卷 或三卷七十一紙

根本說一切有部毗柰耶雜事攝頌一卷 六紙

根本說一切有部毗柰耶尼陀那目得迦攝頌一卷 尼陀那頌在先目得迦頌在後八紙

右三經唐義淨譯

五百問事經一卷 三十三紙

失譯今附東晉錄

上九經十四卷同帙

根本薩婆多部律攝二十卷 或十四卷二帙二百七十七紙

唐義淨譯

毗尼摩得勒伽十卷 初卷云薩婆多部毗尼摩得勒伽一帙一百八十八紙

宋僧伽跋摩譯

鼻柰耶律十卷 一名誡因緣經亦名戒果因緣經亦云鼻柰耶經一帙一百五十五紙

姚秦竺佛念譯

善見律毗婆沙十八卷 或云毗婆沙律亦直云善見律三百五十八紙

蕭齊僧伽跋陀羅譯

佛阿毗曇經二卷 亦云佛阿毗曇論四十五紙

陳真諦譯

上二經二十卷二帙

毗尼母經八卷 亦云毗尼母論一百五十六紙

失譯今附秦錄

大比丘三千威儀經二卷 亦云大僧威儀經或四卷四十二紙

漢世高譯

上二經十卷同帙

薩婆多毗尼毗婆沙九卷 一百八十七紙

失譯今附秦錄

律二十二明了論一卷 亦云明了論二十四紙

陳真諦譯

上二經十卷同帙

小乘論三十六部六百九十八卷七十二帙

阿毗曇八犍度論三十卷 或無論字或云迦旃延阿毗曇或云阿毗曇經八犍度或二十卷三帙四百六十二紙

苻秦僧伽提婆共竺佛念譯

阿毗達磨發智論二十卷 二帙迦多衍尼子造三百五十八紙

阿毗達磨法蘊足論十二卷 一帙大目連造一百八十九紙

阿毗達磨集異門足論二十卷 二帙舍利弗造一百七十八紙

阿毗達磨識身足論十六卷 二百六十五紙

阿毗達磨界身足論三卷 三十九紙

上二論一十九卷二帙

阿毗達磨品類足論一十八卷 三百五十五紙

右六論唐玄奘譯

衆事分阿毗曇論十二卷 或無論字二百八紙

宋求那跋陀羅譯

上二論三十卷三帙

阿毗曇毗婆沙論六十卷 六帙或加八犍度字或八十四卷或

一百九卷一千二百九十三紙

北涼沙門浮陀跋摩共道泰譯

阿毗達磨大毗婆沙論二百卷 或云阿毗達磨發智大毗婆沙三千六十九紙

唐玄奘譯

阿毗達磨俱舍釋論二十二卷 或無釋字四百七十一紙

陳真諦譯

阿毗達磨俱舍論本頌一卷 或三卷二十三紙

上二論二十三卷三帙 上帙七卷中下帙各八卷

阿毗達磨俱舍論三十卷 三帙四百六十五紙

阿毗達磨順正理論八十卷 八帙一千三百九十四紙

阿毗達磨顯宗論四十卷 四帙六百一十四紙

右四論唐玄奘譯

阿毗曇心論四卷 或無論字六十九紙

東晉瞿曇僧伽提婆譯

法勝阿毗曇心論經六卷 或無經字或無法勝字或七卷或云法勝阿毗曇論或加別譯字一百五紙

高齊那連提耶舍共法智譯

上二論十卷同帙

雜阿毗曇心論十一卷 或無論字亦云雜阿毗曇經亦云雜阿毗

曇婆沙或十四卷二百七十九紙

宋僧伽跋摩等譯

阿毗曇甘露味論二卷 或云甘露味阿毗曇或無論字四十六紙

曹魏代譯失三藏名

隨相論一卷 或云求那摩諦隨相論三十四紙

陳真諦譯

上三論十四卷二帙

尊婆須蜜菩薩所集論十卷 或十二卷或十四卷亦云婆須

蜜經三百六十二紙

苻秦僧伽跋澄等譯

三法度論二卷 或無論字或云論或云緹或三卷或云卜卷四十九紙

東晉瞿曇僧伽提婆譯

入阿毗達磨論二卷 二十八紙

唐玄奘譯

上三論十四卷二帙

成實論二十卷 凡二百二品或二十七卷或十四卷或十六卷二帙三百

九十八紙

姚秦羅什譯

立世阿毗曇論十卷 一帙或無論字題云立世毗曇藏或云十五卷

亦名天地記經一百六十四紙

陳真諦譯

解脫道論十二卷 或十三卷一百九十七紙

梁僧伽婆羅譯

舍利弗阿毗曇論二十二卷 或無論字或二十卷或三十卷

六百四紙

姚秦曇摩耶舍共曇摩崛多譯

五事毗婆沙論二卷 亦云阿毗達磨五事論二十四紙

唐玄奘譯

上二論二十四卷三帙

鞞婆沙論十四卷 亦云鞞婆沙阿毗曇論下云廣說或十五卷十九卷

或無論字三百三十五紙

苻秦僧伽跋澄譯

三彌底部論三卷 或無部字或云四卷三十六紙

失譯今附秦錄

上二論十七卷二帙 上帙八下帙九

分別功德論四卷 或云分別功德經或三卷或五卷七十一紙

失譯在漢錄

四諦論四卷 七十五紙

陳真諦譯

辟支佛因緣論二卷 二十紙

十八部論一卷 八紙
右二論失譯今附秦録
部執異論一卷 亦名部異執論九紙
陳眞諦譯
異部宗輪論一卷 八紙
唐玄奘譯
上六論十三卷同帙
賢聖集一百八部五百四十一卷五十七帙 梵本翻出六十八部一百七十三卷此方所撰集四十部三百六十八卷
佛所行讚經傳五卷 或云經無傳字或云傳無經字亦云佛本行經 九十紙
北涼曇無讖譯
佛本行經七卷 一名佛本行讚傳一百一十三紙
宋釋寶雲譯
上二集十二卷同帙
撰集百緣經十卷 一帙一百五十紙
吳支謙譯
出曜經二十卷 亦云出曜論或十九卷四百八十四紙
姚秦竺佛念譯

賢愚經十三卷 或云十五卷或十六卷或十七卷亦云賢愚因緣經二百八十三紙
元魏沙門慧覺等譯
上二集三十三卷四帙 上三帙各八卷第四帙九卷
道地經一卷 或云大道地經是修行經抄元外國略十一本八紙
漢世高譯
修行道地經六卷 初卷題云榆遮伽復彌經此曰修行道地或直云修行經或七卷一百三十五紙
西晉竺法護譯
僧伽羅刹所集經三卷 或云僧伽羅刹集或五卷八十五紙
符秦僧伽跋澄等譯
上三集十卷同帙
百喻經四卷 或五卷或云十卷未詳亦云百句譬喻經四十六紙
蕭齊求那毗地譯
菩薩本緣經三卷 亦云菩薩本緣集經或二卷或四卷五十四紙
吳支謙譯
大乘修行菩薩行門諸經要集三卷 八十一紙
唐釋智嚴譯
上三集十卷同帙
付法藏因緣傳六卷 或無因緣字亦云付法藏經或四卷或三卷八

十二紙
元魏吉迦夜共曇曜譯
坐禪三昧經三卷 一名菩薩禪法經或直云禪經或云阿蘭若習禪法經或二卷五十紙
姚秦羅什譯
佛醫經一卷 亦云佛醫王經五紙
吳竺律炎共支越譯
惟日雜難經一卷 一十五紙
吳支謙譯
佛般泥洹摩訶迦葉赴佛經一卷 亦云迦葉赴佛般涅槃經二紙
東晉竺曇無蘭譯
菩薩呵色欲法一卷 一紙
姚秦羅什譯
四品學法經一卷 或無經字二紙
宋求那跋陀羅譯
佛入涅槃密迹金剛力士哀戀經一卷 六紙
失譯今附秦録
迦旃延說法沒盡偈經一卷 題云佛比丘迦旃延說法沒盡偈一百二十章亦直云迦旃延偈五紙

佛治身經一卷（或云治身經一紙）

治意經一卷（或云佛治意經一紙）

雜寶藏經八卷（或云十三卷百五十三紙）

右三集失譯今附西晉錄

上十一集十八卷同帙

元魏吉迦夜共曇曜譯

那先比丘經二卷（或云那先經或三卷三十一紙）

失譯今附東晉錄

上二集十卷同帙

五門禪經要用法一卷（三十一紙）

宋曇摩蜜多譯

達摩多羅禪經二卷（一名庾伽遮羅浮迷譯言修行道地一名不淨觀經亦名修行方便禪經祐云禪經修行方便五十一紙）

東晉佛陀跋陀羅譯

禪法要解二卷（一名禪要經三十四紙）丁十 三十

禪要呵欲經一卷（題云禪要經呵欲品四紙）

內身觀章句經一卷（或云無句字二紙）

姚秦羅什譯

右二集漢失譯

法觀經一卷（六紙）

西晉竺法護譯

思惟略要法一卷（或云思惟要略法經或直云思惟經十紙）

姚秦羅什譯

十二遊經一卷（六紙）

東晉迦留陀伽譯

舊雜譬喻經二卷（亦云雜譬喻集經三十七紙）

吳康僧會譯

雜譬喻經一卷（九紙）

漢支婁迦讖譯

上十集十三卷同帙

雜譬喻經二卷（一名菩薩度人經二十五紙）

失譯在漢錄

雜譬喻經一卷（二十八紙）

姚秦羅什譯

阿育王譬喻經一卷（題云天尊說阿育王譬喻經古經呼佛爲天尊即佛說也七紙）三十一 丁十

失譯附東晉錄

阿育王經十卷（一百一十一紙）

梁三藏僧伽婆羅譯

上四集十四卷同帙

阿育王傳七卷（或加大字或五卷亦云大阿育王經一百紙）

西晉安法欽譯

阿育王息壞目因緣經一卷（序題云阿育王太子法益壞目因緣經亦云阿育王太子壞目因緣無經字二十六紙）

苻秦曇摩難提譯

四阿含暮抄解二卷（亦云四阿含暮抄經四十六紙）

苻秦鳩摩羅佛提等譯

上三集十卷同帙

法句經二卷（亦云法句集經三十四紙）

吳沙門維祇難等譯

法句譬喻經四卷（一名法句本末經亦云法句喻經或五卷或六卷九十五紙）

西晉釋法立共法炬譯

迦葉結經一卷（八紙）

漢世高譯

撰集三藏及雜藏傳一卷（亦云撰三藏及雜藏經八紙）

失譯今附東晉錄

三慧經一卷（安公涼土異經十二紙）

今附北涼錄

阿毗曇五法行經一卷（亦云阿毗曇苦慧經亦云阿毗曇五法經）

十一紙
漢世高譯
阿含口解十二因緣經一卷 亦名斷十二因緣經亦云阿含口解經八紙
三十二
漢安玄共嚴佛調譯
小道地經一卷 丁十 四紙
漢支曜譯
文殊師利發願經一卷 或加偈字二紙
東晉佛䟦陀羅譯
六菩薩名一卷 務入藏云菩薩名亦當誦持一紙
漢失譯
一百五十讚佛頌一卷 六紙
唐義淨譯
讚觀世音菩薩頌一卷 四紙
唐釋慧智譯
上十二集十六卷同帙
無明羅刹集一卷 亦云無明羅刹經或二卷二十三紙
失譯今附秦録
馬鳴菩薩傳一卷 二紙　龍樹菩薩傳一卷 三紙
提婆菩薩傳一卷 四紙

右三集姚秦羅什譯
婆藪盤豆法師傳一卷 此曰天親十紙
陳真諦譯
龍樹菩薩爲禪陀迦王說法要偈一卷 九紙
三十三
宋求那䟦摩譯
勸發諸王要偈一卷 丁十 六紙
宋僧伽䟦摩譯
龍樹菩薩勸誡王頌一卷 六紙
唐義淨譯
賓頭盧突羅闍爲優陀延王說法經一卷 亦云賓頭盧爲王說法經八紙
宋求那䟦陀羅譯
請賓頭盧法一卷 或云請賓頭盧法經二紙
宋沙門慧簡譯
分別業報略一卷 或云大勇菩薩分別業報經或云分業報略集八紙
宋僧伽䟦摩譯
迦丁比丘說當來變經一卷 或直云迦丁比丘經九紙
失譯今附宋録
大阿羅漢難提蜜多羅所說法住記一卷 七紙
唐玄奘譯

金七十論三卷 亦名僧佉論或二卷五十二紙
陳真諦譯
勝宗十句義論一卷 十一紙
唐玄奘譯
上十五集十七卷同帙 已上梵本翻譯已下此方撰集
釋迦譜十卷 別有五卷本與此廣略異二百三十八紙
蕭齊釋僧祐撰
釋迦氏略譜一卷 或無略字四十三紙
釋迦方志二卷 八十四紙
右二集唐釋道宣撰
上三集十三卷二帙 上帙七卷下帙六卷
經律異相五十卷 五帙八百二十七紙
梁沙門寶唱等撰
陀羅尼雜集十卷 一帙一百一十八紙
未詳撰者
諸經要集二十卷 丁十 五百八十二紙
三十四
唐沙門玄惲撰
上一集二十卷分爲三帙 上下各七卷中帙六卷
出三藏記集十五卷 三百一十四紙
梁沙門釋僧祐撰

衆經目錄七卷 六十三紙
隋沙門法經等撰
上二集二十二卷二帙 上帙十卷下帙十二卷
開皇三寶錄十五卷 內題云歷代三寶紀三百八紙
隋學士費長房撰
衆經目錄五卷 隋仁壽二年勅翻經沙門及學士等撰八十四紙
上二集二十卷二帙
大唐內典錄十卷 一帙三百二十紙
唐釋道宣撰
續大唐內典錄一卷 二十二紙
唐釋智昇撰
古今譯經圖紀四卷 六十紙
唐釋靖邁撰
續古今譯經圖紀一卷 十六紙
唐釋智昇撰 丁十
大周刊定衆經目錄十五卷 三百九十七紙 三十五
唐沙門釋明佺等撰
上四集二十一卷二帙 上帙十一卷下帙十卷
開元釋教錄二十卷 二帙五百四十五紙
唐釋智昇撰

一切經音義二十五卷 或三十卷七百六十八紙
唐釋玄應撰
新譯大方廣佛華嚴經音義二卷 四十九紙
唐釋慧苑撰
上二集二十七卷四帙 第一帙六卷下三帙各七卷
大唐西域記十二卷 二百三十四紙
唐玄奘譯
集古今佛道論衡四卷 或三卷九十九紙
唐釋道宣撰
續集古今佛道論衡一卷 二十三紙
唐釋智昇撰
上三集十七卷二帙 上帙八卷下帙九卷
東夏三寶感通錄三卷 亦云集神州三寶感通錄九十七紙
唐釋道宣撰
集沙門不拜俗儀六卷 九十七紙
唐沙門釋彥琮撰
上二集九卷同帙
大唐慈恩寺三藏法師傳十卷 一帙一百七十紙
唐釋慧立等撰
大唐西域求法高僧傳二卷 三十五紙

唐義淨撰
法顯傳一卷 亦云歷遊天竺記傳二十九紙
法顯撰
高僧傳十四卷 一卷是目錄三百一十一紙
梁釋慧皎撰 丁十
上三集十七卷二帙 上帙九卷下帙八卷 三十六
續高僧傳三十卷 八百三十紙
唐京兆西明寺沙門釋道宣撰
上一集三十卷分爲四帙 第一第二各八卷第三第四各七卷
辯正論八卷 一帙一百七十八紙
破邪論二卷 或一卷四十五紙
右二集唐釋法琳撰
甄正論三卷 三十六紙
唐釋玄嶷撰
十門辯惑論二卷 或三卷二十七紙
唐沙門釋復禮撰
弘明集十四卷 二百八十九紙
梁釋僧祐撰
上五集二十一卷三帙 紙數論可知也

廣弘明集三十卷 七百七十紙

唐釋道宣撰

上一集三十卷分爲四帙 第一帙十卷 第二帙七卷 第三帙七卷 第四帙六卷

集諸經禮懺儀二卷 五十七紙

丁十

唐釋智昇撰

三十七

大唐南海寄歸内法傳四卷 八十七紙

唐釋義淨撰

比丘尼傳四卷 四十二紙

梁沙門寶唱撰

别説罪要行法一卷 或無别字 計四紙

受用三水要法一卷 或云要行法 四紙

護命放生軌儀一卷 或云軌儀法 二紙

右三集唐釋義淨譯

上六集十三卷同帙

都計小乘經律論及賢聖傳見入藏者總四百三十八部合二千三百三卷二百二十二帙

開元釋教目録卷第二十

開元釋教目録卷第二十（别本）

校勘記

一　底本，清藏本。

一　四六八頁上一行經名，資、磧、普、南作「開元釋教録卷第二十」。卷末經名同。

一　四六八頁上二行撰者，資、磧、普、南作「庚午歲西崇福寺沙門智昇撰」。

一　四六八頁上一五行經名及夾註下，資、磧、普、南有「東晉僧伽提婆譯七字。

一　四六八頁上一七行夾註「八百一十」，徑作「八百二十」。

一　四六八頁上一六行至一七行經名夾註下，資、磧、普、南有「東晉僧伽提婆譯」七字。

一　四六八頁上一八行「右二經東晉僧伽提婆譯」，資、磧、普、南無，因其右二經同一譯者分别刊出。以下凡相連諸經其譯者同者，一般例同，不再出校。

一　四六八頁中三行夾註左「計四十七」，資、磧、普、南作「四十七」。

一　四六八頁中一七行夾註「一十六」，磧作「二十六」。

一　四六九頁上一〇行夾註左「三紙」，徑作「四紙」。

一　四六九頁中一一行夾註右「或云」，資、磧、普、南作「一名」。

一　四六九頁中一九行夾註「此言依次」下，資有「六紙」二字。

一　四六九頁下一五行「支法度譯」，資、普作「支度譯」；磧作「支譯」。

一　四七一頁上一三行夾註左「七紙」，磧作「十紙」。

一　四七一頁下五行夾註「二紙」，磧作「三紙」。

一　四七二頁中一三行「康孟詳」，資、磧、普作「孟詳」。

一　四七二頁中一五行「太子本起瑞應經」，資、普、徑作「大力本起瑞應經」。

一 四七二頁下六行夾註左「有云」，徑作「或云」。
一 四七三頁上六行夾註左「一十三」，徑作「一十一」。
一 四七三頁中三行首字「上」，徑作「上上」。
一 四七三頁中一三行夾註左「八百七十七」，徑作「八百八十七」。
一 四七三頁中一七行夾註右「嚴誡」，磧作「嚴誠」。
一 四七三頁下二行夾註右「或無」，磧、南作「或作」。
一 四七三頁下五行「焉意經」，磧作「馬意經」。又夾註「一十三」，資、磧、普、南、徑作「一十五」。
一 四七三頁下一八行夾註左「二紙」，磧作「三紙」。
一 四七四頁上一八行夾註左「二紙」，磧作「一紙」。
一 四七四頁下三行夾註「五恐怖經」，磧、普、南作「五恐而經」。
一 四七五頁下九行夾註右「那後五卷目得迦」，資作「陀那後五卷目得加」。
一 四七五頁下一一行夾註「四卷」，資作「三十四卷」。
一 四七六頁中一四至一五行「二十四」，資作「二十二」。
一 四七六頁中一八行「僧祐録云」，資、磧、普、南作「僧祐録云卷」。
一 四七六頁中一九行「僧璩」，磧作「僧琥」。
一 四七七頁上一三行夾註「六紙」，磧無。
一 四七七頁下九行夾註右「大目連」，資、磧、普、南、徑作「大目犍連」。
一 四七七頁下一〇行夾註右「二帙」，磧作「一帙」。
一 四七七頁下一二行夾註「二百六十五」，磧作「二百六十一」。
一 四七八頁中一一行「二法度論」，資、磧、普、南、徑作「三法度論」。又夾註左「或云十卷」，資、普作「或云一卷」。
一 四七八頁中一三行「入阿毗達磨論」，磧作「大阿毗達磨論」。
一 四七八頁下一〇行夾註「下云」，資、普作「亦云」。
一 四七八頁下一一行夾註「三百三十五」，資、普作「三百三十四」。
一 四七九頁上一〇行夾註「所撰集」，資作「撰集」。
一 四七九頁中五行夾註左「十一本八」，資作「元外國本一十八」；南作「本一木八」。
一 四七九頁中七行夾註左「此曰」，磧、南作「晉曰」。
一 四七九頁下六行夾註「佛醫土經」，資、磧、普、南、徑作「佛醫王經」。
一 四七九頁下八行夾註「一十五」，磧作「二十五」。
一 四八〇頁上五行夾註左「百五十三」，資、普、徑作「百五十二」。
一 四八〇頁下九行夾註「法句集法」，資、普作「去句集法」；磧作「法句經法」。

一　四八一頁下一行夾註左「二卷五十二」，資、普作「二卷五十三」；磧、南作「一卷五十三」。

一　四八一頁下一四行夾註「一百一十八」，資、普作「一百八十八」。

一　四八二頁上六行夾註左「及學士」，資、磧、普作「乃學士」。

一　四八二頁中一〇行夾註「二十三」，磧作「二十二」。

一　四八二頁中末行夾註「三十五」，磧作「三十三」。

一　四八二頁下八行首字「唐」，磧作「大唐」。

一　四八三頁上一一行夾註左「計四紙」，資、磧、普、南作「四紙」。

一　四八三頁上一一行經名、夾註下，磧、南有「唐釋義淨撰」五字。一二行、一三行同。

一　四八三頁上一四行「右三集唐釋義淨譯」，磧無。

開元釋教錄略出卷第一　英

庚午歲西崇福寺沙門　智昇　撰

般若部　揔二十二部

大般若波羅蜜多經六百卷

大唐三藏玄奘法師於玉華宮寺譯

計一万六百四十九紙六十帙

。從天　地　玄　黃起

。至果　珍　李　柰字

放光般若波羅蜜經三十卷

西晉三藏無羅叉共竺叔蘭譯

計六百二十六紙

。菜　重　芥

摩訶般若波羅蜜經三十卷

亦名大品般若經

姚秦三藏鳩摩羅什共僧叡等譯

計四百八十三紙

。薑　海　鹹

光讚般若波羅蜜經十卷

西晉三藏竺法護譯

摩訶般若波羅蜜經五卷

一名須菩提品　一名長安品

符秦天竺沙門曇摩蜱共竺佛念譯

計三百一十三紙

上二經十五卷二帙

。河　淡

道行般若波羅蜜經十卷

亦名般若道行品

後漢月支三藏支婁迦讖譯

自一帙

計一百七十一紙

。鱗

小品般若波羅蜜經十卷

姚秦三藏鳩摩羅什譯

自一帙　計一百六十二紙

。潛

大明度無極經六卷

亦名大明度經

吴月支優婆塞支謙譯

勝天王般若波羅蜜經七卷

陳優禪尼國王子月婆首那譯

計二百二十一紙

上二經十三卷同帙

。羽

文殊師利所說摩訶般若波羅蜜經一卷

梁扶南三藏曼陀羅仙譯

文殊師利所說般若波羅蜜經一卷

梁扶南三藏僧伽婆羅譯

濡首菩薩無上清淨分衛經二卷

宋沙門翔公於南海郡譯

金剛般若波羅蜜經一卷

姚秦三藏鳩摩羅什譯

金剛般若波羅蜜經一卷　婆伽婆

元魏天竺三藏菩提留支譯

金剛般若波羅蜜經一卷　祇樹林

陳天竺三藏真諦譯

金剛能斷般若波羅蜜經一卷

隋大業中三藏笈多譯

能斷金剛般若波羅蜜多經一卷　室羅筏

大唐三藏玄奘譯　出内典錄

能斷金剛般若波羅蜜多經一卷　名稱城

大唐天后代沙門義淨譯

實相般若波羅蜜經一卷

第五譯　新編入錄

大唐天后代三藏菩提流志譯

仁王護國般若波羅蜜經二卷

姚秦三藏鳩摩羅什譯

般若波羅蜜多心經一卷

大唐三藏玄奘譯

摩訶般若波羅蜜大明呪經一卷

姚秦三藏鳩摩羅什譯

上十三經十五卷同帙

計一百九十九紙

寶積部　　。翔　　捴八十二部
大寶積經一百二十卷
大唐南天竺三藏菩提流志等譯
計二千四十七紙
十二帙
。龍　師　火　帝　鳥　官
。人　皇　始　制　文　字
大方廣三戒經三卷
北涼天竺三藏曇無讖譯
無量清淨平等覺經二卷
後漢月支三藏支婁迦讖譯
阿弥陀經二卷
吴月支優婆塞支謙譯
無量壽經二卷
曹魏天竺三藏康僧鎧譯
上四經九卷同帙
。乃　計二百九紙
阿閦佛國經二卷
後漢月支三藏支婁迦讖譯
大乘十法經一卷　初云佛住王舍城
梁扶南三藏僧伽婆羅譯
普門品經一卷　亦云普門經
西晉三藏竺法護譯

胞胎經一卷　一名胞胎受身經
西晉三藏竺法護譯
文殊師利佛土嚴淨經二卷
西晉三藏竺法護譯
法鏡經一卷
後漢安息優婆塞安玄共沙門嚴佛調譯
上六經八卷同帙
計一百四十四紙
。服
郁迦羅越問菩薩行經二卷
西晉三藏竺法護譯
幻士仁賢經一卷
西晉三藏竺法護譯
決定毗尼經一卷
群録皆云燉煌竟不顯人名年代
發覺淨心經二卷
隋天竺三藏闍那崛多譯
優塡王經一卷
西晉沙門法炬譯
須摩提經一卷
西晉三藏竺法護譯
須摩提菩薩經一卷
姚秦三藏鳩摩羅什譯

阿闍世王女阿術達菩薩經一卷
西晉三藏竺法護譯
離垢施女經一卷
西晉三藏竺法護譯
上九經十卷同帙
計一百五十一紙
。衣
得無垢女經一卷
元魏婆羅門瞿曇般若流支譯
文殊師利所說不思議佛境界經二卷
天后代三藏菩提流志譯
如幻三昧經三卷
西晉三藏竺法護譯
聖善住意天子所問經三卷
元魏婆羅門瞿曇般若流支譯
第三譯　七譯四闕
太子刷護經一卷
西晉三藏竺法護譯
太子和休經一卷
僧祐録云安公録中失譯
上六經十一卷同帙
計一百七十五紙
。裳
慧上菩薩問大善權經二卷

大乘顯識經二卷
西晉三藏竺法護譯
大唐中天竺三藏地婆訶羅譯

大乘方等要慧經一卷
後漢安息三藏安世高譯

弥勒菩薩所問本願經一卷
西晉三藏竺法護譯

佛遺日摩尼寶經一卷
後漢月支三藏支婁迦讖譯

摩訶衍寶嚴經一卷
晉代譯　失三藏名

勝鬘師子吼一乘大方便方廣經一卷
宋天竺三藏求那跋陀羅譯

毗耶娑問經二卷
元魏婆羅門瞿曇般若流支譯
上八經十一卷同帙
計一百五十八紙

○推

大集部　揔二十四部　一百四十二卷

大方等大集經三十卷
北涼天竺三藏曇無讖於姑臧譯
自四帙
計八百四十九紙
位　讓　國　有

大方等大集日藏經十卷
隋天竺三藏那連提耶舍譯
自一帙　計二百一十三紙

○虞

大集月藏經十卷
高齊天竺三藏那連提耶舍譯
自一帙　計二百二十八紙

○陶

大乘大集地藏十輪經十卷
大唐三藏玄奘譯
自一帙　計一百七十二紙

○唐

大方廣十輪經八卷
失譯

大集須弥藏經二卷
高齊天竺三藏那連提耶舍共法智譯
上二經十卷同帙
計一百五十三紙

○弔

虛空藏菩薩經一卷
姚秦罽賓三藏佛陀耶舍歸罽賓譯

虛空藏菩薩神呪經一卷
宋罽賓三藏曇摩蜜多譯

虛空孕菩薩經二卷
隋天竺三藏闍那崛多等譯

觀虛空藏菩薩經一卷
宋罽賓三藏曇摩蜜多譯

菩薩念佛三昧經六卷
宋天竺沙門功德直共玄暢譯
上五經十一卷同帙
計一百六十二紙

○民

大方等大集菩薩念佛三昧經十卷
隋天竺三藏達摩笈多譯
第二譯　自一帙
計一百三十八紙

○伐

般舟三昧經三卷
後漢月支三藏支婁迦讖譯

拔陂菩薩經一卷　亦名拔陀經
僧祐録云安公古典經是般舟經初
四品異譯

大方等大集賢護經五卷
隋天竺三藏闍那崛多等譯
上三經九卷同帙
計一百五十五紙

○罪

阿差末經七卷

西晉三藏竺法護譯
無盡意菩薩經四卷
宋涼州沙門智嚴共寶雲譯
上二經十一卷同帙
計一百八十八紙
。周
大集譬喻王經二卷
隋天竺闍那崛多等譯
大哀經八卷
西晉三藏竺法護譯
上二經十卷同帙
計一百五十五紙
。發
寶女所問經四卷
西晉三藏竺法護譯
無言童子經二卷
西晉三藏竺法護譯
自在王菩薩經二卷
姚秦三藏鳩摩羅什於逍遥園譯
奮迅王問經二卷
元魏婆羅門瞿曇般若流支等譯
上四經十卷同帙
計一百八十八紙
。殷

寶星陀羅尼經十卷
大唐天竺三藏波羅頗蜜多羅譯
自一帙
計一百三十三紙
。湯
華嚴部　捴二十六部　一百八十七卷
大方廣佛華嚴經五十卷
東晉天竺三藏佛陀跋陀羅等譯
自五帙
計一千一百紙
。坐　朝　問　道　垂
大方廣佛華嚴經八十卷
大唐天后代于闐三藏實叉難陀等譯
自八帙
計一千三百七十二紙
。拱　平　章　愛　育　黎　首　臣
信力入印法門經五卷
元魏天竺三藏曇摩流支譯
度諸佛境界智光嚴經一卷
失譯
佛華嚴入如來德智不思議境界經二卷
隋天竺三藏闍那崛多等譯
大方廣入如來智德不思議經一卷
大唐天后代于闐實叉難陀譯

大方廣佛華嚴經不思議佛境界分一卷
天后代于闐三藏提雲般若譯
大方廣如來不思議境界經一卷
于闐三藏實叉難陀譯
大乘金剛髻珠菩薩修行分一卷
大唐天后代三藏菩提流志譯
大方廣佛華嚴經修慈分一卷
唐天后代三藏提雲般若譯
上八經十三卷同帙
計二百紙
。伏
大方廣普賢所説經一卷
唐天后代于闐三藏實叉難陀譯
莊嚴菩提心經一卷
姚秦三藏鳩摩羅什譯
大方廣菩薩十地經一卷
元魏西域三藏吉迦夜共曇曜譯
兜沙經一卷
後漢月支三藏支婁迦讖譯
菩薩本業經一卷
吳月支優婆塞支謙譯
諸菩薩求佛本業經一卷
西晉清信士聶道真譯
菩薩十住行道品一卷

或直云菩薩十住
西晉三藏竺法護譯
菩薩十住經一卷
東晉西域三藏祇多蜜譯
漸備一切智德經五卷
西晉三藏竺法護譯
上九經十三卷同帙
計一百七十紙
。戎
十住經四卷
姚秦三藏鳩摩羅什共佛陀耶舍譯
等目菩薩所問三昧經二卷
西晉三藏竺法護譯
顯無邊佛土功德經一卷
大唐三藏玄奘譯
如來興顯經四卷
西晉三藏竺法護譯
上四經十一卷同帙
計二百二十三紙
。羌
度世品經六卷
西晉三藏竺法護譯
羅摩伽經四卷
乞伏秦沙門釋聖堅譯

大方廣佛華嚴經續入法界品一卷
大唐中天竺三藏地婆訶羅譯
上三經十一卷同帙
計二百一十紙
。遐
涅槃部　總六部　五十八卷
大般涅槃經四十卷
北涼天竺三藏曇無讖於姑臧譯
自四帙
計七百八十紙
。邇　壹　體　率
大般涅槃經後譯荼毗分二卷
大唐南海波淩國沙門若那跋陀羅
共唐國沙門會寧於彼國共譯
出大周錄單本
大般涅槃經六卷
東晉平陽沙門釋法顯共覺賢譯
上二經八卷同帙
計一百八十五紙
。賓
方等般泥洹經二卷
西晉三藏竺法護譯
四童子三昧經三卷
隋天竺三藏闍那崛多等譯

大悲經五卷
高齊天竺三藏那連提耶舍共
法智譯
上三經十卷同帙
計一百八十二紙
。歸
五大部外諸重譯經　二百七十三部
五百八十八卷
方廣大莊嚴經十二卷
大唐中天竺三藏地婆訶羅譯
出大周錄第四譯
普曜經八卷
西晉三藏竺法護譯
上二經二十卷二帙
計三百七十一紙
。王　鳴
法華三昧經一卷
宋涼州沙門釋智嚴譯
無量義經一卷
蕭齊天竺沙門曇摩伽陀耶舍譯
薩曇分陀利經一卷
僧祐錄云安公錄中失譯
妙法蓮華經七卷
姚秦三藏鳩摩羅什譯

上四經十卷同帙
計一百九十紙
。鳳
正法華經十卷
西晉三藏竺法護譯
自一帙
計一百九十六紙
。在
妙法蓮華經八卷
隋天竺三藏崛多笈多二法師添品
維摩詰所說經三卷
姚秦三藏鳩摩羅什譯
上二經十一卷同帙
計二百三十七紙
。樹
維摩詰經三卷
吳月支優婆塞支謙譯
說無垢稱經六卷
大唐三藏玄奘譯
大方等頂王經一卷
西晉三藏竺法護譯
大乘頂王經一卷
梁優禪尼國王子月婆首那譯
上四經十一卷同帙

計一百九十六紙
。白
善思童子經二卷
隋天竺三藏闍那崛多等譯
大悲分陀利經八卷
失譯
上二經十卷同帙
計二百紙
。駒
悲華經十卷
北涼天竺三藏曇無讖於姑臧譯
自一帙　計二百三紙
。食
金光明最勝王經十卷
大唐天后代三藏義淨譯
自一帙　計一百五十三紙
。場
金光明經八卷
隋大興善寺沙門寶貴合出
佛說無上依經二卷 ——
佛說陀羅所問經三卷
後漢月支三藏支婁迦讖譯
上二經十一卷同帙
計一百八十六紙
。化

大樹緊那羅王所問經四卷
姚秦三藏鳩摩羅什譯
佛昇忉利天為母說法經三卷
西晉三藏竺法護譯
道神足無極變化經四卷
西晉安息三藏安法欽譯
上三經十一卷同帙
計一百五十七紙
。被
寶雨經十卷
大唐天后代南印度三藏達摩流支等譯
自一帙　計一百六十一紙
。草
寶雲經七卷
梁扶南三藏曼陀羅仙共僧伽婆羅等譯
阿維越致遮經四卷
西晉三藏竺法護譯
上二經十一卷同帙
計二百一十三紙
。大
不退轉法輪經四卷
僧祐録云安公涼土異經在北涼録

第二譯

廣博嚴淨不退轉輪經四卷

宋涼州沙門智嚴共寶雲譯

不必定入定入印經一卷

元魏婆羅門瞿曇般若流支譯

入定不定印經一卷

大唐天后代三藏義淨譯

上四經十卷同帙

計一百八十七紙

。韜

等集衆德三昧經三卷

西晉三藏竺法護譯

集一切福德三昧經三卷

姚秦三藏鳩摩羅什譯

持心梵天經四卷

西晉三藏竺法護譯

上三經十卷同帙

計一百九十八紙

。及

思益梵天所問經四卷

姚秦三藏鳩摩羅什譯

勝思惟梵天所問經六卷

元魏三藏菩提留支譯

上二經十卷同帙

計一百八十八紙

。萬

持人菩薩經三卷　或四卷

西晉三藏竺法護譯

持世經四卷

姚秦三藏鳩摩羅什譯

濟諸方等學經一卷

西晉三藏竺法護譯

大乘方廣總持經一卷

隋天竺三藏毗尼多流支譯

上四經十卷同帙

計一百六十二紙

。方

文殊師利現寶藏經二卷

西晉三藏竺法護譯

大方廣寶篋經二卷

宋天竺三藏求那跋陀羅譯

大乘同性經二卷

周宇文氏天竺三藏闍那耶舍等譯

證契大乘經二卷

大唐天竺三藏地婆訶羅譯

出大周錄第二譯

上四經八卷同帙

計一百六十紙

。甚

深密解脫經五卷

元魏天竺三藏菩提留支譯

解深密經五卷

大唐三藏玄奘譯

上二經十卷同帙

計一百五十紙

。此

解節經一卷

陳天竺三藏眞諦譯

相續解脫地波羅蜜了義經一卷

宋天竺三藏求那跋陀羅譯

緣生初勝分法本經二卷

隋天竺三藏達摩笈多譯

分別緣起初勝法門經二卷

大唐三藏玄奘譯

楞伽阿跋多羅寶經四卷

宋天竺三藏求那跋陀羅譯

上五經十卷同帙

計一百六十七紙

。身

入楞伽經十卷

元魏天竺三藏菩提留支譯

自一帙　計一百七十九紙

。駭
大乘入楞伽經七卷
大唐天后代于闐三藏實叉難陀譯
菩薩行方便境界神通變化經三卷
宋天竺三藏求那跋陀羅譯
上二經十卷同帙
計一百七十九紙
。四
大薩遮尼乾子所說經十卷
元魏天竺三藏菩提留支譯
自一帙　計一百四十四紙
。大
大方等大雲經四卷
亦名大方等無相經
北涼天竺三藏曇無讖譯
大雲請雨經一卷
宇文氏天竺三藏闍那耶舍等譯
大雲輪請雨經二卷
隋天竺三藏那連提耶舍譯
大方等大雲請雨經一卷
隋天竺三藏闍那崛多譯
上四經八卷同帙
計一百五十八紙
。五

諸法無行經二卷
姚秦三藏鳩摩羅什譯
諸法本無經三卷
隋天竺三藏闍那崛多等譯
無極寶三昧經一卷
西晉三藏竺法護譯
寶如來三昧經二卷
東晉西域三藏祇多蜜譯
慧印三昧經一卷
吳月支優婆塞支謙譯
如來智印經一卷
僧祐錄中失譯
上六經十卷同帙
計一百八十紙
。常
大灌頂經十二卷
東晉西域三藏帛尸梨蜜多羅譯
自一帙　計一百二十一紙
。恭
藥師如來本願經一卷
隋天竺三藏達摩笈多譯
藥師瑠璃光如來本願功德經一卷
大唐三藏玄奘譯
藥師瑠璃光七佛本願功德經二卷

大唐三藏義淨於大內佛光殿譯
阿闍世王經二卷
後漢月支三藏支婁迦讖譯
普超三昧經四卷
西晉三藏竺法護譯
放鉢經一卷
僧祐錄云安公錄失譯
上六經十一卷同帙
計一百八十三紙
。惟
月燈三昧經十一卷
高齊天竺三藏那連提耶舍譯
自一帙　計二百四紙
。鞠
月燈三昧經一卷
宋沙門釋先公譯
無所希望經一卷
西晉三藏竺法護譯
象腋經一卷
宋罽賓國三藏曇摩蜜多譯
入淨法門經一卷
西晉三藏竺法護譯
大莊嚴法門經二卷
隋天竺三藏那連提耶舍譯

如來莊嚴智慧光明入一切佛境界經二卷
元魏天竺三藏曇摩流支譯
度一切諸佛境界智嚴經一卷
梁扶南三藏僧伽婆羅等譯
後出阿弥陀佛偈經一卷
後漢失譯
觀無量壽佛經一卷
宋西域三藏畺良耶舍譯
兩譯一
阿弥陀經一卷
姚秦三藏鳩摩羅什譯
稱讚淨土佛攝受經一卷
大唐三藏玄奘譯
上十一經十三卷同帙
計一百九十紙
。卷
觀弥勒菩薩上生兜率天經一卷
宋居士沮渠京聲譯
弥勒成佛經一卷
姚秦三藏鳩摩羅什譯
弥勒來時經一卷
失譯
弥勒下生經一卷
姚秦三藏鳩摩羅什譯

弥勒下生成佛經一卷
大唐天后代三藏義淨譯
諸法勇王經一卷
宋罽賓三藏曇摩蜜多譯
一切法高王經一卷
元魏婆羅門瞿曇般若流支譯
第一義法勝經一卷
元魏婆羅門瞿曇流支譯
大威燈光仙人問疑經一卷
隋天竺三藏闍那崛多等譯
順權方便經二卷
西晉三藏竺法護譯
樂瓔珞莊嚴方便品經一卷
姚秦罽賓三藏曇摩耶舍譯
上十一經十二卷同帙
計一百四十八紙
。豈
六度集經八卷
吳天竺三藏康僧會譯
太子須大拏經一卷
乞伏秦沙門釋聖堅譯
菩薩睒子經一卷
僧祐録云安公録中失譯
睒子經一卷

乞伏秦沙門聖堅譯
太子慕魄經一卷
後漢安息三藏安世高譯
太子沐魄經一卷
西晉三藏竺法護譯
九色鹿經一卷
吳月支優婆塞支謙譯
上七經十四卷同帙
計一百九十二紙
。敢
無字寶篋經一卷
元魏天竺三藏菩提留支譯
大乘離文字普光明藏經一卷
大唐中天竺三藏地婆訶羅於西太
原寺譯
大乘遍照光明藏無字法門經一卷
三藏地婆訶羅重譯
老女人經一卷
吳月支優婆塞支謙譯
老母人經一卷
僧祐録中失譯
老母女六英經一卷
宋天竺三藏求那跋陀羅譯
月光童子經一卷

西晉三藏竺法護譯
申日晩本經一卷
宋天竺三藏求那跋陀羅譯
德護長者經二卷
隋天竺三藏那連耶舍譯
文殊師利問菩提經一卷
姚秦三藏鳩摩羅什譯
伽耶山頂經一卷
元魏天竺三藏菩提留支譯
象頭精舍經一卷
隋天竺沙門毗尼多流支譯
大乘伽耶山頂經一卷
唐天后代三藏菩提流志譯
長者子制經一卷
漢安息三藏安世高譯
菩薩逝經一卷
西晉沙門白法祖譯
逝童子經一卷
西晉沙門支法度譯
犢子經一卷
吳月支優婆塞支謙譯
乳光佛經一卷
西晉三藏竺法護譯
無垢賢女經一卷

西晉三藏竺法護譯
腹中女聽經一卷
北涼天竺三藏曇無讖譯
轉女身經一卷
宋罽賓三藏曇摩蜜多譯
上二十一經二十二卷同帙
計一百四十五紙
。毀
無上依經二卷
梁天竺三藏真諦譯
未曾有經一卷
漢失譯
甚希有經一卷
大唐三藏玄奘譯
決定總持經一卷
西晉三藏竺法護譯
謗佛經一卷
元魏天竺三藏菩提留支譯
寶積三昧文殊問法身經一卷
後漢安息三藏安世高譯
入法界體性經一卷
隋天竺三藏闍那崛多等譯
如來師子吼經一卷
元魏天竺三藏佛陀扇多譯

大方廣師子吼經一卷
唐中天竺三藏地婆訶羅譯
大乘百福相經一卷
地婆訶羅譯
大乘百福莊嚴相經一卷
地婆訶羅再譯
大乘四法經一卷
地婆訶羅於東太原寺譯
菩薩修行四法經一卷
地婆訶羅於弘福寺譯
希有校量功德經一卷
隋三藏闍那崛多等譯
最無比經一卷
大唐三藏玄奘譯
前世三轉經一卷
西晉沙門釋法炬譯
銀色女經一卷
元魏天竺三藏佛陀扇多譯
阿闍世王受決經一卷
西晉沙門釋法炬譯
採蓮違王上佛授決号妙華經一卷
亦直云採蓮違王經
西晉沙門竺曇無蘭譯
正恭敬經一卷

元魏三藏佛陀扇多譯

善恭敬經一卷

隋天竺三藏闍那崛多等譯

稱讚大乘功德經一卷

大唐三藏玄奘譯

說妙法決定業障經一卷

大唐至相寺沙門釋智嚴譯

上二十三經二十四卷同帙

計一百六十五紙

。傷

諫王經一卷

宋居士沮渠京聲譯

如來示教勝軍王經一卷

大唐三藏玄奘譯

佛爲勝光天子說王法經一卷

大唐三藏義淨譯

大方等修多羅王經一卷

元魏三藏菩提流支譯

轉有經一卷

元魏天竺三藏佛陀扇多譯

文殊師利巡行經一卷

元魏三藏菩提留支譯

文殊尸利行經一卷

隋天竺三藏闍那崛多等譯

貝多樹下思惟十二因緣經一卷

吴優婆塞支謙譯

緣起聖道經一卷

大唐三藏玄奘譯

稻稈經一卷

失譯

了本生死經一卷

吴月支優婆塞支謙譯

自誓三昧經一卷

後漢安息三藏安世高譯

如來獨證自誓三昧經一卷

西晉三藏竺法護譯

灌佛形像經一卷

西晉沙門釋法炬譯

摩訶刹頭經一卷

一名灌洗佛

乞伏秦沙門釋聖堅譯

造立形像福報經一卷

失譯

作佛形像經一卷

失譯

龍施女經一卷

吴月支優婆塞支謙譯

龍施菩薩本起經一卷

西晉三藏竺法護譯

八吉祥神呪經一卷

吴月支優婆塞支謙譯

八陽神呪經一卷

西晉三藏竺法護譯

八吉祥經一卷

梁扶南三藏僧伽婆羅譯

八佛名号經一卷

隋天竺三藏闍那崛多等譯

盂蘭盆經一卷

西晉三藏竺法護譯

報恩奉盆經一卷

失譯

浴像功德經一卷

大唐天竺三藏寶思惟譯

浴像經一卷

大唐三藏義淨譯

挍量數珠功德經一卷

大唐天竺三藏寶思惟譯

數珠功德經一卷

大唐三藏義淨譯

上二十九經二十九卷同帙

計一百三十紙

。女

不空羂索神變真言經三十卷
大唐天竺三藏菩提流志譯
自三帙
計五百一十六紙
。慕　貞　潔
不空羂索呪經一卷
隋天竺三藏闍那崛多等譯
不空羂索神呪心經一卷
大唐三藏玄奘譯
不空羂索陀羅尼自在王呪經三卷
大唐天后代天竺三藏寶思惟譯
不空羂索陀羅尼經一卷　或二卷
大唐天后代天竺婆羅門李無諂譯
千眼千臂觀世音菩薩陀羅尼神呪經二卷
大唐揔持寺沙門釋智通譯
千手千眼觀世音菩薩姥陀羅尼身經一卷
大唐南天竺三藏菩提留志譯
千手千眼觀世音菩薩廣大圓満無礙大悲心陀羅尼經一卷
大唐西天竺沙門伽梵達摩譯
觀世音菩薩秘密藏神呪經一卷
大唐天后代于闐三藏實叉難陀譯
觀世音菩薩如意摩尼陀尼經一卷
大唐天竺三藏寶思惟譯

上九經十二卷同帙
或十三卷
計一百六十一紙
。男

開元釋教録略出卷第一

開元釋教録略出卷第一
校勘記

一　底本，宋資福藏本。
一　四八六頁上一行「第一」下，磧、普有夾註「此號一卷」。
一　四八六頁上二行「西崇福寺」，徑、麗作「唐西崇福寺」。
一　四八六頁上五行「大唐」，徑、麗作「唐」。下同。
一　四八六頁上七行至八行「從……柰字」，徑、麗作「天字起至柰字止」。
一　四八七頁上一行「〇翔」，磧、南無。
一　四八七頁上二行「揔八十二部」，磧、普、南、徑、麗作「秦揔八十二部」。
一　四八七頁上二一行「初云佛」，南作「初法佛」。
一　四八七頁下一一行「天后代」，徑、麗作「唐」。下同。又末字「譯」，徑、麗作「譯南多天后代三字」。

一　四八八頁中一五行「二卷」，南作「一卷」。

一　四八八頁下一六行「拔陂菩薩經」，磧、麗作「拔陀菩薩經」。

一　四八九頁中一三行「大唐天后代」，徑、麗作「唐」。下同。又末字「譯」，徑、麗作「譯南多大唐天后代三字」。

一　四八九頁下四行「于闐三藏實叉難陀譯」，磧、南作「于闐三藏實叉難陀譯」；普、徑、麗作「唐于闐三藏實叉難陀譯」。

一　四九一頁下一一行「達摩流支」，磧作「達摩」。

一　四九一頁下二二行「大」，磧、普、南、徑、麗作「木」。

一　四九二頁中一九行「周宇文氏」，徑、麗作「宇文周」。

一　四九二頁下六行「上二經」，磧作「上三經」。

一　四九三頁上二〇行「一卷」，南、徑、麗作「二卷」。

一　四九三頁下二一行「入淨法門」，磧、南、徑作「大淨法門」。

一　四九五頁上二行「申日兜本經」，南、徑、麗作「申日兒本經」。

一　四九六頁中六行「失譯」，普、南、徑、麗作「失譯人名」。

一　四九六頁中一六行「一名灌洗佛」，南、徑、麗作夾註「一名灌洗佛形象經」。

一　四九七頁上七行「闍那崛多」，磧、南作「闍郡崛多」。

一　四九七頁上二二行「于闐」，磧作「千闐」。

一　四九七頁上末行末字「譯」下，徑有夾註「通卷同有」；麗有夾註「有通卷同」。

開元釋教錄略出卷第二　英

崇福寺沙門　智昇　撰

如意輪陀羅尼經一卷
大唐天竺三藏菩提流志譯
文殊師利根本一字陀羅尼經一卷
大唐三藏寶思惟譯
曼殊室利菩薩呪藏中一字呪王經一卷
大唐天后代三藏義淨譯
十二佛名神呪經一卷
隋天竺三藏闍那崛多等譯
稱讚如來功德神呪經一卷
大唐三藏義淨譯
觀自在菩薩如意陀羅尼經一卷
大唐三藏義淨譯
孔雀王呪經一卷
姚秦三藏鳩摩羅什譯
大金色孔雀王呪經一卷
失譯
佛說大金色孔雀王呪經一卷
失譯
孔雀王呪經二卷
梁扶南三藏僧伽婆羅　第七譯
大孔雀王經三卷
大唐三藏義淨於東都内道場譯

上十一經十四卷同帙
計一百七十一紙

陀羅尼集經十二卷　數内前七卷是才字函
○効
大唐中天竺三藏阿地瞿多譯
十一面觀世音神呪經一卷
周宇文氏天竺三藏耶舍崛多等譯
十一面神呪心經一卷
大唐三藏玄奘譯
摩利支天經一卷　失譯
大唐三藏玄奘譯
呪五首經一卷
大唐三藏玄奘譯
千轉陀羅尼觀世音菩薩呪經一卷
大唐揔持寺沙門智通譯
六字神呪經一卷
大唐天后代天竺三藏菩提流志譯
七俱胝佛大心准提陀羅尼經一卷
大唐中天竺三藏地婆訶羅譯
七俱胝佛母准提大明陀羅尼經一卷
大唐三藏金剛智譯
上九經二十卷二帙
計三百八十九紙
○才　良
觀自在菩薩隨心呪經一卷

大唐揔持寺沙門智通譯
種種雜呪經一卷
周宇文氏天竺三藏闍那崛多譯
佛頂勝陀羅尼經一卷
大唐朝散郎杜行顗奉　勅譯
佛頂最勝陀羅尼經一卷
大唐中天竺三藏地婆訶羅譯
佛頂尊勝陀羅尼經一卷
大唐罽賓沙門佛陀波利譯
最勝佛頂陀羅尼淨除業障經一卷
大唐中天竺三藏地婆訶羅於東都
再譯
佛頂尊勝陀羅尼經一卷
大唐三藏義淨譯
無量門微密持經一卷
吳月支優婆塞支謙譯
出生無量門持經一卷
東晉天竺三藏佛陀跋陀羅譯
阿難陀目佉尼呵離陀經一卷
宋天竺三藏求那跋陀羅譯
無量門破魔陀羅尼經一卷
宋西域沙門功德直共玄暢譯
阿難陀目佉訶離陀隣尼經一卷
元魏天竺三藏佛陀扇多譯

舍利弗陀羅尼經一卷
梁扶南三藏僧伽婆羅譯
一向出生菩薩經一卷
隋天竺三藏闍那崛多等譯
出生無邊門陀羅尼經一卷
大唐至相寺沙門智嚴譯
勝幢臂印陀羅尼經一卷
大唐三藏玄奘譯
妙臂印幢陀羅尼經一卷
大唐天后于闐三藏實叉難陀譯
上十七經十七卷同帙
計一百六十一紙
。知
無崖際持法門經一卷
乞伏秦沙門聖堅譯
尊勝菩薩所問一切諸法入無量門陀羅尼經一卷
高齊居士萬天懿譯
金剛上味陀羅尼經一卷
元魏天竺三藏佛陀扇多譯
金剛場陀羅尼經一卷
隋天竺三藏闍那崛多等譯
師子奮迅菩薩所問經一卷
失譯

華聚陀羅尼呪經一卷
失譯
華積陀羅尼神呪經一卷
吴月支優婆塞支謙譯
六字呪王經一卷
失譯
六字神呪王經一卷
失譯
虚空藏菩薩問七佛經一卷
失譯
如來方便善巧呪經一卷
隋天竺三藏闍那崛多等譯
持句神呪經一卷
吴月支優婆塞支謙譯
陀隣尼鉢經一卷
東晋西域沙門竺曇無蘭譯
東方最勝燈王如來經一卷
隋天竺三藏闍那崛多等譯
善法方便陀羅尼呪經一卷
失譯
金剛秘密善門陀羅尼經一卷
失譯
護命法門神呪經一卷
大唐天后代天竺三藏菩提流志譯

無垢淨光大陀羅尼經一卷
大唐天后代西域沙門弥陀山譯
請觀世音菩薩消伏毒害陀羅尼呪經一卷
東晋外國居士竺難提譯
上十六經十九卷同帙
計一百六十七紙
。過
内藏百寶經一卷
後漢月支三藏支婁迦讖譯
温室洗浴衆僧經一卷
後漢安息三藏安世高譯
須賴經一卷
前凉月支優婆塞支施崘譯
須賴經一卷
曹魏西域三藏帛延譯
私訶三昧經一卷
吴月支優婆塞支謙譯
菩薩生地經一卷
支謙譯
四不可得經一卷
西晋三藏竺法護譯
梵女守意經一卷
西晋三藏竺法護譯
成具光明定意經一卷

後漢西域三藏支曜譯
寶網經一卷
西晉三藏竺法護譯
菩薩行五十緣身經一卷
西晉三藏竺法護譯
菩薩修行經一卷
西晉河內沙門白法祖譯
諸德福田經一卷
西晉沙門法立法炬共譯
大方等如來藏經一卷
東晉天竺三藏佛陀跋陀羅譯
佛語經一卷
元魏天竺三藏菩提留支譯
金色王經一卷
元魏婆羅門瞿曇般若留支譯
演道俗業經一卷
乞伏秦沙門聖堅譯
百佛名經一卷
隋三藏那連提耶舍譯
上十八經十八卷同帙
計一百五十六紙
。必
稱揚諸佛功德經三卷
元魏西域三藏吉迦夜共曇曜譯

須真天子經二卷
西晉三藏竺法護譯
摩訶摩耶經二卷
蕭齊沙門釋曇景譯
除恐災患經一卷
乞伏秦沙門聖堅譯
孛經一卷
吳月支優婆塞支謙譯
觀世音菩薩授記經一卷
宋黃龍沙門釋曇無竭譯
上六經十卷同帙
計一百八十六紙
。改
海龍王經四卷
西晉三藏竺法護譯
首楞嚴三昧經三卷
姚秦三藏鳩摩羅什譯
觀普賢菩薩行法經一卷
宋罽賓三藏曇摩蜜多譯
觀藥王藥上菩薩經一卷
宋西域三藏畺良耶舍譯
不思議光菩薩所問經一卷
姚秦三藏鳩摩羅什譯
上五經十卷同帙

計一百七十十七紙
。得
十住斷結經十四卷
姚秦涼州沙門竺佛念譯
諸佛要集經二卷
西晉三藏竺法護譯
未曾有因緣經二卷
蕭齊沙門釋曇景譯
上三經一十八卷二帙
計二百七十二紙
。能　莫
菩薩瓔珞經十三卷
姚秦涼州沙門竺佛念譯
超日明三昧經二卷
西晉清信士聶承遠譯
上二經一十五卷二帙
計二百九十四紙
。志　固
賢劫經十卷
西晉三藏竺法護譯
自一帙
計二百一紙
。談
大乘經單譯　一百三十部

二百九十三卷　二十四帙
大法炬陀羅尼經二十卷
隋天竺三藏闍那崛多等譯
自二帙
計三百六紙
◦彼　短
大威德陀羅尼經二十卷
隋天竺三藏闍那崛多譯
計二百七十四紙
二帙
◦靡　恃
佛名經十二卷
元魏天竺三藏菩提留支譯
三劫三千佛名經三卷
過去莊嚴劫千佛名經一
現在賢劫千佛名
未來星宿劫千佛名
失譯　出長房録
上二部　二帙　十五卷
計三百六十七紙
◦已　長
五千五百佛名經八卷
隋天竺闍那崛多等譯
不思議功德諸佛所護念經二卷

曹魏代譯　失三藏名
上二經十卷同帙
計一百六十六紙
◦信
華手經十卷　一名攝諸善根經
姚秦三藏鳩摩羅什譯
自一帙十卷
計二百三十六紙
◦使
大方等陀羅尼經四卷
北涼沙門法衆於高昌郡譯
僧伽吒經四卷
元魏優禪尼國王子月婆首那譯
力莊嚴三昧經三卷
隋天竺三藏那連提耶舍譯
大方廣圓覺修多羅了義經一卷
大唐罽賓沙門佛陀多羅譯
上四經十二卷同帙
計一百八十一紙
◦可
觀佛三昧海經十卷
東晉天竺三藏佛陀跋陀羅譯
計一百六十七紙
自一帙

◦覆
大方便佛報恩經七卷
失譯
菩薩本行經三卷
失譯
上二經十卷同帙
計　百八十一紙
◦器
法集經六卷
元魏天竺三藏菩提留支譯
觀察諸法行經四卷
隋天竺三藏闍那崛多等譯
上二經十卷同帙
計一百九十五紙
◦欲
菩薩處胎經五卷
姚秦涼州沙門竺佛念譯
弘道廣顯三昧經四卷
西晉三藏竺法護譯
然燈功德經一卷
高齊天竺三藏那連提耶舍譯
上三經十卷同帙
計一百九十一紙
◦難

央掘魔羅經四卷
宋天竺三藏求那跋陀羅譯
無所有菩薩經四卷
隋天竺三藏闍那崛多等譯
明度五十挍計經二卷
後漢安息三藏安世高譯
上三經十卷同帙
計一百八十三紙
。量
中陰經二卷
姚秦涼州沙門竺佛念譯
大法鼓經二卷
宋天竺三藏求那跋陀羅譯
文殊師利問經二卷
梁扶南三藏僧伽那羅譯
月上女經二卷
隋天竺闍那崛多等譯
大方廣如來秘密藏經二卷
失譯
上五經十卷同帙
計一百九十四紙
。墨
大乘密嚴經三卷
唐中天竺三藏地婆訶羅譯

占察善惡業報經二卷
外國沙門菩提登譯
蓮華面經二卷
隋天竺三藏那連提耶舍譯
文殊師利問菩薩署經一卷
後漢月支三藏支婁迦讖譯
大乘造像功德經二卷
大唐天后代于闐三藏提雲般若譯
上五經十卷同帙
計一百五十四紙
。悲
廣大寶樓閣善住秘密陀羅尼經三卷
大唐南天竺三藏菩提流志譯
一字佛頂輪王經五卷
大唐三藏菩提流志譯
大陀羅尼末法中一字心呪經一卷
大唐北天竺三藏寶思惟譯
上三經九卷同帙
計一百八十八紙
。絲
大佛頂如來密因脩證了義諸菩薩万行首楞嚴經十卷
大唐循州沙門懷迪共梵僧於廣州譯
計一百五十七紙

自一帙
。染
大毗盧遮那成佛神變加持經七卷
大唐中天竺三藏輸波迦羅共沙門一行譯
蘇婆呼童子經三卷
大唐天竺三藏輸波迦羅譯
上二經十卷同帙
計一百六十三紙
。詩
蘇悉地羯羅經三卷
大唐中天竺三藏輸波迦羅譯
牟梨曼陀羅呪經一卷
失譯
金剛頂瑜伽中略出念誦法四卷
大唐南天竺三藏金剛智譯
上三經八卷同帙
計一百八十六紙
。讚
七佛所說神呪經四卷
晉代譯失三藏名　今附東晉録
大吉義神呪經四卷
元魏昭玄統沙門曇曜譯
文殊師利寶藏陀羅尼經一卷

大唐南天竺三藏菩提流志譯
金剛光焰止風雨陀羅尼經一卷
大唐三藏菩提流志譯
阿吒婆拘鬼神大將上佛陀羅尼經一卷
失譯
阿弥陀鼓音聲王陀羅尼經一卷
失譯
大普賢陀羅尼經一卷
失譯
大七寶陀羅尼經一卷
失譯
六字大陀羅尼經一卷
失譯
安宅神呪經一卷
後漢 失譯
已上六經同卷
摩尼羅亶經一卷
東晉西域沙門竺曇無蘭譯
玄師子颰陀所說神呪經一卷 或云幻師
東晉竺曇無蘭譯
護諸童子陀羅尼經一卷
元魏天竺三藏菩提留支譯
諸佛心陀羅尼經一卷
大唐三藏玄奘譯

拔濟苦難陀羅尼經一卷
大唐三藏玄奘譯
八名普密陀羅尼經一卷
大唐三藏玄奘譯
持世陀羅尼經一卷
大唐三藏玄奘譯
六門陀羅尼經一卷
大唐三藏玄奘譯
已上七經同卷
清淨觀世音普賢陀羅尼經一卷
大唐捴持寺沙門智通譯
上十九經二十五卷同帙
計二百一十二紙
○羔
智炬陀羅尼經一卷
大唐天后代于闐三藏提雲般若譯
諸佛集會陀羅尼經一卷
大唐天后代于闐三藏提雲般若譯
隨求即得大自在陀羅尼神呪經一卷
大唐天后代北天竺三藏寶思惟譯
百千印陀羅尼經一卷
大唐天后代于闐三藏實叉難陀譯
救面然餓鬼陀羅尼神呪經一卷
或云施餓鬼食呪經

大唐于闐三藏實叉難陀譯
莊嚴王陀羅尼呪經一卷
大唐天后代三藏義淨譯
香王菩薩陀羅尼呪經一卷
大唐三藏義淨譯
一切功德莊嚴王經一卷
大唐三藏義淨譯
拔除罪障呪王經一卷
大唐三藏義淨譯
善夜經一卷
大唐三藏義淨譯
虛空藏菩薩能滿諸願最勝心陀羅尼求聞持法經一卷
大唐中天竺三藏輸波迦羅譯
金剛頂經曼殊室利菩薩五字心陀羅尼品一卷
大唐南天竺三藏金剛智譯
觀自在如意輪菩薩瑜伽法要一卷
唐三藏金剛智譯
佛地經一卷
大唐三藏玄奘譯
佛垂般涅槃略說教誡經一卷
亦云臨般 亦云遺教
姚秦三藏鳩摩羅什譯

出生菩提心經一卷
隋天竺三藏闍那崛多等譯
佛印三昧經一卷
後漢安息三藏安世高譯
文殊師利般涅槃經一卷
西晉居士聶道真譯
異出菩薩本起經一卷　或無字起
西晉居士聶道真譯
千佛因緣經一卷
姚秦三藏鳩摩羅什譯
賢首經一卷　一名賢首夫人經
乞伏秦沙門釋聖堅譯
月明菩薩經一卷
或云月明童子　或云月明童男
吳月支優婆塞支謙譯
心明經一卷
一名心明女梵志婦飯汗施經
西晉三藏竺法護譯
滅十方冥經一卷
或云十方滅冥經
西晉三藏竺法護譯
鹿母經一卷
西晉三藏竺法護譯
魔逆經一卷
西晉三藏竺法護譯
上二十六經二十六卷同帙
計一百八十四紙
。羊
德光太子經一卷
一名賴吒和羅所問光太子經
西晉三藏竺法護譯
大意經一卷
宋天竺三藏求那跋陀羅譯
堅固女經一卷　一名牢固女經
隋天竺三藏那連提耶舍譯
商主天子所問經一卷
或無所問字
隋天竺三藏闍那崛多等譯
諸法最上王經一卷
隋天竺三藏闍那崛多等譯
師子莊嚴王菩薩請問經一卷
一名八曼荼羅經
大唐天竺三藏那提譯
離垢慧菩薩所問禮佛法經一卷
大唐天竺三藏那提譯
受持七佛名号所生功德經一卷
大唐三藏玄奘譯
佛臨涅槃記法住經一卷
大唐三藏玄奘譯
寂照神變三摩地經一卷
大唐三藏玄奘譯
差摩婆帝受記經一卷
元魏天竺三藏菩提留支譯
不增不減經一卷
元魏天竺三藏菩提留支譯
造塔功德經一卷
大唐中天竺三藏地婆訶羅譯
遶佛塔功德經一卷
大唐天后代于闐三藏實叉難陀譯
大乘四法經一卷
大唐天后代于闐三藏實叉難陀譯
有德女所問大乘經一卷
大唐天后代天竺三藏菩提流志譯
大乘流轉諸有經一卷
大唐天后代三藏義淨譯
妙色王因緣經一卷
大唐三藏義淨譯
佛爲海龍王說法印經一卷
大唐三藏義淨譯
師子素馱娑王斷宍經一卷
大唐至相寺沙門智嚴譯
般泥洹後灌臘經一卷

西晉三藏竺法護譯
八部佛名經一卷
元魏婆羅門瞿曇般若留支譯
上二十二經二十二卷同帙
計一百四十八紙
。景
菩薩内習六波羅蜜經一卷
後漢臨淮沙門嚴佛調譯
菩薩投身餓虎起塔因緣經一卷
北涼高昌沙門法盛譯
金剛三昧本性清淨不壞不滅經一卷
新爲　失譯
師子月佛本生經一卷
新爲　失譯
長者法志妻經一卷
失譯
薩羅國經一卷
失譯
十吉祥經一卷
失譯
長者女菴提遮師子吼了義經一卷
失譯
一切智光明仙人慈心因緣不食肉經一卷
失譯

金剛三昧經二卷
北涼　失譯
法滅盡經一卷
僧祐録中　失譯
甚深大迴向經一卷
僧祐録中　失譯
天王太子辟羅經一卷
僧祐録中云安公關中異經
優波夷淨行法門經二卷
僧祐録中異經安公涼土出
八大人覺經一卷
後漢安息三藏安世高譯
三品弟子經一卷
吴月支優婆塞支謙譯
四輩經一卷
西晉三藏竺法護譯
當來變經一卷
西晉三藏竺法護譯
過去佛分衛經一卷
西晉三藏竺法護譯
十二頭陀經一卷
宋天竺三藏求那跋陀羅譯
樹提伽經一卷
求那跋陀羅譯

長壽王經一卷
僧祐録云安公失譯
法常住經一卷
僧祐録云安公失譯
上二十三經二十五卷同帙
計一百四十三紙
。行
菩薩調伏藏　二十六部　五十四卷
五帙
菩薩地持經八卷　或八卷
或名地持論
北涼天竺三藏曇無讖於姑臧譯
自一帙八卷
計一百九十一紙
。維
菩薩善戒經十卷　一名菩薩地
宋罽賓三藏求那跋摩等譯
淨業障經一卷
失譯
上二經十一卷同帙
計二百七紙
。賢
優婆塞戒經七卷
是在家菩薩戒

北涼天竺三藏曇無讖於姑臧譯
梵網經二卷
姚秦三藏鳩摩羅什譯
受十善戒經一卷
後漢　失譯
上三經十卷同帙
計一百九十四紙
○剋
菩薩瓔珞本業經二卷　或無菩薩字
姚秦涼州沙門竺佛念譯
佛藏經四卷　一名釋諸法
姚秦三藏羅什譯
菩薩戒本一卷
出地持品中慈氏菩薩說
北涼天竺三藏曇無讖譯
菩薩戒本一卷
出瑜伽論本地分中菩薩地弥勒說
大唐三藏玄奘譯
菩薩戒羯磨文一卷
出瑜伽論本地分中菩薩地
弥勒菩薩說
大唐三藏玄奘譯
菩薩善戒經一卷
優波離問菩薩受戒法

宋罽賓三藏求那跋摩譯
上六經十卷同帙
計一百七十四紙
○念
菩薩內戒經一卷
宋罽賓三藏求那跋摩譯
優婆塞五戒威儀經一卷
宋罽賓三藏求那跋摩譯
文殊師利淨律經一卷　或云淨律經
西晉三藏竺法護譯
清淨毗尼方廣經一卷
姚秦三藏鳩摩羅什譯
寂調音所問經一卷
一名如來所說清淨調伏經
宋沙門釋法海譯
大乘三聚懺悔經一卷
隋天竺三藏闍那崛多等譯
菩薩五法懺悔文一卷
或云菩薩五法懺悔經
失譯
菩薩藏經一卷
梁扶南三藏僧伽波羅譯
三曼陀颰陀羅菩薩經一卷
西晉清信士聶道真譯

菩薩受齋經一卷
西晉清信士聶道真譯
文殊悔過經一卷
一名文殊五體悔過經
西晉三藏竺法護譯
舍利弗悔過經一卷　亦直云悔過經
後漢安息三藏安世高譯
法律三昧經一卷　亦直云法律經
吳月支優婆塞支謙譯
十善業道經一卷
大唐天后代于闐三藏實叉難陀譯
上十四經十四卷同帙
計一百五十五紙
○作
菩薩對法藏　九十七部
五百一十八卷　五十帙
大乘釋經論　二十一部
一百五十五卷　一十五帙
大智度論一百卷　或一百一十或七十
姚秦三藏鳩摩羅什譯
計二千一百五十五紙
自一十帙
○聖　德　建　名　立
○形　端　表　正　空

十地經論十二卷　或十五卷
元魏天竺三藏菩提留支等譯
自一帙
計二百五十紙
。谷
弥勒菩薩所問經論六卷
或六卷　或七卷　或十卷
元魏三藏菩提留支譯
大乘寶積經論四卷
元魏三藏菩提留支譯
寶髻菩薩四法經論一卷
天親菩薩造
元魏天竺三藏毗目智仙等譯
上三論十一卷同帙
計二百二十四紙
。傳
能斷金剛般若波羅蜜多經論頌一卷
亦云能斷金剛論
大唐三藏義淨譯
金剛般若論三卷　隋三藏達摩笈多譯
佛地經論七卷　大唐三藏玄奘譯
巳上三論十一卷同帙
計一百七十紙
。聲

金剛般若波羅蜜經論三卷
天親菩薩造　元魏菩提留支譯
能斷金剛般若波羅蜜多經論三卷
無著菩薩頌　世親菩薩釋
大唐三藏義淨譯
金剛般若波羅蜜經破取著不壞假名論二卷
功德施菩薩造　亦云功德論
大唐中天竺三藏地婆訶羅譯
文殊師利菩薩問菩提經論二卷
一名伽耶山頂經
婆藪槃豆菩薩造
元魏天竺三藏菩提留支譯
妙法蓮華經論一卷
婆藪槃豆菩薩造
元魏中天竺三藏勒那摩提共僧朗
等譯
上五論十一卷同帙
計一百七十九紙
。虛
法華經論二卷　初有歸敬頌者或一卷
元魏北天竺三藏菩提留支共曇林
等譯
勝思惟梵天所問經論四卷　或三卷成
元魏菩提留支譯

涅槃論一卷
婆藪槃豆菩薩造　略釋涅槃
元魏沙門達磨菩提譯
涅槃經本有今無偈論一卷　釋涅槃一頌
梁天竺三藏真諦譯
遺教經論一卷　新遺教經
陳天竺三藏真諦譯
無量壽經論一卷　婆藪槃豆釋
元魏天竺三藏菩提留支譯
三具足經論一卷
天親菩薩造有釋論無經本
元魏天竺三藏毗目智仙等譯
轉法輪經論一卷
天親菩薩造有釋論無本經
元魏天竺三藏毗目智仙等譯
上八論十一卷同帙
計一百六十五紙
。堂
大乘集義論　七十六部
三百六十三卷　三十五帙
瑜伽師地論一百卷
弥勒菩薩說
大唐三藏玄奘譯
計一千八百七十五紙

一十帙

。習 聽 禍 因 惡

。積 福 緣 善 慶

顯揚聖教論二十卷 無著菩薩造

大唐三藏玄奘譯

二帙

計三百三十八紙

。尺 璧

瑜伽師地論釋一卷

最勝子等菩薩造

大唐三藏玄奘譯

顯揚聖教論頌一卷 無著菩薩造

大唐三藏玄奘譯

王法正理論一卷 彌勒菩薩造

大唐三藏玄奘譯

大乘阿毗達磨集論七卷

無著菩薩造 大唐三藏玄奘譯

上四論十卷同帙

計一百四十九紙

。非

大乘阿毗達磨雜集論十六卷

安慧菩薩糅釋上集論

大唐三藏玄奘譯

中論四卷 龍樹菩薩本梵志青目釋

姚秦三藏鳩摩羅什譯

上二論二十卷二帙

計三百五十九紙

。寶 寸

般若燈論釋十五卷

龍樹菩薩本 分別明菩薩釋

大唐天竺三藏波羅頗蜜多羅譯

十二門論一卷 龍樹菩薩造

姚秦三藏鳩摩羅什譯

十八空論一卷

陳天竺三藏真諦譯

百論二卷 提婆菩薩造

婆藪開士釋

姚秦三藏鳩摩羅什譯

廣百論一卷 聖天菩薩造

大唐三藏玄奘譯

上五論二十卷二帙

計三百六十六紙

。陰 是

大乘廣百論釋論十卷

聖天本護法釋

大唐三藏玄奘譯

自一帙

計二百一十三紙

。競

十住毗婆沙論十五卷

龍樹菩薩造

姚秦三藏鳩摩羅什譯

菩提資粮論六卷

聖者龍樹本比丘自在釋

隋天竺三藏達摩笈多譯

上二論二十一卷 二帙

計三百七十五紙

。資 父

大乘莊嚴經論十三卷

無著造 或十五卷

唐天竺三藏波羅頗蜜多羅譯

自一帙

計二百一十一紙

。事

大莊嚴經論十五卷

姚秦三藏鳩摩羅什譯

順中論二卷

元魏婆羅門瞿曇般若流支譯

攝大乘論三卷

陳天竺三藏真諦譯

上三論二十卷 二帙

計三百一紙

攝大乘論二卷　○君　曰
元魏天竺三藏佛陀扇多譯
攝大乘論本三卷
大唐三藏玄奘譯
攝大乘論釋十五卷
陳天竺三藏真諦譯　梵云拘那羅陀 陳曰親依 或云波羅末陀 此云真諦
上三論二十卷　二帙
計五百二十三紙
攝大乘釋論十卷　○嚴　與
隋天竺三藏達摩笈多譯
自一帙
計一百五十九紙
攝大乘論釋十卷　○敬
大唐三藏玄奘譯
自一帙十卷
計一百八十四紙
攝大乘論釋十卷　○孝
大唐三藏玄奘譯
自一帙

計二百二十七紙
佛性論四卷　○當
陳天竺三藏真諦譯
決定藏論三卷
梁天竺三藏真諦譯
辯中邊論頌一卷
大唐三藏玄奘譯
中邊分別論二卷
陳天竺三藏真諦譯
上四論十卷同帙
計一百八十六紙
辯中邊論三卷　○竭
大唐三藏玄奘譯
究竟一乘寶性論五卷
元魏天竺三藏勒那摩提譯
業成就論一卷
元魏天竺三藏毗目智仙等譯
大乘成業論一卷
大唐三藏玄奘譯
因明正理門論本一卷
大域龍菩薩造　出内典録
大唐三藏玄奘譯

上五論十一卷同帙
計一百七十五紙
因明正理門論一卷　○力
大唐三藏義淨譯
大域龍菩薩造
新編入録第二譯
舊理門論周録單本
新勘為重譯
因明入正理論一卷
大唐三藏玄奘譯
顯識論一卷
陳天竺三藏真諦譯
轉識論一卷
陳三藏真諦譯
大乘唯識論一卷
元魏婆羅門瞿曇般若流支譯
大乘唯識論一卷
陳天竺三藏真諦譯
唯識二十論一卷
大唐三藏玄奘譯
成唯識寶生論五卷
大唐三藏義淨譯
唯識三十論一卷

大唐三藏玄奘譯
上九論十三卷同帙
計一百四十九紙
○忠
成唯識論十卷
大唐三藏玄奘譯
自一帙
計一百八十五紙
○則
大丈夫論二卷
北涼沙門釋道泰譯
入大乘論二卷
北涼沙門釋道泰譯
大乘掌珍論二卷
大唐三藏玄奘譯
大乘五蘊論一卷
大唐三藏玄奘譯
大乘廣五蘊論一卷
唐中天竺三藏地婆訶羅譯
寶行王正論一卷
陳三藏真諦譯
大乘起信論一卷
梁天竺三藏真諦譯
上七論十卷同帙

計一百八十五紙
○盡
大乘起信論二卷
大唐于闐三藏實叉難陀譯
發菩提心論二卷
姚秦三藏鳩摩羅什譯
三無性論二卷
陳三藏真諦譯
方便心論一卷
元魏沙門吉迦夜共曇曜譯
如實論一卷
梁三藏真諦譯
無相思塵論一卷
陳三藏真諦譯
觀所緣緣論一卷
大唐三藏玄奘譯
觀所緣論釋一卷
大唐三藏義淨譯
上八論十一卷同帙
計一百五十一紙
○命
迴諍論一卷
元魏三藏毗目智仙等譯
緣生論一卷

隋三藏達摩笈多譯
十二因緣論一卷
元魏三藏菩提留支譯
壹輸盧迦論一卷
元魏婆羅門瞿曇般若流支譯
大乘百法明門論一卷
大唐三藏玄奘譯
百字論一卷
元魏三藏菩提留支譯
解捲論一卷
陳三藏真諦譯
掌中論一卷
大唐三藏義淨譯
取因假設論一卷
大唐天后代三藏義淨譯
觀總相論頌一卷
大唐三藏義淨譯
止觀門論頌一卷
大唐三藏義淨譯
手杖論一卷
大唐三藏義淨譯
六門教授習定論一卷
大唐三藏義淨譯
大乘法界無差別論一卷

大唐天后代于闐三藏提雲般若譯

破外道小乘四宗論一卷

元魏天竺三藏菩提留支譯

破外道小乘涅槃論一卷

元魏三藏菩提留支譯

上十六論十六卷同帙

計一百一十一紙

○臨

都計合大乘經律論見流行者揔六百三十八部

二千七百四十五卷

二百五十八帙

開元釋教録略出卷第二　　英

開元釋教録略出卷第二

校勘記

一　底本，宋資福藏本。

一　四九九頁上一行「卷第二」，徑、麗作「卷第二上」。

一　四九九頁上二行「崇福寺」，徑、麗作「唐崇福寺」。

一　四九九頁上四行「大唐」，徑、麗作「唐」。下同。

一　四九九頁中四行「數內前七卷是才字函」，徑、麗無。

一　四九九頁中一六行「大唐天后代」，徑、麗作「唐」。下同。

一　五〇〇頁上一〇行「大唐天后」，徑、麗作「唐」。

一　五〇〇頁中六行及八行「失譯」，徑、麗無。

一　五〇〇頁中一〇行「失譯」，徑、麗作「三經俱失譯」。

一　五〇一頁下二二行末字「紙」，徑、麗作「紙、南藏作二百一紙」。

一　五〇二頁上九行至一〇行「計……二帙」，徑、麗作「自二帙計二百七十四紙」。

一　五〇二頁上一五行「名經一」，徑、麗作「名經一卷」。

一　五〇二頁上一六行及一七行「千佛名」，徑、麗作「千佛名經一卷」。

一　五〇二頁下七行第二字「百」，徑、麗作「一百」。

一　五〇三頁上一四行「問經」，南作「門經」。

一　五〇三頁中一行「二卷」，南作「三卷」。

一　五〇三頁下二一行「今附」，南作「今陀」。

一　五〇四頁下二三行「臨般」，南、徑、麗作「臨般涅槃」。

一　五〇五頁上七行「字起」，徑、麗作「起字」。

一　五〇五頁上一七行第一〇字「汗」，南、徑、麗作「汁」。

一　五〇五頁中二二行「受持」，磧作

「受特」。

一　五〇五頁下三行末字「譯」，至此徑、麗卷第二上終，卷第二下始。

一　五〇五頁下九行「地婆訶羅」，磧作「地婆訶」。

一　五〇五頁下二二行「斷害經」，南、徑、麗作「斷肉經」。

一　五〇六頁上一二行及一四行「新爲」，南、徑、麗無。

一　五〇六頁上一八行、二〇行、二二行「失譯」，徑、麗無。

一　五〇六頁上一九行「一卷」，磧作「二卷」。

一　五〇六頁上末行「失譯」，徑、麗作「四經俱失譯」。

一　五〇六頁下一一行「或八卷」，徑、麗無。

一　五〇七頁上一七行末字「説」，磧作「詔」。

一　五〇七頁上末行「優波」，徑、麗作「南藏注優婆」。

一　五〇七頁下一七行第五字「論」，徑、麗無。

一　五〇八頁上二二行首字「已」，徑、麗無。

一　五〇八頁下九行末字「譯」，磧、南作「釋」。

一　五〇八頁下一六行「十一卷」，南、徑、麗作「十二卷」。

一　五〇八頁下二〇行「三十五」，磧、普、南、徑、麗作「十五」。

一　五〇九頁中末行「二百」，普、徑、麗作「一百」。

一　五〇九頁下七行首字「隋」，普、南、徑、麗無。

一　五一〇頁下二二行「五卷」，徑、麗作「一卷」。

一　五一一頁中七行「三無」，普、徑、麗作「二無」。

一　五一一頁下一〇行「解捲論」，徑、麗作「解捲經」。

一　五一二頁上七行「一百一十一」，徑、麗作「一百一十二」。

一　五一二頁上九行「都計」，徑、麗作「總計」。又第一三字「捴」，徑、麗作「凡」。

一　五一二頁上末行「卷第二」，徑、麗作「卷第二下」。

開元釋教録略出卷第三　崇福寺沙門　智昇　撰　英

長阿含經二十二卷
姚秦罽賓三藏佛陀耶舍共竺法念譯
計四百四十八紙　自二帙
。深　履

中阿含經六十卷　或五十八卷
東晉罽賓三藏瞿曇僧伽提婆譯
自六帙　計一千一百八十一紙
。薄　夙　興　温　凊　似

增壹阿含經五十一卷
東晉罽賓三藏瞿曇僧伽提婆譯
自五帙　計八百四十一紙
。蘭　斯　馨　如　松

雜阿含經五十卷
宋天竺三藏求那跋陀羅譯
自五帙　計一千八十四紙
。之　盛　川　流　不

別譯雜阿含經二十卷
失譯
自二帙　計三百一十八紙
。息　淵

佛般泥洹經二卷　或直云泥洹經
西晉河内沙門白法祖譯

般泥洹經二卷　或無般字
新爲失譯附東晉録

大般涅槃經三卷
東晉平陽沙門釋法顯譯

人本欲生經一卷
後漢安息三藏安世高譯

尸迦羅越六向拜經一卷
或云尸迦羅越六方礼經
後漢安息三藏安世高譯

梵志阿颰經一卷　一名佛開解字
一名阿颰摩納經
吳月支優婆塞支謙譯

梵網六十二見經一卷　一名梵網經
吳月支優婆塞支謙譯

寂志果經一卷
東晉西域沙門竺曇無蘭譯
上八經十二卷同帙
計二百二十四紙
。澄

起世經十卷
隋天竺三藏闍那崛多等譯
自一帙　計一百七十四紙
。取

起世因本經十卷
隋天竺三藏達摩笈多譯
自一帙　計一百七十六紙
。映

樓炭經六卷　或云大樓炭經
西晉沙門釋法炬共法立譯

長阿含十報法經二卷
一名多增道章經　或直云十報經
後漢安息三藏安世高譯

中本起經二卷　或云太子中本起經
後漢西域沙門曇果共沙門康孟詳
譯　上三經十卷同帙
計一百七十八紙
。容

七知經一卷　或云七智經
吳月支優婆塞支謙譯

鹹水喻經一卷　或云鹹水譬經
僧祐録云安公失譯經今附西晉録

一切流攝守因經一卷
後漢安息三藏安世高譯

四諦經一卷
後漢安息三藏安世高譯

恒水經一卷　亦云恒水喻經
西晉沙門釋法炬譯

本相倚致經一卷　亦云大相倚致經

後漢安息三藏安世高譯
録本致經一卷
失譯今附東晉録
頂生王故事經一卷　或云頂生王經
西晉沙門釋法炬譯
文陀竭王經一卷
北涼天竺三藏曇無讖譯
閻羅王五天使者經一卷
一名鐵城泥犂經
宋沙門釋慧簡譯
鐵城泥犂經一卷
東晉西域沙門竺曇無蘭譯
古來世時經一卷
失譯今附東晉録
阿那律八念經一卷　或直云八念經
亦名禪行斂意經
後漢西域三藏支曜譯
離睡經一卷　亦名菩薩訶睡眠經
西晉三藏竺法護譯
是法非法經一卷
後漢安息三藏安世高譯
求欲經一卷
西晉沙門釋法炬譯
受歲經一卷
西晉沙門竺法護譯
梵志計水淨經一卷
失譯今附東晉録拾遺編入
苦陰經一卷　一名陰因事經
失譯在後漢録拾遺編入
釋摩男本經一卷
吳月支優婆塞支謙譯
苦陰因事經一卷
西晉沙門釋法炬譯
樂想經一卷
西晉三藏竺法護譯
漏分布經一卷
後漢安息國三藏安世高譯
阿耨颰經一卷
東晉西域沙門竺曇無蘭譯
諸法本經一卷
吳月支優婆塞支謙譯
瞿曇彌記果經一卷
宋沙門釋慧簡譯
瞻婆比丘經一卷　或云瞻波經
西晉沙門釋法炬譯
伏婬經一卷
西晉沙門釋法炬譯
魔嬈乱經一卷　一名魔王入目揵蘭腹經
亦云弊魔試目連經
失譯　在漢録
弊魔試目連經一卷　一名魔嬈乱經
吳月支優婆塞支謙譯
上三十經三十卷同帙
計一百三十五紙
○止
賴吒和羅經一卷
一名羅漢賴吒和羅經
吳月支優婆塞支謙譯
善生子經一卷
西晉沙門支法度譯
數經一卷
西晉沙門法炬譯
梵志頞羅延問種尊經一卷
東晉沙門竺曇無蘭譯
三歸五戒慈心厭離功德經一卷
失譯今附東晉録
須達經一卷　一名須達長者經
蕭齊天竺三藏求那毗地譯
佛爲黄竺園老婆羅門說學經一卷
僧祐録　失譯今附宋録
梵魔喻經一卷
吳月支優婆塞支謙譯

尊上經一卷
西晉三藏竺法護譯
鸚鵡經一卷　亦名兜調經
宋天竺三藏求那跋陀羅譯
兜調經一卷
僧祐錄云安公失譯經今附西晉錄
意經一卷
西晉三藏竺法護譯
應法經一卷
西晉三藏竺法護譯
泥犁經一卷
或云阿泥犁經
優波夷墮舍迦經一卷
東晉西域沙門竺曇無蘭譯
僧祐錄中失譯經今附宋錄
齋經一卷　一名持齋經
吳月支優婆塞支謙譯
鞞摩肅經一卷
宋天竺三藏求那跋陀羅譯
婆羅門子命終愛念不離經一卷
後漢安息三藏安世高譯
十支居士八城人經一卷　亦直云十支經
後漢安息三藏安世高譯
邪見經一卷
僧祐錄中失譯今附宋錄
箭喻經一卷
失譯今附東晉錄
普法義經一卷　一名具法行經
亦名普義第一譯
後漢安息三藏安世高譯
廣義法門經一卷　第三譯
陳天竺三藏真諦譯
戒德香經一卷　或云戒德經
東晉西域沙門竺曇無蘭譯
四人出現世間經一卷
宋天竺三藏求那跋陀羅譯
波斯匿王太后崩塵土坌身經一卷
西晉沙門釋法炬譯
須摩提女經一卷
吳月支優婆塞支謙譯
婆羅門避死經一卷
後漢安息三藏安世高譯
食施獲五福報經一卷
一名施色力經　一名福德經
失譯今附東晉錄
頻毗娑羅王詣佛供養經一卷　亦云頻婆
西晉沙門釋法炬譯
長者子六過出家經一卷
宋沙門釋法簡譯
鴦崛摩經一卷　或有作魔字
一名指鬘經
西晉三藏竺法護譯
上三十二經三十二卷同帙
計一百六十一紙
。若
鴦崛髻經一卷
西晉沙門釋法炬譯
力士移山經一卷　或直云移山經
亦云四未有經
西晉三藏竺法護譯
四未曾有法經一卷
亦云四未曾有經無法字
西晉三藏竺法護譯
舍利弗摩目揵連遊四衢經一卷
後漢外國三藏康孟詳譯
七佛父母姓字經一卷
一名七佛姓字經
曹魏失譯
放牛經一卷　亦云牧牛經
姚秦三藏鳩摩羅什譯
緣起經一卷　亦云十二緣起
大唐三藏玄奘譯

十一想思念如來經一卷
或云十二思惟
宋天竺三藏求那跋陀羅譯
四泥犁經一卷　或云四大泥犁
東晉西域沙門竺曇無蘭譯
阿那邠邸化七子經一卷
後漢安息三藏安世高譯
大愛道般泥洹經一卷
西晉河内沙門白法祖譯
佛母般泥洹經一卷
宋沙門釋慧簡譯
國王不棃先尼十夢經一卷
東晉西域沙門竺曇無蘭譯
舍衛國王夢見十事經一卷
僧祐録中云安公失譯經今附西晉録
阿難同學經一卷
後漢安息國三藏安世高譯
五蘊皆空經一卷
大唐三藏義淨譯
七處三觀經二卷
後漢安息國三藏安世高譯
聖法印經一卷　亦直云聖印經
亦云慧印經
西晉三藏竺法護譯

雜阿含經一卷
失譯在魏吳録
五陰譬喻經一卷
名水沫所漂經　亦名五陰喻
後漢安息三藏安世高譯
水沫所漂經一卷
亦云河中大聚沫
或云聚沫譬經
東晉西域沙門竺曇無蘭譯
不自守意經一卷　或無意字
吳月支優婆塞支謙譯
滿願子經一卷
晉代失譯今附東晉録
轉法輪經一卷　或云法輪轉經
後漢安息三藏安世高譯
三轉法輪經一卷
大唐三藏義淨譯
八正道經一卷
後漢安息三藏安世高譯
難提釋經一卷
西晉沙門釋法炬譯
馬有三相經一卷　亦云善馬有三相
後漢西域三藏支曜譯
馬有八態譬人經
亦直云馬有八態經
後漢三藏支曜譯
相應相可經一卷
西晉沙門釋法炬譯
治禪病秘要經二卷　或云法無經字
宋居士沮渠京聲譯
上三十一經三十三卷同帙
計一百六十四紙
○思
摩鄧女經一卷
一名阿難爲蠱道女惑經
後漢安息三藏安世高譯
摩鄧女解形中六事經一卷
失譯今附東晉録
摩登伽經三卷
吳天竺沙門竺律炎共支謙譯
舍頭諫經一卷　一名太子二十八宿經
西晉三藏竺法護譯
鬼問目連經一卷
後漢安息三藏安世高譯
雜藏經一卷　與前後經文理稍別
東晉平陽沙門釋法顯譯
餓鬼報應經一卷
一名說地獄餓鬼因緣經

失譯令附東晉錄
阿難問事佛吉凶經一卷
或云阿難問事經
亦云事佛吉凶經
後漢安息三藏安世高譯
慢法經一卷
西晉沙門釋法炬譯
阿難分別經一卷
乞伏秦沙門釋聖堅譯
五母子經一卷
吳月支優婆塞支謙譯
沙弥羅經一卷
僧祐錄中安公關中異譯經在三秦錄
玉耶女經一卷　或云玉耶經
僧祐錄云安公失譯經令附西晉錄
玉耶經一卷
一云長者詣佛說子婦無敬經
東晉西域沙門竺曇無蘭譯
阿遬達經一卷
宋天竺三藏求那跋陀羅譯
修行本起經二卷
一名宿行本起經
後漢西域沙門竺大力共康孟詳譯
上十六經十九卷同帙
計一百五十紙

。言
太子瑞應本起經二卷
吳月支優婆塞支謙譯
亦名本起瑞應
亦直云瑞應本起
過去現在因果經四卷
宋天竺三藏求那跋陀羅譯
法海經一卷
西晉沙門釋法炬譯
海八德經一卷
姚秦三藏鳩摩羅什譯
四十二章經一卷
後漢天竺沙門迦葉摩騰共竺法蘭譯
柰女耆域因緣經一卷
或無因緣字　或直云柰女經
後漢安息三藏安世高譯
罪業應報教化地獄經一卷
或云地獄報應經
後漢安息三藏安世高譯
龍王兄弟經一卷
一名降龍王經　一名難龍王經
吳月支優婆塞支謙譯
長者音悅經一卷
或云長者音悅不蘭迦葉經
吳月支優婆塞支謙譯
上九經十三卷同帙
計一百七十二紙

。辭
禪秘要經三卷　或云禪秘要法經
姚秦三藏鳩摩羅什譯
七女經一卷　一名七女本經
吳月支優婆塞支謙譯
八師經一卷
吳月支優婆塞支謙譯
越難經一卷　一名曰難長者經
一名難經
西晉清信士聶承遠譯
所欲致患經一卷
西晉三藏竺法護譯
阿闍世王問五逆經一卷
西晉沙門釋法炬譯
五苦章句經一卷　一名五道章句經
東晉西域沙門竺曇無蘭譯
堅意經一卷　一名堅心正意經
一名堅心經
後漢安息三藏安世高譯
淨飯王涅槃經一卷

宋居士沮渠京聲譯

進學經一卷　或云勸進學經

宋居士沮渠京聲譯

得道梯橙錫杖經一卷　亦云錫杖經

失譯今附東晉録

貧窮老翁經一卷

一名貧老經

宋沙門釋慧簡譯

三摩竭經一卷　一名恕和檀王經

一名難國王經

天竺沙門竺律炎譯

蓱沙王五願經一卷　一名佛沙迦王經

吳月支優婆塞支謙譯

瑠璃王經一卷

西晉三藏竺法護譯

上十五經十七卷同帙

計一百四十紙

。安

生經五卷　有云五十五經

西晉三藏竺法護譯

義足經二卷

吳月支優婆塞支謙譯

上二經七卷同帙

計一百五十五紙

。定

小乘經單譯　八十七部二百一十四卷

一十七帙

正法念處經七十卷

元魏婆羅門瞿曇般若流支譯

自七帙

計一千二百四十紙

。篤　初　誠　美　慎　終　宜

佛本行集經六十卷

隋天竺三藏闍那崛多等譯

自六帙

計九百一十四紙

。令　榮　業　所　基　籍

本事經七卷

大唐三藏玄奘譯　出内典録

興起行經二卷

亦名嚴誡宿緣經題云出雜藏

後漢外國三藏康孟詳譯

業報差別經一卷

隋洋川郡守瞿曇法智譯

上三經十卷同帙

計一百四十七紙

。甚

大安般守意經二卷

亦直云大安般經安公云小安般

後漢安息三藏安世高譯

陰持入經二卷　或作陰字誤也

後漢安息三藏安世高譯

處處經一卷

後漢安息三藏安世高譯

分別善惡所起經一卷

後漢安息三藏安世高譯

出家緣經一卷　一名出家因緣經

後漢安息國三藏安世高譯

阿含正行經一卷　一名正意經

後漢安息三藏安世高譯

十八泥犁經一卷　或云十八地獄經

後漢安息三藏安世高譯

罵意經一卷

後漢安息三藏安世高譯

法受塵經一卷

後漢安息三藏安世高譯

禪行法想經一卷

後漢安息三藏安世高譯

長者子懊惱三處經一卷

亦名長者懊惱經　亦名三處惱處

後漢安息三藏安世高譯

揵陀國王經一卷　或無國字
後漢安息三藏安世高譯
須摩提長者經一卷
吳月支優婆塞支謙譯
阿難四事經一卷
吳月支優婆塞支謙譯
未生怨經一卷
吳月支優婆塞支謙譯
四願經一卷
吳月支優婆塞支謙譯
黑氏梵志經一卷
吳月支優婆塞支謙譯
猘狗經一卷　祐云與猘狗同
吳月支優婆塞支謙譯
分別經一卷
舊云與阿難分別經等同本者非也
西晉三藏竺法護譯
八關齋經一卷
宋居士沮渠京聲譯
阿鳩留經一卷
僧祐錄中云安公古典經今附漢錄
孝子經一卷　亦云孝子報恩經
僧祐錄云安公失譯經今附西晉錄
上二十二經二十四卷同帙

計一百五十五紙
無。
五百弟子自說本起經一卷
或云自說　亦云本末經
西晉三藏竺法護譯
大迦葉本經一卷　或無本字
西晉三藏竺法護譯
四自侵經一卷
西晉三藏竺法護譯
羅云忍辱經一卷　或直云忍辱經
西晉沙門釋法炬譯
佛為年少比丘說正事經一卷
西晉沙門釋法炬譯
沙曷比丘功德經一卷
西晉沙門釋法炬譯
時非時經一卷　或直云時經
外國法師若羅嚴譯
莫知年代出經後記
自愛經一卷　或云自不自愛經
東晉西域沙門竺曇無蘭譯
中心經一卷　亦云中心正行經
東晉西域沙門竺曇無蘭譯
見正經一卷　名生死變識經
東晉西域沙門竺曇無蘭譯

大魚事經一卷
東晉西域沙門竺曇無蘭譯
阿難七夢經一卷　或直云七夢經
東晉西域沙門竺曇無蘭譯
呵鵰阿那含經一卷
一名荷鵰或作苛字
東晉西域沙門竺曇無蘭譯
燈指因緣經一卷
姚秦三藏鳩摩羅什譯
婦人遇辜經一卷　一名婦遇對經
乞伏秦沙門釋聖堅譯
四天王經一卷
宋涼州沙門釋智嚴共寶雲譯
摩訶迦葉度貧母經一卷
宋天竺三藏求那跋陀羅譯
十二品生死經一卷
宋天竺三藏求那跋陀羅譯
罪福報應經一卷
一名轉輪五道罪福報應經
宋天竺三藏求那跋陀羅譯
五無返復經一卷　一名五返復大義經
宋居士沮渠京聲譯
佛大僧大經一卷
宋居士沮渠京聲譯

耶祇經一卷　宋居士沮渠京聲譯
末羅王經一卷　宋居士沮渠京聲譯
摩達國王經一卷　宋居士沮渠京聲譯
旃陀越國王經一卷　或無國王字　宋居士沮渠京聲譯
五恐怖世經一卷　或無世字　宋居士沮渠京聲譯
弟子死復生經一卷　或云死亡更生經　宋居士沮渠京聲譯
懈怠耕者經一卷　或云耕兒　宋沙門釋惠簡譯
辯意長者子經一卷　或云長者子辯意經或加所問字　元魏沙門釋法場譯
無垢優婆夷問經一卷　元魏婆羅門瞿曇般若流支譯
上三十經三十卷同帙
計一百二十九紙
○竟
賢者五福經一卷　西晉河内沙門白法祖譯

天請問經一卷　大唐三藏玄奘譯
僧護經一卷　或有因緣字　失譯今附東晉録
護淨經一卷　失譯今附東晉録
木槵子經一卷　或作患字又作擐　失譯今附東晉録
無上處經一卷　失譯今附東晉録
盧志長者因緣經一卷　失譯今附東晉録
五王經一卷　失譯今附東晉録
出家功德經一卷　失譯今附東晉録
旃檀樹經一卷　僧祐録云安公古典經今附漢録
頞多和多耆經一卷　僧祐録云安公失譯經今附西晉録
普達王經一卷　僧祐録云安公失譯經今附西晉録
佛滅度後棺斂葬送經一卷　亦云比丘師經、亦名師比丘經

鬼子母經一卷　僧祐録云安公失譯經今附西晉録
梵摩難國王經一卷　僧祐録云安公失譯經今附西晉録
父母恩難報經一卷　亦云勤報經　後漢安息三藏安世高譯
孫多耶致經一卷　或上加梵志字　吳月支優婆塞支謙譯
新歲經一卷　東晉西域沙門竺曇無蘭譯
群牛譬經一卷　西晉沙門釋法炬譯
九横經一卷　後漢安息三藏安世高譯
禪行三十七經一卷　或加品字　後漢安息三藏安世高譯
比丘避女惡名欲自殺身經一卷　西晉沙門釋法炬譯
比丘聽施經一卷　一名聽施比丘經　東晉西域沙門竺曇無蘭譯

身觀經一卷　西晉三藏竺法護譯

無常經一卷　亦名三啓經

大唐天后代三藏義淨譯

八無暇有暇經一卷

大唐天后代三藏義淨譯

長爪梵志請問經一卷

大唐天后代三藏義淨譯

譬喻經一卷　大唐天后代三藏義淨譯

略教誡經一卷　大唐天后代三藏義淨譯

療痔病經一卷　亦云痔瘻經

大唐天后代三藏義淨譯

上三十經三十卷同帙

計一百八紙

。學

聲聞調伏藏　五十四部

四百四十六卷　四十五帙

摩訶僧祇律四十卷

東晉天竺三藏佛陀羅共法顯譯

單本

自四帙

計一千一十五紙

十誦律六十一卷　內五十八卷

姚秦三藏弗若多羅等共羅什譯

。優　登　仕　攝

後毗尼序三卷

東晉三藏畀摩羅叉續譯

自六帙

計一千四百七十四紙

。職　從　政　存　以　甘

根本說一切有部毗柰耶五十卷

唐天后代三藏義淨譯

自五帙　計九百三紙

。棠　去　而　益　詠

根本說一切有部苾芻尼毗柰耶二十卷

大唐三藏義淨譯

自二帙　計三百七十九紙

。樂　殊

根本說一切有部毗柰耶雜事四十卷

大唐三藏義淨譯

自四帙　計六百六十六紙

。貴　賤　禮　別

根本說一切有部尼陀那目得迦十卷

唐天后代三藏義淨譯

自一帙　計一百三十四紙

。尊

五分律三十卷　亦云弥沙塞律

宋罽賓三藏佛陀什共竺道生等譯

自三帙　計六百四十紙

。甲　上　和

四分律六十卷

姚秦罽賓三藏佛陀耶舍共竺佛念等譯

自六帙　計一千三百六十紙

。下　睦　夫　唱　婦　隨

僧祇比丘戒本一卷

亦云摩訶僧祇戒本

東晉天竺三藏佛陀跋陀羅譯

僧祇比丘尼戒本一卷

亦云比丘尼波羅提木叉僧祇戒本

東晉平陽沙門法顯共覺賢譯

十誦比丘戒本一卷

亦云十誦波羅提木叉戒本

姚秦三藏鳩摩羅什譯

十誦比丘尼戒本一卷

亦云十誦比丘尼波羅提木叉戒本

宋長干寺沙門法頴集出

根本說一切有部戒一卷

大唐三藏義淨譯

根本說一切有部苾芻尼戒一卷

大唐三藏義淨譯
五分比丘戒本一卷
亦云弥沙塞戒本
宋罽賓三藏佛陀什等譯
上七經七卷同帙
計一百七十八紙
。外
五分比丘尼戒本一卷
亦云弥沙塞尼戒
宋罽賓三藏佛陀什等譯
出寶唱録
四分比丘戒本一卷
題云四分戒本
大唐西太原寺沙門懷素依律集出
四分比丘尼戒本一卷
題云四分尼戒本
大唐西太原寺沙門懷素依律集出
四分僧戒本一卷
或無僧字　或云曇無德戒本
姚秦罽賓三藏佛陀耶舍譯
解脱戒本一卷
出迦葉毗部
元魏婆羅門瞿曇般若流支譯
沙弥十戒法并威儀一卷
亦名沙弥威儀
失譯今附東晉録
沙弥威儀一卷
或有經字與前威儀大同小異
宋罽賓三藏求那跋摩譯
沙弥尼雜戒文一卷
失譯今附東晉録
沙弥尼戒經一卷
失譯在後漢録
舍利弗問經一卷
上十經十卷同帙　失譯
計一百七十二紙
。受
根本説一切有部百一羯磨十卷
大唐天后代三藏義淨譯
自一帙
計一百五十一紙
。傳
大沙門百一羯磨法一卷
出十誦律
僧祐録中失譯經今附宋録
十誦羯磨比丘要用一卷
出十誦律
宋沙門釋僧璩於楊都中興寺依律撰出
優波離問佛經一卷
或云優波離律
失譯在後漢録
五分羯磨一卷
題云弥沙塞羯磨本
大唐大開業寺沙門釋愛同集
四分雜羯磨一卷
題云曇無德律部雜羯磨以結戒場為首
曹魏天竺三藏康僧鎧譯
曇無德羯磨一卷
以結大界為首
曹魏安息沙門曇諦譯
四分比丘尼羯磨法一卷
祐云曇無德羯磨
或云雜羯磨
宋罽賓三藏求那跋摩譯
上七經七卷同帙　計二百二紙
。訓
開元釋教録略出卷第三　英

開元釋教録略出卷第三

校勘記

一　底本，宋資福藏本。

一　五一四頁上二行「崇福寺」，徑、麗作「唐崇福寺」。

一　五一五頁上三行「今附」，磧作「今問」。

一　五一六頁中五行末字「譯」，南、徑、麗作「經」。

一　五一六頁下末行「大唐」，徑、麗作「唐」。下同。

一　五一七頁上一七行「安息國」，徑、麗作「安息」。

一　五一七頁上一九行「義浮」，普、南、徑、麗作「義淨」。

一　五一七頁中四行首字「名」，磧、普、南、徑、麗作「一名」。

一　五一七頁中二二行「二相」，磧作「三相」；南、徑、麗作「三相經」。

一　五一七頁中末行「八態」，普作「八能」。

一　五一八頁上一六行「玉耶經」，磧作「王耶經」。

一　五一八頁中一九行「或云」，徑、麗作「或十」。

一　五一九頁上四行「梯橙」，徑、麗作「梯隥」。

一　五一九頁下四行「陰持入經」，徑、麗作「陰時入經」。

一　五一九頁下六行「處處經」，徑、麗作「處別經」。

一　五一九頁下一〇行「出家緣經」，磧作「山家緣經」。

一　五一九頁下二三行「亦名」，徑、麗作「亦云」。

一　五二〇頁中一九行「自不自愛經」，南、徑、麗作「自愛不自愛經」。

一　五二〇頁下五行「呵鵰」，磧、南作「阿鵰」；普、徑、麗作「訶鵰」。

一　五二一頁上三行「末羅王經」，磧作「木羅王經」。

一　五二一頁上一七行「法暢譯」，普、南、徑、麗作「法場譯」。

一　五二一頁中四行、六行、八行、一〇行、一二行及一四行「失譯今附東晉録」，普、徑、麗無。

一　五二一頁中一六行「失譯今附東晉録」，徑、麗作「以上七經俱失譯並附東晉録」。

一　五二一頁中二〇行、二二行及同頁下一行、三行「僧祐録云安公失譯經今附西晉録」，徑、麗無。

一　五二一頁中末行「亦云」，徑、麗作「亦名」。

一　五二一頁下五行「僧祐録云安公失譯經今附西晉録」，徑、麗作「以上五經僧祐録云安公失譯經今並附西晉録」。

一　五二一頁下七行「勒報經」，南、徑、麗作「勤報經」。

一　五二二頁上四行、六行、八行、一〇行及一二行「大唐天后代三藏義淨譯」，徑、麗無。

一　五二二頁上一四行「大唐天后代三藏義淨譯」，徑、麗作「以上六經俱唐天后代三藏義淨譯」。

一　五二二頁上一五行首字「上」，徑、麗作「右南作上」。

一　五二二頁中一〇行、二二行「唐天后代」，徑、麗作「唐」。

一　五二二頁下九行「夫唱婦隨」，普、磧作「夫唱婦」。

一　五二三頁中一五行「大唐天后代」，徑、麗作「唐」。

開元釋教錄略出卷第四　英

崇福寺沙門　智昇　撰

四分律刪補隨機羯磨一卷

大唐崇義寺沙門釋道宣集

四分僧羯磨三卷

題云羯磨卷上等出四分律

大唐西太原寺沙門釋懷素依律集

四分尼羯磨三卷

題云尼羯磨卷上等出四分律

大唐西太原寺沙門釋懷素依律集出

上三經七卷同帙

計一百八十五紙

○入

大愛道比丘尼經二卷

亦云大愛道受誡經或直云大愛道經

失譯今僧祐錄云安公涼土異經

今附北涼錄

迦葉禁戒經一卷

一名摩訶比丘經亦直云真偽沙門

經　宋居士沮渠京聲譯

犯戒罪報輕重經一卷

出目連問毘尼經　或云目連問經

後漢安息三藏安世高譯

衆鍋穴經一卷

或云衆伏銅穴經

吳月支優婆塞支謙譯

優婆塞五戒相經一卷

一名優婆塞五戒略論

宋罽賓三藏求那跋摩譯

根本說一切有部毘奈耶頌三卷

尊者毘舍佉造

大唐三藏義淨譯

根本說一切有部毘奈耶雜事攝頌一卷

大唐三藏義淨譯

根本說一切有部毘奈耶尼陀那目得迦攝

頌一卷

大唐三藏義淨譯

五百問事經一卷

失譯今附東晉錄

上九經十二卷同帙

計一百七十九紙

○奉

根本薩婆多部律攝十四卷

尊者勝友集

大唐天后代三藏義淨譯

自二帙　計二百七十五紙

○母　儀

毘尼摩得勒伽一十卷

宋天竺三藏僧伽跋摩譯

自一帙　計二百四紙

○諸

鼻奈耶律十卷　一名戒因緣經

姚秦涼州沙門竺佛念於符秦代譯

單本

自一帙　計一百六十一紙

○姑

善見律毘婆沙十八卷

或云毘婆沙律　亦直云善見律

蕭齊外國沙門僧伽跋陀羅譯

單本

佛阿毘曇經二卷　亦云論

陳天竺三藏真諦譯

上二經二十卷二帙

計四百三十六紙

○伯　叔

毘尼母經八卷　亦云論

失譯今附秦錄　單本

大比丘三千威儀經二卷

亦云大僧威儀

後漢安息三藏安世高譯

上二經十卷同帙

計二百八紙

。猶
薩婆多毗尼毗婆沙九卷
失譯今附三秦録　單本
律二十二明了論一卷
亦直云明了論
陳天竺三藏真諦譯
上二經十卷同帙
計二百二十三紙
。子
聲聞對法藏　三十六部　七十二帙
此對法藏諸部不同流布此方比言爲
衆今者據其有部根本身論爲初足
論居次毗婆沙等支派編末餘部既
衆難以科條以俟將來無先後
阿毗曇八揵度論三十卷
迦旃延子造
符秦罽賓三藏僧伽提婆共竺佛念譯
自三帙　計四百七十一紙
阿毗達磨發智論二十卷
。比　兒　孔
迦多衍尼子造
大唐三藏玄奘譯　出内典録
自二帙　計三百七十四紙
。懷　兄

阿毗達磨法蘊足論十二卷
尊者大採菽氏造
大唐三藏玄奘譯　出内典單本
自一帙　計二百七紙
。弟
阿毗達磨集異門足論二十卷
尊者舍利子説
大唐三藏玄奘譯　出内典録
單本
自二帙　計二百八十四紙
。同　氣
施設足論有一万八千頌
尊者大迦多衍那造
迦多此云剪剃衍此云蘇那是男
婆羅門中一種其論未譯
上三足論並佛在世時造
阿毗達磨識身足論十六卷
大唐三藏玄奘譯　出内典録
單本
阿毗達磨界身足論三卷
大唐三藏玄奘譯
上三論十九卷二帙
計三百一十三紙
。連　枝

阿毗達磨品類足論十八卷
大唐三藏玄奘譯　出内典録
衆事分阿毗曇論十二卷
右二論同本異譯
宋天竺三藏求那跋陀羅共菩提耶
舍譯　第一譯
上二論三十卷三帙
計四百七十九紙
。交　友　投
阿毗曇毗婆沙論八十二卷　或六十卷
北涼浮陀跋摩共道泰譯
自八帙　計一千四百四紙
。分　切　磨　箴　規　仁　慈　隱
阿毗達磨大毗婆沙論二百卷
大唐三藏玄奘譯
自二十帙
計三千一百六十八紙
。惻　造　次　弗　離　節　義
。廉　退　顛　沛　匪　虧　性
。靜　情　逸　心　動　神
阿毗達磨俱舍釋論二十二卷
婆藪槃豆造
陳天竺三藏真諦譯
阿毗達磨俱舍本論頌一卷　第一譯

尊者世親造　出内典録
大唐三藏玄奘譯
第一譯
真諦譯者闕本
上二論二十三卷二帙
計五百一十八紙
○疲　守

阿毗達磨俱舍論三十卷
尊者世親造
大唐三藏玄奘譯　出内典録
第二譯　自三帙
計四百七十九紙
○真　志　滿

阿毗達磨順正理論八十卷
尊者衆賢造
大唐三藏玄奘譯　出内典録
單本　自八帙
計一千四百二十三紙
○逐　物　意　移　堅　持　雅　操

阿毗達磨顯宗論四十卷
尊者衆賢造
大唐三藏玄奘譯　出内典録
自四帙　計六百四十四紙
○好　爵　自　縻

阿毗曇心論四卷
尊者法勝造　或無論字
東晉罽賓三藏瞿曇僧伽提婆譯

法勝阿毗曇心論六卷
大德優波扇多造
高齊天竺三藏那連提耶舍共法智譯
上二論十卷同帙
計一百八十一紙
○都

雜阿毗曇心論十一卷
亦云雜毗曇毗婆沙尊者法救造
宋天竺三藏僧伽跋摩等譯

阿毗曇甘露味論二卷
或云甘露味阿毗曇尊者瞿沙造
曹魏代譯失三藏名

隨相論二卷
或云求那摩諦隨相論德慧法師造
陳天竺三藏真諦譯
上三論一十五卷二帙
計三百七十二紙
○邑　華

尊婆須蜜菩薩所集論十卷
尊者婆須蜜造
符秦罽賓三藏僧伽跋澄等譯

三法度論三卷　或云經或二卷
東晉罽賓三藏瞿曇僧伽提婆譯

入阿毗達磨論二卷
塞建地羅漢造
大唐三藏玄奘譯　出内典録
上三論十五卷二帙
計三百四十九紙
○夏　東

成實論二十卷
訶梨跋摩造　有二百三品
姚秦三藏鳩摩羅什譯
自二帙　計四百一十一紙
○西　二

立世阿毗曇論十卷
陳天竺三藏真諦譯　或無論字
自一帙　計一百七十紙
○京

解脫道論十二卷
梁扶南三藏僧伽婆羅譯
自一帙　計一百一紙
○背

舍利弗阿毗曇論二十二卷
姚秦罽賓三藏曇摩耶舍共曇摩崛多譯

五事毗婆沙論二卷
亦云阿毗達磨五事論
尊者法救造
大唐三藏玄奘譯　出翻經圖
上二論二十五卷　自二帙
計四百七十八紙
。邛　面
鞞婆沙論十四卷
亦名鞞婆沙阿毗曇論
阿羅漢尸陀槃尼撰
符秦罽賓三藏僧伽跋澄譯
三彌底部論三卷
或無部字　或四卷
三彌底此云正量即正量部中論也
失譯　今附秦録
上二論十七卷二帙
計三百八十五紙
。洛　浮
分別功德論三卷　或云經
失譯　在後漢録
四諦論四卷　婆藪跋摩造
陳天竺三藏真諦譯
辟支佛因緣論一卷　或二卷
失譯今附秦録

十八部論一卷
新爲失譯附三秦録　第一譯
部執異論一卷　亦名部異執論　第二譯
陳天竺三藏真諦譯
異部宗輪論一卷
世友菩薩造
大唐三藏玄奘譯　出翻經圖
上六論十一卷同帙
計一百九十七紙
。渭
有譯有本録中聖賢傳記録第二
一百八部　五百四十一卷
五十七帙
梵本翻譯集傳六十八部
一百七十三卷
佛所行讚經傳五卷　亦云佛本行經
馬鳴菩薩撰
北涼天竺三藏曇無讖譯
佛本行經七卷　一名佛本行讚傳
宋涼州沙門釋寶雲譯
上二集十二卷同帙
計二百一十五紙
。據
撰集百緣經十卷

吳月支優婆塞支謙譯
出内典録　自一帙
計一百五十二紙
。涇
出曜經二十卷　或云論
姚秦涼州沙門竺佛念於符秦代譯
賢愚經十三卷　出翻經圖　或十五卷或十六卷或十七
元魏涼州沙門惠覺等在高昌郡譯
上二經三十三卷　四帙
計七百九十七紙
。宮　殿　盤　鬱
道地經一卷
或加大字是修行經抄元外國略本
後漢安息三藏安世高譯
修行道地經七卷　或云修行經
西晉三藏竺法護譯
第三譯　三譯一闕
僧伽羅剎所集經五卷　僧伽羅剎撰
符秦三藏僧伽跋澄等譯
上三集經十四卷同帙
計二百三十一紙
。樓
百喻經二卷　僧伽斯那撰
蕭齊天竺三藏求那毗地譯

菩薩本緣經四卷
僧伽斯那撰
吴月支優婆塞支謙譯
大乘修行菩薩行門諸經要集三卷
大唐至相寺沙門釋智嚴譯
上三集九卷同帙
計一百九十一紙
○觀
付法藏因緣傳六卷　或無因緣字
元魏西域三藏吉迦夜共曇曜譯
坐禪三昧經二卷
一名菩薩禪法經　或云禪經
姚秦三藏鳩摩羅什譯
佛醫經一卷　亦云佛醫王經
吴天竺沙門竺律炎共支越譯
惟日雜難經一卷
吴月支優婆塞支謙譯
佛般泥洹摩訶迦葉赴佛經一卷
亦云迦葉赴佛涅槃經
東晉西域沙門竺法曇無蘭譯
菩薩呵色欲法一卷　亦云經
姚秦三藏鳩摩羅什譯
四品學法經一卷　或無經字
宋天竺三藏求那跋陀羅譯

佛入涅槃密跡金剛力士哀戀經一卷
失譯今附秦錄
迦旃延說法沒盡偈經一卷
僧祐錄云安公失譯今附西秦錄
佛治身經一卷　或云治身經
僧祐錄云安公失譯經今附西晉錄
治意經一卷　或云佛治意經
僧祐錄云安公失譯今附西晉錄
上十一集十七卷同帙
計一百七十二紙
○飛
雜寶藏經八卷
元魏西域三藏吉迦夜共曇曜譯
那先比丘經三卷　或二卷
或直云那先經
失譯附東晉錄
上二集十一卷同帙
計一百八十八紙
○驚
五門禪要用經一卷
大禪師佛陀蜜多撰
宋罽賓三藏曇摩蜜多譯
達摩多羅禪經二卷
一名不淨觀禪經修行方便

東晉天竺三藏佛陀跋陀羅譯
禪法要解二卷　一名禪要經
姚秦三藏鳩摩羅什譯
禪要呵欲經一卷
題云禪要經呵欲品
後漢失譯
內身觀章句經一卷
後漢失譯
法觀經一卷
西晉三藏竺法護譯
思惟略要法一卷　或加經字
姚秦三藏鳩摩羅什譯
十二遊經一卷
東晉西域沙門迦留陀伽譯
舊雜譬喻經二卷
亦云雜譬喻集經
吴天竺三藏康僧會譯
雜譬喻經一卷
後漢月支三藏支婁迦讖譯
上十集十三卷同帙
計一百九十一紙
○圖
雜譬喻經二卷
一名菩薩度人經

失譯在後漢録

雜譬喻經二卷　比丘道略集
姚秦三藏鳩摩羅什譯

阿育王譬喻經一卷
失譯今附東晉録

阿育王經十卷　或加大字
梁扶南三藏僧伽婆羅譯
上四集十五卷同帙
計一百八十六紙

○寫

阿育王傳五卷
亦云大阿育王經　或七卷
西晉安息三藏安法欽譯

阿育王息壞目因緣經一卷
一名王子法益壞目緣經
苻秦天竺三藏曇摩難提於姚秦代譯

四阿含暮抄解二卷
阿羅漢婆素跋陀撰
苻秦西域沙門鳩摩羅佛提等譯
上三集九卷同帙
計一百七十紙

○禽

法句經二卷
亦云法句集尊者法救撰
吳天竺沙門維祇難等譯

法句譬喻經四卷
一名法句本末經
西晉沙門釋法炬共法立譯

迦葉詰經一卷
後漢安息三藏安世高譯

撰集三藏及雜藏傳一卷
失譯今附東晉録

三慧經一卷
僧祐録云安公異經今附北涼録

阿毗曇五法行經一卷
亦云阿毗曇甚惠經　或無行字
後漢安息三藏安世高譯

阿含口解十二因緣經一卷
亦直云阿含口解經
亦名斷十二因緣經
後漢安息優婆塞安玄共嚴佛調譯

小道地經一卷
後漢西域三藏支曜譯

文殊師利發願經一卷　或加偈字
東晉天竺三藏佛陀跋陀羅譯

六菩薩名一卷
長房入藏録云六菩薩名亦當誦持
後漢失譯

一百五十讚佛頌一卷
尊者摩咥利制吒撰
大唐三藏義淨譯

讚觀世音菩薩頌一卷
唐天后代佛授記寺沙門釋慧智譯
上十二集十六卷同帙
計一百九十七紙

○獸

無明羅刹集一卷　亦云無明羅刹經
失譯今附秦録　或二卷

馬鳴菩薩傳一卷
姚秦鳩摩羅什三藏譯

龍樹菩薩傳一卷
姚秦三藏鳩摩羅什譯

提婆菩薩傳一卷
姚秦三藏鳩摩羅什譯

婆藪槃豆法師傳一卷
陳天竺三藏真諦譯

龍樹菩薩為禪陀迦王說法要偈一卷
宋罽賓三藏求那跋摩譯
出唐舊録

勸發諸王要偈一卷
龍樹菩薩撰
宋天竺三藏僧伽跋摩譯

龍樹菩薩勸誡王頌一卷
大唐三藏義淨譯
賓頭盧突羅闍爲優陀延王說法經一卷
亦云賓頭盧爲王說法經
宋天竺三藏求那跋陀羅譯
大勇菩薩分別業報略經在此卷內
請賓頭盧法一卷　或加經字
宋沙門釋惠簡譯
分別業報略一卷
大勇菩薩撰　或加集字
宋天竺三藏僧伽跋摩譯
迦丁比丘說當來變經一卷
僧祐錄中失譯經今附宋錄
大阿羅漢難提蜜多羅所說法住記一卷
大唐三藏玄奘譯　出內典錄
金七十論三卷　亦名僧佉論
陳天竺三藏真諦譯
勝宗十句義論一卷
大唐三藏玄奘譯
上十五集十八卷同帙
計二百二十紙
○晝
此方撰述集傳四十部　三百六十八卷
釋迦譜十卷　本異與此廣略異

蕭齊建初寺沙門僧祐撰
釋迦氏略譜一卷　或無略字
大唐西明寺沙門釋道宣撰
釋迦方志二卷
大唐西明寺沙門釋道宣撰
上三集十三卷二帙
計三百七十六紙
彩　仙
經律異相五十卷
梁天監十五年勑沙門寶唱等撰
自五帙　計八百五十四紙
○靈　丙　舍　傍　啓
陀羅尼雜集十卷
未詳撰者今附梁錄
自一帙　計二百七十一紙
○甲
諸經要集二十卷
大唐西明寺沙門釋玄惲譯
上下七卷中帙六卷
自三帙　計五百九十紙
○帳　對　楹
出三藏記集十五卷
梁建初寺沙門釋僧祐撰
衆經目錄七卷

隋開皇十四年　勑翻經沙門法
經等撰　上二集二十二卷二帙
計四百三十四紙
○肆　筵
開皇三寶錄十五卷
內題云歷代三寶紀
隋開皇十七年翻經學士成都費長
房撰
衆經目錄五卷
隋仁壽二年　勑翻經沙門及學
士等撰　上二集二十卷一帙
計三百五十三紙
○設　席
大唐內典錄十卷
大唐西明寺沙門釋道宣撰
自一帙　計二百九十五紙
○鼓
續大唐內典錄一卷
大唐西崇福寺沙門釋智昇撰
古今譯經圖紀四卷
大唐翻經沙門釋靖邁撰
續古今譯經圖紀一卷
大唐西崇福寺沙門釋智昇撰
大周刊定衆經目錄十五卷

大唐天后代勑佛授記寺沙門明詮
等撰
上四集二十一卷二帙
計三百五十紙
○瑟　吹
開元釋教録二十卷
大唐西崇福寺沙門釋智昇撰
自二帙　計五百八十一紙
○笙　升
一切經音義二十五卷
大唐翻經沙門玄應撰　出内典録
新譯大方廣佛華嚴經音義二卷
大唐淨法寺沙門慧苑撰
上二集二十七卷四帙
計五百四十一紙
○階　納　陛　弁
大唐西域記十二卷
大唐三藏玄奘撰　出内典録
集古今佛道論衡四卷
大唐西明寺沙門釋道宣撰　出内典録
續集古今佛道論衡一卷
大唐西崇福寺沙門釋智昇撰
上三集十六卷二帙
計三百四十二紙

○轉　疑
東夏三寶感通録三卷
大唐西明寺沙門釋道宣撰　出内典録
集沙門不拜俗儀六卷
大唐弘福寺沙門彦琮撰　出内典録
上二集九卷同帙
計二百一紙
○星
大慈恩寺三藏法師傳十卷
大唐西太原寺沙門慧立撰
自一帙　計一百九十三紙
○右
大唐西域求法高僧傳二卷
大唐三藏義淨撰
法顯傳一卷
亦云歷遊天竺記傳
東晉沙門法顯自記遊天竺事
出長房録
高僧傳十四卷
一卷是目録　出長房録
梁會稽嘉祥寺沙門慧皎撰
上三集十七卷二帙
計三百八十一紙
○通　廣

續高僧傳三十一卷　出内典録
大唐西明寺沙門釋道宣撰
上件三十一卷分爲四帙
計七百九十二紙
○内　左　達　承
辯正論八卷　出内典録
大唐終南山龍田寺沙門法琳撰
上一集八卷同帙
計一百八十四紙
○明
破邪論二卷
大唐終南山龍田寺沙門法琳撰
出内典録
甄正論三卷
大唐天后代佛授記寺釋玄嶷撰
十門辯惑論二卷
大唐興善寺釋復禮撰
弘明集十四卷
梁建初寺釋僧祐撰　出長房録
上四集二十一卷二帙
計二百七十一紙
○既　集　墳
廣弘明集三十卷　出長房録
大唐西明寺釋道宣撰

上一集三十七卷分爲三帙
計一千二紙
。典　亦　聚
集諸經礼懺儀二卷
大唐西崇福寺釋智昇撰
大唐南海寄歸内法傳四卷
大唐三藏義淨撰
比丘尼傳四卷
梁莊嚴寺釋寶唱撰
別說罪要行法一卷　或無別字
大唐三藏義淨撰
受用三水要法一卷　亦云要行法
大唐三藏義淨撰
護命放生軌儀一卷　或云軌儀法
大唐三藏義淨撰
上六集十三卷同帙
計二百三紙
。羣
開元釋教錄卷第四
大唐西崇福寺釋智昇撰
開元釋教錄　別錄
漢法本内傳五卷
未詳撰者

沙門法琳別傳三卷
沙門彦悰撰
右二部傳明
故不編載然代代傳寫之　勑禁斷不許流行
開元釋教錄第二十
未不入藏經等
密迹金剛力士經七卷
菩薩夢經二卷　改名淨居天子會
法界體性無分別經二卷
十法經一卷　加名大集十法會
菩薩藏經二十卷
佛爲難陀說出家入胎經二卷
文殊師利授記經三卷
菩薩見實三昧經十六卷
菩薩藏經三卷　改名富樓那會
護國菩薩經三卷
郁伽長者所問經一卷
迦葉經二卷　有名摩訶迦葉會
善臂菩薩所問經二卷
無垢施菩薩分別應辯經一卷
無畏德女經一卷
大方等善住意天子問經四卷
大乘方便經三卷
移識經二卷　改名賢長者會

弥勒菩薩所問經一卷
改名弥勒問八法會
大寶積經一卷
改名普明菩薩會
寶梁經二卷
寶髻菩薩所問經二卷
右密迹力士經二十二部合八十卷
並編入大寶積經藏中故無別本
新道行經七卷
撿諸藏品本皆與小品文同而題目
異故不別寫其道行尋之不獲
大方等大集經八卷
即合大集經第六帙今在別本初品
卷是明度五十校計經下六卷是無
盡意
阿釋達龍王經二卷
與藏中弘道廣顯三昧經文全同
合道神足經三卷
與藏中道神足無極變化文句全同
哀泣經三卷
與藏中方等般泥洹文句全同
寶思慧印三昧經一卷
與藏中惠印三昧文句全同
鹿子經一卷

與藏中鹿母經文句全同

小無量壽經一卷

與藏中阿弥陀經文句全同

胎藏經一卷

與藏中無垢賢女經文句全同

閻城十二因縁經一卷

與藏中貝多樹下思惟十二因縁經文句全同

大安般經一卷

與藏中大安般守意經上卷全同

申日經一卷

與藏中月光童子經文全同

轉輪五道罪福報應經一卷

與藏中罪福報應經文全同

旃陀越經一卷

與藏中旃陀越國王經文句全同

真僞沙門經一卷

與藏中迦葉禁經文句全同

轉法輪經一卷

撿諸藏中本並是轉法輪其轉法輪經與此全同

賓頭盧爲王說法經一卷

與藏中賓頭盧突羅闍爲優陀延王說法文句全同

阿蘭若習禪法經二卷

與藏中坐禪三昧經文全同

禪秘要經五卷

撿諸藏中本文極交錯非是本經不堪流布其經正本尋之未獲右新道行等一十九部共四十二卷或是一經兩名或可時無正本故存一經重者不録

第一義法勝經一卷

弥勒菩薩所問本願經一卷　亦云論

發菩提心經二卷　亦云論

法句經二卷　亦云集

攝大乘釋論十二卷

右五部一十八卷周録入藏重載兩本今但存一

虛空藏所問經八卷

是大集經虛空藏品全一品

虛空藏菩薩所問持經得幾福經一卷

即是抄前虛空藏品

大方廣如來性起微密藏經二卷

是舊華嚴經寶王如來性起全一品

隨願往生經一卷

是灌頂經第一十一卷

舊藥師經一卷

佛遊維耶離者是灌頂經第十二卷

密迹金剛力士經二卷

增一阿含經一卷

出增一阿含經第二十一卷

行七行現報經一卷

出增一阿含經第三十四卷

十二因縁經一卷

出增一阿含經第四十六卷

戒相應法經一卷

出雜阿含經第三十卷

比丘問佛多優婆塞命終經一卷

亦出雜阿含經第三十卷

獨富長者經一卷

出阿含第四十六卷

有衆生三世作惡經一卷

出出曜經第八卷

出家功德經一卷

佛在迦蘭陀竹園者抄賢愚經出家功德品

右從虛空藏下一十五部二十四卷既從衆流出即是別生准衆經録別生之經不須抄寫故入藏録除之不載

摩竭魚因縁經一卷

尊者鄔陀夷引導諸人禮佛僧經一卷
還本國度父王經一卷
水生太子經一卷
施物法非法經一卷
教戒羅怙羅經一卷
五趣生死輪轉經一卷
善來求苾芻因緣經一卷
七有事無事福業經一卷
　摩竭魚因緣已下九經並出根本說
　一切有部毗柰耶中
火生長者受報經二卷
尊者善和好聲經一卷
五種水羅經一卷
勝鬘夫人本緣經一卷
勝光王信佛經一卷
大世主苾芻尼入涅槃經一卷
誅釋種受報經二卷
敬法捨身經一卷
度二邪見童子得果經一卷
清淨威儀經一卷　或云洗淨
大目連受報經一卷
初誕生現大瑞應經一卷
度迦多衍那經一卷
毉羅鉢龍王業報因緣經一卷

安樂夫人因緣經一卷
增長因緣經一卷
妙光因緣經一卷
降伏外道現大神通經一卷
大藥善巧方便經二卷
佛從天下贍部洲經一卷
度瘦瞿曇弥經二卷
訶利底母因緣經一卷
法與尼在家得果經一卷
樹生婆羅門憍慢經一卷
弟子事師經一卷
七種不退轉經一卷
佛為長者說放逸經一卷
四種黑白法印經一卷
佛將入涅槃度善賢經二卷
佛般涅槃兩大臣告王經一卷
八大國王分舍利經一卷
　火生長者下三十二經並出根本說
　一切有部毗柰耶雜事中
　從摩竭魚下四十一部四十六卷並
　是說一切有部律中緣起三藏義淨
　鈔出流行既類別生亦不編載
幻師阿夷鄔呪經一卷

寶性論四卷
寶積經論四卷
　幻師下三部九卷並是周錄入藏見
　經今尋本未獲所以錄中不載其新
　譯經未得本者不能繁記
淨度三昧經三卷
法社經二卷
毗羅三昧經二卷
决定罪福經一卷
救護身命濟人病苦厄經一卷
益意經二卷
最妙勝經一卷
觀世音三昧經一卷
清淨法行經一卷
高王觀世音經一卷
　淨度下一十部經一十五卷並是古
　舊錄中偽疑之經周錄雖編入正文
　理並涉人謀故此錄除之不載
已上都有一百十六部二百四十二卷多是
諸錄見入藏經今以皆是繁重或有尋求未
獲故並不為定見之恐不知委且畧述焉若
欲委知根由並如刪繁錄中廣述

開元釋教錄卷第二十　四

笑

開元釋教録略出卷第四

校勘記

一　底本，宋資福藏本。

一　五二六頁上二行「崇福寺」，徑、麗作「唐崇福寺」。

一　五二六頁上四行「大唐」，徑、麗作「唐」。下同。

一　五二六頁上一九行「一名」，徑、麗作「一云」。

一　五二六頁中一五行末字「録」，徑、麗無。

一　五二七頁上二行「薩婆多」，磧作「薩婆石」。

一　五二七頁上一〇行「七十二」，磧作「七十三」。

一　五二七頁上一五行末字「卷」，徑、麗無。

一　五二七頁下一一行「道泰譯」，徑作「道奉譯」。

一　五二八頁上五行「上二論」，磧、普、南作「二論」。

一　五二八頁上一七行「單本」，徑、麗作「四單本」。

一　五二八頁上末行末字「糜」，徑、麗作「穈」。

一　五二八頁中一一行「亦云」，徑、麗作「亦三」。

一　五二八頁中一三行「二卷」，磧、普、南、徑、麗作「一卷」。

一　五二八頁中一七行「隨相論」，徑、麗作「相隨論」。

一　五二九頁上一四行第三字「底」，徑、麗作「紙」。

一　五二九頁中三行「亦名」，徑、麗作「一名」。

一　五二九頁中一八行「曇無讖」，磧、南作「曇無戠」。

一　五二九頁中一九行「七卷」，徑、麗作「一卷」。

一　五二九頁下七行夾註左「十七」，磧、普、南、徑、麗作「十卷」。

一　五二九頁下一三行「修經」，普、南、徑、麗作「修行經」。

一　五三〇頁上一四行「亦云」，徑、麗作「一云」。

一　五三〇頁中一八行「一百八十八」，徑、麗作「一百八十九」。

一　五三一頁上五行「今附」，磧、普、南、徑、麗作「奉附」。

一　五三一頁上一五行「緣經」，徑、麗作「因緣經」。

一　五三一頁中三行「法句」，徑作「法句」。

一　五三一頁中一二行「亦云阿毗曇苦患經」，徑、麗作「亦直阿毗曇苦患二」。

一　五三一頁中一七行「優婆塞」，徑、麗作「優婆寒」。

一　五三二頁上二三行末字「卷」，磧無。

一　五三二頁中一六行「甲」，磧作「用」。

一　五三二頁中一九行「上下七卷中帙六卷」，徑、麗無。

一　五三二頁下一一行「一帙」，徑、麗作「二帙」。

一　五三三頁上一行「明詮」，徑、麗作「明佺」。

一　五三三頁上一二行「經經」，普、徑、麗作「經」。

一　五三三頁上一九行「出内異録」，徑、麗無。

一　五三三頁上二〇行末字及同頁下七行末字「撰」下，徑、麗有夾註「出内典録」。

一　五三四頁上一行「上一集」，磧作「集」；南作「上集」。

一　五三四頁上一一行「義淨撰」，徑、麗作「義淨譯」。

一　五三四頁上一九行「卷第四」，徑、麗作「四卷」。

一　五三四頁上二〇行「大唐西崇福寺釋智昇撰」，徑、麗作「唐西崇福寺沙門智昇撰」；磧、普無。

一　五三四頁中一行「三卷」，磧作「二卷」。

一　五三四頁中一〇行「法會」，普、徑、麗作「法經」。

一　五三四頁中一五行「富樓那會」，磧作「賢長那會」。

一　五三四頁下七行首字「右」，磧、南作「有」。

一　五三五頁下二〇行第六字「下」，磧作「十」。

一　五三六頁上四行第二字「物」，徑、麗作「佛」。

一　五三六頁中五行「善巧」，徑、麗作「善功」。

一　五三六頁中六行第五字「贍」，徑、麗作「瞻」。

一　五三六頁下一〇行「救護」，徑、麗作「救獲」。

一　五三六頁下一九行「二百四十二」，徑、麗作「一百四十二」。

一　五三六頁下二〇行第四字「入」，磧、普、南、徑、麗作「今」。

一　五三六頁下末行「卷第二十」及夾註「四」，磧作「卷第二十」；南、徑、麗作「卷第二十略出別録卷四」。

貞元新定釋教目録卷第一　　說

西京西明寺沙門　圓照　撰

謹按舊録云夫目録之興也蓋所以別真偽明是非記人代之古今標卷部之多小摭拾遺漏刪夷駢贅欲使正教合理金言有緒提綱舉要歷然可觀也但以法門幽邃化網恢弘前後翻傳年移代謝屢經散滅卷軸參差復有異人時增偽妄致令混雜難究蹤由是以先德儒賢製斯條録今其存者殆六七家然猶未極根源尚多疎闕昇以庸淺叉事披尋然練異同指陳臧否成茲部要庶免乖違幸諸哲人俯共詳覽今觀先賢所撰冠絕群英伏從庚午以來增七十祀三藏繼踵于今四朝聖上欽明翻譯相次一百餘部經律特明畢降

鴻私許令修述圓照等才智短淺思不延文祗奉

皇恩俛仰恭命今所譯者約以類分隨三藏文相次附入自惟以索繼組以礫次金疑則闕之以俟來哲也

稽首善逝牟尼尊　無上丈夫調御士
亦禮三乘淨妙法　五部祕密摠持門
并及八輩應真僧　普賢妙德諸菩薩
五眼三身咸照世　至誠歸命願加威
我撰經録護法城　三寶垂慈幸冥祐
唯願法燈長夜照　迷徒因此得慧明
正法遐久住世間　依學速登無上地

自後漢孝明皇帝永平十年歲次丁卯至大唐聖神文武皇帝貞元十六年庚辰之歲凡七百三十四載（內從開元十八年庚午至今庚辰加七十一歲也）中間傳譯緇素摠一百八十七人所出大小二乘三藏聖教及賢聖集傳并及失譯摠二千四百四十七部（內新加一百三十九部矣）合七千三百九十九卷其見行闕本並該前數（內新加三百四十二卷）摠録新定目録合三十卷開為摠別摠録分二初奉承恩制次摠集群經別録亦二初分乘藏差殊次明賢聖集傳摠中分為一十九卷別中分成一十一卷就別分乘藏中更有七門今先敘科條餘次編載

摠録二文上

初特承恩旨録有三

右新譯花嚴經一

五朝翻譯經律論二

大佛名經一部等三斯皆特降絲綸許編目録具列如左

二摠集群經録

右從漢至唐所有翻述具帝王年代并譯人本事所出教等以人代先後為倫不依三藏之次兼敘目録新舊同異

別録二文下

初分乘藏差殊録

右別録之內典分為七一有譯有本二有譯無本三支派別行四刪略繁重五拾遺補闕六疑惑再詳七偽邪亂正就七門中二乘區別三藏殊科具悉委曲兼明部偶

二明賢聖集傳録

右集傳之內有二不同一梵本翻譯謂集自西方流傳東夏三藏碩德翻譯奉行二此方撰述謂此土高僧撰成傳記三寶三藏悉以甄明神異感通戒定慧行備如文列詳而鏡諸

第一特承恩旨録有三者

初花嚴經
崇福寺新譯花嚴經四十卷
左右監門衛將軍知内侍省事馬
承倩奏臣得光宅寺寫一切藏經
院撿挍寫經僧智通狀稱撿藏經
開元目録上都花嚴寺沙門玄逸
撰集釋教目内未入藏經數
中書門下　牒右街功德使
牒奉　勑宣令所司附入目録牒至准
勑故牒
　貞元十五年九月八日　牒
中書侍郎平章事鄭餘慶
門下侍郎平章事崔損
撿挍右僕射平章事韋使
撿挍左僕射平章事劉使
右僕射平章事賈躭
撿挍司徒兼中書令渾使
撿挍大尉兼中書令王使
　百九十一卷經
當街新譯花嚴經等及
三朝先於京城等處翻譯未入開元
目録經揔二百三十二卷又新編上十卷
四十卷新譯花嚴經等准

勑見入目録次一百九十一卷先翻譯
請准花嚴經例入目録又新編上十卷
玄宗朝三藏無能勝等譯大威力等
經五卷大威力烏樞瑟摩明王經三卷
穢跡金剛說神通大滿陁羅尼法術
靈要門一卷穢跡金剛法禁百變法
一卷
　已上五卷並北天竺國三藏無能勝譯
普遍智藏般若波羅蜜多心經一卷
　東天竺國三藏沙門法月譯
金剛頂瑜伽脩習毗盧遮那三摩地
法一卷
千手千眼觀世音菩薩大身呪本一卷
千手千眼觀自在菩薩廣大圓滿無
礙大悲心陁羅尼呪本一卷
不動使者陁羅尼祕密法一卷
千臂千鉢曼殊室利經十卷保大中拾遺編上
　已上十四卷南天竺國三藏沙門金剛智譯
肅宗代宗朝三藏大廣智不空譯
金剛大教王等經一百四十二卷
金剛頂瑜伽真實大教王經三卷
金剛頂瑜伽般若理趣經一卷

觀自在菩薩授記經一卷
瑜伽念珠經一卷
奇特佛頂經三卷
觀自在菩薩最勝明王心經二卷
金剛頂瑜伽文殊師利菩薩經二卷
阿唎多羅阿嚕力經一卷
普賢行願讃一卷
地藏菩薩問法身讃一卷
出生無邊門經一卷
大吉祥天女經一卷
底哩三昧耶經一卷
十一面觀自在菩薩經三卷
吉祥天女十二名号經一卷
金剛頂瑜伽十八會指歸一卷
金剛頂瑜伽三十七尊分別聖位法
門一卷
菩提場所說一字頂輪王經五卷
寶篋經一卷
金剛壽命陁羅尼經一卷
大孔雀明王經三卷
大雲請雨經二卷
雨寶陁羅尼經一卷
蘘麌利童女經一卷

稻䕸喻經一卷
大寶廣博樓閣經三卷
菩提場莊嚴經一卷
除一切疾病陁羅尼經一卷
能淨一切眼陁羅尼經一卷
施焰口餓鬼陁羅尼經一卷
三十五佛名經一卷
八大菩薩曼荼羅經一卷
葉衣觀自在菩薩陁羅尼經一卷
訶利帝母經一卷
毗沙門天王經一卷
觀自在菩薩說普賢陁羅尼經一卷
文殊問字母品經一卷
金剛頂蓮華部心念誦法一卷
金剛頂瑜伽千手千眼觀自在念誦法二卷
無量壽如來念誦儀軌一卷
阿閦如來念誦法一卷
佛頂尊勝念誦法一卷
金剛頂勝初瑜伽普賢菩薩念誦法一卷
金剛王菩薩秘密念誦法一卷
普賢金剛薩埵念誦法一卷

金剛頂瑜伽金剛薩埵五秘密脩行念誦儀軌一卷
金剛壽命念誦法一卷
一字頂輪王瑜伽經一卷
一字佛頂輪王念誦儀軌一卷
仁王般若念誦法一卷
如意輪念誦法一卷
大虛空藏菩薩念誦法一卷
瑜伽蓮華部念誦法一卷
聖觀自在菩薩心真言觀行儀軌一卷
觀自在多羅瑜伽念誦法一卷
甘露軍吒利瑜伽念誦法一卷
花嚴入法界四十二字觀門一卷
文殊讚法身禮一卷
受菩提心戒儀一卷
金剛頂瑜伽三十七尊禮一卷
般若理趣釋二卷
大曼荼羅十七尊釋一卷
金剛頂瑜伽護摩儀一卷
都部陁羅尼目一卷
大乘緣生論一卷
七俱眡佛母陁羅尼經一卷
大虛空藏菩薩所問經八卷
仁王經二卷

蜜嚴經三卷
仁王念誦儀軌一卷
大聖文殊師利菩薩佛刹功德莊嚴經一部三卷
成就妙法蓮華經王瑜伽觀智儀軌一卷
金剛頂勝初瑜伽經中略出大樂金剛薩埵念誦儀軌一卷
大樂金剛薩埵修行成就儀軌一卷
大藥叉女歡喜母并愛子成就法一卷
普遍光明大隨求陁羅尼經二卷
金剛頂超勝三界經說文殊五字真言勝相一卷
五字陁羅尼頌一卷
聖閻曼德迦威怒王立成大神驗念誦法一卷
文殊師利菩薩根本大教王金翅鳥王品一卷
不空羂索毗盧遮那佛大灌頂光真言一卷
聖迦抳忿怒金剛童子菩薩成就儀軌經三卷
大威怒烏芻澀摩成就儀軌一卷

佛說摩利支天經一卷
金剛頂經一字頂輪王成佛儀軌一
卷
佛為優填王說王法政論經一卷
大方廣如來藏經一卷
佛說壹髻尊陁羅尼經一卷
速疾立驗摩醯首羅天說迦婁羅阿
尾奢法一卷
大日經略攝念誦隨行法一卷
大毗盧遮那成佛神變加持經略示
七支念誦隨行法一卷
木槵經一卷
金剛頂經瑜伽文殊師利菩薩儀軌
供養法一卷
曼殊室利童子菩薩五字瑜伽法一卷
文殊師利菩薩及諸仙所說吉凶時
日善惡宿曜經二卷
金剛頂降三世大儀軌一卷
金剛頂經觀自在王如來修法一卷
金剛頂瑜伽中發阿耨多羅三藐三
菩提心論一卷
瑜伽金剛頂經釋字母品一卷
修習般若波羅蜜菩薩觀行念誦儀

軌一卷
仁王般若陁羅尼釋一卷
成就大悲觀自在蓮華部瑜伽念誦
法門一卷
大孔雀明王畫像壇場儀軌一卷
金剛手光明灌頂經一卷
末利支提婆花鬘經一卷
大聖天歡喜雙身毗那夜迦法一卷
觀自在菩薩如意輪瑜伽一卷
金輪王佛頂輪念誦法一卷
金剛頂瑜伽降三世成就極深密門
一卷
金剛頂瑜伽他化自在天理趣會普
賢修行念誦儀軌一卷 與一卷元進數中无欠者
巳上並三藏沙門大廣智不空譯
今朝罽賓國三藏般若等譯大乘理
趣新花嚴等經七十卷
守護國界主陁羅尼經十卷
本生心地觀經八卷
大乘理趣六波羅蜜多經一部十卷
大花嚴長者問佛那羅延力經一卷
般若波羅蜜多心經一卷

新譯花嚴經一部四十卷
巳上六部共七十卷並般若三藏奉 詔譯
十力經一卷 巳上一經龜茲國三藏勿提犀魚唐言蓮華精進於安西譯
迴向輪經一卷
十地經九卷
巳上二經共十卷並于闐三藏
尸羅達摩於北庭譯右勾當右
街功德所都句當右街諸寺觀
釋道二教事千福寺上座僧靈
邃進狀前件經謹具分析如前
其新譯花嚴經狀准今年九月
八日勑入開元目錄其先翻譯
及安西所進經得翻譯臨壇大
德圓照等狀上件經未入目錄
伏緣是三朝翻譯時乞 聞奏
請同新花嚴經例入開元目錄
則天下諸寺依目傳寫皆入一
切經藏庶免失墜金言廣敷仍
請改舊目為貞元新定釋教目
錄豈唯事超昔帝抑亦道冠真
宗介福無窮上資皇祚
中書門下 牒 僧靈邃
牒奉 勑宜依牒至准

勑故牒

貞元十五年十月二十三日牒

中書侍郎平章事鄭餘慶

門下侍郎平章事崔　損

撿校右僕射平章事韋使

撿校左僕射平章事劉使

右僕射平章事賈　耽

撿校司徒兼中書令渾使

撿校太尉兼中書令王使

勑右街功德使　牒都句當大德靈邃

三朝先翻譯未入目錄經一百七

十三卷

牒奉　進止前件經宜令都句當大

德靈邃與西明寺僧圓照同取前件

經送先宅寺令寫入藏經者准

勑牒都句當大德靈邃者故牒

貞元十五年十月二十三日牒

使右監門衛將軍第五守亮

三大佛名經等

大佛名經一部十六卷　或十八卷

法琳別傳一部三卷

續開元釋教錄三卷

左右監門衛將軍知內侍省事

馬承倩　奏前件經目等未入藏

目

中書門下　牒右街功德使

牒奉　勑宜令所司附入目錄牒至准

勑故牒

貞元十五年十月二十三日牒

中書侍郎平章事鄭餘慶

門下侍郎平章事崔　損

撿校右僕射平章事韋使

撿校左僕射平章事劉使

右僕射平章事賈　耽

撿校司徒兼中書令渾使

撿校太尉兼中書令王使

第二摠集群經錄中分為一十九卷

起第一盡十九　此粗顯綱條若一一具明在十九卷內

第一卷　後漢明帝初譯經至四不可得經為第一卷所謂漢魏二代緇素譯人所出經或羯磨等及新舊失譯并附出譯人別傳

第二卷　後漢之餘從藥王藥上菩薩觀經至曹魏末大般涅槃經二卷

第三卷　吳晉二代緇素譯人所出經戒等并新舊失譯諸經同前附出譯人別傳初從吳孫氏至西晉代更出阿闍世王經二卷

第四卷　西晉之餘從弥勒成佛經至為西晉失源云

第五卷　東晉苻秦二代緇素譯人所出律論等并新舊失譯別傳

同前

第六卷　姚秦西秦前涼北京四代緇素譯人所出經律論并新舊集失譯經等

第七卷　宋齊二代緇素譯人所出經律論等并新集失譯經等

第八卷　宋朝之餘從觀世音菩薩受記至蕭齊之末

第九卷　梁元魏高齊三代緇素譯人所出經律論等并新集失譯經律集等

第十卷　周陳隋三代緇素譯人所出經律論及傳集錄等

第十一卷　至十二十三十四十五十六十七卷初從大唐李氏都長安至頻又固請乃蒙降許

第十二卷　皇朝緇素譯人所出經律論及傳錄等從帝日至佛陀波利竟

第十三卷　從大方廣佛花嚴經不思議佛境界分至三藏義淨竟

第十四卷　從大寶積經一百二十卷至幸諸來普无貽謂焉

第十五卷　從玄宗肅宗代宗三朝所譯經至批不空三藏謝經序賀慶雲表竟

第十六卷　從六軍使賀慶雲表至不空三藏建塔立碑竟

第十七卷　從今朝譯大乘理趣六波羅蜜多經至安西北庭進十地等經竟乃至都數快同一無欠少

第十八卷　及第十九二卷敘古舊諸家目錄部帙多小及詳顯畢

第十九卷　從大唐開元釋教錄至貞元新定釋教目錄畢

別錄二文下之中初別分乘藏錄中

分為一十一卷

起第二十盡第三十（此粗顯綱條若具述在別錄）

第二十卷（中十二卷內）從別分藏下至寶星陀羅尼經

第二十一卷從華嚴部至七俱胝佛母陀羅尼經一卷竟

第二十二卷從觀自在菩薩隨心呪經至大乘論

第二十三卷從有譯有本聲聞三藏賢聖集傳畢

第二十四卷從別錄中有譯无本錄王大乘經律論畢

第二十五卷別錄中有譯无本錄小乘闕本經至律論賢聖集傳畢

第二十六卷別錄中支派別行錄別生經律論傳等

第二十七卷刪略繁重別生同本異經等刪除目錄補闕拾遺舊譯大小經律論大周入藏中遺漏不上目錄及新譯大小乘經律論集傳等新編入藏目錄

第二十八卷疑惑再詳目錄偽妄亂真新編偽經及群經錄中偽經并諸家集

鈔等目錄并作勅除附正錄

第二十九卷大乘經律論入藏目錄要出異名及用紙多少等

第三十卷小乘經律論賢聖集傳入藏目錄卷末要出刪除不入藏經等目錄

二摠集群經錄上之一

後漢劉氏都洛陽

從明帝永平十年丁卯至獻帝延康元年庚子凡十一帝一百五十四年緇素一十二人所出經律論并新舊集失譯諸經摠二百九十二部三百九十五卷於中九十七部一百三十一卷見在一百九十五部二百六十四卷闕本

以為後漢經錄云於中直云帝者為直無斥名者是偽年代甲子依唐司隸致鷟國子博士王道珪二家年曆条定

後漢

沙門迦葉摩騰　一部　一卷經

沙門竺法蘭　四部　一十五卷經

沙門支婁迦讖　三十三部　卆七卷經集

沙門安世高　九十五部　一百十五卷經律集

沙門竺佛朔　二部　三卷經

優婆塞安玄　二部　三卷經集

沙門支曜　十一部　一十一卷經集

沙門康巨　一部　一卷經

沙門嚴佛調　五部　八卷經

沙門康孟詳　六部　九卷經律

沙門竺大力　一部　二卷經

沙門曇果　一部　二卷經

新舊諸失譯經一百卌一部一百五十八卷

五十九部七十六卷舊集卆二部

八十二卷新附

四十二章經一卷（永平十年丁卯於白馬寺與法蘭共譯初出舊錄云孝明皇帝四十二章）

右一部一卷其本見在

沙門迦葉摩騰或云竺葉摩騰亦云攝摩騰群錄互存未詳孰是先來不譯所以备彰中印度人婆羅門種幼而聰敏博學多聞思力精拔特明經律嘗遊西印度有一小國請騰講金光明經俄而隣國興師而來既將踐

境輙有事尋兵不能進彼國兵衆毅有異術審遣使覘但見群臣安然共聽其所講大乘經明地神王護國之法於是彼國請和上求法明帝以永平七年甲子夢見金人身長丈六項佩日輪光明赫奕飛在殿前明日博問群臣此何神異通人傅毅進奏對云臣聞西域有得道者号之曰佛陛下所夢將必是乎帝以為然詔遣郎中蔡愔郎將秦景博士弟子王遵等一十八人往適天竺尋訪佛法於大月支國與摩騰相遇時蔡愔等因請於騰遂與同來至于洛邑明帝甚加賞接所將佛經及獲畫像馱以白馬同到洛陽因起伽藍名白馬寺諸州競立報白馬恩騰於白馬寺出四十二章經初緘蘭臺石室第十四間內自尒釋教相繼雲興沙門信士接踵傳譯依録而編即是漢地經法之祖也舊録云此經本是外國

貞元新定釋教録卷第一　第十九張　洸

經抄元出大部撮要引俗似孝經十八章出舊録及朱士行録僧祐出三藏記等道安録中不載騰以大化初至人未深信蘊其妙解不即多翻且撮經要以導時俗騰後終於洛陽載其由委備如朱士行漢録及高僧傳等昇尋録之源始意述譯經之來須有由致故傍採衆說以廣異聞雖於文為繁而緣敘備矣

十地斷結經八卷或四卷亦云十住初出與竺佛念十住斷結經同本永平十三年出見朱士行漢録及高僧傳長房録等

法海藏經一卷一本无藏字初出与法海經等同本見高僧傳及長房録等

佛本行經五卷永平十一年出見高僧傳及長房録等

佛本生經一卷見高僧傳及長房録等

右四部一十五卷其本並闕沙門竺法蘭亦中印度人自言誦

貞元新定釋教録卷第一　第二十張　洸

經論數萬章為天竺學者之師時蔡愔既至彼國蘭與摩騰共契遊化遂相隨而來會彼學徒留尋蘭乃間行而至既達洛與騰同止少時便善漢言初共騰譯四十二章經騰卒蘭自譯十地斷結經等四部昔前漢帝穿昆明池底得黑灰問東方朔朔云非臣所知可問西域胡人法蘭既至追以問之蘭云此是劫燒時灰朔言有徵信者甚衆又秦景使還於月支國得釋迦像是優塡王栴檀像師第四作也来至洛陽帝即勅令圖寫畫清涼臺及顯節陵上供養自尒丹素流演迄今蘭後終於洛陽時年六十餘矣又長房等録云蘭譯二百六十戒合異二卷者不然細詳名目非蘭所翻委求同異如下別録闕本中述

道行般若波羅蜜經十卷題云摩訶般若波羅蜜道行經亦云般若道行品經或八卷初出与明度

貞元新定釋教録卷第一　第二十一張　洸

小品及大般若第四會等同本
光和二年七月八日出見歆祐二錄
無量清淨平等覺經二卷亦直云無
量清淨經第二出與大阿彌陀及
寶積無量壽會等並同本見吳錄
阿閦佛國經二卷建和元年譯或一
卷初出與寶積不動如來會等同本
見朱士行漢錄及僧祐錄亦云阿閦
佛刹諸菩薩學成品經或無國字
佛遺日摩尼寶經一卷安公云出方
等部初與寶積普明菩薩會等
同本一名古品遺日說般若經
一名大寶積經一名摩訶衍寶
嚴經見僧祐長房二錄
般舟三昧經三卷一名十方見在佛
悉在前立定經舊錄云大般舟三昧
經或二卷光和二年譯初出與大集
賢護經等同本見聶道真錄及吳錄
兜沙經一卷見僧祐錄吳錄是花嚴
經名號品異譯
伅真陀羅所問經二卷初出伅真陀
羅所問寶如來三昧經舊錄云
伅真陀羅尼王經或三卷初出

貞元新定釋教錄卷第一　第十二張　説

與大樹緊那羅經同本安錄無
見朱士行漢錄及僧祐錄
阿闍世王經二卷初出與普超三昧
經等同本見僧祐錄安云出長
阿含者非也
內藏百寶經二卷亦云內藏百品初
出與世高譯者小異安公云出
方等部見僧祐錄
文殊師利問菩薩署經一卷亦直云
問署經見僧祐錄及吳錄安云
出方等部
新辟喻經一卷凡十一事祐云失譯
房見別錄已上見在已下闕
大方等大集經二十七卷初出與曇
无讖等出同本見李廓錄
般舟三昧經一卷是後十品重翻祐
有此一卷无三卷者靜泰錄或
加大字第三出祐錄云光和二
年十月八日出
梵般泥洹經二卷或一卷初出與大
般涅槃經等同本見朱士行漢
錄或加大字第三胡般攻為梵
象腋經一卷初出見法上錄

貞元新定釋教錄卷第一　第十三張　説

諸法勇王經一卷初出見法上錄
光明三昧經一卷初出祐云出錄安
房云亦見吳錄
字本經二卷初出見僧祐錄
首楞嚴經二卷中平二年十月八日
出第一譯又云三卷見朱士行
漢錄及僧祐錄吳錄
大方便報恩經一卷出吳錄
阿闍世王問五逆經一卷亦云阿闍
世王經初出見長房錄
禪經一卷初出房云見別錄
阿育王太子壞目因緣經一卷佛涅槃
後一百餘年育王方出故非佛
說或无經字初出見長房錄
右二十三部六十七卷雜辟喻
上一十部二十六卷見在大集
經下一十二部四十卷闕本
沙門支婁迦讖亦直云支讖月
支國人操行純深性度開敏稟
持法戒以精勤著名諷誦群經
志在宣法桓靈之代遊于洛陽
從桓帝建和元年丁亥至靈帝
中平三年景寅於洛陽譯道行

貞元新定釋教錄卷第一　第十四張　説

等經二十三部審得本旨曾不加飾可謂善宣法要弘道之士也河南清信士孟福張蓮筆受而舊譯云胡般泥洹者竊所未安上代翻經已来賢德筆受每至度語无不稱云譯胡為漢胡乃是西天邊俗類此之有玄羌今乃稱胡豈關印度深為楚越可不詳焉但佛所說經皆合稱為梵本梵者此言清淨昔刼初時梵世光音天来下彼土有食地肥者身重不得復去因遂為人即五天之本祖也仍其天号而立稱焉若彼稱胡理將何出但彼稱梵語如此土所謂漢言蓋有所憑非為謬耳如舊日僧悉稱俗姓從符秦世有沙門道安獨拔當時居然超悟云既剃落紹繼釋迦子而異父豈日承襲今出家宜悉稱釋及翻四含其文果云四姓出家同一釋種衆咸歎伏四姓者一刹帝利 二婆羅門 三吠舍 四戍達羅

而安正當晉秦之世刊定目錄刪經論自号弥天揩模季葉猶言譯胡為秦有五失三不易此蓋通人一蔽未盡美歟上代已来有胡言處今並改為梵字庶无紕謬使談者得其正焉

又長房等錄支讖譯中復有大寶積經一卷今以與佛遺日摩尼寶經既是同本不合再出又尋文句非讖所翻別錄之中皆為失譯今從別錄為正故讖錄除之

大乘方等要慧經一卷 初出与寶積弥勒問八法會同本見長房錄

太子慕魄經一卷 初出六度集中異譯見長房錄

長者子制經一卷 一名制經初出与逝童子經等同本見長房錄

寶積三昧文殊問法身經一卷 一名遺日寶三昧文殊師利菩薩問法身經初出与法界體性經同本見長房錄

自誓三昧經一卷 題下注云獨證品第四出比丘淨行中初出与法護出

者大同小異見長房錄

溫室洗浴衆僧經一卷 亦直云溫經初出見長房錄

明度五十挍計經二卷 或直云明度挍計亦直云五十挍計元嘉元年出見朱士行漢錄及僧祐錄

佛印三昧經一卷 見長房錄

八大人覺經一卷 見寶唱錄

舍利弗悔過經一卷 亦直云悔過經初出見長房錄

人本欲生經一卷 永壽二年出長阿含第十卷異譯道安注解并製序見朱士行漢錄及僧祐錄

尸迦羅越六向拜經一卷 或云尸迦羅越六方礼經出長阿含第十一卷異譯見長房錄

長阿含十報法經二卷 一名多增道章經或直云十報經出長阿含第九卷異譯舊錄亦云出長阿含見僧祐錄

一切流攝守因經一卷 出中阿含第二卷異譯舊錄云一切流攝經吳錄云流攝守因經亦云受國亦有云流攝亦云一切流攝守因見朱

士行及僧祐
四諦經一卷 出中阿含第七卷異譯見
僧祐錄安公云出長阿含者或誤也
本相倚致經一卷 出中阿含第十卷
異譯吴錄云大相倚致與本致經同
本或作倚字見朱士行漢錄及僧祐錄
是法非法經一卷 出中阿含第二十
一卷異譯見士行僧祐二錄
漏分布經一卷 出中阿含第二十七卷
異譯見朱士行漢錄及僧祐錄安
云出長阿含者或誤也
婆羅門子命終愛念不離經一卷 出
中阿含第十六卷異譯見長房錄
十支居士八城人經一卷 出中阿含
第六十卷異譯見長房錄
普法義經一卷 亦云普義經一名
具法行經普法義作舍利日
法行作舍利弗餘並同云出中
阿含元嘉二年出與廣義法
門經同本見朱士行僧祐二錄
婆羅門避死經一卷 出增一阿含第
二十六卷異譯見長房錄
阿那邠邸化七子經一卷 出增一阿

貞元新定釋教目錄卷第一 第二十八張 説

含第四十九卷異譯見長房錄
阿難同學經一卷 題云出增一阿含捨
无見長房錄
七處三觀經一卷 出增一阿含中首亦
摠三十經從初標名故也或二卷元嘉
元年出見朱士行漢錄及僧祐錄
五陰譬喻經一卷 或无譬字一名水
沫所漂經出雜阿含第七卷異
譯見朱士行漢錄僧祐錄
轉法輪經一卷 或云法輪轉經出
雜阿含第十五卷異譯與其本
經後同前異見僧祐錄
八正道經一卷 出雜阿含第二十六
卷異譯見士行僧祐二錄
摩鄧女經一卷 或名摩耶女一名阿
難為蠱道女惑經見長房錄初
出與摩鄧伽經等同本
鬼問目連經一卷 初出與餓鬼報應經
同本見長房錄
阿難問事佛吉凶經一卷 或云阿難
問事經亦云事佛吉凶經見長
房錄初出與阿難分別經等同本
柰女祇域因緣經一卷 初出或无因

貞元新定釋教目錄卷第一 第二十九張 沈

緣字亦云柰女見房錄
罪業應報教化地獄經一卷 初出或
云地獄報應經見長房錄
堅意經一卷 初出一名堅心正意亦
名堅心經見長房錄
大安般守意經二卷 或一卷或无守
意字或云安般經安公云小安
般兼注解及製序祐錄別載
大安般一卷房錄更載一卷重
也見士行僧祐李廓三錄
陰持入經二卷 或一卷祐云陰持入
誤也亦云注陰持入安公注解
製序房錄陰持入外別存陰持入
者誤也見士行僧祐二錄
處處經一卷 見長房錄
罵意經一卷 見長房錄
分別善惡所起經一卷 見長房錄
出家緣經一卷 一名出家因緣經見長房錄
阿鋡正行經一卷 一名正意經見長房錄
十八泥犁經一卷 或云十八地獄經見長
房錄
法受塵經一卷 見僧祐錄
禪行法想經一卷 見僧祐寶唱二錄

貞元新定釋教目錄卷第一 第三十張 訖

長者子懊惱三處經一卷一名長者父惱三處經亦直云三處惱經見長房録

揵陀國王經一卷或无國字見長房録

父母恩難報經一卷亦云勤報見長房録出中阿含撿无

九横經一卷房云出中阿含撿无見長房録

禪行三十七經一卷或加品字見寶唱録

犯戒報應輕重經一卷出目連問毗尼經亦云犯戒罪報輕重或云目連問經見長房録

大比丘三千威儀經一卷或四卷亦云僧威儀經

道地經一卷初出加大字見僧祐録

迦葉結經一卷初出見長房録

阿毗曇五法行經一卷或无行字見僧祐録已上見存已下闕本

無量壽經二卷初出与寶積无量壽等同本房云見別録

如幻三昧經二卷或一卷初出与寶積善住意會等同本見長房録

月燈三昧經二卷出大日燈經第七

貞元新定釋教録卷第一　第二十張　説

異譯見長房録

十二因緣經一卷初出亦云闡城十二因緣經見僧祐録

内藏經一卷第二出一名内藏百品或云百寶元嘉二年十月出見朱士行録

四不可得經一卷初出或無可字見房録

貞元新定釋教目録卷第一

丙午歲高麗國大藏都監奉勅雕造

貞元新定釋教録卷第一　第二十一張　説

貞元新定釋教目録卷一—卷三十

校勘記

一　底本，麗藏本。

一　此經録金藏及其他諸藏均無，僅高麗藏收録，故無校。

貞元新定釋教目錄卷第二 說

西京西明寺沙門 圓照 撰

總集群經錄上之二

觀藥王藥上菩薩經一卷 初出見長房錄

空淨天感應三昧經一卷 舊錄云空淨三昧經初出見長房錄

辛逢賊結衣帶呪經一卷 見長房錄

呪賊經一卷 一名辟除賊害見長房錄祐失譯錄中並載二本同名呪賊此且存一

十四意經一卷 舊錄云菩薩十四意經見僧祐錄初出見法上錄

法律三昧經一卷

道意發行經二卷 或一卷見道安及僧祐錄房云出長阿含

大十二門經二卷 或一卷出長阿含安公注解兼製序見僧祐及寶唱錄

小十二門經二卷 出長阿含安公注解兼製序見僧祐及寶唱錄

七法經一卷 舊錄云阿毗曇七法行經或直云七法行經見僧祐錄房云出長阿含

多增道章經一卷 舊錄无道字云異出十法見房錄云出長阿含

義決律經一卷 或无經字亦云義決律法行經安公云出長阿含見僧祐錄

雜四十四篇經一卷 或云雜經四十四篇既不顯名未知何經安公云出增一阿含見僧祐錄

百六十品經一卷 舊錄云出增一阿含百六十章經見僧祐錄

舍頭諫經一卷 見舊錄第二出云舍頭諫太子明二十八宿經亦云太子明星十六宿經亦云虎耳經

瑠璃王經一卷 或作瑠璃房云出增一阿含撿无見長房錄

太子夢經一卷 初出見長房錄

禪經二卷 第二出房云見別錄

恒水經一卷 初出亦云恒水不說戒經見法上錄寶唱錄云恒水識經

悔過法經一卷 見長房錄

五法經一卷 見僧祐錄

五行經一卷 見長房錄

小般泥洹經一卷 房云見別錄祐錄云或名泥洹後諸比丘經或云泥洹後變化經或云泥洹後比丘世變經或云佛般泥洹後比丘世變經

正齋經一卷 見長房錄

分別罪福經一卷 見長房錄

難提迦罪起經一卷 見僧祐錄

禪定方便次第經一卷 見長房錄

禪法經一卷 見長房錄

當來變識經一卷 見長房錄

修行道地經七卷 或六卷初出或云順道行經漢永康元年支敬度製序見寶唱錄及別錄

五門禪要用法經一卷 初出見長房錄

思惟要略經一卷 或直云思惟經初出見僧祐錄

法句經四卷 初出見長房錄

請賓頭法一卷 初出見內典錄

阿毗曇九十八結經一卷 見僧祐錄

右九十五部一百一十五卷 阿毗曇五法上五十四部五十九卷見在無量壽經下四十一部五十六卷闕本

沙門安清字世高安息國王正后之太子也幼懷淳孝敬養竭誠惻隱之仁爰及蠢類其動言立行若踐規矩焉加以志業聰明剋意好學外國典籍莫不該貫七曜五行之象風角雲物之占推步盈縮悉窮其變兼洞曉醫術妙善鍼脈覩色知病投藥必濟乃至鳥獸鳴呼聞聲知心嘗行見群鷰忽謂伴曰鷰云應有送食者頃之果有致焉衆咸奇之於是儁異之名被於西域

遠近隣國咸敬而偉之高雖在居家而奉戒清峻講集法施與時相續後父王薨將嗣國位乃深惟苦空猒離名器行服既畢遂讓國與叔出家脩道博綜經藏尤精阿毗曇學諷持禪經略盡其妙既而遊方弘化遍歷諸國以漢桓之初始到東夏高才悟機敏一聞能達至止未久大通華言慨正法深微廣事宣譯高窮理盡性自識宿緣多有神迹世莫能量初高自稱先身已經為安息王子與其國中長者子俱共出家分衛之時值施主不稱每輙懟恨高屢加訶諫終不悛改如此二十餘年乃與同學辞訣云我當往廣州畢宿世之對卿明經精勤不在吾後而性多恚怒命過當受惡形我若得道必當相度既而遂適廣州值寇賊大亂行路逢一年少唾手拔刀曰真得汝矣高笑曰我宿命負卿故遠相償卿之忿怒

故是前世時意也遂申頸受刃容無懼色賊遂殺之觀者塡路莫不駭其奇異而此神識還為安息王太子即今時世高身是高遊化中國宣經事畢值靈帝之末關洛擾亂乃振錫江南云我當過廬山度昔同學行達䢼亭湖廟此廟舊有靈威商旅祈禱乃分風上下各無留滯甞有乞神竹者未許輙取舫即覆沒竹還本處自是舟人敬憚莫不懾影高同旅三十餘船奉牲請福神乃降祝曰舩有沙門可更呼上客咸驚愕請高入廟神告高曰吾昔外國與子俱出家學道好行布施而性多瞋怒今為䢼亭廟神周迴千里並吾所治以布施故珍玩豊饒以瞋恚故墮此神報今見同學悲欣何言壽盡旦夕而醜形長大若於此捨命穢汙江湖當度山西澤中此身滅後恐墮地獄吾有絹千疋并雜寶物可為立法營塔使生

第五張

善處也高曰故來相度何不出形神曰形甚醜異衆人必懼高曰但出衆不怪也神從床後出頭乃是大蟒不知尾之長短至高膝邊高向之胡語數番讚唄數契蟒悲淚如雨須臾還隱高即取絹物辭別而去舟侶颺帆蟒復出身登山而望衆人舉手然後乃滅倏忽之頃便達豫章即以廟物造東寺高去後神即命過暮有一少年上船長跪高前受其呪願忽然不見高謂船人曰向之少年即䢼亭廟神得離惡形矣於是廟神歇滅無復靈驗後人於山西澤中見一死蟒頭尾數里今潯陽郡蛇村是也高後復到廣州尋其前世害已少年尚在高徑投其家說昔日償對之事并敘宿緣歡喜相向云吾猶有餘報今當往會稽畢對廣州客悟高非凡豁然意解追恨前愆厚相資供隨高從遊遂達會稽至便入市正值市中

有亂相打者誤著高頭應時殞命廣州客頻驗二報遂精勤佛法具說事緣遠近聞知莫不悲歎明三世之有徵也高以桓帝建和二年戊子至靈帝建寧三年庚戌二十餘載譯大乘要慧等經九十五部並義理明析文字允正辯而不華質而不野凡在讀者皆亹亹然而不勸焉世高本既王種名高外國所以西方賓旅猶呼安侯至今為号焉天竺自稱書為天書語為天語音訓詭蹇與漢殊異先後傳譯多致謬濫唯高所出為群譯之首安公以為難及亶稟不異見聖列代明德咸贊而思焉其釋道安錄僧祐出三藏記慧皎高僧傳等並云高譯三十九部費長房錄載一百七十部今以房錄所載多是別生從大部出未可以為翻譯正數今隨次刪之如後所述情離有罪經（房云世注為疑今亦在疑偽錄）

八光經舍利弗問寶女經舍利弗嘆寶女說不思議經（亦直云寶女亦云歎寶女經）申越長者悔過供佛經（長者悔過經申越由起未詳何　正八光等經四經並出大集）四百三昧經（出大雲經）摩訶衍精進度中罪報品（出智度論）大迦葉遇尼乾子經（出長阿含）阿難惑經（出人本欲生經）第一四門經第二門經第三四門經甘露正意（亦云佛入甘露調意經第一四門等經出僧祐失譯錄亦出寶唱錄並是大十二門經一部後人分品爲出述放四卷）尊者薄拘羅經（或直云薄拘羅經亦云薄拘羅）（沓異學門經）婆羅門行經長者兄弟諸佛經（亦云長者梨師達多兄弟二人往佛所經薄拘羅等二經出中阿含）五戰鬬人經世間強盜布施經梵天王詣婆羅門講堂經郁伽居士見佛聞法醒悟經（亦云僧伽陁居士佛為法德性說經）水喻經（五戰鬬等五經並出增一阿含）佛為婆羅門說四法經佛為事火婆羅門說悟道經佛為婆羅門說耕田經（或無耕田字）

佛為憍慢婆羅門說偈經佛為頻頭婆羅門像類經佛為阿支羅迦說自他作苦經目連見衆生身毛如箭經阿那律思惟目連神力經無畏離車白阿難經商人脫賊經世間言美色經純陁沙弥經（純作沙門或為淳字）商人子作佛事經婆羅門通達經論經外道出家經婆羅門服自經精勤四念處經婆羅門盛偽經佛為調馬聚落主說法經一切行不恒安住經婆羅門問世尊將來有幾佛經婆羅門問佛布施得福經豆遮婆羅門論議出家經化火與（或作大與）婆羅門出家經浮木譬喻經（一名恒水流樹經或作流澍）四卮婆羅門出家得道經過去彈琴人經婆羅門解知衆術經獨富長者經（亦云獨付長者財物無付經亦云長者命終無子付囑經）佛為年少婆羅門說知善不善經佛為那拘羅長者說根熟經（或無羅根熟三字）

禪思滿足經（[illegible]四法等三十二經並出雜阿含）
禪秘要經（出治禪病秘要法）
前世諍女經　子命過經　迦旃延無常經　當裸形子經（一名佛覆裸形子經）
譬喻經（前世諍等五經並出生經）　鏡面王經（出義足經）
三毒經　數息事經（上二小乘雜抄）
七老婆羅門請為弟子經　孤母
亶一子經　斫毒樹復生經　求離
牢獄經　良時難遇經　昔有二人
相愛敬經　慈人不殺經　摩耶祇
女人謗佛生身入地獄經　最勝
長者受呪願經（亦直云受呪願經）　佛神
力救長者子經　佛度旃陀羅兒
出家經　承事勝也經　調達生身
入地獄經　多倒見眾生經　長者
夜輸得非常觀經（亦直云得非常觀經七老婆羅門等一十五經並出出曜經）
人受身入陰
經　人身四百四病經　五陰成敗
經　地獄罪人眾苦經　人病醫不
能治經（人受身五經並出修行道地經）　阿練若
習禪法經（出坐禪三昧經）　蓮花女經（出法句譬喻經）
迦葉詰阿難經（亦名迦葉責阿難變羅漢喻經）
金色女經（迦葉詰阿難等二經出雜）

貞元新定釋教目録卷第二　第十張　洸

右八光經等八十五部八十五卷長房等録皆云安高所出今按隋開皇仁壽二年衆經録及新檢出別生抄經等此等並從諸經別生或非安高所出不合足為翻譯之數今為實録故刪之

道行經一卷（光和二年十月八日出見經後記朱士行漢録僧祐録等安公云道行品者般若抄也外國高明者所撰安公為序并注）

般舟三昧經二卷（光和二年十月八日出見經後記高僧傳第二經同時啓奕故出日同也舊録云大般舟三昧經或一卷第二出與大集賢護經等同本）

右二部三卷其本並闕

沙門竺佛朔亦天竺人識性明敏博綜多能以靈帝光和之初賫道行等經來適洛陽轉梵為漢譯人時滯雖有失旨然弃文存質深得經意月支沙門支讖傳語河南孟福字元士張蓮字少安筆受並見經後記

法鏡經二卷（安公云方等部初出寶積郁伽長者會等同）

貞元新定釋教目録卷第二　第十一張　洸

阿含口解十二因緣經一卷（李廓録一卷沙門嚴佛調筆受康僧會注并序見僧祐録）（亦云斷十二因緣亦直云阿含口解舊録云安侯口解凡有四名同是一本與中安高安云作出口解者誤也）

右二部三卷其本並在

優婆塞安玄安息人也志性貞白深沉有理致秉持法戒毫釐弗虧博誦群經多所通習漢靈帝時遊賈洛陽有功号騎都尉性虛靜温恭常以法事為已務漸練漢言志宣經典常與沙門講論道義世所謂都尉者也玄以光和四年辛酉與沙門嚴佛調共出法鏡等經玄口譯梵文佛調筆受理得音正盡經微旨郢匠之美見述後代祐云法鏡佛調出者據其共譯以說又稱阿含口解世高譯者此乃性同相濫也（舊録既云安侯口解計亦合是世高出也）

成具光明定意經一卷（或云成具光明三昧經亦直云成具光明經第二出見朱士行支敏度僧祐等三録高僧傳大乘）

阿那律八念經一卷（或直云八念名禪行斂意舊録云禪行檢意出中阿含經第十八卷異譯見舊録）

貞元新定釋教目録卷第二　第十二張　洸

馬有三相經一卷 亦云善馬有三相經出雜阿含經第二十三卷異譯房云見吳錄

馬有八態譬人經一卷 亦直云馬有八態經一名馬有八弊惡態經出雜阿含經第三十三卷異譯房云見吳錄

小道地經一卷 房云見吳錄已前見存已後闕

閻城十二因緣經一卷 第二出与世高譯十二因緣經等同本房云見吳錄

大摩耶經一卷 或无大字或二卷初出与摩訶摩耶經同本房云見吳錄

頞吒和羅經一卷 出中阿含經第三十一卷異譯房云見吳錄安云出方等部者或恐誤

小本起經一卷 或云修行本起或云修行本起近加小字耳初出与瑞應本起經等同本見舊錄及高僧傳

墮落優婆塞經一卷 或云優婆塞經房云見吳錄

右一十部一十卷 小道地上五部五卷見在閻城下五部五卷闕本

沙門支曜西域人博達群典妙

解幽微以靈帝中平二年乙丑

於洛陽譯成具光明等經十部

長房等錄又有首至閻佛十四

事經 或无佛字

余親見其本乃是經抄已編别

生錄内此刪不載

貞元新定釋教目錄卷第三　第十三張　洸

問地獄事經一卷 見朱士行漢錄及高僧傳

右一部一卷本闕

沙門康臣 或作巨字未詳孰正 西域人心

存遊化志在弘宣以靈帝中平

四年丁卯於洛陽譯問地獄經

言直理詣不加潤飾

濡首菩薩無上清淨分衛經二卷 一名決了諸法如幻化三昧經初出与大般若那伽室利分等同本或一卷見長房錄

慧上菩薩問大善權經二卷 初出与大寶積菩薩方便會等同本或无菩薩字或一卷見長房錄

古維摩詰經二卷 初出与唐譯无垢稱經等同本見古錄及朱士行漢錄

思意經一卷 亦云益意經初出見長房錄

菩薩内習六波羅蜜經一卷

右五部八卷 前四部七卷本闕後一部一卷見在

沙門嚴佛調 亦云浮調據僧祐錄及高僧傳合是沙門長房等錄云信士者非也

臨淮郡人幼年穎悟敏而好學

信如信慧自然遂出家修道通譯

經典見重於時調以靈帝中平

五年戊辰於洛陽譯濡首菩薩

等經五部丗稱安侯都尉佛調

貞元新定釋教目錄卷第三　第十四張　洸

三人傳譯号為難繼安公稱佛

調出經者省而不繁全本巧妙

焉又長房等錄更有迦葉詰阿

難經亦云佛調所譯余親見其

本乃是諸經之抄有數條事雜

衆錄云出雜譬喻安世高最承

遠錄内並有此經錄家誤也既

是别生抄經不合為翻譯正數

又有沙弥十慧經云佛調自撰

并注序既非聖言又闕其本今

並刪之

舍利弗摩訶目揵連遊四衢經一卷 出增一阿含第四十一卷異譯見別錄

興起行經二卷 亦名嚴誡宿緣經題云出雜藏見吳錄

梵網經二卷 初出或三卷見吳錄

四諦經一卷 興平元年出第三譯出阿含第七卷異譯与世高出者小異見竺道祖漢錄

太子本起瑞應經二卷 亦云瑞應本起第二出与過現因果經等同本房云見三藏記紫祐三藏中孟詳出中本起非瑞應本起也

報福經一卷 或云福報見吳錄

右六部九卷 興起行經上二部三卷見在梵網經下四部六卷闕本

貞元新定釋教目錄卷第三　第十五張　洸

沙門康孟詳其先康居國人有慧學之譽以獻帝興平元年甲戌至建安四年巳卯於洛陽譯遊四衢等經六部安公云孟詳所翻譯流便足騰玄趣也

修行本起經二卷 一名宿行本起第二出与瑞應本起經等同本見始興錄

右一部二卷其本見在

沙門竺大力西域人性好遠遊無憚艱險以獻帝建安二年丁丑三月於洛陽譯修行本起經其經梵本亦是曇果與康孟詳於迦維羅衛國賫本康孟詳度語

中本起經二卷 或云太子中本起經見始興錄經初題云出長阿含

右一部二卷其本見在

沙門曇果西域人學該內外解通真俗於迦維羅衛國賫經梵本屆于洛陽以獻帝建安十二年丁亥譯中本起經康孟詳度語內典錄中以曇果與孟詳共出遂與孟詳太子本起瑞應合

為一本者非也二經全異不可合之祐云中本起康孟詳出者據其共譯故耳

大方便佛報恩經七卷

摩訶衍寶嚴經一卷 一名大迦葉品第二出与寶積普門菩薩會等同本中云晉言合編晉錄今且依舊祐云摩訶衍寶嚴經

後出阿弥陁佛偈經一卷 或无經字出第二

未曾有經一卷 初出与唐譯甚希有經等同本

作佛形像經一卷 一名優填王作佛形像經一名作像因緣經与造立形像福報經并同本

安宅神呪經一卷 亦云安宅呪法祐云安宅呪

受十善戒經一卷

苦陰經一卷 出中阿含經第二十五卷異譯

魔嬈亂經一卷 一名弊魔試目連經一名魔王入目揵蘭經出中阿含經第三十卷異譯

沙弥尼戒經一卷 或無經字

優波離問佛經一卷 或無優婆離律

分別功德論四卷 或云分別功德或三卷或五卷

禪要呵欲經一卷 經題云禪要呵欲品

內身觀章句經一卷 或无句字

雜譬喻經二卷 一名菩薩度人經

六菩薩名一卷 房入藏云菩薩名亦當誦持

般舟三昧念佛章句經一卷 是行品別譯

阿弥陁佛偈經一卷 初出

賢劫千佛名經一卷 祐云雜有佛名与曇无蘭所出四諦經千佛名異出賢劫經中異譯

梵本經四卷 舊云胡本新改為梵以長安中出

泥洹後千歲變經四卷 一名千歲變經祐云泥洹後千歲中變記一卷

諸經佛名二卷 今疑是不思議功德經

三千佛名經一卷

稱揚百七十佛名經一卷 亦直名百七十佛名今疑出稱揚功德經

南方佛名經一卷 舊云一名治城寺經者非也此方題寺為記非是經之異名

滅罪得福佛名經一卷

觀世音所說行法經一卷 是呪經

薩陁波崙菩薩求深般若圖像經一卷

受持佛名不墮惡道經一卷

五龍呪毒經一卷

取血氣神呪經一卷 舊錄云血呪

呪賊呪法經一卷 房云異出本祐直云呪賊

七佛安宅神呪經一卷

菩薩受戒經一卷 祐錄元經字房云異出本

受菩薩戒次第十法一卷
菩薩懺悔法一卷
初發意菩薩常晝夜六時行五事一卷
頂生王因緣經一卷 舊錄云頂生王經
長者賢首經一卷
梵志堊女經一卷
櫟狗蠶王經一卷
懃苦泥犁經一卷
地獄經一卷
十一因緣章經一卷 舊錄云十一因緣經或作十二
沙門為十二頭陀經一卷
僧名數事行一卷
比丘諸禁律一卷
摩訶僧祇律比丘要集一卷 一名摩訶僧祇部比丘隨用要集法
沙弥十戒經一卷 舊錄云沙弥戒
賢者五誡經一卷
優婆塞威儀經一卷
庾伽三磨斯經一卷 譯言修行略一名達磨多羅禪法亦云達磨多羅菩薩撰禪經要集舊云胡音
梵音偈本一卷
讚七佛偈一卷

貞元新定釋教目錄卷第二

怛和尼百句一卷
五言詠頌本起一卷 一百四十二首
道行品諸經梵音解一卷 舊云胡音
法句譬喻經一卷 祐錄云八十七事字上五十九部
並見僧祐錄 失譯
右五十九部七十六卷 准房錄數合有七十七卷其分別功德論本云五卷今四卷故七十六卷菩薩錄名上一十六部二十六卷見在般舟下四十三部五十卷闕本
長房等錄漢後失譯總有一百
二十五部一百四十八卷今以
餘六十六部七十一卷手細鑽
按非是失源具述委曲列之如
左
佛遺日摩尼寶經 漢支讖譯
菩薩生地經
惟日雜難經 已上二經吳支謙譯
金剛三昧本性清淨不壞不滅經 或云金剛清淨經長房等錄云吳代支謙譯後漢失譯錄中復載今以此經非是漢代失譯亦非支謙所出以是姚秦什公等譯今且為失源編於秦錄
舊雜譬喻經二卷 吳代康僧會譯
十方佛名經
三十二相因緣經 已上二經西晉竺法護譯

貞元新定釋教目錄卷第二 第二張

菩薩修行經 一名長者威施所問菩薩修行經或云長者修行經已曾二譯一存一闕
迦葉赴佛泥洹經 一名佛般泥洹時迦葉赴佛經
鐵城泥犁經 一名泥犁經同舍
梵志果經
三十七品經 出諸經別生錄 撰在
七佛所結麻油呪幻師陂陀神呪
呪齲齒呪 一名呪齲齒
呪牙痛呪
呪眼痛呪 一名直呪眼痛迦葉赴下十經東晉
竺曇無蘭譯
千佛因緣經
海八德經 已上二經姚秦羅什譯 法上錄云
菩薩所生地經
摩訶剎頭經 已上二經乞伏秦聖堅譯
敬調意所問經 一名如來所說清淨調伏經 合作音意者錯也
轉女身菩薩經 一名樂瓔珞莊嚴方便經 已上二經宋代法海譯
沙弥威儀經 或無經字 宋求那跋摩譯
四天王經 宋智嚴譯
鹽王五使者經 一名五天使者
譬喻經 已上三經宋惠簡譯

貞元新定釋教目錄卷第二 第三張

八部佛名經 元魏瞿曇流支譯

觀無量壽佛經 一此經以曾兩譯存一闕俗闕 錄中

般若波羅蜜神咒經 出大品經

功德莊嚴王八萬四千歲請佛經 出大集經

大方廣如來性起微密藏經二卷 亦直云如來性起經是舊華嚴經如來性起品

合道神足經四卷 一名道神足無極變化經 即道神足經之異名二本無別

持齋經 齋經別名

過去香蓮華佛世界經 出悲華經

善德婆羅門求舍利經

人弘法經 已上二經出大雲經

五十三佛名經 出藥王藥上經

弥勒為女身經

一切施王所行檀波羅蜜經 亦直云行檀波羅蜜經亦名薩和檀王經

摩訶王小兒聞法即解經 已上四經出六度集

淨除業障經 抄淨業障經

十住毗婆沙經 抄十住經

七寶經 出增一阿含經

貞元新定釋教目錄卷第二　第十二張

賓多長者請比丘經

外道誇賓多長者經

佛見牧牛者示導經

長者命終無子付囑經 獨富長者經異名 賓多等四經出雜阿含

積骨經 出七處三觀經

誨子經 出生經

梵志觀無常得解脫經 出義足經

梵志避死經

貧子得財發王經

無害梵志執志經

善唄比丘經 梵志避死等四經出出曜經

福子經

居士初故為婦鼻中虫經

須河辟經

教子經 一名須達教子經亦名須達訓子經福子等四經出雜辟喻

龍種尊國變化經

觀世樓炭經 云有三品

清淨法行經 已上三經先為偽錄

華嚴瓔珞經

般若得經 已上二經僧法尼誦出亦在偽錄

右佛遺日下六十六部七十一

貞元新定釋教目錄卷第二　第十三張

卷或翻譯有憑或別生疑偽今既尋知所據故非漢代失源同舊重編恐成繁雜今並刪也長房錄云已上一百二十五部四十八卷並是僧祐律師出三藏記撰右舊二錄及安錄失源并新集所得失譯諸經卷部甚廣讎挍群目蕪穢者衆出入相交實難詮定未覩經卷空閱名題有入有源無入無譯詳其初始非不有由既涉遠年故附此末奧後傳識脱觀本流希還收正以為有據澄澄法海使靜波濤焉今尋長房此言未可依據妥求同異如前所述

已下新附此錄

拔陂菩薩經一卷 或云拔波安錄云颰拔陂菩薩安公云出方等部是般舟經初四品異譯第五出

梅檀樹經一卷

阿鳩留經一卷

菩薩道地經一卷 安公云出方等部

魔王入目揵蘭腹經一卷 亦云弊魔試目揵連經 舊錄云魔王入目連腹中經出中阿含第三十卷即後十經之中也

貞元新定釋教目錄卷第二　第十四張

佛有五百比丘經一卷

凡人有三事愚癡不足經一卷此凡人三事不足及後佛識諸比丘刀至甲者二經共成藏中泥犁一卷刀取最初之語以立經名今此則標来詳其故

佛識諸比丘經一卷言我以天眼視天下人生死好醜舊者甲者經一卷安公云上三經出中阿含

自見自知為能盡諸經一卷

有四求經一卷

佛本行經一卷

河中大聚沫經一卷或云水来所漂經或云聚沫譬經衆經錄云出雜阿含經今以安錄先集雜阿含後譯是別譯本非從彼出

便賢者坑經一卷坑字或作旃

所非汝所經一卷

雨比丘得割經一卷

道德舍利日經一卷

舍利日在王舍國經一卷

獨居思惟自念上經一卷

問所明種經一卷

欲從本相有經一卷或云欲從本經

獨坐思惟意中生念經一卷

佛說如是有諸比丘經一卷

比丘所求色經一卷

貞元新定釋教目錄卷第二十三　第三十五張　說

道有比丘經一卷

色為非常念經一卷從自知自見下卷有二十二經安云阿含一卷於中五經已備餘錄今但有十七叢雜阿含分中

色比丘念本起經一卷

善惡意經一卷

比丘一法相經一卷

有二力本經一卷

有三力經一卷

有四力經一卷

人有五力經一卷

不聞者類相聚經一卷舊錄云類相聚經與相應相可經本同

天上釋為故世在人中經一卷或作無上誤也

瓜頭土經一卷

身為無有反復經一卷

師子畜生王經一卷

阿須倫子波羅門經一卷

波羅門子名不侵經一卷

生聞波羅門經一卷舊錄云生聞梵志經

有隙竭經一卷

暑杜乘波羅門經一卷

佛在拘薩國經一卷

貞元新定釋教目錄卷第二十三　第三十六張　說

佛在優墮國經一卷經作優隨

是時自梵守經一卷

有三方便經一卷舊錄云三方便經法經錄云出七處三觀

波羅門不信重經一卷

佛告舍日經一卷

四意止經一卷舊錄云四意止本行經法經錄云出中阿含

說人自說人骨不知腐經一卷色比丘念下二十五經安公云出阿含今尋藏中單卷雜阿含內並有此經多是後人合之成卷

雜阿含三十章經一卷法經錄云出雜阿含異本

五十五法誡經一卷或云五十五法行

一切義要一卷

說善惡道經一卷

受欲聲經一卷一本云受欲一聲經

摩訶遬曷從經一卷

天王下作猪經一卷

始造浴佛時經一卷

佛併父弟調達經一卷五十五法下安公云五十經出阿毗曇今但有九一本人重譯中即鬼王人日達腹經是

優墮羅迦葉經一卷

四諦本聞經一卷安公云上二經出長阿含一本云出

貞元新定釋教目錄卷第二十三　第三十七張　說

阿毗曇

讓德經一卷

有賢者法經一卷

摩訶厲弥難問經一卷（或云大厲弥經）

大本藏經一卷

說阿難持戒經一卷

阿難問何因緣持戒見世間貧亦現

道貧經一卷

給孤獨四姓家問應受施經一卷

曉所諍不解經者經一卷（今疑亡經字錯）

寄異道家難問住處經一卷

寄異道家難問法本經一卷

賢者手力經一卷

八法行經一卷

憂多羅經一卷（或作夏字細）

栴檀調佛經一卷

惡人經一卷

難提和難經一卷（或云難提和羅經）

四姓長者難經一卷（舊錄云四姓長者經）

析佛經一卷

道地經中要語章一卷（或云小道地經今疑支曜出者是）

數練意章一卷（舊錄云數經安公上二經出生經祐按今）

貞元新定釋教目錄卷二　第二十八張　說

生經无此章名

右八十二部八十二卷（初拔陂等經見在餘者並闕）並是僧祐錄中集安公古典經既云古典明是遠代今者編於漢末以為失源安公本錄古典揔有九十二經今以餘之十經撿尋群錄或標譯主或是別生彼中既載故此除之通前舊失譯經五十九部七十六卷揔一百四十一部一百五十八卷並為漢代失源云

魏曹氏都洛陽

自文帝黃初元年庚子至元帝咸熈二年乙酉凡經五帝四十六年沙門五人所出經戒羯磨揔一十二部合一十二卷

曹魏沙門曇柯迦羅一部一卷（戒）

沙門康僧鎧（三部四卷經羯磨）

沙門曇無諦（一部一卷羯磨）

沙門白延（五部七卷）

沙門安賢（二部五卷經）

僧祇戒本一卷（初出見坐道祖魏世錄）

右一部一卷本闕

貞元新定釋教目錄卷第二　第二十九張　說

沙門曇柯迦羅魏云法時中印度人家世大富常修梵福迦羅幼而才悟質像過人讀書一覽皆文義通暢善學四韋陁論風雲星宿圖讖運變莫不該綜自言天下文理畢已生腹至年二十五入一僧坊看遇見法勝毗曇聊取覽之茫然不解慇懃重省更增惛漠乃歎日吾積學多年浪志墳典遊刃經籍義不再思文無重覽今覩佛書頓出情外當理致鉤深別有精要於是賫縢入房請一比丘略為解釋遂深悟因果妙達三世始知佛教宏曠俗書所不能及乃棄捨世榮出家精苦誦大小乘經及諸部毗尼常貴遊化不樂專守以文帝黃初三年壬寅來至洛陽于時魏景雖有佛法而道風訛替亦有衆僧未稟歸戒止以剃落為殊俗耳設復齋懺事同祠祀迦羅既至大行佛法諸僧請出毗尼迦羅以律藏曲制文

貞元新定釋教目錄卷第二　第三十張　說

言繁廣佛教未昌必不承用遂以魏王芳嘉平二年庚午於洛陽白馬寺出僧祇戒心直備朝夕於是更集梵僧立羯磨受戒東夏戒律始自乎此迦羅後不知所終

郁伽長者所問經一卷（或二卷第三譯一名郁伽羅越問菩薩行經嘉平四年出見竺道祖魏錄今編入寶積即第十九會是）

無量壽經二卷（第四譯見竺道祖晉世雜錄及寶唱錄與世高出者小異）

四分雜羯磨一卷（題云曇無德律部雜羯磨以結戒場為首新附）

右三部四卷其本並在

沙門康僧鎧印度人也廣學群經義暢幽旨以嘉平四年壬申於洛陽白馬寺譯郁伽長者經等三部高僧傳中云譯四部不具顯名竺道祖魏晉錄僧祐寶唱梁代錄等及長房道宣靖邁三錄並云二部餘二既不顯名披閱未見今更得一部餘欠一經撿亦未獲

曇無德羯磨一卷（題云羯磨一卷出曇无德律以結大界為首見竺道祖魏錄）

右一部一卷其本見在

沙門曇無諦亦云曇諦魏云法實安息國人善學律藏妙達幽微以高貴鄉公正元元年甲戌屆于洛陽於白馬寺譯曇无德羯磨一部

無量清淨平等覺經二卷（第五出與漢世支讖等所出及寶積无量壽會並本同異見竺道祖晉世雜錄及僧祐錄）

又須賴經一卷（一名无又字祐錄作又初出見竺道祖及僧祐錄）

菩薩修行經一卷（一名長者威施所問菩薩修行經一名長者修行經第二出見始興寶唱二錄）

除災患經一卷（初出與除恐災患經同本見僧祐錄）

首楞嚴經二卷（第五出漢世支讖等所出本同文異見竺道祖晉世雜錄及僧祐錄）

右五部七卷其本並闕

沙門白延西域人也才名蓋世深解踰倫以高貴鄉公甘露三年戊寅遊化洛陽止白馬寺出无量清淨等經五部長房等錄又有平等覺經一卷亦云白延

所出今以此經即是清淨平等覺經但名有廣略故不復存也

羅摩伽經三卷（見竺道祖寶唱法上靈祐等四錄見華嚴經入法界品小分初出）

大般涅槃經二卷（第二出略大本前數品為此二卷見竺道祖魏錄）

右二部五卷其本並闕

沙門安法賢西域人藝業克深慧解尤峻振錫遊邦自遠而至譯羅摩伽等經二部群錄並云魏世不辨何帝之年今依編于末又別錄亦載諸侯譯經揔於吳錄後列

貞元新定釋教目錄卷第二

丙午歲高麗國大藏都監奉勑雕造

貞元新定釋教目錄卷第三　說

西京西明寺沙門圓照　撰

總集群經錄上之三

吳孫氏前都武昌後都建業

從孫權(謚太祖文皇帝)

黃武元年壬寅至孫晧(無謚)

天紀四年庚子凡經四主五十九年緇素五人所出經等并及失譯總一百八十九部四百一十七卷(於中六十一部九十二卷見在一百二十八部三百二十五卷闕本)

吳

沙門維祇難(二部六卷經集)

沙門竺律炎(四部六卷經集)

優婆塞支謙(八十八部一百一十八卷經律集)

沙門康僧會(七部二十卷經集)

沙門支彊梁接(一部六卷經)

魏吳兩代諸失譯經(八十七部二百六十)一卷

阿差末菩薩經四卷(初出與西晉法護阿差末及無盡意經等同本見吳別二錄)

法句經二卷(初出亦云法句集尊者法救撰與律炎支謙共出謙製序見僧祐錄吳錄云五卷未詳)

右二部六卷法句經二卷見在

阿差末四卷闕本

沙門維祇難吳云障礙本印度人世奉異道以火祠為上時有天竺沙門習學小乘多行道術經遠行逼暮欲寄難家既奉異道猜忌釋子乃處之門外露地而宿沙門夜密加呪術令難家所事之火欻然變滅於是舉家共出啓請沙門入室供養沙門還以呪術變火令生難既覩沙門神力勝己即於佛法大生信樂乃捨本所事出家為道依此沙門以為和上受學三藏妙善四含遊化諸國莫不皆奉與同伴竺律炎發自西域因到江右孫權黃武三年甲辰於武昌郡共律炎出阿差末等經二部而祇難及炎既未善方音翻梵之際頗有不盡志存義本辭近朴質

摩登伽經三卷(見法上錄与支謙共出與舍頭諫經等同本或二卷第四譯)

三摩竭經一卷(初出見始興錄與恕和檀王經同本異出一名須摩提女經一名難國王一名恕和檀王經与支越共出非是全典從六經出)

佛醫經一卷(或佛醫王經見寶唱錄)

梵志經一卷(見始興錄)

右四部六卷(前三部五卷見在後一部一卷闕本)

沙門竺律炎中印度人也解行清勵內外博通與維祇難同遊吳境維祇卒後以孫權黃龍二年庚戌於楊都譯摩登伽等經四部其名群錄不同或云將炎或云持炎云律炎未詳孰是故備列之

大明度無極經四卷(第二出或六卷亦直云大明度經與道行小品等同本見竺道祖魏吳錄及僧祐錄)

阿弥陀經二卷(內題云佛說諸佛阿弥陀三耶三佛薩樓佛檀過度人道經第三出亦名無量壽見竺道祖僧祐二錄与世高等譯小異)

菩薩本業經一卷(亦直名本業經亦名淨行品經是華嚴經淨行品異譯見僧祐錄長房中本業之外別載淨行品者誤也)

維摩詰經二卷(維摩詰說不思法門之攝一名佛法普入道門三昧經第二出或三卷見竺道祖僧祐二錄与漢嚴佛調等小異)

慧印三昧經一卷 亦直云慧印經一名寶因慧印三昧經 初出与如來智印經同本道祖僧祐二錄

九色鹿經一卷 出六度集異譯見法上錄

老女人經一卷 安公云出阿毗曇吴錄直云老女經或云老母經見僧祐錄初出

犢子經一卷 見法上錄初出与乳光佛經等同本

貝多樹下思惟十二因緣經一卷 見長房錄第三出与唐譯緣起聖道經等同本

了本生死經一卷 安公云出生經祐按五卷生經無此名見僧祐錄与稻芋經同本異出譯自注弁製序云漢末出譯注

龍施女經一卷 初出与龍施菩薩本起經同本祐云別錄所載安錄無

八吉祥神呪經一卷 初出或無神字或云吉祥經与八陽神呪經等同本房云見古錄

無量門微密持經一卷 亦直云微密持經一名成道降魔得一切智經初出与出生無量門同本見僧祐二卷錄及僧祐錄

華積陀羅尼神呪經一卷 見寶唱錄或無神字与花聚陀羅尼等同本

持句神呪經一卷 初出見長房錄与陀隣尼鉢經等同

本亦云陀羅尼句

秘訶三昧經一卷 第二出或云秘訶亦一名菩薩道樹亦名道樹三昧見安支敏度僧祐等三錄祐云此經即是菩薩道樹

菩薩生地經一卷 一名差摩竭經初出見竺道祖吳錄及僧祐錄

孛經一卷 亦云孛抄經祐云今孛經一卷即此是第二出見僧祐錄及別錄

月明菩薩經一卷 或加三昧字一名月明童子經一名月明童男經見僧祐錄

三品弟子經一卷 一名弟子學有三輩經見長房錄

法律三昧經一卷 亦直云法律經第三出見長房錄

梵志阿颰經一卷 一名阿颰摩納經安錄直云阿拔經亦名佛開梵志阿颰經出長阿含第十三卷異譯見房錄

梵網六十二見經一卷 一名梵網經房云見別錄出長阿含第十四卷異譯

七知經一卷 或作七智見長房錄出中阿含第一卷異譯

釋摩男本經一卷 祐錄無本字一名五陰因事經安錄云出中阿含第二十五異譯見竺道祖吳錄

諸法本經一卷 出中阿含第二十八異譯見長房錄

弊魔試目連經一卷 一名魔燒亂經房云見舊錄出中阿含第三十卷異譯

賴吒和羅經一卷 或云羅漢賴吒和羅經與後漢支曜出者少異出中阿含第三十一異譯祐云別錄所載安公錄中無

梵摩喻經一卷 或作渝字見道祖僧祐二錄出中阿含第三十一異譯

齋經一卷 一名持齋經見別錄及僧祐錄出中阿含第五十五異譯

須摩提女經一卷 出增一阿含第二十二異譯見長房錄

不自守意經一卷 或無意字或云自守亦不自守經出雜阿含第十一卷異譯見長房錄

五母子經一卷 見長房錄初出与沙彌羅經同本

太子瑞應本起經二卷 黃武年譯第四出亦云太子本起瑞應亦直云瑞應本起与孟詳出者小異陳郡謝鏘吳郡張洗等筆受魏東阿植詳定見始興僧祐二錄

龍王兄弟經一卷 一名難龍王經或無王字一名降龍王經初出見長房錄

長者音悅經一卷 一名長者音悅不蘭迦葉經亦直云音悅經初出見長房錄

七女經一卷 亦云七女本經安公云出阿毗曇初出見僧祐錄

八師經一卷 見竺道祖吳錄及僧祐錄初出

蓱沙王五願經一卷 或作瓶字一名弗沙迦王經見長房錄初出安公錄云出中阿含撿無

義足經二卷 見竺道祖吳錄及僧祐寶唱二錄初出有一十

大經

須摩提長者經二卷 一名會諸佛前亦名如來所說 亦現衆生見長房錄

阿難四事經一卷 見僧祐錄及別錄

未生怨經一卷 見長房錄

四願經一卷 見竺道祖吳錄及見僧祐錄

黑氏梵志經一卷 房錄云見別錄

猘狗經一卷 見長房錄

孫多耶致經一卷 或云貧志孫多耶致經見長房錄安

戒銷災經一卷 亦云戒銷伏災經見舊錄 公云出中阿含撿無

撰集百緣經十卷 見內典錄

菩薩本緣經三卷 亦云菩薩本緣集經或二卷或四卷 天竺沙門僧伽斯那撰見長房錄

惟日雜難經一卷 見長房錄

摩訶般若波羅蜜呪經一卷 或無摩訶字見寶唱錄

法鏡經二卷 或一卷第二出祐云見別錄安錄中無又長房錄更有郁伽長者經二卷亦云支讖譯即是此經不合重載

阿闍世王女阿術達菩薩經一卷 初出見長房錄

阿差末菩薩經四卷 見吳錄第二出與維祇難所譯

貞元新定釋教目錄卷第三　第七張

本同文異

小阿差末經二卷 見別錄及僧祐錄加小字與前經應非同本

大般泥洹經二卷 第二出此略本序分衰歎品為二卷 後二紙異見竺道祖吳錄安云出長阿含祐云長阿含與此異

佛以三車喚經一卷 見長房錄云出法華應出第二 卷譬喻品

不莊校女經一卷 初出見寶唱錄

須賴經一卷 或云須賴菩薩經第三出與白延等出者同本 見竺道祖吳錄及僧祐錄

菩薩修行經一卷 初出見寶唱錄

演道俗業經一卷 初出見舊錄或無業字

方等首楞嚴經二卷 黃武年譯第二出與後漢支讖等出者同本見竺道祖吳錄安錄中無祐云無方等字云見別錄

惟明二十偈經一卷 初出或無經字見僧祐錄

法藏盡經一卷 初出或云法沒盡或云空寂菩薩所問經 見長房錄

七佛神呪經一卷 一本無經字見長房錄

摩訶精進經一卷 亦云大精進經見長房錄

十二門大方等經一卷 安錄無祐云見別錄

佛從上所行三十偈經一卷 或無經字見僧祐錄

四十二章經一卷 第二出與摩騰譯者小異文義無正

貞元新定釋教目錄卷第三　第八張

辭句可觀見別錄

禪秘要經四卷 或無經字初出見吳別二錄

堅意經一卷 或云堅心經第二出見長房錄

勸進學道經一卷 一本無勸字初出見長房錄

恒水戒經一卷 或無戒字第二出見舊錄

七漏經一卷 房云見別錄

悔過法經一卷 或無法字一名向十方禮拜悔過文見僧祐錄

賢者德經一卷 見僧祐錄

梵志結淨經一卷 見長房錄

阿質國王經一卷 見長房錄

惟婁王師子湩譬喻經一卷 一本無譬喻字 見長房錄

藍達王經一卷 一云目連功德經亦云目連因緣功德經 見吳錄

百喻經一卷 見長房錄

五陰事經一卷 見長房錄

魔化作比丘經一卷 見長房錄

優多羅母經一卷 一本無母字見僧祐錄

人民求願經一卷 見長房錄

修行方便經二卷 亦云修行方便禪經見吳錄

法句經二卷 第二出亦云法句集見別錄及僧祐錄

右八十八部一百一十八卷

貞元新定釋教目錄卷第三　第九張

惟日雜難經上五十一部六十九卷見在摩訶般若呪下三十七部四十九卷闕本

優婆塞支謙字恭明一名越大月支人也祖父法度以漢靈帝世率國人數百歸化拜率善中郎將越年七歲騎竹馬戲於隣家為狗所齧脛骨傷碎隣人欲殺狗取肝傅瘡越曰天生此物為人守吠若不往君舍狗終不見齧此則失在於我不關於狗若殺之得差尚不可為况於我無益而空招大罪且畜生無知豈可理責由是隣人感其言至遂不復殺十歲學漢書十三學婆羅門書並得精妙兼通六國語音初桓靈世支讖譯出法典有支亮字紀明資學讖又受業於亮博覽經籍莫不究練世間藝術多所綜習其為人細長黑瘦眼多白睛黃時人為之語曰支郎眼中黃形體雖細是智囊其本奉大法精練經旨獻帝之末漢室大亂與鄉

人數十共奔於吳初發日唯有一被有一客隨之大寒無被越呼共眠夜將半客奪其被而去明旦同侶問被所在越曰昨夜為客所奪同侶咸言何不相告答曰我若告發卿等必以劫罪罪之豈宜以一被而殺一人乎遠近聞者莫不歎服後吳主孫權聞其博學有才慧即召見之因問經中深隱之義越應機釋難無疑不析權大悅拜為博士使輔導東宮甚加寵秩越以大教雖行而經多梵文莫有解者既善華戎之語乃收集衆本譯為吳言從權黃武二年癸卯至亮建興二年癸酉三十餘載譯大明度等經八十八部曲得聖義辭旨文雅又依無量壽中本起經製讚菩薩連句梵唄三契注了本生死經皆行於世後太子登位遂隱於穹隘山不交世務從竺法蘭道人更練五戒凡所遊從皆沙門而已後卒於山中

春秋六十吳主孫亮與衆僧書曰支恭明不救所疾其業履沖素始終可高為之惻愴不能已其為時所惜如此讓所出經部卷多小諸說不定其僧祐三藏記唯載三十六部祐錄讓傳云出二十七經慧皎高僧傳乃有四十九經長房錄中便載一百二十九部今以房錄所載多是別生或異名重載今隨次删之如後所述

鹿子經　与西晉竺法護所出鹿母經文同

申日經　亦与竺法護所出月光童子經同

出家功德經　今有三本一是秦譯附於秦錄二從賢愚抄出今附別生錄中

金剛清淨經　亦云金剛三昧本性清淨不壞不滅經

後漢失譯錄中復載詳文非是支讓所出今移附秦錄

大慈無減經

寶女問三十二相經

魔女聞佛說法得男身經　無減等三經並出大集經

寶海梵志成就大悲經　出悲華經

普廣菩薩經 卽別行灌頂往生經是出灌頂經
摩調王經 出六度集經
佛為訶利到曠野鬼說法經 或云訶利出中阿含
枯樹經 或上加大字
鷹鷂獵經
鵄烏事經 枯樹等三經並出增一阿含
色無常經
諸漏盡經 或無漏字
雪山無猕猴經 或作無獼猴或無無字
無母子經
不淨觀經
三種馬經
四種良馬經
壽命促經
河中草龜經
國王成就五法久存於世經
佛為外道須深說離欲經 色無常等十一經並出雜阿含
是我所經
梵志經 上二經並出生經
衆貪王經 出義足經
外道仙尼說度梵志經 上二經小乘出

瞎鱉經
梵志問佛世間增減經
三魚失水經
甘露道經
降千梵志經
梵志子死稻敗經
護口意經
梵志問佛師經
法施勝經
水上泡經 瞎鱉等十經並出出曜經
修行慈經 出修行道地經
度脫狗子經 出雜譬喻

右大慈無減經等三十八部三十八卷長房等錄並云譔譯今按隋代二本衆經錄及新括出別生抄經等此等並從諸經抄出不足為翻譯之數今存實錄故刪之

六度集經八卷 或九卷或云六度無極經或無極集或云雜無極經見生道祖吳錄僧祐錄
舊雜譬喻經二卷 內典有舊字房錄集經或無集字見高僧傳及長房錄
吳品經五卷 祐錄無經字云凡有十品第三出房云卽是小

品般若出僧祐錄
菩薩淨行經二卷 是大集寶髻品異譯或直云淨律經赤烏年出見竺道祖吳錄
權方便經一卷 與順權方便經等同本初出見吳錄及別錄記
菩薩二百五十法經一卷 或二卷出大僧二百五十戒示略者是見高僧傳及長房錄
坐禪經一卷 見長房錄

右七部二十卷 六度等二部十卷見在吳品等五部十卷闕本

沙門康僧會其先康居國人世居印度其父因商賈移于交阯會年十餘歲二親並亡以至性奉孝服畢出家勵行甚峻為人弘雅有識量篤志好學明解三藏博覽六經天圖地緯多所綜涉辯於樞機兼善文翰時孫權稱制江左而佛教未行先有優婆塞支謙宣譯經典既初染大法風化未全僧會欲使道振江左興立圖寺及杖錫東遊以吳赤烏十年初達建業營立茅茨設像行道時吳國以初見沙門

觀形未及其道疑為矯異有司奏曰有胡人入境自稱沙門容服非恒事應撿察權曰吾聞漢明夢神号稱為佛彼之所事豈其遺風耶即召會詰問有何靈驗會曰如來遷世忽逾千載遺骨舍利神曜無方昔阿育王起塔乃八万四千夫塔寺之興所以表遺化也權以為誇誕乃謂會曰若能得舍利者當為造塔如其虛妄國有常刑會請期七日乃謂其屬曰法之興廢在此一舉今不至誠後將何及共潔齋靜室以銅缾加几燒香禮請七日期畢寂然無應求申二七亦復如之權曰此寔欺誑將欲加罪更請三七權又特聽會謂法屬曰宣尼有言文王既歿文不在茲乎法雲應降而吾等無感何假王憲當以誓死為期耳三七日暮猶無所見莫不震懼既入五更忽聞缾中鎗然有聲會自往視果獲舍利明旦呈權舉

朝集觀五色光燄照耀缾上權自手執缾寫于銅盤舍利所衝盤即破碎權肅然驚起曰希有之瑞也會進為言曰舍利威神豈直光相而已乃劫燒之火不能焚金剛之杵不能碎權命令試之會更誓曰法雲方被蒼生仰澤願更垂神迹以廣示威靈乃置舍利於鐵砧上使力者擊之於是砧鎚俱陷舍利無損權大嗟服即為建塔以始有佛寺故号建初寺因名其地為佛陁里由是江左大法遂興至孫晧即政法令苛虐廢弃淫祀乃及佛寺並欲毀壞晧曰此由何而興若其義教眞正與聖典相應者當存奉其道如其無實皆悉焚之諸臣僉曰佛之威力不同餘神康會感瑞大皇創寺今若輕毀恐貽後悔晧遣張昱詣寺詰會昱雅有才辯難問縱橫會應機騁詞文理鋒出自旦至夕昱不能屈既退會送于門時寺

側有淫祀者昱曰玄化既孚此輩何故近而不革會曰震霆破山聾者不聞非音之細苟在理通則万里懸應如其阻塞則肝膽楚越昱還歎會才明非臣所測願天鑒察之晧大集朝賢以馬車迎會會就坐問曰佛教所明善惡應報何者是耶對曰夫明主以孝慈訓世則赤烏翔而老人見仁德育物則醴泉涌而嘉禾出善既有瑞惡亦如之故為惡於隱鬼得而誅之為惡於顯人得而誅之易稱積善餘慶詩詠求福不回雖儒典之格言即佛教之明訓晧曰若然則周孔已明何用佛教會曰周孔所言略示近迹至於釋教則備極幽微故行惡則有地獄長苦修善則有天宮永樂舉茲以明勸沮不亦大哉晧當時无以折其言晧雖聞正法而昏暴之性不勝其虐後使宿衛兵入後宮治園於地得一金像高數尺呈

晧晧使者不淨處至四月八日以鐵汁灌之共諸群臣笑以為樂俄尒之間舉身大腫陰處尤痛叫呼徹天太史占言犯大神所為即禱祀諸廟而皆痛弥劇婇女先有奉法者因問訊云陛下就佛圖中求福不晧舉頭問曰佛神大邪婇女云佛為大聖天神所尊晧為心悟其語意故婇女即迎像置殿上香湯洗數十過燒香懺悔晧叩頭于枕自陳罪狀有頃痛間遣使至寺問訊諸道人請會說法會即隨入晧具問罪福之由會為敷析詞甚精要晧先有才解欣然大悅因求看沙門戒會以戒文祕禁不可輕宣乃取本業百二十五願分為二百五十事行住坐卧皆願衆生晧見慈願廣普益增善意即就會受五戒旬日疾瘳乃於會所住更加修飾号為天子寺宣示宗室莫不必奉會在吴朝亟說正法以晧性兇麁不及

妙義唯叙報應近事以開其心至吴天紀四年三月晧降晋九月會遘疾而終是歲晋武太康元年也至晋成咸和中蘇峻作亂焚會所建塔司空何充復更修造平西將軍趙誘世不奉法徹蔑三寶入此寺謂諸道人曰久聞此塔屢放光明虚誕不經所未能信若必自覩所不論耳言竟塔即出五色光照曜堂刹誘肅然毛竪由此信敬於寺東更立小塔遠由大聖神感近亦康會之力故圖寫厥像傳之于今孫綽為之賛曰會公簫瑟寔惟令質心無近累情有餘逸厲此幽夜振彼尤黜超然遠詣卓矣高出會推大元元年辛未於所創建初寺譯六度等經七部並妙得經體文義允正又傳泥洹唄聲清靡哀亮一代摸式又長房等録更有阿難念弥經鏡面王經察微王經梵皇王經上之四經雖云會譯然並出

六度集中不合為正譯之數今載別録中復有法鏡經注解二卷道樹經注解一卷安般經注解一卷已上三經會兼製序三經會雖注解本非僧所翻故亦不為會譯之數兼前七部今並刪之

法華三昧經六卷一本有正字初出与法護正法華等同本見竺道祖魏録亦見始興録

右一部六卷本闕

沙門支彊梁接吴云正無畏西域人以孫亮五鳳二年乙亥於交州譯法華三昧經

沙門竺道馨筆受長房内典二録編於曹魏之代今依交州及始興記判入吴録

不思議功德諸佛所護念經二卷出衆經録或云不思議功德或直云功德經

七佛父母姓字經一卷舊録云七佛姓字經出增一阿含第四十五異譯

雜阿含經一卷見舊録出雜阿含中異譯

阿毗曇甘露味論二卷或無論字亦云甘露味阿毗曇或云甘露味經尊者瞿沙造已上見在已下闕

蜀普曜經八卷似是蜀土所出
無端底持經一卷舊錄云無端底總持經第二出
蜀首楞嚴經一卷見舊錄釋蜀土所出第三出
後出首楞嚴經二卷見舊錄云有十偈第四出
阿惟越致轉經十八卷見舊錄
摩訶乘經十四卷或云摩訶衍
摩訶衍優婆提舍經五卷祐云摩訶乘
三昧王經五卷
梵王請問經五卷
佛從兜率降中陰經四卷出王宋經
四天王經四卷疑一部四本
魔王請問經四卷
釋提桓因所問經三卷
大梵天王請轉法輪經三卷
法華光瑞菩薩現壽經三卷今疑抄
普賢菩薩荅難二千經三卷今疑抄正法華經度世品
梵天王請佛千首經二卷又大梵天王經卷似此
菩薩常行經一卷見舊錄
螢火六度經一卷舊錄有明度經一卷一名螢火明度經

內禪波羅蜜一卷見舊錄
六波羅蜜經一卷見舊錄
大揔持神呪一經見舊錄云揔持呪經
阿惟越致善薩戒經一卷舊錄無菩薩字
雜數經二十卷見舊錄
那先辟喻經四卷見舊錄
長者子誓經一卷見舊錄第二出
太子試藝本起經二卷
深斷連經二卷
摩訶目揵連與佛捔能經一卷見舊錄
阿難得道經一卷見舊錄
阿難般泥洹經一卷見舊錄
阿那律念復生經一卷見舊錄
沙門分衛見怪異經一卷見舊錄
弟子本行經一卷見舊錄高僧傳云白法祖譯
為壽盡天子說法經一卷舊錄云命盡天子經
魔試佛經一卷見舊錄
阿須倫問八事經一卷見舊錄云阿須倫所問八事經
摩竭王經一卷舊錄云摩竭國王經

薩波達王經一卷見舊錄祐錄云薩和達王經
年少王經二卷見舊錄
是光太子經一卷見舊錄
長者難提經一卷見舊錄
女利行經一卷見舊錄
四婦因經一卷見舊錄
須多羅經一卷舊錄云須多羅入胎經
隨迦經一卷見舊錄晉言堅強既曰晉言合編晉錄或作慎字
盤達龍王經一卷見舊錄
牛米自供養經一卷舊錄無養字
行牧食牛經一卷見舊錄或作放牛
墮釋迦牧牛經一卷見舊錄作墮字
法嚴經一卷見舊錄疑即是等入法嚴經
辟四經一卷見舊錄
止寺中經一卷見舊錄
安般行道經一卷見舊錄
解慧微妙經一卷見舊錄
失道得道經一卷見舊錄
心情心識經一卷見舊錄云有注

撿意向正經一卷見舊錄
道德果證經一卷見舊錄
父子因緣經一卷見舊錄
小觀世樓炭經一卷見舊錄
大四諦經一卷見舊錄
五方便經一卷見舊錄
五惟越羅名解說經一卷見舊錄
五陰經一卷見舊錄
中五濁世經一卷見舊錄
大七車經一卷見舊錄
八正邪經一卷見舊錄祐云八正八邪經
八總持經一卷見舊錄
八輩經一卷見舊錄
大十二因緣經一卷見舊錄
拾八難經一卷見舊錄
五十二章經一卷見舊錄別有孝明四十二章經
百八愛經一卷見舊錄似抄五蓋疑結經
小安般舟三昧經一卷見舊錄
禪數經一卷見舊錄
群生偈經一卷見舊錄

大戒經一卷見舊錄
衣服制經一卷見舊錄
沙弥離威儀經一卷見舊錄
道本五戒經一卷見舊錄
威儀經一卷見舊錄法經中無經字
雜辟喻經八十卷見舊錄
已上八十七部僧祐錄
右八十七部二百六十一卷不思議等四部六卷見在蜀普耀等八十三部二百五十五卷闕本
長房等錄魏吳失譯摠有一百
一十部一百九十一卷云並是
古舊二譯諸經今結附此以彰
遠年無所依據今以餘二十三
部三十卷或翻譯有源或別名
異号或大部流出或疑偽非真
今並刪除庶免繁雜略述如左
不退轉經四卷北涼失譯中有此中後載故如是重僧祐錄云安公涼土異經今存涼錄此中除之
小本起經二卷後漢支曜譯
四輩經或云四輩弟子經亦云四輩學經上錄西晉竺法護譯
建慧三昧經一名文殊師利問菩薩十事行經單卷月燈經異名

禪行斂意經亦云禪行撿意經阿難律八念經異名
濡首菩薩經二卷即濡首菩薩清淨分衛經是名但略耳
度無極辟經三卷或四卷出大品經
尸呵遍王經或作尼字
太子法慧經或作惠字尸呵等二經出六度集經
溫人曳踵行經出義足經
人詐名為道經
貧女聽經地獄命終經亦云貧女聽經地獄命終生天經
國王癡夫人經
責智慧經
初受道經
學經福經學福共是一經
八部僧行名經
化辟經亦云化喻經人詐名等八經並出雜譬喻
五百梵羅門問有無經五百梵志經異名
薩和菩薩經亦云國王薩和菩薩

慧定普遍神通菩薩經亦云慧定普遍國土神通菩薩經

貧女人經亦云貧女難陀經

阿秋那經亦云阿秋那三昧經

五百梵羅門等五經並在疑偽錄

西晉司馬氏都洛陽亦云北晉

起武帝太始元年乙酉至愍帝建興四年景子凡經四帝五十二年緇素一十二人所出經或集等及新舊集失譯諸經摠三百三十三部合五百九十卷於中一百五十六部三百二十一卷見在一百七十部二百六十九卷闕本

西晉沙門竺法護一百七十五部三百五十四卷經戒集

沙門彊梁婁至一部　一卷集

沙門安法欽五部一十六卷經集

沙門無羅叉一部　三十卷經

優婆塞竺叔蘭二部　五卷經

沙門白法祖一十六部一十八卷經

沙門釋法立四部一十三卷經集

沙門釋法炬四十部五十卷經律

清信士聶承遠二部三卷經

清信士聶道真二十四部三十六卷經律

沙門支法度　四部　五卷經

沙門若羅嚴　一部　一卷經

新舊諸失譯經五十八部五十九卷

三部　三卷　并三部并六卷　新譯

光讚般若波羅蜜經十五卷初出或十卷與大般若第二會及放光大品並同本亦云光讚摩訶般若經凡二十七品太康七年十一月二十五日出見安錄及僧祐錄

密迹金剛力士經七卷或五卷或四卷或八卷太康元年十月八日出亦直云密迹經見支敏度竺道祖及僧祐三錄今編入寶積當第三會

菩薩說夢經二卷見法上錄今編入寶積當第四會改名淨居天子會法上錄云護公所出詳文乃非且依上錄為定

寶髻菩薩所問經二卷一名菩薩淨行經舊錄直云寶髻經是別譯大集寶髻品大熙元年七月十四日出見道眞僧祐二錄今入寶積當四十七會

普明品經一卷初出亦云普門經與寶積文殊普門會等同本太康八年正月十一日出見聶道真錄及僧祐錄

胞胎經一卷舊錄云胞胎受身經太康二年八月一日出初出與寶積處胎會同本見聶道真錄及僧祐錄

文殊師利佛土嚴淨經二卷或直云嚴淨佛土經亦直云佛土嚴淨經太熙元年譯初出與寶積文殊授記會同本見竺道祖晉世雜錄及僧祐錄

郁伽羅越問菩薩行經二卷或云郁伽長者經即大郁伽經或二卷第四出與安玄法鏡及寶積郁伽長者會同本見道安敏度僧祐三錄

幻士仁賢經一卷或云仁賢幻士經初出與寶積授幻師記會同本見聶道真錄及僧祐錄

須摩提經一卷初出亦直云須摩經亦云須摩提菩薩經與寶積妙慧會等同本見聶道真竺道祖僧祐等三錄

阿闍貰王女阿術達菩薩經一卷第二出亦云阿闍貰女經亦云阿述達女經建武元年譯見真敏祐等三錄祐序三錄列存無憂施經祐錄更載阿闍貰經二俱誤也

離垢施女經一卷初出太康十年十二月二日出與寶積無垢施會等同本見道真僧祐二錄內典錄中更載無垢施應辯經者誤也彼道真譯如後所譯

如幻三昧經二卷第二出或三卷或四卷與寶積善住意會等同本見僧祐錄

太子刷護經一卷初出見法上錄與寶積阿闍世王子會等同本

慧上菩薩問太善權經二卷第二出或一卷太康六年六月十七日出或云太善權經或云慧上菩

弥勒菩薩所問本願經一卷初出 薩經或云善權方便經或云善權方便所度無極見真祐二錄安二年五月十一日譯或無所問二字亦云弥勒本願經一名弥勒難經與寶積弥勒所問會等同本見道真道祖僧祐三錄

阿差末經七卷 題云晉言無盡意或四卷或五卷出大集第三譯元康元年十二月一日出或加菩薩字見真祐二錄祐房二錄重載無盡意經四卷誤也

大哀經八卷舊錄云如來大哀經元康元年七月七日出八月二日訖有二十八品別譯或六卷或七卷見竺道祖晉世雜錄及僧祐錄

寶女所問經三卷太康八年四月二十日出是大集寶女品異譯或四卷亦直云寶女經或云寶女問慧經亦云寶女三昧經見道真僧祐二錄

無言童子經二卷 或云無言菩薩經是大集無言品異譯或一卷見晉道真錄及祐錄

菩薩十住行道品一卷 是華嚴十住品異譯見隋沙門法經錄祐房二錄直云菩薩十住即此道品是

漸備一切智德經五卷 一名十住又名大慧光三昧或十卷元康七年十一月一日出是花嚴十地品異譯見晉道真及僧祐二錄

等目菩薩所問三昧經二卷 一名普賢菩薩定意或直云等目菩薩經或三卷是新華嚴十定品異譯舊經

貞元新定釋教目錄卷第三　第三十一張　訖

無此品見僧祐錄

如來興顯經四卷 一名興顯如幻經元康元年十二月二十五日出是華嚴經如來性起品及十忍異譯見晉道真及僧祐二錄

度世品經六卷 或云度世經或五卷元康元年四月十三日出是花嚴離世間品異譯見晉道真僧祐二錄

方等般泥洹經二卷 初出與隋譯四童子同本或無般字三卷或云大般泥洹經太始五年七月二十三日出見道真僧祐錄

普曜經八卷 一名方等本起安公云出方等部永嘉二年五月於天水寺出第二譯與唐譯方廣莊嚴經等同本沙門康殊白法祖等筆受見古真祐三錄

正法華經十卷 或云方等正法華或七卷二十七品太康七年八月十日出第三譯請信士張仲正竺承遠等筆受見真祐二錄曇遂誦之且遍迷感神請九十日畢迹白馬一乏羊五口絹九十六匹

大方等頂王經一卷 初出安公云出方等部亦直云頂王經一名維摩詰子問經亦云善思童子經凡四名見支敏度錄及僧祐錄

佛昇忉利天為母說法經二卷 初出或三卷亦云佛昇忉利天品與道神且經等同本太始元年出見晉道真及僧祐錄

阿惟越致遮經三卷 初出或四卷或云阿惟致經太

貞元新定釋教目錄卷第三　第三十二張　訖

康五年十月十四日於燉煌出與不退轉經廣博嚴淨經同本異譯見真祐二錄

等集眾德三昧經三卷 初出舊錄云等集眾德經或直云等集經與集一切福德經等同本或二卷見晉真錄及僧祐錄

持心梵天經四卷 一名莊嚴佛法又名等御諸法凡十七品或六卷初出或加所問二字或直云持心經太康七年三月十日出晉承遠筆受見晉真祐三錄

持人菩薩經四卷 初出持人菩薩所問陰種諸入以了道慧經初出或三卷與持世經同本異出僧祐錄

齊諸方等學經一卷 天竺蓋和鞞月僧加或無學字竺法首筆受初出與方廣總持經同本見竺道祖錄及僧祐錄

文殊師利現寶藏經三卷初出或無現字與方廣寶篋經同本太始大年十月出或二卷亦直云寶藏經見僧祐長房錄中別載寶藏經二卷誤之甚也

無極寶三昧經一卷 初出或云無極寶經與寶如來三昧經同本永嘉元年三月三日出見別錄晉道真僧祐二錄

普越三昧經三卷 第二出或四卷一名阿闍世王品太康七年十二月二十七日出或無三昧字或上加文殊師利字錄云更出阿闍世王經見祖祐二錄

無所希望經一卷 第二出或作佈字一名象步經與象腋經等同本見晉道真錄及僧祐錄

大淨法門經一卷 題云大淨法門品上金光首女所問

貞元新定釋教目錄卷第三　第三十三張　訖

傳首童真所開化經初出与大莊嚴法門經等同本建興元年十二月二十六日出見竺道真及僧祐二錄

順權方便經二卷 一名轉女身菩薩經或作隨權女經亦云隨權女經見真僧祐二錄舊錄云順權女經二出或云別存也誤房錄第三出護女經

太子沬魄經一卷 第三出六度集第四卷異譯或作慕魄見僧祐錄

月光童子經一卷 初出一名月明童子經或名申日經与德護長者經等同本見僧祐錄

乳光佛經一卷 第二出亦名乳光經与犢子經等同本異出見僧祐錄

無垢賢女經一卷 第二出或名胎藏經与轉女身經等同本見竺道真錄祐房二錄胎藏經即此無垢賢女經是載

決定總持經一卷 初出亦云決定總持經与謗佛經同本見僧祐錄

如來獨證自誓三昧經一卷 亦云獨證自誓三昧經或云如來自誓三昧經第二出与三昧經同本安世高出見僧祐錄

龍施菩薩本起經一卷 舊錄云龍施本經或云龍施經第二出与龍施女經同本見僧祐錄

八陽神呪經一卷 亦直云八陽經第二出与八吉祥呪經等同本見長房錄

盂蘭盆經一卷 亦直云盂蘭經与報恩奉盆經同本見房錄

貞元新定釋教目錄卷第三　第三十四張　訖

四不可得經一卷 第二出見竺道真錄正度僧祐二錄

梵女首意經一卷 初出一名首意女經見僧祐錄亦云寶首意子經

寶網經一卷 初出見竺道真僧祐二錄

菩薩行五十緣身經一卷 初出云菩薩行身緣經亦云五十緣身行經舊錄

須真天子經三卷 第五出見竺道真祖錄及僧祐錄或云二卷所問或云問亦加

海龍王經四卷 初出見竺道真祖錄或云泰始二年十二月二十八日出見長房錄

諸佛要集經二卷 初出見僧祐錄天竺日直云佛要集經祇

賢劫經十三卷 題云賢劫三昧經或云賢劫定意經永康元年七月二十一日出見竺道真僧祐二錄或十卷別存誤出

弘道廣顯三昧經四卷 一名阿耨達龍王所問決諸狐疑清淨品亦名入金剛問定意經二卷或二品見竺道真祐二錄永嘉十年十月出

心明經一卷 名心明經見祐錄婦人遇辜經亦名心明女梵志也婦飯經

滅十方冥經一卷 光熙元年十月八日出見道真祐錄

鹿母經一卷 又別有鹿子經一卷與此全同見僧祐錄

貞元新定釋教目錄卷第三　第三十五張　訖

魔逆經一卷 太康十年十一月二日於洛陽城西白馬寺出見竺道真僧祐錄及記

德光太子經一卷 或云賴吒和羅所問光德太子經太始六年九月二日出見竺道祖錄及僧祐錄

般泥洹後灌臘經一卷 或云般泥洹後四輩灌臘經亦直云灌臘經見房錄

四輩經一卷 或云四輩學經見法上錄亦云四輩弟子經

當來變經一卷 或云當來變識經見僧祐錄

過去佛分衛經一卷 道真云過去世佛分衛經見僧祐錄

文殊師利淨律經一卷 初出又直云淨律經太康十年四月八日白馬寺出於經後記云沙門竺法護於京師遇西國寂志誦出此經經本有尚

文殊悔過經一卷 亦云文殊五體悔過經初出或加文殊師利字過數品其人寂志但宣受意祖筆受見二錄者道真祐錄

離經一卷 出中阿含第二十卷異譯見房錄

受歲經一卷 出中阿含第二十三卷異譯見房錄

樂想經一卷 出中阿含第二十六卷異譯見房錄

尊上經一卷 出中阿含第四十三卷異譯見房錄

應法經一卷 亦出中阿含第四十五卷異譯見房錄

鴦崛摩經一卷 或作魔字或云指鬘經出增一阿含第三十一卷異譯見真祐二錄

力士移山經一卷 亦直云移山經見僧祐錄出增一阿

貞元新定釋教目錄卷第三　第三十六張　訖

含第三十六異譯

四未曾有法經一卷　或無法字亦云四未有經見長房錄亦出增一阿含第三十六異譯

聖法印經一卷　天竺名阿遮曇摩文圖出雜阿含第三或無法字亦云慧印經元康四年十二月二十日於酒泉郡竺法首筆受見真祐僧三錄

舍頭諫經一卷　題云舍頭諫晉曰太子二十八宿經一名虎耳經與摩登伽經等同本第五出與漢世高者少異見道安錄祐云虎耳意經

所欲致患經一卷　初出太安三年正月譯見道真王宗僧祐三錄

瑠璃王經一卷　第二出或作琉離見僧祐錄

生經五卷　初出或四卷太康六年正月十九日出有云有五十五經見真錄及祐錄

分別經一卷　舊云與阿難分別經等同本者非也見房錄

五百弟子自說本起經一卷　大安二年五月譯或云佛五百弟子自說本起舊五百弟子自說本來經亦云五百弟子本起經見真祐二錄

大迦葉本經一卷　或云迦葉本經見祐錄

四自侵經一卷　安公云阿毗曇見僧祐錄

身觀經一卷　云出雜阿含撿無見房錄

修行道地經六卷　初卷題云榆遮加復弥經晉曰修行道地太康五年二月二十三日出或七卷二十七品第三出亦直云修行經見祐唱二錄

貞元新定釋教目錄卷第三　第三十七張　說

法觀經一卷　見房錄已上見在已下闕

新道行經一卷　亦云小品或七卷祐云更出小品太始八年譯第四出與舊道行等同本房云更載小品七卷誤也見房祐二錄藏中者非此本先闕

仁王般若經一卷　或二卷三十一紙　初出房云見晉世雜錄

無量壽經二卷　一名無量清淨平等覺經永嘉二年正月二十一日出第六譯與漢世高支讖等所出本同文異見竺祖錄及祐錄

菩薩藏經三卷　初出見房錄

般舟三昧經二卷　安云更出般舟三昧經第五出見祐錄

菩薩十地經一卷　亦云大方廣經亦直云十地經初出見祐錄

薩芸芬陀利經六卷　太始元年譯見道祖晉世雜錄第二出錄云薩曇芸者恐誤祐錄中無

維摩詰所說法門經一卷　太安二年四月一日譯第四出見竇道真錄直云維摩詰經祐錄又有維摩詰經祐云意謂先出維摩繁重護所出逸偈也

貞元新定釋教目錄卷第三　第三十八張　說

閑居經十卷　與態華經同本異譯初出見祐錄

更出阿闍世王經二卷　第四出見祐錄若准安錄但有更出阿闍世王經無普超三昧祐房二錄雙載二經既梵本同不合載出

貞元新定釋教目錄卷第三

丙午歲高麗國大藏都監奉

勅雕造

貞元新定釋教目錄卷第三　第三十九張　說

貞元新定釋教目錄卷第四 說

西京西明寺沙門圓照 撰

總集群經錄上之四

彌勒成佛經一卷 初出一名彌勒當來下生經太安二年出見聶道真錄及僧祐錄

十二因緣經一卷 第四出亦云具多樹下思惟十二因緣見祐錄 一十七紙

溫室洗浴衆僧經一卷 第二出亦直云溫室見真祐二錄

百佛名經一卷 初出祐錄無經字見祐錄

光世音大勢至受決經一卷 初出元康年出亦直云觀世音受記經見真祐二錄

勇伏定經二卷 亦云更出首楞嚴元康元年四月九日出西永遠筆受第六譯見真祐房二錄更載首楞嚴二卷者誤也

無思議光孩童菩薩經一卷 亦云無思議孩童經亦云無思議光經初出見祐錄舊錄直云孩童經

超日明三昧經二卷 大始七年正月譯初出或三卷或直云超日明經見真祐二錄

照明三昧經一卷 初出見祐錄

惟明十二偈經一卷 或無經字第三出與吳代支謙出者大同見房錄

法沒盡經一卷 或云空寂菩薩所問經第二出與支謙出者同本或云法滅盡經見祐錄

諸神呪經三卷 見僧祐錄

文殊師利菩薩經一卷 見房錄

小郁伽經一卷 與大郁伽經不同祐錄無經字或作迦字見祐房二錄

諸方佛名功德經一卷 祐錄無功德字見祐房二錄

十方佛名經一卷 祐錄無經字見祐房二錄

慈仁問八十種好經一卷 或直云八十種好經見道安及房錄

三十二相因緣經一卷 或云菩薩三十二相經見道安及房錄

嚴淨定經一卷 一名序世經見僧祐錄

寶施女經一卷 一名須摩提法律三昧經見真祐二錄

金益長者子經一卷 見祐錄

離垢蓋經一卷 見祐錄

惠明經一卷 見祐錄

衆祐經一卷 見祐錄

三轉日明經一卷 祐錄云月明見祐錄

十等藏經一卷 見祐錄

決道俗經一卷 見祐錄

殖衆德本經一卷 見祐錄

小法滅盡經一卷 見祐錄

猛施經一卷 舊錄云猛施道地經見祐錄

目連上淨居天經一卷 一本無天字房云出佛本行集經見祐錄

菩薩齋法經一卷 或無法字亦云菩薩正齋經一名持齋經一名賢首菩薩齋經初出見祐房二錄別載菩薩齋經誤也

舍利弗悔過經一卷 第二出亦直云悔過經見祐錄

佛悔過經一卷 見祐錄

大六向拜經一卷 舊錄無大字太安元年譯或云尸迦羅越六向拜經出長阿含第十一異譯亦云梵志阿拔經見支敏度錄僧祐錄第三出見祐錄

六十二見經一卷 出長阿含第十四異譯經見道祖祐三錄

樓炭經六卷 或五卷或八卷初出是長阿含第四分記世經異譯見真祐錄安公云出方等部者不然也

普法義經一卷 亦云普義經第二出與安世高出者大同

舍利弗目連遊諸國經一卷 或云舍利弗目連遊諸國經出增一阿含第四十一卷異譯見祐錄

奈女耆域經一卷 或云奈女經太安年譯第二出見真祐錄

七女本經一卷 第二出與吳代支謙譯者大同見房錄

五蓋疑結失行經一卷 永寧二年四月十二日出第一譯安公云不似護公出見真祐錄

佛為菩薩五夢經一卷 太安二年五月譯第二出一名佛五夢經一名太子五夢經一名仙人五夢經見舊錄及真祐錄

摩目揵連本經一卷 一名有何字無揵字見祐錄

五福施經一卷見祐錄
觀行不移四事經一卷見祐錄
四婦喻經一卷見祐錄
盧夷亘經一卷見祐錄
盧羅王經一卷見祐錄
揵若經一卷見祐錄
龍施經一卷今疑是龍施菩薩本起經見祐錄
給孤獨明德經一卷舊錄云給孤獨氏經見祐錄
龍王兄弟陀達誡王經一卷見祐錄
勸化王經一卷見祐錄
鴈王經一卷見祐錄
鴈王五百鴈俱經一卷見祐錄
解無常經一卷見祐錄
城喻經一卷見祐錄
降龍經一卷見祐錄
邪法經一卷見祐錄
犯罪經一卷見祐錄
苦應經一卷見祐錄
三品修行經一卷亦云三品悔過經安公云近代人合大修行經見祐錄二錄別存三品悔過經誤也
夫那羅經一卷見祐錄
賈客經一卷見房錄
沙門果證經一卷見祐錄今疑兩載志果經同本

貧女為國王夫人經一卷見房錄
誡王經一卷見祐錄
識具經一卷見祐錄
誡羅云經一卷見祐錄
比丘尼戒一卷祐錄云比丘尼戒經出十誦律亦曇摩持所出稍異初出見祐錄
迦葉結集傳經一卷或無傳字舊錄云迦葉結經或云結集戒經祐云迦葉集結經第二出見真祐錄
耆闍崛山解一卷見祐錄
雜譬喻三百五十首經二十五卷祐云雜譬喻三百首經見祐錄房云見別錄
右一百七十五部三百五十四卷
法觀經上九十部二百八卷見在
新道行經下八十四部一百四十六卷闕本

沙門竺曇摩羅察晉言法護其先月氏國人本姓支氏世居燉煌郡年八歲出家事外國沙門竺高座為師遂稱竺姓秦晉以前沙門多隨師姓後因彌天道安遂摠稱釋氏誦經日万言過目則能而天性純懿操行精苦篤志好學万里尋師是以博覽六經遊心七籍雖世務毀譽未甞介抱是時晉武

之世寺廟圖像雖崇京邑而方等深經蘊在葱外護乃慨然發憤志弘大道遂隨師至西域歷遊諸國外國異言三十六種書亦如之護皆遍學貫綜詁訓音義字體無不備曉遂大賫梵經還歸東夏自燉煌至長安後到洛陽及往江左沿路傳譯寫為晉文起武帝太始二年景戌至愍帝建興元年癸酉出光讚般若等經一百七十五部清信士聶承遠及子道真竺法首陳士倫孫伯虎虞世雅等共承護旨執筆詳挍孜孜所務唯以弘通為業終身寫譯勞不告倦經法所以廣流東夏者護之力也末隱居深山山有清澗恒取澡漱後有採薪者穢其水側俄頃而燥護乃徘徊歎曰人之無德遂使清泉輟流水若永竭真無以自給正當移去耳言訖而泉流滿澗其幽誠所感皆此類也故支遁為之像贊云護公

澄寂道德淵美微吟窮谷枯泉
漱水邀矣讓公天挺弘懿耀足
流沙拔領玄致後立寺於長安青
門外精勤行道於是德化遐布
聲盖四遠僧徒數千咸共宗事
及晉惠西幸長安關中蕭條百
姓流移護與門徒避地東下至
澠池遘疾而卒春秋七十有八（護於懐愍之代仍更出經佛云惠帝西幸長安護公避亂東下出至澠池卒者或未然也護世居燉煌而化道周洽時人咸謂燉煌菩薩也衆錄或云月氏菩薩亦云天竺菩薩者斯皆重其德稱美其多也照法護者此土僧名錄臺及隋法經錄內五為二祖人云各錄別出經小非詳審也今詳撿群錄中護所出經多小不定長房錄中其數弥衆今細尋名是別生等經有非護公所出不可足為正譯之數今為實錄故撿删之如後所述也）

師子月佛本生經（或無本字房等諸錄云護公譯詳文乃非今為失譯攝於衆錄）
法社經（世注為疑曾見其本是人所造今編疑錄）
寶女問惠經　梵王變身經（上二經出大集）
四自在神通經（出自在王經）
金剛藏菩薩行經（出漸備經）
光世音經（出正法華經）

開元釋教錄卷第四　第七張　說

寶日光明菩薩經（亦云寶日光明菩薩問蓮華國相貌經出悲花經）
普首童真經（或作譯字出普超經）
隨藍本經　馬王經　弥勒為女身經（隨藍等四經並出六度集）
摩調王經
菩薩悔過法經（或無經字出龍樹十住論）
人從所來經（亦云人所從來出本欲生經）
貧窮經　何苦經（貧窮等二經並出中阿含）
七寶經（出增一阿含經）
醫王經　惒難梨天子詣佛說偈經（醫王等三經並出雜阿含）
閑居經　惣持經（或云佛心惣持腹使經出寶具經）
（雜讚經閑居等五經並出生經）
女人欲熾荒迷經　多聞經　寤意
經（已上三經並出曜經）
寶安下二十七經並是別生抄
經從大部出今删之衆經目錄
一卷（讚公自撰非梵本翻叙目錄中列此不復存也）
十二遊經一卷（初出）
右一部一卷本闕
沙門彊梁婁至晉言真喜西域
人志情放曠弘化在懷以武帝

第八張

太康二年辛丑於廣州譯十二
遊經一部見始興錄及寶唱錄
道神足無極變化經四卷（第二出一名合道神足經或二卷或三卷與竺法護所出佛昇忉利天為母說法經同本異譯見竺道祖錄）
阿育王傳七卷（或加大字亦云阿育王經或五卷初出與梁譯育王經同本或光熙年譯見竺道祖錄）
文殊師利現寶藏經二卷（初出亦云現寶藏經或三卷與寶篋經等同本大安年譯見竺道祖錄）
阿闍貰王經二卷（大康年譯見竺道祖錄第三出與普超經等同本）
阿難目佉羅經一卷（第三出與微密持經等同本異譯見竺道祖錄）
右五部十六卷（前二部十一卷見在後三部五卷闕本）
沙門安法欽安息國人學瞻衆
經幽鑒無滯以武帝太康二年
辛丑訖惠帝光熙元年景寅於
洛陽譯道神足等經五部
光般若波羅蜜經三十卷（第二出與光讚放光等同本亦云摩訶般若經亦云大品經太康元年出見放光經後記）
右一部三十卷其本見在沙門

無羅叉（經後記云無叉羅）于闐國人以惠帝元康元年辛亥五月十五日於陳留倉垣（經記作溫）水南寺譯放光經一部至十二月二十四日訖河南居士竺叔蘭口傳祝太玄周玄明筆受其經梵本元是穎川沙門朱士行嘗於洛陽講道行經至於深義往往不通每歎此經大乘之要而譯理不盡搘志捐身發心尋取遂以曹魏甘露五年庚辰發迹雍州西度流沙至于闐寫得正品梵文九十章六十萬餘言以晉太康三年壬寅遣弟子弗如檀（晉言法饒）等十人送還洛陽未發之間于闐小乘學衆遂以白王云漢地沙門欲以婆羅門書惑亂正典王為地主若不禁之將斷大法聾盲漢地王之咎也王即不聽賚經士行憤慨乃求燒經為證王欲試驗乃積薪殿庭以火燔之士行臨階而搘白若大法應流漢地者經當不燒若其無

應命也如何言已投經不損一字皮牒如故更覺光鮮大衆駭服稱其神感遂送到洛陽住三年復至許昌二年後至陳留水南寺衆請無羅叉等譯出而竺道祖僧祐王宗寶唱李廓法上靈祐等諸錄並云朱士行出者此蓋據其元尋之人推功歸之耳今據經後記支敏度錄諸雜目等乃是無羅叉竺叔蘭等共譯其朱士行僔在于闐年八十而卒依西方闍維法薪盡火滅而尸骸猶全衆咸驚異乃呪曰若真得道法當毀壞應聲碎散遂斂骨起塔焉既在于闐歿亡其經定非其譯也

異毗摩羅詰經三卷（祐云異維詰經或作思字或二卷元康六年譯第三出與佛調支譯等所出本文異見道祖僧祐二錄）

首楞嚴經二卷（元康元年出第七譯與支讖白延法護等所出本同文異見集祐錄）

右二部五卷其本並闕

優婆塞竺叔蘭（今准僧祐錄中朱士行傳竺叔）

（蘭傳放光經後記支敏度合首楞嚴記皆云叔蘭是白衣居士長房內典等錄云是沙門者謬也）本天竺人祖父婁陁篤志好學清簡有節操時國王無道百姓思亂有賊臣將兵得罪懼誅以其國豪呼與共及婁陁怒曰君出於微賤而任居要職不能以德報恩而反為逆謀乎我寧守忠而死不反而生也反者懼謀泄即殺之而作亂婁陁子達摩尸羅（晉言法首）先在他國其婦兄二人並為沙門聞父被害國內反亂即與二沙門奔晉居于河南生叔蘭叔蘭幼而聰辯從二舅諮受經法一聞而悟善梵晉語及書亦兼諸文史然性頗輕躁遊獵無度嘗單騎逐鹿值虎墮馬折其右髀久之差後馳騁不已母數呵諫終不能改為之蔬食乃止性嗜酒飲至五六斗方暢嘗大醉臥於路傍仍入河南郡門叫呼吏錄送河南獄時河南尹樂廣與賓客共酣已醉謂蘭

日君僑客何以學人飲酒叔蘭日杜康釀酒天下共飲何有僑舊廣又日飲酒可尒何以狂乱乎荅日民雖狂而不乱猶府君雖醉而不狂廣大呼時坐客日外國人那得面白叔蘭日河南人面黑尚不疑僕面白復何怯耶於是賓主歎其機辯遂釋之頃之無疾暴亡三日還蘇自說入一朱門金銀為堂見一人自云是其祖父謂叔蘭日吾修善累年今受此報汝罪人何得来耶時守門人以杖駈之入竹林中見其獵伴為鷹犬所啄齧流血號叫求救於叔蘭走避數十步值牛頭人欲叙之叔蘭日我累世佛弟子常供二沙門何罪見治牛荅此雖受福不關獵罪俄而見其兩舅来語牛頭日我等二人恒受其供惡少善多可得相免遂隨道人歸既而還蘇於是改節修慈專志經法以晉惠帝元康元年與無羅叉出放光經後

於洛陽自出異毗摩詰等經二部既學兼梵晉故譯義精允後遭艱難三月便欲遷葬有隣人告日今歲月不便可待来年叔蘭日夫生者必有一死死者不復再生人神異塗理之然也若使亡毋搜靈有地則烏鳥之心畢矣若待来年恐逃走無地何暇奉塋乎遂即葬畢明年石勒果作乱殺賊縱横因避地奔荊州後無疾苦忽告知識日吾將死矣數日便卒識者以為知命

菩薩逝經一卷（第二出亦云揩童子經或直名逝經与長者子制經等同本見房錄）

菩薩修行經一卷（第三出亦云威施長者問觀身經亦云長者修行經見房錄）

佛般泥洹經二卷（出長阿含是初分遊行經異譯亦直云泥洹經見房錄）

大愛道般泥洹經一卷（出增一阿含第五十卷異譯亦云涅槃見房錄）

賢者五福經一卷（見長房錄已上見在已下闕本）

嚴淨佛土經二卷（第二出亦云淨土經与文殊佛土嚴淨經等同本見房錄）

郁伽羅越問菩薩經一卷（第五出与漢安玄所出法鏡經等同本見房錄）

等集三昧經一卷（第二出見房錄）

無量破魔陁羅尼經一卷（第四出与微密持經等同本異譯見房錄）

大方等如来藏經一卷（第二出見房錄見高僧傳及僧祐錄）

惟建菩薩經一卷（見房錄）

檀持陁羅尼經一卷（見房錄）

如来興顯經一卷（見房錄）

善權經一卷（見房錄）

海龍王經一卷（見房錄）

持心梵志經一卷（見房錄）

右一十六部一十八卷（賢者五福上十五部六卷見在嚴淨佛土下十一部十二卷闕本）

沙門白遠字法祖本姓万氏河內人父威達以儒雅知名州府辟命皆不行祖少發道心啓父出家詞理切至父不能奪遂改服從道祖才思儁徹敏朗絶倫誦經日八九千言研味方等妙達幽微世俗墳索多所該貫乃於長安造築精舍以講習為業白黑宗禀幾且千人晉惠帝之

未太宰河間王顒鎮關中虛心敬重待以師友之敬每至閑辰靜夜輒談講道德于時西府初建俊乂甚盛能言之士咸伏其遠祖既博涉多閑善通梵晉之語於惠帝代譯菩薩逝經等一十六部後忽謂弟子及諸道人云我數日宿對當至便辞別素書分布經像及資財訖時張輔為秦州刺史祖與俱往明晨詣輔共語忤輔意遂為所害時人以為知宿命矣後少時有人姓李名通死而更蘇云見祖法師在閻羅王處為王講首楞嚴經云講竟應往忉利天又見祭酒王浮及道士基公次被杻械求祖懺悔昔祖平素之日與浮每爭邪正浮屢屈既瞋不自忍乃作老子化胡經以誣謗佛法殃有所歸故死方思悔耳又長房等錄更有七經亦云祖出今以並是別生故刪去之謂佛問四童子經調伏王子道心經已上二經並出大集

貞元新定釋教目錄卷第四　第十六張　說

五百王子作淨土願經出悲華

三幼童經或作幼童經出普超經

二童子見佛說偈供養經出雜阿含

五百幼童經亦云童子

首達經亦云惟先首道上二經並出生經

諸德福田經一卷初出或云諸福田經或直云福田經

法立法炬共出見僧祐錄

樓炭經六卷第二出或云大樓炭經出長阿含与第四分記世經同本異出与法護所出五卷者少異或五卷或八卷見僧祐錄

大方等如来藏經一卷舊錄云佛藏方等經初出見祐錄

右四部一十二卷前三部十一卷見在後一部一卷闕本

沙門釋法立不知何許人也智道弘拔悟物為先於惠帝代共法炬等於洛陽譯諸福田等經四部

優填王經一卷初出与寶積優陀延王會同本見房錄

前世三轉經一卷初出与銀色女經同本見房錄

阿闍世王受決經一卷初出与採蓮違王經同本見房錄

灌洗佛形像經一卷初出亦云四月八日灌經亦直云灌經与摩訶剎頭經同本見房錄

貞元新定釋教目錄卷第四　第十七張

恒水經一卷亦云恒河喻經出中阿含第九卷異譯見房錄

頂生王故事經一卷亦直云頂生王經出中阿含第十一異譯見房錄

求欲經一卷出中阿含第二十二異譯見房錄

苦陰因事經一卷出中阿含第二十五異譯見房錄

瞻婆比丘經一卷或作瞻婆出中阿含第二十九異譯見房錄

伏婬經一卷出中阿含第三十卷異譯見房錄

數經一卷出中阿含第三十五卷異譯見房錄

波斯匿王太后崩塵土坌身經一卷出增一阿含第十八卷異譯見房錄又有波斯匿王太后母經即此塵坌身經是 [illegible]

頻毗娑羅王詣佛供養經一卷亦云頻婆出增一阿含第二十六異譯見房錄

鴦崛髻經一卷与竺法護指鬘經大同小異出增一阿含第三十一異譯見房錄

難提釋經一卷出雜阿含第三十卷異譯見房錄

相應相可經一卷出單卷雜阿含經異譯見房錄

憂法經一卷第三出与阿難分別經等同本見房錄

法海經一卷第二出与海八德經同本見房錄

阿闍世王問五逆經一卷第二出見房錄

羅云忍辱經一卷或直云忍辱經見房錄

佛為年少比丘說正事經一卷見房錄

貞元新定釋教目錄卷第四　第十八張　說

沙曷比丘功德經一卷（房云見舊錄）

群牛辟經一卷（見房錄）

比丘避女惡名欲自殺經一卷（見房錄）

（已上見存 已下闕本）

福田經一卷（一名諸德福田經第二出與法立譯者少異見竺道祖晉錄）

諸經菩薩名經一卷（見房錄）

正意經一卷（見房錄中注云第二出未詳何者為初譯本）

明帝釋施經一卷（見房錄）

樓炭經八卷（第三出是長阿含第四分記世經異譯與法立所出昔大同先共法立出以意未悉故廣見敘度寶唱二錄）

淨飯王般泥洹經一卷（初出見房錄）

貧窮老公經一卷（初出見法上錄）

危脆經一卷（見房錄）

大鼬辟喻經一卷（亦直云大鼬經房云見舊錄）

羅漢迦留陀夷經一卷（或無羅漢字見房錄）

爪甲擎土辟經一卷（亦云爪甲取上經房云見舊錄）

裹利經一卷（見房錄）

眾生未然三男經一卷（見房錄）

欲求說法經一卷（見房錄）

羅旬喻經一卷（今疑是別生經中羅弥壽經異名見房錄）

遺教法律經三卷（一云遺教法律三昧經一云遺教三昧經或二卷見始興錄）

右四十部五十卷（比丘避女上二十四部二十四卷見在福田經下一十六部二十六卷闕本）

沙門釋法炬亦未詳氏族器量高峙遊化在懷於惠帝代初與法立同共出經法立歿後炬遂自譯優填王等經四十部又長房等錄更有諸經並云炬出今以皆是別生之經錄家誤上今並刪之如後所述

時非時經（亦直云時經惟經後記非法炬譯具如後述）

魔女聞佛說法得男身經（出大集經）

大悲比丘本願經（出悲華經）

往古造行經

舉鉢經（上二經並出普超三昧經）

以金貢太山贖罪經（上二經並出六度集）

調達教人為惡經

佛降鴦崛魔人民歡喜經

鴦崛魔歸化經（或云蟠死應誤上二經並出鴦崛魔羅經）

韋提希子月夜問夫人經（或作天人出長阿含）

福行經惡道經（一名惡意經或作惡意應誤也錄中惡道惡意二名雙載者非也）

息恚經　柔軟經　受持經　名稱經　浮彌經（福行下七經並出中阿含）

飛鳥喻經

積木燒然經（一名大枯樹經）

波斯匿王詣佛有五威儀經

增一阿

舍經（飛鳥喻等四經並出增一阿含）

普施經　差摩比丘念重病經　佛為比丘說燒頭喻經　優陁夷坐樹下寂靜調伏經　佛為比丘說大力經　四大色身生厭離經　異信異欲經　佛為比丘說三法經　葉喻多少經　佛為比丘說極深險難處經　佛為比丘說莫思惟世間經（或云莫思惟世間思惟經）　眾生身識經　眼色相繫經　比丘於色厭離經　捨諸世務經　嬰兒喻經　轉輪聖王七寶現世間經　向邪違法經　田夫喻經　信人者生五根過患經　少多制戒經　無始本際經　羅漢遇瓶沙王經　尊者瞿坛迦獨一思惟經　人民疾疫受三歸經　恒水流樹經（或作流樹）　灰河經（一名塵灰河辟喻經錄中二名別載誤也）　波斯匿王祖母命終經　鑄金喻經　木杵喻經　金師精舍尊者病經　群羊喻經　處中行道經　波斯匿王女命過詣佛經　比丘問佛多優婆塞命終經（普施下二十五經並出雜阿含）　比丘分衛經　和難經

邪業自活經 比丘各言志經 和難釋經 比丘疾病經 無懼經 毒草喻經 毒喻經 馬喻經 比丘分衛經並下十經並出生經 辟喻六人經 出意經 賚阿闍世王問瞋恨從何生經 摩訶比丘經 調達喻經 阿闍世等三經小乘抄經 栴檀塗塔經 出百采經 無常經 比丘求證人經 阿梵和利比丘無常經 比丘問佛何故捨世學道經 佛看病比丘不受長者請經 坐禪比丘命過生天經 放逸經 深淺學比丘經 拘提比丘經 波利比丘誇梵行經 北方世利經 流離王攻釋子經 信能渡河經 有衆生三世作惡經 聰明比丘經 說法難值經 調達問佛顏色經 無第下一須曉食經 出修行道地經 十七經並出出曜經 河喻經 出雜辟喻 魔女下八十九經並從大經抄出別生錄載此中除之

超日明三昧經二卷 第二出或直云超日明經或三卷此經護公先出梵天石辭義煩重承遠譯靜整文偈刪改勝前見高僧傳及僧祐錄

貞元新定釋教目錄卷第四 第十二張 說

越難經一卷 一名難長者經一名難經初出見房錄

右二部三卷其本並在

清信士聶承遠明解有才篤志務法護公出經多參正文句兼執筆承言後於慧帝代自譯超日明等經二部又長房等錄云承遠更譯迦葉詰阿難經此乃雜譬喻抄非是別翻又漢世佛調世高及此承遠三錄俱載誤之甚也

無垢施菩薩分別應辯經一卷 第二出與法護無垢施經等同本亦云分別應辯經今編入寶積當第三十三會錄有云竺法護出者誤也見房錄

諸菩薩求佛本業經一卷 或無諸字見華嚴淨行品異譯

文殊師利般涅槃經一卷 見房錄

異出菩薩本起經一卷 或無起字見房錄

三曼陁颰陁羅菩薩經一卷 見房錄

菩薩受齋經一卷 第二出見房錄

大方廣菩薩十地經一卷 第二出與法護譯者大同小異見房錄

菩薩十法住經一卷 是華嚴十住品異譯第二出見房錄

十住經十二卷 是華嚴十地品異譯第二出見房錄

貞元新定釋教目錄卷第四 第十三張 說

菩薩緣身五十事經一卷 第二出與五十緣身經大同小異見房錄

觀世音授記經一卷 第二出見房錄

諸佛要集經二卷 第二出見房錄

寂音菩薩願經一卷 見房錄

菩薩求五眼法經一卷 祐無經字或云五眼文見房錄

菩薩道行六法經一卷 見房錄

菩薩初地經一卷 見房錄

菩薩十道地經一卷 有云是前菩薩十地見房錄

文殊師利與離意女論議極似維摩詰經一卷 見房錄今按藏中諸佛要集經下卷有離意女論議事疑抄彼經也

菩薩雜行法一卷 見房錄

菩薩所行四法一卷 見房錄

菩薩宿命經一卷 見房錄

文殊師利淨律經一卷 第二出與安護小異見房錄

菩薩戒獨受壇文一卷 見房錄

菩薩懺悔法一卷 云異出本見房錄

右二十四部三十六卷 菩薩受齋上六部六卷見在大方廣下一十八部三十卷闕本

清信士聶道真即承遠息父子清悟皆以度語為業從武帝大康初至懷帝永嘉末其間詢稟

貞元新定釋教目錄卷第四 第十四張 說

諸承法護筆受之外及護歿後
眞遂自譯無垢施應辯等經二十
四部誠師護公眞當其稱頌善
文句辞義分炳
又長房等錄更有二十九經亦
云道眞所出今以並是別生抄
經故刪之不存也菩薩奉施詣
塔作願念經師子步雷音菩薩
問發心經菩薩三法經菩薩奉施等三
經並出文殊佛土嚴淨經菩薩布施懺悔法
出決定毗尼經自在王菩薩如来誓
誡經或云菩薩誡身自在經菩薩導示行
經菩薩發心時經無言菩薩流
通法經無言菩薩經菩薩出要行
無㝵法門經光味菩薩造七寶
梯經自在王菩薩等七經並出太集菩薩如意
神通經菩薩戒自在經上二經出自在
王經寂音菩薩問五濁經或云寂意轉
輪聖王發心求淨土經上二經出悲華
大雲密藏菩薩問大海三昧經
出大雲經溥首童眞經出賢劫經儒童菩
薩經或無菩薩字出六度集經波斯匿王欲伐
央崛魔羅經出央崛魔羅經大光明菩

薩百四十八願經菩薩六法行
經菩薩本願行品經菩薩苦行
經菩薩呵睡眠經菩薩呵家過
經大光明等六經祐錄云抄今並為大乘抄經菩薩
戒要義經出地持經菩薩五法行經
初發意菩薩行易行法上二經並出十住論
轉輪聖王七寶具足經出雜阿含
衆經錄目一卷道眞自撰非梵本翻傳敘錄中
列此不復存
右長房等錄云優婆塞衛士度
於惠帝代出摩訶般若波羅蜜道
行經二卷云從舊道行中刪改略
出僧祐錄云衆經並云道行經二卷衛士度略出也
既取舊經刪略即非梵本別翻
今載別生錄中此不復存也
逝童子經一卷第四出亦名長者制經亦直云制經亦名菩薩逝經亦直云逝經五本大同別譯為異名殊見寶唱錄中
善生子經一卷初出與祇多蜜竺難提等所出同本出中阿含第二十三異譯見支敏度竺道祖寶唱等三錄
文殊師利現寶藏經二卷第三出與竺法護所出現寶藏經等同本見祖唱二錄
十善十惡經一卷初出見竺道祖晉錄及寶唱錄
右四部五卷逝童子等二部一卷見在文殊現寶

藏等二部三卷闕本
沙門支法度未詳何許人於惠
帝代永寧元年辛酉譯逝童子
經等四部
又僧祐長房等錄於惠帝時沙
門支敏度合兩支支謙支讖兩竺竺法
護竺叔蘭四本房錄更加一自為五本今准祐錄及合經
記但四本合虎恭自延也首楞嚴為八卷祐汝
云或為五卷合一支支讖兩竺竺法護竺叔蘭
三本維摩為五卷既非梵本別
翻復闕其本故此錄中刪而不載
時非時經一卷或直云時經見經後記
右一部一卷其本見在
沙門若羅嚴外國人也譯時非
時經一部經後記云外國法師
若羅嚴手執胡本口自宣譯涼
州道人釪鎮或作釪鎭城中寫記房
等皆云法炬譯者謬也既莫知
於帝代且附西晉錄中
方等陁羅尼經一卷
寶嚴經一卷
五福德經一卷
右三部三卷其本並闕長房等錄西

晉失譯捴八部一十五卷云吴
别二録並注元康年中出不顯
譯人詳録未見指的所以别件
猶殊失譯今以餘之五部一十二
卷撿尋群録兼閲經文皆有所
憑即非失譯具述由委列之如左

度世品經六卷阿𧒽達龍王經
二卷 是弘道廣顯三昧經異名已上二經竺法護譯
如来秘密藏經二卷 一名大方廣如来性起微密藏經亦直云如来性起經是舊華嚴經如来性起品後漢失譯已有此復重載誤之甚也今附别生録中也
明相續解脱地波羅蜜經一卷 宋求那跋陁羅譯
弟子學有三輩經一卷 三品弟子經異名吴支謙譯

已後新附此録

太子和休經一卷 第二出與太子刷護經等同本
薩曇分陁利經一卷 舊録云薩芸芬陁利經亦直云分陁利經見法華經寶塔天授二品各小分異譯
放鉢經一卷 是普超經衆鉢品異譯出第一卷安公云出方等部
菩薩睒經一卷 或云孝子睒經亦直云睒經第二出六度集第二卷異譯
長壽王經一卷
法常住經一卷

鹹水喻經一卷
兜調經一卷 出中阿含第十四卷異譯
舍衛國王夢見十事經一卷 或直云十夢經舊經云舍衛國王十夢經或云波斯匿王十夢經出增一阿含第五十一卷異譯安公云出阿毗曇
玉耶女經一卷 或云玉耶經初出與阿遬達經等同本
孝子經一卷 一名孝子報恩經
頞多和多耆經一卷
普達王經一卷
佛滅度後棺斂葬送經一卷 一名比丘師經亦云師比丘經
鬼子母經一卷
梵摩難國王經一卷
迦旃延説法没盡偈經一卷 題云佛使比丘迦旃延説法没盡偈一百二十章亦直云迦旃延偈或無佛字舊録云
佛治身經一卷 佛治身經餘録並同
治意經一卷 舊録云佛治意經餘録並同

上見存已下闕

弥勒當来下生經一卷 初出與弥勒来時經等同本
失利越經一卷 第二出與月光童子經等同本
異了本生死經一卷 與稻芉經等同本
内藏大方等經一卷 今疑是佛藏大方等經
小阿闍世經一卷

小須賴經一卷
因佉經一卷 安公云出方等部今疑是阿難日佉經
弥勒經一卷 安公云出長阿含
墮藍經一卷 安公云出中阿含
七事經一卷 安公云出中阿含
賴吒譚羅經一卷 安公云出中阿含
歡豫經一卷 法經録云歡豫云出阿含第十二
十二死經一卷 今疑是十二品生死經
七婦經一卷
阿難邠坻四時施經一卷 舊録云阿難邠邸四時布施經
七車經一卷 今疑是中阿含七車譬喻經
海有八事經一卷
難等各等經一卷 舊録云阿難迦葉各説第一經
惟留經一卷 舊録云惟留王經
理家難經一卷
迦留多王經一卷
梵士闍梨孫經一卷 古録云梵志闍遊經
彼達王經一卷
悲心悒悒經一卷
趣度世道經一卷
長者威勢經一卷
癡注經一卷

調達經一卷
和達經一卷
鉢吐沙經一卷
分八舍利經一卷或作分身
應行律一卷
悉曇慕二卷
吉法驗一卷
口傳劫起盡一卷
打揵抸法一卷

右五十五部五十六卷沿甚經上一十九部一十九卷見在弥勒當來下三十六部三十七卷闕本

梁僧祐録云安公録中失譯經唯祐録載房等並闕祐載安公失譯惣一百四十二經今以餘八十七部撿尋諸録多題譯主或是別生抄經及人撰傳記即有所憑故删不載安既不摽時代今且附於晉末通前舊失譯經三部三卷惣五十八部五十九卷並為西晉失源云

貞元新定釋教目録卷第四

歲高麗國大藏都監奉

勅雕造

貞元新定釋教目録卷第五　說

西京西明寺沙門圓照　撰

揔集群經録上之五

東晉司馬氏都建康亦云南晉

從元帝建武元年丁丑至恭帝元熙二年庚申凡一十一帝一百四年緇素一十六人所譯經律論并新舊集失譯諸經揔一百六十八部四百六十八卷

八十五部三百三十六卷見在

八十三部一百三十二卷闕本

東晉沙門帛尸梨蜜多羅三部一十四卷經　二部七卷經

沙門支道根

沙門竺曇無蘭六十一部六十三卷經戒集

沙門瞿曇僧伽提婆五部一百一十八卷經論教授法

沙門迦留陀伽一部一卷賢聖集

沙門康道和一部三卷經

沙門佛陀跋陀羅一十三部一百二十五卷經律論集

沙門曇摩一部二卷律要

沙門卑摩羅叉二部五卷律雜事

沙門釋法顯七部二十六卷經戒論集

沙門祇多蜜二十三部卌五卷經

居士竺難提二部五卷經

沙門竺法力一部一卷經

沙門釋嵩公三部三卷經集

沙門釋退公一部一卷經

沙門釋法勇一部一卷經

新舊諸失譯經四十部四十八卷　二部三卷舊集

二十八部四十五卷新附

大灌頂經十二卷或無大字録云九卷未詳此灌頂

揔十二部經後人分之卷別各

一房云見雜録

大孔雀王神呪經一卷見竺道祖録及僧祐録初出

孔雀王雜神呪經一卷見竺道祖録及僧祐録第三出

右三部一十四卷初一部十二卷見在後二部二卷闕本

沙門帛尸梨蜜多羅晉言吉支西域人國王之子當承繼世而以國讓弟闇軌大伯既而悟心天啓遂為沙門蜜天姿高朗風神超邁直尒對之便卓出於物況其聰辯言悟者乎西晉永嘉

貞元新定釋教目録卷第五　第二張　說

中始到此土仍過江右止建初寺丞相王導一見而奇之以為吾之徒也由是名顯太尉庾元規光祿周伯仁太常謝幼輿廷尉桓茂倫皆一代名士見之終日累歎披襟致契導甞詣蜜蜜解帶偃伏晤言神解時尚書令卞望之亦與蜜致善須臾望之至蜜乃斂襟飾容端坐對之有問其故蜜曰王公風道期人卞令軌度格物故其然耳諸公於是歎其精神灑落皆得其所桓廷尉嘗欲為蜜作目久之未得有云尸梨蜜可謂卓朗於是桓乃咨嗟絕歎以為標題之極大將軍王處仲在南夏聞王周諸公皆器重蜜疑以為失鑒及自見蜜乃欣振奔至一面盡虔王公嘗謂蜜曰外國有君一人而已耳蜜咲而荅曰若使我如諸君今日豈得在此當時以為佳對蜜性高簡不學晉語每與諸公言論雖因傳譯而神領意解盡

貞元新定釋教目録卷第五　第[illegible]　說

其傳致以為自然縱狀非常情所測也蜜善持呪術所向皆驗時人呼為高座法師於元帝代譯灌頂等經三部又授弟子覔歷高聲梵唄傳響迄今年八十餘咸康中卒諸公聞之痛惜流涕蜜常在石子崗東行頭陁既卒因葬于此成帝懷其風爲樹剎塚所後有關右沙門來遊律康逌於塜處起寺陳郡謝琨贊成其業追旌往事仍日高座寺也

阿閦佛剎諸菩薩學成品經二卷 大康年出第二譯與漢支讖出者大同小異見竺道祖晉世雜錄

方等法華經五卷

右二部七卷其本並闕

沙門支道根履味遊方懷道利物以成帝咸康元年乙未譯阿閦佛剎等經二部

長房等錄並云阿閦佛經大康年在西晉武帝代与咸康相去向六十年同是一人兩朝出經者恐是大懸也此應傳寫差誤

多是咸康耳

㮈蓮達王上佛授決号妙華經一卷 亦直云㮈蓮達王經第二出与阿闍世王受决經同本

陁隣尼鉢經一卷 亦云陁鄰鉢呪經第二出与持句神呪經等同本房錄陁隣鉢經外更存持句神呪經者非也

摩尼羅亶經一卷 亦云摩尼羅檀神呪經

玄師颰陁所說神呪經一卷 錄云幻師颰陁古錄云幻王颰陁經拔字亦云跋陁或作無所說字或作

寂志果經一卷 出長阿含第十七卷異譯

鐵城泥犁經一卷 出長阿含第十二卷與五天使經同本

阿耨風經一卷 晉言依大出中阿含第二十七卷異譯

梵志頞羅延問種尊經一卷 亦云頞羅延出中阿含第三十七卷異譯

泥犁經一卷 或云中阿含泥犁經出中阿含第五十三卷異譯

戒德香經一卷 或云戒德經出增一阿含第十三卷異譯

水沫所漂經一卷 一名河中大聚沫經一名聚沫譬經与五陰譬喻經同本出雜阿含第十卷異譯

玉耶經一卷 一名長者詣佛說子婦無敬經或云玉耶女經第二出与阿遬達經等同本

五苦章句經一卷 初出一名諸天五苦經一名五道章句經一名淨除罪盖娛樂佛法經

自愛經一卷 或云自愛不自愛經房云見舊錄

中心經一卷 或云中心正行經舊錄云大忠經亦云小忠心經房錄云出六度集今檢無

見正經一卷 一名生死變識經

大魚事經一卷

阿難七夢經一卷 或直云七夢經

呵鵰阿那含經一卷 一名荷鵰或作苛字

新歲經一卷

比丘聽施經一卷 一名聽施比丘經

佛般泥洹摩訶迦葉赴佛經一卷 亦名迦葉赴佛般涅槃經

犢牛經一卷 一云犢子經第二出与乳光經等同本

孔雀王呪經一卷 第三出与吉支所

譯者同本
七佛所結麻油述經一卷
祐失譯録重載兩本一云異本
大神毋結誓咒經一卷
伊洹法願神咒經一卷
解日厄神咒經一卷
六神名神咒經一卷
檀持羅麻油術咒經一卷
麻油述咒經一卷
摩尼羅亶神咒案摩經一卷
醫王惟婁延神咒經一卷或云阿難所問醫王惟婁延神咒經
龍王咒水浴經一卷
十八龍王神咒經一卷
請雨咒經一卷
止雨咒經一卷
禳水經一卷
幻師阿夷鄒神咒經一卷
咒水經一卷
藥咒經一卷
咒毒經一卷
咒時氣病經一卷
咒小兒經一卷

咒齒經一卷祐失譯録更載一本名與此同題云異本一云蟲齒二云齲
咒牙痛經一卷祐失譯録更載一本名與此同題云異本或作齒痛
咒眼痛經一卷
五眼文經一卷今疑是僞道真所出求五眼法異名
離欲優婆塞優婆夷戒文一卷亦云具行二十二戒文
罪業報應經一卷與罪業應報教化地獄經同本
八師戒經一卷第二出
萍沙王五願經一卷一名弗沙迦王經第二出
義足經二卷房云見吳録亦云異出第二出
十善十惡經一卷第二譯吳録云異
治禪法經一卷
梵天策數經一卷舊録云諸天事經
諸天地經一卷
十誦比丘戒本一卷大元六年合僧純曇摩特竺僧舒三家本以為

此一卷見寶唱録當第二出
二百六十戒三部合異二卷
序加大比丘字大元六年六月二十日於謝鎮西寺合僧詳重
按見舊録及寶唱
右六十一部六十三卷
佛般泥洹上二十四部二十卷在攢牛經下三十七部三十九卷闕本
沙門曇無蘭晋云法正西域人也以孝武帝大元六年辛巳至大元二十年乙未於揚都謝鎮西寺譯採蓮違王等經六十一部見長房録
又長房等録更有四十八經亦云法正所譯今以並是别生抄經或是疑僞故並刪之如後所述
救護身命經亦云救護身命濟人病苦厄經同録編入正經舊録云僞今依舊編
諸天問如來警誡不可思議經
見水世界經已上二經並出大集
龍王結願五龍神咒經
大將軍神咒經上二經出灌頂
無吾我經出普超經

彌蘭經(或云彌連亦云弥連)摩天國王經
阿難念弥經(弥蘭等三經並出六度集)賢劫
千佛名經(出賢劫經序云賢劫經說二千一百諸度無極以拘樓孫佛為首止千佛名有別譯本拘樓提佛以為初首)
三十七品經(安公云出律經僧祐錄云晉大元二十年歲在景申六月在謝鎮西寺撰出)三十三
天園觀經比丘成就五法入地
獄經學人亂意經(上三經出增一阿含)佛
為比丘說大熱地獄經釋提桓
因諳目連放光經目連見大身
衆生燃鐵纏身經見一衆生舉
體糞穢塗身經衆生頂有鐵磨
盛火燃經羅婆鳥為鷹所捉經
十法成就惡業入地獄經弛行
法經比丘俗遇天子放光經天
於脩羅欲鬪戰經天帝釋受戒
經比丘問佛釋提桓因緣經四
天王案行世間經佛見梵天頂
經帝釋慈心戰勝經天神禁寶
經阿育王供養道場樹經勸行
有證經戒相應法經禪思滿足
經佛為比丘說下二十經並出
雜阿含

野鷄經鼈獼猴經蠱狐烏經(或作
為字)弟子命過經驢駝經拘薩羅
國烏王經(或無羅字)孔雀經夫婦經
(野鷄等八經並出生經中)群牛千頭經集修
行土經梟烏經(群牛等三經並出出曜經)地
獄衆生相害經(出脩行道地經)赤嘴烏
喻經阿難多逗羅云母經赤嘴
烏等二經出雜譬喻抄

中阿含經六十卷第二出或五十八卷
(隆安元年十一月十日東京亭寺出二年六月二十五日記与曇摩)
難提出者同本沙門同道等筆
受道慈製序見道祖錄

增一阿含經五十一卷(第二出隆安元年正月出与難提本)
小異竺道祖筆受或四十二或三
十三無定亦有六十卷成者見
道祖及寶唱錄

阿毗曇心論四卷或云阿毗曇心無
論字尊者法勝造大元十六年
在廬山為惠遠法師譯出道慈
筆受遠公製序見僧祐錄

三法度論二卷(大元十六年在廬山為遠法師出遠公製序第二譯与難提出者大同小異或三卷別錄云一卷或直云三法度無論字或云經或云經論見僧祐錄)

教授比丘尼法一卷

右五部一百一十八卷(房云見別錄亦云在廬山出)
前四部一百十七卷本在後一
部一卷本闕

沙門瞿曇僧伽提婆晉云衆天
或云提和音訛故也罽賓國人
入道修學遠訪明師學通三藏
多所誦持尤善阿毗曇心洞其
纖旨常誦三法度晝夜嗟味以
為道之府也為人儁朗有深鑒
儀止温恭務在誨人詢詢不怠
苻秦建元中来入長安宣流法
化譯論二部備於秦錄後以晉
孝武帝世太元十六年辛卯遊
化江左先是廬山慧遠法師翹
勤妙典廣集經藏虛心側席延
望遠賔聞其至止即請入廬岳即
以其年請出阿毗曇心及三法
度等提婆乃於般若臺手執梵
文口宣晉語去華存實務盡義
本今之所傳蓋其文也至安帝
隆安元年丁酉来遊建康晉朝
王公風流名士莫不造席致敬

時尚書令衛軍東亭侯瑯瑘王珣准高僧傳僧祐録長房録等並云王珣中阿含經序云王元琳元琳乃是珣之字也雅有信慧荷持正法建立精舍廣招學衆提婆既至珣即延請仍於其舍講阿毗曇名僧畢集提婆宗致既精詞旨明析振發義奥衆咸悦悟其冬珣集義學沙門釋慧持等四十餘人更請提婆於其寺譯中增一阿含罽賓沙門僧伽羅叉執梵本提婆翻為晉言至來夏方訖豫州沙門道慈筆受吴國李寶唐化共書提婆於廬山建康二處共出五部一百一十八卷提婆歷遊華戎備悉風俗從容機警善於談笑其道化聲譽莫不聞焉不知所終

十二遊經一卷第二出与曇良譯者少異見竺道祖晉世雜録見寶唱録

右一部一卷其本見在

沙門迦留陁伽晉言時水西域

貞元新定釋教目録卷第五　第十三張　説

人弘諭有方懐道遊國以孝武帝太元十七年壬辰譯十二遊經一部

益意經三卷第二出見竺道祖晉世雜録朱士行漢録云二卷不顯譯人

右一部三卷本闕

沙門康道和或德有儀軌範群物以孝武帝太元二十一年景申譯益意經一部

大方廣佛花嚴經六十卷初出元五十卷後人分為六十沙門支法領於于闐得梵本来義熙十四年三月十日於道場寺出元熙二年六月十日訖法業筆受見祖祐二録

出生無量門持經一卷或云新微密持經於廬山譯第五出与支謙無量門微密經等同本見祖祐房等録別存新微密持誤也

大方等如來藏經一卷或直云如來藏經第三出元熙二年於道場寺譯見竺道祖晉世雜録及僧祐録

觀佛三昧海經十卷或云觀佛三昧經或八卷見竺道祖晉世録亦見僧祐録或云

貞元新定釋教目録卷第五　第十四張　説

摩訶僧祇律四十卷或云三十卷梵本是法顯摩竭提國將来義熙十二年十一月於道場寺共法顯出見竺道祖録祐在顯録據共譯故耳宋世出

僧祇比丘戒本一卷亦云摩訶僧祇戒本第二出於道場寺譯見寶唱録祐在法顯与覺賢共出年載皆得

達摩多羅禪經二卷一名庾伽遮羅浮迷譯言脩行道地於廬山出一名不淨觀亦名脩行方便禪經祐云脩行方便凡十七名遠公製序見僧祐録

文殊師利發願經一卷或加偈字元熙二年於道場寺出見僧祐寶唱二録經後記云外國四部衆礼佛時多誦此經以發願求佛道

新無量壽經二卷宋永初二年於道場寺出見僧祐寶唱二録第八譯与世高支讖支謙僧顯等所出同本

菩薩本業經一卷亦直云本業經是花嚴淨行品見僧祐長房二録大周入藏有今闕且復存之

淨六波羅蜜經一卷見僧祐長房二録

貞元新定釋教目録卷第五　第十五張　説

方便心論一卷 共法業出見高僧傳

初出

過去因果經四卷 房云見別錄第五譯

右一十三部一百二十五卷

文殊發願上八部一百一十六卷見在新無量壽經下五部九卷闕本

沙門佛陁跋陁羅晉言覺賢本姓釋氏迦維羅衛國人甘露飯王之苗裔也祖父達摩提婆此云法天嘗商旅於北天竺因而居焉父達摩修利耶此云法日賢三歲孤與母居五年復喪母為外氏所養從祖鳩摩利聞其聰敏兼悼其孤露乃迎還度為沙弥至年十七與同學數人但以習誦為業衆皆一月賢一日誦畢其師歎曰賢一日敵三十夫也及受具戒脩業精勤博學群經多所通達少以禪律馳名嘗與同學僧伽達多共遊罽賓同處積載達多雖服其才明而未測其人也後於密室閉戶坐禪忽見

賢至驚問何来荅云暫至兜率致敬弥勒言訖便隱達多知是聖人未測深淺後屢見賢神變乃敬心祈問方知得不還果常欲遊方弘化備觀風俗會有秦僧智嚴西至罽賓覩法衆清勝乃慨然東顧曰我之同輩斯有道志而不遇真匠發悟莫由即諮詢國衆孰能流化東土僉云有佛陁跋陁羅者出生天竺那呵梨城族姓相承世遵道學其童齓出家已通解經論少受業於大禪師佛大仙仙時亦在罽賓乃謂嚴曰可以振維僧徒宣授禪法者佛陁其人也嚴既要請苦至賢遂愍而許焉於是捨衆辭師裹粮東逝涉歷三載綿歷寒暑既度葱嶺路經六國國主矜其遠化並傾懷資俸至交趾乃附舶循海而行經一島下賢以手指山曰可止於此舶主曰客行惜日調風難遇不可停也行二百餘里忽風

轉吹舶還向島下衆人方悟其神咸師事之聽其進止後遇便風同侶皆發賢曰不可動舶主乃止既而有先發者一時覆敗後於闇夜之中忽令衆舶俱發無肯從者賢自起收纜唯一舶獨發俄尒賊至留者悉被抄害頃之至青州東莱郡聞鳩摩羅什在長安即往從之什大欣共論法相振發玄微多所悟益因謂什曰君所釋不出人意而致高名何耶什曰吾年老故耳何必能稱美談什每有疑義必共諮決時秦主姚興專志經法供養三千餘僧並往来宮闕盛修人事唯賢守靜不與衆同後語弟子云我昨見本鄉有五舶俱發既而弟子便告外人關中舊僧咸以為顯異惑衆又賢在長安大弘禪業四方樂靜者並聞風而至但深學有淺深得法有濃淡澆僞之徒因而詭猾有一弟子因少觀行自言得阿那含

果賢未即檢問遂致流言大被謗讟將有不測之禍於是徒衆或藏名潛去或踰牆夜走半日之中衆散殆盡賢乃夷然初不介意時舊僧僧䂮道恒等謂賢曰佛尚不聽說己所得法先言五舶將至虛而無實又門徒誑惑互起同異既於律有違理不同止宜可時去勿得久留賢曰我身若流萍去留甚易但恨懷抱未申以為慨然耳於是與弟子慧觀等四十餘人俱發神志從容初無異色識真者咸歎惜焉白黑送者數千人姚興聞去悵恨乃謂道恒曰佛賢沙門挾道來遊欲宣遺教緘言未吐良用深慨豈可以一言之咎令万夫無導因勑令追之賢謂使曰誠知恩旨無預聞命於是率侶宵征南指廬岳沙門慧遠素飲風德乃遣使入關致書祈請後至廬岳忻然如舊遠以賢之被擯過由門人若懸記五舶止說在

同意亦於律無犯乃遣弟子曇邕致書姚主及關中衆僧解其擯事遠乃請出禪數諸經賢志在遊化居無求安停山歲許復西適江陵遇外國舶主既而訊訪果是天竺五舶先所見者也傾境士庶競來礼事其有奉施悉皆不受持鉢分衛不問豪賤時陳郡袁豹為宋武帝太尉長史宋武南討劉毅豹隨府屆于江陵賢將弟子慧觀詣豹乞食豹素不敬信待之甚薄未飽辭退豹曰似未足且復小留賢曰檀越施心有限故令所設已罄豹即呼左右益飯飯果盡豹大慚愧既而問慧觀曰此沙門何如人觀曰德量高邈非凡所測豹深歎異以啓太尉太尉請與相見甚崇敬之資供備至俄而大尉還都請與俱歸安止道場寺賢儀軌率素不同華俗而志韻清遠雅有淵致揚都法師僧弼與名德沙門寶林書曰鬪場禪

師甚有大心便是天竺王何風流人也其見稱如此先是沙門支法領於于闐國得華嚴梵本三萬六千偈未有宣譯到義熙十四年吳郡內史孟顗右衛將軍褚叔度即請為譯匠乃手執梵文共沙門法業慧嚴慧義等百有餘人於道場寺譯出詮定文旨會通華戎妙得經體故道場寺猶有華嚴堂焉又沙門法顯於天竺所得僧祇梵本復請賢譯賢從安帝隆安二年戊戌訖宋永初二年辛酉於楊都廬山二處譯花嚴等經揔一十三部並究其幽旨妙盡文意賢以宋元嘉六年卮疽春秋七十有一矣（又僧祐長房二錄復云賢出新微密持經即出生無量門持經是不合雙載對彼十讃光譯紋加新字又有菩薩華住及本業經此之二經並是別嚴別品覺賢既譯大部不合錄出此經其本業一經同入藏一有末見其本且復存之十住—經删之不立）

雜問律事二卷（初出見長房錄）

右一部二卷本闕

沙門曇摩耆翻云法善於律學
以安帝隆安四年庚子三月二
日於揚都尚書令王法度精舍
沙門釋僧遵等二十餘德請譯
雜問律事序具卷首明佛法僧
物乎相交涉分齊差殊甚要須
善防護

十誦律毗尼序三卷亦云十誦律序今合八十誦末
後三卷是房云毗尼誦佳云是
十誦後善誦也其善誦有四卷
是十誦中第十誦也見二秦錄

雜問律事二卷

右二部五卷前毗尼序三卷見
在後雜問事二卷本闕
沙門卑摩羅叉晉云無垢眼罽
賓國人沉靜有志力出家履道
苦節成務為人眼青時亦号為
青眼律師先在龜茲弘闡律藏
四方學者競往師之鳩摩羅什
時亦預焉及龜茲陷没乃避地
烏纏須之間什在長安大弘經
藏又欲使毗尼勝品復洽東國
於是杖錫流沙冐險東入以姚

秦弘始八年達自關中什以師
禮敬待又亦以遠遇欣然及羅
什棄世又以安帝義熙年中乃
出遊關左逗于壽春止石澗寺
律徒雲聚盛闡毗尼羅什所譯
十誦五十八卷最後一誦謂明
受戒法及諸成善法事逐其義
要名為善誦又後改善誦為毗
尼誦故猶二名存焉復出三卷
律序置之於後撚成六十一卷高僧傳及長房錄乃云開前五十八卷為六十一卷者小非詳審也其毗尼序三卷或有近代經本編在第九誦後第十誦前卷當第五十五六七者非也今檢古十誦本乃在第十誦後卷當第五十九至六十一今者依古本為正頃之南適
江陵於辛寺夏開講十誦既通晉言
善相領納無作妙本大闡當時
祈文求理者其聚如林明條知
禁者數亦殷矣律藏大弘叉之
力也後出雜問律事二卷道場
慧觀筆受高僧傳云道場慧觀深括宗旨記其所制內禁輕重撰為二卷送還京師僧尼披爭競相傳寫時聞里諺日卑羅鄙語慧觀才錄都人繕爲紙貴如玉今謂雜問律事乃是道場慧觀於彼有疑隨事諮問卑摩為次聞便錄之撰成二

卷流行於世即非別有梵本卑摩譯之其曇摩出者亦即此是
錄家誤載也
冬復還壽春石澗卒於寺焉春
秋七十有七

大般洹經六卷經記云方等大般洹經或十卷第四譯義
熙十三年十月一日於道場寺
共覺賢出寶雲筆受至十四年
正月二日訖見道祖僧祐二錄

大般涅槃經三卷或二卷是長阿含初分遊行經異譯
群錄並云顯出方等泥洹者非
即前大泥洹經加方等字此小
乘涅槃九似顯譯故
見僧祐寶唱二錄

雜藏經一卷第二出与鬼問目連餓
鬼報應經等同本見僧祐寶唱
二錄

僧祇比丘尼戒本一卷亦云比丘尼波羅提木叉僧祇
戒本共覺賢譯見長房錄

歷遊天竺記傳一卷亦云法顯傳法顯自撰述往來
天竺事見長房錄

雜阿毗曇心十三卷第二出与符秦僧
伽提婆等所出同本見僧祐錄
房云顯与覺賢共譯

佛遊天竺記一卷見僧祐錄

右七部二十六卷前五部一十二卷見在後

二部一十四卷 闕本

沙門釋法顯本姓龔平陽人也顯有三兄齠年次喪其父恐懼及顯數歲便放出家居家數年病篤欲死因送還寺信宿便差不肯復歸母欲見之不能得為立小屋於門外以擬去來十歲遭父憂叔父以其母寡獨不立逼使還俗顯曰本不以有父而出家也正欲遠塵離俗故入道耳叔父善其言乃止頃之母喪至性過人葬事既畢仍即還寺嘗與同學數十人於田中刈稻時有飢賊欲奪其穀諸沙弥悉奔走唯顯獨留語賊曰若欲須穀隨意所取但君等昔不布施故此生飢貧今復奪人恐來世弥甚貧道預為君憂故相語耳言訖即還賊棄穀而去衆僧數百人莫不歎服及受大戒志行明潔儀軌整肅常慨經律舛闕誓志尋求以安帝隆安三年與同學慧景道整慧應慧嵬等發自長安

西度沙河上無飛鳥下無走獸四顧茫茫莫測所之唯視日以准東西人骨以標行路耳屢有熱風惡鬼遇之必死顯任緣委命直過險難有頃至葱嶺冬夏積雪有惡龍吐毒風雨沙礫山路艱危壁立千仞昔有人鑿石通路傍施梯道凡度七百餘梯又躡懸絙過河數十餘皆漢時張騫甘父所不至也次度小雪山遇寒風暴起慧景噤戰不能前語顯云吾其死矣卿可時去勿得俱殞言絕而卒顯撫之泣曰本圖不果命也奈何復自力孤行遂過山險凡所經歷三十餘國至北天竺次往中國未至王舍城三十餘里有一寺逼暮仍停明旦顯欲詣耆闍崛山寺僧諫曰路甚艱險且多黑師子亟經噉人何由可至顯曰遠涉數万誓到靈鷲身命不期出息非保豈可使積年之誠既至而廢耶雖有險難吾不懼也衆莫能

止乃遣兩僧送之顯既至山中日將曛夕遂欲停宿兩僧危懼捨之而去顯獨留山中燒香礼拜翹感舊跡如覩聖儀至夜有三黑師子來蹲顯前舐脣搖尾顯誦經不輟一心念佛師子乃低頭下尾伏顯足前顯以手摩之呪曰汝若欲相害待我誦竟若見試者可便退去師子良久乃去明晨還反路窮幽深榛木荒梗禽獸交橫止有一徑通行而已未至里餘忽逢一道人年可九十容服麁素而神氣儁遠顯雖覺其韻高而不悟是人須臾進前逢一年少道人顯問曰向者年是誰耶答曰頭陁弟子大迦葉也顯方惋慨良久既至山前有一大石橫塞室口遂不得入顯乃流涕致敬而去（今謂顯所步者是雞足山大迦葉波入寂之所非佛舊居處鷲峯山也）又至迦施國精舍裏有白耳龍每與衆僧約令國內豐熟皆有信効沙門為起龍舍并設福食每至

夏坐訖日龍輙化作一小虵兩耳悉白衆咸識是龍以銅盂盛酪置於其中從上坐至下行之似若問訊遍乃化去年輙一出顯亦親見此龍後却至中天竺於摩竭提巴連弗邑阿育王塔南天王寺得摩訶僧祇律又得薩婆多律抄雜阿毗曇心綖經方等般泥洹等經此方等泥洹即六卷大般泥洹經之梵本也準經後記名為方等大般泥洹經非謂二卷方等泥洹也顯留三年學梵書語躬自書寫於是持經像寄附商客到師子國顯同旅十餘或留或亡顧影唯已常懷悲慨忽於玉像前見商人以晉地一白團扇供養不覺悽然下淚停二年復得弥沙塞律長雜二阿含及雜藏本並漢土所無其師子國中有佛齒每年三月彼之國王預前十日莊嚴白象遣一貴重辯說智臣著王衣服象上擊鼓大聲唱言如來在世四十五年說法度人

無量億數衆生緣盡乃般泥洹自尒已來一千四百九十七載世間長昏衆生可愍却後十日佛齒當出無畏精舍可辦香華各來供養時正當晉義熙元年計從義熙元年太歲乙巳至今開元十八年歲次庚午便成一千八百二十二載矣既而附商人大舶循海東還舶有二百許人值大暴風舶壞水入衆人惶怖即取雜物棄之顯恐商人棄其經像唯一心念觀世音乃歸命漢土衆僧舶任風而去得無傷壞行九十日達耶婆提國停五月復隨他商侶東趣廣州舉帆月餘日夜忽大風合舶震懼衆共議曰坐載此沙門使我等狼藉不可以一人故令衆俱亡欲推棄之法顯檀越厲聲呵商人曰汝若下此沙門亦應下我不尒便當見殺漢地帝王奉佛敬僧我至彼告王必當罪汝商人相視失色俛俛而止既水盡粮竭唯任風隨流

忽至岸見藜藋菜依然知是漢地但未測何方即乘小船入浦尋村遇獵者二人顯問此何地耶獵人曰是青州長廣郡牢山南岸獵人還以告太守李嶷嶷素敬信忽聞沙門遠至躬自迎勞顯持經像隨之欲南歸時刺史請留過冬顯曰貧道投身於不反之地志在弘通所期未果不得久停遂南造建康於道場寺就外國禪師佛陀跋陀羅譯大般泥洹經等六部撰遊天竺傳一卷顯既出大泥洹經流布教化咸使見聞有一家失其姓名居近楊都朱雀門世奉正化自寫一部讀誦供養無別經室與雜書共屋後風火忽起延及其家資物皆盡唯泥洹經儼然具存煨燼不侵卷色無異楊都共傳咸稱神妙後到荊州卒于辛寺春秋八十有六衆咸慟惜焉

菩薩十住經一卷是華嚴十住品異譯見長房錄

寶如來三昧經二卷或一卷一名無極寶三昧經第

二出与無極寶經同本見房錄
大智度經四卷 第五出与支讖道行經及大般若第四會
等同本房云見南來新錄
普門品經一卷 第一出与法護普門品及寶積文殊普門會同
本見僧祐錄及竺道祖錄
阿述達經一卷 第三出与寶積無長
德會等同本見長房錄
如幻三昧經二卷 第三出与世高如幻三昧及寶積善住意
會等同本見竺道祖晉錄
弥勒所問本願經一卷 第二出与法護弥勒本願及寶
積弥勒所問會同本見長房錄
十地經一卷 第三出与法護菩薩十地經等同本見長房錄
維摩詰經四卷 第五出与嚴佛調古維摩經等同本房云
見南來新錄
無所悕望經一卷 第三出与象腋經等同本見長房錄
浮光經一卷 或作孔光第四出与積子經同本見房錄
如來獨證自誓三昧經一卷
第三出与世高自誓三昧經同
本見長房錄
普賢觀經一卷 初出一名觀普賢菩薩房云見道慧
錄
瓔珞經十二卷 一名現前報初出与竺佛念菩薩瓔珞同
本或十四卷房云見南來新錄

昭明三昧經一卷 第二出見長房錄
禪經四卷 房云見南來新錄
法没盡經一卷 見長房錄
菩薩正齋經一卷 第三出見長房錄
威革長者六向拜經一卷 或作威華第
二出見長房錄出中阿含第三
十三異譯
指鬘經一卷 或作指髻出增一阿含
第三十一異譯見長房錄
所欲致患經一卷 第二出見長房錄
五蓋疑結失行經一卷 第二出見長房錄
分衞經一卷 見長房錄
右二十三部四十五卷
初二部三卷本在大智度下二
十一部四十一卷闕本
沙門祇多蜜或云祇蜜多晉云
謌支西域人識性通敏聰達宏
遠志存弘化無憚遠遊爰於晉
代譯菩薩十住等經二十三部
諸錄盡云祇多蜜晉世譯未詳
何帝若非咸洛應是江南一部
見僧祐錄房云已外並彰雜別
諸錄

又有寶施女經 出大集經 摩調王經 出六度集 既是別生刪之不錄
大乘方便經三卷 元熙二年譯第二出或二卷与法護大善
權經等同本見始興錄今
編入寶積當第三十八會
請觀世音菩薩消伏毒害陁羅尼呪經一卷
亦直云請觀世音經第二出見
法上錄
威革長者六向拜經一卷
晉宋間於廣州譯出中阿含第
三十三卷異譯見始興及寶唱錄
右三部五卷 前二部四卷本在 後一部一卷本闕
居士竺難提晉翻云喜西域人
志道無倦履遠能安解悟幽旨
言通晉俗以恭帝元熙元年已
未爰暨宋世譯大乘方便經
等三部
無量壽至真等正覺經一卷
一名樂佛土樂經一名極樂佛
土經第七譯正度錄与世高支
讖支謙僧鎧白延法護等所出
同本
右一部一卷本闕
沙門竺法力西域人業行清高

智道崇峙善通方語妙稱經微以恭帝元熙元年已未二月譯無量壽至真等正覺經一部

日難經一卷（第二出即是越難經後說事少異見趙錄及始興錄）

蓱沙王五願經一卷（亦名弗沙王經第三出見趙錄及始興錄）

迦葉結集戒經一卷（第三出見趙錄及始興錄）

右三部三卷其本並闕

沙門釋嵩公或云高公於晉末譯日難等經三部群錄並云晉末不知何帝之年

迦葉禁戒經一卷（一名摩訶比丘經一名真僞沙門經初出見始興錄）

右一部一卷本闕

沙門釋退公譯迦葉戒經一部云於晉末未詳何帝之年

佛開解梵志阿颰經一卷（出長阿含第十三卷異譯見趙錄）

右一部一卷闕本

沙門釋法勇譯梵志阿颰經一部云晉末出亦未詳何帝之年

那先比丘經二卷（或云那先經或三卷初出見僧祐失譯錄賢聖集見在）

陁羅尼章句經一卷（祐無章字見僧祐失譯錄第三出與持句神呪經等同本大集經闕本）

右二部三卷長房等錄東晉失譯總有五十三部五十七卷今除二部三卷之外餘五十一部五十四卷並是房錄錯上或後漢失譯錄中已載之者及有譯人別生經等委列如右

觀無量壽佛經三世三千佛名經千佛因緣經五十三佛名經八部佛名經十方佛名經賢劫千佛名經稱揚百七十佛名經南方佛名經滅罪得福佛名經比丘諸禁律經摩訶僧祇律比丘要集

優波離問佛經沙弥威儀比丘尼十戒經受十善戒經沙弥尼戒經賢者五戒經優婆塞威儀經波若得經觀世樓炭經般舟三昧念佛章經虔伽三摩斯經禪要可欲經七佛所結麻油術呪五龍呪毒經齲齒呪七佛

安宅神呪安宅呪（已上二十呪部二十九卷後漢失譯錄中已有此中復載故知重也）

三歸五戒帶佩護身呪經七万二千神王護比丘呪經十二万神王護比丘尼呪經百結神王護身呪經宫宅神王守鎮左右經塚塞因緣四方神呪經伏魔封印大神呪經摩尼羅亶大神呪經召五方龍攝疫毒神呪經梵天神策經普廣經（已上一十一部一十一卷並是尸梨蜜所譯大灌頂經從第一卷至第十一）

遺教三昧經二卷（或云遺教三昧法律經西晉法炬譯偽錄中亦有）

阿那含經二卷（晉智嚴譯偽錄亦有）

未曾有因緣經二卷（或直云未曾有經已曾異譯一存一闕）

禪定方便次第法經（後漢安世高譯）七佛神呪經（吳支謙譯）賢者五福經（西晉白法祖譯）摩尼羅亶神王呪案摩經（或無王字竺曇無蘭譯）本行六波羅蜜經（宋求那跋陀羅譯）優婆塞五戒經（宋沮渠京聲譯）三歸五戒神王名經（抄灌頂經）定意三昧經（出十住斷結經）已下新附興錄

決定毗尼經一卷（一名破壞一切心識初出與寶積優）

婆離會同本異譯祐云衆錄並云於燉煌出不顯譯人傳云晉世未詳何帝時

弥勒來時經一卷第三出与羅什弥勒下生經等同本

見法上録

稻芉經一卷与了本生死經等同本

造立形像福報經一卷与作佛形像經同本

報恩奉盆經一卷与盂蘭盆經同本

師子奮迅菩薩所問經一卷

華聚陁羅尼呪經一卷上二經同本異出

六字呪王經一卷与六字神呪王經同本

善法方便陁羅尼經一卷

金剛祕密善門陁羅尼經一卷

上二經同本異出

菩薩本行經三卷

七佛所說神呪經四卷初出亦云七佛十一菩薩說大陁羅尼神呪經

薩羅國經一卷或云薩羅王經

般泥洹經二卷或直云泥洹經亦云大般泥洹經是長阿含初分遊行經異譯諸藏中一卷者非是

上卷欠下卷也

緣本致經一卷出中阿含第十卷異譯

古來世時經一卷出中阿含第十三卷異譯

貞元新定釋教目錄卷第五　第三十七張　詵

梵志計水淨經一卷出中阿含第二十三卷異譯

三啼五戒慈心猒離功德經一卷

出中阿含第三十九卷異譯

箭喻經一卷出中阿含第六十卷異譯

食施獲五福經一卷一名施色力經一名福德經出增一阿含第二十四卷異譯

僧祐失譯錄中有晉言故移此出雜阿含

蒲願子經一卷

第十三卷異譯

摩鄧女解形中六事經一卷第五出与摩鄧伽含頭諫經等同本

餓鬼報應經一卷第三出一名目連說地獄餓鬼因緣經与鬼問目連經等同本

得道梯橙錫杖經一卷題云得道梯橙錫杖品第十二亦直云錫杖經

僧護經一卷或云僧護因緣經

護淨經一卷

木槵子經一卷

無上處經一卷

盧志長者因緣經一卷

五王經一卷

沙弥十戒法并威儀一卷亦名沙弥威儀戒本

貞元新定釋教目錄卷第五　第三十八張　詵

沙弥尼離戒文一卷

舍利弗問經一卷

五百問事經一卷

阿育王譬喻經一卷題云天尊說阿育王譬喻經古經多以佛為天尊即佛說也

撰集三藏及雜藏傳一卷

亦云撰三藏經及雜藏經

弥勒作佛時事經一卷

祐錄無事字第二出与弥勒來時經等同本見寶唱錄

道樹三昧經二卷第二出与私呵昧經同本見支敏度錄

右三十八部四十五卷末後二部三卷闕本餘並見在前三十六部四十二卷是入藏見經莫知譯主諸失譯錄闕而未書似是遠代之經故編於晉末庶無遺漏焉通前舊失譯經二部三卷總四十部四十八卷並為東晉失源云

秦苻氏都長安亦云前秦

起苻健諡為明帝皇始元年辛亥至苻登無諡太初九年甲午凡經五

貞元新定釋教目錄卷第五　第三十九張　詵

主四十四年沙門六人所譯經律論等總一十五部合一百九十七卷於中七部六十五卷見八部一百三十二卷闕本序云元始元年甲寅延初元年丁酉与諸家年曆不同校三年向後推公增一序其甲子房錄錯矣

苻秦沙門曇摩持三部三卷或本壇文

沙門鳩摩羅佛提一部三卷集

沙門僧伽跋澄三部廿七卷論集

沙門曇摩蜱一部五卷經

沙門伽提婆二部卌六卷論

沙門曇摩難提五部一百一十四卷經論集

十誦比丘戒本一卷或云十誦大比丘戒初出見僧祐錄

比丘尼大戒一卷亦云十誦比丘尼戒第二出見僧祐錄

教授比丘尼二歲壇文一卷或無尼字僧純於龜茲國得梵本來佛念譯語惠常筆受見寶唱錄

右三部三卷其本並闕

沙門曇摩持或云侍秦言法慧亦云法海西域人善持律藏抄入契經以苻堅僞天王建元三年丁卯四年戊辰於長安譯十

貞元新定釋教目錄卷第五　第十張　說

誦戒本等三部竺佛念傳語慧常筆受安公僧戒序云佛念爲其梵文道賢爲譯惠常筆受其此丘尼戒僧祐錄云晉簡文帝時沙門僧純於西域拘夷國得梵本到關中本佛念曇摩持慧常共出謹披曼房等錄皆以惠常爲其譯主今主与曇摩持空佛念共譯今以秦僧慧常不遊於天竺常雖共出尼戒本乃是曇摩佛念傳譯常爲執受与其僧戒何別此乃引標筆常推拔本來事乃分明常爲惠翻曇摩爲主故入曇摩之錄助常不別存焉

四阿含暮抄解二卷亦云四阿含暮抄經安公製序見僧祐錄

右一部二卷其本見在

沙門鳩摩羅佛提秦言童覺西域人以苻堅建元十八年壬午八月於鄴寺譯四阿含暮抄一部冬十一月乃訖佛提執梵本佛念佛護譯爲秦文沙門僧導僧叡曇究筆受

尊婆須蜜菩薩所集論十卷或云婆須蜜經或十二卷或七四卷建元二十年三月五日出至七月十三日訖跋澄難提提婆三人執本佛念傳譯慧嵩筆受安公製序見僧祐錄

鞞婆沙論十四卷或無論字亦云鞞婆沙阿毗曇亦云廣說或十五卷或十九卷建元十九年四月出至八月末訖難提錄爲梵文佛圖羅刹傳譯敏智筆受安公製序見僧祐錄

貞元新定釋教目錄卷第五　第十一張　說

僧伽羅刹所集經三卷或云僧伽羅剎集初出或五卷建元二十年出十一月二十日訖佛念傳譯慧崇筆受安公製序見僧祐錄於長安石羊寺出亦云佛護傳譯

右三部二十七卷其本並在沙門僧伽跋澄或云跋澄秦言衆現罽賓國人毅然有淵懿之量歷尋名師修習精詣博覽衆典特善數經暗誦毗婆沙貫其妙旨毗婆沙即鞞婆沙是非大毗婆沙也常懷志遊方觀風弘化苻堅建元之末來入關中先是大乘之典未廣禪數之學甚盛既至長安咸稱法匠焉堅秘書郎正字文業博學有才崇御大法嘗聞外國宗習毗婆沙而跋澄諷誦乃四事禮供請譯梵文澄以建元十七年辛巳至二十一年乙酉共名德法師釋道安等譯婆須蜜等二部涼州沙門竺佛念外國沙門佛圖羅刹傳語沙門敏智慧嵩秘書郎趙文業筆受安公法和對共校定跋澄戒德整峻虛靖離俗關中僧衆則而像之後不知所終佛圖羅刹不知何國人

貞元新定釋教目錄卷第五　第十二張　說

德業純粹該覽經典久遊中土善達秦言其宣譯梵文見稱當世祐等群錄並云鞞婆沙論僧伽提婆譯今准安公論序云僧伽跋澄譯今准論序為正祐等群錄復云跋澄譯譯雜阿毗曇毗婆沙十四卷者即鞞婆沙論是

摩訶般若波羅蜜鈔經五卷或無鈔字或七卷亦云般羅若一名須菩提品亦名長安第六出与道行小品明度等同本見僧叡二秦錄及僧祐錄

右一部五卷其本見在

沙門曇摩蜱秦言法愛印度人器宇明敏志存弘簡以苻堅建元十八年壬午譯般若鈔經一部佛護傳譯佛護即佛圖羅刹也慧進筆受安公挍定并製序共傳云與大品放光光讚同本者或恐尋之未審也

阿毗曇八揵度論三十卷或无論字或二十卷或云迦旃延阿毗曇或云阿毗曇經八揵度初出与唐譯發智論同本建元十九年四月二十日出至十月二十三日說見僧祐錄

阿毗曇心十六卷初出或十三卷建元末年於洛陽出見僧叡二秦錄及僧祐錄

右二部四十六卷前一部三十卷見在後一部十六卷闕本

沙門僧伽提婆或云提和亦云僧祐稀婆蓋是言音楚夏耳秦言衆天罽賓國人姓瞿曇氏以苻堅建元十九年癸未遊於長安沙門法和請令翻譯起十九年訖建元末出八揵度等論二部其鞞婆沙十四卷准安公序是跋澄譯今此除之

涼州沙門竺佛念傳譯慧力僧茂筆受法和理其指歸安公製序後以晉孝武帝太元十六年遊於廬山及往建康更出經論具如晉錄所顯

中阿含經五十九卷建元二十年出是第一譯竺佛念筆受見竺道祖晉世雜錄及僧祐錄

增壹阿含經五十卷第一譯建元二十年甲申夏出至來春訖為四十一卷佛念傳譯曇嵩筆受見安公經序僧叡僧祐寶唱錄並載祐云三十三及二十四卷恐誤

三法度論二卷初出或云三法度无論字与晉世僧伽提婆出者小異見長房錄

僧伽羅刹集二卷佛去世後七百年僧伽羅刹造初出見寶唱錄

阿育王息壞目因緣經一卷

第三出姚秦建初六年辛卯於安定城為尚書令姚旻二月十八日出至二月十五日訖佛念傳譯無製序見秦錄此應入後秦從多附此

右五部一百一十四卷前四部一百一十三卷闕後一部一卷見在

沙門曇摩難提秦言法喜兜法勤國人髫年離俗聰慧夙成研諷經典以專精致業遍觀三藏闇誦中增一阿含博洽多聞靡不該練是以國內近共推服少而觀方遍涉諸國常謂弘法之體宜宣布未聞故遠冐流沙懷寶東逝以苻堅建元二十年至于長安難提學業既優道聲甚盛苻堅深見礼接厚致供施先是中土群經未有四含堅侍臣武威太守趙政志深法藏乃與安公共請出經政於長安城內集義學僧寫出二含梵本亦始翻譯佛念傳語惠嵩筆受提以苻堅建元二十年甲申至姚萇建初六年辛卯譯中阿含等經五部提後還西域不知所終

貞元新定釋教目錄卷第五

丙午歲高麗國大藏都監奉
勅雕造

貞元新定釋教目錄卷第五　第卅六張　諸

貞元新定釋教目録卷第六　訖

西京西明寺沙門圓照　撰

總集群經録上之六

秦姚氏都常安　亦云後晉

起姚萇 諡為武昭皇帝 白雀元年甲申

姚泓 諡兼 永和三年丁巳凡經三

主三十四年沙門五人所出經

律論等總九十四部合六百二

十四卷 於中六十六部五百二十八卷見在二十八部九十六卷闕本准大智度論後記云弘始三年歲在辛丑王珪云歲在辛丑房及甄鸞甚其二載今依道珪為正次第排之

姚秦沙門竺佛念 一十二部七十四卷經律集

沙門鳩摩羅什 七十四部三百八十四卷經律論集

沙門弗若多羅 一部五十八卷律

沙門佛陀耶舍 四部八十四卷經律

沙門曇摩耶舍 三部二十四卷經律

十住斷結經十卷 初云最勝問菩薩十住除垢斷結經一名十千日光三昧定齊云十地斷諍或十一卷或十四卷第二出見二秦錄高僧傳僧祐錄

菩薩瓔珞經十二卷 一名現在報第二出或十二卷或十四卷或十六卷符秦建元十二年七月出見二秦錄高僧傳祐錄

菩薩處胎經五卷 初云菩薩從兜術天降神母胎說廣菩薩處直云胎經或四卷或八卷見二秦錄高僧傳祐錄

中陰經三卷 見秦錄高僧傳僧祐錄

菩薩瓔珞本業經二卷 或直云瓔珞本業經初出見長房錄

鼻奈耶律十卷 一名戒因緣經亦云鼻奈耶經亦戒果因緣經沙門曇景筆受佛念傳譯見安公經序符秦建元十四年壬午正月十二日出

出曜經二十卷 亦云出曜論或十九卷苻秦建元十年出見二秦錄高僧傳僧祐寶唱等錄已上見在已下闕

持人菩薩經三卷 第二出與法護持人羅什持世同本見長房錄

大方等無相經五卷 亦名大雲經或四卷與曇無讖方等大雲同本初出見長房錄

菩薩普處經三卷 見長房錄

十誦比丘尼戒所出本末一卷 第三出僧純於拘夷國得梵本佛念為譯文頌後空依删改正之并製序見寶唱錄

王子法益壞目因緣經一卷 或云阿育王息壞目因緣經第二出見僧祐錄

右一十二部七十四卷 出曜上七部六十一卷見在持人下五部十三卷闕本

沙門竺佛念涼州人弱年出家

志業清堅外和內朗有通敏之鑒諷習衆經粗涉外典其蒼雅詁訓尤所明練少好遊方備觀風俗家世西河洞曉方語華戎音義莫不兼釋故義學之譽雖闕洽閒之聲甚著苻氏建元年中有曇摩持鳩摩羅佛提僧伽跋澄提婆難提等来入長安安公趙政等請出衆經當時名德莫能傳譯衆咸推念以為明匠自安高支謙之後莫踰於念在苻姚二代為譯人宗故關中僧衆咸共嘉焉念於苻姚二代自譯十住斷結等經一十二部 見長房錄中別存十地斷結經十一卷者非也住之與地二義無別今存十住十地刪之 後遘疾卒于常安遠近白黑莫不歎惜

摩訶般若波羅蜜經四十卷 亦名大品般若經祐云新大品經第三出與放光等同本或三十卷或二十四或二十七弘始元年癸卯四月十三日出至六年四月二十二日訖叡序見二秦及僧祐錄

小品般若波羅蜜經十卷 題云摩訶般若波羅蜜无小品字祐云新小品經與道行明度等同本第七譯或七

卷或八卷弘始十年二月六日出至四月三日訖叡序見二秦錄及僧祐

金剛般若波羅蜜經一卷 亦云金剛般若經佛在舍衛國者初出与元魏留支等出者同本見二秦錄及僧祐錄

王護國般若波羅蜜經二卷 亦云仁王般若經或云一卷第二出与晉世法護梁朝真諦譯者同本異出房云見別錄

摩訶般若波羅蜜大明呪經一卷 亦云摩訶大明呪經初出与唐譯般若心經等同本見經題上

菩薩藏經三卷 一名富樓那問經亦名大悲心經今編入寶積當第十七會名富樓那會弘始七年出或二卷第二譯与法護出同本見二秦錄及祐錄

善臂菩薩經二卷 今編入寶積當第二十六會見法上錄

須摩提菩薩經一卷 第二出与寶積妙慧菩同本見長房錄

自在王菩薩經二卷 或无菩薩字初出与奮迅王經同本弘始九年於尚書令姚顯等出僧叡筆受并製序見二秦錄及僧祐

莊嚴菩提心經一卷 第四出与法護菩薩十地經等同本房云見別錄

十住經四卷 或五卷是華嚴十地品異譯什与佛陀耶舍共出見二秦錄及僧祐錄

妙法蓮華經八卷 僧祐錄云新法華經初出爲七卷二十七品後人益天授品二十八品弘始八年夏於大寺出僧叡筆受并製序第五譯見二秦錄及僧祐錄

維摩詰所說經二卷 一名不可思議解脫或直云維摩詰經僧祐錄云新維摩詰弘始八年於大寺出僧肇筆受并製序第六譯見二秦錄及僧祐錄

大樹緊那羅王所問經四卷 亦名說不可思議品或直云大樹緊那羅經第二出与支讖伅真陀羅經同本見長房錄

集一切福德三昧經三卷 与竺法護等集眾德經等同本異出第二譯見真寂寺錄

思益梵天所問經四卷 或直云思益經僧祐云思益義經弘始四年十二月一日於逍遙園出第二譯与舊譯持心留支勝思惟同本僧叡製序見二秦錄及僧祐錄

持世經四卷 一名法印經或三卷第二出与法護持人經等同本見二秦錄及僧祐錄

諸法無行經二卷 或一卷与隋崛多諸法本無經等同本初出見二秦錄及僧祐錄

阿彌陀經一卷 亦名無量壽經弘始四年二月八日譯初出与唐譯讚淨土經等同本見二秦錄及僧祐錄

彌勒成佛經一卷 第二出与法護彌勒成佛經同本弘始元年出見秦錄及僧祐錄

彌勒下生經一卷 一名彌勒受決經初云大智舍利弗

第四出与彌勒來時經同本亦云彌勒成佛經亦云下生成佛或云當下成佛見二秦錄及僧祐錄

文殊師利問菩提經一卷 亦直云菩提經一名伽耶山頂經一名菩提無行經初出与伽耶山頂經象頭精舍經等同本見僧祐錄譯經圖中別載菩提經一卷者誤也

孔雀王呪經一卷 第四出亦名大金色孔雀王經在逍遙園出并結界場法悉備具房云見別錄

首楞嚴三昧經三卷 或二卷亦直云首楞嚴經僧祐云新首楞嚴經第九出与方等首楞嚴勇伏定經等同本見僧祐錄

不思議光菩薩所問經一卷 亦名不思議光菩薩所說經亦云無思議光孩童菩薩經第二出与竺法護無思議孩童經同本見長房錄

華手經十三卷 或為華首一名攝諸善根經亦名攝福德經或十一卷或十二卷弘始八年譯見二秦錄及僧祐錄

佛垂般涅槃略說教誡經一卷 亦云佛臨般一名遺教經見僧祐錄

千佛因緣經一卷 見法上錄

梵網經二卷 一名選擇諸法經或三卷或二弘始七年六月十二日出見二秦錄及僧祐錄十戒僧肇筆受見經前序

佛藏經四卷 一名選擇諸法經或三卷或二卷弘始七年六月十三日出見二秦錄及僧祐錄

清淨毗尼方廣經一卷 与文殊淨律等同本第三

出見法上錄

大智度論一百卷 或云大智度經論亦云摩訶般若釋論或七十卷或一百一十卷弘始四年夏於逍遙園出七年十二月二十七日訖僧叡製序見二秦及僧祐錄

中論四卷 亦云中觀論或八卷弘始十一年於大寺出僧叡製序見二秦錄及僧祐錄兼前智度論並龍樹菩薩造

十二門論一卷 龍樹菩薩造弘始十一年於大寺出僧叡製序見僧祐錄及寶唱錄

百論二卷 提婆菩薩造弘始六年出僧肇製序見二秦錄及僧祐錄

十住毗婆沙論十四卷 或无論字龍樹菩薩造或十二卷或十五卷見長房錄

大莊嚴論十五卷 或无論字馬鳴菩薩造或十卷見長房錄

發菩提心論二卷 或云發菩提心經亦云經論見李廓錄

放牛經一卷 亦云牧牛經出增一阿含第四十六卷異譯房云見別錄

海八德經一卷 第三出與法海經等同本見法上錄

禪秘要經三卷 或云禪秘要法無經字或四卷與支讖等出者同本第二出房云見別錄

燈指因緣經一卷 見李廓錄

十誦比丘戒本一卷 亦云十誦波羅提木叉戒第三

出與曇摩持等出者同本見僧祐錄

成實論二十卷 或二十四或二十大或十六或十四弘始十三年九月八日尚書令姚顯請出至十四年九月十五日訖曇晷筆受佛後九百年訶梨跋摩造見僧祐錄

坐禪三昧經三卷 一名菩薩禪法經初出或直云禪經或云禪法要或云阿蘭若習禪法三名同是一本弘始四年正月十五日出至九年閏月五日重校正僧叡序見二秦僧祐寶唱三錄

菩薩訶色欲法一卷 或云菩薩訶色欲經或直云菩薩呵色欲初出見僧祐錄

禪法要解二卷 或云禪要經初出見僧祐錄

思惟略要法一卷 或云思惟要略法經或直云思惟經第二出見長房錄

雜譬喻經一卷 弘始七年十月出道略集

馬鳴菩薩傳一卷 見長房錄

龍樹菩薩傳一卷 見長房錄

提婆菩薩傳一卷 見長房錄

法界體性無分別經二卷 與寶積法界體性會同本初出見法上錄後此下闕

大善權經二卷 與寶積大乘方便會等同本第四出見李廓錄

大方等大集經三十卷 或加新字或二十四卷與支讖無讖所出者同本見二秦錄及李廓錄

大方等頂王經一卷 與法護等出者同本第二出見長房錄

阿闍世經二卷 與支讖等出者同本第五譯房云見別錄

睒本起經一卷 亦直云睒經出六度集經異譯第二出見李廓錄

請觀世音經一卷 初出與竺難提出者同本見李廓錄

寶網經一卷 第二出與法護出者同本見李廓錄

稱揚諸佛功德經三卷 一名集華經初出弘始七年譯見二秦錄及僧祐錄

觀普賢菩薩經一卷 第二出見李廓錄

未曾有因緣經二卷 初出見法上錄

賢劫經七卷 第二出弘始四年三月五日出與法護譯者同本曇恭筆受見三秦錄及僧祐錄一名賢劫三昧經一名賢劫定意經凡三名祐錄云新賢劫經

善信摩訶神呪經二卷 見李廓錄

持地經一卷 見長房錄

觀佛三昧經一卷 見長房錄

菩薩戒本一卷 初出見長房錄今疑此菩薩戒本即梵網一卷也

文殊悔過經一卷 第二出見長房錄

舍利弗悔過經一卷 第三出見法上錄

十住論十卷 龍樹菩薩造弘始年譯未訖第十卷末似六度集見二秦錄及僧祐錄今疑出十住論即十住婆沙是

捡諸罪福經十卷房云見別錄
十二因緣觀經一卷別錄見長房
婆藪盤豆傳一卷初出見翻經圖
右七十四部三百八十四卷提婆菩薩傳上五十二部三百二卷見在法界體性經下二十二部八十二卷闕本
沙門鳩摩羅什秦言童壽一名鳩摩羅耆婆外國製者多以父母為本什父鳩摩炎母字耆婆故兼取為名天竺人也家世國相什祖父達多倜儻不群名重於國父鳩摩炎聰明有懿節將嗣相位乃辭避出家東度葱嶺龜茲王聞其棄榮捨俗甚敬慕之自出郊迎請為國師王有妹年始二十才悟明敏過目必能一聞則誦且體有赤黶法生智子諸國娉之並不肯行及見炎心欲當之王聞大喜逼以妻焉遂生於什什之在胎其母慧解倍常往雀梨大寺聽經忽自通天竺語難問之辭必窮問致衆咸歎異有羅漢摩瞿沙曰此必懷智子為說舍利弗在胎之證既而生什岐嶷

若神什生之後還忘前語頃之其母出家修道學得初果什年七歲亦復出家從師受經日誦千偈偈有三十二字凡三万二千言誦此毗曇既過師授其義即自通解無幽不暢時龜茲國人以其母王女利養甚多乃携什避年九歲進到罽賓遇名德法師槃頭達多即罽賓王之從弟也淵粹有大量三藏九部莫不練貫亦日誦千偈名播諸國什既至仍師事之遂誦雜藏中長二阿含凡四百万言達多每與什論議深推服之聲徹於王王即請入集外道論師共相攻難言氣始交外道輕其幼稚言頗不順什乘其隙而挫之外道折服愧惋無言王益敬異日給鵝腊一雙粳麵各三斗酥六升此外國之上供也所住寺僧乃差大僧五人沙弥十人營視灑掃有若弟子其見尊崇如此至年十二其母携還龜茲至月氏北

山有一羅漢見而異之謂其母言常當守護此沙弥若至三十五不破戒者當大興佛法度無數人與優波毱多無異若戒不全無能為也正可才明儁詣法師而已什進到沙勒國頂戴佛鉢心自念言鉢形甚大何其輕耶即重不可勝失聲下之母問其故荅曰我心有分別故鉢有輕重耳什於沙勒國誦阿毗曇六足諸門增一阿含及還龜茲名蓋諸國時龜茲僧衆万餘人疑非凡夫咸推而敬之莫敢居上由是不預燒香之次遂博覽四韋陁五明諸論外道經書陰陽星筭莫不究曉妙達吉凶言若符契為性率達不厲小捡修行者頗非之什自得於心未嘗介意從卑摩羅叉學十誦律又從須利耶蘇摩諮稟大乘乃歎曰昔學小乘辟人不識金以鍮石為妙矣於是廣求義要誦中百二論及十二

門寺有頂什母辭往天竺謂龜
兹王白純日汝國尋衰吾其去
矣行天竺進登三果什母臨去
謂什日方等深教應大闡真丹
傳之東土唯尒之力但於自身
無利其可如何什日大士之
道利彼亡軀若必使大化流傳
洗悟矇俗雖復身當爐鑊苦而
無恨於是留住龜兹止王新寺得
大品經始就讀魔來蔽文唯見
空牒什知魔所為誓心逾固魔
去字顯仍習誦之後於雀梨大
寺讀大乘經忽聞空中語日汝
是智人何以讀此什日汝是小
魔宜時速去我心如地不可轉
也停住三年廣誦大乘經論洞
其秘奥龜兹王為造金師子座
以大秦錦褥鋪之令什坐而說
法後往罽賓為其師槃頭達多
具說一乘妙義師感悟心服即
礼什為師言我是和上小乘師
和上是我大乘師矣西域諸國
服什神儁咸共嵩仰每至講說

諸王長跪座側令什踐而登焉
其見重如此什道震西域聲被
東國苻氏建元十三年歲次丁
丑正月太史奏有星見外國分
野當有大德智人入輔中國堅
素聞什名乃悟日朕聞西域有
鳩摩羅什將非此耶十九年堅
遣驍騎將軍呂光等率兵七万
西伐龜兹及焉耆諸國臨發謂
光日聞彼有鳩摩羅什深解法
相善閑陰陽為彼學之宗朕甚
思之若剋龜兹即馳驛送什光
軍未至什謂其王白純日國運
衰矣當有勍敵日下人從東方
來宜恭承之勿抗其鋒純不從
而戰光遂破龜兹殺純獲什光
性疎慢未測什智量見其年尚
少乃凡人戲之什被逼既至遂
虧其節或令騎牛及乘悪馬欲
使墮落什常懷忍辱曾無異色
光慚愧而止光還中路置軍於
山下將士已休什日不可在此
必見狼狽宜徙軍隴上光不納

至夜果雨洪潦暴起水深數丈
死者數千光甚加敬異什謂光
日此凶亡之地不宜淹留推數
揆運應速言歸中路必有福地
可居光從之至涼州聞苻堅已
死遂割據涼土制命一隅焉什
停涼積年數言未然後皆如訖
呂光父子既不弘道故蘊其經
法無所宣化苻堅已亡竟不相
見姚萇聞其高名虛心要請諸
呂以什智計多解恐為姚謀不
許東入萇卒子興謚為文祖皇
帝襲位復遣敦請弘始三年歲
次辛丑三月有樹連理生于廟
庭逍遥一園葱變為茝以為美
瑞謂智人應入其年十二月二十日什
至常安興待以國師之禮甚見優
寵晤言相對則淹留終日研微造
盡則窮年忘勸自大法東被始
於漢明歷涉魏晉經論漸多而
支竺所出多滯文格義興少崇
三寶鋭志講集什既至止仍請
入西明閣及逍遥園譯出衆經

什率多暗誦無不究達轉解秦言音譯流利既覽舊經義多乖謬皆由先譯失旨不與梵本相應興使沙門僧䂮僧䂮僧遷僧叡等八百餘人諮受什旨更令出大品什持梵本興執舊經以相讎校其新文異舊者義皆圓通衆皆悦服莫不欣讃焉興以佛道冲邃其行惟善信出苦之梁津仰世之洪則故託意九經遊心十二乃著通三世論以勗示因果王公已下並欽贊厥風興宗室常山公顯安成侯嵩並篤信緣業屢請什於常安大寺講說新經什以弘始四年壬寅至十四年壬子譯大品小品金剛等經七十四部三百八十餘卷並暢顯神源發揮幽致于時四方義學沙門不遠万里名徳秀拔者才暢二公乃至道恒僧標慧叡僧敦僧弼僧馨等三千餘僧禀訪精研務窮幽旨廬山慧遠道業冲粹乃遣使脩問龍光道士

貞元新定釋教目錄卷第六　第十六張　說

慧解洞微亦入關諮禀威業久大至今仰則焉初沙門慧叡才識高明常隨什傳寫什每為叡論西方辞體商略同異云天竺國俗甚重文藻其宮商體韻以入絃為善凡覲國王必有讃徳見佛之儀以歌歎為尊經中偈頌皆其式也但改梵為秦失其藻蔚雖得大意殊隔文體有似嚼飯與人非徒失味乃令人歐噦也什嘗作頌贈沙門法和云心山育徳薫流芳万由延哀鸞鳴孤桐清響徹九天凡為十偈辞喻皆尒什雅好大乘志存敷演常歎曰吾若著筆作大乘阿毗曇非迦旃延子比也今在秦地深識者寡折翮於此將何所論乃悽然而止唯為姚興著實相論二卷出言成章無所刪改辞喻婉約莫非淵奥什為人神情映徹微岸出群應機領會鮮有其疋且篤性仁厚汎愛為心虛已善誘終日無勌時有沙門僧叡

貞元新定釋教目錄卷第六　第十七張　說

興甚喜焉什所譯經叡並參正昔竺法護出正法華受决品云天見人人見天什譯經至此乃言曰此語與梵本義同但在言過質叡應聲曰將非人天交接兩得相見乎什大喜曰實然而叡與什共相開發皆此類也嘗聽秦僧道融講法華什乃歎曰佛法之興融其人也俄而師子國有婆羅門聰辯多學西土俗書罕不披誦為彼國外道之宗聞什在關大行佛法乃卽慨然謂其徒曰寧可偏使釋氏之風獨傳震旦而令吾等正化之典不洽東國因遂乘駝負書遠涉來入常安姚興見其口眼便僻頗亦惑之而婆羅門乃啓興曰至道無方各尊其事今故遠來請與秦僧捔其辯力随有優者卽傳其化興卽許焉于時關中四方僧衆相視缺然莫敢當者什謂融曰此之外道聰明殊人捔言必勝豈可得使無上大道

貞元新定釋教目錄卷第六　第十八張　說

在於吾徒爲彼而屈良可悲矣若使外道肆情得志則是我等法輪摧軸豈可然乎如吾所覩在君一人道融自顧才力不減而彼西域外道經書未盡披讀乃密令人寫婆羅門所讀經目一披即誦其後剋日將就論義姚興自出公卿皆會關中僧衆四遠必集尒時道融與婆羅門擬相酬抗鋒辯飛玄彼所不逮時婆羅門辭自覺知辭理已屈然意猶以廣讀爲夸道融乃列其所書并更通論秦地經史名目卷部三倍多之什仍乘勢因嘲之曰君可不聞大秦廣學那忽輕尒遠來婆羅門心生愧伏頂礼融足旬日之中無何而去像運再顯鳩摩羅什道融力焉又杯渡比丘在彭城聞什在常安乃歎曰吾與此子戲別今三百餘年杳然未期遲有遇於來生耳什臨終力疾與衆僧告別曰因法相遇殊未盡伊心方復異

貞元新定釋教目録卷第六　第十九張　說

世惻愴何言自以暗昧謬充傳譯若所傳無謬梵身之後舌不燋爛以弘始十五年四月十三日薨于大寺春秋七十即於逍遙園依外國法焚尸薪滅形化唯舌不變信弘法之有徵矣(什公卒時諸記不定高僧傳云弘始十一年八月二十日卒于常安或云七十或云八十傳取十一爲正此不然也准成寄論後記云大秦弘始十三年歲次大家辜九月八日尚書令姚顯請出論至來年九月十五日訖准此十四年未什仍未卒又准僧肇上秦主姚興涅槃无名論表云肇在什公門下十有餘載若什四年出經十一年卒始經八載未滿十年云何乃言十有餘載今准什誄癸丑之年四月十三日薨其癸丑歲即弘始十五年也)

然什出經部卷衆說多小不同長房錄中其數弥廣今細參驗多是別生或有一本數名或是錯上具件如左今悉刪之

十誦律六十一卷(僧祐錄云是什譯出今以有五十八卷是什度語非什正翻後之三卷卑摩羅叉續出置之於後已脩餘錄此不存之)

放光般若波羅蜜經二十卷(第二出見別錄今以放光梵本与大品同譯大品時興舊經什出新

貞元新定釋教目録卷第六　第二十張　說

本若言於光什譯舊經何者是耶故知大品爲新放光爲舊重載二本誤之甚也)

般若經論集二十卷(房云見吳錄今與此集乃是盧山遠法師以大智論文句繁積初學難尋乃刪煩剪乱今質文有體撰爲二十卷亦云大智論要略亦云釋論要抄此乃遠公撮略前論非什別翻也)

禪法要三卷(下法云先譯弘始九年重挍叡製序既云先譯重挍不合存其一名准僧叡經序即坐禪三昧經是)

阿蘭若習禪法經二卷(房云見別錄或無經字与坐禪同本異出今謂不然此即坐禪三昧之別名也尋其文句首末文同是初出本非挍正者)

樂瓔珞莊嚴經一卷(房云見李廓錄今准經後記乃是曇摩耶舍所譯非什翻也今移附彼錄)

寶相論一卷(高僧傳云二卷什爲姚興譯出非梵本傳故闕之也)

往古性和佛國願行法典經(或作生和出文殊佛土嚴淨經)

佛磬欬徹十方經

佛齊化出菩薩經

魔業經

過去無邊光淨佛土經

虛空藏菩薩問持經得幾功德經(亦云得幾福經)

過魔法界經

太白魔王堅信經

佛弟子化魔子偈誦經

開化魔經

魔王變身經(佛磬欬下十經並出大集)

觀世音經(出法華經)

陁

貞元新定釋教目録卷第六　第二十一張　說

羅尼法門六種動經弥勒菩薩
本願持時成佛經佛變時會身
經東方善華世界佛座震動經陁羅尼等四經並出悲華經
雀王經佛昔為
鹿王經菩薩身為鴿王經雀王等三
經並出六度集無量樂佛土經亦云國土出央
掘經佛問阿須倫大海有域經出中
阿含佛跡見千輻輪相經出雜阿含佛
心總持經水牛王經兎王經佛心
等三經並出生經
獼猴與婢共獻致變經王后為
蜣蜋經獼猴等二經並出譬喻經比丘應供
法行經祐錄入疑經今亦在疑錄已上都有
三十五部一百三十六卷
十誦律五十八卷弘始六年十月十七日於中寺譯見
二秦錄
右一部五十八卷本在
沙門弗若多羅秦言功德華罽
賓國人少出家以戒節見稱備
通三藏而專精十誦律部為外
國師宗時人咸謂已階聖果以
弘始中振錫入關秦主興待以
上賓之禮羅什亦挹其戒範厚

相崇敬先是經法雖傳律藏未
闡聞多羅既善斯部咸共思慕
以弘始六年甲辰十月十七日
集義學沙門六百餘人於常安
寺迎請多羅誦出十誦梵本羅
什譯為秦文三分獲二多羅遘
疾奄然棄世衆以大業未卒
而匠人殂往悲恨之深有踰常
痛次有西域沙門曇摩流支秦云法樂
棄家入道偏以律藏馳名以
弘始七年秋達自關中廬山釋
慧遠聞支既善毗尼希得究竟
律部乃遣書通好曰佛教之興
先行上國自分流以來四百餘
年至於沙門得戒所闕尤多頃
西域道士弗若多羅是罽賓人
其諷十誦梵本有羅什法師通
才博見為之傳譯十誦之中文
始過半多羅早喪中途而寢不
得究竟大業慨恨良深傳聞仁
者賚此經自隨甚欣所遇冥運
之來豈人事而已耶想弘道為
物感時而動叩之有人必情無

所吝若為律學之徒畢此經本
開示梵行洗其耳目使始涉之
流不失無上之津梁懷勝業者
日月弥朗此則惠深德厚人神
同感矣幸願垂懷不乖往意永支
既得遠書及姚興請乃與什共
譯十誦都畢研詳考覆條制審
定而什猶恨文煩未善既而什
化不獲刪治流支住常安大寺
慧觀欲請往揚都支曰彼土有人有
法足以利世吾當更行無律教
處於是遊化餘方莫知所之

虛空藏菩薩經一卷初出或無菩薩字與虛空藏經同本是大集別分三藏後還國於罽賓得此經附商人送到涼州見道慧宋齊錄及僧祐

長阿含經二十二卷弘始十四年出至十年訖涼州沙門竺佛念傳譯秦國沙門道含筆受僧肇製序見僧叡二秦及僧祐錄高僧傳等

四分律六十卷亦云曇无德律本譯四十五卷或云四十卷或云四十四卷今亦有七十卷者弘始十年於中寺出慧辯譯肇製序見晉世雜錄及祐錄高僧傳等

四分僧戒本一卷或无僧字亦云无德戒本見晉世雜錄及僧祐錄

右四部八十四卷其本並在

沙門佛陁耶舍秦言覺名或云覺稱（耶舍是名稱義高僧傳中翻為覺明義稍乖也）罽賓國人婆羅門種世事外道有一沙門從其家乞其父瞋怒令人毆之父遂手脚攣躄不能行止乃問於巫師巫師對曰坐犯賢人鬼神使然也即請此沙門竭誠悔過數日便瘳因令耶舍出家為其弟子時年十三嘗隨師遠行於曠野逢虎師欲走避耶舍曰此虎已飽必不侵人俄而虎去前行果見餘肉師密異之至年十五誦經日得五六万言所住寺常於外分衛廢於誦習有一羅漢重其聰敏恒乞食供之十九誦大小乘經數百万言然性簡慠頗以知見自處謂少堪已師故不為諸僧所重但美儀止善談笑見者忘其深恨年及受戒莫為臨壇所以向立之歲猶為沙弥乃從其舅學五明諸論世間法術多所通習二十有七

方受具戒恒以讀誦為務手不釋牒每端坐思義不覺虛中而過其專精如此後至沙勒國時太子達摩弗多（秦言法子）見其容貌端雅問所從來耶舍酬對清辯太子悅之仍請宮內供養待遇隆厚羅什後至從其受學甚相尊敬什隨母東歸耶舍留止頃之王薨太子即位時苻堅遣呂光攻龜茲龜茲急求救於沙勒王自率兵救之使耶舍留輔太子委以後任救軍未至而龜茲已敗王歸具說羅什為光所執乃歎曰我與羅什相遇雖久未盡懷抱其忽羈虜相見何期停十餘年王薨因至龜茲法化甚盛時什在姑臧遣信要之裹粮欲去國人請留復停歲餘後語弟子云吾欲尋羅什可密裝夜發勿使人知弟子曰恐明旦追至不免復還耳耶舍乃取清水一鉢以藥投中呪數十言與弟子洗足即便夜發比至旦行數

百里問弟子曰何所覺耶荅曰唯聞疾風之響眼中淚出耳耶舍又與呪水洗足住息明旦國人追之已差數百里不及行達姑臧而什已入常安什聞其至姑臧勸興迎之興未納頃之命什譯出經藏什曰夫弘宣法教宜令文義圓通貧道雖誦其文未善其理唯佛陁耶舍深達經致今在姑臧願下詔徵之一言三詳然後著筆使微言不墜取信千載也興從之即遣使招迎厚加贈遺悉不受重信敦喻方至常安興自出候問別立新省於逍遙園四事供養並不受至時分衛一食而已于時羅什出十住經一月餘日疑難猶預尚未操筆耶舍先至共相徵决辞理方定道俗三千餘人皆歎其賞要舍為人髯赤善解毗婆沙故時人号曰赤髭毗婆沙既為羅什之師亦稱大毗

婆沙四輩供養衣鉢卧具滿三間屋不以關心興為貨之於城南造寺耶舍先誦曇無德律司隸校尉姚爽（或云姚爽）請令出之興疑其遺謬乃試耶舍令誦羌籍藥方各四十餘紙三日乃執文覆之不誤一字衆服其強記即以弘始十年戊申譯四分律并長阿含等經十五年癸丑方訖涼州沙門竺佛念譯為秦言道含筆受譯畢解坐興嚫耶舍布絹万疋悉皆不受佛念道含布絹各千疋名德沙門五百人皆重嚫施耶舍後還罽賓不知所終（四分序云壬辰之年有晉國沙門支法領西越流砂遠期天竺路經于闐會遇曇无德部體大乘三藏沙門佛陁耶舍才體傳聞明練經律三藏方等皆諷誦通利即於其國廣集諸經於精舍還以歲在戊申始達秦國秦主姚欣然即以其年請出律藏時集持律沙門三百餘人於長安中寺出即以領第子慧辯為譯其壬辰年即秦建初七年也戊申歲即弘始十年也又有說云耶舍与佛念華勘法領所將梵本然後翻出衆說少殊未詳孰正又准僧肇長阿含序及高僧傳並云四分弘始十二年出者此或據部終時說也）

差摩經一卷（東晉隆安年達廣州在白沙寺為清信女張普明譯此應入晉錄隨入附秦見高僧傳及長房錄）

樂瓔珞莊嚴方便品經一卷（一名轉女身菩薩問荅經第三出与法護順權方便經等同本李廓錄云羅什譯准經記云耶舍出故移編此）

舍利弗阿毗曇論二十二卷（或无論字或二十卷或三十卷共曇摩崛多於石羊寺出釋道標製序見僧祐寶唱二錄及高僧傳）

右三部三十四卷（初一部一卷闕本拔二部二十五卷見在）

沙門曇摩耶舍秦言法稱（高僧傳翻為法明義未也）罽賓國人少而好學年十四為弗若多羅所知長而氣幹高爽雅有神慧該覽經律明悟出群陶思八禪遊心七覺時人方之浮頭婆馱孤行山澤不避虎兕獨處思念動移宵日嘗於樹下每自剋責年將三十尚未得果何其懈哉於是累日不寢不食專精苦到以悔先罪乃夢見博叉天王語之曰沙門當觀方弘化曠濟為懷何守小節獨善而已

道假衆緣復須時熟非分強求死而無證覺自思惟欲遊方授道既而踰歷諸國冒涉艱危以晉隆安中初達廣州住白沙寺耶舍善誦毗婆沙律人咸号為大毗婆沙時有清信女張普明諮受佛法耶舍為說佛生緣起并為譯出差摩經一卷至義熙中来入常安時姚興僭号甚崇佛法耶舍既至深加礼異會有天竺沙門曇摩崛多（秦言法藏）来入開中同氣相求宛然若舊因共出舍利弗阿毗曇以秦弘始九年丁未書出梵文停至十六年甲寅經師漸閑秦語令自宣譯至十七年乙卯方訖凡二十二卷秦太子泓親管理味沙門道標為之作序又出樂瓔珞經一卷耶舍後南遊江陵止于辛寺大弘禪法其有味靖之賓披榛而至者三百餘人凡士庶造者雖先无信心見皆敬悅自說有一師一弟子修業並得羅漢傳

失其名又嘗於外門閉戶坐禪忽有五沙門來入其室又時見沙門飛來樹端者往往非一常交接神明而俯同矇谷雖道迹未彰時人咸謂已階聖果至宋元嘉中辭還西域而不知所終

秦乞伏氏都苑川（亦云西秦）

從乞伏國仁（謚宣列王）建義元年乙酉至乞伏慕末（無謚）永弘四年辛未凡經四主四十七年沙門一人所譯經及三秦代新舊失譯經律論等揔五十六部一百一十卷（於中三十二部七十九卷見在二十四部三十一卷闕本）

乞伏秦　沙門釋聖堅（一十五部二十四卷經）

三秦代新舊失譯經（四十一部八十六卷）（七部七卷舊集三十四部七十九卷新附）

羅摩伽經三卷（見華嚴入法界品少分異譯見內典錄）

太子須大拏經一卷（出六度集第二卷異譯安江陵辛寺出庾奘筆受或云須達拏見始興錄及寶昌錄應入晉出隨附秦）

睒子經一卷（一名孝子睒經一名菩薩睒經一名佛說睒經一名睒本經一名孝子隱經凡六名第四出六度集第二卷異譯見始興及法上錄）

貞元新定釋教目錄卷第六　第十一張　就

摩訶剎頭經一卷（亦名灌佛形像亦直云灌佛經第二出與灌洗佛形像同本見始興錄）

無崖際持法門經一卷（一名無際經初出與尊勝菩薩所問經等同本見始興錄及法上錄）

演道俗業經一卷（第二出與支謙譯者同本見法上錄）

除恐災患經一卷（第二出與帛延譯者同本見始興寶唱法上三錄）

賢首經一卷（一名賢首夫人經見始興錄）

阿難分別經一卷（亦名阿難問事佛吉凶經第三出見始興錄及法上錄）

婦人遇辜經一卷（一名婦遇對經見始興法上二錄上見在已下闕）

方等主虛空藏經八卷（亦名虛空藏所問經一名勸發菩薩莊嚴菩提經或五卷是大集虛空藏品異譯見晉世雜錄及法上錄云與羅摩伽經同本非也）

菩薩所生地經一卷（一名摩竭所問經第二出見趙錄未知前後趙隨人附西秦見始興錄）

孛經一卷（第三出見法上錄）

僮迦葉解難經一卷（亦云童迦葉經與鳩摩迦葉經同本祐云出長阿含庾奘筆受見始興王宗寶唱支敏度等四錄）

七女本經一卷（亦名女本心明經亦名七女經第三出見支敏度都錄）

貞元新定釋教目錄卷第六　第十二張　初

右一十五部二十四卷（婦人遇辜上十部一十二卷見在方等三下五部一十二卷闕本）

沙門釋聖堅或云法堅亦謂堅公未詳孰是故備列之器量弘普利物為心以乞伏秦太初年間於河南國為乾歸（謚武元王）譯羅摩伽等經一十五部尋其聖堅遊化隨處出經既適無停所弗知附見何代世錄為正今依法上揔注入乞伏秦世錄云

沙弥羅經一卷（第二出與五母子經同本）

薩和薩王經一卷

阿多三昧經一卷（或作阿陁）

陁賢王經一卷

颰陁悔過經一卷

方等決經一卷

比丘二事經一卷（祐錄云三事上七部僧祐錄云安公關中異經）

右七部七卷（初沙弥羅經有本餘者並闕長房錄云並是）

沙門僧祐三藏集錄釋道安所記關中異經今還附入三秦

世録捴為失譯時代處云房録（勝下注云似是長安中出）復有胡本經四卷後漢失譯録中已有此中復載既是重上删之不存也已下新附此録

天王太子辟羅經一卷（或元天王宇亦云大子辟羅經）

菩薩本行經一卷

大弥寶積惟日經一卷

隨迦羅問菩薩經一卷

阿難為蠱道呪經一卷（舊録云阿難為蠱道所呪經合疑是藏中摩鄧女經）

王舍城靈鷲山經一卷（舊録云王舍城靈鷲山要直經）

思道經一卷

佛在竹園經一卷

法為人經一卷

道意經一卷

阿夷比丘經一卷

八德經一卷（今疑是海八德經）

善德經一卷

摩訶揵陁惟衛羅盡信比丘等度經一卷（舊録云盡信比丘經）

貞元新定釋教目録卷第二十六　第二十四張　號

右一十四部一十四卷（初太子辟羅經本有録者並闕）僧祐録云安公開中異經長房等録並闕不載祐載安公開中異經捴二十四卷於中七卷如房録中列今更出一十四經通有二十一部餘之三部長房等録皆標譯主故此闕之

大寶積經一卷（今編入寶積第四十三會改名普明菩薩會第二三出與摩訶寶嚴佛遺日摩尼寶三經同本異譯）

度諸佛境界智光嚴經一卷（初出與佛華嚴入如來德智不思議境界經等同本舊云一切佛境界智慧光明入一切佛境界經等同本者全乘也）

大悲分陁利經八卷（亦云大乘悲分陁利經第二出與曇元讖悲華經等同本）

大金色孔雀王呪經一卷（第五出）

佛說大金色孔雀王呪經一卷（第六出二經同本）

大方廣如來秘密藏經二卷（大周録云與大方等如來藏經同本者非也）

金剛三昧本性清淨不壞不滅經一卷（亦名金剛清淨經長房等録云吳支謙譯後漢失譯中復載此非也今尋文句似秦時譯故移編此）

貞元新定釋教目録卷第二十六　第二十五張　號

師子月佛本生經一卷（長房等録云西晉生法護譯今尋文句非是護公所出似秦代譯故移編此）

十吉祥經一卷

一切智光明仙人慈心因緣不食肉經一卷

淨業障經一卷

別譯雜阿含經二十卷

出家功德經一卷（非是賢愚抄出者）

毗尼母經八卷（亦云毗尼母論）

薩婆多毗尼毗婆沙九卷

三弥底部論三卷（或無部字或云四卷）

辟支佛因緣論二卷

十八部論一卷（初出與部異執論等同本房等並云真諦譯者非也）

佛入涅槃密迹金剛力士哀戀經一卷

無明羅剎集一卷（亦云無明羅剎經或二卷）

右二十部六十五卷並是見入藏經似是秦時譯出（數本經中並有秦言之字）

諸失譯録並未曾載今附此秦録庶免遺漏焉

通前舊失譯經七部七卷及新

貞元新定釋教目録卷第二十六　第二十六張　號

附安公關中異經等揔四十一部合八十六卷並爲三秦失譯云

前涼張氏都姑臧（新上餘録無年，依觀鸞録多從晉年号）從張軌（諡爲武王）永寧元年新譯至天錫（秦封驃騎大將軍涼州牧）咸安六年景子凡經八主七十六年外國優婆塞一人譯經四部合六卷於中一部一卷見在三部五卷闕本

前涼　優婆塞支施崙（四部六卷經）

須賴經一卷（第三出与曹魏白延吳支謙宋功德賢所出須賴同本見經後記咸安三年出）

如幻三昧經三卷（第四出与安法護如幻三昧及寶積善住意會等同本見首楞嚴經後記咸安三年出）

上金光首經一卷（第二出与晉法護大淨法門經隋耶舍大莊嚴法門經同本咸安三年出見首楞嚴經後記）

首楞嚴經一卷（第八出与漢支讖吳支謙魏白延晉法護等所出首楞嚴同本咸安三年見經後記）

右四部六卷（須賴經一部一卷見本如幻等三部五卷闕本）

優婆塞支施崙月支人也博綜衆經特善方等意在開化傳於

未聞奉經来遊達於涼土張公見而重之請令翻譯以咸安三年癸酉（從晉年号也）於涼州内正廳堂後湛露軒下出須賴等經四部龜茲王世子帛延傳語常侍西海趙瀟會水令馬亦内侍来恭政三人筆受沙門釋慧常釋進行同在會證涼州自屬辭不加文飾也出須賴經後記及首楞嚴經後記（前涼之代應更出經後進遇之幸續編附）

北涼沮渠氏初都張掖後徙姑臧

自蒙遜（謚武宣王）永安元年辛丑至茂虔（魏封河西王）承和七年己卯凡經二主三十九年緇素九人所出經律論等并新舊集失譯諸經揔八十二部合三百一十卷（於中二十五部二百九卷見在五十七部一百二卷闕本）

沙門釋道龔（二部一十二卷經）

沙門釋法衆（一部四卷經）

沙門僧伽陁（一部二卷經）

沙門曇無讖（一十九部一百三十一卷經律集）

安陽侯沮渠京聲（一部二卷集）

沙門浮陁跋摩（一部六十卷論）

沙門釋智猛（部二十卷經）

沙門釋道泰（二部四卷論）

沙門釋法盛（一部一卷經）

新舊諸失譯經（五十三部七十五卷五部一十八卷舊集四十八部五十七卷新附）

寶梁經二卷（今編入寶積第四十四會見竺道祖河西録及僧祐録）

悲華經十卷（第一出与法護閑居經及大悲分陁利曇無讖悲華經同本房云見祐録似是先譯龔更刪改今疑即是無讖出者是）

右二部一十二卷（前寶梁經一部二卷見在後悲華經一部十卷闕本）

沙門釋道龔虛心廣運弘利爲道以北涼河西王（蒙遜僞号）永安年間於張掖爲蒙遜譯寶梁等經二部

大方等陁羅尼經四卷（或無大字一名方等檀特陁羅尼經或直云檀特陁羅尼經見竺道祖晉世雜録及僧祐録）

右一部四卷其本見在

沙門釋法衆高昌郡人亦以永安年中於張掖爲河西王蒙遜譯大方等陁羅尼經一部寶唱

錄云在高昌郡譯未詳孰是

上菩薩問大善權經二卷一名大善經一名慧上菩薩一名大乘方便經凡四名名本並同第五出与漢佛調晉法護所出大善權經及寶積大乘方便等同本

右一部二卷本闕

沙門僧伽陁涼言饒善西域人意存兼濟化誘居懷亦以永安年中於張掖為蒙遜譯大善權經一部見始興錄及法上

大般涅槃經四十卷或三十六卷第五譯玄始三年出至十年十月二十三日訖梵本具足有三万五千偈今所譯者止万餘偈三分始一耳道朗製序見生道祖涼錄及僧祐錄

大方等大集經三十卷或直云大集經第三出与漢世支讖姚秦羅什出者同本或二十九或三十一或三十二或四十卷良由初出即寫分卷不同見竺道祖涼錄及僧祐錄

大方廣三戒經三卷初出与寶積三律儀會同本見法上錄

悲華經十卷第四出与大悲分陁利經等同本見竺道祖河西錄及僧祐錄祐云別錄或云龔上出今疑道龔与讖同是一經二參先載恐未然也

金光明經四卷初出一十八品見竺道祖河西錄及僧祐錄与新譯金光明最勝王經等同本今入八卷合經中此四卷者在刪繁錄

貞元新定釋教目錄卷第六　第十四張　說

大方等大雲經六卷一名大方等无相大雲經一名大雲無想經一名大雲密藏經或云方等大雲經或四卷或五卷於內菀寺譯第二出見僧叡李廓僧祐三錄

腹中女聽經一卷一名不莊校女經第三出与无垢賢女經轉女身經等同本見長房錄

菩薩地持經十卷或无經字亦云論亦名菩薩戒經又名菩薩地經或八卷出瑜伽本地分中菩薩地見竺道祖河西錄及僧祐錄

優婆塞戒經七卷或无經字是在家菩薩或五卷或六卷或十卷玄始三年景寅四月二十三日出至七月二十三日訖沙門道纂筆受見經後記及僧祐錄

菩薩戒本一卷出地持戒品中第二出与大唐奘法師所出戒本等同本別錄云燉煌出見僧祐錄

文陁竭王經一卷出中阿含第十一卷異譯見長房錄

佛所行讚經傳五卷或云經无傳字或云傳无經字馬鳴菩薩造亦名作本行經見長房錄

勝鬘經一卷亦云勝鬘師子吼一乘大方便經初出見長房錄与宋功德賢所出勝鬘經及寶積勝鬘夫人會同本

羅摩伽經一卷第四出与曹魏安法賢等所出同本但廣略異是華嚴經入法界品少分見長房錄

楞伽經四卷初出与宋功德賢元魏菩提留支實叉難陁等所出同本見長房錄

須眞天子經一卷第二出与西晉法護出者同本房云

貞元新定釋教目錄卷第六　第十五張　說

見吳錄又云羅什出似再譯

海龍王經四卷或加新字第二出与竺法護出者同本玄始七年出見竺道祖河西錄及僧祐錄

功德寶光菩薩經一卷見長房錄

菩薩戒壇文一卷亦云優婆塞戒壇文祐云菩薩戒優婆塞戒壇文見僧祐寶唱二錄

右一十九部一百三十一卷佛所行讚上一十三部一百一十八卷見在藏經下七部一十二卷闕本

沙門曇無讖或云曇摩讖亦云曇摹讖蓋取梵音不同故也涼云法豐中印度人婆羅門種讖六歲父亡母以傭織養讖見沙門達摩耶舍此言法明道俗宗敬豐於利養其母羨之故以讖為弟子十歲與同學數人誦呪聰敏出群誦經日得万餘言初學小乘兼覽五明諸論講說精辯莫能酬抗後遇白頭禪師共讖論議習業既異交諍十旬讖雖攻難鋒起而禪師終不肯屈讖服其精理乃謂禪師曰頗有經典可得見不禪師即授以樹皮涅

貞元新定釋教目錄卷第六　第十六張　說

般經本讖尋讀驚悟方自慚恨
以為坎井之識久迷大方於是
集眾悔過遂專業大乘至年二
十所誦大小乘經二百餘萬言
讖從兄善能調象騎殺王所乘
白耳大象王怒誅之令曰敢有
視者夷及三族親屬莫敢往讖哭
而葬之王怒欲誅讖讖曰王以
法故殺之我以親而葬之並不
違大義何為見怒傍人為之
寒心其神色自若王奇其志氣
遂留供養明解咒術所向皆驗
西域號為大神咒師後隨王入
山王渴之須水不能得讖乃密
咒石出水因讚曰大王惠澤所
感遂使枯石生泉鄰國聞者皆
歎王德于時雨澤甚調百姓稱詠
王悅其道術深加優寵頃之王
意稍歇待之漸薄讖怒曰我當
以甖求諸池咒龍入甖令天下
大旱王必請咒然後放龍降雨
則見待何如持甖詣龍有密告
之者王怒捕讖讖懼誅乃齎大

涅槃經本前分一夾菩薩戒經
（地持經也）菩薩戒本奔龜茲龜茲國
多小乘學不信涅槃遂至姑臧
止於傳舍慮失經本枕之而寢
有人牽之在地讖驚覺謂是盜者
如此三夕聞空中語曰此是如
來解脫之藏何以枕之讖乃慚
悟別置高處夜有盜之者數舉不
能勝乃數過舉之竟不能動明
旦讖持經去不以為重盜者見
之謂是聖人悉來拜謝河西王
沮渠蒙遜聞讖名呼與相見接
待甚厚蒙遜素奉大法志在弘
通請令出其經本讖以未參土
言又無傳譯恐言舛於理不許
即翻於是學語三年方譯初分
十卷是時沙門慧嵩道朗獨步
河西值其宣出法藏深相推重
轉易梵文嵩公筆受道俗數百人
疑難縱橫讖臨機釋滯未嘗留
礙嵩朗等更請廣出餘經謂大
集大雲悲華地持等并涅槃經
總十九部讖以涅槃經本品數未

足還國尋求值其母亡遂留歲
餘後於于闐更得經本復還姑
臧續譯成四帙焉讖以玄始三
年甲寅創首翻譯至十五年景
寅都訖（房云玄始十年訖若此乃涅槃竟時非餘經也准優婆塞戒經後記云景寅出此即十五年中撿出經也讖至義和三年癸酉三月方卒中間六載應更出經錄中不言故未詳也）
讖嘗告遜云有鬼入聚落必多
災疫遜不信欲躬見為驗讖即
以術加遜遜見而駭讖曰宜潔
誠齋戒神咒驅之乃讀咒三日
謂遜曰鬼已去矣既而北境之
外疫死萬數遜益敬憚禮遇彌
崇會魏太武皇帝聞其道術遣
使迎請且告遜曰若不遣讖便
即加兵遜自揆國弱難以拒命
兼慮讖多術或為魏謀已進退
怪惑乃密計除之初讖譯出涅
槃卷數已定而外國沙門曇無發
云此經品未盡讖常慨然誓必
重尋蒙遜因其行志乃偽資發遣
厚贈寶貨未發數日乃流涕告

曰識業對將至衆聖不能救矣以本有心誓義不容停行四十里遜密遣刺客害之時年四十九衆咸慟惜焉既而遜左右常白日見鬼神以劍擊遜至四月寢疾而殁（遜以義和三年三月害識即於其年四月遇疾而殁信哉報應不虛如影之隨形也房云懺在茂虔承和四年卒者非也其義和三年即魏延和二年歲在癸酉也）初讖在姑臧有張掖沙門道進從讖受菩薩戒讖云且悔過乃竭誠七日七夜至第八日詣讖求受讖忽大怒進更思惟但是我業障未銷耳乃戮力三年且禪且懺即於定中見釋迦文佛與諸大士授已戒法其夕同止十餘人皆感夢如進所見進欲詣讖說之未至十步讖驚起唱言善哉善哉已感戒矣吾當為汝作證次第於佛像前為說戒相時沙門道朗振譽關西當進感戒之夕朗亦通夢乃自卑戒臘求為法弟於是從進受者千有餘人傳授此法

迄至于今皆讖之遺則有別記云菩薩地持經應是伊彼勒菩薩傳來此土後果是讖傳譯疑讖或非凡也

菩薩戒經八卷（祐房等錄並云讖譯今以是地持之別名故不雙載也）

虛空藏經五卷（祐房等錄云亦讖譯今以即是大集虛空藏品折出別行今載別生錄中此不復存也）

優婆塞戒本一卷（寶唱錄云讖譯復云出優婆塞戒經今載別生錄中不別存也）

善信女經二卷

無為道經二卷

居士請僧福田經一卷

決定罪福經一卷（上之四經長房等錄皆云讖復云世注為疑今並依舊附疑此中不載）

禪法要解二卷（第二出与羅什出同本見長房錄）

右一部二卷本闕

安陽侯沮渠京聲即河西王蒙遜從弟為人強志疎通敏朗少有智鑒涉獵書記善於談論幼稟五戒銳意內典所讀衆經即能諷誦常以為務學多聞大士之盛業也少時嘗度流沙到于闐

國於瞿摩帝大寺遇天竺法師佛陀斯那（涼言覺精）諮問道義斯那本學大乘天才秀出誦半億偈明了禪法故西方諸國号為人中師子安陽從受禪法諸秘要術口誦梵本東歸於涼以茂虔承和年中譯禪法要解一部

阿毗曇毗婆沙論六十卷（或加入揵度字初譯與舊譯大毗婆沙論同本或分為八十四卷一百九卷佛滅後六百餘年五百應真造見僧祐寶唱二錄）

右一部六十卷其本見在

沙門浮陀跋摩或云佛陀跋摩涼言覺鎧西域人也幼而履操明直聰悟出群習學三藏偏善毗婆沙常誦持此論以為心要承和年中達于姑臧先有沙門道泰志用強果少遊蔥右遍歷諸國得毗婆沙梵本有方偈至姑臧側席虛襟企待明匠聞跋摩遊心此論請為翻譯時蒙遜已薨子茂虔襲位以虔承和五年丁丑四月中旬於涼州

內閑禄宮寺請跋摩譯焉秦郎筆受沙門慧嵩道朗與義學僧三百餘人考正文義至七年己卯七月方訖凡一百卷沙門道挺為之製序有項魏太武帝西伐姑臧涼土崩乱經書什物皆被焚蕩遂失四十卷今唯有六十存焉跋摩避乱西返莫知所終

序云乙丑歲出即蒙遜玄始十四年也丁卯歲訖即玄始十六年也与錄不同未詳何以

般泥洹經二十卷（見道慧宋齊錄及僧祐錄第六譯与无讖大般涅槃經等同本）

右一部二十卷本闕

沙門釋智猛京兆新豐人稟性端明勵行清白少襲法服修業專至諷誦之聲以夜續晝每見外道人說釋迦遺跡及聞方等衆經布在西域常慨然有感馳心遐外以為万里咫尺千載可追也遂以姚秦弘始六年甲辰之歳招結同志有十五人發跡長安渡河跨谷三十六所至涼州城既而西出陽關入于流沙二

千餘里地無水草路絶行人冬則嚴𡨴夏則瘴炎人死聚骨以標行路駝馳負粮理極辛阻遂歷鄯鄯龜茲于闐諸國備觀風俗從于闐西南行二千里始登葱嶺同侶九人退還猛與餘伴進行千七百餘里至波淪國同旅竺道嵩又復無常將欲闍毗忽失尸所在猛悲歎驚異於是自力而前與餘四人三度雪山氷崖浩然百千餘仭飛絙為橋乗虛而過窺不見底仰不見天寒氣慘酷影戰魂慄復南行千里至罽賓國再渡辛頭河雪山壁立轉甚於前下多瘴氣惡鬼斷路行者多死猛誠心冥徹履險能濟既至罽賓城恒有五百羅漢住此國中而常往反阿耨達池有大德羅漢見猛至止歡喜讚歎猛諮問方土為說四天子事具在猛傳猛先於竒沙國見佛文石唾壺又於此國見佛鉢光色紫紺四際畫然猛香花供

養頂戴發願鉢若有應能輕能重既而轉重力遂不堪及下案時復不覺重其道心所感如此復西南行三百里至迦維羅衛國見佛牙及肉髻骨佛影佛跡炳然具存又覩泥洹堅固之林降魔菩提之樹猛喜心內充設供一日兼以寶蓋大衣覆降魔像其所遊踐究觀靈變天梯龍池之事不可勝數後至華氏城是阿育王舊都有大智婆羅門名羅閱宗舉族弘法王所欽重造純銀塔高三丈沙門法顯先於其家已得六卷泥洹及見猛至問云秦地有大乗學不荅曰悉大乗學羅閱驚歎曰希有希有將非菩薩往化耶猛就其家得泥洹梵本一部又尋得摩訶僧祇律梵本一部及餘經梵本誓願流通於是便反以甲子歲發天竺同行四僧於路無常唯猛與曇纂俱還涼州以茂虔承和年中譯出泥洹成二十卷猛以

宋元嘉末卒昇歷尋遊方沙門記列道路時或不同佛鉢頂骨處亦乖爽將知遊往天竺非止一路頂鉢靈遷時屆異土故傳述見聞難以例也

大丈夫論二卷 提婆羅菩薩造見翻經圖

入大乘論二卷 堅意菩薩造見唐舊錄亦見內典錄及翻經圖

右二部四卷其本見在

沙門釋道泰才敏自天冲氣疎朗博聞奇趣遠參異言往以漢土方等既備幽宗粗暢其所未練唯三藏九部故杖策冒險爰至蔥西綜覽梵文義承高旨并獲婆沙梵本十万餘偈及諸經論東歸於涼遂遇浮陁跋摩共翻毗婆沙論泰後自譯大丈夫論二部 又長房內典二錄云於其涼代復有沙門曇覺共高昌國譯賢愚經一部即當宋元嘉二十二年也今譯不然元嘉十六年己卯涼國已絕如何二十二年乙酉仍有譯經故知二錄誤也今靖邁經圖編在元魏之代魏宋雖並宋都建業魏治恒安以地而論合爲魏錄

菩薩投身餓虎起塔因緣經一卷 僧祐

錄云以身施餓虎經見經後記

右一部一卷其本見在

沙門釋法盛高昌人也亦於涼代譯投身餓虎經一卷故前高僧曇無讖傳末云于時有高昌沙門法盛亦經往外國有傳四卷其投身餓虎經後記云尒時國王聞佛說已即於是處起立大塔名爲菩薩投身餓虎塔今見在塔東面山下有僧房講堂精舍常有五十衆僧四事供養法盛尒時見國中有人癩病及癲狂聾盲手脚躄跛及種種疾病悉來就此塔燒香然燈香泥塗地修治掃灑并叩頭懺悔百病皆愈前來差者便去後來輙尒常有百餘人不問貴賤皆尒終無絕時今詳僧傳之文及閱經記之說法盛遊於西域此事不虛復云親覩靈龕故應非謬若非盛之自譯何得著彼經終既能自往西方豈有不傳經教考覈終始事乃分明今爲盛翻編載斯錄

不退轉輪經四卷 一名不退轉經第二出与竺法護阿惟越致遮經等同本

金剛三昧經二卷 或一卷

大忍辱經十卷

金輪王經一卷

賢劫五百佛名經一卷

右五部一十八卷 前二部六卷見在後三部一十二卷闕本長房等錄

並云是沙門僧祐新集釋道安涼土異經今還附入涼世目錄爲失譯源庶知時代顯譯有無卷部多少出之處所已下新附此錄

優婆夷淨行法門經二卷 或無經字亦直云淨行經

長者法志妻經一卷

大愛道比丘尼經二卷 亦云大愛道受戒經舊錄云大愛道經

三慧經一卷

菩薩等行經一卷 此已下闕

四無畏經一卷

擢變經一卷 舊錄云文殊師利擢變三昧經或直云擢變

經[味]

十遍秘經一卷

七言禪利經一卷 舊錄云遍秘七言禪利經

菩薩十遍秘經一卷 今疑与前十遍秘同

瓶沙王經一卷

有無經一卷

五百偈經一卷

須耶越國貧人經一卷 舊錄云須耶越國貧人貧驰頭經

浮木經一卷

杯喻經一卷

嫉佐經一卷

阿般計泥恒經一卷 一本作陶射計泥恒經

四非常經一卷

五失蓋經一卷

要真經一卷

本無經一卷

勸德經一卷

十五德經一卷

父母因緣經一卷 今疑與父子因緣經同

慧行經一卷

未生王經一卷 今疑是未生怨經

內外無為經一卷

道淨經一卷

七事本末經一卷 舊錄云七事本行經

百寶三昧經一卷

三乘經一卷

耆域術經一卷 舊錄云耆域四術經

五蓋雜疑經一卷 今疑是五蓋疑經失行經

太子智止經一卷

道德章經一卷

苦相經一卷

須佛得度經一卷

由經一卷

分然逗國迦羅越經一卷

五陰事經一卷

義決法事經一卷

十思惟經一卷

分別六情經一卷

三失蓋經一卷

佛寶三昧經一卷

法志女經一卷

右四十七部四十九卷 准初四部六卷有本餘者並闕

僧祐錄云安公涼土異經長房等錄闕而不載今還附入涼錄

以為失譯祐載安公涼土異經惣五十九部於中五部房錄已載今更出四十七部通前五十二部餘有七部一十四卷謹按長房等錄皆有所憑即非失譯是故此錄刪之不存今具條佚列之如左

須菩提品經七卷 般若鈔經異名 秦曇摩蜱譯

文殊師利示現寶藏經二卷 西晉竺法護譯

七知經一卷 或作七智 吳支謙譯

難龍王經一卷 或云難龍經 龍王兄弟經異名 吳支謙譯

阿陁三時經一卷 即阿多三昧經異名 安公關中異經已載

大五濁經一卷 舊錄云大五濁世群 錄云偽今亦云五濁之論

首至問十四章經一卷 舊錄云首至問佛十四意經或云首至問十四事經亦云 後漢支曜譯今為抄經載別生錄

大方廣十輪經八卷 詞出与唐譯地藏十輪經同本 是大集第十三分初涼代譯群錄不載今附此涼求康兑道編耳

通新及舊惣五十三部合七十五卷並為北涼失源云

貞元新定釋教目錄卷第六

丙午歲高麗國大藏都監奉勑雕造

貞元新定釋教目錄卷第七 說

西京西明寺沙門圓照 撰

總集群經錄上之七

宋劉氏都建業

自初帝永初元年庚申至順帝昇明三年己未凡八主六十年緇素共有二十二人所出經論等并新集失譯諸經總四百六十五部七百一十七卷 於中九十二部二百四十三卷見在三百七十三部四百七十四卷闕本

沙門佛陀什 三部三十二卷 律戒羯磨

沙門畺良耶舍 二部二卷 經

沙門曇摩蜜多 一十二部一十七卷

沙門釋智嚴 一十部三十一卷經

沙門釋寶雲 四部一十七卷 經

沙門伊葉波羅 一部一十三卷論

沙門求那跋摩 一十部一十八卷律集

沙門僧伽跋摩 五部二十四卷律論集

沙門求那跋陀羅 五十二部一百三十四卷

經論集

沙門釋曇無竭 一部一卷 經

居士沮渠京聲 二十八部二十八卷經律

沙門釋慧簡 一十部一十卷經集

沙門功德直 二部七卷 經

沙門釋僧璩 一部一卷 羯磨

沙門釋法頴 一部一卷 尼戒

沙門竺法眷 六部二十九卷 經

沙門釋翔公 一部二卷 經

沙門釋道嚴 二部三卷 經律

沙門釋勇公 三部三卷 經

沙門釋法海 二部二卷 經律

沙門釋先公 一部一卷 經

沙門僧伽跋弥 一部一卷 律抄

新集失譯諸經 三百七部三百四十卷

五分律三十卷 亦云弥沙塞律戒三十四卷別錄云二十四卷恐誤見道慧宋齊錄及僧祐錄

五分比丘戒本一卷 亦云弥沙塞戒本見竺道祖錄及僧祐錄

弥沙塞羯磨一卷 見竺道祖錄及僧祐錄

右三部三十二卷 律戒見在羯磨本闕

沙門佛陀什宋言覺壽罽賓國人少受業於弥沙塞部專精律品兼達禪要以廢帝義符景平

元年癸亥七月屆於楊都先沙門法顯於師子國得弥沙塞律梵本未及翻譯而顯遷化建業諸僧聞什既善此學於是請令出焉即以其年冬十一月集龍光寺譯稱為五分律什執梵文于填沙門智勝傳語龍光沙門竺道生東安沙門釋慧嚴共執筆參正宋侍中瑯琊王練為檀越至来年十二月方訖仍出戒心及羯磨文等並行於世後不知所終

觀無量壽佛經一卷 亦云無量壽觀經初出見道慧錄及高僧傳

觀藥王藥上二菩薩經一卷 第二出見宋齊錄及高僧傳

右二部二卷其本見在

沙門畺良耶舍宋云時稱西域人性剛直寡嗜欲善誦阿毗曇傳涉律部其餘諸經多所該綜雖三藏兼明而以禪門專業每一遊觀或七日不起常以三昧正受傳化諸國以元嘉元年甲

子遠冐沙河革于建業文帝義隆深加歎異勅止鍾山道林精舍沙門寶誌崇其禪法沙門僧含請譯觀無量壽及藥王藥上觀含即筆受以此二經是淨土之洪因轉鄣之秘術故沉吟咒味流通宋國平昌孟顗承風欽敬資給豐厚顗出守會稽固請不去後移憩江陵元嘉十九年西遊岷蜀處處弘道禪學成群後還卒於江陵春秋六十矣

虛空藏菩薩神咒經一卷（第三出與姚秦耶舍虛空藏及隋崛多虛空孕經等同本見李廓錄）

觀虛空藏菩薩經一卷（亦名虛空藏觀經亦直云虛空藏菩薩經見道惠宋齊錄及僧祐錄）

象腋經一卷（第四出與無所希望經等同本見李廓錄）

諸法勇王經一卷（第二出與一切法高王經等同本見李廓錄）

轉女身經一卷（第四出與無垢賢女經等同本見李廓錄）

觀普賢菩薩行法經一卷（下注云出深功）

五門禪經要用法一卷（經中或無行法字亦云普賢觀經第三出見僧祐錄第二出與安高出者同本見僧祐錄及寶唱錄）

新無量壽經二卷（第十出與世高無量壽經及寶積無量壽會等同本見真寂寺錄）

郁伽長者所問經一卷（第六出與安法欽經及寶積郁伽長者會等同本見李廓錄）

佛昇忉利天為母說法經一卷（第三出與法護佛昇忉利天經等同本見李廓錄）

觀無量壽佛經一卷（第二出與畺良耶舍出者同本見寶唱錄）

禪秘要經五卷（或無經字一名禪法要元嘉十八年於祇洹寺出見僧祐錄第三出有令禪秘要經五卷文交請不可流行如刪繁錄中述）

右一十二部一十七卷（五門禪經上七部七卷見在無量壽經下五部十卷闕本）

沙門曇摩蜜多宋言法秀罽賓人也年六七歲神明澄正每見法事輒自然欣躍其親愛而異之遂令出家罽賓多出聖達屢值明師博好群經特深禪法所得之要極其微奧為人沉邃有慧解儀軌詳整生而連眉故世

稱連眉禪師焉少好遊方誓志宣化周歷諸國遂適龜茲未至一日王夢神告曰有大福德人明當入國汝應供養明旦即勅外司若有異人入境必馳聞奏俄而蜜多果至王自出郊迎延請入宮遂從稟戒盡四事之供蜜多安而能遷不滯利養居數年蜜有去志神又降夢曰福德人捨王去矣王惕然驚覺既而君臣固留莫之能止遂度流沙進到燉煌於曠野之地建立精舍植捺千株開園百畝房閣池林極為嚴淨頃之復適涼州仍於公府舊寺更營堂宇學徒濟濟禪業甚盛常以江左多民志欲傳法以元嘉元年展轉至蜀俄而出峽停止荊州於長沙寺造立禪館翹誠懇惻祈請舍利旬有餘日遂感一枚衝器出聲放光滿室門徒道俗莫不更增勇猛人百其心居頃之沿流東下至于建業初止中興寺晚憩祇

洹其道聲素著傾都礼謁自宋文帝皇后及王子公主莫不設齋桂宮請戒椒掖黎候之使旬日相屬蜜從元嘉元年甲子至十八年辛巳譯虚空藏神呪等經一十二部常以禪道教授學徒凡所歸投不遠千里四輩遠近皆号大禪師焉會稽大守孟顗深信真諦以三寶為已任素好禪味敬心懸重及臨浙河請與同遊乃以鄮縣之山建立塔寺東境舊俗多趣巫祝及妙化所移比屋歸正自西徂東無思不服後還建業憩定林下寺禪師天性凝靜雅愛山水以為鍾山鎮岳將美嵩華常嘆下寺基構未窮形勝於是乘高相地揆卜山勢斬石刊木營建上寺殿房禪室肅然深遠實依俙鷲巖髣髴祇樹矣於是息心之衆万里来集諷誦肅邕望風成化爰自西域至于南土凡所遊履靡不興造檀會敷陳教法初禪師之發

罽賓也有迦毗羅神衛送遂至龜茲於中路欲返乃現形告辭禪師曰洪神力通變自在遊處將不相隨共往南方語畢即收影不見遂遠從至于楊都故仍於上寺圖像著辟迄至于今猶有聲影之驗潔誠祈福莫不享願以元嘉十九年七月六日卒于上寺春秋八十有七道俗四部行哭相趍仍葬于鍾山宋熙寺前

無盡意菩薩經六卷　初題云大集經中無盡意所說不可盡義品第三十二亦直云无盡意經亦名阿差末經第四出与法護阿差末等同本見李廓錄

法華三昧經一卷　法華支沙見長房錄

廣博嚴淨不退轉輪經四卷　第三出或六卷或直云廣博嚴淨經亦直云不退轉法輪經与法護阿惟越致遮經等本元嘉四年出見宋齊錄及僧祐錄

四天王經一卷　見僧祐錄及高僧傳

普曜經八卷　第三出或六卷或四卷与蜀普曜竺法護普曜及唐錄方廣等並同本見宋齊錄及僧祐錄高僧傳等

淨度三昧經一卷　初出見長房錄

菩薩瓔珞本業經二卷　第一出見房錄

生經五卷　第二出与法護出者同本房云見別錄

善德優婆塞經一卷　見長房錄

阿那含經二卷　見長房錄

右一十部三十一卷　四部一十二卷見在普曜經下　四天王經上　六部一十九卷闕本

沙門釋智嚴西涼州人弱冠出家便以精勤著稱納衣宴坐蔬食永年每欲博事名師廣求經論遂周流西國進到罽賓入摩天陁羅精舍從佛馱先比丘諮受禪法漸深三年功踰十載佛馱先見其禪思有緒特深器異彼諸道俗聞而嘆曰秦地乃有求道沙門矣始不輕秦類敬接遠人時有佛陁跋陁羅比丘亦是彼國禪匠嚴乃要請東歸欲傳法中土跋陁嘉其懇至遂共東行踰越歲時達于關內恒相依附共止長安頃之跋陁擯為秦僧所擯嚴與西来徒衆並分散出關仍憩山東精舍坐禪誦經力精修學晉義熙十三年宋武西伐姚泓剋捷旋旆塗出山

東時始興公王恢從駕遊觀山
川至嚴精舍見其同志三僧各
坐繩床禪思湛然恢乃彈指三
人開目俄而還閉不與交言恢
心敬其奇訪諸耆老皆云隱居
積歲未嘗輕出恢即啓宋武延
請還都莫肯行者屢請既至三
人推嚴隨行恢道懷素舊禮事
甚備還都即住始興寺嚴性虚
靜志避嚾塵恢乃於東郊之際
更起精舍即枳園寺也嚴前還
於西域所得梵本衆經未及譯
寫到元嘉四年丁卯乃共沙門
寶雲譯出無盡意等經十部嚴
在寺不受別請分衛自資道化
所被幽顯咸服嚴清素寡欲隨
受隨施少而遊方無所滯著稟性
沖邈不自陳叙故雖多美行世
無得而盡傳嚴昔未出家時嘗
受五戒有所虧犯後入道受具
足常疑不得戒每以為懼積年
禪觀而不能自了遂更汎海重
到天竺諮諸明達值羅漢比丘具

貞元新定釋教目録卷第七　第十張　說

以事問羅漢不敢判決乃為嚴
入定往兜率宮諮啓弥勒弥勒
答云得戒嚴大喜躍於是步歸
行至罽賓無疾而卒時年七十
入彼國凡聖燒身各處嚴雖戒
操高明而實行未辯始移尸向
凡僧墓地而尸重不起改向聖
墓則飄然自輕嚴弟子智羽智
遠故從西來報此徵瑞俱還外
國以此推嚴信是得道人也但
未知果向中間若深淺耳

調伏衆生業經（出大集經）
一音顯正法經（或云一音演正法經出悲華經）
善德婆羅門問提婆達多經（出大雲經）
睒羅三昧經二卷（祐等諸録皆注為疑大周録中刊之為正今尋文言淺鄙義理踈遺故入疑科用除穢雜）

調伏衆生等四部五卷長房等
録皆云嚴譯今以前三別生後
一疑偽今為實録故並刪之

佛本行經七卷（或云佛本行讚傳於六合山寺出或云五卷見僧祐寶唱内典等録高傳云佛本行讚經）
新無量壽經二卷（永初二年於道場寺出一録云於六合山寺出第九譯与寶積無量壽會等同本見道慧僧祐

貞元新定釋教目録卷第七　第十一張　說

等録）
淨度三昧經二卷（第二出見竺道祖雜録）
付法藏經六卷（初出見李廓録）

右四部一十七卷（前一部七卷見在後三部十卷闕本）

沙門釋寶雲涼州人也弱年出
家精勤有學行志韻剛潔不偶
於世故少以直方純業為名而求
法懇惻忘身徇道誓欲躬覩靈
跡廣尋經教以晉隆安之初遠
適西域與法顯智嚴先後相隨
涉履流沙登踰雪嶺勤苦艱至
不以為難遂歷于填天竺諸國
備覩靈異乃經羅剎之野聞天
鼓之音釋迦影跡多所瞻禮雲
在外域遍學梵書天竺諸國音
字詁訓悉皆貫練後還長安隨
禪師佛䭾跋陀受業修學禪門
孜孜不怠及禪師擯為秦僧所
擯雲亦奔亡會廬山遠公解其
擯事共歸揚都安止道場寺僧
衆以雲志力堅猛弘道絕域莫
不披衿諮問敬而愛焉初共智

貞元新定釋教目録卷第七　第十二張　說

嚴同出諸經嚴既遷化雲獨宣譯以元嘉年中譯佛本行經等四部雲手執梵本口自宣譯華戎兼通音訓元正雲之所定衆咸信服初關中沙門竺佛念善於宣譯於苻姚二代翻出衆經江左莫踰於雲故於晉宋之際弘通法藏沙門慧觀等咸友而善之雲性好幽居以保閑寂遂適六合山寺山多荒民俗好草竊雲說法教誘多有改惡禮事供養十室而九頃之道場慧觀臨卒請雲還都摠理寺任雲不得已而還居道場遂許復還六合以元嘉二十六年終於山寺春秋七十有四其遊履外國別有記傳

雜阿毗曇心十三卷 第三出見高僧傳及僧祐錄或十四卷

右一部一十三卷闕本。

沙門伊葉波羅宋云自在西域人妙通三藏明解四含以元嘉三年景寅遊於彭城為北徐州

刺史太原王仲德譯雜阿毗曇心譯至擇品緣礙未竟遂輟但成十卷刺史親自筆受至八年辛未更請求那跋摩續譯都成十三卷

菩薩善戒經九卷 一名菩薩地戒十卷於祇洹寺出見竺道祖僧祐二錄及高僧傳長房等錄並云善戒經二十卷又云弟子更出二品成二十卷並非也

菩薩善戒經一卷 優婆離問菩薩戒法見寶唱錄若依祐記將此為初卷兼前九卷共成十卷然此地經本雜之已久不可合之且依舊定

菩薩內戒經一卷 見法上錄

優婆塞五戒儀經一卷 見寶唱錄

沙彌威儀一卷 或云沙彌威儀經見長房錄

四分比丘尼羯磨法一卷 祐云曇無德羯磨亦云雜羯磨元嘉八年於祇洹寺出見僧祐寶唱二錄及高僧傳等亦直云四分羯磨

優婆塞五戒相經一卷 一名優婆塞五戒略論元嘉八年於祇洹寺出第一譯見僧祐寶唱二錄及高僧傳

龍樹菩薩為禪陀迦王說法要偈一卷 見唐舊錄

善信二十二戒一卷 亦云離欲優婆夷具行二十二戒文亦云優婆塞戒祐云三歸及優婆塞三十二戒或云優婆塞戒見高僧傳及僧祐錄

經律分異記一卷 見長房錄

右一十部一十八卷 上八部一十六卷見在龍樹說法要偈善信二十二戒下二部二卷闕本

沙門求那跋摩宋言功德鎧本剎利種累世為王治在罽賓國祖父呵利跋陀此云師子賢以剛直徙從父僧伽阿難此云衆喜因潛隱山澤跋摩年十四便機見俊達深有遠度仁愛汎博崇德務善其母嘗須野肉令跋摩辦之跋摩啓曰有命之類莫不貪生夭彼之命非仁人矣母怒曰設令得罪吾當代汝跋摩他日煑油誤澆其指因謂母曰代兒忍痛母曰痛在汝身吾何能代跋摩曰眼前之苦尚不能代況三塗耶母乃悔悟終身斷殺至年十八相士見而謂曰君年三十當撫臨大國南面稱尊若不樂世榮當獲聖果至年二十出家受戒洞明九部博曉四含誦經百餘萬言深達律品妙入禪要時號曰三藏法師至年三十罽賓王

薨絕無紹嗣衆咸議曰跋摩帝室之胤又才明德重可請令還俗以紹國位群臣數百再三固請跋摩不納乃辭師違衆林栖谷飲孤行山野遁迹人世後到師子國觀風弘教識眞之衆咸謂已得初果儀形感物見者發心後至闍婆國初未至一日闍婆王母夢見一道士飛舶入國明旦果是跋摩來至王母敬以聖礼從受五戒母因勸王曰宿世因緣得為母子我已受戒而汝不信恐後生之因永絕今果王迫以母勅即奉命受戒漸習既久專精漸篤頃之隣兵犯境王謂跋摩曰外賊恃力欲見侵侮若與鬪戰傷殺必多如其不拒危亡將至今唯歸命師尊不知何計跋摩曰暴寇相攻宜須禦捍但當起慈悲心勿興害念耳王自領兵擬之旗鼓始交賊便退散王遇流矢傷脚跋摩為呪水洗之信宿平復王恭信稍

慇乃欲出家修道因告群臣曰吾欲躬栖法門卿等更擇明主群臣皆拜伏勸請曰王若捨國則子民無依且敵國凶強恃險相對如失恩覆則黔首奚處大王天慈寧不愍命王不忍固違乃就群臣請三願若許者當留治國一願凡所王境同奉和上二願盡所治內一切斷殺三願所有儲財賑給貧病群臣歡喜僉然敬諾於是一國皆從受戒王後為跋摩立精舍躬自引材傷王脚指跋摩又為呪治有頃平復道化之聲播於遐迩鄰國聞風皆遣使要請時楊都名德沙門慧觀慧聰等遠挹風猷思欲餐稟以元嘉元年九月面啓文帝求迎請跋摩帝即勅交州刺史令汎船延致觀等又遣沙門法長道冲道儁等往彼祈請并致書於跋摩及闍婆王婆多伽等必希顧臨宋境流行道教跋摩以聖化宜廣不憚遊方先已

隨商人竺難提舶欲向一小國會值便風遂至廣州故其遺文云業行風所吹遂之於宋境此之謂也文帝知跋摩已至南海於是復勅州郡令資發至都路由始興經停歲許始興有虎市山山形聳峭峯嶺高絕跋摩謂其髣髴耆闍崛乃改名靈鷲於山寺之外別立禪室去寺數里磬音不聞每至鳴椎跋摩已至或致雨不沾或履泥不濕時衆道俗莫不肅然增敬寺有寶月殿跋摩於殿北壁手自畫作羅云像及定光儒童布髮之形像成之後每夕放光久之乃歇始興太守蔡茂之深加敬仰後茂之將死跋摩躬自往視說法安慰後家人夢見茂之在寺中與衆僧講法實由跋摩化導之力也此山本多虎災自跋摩居之晝行夜往或時值虎以杖按頭弄之而去於是山栿水賓去來無梗感德歸化者十有七八焉

跋摩嘗於別室入禪累日不出寺僧遣沙弥往候之見一白師子緣柱而立亘空弥漫生青蓮華沙弥驚恐大呼往逐師子豁無所見其靈異無方類多如此後文帝重勅觀等復更敦請乃汎舟下都以元嘉八年正月達于建業文帝引見勞問慇懃因又言曰弟子常欲持齋不殺迫以身徇物不獲從志法師既不遠万里來化此國將何以教之跋摩曰夫道在心不在事法由巳非由人且帝王與疋夫所修各異疋夫身賤名劣言令不威若不剋己苦躬將何為用帝王以四海為家万民為子出一嘉言則士女咸悅布一善政則人神以和刑不夭命役無勞力則使風雨適時寒暖應節百穀滋繁桑麻欝茂如此持齋齋亦大矣不殺亦衆矣寧在闕半日之餐全一禽之命然後方為弘濟耶帝乃撫几歎曰夫俗人迷於遠

理沙門滯於近教迷遠理者至道虗說滯近教者則拘攣篇章至如跋摩法師所言真謂開悟明達可與談於天人之際矣乃勅住祇洹寺供給隆厚公王英彥莫不宗奉俄而於寺開講法華及十地法席之日軒蓋盈衢觀矚往還肩隨踵接跋摩神府自然妙辯天絕或時假譯人而往復懸悟跋摩即於祇洹寺譯菩薩戒經等十部（其善戒經長房等錄並云二十卷注云後弟子於定林更出二品成三十卷者非也今但九卷或云十卷此是傳寫差誤加其二字僧祐錄中只云十卷故知餘錄傳寫誤也又按高傳傳云祇洹慧義請出菩薩善戒始得二十八品後弟子代出二品成三十品房等云續成三十卷者誤之甚也又長房等錄復云跋摩譯雜阿毗曇心十三卷今以伊葉波羅譯出十卷跋摩後續成其十二非謂跋摩更別翻出二處俱載此亦不然今此删之載於前錄）並文義詳允梵宋弗差時影福寺尼慧果淨音等共請跋摩云去六年有師子國八尼至都云宋地先未經有尼那得二衆受戒恐戒品不全跋摩云戒法本

在大僧衆發設不本事無妨得戒如愛道之緣諸尼又恐年月不滿苦欲更受跋摩稱云善哉苟欲增明甚助隨喜但西國尼年臘未登又十人不滿且令學宋語別因西域居士更請外國尼來足滿十數其年夏在定林下寺安居時有信者採花布席唯跋摩所坐花彩更鮮衆咸崇以聖礼夏竟還祇洹其年九月二十八日中食未畢先起還閤其弟子至奄然已終春秋六十有五未終之前預造遺文偈頌三十六行自說因緣云已證二果手自封緘付弟子阿沙羅云我終後可以此文還示天竺僧亦可示此境僧也既終之後即扶坐繩牀顏貌不異似若入定道俗赴者千有餘人並聞香氣芬烈咸見一物狀若龍蛇可長一疋許起於尸側直上衝天莫能名者即於南林戒壇前依外國法闍毗之四部鱗集香薪成積

灌之香油以燒遺陰五色焰起氛氳麗空是時天景澄朗道俗嗟嘆仍於其處起立白塔欲重受戒諸尼悲泣望斷不能自勝初跋摩至宋文帝欲從受菩薩戒未及諮稟奄而遷化以本意不遂傷恨彌深乃令衆僧譯出其遺文云遺文在傳繁故止

毗尼摩得勒伽十卷初卷云薩婆多部毗尼摩得勒伽元嘉十二年乙亥正月於秣陵平樂寺出至九月二十日訖見道慧宋齊錄及僧祐錄

雜阿毗曇心論十一卷或無論字亦云雜阿毗曇毗婆沙毗曇經序云雜阿毗曇心或十四卷第四譯元嘉十一年甲戌九月於長干寺出至十二年乃訖見僧祐錄及經序

勸發諸王要偈一卷龍樹菩薩撰第二出見僧祐錄及高僧傳

分別業報略集一卷大勇菩薩撰或云大勇菩薩分別業報略集見僧祐錄及高僧傳

請聖僧浴文一卷見僧祐錄及高僧傳

右五部二十四卷前四部二十三卷見在後一部一卷闕本

沙門僧伽跋摩宋言衆鎧印度人也少而棄俗清峻有戒德明

解律藏尤精雜心以元嘉十年癸酉步自流沙屆于建業風宇宏肅道俗敬異咸宗而事之号曰三藏法師初景平元年平陸令許桑捨宅建剎因名平陸寺後道場慧觀以跋摩道行純備請住此寺崇其供養以表其德跋摩共觀加塔三層行道諷誦日夜不輟僧衆歸集道化流布初三藏法師深明戒品將為影福寺尼慧果等重受具戒是時二衆未備而三藏遷化俄而師子國比丘尼鐵薩羅等至衆乃共請跋摩為師繼軌三藏祇洹慧義擅步楊都謂為矯異執志不同親尚跋摩推論翻覆跋摩標宗顯法理證明允慧義遂迴其剛徧靡然推服乃率其弟子服膺稟戒僧尼受者數百許人宋彭城王義康崇其戒範廣設齋供四衆殷盛傾于都邑頃之名德大僧慧觀等以跋摩妙解雜心諷誦通達先三藏雖譯未

及繕寫以十一年九月於長干寺招集學士更請出焉寶雲譯語觀自筆受研挍精悉周年方就續出摩得勒伽等凡五部跋摩遊化為志不滯一方既傳經事畢將還本土衆咸祈請莫之能留以元嘉十九年隨西域賈人舶還外國莫詳其終

勝鬘師子吼一乘大方便方廣經一卷第二出與寶積勝鬘夫人會等同本元嘉十三年八月十四日於丹陽郡出寶雲傳譯慧觀筆受衆經序見道慧僧祐李廓等錄

大方廣寶篋經三卷第四出或二卷與文殊現寶藏經等同本見李廓錄

相續解脫地波羅蜜了義經一卷或二卷亦名解了義經亦直云相續解脫經於東安寺出是解深密經後二品見道慧僧祐李廓法上等四錄高僧傳云於荊州出

楞伽阿跋多羅寶經四卷第一出元嘉二十年於道場寺譯慧觀筆受與入楞伽及大乘入楞伽經等同本見道慧僧祐法上等錄高僧傳云丹陽郡出

菩薩行方便境界神通變化經三卷初出與大薩遮尼乾子經同本或無境界字見李廓錄

老母女六英經一卷亦云老母經第三出與老女人

經等同本房云見別錄

中日兒本經一卷 或云中兒本等三出与月光童子等同本房云見別錄錄云中兜本誤也

阿難陁目佉尼呵離陁經一卷 或云出无量門持經第六譯与無量門微密持經等同本房云見別錄房錄別載出無量門持經者誤也

央崛魔羅經四卷 道揚寺出見道慧僧祐法上等錄高僧傳云於荆州辛寺出

大法鼓經二卷 東安寺出見道慧僧祐李廓法上等四錄

大意經一卷 房云見別錄

十二頭陁經一卷 房云見別錄

樹提伽經一卷 房云見別錄

雜阿含經五十卷 於凡官寺譯梵本法顯賚來高僧傳云祇洹寺出見慧錄及衆齊僧祐錄

鸚鵡經一卷 亦名兜調經出中阿含第四十四異譯房云見別錄

鞞摩肅經一卷 出中阿含第五十七異譯房云見別錄

四人出現世間經一卷 出增一阿含第十八卷異譯房云見別錄

十一想思念如來經一卷 或云十一思惟念如來經出增一阿含第四十八初譯長房云見別錄

阿遬達經一卷 第三出与玉耶經等同本房云見別錄

過去現在因果經四卷 於荆州辛寺出第六

貞元新定釋教目錄卷第七　第十五張

譯与修行本起瑞應本起等同本見始興及李廓僧祐等錄

摩訶迦葉度貧女經一卷 房云見別錄

十二品生死經一卷 房云見別錄

罪福報應經一卷 一名輪轉五道罪福報應經亦云輪轉五道經亦云五道輪經房云見別錄

衆事分阿毗曇論十二卷 或無論字共余子菩提耶舍譯初出与唐譯品類足論同本房錄不題所出

四品覺法經一卷 或無經字房云見別錄

賓頭盧突羅闍為優陁延王說經一卷 亦云賓頭盧為王說法經房云見別錄上見在已後闕

虛空藏菩薩經一卷 第二出与姚秦佛陁耶舍所出虛藏經等同本房云見別錄

無量義經一卷 初出與蕭齊曇摩伽陁耶舍出者同本見李廓錄

諸法無行經一卷 第二出与羅什所出二卷者及諸法本無經同本房云見別錄

小無量壽經一卷 或元小字第二出与羅什阿弥陁及唐譯稱讚淨土同本孝建年出一名阿弥陁見道慧僧祐二錄高僧傳云於荆州出房錄別在阿弥陁經者誤也

八吉祥經一卷 第三出与支謙八吉祥呪法護八陽神呪經等同本元嘉二十九年正月五日於荆州城内為司空荆州刺史南譙王劉義宣出六日訖見僧祐寶唱二錄

無崖際持法門經一卷 第二出与聖堅出者

貞元新定釋教目錄卷第七　第十六張

及尊勝菩薩所問經同本房云見別錄

貧子須賴經一卷 第四出与白延支謙等出者同本見李廓錄

現在佛名經三卷 亦名華敷現在佛名第二出与稱揚諸佛功德經等同本元嘉二十九年正月二十七日於荆州為南譙王出見始興錄及高僧傳

淨度三昧經三卷 第三出見李廓錄

無憂王經一卷 於荆州辛寺譯見吳錄及僧祐錄

本行六波羅蜜經一卷 房云見別錄

異處七處三觀經一卷 或無異處字出雜阿含異譯房云見別錄

雜藏經一卷 第四出与鬼問目連經等同本房云見別錄

目連降龍王經一卷 或無王字或云降龍經或云降龍王經第二出与龍王兄弟同本房云見別錄

日難經一卷 一云越難經第三出与勇承遠邈難經等同本房云見別錄

釋六十二見經四卷 房云見別錄祐錄云一卷

請般特比丘經一卷 或作般持亦云般持房云見別錄

十二頭陁經三卷 房云見別錄

阿那律七念章經一卷 房云見別錄

十報法三統略經一卷 房云見別錄

六齋八戒經一卷 房云見別錄

阿蘭若習禪經一卷 第三出与羅什坐禪三昧經同

貞元新定釋教目錄卷第七　第十七張

菩薩訶欲經一卷 本見本郁錄 第三出与羅什出者同本房六

那先經一卷 見別錄 第二出与二卷者同本房云見別錄

二遊經一卷 第三出房云見舊錄

第一義五相略集一卷 於東安寺出見僧祐錄高僧傳云於荊州辛寺出

右五十二部一百三十四卷寶頭盧上二十六部一百卷見在盧空藏下二十六部三十四卷闕本

沙門求那跋陁羅宋言功德賢中印度人也以大乘學故世号摩訶衍本婆羅門種幼學五明諸論天文書筭醫方呪術靡不愽貫後遇見雜心尋讀驚悟乃深崇佛法焉其家世外道禁絶沙門乃捨家潛遁遠求師匠即落髮改服專志學業及受具戒愽通三藏為人慈和恭順事師盡勤頂之辞小乘師進學大乘大乘師試令探取經匣即得大品華嚴師喜而嘆曰汝於大乘有重緣矣於是讀誦講義莫能訓抗進受菩薩戒法乃奉書父

母勸歸正法曰若專守外道則雖還無益若歸依三寳則長得相見其父感其至言遂棄邪從正跋陁前到師子諸國皆傳送資供既有緣東方乃隨舶汎海中塗風止淡水復竭舉舶憂惶跋陁曰可同心并力念十方佛稱觀世音何往不感乃密誦呪經懇到禮懺俄而信風暴至密雲降雨一舶蒙濟其誠感如此元嘉十二年乙亥至廣州時刺史車朗表聞

文帝遣使迎接既至楊都勅名僧慧嚴慧觀於新亭郊勞其神情朗徹莫不虔敬雖因譯交言而欣若傾蓋初住祇洹寺而

文帝延請深加崇敬瑯琊顔延之通才碩學束帶造門於是楊都遠近冠盖相望大將軍彭城王義康承相南譙王義宣並師事焉頃之衆僧共請出經於祇洹寺集義學諸僧譯出雜阿含經東安寺出法皷經後於丹陽

郡譯出勝鬘楞伽經徒衆七百餘人寳雲傳譯慧觀執筆往復諮析妙得本旨後譙王鎮荆州請与俱行安止辛寺更創殿房即於辛寺出無憂王過現因果小無量壽央崛魔羅相續解脫波羅蜜了義現在佛名第一義五相略八吉祥等諸經并前所出凡五十二部多是弟子法勇傳度譙王欲請講華嚴等經而跋陁自忖未善宋語愧歎積旬即旦夕禮懺請乞冥應夢有人白服持劒擎一人首來至其前曰何故憂耶跋陁具以事對荅曰無所多憂即以劒易首更安新頭語令迴轉曰得無痛耶荅曰不痛豁然便覺心神喜悅旦起言義皆通備領宋語於是就講弟子法勇傳譯僧念為都講雖因譯人而玄解往復元嘉將末譙王屢有怪夢跋陁曰都中將有禍乱未及一年而二凶搆逆及孝建之初譙王陰謀即跋陁顔

容憂慘而未及發言譙王問其故跋陀諫爭懇切乃流涕而出曰必無所冀貧道不容扈從譙王以其物情所信乃逼与俱下梁山之敗火艦轉迫去岸懸遠判無濟理唯一心稱觀世音手捉筇竹杖投身江中水齊至膝以杖刺水水流深駃見一童子尋後而至以手牽之顧謂童子曰汝小兒何能度我怳惚之間覺行十餘步仍得上岸即脫納衣欲賞童子顧覓不見舉身毛竪方知神力焉時王玄謨督軍梁山孝武帝敕軍中得摩訶衍善加料理驛信送臺俄而尋得令舸送都孝武即時引見顧問委曲曰企望日久今始相遇跋陀對曰既染釁戾分為灰粉今得接見重荷生造勅問並誰為賊答曰出家之人不豫戎事然張暢宗靈秀等並是驅逼貧道所明但不圖宿緣乃逢此事孝武曰無所懼也是日

勅住後堂供施衆物給以人乘初跋陀在荊州十載每与譙王書疏無不記録及軍敗簡檢無片言及軍事者孝武明其純謹益加禮遇後因閑談聊戲問曰念丞相不答曰受供十年何可忘德今從陛下乞願為丞相三年燒香帝悽然動容義而許焉及中興寺成勅令移住為開三間房後於東府讌會王公畢集勅見跋陀時未及淨髮白首皓然孝武遙望顧謂尚書謝莊曰摩訶衍聰明機解但老期已至朕試問之其必悟人意也跋陀上階因迎謂之曰摩訶衍不負遠來之意但有一在即應聲答曰貧道遠歸帝京垂三十載天子恩遇銜愧罔極但七十老病唯一死在帝嘉其機辯 勅近御而坐舉朝屬目後於秣陵界鳳凰樓西起寺每至夜半輒有推戶而

喚視不見人衆屢厭夢跋陀焚香呪願曰汝宿緣居此我今起寺行道礼懺常為汝等若住者為護寺善神若不能居各隨所安既而道俗十餘人同夕夢見鬼神千數皆荷擔移寺去寺衆遂安大明七年天下亢旱祈禱山川累月無驗帝遂請令祈雨必使有感如其無效不須相見跋陀答曰仰憑三寶陛下天威冀必降澤如其無獲不復重見即往北湖釣臺燒香祈請不復飲食默而誦經密加祕呪明日晡時西北角雲起初如車蓋日在桑榆風震雲合連日降雨明旦公卿入賀見慰勅見慰勞嚫施相續跋陀自幼以來蔬食終身常執持香爐未嘗輟手每食竟輒分食飛鳥鳥乃集手取食至明帝之世礼供彌盛到太始四年正月覺體不平便預与明帝及

公卿等告辭臨殁之日延佇而
望云見天花聖像愚中遂卒春
秋七十有五
明帝慟惜贈送慇厚公卿會葬
榮哀備焉
般泥洹經一卷（或無般字孝建元年於辛寺譯見道惠宋齊録今尋此單卷泥洹上下文句非是識隨所翻似是謙護筆譯今尋得二卷且附東晉録中）
釋摩男本經一卷　吳支謙譯
三藏法師自述喻一卷（非梵本出故亦刪之）
當來選擇諸惡世界經過去
行檀波羅蜜經（上二經並出悲華經）殺龍
濟一國經（出六度集）三國緣經（出長阿含）
三小劫經（出樓炭經）佛入甘露調正
意經（出十二門大經）阿蘭那經（出中阿含）
舍利弗等比丘得身作證經（出雜阿含）
那賴經隨珠著海中經舅甥
經舍利弗般泥洹經負債為牛
經君臣經（上六經並出生經）四食經（小乘雜抄）
阿難見妓樂啼哭無常經佛往
慰迦葉病經佛命阿難詣最勝
長者經二儒士經目連弟布施
望即豪經（上五經並出出曜經）般泥洹等

貞元新定釋教目録卷第七　第三十四張　誠

二十三部二十三卷或是別生
抄經或非戢陀所出今為實録
故揔刪之

貞元新定釋教目録卷第七

丙午歲高麗國大藏都監奉
勅雕造

貞元新定釋教目録卷第七　第三十五張　誠

貞元新定釋教目録卷第八　說

西京西明寺沙門圓照　撰

惣集群經録上之八

觀世音菩薩受記經一卷（一名觀世音受決經）第三出與西晉法護道真出者同本見王宗僧祐李廓法上等録及高僧傳

右一部一卷其本見在

沙門釋法勇名曇無竭本姓李氏幽州黃龍國人也幼為沙彌便修苦行持戒誦經為師所異嘗聞法顯寶雲諸僧躬踐佛國慨然有志身之誓遂以宋永初之元招集同志沙門僧曇朗之徒二十五人共賫幡蓋供養之具發跡北土遠適西方初至河南國仍出海西郡進入流砂到高昌郡經歷龜茲沙勒諸國前登葱嶺雪山棧路險惡驢馬不通曾氷峩峩絕無草木山多瘴氣下有大江浚急如箭於東西兩山之脇繫索為橋相去極遠十人一過到彼岸已舉煙為識後人見煙知前已度方得更進若久不見煙則知暴風吹索人墮江中行葱嶺三日方過復上雪山懸崖壁立無安足處石壁皆有故弋孔處處相對人各執四弋先拔下弋手攀上弋展轉相待三日方過乃到平地相待料撿同侶失十二人進至罽賓國礼拜佛鉢停歲餘學梵書竟便解梵語求得觀世音受記經梵文一部無竭同行沙門餘十三人西行到新頭那提河（此云師子口）緣河西入月氏國礼拜佛肉髻骨及覩自沸木舩後至檀特山南石留寺住僧三百餘人雜三乘學無竭便停此寺受具足戒天竺沙門佛馱多羅（此云覺救）彼方衆僧云其已得道果無竭請為和尚漢沙門志定為阿闍梨於寺夏坐三月日復北行至中天竺曠絕之處常賫石蜜為粮其同侶八人路亡五人俱行屢經危棘无竭所賫觀世音

經常專心繫念進涉舍衛國中野逢山象一群無竭稱名歸命即有師子從林中出象驚怖奔走後渡恒河復值野牛一群鳴吼而来將欲害人無竭歸命如初尋有大鷲飛来野牛驚散遂得免害其誠心所感在險剋濟皆此類也後於南天竺隨舶汎海達廣州所歷事迹別有記傳元嘉末年達于楊都手自宣譯觀世音授記經一部今見傳于世後不知所終

觀弥勒上生兜率天經一卷（亦云弥勒上生經）見道慧宋齊録及僧祐録先在高昌郡譯出於後賫還

諫王經一卷（初出亦云大小諫王經與唐譯勝光王經及勝光天子經同本房云見別録）

治禪病秘要經一卷（或云治禪病秘要法無經字或云禪要秘密治病經或二卷或出雜阿含孝建二年九月八日於竹園寺出其月二十五日訖見僧祐寶唱等録）

淨飯王涅槃經一卷（或加般字第二出與法炬出者同本）房云見別録

進學經一卷（或云勸進學道經第二出與支謙等出者同本房云見別録）

八關齋經一卷（異出本房云見別録）

五無返復經一卷一名五返覆大義經或作附字房云見別錄
佛大僧大經一卷二兒名房云見別錄
耶祇經一卷房云見別錄
末羅王經一卷房云見別錄
摩達國王經一卷房云見別錄或无國王字
旃陀越國王經一卷或无國王字房云見別錄
五恐怖世經一卷或云五恐怖經房云見別錄
弟子死復生經一卷或云死亡更生經房云見別錄
迦葉禁戒經一卷一名摩訶比丘經亦云真偽沙門經第二出房云見別錄已上存已下闕
菩薩搯經一卷第五出與長者子制經等同本房云見別錄
中陰經一卷房云見別錄
觀世音觀經一卷先在高昌郡譯出於彼齎來見僧祐錄
波斯匿王喪母經一卷或云梵斯匿王經祐云波耶匿王經房云見別錄出增一阿含第十八卷異譯
佛母般泥洹經一卷孝建二年於建山定林上寺出一名大愛道般泥洹經見僧祐錄出增一阿含第五十卷異譯
弟子慢為耆域述經一卷亦云弟子為耆域述偈戒羽弟子戲誕錄第四出與阿難問事佛吉山經等同本房云見別錄
長者音悅經一卷第二出與支謙出者同本房云見別錄
五苦章句經一卷第二出與曇无蘭出者同本房云見別錄

分和檀王經一卷第二出竺律炎三摩竭經同本房云見別錄
弟子事佛吉凶經一卷祐云弟子問事佛吉凶經房云見別錄
生死變識經一卷今疑是藏中見正經異名房云見別錄
優婆塞五戒經一卷亦云五相經第二出與五戒相經同本房云見別錄
賢者律儀經一卷亦云威儀房云見別錄
右二十八部二十八卷迦葉禁戒上一十五部一十五卷見在菩薩搯經下一十三部一十三卷闕本

居士沮渠京聲即北京河西王蒙遜從弟安陽侯也魏併涼後南奔于宋晦志卑身不交世務常遊上塔寺以居士自畢丹陽尹孟顗見而善之請與相見一面之後雅相崇愛亟設供饌厚相優瞻京聲以孝武帝孝建二年乙未於揚都竹園及鍾山定林上寺譯彌勒上生經等二十八部通習積久臨筆無滯京聲居絕妻孥無欲榮利從容法侶宣通經典是以建業白黑咸敬而嘉焉以大明之末遘疾而卒普

明王經梵摩皇經上二經並出六度集摩夷比丘經優婆塞五法經上二經並出中阿含釋種問優婆塞經出雜阿含清信士阿夷扇經亦云阿夷扇持父經出生經五百梵志經群錄生疑普明王等七經六是別生一是疑偽今為實錄故並刪之
閻羅王五天使者經一卷一名鐵城泥犁經見長房錄出中阿含第十二異譯
瞿曇彌記果經一卷出中阿含第二十八異譯見長房錄
長者子六過出家經一卷出增一阿含第二十七卷異譯見長房錄
佛母般泥洹經一卷出增一阿含第五十卷異譯見長房錄
貧窮老公經一卷或云貧老經第二出見長房錄
懈怠耕者經一卷舊錄云懈怠耕見經見長房錄
請賓頭盧法一卷或加經字見長房錄第二出
善生子經一卷亦云異出六向拜經見長房錄出中阿含第三十三卷異譯
佛般泥洹後諸比丘經一卷云出雜阿含見房錄
譬喻經一卷見長房錄

右一十一部一十一卷 讀實頭上七部七卷見在善生子經下三部三卷闕本

沙門釋惠簡未詳何許人也以孝武帝大明元年丁酉於鹿野寺譯五天使者等經十部

眞僞沙門法經 與京聲所出地藥叢菜被經文句全同乃是使者經異名錄家誤上

藥師流璃光經 亦名灌頂拔除過罪生死得度經出大灌頂經祐錄注為疑經者非

釋迦畢罪經殺身濟賈人經二十 經出六度集

阿難見水光瑞經 一云水光經大乘抄經

商人求財經瞿曇弥經 上二經並出中阿含

舍衛城中人喪子發狂經

學人乱意經 亦云毋子作比丘比丘尼乱意經上二經並出增一阿含

大力士出家得道經 亦云力士跋陀經上

二老男女見佛出家得道經 上二經並出雜阿含

旃闍摩暴志謗佛 出生經

竊為沙門經穢師捨家學道經 上二經並出出曜經

呪願經 祐載偽錄

眞僞沙門等一十

貞元新定釋教目錄卷第八 第七張 說

五部長房等錄並云慧簡所出今以多是別生等經故刪之不存也

菩薩念佛三昧經六卷 或直云念佛三昧經或五卷第一譯與僧跋多出者同本是大集別分見道慧宋齊錄及僧祐錄

無量門破魔陁羅尼經一卷 或直云破魔陁羅尼經第七譯見僧祐錄與支謙無量門微密持經等同本

右二部七卷其本並在

沙門功德直西域人也道契旣廣善誘日新以孝武帝大明六年壬寅遊至荊州寓禪房寺沙門玄暢請出念佛三昧等經二部暢刊正文義詞旨婉密而暢舒手出香掌中流水莫之測也後適成都止大石寺即是阿育王塔乃手自作金剛密迹等十六神像傳至于今直留荊數年後不知所終矣

十誦羯磨比丘要用一卷 或云略要羯磨法房云二卷見僧祐錄

右一部一卷其本見在

沙門釋僧璩姓朱吳國人出家為僧業弟子愍銑衆經尤明十

貞元新定釋教目錄卷第八 第八張 說

誦兼善史藉頗製文藻始住吳虎丘山孝武欽其風聞勅出楊都為僧正悅衆止于中興寺擾以大明七年癸卯撰十誦羯磨一部

十誦比丘尼戒本一卷 亦云十誦比丘尼波羅提木叉戒本或云十誦比丘尼大戒見僧祐寶唱二錄

右一部一卷其本見在

沙門釋玄頻俗姓索氏燉煌人十三出家為法香弟子住涼州公府寺與同學法力俱以律藏知名頻伏膺已後學無再請記在一聞研精律部博涉經論元嘉末至建業止新亭寺孝武以頻學業兼明勅為都邑僧正後辭任還多寶寺常習定閑房亦時開律席後移住長千寺以明帝大始元年中集出十誦尼戒一部兼出羯磨流行於代

無盡意經十卷 第五出與阿差末經等同本見始興僧祐寶唱等錄

阿述達菩薩經一卷 第四出與寶積無畏德會等同本太始年於廣州出見始興寶唱等錄

貞元新定釋教目錄卷第八 第九張 說

海意經七卷見始興僧祐寶唱等録

如來恩知不思議經五卷見始興僧祐等録

寶頂經五卷見始興僧祐寶唱等録

三密底耶經一卷宋言賢人用律經見始興僧祐寶唱等録

右六部二十九卷其本並闕

沙門竺法眷印度人也志性弥簡開利爲務亦以明帝或太始年中於廣州譯無盡意等經六部

濡首菩薩無上清淨分衛經二卷一名決了諸法如幻三昧經第二出與漢獻嚴佛調譯者及大般若那伽室利分並同本見始興録

右一部二卷其本見在

沙門釋翔公亦云朔公在南海郡譯濡首菩薩經一部群録直云宋世不顯年名未詳何帝

佛藏大方等經一卷亦名問明顯經明難品異譯見始興録及注上録

瓔珞本業經二卷一名菩薩瓔珞經第三出見始興録及法上録

右二部三卷其本並闕

沙門釋道嚴於宋世譯佛藏方

等經二部群録直云宋世不顯帝年

梵女首意經一卷第二出見始興録及趙録法上録

空淨三昧經一卷亦云空淨天感應三昧經第二出見始興録及趙録法上録

勸進學道經一卷亦名勸進經與梁史失出第三譯見始興録及趙録法上録

右三部三卷其本並闕

沙門釋勇公於宋世譯梵女首意等經三部群録雖云宋世不顯帝年

車匿經亦名車匿本末經出六度集中是尸同遍王經異名群録云勇公所出今以別生抄經故刪之不存也

寂調音所問經一卷一名如來所說清淨調伏經與西晉法護文殊淨律經等同本第四出見始興録及法上録

樂瓔珞莊嚴方便經一卷一名大乘瓔珞莊嚴經亦名轉女身菩薩經第四出與西晉法護順權方便經等同本見始興録及僧祐注上録

右二部二卷前寂調音見在後樂瓔珞經闕本

沙門釋法海於宋世譯寂調音等經二部群録注云宋世譯出既不顯年未詳何帝

月燈三昧經一卷一名文殊師利菩薩十事行經一名逮慧

三昧經出六月燈經第七卷異譯見趙録及法上録

右一部一卷其本見在

沙門釋先公於宋世譯月燈經一部群録注云宋世不顯譯年未詳何帝

弥沙塞律抄一卷見寶唱録亦名提阿波迦那卷屬鼻柰經

右一部一卷闕本

沙門僧伽跋弥師子國人也譯弥沙塞律抄一部大周録中指寶唱録不言帝代其寶唱録尋本且寄於宋録以彰有據耳文據僧祐法苑云晉義熙八年三月十日於廬山般若臺東精舍與師子國律師僧伽跋弥出卷屬律抄同集僧一百二十人已編此録未敢刊改

新集失譯諸經

如來智印經一卷一名諸佛法身第二出與慧印三昧經同本

老母經一卷第二出與老女人經等同本

法滅盡經一卷

甚深大迴向經一卷

佛為黃竹園老婆羅門說學經一卷出中阿含第四十卷異譯

優波夷墮舍迦經一卷出中阿含第五十五卷異譯或无迦字

祁見經一卷 出中阿含第六卷異譯
大沙門百一羯磨法一卷 或云大沙門羯磨法出十誦律
迦丁比丘說當來變經一卷 或直云迦丁比丘經已後闕本
十方佛名經一卷
華嚴淨經一卷
三十七品經一卷 祐載兩本並云異出今且存一
七佛各說偈經一卷
乳王如來經一卷 或云乳王經今疑與乳光經同本
現在十方佛名經一卷
過去諸佛名經一卷
五百七百佛名經一卷
千五百佛名經一卷
觀世音成佛經一卷
文殊因緣經一卷
文殊本願經一卷
文殊觀經一卷
弥勒須呵經一卷
導師問佛經一卷
颰陁菩薩百二十難經一卷
持身菩薩經一卷
賢首菩薩二百問經一卷
金剛女菩薩經一卷
善意菩薩經一卷

菩薩從兜率天降中陰經一卷
菩薩行喜經一卷
菩薩淨本業經一卷
菩薩初業經一卷
菩薩四事經一卷
菩薩十六願經一卷
菩薩五十德行經一卷
菩薩教法經一卷
菩薩正行經一卷
菩薩出入諸則經一卷
菩薩毋姓字經一卷
菩薩家姓經一卷
菩薩比丘經一卷
菩薩經一卷
菩薩作六牙象本事經一卷
菩薩師子王經一卷
諸天阿須倫闘經一卷
浴像功德經一卷 與新譯教梵本未詳同別
陁隣尼目佉經一卷 今疑即阿難陁目佉尼經
礼敬諸塔經一卷
般若波羅蜜偈經一卷
佛清淨偈經一卷
太子出國二十偈一卷

佛十力偈一卷
十方佛神呪一卷
四天王神呪一卷
十二因緣結縷神呪一卷
摩訶神呪一卷
移山神呪一卷
降魔神呪一卷
威德陁羅神呪一卷 本作成字錯
和魔結神呪一卷
鴦迦葉經一卷 與僧迦葉解難經同本出長阿含第七卷異譯 法上録云出中阿含第十六卷異譯
出要經二十卷
行道經十卷
長阿含經三卷 祐云疑是鈔録長阿含經
弘道經二卷
四天王經一卷 祐云後有呪似人所附
金色女經一卷 雜譬喻中有 祐云異出本
治禪鬼魅不安經一卷
瞻波國佛說戒經一卷
佛在耆拔山說法經一卷
佛三毒事經一卷
佛七事經一卷
佛開和伏經一卷

佛意行經一卷
因佛生三忍經一卷
佛聚經一卷
七佛本緣經一卷
釋迦文林鉢經一卷
佛袈裟經一卷
佛大衣經一卷
迦葉解經一卷
迦葉因緣經一卷
舍利弗問署經一卷
迦葉獨證自誓經一卷
舍利弗嘆度女人經一卷
舍利弗生西方經一卷
舍利弗目連泥洹經一卷 今疑是生經中舍利弗般泥洹經
目連所問經一卷
目連因緣經一卷
阿難見變經一卷
阿難陁經一卷
阿那含七念經一卷
羅漢善子經一卷
賓頭盧取鉢經一卷
受行比丘經一卷
變身比丘經一卷

旃比丘經一卷
善星比丘經一卷
六群比丘經一卷
自在王比丘經一卷
羅耶達比丘經一卷
比丘和須蜜經一卷
玄成未來比丘經一卷 今疑玄字錯
比丘法相經一卷
釋種子經一卷
尊者婆娑蹉律經一卷
罽賓三沙弥經一卷
沙弥持戒經一卷
海洲優婆塞會經一卷
賢者雜事經一卷
弟子修學經一卷
弟子行澤中遇賊劫經一卷
弟子精進經一卷
迦提羅越問五戒經一卷
那羅延天王經一卷
毗沙門天王經一卷
四大天王經一卷
諸天壽經一卷
魔現成佛經一卷

魔王誡經一卷 疑是試字
淨飯王經一卷
佛葬閲頭檀王經一卷
阿欲王作小兒時經一卷
小阿育王經一卷
優塡王照逝女經一卷 今疑是大乘中優塡王經
迦夷王頭布施經一卷
果尊王經一卷
佛居士經一卷
降恐王經一卷 今疑恐字錯
魔羅王經一卷
摩登王經一卷
舍夷國經一卷
羅提垣王經一卷 或作國王羅提埋經
摩訶惟越王經一卷
流砂王經一卷
十四王經一卷
王以竹施經一卷
勸王持五戒經一卷
太子旃舍羅老經一卷
長者盛德經一卷
長者法心經一卷
長者仁賢經一卷

長者逗羅越經一卷
佛問淳陁長者受樂淨行經一卷
婆羅門問事經一卷
婆羅門等諍訟經一卷
六師詣波斯匿王經一卷
尼揵齋經一卷
明星梵志經一卷
兜率梵志經一卷
梵志拔陁經一卷
梵志計大淨經一卷
梵志問疑經一卷
梵志意經一卷
梵志好母經一卷
梵志六師經一卷
梵志産女經一卷
天后賢女經一卷
德女問經一卷
貧女少施獲弘報經一卷
弥家女經一卷
二人作沙門弟斷兄舌經一卷
氣噓殺旃陁羅經一卷
眼能視殺人經一卷
孤獨三兄弟經一卷

阿剱他經一卷
不蘭伽經一卷
小申日經一卷
波羅奈婬四姓經一卷 或作婦字
波斯家主叩書不經一卷
投詣經一卷
強羅經一卷
金轉龍王經一卷
蘇呂龍王經一卷
三龍王經一卷
虎王經一卷
蝎王經一卷
毒龍馳施經一卷
放牛法經一卷 今疑是藏中放牛經
養牛經一卷
閻羅王經一卷 今疑是藏中五天使者經
餓鬼經一卷
錢抒泥犁經一卷
綖經一卷
殺經一卷
苦楚經一卷
慧進經一卷
法足經一卷

身數經一卷
選福經一卷
布施經一卷
助善經一卷
古來經一卷 今疑是藏中古來世時經
孝順經一卷
緣本經一卷 今疑是藏中緣本致經
度世經一卷
法藏經一卷
明住經一卷
善想經一卷
植質經一卷
名相經一卷
性異經一卷
滅佐經一卷
本鉢經一卷
案鉢經一卷
諸法經一卷
興脫經一卷
伏願經一卷
寶見經一卷
直提經一卷
明義經一卷

見在經一卷
釋論經一卷　祐云疑是大智度論抄之一度
雜事經一卷
百解經一卷　祐云疑即義百鞞解
釋學子經一卷
度道俗經一卷
諸福德經一卷
說人身經一卷
施色力經一卷
色入施經一卷
戒法律經一卷
未生火經一卷
未生冤經一卷
念佛品經一卷
須弥山經一卷
成敗品經一卷　經目或云成敗品第四似是樓炭經之品今檢樓炭無此品
世間珍寶經一卷　舊錄云世間成望珍寶經
現道神足經一卷
成行無相經一卷
悔過除罪經一卷
深自佹偉經一卷
布施持戒經一卷

生西方齋經一卷
造浴室法經一卷
有疑往解經一卷
長阿含方法經一卷
令人孝有德經一卷
入從出家者經一卷
心應深貪慕經一卷
地水火風空經一卷
求欲者除意經一卷
持戒教人殺生經一卷
七月十五日臘法經一卷
功高福暢有三意經一卷
歡喜布施有五事經一卷　或作勸字錯
三夢經一卷
三悔過經一卷
二乘無常經一卷
四署經一卷
四等五意經一卷
四政斷經一卷
四厚子經一卷
五署經一卷
五穀世經一卷
五亂經一卷

弟經一卷
六禪經一卷
六度六十行經一卷
六華阿惟越致經一卷
七衆經一卷
七流經一卷
七使經一卷
七華人攝死經一卷
七歲作善經一卷
八方方物無常經一卷
八雙經一卷
九結經一卷
九惱經一卷
九道觀身經一卷
十部僧經一卷
十二意經一卷
十二阿練若高行經一卷
十二部經名一卷
三十二僧那經一卷
三十四五意經一卷
五十德相經一卷
六十品經一卷
六十二疑經一卷

十二觀經一卷
百法經一卷
惟日三昧經一卷
月電三昧經一卷
無言三昧經一卷
阿和三昧經一卷
擢行法經一卷 今疑是藏中擇行法相經
須弥山譬經一卷
日月譬經一卷
海水譬經一卷
藥草譬喻經一卷
功德天譬經一卷
賢刼譬經一卷
金剛譬經一卷
寶藏譬經一卷
明珠譬經一卷
聚木譬經一卷
四天譬經一卷
五部威儀所服經一卷 或云五部僧服經高僧傳云自法相譯
結界文經一卷
沙弥離戒一卷
五戒報應經一卷

六足阿毗曇經一卷
雜譬喻經六卷 或云諸雜譬喻
譬喻經一卷 祐云異出更有一本今且存一
雜譬喻經一卷 九十一事
右三百七部三百四十卷 唯初九部九卷有本餘者並闕
並是梁代沙門僧祐錄中新集失譯諸經然僧祐本錄祐所新集摠一千三百六部一千五百七十卷今細搜撿餘九百九十九部一千二百三十卷多是諸別生經或長房等失譯錄中已載及有代錄之中標其譯主除此之外有三百七部三百四十卷搜撿長房等錄皆未曾載今新集於此以為失源然祐錄中但云失譯不標年代今且附於宋錄之末庶免遺漏焉
齊蕭氏都建業 亦云南齊
自高帝建元元年己未至和帝中興二年壬午凡經七主二十四年沙門七人所譯經律摠一十二部三十三卷 於中七部二十八卷見在

五部五卷闕本
沙門曇摩伽陁耶舍 一部一卷經
沙門摩訶乘 二部二卷律
沙門僧伽跋陁羅 一部十八卷律
沙門達摩摩提 二部二卷經
沙門求那毗地 三部六卷經集
沙門釋曇景 二部三卷經
沙門釋法化 一部一卷經
無量義經一卷 第二出見僧祐錄荊州隱士劉虬為序
右一部其本見在
沙門曇摩伽陁耶舍齊言法生稱中印度人悟物居情道利無捨以高帝道成建元三年辛酉於廣州朝亭寺譯無量義經一部耶舍手善隷書口解齊言傳受經人武當山沙門慧表永明三年賫至楊都繕寫流布
五百本生經一卷 見僧祐錄祐云未詳卷數房云一卷
他毗利律一卷 晉言宿德律見僧祐錄未詳卷數房云一卷
右二部二卷其本並闕
沙門摩訶乘西域人也栖心妙道結志弘通以武帝蹟永明年中於廣州譯五百本生經等二部

善見律毗婆沙十八卷（亦云毗婆沙律亦直云善見律見道慧宋齊錄及僧祐錄）

右一部一十八卷其本見在

沙門僧伽跋陁羅齊言衆賢西域人懐道放曠化恵無窮師資相傳云佛涅槃後優波離既結集律藏訖即於其年七月十五日受自恣竟以香花供養律藏便下一點置律藏前年年如是優波離欲涅盤持付弟子陁寫俱陁寫俱欲涅盤付弟子須俱須俱付弟子悉伽婆悉伽婆付弟子目揵連子帝須目揵連子帝須付弟子旃陁跋闍如是師師相付至今三藏法師（不出共名）三藏將律藏至廣州臨上舶反還云以律藏付弟子僧伽跋陁羅跋陁以武帝永明六年戊辰（房云）已共沙門僧禕於廣州竹林寺譯出名為善見律毗婆沙因共安居以永明七年已巳歳（房云庚午）七月半受自恣竟如前師法以香花供養律藏訖即下一點當

其年計得九百七十五點點是一年趙伯休梁大同元年於廬山值苦行律師弘度得此佛涅盤後衆聖點記年月訖齊永明七年伯休訪弘度云自永明七年已後云何不復見點弘度荅云自此已前皆是得道聖人手自下點貧道凡夫止可奉持頂戴而已不敢輙點伯休因此舊點下推至梁大同九年癸亥歳合得一千二十八年昇依伯休所計推至大唐開元十八年庚午之歳合得一千二百一十六年若然則是如來滅度遠近㕘著未堪取行（此聖點記與法顯所傳師子國佛牙精舍冨記年嵗全懸此云優婆黏律藏竟自忘了已手自下點年如是晨韓相付旅傳至今者此或不然尋此善見婆沙非是波離所纂乃是部爺巳後二中部中隨依所宋釋一索義殊丢而解非全部毗居也路此撰集後年下一點此或如然若言優波離手自下點者来可即為指南也）

妙法蓮華經提婆達多品第十二一卷（今編入妙法華經在第五卷初沙門法獻於于闐國得一卷梵本来建慧宋齊錄僧祐錄云於高昌郡譯梵本未卅執正）

觀世音懺悔除罪呪經一卷（永明八年十二月十五日譯見僧祐錄及寶唱錄）

右二部二卷（提婆達多品經見在觀世音懺悔呪闕本）

沙門達摩摩提齊言法意西域人悟物情深隨方啓諭以武帝永明八年庚午為沙門法獻於揚都瓦官寺譯提婆達多品等二部獻時為僧正初獻以宋元徽三年遊歴西域於于闐國得經梵本并及佛牙有迦毗羅神衞護還宋經至齊永明中共沙門法意譯出佛牙安置鍾山上定林寺（佛牙可長三寸圍亦如之色帶黄白其牙瑞當西若今印文而温潤光紫頗癡珠王護紫內經佛有四牙一在初剝天一在龍王宮一在師子國一在烏甚國此即烏甚國牙也後忽失之乃現于闐獻於于闐請還）到梁普通三年正月忽有數人並執器仗初夜扣門稱臨川殿下奴叛有人告云在佛牙閣上請開閣撿視寺僧從其言主師至佛牙座前開函取牙作三禮已錦巾盛牙繞山東去後尋却得還安定林隋文併陳仍在鍾岳至仁壽

三年內使令豫章王暕從揚州將獻文帝其年五月十五日勑送東禪定寺供養佛牙靈異具如僧祐佛牙記此不復廣其東禪定寺即今大莊嚴寺是也

須達經一卷 一名須達長者經出中阿含第三十九卷異譯見長房錄及高僧傳祐云建武二年出

百喻經四卷 亦云百句譬喻經或五卷天竺僧伽斯那撰永明十年九月十日譯見僧祐等出云譯成十卷卌之四卷百事足矣

十二因緣經一卷 第三出與貝多樹下經同本祐云建武二年出見高僧傳及房錄

右三部六卷 前二部五卷見在後一部一卷闕本

沙門求那毗地齊言德進中印度人弱齡從道師事天竺大乘法師僧伽斯那聰慧強記勤於諷習所誦大小乘經十餘万言兼學世典明解陰陽其候時逆占多有徵驗故道術之稱有聞西域建元初来至江淮止毗耶離寺執錫從徒威儀端肅王公已下竟相請謁初僧伽斯那於天竺國抄集脩多羅藏十二部

經中要切譬喻撰為一部凡有百事以教授新學毗地悉皆通誦兼明義旨以武帝永明十年壬申秋九月譯為齊文即百喻經也復出須達及十二因緣經自宋大明已後譯經殆絕及其宣流法寶世咸美之毗地為人弘厚有識度善於接誘勤躬行道夙夜匪懈是以外國僧衆萬里歸集南海商人悉共宗事供贈往来歲時不絕性頗畜積富於財寶然營建法事已無私焉於建鄴淮側造正觀寺重閣層門殿房整餝養徒施化德業甚著以中興二年冬卒

摩訶摩耶經一卷 第二出一名佛昇忉利天為母說法經亦直云摩耶經或二卷見王宗寶唱法上等三錄

未曾有因緣經二卷 度羅睺羅沙弥序亦直云未曾有經第二出見始興錄

右二部三卷其本並在

沙門釋曇景不知何許人於齊代譯摩耶經等二部群錄直云齊世譯出既不顯年未詳何帝

腹中女聽經一卷 第五出與無垢賢女經等同本房云見古錄

右一部一卷闕本

沙門釋法化以廢帝寶卷永元年中誦出胎中女聽經一部衆錄相承並云誦出未詳誦意依而列之以有先譯故免疑失 長房內典錄云齊時江州沙門道政删改弥勒成佛經一卷此不然如後大乘錄中廣述房等復云齊代少門法度於楊都出庆河經一卷毗跋律一卷今以庆河經出雜阿含其毗跋律隨法經錄云法度偽造以盜律名今廢不立房等又云齊代少門釋法屈譯益意經二卷今以此經即是齊末梁初僧法且開目誦出者今見有本文理差科不可流行若言齊末出者祐錄何故不載今編疑部正錄不存房等又云齊代沙門道僧出九傷学經五部五卷群錄注疑今依舊為定

貞元新定釋教目錄卷第八

丙午歲高麗國大藏都監奉

勑雕造

貞元新定釋教目錄卷第九　說

西京西明寺沙門　圓照　撰

揔集群經錄上之九

梁蕭氏都建業亦云前梁

自武帝天監元年壬午至敬帝太平二年丁丑凡經四主五十六年緇素九人所出經律論及諸傳記等并新集失譯諸經揔四十七部二百一十七卷

於中四十一部二百七卷見在六部十卷闕本

沙門釋僧祐三部　三十九卷諸錄集

沙門曼陁羅仙三部　十一卷經

沙門僧伽婆羅十一部三十三卷經論傳

沙門釋寶唱二部五十四卷經集尼傳

沙門釋明徽一部一卷尼戒

王子月婆首那一部一卷經

沙門波羅末陁十一部二十四卷經論

沙門釋慧皎一部十四卷僧傳

無名氏一部十六卷佛名經集

新集失譯諸經一百部一百五卷經論集

釋迦譜十卷於齊代撰刊有五卷本與此廣略異房云四卷恐誤見僧祐錄及長房內典等錄合入齊錄舊人附梁

出三藏記集十五卷祐錄自云十卷見有十五見有十卷長房內典二錄並云十四見僧祐長房內典等錄亦齊時撰

弘明集十四卷祐等三錄並云十卷今見十四卷僧祐長房內典等錄

右三部三十九卷其本並在

沙門釋僧祐楊都建初寺僧也。本姓俞氏其先彭城下邳人父世居建業祐年數歲入建初寺禮拜因踊躍樂道不肯還家父母憐其志且許入道師事僧範道人年十四家人密為訪婚祐知而避至定林投法達法師達亦戒德精嚴為法門梁棟祐師奉竭誠及年滿具戒執操堅明初受業於沙門法穎穎既一時名匠為律學所宗祐乃竭思鑽求無替曉夕大精律部有勵先哲武帝衍深相礼遇凡僧事碩疑皆敕審決年衰脚疾敕聽乘輿入內為六宮受戒其見重如此及齊竟陵文宣王子良梁臨川王宏南平王偉儀同陳郡袁昂永康定公貴嬪丁氏等並崇其戒範盡師資之敬凡白黑門徒万有餘眾祐洞明律藏兼善文藻搜集記錄撰為部帙庶尋覽之者功省而博達實法門之綱要釋氏之元宗也自蕭齊末爰及梁代撰釋迦譜等三部自外法苑集世界記師資傳等以非入藏故闕不論並如三藏記等具顯

文殊師利所說摩訶般若波羅蜜經二卷或一卷亦直云文殊般若波羅蜜經初出與僧伽婆羅出者同大般若第七會曼殊室利分同本編入寶積當第四十六會見李廓錄及續高僧傳

法界體性無分別經二卷第二出今編入寶積當第八會見李廓寶唱二錄及續高僧傳

寶雲經七卷初出與陳代須菩提大乘寶雲經及[illegible]達摩流支寶雨經等同本異譯見陳錄及續高僧傳

右三部一十一卷其本並在

沙門曼陀羅仙梁言弱聲亦云弘弱扶南國人神解超悟幽明畢觀無憚夷險志在開化大賫梵經遠來貢獻以武帝天監二年癸未届于楊都勑僧伽婆羅令共翻譯遂出文殊般若等經三部雖事傳譯未善梁言故所出經文句隱質

文殊師利所說般若波羅蜜經一卷 第二出与前曼陀羅出者及大般若曼殊室利分同本房云少前曼陀羅所出二卷者

大乘十法經一卷 初出与元魏覺定所出十法經同本

普通年譯

度一切諸佛境界智嚴經一卷 第二出与元魏曇摩流支入佛境界經同本

八吉祥經一卷 若人聞此八佛名号不爲一切諸鬼神衆難所侵第四出与八吉祥呪及八陽神呪經等同本

孔雀王呪經二卷 亦云孔雀王陀羅尼經第十譯与唐義淨大孔雀呪王經等同本

舍利弗陀羅尼經一卷 此呪有神力若能持者靈山有八夜叉王常來擁護所欲隨心第一譯与支謙所出無量門微密持經等同本

文殊師利問經二卷 亦直云文殊問經天監十七年於占雲館譯袁曇允筆受光宅寺沙門法雲詳定

菩薩藏經一卷

解脫道論十二卷 亦二十三卷天監十四年於占雲館譯

阿育王經十卷 或加大字第二出与晉安欽育王傳同本異譯天監十一年六月二日於楊都壽光殿譯見寶唱錄

右一十部三十二卷其本並在 並見長房錄續高僧傳中每有部數名不備列

沙門僧伽婆羅梁言衆鎧亦云僧養扶南國人也幼而穎悟早附法律雖經論具探而偏習對法聲聞漸布垂譽海南具足之已後廣精律藏勇意觀方樂宗開化聞齊國弘法隨船至都住正觀寺為天竺沙門求那跋陀弟子復從跋陀研精方等未盈炎燠傳涉多通乃解數國書語值齊曆亡隆道教凌夷婆羅乃靜絜身心外絕交故擁室栖閑養素資業大梁御寓搜訪術能以天監五年被勑徵召於揚都壽光殿華林園正觀寺占

雲館扶南館等五處傳譯即以天監五年景戌至普通元年庚子譯文殊般若經等十部 其梵本並是曼陀羅獻者長房錄後云婆羅更出育王傳五卷者非也前育王經即是其傳不合重載 初翻經日於壽光殿武帝躬臨法座筆受其文然後乃付譯人盡其經本勑沙門寶唱慧超僧智法雲及袁曇允等相對疏出華質有叙不墜譯宗天子禮接甚厚引為家僧所司資給道俗改觀婆羅不畜私財以其嚫施成立寺宇大尉臨川王宏接遇隆重普通五年因疾卒于正觀寺春秋六十有五

經律異相五十卷 天監十五年奉勑撰錄云并目錄五十五卷今闕目但五十卷共目第篇題應無別事見寶唱錄及長房錄

比丘尼傳四卷 晉宋齊梁四代尼行新編入錄

右二部五十四卷其本並在

沙門釋寶唱楊都莊嚴寺僧也俗姓岑氏吳郡人僧祐律

師之高足也博識洽文筆有其疋武帝甚相崇敬天監年中頻勅撰集皆愜帝旨十五年景申又勅撰集經律異相一部唱又撰尼傳四卷房錄之中復有名僧傳等七部非此入藏故闕不論餘並備在續高僧傳

五分比丘尼戒本一卷 亦云彌沙塞律出沙彌尼戒本見寶唱錄

右一部一卷其本見在

沙門釋明徽楊都建初寺僧也戒行精苦習彌沙塞部徽以宋時覺壽譯彌沙塞律但出比丘戒本而無尼戒遂以武帝普通三年壬寅於大律內抄出尼戒一卷即今見行者是 撰錄者曰捻此戒中衆學之後無七滅諍律本雖略准義合安宜可尼僧有諍不殊共律正文与僧同有故彼律第四十云衆學法中唯除仟革及水七滅諍法隨順注並同比丘徽師不安理不通也

大乘頂王經一卷 亦云維摩兒經第三出西晉法護云

貞元新定釋教錄卷第九　第七張　說

等王乃匯多善惡童子經等同本見長房錄及續高僧傳

右一部一卷其本見在

王子月婆首那中印度優禪尼國王之子 此優禪尼國或云在南天竺亦云在西天竺來能定矣或可此國據在中天之錄傳西近南故傳說並設不定一方 生而僑朗體悟幽微專學佛經尤工義理洞曉音韻兼善方言先於東魏興和年中譯經三部梁大同中從魏之梁武帝留住勅遣總知外國使命因譯頂王經一部

金光明經七卷 或六卷二十二品承聖元年於正觀寺及楊雄宅出陳世翻出四卷者有十八品真諦更出四品至前成二十二分為七卷今在刪繁錄

無上依經二卷 梁紹泰三年丁丑九月八日於平國縣南康內史劉文陀請令譯見經後記房云陳代出者非也諸家費並元紹泰三年如別錄中

涅槃經本有今無偈論一卷 房云大清四年捨會諸年曆太清不至四年巳下並同

決定藏論三卷 中有梁言字是梁代譯為異文句是真諦出也

大乘起信論一卷 初出与唐實叉難陀出者同本承聖

貞元新定釋教錄卷第九　第八張　說

如實論一卷 二年癸酉九月十日於衡州始与律興寺出月婆首那筆傳語沙門智證等執筆并製序見論序 初題云如實論及質難品房云大清四年出

仁王般若經一卷 承聖三年於豫章寶田寺譯第三出与西晉法護等出者同本

彌勒下生經一卷 承聖三年於豫章寶田寺譯第五出与羅什出者同本

十七地論五卷 与唐譯瑜伽師地論同本翻得五卷遇難遂輟見續高僧傳太清四年於富春令陸元哲宅為沙門寶瓊等二十名德譯

中論一卷 房云大清四年出

三世分別論一卷 房云大清四年出巳上並見長房內典等錄

右一十一部二十四卷 如實論上六部一十五卷見在仁王經下五部九卷闕本

沙門波羅末陀梁言真諦或云拘羅那他此日親依並梵文名字也本西印度優禪尼國人婆羅門種姓頗羅墮景行澄明器宇清肅風神爽拔悠然自遠群藏廣部罔不厝懷藝術異能偏素諳練雖遵融佛理而以通道知名遠涉

貞元新定釋教錄卷第九　第九張　說

艱開無憚夷險歷遊諸國遂止中天梁武大同中勅直省張氾等送扶南獻使返國仍遣躬中天竺摩伽陀國請名德三藏并求大乘諸論雜華經等真諦遠聞行化儀軌聖賢搜選名匠惠益氓品彼國乃屈真諦并賫經論恭膺帝旨既素蓄在心澇然聞命以大同十二年八月十五日達于南海沿歷險阻仍滯兩春以大清二年閏八月始屆都邑武皇面申禮敬安置於寶雲殿竭誠供養帝欲傳翻經教不羨秦時更出新文有逾齊日屬道銷梁季寇羯憑凌法為時崩不果宣述乃步入東土又往富春令陸元哲創奉問律將事傳譯招延英秀沙門寶瓊等二十餘人翻十七地論適得五卷而國難未靜側附通傳至大寶年為侯景請還在臺供養于斯時也兵飢

相接法鐵頻焉會元帝啓祚承聖清夷乃止于金陵正觀寺與願禪師等二十餘人翻金光明經三年二月還返豫章又往新吳始興後隨蕭大保度嶺至于南康並隨方翻譯栖遑靡託譯於梁代所出經論揔十一部梁末入陳復出經論如後所述長房內典等錄有十八部論一卷亦云諦譯今尋文句非是諦翻既與部執本同不合再出今此刪之如別錄中述復有金光明疏等六部二十六卷並是真諦所撰亦並刪之（長房內典等錄復云天監十五年竺道賢獻優婁頻螺經一卷直云獻上不辯委曲且編註錄此刪不載）

高僧傳十四卷（序錄一卷傳十三卷共成十四卷天監十八年撰見長房內典二錄）

右一部一十四卷其本見在

沙門釋慧皎未詳氏族會稽上虞人學通內外博訓經律住嘉祥寺春夏弘法秋冬著述

撰涅槃梵網義疏又以唱公所撰名僧頗多浮冗因遂開例成廣著高僧傳一部始于漢明帝永平十年終至梁天監十八年凡四百五十三載二百五十七人又傍出附見者二百三十九人都合四百九十六人開其德業大為十例其序略云前之作者或嫌以繁廣刪減其事而抗迹之奇多所遺削謂出家之士處國賓王應慠然自遠高蹈獨絕尋辭榮棄愛本以勵俗為賢若此而不論竟何所紀又云前代所撰多曰名僧竊謂名之與高如有優劣至若實行潛光則高而不名寡德適時則名而不高名而不高本非所紀高而不名則備之今錄故省彼名音代以高字謹詳覽此傳義例甄著文詞婉約實可以傳之不朽永為龜鏡矣

大佛名經十六卷（內題但云佛名經或三十二卷或十）

（四卷）右一經時俗號為馬頭羅
剎佛名傳出梁代未詳撰者
名姓開元錄云似是近代所
集乃取留支所譯十二卷者
錯綜而成於中取諸經名目
後取辟支佛名及菩薩名諸
經阿羅漢名以為三寶次第
揔有三十二件禮三寶後皆
有懺悔懺悔之下仍引馬頭羅
剎偽經置之於後乃以凡俗鄙
語雜於聖言本經雖真以有
偽雜作此挍量編於偽妄亂
真錄中不得入藏由斯可否
已數百年聖上文思聰明遠
承付囑崇闡釋教導揚真乘
覩驗其文許編入藏貞元十
五年十月二十三日乃須
制日大佛名經一部十六卷
在右監門衛將軍知內侍省
事馬承倩奏前件經未入藏
目錄　勑旨宜令所司附人
目錄又舊錄云尋其所集之

者全是庸愚只如第四卷中
南無法顯傳經在法寶中列
此是行記元非是經置法寶
中謬誤之甚古來諸日雖閑
三藏對事猶迷以傳為經斯
其事也以編集傳經請除之又
舊錄云如第九卷云南無富
樓那（唐言具滿）南無弥多羅（唐言慈尼者子）
滿慈子經中分二今請合稱
大唐大遍覺三藏玄奘譯云
又云南無阿難羅睺羅此乃
二人經中合一今請分二亦
何過焉諸如此流伏請改正
下順人望上副天心編入貞
元新定釋教目錄（傳出梁朝附於梁代）

新集失譯諸經

摩利支天經一卷（或云小摩利支天經是陀羅尼集經第十卷初摩利支經少分異譯）
六字神呪王經一卷（第二出與六字呪王經同本）
虛空藏菩薩問佛經一卷（亦云虛空藏菩薩問七佛陀羅尼呪經亦云七佛神呪經初出與隋譯如來方便善巧呪經同本）
三劫三千佛名經三卷（過去莊嚴劫千佛名經卷

上現在賢劫千佛名經卷中未來星宿劫千佛名經卷下見長房入藏錄彼為三本經今合為一部）
牟梨曼陀羅呪經一卷（或无經字）
阿吒婆拘鬼神大將上佛陀羅尼經一卷（亦直云阿吒婆拘呪經）
阿弥陀鼓音聲王陀羅尼經一卷
大普賢陀羅尼經一卷
大七寶陀羅尼經一卷
六字大陀羅尼經一卷
長者女菴提遮師子吼了義經一卷
菩薩五法懺悔文一卷（亦名菩薩五法懺悔經）
陀羅尼雜集一卷
大乘五陰論一卷（婆藪盤豆菩薩造見陳朝大乘寺藏錄初出與唐譯大乘五蘊論同本）
右一十四部二十五卷除五陰
論餘並入藏見長房等失譯錄
中闕而不載尋其文句非是遠
代故編梁末以為梁代失源云

魏（亦云後魏）

元氏初都恒安南遷洛陽後還鄴
始從道武帝皇始元年景申（丙申）（晉太元二十一年也）終梁魏孝靖帝武定
八年庚午凡一十三帝一百五
十五年（五帝都恒安至孝文帝太和十八年南遷七帝）

（都洛陽二主都鄴）

緇素一十二人所譯經論傳等
惣八十三部二百七十四卷於
中七十三部二百五十五卷見
在一十部一十九卷闕

沙門釋慧覺一部一十三卷（集經）
沙門釋曇曜三部七卷（經傳）
沙門吉迦夜五部一十九卷（經論傳集）
沙門曇摩流支三部八卷（經）
沙門釋法場一部一卷（經）
沙門勒那摩提三部九卷（論）
沙門菩提留支三十部一百一十卷（經論）
沙門佛陀扇多一十部一十一卷（經論）
婆羅門瞿曇般若流支一十八部九十二卷（戒論）
王子月婆首那三部七卷（經）
沙門毗目智仙五部五卷（論）
沙門達磨菩提一部一卷（論）

賢愚經十三卷（或十五卷或十六卷或十七卷亦云賢愚因緣經見道慧宋齊錄及僧祐錄）

右一部一十三卷其本見在

沙門釋慧覺一云曇覺祐云曇覺涼州人墻仞連霄風神爽悟

戒地清拔慧鑒通微於于闐國得經梵本以太武皇帝太平真君六年乙酉從于闐還到高昌國共沙門威德譯賢愚經一部見靖邁經圖（按梁沙門僧祐賢愚經記云河西沙門釋曇威德等凡有八僧結志遊方遠尋經典於于闐大寺遇般遮于瑟者漢言五年一切大衆集也三藏諸學各弘法寶說經講律依業而教德等八僧隨緣分聽於是競習胡音析以漢義精思通譯各書所聞還至高昌乃集為一部既而踰越流沙賫到涼州于時沙門釋慧朗河西宗匠道業淵博總持方等以為此經所記源在譬喻譬喻所明兼載善惡相翻即賢愚之分也前代傳經已多譬喻故因事改名號曰賢愚焉）

大吉義神呪經二卷（或四卷見法上錄）
淨度三昧經一卷（第四出見並道祖錄及續高僧傳）
付法藏傳四卷（第二出見菩提留支錄及續高僧傳）

右三部七卷（吉義呪經一部二卷見在淨土經等二部五卷闕本）

沙門釋曇曜未詳何許人也少出家攝行堅貞風鑒閑約以魏和平年中任北臺照玄統綏緝僧衆妙得其心住恒安石窟通樂寺即魏帝之所造也去恒安西北三十里武周山北面石崖

就而鐫之建立佛寺名曰靈巖龕之大者舉高二十餘丈可受三千許人面別鐫像窮諸巧麗龕別異狀駭動人神櫛比相連三十餘里東頭僧寺恒供千人碑碣見在未卒陳委先是太武皇帝太平真君十年司徒崔皓邪佞諛詞令帝崇重道士寇謙之拜為天師珍敬老氏殘害釋種焚毀寺塔至庚寅年大武感致癘疾方始開悟兼有白足禪師来相啓發生愧悔心即誅崔皓埋之都市以口為廁令衆穢之至壬辰年大武云崩孫文成立即起塔寺搜訪經典毀法七載三寶還興曜慨前陵廢欣今重後以和平三年壬寅故於北臺石窟集諸德僧對天竺沙門譯吉義等經三部流通後賢意在無絕

大方廣菩薩十地經一卷（第五出與羅什莊嚴菩提心經等同本見始興錄及道慧宋齊錄）
偁揚諸佛功德經三卷（亦名集諸佛華經一直名集華）

經一名現在名經或四卷第三出羅什等出者同本見道慧宋齊錄

方便心論一卷或二卷凡四品第二出與東晉覺出者同本見道慧宋齊錄及僧祐錄

付法藏因緣傳六卷或無因緣字亦云藏經或四卷或二卷見道慧宋齊錄第三出與宋智嚴魏曇曜出者同本亦見僧祐錄

雜寶藏經八卷錄云十三卷未詳今只有八卷或恥分此為十三也見道慧宋齊錄及僧祐錄

右五部一十九卷

沙門吉迦夜魏云何事西域人也遊化在慮導物為心以孝文帝延興二年壬子與照玄統沙門曇曜譯大方廣十地等經五部劉孝標筆受

信力入印法門經五卷正始元年出華嚴眷屬經

如來莊嚴智慧光明入一切佛境界經二卷亦名如來入一切佛境界景明二年於白馬寺出第一譯與梁僧伽婆羅度一切諸佛境界智嚴經同本

金色王經一卷初出與瞿曇流支譯同本正始四年出法上錄云菩提留支後更重勘

右三部八卷前二部十卷見在後一部一卷闕本

沙門曇摩流支魏云法希亦曰法樂南印度人棄家入道偏以

律藏傳名弘道為務感物而動宣武帝世遊化洛陽以景明二年辛巳至正始四年丁亥為宣武帝譯信力等經三部沙門道寶筆受見長房錄等

辯意長者子經一卷或云辯意長者子所問經一名長者辯意經見法上錄

右一部一卷其本見在

沙門釋法場未詳何許人也亦以宣武帝時於洛陽譯辯意經一部按經者曰譒按高僧等傳出云晉時道安出家數載方除師求經師劍付辯意經一卷可五千言一覽便誦又安公失譯復載其名作此衆晉之時辯意已行於世如何至魏宣武始云法場出也

妙法蓮華經論一卷婆藪槃豆菩薩造亦云法華經論傳侍中崔光僧朗等筆受見長房錄初出與菩提留支譯者大同小異題云妙法蓮華經優婆提舍

究竟一乘寶性論四卷亦云寶性分別七乘僧上論或二卷或五卷於趙欣宅出見寶唱錄第二出譯與菩提留支出者同本

寶積經論四卷第二出與菩提留支大乘寶積經論同本見寶唱錄

右三部九卷前二部五卷見在後一部四卷闕本

沙門勒那摩提或云婆提魏言寶意中印度人學識優贍理事兼通三藏教文凡誦一億偈偈三十二字尤明禪觀意在遊化以宣武帝正始五年戊子初屆洛邑達譯法華論等三部沙門僧朗覺意侍中崔光等筆受當翻經日於洛陽內殿菩提留支傳本勒那扇多參助其後三德乃徇流言各傳師習不相詢訪帝以弘法之盛略敘曲煩勅三處各翻訖乃參校其間隱沒乎有不同致有文言時兼異綴後人合之共成通部見寶唱等錄所以法華寶積寶性等論各有兩本耳初寶意沙門神理標異領牒魏詞徧盡隅隩帝每令講華嚴經披釋開悟精義每發一日正處高座忽有持芴執名者形如大官云奉天帝命來請法師講華嚴經意曰今以法席尚未停止待訖經文當從來命雖然法事所資獨不能建都講香火維那梵唄

咸亦須之可請令定使者即如
所請見講諸僧既而法事將了
又見前使云奉天帝命故來下
迎意乃含笑熙怡告衆辭訣奄
然卒於法座都講等四僧亦同
時俱逝凡所聞見歎未曾有毗

耶婆問經二卷 長房等錄並云寶意於洛陽譯今按經序乃云太和四年羅婁流支於鄴都譯今在羅婁錄十

十地經論十二卷 注云前譯未善魏言多有器世間為蓋子世間後因入緣齊見諸宿德從弟子索器乃皆徒錄器世間器是招名遙攸為器世間此十地論長房寺錄勒那摩提二撰及侯令裁崔光在布乃云菩提流支勒那摩提論洛陽殿內二人同譯佛陀扇多傳語帝親筆受二錄名在理符來可令合為一本在留支錄中

香方一卷 凡五十法今以非三藏教故來錄之 龍樹菩薩和

上之三部今並刪也

金剛般若波羅蜜經一卷 永平二年於胡國譯是第二出僧朗筆受與秦世羅什及般若第九會能斷金剛分等同本見法上錄

弥勒菩薩所問經一卷 第二出與大乘方等要慧經同本於趙欣宅譯覺意筆受今編入寶積第四十一會故名弥勒菩薩同八法會

勝思惟梵天所問經六卷 神龜元年於洛陽譯

貞元新定釋教目錄卷第九 第三十張 說

是第三出與護持心羅什思益正同本異出見法上錄及續高僧傳

深密解脫經五卷 全本初譯延昌三年於洛陽出僧辯筆受與唐譯解深密經及相續解脫解節經等並同本見法上錄及續高僧傳

入楞伽經十卷 延昌二年譯是第二出與宋功德賢四卷楞伽及唐譯大乘入楞伽經同普明寺僧朗道湛筆受見續高僧傳

大薩遮尼乾子所說經十卷 或云受記元所說字或八卷一名菩薩境界奮迅法門經正光元年於洛陽為司州牧汝南王出第二譯與神通變化經同

無字寶篋經一卷 經等同本初出僧朗筆受與唐譯大乘離文字

伽耶山頂經一卷 亦云伽耶頂經第二出與羅什文殊問菩提經等同本

謗佛經一卷 第二出與西晉法護決定總持經同本

大方等脩多羅王經一卷 初出與同世般若流支轉有經同覺之出者

佛語經一卷 初出與同本僧朗筆受

佛名經十二卷 或云十三卷或分為二十卷正光年於胡相國宅譯見續高僧傳

護諸童子陀羅尼經一卷 亦云護諸童子請求男女陀羅尼經

法集經六卷 或六卷或八卷延昌四年於洛陽出

貞元新定釋教目錄卷第九 第二十七張 記

差摩婆帝受記經一卷 正光六年於洛陽出七紙或云二卷者誤

不增不減經一卷

十地經論十二卷 或十五卷天親菩薩造永平元年四月於太極紫亭出譯經帝親筆受後付沙門僧辯等至四年夏首畢見崔光序等記

弥勒菩薩所問經論五卷 或六卷或十卷是寶積第四十一會弥勒所問經論於趙欣宅出

大乘寶積經論四卷 即寶積經第四十三普明菩薩會者第一譯與寶出同本異譯單

金剛般若波羅蜜經論三卷 天親菩薩造永平二年於胡相國宅出僧朗筆受第一譯與唐義淨所出能斷金剛論同本

文殊師利菩薩問菩提經論二卷 一名伽耶山頂論婆藪盤豆菩薩造天平二年在鄴城般舟寺出僧辯道湛筆受

法華經論二卷 題云妙法蓮華經優波提舍或一卷婆藪槃豆菩薩造筆受并製序第二出前寶意出者同本初有歸敬頌者是見續高僧傳

勝思惟梵天所問經論四卷 或三卷普泰元年洛陽元桃陽宅出僧朗筆受文瑜云十卷亦見續高僧傳

無量壽經論一卷 婆藪盤豆菩薩造亦名願生偈永安二年於洛陽出僧辯筆受

十二因緣論一卷 淨意菩薩造永安二年出僧辯筆受

貞元新定釋教目錄卷第九 第三十一張 說

百字論一卷 提婆菩薩造

破外道小乘四宗論一卷 提婆菩薩造

破外道小乘涅槃論一卷 提婆菩薩造

實性論四卷 或五卷初出與寶意出者同本 已上並見在長房錄及內典錄

右三十部一百一卷 前二十九部見在 後實性論一部闕本

沙門菩提留支魏言道希北印度人也遍通三藏妙入惣持志在弘法廣流視聽遂挾道宵征遠莅葱左以魏永平之歲至止東華宣武下勅慇懃敬勞後勑之永寧大寺供待甚豐七百梵僧並皆周給勑以留支為譯經之元匠也其寺本孝明帝熈平元年靈大后胡氏所立在宮前閶闔門南御道之東中有九層浮圖架木為之舉高九十餘丈上有金剎復高十丈出地千尺去臺百里已遙見之初營基日掘至黃泉獲金像三十二軀太后以為嘉瑞奉信法之徵也是以飾制瑰奇窮世華美剎表置

金寶瓶容二十五斛承露金盤一十一重鐵鎖角張鎖及鎖上皆有金鐸如一石甕九級諸角皆懸大鐸上下凡有一百三十枚其塔四面九間六窓三戶皆朱漆扉扇垂諸金鈴層有五千四百枚復施金鐶鋪首佛事精妙殫土木之工繡柱金鋪驚駭心目高風永夜鈴鐸和鳴鏗鏘之音聞十餘里北有正殿形擬太極中諸像設金玉珠繡作工巧綺冠絕當世僧房周接千有餘間臺觀星羅參差間出彫飾朱紫績以丹青栝栢楨松異草蒙集院臺周匝皆施椽瓦正南三門樓開三道三重去地二百餘尺若天門赫弈華麗夾門列四力士四師子飾以金玉莊嚴煥爛東西兩門例皆如此所可異者惟樓兩重北門通道俠路而置其四門外樹以青槐亘以淥水京師行旅多庇其下路斷飛塵不由淹雲之潤清風送涼豈藉合

歡之發乃詔中書舍人常景製寺碑文故云須弥寶殿兜率淨宮莫尚於斯是也外國所獻經像皆在此寺寺既初成明帝及太后共登浮圖視宮中如掌內下臨雲雨上天清朗以見宮中事故禁人不聽登之時有西域沙門菩提達摩者波斯國人也趍自西域來遊洛京見金盤炫日光照雲表寶鐸含風響出天外歌詠讚嘆疑是神工自云年一百五十歲歷涉諸國靡不周遍如此寺精麗閻浮所無也諂佛境界亦無有比口唱南無合掌連日孝昌二年大風發屋拔樹剎上寶瓶隨風而墮入地丈餘復命工人更安新者至永熙三年二月為天所震帝登凌雲臺望火遣南陽王寶炬錄尚書孫稚將羽林一千人來救于斯時也雷雨晦冥霰雪交往第八級中平旦火起有二道人不忍焚燼投火而死其焰相續經餘三月入

地剎柱乃至周年猶有煙氣其年五月有人從東來郡至云見浮圖在於海中光明儼然周覩非一俄而雲霧乱起失其所在至七月平陽王為侍中斛斯椿所脅西奔長安至十月而洛京遷于漳鄴先時留支奉勑創翻十地經論厥初命章宣武皇帝親自筆受然後方付沙門僧辯等訖盡論文佛法隆盛英儁蔚然相從傳授孜孜如也三藏留支從洛陽宣武帝永平元年戊子至鄴都孝靖帝天平二年乙卯將三十年相继翻譯出金剛般若等經十地等論共三十部帝又勑清信士李廓撰衆經録廓學通玄素條貫經論雅有標擬故其録云三藏法師留支房内經論梵本可有万夾所翻新文筆受藁本滿一間屋然其慧解與勒那相亞而神悟聰敏洞善方言兼工呪術則無抗行矣嘗坐井口澡灌内空弟

子來來無人汲水留支乃操柳枝聊撝井中密加誦呪纔始數遍泉水上涌平及井欄即以鉢酌用之盥洗旁僧具見莫測其神咸共嘉歎大聖人也留支曰勿妄褒賞斯乃術法外國共行此方不習謂為聖耳懼惑世罔遂秘不宣

奮迅王問經二卷

不必定入印經一卷

一切法高王經一卷

第一義法勝經一卷

一順中論二卷 已上五部七卷長房等録並云菩提留支所譯今按經初本譯序記並云瞿曇流支非菩提也今移在瞿曇録中

寶髻菩薩四法經論一卷

三具足經論一卷

轉法輪經論一卷 已上三部三卷房等亦云菩提留支所譯撰序記乃是毗目智仙故此三部亦移録

衆經論目録一卷 此是留支所撰非是梵本別翻今目録中敘此不復存也

菩薩境界奮迅法門經十卷 寶唱録云菩提留支譯今以即是薩遮尼乾子經異名故不存別

十法經一卷 元象二年於鄴都出第二譯与梁伽婆羅出者同本今編入寶積當第九會名大乘十法會

無畏德菩薩經一卷 亦云無畏德女經元象二年於鄴都譯第五出阿術達經等同本編入寶積當第三十三會曇林筆受

如来師子吼經一卷 正光六年於洛陽出第一譯与唐日照方廣師子吼經同本

銀色女經一卷 元象二年於鄴都譯第二出与西晉法護前世三轉經同本

正恭敬經一卷 一名威德陁羅尼中說經或名正恭敬經元象二年於鄴都出第一譯与闍那崛多善恭敬經同本

轉有經一卷 元象二年於鄴都譯第二出与菩提留支方等修多羅同本

阿難陁目佉尼訶離陁隣尼經一卷 第八譯与支謙無量門微密持經同本

金剛上味陁羅尼經一卷 正光六年於洛陽出第一譯与隋崛多金剛場經同本

攝大乘論二卷 普泰元年於洛陽出与陳真諦隋笈多所譯攝論同本阿僧佉作

無字寶篋經一卷 元象二年於鄴都出第二譯与留支等出者同上十部並見隋費長房録及唐內典録等

右一十部一十一卷 前九部十卷見在後一部一卷闕

沙門佛陁扇多魏言覺定北印
度人神悟聰敏內外博通特善
方言尤工藝術以孝明帝正光
六年乙巳至孝靖帝元象二年
己未於洛陽白馬寺及鄴都金
華寺譯十法等經十部沙門曇
林等筆受

得無垢女經一卷 或無得字一名論義辯才法門興和三年於鄴都出第三譯與寶積無垢施會及法護離垢施經同本見長房錄

聖善住意天子所問經三卷 興和二年於鄴城金華寺出曇林筆受第五譯或四卷與寶積善住意會及法護如幻三昧經等同本見長房錄

毗耶娑問經二卷 初出與寶積廣博仙人會同本興和四年七月十七日於尚書令儀同高公第譯三十日畢沙門曇林筆受見經前序記

奮迅王問經二卷 第二出與羅什自在王經同本興和四年七月三十日於尚書令儀同高公第內荅夫創譯沙門曇林筆受見經前序記

不必定入定印經一卷 初出與唐義淨入定不定印經同本興和四年九月十九日於尚書令儀同高公第譯沙門曇林筆受見經前序記

一切法高王經一卷 一名一切法義王經第三出為諸法

勇王經等同本興和四年六月二十三日在賓太尉定晶寺譯沙門曇林筆受見經前序記

第一義法勝經一卷 初出與大威燈光仙人經同本興和四年九月一日於尚書令儀同高公第譯沙門曇林筆受見經前序記

金色鹿王經一卷 興和四年於金華寺沙門曇林筆受第二出與曇摩留支出者同本見長房錄

八部佛名經一卷 亦云佛經興和四年於金華寺出沙門曇林筆受見長房錄

順中論二卷 無著菩薩造武定元年八月十日尚書令儀同高公第譯沙門曇林筆受

唯識論一卷 一名破色心論云唯識無境界論在金華寺出天親菩薩造第一譯與陳真諦唯識論及唐譯二十唯識論並同本見長房錄

壹輸盧迦論一卷 龍樹菩薩造在金華寺出見長房錄云伽迦輸盧迦論

正法念處經七十卷 興和元年於鄴城大丞相高澄第譯曇林僧昉等筆受見長房錄

無垢優婆夷問經一卷 興和四年出見長房錄

解脫戒本一卷 出迦葉毗部武定元年在鄴都侍中尚書令高澄請出見經前序僧昉筆受并製序亦見長房錄

菩薩四法經一卷 金華寺出曇林李希義等筆受見長房錄

寶意猶兒經一卷 於金華寺為高仲密出見長房錄

積子道人問論一卷 於金華寺為高仲密出李希義筆受見長錄

右一十八部九十二卷 解脫戒上一十五部八十九卷見在菩薩四法下三部三卷闕本

婆羅門瞿曇般若流支魏云智
希中印度波羅㮈城淨志之種
少學佛法妙閑經旨神理標異
領悟方言以孝明帝熙平元年
遊寓洛陽後京師遷鄴亦與時
從以孝靜帝元象元年戊午至
武定元年癸亥於鄴城內在金
華昌定二寺及尚書令儀同高
公第內譯得无垢女等經一十
八部沙門僧昉曇林居士李希
義等筆受

迴諍論一卷
業成就論一卷 已上二論長房等錄皆云瞿曇流支譯今按經初本譯序記乃云毗目仙今依經記為正

又續高僧傳云當魏時有沙門
菩提流支與般若流支前後出
經而衆錄傳寫率多輕略各去
上字但云流支而不知是何流

支迄今群錄譯目相攝難得詳定昇今搜校實錄件注如前餘所未見俟諸後進耳

摩訶迦葉經二卷亦云大迦葉經或无大字興和三年於驃騎大將軍左僕射內侍中司徒公孫騰第譯見經前序今編入寶積當第二十三會

僧伽吒經四卷元象元年於司徒公孫騰第譯見續高僧傳

頻婆娑羅王問佛供養經一卷興和三年出增一阿含第二十六異譯見長房錄

右三部七卷前二部六卷見在後一部一卷闕本

王子月婆首那魏言高空中印度優禪尼國王子以孝靖帝元象元年戊午訖興和三年辛酉於鄴都司徒公孫騰之第譯迦葉等經三部沙門僧昉筆受首那從魏之梁及於陳代更譯諸經如別所述

寶髻菩薩四法經論一卷題云寶髻經四法優婆提舍天親菩薩造興和三年九月一日在金華寺為御史中丞高仲密譯沙門曇林筆受見經前序記

三具足經論一卷題云三具足經優婆提舍天親菩薩造興和三年九月十三日在金華寺為驃騎大將軍高仲密譯沙門曇林筆受見經前序記

轉法輪經論一卷題云轉法輪經優婆提舍天親菩薩造興和三年八月十一日在金華寺為開府儀同三司勃海高仲密譯沙門曇林筆受見經前序記

業成就論一卷天親菩薩造初出與大乘成業論同本興和三年七月二十五日於金華寺譯沙門曇林筆受見經前序記

迴諍論一卷龍樹菩薩造興和三年三月二十日於金華寺為驃騎大將軍開府儀同三司御史中尉勃海高仲密譯沙門曇林筆受見經前序

右五部五卷其本見在

沙門毗目智仙北印度烏萇國人刹利王種釋迦之苗裔曩者流離王壞迦毗羅城誅殘釋種當斯時也有四釋子怹其見逼不思犯戒出外拒軍流離遂退歸還本國城中不受告日吾為法種揩不行師汝退彼軍非吾族也既被放斥遠投諸國本是聖胤覺宗樹之四釋支離皆王一國今烏萇梵衍王等並其後也嗣胤相承于今不絕智仙法師即斯王種妙閑三藏最善毗曇與瞿曇流支同遊魏境而瞿

曇流支尊事為師以孝靖帝興和三年辛酉於鄴城內在金華寺共瞿曇流支譯寶髻論等五部沙門曇林筆受驃騎大將軍開府儀同三司御史中尉勃海高仲密為檀越啓請供養並見經前序記而智仙法師遊方弘化踰越沙險志在利生既啓梵文應多部卷但余見淺狹尋覽未周所覩五部經件述如右後進儻遇幸希續補使法門無謬豈不善歟自魏及唐傳錄非一智仙法師未蒙編載弘法之名莫著高行之迹靡彰傷哉悲哉深可嘆矣

涅槃論一卷或云大般涅槃經論婆藪槃豆菩薩造達磨菩提譯釋大經見內典錄初出

右一部一卷其本見在

沙門達磨菩提此云法覺內典錄云達磨菩提譯涅槃論不顯帝代而編魏末今同彼附於此中後有涅槃論三卷亦題達磨菩提譯尋文乃釋前論或疑中華人造

齊高氏都建業 亦云北齊
從文宣帝天保元年庚午至高
恒無謚永光元年丁酉凡經六
主二十八年緇素二人所出經
論八部五十二卷
沙門那連提黎耶舍 七部五十一卷經論
居士萬天懿 一部一卷經
菩薩見實三昧經十六卷 或十四卷天統四年於天平寺出今編入寶積當第六十會
大集月藏經十卷 題云大集經月藏分第十二或十二卷或十五卷或直云月藏經十卷統二月於天平寺出
大集須彌藏經五卷 內題云大集大集經須彌藏分第十五或題云須彌藏經天保元年於天平寺出
大悲經五卷 天保九年於天平寺出大周錄云涅槃支派
月燈三昧經一卷 或十卷天保八年於天平寺出
施燈功德經一卷 齊名施燈經天保九年於天平寺出
法勝阿毗曇心論經六卷 大德優波扇多造或七卷或無法勝字或加別譯字或云法勝字或加別譯阿毗曇論清河二年北天寺出並見長房錄
右七部五十一卷其本並在
沙門那連提黎耶舍齊言尊稱
北印度烏場國人正音應云鄔
茶茶音持耶反奘法師云烏仗
那唐翻之苑謂昔輪王之苑囿

其王與佛同氏亦姓釋迦刹帝
利種啓云土田主也由劫初之
時先為分地主因即號焉今所
謂國王者是也舍年十七發意
出家尋值名師備聞正教二十
有一得受具足戒聞諸宿老歎佛
景迹或言其國有鉢某國有衣頂
骨牙齒神變非一遂即起心願
得瞻奉以戒初受須知律相既
滿五夏發足遊方所以天梯石
臺之迹龍廟寶塔之方廣周諸
國並親頂礼僅無遺逸曾寄竹
園寺一住十年通履僧坊多值明
德有一尊者深識人機見語舍
云若能靜修應獲聖果恐涉遊
涉終無所成介日雖聞情無領
悟晚来欲想悔將何及耶舍北
背雪山南窮師子歷覽聖迹仍
旋舊壤乃覩烏場國主真大士
焉自所經見牢備其類試略述
之安民以理民愛若親後衣五
更先礼三寶香花伎樂竭誠供
養日出陞殿方覽万機次到辰

時香水浴像宮中常設日百僧
齋王及夫人手自行食齋後消
食習諸武藝日景將昳寫十行
經與諸僧共談法義復與群臣
量議治政暝入佛堂自奉燈燭
礼拜讀誦各有恒條了其常業乃
還退靜三十餘年斯功不替王
有百子誠孝居懷釋種餘風胤流
此國但以寺接山阜野火所焚
各相老遣四遠投告六人為伴
行化雪山之北至于峻頂見有
人鬼二路人道荒險鬼道利通
行客心迷錯尋鬼道漸入其境
便遭殺害昔有聖王於其路首
作毗沙門天王石像手指人路
同伴一僧錯入鬼道邪舍覺已
口誦觀音神咒百步追及已被
鬼害自以咒力得免斯厄因復
前行又逢山賊專念前咒便蒙
蛩衛賊来相突對目不見循路
東指到芮芮國值突厥乱西路
不通反鄉意絕乃隨流轉北至
泥海之旁南距突厥七十餘里

後既不安遂設齋境天保七年
屆於鄴都文宣帝洋極見殊禮
偏異恒倫耶舍時年四十骨梗
雄雅物議彈之緣是文宣禮遇
隆重安置天平寺中請為翻經
三藏殿內梵本千有餘夾
勅送於寺處以上房為建道場
供窮珍妙別立厨庫以表尊崇
舍從文宣帝天保八年丁丑至
高緯（無諡）天統四年戊子於鄴
城天平寺譯菩薩見實經等七部
勅照玄大統沙門法上等二十
餘人監掌翻譯昭玄都僧曇般
若流支長子沙門達摩闍那（齊言
法智）及居士萬天懿傳語舍於齋時
大興正法弘暢衆心文宣重法
殊異躬偏恭敬其奉信推誠為如
此也耶舍每於宣譯之暇時陳
神呪冥救顯助立功多矣未幾
授昭玄都依轉為統所獲供祿
不專自資好起慈惠樂興福業
設供飯僧施諸貧乏獄囚繫畜
咸將濟之市鄽坊所多造義井

貞元新定釋教目錄卷第九　[illegible]張　就

親自漉水津給衆生又於汲郡
西山建立三寺依泉旁谷制極
山美又收養厲疾男女別坊四
事供承務令周給又往突厥客
館勸持六齋羊料放生受行素
食又曾遇病百日不起天子皇
后躬問起居耶舍歎曰我本外
客德行未隆乘輿今降重法故
耳內撫其心慚懼交集耶舍後
至隋代更出諸經備在隋錄具
如後述

尊勝菩薩所問一切諸法入無量門陀
羅尼經一卷（第三[illegible]與[illegible][illegible][illegible]法門經[illegible]同本[illegible]）
（亦云尊勝菩薩所問經[illegible]或云入無量門陀羅尼經）
右一部一卷其本見在
居士万天懿本姓拓跋北代雲
中人也魏分十姓因為萬俟氏
世居洛陽故復為河南人也
後單稱萬氏少曾出家師婆羅
門而聰慧有志力善梵書梵語
兼工呪術由是應召得預翻傳
之數以武成帝（湛）河清年中
於鄴都自譯尊勝菩薩所問經

貞元新定釋教目錄卷第九　第十二張　就

一部見長房錄

貞元新定釋教目錄卷第九

丙午歲高麗國大藏都監奉
勅雕造

貞元新定釋教錄卷第九　第十三張　就

貞元新定釋教目錄卷第十　感

西京西明寺沙門圓照撰

揔集群經錄上之十

周宇文氏都長安

從閔帝元年丁丑　依古無號直稱元年

至靖帝大定元年辛丑凡經五

帝二十五年沙門四人所出經

論一十四部二十九卷　於中六部一十一卷見在八部一十八卷闕本

周

沙門攘那跋陀羅一部一卷論

沙門闍那耶舍　六部一十五卷經

沙門耶舍崛多　三部八卷經論

沙門闍那崛多　四部五卷經

五明論合一卷　一聲論　二醫方論　三工巧論　四呪術論　五符印論

右一部一卷本闕

見長房錄

沙門攘那跋陀羅周云智賢波

頭摩國人雖善達三藏而偏精

律部以明帝二年戊寅於長安

舊城婆伽寺共闍那耶舍譯五

明論一部耶舍崛多闍那崛多

等傳沙門智僊筆受　等又長房錄云周武帝代天和四年己丑摩勒國沙門達摩流支周言法希為大冢宰蕩公宇文護譯波羅門天文二十卷今以非三藏教故不存之

大乘同性經二卷　亦名一切佛行入智毗盧遮那藏說經一名佛十地經或四卷天和五年譯上儀同城陽公蕭吉筆受初出與唐日照譯證契大乘經同本

大雲請雨經一卷　內題云大雲經請雨品第六十四房云品第一百非也天和五年譯沙門圓明筆受初出與大雲輪請雨及大方等大雲請雨二經並同本

寶積經三卷　天和六年譯沙門道誓筆受

定意天子所問經五卷　天和六年譯沙門圓明筆受出大集今疑與善住意經同本

入如來智不思議經三卷　見翻經圖第二出與度諸佛境界智光嚴經等同本建德元年譯

佛頂呪經并功能一卷　保定四年譯學士鮑永筆受五部見長房錄

右六部一十五卷　請雨經上二部二卷見在寶積經下四部十二卷本闕

沙門闍那耶舍周言藏稱亦曰

勝名中印度摩伽陁國人專修

宴坐妙窮定業共二弟子耶舍

貞元新定釋教目錄卷第十　第二張　成

崛多闍那崛多以武帝保定四

年甲申至建德元年壬辰為大

冢宰晉蕩公宇文護於長安舊

城四天王寺譯大乘同性經等

六部柱國平高公侯伏壽為揔

監檢校

金光明經更廣壽量大辯陀羅尼經

五卷　於歸聖寺譯智僊筆受此五卷金光明經非是全譯但於曇無讖四卷經中續壽量大辯二品今在刪繁錄

十一面觀世音神呪經一卷　於四天王寺譯上儀同城陽公蕭吉筆受初出與唐譯十一面神呪心經等同本

須跋陀羅因緣論二卷　於四天王寺譯沙門圓明筆受並見長房錄

右三部八卷　前二部六卷見在後一部二卷闕本

沙門耶舍崛多周言稱藏優婆

國人共小同學闍那崛多於武

帝時為大冢宰宇文護於四天

王寺及歸聖寺譯金光明經等

三部　請國中又有大雲請雨經一卷亦云稱藏所譯今以此經即是與前闍那耶舍共出之者不合別上二處俱存

妙法蓮華經普門品重誦偈一卷　在益州龍淵寺譯今編入八卷普門品

貞元新定釋教目錄卷第十　第三張　感

種種雜呪經一卷 或無經字呪惣二十三首在益州龍淵寺譯

佛語經一卷 第二出與元魏菩提留支譯者同本在益州龍淵寺譯

金色仙人問經一卷 於長安舊城四天王寺譯蕭吉筆受並見長房錄

右四部五卷 前二部二卷見在後二部三卷闕本

沙門闍那崛多周言志德北印度揵達國人師徒周遊来遊菸境以武帝時於四天王寺譯金色仙人問經後隨譙王宇文倹往益州於龍淵寺復譯普門偈等三部崛多入隋更廣翻譯倫如後述

陳氏都建業自武帝永定元年丁丑至煬帝禎明三年巳酉凡經五主三十三年緇素三人所出經律論及集傳等惣四十部一百三十三卷 卷中二十部八十九卷見在一十四部四十四卷闕本

陳沙門拘羅那他 三十八部一百一十八卷經律論集

王子月婆首那 一部七卷經

沙門須菩提 一部八卷經

貞元新定釋教目錄卷第十 第四張

金剛般若波羅蜜經一卷 第三譯與姚秦羅什元魏流支等出者同本

解節經一卷 是解深密經初五品異譯出第一卷此經非是全部真諦略出以證義耳

遺教經論一卷 釋遺教經

十八空論一卷

攝大乘論三卷 無著菩薩造第二出與元魏佛陁扇多譯者同本天嘉四年於廣州制旨寺譯慧愷筆受

攝大乘論釋十五卷 天親菩薩釋亦云釋論或十二卷第一譯與隋笈多等出者同本天嘉四年於廣州制旨寺出慧愷筆受

佛性論四卷 天親菩薩造

中邊分別論二卷 婆藪盤豆造或三卷於臨川郡出第一譯辯中邊論同本

顯識論一卷 內題云顯識品從無相論出題云真諦新附此

轉識論一卷 即出前顯識論中題云真諦新附此

唯識論一卷 天親菩薩造初云修道不共他在臨川郡譯或上加大乘字第二出與元魏般若流支等出者同本

寶行王正論一卷

三無性論二卷 出無相論或一卷

無相思塵論一卷 初出與唐譯觀所緣論同本

貞元新定釋教目錄卷第十 第五張

靖邁經圖及內典錄

解捲論一卷 初出與唐義淨掌中論同本見靖邁經圖及內典錄

廣義法門經一卷 第三出與漢安世高所出普法義經等同本題云是中阿含一品別譯天嘉四年十一月十日於廣州制旨寺譯

佛阿毗曇經二卷 亦云論錄云九卷今只二軸未詳所以又內典錄中更義佛毗曇一卷非也

律二十二明了論一卷 亦直云明了論出正量部波羅提木叉論中覺護法師造光大二年正月二十日於廣州譯沙門慧愷筆受

阿毗達磨俱舍釋論二十二卷 婆藪盤豆造第一譯與唐譯俱舍論同本天嘉四年正月二十五日制旨寺譯至閏十月十日訖至五年二月二日更至光大元年十二月二十五日畢

隨相論一卷 或云求那摩諦隨相論德慧法師造或二卷

立世阿毗曇論十卷 題云立世毗曇藏或云立世論亦云天地記經永定三年出錄云十五卷未詳

四諦論四卷 婆藪跋摩造

部執異論一卷 亦名部異執論第二出與十八部論及宗輪論同本

貞元新定釋教目錄卷第十 第六張

婆藪盤豆法師傳一卷　此曰天親第二

金七十論三卷　外道迦毗羅仙人造明二十五諦謂數論也或二卷長房等錄別存僧佉論二卷者非也謂梵僧佉此翻為數

金剛般若論一卷

大般涅槃經論一卷　或無般字第二出

反質論一卷　今疑即藏中如實論是故依題云如實論反質難品

墮負論一卷

成就三乘論一卷

正說道理論一卷

意業論一卷

大空論三卷　於豫章棲隱寺出

僧澀多律一卷　陳言總攝

俱舍論偈一卷　初出唐譯俱舍頌同本天嘉四年於制旨寺出

俱舍論本六卷　據其論本即前偈是今復言本未詳所以

翻外國語七卷　一名俱舍論因緣事一名雜事

修禪定法一卷

右三十八部一百一十八卷　除四部外餘三十四部見長房錄　金七十論二十五部八十二卷見在　金剛論下十三部二十六卷闕本

沙門拘羅那他陳曰親依或云波羅末陀此云眞諦並梵文之名字也本西印度優禪尼國人以梁武太清二年屆于建業頃屬梁季崩乱不果宣傳雖翻經論棲遑靡託逮陳武永定二年七月還返豫章又上臨川晉安諸郡眞諦雖傳經論道缺情離本意不申更觀機壤遂欲汎舶往楞伽修國道俗虔請結誓留之不免物議遂停南越便與前梁舊齒重覆所翻其有文旨乖競者皆鎔冶成範始末倫通至文帝天嘉四年揚都建元寺沙門僧惟忍律師等並建標領欽聞新教故使遠浮江表親承芳問諦欣其來意乃為翻攝大乘等論首尾兩載覆疎宗旨而飄寓投委無心寧寄又汎小舶至梁安郡更裝大舶欲返西國學徒追逐相續留連太守王方奢述衆元情重申要請諦又且修人事權止海隅伺旅束裝未思

安堵至三年九月發自梁安汎舶西引業風賦命飄還廣州十二月中上南海岸刺史歐陽穆公頠延住制旨寺請翻新文諦顧此業緣西還無指乃對沙門慧愷等翻廣義法門經及唯識論等後穆公薨沒世子紇重為檀越開傳經論時又許焉而神思幽通量非情測甞居別所四絕水洲紇往造之嶺峻濤涌未敢凌犯諦乃鋪舒坐具在於水上跏坐其內如乘舟焉浮波達岸既登接對而坐具不濕依常敷置有時或以荷葉蹋水乘之而渡如斯神異其例甚衆至光太二年六月諦厭世浮雜情弊形骸未若佩理資神早生勝壤遂入南海北山將捐身命時智愷正講俱舍聞告馳往道俗奔赴相繼山川刺史又遣使人伺衛防遏躬自稽顙致留三日方紆本情因尒迎還止于王國寺時宗愷諸僧欲延還建業會揚

葦碩望恐奪時榮乃奏曰嶺表所譯衆部多明無塵唯識言乖治術有蔽國風不無諸華可流荒服帝郡之故南海新文有藏陳世以太建元年遘疾少時遺訣嚴正勗尔因果書傳系紙其文付弟子智休至正月十一日午時遷化時年七十有一明日於潮亭焚身起塔十三日僧宗法准等各賫經論還返匡山自諦来東夏雖廣出衆經而偏宗攝論故討尋教旨者通覽所譯則彼此相發綺績鋪顯故隨處翻傳親疏跡解諦從陳武永定二年戊寅至孝宣大建元年己丑更譯金剛般若經等三十八部微附華飾成顯隋唐見費晝別曆及隋費長房錄唐內典錄等餘有未譯梵本書並多羅樹葉凡有二百四十夾若依陳紙翻之則列二万餘卷今見譯訖止是數夾之文並在廣州制旨王國兩寺是知法寶弘博定在

貞元新定釋教目錄卷第十　第十張　成

中天識量弘璅誠歸東夏何以明之見譯藏經四千餘卷生便棄擲習學全希用此量情情可知矣初諦傳度攝論宗愷歸心窮檢教源銓題義旨遊心既久懷敞相承諦又面對闡揚情理无狀一日氣属嚴厲衣服單疎忍噤通宵門人側席愷等終夜靜立奉侍諮詢言久情諠有時服寐愷密以衣被覆足諦潛覺知便曳之于地其節儉知足如此愷如先奉侍逾久逾親以他日便喟然憤氣衝口者三愷問其故荅曰君等欵誠正法實副終傳但恨弘法非時有阻来意耳愷聞之如噎良久聲淚俱發跪而啓曰大法絕塵遠通赤縣群生无感可遂埋耶諦以手指西北曰此方有大國非近非遠吾等没後當盛弘之但不覩其興以為太息耳即驗往隅今統數揚有宗傳者以為神用不同妄生異執唯識不識其識不無然無上

貞元新定釋教目錄卷第十　第十一張　成

依經二卷准經後記云梁代譯今編梁錄又長房內典等錄復有正論釋義等一十三部一百八卷今以並是經論義疏眞諦所撰非梵本翻故刪不錄又內典錄中梁陳二代俱載起信論者非也

勝天王般若波羅蜜經七卷　初出

與大般若第六會同本

右一部七卷其本見在

王子月婆首那陳言高空中印度優禪尼國王之子從魏之梁譯業元輟以梁太清二年六月有于闐沙門求那跋陁（陳言德賢）賫勝天王般若一部梵文凡十六品始泊建業首那忽見德賢有此經典敬戀冥懷如對曩佛因從祈請畢命弘宣德賢嘉其雅操虛心授與那得保持以為希遇屬侯景作乱未暇翻傳負戴東西諷持供養民之所欲天必從焉遊屬陳朝霸於建業首那負笈懷經自遠而至江州刺史

貞元新定釋教目錄卷第十　第十二張　成

倂同共法藏渴仰大乘護持正
法以文帝倩天嘉六年歲次乙
酉七月辛巳朔二十三日癸卯
勸請首那於州廳事略開題序
設無遮大會四衆雲集五千餘
人匡山釋僧果及遠近名德並
學冠百家博通五部各有碩難
紛綸靡不煥然冰釋到其月二
十九日還興業伽藍揵搥既響
僧徒咸萃首那躬執梵文譯爲
陳語楊州阿育王寺釋智昕暫
遊彭匯伏膺至教耳聽筆疏一
言敢失再三循環撰爲七卷訖
其年九月十八日文句乃盡江
州僧正釋慧恭時通三學始末
監掌具經序及長房等録那雖
一身而備經涉歷元魏梁陳相
繼宣譯後不測其終

大乘寶雲經八卷 第二出與梁世曼陀羅七卷寶雲及菩提譯十卷寶雨並同本見一乘寺藏録

右一部八卷本闕

沙門須菩提陳言善現或云善
吉亦云善業扶南國人解悟超

群詞彩逸俗化物無倦遊方届
兹於揚都城内至敬寺爲陳主
譯大乘寶雲經一部

隋楊氏都大興

自文帝開皇元年辛丑至恭帝
義寧二年戊寅相承三帝三十
八年緇素十人所出經論及傳
録等總九十九部三百四十五
卷 於中九十七部三百十一卷見在二部一十四卷闕本

洋川郡守瞿曇法智 一部一卷經

沙門毗尼多流支 二部二卷

沙門那連提黎耶舍 八部
二十三卷經

沙門闍那崛多 三十九部
一百九十二卷經

沙門釋法經等 二部
一十二卷經録目

沙門釋寶貴 一部 八卷合經

沙門菩提登 一部 二卷經

翻經學士費長房 一部一十五卷
三寶録

沙門達摩笈多 九部 四十六卷經論

沙門釋信行 三十五部四十四卷集録如下
二十八卷及三十卷中説

業報差別經一卷 開皇二年三月譯房云第二出與罪業報應經大同小異者全乘也見長房録及續高僧傳

右一部一卷其本見在

優婆塞達磨闍那隋云法智姓
瞿曇氏即元魏般若流支長子
本中印度婆羅痆斯國人婆羅
門種流滯東川遂鄉華俗父子
相承祖習傳譯高齊之季爲昭
玄都齊國既平佛法同毀智因
僧職轉任俗官册授洋川郡守
隋受周禪梵牒即來勅召智還
使掌翻譯智既妙善隋梵二言
執本自翻无勞傳度以開皇二
年壬寅譯業報差別經一部成
都沙門釋智鉉筆受文詞詮序
義體趙郡沙門釋彥琮製序彰
等録並云於興善寺譯業報差別經
今爲不然此經二年季春譯出季
夏有詔始遷大興云興善寺翻
入非詳審也

大乘方廣總持經一卷 或云無字開皇二年

七月譯第二出與西晉法護濟諸方等學經同本見長房錄

象頭精舍經一卷開皇二年二月譯第五出與羅什文殊問菩提經等同本見長房錄

右二部二卷其本並在

沙門毗尼多流支隋言滅喜北印度烏萇國人不遠五百由延振錫迴坊來觀盛化至止便召入令翻經以文帝開皇二年壬寅譯方廣揔持等經二部給事李道寶般若流支次子曇皮二人傳語長安沙門釋法纂筆受爲隋言并整比文義沙門彦琮並皆製序長房錄亦云於興善寺出此亦不然過如

前述

大方等大集日藏經十卷或十二卷或十五卷題云大乘方等日藏分亦大集密分同本當第四出開皇四年五月起翻五年二月訖沙門智鉉費長房筆受

大雲輪請雨經二卷開皇五年正月出沙門慧獻筆受是大雲經第六十四品第二出與周世闍那耶舍大雲請雨經及隋崛多等請雨經二並同本

大莊嚴法門經二卷名文殊師利神通力經亦名勝金花明德女經開皇三年正月出第三譯與法護大淨法門經等同本沙門智鉉筆受

大元新定釋教目錄卷第十　第十六張

德護長者經二卷一名尸利崛多長者經開皇三年六月出沙門僧琨筆受第四譯與法護日光童子經等同本

百佛名經一卷開皇二年十二月出沙門慧獻筆受

第二出

力莊嚴三昧經一卷開皇五年十月出費長房筆受

蓮華面經二卷開皇四年三月出沙門慧獻筆受

堅固女經一卷開皇二年十二月出沙門慧獻筆受亦云牢固女經上八部並見長房錄

右八部二十三卷其本並在

沙門那連提黎耶舍隋言尊稱北印度烏萇國人先於齊國爲昭玄統共昭玄都沙門法智譯經七部備在齊錄建德之季周武克齊佛教與國一時平殄耶舍外假俗服内襲三衣避地東西不遑寧息五衆凋窘投厝无所儉餓㩲堅者減食施之老病扶力者隨緣濟益雖事力匱薄拒諫行之而神志休強説導無倦屯負留難便歷四年有隋御寓重興三寶開皇之始梵經遥

大元新定釋教目錄卷第十　第十七張

應爰降璽書請來弘譯二年七月弟子道密等侍送入京住大興善寺其年季冬草創翻業勅昭玄統沙門曇延等三十餘人對翻主上礼問殷繁供奉隆渥年雖朽邁行轉精勤曾依舍利弗陁羅尼具依修業夢得境界自當作佛如此靈祥雜沓其例非一後移住廣濟煬帝名廣改弘濟今復還諱爲業濟焉爲外國僧主存撫羇客妙得物心忽一旦告弟子吾年老力微不久去世及今明了識介門徒佛法難逢宜勤修學人身難獲慎勿空過言訖就枕奄尒而化時滿百歲即開皇九年八月二十九日初耶舍先逢善相者云年必至百亦合登仙中壽果終其言驗矣登仙冥理猶難測之然其形貌瓌奇頂如肉髮耳長而聳目正處中有異常倫特爲殊相固是傳法之碩德也住主既傾哀驚道俗紹隆之事將衛墜焉凡於隋代譯經八

大元新定釋教目錄卷第十　第十八張

部即大集日藏大雲輪大莊嚴法門等經是也並沙門僧琛明芬給事李道寶學士雲皮等僧俗四人更遞度語沙門智鉉道邃慧獻僧琨奉朝請度質學士費長房等筆受昭玄統沙門曇延昭玄都大興善寺主靈藏等二十餘德監護始末至五年冬勘練俱了並沙門彥琮製序尋耶舍遊涉四十餘年國五十餘里十五万瑞景靈迹勝寺高僧駛水深林山神海獸無非奉敬並預徵降事既廣周未遑陳敘沙門彥琮為之本傳具流於世

護國菩薩經二卷 見內典錄今編入寶積當第十八會

移識經二卷 今編入寶積當第三十九會改名賢護長者會初出與唐譯顯識經同本開皇十一年十月日訖學士費長房筆受見長房錄

發覺淨心經二卷 初出與寶積發勝志樂會同本開皇十五年九月出十月訖沙門僧琨等筆受見長房錄

虛空孕菩薩經二卷 大集經第十六分第四出與虛空藏經及虛空藏神呪等同本開皇七年正月出三月訖

沙門僧曇筆受彥琮製序見長房錄

大方等大集賢護經五卷 或六卷題云大方等大集經賢護分亦云賢護菩薩第七譯與般舟三昧經等同本開皇十四年二月出十五年二月訖沙門明芬筆受

大集譬喻王經二卷 或無大集字是大集別品開皇十五年五月出六月訖沙門道密等筆受兼前賢護經並見長房錄

佛華嚴入如來德智不思議境界經二卷 第二出與度諸佛境界智光嚴經等同本見內典錄

四童子三昧經三卷 或直名四童子經第二出與法護方等泥洹等同本開皇十三年五月出七月訖沙門僧琨筆受見長房錄

妙法蓮華經添品七卷 或八卷二十七品實若天授連之為一故二十七仁壽元年因普曜寺沙門上行所請崛多笈多二法師重勘梵本闕者添之具經前序

善思童子經二卷 第四出與大方等頂王經及大乘頂王經等同本開皇十一年七月出九月訖學士費長房筆受沙門彥琮製序見長房錄

金光明經銀主陀羅尼品囑累品一卷 曇無讖出四卷真諦七卷周世崛多五卷並無此二品撿梵本有後出之見長房錄後十七年沙門寶貴取前後譯合成八卷故不別存

大方等大雲請雨經一卷 內題云大方等大雲請雨品第六十四第三出與大雲請雨及大雲輪請雨二經同本異譯見內典錄

諸法本無經三卷 第三出與諸法無行經等同本開皇十五年六月出七月訖學士劉憑筆受見長房錄

大威燈光仙人問疑經一卷 第二出與第一義法勝經同本開皇六年正月出二月訖沙門道邃筆受沙門彥琮製序見長房錄

入法界體性經一卷 或無體字第二出與寶積三昧文殊問法身經同本開皇十五年七月出八月訖沙門道邃等筆受見長房錄

希有希有校量功德經一卷 或云希有校量功德經初出與唐譯最無比經同本開皇六年六月出其月訖沙門僧曇筆受沙門彥琮製序

善敬經一卷 亦名善恭敬經一名善恭敬師經第二出與正恭敬經同本開皇六年七月出八月訖沙門僧曇等筆受彥琮製序見長房錄

文殊尸利行經一卷 第二出與文殊巡行經同本開皇六年三月出四月訖沙門僧曇等筆受沙門彥琮製序見長房錄

八佛名號經一卷 第五出與八吉祥神呪八陽神呪經等同本開皇六年五月出六月訖沙門道邃等筆受彥琮製序見長房錄

不空羂索咒經一卷 亦云不空羂索觀世音心咒經初出與唐譯不空羂索神咒心經等同本開皇七年四月出五月訖僧曇等筆受彥琮製序見長房錄

十二佛名神咒經一卷 是云十二佛名神咒校量功德除障滅罪經初出與唐譯稱讚如來功德神咒經同本開皇七年五月出其月訖僧琨等筆受彥琮製序見長房錄

一向出生菩薩經一卷 第十譯與無量門微密等持同本開皇五年十一月出十二月訖沙門僧曇等筆受沙門彥琮製序見長房錄

金剛陀羅尼經一卷 第二出與金剛上味陀羅尼經同本開皇七年六月出八月訖沙門僧琨等筆受沙門彥琮製序見長房錄

如來方便巧咒經一卷 第二出與虛空藏菩薩問佛經同本開皇七年正月出二月訖沙門僧曇筆受沙門彥琮製序見長房錄

東方最勝燈王如來經一卷 題云東方最勝燈王如來遣二菩薩送咒奉釋迦如來助護持出問經第四出與持句神咒經同本見內典錄

大法炬陀羅尼經二十卷 開皇十二年四月出十四年六月訖沙門道邃等筆受見長房錄

大威德陀羅尼經二十卷 開皇十五年七月出十六年十二月訖沙門僧琨等筆受見長房錄

五千五百佛名經八卷 開皇十三年八月出十四年九月訖沙門僧曇等筆受見長房錄

貞元新定釋教目錄卷第十　第二十二張　感

觀察諸法行經四卷 開皇十五年四月二十四日出五月二十五日訖學士費長房等筆受見長房錄

無所有菩薩經四卷 見內典錄

月上女經二卷 開皇十一年四月出六月訖學士劉憑筆受沙門彥琮製序見長房錄

出生菩提心經 開皇十五年十月出其月訖學士劉憑筆受見長房錄

商主天子所問經一卷 或無所問字開皇十五年八月出九月訖學士費長房等筆受見長房錄

諸法最上王經一卷 開皇三年五月出七月訖沙門明芬等筆受見長房錄

大乘三聚懺悔經一卷 見內典錄

起世經一卷 第五譯長阿含記世經異出見經題上云崛多笈多二法師共出新編入

佛本行集經六十卷 開皇七年七月出十一年二月訖沙門僧曇學士費長房劉憑等筆受沙門彥琮製序見長房錄

聖善住意天子所問經四卷 第六出與如幻三昧經及寶積善住意會等同本開皇十五年四月出沙門道邃等筆受見長房錄

諸佛護念經十卷 開皇十四年十月出十二月訖沙門僧曇等筆受見長房錄

貞元新定釋教目錄卷第十　第二十三張　感

右三十九部一百九十二卷 本行集上三十七部一百七十八卷見在聖善住下二部一十四卷闕本

沙門闍那崛多隋云志德北賢豆 賢豆本音因陀羅婆陀耶此云主處謂天帝釋所護故也賢豆之音彼國之訛略耳身毒天竺此方之訛稱也而彼國人總言賢豆而約之以為五方也案西域記云正音印度唐翻為月月有多名斯其一也言諸群生輪迴不息無明長夜莫有司晨其猶白日既隱宵燭斯繼雖有星光之照豈如朗月之明苟緣斯致因而譬月良以其土聖賢繼軌導凡御物如月照臨由是義故謂之印度印度種姓族類群分而婆羅門特為清貴從其稱傳以成俗無云經界之別總謂婆羅門國焉 揵陀囉國人也 隋言香行國 居富留沙富邏城 隋云丈夫宮也 剎帝利種姓金 俱凡反 步 隋云頂也謂如孔雀之項彼國以為貴姓 父名跋闍邏婆羅 隋云金剛堅也 幼懷遠量長垂清範位居宰輔獎理有經崛多昆季五人身居家小宿殖德本早發道心適在弱年便求出離二親見其識量仍為贊成即入大林伽藍因蒙度脫其郁波第耶 隋云常近受持者今所謂和上此乃于闐之訛略也奘法師云中天近音烏波陀耶唐云親教亦云

貞元新定釋教目錄卷第十　第二十四張　感

依學

名嗜那耶舍（隋云勝名）尊修宴座妙窮定業其阿遮利夜（隋云傳授或云正行即所謂阿闍梨也亦近國之訛略耳奘法師云阿遮利耶唐云軌範亦云教授）

名闍若那跋達羅（隋云智賢）遍通三學偏明律藏崛多自出家後孝敬專誠教誨積年指歸通觀然以賢豆聖境靈跡尚存便隨本師具得瞻奉時年二十有七受戒三夏師徒結志遊方弘法初有十人同契出境路由迦臂施國淹留歲序國王敦請其師奉為法主益利頗周將事巡歷便踰大雪山西足固是天險之峻極也至猒但國既初至止野曠民希所須食飲無人營造崛多遂捨具戒竭力供侍數經時艱冥靈所祐幸免災横又經謁羅槃陀及于闐等國屢遭夏雨寒雪暫時停住既無弘演棲寓非久又達吐谷渾國漸至鄯州于時即西魏後元年也雖歷艱危心愈

猛厲發蹤跋涉三載于茲同伴十人唯存四箇以周明武成之歲初屆長安止草堂寺師徒遊化已果來心更登淨壇再受具足精誠從道尤甚由來既霑京華漸通隋語名聞稍遠時輩所欽被詔延入後園共論佛法殊禮別供充諸禁中思欲通法無由自展具情上啓即蒙别勅為造四天王寺聽在居住自茲已後翻新經及接先闕既非弘泰羈縻而已會譙王宇文儉鎮蜀復請同行於彼三年恒任益州僧主住龍淵寺建德隱運像教不弘五衆一期同斯俗服武帝下勅追入京輦重加爵禄逼從儒禮秉操鏗然守死無懼帝愍其貞亮哀而放歸路出甘州北由突厥遇值中面他鉢可汗慇重請留因住復日周有成壞勞師去還此無廢興幸安意住資給供養尚使稱心遂尒併停十有餘載闍梨智賢還西滅度未

久之間和上遷化隻影孤寄莫知所安賴以北狄君民頗弘福利因斯飄寓隨方利物有齊僧寶暹道邃智周僧威法寶僧曇智照僧律等十人以武平六年相結同行採經西域往返七載將事東歸凡獲梵本二百六十部迴至突厥聞周滅齊併毁佛法退則不可進無所歸遷延彼間遂逢至德如渴值飲若暗遇明因與同居講道相說所賫新經仍共尋閲請翻名題勘舊録目轉覺巧便有異前人律等內誠各私慶幸獲寶遇匠得不虚行同誓焚香共契宣布大隋受禪佛法即興暹等賫經先來應運開皇元年季冬屆止勅付所司訪人令譯二年仲春便就傳述季夏詔曰殷之五遷恐民盡死是則以吉凶之土制長短之命謀新去故如農望秋龍首之山川原秀麗卉木滋阜宜建都邑定鼎之基永固無窮之業

在兹可城日大興殿門日大興縣日大興園苑池沼其號並同寺日大興善也於此寺中傳度法本于時崛多仍住北狄至開皇四年大興善寺沙門曇延等三十餘人以躬當翻譯音義乖越承崛多在北乃奏請還京帝乃別勑追延崛西歸已絕流滯十年深思明世重遇三寶忽蒙遠訪欣願交并即與使乎同來入國于時文帝巡幸洛陽於彼奉謁天子大悅賜問頻仍未還京闕尋勑敷譯新至梵本衆部弥多或經或書且內且外諸有翻傳必以崛多為主僉以崛多言識異方字曉殊俗故得宣辯自運不勞傳度理會義門句圓詞體文意粗定銓本便成受筆之徒不費其力試比先達抑亦繼之五年勑令崛多共婆羅門沙門若那竭多開府高恭息都督天奴和仁及婆羅門毗舍達等道俗六人令於內史內省翻梵古書

及乾文等于時廣濟寺唯獨耶舍一人譯經別勑崛多使兼翻經兩頭来往到十二年翻書記了二百餘卷進畢尒時耶舍先已終亡仍勑崛多專主翻譯移法席就大興善寺更召婆羅門沙門達摩笈多并勑高天奴高和仁兄弟等同傳梵語又增置十大德沙門僧休法粲法經慧藏洪遵慧遠法纂僧暉明穆曇遷等監掌翻事銓定宗旨沙門明穆彥琮重對梵本再審覆勘整理文義崛多曾傳于塡東南二千餘里有遮拘迦國彼王純信敬重大乘宮中自有摩訶般若大集華嚴三部大經並十万偈王躬受持親執鎖鑰轉讀則開香花供養又道場內種種莊嚴誘諸小王令入禮拜此國東南二十餘里山甚巖險有深淨窟置大集華嚴方等寶積楞伽方廣舍利弗花聚二陁羅尼都薩羅藏摩訶般若八部般若大雲經等

凡十二部咸十万偈國法相傳防衛守護又有入滅定羅漢三人窟中禪寂每至月半諸僧就山為其淨髮此則人法住持有生之所憑賴崛多道性純厚神志剛正愛德無猒求法不懈博聞三藏遠究真宗遍學五明兼閑世論經行得道場之功惣持通神呪之理三衣一食終固其誠仁濟弘誘非關勸請勤誦佛經老而弥篤強識先古久而逾詣士庶欽重道俗崇敬隋滕王遵仰戒範奉以為師因事廛染流擯東越又在甌閩道聲載洽身心兩救為益極多至開皇二十年便從物故春秋七十有八（唯添品法華序仁壽元年辛酉崛多笈多二法師次大興善寺重勘梵本翻者添譯既在仁壽之元年出添品即非開皇二十年卒也又內典錄云仁壽之末崛多以緣他事流擯東越續高僧傳即云開皇二十年卒錄傳俱宣所撰而自相矛楯何也）崛多自西服来至東華循歷翻傳自開皇五年訖仁壽之末出護國等經惣三十九部

合一百九十二卷並詳撿陶治理教圓通文明義結具流於世見隋唐二錄護國菩薩經佛華嚴入如來德智大方等大雲請雨經東方最勝燈王如來經無所有菩薩經大乘三聚懺悔經已上六部內典錄云崛多所譯積藏經圖云笈多出今依內典為正大集辟喻王經移識經法炬陁羅尼經已上三部經圖之中崛多笈多二錄俱載者誤也今並載崛多之餘笈多錄內除之

眾經目錄七卷開皇十四年五月、十日勅興善寺翻經所撰至十月十四日別錄六卷惣錄一卷別惣成七見長房錄

眾經目錄五卷仁壽二年勅興善寺翻經沙門及學士等撰見續高僧傳

右二部一十二卷其本並在

沙門釋法經等並大興善寺翻經大德也開皇十四年甲寅撰一切經錄法經等二十大德緝撰成之惣標綱紀位為九錄區別品類有四十二分合有二千二百五十七部五千三百一十卷揚化寺沙門明穆區域條分指蹤紘絡日嚴寺沙門彥琮覼縷綱維考挍同異見長房錄又

至仁壽二年勅所司請興善寺大德與翻經沙門及學士等披撿法藏詳定經錄隨類區辯惣為五分單本第一重翻第二重別生第三賢聖集傳第四疑偽第五見闕都合二千一百九部五千五十八卷別生疑偽不須抄寫已外三分入藏見錄並沙門彥琮綜理裁定見續高僧傳

合金光明經八卷二十四品開皇十七年合當第四本見長房錄沙門彥琮製序

右一部八卷其本見在

沙門釋寶貴大興善寺僧也開皇十七年丁已合金光明經一部貴即周世智度論師道安之神足翫閱群典見昔晉世沙門支敏度合兩支兩竺一白五家首楞嚴為一部作八卷今准祐錄家維摩為一部作五卷又沙門僧就合四家大集為六十卷諸及今經記四本合成無白延也合一支兩竺三此合經文義宛具斯既先哲遺蹤貴遂依承以為規矩遂合涼

世法豊四卷十六品者周朝稱藏續譯壽量大辯二品分為五卷梁時真諦更出四品謂三身分別業障滅品陁羅尼最淨地品依空滿願通前十八成二十四分成七卷隋代志德復出銀主陁羅尼品及囑累品前後所出共二十四分為八卷沙門彥琮重覆勘挍品部究足始自于斯文號經王義稱深妙願言幽顯頂戴護持又長房云招提寺沙門僧就開皇六年合大集經成六十卷者今尋就所合經雖為慈准中有差舛如隋大乘錄及刪繁錄中具述故此錄中存其別本合部之者刪之不存

占察善惡業報經二卷亦出六根聚經名大乘實義經亦名地藏菩薩經亦直云占察經亦名地藏菩薩業報經

右一部二卷其本見在

沙門菩提登外國人也不知何代譯占察經一部長房錄云此經撿錄无目而經首題云菩提登在外國譯似近代出今諸藏內並寫流傳而廣州有一僧行塔懺法以皮作二枚帖子一書善字一書惡字令人擲之得善者好得惡者不好又行自撲法以為滅罪青州亦有一居士同行此

法開皇十三年有人告廣州官司云是其妖官司推問其人引證云搭懺法依占察經自撲法依諸經中五體投地如太山崩廣州司馬郭誼來京向歧州具狀聞奏

勅不信占察經道理令內史侍郎李元操共郭誼就寶昌寺問諸大德沙門法經等報云占察經目錄无名及譯處塔懺法與衆經復異不可依行勅云諸如此者不須流行今謂不然豈得以己管窺而不許有博見之士耶法門八万理乃多途自非金口所宣何得顯斯奥旨大唐

天后天冊萬歲元年

勅東都佛授記寺沙門明佺等刊定一切經錄已編入正經訖後諸覽者幸無惑焉

開皇三寶錄十五卷 開皇十七年十二月二十三日上內題云歷代三寶紀見內典錄及續高僧傳

右一部一十五卷見在

翻經學士費長房成都人也房

貞元新定釋教目錄卷第十　第三十四張　歲

本出家周廢僧侶權從儒服及隋興復仍署白衣時預參傳筆受詞義以歷代群錄多惟編經至於佛僧紀述蓋寡乃撰三寶履歷帝年始自周莊魯莊至於開皇末歲首列甲子傍列衆經翻譯時代附見綸綜號為開皇三寶錄撰成陳奏下

勅行之其序略云今之所撰略准三書以為指南顯茲三寶佛生年瑞依周夜明經度時祥承漢宵夢僧之元始城塹棟梁毗贊光輝崇於慧皎其外傍採隱居歷年國誌典墳僧祐集記諸史傳等僅數十家摘彼翠翎成斯紀翮扇之千載風於百王共東智炬之光照時昏暗同傳法流之潤洽世燋枯闡我皇猷道開厥始昔結集之首並指在某國某城今宣譯之功理須各宗時代故此錄體率舉號稱為漢魏吳及大隋錄也失譯疑偽依

貞元新定釋教目錄卷第十　第三十五張　成

舊注之人以年為先經隨代而次有重列者猶約世分惣其華戎黑白道俗合有一百九十七人都所出經律戒論傳二千一百四十六部六千二百三十五卷位而分之為十五軸一卷惣目兩卷入藏三卷帝年九卷代錄代錄編鑒經翻譯之少多帝年張知佛在世之遐迩入藏別識教小大之淺深

大方等善住意天子所問經四卷 第二出與宋功德直菩薩念佛三昧經同本是大集別分見內典錄

緣生初勝分法本經二卷 初出與唐譯分別緣起經同本亦直云緣生經見內典錄大業十二年十月出十三年九月兼論並訖見經前序

藥師如來本願經一卷 第二出與灌頂第十二卷及唐譯藥師本願功德經等同本見內典錄大業十一年十二月八日於翻經館訖沙門行矩製序

金剛般若論三卷 無著菩薩造見內典錄

菩提資糧論六卷 聖者龍樹本比丘自在釋見內典錄

攝大乘論釋論十卷 第二出與真諦譯者及唐

貞元新定釋教目錄卷第十　第三十六張　成

譯世親攝論並同本世觀菩薩釋見內典錄

緣生論一卷聖者欝楞伽造與緣生經同本見內典錄

起世因本經十卷第六出與長阿含第四分記世經及樓炭經等同本亦直云起世經見內典錄

右九部四十六卷其本見在

沙門達摩笈多隋云法密亦云法藏本南印度羅囉力賀反國人也內典錄及翻經圖並云北天竺烏場國人者非也剎帝利種姓弊耶伽囉隋云虎氏有第四人身居長子父母留戀不聽出家然以篤愛法門深願離俗年二十三往中印度界鞬拏究撥闍城隋云耳出於究牟地隋云黃花僧伽囉磨隋云眾園舊云伽藍者訛略也於笈多於此寺中方得落髮改名法密年二十五方受具戒其郁波第耶名佛馱笈多隋云覺密阿遮利夜名舊拏達多隋云得施又一阿遮利夜名為普照通大小乘經論咸能誦說行賓荼夜法謂行乞食者舊為分衞訛略也入第耶那隋云念修舊為禪那及持訶那並訛僻也恒入此觀以為常業笈多受

具足後仍住三年就師學問師之所得略窺戶牖後以普照師為吒迦國王所請從師至彼經停一載師還本國笈多更留四年住於提婆鼻阿囉隋云天遊也天謂天國王遊謂僧眾其所王立故名天遊舊以寺代之乃此土公院之名所謂剎也廷也又云招提者亦訛略也世世依字解招謂招引提謂提擲並浪語也此乃西言可正音云招鬪提奢此云四方謂眾所為四方眾僧之所依也於是歷諸大小乘國及以僧寺聞見倍多北路商人頗至於彼遠傳東域有大支那國焉舊名真丹振旦者並非正音無義可譯惟知是此神洲之總名也初雖傳述不甚明信未作來心但以志在遊方情無所繫遂往迦臂施國六人為伴仍留此國停住王寺笈多遂將四伴於國城中二年停止遍歷諸寺備觀所學遠遊之心尚未寧處其國乃是北路之會雪山北陰商旅咸湊其境於商客所又聞支那大國三寶興盛同侶一心屬意來此非惟觀其風化願在利物

弘經便踰雪山西足薄佉羅國沙多叉拏國達摩悉鬚多國此諸國中並不久住足知風土諸寺儀式又至渴羅盤陁國留停一年未多開導又至沙勒國同伴一人復還本邑餘有三人停在王寺謂沙勒王之所造也經住兩載仍為彼僧講念破論有二千偈旨明三印多破外道又為講如實論亦二千偈約其文理乃是世間論義之法又至龜茲國亦停王寺又住二年仍為彼僧講釋前論其王篤好大乘多所開悟留引之心旦夕相造笈多係心東夏無志潛停密將一僧間行至焉耆國在阿蘭拏寺講通前論又經二年漸至高昌客遊諸寺其國僧侶多學漢言雖停二年無所宣譯又至伊吾便停一載值難避地西南路純砂磧水草俱乏同侶相顧性命莫投乃以所賚經論權置道旁越山求水冀以存濟求既不遂

勞弊轉增專誦觀世音呪夜雨忽降身心充悦尋還本途四顧茫然方道迷失踟躕進退乃任前行遂達瓜州方知曲取北路之道也笈多遠慕大國跋涉積年初契同徒或有留歿獨顧單景屆斯勝地靜言思之悲喜交集尋蒙帝旨延入京城處之名寺供給豐渥即開皇十年冬十月也至止未淹華言略悉又奉別勅令就翻經移住興善執本對譯允正實繁所誦大小乘論並是深要至於宣解大弘微旨此方舊學頻遣積疑然而慈恕立身柔和成性心非道外行在言前戒地夷而靜智水幽而潔經洞字源論窮聲意加以威容詳正勤節高猛誦響繼晨宵法言通內外又性好端居簡絕情務寡薄嗜欲息杜希求元倦誨人有踰利已曾不忤顏於賤品輕心於微類遂使未覩者傾風暫謁者欽敬自居譯人之首惟存傳授所有覆疎務在綱領煬帝定鼎東都敬重隆厚至於佛法弥增崇樹乃下勅於洛水南濱上林園內置翻經館搜舉翹秀永鎮傳法登即下徵笈多幷諸學士並預集焉四事供承復恒常度致使譯人不墜其緒成簡無替於時及隋綱云頹郊壘煙構梵本新經一時斯斷笈多藴其深解遂闕陳弘始於開皇中歲屆于京師即與崛多共參傳譯于時崛多拱權令望居宜傳度梵隋時惟稱美至於深義莫不反啓斯人而容範治然無涉世路所以傳譯聲望抑已揚人仁壽之末崛多以緣他事流擯東越笈多乘機專主傳譯從大業初年終大業末歲譯大方等善住意等經九部並文義澄潔華質顯暢沙門彥琮明則行矩等筆受至大唐武德三年終于洛汭沙門彥琮為之作傳初笈多翻金剛斷割般若波羅蜜經一卷及普樂經一十五卷末及練覆值偽鄭淪廢不暇重修今卷部在京多明八相等事今謂大唐日照三藏翻方廣大莊嚴經一十二卷與舊普曜經梵本是同於中亦明八相等事與此普樂經亦應梵本同也

貞元新定釋教目錄卷第十

丙午歲高麗國大藏都監奉
勅雕造

貞元新定釋教目録卷第十一　感

西京西明寺沙門圓照　撰

總集羣經録上之十一

大唐李氏都長安自

高祖神堯皇帝武德元年歲次戊寅至　皇帝貞元十六年庚辰之歲兼　天后代凡經一百八十三載傳譯緇素已有四十六人所出經律論及傳録等總四百三十五部二千四百七十六卷（於中四百七部二千三百九十九卷見在二十七部七十七卷訪本未獲）

大唐沙門波羅頗迦羅蜜多羅　三部　三十八卷經論

沙門釋法琳　三部　十三卷集論

沙門釋玄奘　六部七十一千三百四十七　經律論記傳

沙門釋道宣　八部　八十一卷譜録傳集

沙門釋玄應　一部　二十五卷經律音義

沙門釋靖邁　一部　四卷圖紀

沙門釋智通　四部　五卷經

沙門伽梵達摩　一部　一卷經

沙門阿地瞿多　一部　一十二卷經

沙門釋玄惲　二部　二十卷經集

沙門釋彦琮　一部　六卷集議

沙門那提　三部　三卷經

沙門若那跋陁羅　一部　三卷經

沙門地婆訶羅　十八部　三十四卷經論

清信士杜行顗　一部　一卷經

沙門釋復禮　一部　二卷論

沙門釋慧立　一部　一十卷集傳

沙門釋懷素　四部　八卷戒本羯磨

沙門佛陁多羅　一部　一卷經

沙門佛陀波利　一部　一卷經

沙門提雲般若　六部　七卷經論

沙門釋慧智　一部　一卷讃頌

沙門釋明佺　一部　一十五卷目録

沙門實叉難陁　十九部　一百七卷經

婆羅門李無諂　一部　一卷經

沙門弥陁山　一部　一卷經

沙門釋玄嶷　一部　三卷集論

沙門阿你真那　七部　九卷經

沙門釋義淨　六十一部又七部　二百三十九卷經　律論傳五十卷在闕本中述

沙門菩提流志　五十三部　一百一十卷經論

沙門釋愛同　一部　一卷羯磨

沙門釋慧苑　一部　二卷經音義

沙門般剌蜜帝　一部　一十卷經

沙門釋智嚴　四部　六卷經集

沙門輸波迦羅　四部　一十四卷經

沙門跋日羅菩提　四部　七卷經　又一部　十卷經

准貞元十五年十月二十二日　勅編入

沙門釋懷迪　一部　一十卷經

沙門釋智昇　五部　二十五卷經録儀等

沙門無能勝　三部　四卷經

沙門法月　一部　一卷經

沙門大廣智不空　一百一十一部

一百四十三卷經律論内一卷失

沙門般若　六部　七十卷經

沙門勿提提犀魚　一部　一卷經

沙門尸羅達摩　二部　十卷經

沙門釋靈邃奏撰　貞元釋教録等

沙門釋圓照等　二部　三十三卷經目録

寶星陁羅尼經十卷（或八卷見内典録貞觀三年三月於興善寺出四年四月四日訖沙門法琳製序佛於大集會中重說此經即大集寶幢分是非重譯也）

般若燈論釋十五卷（龍樹菩薩本分别明菩薩釋見内典録貞觀四年六月於勝光寺出至六年十月十七日畢沙門慧賾製序）

大乘莊嚴經論十三卷（或十五卷無著菩薩造見内典録貞觀四年夏於勝光寺與般若燈論同時出至七年春訖勅太子右庶子李百藥爲序）

右三部三十八卷其本並在

沙門波羅頗迦羅蜜多羅唐言作明知識略云明友或一云波頗唐言光智中印度人也本剎利王種姓剎帝利十歲出家隨師習學誦一洛叉大乘經可十万偈受具已後便學律藏既通戒網心樂禪思又隨勝德修習定業因修不捨經十三年末後南遊摩伽陁國

那蘭陁寺值戒賢論師盛弘十七地論因復聽採以此論中兼明小教又誦一洛叉偈小乘諸論波頗識度通敏器宇冲邃博通內外研精大小傳燈敎授同侶所推承化門人般若因陁羅跋摩等學功樹勳深達義綱相繼領徒本國匡化爲彼王臣之所欽重但以出家釋子不滯一方六月一移任緣靡定承北狄貪勇未識義方法藉人弘敢欲傳化乃與道俗十人展轉北行達西面可汗葉護衙所以法訓

勗曾未浹旬特爲戎主深所信伏日給二十人料旦夕柢奉同侶道俗咸被祢遇生福增敬日倍於前武德九年高平王出使入蕃因與相見承此風化將事東歸而葉護君臣留戀不許王即奏聞下　勑徵入乃與高平同來謁帝以貞觀元年歲次丁亥十一月二十日達京

勑住興善釋門英達莫不修造自古敎傳詞旨有所未諭者皆委其宗緒檢其同異內計外執指掌釋然微問相酬披解無滯乃上簡聞蒙引內見躬傳法理無爽對揚綵四十段并宮禁新納一領所將五僧加料供給重頻慰問勞接殊倫至三年三月上以諸有非樂物我皆空眷言眞要無過釋典流通之極豈尚翻傳下

詔所司搜敭碩德兼閑三教備舉十科者一十九人於大興善寺創開傳譯沙門玄謨僧伽等

譯語及三藏同學崛多律師證譯沙門法琳惠明惠賾惠淨等執筆承旨慇懃詳覆審定名義具意成文沙門慧乘法常惠朗曇藏智解智首僧辯僧珎道岳靈佳文順等證義又勑上柱國尚書左僕射邦國公房玄齡散騎常侍太子詹事杜正倫礼部尚書趙郡王李孝恭等參助詮定右光祿大夫太府卿蘭陵男蕭璟揔知監護百司供送四事豐華至四年四月譯寶星經訖後移勝光又譯般若燈大莊嚴經論至七年春勘閱既周繕寫云畢所司詳讀乃上聞奏下

勑各寫十部散流海內仍賜頗物百段餘承譯僧有差束帛波頗意在傳法餘無挂懷而時輩不詢或生異議云頗僥倖時舉敢馳於後故聚名達廢講經論斯未是弘通者時有沙門靈佳卓犖拔羣妙通機會對監護使具述事理云頗遠投東夏情乖

名利欲使道源千載聲振上古昔苻姚兩代翻經學士乃有三千今大唐譯人不過二十意在明德同證信非徒說後代昭奉無疑於今耳識者僉議依同後遂不行時為太子染患衆治無効下　勅延頗入内一百餘日親問承對下

帝言疾既漸降許出本寺賜綾帛等六十段幷及時服十具頗擔傳法化不憚艱危遠度葱河來歸震旦經途所亘四万有餘躬賫梵文望並翻盡不言英彦有墜綸言本志頹然雅懷莫訴因而遘疾自知不救分散衣資造諸淨業端坐觀佛遺表施身下

勅特聽尋尒而卒於勝光寺春秋六十有九　東宮下令給二十人轝屍坐送至于山所闍維既了沙門玄謨收拾餘骸為之起塔於勝光寺在乘法師塔東即貞觀七年四月六日也有識

同嗟法輪輟轍羣生無導寔可悲矣內典錄云于斯時也大集梵文將事廣傳陶律後代而慨語由唐化弘匠不行致使梵寶無由分布故十載之譯三部歟功可悲深矣今考覆叙中譯時年月三年二月創譯七年秦功畢續高僧傳云六年訖傳録俱是宣律年月自矛楯也

破邪論二卷 或一卷見內典錄

辯正論八卷 見內典錄

別傳三卷 貞元新入目開元先禁斷

右三部十三卷其本見在

沙門釋法琳姓陳氏潁川人遠祖隨官寓居襄陽少而出家遊獵儒釋博綜詞義金陵楚郢從道問律自文苑才林靡不尋造而志在網梗不營浮綺野栖木食於青溪等山晝則承誨佛經夜則吟覽俗典故於内外詞旨經緯遺文精會所歸咸肆其抱而風韻閑雅韜德潛形氣揚采飛方陳神略隨季承乱入關觀化流離八水顧步三秦每以槐市仙宗乎陳名實昔在荆楚梗概其文而秘法奇章猶未探撿自非同其形服塵其本情方可體彼宗師辯茲紛結乃權捨法

報長髮多年外統儒門内希黼術遂以義寧初歲假被巾褐從其居館琳素通莊老談吐清奇道侶服其精華膜拜而從遊處情契莫二共叙金蘭故彼所禁文詞並用諮琳取定致令李宗奉釋之典包舉具舒張偽葛妄之言詮題品録武德初運還莅釋宗擁衰延光栖遑問道以帝壤同歸名教是則敦言鄭衛易可箴規乃住京師濟法寺至武德四年有太史令傅弈先是黃巾深忌佛法上廢佛法事十有一條云釋經誕妄言妖事隱損國破家未聞益世請胡佛邪教退還天竺凡是沙門放歸桑梓則家國昌太李孔之教行焉武皇容其小辯朝輔未能抗也時謂遵其邪徑通廢玄衢莫不懼焉乃下　詔問曰棄父母之鬚髮去君臣之章服利在何門之中益在何情之内損益二宜請動妙釋琳憤激傳詞側聽

明勅承有斯問即陳對曰琳聞至道絶言豈九流能辯法身無像非十翼所詮但四趣茫茫漂淪欲海三界蠢蠢顛墜邪山諸子迷以自焚凡夫溺而不出大聖爲之興世至人所以降靈遂開解脫之門示以安隱之路是以中天王種辭恩愛而出家東夏貴族猒榮華而入道撍出二種生死志求一妙涅槃弘善以報四恩立德以資三有此其利益也毁形以成其志故棄鬚髮美容變俗以會其道故去君臣華服雖形闕奉親而内懷其孝禮乖事主而心戢其恩澤被怨親以成大順祐沾幽顯豈拘小違上智之人依佛語故爲益下九之類黷聖教故爲損懲惡則濫者自新進善則通人感化此其大略也傅氏所奏在司猶未施行弈乃多寫表狀遠近公然流布京室閭里咸傳秃丁之誚劉談酒席昌言胡鬼之謠佛日翳而

不明僧尼阻而無勢于時達量道俗動毫成論者非一各蹤佛理具引梵文委示業緣曲垂邪正但是弈之所廢豈有引覆證成雖曰破邪終歸邪破琳情弄女機獨覺千載器局天授博悟生知覩作者之無切信秉權之有據乃著破邪論二卷用擬傅詞文有三十餘紙自琳之綴采貫絶群篇野無遺賢朝無遺士家藏一本咸誦在心並流略之菁華文章之冠冕茂譽於是乎騰廣音情由之而開尚矣琳又以論卷初出意在弘通自非廣露其情則阜頬不虚其道乃上啓儲后諸王及公卿侯伯等並文理弘被庶績咸嘉其博詣焉故弈奏狀因之致寢遂得釋門重敞琳寔其功東宮庶子虞世南詳琳著論乃爲之序而傅氏不愜其情重施密譖搆扇黃巾用爲黨類道士李仲卿上十翼九迷論道士劉進喜上顯正論皆貶量佛

聖歷黜釋宗昏冒生靈衒曜朝野董狐既雜時所疑焉武德九年春下

詔京置三寺唯立千僧餘並放還桑梓嚴

勅既下莫敢致詞五衆哀號於是衞四民頗嘆於城市于時道俗蒙然投骸無措賴由震方出帝飛奭廓清紫龍於啓聞簿究宗領登即大赦還返神居故佛日重朗於唐世又由琳矣琳頻逢黜陟誓結維持道挫世情良資宿學乃搽索典籍隱括玄奧撰辯正論八卷潁川陳子良注之并製序良文學雄伯秊儒戴釋誘勸成則其從如雲貞觀初文帝捨終南山大和舊宮置龍田寺（龍田寺是大和宮之于大院今在翠微之南宮正院爲大和寺今並合入翠微寺焉）琳性放幽靜就而住之衆所推美擧知寺任從容山服詠歌林野三年

勅波頗三藏翻寶星經及般若燈論白琳令執筆承旨兼詳覆

名義至十三年冬有黃巾黍世
英者挾方術以要榮遂程器於
儲貳素嫉釋種陰陳琳論謗訕
皇宗罪當誷上
帝勑然下　勑沙汰僧尼見有
衆侶宜依遺教仍訪琳身據法
推勘琳扼腕奮發不待追徵獨
詣公庭輕生侚理乃縶以縲紲
下　詔問曰周之宗盟異姓爲
後尊祖重親寔由先古何爲追
逐其短首鼠兩端廣引形似之
言備陳不遜之喻肥毀我祖祢
謗黷我先人如此要君罪有不
恕琳答曰文王大聖周公大賢
追遠慎終昊天靡答孝悌之至
通於神明雖有宗周義不爭長
何者皇天無親竟由輔德古人
黨理而不黨親不自我先不自
我後雖親有罪必罰雖踈有功
必賞賞罰理當故天下和平老子
昔人訓導宗德加於百姓怨巳
謙光仁風形于四海又云吾師
名佛佛者覺一切人也乹竺古

皇西昇逝矣討尋老教始末可
追日按中經示誨子弟言吾師
者善入泥洹綿綿常存吾今逝
矣今劉李所述謗滅老氏之師
並莫能知著茲辯正論有八卷
略對道士六十餘條並陳史籍
前言實非謗毀家國自後辯對
六十餘條並據琳詞具狀聞奏
勑云所著辯正論信毀交報篇
日有念觀音者臨刃不傷且赦
七日令尒自念試及刑決能無
傷不琳外纆桎梏內迫刑期水
火交懷許仰無路乃錄生來所
聞經教及三聖尊名銘誦心府
擬爲顯應至于限滿忽神思彰
勇橫逆胷懷歡慶相尋頓忘死
畏立待對問須臾勑至云今赦
期已滿當至臨刑有何所念有
靈驗不琳援筆答曰自隋季擾
攘四海沸騰疫毒流行干戈競
起興師相伐各擅兵威臣佞君
荒不爲正治遏絕行路固執一隅
自皇王𢘨伐載清陸海斯寔觀

音之力咸資勢至之恩比德連
蹤道齊上聖救擯死於帝庭免
豔刑於都市琳於七日已來不
念觀音惟念陛下勑治書侍御
韋琮問琳有詔令念觀音何因
不念乃云惟念
陛下琳答伏承觀音聖鑒靈形
六道上天下地皆爲師範大唐
光宅四海九夷奉職八表刑清
君聖臣賢不爲枉濫今
陛下子育恒品如經即是觀音
既其靈鑒相符所以惟念
陛下且琳所著辯正論爰與書
史倫同一句參差任從斧鉞
陛下若順忠順正琳則不損一
毛
陛下若刑濫無辜琳有伏屍之
痛具以事聞遂不加罪有
勑徙于益部僧寺行至百牢關
菩提寺因疾而卒時年六十九
沙門惠序經理所歩情結斷金
曉夕同衾慰撫承接及命將盡
在序膝上序慟哭崩摧淚如駛

南乃召諸關旁道俗葬於山東之頂高樹白塔勒銘鋕之行路志者知便下淚琳所著詩賦啓頌碑表章誄大乘教法幷諸論記傳合三十餘卷並金石擊其風韻縟綿續其文思流靡雅便騰焰彌穆又善應機說導即事騁詞言會宮商義符玄籍其秦世英竟以狂慝被誅公私佐其死晩劉李傳氏相從化往故其遺文往行可爲萬代宗轄矣

大般若波羅蜜多經六百卷 見翻經圖佛於四處十六會說顯慶五年正月一日於玉華寺玉華殿譯至龍朔二年十月二十日畢沙門大乘光大乘欽嘉尚等筆受

能斷金剛般若波羅蜜多經一卷 見內典錄第四出與姚秦羅什等出者同本貞觀二十年十月一日於坊州宜君縣玉華宮弘法臺譯直中書杜行顗筆受

般若波羅蜜多心經一卷 見內典錄第二與摩訶般若大明呪經等同本貞觀二十二年五月二十四日於終南山翠微宮譯沙門智仁筆受

大菩薩藏經二十卷 見內典錄今編入寶積當第十二會貞觀十九年五月二日於西京弘福寺翻經院譯至九月二日畢沙門智證筆受道宣證文

貞元新定釋教目錄卷第十一　第十六張　感

大乘大集地藏十輪經十卷 見內典錄是大集第十三分與舊方廣十輪同本永徽二年正月二十三日於西京大慈恩寺翻經院譯至六月二十九日畢沙門大乘光等筆受

顯無邊佛土功德經一卷 見內典錄是華嚴經壽量品異譯永徽五年九月二十八日於大慈恩寺翻經院譯沙門大乘雲筆受

說無垢稱經六卷 見內典錄第七譯與羅什維摩經等同本永徽元年二月八日於大慈恩寺翻經院譯至八月一日畢沙門大乘光筆受

解深密經五卷 見內典錄第二譯與深密解脫解節相續解脫等並同本貞觀二十一年五月十八日於弘福寺譯至七月十三日畢沙門大乘光筆受

分別緣起初勝法門經二卷 見內典錄第二出與隋笈多緣生經同本永徽元年二月三日於大慈恩寺翻經院譯至八月畢沙門大乘詢筆受

藥師琉璃光如來本願功德經一卷 見內典錄第三出與隋笈多等出者同本永徽元年五月五日於大慈恩寺翻經院譯沙門惠立筆受

稱讚淨土佛攝受經一卷 見內典錄第三出與羅什彌陀經等同本永徽元年正月一日於大慈恩寺翻經院譯沙門大乘詢筆受

甚希有經一卷 見內典錄第三出與未曾有經等同本貞

貞元新定釋教目錄卷第十一　第十七張　感

觀二十二年五月十八日於終南翠微宮譯沙門大乘欽筆受

寂無比經一卷 見內典錄第二出隋譯希有校量功德經同本貞觀二十三年七月十九日於大慈恩寺翻經院譯沙門大乘光筆受

稱讚大乘功德經一卷 見內典錄初出与決定業障經同本永徽五年六月五日於大慈恩寺翻經院譯沙門大乘光筆受

如來示教勝軍王經一卷 見內典錄第二出与諫王經同本貞觀二十年二月六日於大慈恩寺翻經院譯沙門大乘光筆受

緣起聖道經一卷 見內典錄第六出与貝多樹下經等同本貞觀二十三年正月一日於西京北闕內紫微宮右弘法院譯沙門大乘光筆受

不空羂索神呪心經一卷 見內典錄第二出与隋崛多等出者同本顯慶四年四月十九日於大慈恩寺翻經院譯沙門大乘光筆受

十一面神呪心經一卷 見內典錄第二出與耶舍崛多等出者同本顯慶元年三月二十八日於大慈恩寺翻經院譯沙門玄則筆受

呪五首經一卷 見翻經圖麟德元年正月一日於玉華寺玉華殿譯沙門大乘光筆受

勝幢臂印陀羅尼經一卷 見內典錄初出與妙臂印幢陀羅尼同本永徽五年九月二十九日於大慈恩寺翻

貞元新定釋教目錄卷第十一　第十八張　感

經院譯沙門大乘雲筆受

諸佛心陀羅尼經一卷 見內典錄永徽元年九月二十六日於大慈恩寺翻經院譯沙門大乘雲筆受

拔濟苦難陀羅尼經一卷 見內典錄永徽五年九月十日於大慈恩寺翻經院譯沙門大乘光筆受

八名普密陀羅尼經一卷 見內典錄永徽五年九月二十七日於大慈恩寺翻經院譯沙門大乘雲筆受

持世陀羅尼經一卷 見內典錄永徽五年十月十日於大慈恩寺翻經院譯沙門神察筆受

六門陀羅尼經一卷 見內典錄貞觀十九年七月十四日於弘福寺翻經院譯沙門辯機筆受

佛地經一卷 見內典錄貞觀十九年七月五日於弘福寺翻經院譯沙門辯機筆受

受持七佛名號所生功德經一卷 見內典錄永徽二年正月九日於大慈恩寺翻經院譯沙門大乘光筆受

佛臨涅槃記法住經一卷 見翻經圖永徽三年四月四日於大慈恩寺翻經院譯沙門大乘光筆受

寂照神變三摩地經一卷 見翻經圖龍朔二年十二月二十九日於玉華寺玉華殿譯沙門大乘光筆受

菩薩戒本一卷 見內典錄第三譯出瑜伽論本地分中菩薩地與曇無讖等出者同本貞觀二十三年七月二十一日於大慈恩寺翻經院譯大乘光筆受

貞元新定釋教目錄卷第十一　第十九張　成

菩薩戒羯磨文一卷 見內典錄出瑜伽論本地分中菩薩地貞觀二十三年七月十五日於大慈恩寺翻經院譯沙門大乘光筆受

佛地經論七卷 見內典錄親光等菩薩造貞觀二十三年十二月二日於大慈恩寺翻經院譯至十二月二十四日畢沙門大乘光筆受

瑜伽師地論一百卷 見內典錄彌勒菩薩說貞觀十二年五月十五日於弘福寺翻經院譯至二十年五月十五日畢沙門靈會明濬等筆受

顯揚聖教論二十卷 見內典錄無著菩薩造貞觀十九年十月十一日於弘福寺翻經院譯至二十年正月五日畢沙門智證等筆受

瑜伽師地論釋一卷 見翻經圖最勝子菩薩造永徽元年二月一日於大慈恩寺翻經院譯沙門大乘暉筆受

顯揚聖教論頌一卷 見內典錄無著菩薩造貞觀十九年十月十一日於弘福寺翻經院譯沙門辯機筆受

王法正理論一卷 見內典錄彌勒菩薩造貞觀二十三年七月十八日於大慈恩寺翻經院譯沙門大乘林筆受

大乘阿毗達磨集論七卷 見內典錄無著菩薩造永徽三年正月十六日於大慈恩寺翻經院譯至三月二十八日畢沙門大乘光大乘雲等筆受

大乘阿毗達磨雜集論十六卷 見內典錄安慧菩薩糅貞觀二十年正月十七日於弘福寺翻經院譯至

貞元新定釋教目錄卷第十一　第二十張　成

閏三月二十九日畢沙門玄謨等筆受

廣百論本一卷 見內典錄聖天菩薩造永徽元年六月日於大慈恩寺翻經院譯沙門大乘諶筆受

大乘廣百論釋論十卷 見內典錄護法菩薩釋永徽元年六月二十七日於大慈恩寺翻經院譯至十二月二十三日畢沙門敬明等筆受

攝大乘論本三卷 見內典錄無著菩薩造第三出貞觀廿二年十二月二十六日於北闕紫微殿西弘法院譯至二十三年六月十七日慈恩寺畢大乘巍筆受

攝大乘論世親釋十卷 見內典錄第三出與陳真諦隋笈多出者同本貞觀二十二年十二月八日於北闕弘法院譯至三年六月十七日慈恩寺畢大乘巍筆受

攝大乘論無性釋十卷 見內典錄貞觀二十一年三月一日於弘福寺翻經院譯至二十二年六月十七日於大慈恩寺翻經院畢沙門大乘巍大乘林等筆受

辯中邊論頌一卷 見內典錄彌勒菩薩造龍朔元年五月一日於玉華寺嘉壽殿譯沙門大乘基筆受

辯中邊論三卷 見內典錄世親菩薩造第二出與中邊分別論同本龍朔元年五月十日於玉華寺嘉壽殿譯至卅日畢沙門大乘基筆受

大乘成業論一卷 見內典錄世親菩薩造第二出與業成就論同本永徽二年閏九月五日於大慈恩寺翻經院譯沙門大乘光筆受

貞元新定釋教目錄卷第十一　第二十一張　成

因明正理門論本一卷 見內典錄大域龍樹菩薩造初出與義淨出者同本貞觀廿三年十二月廿五日於大慈恩寺翻經院譯沙門智仁筆受

因明入正理論一卷 見內典錄商羯羅主菩薩造貞觀二十一年八月六日於弘福寺翻經院譯沙門明濬筆受

唯識二十論一卷 見翻經圖世親菩薩造第三出與元魏智希陳真諦出者同本龍朔元年六月一日於玉華寺慶福殿譯沙門大乘光筆受

唯識三十論一卷 見內典錄世親菩薩造貞觀廿三年五月二十九日於弘福寺翻經院譯沙門大乘光筆受

成唯識論十卷 見內典錄護法等菩薩造顯慶四年閏十月於玉華寺雲光殿譯沙門大乘基筆受

大乘掌珍論二卷 見內典錄清辯菩薩造貞觀二年九月八日於大慈恩寺翻經院譯至十三日畢沙門大乘暉筆受

大乘五蘊論一卷 見內典錄世親菩薩造第二出與五陰論同本貞觀二十一年二月廿四日於弘福寺翻經院譯沙門大乘光筆受

觀所緣緣論一卷 見內典錄陳那菩薩造第二出與無相思塵論同本顯慶二年十二月二十九日於東都大內麗日殿譯沙門大乘光筆受

大乘百法明門論一卷 見內典錄世親菩薩造貞觀二十二年十一月十七日於北闕弘法院譯沙門玄志筆受

緣起經一卷 見翻經圖出增一阿含第四十六卷異譯龍朔

貞元新定釋教目錄卷第十一　第六十二張　感

元年七月九日於玉華寺八桂亭譯沙門神昉筆受

本事經七卷 見內典錄永徽元年九月十日於大慈恩寺翻經院譯至十一月八日畢沙門靖邁神昉等筆受

天請問經一卷 見內典錄貞觀二十二年三月二十日於弘福寺翻經院譯沙門辯機筆受

阿毗達磨發智論二十卷 見內典錄迦多衍尼子造第二出與舊八犍度論同本顯慶二年正月二十六日於東大內順賢閣譯至五年五月七日於玉華寺畢沙門玄則筆受

阿毗達磨法蘊足論十二卷 見內典錄大目乾連造顯慶四年七月二十七日於大慈恩寺翻經院譯至九月十四日畢沙門大乘光等筆受

阿毗達磨集異門足論二十卷 見內典錄舍利子說顯慶五年十一月廿六日於玉華寺明月殿譯至龍朔元年十二月十九日畢沙門弘彥釋詮等筆受

阿毗達磨識身足論十六卷 見內典錄提婆設摩造貞觀二十三年正月十五日於北闕弘法院譯至八月八日於慈恩寺畢沙門大乘光等筆受

阿毗達磨品類足論十八卷 見內典錄筏蘇蜜多羅造第二出與衆事分阿毗曇同本顯慶五年九月一日於玉華寺雲光殿譯至十月二十三日畢大乘光等筆受

阿毗達磨界身足論三卷 見翻經圖筏蘇蜜多羅造龍朔三年六月四日於玉華寺八桂亭譯畢沙門大乘基筆受

貞元新定釋教目錄卷第十一　第六十三張　感

阿毗達磨大毗婆沙論二百卷 見內典錄五百大阿羅漢等造顯慶元年七月二十七日於大慈恩寺翻經院譯至四年七月三日畢沙門嘉尚大乘光等筆受

阿毗達磨俱舍論本頌一卷 見內典錄世親造第二譯與真諦出者同本永徽二年於大慈恩寺翻經院譯沙門元瑜等筆受

阿毗達磨俱舍論三十卷 見內典錄世親造第二譯與真諦出者同本永徽二年五月十日於大慈恩寺翻經院譯至五年七月廿七日畢沙門元瑜筆受

阿毗達磨順正理論八十卷 見內典錄衆賢造永徽四年正月一日於大慈恩寺翻經院譯至五年七月十日畢沙門元瑜筆受

阿毗達磨顯宗論四十卷 見內典錄衆賢造永徽二年四月五日於大慈恩寺翻經院譯至三年十月二日畢沙門慧朗嘉尚等筆受

入阿毗達磨論二卷 見內典錄塞建陁羅造顯慶三年十月八日於大慈恩寺翻經院譯至十三日畢沙門釋詮嘉尚筆受

五事毗婆沙論二卷 見翻經圖法救造龍朔三年十二月三日於玉華殿譯至八日畢沙門釋詮筆受

異部宗輪論一卷 見翻經圖世友造第三出與異論亦同本龍朔二年七月十四日於玉華寺慶福殿譯沙門大乘基筆受

貞元新定釋教目錄卷第十一　第六十四張　感

大阿羅漢難提蜜多羅所說法住記一卷（見內典錄永徽五年閏五月十八日於大慈恩寺翻經院譯沙門大乘光筆受）

勝宗十句義論一卷（見翻經圖惠月造貞觀二十二年五月十五日於弘福寺翻經院譯沙門靈雋筆受）

大唐西域記十二卷（見內典錄貞觀二十年奉勅於弘福寺翻經院撰沙門辯機承旨纖首秋七月絶筆）

右七十六部一千三百四十七卷其本並在沙門釋玄奘本名褘俗姓陳氏陳留人也漢太丘長仲弓之後曾祖欽後魏上黨太守祖康北齊國子博士食邑周南子孫因官又為緱氏人也父惠英潔有雅操早通經術形長八尺美眉明目拜江陵令解纓而返即大業年識者以為剋終隱淪之候故也有四男奘最小幼而珪璋特達聰悟不群年八歲父坐於机側口授孝經至曾子避席忽整襟而起問其故對曰曾子聞師命尚猶避席其今奉慈訓豈宜安坐父甚悅知其必成召宗人語之皆賀之曰此公之

楊烏也其早惠如此自後備通經典又兄長捷先出家住東都淨土寺以奘少罹窮酷携以將之日授精理旁兼巧論年十一誦維摩法華東都恒度便預其次自尒卓然梗正不偶朋流口誦目緣略無閑缺覩諸沙彌劇談掉戲奘謂之曰經不云乎夫出家者為無為法豈復恒為兒戲可謂徒喜百年時寺有景法師講涅槃經執卷伏膺遂忘寢食又學嚴法師攝大乘論一聞將盡再覽無遺時年十三也其後隋代失御天下沸騰昆季相携屆于京邑住莊嚴寺是時武德元年也國基草創兵甲尚興所以京城未有講肆然綿蜀之中法車甚盛遂與兄從之經子午谷入漢川遂逢空景二法師停月餘日從之受學仍相與進向成都諸德既萃大建法筵於是更聽基暹攝論毗曇道振迦旃延論敬惜寸陰勵精無怠二

三年間究通諸部年滿二十即以武德五年於成都受具夏坐學律五篇七聚之宗一遍斯得奘自惟曰學貴經遠義重疎通鑽仰一方未成探賾遂從蜀至荊詢求先德漸至相州造惠休法師質問疑礙次到趙州謁道深法師學成實論又入長安止大覺寺就岳法師學俱舍論皆一遍而盡其旨經目而記於心雖宿學耆年不能出也至於鉤深致遠開微發伏衆所不至獨悟於幽奧者固非一義焉時長安有常辯二法師為上京法匠奘又詣稟然其所有深致亦一拾斯盡二德並深嗟賞乃謂奘曰汝可謂釋門千里之駒其再明慧日當在尒躬恨吾輩老朽恐不見也自是學徒改觀譽滿京邑僕射宋公蕭瑀敬其脫穎奏住莊嚴然非本志情栖物表乃又惟曰余周流吳蜀爰逮趙魏未及周秦預有講筵率皆登踐

已布之言今雖蘊智襟未吐之
詞宗解籤無地若不輕生狥命誓
往華胥何能具覩成言用通神
解一覩明法了義眞文要返東
華傳揚聖化則先賢高勝豈決
疑於彌勒後進鋒穎寧輟想於
瑜伽耶遂厲然獨舉詣闕陳表
有司不爲通引頓迹京皐廣就
諸蕃遍學書語行坐尋授數日
便通側席西思聞機候會貞觀
三年時遭霜儉下勅道俗隨豐
四出幸因斯際徑往姑臧漸至
燉煌路由天塞裹粮吊影前望
悠悠但見平沙絕無人徑迴遑
委命任業而前展轉因循達高
昌境王麴文泰得信於佛殊礼
供待請留弘法奘告誠懇至遂
任西行厚相贈遺以充資什仍
勑殿中侍御史歡賁綾帛伍佰
疋菓味兩車獻葉護可汗書二
十四封通屈支等二十四國每
一封書附大綾一疋爲信給馬
三十疋手力二十五人送至突

厥葉護衙所以大雪山北六十
餘國皆其部統故重遺達爲奘
開前路也可汗遂
勑所部諸國令供給傳送展轉
遂達迦濕彌羅國斯並高昌麴
王葉護可汗之力也奘周遊五
印遍師明匠至如五明四含之
典三藏十二之筌七例八轉之
音三聲六聲之句皆盡其微畢
究其妙初那爛陁寺大德師子
光等立中百論宗破瑜伽等義
奘曰聖人作論終不相違但學
者有向背耳因造會宗論三千
頌融會瑜伽中百之旨先有南
印度王灌頂師名般若毱多明
正量部造破大乘論七百頌奘
申大乘義破之名制惡見論千
六百頌諸師咸曰斯論窮天下
之勍冦也何敵當之又東印度
拘摩羅王因奘通化初開信門
請問諸佛何所功德奘讚如來
三身利物因造三身論三百頌
以贈之王曰未曾有也頂戴歸

依斯之三論義府幽奧五印度
境盛傳流布是知道風照著德
行高明學蘊三冬聲馳万里印
度學人咸仰盛德既曰經笥亦
稱法將小乘學徒号奘爲木叉
提婆唐言解脫天大乘法衆號
摩訶耶那提婆唐言大乘天斯
乃高其德而傳徽號敬其人而
議嘉名又戒日大王五印臣伏彼
聞奘名遣人要請奘初至止王即
問云聞彼支那國有秦王破陣
樂歌之曲秦王何人致此歌詠
奘曰即今正國之
天子也未登
皇極之前封爲秦王是大聖人
撥乱反正恩霑六合故有斯詠
王曰如此之人故天縱之爲物
主也王於奘所盡心師敬欲使
芳音布於遐迩故於曲女城施
大論場集五印度沙門婆羅門
能言之士令奘立論竟十八日
無敢問者王大嗟賞施金錢一
万銀錢三万上㲲衣一百具悉

皆不受五印度境戒日王等殷
重請留用光玄化奘志存弘益
傳於未聞確擬東旋拒而不受
王重請暫住觀七十五日大施
場相事訖辭還王勅所部遞送
出境并施象一頭金銀錢各數
万戒日拘摩羅等十八大國王
流淚執別奘便辭而不受諸僧
勸受象施皆日斯勝相也佛滅
度來王雖崇敬種種布施未聞
以象用及釋門象爲國寶今既
見惠信之極矣即納象而返錢
寶感其爲也其形圓大高可丈
三長二丈許上容八人并諸什
物緣國北旋出印度境奘歷遊
諸國觀礼聖迹及感靈應具如
大唐西域記及續高僧傳兼奘
法師傳等備顯奘於西域請得
如來肉舍利一百五十粒金佛
像一軀通光座高尺有六寸擬
摩揭陁國前正覺山龍窟影像
金佛像一軀通光座高三尺三
寸擬婆羅痆斯國鹿野苑初轉

法輪像刻檀佛像一軀通光座
高尺有五寸擬憍賞弥國出愛
王思慕如來刻檀寫真像刻檀
佛像一軀通光座高二尺九寸擬
劫比他國如來自天宮下降寶
階像銀佛像一軀通光座高四
尺擬摩揭陁國鷲峯山說法華
等經像金佛像一軀通光座高
三尺五寸擬那揭羅曷國伏毒
龍所留影像刻檀佛像一軀
通光座高尺有三寸擬吠舍釐
國巡城行化像大乘經二百二
十四部大乘論一百九十二部
上坐部經律論一十四部大衆
部經律論一十五部三彌底部
經律論一十五部彌沙塞部經
律論二十二部迦葉臂耶部經
律論一十七部法密部經律論
四十二部說一切有部經律論
六十七部因論三十六部聲論
一十三部凡五百二十夾六百
五十七部並載之巨象還返
帝城初奘既度葱嶺先遣侍人

賫表陳露達國化也下
勅流問令早相見行達于闐以
爲致死所賫經像交無運致又
上表請尋下別
勅令于闐王給其鞍乘既奉嚴
勅驅馬相運至于沙州又蒙別
勅計其行程酬雇價直並不受
而還自爾乘傳二十許乘以貞
觀十九年正月二十四日届于
京邦之西道俗相趁走赴闤闠數
十万衆如値下生將欲入都人
物諠擁取進不前遂停別館通
夕禁衛候備遞斷傳駐道旁從
故城之西南至京師朱雀之都
亭驛二十餘里列衆拜謁動不
得旋于時駕幸洛陽奘乃留諸
經像送弘福寺京邑僧衆競列
幢帳助運莊嚴四部諠譁又倍
初至當斯時也復感瑞雲現于
日北團團如蓋紅白相映當于
像上顯發輪光既非遶日同共
嗟仰從午至晡像入弘福方始
歇滅致使京都五日四民廢業

七部歸承當此一期傾仰之高終古罕類也謁帝於洛陽宮見于儀鸞殿特蒙慰問面奉天顏談叙眞俗無爽帝旨從卯至酉不覺時延迄于閇鼓上即事戎旃問罪遼左明旦將發下勅同行固辞疾苦不違其請先是中印度菩提寺僧三人送經初至下勅普請京城設齋仍於弘福寺譯大嚴等經不久之閒奘信又至乃勅且停待到方譯既見洛宮深沃虚想即陳翻譯搜擢賢明上日法師唐梵具瞻詞理通敏將恐徒揚仄陋終虧聖典奘曰昔二秦之譯門徒三千雖復翻傳猶恐後代無聞懷疑乖信若不搜舉同奉玄規豈以褊能妄參朝委頻又固請乃蒙降許

貞元新定釋教目録卷第十一

丁未歲高麗國大藏都監奉勅雕造

貞元新定釋教目録卷第十三

西京西明寺沙門圓照　撰

總集群經録上之十三

帝日自師行後朕奉為穆太后於西京造弘福寺可就翻譯所須人物吏力並與玄齡商量務令優洽既承明命返迹京師遂召證義大德諳解大小乘經論為時輩所推者一十一人至即京弘福寺沙門靈潤沙門文備羅漢寺沙門慧貴實際寺沙門明琰寶昌寺沙門法祥靜法寺沙門普賢法海寺沙門神昉廓州法講寺沙門道深汴州演覺寺沙門玄忠蒲州普救寺沙門神泰綿州振響寺沙門敬明等綴文大德九人至即京普光寺沙門栖玄弘福寺沙門明濬會昌寺沙門辯機終南山豐德寺沙門道宣簡州福聚寺沙門靖邁蒲州普救寺沙門行友栖巖寺沙門道卓豳州照仁寺沙門慧立洛州天宮寺沙門玄則等字學大德一人至即京大總持寺沙門玄應證梵語梵文大德一人至即京大興善寺沙門玄謨其年五月方操貝葉開演梵文創譯大菩薩藏經沙門道宣執筆并刪綴詞理又復旁翻佛地經六門陀羅尼經顯揚聖教論二十年春正月又譯大乘阿毗達磨雜集論次譯瑜伽師地論法師於論重加陶練微有餘隙又出西域記十二卷沙門辯機親受事連比前後自前代已來所譯經教初從梵語倒寫本文次乃迴之順同此俗然後筆人亂理文句中間增損多墜全言今所翻傳都由奘旨意思獨斷出語成章詞人隨寫即可披翫于時

駕返西京奘乃進新譯經論并大唐西域記表請題序

手勑答書略云朕學淺心拙在物猶迷況佛教幽微豈能仰測

請為經題非己所聞其新撰西域記者當自披覽又再三表請方蒙允許遂謂駙馬都尉高履行曰卿前請朕為父作碑今氣力不如昔願作功德為法師作序不能作碑卿知之

貞觀二十二年春幸玉華宮六月勑追法師赴宮見於玉華殿帝問比翻何經論荅近翻瑜伽師地論訖凡一百卷

帝曰此論甚大何聖所說復明何義荅曰論是彌勒菩薩說明十七地義又問何名十七地奘舉綱提目陳列大義

帝深愛焉遣向京取瑜伽論帝自詳覽覩其詞義宏遠非從來所聞歎謂侍臣曰朕觀佛經譬猶瞻天望海莫測高深法師能於異域得是深法朕比以軍國務殷不及委尋佛教而今觀之宗源杳曠靡知涯際其儒道九流比之猶汀瀅之池方溟渤耳而世云三教齊致此妄談也

勑所司簡秘書書手寫新翻經論為九本頒與雍洛兗相荊揚涼益等九大州展轉流通使率土之人同稟未聞之義帝先許作新經序機務繁劇未及措意至此法師重啓方為染翰少須而成名大唐三藏聖教序神筆自寫勑貫衆經之首

帝居慶福殿百寮侍衛命法師坐使弘文館學士上官儀以所製序對群寮宣讀霞煥錦舒極褒揚之美致 天皇在春宮奉覩 聖文又製述三藏 聖記自此常恭內禁扣問沉隱翻譯相續不爽法機又讀法師所進菩薩藏經美之因 勑春宮作序其後秋七月夏罷 勑賜雲納袈裟一領妙絶今古又勑天下諸寺各度五人弘福寺宜度五十人維持聖種皆奘正言之力也冬十月隨 駕還京勑所司於北闕紫微殿西別營一所号弘法院令奘居之晝則帝留

貞元新定釋教目錄卷第十二　第十四張　必

談說夜乃還院翻經更譯無性攝論世親攝論緣起聖道經百法明門論

皇太子奉為 文德聖皇后於晉昌里置慈恩寺度三百人別造翻經院令法師移就翻譯仍綱維寺任給新度弟子一十五人弘福寺舊處仍給十人皇儲親降製詩褒飾二十三年夏四月駕幸翠微宮仍 勑陪從既至處分之外唯談玄論道問因果報應及西域先

聖遺芳故迹皆引經訓對帝深信納數攘袂歎曰朕共師相逢晚不得廣興佛事逮高宗嗣錄素所珍敬追入優問禮殊恒秩永徽二年請造梵本經臺蒙

勑賜物尋得成就又追入內於修文殿翻發智等論降手詔飛白書慰問優洽顯慶元年正月為

皇太子於慈恩寺設大齋朝寮摠至黃門侍郎薛元超中書侍郎李義府曰譯經佛法之大未

貞元新定釋教目錄卷第十二　第十五張　感

知何德可以光揚耶奘曰公之問常所懷矣譯經雖位在僧光價終憑朝貴至如苻秦時曇摩難提譯經黃門侍郎趙文業執筆姚秦時鳩摩羅什譯經秦主及安成侯姚嵩筆受元魏時菩提留支譯經則宣武皇帝及侍中崔光錄文齊梁周隋並皆如是大唐貞觀初波頗翻譯

勑左僕射房玄齡趙郡王李孝恭太子詹事杜正倫太府蕭璟等監閱譯之今並無之不足光遠公等能為致言則斯美可至二公許為陳奏尋下

勑曰慈恩翻譯文義須精宜令左僕射于志寧中書令來濟禮部尚書許敬宗黃門侍郎薛元超中書侍郎李義府等時為看閱有穩便處即隨潤色若須學士任量追兩三人冬十一月中宮在難歸依三寶請垂加祐法師啓曰 聖體必安和無苦然所懷者是男平安之後願聽出

貞元新定釋教目錄卷第十二　第十六張　必

家當蒙　勅許其月一日
皇后施納袈裟一領妙勝前者
并時服玩百有餘件五日有
勅令報法師皇后分難已訖端
正奇特神光滿院自庭燭天朕
歡喜無已內外舞躍必不違所
許願法師護念遂号為佛光王
當受三歸被袈裟服十二月五
日滿月　勅為佛光王度七人
仍請法師為王剃髮其佛光王
即
中宗孝和皇帝初生之瑞号也
創登皇極勅為法師於兩京各
置一佛光寺并度人居之其東
都佛光寺即法師之故宅也復
內出畫影裝之寶轝送慈恩寺
飜譯堂中追謚法師稱大遍覺
顯慶二年春二月　駕幸洛陽
宮法師與佛光王駕前而發并
翻經僧五人陪從弟子各一事
事公給既到安置積翠宮召入
大內麗日殿翻觀所緣等論夏
四月

車駕避暑於明德宮法師亦陪
從安置飛花殿譯大毗婆沙等
論五月　勅法師還於積翠宮
翻譯法師初謁文帝已請於少
林寺翻經至是秋九月復請入
少林
天皇手詔抑而不許三年二月
隨　駕還京秋七月西明寺成
勅法師居之令給上房一口新
度沙弥海會等十人充弟子天
皇以法師先朝所重嗣位之後
禮敬逾隆中使朝目問慰無絕
東國重於般若前代雖翻文不
周備眾人更請委悉重翻然般
若部大京師多務又人命無常
恐難得了請就於玉華宮翻譯
即以四年冬十月徙於玉華宮
并翻經大德及門徒等同去其
供給諸事一如京下至彼安置
肅誠院焉五年春正月一日起
首翻大般若經梵本揔有二十
萬頌佛於四處十六會說文既
廣大學徒每請刪略如羅什所

翻除繁去重法師將順眾意於
夜夢中即有極怖畏事以相警
誡覺已驚懼向諸眾說還依廣
翻夜中乃見諸佛菩薩勝吉祥
事覺而喜慶不敢更刪至龍朔
三年十月二十日功畢絕筆合
成六百卷合掌歡喜告徒眾曰
此經於此地有緣玄奘來此玉
華者經之力也向在京師諸緣
牽亂豈有了時今得終訖並是
諸佛冥加龍天擁護此乃鎮國
之妙典人天之大寶徒眾宜各
踊躍欣慶於中閒又翻成唯識
論辯中邊唯識二十論品類足
論等至十一月二十二日令弟
子窺基奉表奏聞請御製經序
至十二月七日通事舍人馮義
宣　勅垂許麟德元年正月一
日翻經大德及玉華寺眾慇懃
啓請翻大寶積經法師見眾僧
專至俛仰翻數行訖便攝梵本
停住告眾日此經部軸與大般
若同玄奘自量氣力不復辦此

奘自貞觀十九年乙巳於弘福
寺創啓梵文訖麟德元年甲子
終玉華宮寺凡二十載揔出大
小乘經律論等合七十五部一
千三百三十五卷又别撰西域
記一部自般若翻了惟自策勤
行道禮懺告翻經僧及門人曰
有為之法必歸磨滅泡幻形質
何得久停行年六十五矣必卒
玉華於經論有疑者今可速問
又謂門人曰吾來玉華本緣般
若今經事既終吾生涯亦盡若
無常後汝等遣吾宜從省儉可
以蘧篨裹送仍擇山㵎僻處安
置勿近宮寺不淨之身宜從屏
遠門徒等聞之莫不哀鯁奘生
常以來願生彌勒及遊西域又
聞無著兄弟皆生彼天又頻祈
請咸有顯證懷此專至益增翹
勵所造功德皆願往生至正月
九日脚跌傷脛因即寢疾開目
閉目見大蓮華鮮白而至又見
律相知生佛前遂命僧喜尚讀

貞元新定釋教目錄卷第十二　第十張　藏

所翻經論名目及造像寫經施
僧脩之然燈放生具令讀訖自
懷欣悅揔召門人有緣並集於
是罄捨衣資更令造像及轉讀
齋覵又命塑工宋法智於嘉壽
殿竪菩提像骨訖寺僧門人辭
訣并遺表訖便默念彌勒又令
旁人稱願生頌至二月四日右
脇累足右手支頭左手申髀竪
于屬纊竟不迴轉不飲不食至
五日中夜弟子光等問云和上
決定得生弥勒內衆不荅曰得
生言訖氣息漸微少間神逝侍
人不覺屬纊方委從足漸冷頂
後頂煖顏色赤白怡悅勝常過
七七日竟無改變亦無異氣自
非定慧莊嚴戒香資被孰能致
此又冥應衆多具於别傳此略
不述時坊州刺史竇師倫奏法
師已亡帝聞之哀慟傷感為之
罷朝曰朕失國寶矣時文武莫
寮莫不悲咽流涕帝言已嗚咽
悲不能勝翌日又謂群臣曰惜

貞元新定釋教目錄卷第十二　第十一張　藏

哉朕國内失奘法師一人可謂
釋衆梁摧矣四生無導矣亦何
異苦海方濟舟檝遽沉闇室猶
昏燈炬斯掩帝言已嗟惋不怡
葬下　勑移神柩歸京安置慈
恩寺葬事所須並令官給又
勑塋日聽京城僧尼幢蓋送至
墓所法師道茂德高為時痛
惜故於亡後重疊降　恩求之古
人無以加也於是素蓋素幢浮空
雲合哀笳哀梵氣遏人神四俗以
之悲凉七衆惜其沉没以四月
十五日葬於滻東白鹿原四十
里中皂素弥滿其塋與兄捷公
相近甞然白塔近燭帝城禁中
多見時傷聖慮至揔章元年四
月八日有勑改葬樊川北原與
州縣相知供給吏力乃又出之
衆咸歎異經久埋瘞色相如初
自非願力所持焉能致此法師
形長七尺技身赤白色眉目踈
朗形貌端嚴談論清華音詞遠暢
使聽者無倦瞻者忘疲或處徒

貞元新定釋教目錄卷第十二　第十二張　藏

衆或對嘉賓一坐半日終無傾動服止乾陁裁准細疊脩廣適中行步雍容直前而視輒不顧眄滔滔焉若長江之紀地灼灼焉類芙蕖之在水加以戒範端凝始終如一愛惜之志過護浮囊持敬之堅超逾繫草性愛恬簡不好交遊一入道場非朝命不出又聞盛暑之辰體無霑液祁寒之際貌不慘悽又不夭不申不欠不嚏斯蓋未詳其地位何賢聖之可搭哉又北宮現疾之時徵應繁縟將終之日色貌敷愉亦難得而測也及終月餘有人齎栴檀末香至請依西國法以塗三藏身衆咸莫之許其人作色曰弟子別奉進止師等若不許請錄狀以聞衆從之及開掊發殯已人覺異香香等蓮華之氣乎相驚問皆云若茲向人徐併殮衣唯留襯服衆覩三藏貌如生人皆號絕共視向人塗香服殮蓋棺已俄失所在衆疑

天人焉又其聽言觀行名實相守精厲晨昏計時分業度度不懈專思法務言無名利行絕虛浮曲識機緣善通物性不倨不諂行藏適時吐味幽深辯開疑議實當代之英賢乃釋門之法將矣且其發蒙入法特異常倫聽覽經論用為恒任既周行東夏挹酌諸師披露所蘊盡其精義莫不傾倒林藪更親學府遂能不遠數萬詣求勝法誓捨形命必會為期發趾張掖途次龍沙中途艱險身心僅絕既達高昌倍光來價傳國祖送備閱雲儀路出鐵門石門躬乘沙嶺雪嶺歷天險而志逾慷慨遭亞賊而神彌厲勇兼以歸稟正教師承戒賢理逐言揚義非再授廣聞異論包藏胃臆致使梵侶傾心不遺其法又以起信一論文出馬鳴申度諸僧思承其本奘乃譯唐為梵通布五天斯則法化之緣東西平舉又西華餘論

深尚聲明奘乃畢心請決隨授隨曉致有七變其勢動發異蹤三修廣論恢張懷抱故得施無猒寺三千學僧皆号智囊護持城塹及覩其屑吻聽其詞義皆彈指讚歎何斯人也其遊歷塞外海東百三十國道俗邪正承其名者莫不仰德歸依更崇開信可以家國增榮光宅推遠獸奉㦤至成奘之功若非天挺英靈生知聖授何能振斯鴻緒導達遺蹤前後僧傳往天竺者首自法顯法勇終于道邃道生相繼中途一十七返取其通言華梵妙達文筌揚導國風開悟邪正莫高於法師矣恨其經部不翻其數猶眾年未遐暮足得出之無常奄及惜哉至

肅宗文明武德大聖大宣孝皇帝有　勅於塔塋所置大唐興教寺以旌傳譯之功垂芳不朽肆至德三載歲在戊戌二月五日改為乾元元年八月二日勅內出寺額度僧七人至十二月日自墨奉迎大唐興教寺額至於

[illegible]州寺所安置耳

四分律刪補隨機羯磨一卷序題云曇無德部四分律刪補隨機羯磨見內典錄

釋迦氏略譜一卷或无略字見內典錄麟德二年九月十八日於西明寺撰記

釋迦方志二卷見內典錄永徽元年撰

大唐內典錄十卷見內典錄麟德元年於西明寺譯

集古今佛道論衡實錄四卷見內典錄麟德元年龍朔九年於西明寺撰第四卷麟德元年撰或三卷

東夏三寶感通錄三卷亦云集神州三寶感通錄見內典錄麟德元年撰

續高僧傳三十卷見內典錄

廣弘明集三十卷見內典錄

右八部八十一卷其本並在沙門釋道宣俗姓錢氏吳興人也彭祖之後胤宣少尋教相長慕尋師無憚苦辛外傳九流內釋三學關之東西河之南北追訪賢友戒香芬馥定水澄漪存護住持著述無輟尤工律藏刪補章儀常於終南山以堅其志凡所修撰並行於代護法經要此錄載之餘別行門在於內典錄貞觀

末年方事修緝撰四分刪補羯磨等八部內典錄中更有後續高僧傳十卷尋本未獲故闕

一切經音義二十五卷見內典錄

右一部二十五卷其本見在

沙門釋玄應大慈恩寺翻經沙門也博聞強記鏡林苑之宏標窮討本支通古今之五體故能雠校源流勘閱時代刪雅古之野素削澆薄之浮雜悟通俗而顯教舉集略而勝美真可謂文字之鴻圖言音之龜鏡者也以貞觀之末勅召參傳綜經理經正緯咨為實錄因譯尋閱捃拾藏經為之音義注釋訓解援引群籍證據卓明煥然可領昔高齊沙門釋道慧為一切經音依字直反曾無追顧致失教義寔迷匡俗應所作者全異恒倫徵覈本據務在實錄即万代之師宗亦當朝之難偶也恨敘綴纔了未及覆疏遂從物故惜哉

古今譯經圖紀四卷

右一部四卷其本見在

沙門釋靖邁簡州人也以博學馳譽大唐三藏翻譯眾經召充綴文大德後大慈恩寺翻經堂中壁畫古來傳譯緇素靖邁於是緝維其事撰成圖紀題之于壁但略費長房錄續逮皇朝直述譯經餘無所紀

千眼千辟觀世音菩薩陀羅尼神咒經二卷或一卷貞觀中在內譯初出與流志千手千眼身經同本波崙製序

千轉陀羅尼觀世音菩薩咒經一卷或無經字永徽四年於摠持寺譯

觀自在菩薩隨心咒經一卷亦云多利心經永徽四年於摠持寺譯

清淨觀世音普賢陀羅尼經一卷永徽四年於摠持寺譯見大周錄

右四部五卷其本並在

沙門釋智通律行清高兼明經論於摠持門特所留意通以隋大業年中出家住京大摠持寺有遊方之志遂於洛京翻經舘學梵書語早通精奧唐貞觀中有

北天竺僧賚千臂千眼經梵本
奉進文帝勅通共梵僧相對譯
出勒成二卷後於　天皇永徽
四年癸丑於捴持寺又出千轉
等經三部
千手千眼觀世音菩薩廣大圓滿無
礙大悲心陁羅尼經一卷
右一部一卷其本見在
沙門伽梵達摩此云尊法西印
度人也譯千手千眼大悲心經
一卷然題云西天竺伽梵達摩
譯不標年代推其本末似是
皇朝新譯但以傳法之士隨緣
利見出經流布更適餘方既不
記年号故莫知近遠异親問梵
僧云有梵本既非謬妄故載斯
録准千臂經序亦云智通共出
陁羅尼集經十二卷（見大周録永徽四年三月十四日於慧日寺譯至五年四月十五日畢沙門玄楷筆受）
右一部一十二卷其本見在
沙門阿地瞿多唐言無極高中
印度人學窮滿字行潔圓珠精
練五明妙通三藏加以大士利

貞元新定釋教目録卷第十二　第十九張　感

生無悋鄒國志弘像教冒懼艱
險遂西踰雪嶺東越沙河載歷
艱危來儀　帝闕以　天皇永
徽三年壬子正月廣將梵本來
屆長安　勅令慈恩寺安置沙
門大乘琮等一十六人英公鄂
公等一十二人請高於慧日寺
浮圖院建陁羅尼普集會壇所
須並皆供辦法成之日屢降靈
異京中道俗咸歎希逢沙門玄
楷等遂固請翻其法本後以四
年癸丑至五年甲寅於慧日寺
從金剛大道場經中要鈔譯集
成一十二卷沙門玄楷筆受
于時有中印度大菩提寺僧阿
難律木叉師迦葉師等於經行
寺譯功德天法編在集經第十
卷内故不別存也
諸經要集二十卷（顯慶四年西明寺撰）
右一部二十卷其本見在
沙門釋玄惲本名世道律學高
譽著重刊良緻緝為務兼有鈔
疏注解衆經西明創居召為大

貞元新定釋教目録卷第十二　第二十張　感

德顯慶年中讀一切經鈔諸要
事撰成一部名諸經要集餘如
内典録載
集沙門不拜俗議六卷（見内典録）
右一部六卷其本見在
沙門釋彦琮識量聰敏博曉群
經善屬文筆尤工著述　天皇
龍朔二年壬戌有　詔令拜
君親恐傷國化令百司遍議于
時沙門道宣等共上書啓聞于
朝廷衆議異端所司進入
聖躬親覽下勅罷之琮恐後代
無聞故纂斯事并前代故事及
先賢答對名為集沙門不拜俗
議傳之後代永作楷模墻塹法
城玄風不墜也兼撰大唐京師
寺録行於代
師子莊嚴王菩薩請問經一卷（亦名八曼荼羅經龍朔三年於慈恩寺譯見大周録）
離垢慧菩薩所問禮佛法經一卷（龍朔三年於慈恩寺譯見大周録）
阿咤那智呪經一卷（龍朔三年於慈恩寺譯見續高僧傳）

貞元新定釋教目録卷第十二　第廿一張　感

右三部三卷前二部二卷見在後一部一卷闕本

沙門那提唐曰福生具依梵言則云布如烏代耶以言煩多故此但訛略而云那提也本中印度人少出家名師開悟志氣雄遠弘道為懷歷遊諸國務在開物而善達聲明通諸詁訓大夏召為文士擬此士蘭臺著作者夙愛好奇尚聞有涉悟不憚遠夷曾往執師子國又東南上楞伽山南海諸國隨緣達化承聞那東國盛傳大乘佛法崇盛贍洲稱歎乃搜集大小乘經律論五百餘夾合一千五百餘部以天皇永徽六年創達京師有勅令於慈恩寺安置所司供給時玄奘法師當途翻譯聲華騰蔚無由克彰掩抑蕭條達名寔難那提不蒙引到無由自敷顯慶元年

勅往昆崙諸國採取異藥既至南海諸王歸敬為別立寺度人授法弘化之廣又倍於前以昔

被

勅往理須返命慈恩寺梵本擬重尋研龍朔三年還返舊寺所齎諸經並為奘將出意欲翻度莫有依憑惟譯八曼荼羅等經三部要約精最可常行學禪林寺沙門惠澤譯語豐德寺沙門道宣綴文并製序其年南海眞臘國為那提素所化者奉敬無已思見其人乎相率假途遠請乃云國有好藥唯提識之請自採取下　勅聽往返亦未曾有愽訪大夏行人云那提三藏乃龍樹之門人也所解無相與奘碩反西梵僧云大師隱後斯人第一深解實相善達方便小乘五部毗尼外道四違陁論莫不洞達源底通明言義詞出珠聯理暢霞舉所著大乘集義論可有四十餘卷將事譯之被遣遂闕夫以抱麟之歎代有斯蹤知人難哉千齡罕遇那提挾道遠至投俾北眞既無所待乃三被毒再充南役崎嶇數

方頻歷瘴氛委命遺命斯在斯人嗚呼惜哉

大般涅槃經後譯荼毗分二卷亦云闍維分亦云後分沙門惠立製序見大周錄

右一部二卷其本見在

沙門若那跋陁羅唐云智賢南海波凌亦曰訶凌國人也善三藏學往者麟德年中益府成都沙門會寧故遊天竺觀禮聖跡汎舶西逝路經波凌國遂共智賢譯涅槃後分二卷寄經達於交州會寧方之天竺後至儀鳳年初交州都督梁難敵遣使附經入京三年戊寅大慈恩寺沙門靈會於東宮啓請施行

大乘顯識經二卷第二出與寶積賢護長者會同本見大周錄永隆元年於東都大原寺譯

大方廣佛華嚴經續入法界品一卷或无續字續舊華嚴經闕文見大周錄垂拱元年於西太原寺歸寧院譯

方廣大莊嚴經十二卷一名神通遊戲第四出與竺法護普曜經等同本見大周錄永淳二年九月十五日畢於西太原寺歸寧院譯沙門復禮筆受

證契大乘經二卷亦名入一切佛境界智毗盧遮那藏第二出與大乘同性經同本見大周錄永隆元年於太原寺譯

大乘離文字普光明藏經一卷第三出與元魏菩提留支所出無字寶篋經等同本見大周錄永淳二年於太原寺歸寧院譯

大乘遍照光明藏無字法門經一卷第四出與次前離文經同本日照重出

大方廣師子吼經一卷第二出與如來師子吼經同本見大周錄永隆元年於東太原寺譯

大乘百福相經一卷初出見大周錄永淳二年於西太原寺歸寧院譯

大乘百福莊嚴相經一卷第二出與前百福相經同本日照重出

大乘四法經一卷初出見大周錄永隆元年於東太原寺譯

菩薩修行四法經一卷永隆一年正月於京弘福寺譯沙彥琮製序第二出與前大乘四法同本於京再出

七俱胝佛大心准提陀羅尼經一卷初出與金剛智出者同本見大周錄垂拱元年於西太原寺歸寧院譯

佛頂最勝陀羅尼經一卷第二出與杜顗等出者同本永淳元年五月二十日於京弘福寺共沙門彥琮譯彥琮製序見經前序

最勝佛頂陀羅尼除業障經一卷第四出與前

貞元新定釋教目錄卷第十二 第二十五張 盛

經同本日照後欲歸國於大東都共沙門惠智再譯前藏後注二文並廣

大乘密嚴經三卷見大周錄

造塔功德經一卷見大周錄永隆元年於東太原寺譯

金剛般若波羅蜜經破取著不壞假名論二卷功德施菩薩造亦云功德施論見大周錄永淳二年九月十五日於西太原寺歸寧院譯

大乘廣五蘊論一卷安惠菩薩造無廣字見大周錄垂拱元年六月十五日於西太原寺歸寧院譯

右一十八部三十四卷其本並在

沙門地婆訶羅唐言日照中印度人洞明三藏博曉四含戒行清高學業優贍尤工咒術兼洞五明志在利生來遊此國以天皇儀鳳初至天后垂拱末於兩京東西太原寺西太原寺即今西崇福寺是也東太原寺即今太福先寺是也及西京弘福寺譯大乘顯識經等一十八部沙門單陁般若提婆譯語沙門惠智證梵語勅召名德十人助其法化沙門道成薄塵嘉尚圓測靈辯明恂懷度證義沙門思玄復禮等綴

貞元新定釋教目錄卷第十二 第二十六張 盛

文筆受天后親敷睿藻製序標首光飾像教傳之不朽也

佛頂尊勝陀羅尼經一卷初出與日照等出者同本儀鳳四年正月五日譯出

右一部一卷其本見在

清信士杜行顗京兆人儀鳳中任朝散郎行鴻臚寺典客署令顗明諸蕃語兼有文藻天竺語書亦窮其妙于時有罽賓國僧佛陀波利齎梵經一夾詣闕奉獻天皇有詔命顗翻出名為佛頂尊勝陀羅尼寧遠將軍度婆及中印度三藏法師地婆訶羅證譯是時儀鳳四年正月也此杜譯者有廟諱國諱皆隱而避之即世尊為聖尊世界為生界大勢為大趣救治為救除譯訖奉進 皇上讀訖顧謂顗曰既是聖言不須避諱杜時奉詔以正屬故而有寢焉荏苒之間杜君長逝未遑改正其經遂

貞元新定釋教目錄卷第十二 第二十七張 盛

行後日照三藏奉詔再譯名佛頂取勝陁羅尼大周錄云佛頂尊勝陁羅尼日照三藏譯者誤也

十門辯惑論二卷（荅太子文學權无二釋典稽疑三卷）

右一部二卷本在

沙門釋復禮京兆人俗姓皇甫氏少出家住興善寺性虛靜寡嗜慾遊心內典兼博玄儒尤工賦詠善於著述俗流名士皆慕仰之三藏地婆訶羅實叉難陁等譯大莊嚴花嚴等經皆　勑召禮令同翻譯綴文裁義實屬斯人天皇永隆二年辛巳因太子文學權无二述釋典稽疑十條用以問禮請令釋滯遂荅之撰成二卷名曰十門辯惑論廣主酬荅剖析稽疑文出於智府義在於心外如斯荅對非此而誰可謂龍猛更生馬鳴再出摧文學覩斯論已衆疑頓遣頂戴遵行此雖一時之酬荅定為万代之龜鏡也法師兼有文集行於代

大唐慈恩寺三藏法師傳十卷

右一部十卷其本見在

沙門釋惠立本名字立天皇改為惠立俗姓趙氏天水人也遠祖因官徙寓新平故為豳（今改為邠）人焉曾祖及父俱馳高譽立節隋秘書郎毅之第三子也生而岐嶷有弃俗之志年十五貞觀三年出家住豳州照仁寺此寺破薩舉之戰場也立識敏才俊神清道遠習林遠之高風邁肇融之識量聲譽聞徹　勑召充大慈恩寺翻經大德次補西明寺都維那後授太原寺主皆降綸言令維寺任

天皇之代頻召入內與黃冠對論皆揔

帝言事在別傳立以玄奘法師求經印度經無紀述季代罕聞遂撰慈恩三藏行傳未成而卒後弘福寺沙門彥琮續而成之揔成十卷故初題云沙門惠立本釋彥琮箋

四分比丘戒本一卷（題云四分戒本并序西太原寺沙門懷素集）

四分比丘尼戒本一卷（題加尼字餘同前）

四分僧羯磨三卷（題云羯磨卷上并序出四分西太原寺沙門懷素集）

四分尼羯磨三卷（題加尼字餘同前）

右四部八卷其本並在

沙門懷素俗姓范氏京兆人世襲冠冕貞觀十九年出家師奘法師為弟子而立性聰敏專尋經論進具之後偏肄毗尼依道成律師學四分律不滯時序而為上首先居弘濟後住太原學侶雲奔教授無輟以先德所集多不依文寧已私見妄生增減遂乃撿尋律藏抄出戒心羯磨但取成文非妄穿鑿可謂詞徵迦葉継軌波離而已焉又別撰四分記抄兼經論疏記等五十餘卷行於代

大方廣圓覺脩多羅了義經一卷

右一部一卷其本見在

沙門佛陁波多羅唐云覺救北印

度罽賓人也於東都白馬寺譯圓覺了義經一部此近出不委何年且弘道為懷務甄詐妄但真詮不謬豈假具知年耶

佛頂尊勝陀羅尼經一卷（第三出與杜顗等出者同　亦見大周錄及經前序）

右一部一卷其本見在

沙門佛陀波利唐言覺護北印度罽賓國人忘身徇道遍觀靈跡聞文殊師利在清涼山遠涉流沙躬來禮謁以

天皇儀鳳元年景子杖錫五臺虔誠禮拜悲泣雨淚望覩聖容倏焉見一老翁從山中出來作婆羅門語謂波利曰師精誠懇惻何所求耶波利荅曰聞文殊大士隱跡此山從印度來欲求瞻禮翁曰師從彼國將佛頂尊勝陀羅尼經來不此土眾生多造諸罪出家之輩亦多所犯佛頂神咒除罪秘方若不將經徒來何益縱見文殊何必能識師可還西國取彼經來流傳此土

貞元新定釋教目錄卷第十二　第三十一張　成

即是遍奉眾聖廣利群生拯濟幽冥報諸

佛恩也師取經來至此弟子當示師文殊師利菩薩所在波利聞此語已不勝喜躍遂栽抑悲淚向山更禮舉頭之頃忽不見老人波利驚愕倍增虔敬遂返歸本國取得經來既達

帝城便求進見有司具狀

聞奏

天皇賞其精誠崇斯秘典遂詔鴻臚寺典客令杜行顗及日照三藏於內共譯譯訖䞋絹三十疋經留在內波利因乃垂泣奏曰委棄身命志在利人請布流行是所誠望

帝愍其專至遂留所譯之經還其梵本任將流布波利得經不勝喜躍將向西明寺訪得善梵語僧順貞奏共翻譯

帝允其請遂對翻經大德圓測共貞翻出名佛頂尊勝陀羅尼與前杜令所翻之者咒韻經文

貞元新定釋教目錄卷第十二　第三十二張　成

大同小異波利所願已畢持經梵本入於五臺于今不出莫知所之比諸眾譯此最弘布（准經前序乃云永淳二年迴至西京具狀聞奏其年即共順貞再譯名佛頂尊勝陀羅尼經今尋此說年月稍乖其杜令譯者乃儀鳳四年正月五日也日照再譯乃永淳元年五月十三日也說云永淳二年方達唐境前之二本從何而得又永淳二年天皇已崩東都如何乃云在京譯出其序復是永昌已後有人遂記翻叙前事致有參差此波利譯者不可依序定其年月也）

貞元新定釋教目錄卷第十二

丁未歲高麗國大藏都監奉

勅雕造

貞元新定釋教目錄卷第十二　第三十三張　成

貞元新定釋教目錄卷第十三　感

西京西明寺沙門　圓照　撰

揔集群經錄上之十三

大方廣佛華嚴經不思議佛境界分一卷 或二卷十二紙永昌元年於魏國東寺譯見大周錄 初出與後實叉難陀譯不思議境界經同

大方廣佛花嚴經修慈分一卷 天授二年於大周東寺譯見大周錄

大乘造像功德經二卷 或一卷天授二年於大周東寺譯見大周錄

智炬陁羅尼經一卷 天授二年於大周東寺譯見大周錄

諸佛集會陁羅尼經一卷 天授二年於大周東寺譯見大周錄

大乘法界無差別論一卷 天授二年十月四日於大周東寺譯見大周錄

右六部七卷其本並在

沙門提雲般若或云提雲陁若那唐云天智于闐國人學通大小智兼真俗咒術禪門悉皆諳曉以天后永昌元年來屆于此即以其年謁帝于洛勑於魏國東寺 後改為大周東寺 翻經以永昌元年己丑至天授二年辛卯揔出經六部沙門戚陁恵智等譯語沙門處一等筆受沙門復禮等綴文沙門德感慧儼法明弘景等證義

讃觀世音菩薩頌一卷 見大周錄

右一部一卷其本見在

沙門釋慧智父中印度人也婆羅門種因使遊此而生於智少而精勤有出俗之志天皇時因長年婆羅門僧奉勑度為弟子本既梵人善閑天竺書語又生唐國復練此土言音三藏地婆訶羅提雲若那寶思惟等所有翻譯皆召智為證義令度語智以天后長壽二年癸巳於東都佛授記寺自譯讃觀世音菩薩頌一部

大周刊定衆經目錄十五卷

右一部十五卷其本見在

沙門釋明佺東都佛授記寺僧也允精律學兼閑經論天后天冊萬歲元年乙未勑刊定經目佺首末條錄編比次序與翻經大德二十餘人同共參定雖云刊定繁穢尤多雖見流行實難憑准中有乖舛如別所述

大方廣佛花嚴經八十卷 第二出與東晋覺賢譯者同本證聖元年三月十四日於東都大內大遍空寺譯天后親受筆削至聖曆二年十月八日於佛授記寺功畢

文殊師利授記經三卷 於清禪寺譯第三出與文殊佛土嚴淨經等同本今編入寶積當第十五會

大方廣入如來智德不可思議經一卷 於東都佛授記寺譯第四出與度諸佛境界智光嚴經等同本

大方廣如來不思議境界經一卷 第三出與提雲般若所出境界分同本

大方廣普賢所說經一卷 第四出與宋功德賢等出者同本久視元年五月五日於東都三陽宮內初出至長安四年正月五日繕寫畢

大乘入楞伽經七卷

觀世音菩薩祕密藏神咒經一卷 初出

妙臂印幢陁羅尼經一卷（第二出與勝幢印陁羅尼經同本與寶思惟等出者同本）

百千印陁羅尼經一卷

救面然餓鬼陁羅尼神咒經一卷

右繞佛塔功德經一卷（亦云右繞塔功德經）

大乘四法經一卷（與前日照三藏出名字雖同經體全異）

十善業道經一卷

大乘起信論二卷（第二出與真諦譯者同本）

摩訶般若隨心經一卷

大方廣不生不滅經一卷

大方廣如來難思議境界經一卷

離垢淨光陁羅尼經一卷（與弥陁山譯者同本）

菩薩出生四法經一卷

右一十九部一百七卷（起信論上一十四部一百二卷見在摩訶般若隨心經下五部五卷闕本）

沙門實叉難陁唐云喜學于闐國人智度弘曠利物為心善大小乘兼異學論天后明揚佛日敬重大乘以華嚴舊經處會未備遠聞于闐有斯梵本發使求訪并請譯人實

又與經同臻帝闕以天后證聖元年乙未於東都大內大遍空寺譯花嚴經天后親臨法座煥發序文自運仙毫首題名品南印度沙門菩提流志沙門義淨同宣梵本後付沙門復禮法藏等於佛授記寺譯至聖曆二年己亥功畢又至久視元年庚子於三陽宮內譯大乘入楞伽經及於西京清禪寺東都授記寺譯文殊授記等經前後揔譯一十九部沙門波崙玄範等筆受沙門復禮等綴文沙門法寶弘景等證義太子中舍人賈膺福監護至長安四年實叉緣母年老請歸覲省表書再上方蒙允許勅御史霍嗣光送至于闐後和帝龍興重暉佛日勅再徵召方屆帝城以景龍二年達于茲土帝屈万乘之尊親迎於開遠門外京城緇侶備諸幢幡並路導引仍裝飾青紏令乘

入城勅於大薦福寺安置未遑翻譯遘疾弥留以景雲元年十月十二日右脇累足終于大薦福寺春秋有五十九緇徒悲噎歎法梁之遽摧俗侶哀號恨群生之失導有詔聽依外國法葬以十一月十二日於開遠門外古然燈臺焚之薪盡火滅其舌猶存斯是弘法之嘉瑞也至十二月二十三日本國門人悲智勅使哥舒道元送其餘骸及斯靈舌還歸于闐起塔供養後人復於焚屍之所起七層塔焉

不空羂索陁羅尼經一卷（一名普門此有一十品是梵本經抄沙門波崙製序第二出與寶思惟譯三卷者同本）

右一部一卷其本見在

婆羅門李无諂北印度嵐波國人識量聰敏內外該通唐梵二言洞曉無滯三藏阿你真那菩提流志等翻譯衆經並无諂度語

於　天后代聖曆三年庚子三月有新羅國僧明曉遠覲唐化將欲旋途於摠持門先所留意遂懇勤固請譯此眞言使彼邊維同聞秘教遂於佛授記寺翻經院爲譯不空羂索陀羅尼經一部沙門波崙筆受至久視元年八月將所譯經更於罽賓重勘梵本方寫流布

無垢淨光大陀羅尼經一卷（第二出與實叉難陀離垢淨光陀羅尼同本）

右一部一卷其本見在

沙門弥陀山唐言淑友覩貨邏國人也幼少出家遊諸印度遍學經論於楞伽俱舍㝡爲精妙志弘像法无恡鄉邦杖錫而遊來臻皇闕於　天皇代共實叉難陀譯大乘入楞伽經後於天后末年共沙門法藏等譯无垢淨光陀羅尼經一部譯畢進內辤帝歸邦

甄正論三卷

天后厚遺任歸本國

右一部三卷其本見在

沙門釋玄嶷俗姓杜名乂是黃冠爲東都大弘道觀主遊心七籍妙善三玄黃宗之中此爲綱領

天后心崇大法弘闡釋宗乂遂歸心請求剃落

詔許度之住佛授記寺後爲寺都兼預翻譯悉彼宗之虛誕知正教之可憑遂造甄正論一部指陳虛僞主客問荅極爲省要

不空羂索陀羅尼自在王呪經三卷（亦名不空羂索心呪王經長壽二年十月於東都佛授記寺譯沙門德感筆受初出與李無諂出一卷者同本）

浴像功德經一卷（神龍元年正月二十三日於東都大福先寺譯婆羅門李无諂譯語初出與後義淨出者同本）

挍量數珠功德經一卷（神龍二年正月十三日於大福先寺譯李无諂譯語初出與義淨出者同本）

觀世音菩薩如意摩尼陀羅尼經一卷（第二出與實叉難陀等出者同本）

文殊師利根本一字陀羅尼經一卷（長安二年於天宮寺譯沙門慧智等證梵文婆羅門李無諂譯語直中書李无礙筆受初出與後義淨出者同本）

大陀羅尼末法中一字心呪經一卷（神龍元年於大福先寺譯李无諂譯語）

隨求即得大自在陀羅尼神呪經一卷（亦云所得見大周錄長壽二年於東天宮寺譯罽賓沙門尸利難陀設等證梵文李无諂譯語李无礙筆受）

右七部九卷其本見在

沙門阿你眞那唐云寶思惟北印度迦溼蜜羅國人刹帝利種彼王之華冑幼而捨家禪誦爲業進具之後專精律品復慧解超群學兼眞俗乹文呪術尤功其妙加以化導爲心无戀鄉國以

天后長壽二年癸巳届于洛都

勑於天宮寺安置即以

天后長壽二年癸巳至　中宗神龍二年景午於授記天宮福先寺譯不空羂索陀羅尼經等七部後至　睿宗太極元年壬子四月太子洗馬張齊賢等繕寫進內至延和元年六月

勑令禮部尚書晉國公薛稷右常侍高平侯徐彥伯等詳定入

目施行三藏自神龍二年已後
更不譯經唯精勤礼誦修諸福
業每於晨朝磨香為水塗浴佛
像後方飲食從始至終此為恒
業衣鉢之外隨得隨施後於龍
門山請置一寺依外國法式製
造呼為天竺已及門人同居此
寺精誠所感其數寔多壽百餘
以開元九年終于寺矣

金光明最勝王經十卷 第五出與北涼曇無讖四卷金光明同本長安三年十月四日於西明寺譯畢沙門波崙慧表筆受

能斷金剛般若波羅蜜多經一卷 第五出與姚秦羅什元魏流支陳真諦等出者同本長安三年十月四日於西明寺譯

佛為難陀說出家入胎經二卷 出根本說一切有部毘奈耶雜事第十一卷景龍四年於大薦福寺譯今編入寶積當第十四會改名入胎藏會

入定不定印經一卷 第二出與元魏流支所出不必定入定入印經同本久視元年五月五日譯畢

藥師琉璃光七佛本願功德經二卷 第四出與陳笈多等出者同本但廣略有異神龍三年夏於大內佛光殿譯和帝親御法筵手自筆受

貞元新定釋教目錄卷第十三　第十張　感

弥勒下生成佛經一卷 第六出與羅什弥勒下生經等同本大足元年九月二十日於東都大福先寺譯

佛為勝光天子說王法經一卷 第三出與唐譯勝軍王經同本神龍元年七月十五日於東都大福先寺譯沙門玄傘筆受

浴像功德經一卷 第二出與寶思惟出者同本景龍四年四月十五日於大薦福寺翻經院譯

數珠功德經一卷 第二出與寶思惟出者同本景龍四年四月十五日於大薦福寺翻經院譯

觀自在菩薩如意心陀羅尼經一卷 第三出與實叉難陀寶思惟等出者同本景龍四年於大薦福寺翻經院譯

曼殊室利菩薩咒藏中一字咒王經一卷 第四出與寶思惟出者同本長安三年十月四日於西明寺譯

稱讚如來功德神咒經一卷 第二出與隋譯十二佛名神咒經同本景雲二年閏六月二十三日於大薦福寺翻經院譯沙門玄傘智積等筆受

大孔雀咒王經三卷 第八出與梁僧伽婆羅等出者同本神龍元年於東都內道場譯

佛頂尊勝陀羅尼經一卷 第五出與杜行顗日照波利等出者同本景龍四年於大薦福寺翻經院譯

莊嚴王陀羅尼咒經一卷 大足元年九月一十

貞元新定釋教目錄卷第十三　第十一張　感

三日於東都大福先寺譯

香王菩薩陀羅尼咒經一卷 神龍元年於東都大福先寺譯

一切功德莊嚴王經一卷 神龍元年七月十五日於東都大福先寺譯沙門玄傘筆受

拔除罪障咒王經一卷 景龍四年於大薦福寺翻經院譯

善夜經一卷 大足九年九月二十三日於東都大福先寺譯

大乘流轉諸有經一卷 大足元年九月二十三日於東都大福先寺譯

妙色王因經一卷 大足元年九月二十三日於東都大福先寺譯

佛為海龍王說法印經一卷 景雲二年閏六月二十三日於薦福寺翻經院譯沙門玄傘智積等筆受

能斷金剛般若波羅蜜多經論頌一卷 無著菩薩造景雲二年於大薦福寺翻經院譯沙門玄傘智積等筆受

能斷金剛般若波羅蜜多經釋三卷 无著菩薩頌世親菩薩釋景雲二年薦福寺翻經院譯沙門玄傘智積筆受

因明正理門論一卷 大域龍樹菩薩造第二出與奘法師譯者同本景雲二年於大薦福寺翻經院譯沙門玄傘智積筆受

貞元新定釋教目錄卷第十三　第十二張　感

成唯識寶生論五卷 一名廿唯識順釋論 護法菩薩造景龍四年四月十五日於大薦福寺翻經院譯沙門玄傘智積筆受

觀所緣論釋一卷 護法菩薩造景龍四年四月二十五日於大薦福寺翻經院譯沙門玄傘智積等筆受

掌中論一卷 陳那菩薩造第二出與解捲論同本長安二年十月四日於西明寺譯

取因假設論一卷 陳那菩薩造長安三年十月四日於西明寺譯沙門惠表筆受

觀揔相論頌一卷 陳那菩薩造景雲二年於大薦福寺翻經院譯沙門智積等筆受

止觀門論頌一卷 世親菩薩造景雲二年於薦福寺翻經院譯沙門玄傘等筆受

手杖論一卷 尊者釋迦稱造景雲二年於大薦福寺翻經院譯沙門玄傘等筆受

六門教授習定論一卷 無著菩薩本世親菩薩釋長安三年十月四日於西明寺譯

五蘊皆空經一卷 出雜阿含經第二卷異譯景龍四年於大薦福寺翻經院譯沙門智積等筆受

三轉法輪經一卷 出雜阿含經第十五卷異譯景龍四年於大薦福寺翻經院譯沙門玄傘等筆受

無常經一卷 亦名三啓經大足元年九月二十三日於東都大福先寺譯

八無暇有暇經一卷 大足元年九月二十三日於東都大福先寺譯

長爪梵志請問經一卷 久視元年十二月二十三日於東都大福先寺譯

譬喻經一卷 景龍四年於大薦福寺翻經院譯沙門玄傘等筆受

略教誡經一卷 景雲二年閏六月二十三日於薦福寺翻經院譯沙門智積筆受

療痔病經一卷 亦云痔病經景龍四年於大薦福寺翻經院譯沙門玄傘等筆受

根本說一切有部毗奈耶五十卷 長安二年十月四日於西明寺譯沙門波崙惠表等筆受

根本說一切有部苾芻尼毗奈耶二十卷 景龍四年於大薦福寺翻經院譯

根本說一切有部毗奈耶雜事四十卷 景龍四年於大薦福寺翻經院譯

根本說一切有部尼陁那目得迦十卷 或八卷長安二年於西明寺譯

根本說一切有部戒經一卷 景龍四年於大薦福寺翻經院譯

根本說一切有部苾芻戒經一卷 景龍四年於大薦福寺翻經院譯

根本說一切有部百一羯磨十卷 長安三年十月四日於西明寺譯

根本說一切有部毗奈耶頌五卷 尊者毗舍佉造景龍四年於大薦福寺翻經院譯先在西城那爛陁寺譯出還刪正景龍年奏行

根本說一切有部毗奈耶雜事攝頌一卷 景龍四年於大薦福寺翻經院譯

根本說一切有部尼陁那目得迦攝頌一卷 景龍四年於大薦福寺翻經院譯

根本薩婆多部律攝二十卷 尊者勝友集或十四卷久視元年十二月二十三日於東都大福先寺譯

一百五十讚佛頌一卷 尊者摩咥里制吒造於中印度那爛陁寺譯至景雲二年於薦福寺重更迴綴

龍樹菩薩勸誡王頌一卷 第三出與舊勸發諸王要偈等同本於東印度耽摩立底國譯至都重綴

大唐西域求法高僧傳二卷 從西國還在南海室利佛逝撰寄歸

大唐南海寄歸內法傳四卷 從西國還在南海室利佛逝撰寄歸

別說罪要行法一卷 或無別字

受用三水要法一卷 或云要行法

護命放生軌儀一卷 或云軌儀法

法華論五卷 莫知造者單本景雲二年譯

集量論四卷 景雲二年譯已上多取奏行年月所以此白多闕

根本説一切有部毗奈耶藥事二十卷
根本説一切有部毗奈耶破僧事二
十卷内欠二卷
根本説一切有部毗奈耶出家事五
卷内欠一卷
根本説一切有部毗奈耶安居事一
卷
根本説一切有部毗奈耶隨意事一卷
根本説一切有部毗奈耶皮革事二
卷
根本説一切有部毗奈耶羯耻那事
一卷
右此上從藥事下七部共五十
卷並從太周證聖元年至大唐
景雲二年以来兩京翻譯未入
開元釋教録今捜撿乞入貞元
目録於内由欠三卷為訪本未
獲且附闕本録中收切依前遣
失兼誤為別生故重標於此耳
右六十一部二百三十九卷杂華
論下二部九卷失本
又加七部五十卷内元欠三卷
沙門釋義淨齊州人俗姓張字

文明䛐亂之年辞榮落彩於是
遍詢名匠廣採群籍内外閑曉
今古遍知年十有五志遊西域
仰法顯之雅操慕玄奘之高風
加以勤无弃時手不釋卷弱冠
登具逾厲堅貞咸亨二年三十
有七方叶夙懷遂之廣府初結
誓同志數滿十人泊乎汎舶餘
皆退罷唯淨堅心轉熾遂即孤
行備歷艱難漸達印度所至之
境皆洞言音凡遇王臣咸蒙礼
重鷲峯鷄足並親登陟祇園鹿
苑咸悉周遊懇那爛陁礼菩提
樹遍師明匠學大小乘所為事
周還歸故里凡所歷遊三十餘
國往来問道出二十年以天后
證聖之元乙未仲夏還至河洛將
梵本經律論近四百部合五十
万頌金剛座真容一鋪舍利三
百粒天后敬法重人親迎于上
東門外洛陽緇侶備設幢幡兼
陳鼓樂在前導引勅援記寺安
置所將梵本並令翻譯初共于

闐三藏實叉難陁翻花嚴經夂
視已後方自翻譯即以夂視元
年庚子至長安三年癸卯於東
都福先寺及西京西明寺譯金
光明最勝王能斷金剛般若入
定不定印弥勒成佛一字咒王
荘嚴王陁羅尼善夜流轉諸有
妙色王因縁无常八無暇有暇
長爪梵志等經根本説一切有
部毗奈耶尼陁那目得迦百一
羯磨及律攝等掌中取因假設
六門教授等論及龍樹勸誡頌
已上二十部一百一十五卷北
印度沙門阿你眞那證梵文義
沙門波崙復禮慧表智積等筆
受證文沙門法寶法藏徳感勝
荘神英仁亮大儀慈訓等證義
成均大學助教許觀監護繕寫
進内
天后製新翻聖教序令標經首
暨和帝龍興神龍元年乙巳於
東都内道場譯孔雀王經又於
大福先寺譯勝光天子香王菩

薩咒一切功德莊嚴王等經上
四部六卷沙門般度讀梵文沙
門玄傘筆受沙門大儀證文沙
門勝莊利貞等證義兵部侍郎
崔湜給事中盧粲等潤文正字
秘書大監駙馬都尉觀國公楊
慎交監護
和帝心崇釋典製序襃揚号為
大唐龍興三藏聖教序
帝御洛城西門宣示群品淨所
新翻並令標引二年景午隨駕
歸京
勑於大薦福寺別置翻經院處
之三年丁未帝召入内并同翻
經沙門九旬坐夏
帝以昔居房部幽厄无歸祈念
藥師遂蒙降祉賀茲往澤重闡
供猷因命法徒更令翻譯於大
内佛光殿譯成二卷名藥師琉
璃光七佛本願功德經帝御法
莚手自筆受又至景龍四年庚
戌於大薦福寺譯浴像功德數
珠功德如意心尊勝拔除罪障

出家入胎五蘊皆空三轉法輪
辟喻療痔病等經根本說一切有
部苾蒭尼毗柰耶毗柰耶雜
事二衆戒經毗柰耶頌雜
事攝頌尼陁那目得迦攝頌
唯識寶生觀所緣釋等已上二
十部八十八卷吐火羅沙門達
磨末磨中印度沙門拔努證梵
義罽賓沙門達磨難陁證梵文
居士東印度首領伊舍羅證梵
本沙門慧積居士中印度李釋
迦直中書度頗多等讀梵本沙
門文綱慧沼利貞勝莊愛同思
恒等證義沙門玄傘智積等筆
受居士東印度瞿曇金剛迦溼
弥羅國王子阿順等證譯脩文
館大學士特進趙國公李嶠兵
部尚書逍遥公韋嗣立中書侍
郎趙彥昭吏部侍郎盧藏用兵
部侍郎張說中書舍人李又蘇
頲等二十餘人次文潤色左僕
射舒國公韋巨源右僕射許國
公蘇瓌監譯秘書大監嗣虢王

邕監護又至睿宗景雲二年辛
亥於大薦福寺復譯稱讃如来
功德神咒佛為龍王說法印略
教誡等經能斷般若論頌及釋
因明理門觀揔相頌止觀門頌
手杖等論及法華集量百五十
讃合一十二部二十卷沙門昌
利末底烏帝提婆等讀梵本沙
門玄傘智積等筆受沙門慧沼
等證義太常卿衛國公薩崇胤
監護合從
天后久視元年庚子至睿宗景
雲二年辛亥都譯五十六部二
百三十卷又別撰大唐西域求
法高僧傳南海寄歸内法傳別
說罪要行法受用三水要法護
法放生軌儀凡五部合九卷又
出說一切有部跋窣堵（即諸律中犍度跋渠之類是也）
（梵音有楚夏耳）約七八十卷但出直本
未遑刪綴遽入泥洹其文遂寢
淨又於一切有部律中抄諸緣
起別部流行如摩竭魚因緣等
四十二經四十九卷既是別生

抄經不合為翻譯正數今載別
生錄中如刪繁錄中具列名目
淨雖遍翻三藏而偏功律部譯
綴之暇曲授學徒凡所行事皆尚其
急漉囊滌穢特異常倫學侶傳
行遍於京洛美哉亦遺法之盛
事也三藏道茂年衰示有微疾
至景雲三年壬子正月十九日
改為太極元年二月二十二日
門人比丘崇勗摹三藏和上真
和上時年七十八也
睿宗大聖真皇帝製贊
猗歟釋種　降迹閻浮　三明倫證
六度圓修　離空離有　無作无求
至德孤秀　嘉名罕儔其一　載涉山川
屢移寒暑　跡遠塵累　情忘出處
濟苦慈航　除昏智炬　梵典爰集
門人攸敘其二　高步寰中　獨遊方外
徧覩靈塔　親觀法會　足踐布金
躬瞻獻蓋　緬鑒澄什　寔為居冣其三
以斯上士　弘茲妙業　拯俗不疲
破魔寧怯　道揚震旦　光敷像法
勒美丹青　傳芳永劫其四　至五月

十三日改太極元年為延和元
年並大赦天下七月二十五日
制傳位皇太子八月二日皇太
子即位上尊號曰太上皇四日
太上皇勅自稱曰朕處分事曰
誥皇帝自稱曰予處分事曰制
勅五日既為先天元年歲仍壬
子二年癸丑三藏義淨卧疾不
愈欲歸齊州正月六日
誥內常侍輔令問宣奉
誥問翻闍梨三藏義淨法師何
日歸向巳東報来三藏道茂年
衰卒難勝致氣力漸劣逮于中
旬七日夜初便命紙筆對諸弟
子乃遺書曰吾聞乾為天也坤
為地也百億日月翕闢照山河
百億閻浮幽明成晝夜死生常
道雅聖人之能踰衰變恒然豈
凡夫之能越吾漸微弱汝等未
安慮忽臨終遺書敘意吾稟氣
山嶽養志經書錯綜古今捜求
圖籍七歲念文舉之俊念之日
不獨天生十二見甘羅之才念

之日應同我輩英達君子雖未
當仁博識丈夫應擢而動少尋
周孔以禮樂為常長習老莊將
恬淡而為樂於國有益於人甚
安不知過去之因不說未来之
果研精失慮擾嘖求微枯木死
灰之言何足瞥其心眼玉藻金
縢之典詎可瑩其精神乍北乍
南每作栖遑之客或隱或處頻
尚虛白之心發願出家投身入
道一歸緇侶再沐
皇恩屬天子高居公卿政事盛
揚佛日自漢魏而不同虞奉釋
文與周隋而全別思之琳遠希
欲連蹤想之騰澄無忘接影三
藏教迹將漢地而未圓十二部
經想中天而可取年始一十有
七思遊五印之都歲臨三十有
七願到雙林之境哀別南去遠
達西征海路波濤関山險阻歷
三十之外國將四百之真經願
為衆生志存翻譯辞八相之靈
塔歸九洛之神州天子親迎群

公重法歡心役思盡力志疲五
聖天波常遺覆蔭百年天命漸
自衰微佛說涅槃流傳十二分教
余見將死寧無一二之言遙想
前途不知幾里又思生路不知
何年吁吁嗟嗟至无至之處所
到不到之境界取證可知生不
生之形歡於心尚惑事既忩迫
恐无暇言所譯之經虔敬无盡
未翻之典媿恨弥深不得盡本
心不得終本願不知天之故奪
不知神之故為桑公俞附之醫
昔年何有扁鵲葛洪之手今日
何無石火流光光銷難續水花
發彩彩不久停負氣呑聲銜悲
茹泣情既恨恨乃述言焉弟子
門人不可具載略而書矣堅遺
傳燈學戒學律之徒莫違微細
學論學經之輩須識邪疑三學
揔成佛之上願一行偏善吾未
喜焉具圓之人觸犯須慎近圓
之者尊卑有方講律之流願无
休息傳經之士冀見奉行若為

寺主綱維盡身盡命荷護僧徒
慈仁慈忍尼衆禁戒分明大須
堅固汝等如吾言行吾法吾若
為石為土也即為汝之屋宅吾
若為楸為栢也覆蔭汝之形容
吾若為神為鬼也即益資汝之
精氣吾若為花為藥也即加偹
汝之靈壽吾若為天為人也即
以甘脆為汝之飲食吾若得道
得果也即以威神令汝之安樂
汝若違吾語失吾言吾若為石
為土也汝死而不為丘墓若為
楸為栢也汝死而不為棺槨若
為神為鬼也為祟而不為荷護
若為花為藥也為毒而不為氣
力若為天為人也為悪而不為
安穩若得道得果也怫汝心而
為伴為侶慈之若此悲之如斯
崇慶崇勗元廓玄秀玄叡慧神
等聰明稟氣特達奇神須存嚮
壁之功无使面墻有分剥皮為
紙昔菩薩之大心重法傳經在
汝等之用意吾自病已久鎮卧

牀枕既不瘳損无復聊生惠巖
悟道以下返道小者扶侍辛苦
慙愧難深文藝寂處老生汝等
偏須優愛梵本先有表文付智
積才藝等百德豊碑須為吾立
衣鉢錫杖持律者收吾別有語
已屬才藝京城貞法師莊法師
傘法師恒律師昭上座海都師
等天骨神授器深智達為衆生
之眼目作
佛法之棟梁吾貴之重之感通
千萬東京玄秀懐秀十二及諸
州弟子門人法明敬忠慧福等
雖不相見如上處分齊州㧓妹
諸親眷屬並言好住慧日向湛
相去既遠吾何忘之各寫一本
待諸後人知吾之情稟吾之意
汝等努力吾亦自憂耳先天二
年正月十七日夜二更鄔波第
耶付弟子門人智積崇俊玄暉
曇傑寶嚴等時二更遺書訖至
後夜分寂然而終矣時門人擗
踊具狀上聞至二十八日睿宗

大聖眞皇帝令內侍伯趙元福
宣奉　　　詔問寂闍梨
三藏義淨法師何日葬於何處
葬報來至二十九日招福寺主
寂狀進
故翻經三藏法師義淨　右昨
晨時內至口　宣奉
詔問寂闍梨義淨三藏法師何
日葬於何處葬報來者爲　正
詔未行不敢定日具狀奏訖其
日未後晝司奉
詔其葬事准例又得門人等狀
師徒至重累刼恩深攀號荼毒
不勝悲戀奉承
恩詔不敢延停請取來月七日
於京延興門東陳張村閣院內
葬謹錄狀進伏聽詔旨同日中
書令崔湜宣詔旨故翻經三藏
義淨宜贈鴻臚卿贈物一百五十
段葬事量准例官供正月三十
日銀青光祿大夫撿校中書令
太子左庶子昭文館學士上柱
國中山郡開國公臣崔湜宣門

下故三藏義淨道心惟微德宇
增峻旣韞寫缾之智方通慧鏡
之明幽詣絕域躬傳秘藏遺文
大備比羅什之揔持析理入微
等生公之懸解境對而現緣離
示滅嗟法雲之无影歎宗師之
不留雖道門恒寂已證无生之
忍而朝序褒賢宜加飾終之命
可贈鴻臚卿主者施行至二月
六日內品官馬孝忠掌扇劉普
賜同送內出贈絹幡花等香花
盤二十八轝香花樹大小十八
轝幢四轝錢財四轝（已上共五十四轝）百
尺幡四口（幷竿）夾侍幡八十口四十九
尺幡二十口夾侍幡二百四十
口道場幡一百口雜色大小幡一
百口（幷鮑轝）已上五百四十四口
絹四百疋像一鋪𦚤奉
詔出上件香花般羅轝幡及竿絹
等令品官馬孝忠劉普賜送薦
福寺付弟子崇俊等贈故義淨
三藏法師謹𦚤洎乎明日京城
四衆陳布威儀幽薄供養香

花內出
詔使弔贈聖眷殊深錫賚增
優以旌傳法之功也轂春罷相
悽慘郊衢望焉慕焉終千掩坎
建平反哭痛焉疑焉門人萬餘
或擗或踊洎五月三日和上卒
哭中書令蕭志忠宣詔旨故翻
經三藏義淨宜爲度一七人仍
令所司准格試至其月十五日
靈塔修成銀青光祿大夫行秘
書少監同安侯盧璨撰文開業
寺沙門智詳書字題云大唐龍
興翻經三藏義淨法師之塔銘
（幷序）師諱文明字義淨俗姓張氏
𢊁郡山荏人也師特達英靈天
生慧晤弱冠具便誨毗尼慨
七歲之文戲歎五明之未具迺
裹粮負笈躡屩擔簦以咸亨二
年發自全齊達于廣府汎舶南
海達指中天周流三十餘國凡
經二十五載探貝葉微言四百
餘部得眞容舍利三百餘粒傳
燈願滿振錫而還以證聖元年

屆千東路勑命有司具禮兼遣洛邑僧衆盡出城迎緇素駢闐延于授記之寺尋又
勑加三藏之号便於福先授記兩寺翻經神龍二年駕幸西京又勑薦福寺翻經前後所翻經總百七部都四百二十八卷並
勑編入一切經目而夜舟潛徙朝景不留奠楹之夢忽臻曳杖之歌奄及以先天二年正月乙丑朔十七日辛巳示疾終于薦福譯經之院春秋七十有九
恩詔贈鴻臚卿賻物一百五十段為度七僧給羽葆鼓吹一部加武賁班劒八十人與以二月乙未朔七日辛巳葬于京城延興門東之平原葬日
詔遣中使弔慰又内出花樹香盤幢幡蓋轝等六百餘事繡四百疋像一鋪令充葬儀及贈孝子門人動餘萬數轜轜春罷相悽慘城邑聲明文物暉曜郊甸弘法之功遠矣哀榮之典備矣門

人智積等仰千仞之崇峻奄歎崩頹挹萬頃之波瀾俄驚逝閱採遺美於緗簡式言時於翠琱其詞曰彼遍知兮出現比利物乎大仙有開士兮傳譯邁羅什於秦年修多因而遠被毗柰由是遐宣法方煥於朝景舟忽移於夜川明主悼兮流賻贈門人慕兮纘遺編紀冊文於萬古扃白日於三千其時復有摩訶支那東都盟津北四由旬太行左麓假名隱居撰頌德碑文廣不叙至肅宗文明武德大聖大宣孝皇帝乾元元年於塔院所置金光明寺以表譯經之寂勝力也時至德三年戊戌二月五日改為乾元元年八月十二日 勑度七人僧出額名金光明寺 十二月日迎至寺所

貞元新定釋教目錄卷第十三

丁未歲高麗國大藏都監奉
勑彫造

貞元新定釋教目録卷第十四　咸

西京西明寺沙門圓照　撰

揔集群經録上之十四

大寶積經一百二十卷 單重合譯 神龍二年創首先天二年功畢

右此一部經新譯舊譯四十九會合成一部於中折取二十六會三十九卷為菩提流志新譯餘二十三會八十一卷並是舊譯勘同編入已備餘録故不重存其新譯會具如別録初第十一卷寶積部中依次編列

實相般若波羅蜜經一卷 見大周録 第二出 與大般若第十會理趣分同本廣略少異 長壽二年於東都大周東寺譯

文殊師利所説不思議佛境界經二卷 見大周録 或一卷 初出 與寶積三十五善德天子會同本 長壽二年於大周東寺譯

大乘金剛髻珠菩薩修行分一卷 見大周録 亦名金剛髻菩薩加行品 是華嚴眷屬經 長壽二年於大周東寺譯

寶雨經十卷 見大周録 第二出 與梁曼陀羅所出寶雲經等同本 長壽二年於佛授記寺譯 沙門處一等筆受

大乘伽耶山頂經一卷 見大周録 第四出 與羅什文殊問菩提經等同本 長壽二年於大周東寺譯

不空羂索神變真言經三十卷 當第四出 舊譯單卷者即是此經初品 神龍三年夏於西崇福寺譯 弟子般若丘多助宣梵本 至景龍三年春畢

千手千眼觀世音菩薩姥陀羅尼身經一卷 第三出 與唐智通譯二卷同本 景龍三年夏於西崇福寺譯 弟子般若丘多同宣梵本

如意輪陀羅尼經一卷 第四出 與實叉難陀等出者同本此法稍異 景龍三年夏於西崇福寺譯 弟子般若丘多同宣梵本

六字神咒經一卷 或云六字咒法 第四出 長壽二年於佛授記寺譯

護命法門神咒經一卷 見大周録 第三出 與善法方便陀羅尼經等同本 長壽二年於佛授記寺譯

廣大寶樓閣善住秘密陀羅尼經三卷 神龍二年九月十五日於崇福寺譯畢 東天竺伊舍羅等譯語 沙門雲勸筆受

一字佛頂輪王經五卷 亦云五佛頂經 或四卷 景龍二年夏於西崇福寺譯 弟子般若丘多助宣梵本 其年冬畢

文殊師利寶藏陀羅尼經一卷 景龍四年於西崇福寺譯 弟子般若丘多助宣梵本

金剛光焰止風雨陀羅尼經一卷 景龍四年於西崇福寺譯 弟子般若丘多助宣梵本

有德女所問大乘經一卷 見大周録 長壽二年於大周東寺譯

般若波羅蜜多那經一卷 第三出 與摩訶大明咒經等同本 長壽二年於佛授記寺譯

妙慧童女所問經一卷 第三出 與須摩提經等同本 長壽二年於大周東寺譯

不空羂索咒心經一卷 見大周録 第三出 與不空羂索神咒經等同本 長壽二年於佛授記寺譯

妙德婆羅門女問佛轉何法輪經一卷 今疑即有德女所問大乘經 長壽二年於大周東寺譯

智猛長者問經一卷 長壽二年於佛授記寺譯

佛入毗耶離除一切鬼病經一卷 長壽二年於佛授記寺譯

那耶經一卷 長壽二年於佛授記寺譯

大陀羅尼經一卷 長壽二年於佛授記寺譯

文殊師利咒法藏經一卷 長壽二年於佛授記寺譯

一字咒王經一卷 今疑與前咒法藏共是一經 長壽二

年於佛授記寺譯
無迦略虬菩薩造廣大摩尼秘密善
住經一卷長壽二年佛授記寺譯
釋般若六字三句論一卷長壽二年於佛授記寺譯

右五十三部寶積二十六會即為二十六部
一百一十一卷般若波羅蜜多那下一十二部
一十二卷梵本未獲

沙門菩提流志本名達摩流支唐言法希天后改為菩提流志唐云覺愛南印度人婆羅門種姓迦葉氏聰叡絶倫風神爽異生年十二外道出家師稟波羅奢羅學彼經術遂洞曉聲明尤閑數論陰陽曆數地理天文呪術醫方皆如指掌年登耳順自謂孫行擒僧論議聽以身事時有大乘上座部三藏耶舍瞿沙知其根熟遂與交論未越幾開詞理俱屈始知佛日高明匪瑩燈並照法派深廣豈涓滯等潤投身敬事專學佛乘奉戒無

虧志節高峻崇慧有在解學寬深未越五年通達三藏

天皇遠聞雅譽遣使往要未及使還白雲遽駕鑾　天后御極方赴帝京以長壽二年癸巳創達都邑即以其年於佛授記寺譯寶雨經中印度王使沙門梵摩同宣梵本沙門戰陁居士婆羅門李無諂譯沙門慧智證語沙門處一等筆受沙門思玄等綴文沙門圓測神英等證義同賓寺丞孫辟監護後於大周東寺譯實相般若金剛髻大乘伽耶頂有德妙慧文殊不思議境界妙德女問佛等經又於佛授記寺譯護命法門六字神呪般若蜜多那不空羂索呪心智猛長者問除鬼病那耶大陁羅尼文殊呪法藏一字王摩尼秘密善住等經及般若六字三句論已上一十九部合二十卷沙門行感等同譯後至

和帝龍興神龍二年景午隨駕

歸京勑於西崇福寺安置遂譯廣大寶樓閣不空羂索神變一字佛頂千手千眼姥陁羅尼如意輪文殊寶藏金剛光焰等經及大寶積此經都有四十九會上代譯者摘會別翻而不終部帙往者貞觀中玄奘法師往遊印度將梵本於弘福寺譯大菩薩藏經即是寶積第十二之一會後於玉華宮寺翻大般若竟諸德慇懃請翻寶積玄奘法師去譯寶積之功不謝於般若余生涯已竆恐不終其事固請不已遂啓夾譯之可得數行乃嘿歎曰此經與此土群生未有緣矣余氣力衰竭不能辯也因而遂輟流志来日復齎其梵本和帝命志續其餘功遂廣鳩碩德弁名僑等繹舊翻之經考挍新来之夾上代譯者勘同即附昔来未出按本具翻兼復舊譯義擁文迷即須重譯始乎神龍二年景午創筵迄于

睿宗先天二年癸丑畢席於中二十六會三十九卷流志新譯謂三律儀會無邊莊嚴會無量壽如来會不動如来會被甲莊嚴會文殊師利普門會出現光明會佛為阿難說處胎會無盡伏藏會授幻師跋陀羅記會大神變會優波離會發勝志樂會善順菩薩會勤授長者會優陀延王會妙慧童女會恒河上優婆夷會功德寶華敷菩薩會善德天子會阿闍世王子會淨信童女會弥勒菩薩所問會無盡意菩薩會勝鬘夫人會廣博仙人會發題曰於内佛光殿和帝親御法筵筆受經首百寮侍坐妃后同觀求之古人無以加也逮睿宗嗣曆復於北苑白蓮花亭及大内甘露等殿別開會首亦親筆受並沙門思忠及東印度大首領伊舍羅直中書度頗具等譯梵文北印度沙門達摩南印度沙門波若丘多等證梵

義沙門慧覺宗一普敬履方等筆受沙門勝嚴法藏塵外無著深亮懷迪等證義沙門承禮神暕雲觀等次文太子詹事東海郡公徐堅郊王傅固安伯盧粲尚書右丞東海男盧藏用中書舍人舒王男蘓瑨禮部郎中彭景直左補闕祁縣男王瑨大府丞顏温之太常博士賀知章等潤色中書侍郎平輿侯陸象先侍中鉅鹿公魏知古等監譯前太常卿薛崇胤通事舍人弘農男楊仲嗣監護繕寫既了將本進内

睿宗外惣萬方内崇三寶御筆製序標於經首前後惣譯五十二部合一百一十一卷三藏流志自翻寶積經了更不譯經禪觀怡神金丹養志壽雖過百道業無虧持誦經行晨昏靡替至開元十二年隨

駕入洛

勑於長壽寺安置以流志所住加

号開元至十五年九月顧謂門人日胞幻之身日就羨朽縱然久住終歸磨滅吾生年攝養異無羨弊今漸遲暮徒更延時遂從二十日不飲不食藥餌俱絶雖向五旬神色如常至十一月三日遂索香水洗浴换新潔衣至四日晨朝取梵本衆經手擎頂戴一一讚歎至五日齋時告諸侍人皆令四散吾暫就淨汝勿喧聲遂於淨室之中右脇而卧奄然而卒春秋一百五十有六自非積脩勝業脫屣塵勞焉能保此遐齡去留專已者也既聞

天聽皇哀感慕慟歎久之追贈鴻臚大卿謚曰開元一切遍知三藏詔遣内侍杜懷敬往東都監葬勑内庫出物供葬所須務令優贍无限其數於是鹵簿羽儀幡幢花蓋闐塞衢巷而不可數遂遷窆於龍門起塔供養焉

五分羯磨一卷題云弥沙塞羯磨本

右一部一卷其本見在
沙門釋愛同俗姓趙氏本天水
人代襲冠冕同弱齡出家後以
律學馳譽講弥沙塞律遠近師
稟昔宋朝罽賓三藏覺壽譯弥
沙塞律因出羯磨一卷時運遷
移其本零落尋求不獲學者無
依同遂於大律之內抄出羯磨
一卷彼宗學者盛傳流布
新譯大方廣佛華嚴經音義二卷
右一部二卷其本見在
沙門釋慧苑京兆人華嚴藏法
師上首門人也勤學無惰內外
兼通花嚴一宗尤所精達苑以
新譯之經未有音義披讀之者
取決無從遂博覽字書撰成二
卷使尋讀之者不遠求師而曉
於字義也
大佛頂如来密因修證了義諸菩薩
万行首楞嚴經十卷（一名中印度那爛陀大道場經於灌頂部錄出別行）
右一部十卷其本見在
沙門般剌蜜帝唐云極重中印

度人也懷道觀方隨緣濟度展
轉遊化達我支那（印度國俗呼廣府為支那名帝京為摩訶支那）
乃於廣州制旨道場居止衆知
博達祈請亦多利物為心敷斯
秘賾以神龍元年龍集乙巳五
月乙卯二十三日辛丑遂於灌
頂部中誦出一品譯成十卷即
前萬行首楞嚴經是也烏萇國
沙門引伽釋迦（釋迦稍訛正云鑠佉此曰雲峯）
譯語菩薩戒弟子前正議大夫
同中書門下平章事清河房融
筆受脩州羅浮山南樓寺沙門
懷迪證譯其僧傳經事畢汎舶
西歸有因南使流通於此
說妙法決定業障經一卷（第二出與奘法師稱讃大乘功德經同本開元九年六月於終南山石鼈谷老男蘭若譯）
出生無邊門陀羅尼經一卷（第十一譯與无量門微密持經等同本開元九年於奉恩寺譯）
師子素馱娑王斷肉經一卷（開元九年於奉恩寺譯）
大乘修行菩薩行門諸經要集三卷

右四部六卷其本見在（開元九年六月二日於終南山石鼈谷老男蘭若譯）
沙門釋智嚴于闐國王之質子
性欝持名樂（盧各支）幼至大唐早
居榮祿授左領軍衛大將軍上
柱國封金滿郡公而立性淳質
貞信居懷請捨宅置寺奉為國
家神龍二年五月十一日
勅允其所請
又自惟生居異域長自中華幸
得侍奉四朝班榮寵極猶恐叨
忝厚祿濫沐殊恩於是因請出
家奧酬玄澤神龍二年七月二
十四日
墨制云人之情也莫不貪惜祿
位殉之願也乃欲棄欲出家龔
蘭若之蹤起禪那之行忽省来
奏甚賞兼懷特遂所祈式成高
志以景龍元年十一月五日和
帝生日捨家剃落法号智嚴仍
請住終南山至相寺蘭若修道
由是虛心靜慮宴坐經行精苦
居懷幽棲積念加以經明唐梵

智照幽微實積眞詮如來秘偈
莫不屢承
綸旨久預翻詳頻奉
絲言兼令證譯於石鱉谷居阿
練若習頭陀行開元九年於石
鱉練若及奉恩寺譯決定業障
經等四部並文質相兼得其深
趣又譯尊勝陀羅尼咒一首及
法華經藥王菩薩等咒六首時
有經本寫新咒入幸勿怯之

大毗盧遮那成佛神變加持經七卷（第七一卷是念誦法開元十三年於東都大福先寺譯）

蘇婆呼童子經三卷（唐云妙臂童子亦云蘇婆呼律）（或二卷開元十四年於東都大福先寺譯）

蘇悉地羯羅經三卷（唐云妙成就法此與蘇婆呼並）（是咒毗奈耶不曾入大曼荼羅不合輒讀同未受具人盜聽戒律便成盜罪開元十四年譯）

虛空藏菩薩能滿諸願最勝心陀羅
尼求聞持法一卷（出梵本金剛頂經成就一切義品略譯少分開元五年於西明寺菩提院譯）

右四部一十四卷其本見在
沙門輸波迦羅具足梵音應云
戍婆揭羅[illegible]訶唐言正翻云

淨師子以義譯之名善无畏中
印度摩伽陀國人住王舍城那
爛陀寺本刹利種姓刹帝利捨
俗榮貴依佛出家神氣清虛道
業恢著精通禪慧妙達摠持三
藏教門一心遊入五天諸國久
播芳名大悲利生有緣東漸途
至北印度境響震摩訶支那我
皇搜集賢良發使迎接以開元
四年景辰大賷梵本來達長安
初於興福南院安置次後五年
丁巳於菩提院譯虛空藏求聞
持法一卷沙門悉達譯語沙門无
著綴文筆受其無畏所將梵本
有勅並令進內緣此未得廣譯
諸經曩時沙門无行西遊天竺
學畢言歸迴至北天不幸而卒
所將梵本有
勅迎還比在西京華嚴寺收掌
無畏與沙門一行於彼簡得數
本梵經並摠持妙門先未曾譯
至十二年隨駕入洛於大福先
寺安置遂爲沙門一行譯大毗

盧遮那經其經具足梵文有十
萬頌今所出者撮其要耳沙門
寶月譯語沙門一行筆受承旨
兼刪綴詞理文質相半妙諧深
趣又出蘇婆呼蘇悉地二經無
畏性愛恬簡靜慮怡神時開禪
觀弟勸初學慈悲作念接引無
戲人或問疑剖析无滯

七俱胝佛母准泥大明陀羅尼經一
卷（第二出與日照三藏譯者同本開元十一年於資聖寺譯）

金剛頂瑜伽中略出念誦法四卷（亦云）（經開元十一年於資聖寺譯）

金剛頂經曼殊室利菩薩五字心陀
羅尼品一卷（開元十八年於大薦福寺譯）

觀自在如意輪菩薩瑜伽法要一卷（上三經並出梵本金剛頂經撮要抄譯非全部也開元十八年於大薦福寺譯）

右四部七卷其本並在
沙門跋日羅菩（上聲）提（地之上聲）又唐
云金剛智南印度摩賴耶國人（此云光明國其國近觀音宮殿補陀落山）婆羅門種
幼而出家遊諸印度雖內外博
達而偏善摠持於此一門罕有

其疋隨緣遊化隨處利生聞大支那佛法崇盛遂汎舶東逝達于海隅間八年中方届京邑於是廣弘秘教建曼茶羅依法作成皆感靈瑞沙門一行欽斯秘法數就諮詢智一一指陳復為立壇灌頂一行敬受斯法請譯流通以十一年癸亥於資聖寺為譯瑜伽念誦法及七俱胝陁羅尼東印度婆羅門大首領直中書伊舍羅譯語嵩岳沙門溫古筆受至十八年庚午於大薦福寺出曼殊室利五字心及觀自在瑜伽要沙門智藏譯語又於舊隨求中更續新咒智執惣持契所至皆驗秘教流傳寔斯人矣復有灌頂弟子正議大夫行中書舍人侍皇太子諸王文章集賢院學士呂向敬師三藏因而紀之日和上本中天竺國剎利王伊舍那靺摩第三子也後因南天國王將軍米准那薦聞遂稱南天竺人也年始十歲

於那爛陁寺出家依寂靜智師學聲明論年十五往西天竺國經四年學法稱論却迴於那爛陁寺年二十受具戒六年學大小乘律又學南宗般若燈論百論十二門論年二十八於迦毗羅衛城就勝賢論師學瑜伽論唯識論辯中邊論經三年至三十一往南天竺於龍樹菩薩弟子龍智年七百歲今猶見在經七年承事供養受學金剛頂瑜伽經及毗盧遮那惣陁羅尼法門諸大乘經典并五明論受五部灌頂諸佛秘要之藏無不通達遂辭師龍智却還中天尋礼如來八相靈塔其後南天三年亢旱其王捺羅僧伽補多靺摩遣使迎請和上於自宮中建灌頂道場請雨其時甘澤流澍王臣欣慶遂為和上造寺安置經餘三載國南近海有觀自在菩薩寺門側有尼拘陁樹先已枯顇和上七日斷食行道樹再滋

茂菩薩應現而作是言汝之所學今已成就可往師子國瞻礼佛牙登楞伽山礼拜佛跡迴来可往中國礼謁文殊師利菩薩彼國於汝有緣宜往傳教濟度群生聞是語已不勝忻慰僧徒咸聞其語寺衆乃曰若菩薩降臨尼拘陁樹枝葉滋榮去即枯顇以此為候經三七日却迴辭其國王將領弟子道俗八人往師子國至楞伽城王臣四衆以諸香花迎禮和上至其宮側復往元畏王寺頂礼佛牙持諸香花精誠供養遂感佛牙放光空中成盖普現大衆咸覩斯瑞便住其寺半年供養遂詣東南往楞伽山遥中路礼佛眼塔其時行道一日一夜無願不果次至七寶山城次行至嚕訶那國國管寶山其山土地足多羅樹國王先信小乘聞和上至出城遠迎就王宮殿廣陳供養經一月餘日和上為説人乘理性便能

悟入信受欣喜即廣施雜寶和
上不受云本来意者頂礼佛跡
非為珎寶遠来至此願示其路
王即遣人持輦令和上乘上送
至山下其山多諸猛獸師子毒
龍野人羅刹黑風苦霧常守護
此山上珎寶非是礼聖迹人不
可昇上得入此山和上於山下
焚香頂礼發弘誓願願見昔佛
在世説法之時山神發願已畢
天開霧散猛獸潜藏遂與弟子
於山北面近東渡水而上卻轉
向西北又西南尋谷攀藤接葛
異種孤危至山中晝近次北面
有一泉水流出其中惣是紅頗
梨瑟瑟金銀諸寶又多寶性草
及曇陁羅花優鉢羅花時逢
龕窟皆是先靈修道之處山中
香花草木不可稱計不停不滞
七日攀緣方至山頂尋求靈跡
見一圓石可高四五尺許方廣
可有二丈佛之右足隱在石上
見有損缺心即生疑謂之非是

佛跡仰天號泣憶昔如来遂感
五色雲現及有圓光佛跡相輪
分明顯現聞有聲言此真佛跡
但為往代衆生將来業重留此
跡耳聞已歡喜香花供養入定
一日從定出已七日旋遶把石
尋緣行道其佛跡外石上有數
石盆亦中然燈時有野人將甘
蔗子椰子蕉子署藥等来施和
上時弟子見之四散奔走和上
言日此来供養非損汝輩便取
所施與授三歸戒其野人將小
石施佛跡上打碎取與何謂如
是損其心上云治心痛從此驗
知佛跡漸損其上多風不可久
住頂上四望去其山下五六十
里外周有山圍繞狀如城壁山
上惣是白雲國人号名楞伽城
山山外西北連師子國界餘是
大海當觀望之時和上不覺失
脚砌下臨崖便住不損毫毛當
知是佛不思議力弟子等驚喜
不已遂復道而還所有靈跡重

礼辭迴来去經一年卻至南天
竺國具述上事聞於國王王又
請留宮中供養經一月日和上
白王貧道先發誠願彼支那國
礼文殊師利并傳佛法即日辭
王王日唐國途逕絶遠大海難
渡不得可到住此敎化足獲利
益再三請住和上宿志不移王
日必若去時差使相送兼進方
物遂遣將軍米准那奉大般若
波羅蜜多梵夾七寶繩床七寶
金鈿寶鈿耳璫雜物衣甲綵絲
沉水龍腦諸物香藥等奉進唐
國願和上撿校加持得達彼國
發来之日王臣四衆香花音樂
送至海濱和上東向遥礼文殊
西礼觀音菩薩便與徒衆告別
登舶入海得好風便一日一夜
渡海卻到師子國勃支利津口
逢波斯舶三十五隻其國市易
珎寶諸商主見和上同心陪從
師子國王室哩室囉聞和上再
至又迎宮中一月供養苦留不

住重礼佛牙便即進路王使道
俗香花音樂餞送海岸和上至
發行日是諸商主並相隨渡海
經一月至佛逝國佛逝國王將
金傘蓋金床来迎和上緣阻惡
風停留五月風定之後方得進
發經過諸國小小異物及以海
難洪波雜沸不可具述計去
唐界二十日内中間卒逢惡風
忽發雲氣𭅂闇毒龍鯨鯢之屬
交頭出没是諸商舶三十餘隻隨
波流泛不知所在唯和上一舶
以持隨求得免斯難又計海程
十萬餘里逐波汎浪約以三年
緣歷異國種種艱辛方始得至
大唐聖境行至廣府重遭暴雨
時節度使二三千人乘小舡
數百隻幷以香花音樂海口遠
迎至開元八年中初到東都親
得對見所有事意一一奏聞奉
勑處分使令安置四事供養僧
徒請法王公問道從是随
駕往復兩都至十一年方事翻

譯於資聖寺薦福道場所翻譯
成四部七卷時庚午歲開元十
八年巳入開元釋教錄也至十
九年後又譯出
金剛頂經瑜伽修習毗盧遮那三摩
地法一卷
千手千眼觀世音菩薩大身咒本一
卷
千手千眼觀自在菩薩廣大圓滿无
礙大悲心陁羅尼咒本一卷
不動使者陁羅尼秘密法一卷
右四部四卷其本見在
南天竺國三藏沙門䟦日羅二合
菩提唐言金剛合
譯至二十四年隨　駕西京二
十九年有勑放歸本國行至東
都現疾告終天寶二年癸未之
歲二月辛未朔二十七日丁酉
龍門起塔時有逸人混倫翁撰
文書字顕云
大唐東京大廣福寺故金剛三
藏塔銘幷序詞曰
至道幽深玄宗湛邃百靈閒出

大聖時遊化滿三千位起十地
眞言遂闡像設斯行
金剛三藏者中天竺國刹利王
伊舍那靺摩第三子以開元七
年南天竺國因節度使將軍米
准那表薦入朝遂稱南天竺人
焉誕育靈奇幼有神異貌請於
父求之入道年甫十歲於那爛
陁寺依寂靜智出家學聲明論
兼九十四書尤工秘術妙閑粉
繪大師号菩提跋折羅當其開
齊遊方為務往詣南天於龍智
處學陁羅尼藏便會宿心請建
道場散藏五部經于七載每至時
飲食從空而下金剛薩埵常現
於前又陟楞伽山頂觀如来脚
跡燒以酥燈其燈明徹其跡微
涉當起少疑便現深相靈契也
若是時南天竺有尼拘陁樹久
而枯顇大師繞樹行道七日斯
須花葉如故其眞應也如是大
師從南天持大菩薩教本二十
萬言兼瑜伽梵夾而至矣其靈

感也若斯因屆
唐國建毗盧遮那塔規摸意表
思銑毫端代為希有其工異也
如是帝甚嘉之額出
天書縑仍　恩錫以令方古未
之有也甞登前佛壇受法王寶
号金剛智三藏王公士庶无不
宗仰二十四年隨
駕入長安至二十九年七月二
十六日
天恩放還本國至東京廣福寺
乃現疾恙有身之患坐而遷化
弟子僧智藏等請留遺教頃聞
復還囑付畢曰西國涅槃盡无
坐法隨師返寄右脇而眠即師
子王經所載也悟身非有鐸蜕
遐舉其年八月十五日證果矣
春生現滅哀傷於此
帝坐悲惜感於士心其年九月
五日勑令東京龍門安置至天
寶二年二月二十七日於奉先
寺西崗起塔其塔來也是滿盡
阿羅漢建立一名窣堵波二名

偷婆憑巖擐川皆能面伊審高
界以合制籌廣狹以中規秘散
排牙減餘雨之藏漏救危撮頂
積流雲之奔影掩乎石扇閉以
金鎖林松簫瑟峯碑岌峩千齡
之前川谷推移百代之後人神
莫知乃為銘曰
峩峩法岫　滔滔智田　為道之始
則人之先　名揚中國　業善南天
示曉示諭　三千大千　浮圖亞迹
摩騰比肩　真癡有境　生死無邊
釋迦示現　迦葉求緣　無來無去
何後何前　猗歟耆哲　運謝時賢
風摧道樹　浪没慈舩　層塔虛設
寶鐸空懸　栢吟宵吹　松生暮煙
人世移易　陵谷推遷　唯餘石詠
千年萬年
圓照自惟微賤限以晚生大師
殁年始參幼學翻譯應
詔殊未識知謹依紀銘敘述前
事望祛情惑無嫌厲焉慱雅君
才幸無誚也聞夫至道體也無
欲為先福善之徵莫大有後承

其後者代有高人大興善寺三
藏即其人矣昔事先師法諱智
藏承旨譯語弘闡真乘洎
肅宗臨朝弥加尊重不斥名字
號曰不空此取登壇散花号也
代宗馭曆加號及官位鴻臚卿
品加特進号大廣智三藏不空
追贈先師錫謚官号永泰元年
歲在乙巳十一月一日乃頒
制曰
勑不空三藏和尚故金剛三藏
天資秀異氣稟沖和識洞四生
心依六度爰自西域杖錫東來
以梵行周身慈心濟物覺花外
照智炬內明没引群迷證昇圓
寂密傳法印示隱涅槃衣鉢空
存音徽長往教能垂後礼有飾
終宜旌美名俾叶榮贈開府儀
同三司仍贈号大弘教三藏夫
俗典有毋以子貴今釋氏乃師
因弟榮異萬古千秋傳之不朽
又至大曆三年六月十二日奏
東京龍門故開府儀同三司大

弘教三藏塔所掃灑無名僧惠
恒惠端行者趙元及法名惠覬
田榮國法名惠濬童子李寶達
右特進試鴻臚卿大興善寺三
藏沙門大廣智不空奏前件無
名僧等先嘗奉事故大和上服
勤香火積有歲年志性柔和堅
固無懈請與正名便送塔額住
彼灑掃畢終罔極獲展師資行
者童子等並久習眞言兼誦經
典不離本院業已成就伏乞與
度俾勵修持勑旨依奏同日又
奏請
御書東京龍門故開府儀同三
司大弘教三藏塔額
右故大和上感謝人間化歸地
界音容緬邈塔廟猶存
陛下每懷德不忘悼往空積恩
加錫贈寵延瑰道凡在有識罔
不戴荷未懸雲牓敢冀
天文伏乞賜一塔額永垂標記
如　天恩允許伏聽勑旨上依
所請御札親題并於忌晨賜千

僧供至十三日修表陳謝詞曰
沙門不空言不空早侍先大和
上猥承獎訓愧無昇堂之哲謬
忝入室之遇昇荼羅灌頂壇者
萬行之宗密證之主將涉覺路
何莫由斯始先師所傳啓此方
耳目慧燈罷照日月將深
陛下思續耿光不遺疵賤　詔
開灌頂俾建道場繞誘驂於存
年豈歸依之補處
皇慈乃睠渥澤累霑降五僧
紫泥封雲隨綸落下千人天飯
器香任風吹況塔額親題佳諸
伊洛龍門之下更攢崛起之峯
月輪之闇恒聚冲飛之鴈無任
戴荷屏營之至謹附監使李憲
誠表陳謝以聞謹言
寶應元聖文武皇帝批曰
和上釋梵宗師人天歸仰慈悲
智力拯拔生靈廣開壇場弘宣
法要福資國土慧洽有情媿厚
良多煩勞申謝至八月十五日
和上忌晨奉

勑賜茶一百一十串充大和上
遠忌齋用修表謝聞　沙門不
空言伏奉
恩命今月十五日故大弘教三
藏遠忌設千僧齋賜茶一百一十
串伏戴殞悲啓處無地不空誠
哀誠恐以悽以感故大和上道
被四生化遷十地輝容緬邈經
此忌晨倍增霜露之悲深積鸖
林之痛
陛下恭弘付囑遠念芳猷分
御膳以飯足千僧沠香茗而數
盈百串繽紛梵宇郁馥禪庭凡
在門生無任感荷不勝悲戴之
至謹附監使奉表陳謝以聞謹
言
寶應元聖文武皇帝批曰
大和上法留蘭筏照委傳燈久
證涅槃示存齋忌永惟付囑深
眷徽猷薄施香茶有煩陳謝也
又至大曆六年六月十六日奏
東都廣福寺大弘教三藏和上
院　請抽諸寺名行大德一七

人右不空先師在日特蒙
玄宗置上件塔院年月深久廊
宇崩摧香火闕供無人掃洒今
請抽諸寺大德七人住持彼院
六時懺念為國進修三密瑜伽
繼師資之舊業同寺一切有部
古石戒壇院
請抽諸寺名行律師七人每年
為僧置立壇場
右件戒壇院是不空和上在日
捨衣鉢興建當不空進具之日
亦有誠願許同修葺不空叨承
聖澤冀王鏡之重開覩大師之
舊規望金輪之再轉今請置一
切有部戒壇院額及抽名行大
德七人四季為僧敷唱戒律六
時奉國修行三密法門以前特
進試鴻臚卿大興善寺三藏沙
門大廣智不空奏前件院抽僧
及一切僧事並請放免不同諸
寺謹件如前
勑旨依奏梵網經云孝順父母
師僧三寶孝順至道之法孝名

為戒曾子曰慎終追遠民德歸
厚矣
大弘教和上法流後嗣大廣智
三藏追遠慎終奉　國盡忠精
持佛戒存歿不朽永播清徽哀
榮之情光諸萬古矣所譯經法不
及得入開元目錄今請准勑編
入貞元新定釋教目錄下皆例
此

大威力烏樞瑟摩明王經二卷（或三卷亦士烏芻澁摩經）
穢跡金剛說神通大滿陀羅尼法術
靈要門一卷
穢跡金剛法禁百變法一卷
北天竺國三藏沙門阿質達霰（唐言無能勝將）
右三部四卷其本見在
於安西譯開元二十年因法月
三藏貢獻入朝附上件經至于
京邑不及得入開元目錄准
勑編入貞元新定釋教目錄

普遍智藏般若波羅蜜多心經
右一部一卷其本見在

三藏沙門達摩戰涅羅（唐言法月）東
天竺國人也遊中印度亦稱摩
提國人焉學通三藏善達醫明
利物隨緣至龜茲國（漢書云丘茲並訛謬）
正日屈（丈勿反）支教授門人地戰
上濕羅（唐言真月）宇布那美亦稱利
言使令記持梵本大乘月燈三
摩地經滿七千偈及曆帝記過
一萬偈瑜伽真言獲五千偈一
聞於耳恒記在心開元十四年
受具足戒自後聽習律論大小
乘經梵書漢書唐言文字石城
四鎮護密戰于吐火羅言眼見
耳聞悉能領會便令譯語形影
相隨開元十八年安西節度使
呂休林表薦入朝利言隨師以
充譯語路次所歷烏耆大磧伊
西寺州摩賀延磧瓜沙甘肅轉
次西京本道節度使攝御史大
夫牛仙客至二十祀届于長安
所司奏引對大內進奉方術醫
方梵夾藥草經書稱愜天心或
見宣政天騎迎送錫賚重重第

子比丘利言隨師譯語方藥本草隨譯上聞三餘之間遂譯普遍智藏般若波羅蜜多心經與古舊二經中無少異姚秦譯見名摩訶般若波羅蜜大明咒經經中云是大明咒無上明咒無等等明咒經後略讚受持功德能除十惡五逆寺罪文字少殊大唐三藏玄奘譯者題云般若波羅蜜多心經正宗經云是大神咒是大明咒是無上咒是無等等咒餘義無異此之二經同本異譯但有正宗並無序分及流通分今法月所譯三分具全正宗經文不異玄奘譯者夆旨翻經利言譯語時

聖上萬樞之暇注金剛經至二十三年著述功畢釋門請立般若經臺二十七年其功終竟僧等建百座道場七月上陳　墨制依許八月十日安國寺開經九日暮開西明脣集十日迎赴安國道場講

御注經及仁王般若法月三藏當其一焉演梵本經利言譯語凡是聽者虛往實歸七難永清七福咸集洎乎明歲劉志成狂賊潛構覺謀卜日間於寶花三藏天不長惡逆黨平除凡是蕃僧詔歸本國法月三藏恩尚延留後忽思鄉請還本國二十九年七月二十六日遠辞

丹闕路取西涼沙磧㑹西烏耆跋勒望于天竺轉次西行漸届前程至式匿國之乏驛嶺吉連鎮城遇國賊興不由前進旋騎退入跋勒城中轉次東南行八百里至于闐國住金輪寺化利有緣一歲有餘道俗瞻覲時因病疾漸染纏綿藥石無徵奄從遷化春秋九十一法夏七十二以天寶二年歲次癸未十一月二十三日卒於此寺矣時本道節度副使大夫蒙零詧監讌衆儀弟子比丘利言等銜哀毀泣擗標茹荼燒香散花荼毗起塔

所譯經法不及入開元目錄准

勑編入貞元新定釋教目錄

開元釋教錄二十卷（上帙惣錄下帙別錄十八年庚午於西崇福寺塔院撰）

續大唐內典錄一卷（同前十八年撰）

續古今譯經圖記一卷（同前十八年撰）

續集古今佛道論一卷（同前）

集諸經礼懺儀二卷（同前）

右上五部二十五卷智昇所撰

昇早預釋流志弘大教但才微力寡無遂本懷俛仰之間亟經寒暑曽未能宣傳正法荷擔善提而追閱藏經仍探衆錄覩其差謬或所未安狂簡斐然考成斯記雖文詞靡叙而事有所憑但鄙見未弘固多踈闕耳其續內典錄等附於本部之末幸諸来哲無貽誚焉

貞元新定釋教目錄卷第十四

丁未歲高麗國大藏都監奉

勑雕造

貞元新定釋教目録卷第十五　感

西京西明寺沙門　圓照　撰

摠集群經録上之十五

玄宗肅宗代宗三朝所譯經

金剛頂瑜伽眞實大教王經三卷 經內題云金剛頂一切如來眞實攝大乘現證大教王經

金剛頂瑜伽般若理趣經一卷 經題云大樂金剛不空眞實三摩地耶經般若波羅蜜多理趣品

觀自在菩薩授記經一卷 經題云佛說大方廣曼殊室利經觀自在菩薩授記品第三十一

瑜伽念珠經一卷 經內題云金剛頂瑜伽念珠經於千万廣頌中略出

奇特佛頂經一卷 經內題云一字奇特佛頂經現威德品

觀自在菩薩最勝明王心經一卷 經內題云金剛恐怖集會方廣軌儀觀自在菩薩三世最勝心明王經序品第一

金剛頂瑜伽文殊師利菩薩經一卷 經內題云法一品亦名五字呪法

阿唎多羅阿嚕力經一卷 經內題云阿唎多羅陁羅尼阿嚕力品第十四

普賢行願讚一卷

地藏菩薩問法身讚一卷 經內題云百千頌大集經地藏菩薩問法身讚

出生無邊門經一卷 經內題云出生無邊門陁羅尼經

大吉祥天女經一卷 經內題云佛說大吉祥天女十二契一百八十名号無垢大乘經

底哩三昧耶經一卷 經內題云底哩三昧耶不動使者念誦品

十一面觀自在菩薩經三卷 經內題云十一面觀自在菩薩心密言儀軌

吉祥天女十二名号經一卷

金剛頂瑜伽十八會指歸一卷 經內略無十八會字

金剛頂瑜伽三十七尊分別聖位法門一卷 并序經中云修證法門序

菩提場所說一字頂輪王經五卷

寶篋經一卷 經內題云一切如來心祕密全身舍利寶篋陁羅尼經

金剛壽命陁羅尼經一卷 經內題云一切如來金剛壽命陁羅尼經

大孔雀明王經三卷 經內題云佛母大孔雀明王經

大雲請雨經二卷 經內題云大雲輪請雨經初有啓請法在上卷經前

雨寶陁羅尼經一卷 經內題中加佛說雨字

貞元新定釋教目録卷第十五　第二張　茂

蘘麌利童女經一卷 經內題中加佛說字

稻稈喻經一卷 經內題云慈氏菩薩所說大乘緣生稻稈喻經

大寶廣博樓閣經三卷 經內題云大寶廣博樓閣善住祕密陁羅尼經

菩提場莊嚴經一卷 經內題云菩提場莊嚴陁羅尼經

除一切疾病陁羅尼經一卷

能淨一切眼陁羅尼經一卷 經內題云能淨一切眼疾病陁羅尼經

施焰口餓鬼陁羅尼經一卷 經內題云佛說拔焰口餓鬼陁羅尼經

三十五佛名經一卷 經內題云佛說三十五佛名禮懺文出烏波離所問經

八大菩薩曼荼羅經一卷

葉衣觀自在菩薩陁羅尼經一卷 經內題中略無陁羅尼字

訶利帝母經一卷 經內題云訶利帝母眞言法

毗沙門天王經一卷

觀自在菩薩說普賢陁羅尼經一卷

文殊問字母品一卷

金剛頂蓮華部心念誦法一卷

金剛頂瑜伽千手千眼觀自在念誦

貞元新定釋教目録卷第十五　第三張　感

法一卷經內題中菩薩修行儀軌
無量壽如來念誦儀軌一卷經內題中云修觀行供養儀軌
阿閦如来念誦法一卷經內題中云念誦供養法
佛頂尊勝念誦法一卷經內題云佛頂尊勝陁羅尼念誦儀軌
金剛頂勝初瑜伽普賢菩薩念誦法
一卷
金剛王菩薩念誦法一卷經內題中云秘密念誦儀軌
普賢金剛薩埵念誦法一卷經內題中云瑜伽念誦儀軌
金剛頂瑜伽五秘密修行儀軌一卷經內題中云金剛菩薩五字秘密修行念誦儀軌
金剛壽命念誦法一卷經內題云陁羅尼念誦法
一字頂輪王瑜伽經一卷經內題云瑜伽醫迦訖沙羅烏瑟尼沙斫訖羅真言安怛羅儀則一字頂瑜伽經
一字佛頂輪王念誦儀軌一卷經內題中元佛字
仁王般若念誦法一卷
如意輪念誦法一卷經內題云觀自在如意輪菩薩念誦法
大虛空藏菩薩念誦法一卷

貞元新定釋教目錄卷第十五　第四張　感

瑜伽蓮華部念誦法一卷
聖觀自在菩薩心真言觀行儀軌一
卷經內題云瑜伽觀行軌儀
觀自在多羅瑜伽念誦法一卷經內題云金剛多羅菩薩念誦法
甘露軍吒利瑜伽念誦法一卷經內題云甘露軍吒利菩薩供養念誦成就儀軌
華嚴入法界四十二字觀門一卷經內題云大方廣佛華嚴經
文殊讚法身礼一卷經內題云大聖文殊師利讚法身礼并序
受菩提心戒儀一卷經內題云最上乘教受戒懺悔文普賢菩薩阿闍梨集
金剛頂瑜伽三十七尊礼一卷經內題云金剛頂經金剛界大道場毗盧遮那如来自受用身內證智眷屬法身異名佛最上乘三摩地礼懺文
般若理趣釋一卷經題云大樂金剛不空真實三昧耶經般若波羅蜜多理趣釋
大曼荼羅十七尊釋一卷經內題云般若波羅蜜多理趣經大安樂不空三昧耶真實金剛菩薩等一十七尊大曼荼羅義述
金剛頂瑜伽護摩儀一卷經內題云儀軌
都部陁羅尼目一卷經內題云陁羅尼門諸部要目

貞元新定釋教目錄卷第十五　第五張　感

大乘緣生論一卷經中云聖者鬱楞伽造
七俱胝佛母陁羅尼經一卷經內題云七俱胝佛母所說准題陁羅尼經
大虛空藏菩薩所問經一卷
仁王經二卷經內題云仁王護國般若波羅蜜多經　御製序
密嚴經三卷經內題云大乘密嚴經　御製序
仁王念誦儀軌一卷經內題云仁王護國般若波羅蜜多經陁羅尼念誦儀軌翻經大德大興善寺沙門惠靈述序
大聖文殊師利菩薩佛剎功德莊嚴
經三卷
成就妙法蓮華經王瑜伽觀智儀軌
一卷
金剛頂勝初瑜伽經中略出大樂金
剛薩埵念誦儀一卷
大樂金剛薩埵修行成就儀軌一卷出吉祥勝初教王瑜伽經
大樂叉女歡喜母并愛子成就法一
卷亦名訶哩底母法
普遍光明大隨求陁羅尼經二卷經內題云普遍光明清淨熾盛如意寶印心無能勝大明王隨求陁羅尼經
金剛頂超勝三界經說文殊五字真
言勝相一卷

貞元新定釋教目錄卷第十五　第六張　感

五字陁羅尼頌一卷 并梵字
聖閻曼德迦威王立成大神驗念誦法一卷
文殊師利菩薩根本大教王金翅鳥王品一卷
不空羂索毗盧遮那佛大灌頂光真言一卷 出不空羂索經二十八
聖迦抳忿怒金剛童子菩薩成就儀軌經三卷
大威怒烏芻澀摩儀軌一卷
佛說摩利支天經一卷
金剛頂經一字頂輪王瑜伽一切時處念誦成佛儀軌一卷
佛為優填王說王法政論經一卷
大方廣如來藏經一卷
佛說一髻尊陁羅尼經一卷
速疾立驗魔醯首羅天說迦婁羅阿尾奢法一卷
大日經略攝念誦隨行法一卷 亦名五支略念誦要行法
大毗盧遮那成佛神變加持經略示七支念誦隨行法一卷
木槵經一卷

貞元新定釋教目錄卷第十五　第七張　泉

金剛頂經瑜伽文殊師利菩薩儀軌供養法一卷 亦名文殊五字念誦法若兼梵字十四紙
曼殊室利童子菩薩五字瑜伽法一卷 并梵字
金剛頂降三世大儀軌一卷 經內題云金剛頂降三世大儀軌法王教中觀自在菩薩心真言一切如來蓮華大曼荼羅品
文殊師利菩薩及諸仙所說吉凶時日善惡宿曜經二卷 下卷有序
金剛頂經觀自在王如來修行法一卷
金剛頂瑜伽中發阿耨多羅三藐三菩提心論一卷 亦名瑜伽摠持教門說菩提心觀行修行
瑜伽金剛頂經釋字母品一卷
修習般若波羅蜜菩薩觀行念誦儀軌一卷
仁王般若陁羅尼釋一卷
觀自在大悲成就瑜伽蓮華部念誦法門一卷 亦名成就大悲觀自在
佛說大孔雀明王畫像壇場儀軌一卷
金剛手光明灌頂經最勝立印聖無動尊大威怒王念誦儀軌法品一卷

貞元新定釋教目錄卷第十五　第八張　咸

末利支提婆華鬘經一卷
大聖天歡喜雙身毗那夜迦法一卷
觀自在菩薩如意輪瑜伽一卷
金輪王佛頂略念誦法一卷
金剛瑜伽降三世成就極深密門一卷
金剛頂瑜伽他化自在天理趣會普賢修行念誦儀軌一卷 此一卷先進經中元闕文者

右一百十部一百四十三卷其本見在大唐特進試鴻臚卿加開府儀同三司封肅國公贈司空謚大辯正大廣智不空三藏和上者南天竺執師子國人也法諱智藏号不空金剛不閻氏族故不書之計當大唐神龍元年乙巳之歲而誕跡焉天假聰明幼而慕道遠離父母落髮壞衣至開元六年歲在戊午年甫十四於闍婆國見弘教三藏金剛智而師事之隨侍南溟乘航架險驚波鼓浪如影隨形開元八年方至東洛十二年甲子年方弱冠於廣福寺

貞元新定釋教目錄卷第十五　第九張　咸

依一切有部石戒壇所而受近
圓自此聽習律儀唐梵經論随
師譯語稍得精通隨
駕兩京應　詔翻譯不離左右
請益摳衣函丈問端斯須不捨
至十九年辛未
天恩下降弘教三藏及弟子等
放還本鄉出自西京至于東洛
大師遘疾遂致薨焉即其年八
月十五日也卜擇吉日安𦵏龍
門欽血茹荼銜哀毀泣如犢失
母斯其諭焉制命有限難以久
停拜辭墳塋即赴前所年始三
十遭此險艱漸届廣州附舶前
進遇好風便更不停留未逾一
年到師子國王聞唐使礼接殊
常便令安置於佛牙寺因茲重
學秘密揔持三密護身五部契
印曼荼羅法三十七尊瑜伽護
摩備皆精練經餘三歲寢食無
安時彼國王㱃首來請憑獻方
物往至
大唐所謂七寶燈樹花絲藥草

沉檀龍腦等并自所獲金剛頂
瑜伽經及大小乘論梵夾與一
小使弥陁天寶五年歲在庚戌
還至　闕下恩
旨遂令居淨影寺四事祇給出
自天心宰輔近臣往來接武奉
詔翻譯開灌頂壇士庶星馳呈
疑問道九載己丑復有
恩旨放令却歸發自　京都路
次染疾不能前進寄止韶州日
夜精勤卷不釋手扶疾翻譯為
國為家至癸巳天寶十二載河
西節度使御史大夫西平郡王
哥舒翰奏不空三藏行次染患
養疾韶州令河西邊陲請福疆
場上依所請　勑下韶州追赴
長安止保壽寺制使勞問錫賚
重重四事袥供悉皆天賜揔息
踰月令赴河西至武威城住開
元寺節度使迎候是物皆供請
譯佛經兼開灌頂演瑜伽教置
茶羅使幕官寮咸皆諮受五部
三密壺往實歸時西平王為國

請譯金剛頂一切如來真實攝
大乘現證大教王經三卷行軍
司馬礼部郎中李希言筆受又
譯菩提場所説一字頂輪王經
五卷及一字頂輪王瑜伽經一
卷并一字頂輪王念誦儀軌一
卷並節度判官監察侍御史田
良丘筆受又承餘隙兼譯小經
至十三載甲午十月使院安西
追僧利言河西翻譯時四鎮伊
西庭節度使安西副大都護攝
御史大夫知節度事上柱國封
常清給家乘馬兩疋日馳六驛
十一月廿二日發安西域路次焉
耆摩賀延磧轉次行過交河伊
吾進昌酒泉届武威郡即十四
載二月十日也
使司安置於龍興寺及報德寺
同崇譯經其年七月禍起兆陽
時西平王奉
勑追入加官拜相部領潼關十
月上竊陷河洛明年元日有
制皇太子監國洎乎五月

勑下河西追三藏入朝住興善
寺令開灌頂轉禍禳災未逴止
寧潼關失守六月旬有二日胡
馬入關
玄宗巡狩南幸成都
肅宗撫軍建號靈武旋歸整
教迴駕鳳翔三藏雖陷賊中竊
申報國潛使來往具獻丹誠
肅宗崇佛度僧孝理天下纔踰
周載咸洛底寧
宗社復安萬姓歡慶復還宮寢
緇素又安即至德二載丁酉十
月二十三日也三藏明日陳表賀
焉
大興善寺三藏沙門智藏言竊
聞
惟天為大非　元聖無以順
天行誅惟王法天非　興王無
以代天育物伏惟
陛下功超玄極道冠玄元纘
尭寶圖復　禹不績自頊元兇
已殄殘蘖猶迷
陛下義持倒戈　恩先善伐暫

勞貔虎永滅豺狼自京華肅清
摟臺肇幸
陛下俯從人欲仰叶天心山川
不移園苑如舊今　鑾輿既降
聖政惟新方將貽　報昊穹齋斯
仁壽道　上皇汾陽之駕類
上帝圜丘之壇演沙劫而轉法
輪朗千界而懸佛日智藏久霑
王化重覩漢儀生成已多報効
何異不勝鳧藻之至謹詣銀臺
之門奉表陳賀以聞輕黷
宸嚴伏深戰越沙門智藏誠惶
誠恐謹言
肅宗文明武德大聖大宣孝皇
帝批曰狡猾之流久為殘暴天
壓其禍卒以敗亡頤城關而佽
然臨士庶而咸若感慰之至深
在朕懷所賀知上還西京七廢
咸賀復收東洛緇素歡康二十
七日就銀臺門又陳賀表乃為
言曰
大興善寺三藏沙門智藏言伏
承官軍獻捷收復東京逆黨殄

銷王師獨剋生靈慶快抃躍失
圖智藏聞逆德者亡已萌難逭
乘於竹葉允是格言自狂胡亂
華向經三載神怨人憤惡稔貫
盈
陛下肝食宵衣畢酈等膳遂使
股肱畢力熊虎爭先廟略無遺
神功不再以斯破竹會彼倒戈
一戎而三捷累臻旬日而兩都
咸復斯實
睿謀廣運英略殊常　聖力匡
持特高列辟方將勤崇東岱貽
報
上玄智藏行保　昌明佇觀盛
禮不任抃躍之至謹詣右銀臺
門奉表陳賀以聞輕黷
宸嚴伏深戰越沙門智藏誠歡
誠喜謹言
皇帝批曰所賀知是時也兩都
既復宮室依然万姓貽蘇
上皇在蜀奉迎　鑾駕至自成
都至德二載十二月一日也
肅宗以為崇三藏不斥其名自

今以来但稱其号明辰奉表陳
賀以聞詞曰
沙門不空言不空聞道惟帝先
帝道洽則神功不宰夲為德本
至德茂而克受元符伏惟
陛下膺天纘　聿從人復
禹不易物而二儀
貞觀未浹辰而兩都底寧功格
昊穹德超列辟東揖群后西迎
上皇垂帝服而更遵
鑾輿清天步而仍延
法駕　天父天子
先天後天去　闔闢而復歸
九重正　乾綱而載安萬姓斯
賓上皇垂訓推功高象帝之前
陛下乗時至德冠興王之首足
以暉華史冊高視唐虞不空生
應
昌期偶茲榮觀不任慶悅之至
謹詣銀臺門奉表陳賀以聞輕
觸
宸嚴伏增戰越沙門不空誠歡
誠喜謹言　皇帝批曰

掃清氛　祲底定寰區
聖上旋歸以安宮闕晨昏展敬
喜慶殊深所加賀知是月八日冊
尊号光天文武大聖孝感皇
帝太上皇誥賜也至德三年戊
戌正月三日不空三藏本院設
齋
恩賜名香又加存慰修表奉謝
恩以陳情誓為
國家翻譯經論瑜伽密教息難
除災詞曰
沙門不空言中使吳遊巖至奉
宣聖旨以不空本院今日設齋
特賜名香兼
天使鴻私由被欣躍難名不空
誠歡誠喜不空託蔭法流恩弘
密教孤遊万里遍學五天凝想
十方觀華藏之諸佛精專五部
窮祭苑之真言每布字觀心投
身請獲乗弘揩之力得值輪王
出興虔誠十年果會明聖前載
幽關未啓、
陛下養德春宮早奉　德音曲垂

省問兼賚香藥密遣加持及
陛下北巡不空雖不獲陪侍弟
子僧含光等歸從西土又得親
遇
鑾輿崎嶇戎旅之間積聞定冊
之議不空雖身陷胡境常心奉
闕庭頻承密　詔進奉咸達
陛下睿謀獨運法力冥加群凶
散亡宸象歸正不空微質又忝
朝恩十月清宮以建辟魔之會
正朝薦號仍臨灌頂之壇塗飾
上宮薰脩別殿既許翻譯仍尚
度僧淫澤已深報効何日謹當
三時浴像半月護摩廣三十七
尊保
明王之國土一十六護增
聖帝之威神壽如南山永永无
極不勝感戴欣荷之至謹奉表
陳謝以聞沙門不空誠歡誠喜
謹言
光天文武大聖孝感皇帝批曰
師現身西方開法中國在昔弘
揩朕心悉知經行恒沙致大福

力自須跋涉常念因緣而令比
丘問道申願令蓮華至淨貝葉
重宣微妙伏陁不思議也崇无
量尋是錫赤香奉持精修當不退
轉所謝知其年二月五日改至德
三載為乾元元年歲仍戊戌至
三月十二日三藏表請搜訪梵
夾修補翻傳尋下
制曰中京慈恩薦福等寺及東
京聖善長壽等寺并諸州縣寺
舍村坊有舊大遍覺義淨善无
畏流志寶勝等三藏所將梵夾
右大興善寺三藏沙門不空奏
前件梵夾等承前三藏多有未
翻年月已深縮索多斷湮沉零
落實可哀傷若不修補恐違聖
敎近奉
恩命許令翻譯事資探討證會
微言望許所在檢閱収訪其中
有破壞缺漏隨事補葺有堪弘
闡助國揚化者續譯奏聞福資
聖躬宸為殊勝　天恩允許請
宣付所司　勅旨依奏

明制依許所在搜求先於南天
所得梵夾約計部帙千卷有餘
六月十一日具狀上聞尋頒
制曰陁羅尼教金剛頂瑜伽經
等八十部大小乘經論二十部
計一千二百卷右大興善寺三
藏沙門不空奏不空聞纘　帝
尭者紹帝位受佛囑者傳佛教
省茲格言曾不改易流興万代
散葉分枝不空杖錫挈瓶行邁
天竺尋歷山谷跋涉群方凡還
聖蹤投誠礼敬輒聞經教盤竭
哀祈搜求精微窮博深密丹誠
鄙陋願言弘宣遂得前件經論
自到中京竟未翻譯既闕書寫
又乖受持特望
龍慈許令翻譯庶得法筵重敷
更宣住持之路佛日再舉弥增
演暢之功天恩允許宣付所司
勅旨依奏又至其年九月三日
進上功德具以上狀聞詞曰
虎魄寶生如來像一軀梵書大
隨求陁羅尼一本

右昔者阿清威運樞電吉祥方
屬重陽之辰遂誕千年之　聖以
陛下允膺　寶祚像有寶生
之名以
陛下興念隨通明有隨求之号
像能光明洞徹如
陛下光宅四維明能威伏魔怨
如
陛下威降萬國謹案金剛頂經
一切如来成等正覺皆受寶生
灌頂乃至
陛下玄功格天正法理國事与
時並若合符契伏願少修敬念
緘而帶之則必持明照迴廣至
化於東戶本尊敷佑延聖壽
於南山無任歡慶之深謹隨狀
進輕黷
宸旒伏增戰越謹進
乾元光天文武大聖孝感皇帝
批曰
諸佛儀形優曇希現如來密藏
神咒難思師大啓空宗能持秘
印以茲正法弘護朕躬信受奉

行深為利益也洎
乾元三年閏四月十四日宫苑
都巡使禦侮校尉右内率府率
員外置同正員賜紫金魚袋内
飛龍使駈使臣史元琮進狀請
大興善寺僧灌頂道場
右臣竊觀度災禦難之法不過
秘密大乘大乘之門灌頂為最
今屬閏夏之月百花皆榮伏望
令三藏不空於前件寺為國修
一灌頂道場有息災增益之教
有降伏歡喜之能奉此功力以
滅群兇上資
聖壽无彊承此兆人靖泰臣素
无才行忝奉駈使謹獻愚誠倍
增戰汗如天恩允臣所奏請降
墨勅 依
閏月十九日改為上元元年歲
仍庚子至八月二十五日開府儀
同三司判行軍李輔國宣奉
勅不空三藏幷僧弟子三人宜
於智炬寺修功德二年辛丑九
月二十一日大赦天下除乾元

光天等尊號但稱皇帝又除上
元之号但稱二年以十一月朔為
歲之初但稱元年又除正二三
四等名以月建為号元年壬寅
建子月建丑月建寅月建卯月
建辰月建巳月五日
太上皇遺誥訖崩至十五日楚
州獻璧是日改為寶應元年歲
仍壬寅四月五月等並依常數
肅宗制皇太子監國恩宥一切
囚徒也其月十八日
肅宗皇帝遺詔訖又崩至二十日
代宗即皇帝位至五月十六日
大赦天下至十月十三日
大興善寺三藏沙門不空狀進
彫白檀摩利支像一軀 此云威光 梵書
大佛頂陁羅尼一本
右不空幸因
聖運早奉 休明遂逢
降誕之晨更遇 金輪之日伏惟
陛下壽延寶祚尊像有威光之
名以
陛下百王為首真言有佛頂之

号謹案大佛頂一切如来成等
正覺皆受此真言乃至金輪帝
位莫不遵而行之伏惟
陛下承天踐祚聖政惟新正法
理國与靈合契伏願少修敬念
緘而帶之則廣至化於東方延
聖壽於南山無任歡慶之至謹
隨狀進輕黷
宸嚴伏惟戰越謹言
皇帝批曰
檀摩瑞像貝葉真文南天既遥
中國難遇上人慈愍 緘護而
来不秘乘門傳諸象闕得未曾
有良以慰懷寶應二年七月十
日冊
尊號寶應元聖文武皇帝歲在
癸卯七月十一日改為廣德元
年歲仍癸卯十一月十四日
大興善寺三藏沙門不空請為
國置灌頂道場
右不空聞毗盧遮那包容萬界
密印真契呑納衆經准其教宜
有頓有漸漸謂聲聞小乘登壇

學處頓謂菩薩大士灌頂法門
是詣極之夷途為入佛之正位
頂謂頭頂表大行之尊高灌謂
灌持明諸佛之護念超昇出離
何莫由斯是以剋己服勤不捨
晝夜精志讃仰豈敢怠遑襄每
載夏中及三長齋月依經建立
嚴淨花以開覺使有識而歸真
庶邊境肅清
聖躬萬壽不勝懇念之至謹詣
右銀臺門奉狀陳請以聞如
天恩允許請降
墨勅 依
洎廣德二年歲在甲辰正月二
十三日三藏沙門不空奏
大興善寺與定國寺僧懐感等
四十九人充大德有闕續填伏
乞矜放諸雜差科
天恩允許請宣付所司
勅旨依奏又至十月十三日奉
為皇帝降誕度無名僧恵通等
一七人至十九日 勅旨依奏
廣德三年歲在乙巳正月一日敗

為永泰元年歲仍乙巳再譯
仁王護國般若波羅蜜多經一卷
右一部二卷大興善寺三藏沙
門不空所奏此當第四譯也此
經自晉至唐凡有四譯一晉武
帝太始三年月支三藏法護譯
為一卷名仁王般若經二後姚
秦興弘始三年三藏法師鳩摩
羅什秦言童壽於長安草堂寺
逍遥園西明閣譯為二卷名仁
王護國般若波羅蜜經方言尚
隋三梁元帝承聖三年西天竺
優禪尼國三藏波羅末陀梁云
真諦於洪府寶田寺譯為一卷
名仁王般若經隱而不行三藏
和上詳覧晉經校於梵本文義
脫略華夷語乖録表上聞再請
翻譯此即第四譯也
御日仁王經望依梵甲再譯梵
文
右興善寺三藏沙門不空奏伏
以如来妙旨恵洽生靈仁王寶
義崇護

國家前代所譯理未融通潤色
微言事歸
明聖伏惟
寶應元聖文武皇帝陛下睿文
啓運濬哲乘時弘闡真言宣揚
像教
皇風遠振佛日再明每為黎元
俾開講誦其仁王經望依梵甲
再譯舊文貝葉之言永無漏略
金口所說更益詳明仍請僧懐
感飛錫子鄰建宗歸性義嵩道
液良賁潛真應真慧靈法崇起
悟恵靜圓寂道林等於內道場
所翻譯福資
聖代澤及含靈殄盗永清寰區
允穆傳之贖劫救護實深
中書門下 牒祠部
牒奉 勅宜依牒至准 勅故牒
永泰元年四月二日 牒
中書侍郎同平章事杜 鴻漸
中書侍郎同平章事元 載
黃門侍郎同平章事王 縉
撿校侍中李 使

撿挍右僕射平章事　使
撿挍左僕射平章事　使
中書令郭子儀　使
尚書祠部
仁王經望依梵甲再譯舊文興
善寺沙門三藏不空　勑牒如牒至准
牒奉中書門下
勑故牒
永泰元年四月四日令史張濬牒
主事楊　獻
郎中崔　猗
時也永泰元年四月二日　宗
恩旨頒下令譯斯經爰集
城義學大德應制翻譯一十七
人三藏大興善寺沙門三藏不
空譯梵本大聖千福法華寺沙
門法崇證梵本義翻經大德青
龍寺主沙門良賁筆受兼潤文
大安國寺沙門子鄰潤文大安
國寺兼西明寺上座沙門懷感
證義荷恩寺沙門建宗大聖千
福法華寺沙門飛錫大薦福寺
沙門義嵩大興善寺上座沙門

潛真資聖寺沙門道液大興唐
寺沙門超悟保壽寺沙門應真
西明寺都維那沙門歸性大興
善寺主沙門慧靈西明寺沙門
慧靜等並證義保壽寺沙門圓
寂梵音大興唐寺沙門道林讃
唄崇福寺沙門義秀挍勘寺主
沙門卯照撿挍典內侍省內閣
上柱國臣馬奉獻判官儒林郎
行內侍省掖庭局官教博士員
外置同正員臣楊利全副使特
進右驍衛大將軍上柱國東陽
郡開國公臣駱奉仙駕使開府
儀同三司兼左監門衛大將軍
仍兼知處置神策軍兵馬事知
內侍省事內飛龍廐弓箭等使
上柱國鴈門郡開國公臣魚朝
恩兼統其事翰林學士常衮柳
伉等同崇翻譯粤惟　聖唐
肅宗文明武德大聖大宣孝皇
帝重昌釋化革弊掇焚至憂黎
元澡心齋戒請南天竺執師子
國灌頂三藏法諱智藏号曰不

空翻傳衆經以安社稷兹願未
滿仙駕歸天洎
代宗睿文孝武皇帝重明舜日
再造乾坤禮樂惟新四聰明達
恭嗣先訓思累請焉　勑於大
明宮南桃園翻譯起自月朔終
乎月望於承明殿灌頂道場
御執舊經對讀新本
詔曰惟新舊經理甚符順所譯
新本文義稍圓斯則金言冥契
於
聖心佛口再生於鳳
詔翻傳先後其在茲歟三藏言
善兩方教傳三密龍宮演奧筵
言聞天
佛日再中真風永扇諸大德等
學該三藏識達五明性相圓通
內外精博恭膺
詔命傳譯真乘
聖慈曲臨推謝理絶更令對挍
大乘密嚴舊譯長行梵本結偈
今依梵夾譯出伽陁繕寫莊嚴
謹同進奉聖恩制叙序各列經初

披閲内官未宣中外時　京城
大德乘如等翹想甘露如渴思
漿錄表上言乃陳表曰永泰元
年八月八日大安國寺上座臨
壇大德沙門乘如等上表沙門
乘如等言乘如聞日月行於六
合求照者見盂甘露垂於九霄
希潤者草木允所謂覆載不間
亭育無私則敢納可逆於長風
蛙蠙可游於滄海者也伏惟
寶應元聖文武皇帝陛下慶承
塵刼信植河沙感懾魔界聲流
佛刹以寶位之重崇寶偈之微
以金輪之尊騰金口之教百王
千帝曷可同年而語哉乘如等
幸逢　昌運叨寓玄門常思諷
誦以荅
皇澤伏承須有
恩旨請不空三藏義學沙門等
再譯仁王般若波羅蜜多經教
理兼著性相周圓緘在　龍宫
未須　廣宣布僧等昧死敢以請
聞伏願

天慈示之法寶兼欲依經請百
法師置百高座同宣句味共弥
祆氛愚誠則然裁惟
聖旨無任懇款翹渇之至謹詣
右銀臺門奉表陳請以聞輕冒
天威伏深戰越謹言
寶應元聖文武皇帝批曰
仁王真經理精義遠化流賢刼
福利蒼生師等咸願敷陳助寧
國土所謂開講者依時有
恩旨取二十三日於資聖西明
兩寺共置百座請百法師講仁
王經及百大德轉密嚴經等香
花飲食歌樂絃歌並出有司小得
闕乏時屬秋雨霖霪不休所司
奏聞請更延日永泰元年八月
二十二日左監門衛將軍知内
侍省劉清潭宣奉進止兩寺百
座先令二十三日迎經為霖雨
宜改至二十六日迎經開講其
諸司供料著人計會准改日造
改期甫至　天雨未晴
恩旨又延九月一日是日也雨

街大德嚴潔幡花幢盖寶車太
常音樂梨園伎内及兩教坊詣
銀臺門百戲繁奏時觀軍容使
兼處置神策軍兵馬事開府儀
同三司兼左監門衛大將軍知
内侍省事内飛龍厩弓箭等使
上柱國馮翊郡開國公魚朝恩
與六軍使陳天龍衆八部鬼神
護送新經出於大内其經適出
彩雲浮空郁郁紛紛昭彰現瑞
洎乎巳午兩寺開經萬姓歡心
祥雲方隱緇素瞻仰獲慶非常
三藏不空上表陳謝永泰元年
九月二日大興善寺三藏沙門
不空上表謝
御製新經序慶雲詞曰沙門不空
言不空道乏前修學虧曩哲
猥承綸詔翻譯真經若履春氷
猶臨泉谷伏惟
陛下撥開慧日布蔭慈雲
睿思風飛龍章玉潤躬為序述
照煥大千流法雨於　九天樹
勝幢於百座威儀容衛宛釋迦

之下鷲峯之麓駢闐猶彼斯之
詣王舍慶雲呈瑞喜氣浮空是
表太階之平自叶無壃之祐不
勝荷戴之至謹奉表陳賀以聞
沙門不空誠懽誠喜謹言
寶應元聖文武皇帝批曰
和上遠自蓮宫親緘貝葉敷演
玄教利濟蒼生翻譯既成天人
合會朗三秋之霽景開五色之
祥雲闡揚真乘符契妙理須因
指諭早結師資覩此感通弥深
頂歎

貞元新定釋教目録卷第十五

丁未歳高麗國大藏都監奉
勑雕造

貞元新定釋教目録卷第十五　第十四張　承

貞元新定釋教目錄卷第十六　感

西京西明寺沙門　圓照　撰

揔集群經錄上之十六

時左右六軍使覩此慶雲陳表
奉賀永泰元年九月三日特進
右龍武大將軍知軍事上柱國
徐國公臣劉仙智等上表臣仙
智等言昨日迎新譯仁王護國
般若波羅蜜多經伏有慶雲應
見瑞呈五色彩散一天抱慧日
而逾鮮順祥風而表聖伏惟
陛下以大道賴物以至德臨邦
精誠感神靈應斯降臣等職忝
侍衛久沐淳風親覩禎祥無任
慶幸謹詣右銀臺門奉表陳賀
以聞臣仙智等誠惶誠恐頓首
頓首謹言
寶應元聖文武皇帝批曰
不二之門早傳秘藏重宣其義
庶廣其言將敷貝葉之文用啓
蓮宮之會天降瑞色日靄慶雲
見以神通彰其瑞應和平之兆
慶慰同懷所賀知從是初日至
白月終兩上講經二時行道飲
食茶藥並出有司六律五聲晝
夜不絶至十六日西明散齋鼓
樂絃歌百戲弥日西明講終陳
表奉賀永泰元年九月十日西
明寺上座沙門懷感等上表西
明寺上座沙門懷感等言特奉
恩命令開百座講仁王護國般
若波羅蜜經以今日經周設齋
慶畢凡是生靈不勝抃躍伏惟
陛下弄造天地明齊日月垂衣
之暇重譯真經
聖心佛心同歸一理唐言梵語
不隔殊方貫花之偈備聞傳燈
之僧可覩金繩之界弥勒下生
玉京之中輪王出見秋天靄景
稼穡將成彩雲浮空祓氛必盡
吾君至聖佛力至慈法聞恒沙
天下幸甚懷感等忝棲祇樹喜
躍無涯稽首焚香何階上答其
功德數別狀封進謹奉表陳謝
以聞沙門懷感等誠懽誠喜謹

言
寶應元聖文武皇帝批曰師等
演暢真經弘宣妙旨用滋仁壽
拯護生靈法會既終嘗同慶也
時大寧郡王僕固懷恩分弟列
士位至太師背逆
天恩遠自靈武合聚蕃醜凶陵
涇陽
勅下西明百座大德同赴資聖
寺百座道場永泰元年九月十
七日高品李希逸奉
勅應先西明寺百座法師大德
並赴資聖寺佛殿為國轉經行
道其資聖寺百座法師良賁五
十座依前講說仁王般若護國
密嚴等經普及蒼生其京城諸
寺觀僧道等並二時於當處轉
經行道仍令三綱差了事僧專
知撿挍務在精修不得踈怠
尒時兩街大德百座法師僉
勅咸皆萃資聖寺二時講唱兩
上轉經行道午時及與日暮供
設音樂無易於初夜後夜悉集大

講堂內齊聲稱念摩訶般若波羅蜜多為國為家願無憂懼京城寺觀轉念亦然時制使開內河中副元帥司徒兼中書令上柱國汾陽郡王郭子儀杖鉞出師親揔戎律發于帝里洎彼涇陽焉恃

天威賴茲經力兩軍交對列陣相望鉦鼓發聲劒戟如雪時汾陽王單騎直出挺立軍前感激一言懷恩屏退西戎北狄各自相攻浹旬之間王國大定是知仁王護國般若真經

聖心佛心子育萬姓其義一也然後扠軍整律振旅還京親對

天

顏特蒙賜賚

勅賫聖寺百座道場取閏十月二十三日設無遮齋以成慶散是日也寺南門外陳布道場盡正一坊東西街內弈幕雲布幡花壓天尊容煥然光照人里飯僧既畢六樂爭陳百戲充衢歌吹

盡日京城大德各賜三十不空三藏賜九百疋絹帛錦綵以充䞋焉侍者小僧各十五疋又特降

恩旨賜賫聖寺講堂名為永泰善法之堂

御札題牓此即萬古千秋法門故事也自蕃戎入境夜集僧徒於大講堂齊聲念摩訶般若波羅蜜多一志一心更無異想未盈累月果得清平此乃聖力經威感斯福應翻經百座錫賚珎財自佛法東流莫尚於茲日也至十一月一日恩旨荐臻

勅不空三藏和上故金剛三藏可贈開府儀同三司仍賜号大弘教三藏已如前述同日又降

鴻恩延及不空三藏

勅不空三藏運宮釋種香界導師性表真如學精秘藏承紺園之妙旨開示四依譯金口之微言津梁六趣身持梵夾遠涉流沙傳燈益明甘露溥潤散慈雲於火宅揚慧日於幽塗須者躬

問勝因弘示方便永決疑網滋予智芽雖出塵之心齊謝於名位而褒崇之典式旌於賢哲俾膺嘉命用叶朝章可特進試鴻臚卿仍賜号大廣智不空三藏伏聞毋以子貴俗礼恒規師因弟榮釋門罕有恭受榮命喜懼感懷捧戴屏營陳表謝曰永泰元年十一月五日特進試鴻臚卿三藏大興善寺沙門大廣智不空表進詞曰三藏沙門不空言奉今月一日制錫故大和上金剛三藏可贈開府儀同三司仍贈号大弘教三藏不空特進試鴻臚卿仍賜号大廣智不空三藏一雨自

天潤流根莖圓毫發艷照及幽明捧戴傍惶悲喜交集不空誠權誠喜以悽以懼不空聞十号者表德之殊稱九卿者象河之重位故大和上道洽傳燈誠以彰其遺烈不空法慚紹構益並荷於　　　鴻私猶燕石之混

光同齊竽之濫吹榮兼存歿寵
及師資抵奉兢驚瞻言醜恧況
出家落彩本志榮辱剋衆誠報
國僧者通規
陛下廣運金輪曲収丸礫引安
禪於中禁旌褒崇之殊礼雖負
山無力而踐跡進賓齡高謝之
法流黙少欲之清躅是以面奏
三讓言頻　九重褒殷鑒於懇
誠豈確然之不拔羊車稚子慚
廣智而茫然鹿苑毘村愧鴻臚
而莊矣無任感戴之至謹奉表
陳謝以聞沙門不空誠歡誠喜
謹言
寶應元聖文武皇帝批曰
和上道秘雙林功超正覺遠從
天竺來布真言頃得歸依親承
付囑褒崇之典礼扶攸先俾增
印綬之榮式重師資之敬兼申
寵贈庶表追榮也表謝已訖荅
制又宣存歿哀榮但增感慰次
譯
大虛空藏菩薩所問經八卷

貞元新定釋教目録卷第十七　第七張　成

右一部八卷准永泰元年六月
十八日勅鄜坊等州都防禦使
特進試太常卿使持節鄜州諸
軍事鄜州刺史兼御史中承上
柱國鄭國公杜冕奏宣州實封
壹佰戶寶應元年五月十九日
勅賜臣素無功勳曲露恩渥課
踐寵錫願荅聖慈今迴寶應元
年已後至永泰元年以前約計
錢一万餘貫臣請為
國迴造功德其寶應元年封先
請得二千五百餘貫到京分付
興善寺不空三藏助翻譯佛經
其所請到封物錢請充給道場
齋儭翻譯抄寫粮食等用其請
未到者先差弟紙請受望請各
下所由發遣續供其佛經或有
梵夾未翻奧聞傳譯古本雖著
義味不周特望天恩委寵武軍
將軍李元琮句當與三藏及興
善寺大德潛真合量京城義
學大德十人同參會翻詳各寫
二十一本頒示諸道及京城大

貞元新定釋教目録卷第十六　第八張　成

寺即傳諸千界流布萬年使不
臣者滅鋒蠆之形狂虜者掃豺
狼之跡伏惟
陛下納無疆之福膺無疆之休
即愚臣微誠生死願畢特望聖
慈允臣所請
勅旨依奏從是翻譯諸大乘經
先仁王經及密嚴經及仁王經
念誦法念誦儀軌永泰二年景
午十一月十二日改為大曆元
年歲仍景午次譯虛空藏經此
經從晉至
唐凡經五譯一西秦沙門聖堅
或云法堅或云堅公初譯一本
名方等主虛空藏經或加云所
問經或云勸發菩薩莊嚴菩提
經二北凉曇無讖三藏又譯方
等大集經六十卷中與漢支讖及
姚秦羅什出者並同此即大集
經之一分也舊録合入大集經
中今以理義幽深又別翻出買
特大曆四年十二月十九日三
藏不空及京城大德具狀奏聞

貞元新定釋教目録卷第十六　第九張　成

尋有制曰大聖文殊師利菩薩右京城大德特進試鴻臚卿大興善寺三藏沙門大廣智不空等奏乘跡緇門久修梵行習譯聖典頗悟玄門大聖文殊師利菩薩大乘密教皆周流演今鎮在臺山福滋兆庶伏惟寶應

元聖皇帝

陛下德合乾坤明並日月無疆之福康我生人伏望自今已後令天下食堂中於賓頭盧上特置文殊師利形像以為上座諸聖典具有明文僧祇如來尚承訓旨凡出家者固合摳衣普賢觀音猶執拂而為侍聲聞緣覺亦擁篲而居後斯乃五天竺國皆然非僧等鄙見仍請永為恒式中書

門下　牒祠部牒奉

勅大聖文殊師利菩薩法王之子威德特尊為諸佛之導師洗群生之心目康我兆庶是德無邊不有尊崇人何瞻仰今京城大德懇慈申奏雅合聖典所請

宜依牒至准

勅故牒

其虛空藏菩薩所問經即

代宗睿文孝武

皇帝大曆年中當第五譯也特進試鴻臚卿大興善寺三藏沙門大廣智不空宣譯梵文伏以三藏和上學藝崇深神儀秀邈瑜伽三密獨步南天專精一乘共推東夏曉二方之世論尤善聲明達五部之真言妙窮法印

奉

詔翻譯善得其真然此經是法性大乘文理昭顯傳譯雖久世未受持若明珠繫於衣中金寶隱於室內能發揮者其惟大師與前鄜坊防禦使兼御史中丞鄜國公杜冕忠以奉主孝以寧親重義輕財施封請譯又請京城三學大德同崇法會講論大德大安國寺上座沙門子鄰筆受大興善寺上座沙門潛真潤文臨壇大德西明寺上座沙門

乘如證義講論大德章敬寺上座沙門奉國臨壇大德千福寺沙門飛錫講論大德勝光沙門神曉西明寺主沙門道液西明寺都維那沙門歸性臨壇大德大薦福寺沙門如淨大興善寺主沙門圓敬等並同證義譯語大德千福寺沙門法崇證梵文兼譯大虛空藏菩薩念誦法一卷

冊三詳挍刊削繁蕪函夾莊嚴光炫人目至大曆六年十月十二日特進試鴻臚卿三藏沙門大廣智不空謹因

代宗皇帝降誕之晨隨表進上沙門不空言不空爰自幼年承事先師大弘教三藏和上二十有四載稟受瑜伽法門後遊五天尋求所未受者并諸經論更重學習凡得梵本瑜伽真言經論五百餘部奉為國家詳譯聖言廣崇福祐天寶五載却至上

都奉

玄宗皇帝恩命於內建立道場
所賫梵經盡許翻譯
肅宗皇帝配天繼聖特奉
綸旨於內道場建立護摩及灌
頂法又為
國譯經助宣　皇化累奉二
聖恩勑先代三藏所有梵文並
使搜訪其中有組索朽落便令
修補其未經翻譯者續譯奏聞
伏惟
陛下纘承
皇運大庇含靈廣闢福田重明
日月恩波遠被法雨分流四海
宅心万方欣戴是知佛之付囑
允在
聖君不空叨承渥澤榮幸實深
日夜思之如何報　國先奉
先皇聖制令闡微言又奉
陛下恩命恭遵
遺旨再遣翻譯利濟群生雖復
四時精勤未酬万一是以區區於
日夕詳譯真言及大乘經典冀
効涓微上資

皇道其所譯金剛頂瑜伽法門
是成佛速疾之路其修行者必
能頓超凡境達于彼岸餘部真
言諸佛方便其徒不一所譯諸
大乘經典皆是上資邦國息滅
災危星辰不忒風雨順序仰恃
佛力輔成國家謹纘集前後所
翻譯訖者自開元至今大曆六
年凡一百一卷七十六部并目
一卷及題筆受僧俗名字繕寫
已訖謹因降誕之晨謹具進奉
庶得真言福祐長護
聖躬大乘威力永康
國界其未翻梵本經中但有護
持於國潤益生靈者續譯奏聞
不勝虔誠之至謹奉表以聞沙
門不空誠惶誠恐謹言
寶應元聖文武皇帝批曰
和尚夙事
先朝弘闡妙教演茲貝葉廣示
迷律朕嗣纘
丕圖恭承睿旨和上再加詳譯
今卷軸續畢永濟生靈深可嘉

歎仍宣付中外編入一切經目
錄至其月二十二日中使李憲
誠奉宣
勑旨大德比翻譯多勞也不空
三藏宜賜錦綵絹等共八百疋
同翻經十大德各賜綵三十疋
敬問諸德漸寒各得好在時大
德等明日謝聞
大曆六年十月二十三日翻譯經
大德大興善寺上座沙門潛真
等上表沙門潛真等言伏奉今
月二十二日中使李憲誠至奉
宣
聖旨翻經十大德各賜綵三十疋
者潛真聞垂教者法王王三界而
示跡行教者人主主四海而流傳
非法王無以開四句之文非
人主無以闡一乘之理伏惟
寶應元聖文武　皇帝陛下道合
天地恩加草木轉輪馭極灌頂
稱尊運慈悲方便之門當付囑
弘宣之位然所譯仁王虛空藏
密嚴等八十部經者並圓音至

教寶界真說無來無去即身為
常住之身不滅不生諸佛是自
心之佛指虛空為庫藏現色相
而莊嚴演瑜伽之無窮知真言
而不竭自非才行兼美定慧俱
瀜安能發揚幽微弘宣秘奧大
廣智不空三藏和上言善兩方
行通三密得淨備如來加持之
力奉
寶應明主弘護之緣由是理義
昭彰文句炳煥潛真等靈山細
塵祇樹小葉識智荒鄙學藝庸
淺幸蒙
天睠監在翻經承
聖力而俯被得讚潤而終畢雖
日愚諳猶知慶慰況上契天慈
許宣中外仍錫綵帛以光愚拙
凡在法門不勝慶幸無任戴荷
殊常之至謹附中使李憲誠表
陳謝以聞謹言
寶應元聖文武皇帝批曰師等
道行精深智識弘遠三乘奧旨
十業遺編翻譯流行利濟國家

薄申錫命煩至謝恩
至大曆七年正月二十七日特
進試鴻臚卿大興善寺三藏沙
門大廣智不空三藏既荷
墨制特許流行踊躍屏營陳表
奉謝沙門不空言中使李憲誠
奉宣
聖旨送新翻經目錄勅一道制
答進經表
勅一道特令中外施行仍入一
切經目錄奉戴忻躍喜荷無任
誠懽誠悚再歎再愧伏惟
陛下承法王之付囑滿人心之
志願持普賢之密印行天子之
正教夾扆之際朗慧日於八方
在於頃刻往洪澤于万物斯乃
普天幸甚而況在不空者焉然
不空所翻聖典四十餘年三朝
已來贊修功德志在宣傳上資
王室下潤生靈豈意夙心一朝
願滿
聖恩廣大累劫難酬況更特許
翻譯所是未翻梵本倍增悲喜

敢罄竭心力承奉
聖旨續譯進奉不勝懽悚懷恩
之至謹因中使李憲誠奉表以
聞沙門不空誠喜誠愧謹言
寶應元聖文武皇帝批曰
和上久證菩提入佛知見所翻
經典皆洞精微爰命施行式傳
惠照頒示寰宇廣濟含靈未光
慈航煩至陳謝也又至其年十
月十六日
中書門下　牒不空三藏
牒奉
勅京城及天下僧尼寺內各揀
一勝處置大聖文殊師利菩薩
院仍各委本州府長官即句當
修葺并塑文殊像裝飾綵畫功
畢各畫圖具狀聞奏不得更於
寺外別造牒至准勅故牒其月
二十七日三藏沙門大廣智不
空上表謝曰沙門不空言伏見
今月十六日
特勅京城及天下僧尼寺內各
揀一勝處置大聖文殊師利菩

薩院并塑文殊像裝飾綵畫者
不空聞惟聖作法其德動天澤
潤生靈懸之日月不空誠懽誠
忭載忻載躍伏惟
陛下開法王之玄造闡非常之
福田建文殊真容使普天瞻仰
在於緇侶光幸尤深且文殊聖
者即諸佛祖師大悲弘願不取
正覺大乘引導利益無垠釋迦
如來先有懸記一乘典誥興在
中華當有至聖帝王必以大乘
理國八百餘載歷代帝王聖賢
多矣實未有如
陛下者也不空何幸生遇聖朝
分脩大業奉事文殊師利常以
此聖真言奉為
國家持誦每蒙護念恩德逾深
日夜思之無諂上報不為忽然
天慈普洽垂沃宿誠廢寢忘飡
無任悲喜不勝載荷之至謹附
中使楊貴珎奉表陳賀以聞不
空誠懽誠悅謹言
寶應元聖文武皇帝批日

大聖文殊久登正覺拯生人於
三界鎮毒龍於五峯慈悲道
深弘濟功遠故令釋衆同此歸
依三藏梵域宗師當深慰愜也
所賀知洎大曆八年正月八日中
書門下
勅新譯大虛空藏經（興善寺大德潛真法師請保壽寺講資聖寺大德道液法師請西明寺講）
右特進試鴻臚卿大興善寺三
藏沙門大廣智不空奏前件經
奉　詔頒行曾未開闡若不稱
讚寧表聖功上件大德並述疏
已成請東西兩街各於一寺常
講此經冀福河潛流上資
聖壽牒奉
勅宜依牒至准　勅故牒先於
六年有　勅請三藏譯
大聖文殊師利菩薩佛刹功德莊嚴經
按僧録所說此經自晉至
唐凡經三譯一西晉惠帝太熙元
年庚戌之歲竺法護譯名文殊
師利佛土嚴淨經兩卷亦名嚴
淨佛土經文勢多古語簡理幽二

皇唐天后久視元年庚子歲于
闐三藏實叉難陀唐言喜學於
京清禪寺譯名文殊師利授記
經三卷玄範法師筆受復禮法
師潤文體勢類於花嚴梵旨近
於巧略三
代宗睿文孝武皇帝大曆六年
所譯者也翻譯大德與虛空藏
經同御史中丞杜冕捨封請譯
八年五月裝寫方成端午之晨
寶函封進沙門不空言伏奉
恩旨翻譯大聖文殊師利菩薩
佛刹功德莊嚴經
天力護持卷軸功畢證義筆受
僧俗名字年月處所咸列終篇
今因端午之晨謹以進奉不空
誠懽誠悚不空聞教者如來
弘傳者君主施行佛事非
聖主而誰伏惟
陛下迴日月於黃道垂雨露於
蒼生霑潤物情僧侶偏幸循涯
撫已未知何報然此經者衆行
之本源淨土之殊稱菩薩大願

功德荘嚴三昧神通如来法印
無不具足暫聞隨喜福尚無窮
況讀誦受持功德何限奥兹法
利酬恩万一特望
天恩令天下大寺七僧小寺三
僧於新置文殊院長特為　國
講宣讀誦有闕續填務使法音
相續傳燈不絶永康率土長護
聖躬不勝誠願　謹奉表陳進
以聞沙門不空誠惶謹言又至
十月十三日三藏沙門大廣智
不空狀進

大聖文殊師利菩薩佛刹功德荘嚴
經一部三卷 并寶鈿函
右不空先奉　綸首令譯此經
天恩曲臨並已成辦叅挍唐梵
譯定言音年月處所筆受證義
僧俗之名咸題卷中文殊事跡
緣起根由始于發心至成正覺
荘嚴淨土此經具載諸佛理體
菩薩行門法界有情無生實相
分明表示功德廣大餘經罕儔
願此勝因上資聖祚伏乞宣示

寰宇以福生靈特望
天恩所是新置文殊院大寺七
僧小寺三僧於文殊院中長時
為國講宣誦習有闕續填是使
法燈継明不絶靈神庶類執不
歡心幸因輪王降誕之晨天人
喜賀同歡之日冀兹景福上益
壽山願以法流添於聖海謹隨
狀陳進以聞
天恩允許請降
墨勅依
大廣智不空三藏和上本諱智
藏號不空金剛梵日阿目佉跋
日囉二合本西域人也昔事大弘教
金剛智三藏和上稟受真言二
十四年摳衣請益大師歿後還
詣五天梵本瑜伽備皆披閱周
遊徧覽旋赴　帝京或化河西
或居嶺表或居開内或處
王宮翻譯真經不遑寢食屬天
寶末歲胡馬入關至德二年剋
復京洛和上親承
聖旨為灌頂師妃主降階六宮

羅拜三朝寵遇恒建道場詳考
幽微卷不釋手内宮譯者隨竟
上聞或已宣行或留中禁其已
得者具錄如前其未獲者一心
求訪耳　和上精勤不怠多歷
歲時洎大暦九年亦有微疾制
使勞問
天降名醫針藥相仍曉夕継至
疾將未損　宸極不安天慈曲
臨錫以官封大暦九年六月十
一日勅大道之行同合於異相王
者至理揔歸於正法方化城之啓
致何儒釋之殊途故前代帝王
罔不崇奉法教弘闡與時偕行
特進試鴻臚卿大興善寺三藏
沙門大廣智不空我之宗師人
之舟檝超悟三學坐離於見取
修持万行常示於化滅執律捨
纏護戒為儀継明善教之志来
受人王之請朕往在先朝早聞
道要及當付囑常所歸依每執
經内殿開法前席𢹂八同滕序
之札順風比崆峒之問而妙音

圓演密行内持扣待如說自滙皆晤滌除瞀妄調伏魔怨天人洗心於慶門龍鬼受識於神印固以氣消災厲福致吉祥實惟弘我之多寧此利吾之美嘗有命秩用申優礼而得師為盛味道滋深思復強名載明前志夫妙界有莊嚴之士内品有果地之殊本乎尚德敬順時典可開府儀同三司仍封肅國公食邑三千戶餘如故

三藏和上再蒙　恩寵官封增新然氣力轉微無由謁見至十五日開府儀同三司肅國公三藏沙門大廣智不空惓表上辞文曰

沙門不空言不空幻事先師已過二紀早承

天澤四十餘年演瑜伽之法門

奉　累聖之恩旰自從

陛下臨御殊私轉深賜　黃閣以宴居降　紫微而問道

積恩重疊日月相継雖復精懇

豈酬万一而露電難駐蒲柳易衰一從伏枕自春徂夏

陛下深賜存問再三中使名醫相望道路但以膏肓之病雖針藥而難生生滅之質享戀惜而能固忽從昨夜已来頓覺氣力弥惙身非已有瞬息摿忽心神浸微遠謝

聖朝不任戀慕不空者年過中壽未為夭逝但以往時越度南海周遊五天尋其未聞集其未解所得金剛頂瑜伽十萬頌諸部真言及經論等五十餘萬頌奠揔翻譯少答

國恩何夙願之未終忽生涯之已盡此不空所以為恨也伏惟

陛下降諸佛之慈惠下從人之所願不空先進大聖文殊佛刹經

聖情尋許頒示中外伏願哀愍念臨終之一言冥福

皇家滋吉祥之萬劫實為僧人生死榮幸五鈷金剛鈴杵先師

所傳并銀盤子菩提子及水精念珠并合子並謹随表進奉臨紙涕泣悲淚交流永辞

聖代不勝戀慕之至謹附監使李憲誠奉表陳辞以聞沙門不空誠悲誠戀謹言

大曆九年六月十五日開府儀同三司肅國公三藏沙門大廣智不空上表寶應元聖文武皇帝批曰

和上行登十地来自五天敷演瑜伽宣流梵夾周遊万里践歷三朝光澤聖言親承師授當下武之興運継前薪之火傳而弘菩薩心為衆生病弥留有問震悼增深宜依所請也

今時開府儀同三司試鴻臚卿肅國公大廣智不空三藏和上上表陳情聖恩垂涕墨制旋降所請皆依和上情禮獲申一心觀行右脇累足怡然而薨弟子號踊無筭中使奏聞

聖上震悼殊深廢朝三日爰降

中使詣千僧藍宣慰衆徒乃錫
賻贈絹三百疋布二百端白米
粳米各五車白麪亦介柴十車
油七石炭三車並如京宣索如
無准擬奏來當別支送至其月
二十八日
勅内侍韋守宗送絹七百五十
二疋充先師造靈塔直洎七月
五日追贈司空聖聰殊深又錫
謚号
勅𢌿滅爲樂所以歸於真付囑
有緣所以尊其稱脩其故事其
或強名故開府儀同三司試鴻
臚卿肅國公大興善寺三藏大
廣智不空德盛道高朕所師仰
心窮法印行超度門精微有說
廣大無相一雨之潤傳洽於群
生百燈所傳通明於正覺傍達
義趣博通儒玄聖人之情合若
符契朕順風前席積有歲年慈
航不留梁木其壞微音永隔震
悼殊深論道之官追嚴師礼仍
加謚号用副名實可贈司空仍

謚号大辯正廣智不空三藏和
上洎六日癸夘陳設葬儀遷
神城南荼毗供養
皇帝遣内給事劉仙鶴以香茶
之奠敬祭于故大辯正廣智三藏
和上之靈惟
靈智識明晤天姿聰達夙植梵
行生知勝因挺秀五天周遊万
里心藴海藏音通華夷貝葉
傳經瑜伽演教弘利兆庶出入
三朝道在不言理均無跡涅槃
常𢌿至聖同歸焚香澡身與
化而盡朕頃承了義礼具師資
永訣之晨倍深震慟香茶之奠
有靈照之是月也宰臣中貴神
策六軍
御史大夫及京兆尹尚書僕射
侍郎列卿諸衛將軍各申奠祭
其餘緇素不可具陳七日平晨
又陳表謝草堂沙門惠朗等言
昨六日先師荼毗之夕
聖慈哀悼追贈司空仍謚号大
辯正廣智不空三藏和上昭宣

國礼寵光神道三公之贈有越
舊章和上之稱先經未載是知
高天之澤浸江海而無涯幽途
之靈蒙日月而下照凡曰弟子
數千衆人悲感
聖恩無任戴荷謹附中使李憲
誠奉表陳謝以聞沙門惠朗等
誠惶誠愧謹言
寶應元聖文武皇帝批曰
和上發迹五天周遊万里宣演
正法拯晤生靈涅槃歸常孝行
崇謚礼經斯在煩以謝恩同日
又奉
勅語惠朗專知撿挍院事兼
及教授後學一尊一契有次第
者聞奏其日僧惠勝附奏請於
塔所供養三年敢効丹勤常脩
香火又奉
勅語惠勝和上在日阿師子偏
得意旨今聞於塔所焚香火守
護先於和上邊受得普賢念誦
法與朕同尊努力精脩三年滿
後即来對朕與商量本尊法所

請任依是時也火滅已後収得
遺身髏頂等中皆有舍利光相
瑩淨晈若琉璃具以上聞
聖情裒悼内宮藝首置在道場
至十五日又
勅語句當京城寺觀修功德使
開府儀同三司右龍武軍大將
軍知軍事上柱國凉國公李元
琮故大辯正廣智不空三藏和
上塔所修造宜令且停別擇好
地起修洎八月二十八日又
勅語元琮故辯正三藏荼毗得
舍利令於當寺院造舍利塔至
造塔畢建立豐碑銀青光祿大
夫御史大夫上柱國馮翊縣開
國公嚴郢撰文銀青光祿大夫
彭王傅上柱國會稽郡開國公
徐浩書字
論曰自古高僧碩德寵遇
殊恩生時則榮歿則已矣今大
辯正三藏和上則不如是生承
恩渥歷事三朝授以列御品加
特進及卧疾也勞問相仍中使

名醫晝夜相繼特加開府封肅
國公洎乎薨焉上弥震悼輟朝
三日錫贈增優授以司空謚大
辯正仍号和上先古未聞城外
荼毗寺中起塔不日不月悉成
就焉兼樹豐碑紀其德行冠絶
今古首出僧論盛相作文王傳
書字斯乃萬代不朽也此之所
述略舉大綱若欲具知備如司
空大辯正廣智三藏表制集中
廣說然所譯經一百一十部都
一百四十三卷無失一部一卷
事歷三朝准上
勅文編入貞元新定釋教目録
中矣

貞元新定釋教目録卷第十六
丙午歲高麗國大藏都監奉
勅雕造

貞元新定釋教目録卷第十七　感

西京西明寺三藏沙門圓照撰

總集群經録上之十七

今聖神文武皇帝朝

大乘理趣六波羅蜜多經一部十卷（御製序）

大花嚴長者問佛那羅延力經一卷

般若波羅蜜多心經一卷

守護國界主陁羅尼經一部十卷（貞元六年庚午譯）

本生心地觀經一部八卷（御製序）

貞元六年庚午譯

右五部三十卷其本見在

般若三藏續翻譯經記曰昔秦主姚氏有連理樹生於朝庭龜茲羅什戢西涼而入貢今我皇潛拓有合蔓瓜生於御苑罽賓龍象汎南海以來朝手持梵經六波羅蜜大臣聞奏帝俞其言制委有司精選碩德就西明寺譯訖奏聞者即三藏法師其人矣法師梵名般剌若（唐言智慧）北天竺境迦畢試國人也（言罽賓者訛略）性喬答摩氏（言瞿曇者訛略不正）顇晤天假七歲發心違侍二親歸依三寶時依大德名調伏軍諷四阿含經滿十萬偈阿毗達摩二萬餘偈又乃隨師詣迦溼蜜至年二十具足律儀諷薩婆多近四萬偈及俱舍論偈二萬八千弁大婆沙兼受其義七年此國學習小乘至二十三詣中天竺那蘭陁寺受大乘唯識瑜伽中邊等論及聲明論學與金剛經因明醫明工律論等並依智護進友智友三大論師時乃遊從雙林八塔往來瞻禮一十八年時聞南天尚持明藏遂便往詣諮稟未聞有灌頂師號名法稱受瑜伽教入曼荼羅三密護身五部契印如是承奉住經一年諷滿三千五百餘偈嘗聞支那大國文殊在中東赴

大唐誓傳佛教汎海東邁架險乘航垂至廣州風飄却返至執師子國之東隅又集資糧坚修船舶備歷南海路次國中建中

二年垂至廣府風吹舶破平沒數船始從五更泊于日出或漂或溺賴遇順風所持資財梵夾經論遺此厄難不知所之及至海壖已在岸上於白沙內大竹筒中宛若有神歎未曾有知大乘理趣六波羅蜜經與

大唐國中根緣熟矣東行半月方達廣州泊建中三年屆于上國矣至

貞元二祀訪見鄉親神策正將羅好心即般若三藏舅氏之子也悲喜相慰將至家中用展親親延留供養好心既信重三寶請譯佛經乃與大秦寺波斯僧景淨依胡本六波羅蜜經譯成七卷時為般若不閑胡語復未解唐言景淨不識梵文復未明釋教雖稱傳譯未獲半珠圖竊虛名匪為福利録表聞奏意望流行聖上睿哲文明允恭釋典察其所譯理昧詞踈且夫釋氏伽藍大秦僧寺居止既別行法全乖

景淨應傳彌尸訶敎沙門釋子弘闡佛經欲使敎法區分人無濫涉正邪異類涇渭殊流若網在綱有條不紊天人攸仰四衆知歸分命有司乃下制曰中書
門下
牒王希遷
牒奉　勑釋敎深微道俗虔敬皆因梵本法被中華宜令王希遷與所司精選有道行僧就西明寺重更飜譯訖聞奏牒至准
勑故牒
貞元四年四月十九日牒及牒
祠部准
勑亦然傳牒京城諸寺
大德罽賓國三藏沙門般若宣釋梵本翰林待詔光宅寺沙門利言譯梵語西明寺沙門圓照筆受資聖寺沙門道液西明寺沙門良秀莊嚴寺沙門圓照並潤文慈恩寺沙門應眞醴泉寺沙門超悟光宅寺沙門道岸西明寺沙門翌空並同證義自六

月八日欲翔經題
勑西街功德使兼句當右神策軍使營幕使元從興元元從鎭軍大將軍行右監門衛將軍知內侍省事上柱國太原縣開國伯王希遷親奉
綸言與奉天定難功臣驃騎大將軍行右神策軍大將軍知軍事檢校工部尚書兼御史大夫上柱國武都郡王孟涉竇應功臣元從驃騎大將軍行右神策軍大將軍知軍事兼御史中丞上柱國彭城郡王食實封五十戶馬有麟等送梵本經至西明寺飜譯恩錢一百千茶三十串香一大合以充譯經院供養開題名曰大乘理趣六波羅蜜多經也其文十卷品十亦然至八月六日本使奉宣
勑旨茶五十串香一大合賜譯經院至宜領取秋涼敬問諸大德各得平安好在又至二十四日翰林使張孝順奉宣

勑旨翰林院待詔官等宜令每月假日兩度於西明寺禮謁翻經僧利言等事一日停至二十九日翰林學士左散騎常侍歸崇敬金部郎中吳通微水部郎中徐岱京兆醴泉縣丞王丕等同來瞻禮泊九月二十日待詔徐承嗣郭紹揚絢揚季炎等二十餘人設供觀譯十月中旬譯文周畢十一月十五日繕寫復終二十八日錄表進上翻經大德西明寺主賜紫沙門良秀等言伏以大雲含潤唯佛力之弘玄穹造物惟
帝功之大伏惟
陛下德備三靈威加萬寓人歸壽域道濟福城特降
聖慈載敷像敎釋門覩惟新之運緇侶荷再造之恩良秀等誠懽誠喜昨奉今年四月十九日
恩勑飜譯六波羅蜜經令精選有道行僧就西明寺飜譯訖聞奏者良秀與梵僧般若法師道

泥超悟等十人恭尋梵字對譯
唐言理奧必窮文深悉究品章
有叙音韻無遺價類懸金聲敷
珠玉僧目作禮歡喜遍身得逢
聖朝重觀佛日凡譯梵夲九千
五百頌共一十品編成十卷豈
惟摩騰入漢爰啓金函羅什歸
秦方飜玉軸以今況古實邁前
修竊以教迹尊崇法音秘密
陛下藴如來護念之慈當國王
付囑之地光揚聖義簡在天心
特乞殊恩為此經製序弁宣附
開元目錄庶使人天迴向拂輝
日月之光龍象禪林獨降雲雨
之霈音日
太宗述聖教之序
玄宗注般若之經昔炳煥天文
發揮帝籍其新譯大乘理趣六
波羅蜜多經謹隨表進
陛下嗣
祖宗之休烈滋福壽之耿光上
知成佛之因下念從人之請僧
徒何幸曲空殊私塵黷　宸旒

載深兢惕無任荷恩之至謹詣
光順門奉表陳請以聞沙門良
秀等誠歡誠恐謹言
帝省經表令功德使王希遷奉
宣勅旨語諸大德師等自夏徂
冬翻譯經誥功既云畢慶慰良
多亦大妻羅想勞心也冬寒敬
問師等各得平安好又宣恩旨
語諸大德此有少許絹及衣物
各賜師等且於右銀臺門待進
止至亘領取時西明寺翻經大
德沙門良秀等請於西明寺為
國設無遮大齋慶經右奉今年
四月十九日
聖恩就西明寺翻譯六波羅蜜
多經伏以慈雲普潤佛日載揚
蠢動之情攸感交處釋門道廣
緇侶力微
皇鑒曲臨　鴻私難荅請以十
二月一日奉為
國設無遮大齋嚴肅道場燃燈
萬盞轉誦仁王護國般若等經
庶藉勝因上資聖壽空拔誠於

塵露實有荷於乾坤不勝懇欵
之至謹詣光順門陳請以聞如
天恩允許請降墨勅依
貞元四年十一月二十八日譯
經大德西明寺主賜紫沙門良
秀等狀進又宣
勅旨賜般若法師絹一百疋冬
衣一副餘之十人各五十疋衣
一副撿挍二人各三十疋衣一
副以充覲焉三藏表謝沙門般
若言伏以生自罽賓十四離鄉
南遊天竺聞所未悟二十餘年
巡禮聖蹤雙林八塔大小乘學
誓報四恩遠慕支那每思上達
無由進獻昨因表兄右神策軍
十將新平郡王羅好心身叅戎
衛遂與奏聞得徹
聖聽實為多幸
陛下崇教信受大乘命以緇徒
許令翻譯微僧至願斯以為終
誓奉精修上資　皇祚謹詣光
順門奉表陳謝以聞沙門般若
誠惶誠恐謹言

皇帝批曰
師風諧澄源早觀秘藏周遊西土歷訪大乘得心地之遺言是如來之妙行期於宣布以廣玄門遠負經文來傳中夏經途萬里克達京師載揚羅什之風重繼摩騰之迹眷言精懇朕甚嘉奇爰命道流俾加翻譯庶茲上法永以流行省視表章煩有陳謝

同日譯經施主三藏表兄右神策馬軍十將奉天定難功臣開府儀同三司撿挍太子詹事上柱國新平郡王臣羅好心上表謝曰臣好心言表弟罽賓國沙門僧般若先進大乘理趣梵夾六波羅蜜經伏奉今年四月十九日勑宜令王希遷精選有道行僧於西明寺飜譯今經帙已終者臣好心誠懽誠喜頓首頓首

臣聞周星隱輝漢夢馳光始知靈瑞而感人必委明王而導化是以再邀龍樹重闡眞宗伏惟

貞元新定釋教目録卷第十七　第十張　咸

皇帝陛下澤覃中外　恩被生靈聲教遠通無爲而理微臣表弟十四離鄉志慕緇流跡覩僧侶非所進經本梵音梵夾大乘理趣日六波羅蜜

陛下信崇特令翻譯功勤靡輟令帙告終特賜幡花又令重進微僧爲幸驚寵伏深臣家西蕃得居中國名參戎禁榮及私門父子相歡實慙

天地僧人何德更蒙委曲洪私願爲修持福資　皇祚臣之多幸誓死荅恩載喜載懽無任抃躍之至謹詣

光順門奉表陳奏以聞臣好心誠惶誠恐頓首頓首謹言

皇帝批曰
卿之表弟早悟大乘遠自西方來進上國宣六根之奧義演雙樹之微言念以精誠所宜欽重是令飜譯俾可流行卿夙茂忠功職司禁衛省覽表跡具見乃懷所謝知　洎十二月二日將軍

貞元新定釋教目録卷第十七　第十一張　弋

王希遷宣奉勑醴泉寺僧思惟院宜與罽賓國進梵本六波羅蜜僧般若安置又至二十三日

勑右神策軍判官内謁者監馮國倩宣送罽賓國僧般若院八尺床三張各夹帖及席褐官絁縟白揮氈白副手巾二枚銅水瓶一鐵鍋二枚三斗釜一口白瓷椀十枚茶瓶一枚蒲團一枚新茶二十串并茶碾子一副於進經日先奉

恩旨令再譯六波羅蜜經中眞言契印法門唐梵相對進來者至五年二月四日繕寫畢功與沙門良秀等進上

勑賜茶三十串

復以西明寺沙門圓照於翻譯時承旨筆受經中讚佛莂節之中皆有八萬四千六百六十三種那羅延力雖見此說未識其由因請般若三藏法師翻茲秘典名日佛說大花嚴長者問佛那

貞元新定釋教目録卷第十七　第十二張　戈

羅延力經宣布譯語筆受潤文
及證義沙門並同六波羅蜜經
更無增減即貞元四年二月十
五日繕寫功畢纔一紙餘時為
修疏忩遽未得上聞謹具委由
勑編入伯六年七月二十五日
勑賜三藏名号及紫袈裟
勑罽賓國進梵夾六波羅蜜經
沙門般若宜賜名般若三藏仍
賜紫衣
復有千福寺講論大德沙門智
柔戒行精苦好樂大乘傳花嚴
經及大佛頂又常諷咏般若心
經此經羅什翻譯名曰大明呪
經玄奘法師當往西方臨發之
時神人授與路經砂磧險難之
中至心諷持災障遠離是大神
呪斯言不虛後得梵夾譯出無
異唯少序分及後流通六於開
元末年法月三藏復譯此經二
文並有今遇般若三藏甲具有
此則與法月經同本異譯也
誠心懇請重出真文未及紛詳三

藏出使八月十一日證義潤文
繕寫功畢修表進上意願流行
沙門智柔言伏以
聖智宏深藉弘演而彌廣真源
妙極假言象而方傳斯乃衆
聖師宗群經本母曩者沙門玄
奘已譯流行雖義滿無遺然文
猷首從非遇罽賓國僧般若親
覩梵文固請傳通重加賛翼始
知鷲巖精舍實啓金言諷者除
疑真風更遠伏惟
陛下親承　佛囑善無不從道
洽生靈人無不化智柔不揆庸
淺輒獻愚誠冀裨　皇風願資
聖壽伏乞俯垂天監覽此金文
如或可從伏請頒示中外則一
切迷生永劫幸甚不任瞻望丹
誠之至謹附表陳進以聞沙門
智柔貞元六年八月十一日千
福寺　御注金剛經寶幢院撿
校功德沙門智柔表進
皇帝批曰
般若心經大乘秘旨須者玄奘

譯翻字義已周其於首從或未
詳備近因罽賓國僧般若來至
中華傳此遺文足相翼賛師所
陳請深為允愜今依來奏用廣
真經
大方廣佛花嚴經一部四十卷
右一部四十卷其本見在
昔漢明帝金人入夢出使求佛
法於西方今我
皇聖化感通南天竺王獻梵經
於上國雖代有今古而信重無
殊論其感通不可同年語也伏
惟
皇帝威加北狄澤被東夷南及
八蠻西洎天竺有貴德行四國
順之詩之所言即其事也故獻
經願文曰南天竺烏荼國深信
最勝善逝法者修行最勝大乘
行者吉祥自在作清淨師子王
上獻
摩訶支那大唐國大吉祥天子
大自在師子王中大王手自書
寫大方廣佛花嚴經百千偈中

所說善財童子親近承事佛刹
極微塵數善知識行中五十五
聖者善知識入不思議解脫境
界普賢行願品謹奉進上伏願
大國　聖王福聚高大超須
彌山智慧深廣過四大海十方
國土通為一家書此經功德願
集彼無量福聚等虛空界一切
世界海無盡衆生界一切皆如
善財童子得佛正見具足智慧
見不思議真善知識咸生歡喜
得佛廣大普光明照離諸貪著
成就無拓普賢菩薩最勝行願
伏願書此大乘經典進奉功德
慈氏如來成佛之時龍花會中
早得奉覲
大聖天王獲宿命智瞻見便識
同受佛記盡虛空遍法界廣度
未來一切衆生速得成佛伏准
大唐西域記第十云烏荼國周
七千餘里國大都城二十餘里
土地膏腴穀稼茂盛凡諸菓實
頗大諸國異草名花難以稱述

貞元新定釋教目録卷第十七　第十六張　感

氣序溫暑風俗獷烈人貌魁梧
容色黛黮言辭風調異中印度
好學不倦多信佛法伽藍百餘
僧徒萬餘人並皆習學大乘法
教天祠五十所異道雜居諸窣
覩波凡十餘所並是如來說法
之處無憂王之所建也國東南
境臨大海濱有折利呾羅城（唐言
發行）周二十餘里入海商人遠方
旅客往來中止之路也其城堅
峻多諸奇寶城外隣次有五伽
藍臺閣崇高尊像工麗南去僧
伽（上）羅國（唐言執師子國）二萬餘里靜
夜遙望見彼國佛牙窣覩波上
寶珠光明離離然如明炬之懸
燭也今此花嚴梵夾自彼烏荼
國主手自書寫乘航架海發使
獻來是知法王御曆不貴異貨
珠珍信重大乘以佛法僧而為
上寶斯乃拯拔淪溺能證菩提
以貞元十一年歲次乙亥十一
月八日屆于長安進奉明主帝
覽所奏深生信焉文字既殊事

貞元新定釋教目録卷第十七　第十七張　感

須繙譯般若三藏即其人焉三
藏法師者号般若罽賓人也
（梵音訛略正曰）迦濕畢試大唐西域記
第一云迦畢試國周四千餘里
北背雪山三垂黑嶺國大都城
周十餘里宜穀麥多果木出善
馬鬱金香異方奇貨多聚此國
氣序風寒人性暴獷言辭鄙褻
婚姻雜亂大同覩貨邏國習俗
語言風教頗異服用氎衣兼皮
褐貨用金錢銀錢及小銅錢規
矩摸樣異於中國王剎利種也有
智略性勇烈威攝隣境統十餘
國愛育百姓敬崇三寶歲造丈
八尺佛像兼設無遮大會周給
貧窶惠施鰥寡伽藍百餘所僧
徒六千餘人並多習學大乘法
教窣覩波僧伽藍崇高弘敞廣
博嚴淨天祠數十所異道千餘
人或露形或塗灰連絡髑髏以
為冠鬘也般若三藏生是國中
俗姓喬荅摩或從母族姓羅氏
矣天假聰敏十四離鄉從師北

貞元新定釋教目録卷第十七　第十八張　感

天冠年具戒習有部律俱舍婆
沙次遊中天學五明論及大乘
教住那爛陁寺中時復巡瞻八
塔靈跡如是習學一十八年次
詣南天烏茶王寺習瑜伽教登
灌頂壇五部真言悉皆諮受遠
聞曼殊大聖五髻童真住清凉
之五峯息煩惱之炎熱與萬菩
薩衆保護
大唐乃航海梯山則持梵典捐
軀委命越度閻婆建中末年届
于上國貞元四祀奉詔翻傳六
波羅蜜經即其事也具如別紀
洎于六祀奉使北天貞元八年
還歸
闕下自惟宿願未終大聖曼殊
不違瞻禮　恐其本志焚灼
其心儻
恩旨無違誓當親往十年三月
發趾清凉巡禮五臺至千秋首
十一年四月還至上都洎十一
月十八日自南天竺烏茶國王
進奉

大唐梵經兩夾至于晦日
勑下使司令三藏法師與諸大
德參詳題目譯名進來三藏乃
以梵語翻作胡音沙門智真譯
成漢語以茲重譯狀上使司
梵本大方廣佛花嚴經惣有六
夾共有十万偈大唐已譯八十
卷當第二夾了今南天竺國王
所進當第三夾有一万六千七
百偈
右件經當舊譯八十卷花嚴經
第九會在室羅筏城說罽賓國
三藏沙門般若宣梵文翰林供
奉光宅寺沙門智真譯語西明
寺翻譯經沙門圓照筆受使司
得狀具以奏聞　上覽其由
制令翻譯頻使催迫無譯語人
訪知東都有善語者三藏表狀
伏請奏進使司得狀具錄奏聞
天恩允從下河南府留守杜亞
給券赴朝起三月十二日發自
東洛洎二十七日達于上都至
西明寺使司奏聞四月二日中

使張朝進宣慰奉
勑語僧廣濟師遠赴闕庭跋涉
途路想甚勞止夏熱比得平安
好其日謹附中使張朝進謝聞
伏奉
聖旨乘問感懼非常中使却還
謹以附謝臣奉
進旨宣慰譯語僧廣濟謹附臣
奏微僧特蒙
聖慈慰問不勝感戴謹附謝以
聞
尒時諸德雲集共議翻經既得
其人須得依處西明地遠来往
艱難應逐便宜取崇福寺具狀
申上使司奏聞
天恩不違中使宣付十二年六
月四日中使張庭絢宣奉
勑梵本經夾宜即翻譯訖進來
香三十五兩半茶五十斤賜譯
經院供養夏熱敬問諸大德各
得平安好箋云絢奉大聖設教
西方隨化根宜流布東夏昔如
來出代鹿苑轉於法輪圓寂雙

林結集畢鉢羅窟自漢明馭寓
法化此方經晉魏周隋迄于今
日日月流邁向滿千年未如
我皇興建逾盛後秦姚氏傳譯
於草堂聖上尊崇翻經於崇福
代有今古正統全殊四國欽風
萬方仰德是日也爰粉經題名
日大方廣佛花嚴經卷第一入
不思議解脱境界普賢行願品
至十四年二月二十四日進上
罽賓國三藏賜紫沙門般若宣
梵文東都天宮寺沙門廣濟譯
語西明寺賜紫沙門圓照筆受
保壽寺沙門智柔智通迴綴成
都府正覺寺沙門道弘章敬寺
沙門鑒靈潤文大覺寺沙門道
章撿勘證義千福寺沙門大通
證禪義大原府崇福寺沙門澄
觀千福寺沙門靈邃詳定專知
官右神策軍散兵馬使衙前馬
軍正將兼押衙特進行鄧州司
法叅軍臣南珍貢
右神策軍護軍中尉兼右街功

貞元新定釋教目録卷第十七　第十二張　感

德使元從興元元從雲麾將軍
右監門衛將軍知內侍省事上
柱國交城縣開國男食邑三百
戶臣霍仙鳴左神策軍護軍中
尉兼左街功德使元從興元元
從驃騎大將軍行左監門衛大
將軍知內侍省事上柱國邠國
公食邑三千戶臣竇文場等表
臣仙鳴言伏見南天竺烏荼國
王進花嚴經梵夾
恩旨令臣等句當罽賓國三藏
沙門般若與京城大德僧靈邃
等同翻譯者今譯成四十卷為
一部義與舊花嚴經第九會入
法界品同譯彼國語作此方言
玄開妙鍵廓照明暢道俗瞻仰
稱讚如在會中臣仙鳴等誠懽
誠懼頓首頓首臣聞至教無言
非言無以通其旨言惟導行即
行成而立言故得定慧兩通語
默俱化伏惟
皇帝陛下覆載恩廣道被無垠
睿思發明成乎玄德斯實萬殊

貞元新定釋教目録卷第十七　第十三張　感

一貫三教同歸仰彼蕃情慕化
中國深窮解脱之藏援貝葉於
禪林仍親手書更表虔至梯航
遠集未載記之前聞非感通之
冥契豈能踰滄波不測之險越
巨鯨吞食之災遠貢九會圓明
者歟原其始則覺賢傳於晉要
其終則蕃王季於今七曜以之
增輝万有欽其勝理難可以智
識之所能稱至若作範垂訓體
國安人雖載祀綿長德澤深遠
未有
中興之盛華戎率服制禮樂之
本啓靈聖之符河清海晏不獨
為秦翻譯僧靈邃等研精秘奥
虔奉
聖善為隷訓今約梵徵古窮索
微言取證前修豈惟格義九疇
獨擅名哉謹盛之寶函嚴飾崇
重香花圍繞天人捧迎共詣右
銀臺門奉進伏惟乾靈廣運以
子育為心愛念蒸人究津梁於
覺路臣仙鳴等偶逢

貞元新定釋教目録卷第十七　第十四張　感

昌曆得護眞宗監統無能謬奉
南宮之獻
恩深難報空增戰越之誠其經
伏望宣付中外庶福上資
皇祚下祐群生無任勤懇之至
謹奉表陳進以聞臣仙鳴等誠
惶誠恐頓首頓首謹言
貞元十四年二月二十四日右
神策軍護軍中尉兼右街功德
使元從興元元從雲麾將軍右
監門衛將軍知内侍省事上柱
國交城縣開國男食邑三百戶
臣霍仙鳴等進
右神策軍護軍中尉兼左街功
德使元從興元元從驃騎大將
軍行右監門衛大將軍知内侍
省事上柱國邠國公食邑三千
戶臣竇文場同進箋云是日也
上覽表章新經隨進欻然雲收
霧廓
聖日與朗日齊明經卷適開
皇風與道風俱扇韶光淑氣媚
景暄和喜色浮空蒼生叶慶爰

降中使高品馬侍詮宣慰釋門
奉
勑語三藏大德等比翻譯
大方廣佛花嚴經省勞也今畢
進奉深愜朕懷春暖師等各得
平安好般若三藏奉表陳賀賜
賓國三藏寄住上都醴泉寺賜
紫沙門般若言伏奉
恩旨令與京城大德靈邃等翻
譯南天烏茶國王進花嚴經梵
夾者今譯成四十卷為一部妙
理發明精義弘闡緇侶雲集士
庶星繁憶念盈衢俳讃難紀沙
門般若誠歡誠慶伏惟
皇帝陛下天䖏自内　聖訓柔
遠殊蕃異俗同歸化源至教旁
通玄德斯煥遂乃烏茶王親扎
梵夾恭進中朝非
睿感發於至理車書一同豈越
在滄濵流砂之外者而能格至
哉爰自東晉未如今之
聖唐美矣盛矣雖漢明求月支
之經不足儔也所翻譯洞盡舊

花嚴經九會入法界品義詞微
旨遠取會理要賾開秘密之門
備窮解脫之藏微僧行業虛劣
難究道源譯教何能空懸
帝力伏惟昌運無為哀以迷妄
將弘慈氏之眞典拯群品於津
梁虔慶之誠伏增惶越謹附右
策軍護軍中尉兼右街功德使
霍仙鳴謹奉表陳賀以聞沙門
般若誠惶誠恐謹言
皇帝批日
梵旨深玄是資翻譯法師開承
學業精識洞幽通貝葉之微言
廣蓮花之淨戒用和眞教允副
予懷所賀知當進經已受
旨放還至二十六日天降中使
高品程仲良又宣進止奉
勑語三藏大德等久在道場翻
譯有勞也今賜師等法服繼茶
至宜領之春暖各得平安好
賜般若三藏紫單夾官絁綾絹
衣一副共六事茶二十串絹一
百疋僧圓照紫單夾官絁綾絹

氷一副亦共六事餘九人各褐
單夹官絁綾絹衣一副各六事
十人各茶十串絹五十疋僧等
附表陳謝
三藏沙門般若等言伏奉今月
二十六日右街功德使霍仙鳴
判官高品程仲良宣賜
批詔并法服茶絹等者
天降殊澤恩光曲臨重布
堯雲中興釋氏凡在緇伍伏深
慶躍伏惟
皇帝陛下天生
聖德雅尚無為遊心聖謩曰旰
忘倦敲鐘
宸極寰海梵經斯至文教知歸
般若等識非澄什理昧生融特
沐恩私謬兹翻譯
聖德潛被部袠已終
陛下錫賚殊優以開
奬勸抃躍無地捧戴屛營謹附
右街功德使霍仙鳴奉表陳謝
以聞沙門般若等誠惶誠恐誠
懽誠懼謹言是日謝恩表入僧

等退歸喜大教流行勝矣美矣
准十五年九月八日
勑編入貞元新定釋教目錄
佛說十力經一卷
右一部一卷龜兹三藏沙門勿
提提犀魚（唐言蓮花精進）於安西城西
蓮花寺譯
佛說迴向輪經一卷　三紙半
佛說十地經九卷　一百二十一紙
右二部十卷于闐三藏沙門尸
羅達摩（唐言戒法）於北庭州龍興寺
宣譯梵文兼漢語譯
右三部共十一卷其本見在
右新譯十地經及迴向輪經十
力經等者即上都章敬寺沙門
悟空本名法界因使罽賓於中
天竺國之所得也師以玄宗朝
天寶十載辛卯之歲奉使罽賓
癸巳之年方達彼國使還之日
遘疾不瘳後遂發心出家受戒
巡禮八塔至於中天歷歲既多
發願歸國於舍利越魔三藏所
受得梵本十地等經迴至安西

住蓮花寺有三藏沙門勿提提
犀魚請令譯出十力經一卷又
至北庭被節度使御史大夫楊
襲古與龍興寺沙門大震等請
于闐三藏沙門尸羅達磨譯出
迴向輪經一卷十地經九卷至
貞元六年二月來屆上都左街
功德使竇文場繕寫進奉訖其
本見在准十五年十月二十三
日勑編入貞元新定釋教目錄
右從後漢建至
皇朝合一十九代所出大小乘
經律論并賢聖集傳總二千四
百一十五部都合七千三百八
十八卷於中一千二百六十一
部都五千三百九十卷見行入
藏（其梁代曇陀羅譯文殊般若經般若部中已載寶積經中亦復編入故此一經錄中重載）據其實數但一
千二百八十五部五千四百二
十卷是見行數（其集傳中有七十七部四百五十八卷並是此方撰非梵本翻出）一千一百五
十五部二千三十卷是闕本數
兩件見闕合有一千四百一十

五部七千三百八卷與前都數欠七部一十九卷不同者其晉无始眼譯毗尼序合入于誦其蕭法意齊譯提婆達多品一卷及周武帝代志得譯普門品重偈誦一卷合入妙法蓮華中其隋崛多譯錄主品爲累品共一卷合入金光明中其涼代曇无讖四卷金光明梁眞諦七卷金光明周代崛多譯五卷合隋少門寶貴取前二本合成八卷故上三經在刪繁錄中加此七部一十九卷還與都數狀同一無欠少

貞元新定釋教目録卷第十七

丙午歲高麗國大藏都監奉
勅雕造

貞元新定釋教目録卷第十七　第二十一張　咸

貞元新定釋教目錄卷第十八　感

西京西明寺三藏沙門　圓照　撰

惣集群經錄上之十八

叙列古今諸家目錄之一

古經錄一卷

右尋諸舊錄多稱為古錄似是秦始皇時釋利防等所賫經錄

舊經錄一卷

右似是前漢劉向校書天閣往往見有佛經即謂古藏經錄謂孔壁所藏或秦王焚書人中所藏者

漢時佛經目錄一卷

右似是明帝時迦葉摩騰創譯四十二章經因即撰錄

朱士行漢錄一卷

右曹魏時潁川沙門朱士行於洛陽講道行經因著其錄後往西域求經於彼而卒

衆經錄一卷

右西晉武帝代長安青門外大寺西域沙門竺法護翻譯衆經因出其錄

衆經錄一卷

右西晉懷帝代永嘉中清信士聶道眞稟受護公之筆匠也後自翻經因出其錄

趙錄一卷

右似是二趙時諸錄遁注未知姓氏

綜理衆經目錄一卷

右苻秦代沙門釋道安所撰自前諸錄但列經名至於品類時代盖闕而不紀後人披覽莫測根由安乃捴集名題表其時代詮品新舊定其製作兼經有據自此而明在後群錄資而增廣是知高懷獨悟足以垂範後昆所撰之文見僧祐錄

二秦錄一卷

右後秦姚興弘始年長安沙門釋僧叡所撰叡即安之弟子神用通朗思力標舉參譯什門多有撰緝

衆經錄四卷

晉世錄　魏世錄　吳世錄

河西錄

右東晉廬山東林寺遠公弟子釋

道流創撰未就而卒同學竺道祖續而成之

經論都錄一卷　別錄一卷

右東晉成帝豫章山沙門支敏度撰其人捴校古今群經故撰都錄敏度又撰別錄一部

衆經目錄二卷

右蕭齊武帝時沙門釋王宗撰見梁三藏記

釋弘充錄一卷　南齊揚都人或云弘充未詳孰是

釋道慧宋齊錄一卷　南齊

釋道憑錄一卷　北齊

釋正度錄一卷

王車騎錄一卷

始興錄一卷　未詳撰者亦云南錄

廬山錄一卷

岑号錄一卷

菩提留支錄一卷　元魏洛京永寧寺天竺沙門也

華林佛殿衆經目錄四卷　梁天監十四年勑沙門僧紹撰

隋沙門釋靈裕譯經錄一卷　此房錄中無隋字

衆經都錄八卷　似是捴合諸家未詳作者

已前諸錄二十五家長房內典二

録云上件諸録捡傳記有之未
見其本故列名而已
衆經別録二卷 未詳作者言似宋時捴分十例具如後列
大乘經録一卷 三百七十部七百七十九卷
三乘通教録第二 五十一部九十七卷
三乘中大乘録第三 二十七部二十八卷
右上三録惣四百三十八部九
百一十四卷
小乘經録第四 四百三十六部六百一十卷
第五篇目本闕 此闕本録不顯部應散在諸録中故耳
大小乘不判録第六 一百七十四部一百八十四卷
疑經録第七 一十七部二十卷
律録第八 一十二部 一百九十五卷
數録第九 六部 一百二十一卷
論録第十 六部 一百五十二卷
右下七卷録惣六百五十一部
一千六百八十二卷上下兩合有
十篇都一千八十九部二千五
百九十六卷
元魏衆經目録 永熙年勑舍人李廓撰一卷
其下卷七録部數勘同 卷數少四百未詳所以

大乘經目録一 二百千四部
大乘論目録二 二十九部
大乘經子注目録三 一十二部
大乘譯經論目録四 一十三部
大乘經律目録五 六十九部
小乘論目録六 二部
有目未得經目録七 一十六部
非眞經目録八 六十二部
非眞論目録九 四部
全非經愚人妄作録十 千部
都十件經律論眞僞四百二十七
部二千五十三卷
梁代衆經目録
衆經目録卷第一 天監十七年勑沙門寶唱撰 大乘二百六十二部六百七十四卷
有譯人多卷一 六十九部四百
無譯人多卷二 六十七卷
有譯人一卷三 五部一十九卷
無譯人一卷四 九十部九十卷
衆經目録卷第二 九十八部 九十八卷
有譯人多卷一 一十七部 一百二十卷
無譯人多卷二 五部 一十七卷
有譯人一卷三 五十部 五十卷
無譯人一卷四 二百千三部 二百千三卷

衆經目録卷第三 三百十二部一千六百八十一卷
先異譯經一 四十五部多卷二百七十九卷 三十八部三十八卷
禪經二 九部多卷二十八卷 三十一部三十一卷
戒律三 六十八部 二百七十五卷
疑經四 六十二部 六十七卷
注經五 四十部 二百四十六卷
數論六 三十一部 三百六十七卷
義記七 三十八部 三百四十卷
衆經目録卷第四 一百二十九部九百八十五卷後部數勘大五不同
隨事別名一 一十三部 四百一十三卷
隨事共名二 二十五部 四百七十卷
譬諭三 一十五部 三十六卷
佛名四 一十四部 一十九卷
神咒五 四十七部 四十七卷
惣四卷都二十件凡一千四百三
十三部三千七百四十一卷
高齊衆經目録 武平年沙門統法上撰
梵名達摩多羅 一卷成
新藏録一 二百九十一部 八百七十四卷
修多羅録二 二百六十九部 三百三十卷
毗尼録三 一十九部 二百五十六卷
阿毗曇録四 三十部 四百二十一卷

別録第五　三十七部　七十四卷
衆經抄録六　一百二十七部　一百三十六卷
集録第七　三十三部　一百四十七卷
入作録八　五十一部　一百六卷
都八件經律論眞僞七百八十七部二千三百三十四卷
此都數與前數勘欠十一卷不同未詳所以
從衆經別録下四家目録長房内典二録具列篇題今尋本末獲但具存其目

唐衆經目録五卷　貞觀初普光寺沙門玄琬撰　出内典録
右内典録中引用云唐舊録未見其本似取隋五卷衆經録編
新經入餘者大同
衆經目録五卷　於隋録内加奘譯餘皆无異
大唐大敬寺沙門靜泰撰
右從古録已下三十一家諸録之中雖皆備述欲尋其本難可備焉且列名題知其有據　撰録者曰
又知長房録中引一乘寺藏録周録之中引真寂寺義善寺録法寺録上之五録但引其名不言卷數又有陳朝大乘寺藏

録四卷並不知何人製作似是當寺藏經略記由委既局寺名爲録未可通行故叙録次闕而不載

梁出三藏記集一十五卷
其序略云祐以庸淺豫憑法門翹仰玄風誓弘大化每至昏曉諷持秋夏講説未嘗不心馳菴園影躍靈鷲於是牽課羸志沿波討源綴其所聞名曰出三藏記集一撰緣記二詮名録三捴經序四述列傳緣記撰則原始之本克昭名録詮則年代之目不墜經序捴則勝集之時足徵列傳述則伊人之風可見並鑽析内經研鏡外籍云云

出三藏記集卷第一　第一卷撰緣記第二至第五詮名録第六至十二捴經序第十三至第十五述列傳
集三藏緣記第一　出大智度論
十誦律五百羅漢出三藏記第二
菩薩處胎經出八藏記第三
胡漢譯經文字音義同異記第四　應云梵漢
前後出經異記第五

出三藏記集卷第二

新集撰出經律論録第一
新集條解異出經録第二
新集表序四部律録第三

出三藏記集卷第三
新集安公古異經録第一　九十二部九十二卷
新集安公失譯經録第二　一百四十二部二百四十七卷
新集安公凉土異經録第三　十五部七十九卷
新集安公關中異經録第四　二十四部三十四卷
新集律分爲五部記録第五　出婆沙
新集律分爲十八部記録第六
新集律来漢地四部記録第七

出三藏記集卷第四
新集續撰失譯雜經録第一　一千三百六部一千五百七十卷

出三藏記集卷第五
新集抄經録第一　四十六部三百五十二卷
新集安公疑經録第二　二十六部三十卷
新集疑經僞撰雜録第三　三十部三十六卷

新集安公注經及新經志錄第四 四十八部　二百五十九卷

小乘迷學竺法度造異儀記第五

長安叡法師喻疑第六

出三藏記集卷第六 四十一章經序等十首

出三藏記集卷第七 道行經等序二十首

出三藏記集卷第八 般若鈔經序等十一首

出三藏記集卷第九 華嚴經記等二十四首

出三藏記集卷第十 道地經序等二十一首

出三藏記集卷第十一 中論序等二十六首

出三藏記集卷第十二 雜記敘錄十首

出三藏記集卷第十三 安世高傳等十三

出三藏記集卷第十四 鳩摩羅什傳等十

出三藏記集卷第十五 白法祖傳等十

撰錄者曰祐錄所撰條例可觀若細尋求非无乖失只如第一卷前出經異記中云舊經恒薩阿竭阿羅訶三耶三佛新經阿耨多羅三藐三菩提者一悞差新舊相對應云舊經恒薩阿竭阿羅訶三耶三佛新經多陀阿伽度阿羅訶三藐三佛陀舊經阿耨多羅三耶三菩新經阿耨多羅三藐三菩提二義全珠不可交妄又如曇摩羅剎与竺法護乃是一人曇摩云法羅剎言

貞元新定釋教目錄卷第二十八　第十張　成

護分為二人二誤異出經論錄中但名目相似即云重譯而不細料簡大小混雜三誤以舊濫頂藥師為宋朝惠簡抄撰編疑偽錄四誤又集序分之中兩前譯八特有差舛不細相比對五誤比諸衆作乖謬全斯此亦瓚瑛之一玷也

隋衆經目錄七卷 一卷　松錄開皇十四年勑翻經所法經等二十大德撰

大乘修多羅藏錄一 六分　合七百八十四部一千七百二十八卷

衆經一譯分 合一百三十三部　四百二十一卷

衆經異譯分 合一百九十五部　五百三十二卷

衆經失譯分 合一百三十四部　二百七十五卷

衆經別生分 合二百二十一部　二百六十四卷

衆經疑惑分 合二十一部　三十卷

衆經偽妄分 合八十部　一百九十六卷

小乘修多羅藏錄二 六分　合八百四十二部仵得四十五部　一千三百一卷　仵得三百四卷

衆經一譯分 合七十二部　二百九十二卷

衆經異譯分 合一百部　三百七十卷

衆經失譯分 合二百五十部　三百七十三卷

衆經別生分 合三百四十二部　三百四十六卷

衆經疑惑分 合二十九部　三十一卷

衆經偽妄分 合五十三部　九十三卷

大乘毗尼藏錄三 六分　合五十部　八十二卷

貞元新定釋教目錄卷第二十八　第十一張　成

衆律一譯分 合十二部　三十二卷

衆律異譯分 合七部　七卷

衆律失譯分 合二十二部　一十四卷

衆律別生分 合十六部　一十六卷

衆律疑惑分 合一部　二卷

衆律偽妄分 合二部　一十一卷

小乘毗尼藏錄四 六分　合六十三部　三百八十一卷

衆律一譯分 合一十五部　一百九十八卷

衆律異譯分 合八部　一百二十六卷

衆律失譯分 合二十九部　四十五卷

衆律別生分 合三部　三卷

衆律疑惑分 合六部　六卷

衆律偽妄分 合二部　三卷

大乘阿毗曇藏五 六分　合六十八部　二百八十一卷

衆論一譯分 合四十二部　二百六卷

衆論異譯分 合八部　三十二卷

衆論失譯分 合一部　二卷

衆論別生分 合一十五部　一十九卷

衆論疑惑分 合一部　一卷

衆論偽妄分 合一部　一卷

小乘阿毗曇藏六 六分　合一百一十六部　四百八十二卷

衆論一譯分 合一十四部　二百七十六卷

衆論異譯分 合八部　六十六卷

貞元新定釋教目錄卷第二十八　第十二張　成

衆論失譯分　合五部　二十二卷
衆論別生分　合八十六部　一百七卷
衆論疑惑分　合一部　一卷
衆論偽妄分　合二部　一十卷
佛滅度後抄集錄七　二分合一百四十四部　六百
二十七卷
西域賢聖抄集分　合四十八部　一百十
九卷
此方諸德抄集分　合九十六部　五百八卷
佛滅度後傳記錄八　二分合六十八部　三百卷
西域賢聖傳記分　合一十三部　一百五十卷
此方諸德傳記分　合五十五部　一百五十
五卷
佛滅度後著述錄九　二分合一百一十九部　一百二十
西域聖賢著述分　合一十五部　十卷
十四卷
此方諸德著述分　合一百四部　一百一十
五卷
右九錄合二千二百五十七部
五千三百一十卷
五千一百九十一卷　竿得二千二百五十四部　細勘別錄
部卷復與總錄不同
分為六卷總錄第七合為十卷
撰錄者曰余詳此餘非元差
錯即如曇摩羅刹晉言法護撰

隋開皇三寶錄十五卷　內題云歷代三寶紀

是一人錄中分二云出須真云
子經二卷編為重譯不識梵晉
之言一誤也如律二十二明了
論想是一經錄中分為二部律
千二卷編在律中明了論一卷
在於論錄一經之題分二錄上
二誤其律二十二乃是明了論
半題今十二十二卷誤之甚也
真諦譯十二卷者二本不殊在
其二部而言重譯三誤也以仁
王經起信論等編在疑四誤也
不能備陳略述如此

開皇十七年興善寺翻經學士
成都費長房撰
歷代三寶紀第一　帝年上　周秦
從周莊王代十年甲午至秦始
皇帝子子嬰甲午年凡二十六主
四百八十一載
歷代三寶紀第二　帝年次　前漢　新室　後漢
從前漢高帝元年乙未至後漢
獻帝建安二十四年己亥凡二十六
君四百二十五載
歷代三寶紀第三　帝年下　魏晉宋齊梁周隋
從魏文帝黃初元年庚子至隋
開皇十七年丁巳凡四十主三
百七十八載
歷代三寶紀第四　譯經　後漢
右從明帝永平十年丁卯至獻

帝末年歷一十一主一百五十
二年華戎道俗十有二人并古
失譯合出經律三百三十四部
四百一十六卷
歷代三寶紀第五　譯經　魏　吳
右魏吳兩代道俗十人所出經
律羯磨并舊失譯合三百一十二
部四百八十二卷
歷代三寶紀第六　譯經　西晉
右西晉代華戎道俗十有三人
并前失譯諸經戒等合四百五
十一部七百一十七卷
歷代三寶紀第七　譯經　東晉
右東晉代華戎道俗二十七人
而所出經并舊失譯合二百六
十三部五百八十五卷
歷代三寶紀第八　譯經　姚秦　苻秦
右二秦之代華戎釋種一十六
人合出經論傳等一百六十四
部九百四卷
歷代三寶紀第九　譯經　西秦　北涼　元魏　高齊　陳代
右五代緇素共二十七人所出
三藏記錄等并及失譯合二百

三部八百五十五卷
歷代三寶紀第十　譯經　宋
右宋代華戎道俗二十三人出經律論及傳錄等凡二百十部
四百九十卷
歷代三寶紀第十一　譯經　齊梁周
右三代緇素共五十一人出經律論及傳錄等一百六十二部
一千三百三十六卷
歷代三寶紀第十二　譯經　大隋
右隋代華戎緇素十有九人所翻新文及新舊本論傳法式合
七十五部四百六十二卷
歷代三寶紀第十三　大乘錄入藏目　五百五
十一部一千五百八十六卷
修多羅有譯一　二百三十四部八百
八十五卷
修多羅失譯二　二百三十五部
四百二卷
毗尼有譯三　一十九部四十卷
毗尼失譯四　一十二部十四卷
阿毗曇有譯五　四十九部一百五十卷
阿毗曇失譯六　二部　七卷

歷代三寶紀第十四　小乘錄入藏目　五百二十五部
一千七百三十九卷　錄云七百二十二卷者誤
修多羅有譯一　一百八部　五百二十七卷
修多羅失譯二　三百二十六部　四百八十二卷
毗尼有譯三　三十九部　二百八十卷
毗尼尼失譯四　三十一部　六十七卷
阿毗曇有譯五　三十一部　三百五十卷
阿毗曇失譯六　一十部　二十七卷
開皇三寶錄總目一卷　內典錄云房錄所出經律論傳總二千一百四十六部六千二百三十五卷非入藏數等得七十四部三十七卷与內典不同
右兩總目共成一十五卷　其第十三十四大小乘入藏一千七十六部三千三百二十五卷房錄本數三千二百九十二卷者計數錯也
內典錄云房所撰者入藏之中
凡乎相謬得在繁富未可覆通
非無憑准未可偏削　撰錄者曰余撿長房入藏錄中事實雜謬其闕本疑偽皆編入藏竊為不可又如大乘錄中賢劫經賢劫三昧經此是一經兩名今存二部一誤須菩提品及長天子經須真天子問四事經亦一經兩名重載二部三誤為步經即无所希望經異名各存四誤菩提無所行經即文殊問菩提經異名存其二本五誤以僧祐外道入大乘中六誤小乘錄中達摩多羅禪經与不淨觀禪經總是一經其不

淨觀約法為名達摩多羅就人立稱二部俱存七誤十誦律六十一卷十誦律五十九卷二本不殊其六十一卷者卑摩羅叉加毗尼序置之於後餘並元異今云重譯二本俱存八誤律二十二在於律中明了論在於論錄一題分二九誤共律二十二乃是明了論之半題今存律二十二卷誤中重誤也衆事分阿毗曇論代錄之中即言宋朝求那跋陀羅共菩提耶舍譯入藏之內則言失源前後差違十誤餘者存錄不能繁敘
隋衆經目錄五卷　仁壽二年勅請興善寺大德与翻經沙門及學士等撰
都合二千一百九部　五千五十九卷
單本　原來一本更無別翻
合三百七十部　一千七百八十六卷
右第一卷
重翻　本是一經或有二翻者乃至六重翻者　合二百七十
七部　五百八十三卷
賢聖集傳　賢聖所撰翻譯有原　合四十一部
一百六十四卷
右第二卷　已前二卷三分合六百八十八部二千五百三十三卷入藏見錄
別生　於本部內抄出別行　合八百一十部　一千二
百八十八卷
右第三卷
疑偽　名雖似正義涉人造　合二百九部　四百

闕本 九十一卷

右第四卷 舊錄有目而無經本 合四百二部　七百四十七卷 請訪

右第五卷

其序略云別生疑偽不須抄寫已外三分入藏所扱至如法寶集之流淨住子之類還同略抄倒入別生餘有僧傳等詞參文史體非淳正車雖可尋義无在錄內典錄云即今京輦通寫盛行直列經名仍銓傳譯所略過半未足尋之 撰錄者曰余撿尋此錄非无差謬只如卯道廣顯三昧經向阿耨達龍王經此是一經兩名俱云竺法護譯存其兩本一誤又如普曜經八卷云西晉竺法護譯闕本錄中復云普曜經八卷亦云竺法護譯見闕俱載二誤又入藏中普曜經八卷即云單本闕本錄中即去重譯明本前後巻綷三誤真誦所譯攝大乘論十二卷者與十五卷者卷雖增減文則不殊今二本俱存四誤弥沙塞褐磨闕本錄中前後重載五誤以隨頹往生經遺教論等編為疑偽六誤餘在錄中不能備記

大唐內典錄十卷 麟德元年甲子西明寺沙門釋道宣撰

歷代衆經傳譯所從錄第一 謂代別出經及

人述作無非通法並入經教故隨經出

後漢朝傳譯道俗十二人所出經律等 三百三十四部四百一十六卷失譯經一百二部一百四十八卷

後漢朝傳譯僧六人所出經律等一十三部二十五卷

南吳孫氏傳譯道俗四人所出經傳等 一百四十八部一百九十五卷失譯經一百一十部二百九十二卷

西晉朝傳譯道俗一十三人所出經戒等 四百四十六部七百一十三卷失譯經八部十五卷

東晉朝傳譯道俗二十七人所出經傳等 二百六十四部五百七十四卷失譯經五十部五十四卷

前秦苻氏傳譯僧八人所出經傳等四十部　二百三十九卷

西秦乞伏氏傳譯僧一人所出經等 一十五部二十二卷失譯經八部一十二卷

後秦姚氏傳譯僧八人所出經傳等 一百二十四部六百二十六卷

北凉沮渠氏傳譯道俗九人所出經傳 三十四部二百七十卷失譯經五部一十七卷

宋朝傳譯道俗二十四人所出經傳 二百二十七部五百三卷

前齊朝傳譯道俗二十人所出經傳 五十二部三百九十六卷

梁朝傳譯道俗二十一人所出經律傳等 八十九部九百三卷

後魏元氏傳譯道俗一十四人所出經論傳 八十八部二百九十八卷

後齊高氏傳譯道俗二人所出經 八部五十二卷

後周宇文氏傳譯道俗一十一人所出經論天文等 三十二部一百五卷

陳朝傳譯道俗三人所出經論傳疏等 五十四部二百五十一卷

隋朝傳譯道俗二十五人所出經論等一百六部 六百三十三卷

皇朝傳譯道俗等十有二人所出經論等

都合一十八代所出衆經揔有二千四百八十七部八千四百七十六卷 其第一卷初都數与第十卷中都數多少不同又与諸本對勘數亦少多差互未詳何者為正

已上一錄分為五卷 從第一至第五

歷代翻本單重人代存亡錄第二（謂前後異出人代不同又遭離亂道俗波迸今總計會故單重綠故敘真知致偽失譯）

大乘經單重譯本幷譯有無錄（合三百八部一百五十二卷一千五百二十二紙）

大乘律單重譯本幷譯有無錄（合二十二部三十四卷四百六十二紙）

大乘論單重譯本幷譯有無錄（合七百二部五百卷九千二百二十紙）

小乘經單重譯本幷譯有無錄（合二百四部五百四十四卷七千六百廿四紙）

小乘律本譯有無錄（合三十五部二百七十四卷五千八百一十二紙）

小乘論單重譯本幷譯有無錄（合卅三部六百卅六卷一万二千一百七十七紙）

賢聖集錄通大小乘（合四十七部一百八十四卷二千七百六十紙）

右一錄分為第六第七二卷

歷代衆經分大小乘入藏錄第三

衆經律論傳合百一部（三千三百卆一卷五万六千一百卆紙三百二十六帙）

大乘經一譯一百四部（六百八十五卷一万一千四十三紙）

六十六帙

大乘經重翻二百二部（四百九十七卷七千二百九十紙四十九帙）

小乘經一譯一百八部（一百一十四卷九百卆七紙六帙）

小乘律三十五部（二百七十四卷五千八百十三紙三十八帙）

大乘論七十四部（五百二卷五十二帙）九千百三十紙

大乘論三十三部（六百七十六卷一千一百七十七紙六十八帙）

賢聖集傳四十九部（一百八十四卷一千八百八紙一十八帙）

右一錄為第八卷（撰錄者曰尋此錄數與次前錄部卷有同者不同者同錄者同出大乘律此合入經中又單重交雜）

歷代衆經舉要轉讀錄第四（謂轉讀尋翫務在要博繁本重義非日被特故隨部撮與簡取通道自餘重本存而表暇）

大乘經正本二百五十四部七百（九十五卷一万三千七十九紙）

大乘律本二十部（三十二卷四百三十紙）

大乘論本六十三部（四百四十五卷八千

一百一十五紙）

都合大乘經律論合三百三十七部（千二百六十七卷二万一千六百二十五紙）

小乘經合一百一十八部（四百三十三卷六千七百一十三紙）

小乘律合三十五部（一百七十四卷五千七百十八紙）

小乘論合二十九部（五百六十五卷九千九百九十七紙）

都合小乘經律論合一百八十二部（一千二百五十二卷二万二千四百二十八紙）

右一錄為第九卷

歷代衆經有目闕本錄第五（謂統撿群經校本則元隨方別出未能通明今別題目訪之）

歷代道俗述作注解錄第六（謂注述聖言用通未悟前已離顯未足申明今別題錄）

歷代諸經支派陳化錄第七（謂別生諸經曲順時俗未通廣本且撮初心一四句偈未可輕削故也）

歷代所出疑偽經論錄第八（謂正法緣遠凡愚未遠隨俗下化有勢真宗若不標顯玉石斯濫）

歷代衆經錄目始終序第九（謂經錄代出須識其源）

歷代衆經應感興敬錄第十（謂經翻東夏應

感徵祥而有蒙祐增信心故使傳持惟遠

右六録合為第十卷欲具委之恐繁故略

內典録中宣律師云余少沐法流五十餘載宗匠成教軌範賢明每值經誥德能無不目閱親謁至於經部大録欣悟良多無論眞偽思聞其異云云故魏晉之後騰譯鬱蒸制録討論居然非一或以數列或用名求或憑時代或寄參譯各紀一隅務存所見斯並當時稽古識量修明而綴撰筆削不至詳密者非為才不足而智不周也云上集群目取訊僧傳等文勘閱詳定便參祐房等録祐録徵據文義可觀然大小雷同三藏糅雜抄集參正傳記乱經考始終莫能通決房録後出該贍前聞然三寶共部偽眞淆乱自餘諸録胡可勝言今余所撰望革前弊撰録者曰宣公所撰類例明審實有可觀作者之風見於茲矣然少有差雜未能盡善述作之事誠謂難哉今略序數科以詳厥誤非欲指陳臧否實惟甄異是非如入代存亡録中新

貞元新定釋教目録卷第十八 第二十五張 成

小品等六經並大大品也同本者不然義理雖通據會全異而言同本一誤菩薩淨行經与寶髻菩薩經俱云竺法護譯此是一經兩名存其二夲二誤和道廣顯三昧經与阿耨達龍王經亦是一經兩名一本俱存三誤須弥藏經二卷此是高齊那舍所翻前後重七四誤攝大乘論真諦譯者有十二卷本有十五卷成者二本俱存五誤般若鈔經大乘録中文集傳內二處俱載六誤又如大乘入藏録中深密解脫經前後重上前与菩薩處胎經同帙後与解深密經同帙七誤以舊十輪經為單本新十輪經為重譯八誤以起世經為單本樓炭經為重譯九誤此類非一不能備舉如緊要轉讀録中信力入印法門經雖是華嚴支類大部中无同於支出漸備等經攝歸大部不為轉讀之數一不然也諸部般若唯舉大品一經放光等九部六重畬孚孳舉前以統大義斯盡玉華後譯大般若者明佛一化有十六會得在供蠹難用常行今謂不然豈可以凡愚淺智而攝藏法海乎人性不同所學各異豈以自情好略令他同己見耶般若大經轉讀衆佛記弘闡在東北方而言雜用常行編為未可又小品大品據會全殊一發一興二不然也如須弥藏經雖是大集別分大部中无攝而不行理為未當又須亦載經前則攝歸大集後則別舉流行前後差味三不然也如樓炭經等攝八長含起丗一經別今轉讀起丗之与樓炭經梵本何殊一發一興四不然也如安般守意与大安般无殊此力何緣二俱轉讀五不然也如十八部論与部異執梵本不殊此復何緣俱令轉讀六不然也又云録外有外道金七十論破外道

貞元新定釋教目録卷第十八 第二十六張 成

涅槃論破外道四宗論未暇皆闢音如金七十論外道所撰非是佛決除之可然涅槃四宗周後刪刪將為未可此是內論破於外宗一例刪除七不然也又伽八代存上録及擧要轉讀録大乘録中三藏俗見入藏録中大乘無律豈可前後俱有中闕獨無自為不盾八不然也如上所列非無乘件而云革弊或所未然差錯極多辛難陳委明逵之筆幸向詳焉

續大唐內典録一卷開元庚午歲西崇福寺沙門智昇撰

歷代衆經傳譯所從録從麟德元年甲子至開元十八年庚午前録未載今故録之

大唐古今譯經圖紀四卷大慈恩寺翻經沙門靖邁撰

大慈恩寺翻經堂內壁畫古今翻譯圖變靖邁因撰題之千壁但略費長房録翻經之者紀之餘撰集者不録逵至皇朝揔成四卷房所錯者此亦同然更欲廣陳恐繁故止

續古今譯經圖紀一卷開元庚午歲西崇福寺沙門智昇撰

從奘法師後至輪波迦羅前紀未載今故續之

大周刊定衆經目録十五卷天后天冊万歲

貞元新定釋教目録卷第十八 第二十七張 成

元年乙未勅東都佛授記寺沙門明佺等撰定

大小乘經律論及賢聖集傳合三千六百一十六部八千六百四十一卷 其見定入藏流行部卷不在此數

大乘單譯經目卷第一 三百八十三部 五百二十五卷

大乘重譯經目之一卷第二 一千七十八部一千三百九十四卷

大乘重譯經目之二卷第三 一百六十八部三百三十八卷

大乘重譯經目之三卷第四 一百八十一部四百二十一卷

大乘重譯經目之四卷第五 一百六十八部三百六十五卷

大乘律大乘論目卷第六 一百六十二部七百一十六卷

小乘單譯經目卷第七 二百二十八部三百一十卷

小乘單譯經目之一卷第八 三百七十一部八百四十二卷

小乘重譯經目之二卷第九 二百七十九部三百八十一卷

小乘律論賢聖集傳目卷第十

貞元新定釋教目錄卷第十八　第二十八張　成

一百九十四部千三百十一卷

大小乘失譯經目卷第十一 三百七十七部五百八卷

大小乘闕本經目卷第十二 四百七十八部六百七十七卷

見定入藏流行目上卷第十三

見定入藏流行目下卷第十四

合大小乘三藏及賢聖集傳等
百七十四部四千二百五十三
卷 上卷入藏大乘經律論五百六十三部二千五百三十二卷下卷小乘經律論及集傳二百九十九部一千六百二十卷

大乘經 四百六十二部一千九百六十三卷一百九十六帙

大乘律 二十三部 四十九卷 五帙

大乘論 五十八部 五百二十卷 五十帙

已上為入藏錄上卷

小乘經 二百七部 四百四十三卷 四十四帙

小乘律 三十五部 二百六十卷 二十八帙

小乘論 三十六部 七百四十卷 七十三帙

賢聖集傳二十一部 四十一卷 四帙

已上為入藏錄下卷 細筭都部卷數與卷中數並差不同未定本

偽經目錄一卷

右兼偽經錄揔一千五卷 二百二十八部四百一十九卷 撰錄者日當刊

貞元新定釋教目錄卷第十八　第二十九張　成

定此錄法匠如林德重名高末能親覽但指揮未學令纘撰成之中間畢次幾將太半此乃委不得入遇在於使能也且如第十二卷闕本經數揔四百七十八部六百七十七卷前十一卷中以含有訖今通計此揔成五千六百一十六部八千六百四十一卷者此不然也妄增部卷推實即元諸餘文雜難可倍記刪繁錄中已述多少更欲細委恐繁故止

貞元新定釋教目錄卷第十八

丙午歲高麗國大藏都監奉

勅雕造

貞元新定釋教目錄卷第十八　第三十張　武

貞元新定釋教目録卷第十九　武

西京西明寺三藏沙門圓照　撰

摠集群經録上之十九

敘列古今諸家目録之二

大唐開元釋教録二十卷

庚午歲西崇福寺沙門智昇撰

右此中所撰揔分上下兩録具件如左

摠集群經録上（從漢至唐所出經數區別人代具顯此中目録始終續於後列）

後漢傳譯緇素一十二人所出經并新舊集失譯諸經揔二百九十二部合三百九十五卷（九十七部一百三十一卷見在一百五十五部二百六十卷闕本）

曹魏傳譯沙門五人所出經戒羯磨揔一十二部合一十八卷（四部五卷見在八部一十三卷闕本）

右為第一卷

吳代傳譯緇素五人所出經等并及失譯揔一百八十九部合四百一十七卷（六十一部九十二卷見在一百二十八部三百二十五卷闕本）

西晉傳譯緇素一十二人所出經戒等并新舊集失譯諸經揔三百三十三部合五百九十一卷（一百五十六部三百三十一卷見在一百七十七部二百六十九卷本闕）

右為第二卷

東晉傳譯緇素一十六人所出經律論并新舊集失譯諸經揔一百六十八部合四百六十八卷（八十五部三百三十六卷見在八十三部一百三十二卷本闕）

苻秦傳譯沙門六人所出經律論等揔一十五部合一百九十七卷（七部六十五卷見在八部一百三十二卷本闕）

右為第三卷

姚秦傳譯沙門五人所出經律論等揔九十四部合六百二十四卷（六十六部五百二十八卷見在二十八部九十六卷闕本）

乞伏秦傳譯沙門一人所出經并三秦代新舊失譯經律論等揔五十六部合一百一十卷（三十二部七十九卷見在二十四部三十一卷闕本）

前涼傳譯外國優婆塞一人所出經揔四部合六卷（一部一卷見在三部五卷本闕）

北涼傳譯緇素九人所出經律論等并新舊集失譯諸經揔八十二部合三百一十一卷（二十五部二百九卷見在五十七部一百二卷本闕）

右為第四卷

宋代傳譯緇素二十二人所出經律論等并新集失譯諸經揔四百六十五部合七百一十七卷（九十三部二百四十三卷見在三百七十二部四百七十四卷本闕）

右為第五卷

蕭齊傳譯沙門七人所出經律揔一十二部合三十三卷（七部二十三卷見在五部五卷本闕）

梁代傳譯緇素八人所出經論及諸傳記并新集失譯經律集等揔四十六部合二百一十七卷（四十部一百九十一卷見在六部十卷本闕）

元魏傳譯緇素一十二人所出經論揔八十三部合二百七十四卷（七十三部二百五十五卷見在一十部一十九卷本闕）

高齊傳譯緇素二人所出經論揔八部合五十二卷（並在無闕）

右為第六卷
周朝傳譯沙門四人所出經論等揔一十四部合二十九卷六部一十一卷見在八部一十八卷本闕
陳代傳譯緇素三人所出經律論及集傳等揔四十部合一百三十三卷二十六部八十九卷見在一十四部四十四卷本闕
隋朝傳譯緇素九人所出經論傳錄等揔九十九部合三百一卷六十二部二百八十七卷見在二部一十四卷本闕
右為第七卷
皇朝傳譯緇素已有三十七人所出經律論及傳錄等揔三百一部合二千一百七十卷二百八十一部二千一百四十三卷見在二十部二十七卷訪本未獲
都計一十九代傳譯道俗等揔一百七十六人所出大小乘經律論及賢聖集傳二千二百七十八部合七千四十六卷一千一百三十部五千四十八卷見在一千一百四十八部一千九百九十八卷本闕
右為第八第九卷

合從古錄至開元釋教新錄及續補舊闕揔有四十一家具如前列
右為第十卷
別分乘藏錄下上錄所辯揔顯出經而大小未分三藏混雜此錄之內具存科條闕本等經續附於後
就別錄中曲分為七
有譯有本錄第一一千一百二十四部五千四十八卷
菩薩三藏錄第一六百八十六部二千七百四十五卷
復就此錄更開為三
菩薩契經藏五百七十三部二千一百七十三卷
大乘經單重合譯揔四百三十二部一千八百八十卷
般若經新舊譯二十一部七百三十六卷
寶積經新舊譯八十二部一百六十九卷
大集經新舊譯二十四部一百四十二卷
花嚴經新舊譯二十六部一百八十七卷
涅槃經新舊譯六部五十八卷
五大部外諸重譯經二百七十三部五百八十八卷
大乘經單譯揔一百三十一部二百九十三卷
菩薩調伏藏二十六部五十四卷
菩薩對法藏九十七部五百一十八卷

大乘釋經論二十一部一百五十五卷
大乘集義論七十六部三百六十三卷
右為第十一十二卷
聲聞三藏錄第二三百三十部一千七百六十二卷
聲聞契經藏二百四十部六百一十八卷
小乘經單重合譯揔一百五十三部三百九十四卷
根本四阿含經五部二百三卷
長阿含中別譯經二十二卷
中阿含中別譯經六十卷
增壹阿含中別譯經五十一卷
雜阿含中別譯經五十卷
別譯雜阿含經二十卷
四含外諸重譯經一百四十八部一百九十一卷
小乘經單譯揔八十七部二百二十四卷
聲聞調伏藏五十四部四百四十六卷
正調伏藏四十一部三百五十八卷
調伏藏眷屬一十三部八十八卷
聲聞對法藏三十六部六百九十八卷
有部根本身足論八部一百三十一卷
有部及餘支派論二十八部五百六十七卷
聖賢傳記錄第三一百八部五百四十一卷
梵本翻譯集傳六十八部一百七十三卷
此方撰述集傳四十部三百六十八卷

右為第十三卷
有譯無本錄第三 一千一百四十八部一千九百八十卷
大乘經闕本 四百八部 八百一卷
大乘經重譯闕本 總二百部 四百八十四卷
般若部中闕本 一十部 二十七卷
寶積部中闕本 三十部 五十四卷
大集部中闕本 一十三部 九十七卷
花嚴部中闕本 一十二部 二十七卷
涅槃部中闕本 四部 二十六卷
諸重譯經闕本 一百三十七部 二百五十三卷
大乘經單譯闕本 總二百八部 三百一十七卷
大乘律闕本 二十二部 二十五卷
大乘論闕本 二十部 四十八卷
大乘釋經論闕本 四部 一十一卷
大乘集義論闕本 一十六部 三十七卷
右為第十四卷
小乘經闕本 六百五部 八百一十五卷
小乘重譯經闕本 總一百三十五部 二百六十五卷
根本四阿含闕本 二部 一百九卷
長阿含部分闕本 一十四部 二十八卷
中阿含部分闕本 一十四部 一十四卷
增一阿含部分闕本 七部 八卷
雜阿含部分闕本 四十五部 四十五卷

貞元新定釋教目錄卷第十九 第七張 武

諸重譯經闕本 四十三部 六十二卷
小乘經單譯闕本 總四百七十部 五百五十卷
小乘律闕本 三十七部 四十二卷
賢聖集傳闕本 四十七部 一百八十四卷
右為第十五卷
支派別行錄第三 六百八十二部 八百一十二卷
大乘別生經 二百九部 三百二十八卷
般若部中別生 一十部 一百一十九卷
寶積部中別生 一十三部 一十五卷
大集部中別生 五十一部 五十八卷
花嚴部中別生 一十部 一十一卷
諸大乘經別生 二百二十五部
一百二十五卷
大乘律別生 七部 七卷
大乘論別生 七部 一十一卷
小乘別生經 二百八十三部 二百八十三卷
長阿含部分別生 一十四部 一十四卷
中阿含部分別生 二十四部 二十四卷
增一阿含部分別生 二十六部 二十六卷
雜阿含部分別生 一百三十六部 一百三十六卷
諸小乘經別生 八十三部 八十三卷
小乘律別生 元小乘別生論 四十二部 四十九卷
賢聖集傳別生 一百三十四部 一百三十四卷

貞元新定釋教目錄卷第十九 第八張 武

右為第十六卷
刪略繁重錄第四 一百四十七部 四百八卷
新檢出別生經 六十七部 一百八十五卷
新檢出名異文同經 二十部 五十二卷
新檢出重上錄經 八部 三十卷
補闕拾遺錄第五 三百六部 一千一百三卷
大乘經舊譯 五十九部 六十九卷
大乘律舊譯 二部 二卷
大乘論舊譯 三部 四卷
小乘經舊譯 五十九部 六十八卷
小乘律舊譯 元小乘遺舊論 五部 五卷
賢聖集傳舊譯 三十六部 五十七卷
右已上一百六十部二百五
卷並是舊譯今見有本大周
入藏無拾遺編入
新譯大乘經 六十一部 三百三十六卷
新譯大乘律 一部 一卷
新譯大乘論 一十二部 一十九卷
新譯小乘經 八部 八卷
新譯小乘律 元小乘新譯論 一十一部 一百五十九卷
新譯賢聖集傳 三部 五卷
右已上九十六部五百二十
八卷並是大周刊定錄後新

貞元新定釋教目錄卷第十九 第九張 武

譯所以前錄未載今補闕編

又小乘律戒羯磨 六部 一十卷 然並撰述有據時代咸行補闕編入

又此方所撰集傳 四十部 三百六十八卷 然皆裨助正教故然補闕編入目錄

右為第十七卷

疑惑再詳錄第六 一十四部 一十九卷

僞妄亂真錄第七 三百九十四部或九十四一千五十七卷 或五十五卷未詳

開元釋教錄新編僞經 三十九部或三十七部 五十六卷或五十四未詳

苻秦釋道安錄中僞經 二十五部 二十八卷

梁釋僧祐錄中僞經 一十四部 一十六卷

蕭齊釋道備僞撰經 見長房錄 五部五卷

蕭齊僧法尼誦出經 僧祐等錄並編入僞 二十一部 三十五卷

元魏孫敬夢授經 見內典錄 一部一卷

梁沙門妙光僞造經 見僧祐錄 一部一卷

隋開皇衆經錄中僞經 八十六部 一百四十一卷

隋仁壽衆經錄中僞經 一十一部 四十一卷

大唐內典錄中僞經 二十二部 八十七卷

大周刊定錄中僞經 八十部或二十未詳 一百一卷

隋沙門信行三階集僞錄

周錄雜載收之不盡三十五部四十四卷

諸雜抄經增減聖說 五十四部 五百一卷

右為第十八卷

大乘入藏錄上 大乘經律論總六百三十八部二千七百四十五卷二百五十八帙此直述其名及標紘數餘如廣錄

大乘經 五百六十三部 二千一百七十三卷 二百三帙

大乘律 二十六部 五十四卷 五帙

大乘論 九十七部 五百一十八卷 五十帙

右為第十九卷

小乘入藏錄下 小乘經律論總三百三十一部一千七百六十二卷一百六十五帙 集傳錄附此直述經名及標紘數餘如廣錄

小乘經 二百四十部 六百一十八卷 四十八帙

小乘律 五十四部 四百四十六卷 四十五帙

小乘論 三十六部 六百九十八卷 七十二帙

賢聖集 百八部 五百四十一卷 五十七帙

都計大小乘經律論及賢聖傳見入藏者總一千七十六部合五千四十八卷四百八十帙 此入藏中大乘經部數與前廣錄部數不同者以前大寶積經諸部合成故在本數為四十九部上錄此中合為一部故欠四十八不同

右為第二十卷 庚辰歲西明寺翻經臨壇賜紫沙門圓照等奉勅撰

貞元新定釋教目錄三十卷

右此中所撰准舊亦總分上下兩錄具件如左

總集群經錄上

此中分二 一特奉 制旨

二總集群經

後漢傳譯緇素一十二人所出經律并新舊集失譯諸經總二百九十二部合三百九十五卷 九十七部一百三十一卷見在 一百九十五部二百六十卷本闕

曹魏傳譯沙門五人所出經戒羯磨總一十二部合一十八卷 四部五卷見在 八部一十三卷本闕

吳代傳譯緇素五人所出經等并及失譯總一百八十九部合四百一十七卷 六十一部九十二卷見在 一百二十八部三百二十五卷本闕

西晉傳譯緇素一十二人所出經戒等并新舊集失譯諸經總三百三十三部合五百九十一卷 一百五十六部三百三十一卷見在 一百七十七部二百六十九卷本闕

右為第一第二第三第四卷

東晉傳譯緇素一十六人所出

經律論并新舊集失譯經一百六
十八部合四百六十八卷八十五部三百三十六卷見在八十三部三百三十二卷本闕
苻秦傳譯沙門六人所出經律
論等揔一十五部合一百九十
七卷七部六十五卷見在八部一百三十二卷闕本
右為第五卷
姚秦傳譯沙門五人所出經律
論等揔九十四部合六百二十
四卷六十六部五百二十八卷見在二十八部九十六卷本闕
乞伏秦傳譯沙門一人所出經
并三秦代新舊失譯經律論等
揔五十六部合一百一十卷
三十二部七十九卷見在二十四
部三十一卷本闕
前凉傳譯外國優婆塞一人所
出經揔四部合六卷一部一卷見在三部五卷本闕
北凉傳譯緇素九人所出經律
論等并新舊集失譯諸經揔八
十二部合三百一十一卷一十五部二百九卷見在五十七部一百二卷本闕
右為第六卷
宋代傳譯緇素二十二人所出

經律論等并集失譯諸經揔四
百六十五部合七百一十七卷九十三部二百四十三卷見在三百七十三部四百七十四卷本闕
蕭齊傳譯沙門七人所出經律
揔一十二部合三十三卷七部二十八卷見在五卷本闕
右為第七第八卷
梁代傳譯緇素九人所出經論
及諸傳記并新集失譯經律集
等揔四十七部合二百一十七
卷四十一部二百七卷見在六部十卷本闕
元魏傳譯緇素一十二人所出
經論揔八十三部合二百七十
四卷七十三部二百五十五卷見在一十部一十九卷本闕
高齊傳譯緇素二人所出經論
揔八部合五十二卷並在无闕
右為第九卷
周朝傳譯沙門四人所出經論等揔一
十四部合二十九卷六部一十一卷見在八部一十八卷本闕
陳代傳譯緇素三人所出經律
論及集傳等揔四十部合一百
三十三卷二十六部八十九卷見在一十四部四十四卷本闕

隋朝傳譯緇素十八人所出經論傳
集錄等揔九十九部合三百四
十五卷九十七部三百三十一卷見在二部一十四卷本闕
右為第十卷
皇朝傳譯緇素已有四十六人
所出經律論及傳錄等揔四百
三十四部合二千四百六十三卷四百十部二千三百八十六卷見在二十七部七十七卷訪本未獲足
都計一十九代傳譯道俗揔一百
八十七人所出大小乘經律論
及賢聖集傳揔二千四百四十
七部合七千三百七十九卷一千二百五十七部五千三百七十八卷見在一千一百五十五部二千四十八卷本闕內五十遺編律文七部五十卷闕三十卷故此重擽五十卷
右為第十一十二十三十四十五
十六十七卷合從古錄至貞元
新定釋教目錄及續補舊闕揔
有四十二家具如前列
右為第十八十九卷
別分乘藏錄下上錄所擽揔顯出經而大小未分三藏混雜此錄之內具科科條闕本等經續附於後

此中分二初別分乘藏二賢傳記
就別錄曲分第七
有譯有本錄第一一千一百五十六部五千三百七十八卷
復就此錄更開為二一三藏差殊二聖賢傳記三藏復二一菩薩三藏二聲聞三藏
菩薩三藏錄第一八百七部二千九百七十八卷
菩薩契經藏六百八十一部二千四百三卷
大乘經單重合譯五百五十四部二千一百二卷
般若經新舊譯三十一部七百五十七卷
寶積經新舊譯八十三部一百七十三卷
大集經新舊譯三十七部一百五十二卷
華嚴經新舊譯四十部二百四十七卷
涅槃經舊譯六部五十八卷
五大部外諸重譯經三百一十八部六百四十五卷
大乘經單譯摠一百七十九部三百九十七卷
菩薩調伏藏二十七部五十五卷
菩薩對法藏九十九部五百二十卷
大乘釋經論二十一部一百五十五卷
大乘集義論七十八部三百六十五卷
右為第二十卷二十一卷二十二卷

聲聞三藏錄第二三百三十八部一千八百一十二卷
聲聞契經藏二百四十部六百一十八卷
小乘經單重合譯摠二百五十三部三百九十四卷
根本四阿含經五部二百三卷
長阿含中別譯經二十二卷
中阿含中別譯經六十卷
增壹阿含中別譯經五十一卷
雜阿含中別譯經五十卷
別譯雜阿含經二十卷
四含外諸重譯經一百四十八部一百九十一卷
小乘經單譯摠八十七部二百二十四卷
聲聞調伏藏六十一部四百九十三卷
正調伏藏四十八部四百五卷
內欠三卷未獲本
調伏藏眷屬一十三部八十八卷
聲聞對法藏三十六部六百九十八卷
有部根本身足論八部一百三十一卷
有部及餘支派論二十八部五百六十七卷
一聖賢傳記錄第四一百一十二部五百九十五卷
就此錄中復分為二
一梵本翻譯集傳六十八部一百七十三卷
二此方撰述集傳四十四部四百一十八卷
右為第二十三卷

有譯無本錄第三一千一百四十部一千九百卆卷
大乘經闕本四百八部八百一卷
大乘重譯闕本摠二百部四百卆四卷
般若部中闕本一十部二十七卷
寶積部中闕本十三部五十四卷
大集部中闕本一十三部九十七卷
華嚴部中闕本一十二部二十七卷
涅槃部中闕本四部二十六卷
諸重譯經闕本一百三十一部二百五十三卷
大乘經單譯闕本摠二百八部三百一十七卷
大乘律闕本二十二部二十五卷
大乘論闕本二十部四十八卷
大乘釋經論闕本四部一十一卷
大乘集義論闕本一十六部三十七卷
右為第二十四卷
小乘經闕本六百五部八百一十五卷
小乘經重譯闕本摠二百二十五部二百六十五卷
根本四阿含闕本二部一百九卷
長阿含部分闕本一十四部二十八卷
中阿含部分闕本一十四部一十四卷
增一阿含部分闕本七部八卷
雜阿含部分闕本四十五部四十五卷
諸重譯經闕本四十三部六十二卷

小乘經單譯闕本捴四百八十部五百五十卷
小乘律闕本四十四部九十二卷
小乘論闕本九部六十五卷
賢聖集傳闕本四十七部一百八十四卷
右為第二十五卷
支派別行錄第三六百八十二部八百二十二卷
大乘別生經二百九部三百二十八卷
般若部中別生一十部一百一十九卷
寶積部中別生一十三部一十五卷
大集部中別生五十一部五十八卷
華嚴部中別生一十部一十一卷
諸大乘經別生一百二十五部一百二十五卷
大乘律別生七部七卷
大乘論別生七部一十一卷
小乘別生經二百八十三部二百八十三卷
長阿含部分別生一十四部一十四卷
中阿含部分別生二十四部二十四卷
增一阿含部分別生二十六部二十六卷
雜阿含部分別生一百三十部一百三十六卷
諸小乘經別生八十三部八十三卷
小乘律別生小乘論無別生四十二部四十九卷
賢聖集傳別生一百三十四部一百三十四卷
右為第二十六卷

刪略繁重錄第四一百四十七部四百八卷
新撿出刪生經六十七部一百八十五卷
新撿出名異文同經三十部五十二卷
新撿出重上錄經八部三十卷
新撿出合入大部經五十二部一百四十一卷
補闕拾遺錄第六三百六部一千一百一十一卷
大乘經舊譯五十九部六十九卷
大乘律舊譯二部二卷
大乘論舊譯三部四卷
小乘經舊譯五十九部六十八卷
小乘律舊譯小乘舊論無遺五部五卷
賢聖集論舊譯三十六部五十七卷
右已上一百六十四部二百五卷
並是舊譯今見有本大周入藏
中無今拾遺編入
新譯大乘經六十一部三百三十六卷
新譯大乘律一部一卷
新譯大乘論一十二部一十九卷
新譯小乘經八部八卷
新譯小乘律小乘論無新譯一十一部一百五十九卷
新譯賢聖集傳三部五卷
右已上九十六部五百二十八卷
並是大周刊定錄後新譯所以

前錄未載今補闕編入
又小乘律戒羯磨六部一十卷然並撰述有據時代盛行補闕編入
又此方所撰集傳四十部三百六十八卷然皆補助正教並補闕編入見錄
又此方撰集經一部一十六卷或十八卷
右撿舊錄在偽妄乱真錄中今
准勅編入貞元新定釋教目錄此一朝傳出梁朝合准入錄年代唐朝年月日編在梁末
又此方法琳別傳三卷
右開元錄中禁斷今再詳准勅
編入　貞元釋教錄
又此方續開元釋教錄一部三
卷准勅編入貞元釋教錄
又此方撰述目錄一部三十卷准例編入貞元新定釋教目錄
右為第二十七卷
疑惑再詳錄第六一十四部一十九卷
偽妄亂真錄第七三百九十四部一千四十一卷
開元釋教錄新編偽經三十九部五十六卷
苻秦釋道安錄中偽經三十五部二十八卷
梁釋僧祐錄中偽經一十四部一十六卷
蕭齊釋道備偽撰經見長房錄五卷

元魏孫敬德夢授經 見內典錄 一部一卷

梁沙門妙光偽造經 見僧祐錄 一部一卷

隋開皇衆經中偽經 八十六部一百四十一卷

隋仁壽衆經錄中偽經 一十一部四十一卷

大唐內典錄中偽經 二十二部八十七卷

大周刊定錄中偽經 八十部一百一卷

隋沙門信行三階集錄 周錄雜載數之不盡三十五部四十四卷

諸雜抄經增減聖說 五十四部五百一卷

右爲第二十八卷

大乘入藏錄上 大乘經律論總七百六十三部二千九百五十八卷二百六十七帙此直列經名及標紙數餘如廣錄

大乘經 六百八十六部 二千七百四十五卷 二百二十帙

大乘律 二十七部 五十五卷 五帙

大乘論 九十九部 五百二十卷 五十帙

右爲第二十九卷

小乘藏入藏錄下 小乘經律論總四百四十七部二千三百八十九卷一百七十帙傳錄附此末此直述經名及標紙數餘如廣錄

小乘經 二百四十部 六百一十八卷 四十八帙

小乘律 六十一部 四百九十三卷 五十帙

小乘論 三十六部 六百九十八卷 七十帙

賢聖集 一百一十二部 五百九十一卷 六十四帙

都大小乘經律論及賢聖傳見入藏者總一千二百五十六部合五千三百七十八卷五百九帙此入藏中大乘經部數與前廣錄數不同者前以大寶積經諸部合成故存本數爲四十九部上錄此中合爲一部故欠四十八不同

右爲第三十卷

貞元新定釋教目錄卷第十九

貞元十五年十月二十三日奉　勑修撰至十六年四月十五日畢進上　五月十日　勑下流行

翻經證義都檢校兩街諸寺觀釋道二教事千福寺主沙門嚴迢奏撰

翻經臨壇西明寺賜紫沙門圓照等奉　勑撰

右神策軍中尉兼右街功德使金紫光祿大夫行右監門衛將軍賜紫金魚袋第伍守亮等進

左神策軍護軍中尉兼左街功德使元從興元開府儀同三司行左監門衛大將軍知內侍省事上柱國頻國公食邑三千戶臣竇文場等同進

丙午歲高麗國大藏都監奉

勑雕造

貞元新定釋教目錄卷第二十　武

西京西明寺沙門圓照撰

別分乘藏下

就別錄中更分為十

有譯有本錄第一 一千二百六十一部 五千三百九十二卷

有譯無本錄第二 一千一百五十五部 二千三十卷

支派別行錄第三 六百八十二部 八百一十二卷

刪略繁重錄第四 一百四十七部 八百一十二卷

補闕拾遺錄第五 四百六十九部 一千四百一十四卷

疑惑再詳錄第六 一十四部 一十九卷

偽妄乱真錄第七 三百九十三部 一千四十一卷

有譯有本錄第一之一

此有本錄中復有二錄初別分乘藏二賢聖集傳乘藏有二

菩薩三藏錄第一 一百八部 二千九百八十八卷

聲聞三藏錄第二 三百三十七部 一千八百九卷

二聖賢傳記錄 一百一十二部 五百九十三卷

有譯有本錄中菩薩三藏第一之一

菩薩藏者大乘所詮之教也統論教主則法身常在無滅無生所詮之理則方廣真如土名雖相摠乃三藏差異別則一十二科始乎發心終於十地三明八解之說六波四攝之名如是科條名為此藏始自漢明丁卯之歲至我貞元庚辰之年見流行者摠八百八部合二千九百八十八卷二百六十七帙大乘法藏摠別條例具如後列

菩薩契經藏 六百八十二部 二千四百卷 二百二十二帙

菩薩調伏藏 三十七部 五十五卷 五帙

菩薩對法藏 九十九部 五百二十卷 五十帙

大乘經重單合譯 五百五十四部 二千九十卷 二百八十八帙 尋諸舊錄皆以單譯為先今此錄中以重譯者居首所以然者重譯諸經文義偹足名相揩定所以標初也又舊譯中直名重譯合改名重單合譯者以大般若經九會單本七會重譯大寶積經二十會單本二十九會重譯直云重譯攝義不周餘經例然故名重單合譯也又古譯經首皆無譯人時代年月浸遠尋討莫知夫譯之言寔由於此今尋諸舊錄衆定是非時代譯人具標經首失譯之者載之於錄釋尊遺教終大万之修齡矣新舊譯本及支流經並編於此

般若部

摠二十一部 七百三十六卷 七十三帙 般若經建初者謂諸佛之母也舊錄之中編比無次今此錄中

大般若波羅蜜多經六百卷 六十帙 大小乘經皆以部類編為次第小乘諸律撿本末而為偹次大乘諸論以釋有經者為先集解義者列之於後小乘諸論攝部次第發智為初六足居此毗婆沙等支派編末聖賢集傳內外兩分大夏神州東西有異欲使科條各別覽者易知

大唐三藏玄奘於玉華宮寺譯

出翻經圖

右此經梵本都有二十万頌摠四處十六會唐言譯之成六百卷重單合譯具列如左

第一會王舍城鷲峯山說

右新譯單本梵文一十三万二千六百頌唐譯成四百卷七十九品從第一卷至第四百

第二會王舍城鷲峯山說　第四譯

右新譯重本梵文二万五千頌唐譯成七十八卷八十五品與舊大品放光光讚般若同本異譯從四百一卷至四百七十八比於舊經闕無常啼等品餘意大同

第三會王舍城鷲峯山說

右新譯單本梵文一万八千頌

譯成五十九卷三十一品從四百七十九卷至五百三十七

第四會重王舍城鷲峯山說 第八譯

右新譯重本梵文八千頌譯成一十卷二十九品與舊道行小品明度長安品等同本異譯從五百三十八卷至五百五十五比於舊經亦闕常啼等品餘意不殊

第五會重王舍城鷲峯山說

右新譯單本梵文四千頌譯成十卷二十四品從五百五十六卷至五百六十五

第六會重王舍城鷲峯山說 第二譯

右新譯重本梵文二千五頌譯成八卷一十七品與舊勝天王般若同本異譯從五百六十六卷至五百七十三

第七會室羅筏城給孤獨園說曼殊室利分 第二譯

右新譯重本梵文八百頌譯成二卷無品與舊兩譯文殊般若同本異譯當

第五百七十四七十五卷

第八會重室羅筏城給孤獨園說那伽室利分 第三譯

右新譯重本梵文四百頌譯成一卷無品與舊濡首菩薩分衛經等同本異譯當第五百七十六卷

第九會重室羅筏城給孤獨園說能斷金剛分 第四譯

右新譯重本梵文三百頌譯成一卷無品與新舊四譯金剛般若同本異譯當第五百七十七卷

第十會他化自在天王宫說般若理趣分 第一譯

右新譯重本梵文三百頌譯成一卷無品與後譯實相般若同本異譯當第五百七十八卷

第十一會重室羅筏城給孤獨園說布施波羅蜜多分

右新譯單本梵文二千頌譯成五卷無品從五百七十九卷至五百八十三

第十二會重室羅筏城給孤獨園說淨戒波

羅蜜多分

右新譯單本梵文二千頌譯成五卷無品從五百八十四卷至五百八十八

第十三會重室羅筏城給孤獨園說安忍波羅蜜多分

右新譯單本梵文四百頌譯成一卷無品當第五百八十九卷

第十四會重室羅筏城給孤獨園說精進波羅蜜多分

右新譯單本梵文四百頌譯成一卷無品當第五百九十卷

第十五會重王舍城鷲峯山說靜慮波羅蜜多分

右新譯單本梵文八百頌譯成二卷無品當第五百九十一九十二卷

第十六會王舍城竹林園中白鷺池側說般若波羅蜜多分

右新譯單本梵文二千五百頌譯成八卷無品從五百九十三卷至第六百

放光般若波羅蜜經三十卷

或二十卷　三帙
西晉三藏曇無羅叉共竺叔蘭譯
第一譯
摩訶般若波羅蜜經四十卷 亦名大品般若經
或三十卷　四帙
姚秦三藏鳩摩羅什共僧叡等譯
第三譯
光讚般若波羅蜜經十五卷 或十卷
西晉三藏竺法護譯　第一譯
右三經與大般若第二會同本
異譯其光讚般若比於新經三
分將一至散花品後文並闕又
按姚秦僧叡小品序云斯經正
文凡有四種是佛異時適廣略
之說也其多者云有十万偈少
者六百偈此之大品即是天竺
之中品也准斯中品故知與大
經第二會同梵文也 龍樹菩薩造智度論釋大品經
摩訶般若波羅蜜鈔經五卷 一名須菩提品
亦名長安品
姚秦天竺沙門曇摩蜱共竺佛念譯
第六譯

右一經長房内典二錄云是外
國經鈔者尋之未審也據其文
理乃與小品道行經等同本異
譯故初題云摩訶般若波羅蜜
經道行品第一但文不足三分
過二准道行後闕十品
金剛頂瑜伽般若理趣經一卷 經内題云大樂金剛不空真實三麽耶經般若波羅蜜多理趣品大興善寺三藏沙門大廣智不空奉詔譯
貞元新入目錄
般若理趣經釋一卷 經内題云大樂金剛不空真實三昧耶經般若波羅蜜多理趣釋大興善寺三藏沙門大廣智不空奉詔譯
上四經二十二卷二帙
道行般若波羅蜜經十卷 亦名般若道行或八卷
後漢月支三藏支婁迦讖譯
第一譯
小品般若波羅蜜經十卷　或七卷
或八卷　一帙
姚秦三藏鳩摩羅什譯　第七譯
大明度無極經四卷 亦直云大明度經
或六卷

吴月支優婆塞支謙譯　第二譯
右四經與大般若第四會同本
異譯 其西晉三藏竺法護譯新道行經但有其名而無其本諸藏縱有即與小品文同但題目異故不重出前後八譯五存三闕
勝天王般若波羅蜜經七卷
陳優禪尼國王子月婆首那譯
第一譯
右一經與大般若第六會同本
異譯
上二經十一卷同帙
文殊師利所說摩訶般若波羅蜜經二卷
或一卷　二十一紙
梁扶南三藏曼陀羅仙譯　第一譯
右一經亦名文殊般若波羅蜜
經初文無十重光後文有一行
三昧文言文殊師利童真者是
又編入寶積在第四十六會為
與後經名同恐有差錯故復出
之
文殊師利所說般若波羅蜜經一卷
梁扶南三藏僧伽婆羅譯　拾遺編入
第二譯　二十紙

右一經初文有十光文無一行三昧文言文殊師利法王子者是初歎菩薩德及列菩薩名此稍廣又此二經亦乎有廣略右二經與大般若第七會曼殊室利分同本異譯

濡首菩薩無上清淨分衛經二卷

宋沙門翔公南海郡譯　第二譯　一名決了諸法如幻化三昧經

右一經與大般若第八會那伽室利分同本異譯新舊相比舊經稍廣　前後三譯二存一闕

金剛般若波羅蜜經一卷　舍衛國

姚秦三藏鳩摩羅什譯　第一譯

金剛般若波羅蜜經一卷　婆伽婆

元魏天竺三藏菩提留支譯

第二譯

金剛般若波羅蜜經一卷　祇樹林

陳天竺三藏真諦譯　第三譯

能斷金剛般若波羅蜜多經一卷　室羅筏城

大唐三藏玄奘譯　出內典錄

第四譯

能斷金剛般若波羅蜜多經一卷　名稱城

貞元新定釋教目錄卷第二十　第十張　武

大唐天后代三藏義淨譯　新編入錄

第五譯

右五經同本異譯其第四本能斷般若貞觀二十二年沙門玄奘從駕於玉華宮弘法臺譯後至顯慶五年於玉華寺翻大般若即當第九能斷金剛分今本編入更不重翻准諸經例合入大部者即同別生此錄之中不合重載為與沙門義淨譯者名同恐有差錯故復出之　三師造論同釋此經

實相般若波羅蜜經一卷

大唐天后代天竺三藏菩提流志譯

出大周錄　第二譯

右一經與大般若第十會般若理趣分同本異譯而西域梵文有廣略二本故實相理趣文意乃同兄大小異

上九經十一卷同帙

仁王護國般若波羅蜜經二卷　或一卷

姚秦三藏鳩摩羅什譯　第二譯

三譯二闕

新譯仁王經二卷　內題仁王護國般若波羅蜜多經御製序

貞元新定釋教目錄卷第二十　第十一張　武

大興善寺三藏沙門大廣智不空奉　詔譯

貞元新入目錄

仁王般若陀羅尼釋一卷

大興善寺三藏沙門大廣智不空奉　詔譯

貞元新入目錄

仁王般若念誦法經一卷

大興善寺三藏沙門大廣智不空奉　詔譯

貞元新入目錄

仁王念誦儀軌一卷　經內題云仁王護國般若波羅蜜多經陀羅尼念誦儀軌

大興善寺大廣智不空奉　詔譯

貞元新入目錄

摩訶般若波羅蜜大明咒經一卷

姚秦三藏鳩摩羅什譯　第一譯

拾遺編入

般若波羅蜜多心經一卷

大唐三藏玄奘譯　出內典錄

第二譯

右二經同本異譯　前後三譯二存一闕其般若心經舊錄為單本新勘為重譯仁王般若等三經又義雖通大部全本大部中無是支流攝非從彼出

普遍智藏般若波羅蜜多心經一卷

貞元新定釋教目錄卷第二十　第十二張　武

東天竺國三藏沙門法月譯
貞元新入目錄
新譯般若波羅蜜多心經一卷
罽賓國三藏賜紫沙門般若奉詔譯
貞元新入目錄
右二經同本異譯
修習般若波羅蜜菩薩觀行念誦儀軌一卷
大興善寺三藏沙門大廣智不空奉詔譯
貞元新入目錄
大曼荼羅十七尊釋一卷 經內題云般若波羅蜜多理趣經大安樂不空三昧耶真實金剛菩薩等一十七尊大曼荼羅義述
大興善寺三藏沙門大廣智不空奉詔譯
守護國界主陀羅尼經一部十卷　一帙
罽賓國三藏般若譯　准勅編入
上十一經十三卷同帙
貞元目錄
寶積部 但諸會重本並次第編此以諸部合成故存本數上錄　總八十二部
一百六十九卷一十七帙
大寶積部一百二十卷　十帙
大唐南天竺三藏菩提流志譯
新編入錄

右此經新舊重單合譯共四十九會合 故合及 成一部 新舊共二十會單本新舊共二十九會重譯於中一十六會大唐三藏菩提流志新譯二十三會古譯及唐舊譯菩提流志勘梵本同編入會次具列如左
第一三律儀會三卷
大唐三藏菩提流志新譯　第二譯
右新譯重本與舊大方廣三戒經同本異譯從第一卷至第三卷
第二無邊莊嚴會四卷
大唐三藏菩提流志新譯
右新譯單本從第四卷至第七卷
第三密迹金剛力士會七卷
西晉三藏竺法護譯　勘同編入
右舊譯單本從第八卷至第十四
第四淨居天子會二卷
西晉三藏竺法護譯　出法上錄
勘同編入
右舊譯單本名菩薩說夢經新改名淨居天子會當第十五及

十六卷 細詳文句與竺法護經稍不相類長房等錄皆云失譯法上錄中云竺法護出今者且依法上錄之
第五無量壽如來會二卷
大唐三藏菩提流志新譯
右新譯重本與舊無量清淨平等覺阿弥陀無量壽經等同本異譯當第十八卷
第六不動如來會二卷
大唐三藏菩提流志新譯　第二譯
右新譯重本與舊阿閦佛國經等同本異譯當第十九卷及二十卷
第七被甲莊嚴會五卷
大唐三藏菩提流志新譯
右新譯單本從第二十一卷至第二十五卷
第八法界體性無分別會二卷
梁三藏曼陀羅仙譯　第二譯
勘同編入
右舊譯重本與姚秦童壽所譯法界體性經同本異譯當第二十六二十七卷
第九大乘十法會一卷

元魏三藏佛陁扇多譯　第二譯
勘同編入
右舊譯重本與梁衆鎧所譯大
乘十法經同本異譯 初云婆伽婆者是也
當第二十八卷 經本題為僧伽婆羅者誤也
第十文殊師利普門會一卷
大唐三藏菩提流志新譯　第二譯
右新譯重本與舊普門品經等
同本異譯當第二十九卷
第十一出現光明會五卷
大唐三藏菩提流志新譯
右新譯單本從第三十卷至第
三十四
第十二菩薩藏會二十卷
大唐三藏玄奘譯　出內典錄
勘同編入
右唐舊譯單本從第三十五卷
至第五十四 其菩薩藏會准大周錄入重譯中與三卷菩薩藏經同本異譯者誤之甚也名目雖同多少全異撿尋文義更復差殊其三卷菩薩藏亦編入此中即當摟那會是今改舊轍以為單譯
第十三佛為阿難說處胎會一卷
大唐三藏菩提流志新譯　第二譯

右新譯重本與舊胞胎經同本
異譯當五十五卷
第十四佛說入胎藏會三卷
大唐三藏義淨譯　勘同編入
右唐舊譯單本當第五十六卷
及五十七 此入胎藏會本名佛為難陁說出家入胎經在根本說一切有部毗奈耶雜事第十一十二卷三藏義淨揀出別行今菩提流志勘梵本同編入會次既不重譯故為單本又與雜寶藏經難陁為佛為出家緣初雖少同後乃全異不合以為重譯此會及前會攝其文理合入聲聞藏內今為編入寶積通在菩薩藏收
第十五文殊師利授記會三卷
大唐天后代于闐三藏實叉難陁譯
第三譯　勘同編入
右唐舊譯重本與舊文殊師利
佛土嚴淨經同本異譯從第五
十八卷至第六十
第十六菩薩見實會十六卷
高齊三藏那連提耶舍譯 勘同編入
右舊譯單本從第六十一卷至
第七十六
第十七富樓那會三卷
姚秦三藏鳩摩羅什譯　第二譯

勘同編入
右舊譯重本本名菩薩藏經亦
名大悲心經與西晉竺法護所
譯菩薩藏經同本異譯從第七
十七卷至第七十九 晉譯本闕
第十八護國菩薩會二卷
隋三藏闍那崛多譯 出內典錄
勘同編入
右舊譯單本當第八十卷及八
十一
第十九郁伽長者會一卷
曹魏三藏康僧鎧譯　第三譯
勘同編入
右舊譯重本與法鏡經及郁迦
羅越問菩薩行經等同本異譯
當第八十二卷 經本題為康僧顗者誤也
第二十無盡伏藏會二卷
大唐三藏菩提流志新譯
右新譯單本第八十三卷及第
八十四
第二十一授幻師跋陁羅記會一卷
大唐三藏菩提流志譯　第二譯

右新譯重本與舊幻士仁賢經同本異譯當第八十五卷

第二十二大神變會二卷

大唐三藏菩提流志新譯

右新譯單本當第八十六卷及第八十七

第二十三摩訶迦葉會二卷

元魏優禪尼國王子月婆首那譯

勘同編入

右舊譯單本當第八十八卷及第八十九

第二十四優波離會一卷

大唐三藏菩提流志新譯　第二譯

右新譯重本與舊決定毗尼經同本異譯當第九十卷

第二十五發勝志樂會二卷

大唐三藏菩提流志新譯　第二譯

右新譯重本與舊發覺淨心經同本異譯當第九十一卷及第九十二

第二十六善臂菩薩會二卷

姚秦三藏鳩摩羅什譯　出法上録

勘同編入

右舊譯單本當第九十三卷及第九十四（此善臂會大周録云與持人菩薩經及持世經菩薩品經等同本異譯者非今尋其文理與持人經等義旨懸殊其善臂經從善臂經鈔出與法華普門品同類既有斯異故為單譯）

第二十七善順菩薩會一卷

大唐三藏菩提流志新譯

右新譯單本當第九十五卷

第二十八勤授長者會一卷

大唐三藏菩提流志譯

右新譯單本當第九十六卷

第二十九優陁延王會一卷

大唐三藏菩提流志譯　第二譯

右新譯重本與舊優填王經同本異譯當第九十七卷（新舊二經再有廣略）

第三十妙慧童女會無後一卷

大唐三藏菩提流志新譯　第四譯

右新譯重本與舊兩譯須摩提經及流志先譯妙慧童女經同本異譯當九十八卷從初至半（其先譯妙慧經本在東都壽之末穫）

第三十一恒河上優婆夷會與前同卷

大唐三藏菩提流志新譯

右新譯單本當第九十八卷從半至末

第三十二無畏德菩薩會一卷

元魏三藏佛陁扇多譯　第五譯

勘同編入

右舊譯重本與阿闍世王女阿術達菩薩經等同本異譯當第九十九卷

第三十三無垢施菩薩應辯會一卷

西晉居士聶道真譯　第二譯

勘同編入

右舊譯重本與離垢施女經及得無垢女經同本異譯當第一百卷（經本題為竺法護譯者誤也其離垢施女經竺法護譯如後所顯）

第三十四功德寶華敷菩薩會無後一卷

大唐三藏菩提流志新譯

右新譯單本當第一百一卷從初至半

第三十五善德天子會與前同卷

大唐三藏菩提流志新譯　第二譯

右新譯重本當與流志先譯文

殊師利所說不思議佛境界經同本異譯當第一百一卷從半至末

第三十六善住意天子會四卷

隋三藏達摩笈多譯　出內典錄　第七譯　勘同編入

右舊譯重本與如幻三昧經及聖善住意經等同本異譯從第一百二卷至第一百五

第三十七阿闍世王子會兼後三卷

大唐三藏菩提流志新譯　第三譯

右新譯重本與舊太子刷護大子和休經同本異譯當第一百六卷從初至半

第三十八大乘方便會兼前三卷

東晉天竺居士竺難提譯　第三譯　勘同編入

右舊譯重本與慧上菩薩問大善權經等同本異譯從第一百六卷半至一百八卷盡 經本題云西晉者誤

第三十九賢護長者會二卷

隋三藏闍那崛多譯　第一譯

勘同編入

右舊譯重本本名移識經新改名賢護長者會 本移識經無證信序今寶積中者新加之 與顯識經同本異譯當第一百九卷及一百一十 此賢護會兼有經改編顯識者二經梵本雖則不殊輙然改換竊為未可

第四十淨信童女會兼後三會同卷

大唐菩提流志新譯

右新譯單本當第一百一十一卷初

第四十一弥勒菩薩問八法會

元魏三藏菩提流志譯　第二譯　勘同編入

右舊譯重本名弥勒菩薩所問經與大乘方等要慧經同本異譯當第一百十一卷中 此八法會有譯論五卷其要慧經文少訛略耳

第四十二弥勒菩薩所問會兼前三會同卷

大唐三藏菩提流志新譯　第三譯

右新譯重本與舊譯弥勒菩薩所問本願經等同本異譯當第一百一十一卷末 經中題云西晉竺法護譯者錯也其舊本願經是竺法護譯如後所顯

第四十三普明菩薩會一卷　舊譯

今附秦錄　勘同入編　第三譯

右舊譯重本是舊單卷大寶積經新改名普明菩薩會與摩訶衍寶嚴佛遺日摩尼寶二經同本異譯當第一百一十二卷 此舊寶積經有釋論四卷

第四十四寶梁聚會二卷

北梁沙門釋道龔譯　勘同編入

右舊譯單本當第一百一十三卷及一百一十四

第四十五無盡慧菩薩會兼後二卷

大唐三藏菩提流志奉詔譯

右新譯單本當第一百一十五卷初

第四十六文殊所說般若會兼前

梁三藏曼陁羅仙譯　第一譯　勘同編入

右舊譯重本與大般若曼殊室利分及衆鎧所譯文殊般若同本異譯從第一百一十五卷中至一百一十六卷末 經本題為僧伽婆羅譯者誤也

第四十七寶髻菩薩會二卷

西晉三藏竺法護譯

右舊譯重本亦名菩薩淨行經與大集寶髻品及康僧會所出菩薩淨行經同本異譯當第一百一十七卷及一百一十八

此寶髻會有釋論一卷

第四十八勝鬘夫人會一卷

大唐三藏菩提流志新譯　第三譯

右新譯重本與舊勝鬘師子吼一乘大方便經等同本異譯當第一百一十九卷

第四十九廣博仙人會一卷

大唐三藏菩提流志新譯　第二譯

右新譯重本與舊毗耶娑問經同本異譯當第一百二十卷

其新譯本比於舊經後文不足向少一紙或有將舊經續入者欲使意殊圓滿故也

大方廣三戒經三卷

北涼天竺三藏曇無讖譯　出法上録

第一譯

右一經與寶積第一三律儀會同本異譯

無量清淨平等覺經二卷　亦直云無量清淨經

後漢月支三藏支婁迦讖譯　第二譯

阿弥陁經二卷　內題云佛說諸佛阿弥陁三耶三佛薩樓佛檀過度人道經

吳月支優婆塞支謙字恭明譯　第三譯

無量壽經二卷

曹魏天竺三藏康僧鎧譯　第四譯

右三經與寶積第五無量壽會同本異譯　此第五會同新舊十一譯七譯闕本天親菩薩依經義造論一卷

上四經九卷同帙

阿閦佛國經二卷　一名阿閦佛刹諸菩薩學成品經

後漢月支三藏支婁迦讖譯　第一譯

三譯一闕

右一經與寶積第六不動如來會同本異譯

阿閦如來念誦法一卷　經內題云念誦供養法

大興善寺三藏沙門大廣智不空奉詔譯

貞元新入目録

大乘十法經一卷　初云佛住王舍城

梁扶南三藏僧伽婆羅譯　拾遺編入

第一譯

右一經與寶積第九大乘十法

會同本異譯

普門品經一卷　亦云普門經

西晉三藏竺法護譯　第一譯

右一經與寶積第十文殊師利普門會同本異譯　周録將為法華支流者誤之甚也新舊三譯一譯闕本

胞胎經一卷　一名胞胎受身經

西晉三藏竺法護譯　第一譯

右一經與寶積第十三佛為阿難說處胎會同本異譯　此胞胎經准舊録中編為小乘單本今以類相從附之於此

文殊師利佛土嚴淨經三卷　或直云嚴淨佛土經亦直云佛土嚴淨經

西晉三藏竺法護譯

第一譯　三譯一闕

右二經與寶積第十五文殊授記會同本異譯

大聖文殊師利菩薩佛刹功德莊嚴經三卷

大興善寺三藏沙門大廣智不空奉詔譯

貞元新入目録

法鏡經二卷　或一卷

後漢安息優婆塞安玄共沙門嚴佛調譯

第一譯

上八經十三卷同帙

郁迦羅越問菩薩行經一卷
或云郁伽長者經或二卷
西晉三藏竺法護譯　第四譯
六譯二闕
右二經與寶積第十九郁伽長
者會同本異譯
幻士仁賢經一卷　或云仁賢幻士經
西晉三藏竺法護譯　第一譯
右一經與寶積第二十一授幻
師記會同本異譯
決定毗尼經一卷　一名破壞一切心識
群錄皆云燉煌譯竟不顯人名年代
今附東晉錄　第一譯
右一經與寶積第二十四優波
離會同本異譯
發覺淨心經二卷
隋天竺三藏闍那崛多譯　第一譯
右一經與寶積第二十五發勝
志樂會同本異譯
優填王經一卷
西晉沙門法炬譯　拾遺編入　第一譯
右一經與寶積第二十九優陀
延王會同本異譯

須摩提經一卷　亦直云須摩經
西晉三藏竺法護譯　第一譯
須摩提菩薩經一卷
姚秦三藏鳩摩羅什譯　第二譯
新舊四譯一闕
右二經與寶積第三十妙慧童
女會同本異譯
阿闍貰王女阿術達菩薩經一卷
亦直云阿闍貰女經
亦直云阿述達經
西晉三藏竺法護譯　第三譯
五譯二闕
右一經與寶積第三十二無畏
德會同本異譯
離垢施女經一卷
西晉三藏竺法護譯　第一譯
上九經十卷同帙
得無垢女經一卷　或云無垢女經一名論議辯才法門
元魏婆羅門瞿曇般若流支譯
第二譯
右二經與寶積第三十三無垢
施會同本異譯
文殊師利所說不思議佛境界經二卷
大唐天后代天竺三藏菩提流志譯

出大周錄　第一譯
右一經與寶積第三十五善德
天子會同本異譯
如幻三昧經二卷　或三卷　或四卷
西晉三藏竺法護譯　第二譯
聖善住意天子所問經三卷　或四卷
元魏婆羅門瞿曇般若流志譯　第五譯
七譯四闕
右二經與寶積第三十六善住
意會同本異譯
太子刷護經一卷
西晉三藏竺法護譯　出法上錄
第一譯
太子和休經一卷　或作私休
僧祐錄云安公錄中失譯經　今附晉錄
第二譯
右二經與寶積第三十七阿闍
世王子會同本異譯
上六經十卷同帙
慧上菩薩問大善權經二卷　或一卷
西晉三藏竺法護譯　第二譯
五譯三闕
右一經與寶積第三十八大乘

方便會同本異譯

大乘顯識經二卷

大唐中天竺三藏地婆訶羅譯 出大周録

第二譯

右一經與寶積第三十九賢護長者會同本異譯

大乘方等要慧經一卷

後漢安息三藏安世高譯　第一譯

右一經與寶積第四十一弥勒問八法會同本異譯

弥勒菩薩所問本願經一卷

西晉三藏竺法護譯　第一譯

右一經與寶積第四十二弥勒所問會同本異譯

三譯一闕

佛遺日摩尼寶經一卷 亦名古品日遺日說般若經

後漢月支三藏支婁迦讖譯　第一譯

摩訶衍寶嚴經一卷 一名大迦葉品 晉代失譯

舊在後漢録　今且依舊　第二譯

右二經與寶積第四十三普明菩薩會同本異譯

勝鬘師子吼一乘大方便方廣經一卷

亦直云勝鬘經

宋天竺三藏求那跋陁羅譯 三譯一闕

右一經與寶積第四十八勝鬘夫人會同本異譯

毗耶娑問經二卷

元魏婆羅門瞿曇般若流支譯

出序記　第一譯

右一經與寶積第四十九廣博仙人會同本異譯 其序記云魏興和四年歲次壬戌月建在申朔次乙丑婆羅門客瞿曇流支沙門曇林於尚書令儀同高公第譯建初辛巳甲午畢功凡有一万四千四百五十七字諸録皆云勒那摩提或云菩提留支譯者二俱誤也今依序記為正此毗耶娑經舊録為小乘單本今勘為大乘重譯

上八經十一卷同帙

大集部 但是大集流類皆編於此

揔二十四部一百四十二卷一十四帙

大方等大集經三十卷 或四十卷

北涼天竺三藏曇無讖於姑臧譯

三帙　第二譯　三譯二闕

謹按梁沙門僧祐大集記云有十二段說共成一經第一瓔珞品第二陁羅尼自在王品第三寶女品第四不眴品第五海慧品第六無言品第七不可說品第八虛空藏品第九寶幢分品第十虛空目分品第十一寶髻品第十二無盡意品今撿經本與祐記不同第一陁羅尼自在王菩薩品 亦有經本分為瓔珞品者不然此是一段不合分二後大經即是此品 第二寶女品第三不眴菩薩品第四海慧菩薩品第五虛空藏菩薩品第六無言菩薩品第七不可說菩薩品第八寶幢分第九虛空目分第十寶髻菩薩品第十一日密分 尋撿群録此大集經卷無定准或云二十九或云十或三十一或三十二或四十卷今時大集多分三十二其日密分文不具足合少一卷其三十一卷者文應備具今尋求未獲然僧祐記中無日密分有無盡意品者不然今以無盡意經雖是大集別分非無讖譯又非次第不合入其虛空藏品祐在不可說後未詳所以今從陁羅尼自在王品至日密分揔十一分其日藏經與日密分同本異譯亦是

第十一分日密日藏初俱云說虛空目安那般那廿露門巳次說此經又日密分既於虛空日後說準義不合隔實語品今經本中有此品隔未詳是所以又日密日藏雖是同本是日密分文極最略後文復闕可收卷餘月藏經是第十二分或有經本題云大乘大集經月藏分第十二經初又云化諸龍眾說日藏經巳次說此經十輪經是第十三分初云說月藏經巳次說此經十輪後第十四分本在西方末流於此須弥藏經是第十五分經初題云大乘大集經須弥藏分第十五第十六分合是虛空孕經初云授功德天記別法巳次說此經然須弥藏經因功德天如來方說故知此經合居其次其日藏經初在迦蘭陁竹林園說次昇須弥頂後因龍請往佉羅帝耶山說月藏等四經並在佉羅帝耶山說次第如是其念佛三昧賢護辟喻王無盡意經等雖是大集別分既不知次第難可編記然隋朝僧就合大集經乃將明度五十挍計經題為十方菩薩品編月藏後及無盡意經成五十八卷者非也既無憑准故不依彼其合大集經亦有六十卷成者三十一二兩卷重有寶髻品足成六十其寶髻

貞元新定釋教目錄卷第二十　第三十四張　戒

品在日密前二十六七卷是此復重編未詳何意又日密日藏梵本不殊重編載誤之甚矣若欲合者前大集中除日密分有二十七卷以日藏分替處續次日密日藏梵本雖同日密分中文略闕少故日藏替之次月藏次地藏十輪唐譯十卷成者次須弥藏次虛空孕後之四經雖不知說次以意合之亦將無失虛空孕後次念佛以宋朝譯六卷者充其隋譯十卷者後闕二品次賢護次辟喻王末無盡意揔成八十卷亦將契矣其無盡意經初首題云大集經中無盡意菩薩不可盡義品第三十二品即分也是第三十二分然僧祐記中在寶髻品後及僧祐所合大集編之於末者是經明矣又有善住意天子所問經詳其文義合是大集別分合編入大寶積中不可雙載故此闕也

大方等大集日藏經十卷　或十五卷

第十一分　一帙

隋天竺三藏那連提耶舍譯

與日密同　第四譯

右一經與前大集經中日密分同本異譯　日密文略此中稍廣

大集月藏經十卷　或十五卷

第十二分　一帙

貞元新定釋教目錄卷第二十　第三十五張　戒

高齊天竺三藏那連提耶舍譯

單本

地藏菩薩問法身讚一卷　經內題云百千頌大集經地藏菩薩請法身讚

大興善寺三藏沙門大廣智不空奉詔譯

貞元新入目錄

大乘大集地藏十輪經十卷　第十二分

大唐三藏玄奘譯　分一帙　出內典錄

第二譯

上二經十一卷同帙

大方廣十輪經八卷　失譯

今附北凉錄　第一譯

右二經同本異譯　其舊十輪經大周錄云曇無讖譯出長房錄檢長房入藏錄中乃云失譯周錄誤也

大集須弥藏經二卷　第十五分

高齊天竺三藏那連提耶舍共法智譯

單本

上二經十卷同帙

虛空藏菩薩經一卷　或無菩薩字

姚秦罽賓三藏佛陁耶舍歸罽賓譯

寄來秦國　第一譯

虛空藏菩薩神呪經一卷

宋罽賓三藏曇摩蜜多譯

貞元新定釋教目錄卷第二十　第三十六張　戒

第一譯
虛空孕菩薩經二卷 合是第十八分
隋天竺三藏闍那崛多等譯 第四譯
右三經同本異譯 前後四譯一譯闕本
觀虛空藏菩薩經一卷 亦云虛空藏觀經或無觀字
宋罽賓三藏曇摩蜜多譯
單本
新譯大虛空藏菩薩所問經八卷
大興善寺三藏沙門大廣智不空奉詔譯
貞元新入目錄
大虛空藏菩薩念誦法一卷
大興善寺三藏沙門大廣智不空奉詔譯
貞元新入目錄
上六經十四卷同帙
菩薩念佛三昧經六卷 或無菩薩字
宋天竺沙門功德直共玄暢譯
第一譯
大方等大集菩薩念佛三昧經十卷 一帙
隋天竺三藏達摩笈多譯 出內典錄
第二譯
右二經同本異譯 其隋譯本比於前經後闕二品文不足矣
般舟三昧經三卷 或加大字 或二卷

後漢月支三藏支婁迦讖譯
第一譯
拔陂菩薩經一卷 或名拔波
僧祐錄云安公古異經是般舟經初四品異譯
第五譯 今附漢錄
大方等大集賢護經五卷 亦直云賢護經或六卷
隋天竺三藏闍那崛多等譯
第七譯
右三經同本異譯 前後七譯四譯本闕
上五經二十五卷分三帙
阿差末經七卷 晉曰無盡意 或四卷或五卷
西晉三藏竺法護譯
無盡意菩薩經六卷 亦云阿差末經出大集經
宋沙門智嚴共寶雲譯
右一經同本異譯 前後五譯三譯闕本
上二經十三卷同帙
大集譬喻王經二卷 大集別品
隋天竺三藏闍那崛多等譯
大哀經八卷 或云如來大哀經或六卷或七卷
西晉三藏竺法護譯
拾遺編入
右一經是大集經初陀羅尼自在王菩薩品異譯 出第一卷初至第五卷半

上二經十卷同帙
寶女所問經三卷 亦云寶女問慧經或四卷
西晉三藏竺法護譯
右一經是大集經寶女品異譯 出第五卷半後至第七卷
無言童子經二卷 或言無言菩薩或一卷
西晉三藏竺法護譯
右一經是大集經無言品異譯 出第十七卷半至第十八過半
自在王菩薩經二卷
姚秦三藏鳩摩羅什於逍遙園譯
第一譯
奮迅王問經二卷
元魏婆羅門瞿曇般若流支等譯
出序記 第二譯
右二經同本異譯 其奮迅王經序記云魏興和四年歲次壬戌月建在申朔次乙丑甲午之日啓夾創筆沙門曇林瞿曇流支於尚書令儀同高公第譯凡有一万八千三百四十一字諸錄皆云菩提支譯者誤也依序記為正又上二經內典錄云抄大集經陀羅尼自在王菩薩品異譯者不然尋其文理懸絕不同但可不為大集別分耳或此之二經非大集分但以上代群錄皆云異譯於陀羅尼自在王品勘撿雖則不同且記於大集之末

上四經九卷同帙

寶星陀羅尼經十卷　或八卷　武

大唐天竺三藏波羅頗蜜多羅譯

出內典錄　單本

右一經內典錄云是大集經別分檢尋前大集經中寶幢分佛於欲色二界中間大寶坊中重說此寶星陀羅尼經故寶幢分初云佛在欲色二界中間大坊中告大衆言我昔初得菩提已住王舍城迦蘭陀竹林介時中有二智人一名優婆提舍二名拘律陀等次第至末文意並同此經可為重說不可為重譯也又舊錄中有寶髻菩薩所問經是寶髻品異譯今編入寶積第四十七會既入彼中此不重藏又有虛空藏經八卷撿無異本即虛空藏品抄出別行又有虛空藏問持經得樂福經亦是虛空藏品別文抄出既是別出除之不錄又內典錄及大周錄中更有大集經八卷尋其文句即是合部大集經第六帙也初之兩卷名十方菩薩品此乃是明度五十校計經不知何故編入此中後之六卷乃是無盡意經既是繁重亦除不錄

貞元新定釋教目錄卷第二十

丙午歲高麗國大藏都監奉勑雕造

貞元新定釋教錄第二十

貞元新定釋教目録卷第二十二 別録之二 武

西京西明寺沙門圓照 撰

有譯有本録中菩薩三藏録之二

大乘經重單合譯中

華嚴部 華嚴本部及眷屬經皆纂於此 惣四十部二百四十八卷 二十四帙

大方廣佛花嚴經六十卷 或五十卷 六帙

東晉天竺三藏佛陁跋陁羅等譯

大本初譯

右此經惣七處八會合三十四品會列如左

第一寂滅道場會 合二品四卷

第二普光法堂會 合六品三卷

第三忉利天宮會 合六品三卷

第四夜摩天宮會 合四品三卷

第五兜率天宮會 合三品十卷

第六他化天宮會 合一品二十三卷 新經開為二會

第七普光法堂重會 一品七卷

第八給孤獨園會 一品十六卷

大方廣佛花嚴經八十卷 八帙

大唐天后代于闐三藏實叉難陁等譯 新編入録

大本再譯

右二經同本異譯其部譯經惣七處九會合三十九品會列如左

第一會菩提場中說 合六品十一卷

第二會普光明殿說 合六品四卷

第三會忉利天宮說 合六品三卷

第四會夜摩天宮說 合四品三卷

第五會兜率天宮說 合三品十二卷

第六會他化自在天宮說 合一品六卷

第七重會普光明殿說 合十一品十三卷

第八重會普光明殿說 合一品七卷

第九會給孤獨園說 一品二十一卷

新譯大方廣佛花嚴經四十卷

罽賓國三藏賜紫沙門般若奉 詔譯

貞元新入目録 四帙

普賢行願讚一卷

大興善寺三藏沙門大廣智不空奉 詔譯

貞元新入目録

文殊問字母品經一卷

大興善寺三藏沙門不空奉 詔譯

貞元新入目録

瑜伽金剛頂經釋字母品一卷

大興善寺三藏沙門大廣智不空奉 詔譯

貞元新入目録

華嚴入法界四十二字觀門一卷 內題

大方廣佛花嚴經

大興善寺三藏沙門大廣智不空奉 詔譯

貞元新入目録

金剛頂經瑜伽文殊師利菩薩儀軌供養法一品

并梵字亦名文殊五字念誦法

大興善寺三藏沙門大廣智不空奉 詔譯

貞元新入目録

金剛頂瑜伽文殊師利菩薩經一卷 經內題

云法一品亦名五字咒法

大興善寺三藏沙門大廣智不空奉 詔譯

貞元新入目録

曼殊室利童子菩薩五字瑜伽法一卷 并梵字

大興善寺三藏沙門大廣智不空奉 詔譯

貞元新入目録

五字陁羅尼頌一卷 并梵字

大興善寺三藏沙門大廣智不空奉 詔譯

貞元新入目録

金剛頂超勝三界經說文殊五字真言勝相一卷

大興善寺三藏沙門大廣智不空奉 詔譯

貞元新入目録

文殊讚佛法身禮一卷 經內題云大聖文殊師利菩薩讚佛法身禮并序

大興善寺三藏沙門大廣智不空奉　詔譯

入貞元新目錄

信力入印法門經五卷

元魏天竺三藏曇摩流支譯　單本

上十一經十五卷同一帙

度諸佛境界智光嚴經一卷 失譯今附秦錄第二譯

右一經大周錄云元魏三藏菩提流支譯出長房錄今按長房等錄留支所譯元此經名今為失譯附於秦錄又云与如來莊嚴智慧光明入一切佛境界智嚴經同本異譯者誤也今尋文理義旨各殊名雖似同所詮乃異求其旨趣方与佛華嚴經入如來德智不思議境界經同本異譯故移編此

佛華嚴入如來德智不思議境界經二卷

隋天竺三藏闍那崛多等譯

出內典錄　第三譯

大方廣入如來智德不思議經一卷

大唐天后代于闐三藏實叉難陀譯

新編入錄　第四譯

右三經同本異譯 新舊四譯一譯本闕

大方廣佛花嚴經不思議佛境界分

一卷 或二卷

大唐天后代于闐三藏提雲般若譯

出大周錄　第一譯

大方廣如來不思議境界經一卷

大唐天后代于闐三藏實叉難陀譯

新編入錄　第二譯

右二經同本異譯

大乘金剛髻珠菩薩修行分一卷 亦云金剛髻菩薩加行品

大唐天后代天竺三藏菩提流支譯

出大周錄　單本

大方廣佛花嚴經修慈分一卷

大唐天后代于闐三藏提雲般若譯

新編入目錄　單本

大方廣普賢菩薩所說經一卷

大唐天后代于闐三藏實叉難陀譯

新編入錄　單本

莊嚴菩提心經一卷

姚秦三藏鳩摩羅什譯第四譯

上九經十卷同帙

大方廣菩薩十地經一卷

元魏西域三藏吉迦夜共曇曜譯

第五譯

右二經同本異譯 前後五譯三譯闕本此菩薩十地經大周錄云是華嚴十住品異譯者謬也尋閱文句義旨懸殊但可為華嚴眷屬耳

右信力入印法門等十一經並與華嚴分有相似是眷屬攝而非正部以其三種世間嚴事劣故

佛說十力經一卷

安西三藏勿提提犀魚於蓮華寺譯

貞元新入目錄

佛說迴向輪經一卷

于闐國三藏尸羅達摩於北庭龍興寺譯

貞元新入目錄

佛說十地經九卷

于闐國三藏沙門尸羅達摩於北庭龍興寺譯

安西北庭進入

貞元新入目錄

上四經十二卷同一帙

兜沙經一卷

後漢月支三藏支婁迦讖譯

右一經是華嚴經如來名号品異譯 舊經在第五卷新經在第十二此於大本此經稍略

菩薩本業經一卷 亦直云本業經 亦云淨行品經
吳月支優婆塞支謙譯
諸菩薩求佛本業經一卷 或無諸字
西晉清信士聶道真譯
右二經是花嚴淨行品異譯
舊經在第六卷新經在第十四其支謙譯者兼十住品略無偈大同入藏錄中更有菩薩本業經一卷亦是異譯淨行品尋本不獲故闕之耳
菩薩十住行道品一卷 亦直云菩薩十住
西晉三藏竺法護譯
出法經錄　拾遺編入
菩薩十住經二卷
東晉西域三藏祇多蜜譯
右二經是華嚴菩薩十住品異譯
舊經在第九卷新經在第十六卷略無偈
漸備一切智德經五卷
或十卷一名十住 又名大慧光三昧
西晉三藏竺法護譯
上六經十一卷同一帙
十住經四卷 或五卷
姚秦三藏鳩摩羅什共佛陁耶舍譯
右二經是華嚴十地品異譯
舊經從第二十五卷至第二十九新經從第三十四卷至

貞元新定釋教錄卷第二十一　第七張　武

第三十九 天親菩薩造十地釋論一十二卷
等目菩薩所問三昧經
一名普賢定意 或三卷
西晉三藏竺法護譯
右一經是新花嚴十定品異譯
從第四十卷至第四十三舊華嚴經元無十定品此等目所問經闕錄為單本今勘為重譯
顯無邊佛土功德經一卷
大唐三藏玄奘譯
出內典錄
右一經是華嚴壽量品異譯
舊經在第十四新經在第四十五
如來興顯經四卷 一名興顯如幻經
右一經是舊華嚴寶王如來性起品及十忍品異譯
從第三十五卷半至三十七卷盡其十忍品在三十卷此略無偈不知何故前後差別
新經名如來出現
從第五十卷至第五十二其十忍品在第四十舊錄中又有如來性起微密藏經二卷即是舊經性起品抄出別行其文不異但取第二會初緣起標於經首加證信序即非別翻故不重載
上四經十一卷同帙

貞元新定釋教錄卷第二十一　第八張　武

度世品經六卷 或五卷
西晉三藏竺法護譯
右一經是華嚴離世間品異譯
舊經從第三十八卷至第四十一新經從第五十三卷至第五十九
羅摩伽經三卷
乞伏秦沙門釋聖堅譯
出內典錄
右一經是華嚴入法界品異譯
此羅摩伽經比於本品文闕不足於其中間譯出少分舊經從第五十一卷無上勝長者至第五十二卷初妙德救護衆生夜天所其文即盡新經第六十七卷半至第七十卷初
大方廣佛花嚴經續入法界品一卷 或無續字
大唐中天竺三藏地婆訶羅譯
出大周錄
右一經續舊華嚴經入法界品
或有經大續入本部之中在第五十七卷
上三經十卷同帙
從兜沙下一十三經並是大部之中別品異譯
涅槃部 及支流經並集於此
摠六部五十八卷六帙
大般涅槃經四十卷 或三十六卷四帙

貞元新定釋教錄卷第二十一　第九張　武

北涼天竺三藏曇無讖於姑臧譯 第五單重合譯其涅槃經宋文帝代元嘉年中達于建業時有豫州沙門范慧嚴清河沙門崔慧觀陳郡處士謝靈運等以讖前經品數疎簡乃依舊泥洹經加之品目文有過質頗亦改治為三十六卷行於江左比於前經時小異有論一卷略釋大經又論一卷釋本有今無一偈

大般涅槃經後譯茶毗分二卷 亦名闍維分 亦名後分

大唐南海波淩國沙門若那跋陀羅共唐國沙門會寧於彼國共譯出 大周錄單本

右一經是前大般涅槃經之餘憍陳如品之末兼說滅度已後焚燒等事 義淨三藏求法傳云益府城都沙門會寧麟德年中往遊天竺到南海波淩國与彼國三藏沙門若那跋陀羅唐云智賢於阿笈摩經抄出如來涅槃焚燒之事非大乘涅槃經也遣使寄來方之天生今尋此經与長阿含初分遊行經少分相似而不全同經中復言生身常在常樂我淨佛菩薩境界非二乘所知与大涅槃義理相涉經初復題陳如品末文勢相接且編於此諸博識知詳而定之

大般泥洹經六卷 或十卷

東晉平陽沙門釋法顯共覺賢譯

第四譯

右一經是大般涅槃經之前分

盡大衆問品同本異譯 無荼毗分前後七譯四譯闕本

上二經八卷同帙

方等般泥洹經二卷 亦名大般泥洹經或三卷

西晉三藏竺法護譯 第一譯

四童子三昧經三卷 或直名四童子經

隋天竺三藏闍那崛多等譯

第二譯

右二經同本異譯 按群錄中又有哀泣經二卷或二卷云与方等泥洹同本異譯亦不述其翻譯所由尋其文句即是方等泥洹更無有異其方等泥洹初品名為哀泣但取此品題目以作經名比於方等泥洹仍闕三品餘並無別既是繁重刪之不錄

大悲經五卷

高齊天竺三藏那連提耶舍共法智譯

單本

上三經十卷同帙 方等般泥洹等三經涅槃支流

五大部外諸重譯經 三百七十三部一千八十八卷五十一帙

方廣大莊嚴經十二卷 一名神通遊戲

大唐中天竺三藏地婆訶羅譯

普曜經八卷 一名方等本起

出大周錄 第四譯

西晉三藏竺法護譯

第二譯四譯二闕

右二經同本異譯 其大莊嚴經問錄編為單譯或有以普曜經入小乘藏者二俱誤也

上二經二十卷二帙

法華三昧經一卷 出法華支流

宋京州沙門釋智嚴譯 單本

無量義經一卷 法華前說

蕭齊天竺沙門曇摩伽陁耶舍譯

第二譯兩譯一闕

薩曇分陁利經一卷 是異出法華寶塔天授二品各少分僧祐錄云安公錄中失譯今附西晉錄 拾遺編入

妙法蓮華經八卷 或七卷二十八品

姚秦三藏鳩摩羅什譯 第五譯

右上四經 此妙法蓮華經第五卷初提婆達多品蕭梁武帝時外國三藏摩提共揚都僧正沙門法獻於瓦官寺譯其經梵本是法獻於于闐將來其第八卷初普門品中重誦偈周武帝時北天竺三藏闍那崛多於益州龍淵寺譯奏本並闕後續編入又第八卷中藥王菩薩等咒六首大唐三藏玄奘重譯在音義中此下別出

成就妙法蓮華經王瑜伽觀智儀軌一卷

大興善寺三藏沙門大廣智不空奉詔譯

貞元新入目錄

上五經十二卷同一帙

正法華經十卷（或云方等正法華或七卷一帙）

西晉三藏竺法護譯　第三譯

妙法蓮華經七卷（或八卷二十七品）

隋天竺三藏崛多笈多二法師添品譯

出經前序及內典錄

右二經同本異譯（其添品序略云正法法護翻妙法什譯撿驗二本文皆有闕護所闕者普門品偈也什所闕者藥草喻品之半富樓那及法師二品之初提婆達多品普門品偈也什移囑累在藥王之前二本陀羅尼並置普門之後其間異同言不能極竊見提婆達多及普門品偈先賢續出補闕流行余景仁壽元年辛酉之歲因普曜寺沙門上行所請遂共崛多笈多二法師於大興善寺重勘天竺多羅葉本富樓那及法師等二品之初勘本猶闕藥草喻品更益其半提婆達多通入塔品陀羅尼次神力之後囑累結其終字句差殊頗亦改正儻有拔萃幸勿疑焉此添品成六譯三在闕）

維摩詰所說經二卷（一名不可思議解脫或云維摩詰經）

姚秦三藏鳩摩羅什譯　第六譯

上二經十卷同帙

維摩詰經二卷（或三卷）

吳月支優婆塞支謙譯　第二譯

說無垢稱經六卷

大唐三藏玄奘譯　第七譯

出內典錄

右三經同本異譯（前後七譯四譯闕本）

大方等頂王經一卷（一名維摩詰子問經亦名善思童子經）

西晉三藏竺法護譯　第一譯

大乘頂王經一卷（亦名維摩兒經）

梁優禪尼國王子月婆首那譯　第二譯

上四經十卷同帙

善思童子經二卷

隋天竺三藏闍那崛多等譯　第四譯

右三經同本異譯（在單本中誤也前後四譯第二本闕）（其善思童子經周錄）

大悲分陀利經八卷（亦名大悲今附秦錄）

第二譯失譯

上二經十卷同帙

悲華經十卷一帙

北涼天竺三藏曇無讖於姑臧譯

右二經同本異譯（前後四譯兩譯闕本）　第四譯

金光明最勝王經十卷一帙

大唐天后代三藏義淨譯　第五譯

新編入錄

金光明經八卷（二十四品）

隋大興善寺沙門寶貴合出　當第四本

右二經同本異譯（其序略云而金光明見有三本初在涼世有曇無讖譯為四卷止十八品其次周世闍那崛多譯為五卷成二十品後梁世眞諦三藏於建康譯三身分別業障滅陀羅尼最淨地依空滿願等四品足前出沒為二十四品寶貴每歎此經祕奧後分如何竟無囑累舊雖三譯本疑未周長想梵文願言逢遇大隋開皇十七年法席小間因勸請北天竺揵達國三藏法師此云志德重尋後本果有囑累品復得銀主陀羅尼品在京大興善寺即為翻譯并前先出合二十四品寫為八卷學士成都費長房筆受通梵沙門日嚴寺釋彥琮校練撰錄者曰此合部經文義備足其無識四卷眞譯七卷崛多五卷並皆有闕故此三經無繁重載謹按長房等錄周武帝代天竺三藏耶舍崛多譯一本名金光明經更廣壽量大辯陀羅尼經五卷成部今譯此名乃非全譯但於無讖四卷經中續演二品其壽量品更續其文大辯品中更廣呪法餘品

之中亦有續者故云更廣壽量大辯陀羅尼經故六卷合經序云壽量大辯又補其闕以此證知但是續闕非是別翻又經序聞那崛多譯為五卷房等諸錄乃云耶舍崛多者此二三藏乃是同師當時共翻千載皆得其合部經有六卷与此八卷明同異者其六卷經一品類例比校新經八卷者是又二經屬累文意全別六卷屬累乃為法華屬累大況相似未詳所以今勘八卷之者亦乃与新經并同二本少殊不可變載故存八卷為正編之入藏後尋覽者幸無惑焉然此合經惣成五譯兩本在藏三本入刪繁錄

純眞陀羅所問經二卷或三卷

後漢月支三藏支婁迦讖譯　第一譯

上二經十卷同帙

大樹緊那羅王所問經四卷亦名說不可思議品

姚秦三藏鳩摩羅什譯　第二譯

右二經同本異譯

佛昇忉利天為母說法經二卷亦名佛昇忉利天品經或三卷

西晉三藏竺法護譯

道神足無極變化經四卷一名道神足經或二卷或三卷

西晉安息三藏安法欽譯

第二譯

右二經同本異譯

上三經十卷同帙

寶雨經十卷一帙

大唐天后代南印度三藏達摩流支等譯

第三譯

寶雲經七卷

出周錄

梁扶南三藏曼陀羅仙共僧伽婆羅譯

第一譯

右二經同本異譯新舊三譯第二本闕

阿惟越致遮經三卷或無遮字或四卷

西晉三藏竺法護譯　第一譯

上二經十卷同帙

不退轉法輪經四卷

僧祐錄云安公涼土異經在北涼譯

第二譯

廣博嚴淨不退轉輪經四卷或六卷

宋涼州沙門智嚴共寶雲譯

第三譯

右三經同本異譯其阿惟越致遮經周錄在單本誤也

不必定入定入印經一卷元魏婆羅門瞿曇般

若流支譯出序記第一譯右經初序記大魏興和四年歲次降婁月建在戊州次甲子壬午之日瞿曇流支沙門曇林於尚書令儀同三司高公第譯九千一百九十三字諸錄皆云菩提留支譯者誤也今依序記為正

入定不定印經一卷

大唐天后代三藏義淨譯

新編入錄　第二譯

右二經同本異譯其舊譯經周錄為單本新勘重譯

上四經十卷同帙

等集衆德三昧經三卷或二卷

西晉三藏竺法護譯　第一譯

集一切福德三昧經三卷

姚秦三藏鳩摩羅什譯

出眞寂寺錄　第二譯

右二經同本異譯前後三譯一譯本闕

持心梵天經四卷一名莊嚴佛法經又名等御諸法經

西晉三藏竺法護譯

或六卷七十品　第一譯

上三經十卷同帙

姚秦釋僧叡思益序云恭明前譯頗麗其辭而迷其旨今按群錄吳時月支國優婆塞支謙字恭明翻譯衆經而無思益同本之者其持心經与思益同乃是西晉竺法護譯叡云恭明先譯失旨者誤

思益梵天所問經四卷（或直云思益經佑云思益義經）
姚秦三藏鳩摩羅什譯第二譯
勝思惟梵天所問經二卷
元魏天竺三藏菩提留支譯
第二譯（其勝思惟經有釋論四卷）
右三經同本異譯
上二經六卷同帙
持人菩薩經四卷（有加所問二字或三卷）
西晉三藏竺法護譯第一譯
持世經四卷（一名法印經或三卷）
姚秦三藏鳩摩羅什譯第三譯
右二經同本異譯（前後三譯第二本闕）
濟諸方等學經一卷（或無學字）
西晉三藏竺法護譯第一譯
大乘方廣揔持經一卷（或無乘字）
隋天竺三藏毗尼多流支譯
第二譯
右二經同本異譯（同録為單本新勘為重譯）
上四經十卷同帙
文殊師利現寶藏經三卷（或直云寶藏經或二卷）
西晉三藏竺法護譯第一譯
大方廣寶篋經二卷（或三卷）
宋天竺三藏求那跋陁羅譯

第四譯
右二經同本異譯（前後四譯兩譯闕本）
寶篋經一卷（經内題云一切如來心祕密全身舍利寶篋印陁羅尼經）
大興善寺三藏沙門大廣智不
空奉詔譯（貞元新入目録）
大乘同性經二卷（亦名一切佛行入智毗盧遮那藏說經或四卷）
周宇文代天竺三藏闍那耶舍譯
出大周録　第二譯
證契大乘經二卷（亦名入一切佛境智毗盧遮那藏）
大唐中天竺三藏地婆訶羅譯
出大周録　第二譯
右二經同本異譯
上五經十卷同帙
深密解脫經五卷
元魏天竺三藏菩提留支譯
全本初譯
解深密經五卷
大唐三藏玄奘譯
出内典録　全本再譯
上二經十卷同帙
解節經一卷

陳天竺三藏真諦譯
右一經是解深密經初五品異譯
出第一卷
相續解脫地波羅蜜了義經一卷（亦名解脫了義經亦名相續解脫經）
宋天竺三藏求那跋陁羅譯
右一經是解深密經後二品異
譯　出四五二卷
右四經同本異譯（二是全本二是抄譯）
緣生初勝分法本經二卷
隋天竺三藏達摩笈多譯
出内典録　第一譯
分別緣起初勝法門經二卷
大唐三藏玄奘譯
出内典録　第二譯
右二經同本異譯
楞伽阿跋多羅寶經四卷
宋天竺三藏求那跋陁羅譯
第二譯
上五經十卷同帙
入楞伽經十卷（一帙）
元魏天竺三藏菩提留支譯
第三譯

大乘入楞伽經七卷

大唐天后代于闐三藏實叉難陀譯

新編入錄　第四譯

右三經同本異譯　新舊四譯一譯闕

菩薩行方便境界神通變化經三卷

宋天竺三藏求那跋多羅譯　第四譯

上二經十卷同帙

大薩遮尼乾子所説經十卷一帙或七卷或八卷

元魏天竺三藏菩提流支譯　第三譯

右二經同本異譯

大方等大雲經六卷亦名大方等元相經或四卷或五卷

北凉天竺三藏曇無讖譯　第二譯

大雲請雨經一卷内題云大雲經請雨品第六十四

周宇文代天竺三藏闍那耶舍等譯　第一譯

大雲輪請雨經二卷

隋天竺三藏那連提耶舍譯　第二譯

大方等大雲請雨經一卷内題云大方等大雲經請雨品第六十四

隋天竺三藏闍那崛多等譯

出内典錄　第二譯

右三經同本異譯

大雲請雨經二卷經内題云大雲輪請雨經

大興善寺三藏沙門大廣智不空奉詔譯

貞元新入目錄

上五經十二卷同帙

諸法無行經二卷或一卷

姚秦三藏鳩摩羅什譯第一譯

諸法本無經三卷

隋天竺三藏闍那崛多等譯　第三譯

右二經同本異譯前後二譯一譯闕本

無極寶三昧經一卷或直云無極寶經

西晉三藏竺法護譯第一譯

寶如來三昧經二卷一名無極寶三昧經或一卷

東晉西域三藏祇多蜜譯　第二譯

右二經同本異譯

慧印三昧經一卷一名寶田慧印三昧佛經

吴月支優婆塞支謙譯第一譯

如來智印經一卷一名諸佛法身僧祐錄中失譯經

今附宋錄　第二譯

右二經同本異譯

上六經十卷同帙

大灌頂經十二卷或無大字錄云九卷未詳　一帙

東晉西域三藏帛尸梨蜜多羅譯

單重合譯

右卷别各是一經具列如左

第一卷灌頂三歸五戒帶佩護身咒經

第二卷灌頂七万二千神王護比丘咒經

第三卷灌頂十二萬神王護比丘咒經

第四卷灌頂百結神王護身咒經

第五卷灌頂宫宅神王守鎮左右咒經

第六卷灌頂塚墓因緣四方神咒經

第七卷灌頂伏魔封印大神咒經

第八卷灌頂摩尼羅亶大神咒經

第九卷灌頂召五方龍攝疫毒神咒經

第十卷灌頂梵天神策經

第十一卷灌頂隨願往生十方

淨土經

或廣普品第十一助別行隨願往生經是

第十二卷灌頂拔除過罪生死

得度經　即是舊藥師經佛遊維耶離者此為第一譯

藥師如來本願經一卷

隋天竺三藏達摩笈多譯

出內典錄　第二譯

藥師瑠璃光如來本願功德經一卷

大唐三藏玄奘譯

出內典錄　第三譯

藥師瑠璃光七佛本願功德經二卷

大唐三藏義淨大內佛光殿譯

新編入錄　第四譯

右三經同本異譯　與前灌頂第十二卷拔除過罪生死得度經同本其三藏義淨所譯二卷者更加大佛本願及咒論文大同焚師譯者其舊藥師經事錄皆云宋時鹿野寺沙門慧簡所譯尋撿其文即灌頂第十二卷新出別行更無異本其隨願往生經群錄或云吳時支謙譯或云西晉竺法護譯其見流行者即大灌頂經第十二卷普廣品更無別本此之二經既在大部之中其別生流行者删之不錄

阿闍世王經二卷

後漢月支三藏支婁迦讖譯　第一譯

普超三昧經二卷　或上加文殊師利字或四卷

西晉三藏竺法護譯第二譯

放鉢經一卷　是普超經舉鉢品異譯出第一卷

僧祐錄云安公錄中失譯經安公云

出方等今附西晉錄

右三經同本異譯　前後六譯三譯闕本

月燈三昧經十卷　或十一卷一帙

上六經十卷同帙

高齊天竺三藏那連提耶舍譯

月燈三昧經一卷　一名文殊師利菩薩十事行經

金本後出單重譯

宋沙門釋先公譯第二別譯

右一經出前大月燈經第七卷

異譯　第一譯單卷者本闕

無所希望經一卷　一名象步經

西晉三藏竺法護譯第二譯

象腋經一卷

宋罽賓三藏曇摩蜜多譯

第四譯

右二經同本異譯　前後四譯兩譯本闕

大淨法門經一卷

西晉三藏竺法護譯第一譯

大莊嚴法門經一卷

隋天竺三藏那連提耶舍譯

第三譯

右二經同本異譯　前後三譯一譯本闕

如來莊嚴智慧光明入一切佛境界

經二卷

曇摩流支譯　第一譯

度一切諸佛境界智嚴經一卷

梁扶南三藏僧伽婆羅等譯

第二譯

後出阿弥陀佛偈經一卷　與後經異本或無經字

後漢失譯　第二譯　兩譯一闕

觀無量壽經一卷　亦云無量壽觀經與前後經異本

宋西域三藏畺良耶舍譯

兩譯一闕　第一譯

無量壽如來念誦儀軌一卷　經內云修觀行供養儀軌

大興善寺三藏沙門大廣智不空奉　詔譯

阿弥陀經一卷　亦云无量壽經

貞元新入目錄

姚秦三藏鳩摩羅什譯

第一譯　第二本闕

稱讚淨土佛攝受經一卷 亦直云稱讚淨土經

大唐三藏玄奘譯

出內典錄　第三譯

右二經同本異譯 其求那跋陁羅所譯小無量壽經本不獲諸藏縱有一与阿弥陁文同不異

上十二經十三卷同帙

觀弥勒菩薩上生兜率天經一卷 亦名弥勒上生經

宋居士沮渠京聲譯　單本

右上生經雖是單譯隨成佛經次第編此

弥勒成佛經一卷 与後經異本

姚秦三藏鳩摩羅什譯

第二譯　兩譯一闕

弥勒來時經一卷　失譯

出法上錄今附東晉錄第三譯

弥勒下生經一卷 一名弥勒受決經初云大智舍利弗

姚秦三藏鳩摩羅什譯第四譯

謹依長房內典二錄並云弥勒下生經初云大智舍利弗者其經先是長安沙門釋道標撰於江州沙門道政刪改今詳此說或謂不然其釋道標乃是什公門下詳義之僧非翻譯之主縱使是標譯出文義有何不周降至齊朝政重刪改年月懸遠叙述參差依云道政所刪難為准的經

弥勒下生成佛經一卷 中子注乃日秦言故是秦翻無繫惑矣什錄先載是其中焉

大唐天后代三藏義淨譯

新編入錄　第六譯

右三經同本異譯 前後六譯三譯本闕

諸法勇王經一卷

宋罽賓三藏曇摩蜜多譯

第二譯

一切法高王經一卷 一名一切法義王經

元魏婆羅門瞿曇般若流支譯

第三譯　出序記

右經初序記云魏興和四年歲次壬戌季夏六月朔次乙未二十三日丁巳創譯婆羅門客瞿曇般若流支沙門曇林在賓太尉定昌寺譯八十四百四十九字諸錄皆云菩提留支譯者誤也今依序記為正其一切法高王經周錄為單本者誤也

右二經同本異譯 前後三譯一譯本闕

第一義法勝經一卷

元魏婆羅門瞿曇般若流支譯

第一譯　出序記

右經初序記云魏興和四年歲次壬戌九月一日甲子瞿曇流支沙門曇林於尚書令儀同三司高公第譯五千五百七十六字諸錄皆云菩提留支譯者誤也今依序記為正

大威燈光仙人問疑經一卷

隋天竺三藏闍那崛多等譯

第二譯

右二經同本異譯

順權方便經二卷 一名轉女身菩薩經或一卷

西晉三藏竺法護譯第二譯

樂瓔珞莊嚴方便品經一卷 亦云轉女身菩薩問答經

姚秦罽賓三藏曇摩耶舍譯

第三譯　出後經記

右二經同本異譯 其樂瓔珞莊嚴按李廓錄或云姚秦羅什所翻亦云宋朝法海所譯今准經後記云比丘慧法於罽賓秦寺請毗婆沙曇摩耶掘譯出故應無謬群錄或云曇摩耶舍善毗婆沙時人共号為毗婆沙故僧祐錄云舍利弗毗曇毗婆沙譯者即其人也舍之与掘聲相近耳今什錄中除附耶舍之錄前後四譯兩譯闕本

上十一經十二卷同帙

六度集經八卷 亦名六度無極經或九卷

吳天竺三藏康僧會譯

重單合譯

太子須大拏經一卷 或云達拏

乞伏秦沙門釋聖堅譯

周錄為單　合為重譯

右一經出六度經第二卷施度中異譯

菩薩睒子經一卷亦名孝子睒經

僧祐録安公録中失譯經今附西晉録　第二譯

睒子經一卷

乞伏秦沙門釋聖堅譯第四譯

右二經同本出六度經第二卷施度中異譯

太子慕魄經一卷

後漢安息三藏安世高譯　第一譯

太子沭魄經一卷或作慕魄

西晉三藏竺法護譯

第三譯　拾遺編入

右二經同本出六度經第四卷戒度中異譯

九色鹿經一卷

吳月支優婆塞支謙譯　出法上録

右一經出六度經第六卷精進度中異譯

上七經十四卷同帙

貞元新定釋教録卷第二十一　第三十二張　武

無字寶篋經一卷其九色鹿經周録爲單本誤也

元魏天竺三藏菩提留支譯　第一譯

大乘離文字普光明藏經一卷

大唐天竺三藏地婆訶羅於西太原寺譯　第三譯

出大周録

大乘遍照光明藏無字法門經一卷

大唐天竺三藏地婆訶羅重譯　第四譯

拾遺編入

右三經同本異譯大周録云与大方廣寶篋經同本異譯者誤也前後四譯一闕本

老女人經一卷亦名老母經或名老女經

吳月支優婆塞支謙譯　第一譯

拾遺編入

老母經一卷僧祐録中失譯經

今附宋録　第二譯

老母女六英經一卷亦名老母經

宋天竺三藏求那跋陁羅譯　第三譯

右三經同本異譯

月光童子經一卷一名月明童子經或名申日經

貞元新定釋教録卷第二十一　第三十二張　中

西晉三藏竺法護譯第一譯

申日兒本經一卷舊録作兜本誤也無日字

宋天竺三藏求那跋陁羅譯

拾遺編入　第三譯

德護長者經二卷一名尸利崛多長者經

隋天竺三藏那連提耶舍譯

拾遺編入　第四譯

右三經同本異譯上之三經雖是同本而廣略全異文有增減又文讒譯中有申日經一卷云与月光童子經同本異譯今檢尋文句二經不殊父名申日子号月光約父子名以分二軸両本既同故不煩出其申日經或小乘藏中云出阿含其增一阿含中有尸利崛多長者緣起無月光童子事編在彼中亦將誤也

文殊師利問菩提經一卷

一名菩提無行經亦直名菩提經

姚秦三藏鳩摩羅什譯第一譯

伽耶山頂經一卷亦名伽耶頂經

元魏天竺三藏菩提留支譯

第二譯

象頭精舍經一卷

隋天竺沙門毗尼多流支譯

第三譯

大乘伽耶山頂經一卷

貞元新定釋教録卷第二十一　第三十三張　戉

大唐天后代天竺三藏菩提流支譯
出大周錄　第四譯
右四經同本異譯（其沙門靖邁翻經圖中別載菩提經一卷大周錄中又有菩提無行經一卷此之二經並是什公所譯文殊問菩提之異名無煩重載）
長者子制經一卷（名制經）
後漢安息三藏安世高譯　第一譯
菩薩逝經一卷（或名菩童子經或直云逝經）
西晉沙門白法祖譯第三譯
逝童子經一卷
西晉沙門支法度譯　第四譯
五譯二闕
右三經同本異譯（又大周錄中別載逝經一卷即安世高譯者一本異名不合重載）
犢子經一卷
吳月支優婆塞支謙譯
出法上錄　第一譯
乳光佛經一卷（亦云乳光經）
西晉三藏竺法護譯第二譯
右二經同本異譯（廣略稍異前後四譯兩譯闕本）
無垢賢女經一卷（或云胎藏經）
西晉三藏竺法護譯
貞元新定釋教錄卷第二十一　第二十四張　武

出聶道眞錄　第二譯
右經云與胎藏經同本俱云竺法護譯今勘二本文句全同但名有異今存一本
腹中女聽經一卷（一名不莊校女經）
北涼天竺三藏曇無讖譯　第三譯
轉女身經一卷
宋罽賓三藏曇摩蜜多譯　第四譯
右三經同本異譯（前二經稍略五譯二闕）
上二十一經二十二卷同帙
無上依經二卷
梁天竺三藏眞諦譯全本第二譯
出經後記
右此無上依經謹按長房等錄並云陳永定二年丁丑眞諦三藏於南康郡淨土寺出其經後記云梁紹泰三年歲次丁丑九月八日三藏眞諦於平固縣南康內史劉文陁請令譯出今尋諸家年曆並來不同長房年曆但至承聖五年景子梁國即絕數鑾及王道琫年記至紹泰二年景子改爲太平元年太平二年丁丑改爲永定元年陳霸先立号爲陳國又有年記不知何人所撰依云承聖三年甲戌歲改爲大定元年建於後梁凡八載方改年号然四家年曆並無紹泰三年四本既並不同未審孰爲正說或可梁紹
貞元新定釋教錄卷第二十一　第二十五張　武

泰三年丁丑即是陳初永定元年也曆中但紀後号不載前名今者且依經紀爲梁代譯也
未曾有經一卷
後漢失譯　舊錄在小乘
單本中誤也　第一譯
甚希有經一卷
大唐三藏玄奘譯
出內典錄　第三譯
右二經同本異譯（是前無上依經初品出第一卷）
決定總持經一卷（或云決定總持經亦名決總持經）
西晉三藏竺法護譯第一譯
謗佛經一卷
元魏天竺三藏菩提留支譯　第二譯
右二經同本異譯
寶積三昧文殊問法身經一卷
後漢安息三藏安世高譯　第一譯
入法界體性經一卷
隋天竺三藏闍那崛多等譯
拾遺編入　第二譯
貞元新定釋教錄卷第二十一　第二十六張　武

右二經同本異譯
寶積三昧文殊問法身經一卷
後漢三藏安世高譯　第一譯
大方廣師子吼經一卷
大唐中天竺三藏地婆訶羅譯
出大周錄　第二譯
右二經同本異譯
大乘百福相經一卷
大唐中天竺三藏地婆訶羅譯
出大周錄　第一譯
大乘百福莊嚴相經一卷
大唐中天竺三藏地婆訶羅再譯
拾遺編入　第二譯
右二經同本異譯
大乘四法經一卷
大唐中天竺三藏地婆訶羅於東
太原寺譯
出大周錄　第一譯
菩薩修行四法經一卷
大唐中天竺三藏地婆訶羅於
弘福寺譯
拾遺編入　第一譯
右二經同本異譯

貞元新定釋教錄卷第二十二　第七張　式

希有希有校量功德經一卷 亦云希有校量功德經
隋天竺三藏闍那崛多等譯
第一譯
最無比經一卷
大唐三藏玄奘譯
出內典錄　第二譯
右二經同本異譯　廣略少異
前世三轉經一卷
西晉沙門釋法炬譯　第一譯
銀色女經一卷
元魏天竺三藏佛陀扇多譯
第二譯
右二經同本異譯
阿闍世王受決經一卷
西晉沙門釋法炬譯　第一譯
採蓮違王上佛授決號妙華經一卷
亦直云採蓮違王經
東晉西域沙門曇無蘭譯
拾遺編入　第二譯
右二經同本異譯 從無上依經下一十九經大周錄中在單譯本內今勘為重譯
正恭敬經一卷 或名正法恭敬經

貞元新定釋教錄卷第二十二　第八張　式

元魏天竺三藏佛陀扇多譯
第一譯
善敬經一卷 亦名善恭敬師經一名善恭敬經
隋天竺三藏闍那崛多等譯
第二譯
右二經同本異譯　廣略少異
稱讚大乘功德經一卷
大唐三藏玄奘譯
出內典錄　第一譯
說妙法決定業障經一卷
大唐王相寺沙門釋智嚴譯
新編入錄　第二譯
右二經同本異譯 其稱讚大乘經舊為單本今為重譯
上二十三經二十四卷同帙
諫王經一卷 亦云大諫王經
宋居士沮渠京聲譯　第一譯
如來示教勝軍王經一卷 亦直云勝軍王經
大唐三藏玄奘譯　出內典錄第二譯
佛為勝光天子說王法經一卷
亦直云勝光天子經
大唐三藏義淨譯
新編入錄　第三譯

貞元新定釋教錄卷第二十二　第九張　式

右三經同本異譯 其三經同在小乘錄勝軍經在大乘錄並云單本誤也

大方等脩多羅王經一卷

元魏天竺三藏菩提留支譯　第一譯

轉有經一卷

元魏天竺三藏佛陁扇多譯　第二譯

右二經同本異譯

文殊師利巡行經一卷

元魏天竺三藏菩提留支譯　第一譯

文殊尸利行經一卷

隋天竺三藏闍那崛多等譯　第二譯

右二經同本異譯

文殊師利菩薩根本大教王金翅鳥王品一卷

大興善寺沙門大廣智不空奉詔譯

貞元新入目錄

文殊師利菩薩及諸仙所說吉凶時日善惡宿曜經二卷 下卷有序

大興善寺三藏沙門大廣智不空奉詔譯

貞元新入目錄

貝多樹下思惟十二因緣經一卷

吳月支優婆塞支謙譯第二譯

緣起聖道經一卷

大唐三藏玄奘譯

出内典錄　第二譯

右二經同本異譯 前後六譯四譯闕本其緣起聖道經周錄在單本中誤也又有聞城十二因緣經一卷即與貝多樹下思惟十二因緣文同不異但名別耳 今存一本

稻芉經一卷 失譯　今附東晉錄

稻稈喻經一卷 經內題云慈氏菩薩所說大乘緣生稻稈喻經

大興善寺三藏沙門大廣智不空奉詔譯

貞元新入目錄

了本生死經一卷

吳月支優婆塞支謙譯

謙自注解三譯一闕

右此一經與前稻芉經同本異譯

自誓三昧經一卷 題下注云獨證品第四出比丘淨行中

後漢安息三藏安世高譯

莫辯前後

拾遺編入　第一譯

如來獨證自誓三昧經一卷

西晉三藏竺法護譯第三譯

右二經同本異譯 前後三譯一譯闕

灌洗佛形像經一卷 亦云四月八日灌經亦直云灌頂

西晉沙門釋法炬譯

拾遺編入　第一譯

摩訶刹頭經一卷 亦名灌佛形像經

乞伏秦沙門釋聖堅譯第二譯

右二經同本異譯

造立形像福報經一卷 失譯

今附東晉錄

作佛形像經一卷 亦云優填王作佛形像經 失譯

今在漢周錄在小乘單本中乃云西晉沙門法炬譯者誤也

右二經同本異譯　莫辯先後

龍施女經一卷 或無女字

吳月支優婆塞支謙譯第一譯

龍施菩薩本起經一卷 或云龍施女經亦云龍施本經

西晉三藏竺法護譯第二譯

右二經同本異譯　廣略少異

都部陁羅尼目一卷 經內題云陁羅尼門諸部要目

大興善寺三藏沙門大廣智不空奉詔譯

貞元新入目錄

八吉祥神呪經一卷 或無神字

吳月支優婆塞支謙譯第二譯

八陽神咒經一卷 亦直云八陽經一 新勘為單本
西晉三藏竺法護譯 第三譯
八吉祥經一卷
梁扶南三藏僧伽婆羅譯 第四譯
八佛名号經一卷
隋天竺三藏闍那崛多等譯 第五譯
右四經同本異譯 緣起大同佛名稍異前五譯一譯闕本
八大菩薩曼荼羅經一卷
大興善寺三藏沙門大廣智不空奉 詔譯
貞元新入目錄
盂蘭盆經一卷 亦名盂蘭經
西晉三藏竺法護譯
報恩奉盆經一卷 失譯 今附東晉錄
右二經同本異譯 莫辯先後 廣略稍異
浴像功德經一卷
大唐天竺三藏寶思惟譯
新編入錄 第一譯
浴像功德經一卷
大唐三藏義淨譯

新編入錄 第二譯
右二經同本異譯 後本稍廣
校量數珠功德經一卷
大唐天竺三藏寶思惟譯
新編入錄 第一譯
數珠功德經一卷 內云曼殊室利咒藏中校量數珠功德
大唐三藏義淨譯
新編入錄 第二譯
右二經同本異譯
瑜伽念珠經一卷 於十万廣頌中略出 經內題云金剛頂瑜伽念珠經
大興善寺三藏沙門大廣智不空奉 詔譯 貞元新入目錄
新譯木槵經一卷
大興善寺三藏沙門大廣智不空奉 詔譯 貞元新入目錄
上三十六經三十七卷同帙
不空羂索神變真言經三十卷 三帙
南天竺三藏菩提流志譯
新編入錄 第四譯
不空羂索咒經一卷
隋天竺三藏闍那崛多譯 第一譯
不空羂索神咒心經一卷

大唐三藏玄奘譯
出內典錄 第二譯
右二經同本異譯 是前大經序品三藏流支先譯一名不空羂索咒心經尋本未獲
不空羂索陀羅尼自在王咒經三卷 亦名不空羂索心咒經
大唐天后代三藏寶思惟譯
新編入錄 第一譯
不空羂索陀羅尼經一卷 一名普門
大唐天后代北天竺婆羅門李無諂譯
新編入錄 第二譯
右二經同本異譯 此是梵本經抄非是全部與前三經同名異本
千眼千臂觀世音菩薩陀羅尼神咒經二卷 或三卷
大唐摠持寺沙門釋智通譯 第一譯
千手千眼觀世音菩薩姥陀羅尼身經一卷 或云千臂千眼
大唐南天竺三藏菩提流志譯
新編入錄 第二譯
右二經同本異譯 其初譯本貝葉交錯文少失次
千手千眼觀世音菩薩大身咒本一卷

南天竺國三藏金剛智譯
貞元新入目錄

千手千眼觀世音菩薩廣大圓滿無礙大悲心陀羅尼經
大唐西天竺沙門伽梵達摩譯
拾遺編入單行
右此心經雖是單本隨前身經編之於此

千手千眼觀自在菩薩廣大圓滿無礙大悲心陀羅尼咒本一卷
南天竺國三藏沙門金剛智譯
貞元新入目錄

觀世音菩薩秘密藏神咒經一卷
大唐天后代于闐三藏實叉難陀譯
新編入錄　第一譯

觀世音菩薩如意摩尼陀羅尼經一卷
大唐三藏寶思惟譯
新編入錄　第二譯
右二經同本異譯（上二本經雖有廣略據其梵文並譯未盡義淨譯者其法最略）

金剛頂瑜伽千手千眼觀自在念誦法一卷（經內云菩薩修行儀軌）
大興善寺三藏沙門大廣智不

空奉詔譯
貞元新入目錄
上十二經十五卷同帙

觀自在菩薩如意心陀羅尼咒經一卷
大唐三藏義淨譯
新編入錄　第三譯

如意輪陀羅尼經一卷
大唐天竺三藏菩提流志譯
新編入錄　第四譯
右二經與前二經同本異譯

觀自在菩薩說普賢陀羅尼經一卷（上四本經雖有廣略據其梵文並譯未盡義淨出者其法最略）
大興善寺三藏沙門大廣智不空奉詔譯
貞元新入目錄

文殊師利根本一字陀羅尼經一卷（亦名一字咒王經）
大唐天后代天竺三藏寶思惟譯
新編入錄　第一譯

曼殊室利菩薩咒藏中一字咒王經一卷
大唐天后代三藏義淨譯
新編入錄　第二譯
右二經同本異譯

十二佛名神咒經一卷
隋天竺三藏闍那崛多等譯　第一譯

稱讚如來功德神咒經一卷
大唐三藏義淨譯
開元新編入錄　第二譯
右二經同本異譯（其五千五百佛名經第一卷初十二佛号与前十二佛名同而不別十二佛名經舊錄為單本新勘為重譯）

佛說三十五佛名經一卷（經內題云佛說三十五佛禮懺文出鄔波離所問經）
大興善寺三藏沙門大廣智不空奉詔譯
貞元新入目錄

孔雀王咒經一卷（亦名大金色孔雀王經幷結界場法）
姚秦三藏鳩摩羅什譯　第四譯

大金色孔雀王咒經一卷　失譯
今附秦錄　拾遺編入　第五譯

佛說大金色孔雀王咒經一卷　失譯
亦附秦錄　拾遺編入　第六譯

孔雀王咒經二卷
梁扶南三藏僧伽婆羅譯　第七譯

孔雀咒王經三卷

大唐三藏義淨於東都內道場譯

新編入錄　第八譯

右五經同本異譯新舊八譯五存三闕前六文略後二稍廣

大孔雀明王經三卷經內題云佛母大孔雀明王經初有啓請法在上卷經前

大興善寺三藏沙門大廣智不

空奉詔譯

貞元新入目錄

佛說大孔雀明王畫像壇場儀軌一卷

大興善寺三藏沙門大廣智不

空奉詔譯

貞元新入目錄

上十五經二十卷同帙

陀羅尼集經十二卷

大唐中天竺三藏阿地瞿多譯

出大周錄　單重合譯

右出金剛大道場經大明咒藏之少分也撮要而譯此集之中大般若咒經等有別行者錄不具顯又多生疑恐非正典今為除疑故別條亦別之如後

第一卷佛部卷上大神力陀羅尼釋迦

佛頂三昧陀羅尼品

第二卷佛部卷下初畫一切佛頂像法次有二七六印并咒諸佛咒印法第三阿弥陀佛大思惟經序分咒印法并說持誦得往生事及數珠法第四大金輪陀羅尼第五拔羅功能法相品

第三卷摩訶般若波羅蜜多心經佛在舍衛國說大般若理趣中咒及般若心咒印在此中於中第十二印并咒名般若無盡藏注云是一印咒伐剃耶思蝿伽法師譯卷末復有大輪金剛陀羅尼若誦此咒印當入壇及得用印不成盜法

第四卷觀世音卷上十一面觀世音神咒經

第五卷觀世音卷中初有二印及咒千轉觀世音菩薩咒次有六印及咒觀世音雜咒印第三千臂觀世音菩薩印并咒第四不空羂索觀世音四印并咒第五畫像觀世音像法第六觀世音毗俱胝菩薩三昧法印咒品

第六卷觀世音等諸菩薩卷下初阿耶揭唎婆觀世音菩薩法印咒唐云馬頭第二諸大菩薩法會印咒品大勢至菩薩文殊師利菩薩弥勒菩薩地藏菩薩普賢菩薩虛空藏菩薩等並有印咒法

第七卷金剛部卷上初金剛藏大威神力三昧法印咒品第二金剛眷法印咒品諸眷屬金剛說咒并印

第八卷金剛部卷中初金剛阿蜜哩多軍荼利菩薩自在神力咒印品第二跋折羅吒訶娑印咒法唐云大笑金剛

第九卷金剛部卷下初金剛烏樞沙摩法印咒品唐

云不淨潔金剛印火頭金剛是第二大青面金剛咒法

第十卷諸天卷上初摩利支天經第二功德天法中天竺國菩提寺僧阿難律木叉師迦葉師等於經行寺翻演行於唐國

第十一卷諸天卷下諸天等獻佛助成三昧法印咒品大梵摩天帝釋摩醯首羅四天王日天月天星宿天地天火天閻羅天一切龍王咒印并祈雨法那羅延天乾闥婆緊那羅摩乎羅伽孔雀王師子王伽魯荼大辯天神王鼓摩壇池水天風天阿修羅王遮文荼天法一切毗那夜迦法一切藥叉法一切羅剎法右大梵摩天等皆獻咒印

第十二卷諸佛陀羅尼都會道場印咒品是灌頂普集會壇池也

十一面觀世音神咒經一卷

周宇文代天竺三藏耶舍崛多等譯

第一譯

十一面神咒心經一卷

大唐三藏玄奘譯　第二譯

出內典錄

右二經與前陀羅尼集第四卷十一面神咒經同本異譯而集經中印法稍廣

十一面觀自在菩薩經三卷經內題云十一面觀自在菩薩心密言儀軌經

大興善寺三藏沙門大廣智不

空奉詔譯
貞元新編入目錄
摩利支天經一卷 或上加小字失譯
今附梁錄 拾遺編入
右一經是集經第十卷初摩利
支天經少分異譯
佛說摩利支天經一卷
大興善寺三藏沙門大廣智不
空奉詔譯
貞元新入目錄
末利支提婆華鬘經一卷
大興善寺三藏沙門大廣智不
空奉詔譯
貞元新入目錄
訶利帝母經一卷 經內題云訶利帝母眞言法
大興善寺三藏沙門大廣智不
空奉詔譯
貞元新入目
大藥叉女歡喜母并愛子成就法一卷 亦名訶利底母法
大興善寺三藏沙門大廣智不
空奉詔譯
貞元新入目錄

呪五首經一卷
大唐三藏玄奘譯
出翻經圖 單重合譯
呪五首者 能滅諸罪千轉陀羅尼呪一六字陀羅尼二七俱胝佛所說神呪三道隨一切如來意神呪四觀自在菩薩心呪五其千轉呪中亦有別爲以爲一經在此中故不別出大周錄中分爲五經者非也
千轉陀羅尼觀世音菩薩呪經一卷
大唐總持寺沙門釋智通譯
拾遺編入 第二譯
右千轉呪二首與上集經第五
卷初千轉觀世音呪及雜呪中
千轉陀羅尼同本異譯
六字神呪經一卷 或六字呪法
大唐天后代天竺三藏菩提流志譯
新編入錄 第四譯
右一經與上集經第六卷中文
殊師利菩薩呪法及呪五首經
六字陀羅尼并雜呪中六字陀
羅尼呪同本異譯
七俱胝佛大心准提陀羅尼經一卷
大唐中天竺三藏地婆訶羅譯
出大周錄 第一譯

七俱胝佛母准泥大明陀羅尼經一卷
大唐南天竺三藏金剛智譯
新編入錄 第二譯
右二經同本異譯 北於舊新者稍廣然據梵文譯仍未盡呪五首中及雜呪內准獨譯呪更無餘法
七俱胝佛母陀羅尼經一卷 經內題云七俱胝佛母所說准提陀羅尼經
大興善寺三藏沙門大廣智不
空奉詔譯
貞元新入目錄
上十五經二十八卷三帙
上帙七卷
中帙七卷
下帙十四卷
貞元新定釋教目錄卷第十二
丙午歲高麗國大藏都監奉
勑雕造

貞元新定釋教目録卷第二十二　武

西京西明寺沙門　圓照　撰

有譯有本録中菩薩三藏録之三

大乘經重單合譯下

觀自在菩薩隨心呪經一卷 亦名多唎心經

大唐摠持寺沙門智通譯 新編入録

右此觀自在隨心呪前呪五首經及雜呪中觀世音初心呪并集經第五並先譯出故編於此

金剛頂觀自在王如來修行法一卷

大興善寺三藏沙門大廣智不空奉　詔譯

貞元新入目録

種種雜呪經一卷 或無經字

周宇文代天竺三藏闍那崛多譯

拾遺編入　單重合譯

雜呪摠二十三首

法華經內呪六首施塔滅罪陁羅尼禮拜滅罪命終諸佛來迎呪一供養三寶呪一觀世音懺海呪一金剛呪一地呪一坐禪安隱呪一呪腫呪一甩病一千轉陁羅尼一觀世音隨心呪四首七俱胝佛神呪一隨一切如來意呪一與呪五首中者同本六字陁羅尼呪一歸依三寶呪一

佛頂勝陁羅尼經一卷

大唐朝散郎杜行顗奉　制譯

出大周録第一譯

佛頂勝陁羅尼經一卷

大唐中天竺三藏地婆訶羅譯

拾遺編入　第二譯

佛頂尊勝陁羅尼經一卷

大唐罽賓沙門佛陁波利譯

出大周録第三譯

最勝佛頂陁羅尼淨除業障經一卷

大唐中天竺三藏地婆訶羅於東都再譯

拾遺編入　第四譯

佛頂尊勝陁羅尼經一卷 或加呪字

右五經同本異譯

佛頂尊勝念誦法一卷 經內題云佛頂尊勝陁羅尼念誦儀軌

大興善寺三藏沙門大廣智不空奉　詔譯

貞元新入目録

毗沙門天王經一卷

大興善寺三藏沙門大廣智不空奉　詔譯

貞元新入目録

無量門微密持經一卷 一名成道降魔得一切智經

呉月支優婆塞支謙譯　第一譯

出生無量門持經一卷 或云新微密持經

東晉天竺三藏佛陁跋陁羅譯　第五譯

阿難陁目佉尼呵離陁經一卷

宋天竺三藏求那跋陁羅譯 或云出無量門持經

拾遺編入　第六譯

無量門破魔陁羅尼經一卷 或云破魔陁羅尼經

宋西域沙門功德直共玄暢譯　第七譯

阿難陁目佉尼訶離陁隣尼經一卷

元魏天竺三藏佛陁扇多譯　第八譯

舍利弗陁羅尼經一卷

梁扶南三藏僧伽婆羅譯　第九譯

一向出生菩薩經一卷

隋天竺三藏闍那崛多等譯　第九譯

出生無邊門陁羅尼經一卷

大唐至相寺沙門釋智嚴譯 新編入録

第十一譯

右八經同本異譯 長房等録中覺賢經數更有新微密持經一卷即是出生無量門經是功德賢經數復有出無量門持經一卷即是阿難陁目佉尼呵離陁經是既是重載故不別存新舊十一譯三譯闕本

出生無邊門經一卷 經內題云出生無邊門陁羅尼經

大興善寺三藏沙門大廣智不空奉　詔譯

貞元新入目録

勝幢臂印陁羅尼經一卷

大唐三藏玄奘譯 出內典錄 第一譯

妙辟印幢陁羅尼經一卷

大唐天后代于闐三藏實叉難陁譯

新編入錄 第二譯

右二經同本異譯 其勝幢辟印經舊錄為單本今新勘為重譯

上千一經二十一卷同帙

無崖際持法門經一卷 一名無際經

乞伏秦沙門釋聖堅譯 第一譯

尊勝菩薩所問一切諸法入無量門陁羅尼經一卷

高齊居士天懿譯 第三譯

右二經同本異譯 前後三譯一譯闕本

金剛壽命陁羅尼經一卷

大興善寺三藏沙門大廣智不空奉 詔譯

經內題云一切如來金剛壽命陁羅尼經

貞元新入目錄

金剛壽命念誦法一卷 經內題云陁羅尼念誦法

大興善寺三藏沙門大廣智不空奉 詔譯

貞元新入目錄

金剛上味陁羅尼經一卷

元魏天竺三藏佛陁扇多譯 第一譯

金剛場陁羅尼經一卷

隋天竺三藏闍那崛多等譯 第二譯

右二經同本異譯

菩提場莊嚴經一卷 經內題云菩提場莊嚴陁羅尼經

大興善寺三藏沙門大廣智不空奉 詔譯

貞元新入目錄

菩提場所說一字頂輪王經五卷

大興善寺三藏沙門大廣智不空奉 詔譯

貞元新入目錄

上八經十二卷同帙

奇特佛頂經三卷 經內題云一字奇特佛頂經威德品

大興善寺三藏沙門大廣智不空奉 詔譯

貞元新入目錄

金剛頂經一字輪王瑜伽一時處念誦成佛儀軌一卷

大興善寺三藏沙門大廣智不空奉 詔譯

貞元新入目錄

師子奮迅菩薩所問經一卷 失譯

今附東晉錄

華聚陁羅尼呪經一卷 失譯 今附東晉錄

華積陁羅尼神呪經一卷

吳月支優婆塞支謙譯

周錄在單本中誤也

右三經同本異譯 莫辯先後

六字呪王經一卷 失譯 今附東晉錄

第一譯

六字神呪王經一卷 失譯 拾遺編入 第二譯

右二經同本異譯

虛空藏菩薩問佛經一卷 亦云虛空藏菩薩問七佛陁羅尼呪經

失譯 今附梁錄 拾遺編入 第一譯

如來方便善巧呪經一卷

隋天竺三藏闍那崛多等譯 第二譯

右二經同本異譯 其如來方便經舊錄為單本新勘為重譯

持句神呪經一卷 亦名陁羅尼句

吳月支優婆塞支謙譯

拾遺編入 第一譯

陁隣尼鉢經一卷 亦云陁隣鉢呪

東晉西域沙門竺曇無蘭譯

拾遺編入 第二譯

東方最勝燈王如來經一卷

隋天竺三藏闍那崛多等譯

出內典錄 第四譯

右三經同本異譯 前二本略後經稍廣前四譯二存一闕其最勝燈王經舊錄為單本新勘為重譯

善巧方便陁羅尼呪經一卷 失譯

今附東晉錄

金剛秘密善門陁羅尼經一卷 失譯

今附東晉錄

護命法門神呪經一卷

大唐天后代天竺三藏菩提流支譯

出大周錄 第三譯

右三經同本異譯

前之二經莫辯先後共護命法門經同錄在單本中誤也

無垢淨光大陁羅尼經一卷

大唐天后代西域沙門弥陁山等譯

新編入錄第二譯 又于闐三藏實叉難陁初譯名無垢淨光陁羅尼經本來撿故闕之耳

上十六經十八卷同一帙

請觀世音菩薩消伏毒害陁羅尼經一卷

亦直云請觀世音經

東晉外國居士竺難提譯 兩譯一闕

蘘麌梨童女經一卷 經內題加佛說字

大興善寺三藏沙門大廣智不空奉 詔譯

貞元新編入錄

除一切疾病陁羅尼經一卷

大興善寺三藏沙門大廣智不空奉 詔譯

貞元新入目錄

能淨一切眼陁羅尼經一卷 經內題云能淨一切眼疾病陁羅尼經

大興善寺三藏沙門大廣智不空奉 詔譯

貞元新定釋教目錄卷第二十二 第七張 我

貞元新入錄

雨寶陁羅尼經一卷 經內題加佛說字

大興善寺三藏沙門大廣智不空奉 詔譯

貞元新入目錄

甘露軍吒利瑜伽念誦法一卷 經內題云甘露軍吒利菩薩供養念誦成就儀軌

大興善寺三藏沙門大廣智不空奉 詔譯

貞元新入目錄

佛說一髻尊陁羅尼經一卷

大興善寺三藏沙門大廣智不空奉 詔譯

貞元新入目錄

聖閻曼德迦威怒王立成大神驗念誦法一卷

大興善寺三藏沙門大廣智不空奉 詔譯

貞元新入目錄

速疾立驗魔醯首羅天說迦婁羅阿尾奢法一卷

大興善寺三藏沙門大廣智不空奉 詔譯

貞元新入目錄

大聖天歡喜雙身毗那夜迦法一卷

大興善寺三藏沙門大廣智不空奉 詔譯

貞元新入目錄

上十一經十一卷同一帙

內藏百寶經一卷 亦云內藏百品經

後漢月支三藏支婁迦讖譯 第一譯

貞元新定釋教目錄卷第二十二 第八張 我

兩譯一闕

温室洗浴衆僧經一卷 亦直云温室經

後漢安息三藏安世高譯

拾遺編入第一譯 前後兩譯一本闕

須賴經一卷

前涼月支優婆塞支施崘譯

出經後記第三譯 前後四譯三本闕

私訶昧經一卷 一名菩薩道樹經 亦名道樹三昧經

吳月支優婆塞支謙譯 第一譯

兩譯一闕

菩薩生地經一卷 一名差摩竭經

吳月支優婆塞支謙譯

周為單本誤 第一譯 前後兩譯一本闕

四不可得經一卷

西晉三藏竺法護譯 第二譯 兩譯一闕

梵女首意經一卷 一名首意女經

西晉三藏竺法護譯 第一譯 兩譯一闕

成具光明定意經一卷 亦云成具光明三昧經 或直云成具光明經

後漢西域三藏支曜譯 第二譯 兩譯一闕

寶網經一卷 亦云寶網童子經

西晉三藏竺法護譯 第一譯 兩譯一闕

菩薩行五十緣身經一卷

西晉三藏竺法護譯 第一譯 兩譯一闕

貞元新定釋教目錄卷第二十二 第九張 我

菩薩修行經一卷 亦名威施長者問觀身行經
西晉河內沙門白法祖譯 第三譯 三譯二闕

諸德福田經一卷 或云諸福田經 或直云福田經
西晉沙門法立法炬共譯 第一譯 兩譯一闕

大方等如來藏經一卷
東晉天竺三藏佛陁跋陁羅譯 第三譯 三譯二闕

大方廣如來藏經一卷
大興善寺三藏沙門大廣智不空奉 詔譯
貞元新入目錄

佛語經一卷
元魏天竺三藏菩提留支譯 第一譯 兩譯一闕

金色王經一卷
元魏婆羅門瞿曇般若流支譯 第二譯 兩譯一闕

演道俗業經一卷
乞伏秦沙門釋聖堅譯 第二譯 兩譯一闕

百佛名經一卷
隋天竺三藏那連提耶舍譯 第二譯 兩譯一闕

上一十八經十八卷同一帙

稱揚諸佛功德經三卷 一名集諸佛華 或四卷
元魏西域三藏吉迦夜共曇曜譯 第三譯 三譯二闕

須真天子經三卷 亦云問四事經 或二卷

西晉三藏竺法護譯 第一譯 兩譯一闕

摩訶摩耶經一卷 亦直云摩耶經 或二卷
蕭齊沙門釋曇景譯 第二譯 兩譯一闕

除恐災患經一卷
乞伏秦沙門釋聖堅譯 第二譯 兩譯一闕

孛經一卷 或云孛經抄
吳月支優婆塞支謙譯
拾遺編入 第二譯 前後三譯兩譯本闕

觀世音菩薩受記經一卷 一名觀世音受決經
宋黃龍沙門釋曇無竭譯 第三譯 三譯二闕

觀世音菩薩授記經一卷 經內題云佛說大方廣曼殊室利經觀自在菩薩授記品第三十一
大興善寺三藏沙門大廣智不空奉 詔譯
貞元新入目錄

上七經十一卷同帙

海龍王經四卷 或三卷
西晉三藏竺法護譯 第一譯 兩譯一闕

首楞嚴三昧經三卷 亦云首楞嚴經 或二卷
姚秦三藏鳩摩羅什譯 第九譯 九譯八闕

觀普賢菩薩行法經一卷 亦出深功德經中 亦云普賢觀經
宋罽賓三藏曇摩蜜多譯 第三譯 三譯二闕

藥王藥上二菩薩經一卷

宋西域三藏畺良耶舍譯 第二譯 兩譯一闕

不思議菩薩所問經一卷 亦云所說
姚秦三藏鳩摩羅什譯 第二譯 兩譯一闕

上五經十卷同帙

十住斷結經十卷 或云十地斷結經 或十一卷 或十四卷
姚秦涼州沙門竺佛念譯 第二譯 兩譯一闕

諸佛要集經二卷 亦直云要集經
西晉三藏竺法護譯 第一譯 兩譯一闕

未曾有因緣經二卷 亦直云未曾有經
蕭齊沙門釋曇景譯 第二譯 兩譯一闕

菩薩瓔珞經十二卷 或十四卷 或十六卷
姚秦涼州沙門竺佛念譯
第二譯 兩譯一闕

上三經十四卷二帙

超日明三昧經二卷 或無三昧字
西晉清信士聶承遠譯 第二譯 兩譯一闕

賢劫經十三卷 亦名颰陁三昧經 或七卷 或十卷 一帙
西晉三藏竺法護譯 第一譯 兩譯一闕

上二經十四卷二帙

從無垢淨光陁羅尼經下三十六經雖云重譯但一本存餘皆遺失尋求不獲

大乘經單譯一百三十一部二百九十

三卷　二十四帙

大法炬陀羅尼經二十卷　二帙

隋天竺三藏闍那崛多等譯

大威德陀羅尼經二十卷　二帙

隋天竺三藏闍那崛多等譯

佛名經十二卷　或十三卷

元魏天竺三藏菩提流支譯

三劫三千佛名經三卷

過去莊嚴劫千佛名經上卷現在賢劫千佛名經中卷未來星宿劫千佛名經下卷失譯　拾遺編入今附梁録

上二經十五卷二帙

其三劫佛名出長房入藏録中合成一部其中賢劫佛名出賢劫經中　合　為重譯今以上下佛名是其單本以類相從編之於此

五千五百佛名經八卷

隋天竺三藏闍那崛多等譯

不思議功德諸佛所護念經二卷　云出衆經目録或四卷

曹魏代失譯三藏名　拾遺編入

上二經十卷同帙

其不思議功德經大周録云與不思議功德菩薩所問經等同本者誤也

華手經十三卷　一名攝諸善根經或十一十二　一帙

姚秦三藏鳩摩羅什譯

大方等陀羅尼經四卷　一名方等檀特陀羅尼經

北涼沙門法衆於高昌郡譯　出寶唱録

僧伽吒經四卷

元魏優禪尼國王子月婆首那譯

力莊嚴三昧經三卷

隋天竺三藏那連提耶舍譯

大方廣圓覺脩多羅了義經一卷

大唐罽賓沙門佛陀多羅譯

拾遺編入

上四經十二卷同帙

觀佛三昧海經十卷　或八卷一帙或無海字

東晉天竺三藏佛陀跋陀羅譯

右此觀佛三昧經大周録云宋永初年求那跋陀羅譯出內典録者謹按內典録云是東晉覺賢所譯非宋代功德賢周録誤也又云與後秦羅什所譯單卷觀佛三昧經同本編為重譯今以什公譯者文闕其本卷數全殊不可懸配今依諸舊録編單本內

大方便佛報恩經七卷

失譯　在後漢録

菩薩本行經三卷

失譯今附東晉　拾遺編入

上二經十卷同帙

按大周録中其七卷報恩經云漢代所譯單卷大方便報恩經同本其三卷菩薩本行經云與西晉聶道真所譯單卷菩薩本行經同本今以單卷報恩及本行二經先所闕本卷數全殊不可懸配今依諸舊録編單本內

法集經六卷　或七卷

元魏天竺三藏菩提流支譯

觀察諸法行經四卷

隋天竺三藏闍那崛多等譯

上二經十卷同帙

菩薩處胎經五卷　亦直云胎經或八卷

姚秦涼州沙門竺佛念譯

弘道廣顯三昧經四卷　或無三昧字亦名阿耨達龍王經亦名入金剛門定意經凡十二品

西晉三藏竺法護譯

右一經仁壽大周等録皆云與阿耨達龍王經同本異譯二經俱云竺法護出編為重譯

按僧祐録竺法護所出但有阿耨達經二卷下注云一名弘道廣顯三昧經長房録中竺法護所譯有弘道廣顯三昧經二卷下注云亦名阿耨達請佛經廣內典録護公所譯雙載二經又長房內與二録西晉失譯復有阿耨達龍王經一卷今斟勘二經文並無異但以立名多種致使羣録差殊或有

施燈功德經一卷 一名然燈經

雙藏二經或有五顯名日時無 晤者流濫日添今一廢一存處 無添失但留一 本編入單本

高齊天竺三藏那連提耶舍譯

央崛魔羅經四卷

上三經十卷同帙

宋天竺三藏求那跋陀羅譯

右此央崛魔羅經大周錄云與竺法護譯指鬘等七經同本異譯者誤也不可以名目似同題即配為重譯謹按隋錄其指鬘經出增一阿含中鴦崛髻經等六經從大集經抄出既非同本異譯依舊編在單本

無有菩薩經四卷

隋天竺三藏闍那崛多等譯

出內典錄

明度五十校計經二卷 或無明度字 或無五十字

後漢安息三藏安世高譯

上三經十卷同帙

中陰經二卷

姚秦涼州沙門竺佛念譯

大法鼓經二卷

宋天竺三藏求那跋陀羅譯

文殊師利問經二卷 亦直云文殊問經

貞元釋教錄卷第二十二　第十六張

梁扶南三藏僧伽婆羅譯

月上女經二卷 維摩詰之女

隋天竺三藏闍那崛多等譯

大方廣如來秘密藏經二卷

失譯今附秦錄

上五經十卷同帙

其大方廣如來秘密藏經大周云與大方等如來藏經同本異譯今尋文理義旨懸殊故為單本

大乘密嚴經三卷

大唐中天竺三藏地婆訶羅譯 出大周錄

新譯密嚴經三卷

大興善寺三藏沙門大廣智不空奉 詔譯

貞元新入目錄

右二經同本異譯

占察善惡業報經二卷 亦名大乘實義經 云出六根聚經

外國沙門菩提登譯 莫知年代 出大周錄今附隋錄

蓮華面經二卷

隋天竺三藏那連提耶舍譯

上四經十卷同帙

文殊師利問菩薩署經一卷 一名問署經

後漢月支三藏支婁迦讖譯

拾遺編入

貞元釋教錄卷第二十二　第十七張

大乘造像功德經二卷 或一卷

大唐天后代于闐三藏提雲般若譯

出大周錄其大乘造像功德經大周錄云與造立形像福報經同本異譯者誤也文意既殊故為單譯

廣大寶樓閣善住秘密陀羅尼經三卷

大唐南天竺三藏菩提流志譯

新編入錄

大寶廣博樓閣經三卷 經內題云大寶廣博樓閣善住秘密陀羅尼經

大興善寺三藏沙門大廣智不空奉 詔譯

貞元新入目錄

上四經九卷同帙

一字佛頂輪王經五卷 亦名五佛頂經或四卷

大唐南天竺三藏菩提流志譯

新編入錄

一字頂輪王瑜伽經一卷 經內題云瑜伽訖沙羅烏瑟尼沙訖羅眞言安怛那儀則一字頂輪王瑜伽經

大興善寺三藏沙門大廣智不空奉 詔譯

貞元新入目錄

一字頂輪王念誦儀軌一卷

大興善寺三藏沙門大廣智不空奉 詔譯

貞元新入目錄

貞元釋教錄卷第二十二　第十八張

金輪王佛頂略念誦法一卷
大興善寺三藏沙門大廣智不空奉　詔譯
貞元新入目錄
大陁羅尼末法中一字心呪經一卷
大唐北天竺三藏寶思惟譯
新編入錄
上五經九卷同帙
大佛頂如來密因修證了義諸菩薩萬行首楞嚴經十卷一帙
大唐中天竺三藏般剌蜜帝於廣州譯
新編入錄
大毗盧遮那成佛神變加持經七卷
大唐中天竺三藏輸波迦羅共沙門一行譯
新編入錄
金剛頂經瑜伽修習毗盧遮那三摩地法一卷
南天竺三藏沙門金剛智譯
貞元新入目錄
大毗盧遮那成佛神變加持經略示七支念誦隨行法一卷
大興善寺三藏沙門大廣智不空奉　詔譯
貞元新入目錄
大日經略攝念誦隨行法一卷
亦名五支略念誦要行法
大興善寺三藏沙門大廣智不空奉　詔譯

貞元新入目錄
不空羂索毗盧遮那佛大灌頂光真言一卷
出不空羂索經二十八
大興善寺三藏沙門大廣智不空奉　詔譯
貞元新入目錄
上五經十一卷同帙
蘇婆呼童子經三卷　或云蘇婆呼律或二卷
大唐天竺三藏輸波迦羅譯　新編入錄
蕤呬地羯羅經三卷
大唐中天竺三藏輸波迦羅譯
新編入錄
牟梨曼陁羅呪經一卷
或無經字失譯　今附梁錄
大威力烏樞瑟摩明王經二卷　或三卷
大興善寺三藏大廣智不空奉　詔譯
貞元新入目錄
穢跡金剛說神通大滿陁羅尼法術靈要門一卷
北天竺三藏無能勝譯
貞元新入目錄
穢跡金剛法禁百變法一卷
北天竺三藏沙門無能勝譯

貞元新入目錄
大威怒烏芻澁摩儀軌一卷
上六經十一卷同帙
大興善寺三藏沙門大廣智不空奉　詔譯
貞元新入目錄
聖迦抳忿怒金剛童子菩薩成就儀軌三卷
大興善寺三藏沙門大廣智不空奉　詔譯
貞元新入目錄
金剛頂瑜伽中略出念誦法四卷　亦云經
大唐南天竺三藏金剛智譯　新編入錄
金剛頂瑜伽真實大教王經三卷
經內題云金剛頂一切如來真實攝大乘現證大教王經
大興善寺三藏沙門不空奉　詔譯
貞元新入目錄
上四經十一卷同帙
金剛頂瑜伽三十七尊分別聖位法門一卷
并序　經中云修證法門序
大興善寺三藏沙門大廣智不空奉　詔譯
貞元新入目錄
金剛瑜伽三十七尊經一卷
經內題云金剛界大道場毗盧遮那如來自受用身內證智眷屬法身異名佛最上乘秘密三摩地禮懺文
大興善寺三藏大廣智不空奉　詔譯

金剛頂瑜伽五秘密修行儀軌一卷
貞元新入目錄
金剛頂勝初瑜伽經中略出大樂金剛薩埵念誦儀一卷
大興善寺三藏沙門大廣智不空奉 詔譯
貞元新入目錄
金剛頂勝初瑜伽普賢菩薩念誦法一卷
大興善寺三藏沙門大廣智不空奉 詔譯
貞元新入目錄
金剛頂瑜伽護摩儀軌一卷 經內云儀軌
大興善寺三藏沙門大廣智不空奉 詔譯
貞元新入目錄
金剛頂瑜伽十八會指歸一卷 經內略无十八字
大興善寺三藏沙門大廣智不空奉 詔譯
貞元新入目錄
普賢金剛薩埵念誦法一卷
經內云瑜伽念誦儀軌
大興善寺沙門大廣智不空奉 詔譯
貞元新入目錄
大樂金剛薩埵修行成就儀軌一卷
出吉祥勝初教三瑜伽經
大興善寺三藏沙門大廣智不空奉 詔譯
貞元新入目錄

金剛頂降三世大儀軌一卷
經內題云金剛頂降三世大儀軌法中觀自在菩薩心眞言一切如來蓮華大曼荼羅品
大興善寺三藏沙門大廣智不空奉 詔譯
貞元新入目錄
金剛頂瑜伽降三世成就極深密門一卷
大興善寺三藏沙門大廣智不空奉 詔譯
貞元新入目錄
金剛手光明灌頂經一卷
最勝立印聖無動尊大威怒王念誦儀軌法品
大興善寺三藏沙門大廣智不空奉 詔譯
貞元新入目錄
上十三經十三卷同帙 大一卷无文者
七佛所說神呪經四卷 或无所說字
晉代譯失三藏名今附東晉錄
右七佛神呪經大周錄中編為重譯云吳代外國優婆塞支謙所譯單本七佛神呪經同本今以單卷經文闕其本卷數復殊不可懸配今依舊錄編單本內
大吉義神呪經二卷 或四卷
元魏昭玄統沙門釋曇曜譯
出法上錄
文殊師利寶藏陁羅尼經一卷
大唐南天竺三藏菩提流志譯
新編入錄

金剛光焰止風雨陁羅尼經一卷
大唐南天竺三藏菩提流志譯
新編入錄
阿吒婆拘鬼神大將上佛陁羅尼經一卷
失譯 拾遺編入 今附晉錄
阿弥陁鼓音聲王陁羅尼經一卷
失譯 拾遺編入 今附梁錄
大普賢陁羅尼經一卷
失譯 拾遺編入 今附梁錄
大七寶陁羅尼經一卷
失譯 拾遺編入 今附梁錄
六字大陁羅尼經一卷
失譯 拾遺編入 今附梁錄
安宅神呪經一卷 後漢失譯
摩尼羅亶經一卷
東晉西域沙門竺曇無蘭譯
玄師颰陁所說神呪經一卷 錄云幻師無所説字
拾遺編入
東晉西域沙門竺曇無蘭譯
拾遺編入
護諸童子陁羅尼呪經一卷
元魏天竺三藏菩提留支譯
諸佛心陁羅尼經一卷

大唐三藏玄奘譯　出內典錄

拔濟苦難陀羅尼經一卷

大唐三藏玄奘譯　出內典錄

八名普密陀羅尼經一卷

大唐三藏玄奘譯　出內典錄

持世陀羅尼經一卷

大唐三藏玄奘譯　出內典錄

六門陀羅尼經一卷

大唐三藏玄奘譯　出內典錄

清淨觀世音普賢陀羅尼經一卷

大唐總持寺沙門釋智通譯

出大周錄

上十九經二十三卷同帙

觀自在菩薩冣勝明王心經二卷

經內題云金剛恐怖集會方廣儀軌觀自在菩薩三世冣勝心明王經序品第一

大興善寺三藏沙門大廣智不空奉詔譯

貞元新入目錄

聖觀自在菩薩心眞言觀行儀軌一卷

經內題云瑜伽觀行軌儀

大興善寺三藏沙門大廣智不空奉詔譯

貞元新入目錄

觀自在大悲成就瑜伽蓮華部念誦法門

一卷

經內亦名成就大悲觀自在

大興善寺三藏沙門大廣智不空奉詔譯

貞元新入目錄

葉衣觀自在菩薩陀羅尼經一卷

經內略無陀羅尼字

大興善寺三藏沙門大廣智不空奉詔譯

貞元新入目錄

瑜伽蓮華部念誦法一卷

大興善寺沙門大廣智不空奉詔譯

貞元新入目錄

金剛頂蓮華部心念誦法一卷

經內題云念誦儀軌

大興善寺三藏沙門大廣智不空奉詔譯

貞元新入目錄

不動使者陀羅尼秘密法一卷

南天竺國三藏沙門金剛智譯

貞元新入目錄

底哩三昧耶經一卷　經內題云底哩三昧耶不動使者念誦法

大興善寺三藏沙門大廣智不空奉詔譯

貞元新入目錄

智炬陀羅尼經一卷

大唐天后代于闐三藏提雲般若譯

出大周錄

諸佛集會陀羅尼經一卷

大唐天后代于闐三藏提雲般若譯

出大周錄

隨求即得大自在陀羅尼神咒經一卷

大唐天后代北天竺三藏寶思惟譯

出大周錄

普遍光明大隨求陀羅尼經二卷

經內題云普遍光明清淨熾盛如意寶印心無能勝大明王大隨求陀羅尼經

大興善寺三藏沙門大廣智不空奉詔譯

貞元新入目錄

百千印陀羅尼經一卷

大唐天后代于闐三藏實叉難陀譯

新編入錄

上十四經十五卷同帙

救面燃餓鬼陀羅尼神咒經一卷

亦云施餓鬼咒經　後兼有施水咒

大唐天后代于闐三藏實叉難陀譯

新編入錄

施餤口餓鬼陀羅尼經一卷

經內題云佛說救拔餤口餓鬼陀羅尼經

大興善寺三藏沙門大廣智不空奉詔譯

貞元新入目錄

莊嚴王陀羅尼咒經一卷
大唐天后代三藏義淨譯 新編入錄
香王菩薩陀羅尼咒經一卷
大唐三藏義淨譯 新編入錄
一切功德莊嚴王經一卷
大唐三藏義淨譯 新編入錄
拔除罪障咒王經一卷
大唐三藏義淨譯 新編入錄
善夜經一卷
大唐天后代三藏義淨譯 新編入錄
虛空藏菩薩能滿諸願最勝心陀羅尼求
聞持法一卷 出成就一切義品
大唐中天竺三藏輸波迦羅譯
新編入錄
金剛頂經曼殊室利菩薩五字心陀羅尼
品一卷
大唐南天竺三藏金剛智譯
新編入錄
金剛王菩薩念誦法一卷 經內云秘密念誦儀軌
大興善寺三藏沙門大廣智不空奉詔譯
貞元新入目錄
觀自在如意輪菩薩瑜伽法要一卷

大唐南天竺三藏金剛智譯 新編入錄
右虛空藏等三經及前四卷瑜伽並出金剛頂經彼經梵本有十萬頌此之四經略要抄譯非全部也
觀自在菩薩如意輪瑜伽一卷
大興善寺三藏沙門大廣智不空奉詔譯
貞元新入目錄
如意輪念誦法一卷
大興善寺三藏沙門大廣智不空奉詔譯
貞元新入目錄
佛地經一卷
大唐三藏玄奘譯 出內典錄有論七卷釋
佛垂般涅槃略說教誡經一卷
亦云佛臨般一名遺教經
姚秦三藏鳩摩羅什譯 有釋論一卷
右此遺教經舊錄所載多在小乘律中或編小乘經內今以真諦法師譯遺教論彼中解釋多約大乘小乘不顯故移編此
出生菩提心經一卷
隋天竺三藏闍那崛多等譯
佛印三昧經一卷
後漢安息三藏安世高譯
拾遺編入
文殊師利般涅槃經一卷
西晉居士聶道真譯 拾遺編入

異出菩薩本起經一卷 或無起字
西晉居士聶道真譯 拾遺編入
千佛因緣經一卷
姚秦三藏鳩摩羅什譯 出法上錄
賢首經一卷 一名賢首夫人經
乞伏秦沙門釋聖堅譯
月明菩薩經一卷 或云月明童子或云月明童男
吳月支優婆塞支謙譯
右此月明菩薩經大周錄中編為重譯云與月光童子經同本者誤也文意全異故為單譯
心明經一卷 一名心明女梵志婦飯汁施經
西晉三藏竺法護譯
滅十方冥經一卷 或云十滅冥經
西晉三藏竺法護譯
鹿母經一卷
西晉三藏竺法護譯
右群錄中更有鹿子經一卷云是吳代外國優婆塞支謙所譯與前鹿母經文句全同但立名殊故不雙出
魔逆經一卷
西晉三藏竺法護譯
德光太子經一卷 一名賴吒和羅所問光德太子經
上二十六經二十六卷同帙
西晉三藏竺法護譯

右光德太子經大周錄中編為重譯云与須賴經等同本異譯者誤也文意既異故入單本

大意經一卷

宋天竺三藏求那跋陀羅譯

堅固女經一卷　一名牢固女經

隋天竺三藏那連提耶舍譯

商主天子所問經一卷　或無所問字

隋天竺三藏闍那崛多等譯

諸法最上王經一卷

隋天竺三藏闍那崛多等譯

師子莊嚴王菩薩請問經一卷　一名八曼荼羅經

大唐天竺三藏那提譯　出大周錄

佛為優填王說王法政論經一卷

大興善寺三藏沙門大廣智不空奉詔譯

貞元新入目錄

離垢慧菩薩所問禮佛法經一卷

大唐天竺三藏那提譯

出大周錄　拾遺編入

受持七佛名号所生功德經一卷

大唐三藏玄奘譯　出內典錄

佛臨涅槃記法住經一卷　或加般字

大唐三藏玄奘譯　出翻經圖

寂照神變三摩地經一卷

大唐三藏玄奘譯　出翻經圖

差摩婆帝受記經一卷

元魏天竺三藏菩提留支譯

不增不減經一卷　或云二卷者誤

元魏天竺三藏菩提流支譯

造塔功德經一卷

大唐中天竺三藏地婆訶羅譯

出大周錄　拾遺編入

右繞佛塔功德經一卷

亦云遶塔功德

大唐天后代于闐三藏實叉難陀譯

新編入錄

大乘四法經一卷

大唐天后代于闐三藏實叉難陀譯

新編入錄

有德女所問大乘經一卷

大唐天后代天竺三藏菩提流支譯

第三譯與梵女守意經同本新勘出

出大周錄

大乘流轉諸有經一卷

大唐天后代三藏義淨譯

新編入錄

妙色王因緣一卷

大唐天后代三藏義淨譯

新編入錄

佛為海龍王說法印經一卷

大唐三藏義淨譯　新編入錄

師子素馱娑王斷肉經一卷

大唐至相寺沙門釋智嚴譯

新編入錄

般泥洹後灌臘經一卷

一名四輩灌臘經　亦直云灌臘經

西晉三藏竺法護譯

右此灌臘經大周錄中皆為重譯云与盂蘭盆經等同本異譯者誤也今尋文異故為單本

八部佛名經一卷　亦云八佛經

元魏婆羅門瞿曇般若流支譯

上二十二經二十三卷同帙

其八部佛名經大周錄云与八吉祥呪經等同本異譯者誤也八數雖同說處全異所為復別故為單本

菩薩內習六波羅蜜經一卷

或云六波羅蜜經　安公云出方等部

後漢臨淮沙門嚴佛調譯

拾遺編入

大乘理趣六波羅蜜多經十卷

罽賓國三藏賜紫沙門般若奉詔譯

大花嚴長者問佛那羅延力經一卷

罽賓國三藏賜紫沙門般若譯

貞元新入目錄

大乘本生心地觀經八卷

上三經十二卷同帙

大唐罽賓三藏般若譯

菩薩投身餓虎起塔因緣經一卷

洛京魏府已來並入貞元目內此經一袟

僧祐錄云以身施餓虎經

北涼高昌沙門釋法盛譯

出經後記

金剛三昧本性清淨不壞不滅經一卷

亦名金剛清淨經 新為失譯 附三秦錄

師子月佛本生經一卷

新為失譯附三秦錄

右金剛清淨經羣錄並云吳代外國優婆塞支謙譯後漢失譯復有其名師子月佛經群錄並云西晉三藏竺法護譯今詳二經文句並非謙護所翻似是秦涼已來什公等譯

長者法志妻經一卷 失譯

安公涼土異經錄中有名今亦附涼錄

薩羅國經一卷 或云薩羅國王經

失譯 今附東晉錄

右二經法上錄中並云姚秦三藏鳩摩羅什譯今詳二經文句並非什公所翻似是晉代其法志妻經安公涼土異經錄中先有名今亦附涼錄薩羅國經附於晉錄

十吉祥經一卷 失譯 今附秦錄

吉祥天女十二名號經

大興善寺三藏沙門大廣智不空奉詔譯

貞元新入目錄

大吉祥天女經一卷 經內題云佛說大吉祥天女十二契一百八名無垢大乘經

大興善寺三藏沙門大廣智不空奉詔譯

貞元新入目錄

長者女菴提遮師子義經一卷

失譯 今附梁錄 拾遺編入

一切智光明仙人慈心因緣不食肉經一卷

失譯 今附秦錄

金剛三昧經二卷 或一卷 北涼失譯

拾遺編入

法滅盡經一卷 僧祐錄中失譯

今附宋錄

甚深大迴向經一卷

僧祐錄中失譯 今附宋錄

天王太子辟羅經一卷

或無天王字亦云辟羅

僧祐錄云安公關中異譯

拾遺編入今附秦錄

優婆夷淨行法門經二卷 亦直云淨行經或無經字

僧祐錄云安公涼土異經

今附涼錄

八大人覺經一卷

後漢安息三藏安世高譯

出寶唱錄

三品弟子經一卷 亦云弟子學有三輩經

吳月支優婆塞支謙譯

四輩經一卷 或云四輩弟子經亦云四輩學經

西晉三藏竺法護譯 出法上錄

當來變經一卷 或云當來變識經

西晉三藏竺法護譯

過去佛分衛經一卷 或云過世

西晉三藏竺法護譯

十二頭陀經一卷 一名沙門頭陀經

宋天竺三藏求那跋陀羅譯

樹提伽經一卷

宋天竺三藏求那跋陀羅譯

長壽王經一卷 僧祐錄云安公失譯

今附西晉錄

法常住經一卷 右此長壽王經等云出阿含經謹撿四阿含內並无此經雖增一第十六中有長壽王緣起文意全異乃此大乘故編於此

僧祐錄云安公失譯經 今附西晉錄

上二十四經二十六卷同帙 今撿尋文理多涉大乘編在小乘至理故編移於此

菩薩調伏藏二十七部五十五卷五帙

夫戒者防患之揔名也菩薩淨戒唯禁於心聲聞律儀則防身語故有託緣興過聚徒訶結菩薩大人都無此事佛直為說令使遵行既無犯制之由故闕訶結之事諸大乘經明學處者撫之於此為菩薩調伏藏云

菩薩地持經十卷 或名地持論或八卷一帙

北涼天竺三藏曇無讖於姑臧譯 右一經初有歸敬頌出瑜伽論本地分中菩薩地昔高齊昭玄統沙門法上荅高句麗門云地持是阿僧佉比丘從彌勒受得阿僧佉即無著菩薩是也又按梁沙門僧祐地持記云菩薩地持經八卷有二十七品分為三段第一段十八品第二段四品第三段五品文不出有異名而今此本或題云菩薩地經今撿尋經未亦有多名文又云名為菩薩地名為菩薩藏摩得勒名摩訶行攝名不壞顯示名無障导清淨智根本祐云不出異名者不然又撿群錄曇無讖所譯別存菩薩戒經或云菩薩地經者誤也

菩薩善戒經九卷 一名菩薩地或十卷

宋罽賓三藏求那跋摩等譯 右一經群錄皆云為地持經同本異譯今詳文理非不差殊其善戒經前有序品後有舉行地持經並無其地持戒品中有受菩薩戒文及菩薩戒本善戒經即無自餘之外文意大同地持復出瑜伽諸錄或編入論既有差殊未敢為定又按梁沙門僧祐菩薩善戒經記云此名善戒名菩薩地一名菩薩毗尼摩夷名如來藏名一切善法根本名安樂國名諸波羅蜜聚凡有七名第一卷先出優波離問受戒法第二卷始方有題如是我聞次第列品乃有三十復有列本題為菩薩地經今按尋經本與祐記不同經初即有如是我聞而無優波離問受戒法但有九卷其優波離問受戒法即後單卷菩薩善戒經是若將此為初卷即與祐記符同然此地持經本離之已久乍合成十卷或恐生疑此善戒經亦同地持作其三段第一段名菩薩地有二十品第二段名如住有四品第三段名畢竟地有六品祐云次第列品者恐尋之未審

淨業障經一卷 失譯 今附秦錄單本

上二經十卷同帙 其淨業障經法上錄云竺法護譯詳其文句尚護公譯經意勢全異故為失譯

優婆塞戒經七卷 其在家菩薩戒或五或六或七

北涼天竺三藏曇無讖於姑臧譯 單本

梵網經二卷

姚秦三藏鳩摩羅什譯 第二譯 前本闕

受十善戒經一卷

後漢失譯 拾遺編入單本

受菩提心戒儀一卷 經內題云最上乘教受戒懺悔文普賢瑜伽阿闍梨集

大興善寺三藏沙門大廣智不空奉 詔譯 貞元新入目錄

上四經十一卷同帙

菩薩瓔珞本業經二卷 或無菩薩字新編為律

姚秦涼州沙門竺佛念譯 第一譯三譯二闕

佛藏經四卷 一名選擇諸法經或二卷或三卷

姚秦三藏鳩摩羅什譯 單本

菩薩戒本一卷 出地持戒品中慈氏菩薩說

北京天竺三藏曇無讖於姑臧譯

菩薩戒本一卷

拾遺編入　第二譯

三藏玄奘譯　出瑜伽論本地分中菩薩地弥勒菩薩說　出內典錄第三譯

右二經同本異譯

前後三譯一譯本闕

菩薩戒羯磨文一卷

出瑜伽論本地分中菩薩地弥勒菩薩說

大唐三藏玄奘譯　出內典錄單本

菩薩善戒經一卷　優婆離問菩薩受戒法

宋罽賓三藏求那跋摩譯

出寶唱錄　單本

上六經十卷同帙

菩薩內戒經一卷

宋罽賓三藏求那跋摩譯

出法上錄單本

優婆塞五戒威儀經一卷

宋罽賓三藏求那跋摩譯

右此優婆塞五戒威儀經舊錄編在小乘律中者誤也初是菩薩戒本後是受菩薩戒文及捨懺法等既非小乘故移編此

文殊師利淨律經一卷　或直云淨律經

西晉三藏竺法護譯　第一譯

清淨毗尼方廣經一卷

姚秦三藏鳩摩羅什譯

出法上錄　第三譯

寂調音所問經一卷　一名如來所說清淨調伏經

宋沙門釋法海譯　第四譯

右三經同本異譯

前後四譯一譯闕本

大乘三聚懺悔經一卷

隋天竺三藏闍那崛多等譯

出內典錄　單本

菩薩五法懺悔文一卷

或云菩薩五法懺悔經　失譯

今附梁錄　單本

菩薩藏經一卷

梁扶南三藏僧伽婆羅譯單本

三曼陁颰陁羅菩薩經一卷

西晉清信士聶道眞譯　單本

菩薩受齋經一卷

西晉清信士聶道眞譯

第二譯　三譯二闕

文殊悔過經一卷　一名文殊五體悔過經

西晉三藏竺法護譯第一譯

兩譯一闕

舍利弗悔過經一卷　亦直云悔過經

後漢安息三藏安世高譯

第一譯　三譯二闕

法律三昧經一卷　亦直云法律經

吳月支優婆塞支謙譯

第二譯　兩譯一闕

十善業道經一卷

大唐天后代于闐三藏實叉難陁譯

新編入錄

上十四經十四卷同帙

謹按舊錄大乘律中有寶梁經迦葉經今為編入寶積會中故不重出其大方廣三戒經與寶積三律儀會同本決定毗尼經與寶積優波離會同本今並編入寶積部中故此不載

菩薩對法藏　九十九部五百二十卷

五十帙

菩薩阿毗達磨有其二類一者解釋契經二者詮法體相舊錄所載和雜編之今所集者分為二例釋契經者列之於前詮法性者編之於後庶无糅雜覽者易知

大乘釋經論二十二部一百五十五卷

一十五帙

大智度論一百卷 或一百一十卷 或七十卷

姚秦三藏鳩摩羅什譯 單本

右龍樹菩薩造釋摩訶般若波羅蜜經 什法師云若具足翻應有千卷秦人識弱故略之十分存一

十地經論十二卷 或十五卷一帙

元魏天竺三藏菩提流支等譯單本

右天親菩薩造釋十地經即華嚴十地品是 論序云菩提留支勒那摩提在洛陽殿内三人同譯佛陀扇多傳語帝親筆受長房録中流之摩提二録俱載者不然今合為一本在留支録

弥勒菩薩所問經論五卷 或六卷或十卷或七卷

元魏天竺菩提留支譯 單本

右釋弥勒所問經即寶積經第四十一會是

大乘寶積經論四卷

元魏天竺三藏菩提留支譯

第一譯 兩譯一闕

右釋舊單卷大寶積經即寶積第四十三會是

寶髻菩薩四法經論一卷 天親菩薩造

元魏天竺三藏毗目智仙等 譯

出序記單本

右釋大集經寶髻品今入寶積在第四十七會 論序記云魏興和三年歲次辛酉九月朔旦庚午之日烏萇國人剎利王種三藏法師毗目智仙共中天竺國婆羅門人瞿曇流之護法大士驃騎大將軍開府儀同三司御史中尉勃海高仲密受法之人沙門曇林道俗相假於鄴城内在金華寺譯四千九百九十七字諸録皆云菩提留支譯者誤也今依序記為正

佛地經論七卷

上三論十卷同帙

親光等菩薩造釋佛地經

大唐三藏玄奘譯 出内典録單本

金剛般若論二卷 無著菩薩造

隋天竺三藏達摩笈多譯 出内典録

單本

能斷金剛般若波羅蜜多經論頌一卷

無著菩薩造

大唐三藏義淨譯 新編入録

上三論十卷同帙

金剛般若波羅蜜經論三卷 天親菩薩造

元魏天竺三藏菩提留支譯 第一譯

能斷金剛般若波羅蜜多經論三卷

無著菩薩頌 世親菩薩釋

大唐三藏義淨 譯

第二譯 新編入録

右二論及頌同本異譯

金剛般若波羅蜜經破取著不壞假名論二卷 功德施菩薩造 亦云功德施論

大唐中天竺三藏地婆訶羅譯

出大周録 單本

上四論及頌造者雖異並釋金剛般若經又有金剛仙論十卷尋閱文理乃是元魏三藏菩提流支所撰釋天親論既非梵本翻傳所以此中不載

文殊師利菩薩問菩提經論一卷

一名伽耶山頂經論 婆藪盤豆菩薩造

元魏三藏菩提流支譯 單本

妙法蓮華經論一卷

婆藪盤豆菩薩造

元魏中天竺三藏勒那摩提共僧朗等譯

第二譯

上五論十卷同帙

法華經論二卷 初有歸命頌者或一卷

元魏北天竺三藏菩提留支共曇林等 譯

拾遺編入 第二譯

右二論同本異譯 其三藏義淨新譯法華論五卷尋本未獲

勝思惟梵天所問經論四卷 釋勝思惟經或三卷

元魏天竺三藏菩提留支譯 單本

涅槃論一卷 婆藪盤豆菩薩造略釋

沙門達摩菩提譯

不知年代内典中附元魏代

第一譯 後闕本

涅槃經本有今無偈論一卷 釋涅槃一頌

梁天竺三藏眞諦譯 單本

遺教經論一卷 釋遺教經

陳天竺三藏眞諦譯

拾遺編入 單本

無量壽經論一卷 婆藪盤豆菩薩造

元魏天竺三藏菩提留支譯 單本

三具足經論一卷 天親菩薩造有釋論无經本

元魏天竺三藏毗目智仙等譯

出序記 單本

右論初記云魏驃騎大將軍開府儀同三司御史中尉勃海高仲密善求義方選眞簡偽故請法師毗目智仙並其弟子瞿曇流支於鄴城内在金華寺興和三年歳次大梁建酉之月朔次庚子十一日譯三千九百四十二言沙門曇林對譯諸記錄皆云菩提流支譯者誤也今依序記為正

上八論十二卷同帙

轉法輪經論一卷 天親菩薩造有釋論無經本

出序記 單本

右論初云三藏法師毗目智仙婆羅門人瞿曇留支愛敬法人沙門曇林於鄴城内在金華寺魏興和三年歳次辛酉月建在戊朔次庚午十三日譯千百十言驃騎大將軍開府儀同三司御史中尉勅海高仲密啓請供養守護流通諸錄皆云菩提留支譯者誤也今依序記為正

大乘集義論七十八部三百六十五卷

三十五帙

瑜伽師地論一百卷 彌勒菩薩說 十帙

大唐三藏玄奘譯 出内典錄 單重合譯

右此瑜伽論梁代三藏眞諦譯者名十七地論只得五卷緣疑遂輟北涼三藏曇无讖譯地持論但成十卷乃是本地分中菩薩地此瑜伽論當第三譯前之二本部帙不終大唐譯者方具備矣

顯揚聖教論二十卷 無著菩薩造 二帙

大唐三藏玄奘譯 出内典錄 單本

瑜伽師地論釋一卷

最勝子等菩薩造

大唐三藏玄奘譯 出翻經圖 單本

顯揚聖教論頌一卷 無著菩薩造

大唐三藏玄奘譯 出内典錄 單本

王法正理論一卷 彌勒菩薩造

大唐三藏玄奘譯 出内典錄單本

大乘阿毗達磨集論七卷 無著菩薩造

大唐三藏玄奘譯 出内典錄單本

上四論十卷同帙

大乘阿毗達磨雜集論十六卷 安慧菩薩糅釋上集論

大唐三藏玄奘譯 出内典錄單本

中論四卷 龍樹菩薩本 梵志青目釋

姚秦三藏鳩摩羅什譯 單本

上二論二十卷二帙

般若燈論釋十五卷 龍樹菩薩本 分別明菩薩釋

大唐天竺三藏波羅頗蜜多羅譯 出内典錄 單本

右二中論本同釋異

十二門論一卷 龍樹菩薩造

姚秦三藏鳩摩羅什譯 單本

十八空論一卷

陳天竺三藏眞諦譯 出翻經圖

百論二卷 提婆菩薩造婆藪開士釋

姚秦三藏鳩摩羅什譯 單本

廣百論本一卷 聖天菩薩造

大唐三藏玄奘譯　出内典録單本

大乘廣百論釋論十卷　聖天本　護法釋

上五論二十卷二帙

十住毗婆沙論十四卷　龍樹菩薩造或十二或十五

大唐三藏玄奘譯　出内典録單本

姚秦三藏鳩摩羅什譯　出内典録　單本

菩提資糧論六卷　聖者龍樹本比丘自在釋

隋天竺三藏達摩笈多譯　出内典録　單本

大乘莊嚴論十三卷　無著菩薩造或十五卷一帙

上二論二十卷二帙

大唐天竺三藏波羅頗蜜多羅譯　出内典録　單本

大莊嚴論十五卷　馬鳴菩薩造　或十卷

姚秦三藏鳩摩羅什譯　單本

順中論二卷　無著菩薩造

元魏婆羅門瞿曇般若流支譯

出序記　單本

右順中論序記云魏尚書令儀同高公延國上賓瞿曇流支

攝大乘論三卷　無著菩薩造　在第供養正通佛法對釋曇林出斯義論武定元年歲次癸亥八月十日揮辭景寅凡有一万三千七百二十七字諸録皆云菩提留支譯者誤也依序記為正

陳天竺三藏真諦譯　第二譯

上三論二十卷二帙

攝大乘論二卷　無著菩薩造

元魏天竺三藏佛陀扇多譯第一譯

攝大乘論本三卷　無著菩薩造

大唐三藏玄奘譯　出内典録

第三譯

右三本論同本異譯

攝大乘論釋十五卷　世親菩薩造或十二卷

陳天竺三藏真諦譯　第一譯

上三論二十卷二帙

右按仁壽大周等録復有攝論一本一十二卷成部亦云真諦所譯勘与此同今者但存一本

攝大乘論釋論十卷　世親菩薩釋一帙

陳天竺三藏達多笈多譯　出内典録第三譯

攝大乘論釋十卷　世親菩薩造一帙

大唐三藏玄奘譯　出内典録第二譯

右三釋論同本異譯

攝大乘論釋十卷　無著菩薩造一帙

大唐三藏玄奘譯　出内典録單本

右与前三論同本異譯

佛性論四卷　天親菩薩造

陳天竺三藏真諦譯　單本

決定藏論三卷

梁天竺三藏真諦譯　單本

右此決定藏論大周録中乃云失譯而不指言何代翻出今詳此論九契乃是真諦所翻論中子注乃曰梁言前代録家遺之不上今為真諦所譯編於梁代録中

辯中邊論頌一卷　彌勒菩薩造

大唐三藏玄奘譯　出内典録單本

中邊分別論二卷　婆藪盤豆造或三卷

陳天竺三藏真諦譯　第一譯

上四論十卷同帙

辯中邊論三卷　世親菩薩造

大唐三藏玄奘譯

出内典録第二譯

右二釋論同本異譯

究竟一乘寶性論四卷　或三卷或五卷

元魏天竺三藏勒那摩提譯

第二譯兩譯一闕

右論序記云魏興和三年歲次大梁七月辛未朔二十五日驃騎大將軍開府儀同三司御史中尉勃海高仲密請三藏法師烏萇國人中天竺國婆羅門人瞿曇宗支釋曇林筆在鄴城內金華寺譯四千八百七十二字序目三藏雖不名准例即是序目智仙群錄直去瞿曇流支譯者説也今依序記為正

大乘成業論一卷 世親菩薩造

大唐三藏玄奘譯 出內典錄第二譯

右二論同本異譯

因明正理門論本一卷 大域龍菩薩造

大唐三藏玄奘譯 出內典錄第一譯

上五論十卷同帙

因明正理門論一卷 大域龍菩薩造

大唐三藏義淨譯 新編入錄 第二譯

右二論同本異譯

舊理門論周錄為單本新勘為重譯

因明入正理論一卷 商羯羅主菩薩造

大唐三藏玄奘譯 出內典錄單本

顯識論一卷 內題云顯識品從無相論出

陳天竺三藏真諦譯 出論題單本

附陳代錄

轉識論一卷 即出前顯識論

天竺三藏真諦譯 出論題單本

附陳代錄

唯識論一卷 一名破色心初云唯識無境界

元魏婆羅門瞿曇般若流支譯第一譯

他上二論並天親造

大乘唯識論一卷 初云修道不共

陳天竺三藏真諦譯 第二譯

右三論同本異譯

周錄不言同本新勘為重譯

唯識二十論一卷 世親菩薩造

大唐三藏玄奘譯

出翻經圖第三譯

成唯識寶生論五卷

一名二十唯識順釋論護法菩薩造

大唐三藏義淨譯 新編入錄 單本

唯識三十論一卷 世親菩薩造

大唐三藏玄奘譯 出內典錄單本

拾遺編入

上九論十三卷同帙

成唯識論十卷 護法等菩薩造一帙

大唐三藏玄奘譯 出內典錄單本

大丈夫論二卷 提婆菩薩造

北涼沙門釋道泰譯 出翻經圖單本

入大乘論二卷 堅意菩薩造

北涼沙門釋道泰譯 出內典錄

大乘掌珍論二卷 清辯菩薩造

大唐三藏玄奘譯 出內典錄

大乘五蘊論一卷 世親菩薩造

大唐三藏玄奘譯 出內典錄第二譯

初譯本闕

大乘廣五蘊論一卷

安慧菩薩造與前論異本

大唐中天竺三藏地婆訶羅譯

出大周錄單本

寶行王正論一卷

陳天竺三藏真諦譯 單本

大乘起信論一卷 馬鳴菩薩造

梁天竺三藏真諦譯第一譯

上七論十卷同帙

大乘起信論二卷 馬鳴菩薩造

大唐天后代于闐三藏實叉難陁譯

新編入錄第二譯

右二論同本異譯

舊起信論周錄為單本新勘為重譯

發菩提心論二卷 或云發菩提心經
姚秦三藏鳩摩羅什譯 單本
右此發菩提心論大周錄中經論二錄俱有其名今以菩薩所造編於論錄但存一本或云天親菩薩所造亦云弥勒菩薩所說未詳孰是
金剛頂瑜伽中發阿耨多羅三藐三菩提心論一卷 瑜伽揔持教門說菩提心觀行修持義
大興善寺三藏沙門大廣智不空奉詔譯
貞元新入目録
三無性論二卷 出無相論或一卷
陳天竺三藏真諦譯 單本
方便心論一卷 凡四品或二卷
元魏西域沙門吉迦夜共曇曜譯
第二譯 兩譯一闕
如實論一卷 題云如實論反質難品
梁天竺三藏真諦譯 單本
無相思塵論一卷 或直云思塵論
陳天竺三藏真諦譯
出翻經圖第一譯
觀所緣論一卷 陳那菩薩造
大唐三藏玄奘譯 出內典錄第二譯
右二論同本異譯

周錄不言同本新勘為重譯
觀所緣論釋一卷 護法菩薩造
大唐三藏義淨譯 新編入録單本
上九論十二卷同帙
迴諍論一卷 龍樹菩薩造 出序記
元魏天竺三藏毗目智仙等譯 單本
右論序記云魏興和三年歲次大梁建辰之月朔次癸酉辛卯之日烏萇國人刹利王種三藏法師毗目智仙共天竺國婆羅門人瞿曇流支在鄴城內金華寺譯凡有一万一千九十八字沙門曇林之華懸辯大將軍開府儀同三司御史中尉勃海高仲容啓請供養群錄直云瞿曇流支譯者誤也今依序記為正
緣生論一卷 聖者鬱楞伽造
隋天竺三藏達摩笈多譯
出內典錄單本
大乘緣生論一卷 經中云聖者鬱楞伽造
大興善寺三藏沙門大廣智不空奉詔譯
貞元新入目録
十二因緣論一卷 淨意菩薩造
元魏天竺三藏菩提留支譯 單本
壹輸盧伽論一卷 龍樹菩薩造
元魏婆羅門瞿曇般若流支譯 單本
大乘百法明門論一卷 世親菩薩造

大唐三藏玄奘譯 出內典錄 單本
百字論一卷 提婆菩薩造
元魏天竺三藏菩提留支譯 單本
解捲論一卷
陳天竺三藏真諦譯 出翻經圖第二譯
掌中論一卷 陳那菩薩造
大唐天后代三藏義淨譯
新編入錄第二譯
右二論同本異譯
取因假設論一卷 陳那菩薩造
共解捲論周錄為單本新勘為重譯
大唐天后代三藏義淨譯
新編入錄單本
觀揔相論頌一卷 陳那菩薩造
大唐三藏義淨譯 新編入錄單本
止觀門論頌一卷 世親菩薩造
大唐三藏義淨譯 新編入錄單本
手杖論一卷 尊者釋迦稱造
大唐三藏義淨譯 新編入錄 單本
六門教授習定論一卷
無著菩薩本 世親菩薩釋
大唐天后代三藏義淨譯
新編入録單本

大乘法界無差別論一卷 堅慧菩薩造

大唐天后代于闐三藏提雲般若譯

出大周錄 單本

破外道小乘四宗論一卷

提婆菩薩造

元魏天竺三藏菩提流支譯 單本

破外道小乘涅槃論一卷 提婆菩薩造

元魏天竺三藏菩提留支譯 單本

上十七論十七卷同帙

右都計大乘經律論見流行者揔八百八部二千九百八十八卷二百七十六帙

貞元新定釋教目錄卷第二十二

丙午歲高麗國大藏都監奉勑雕造

貞元釋教錄卷第二十二　第二十八張

貞元新定釋教目錄卷第二十三　別錄之四　武

西京西明寺沙門圓照　撰

有譯有本錄中聲聞三藏錄第四

聲聞藏者小乘所詮之教也能詮教主則示生滅應物隨緣所詮之教則九部四含毗曇戒律善男善女稟之而脫屣塵勞緣覺聲聞奉之而昇乎彼岸蓋眞乘之小駕乃菩提之化城誘進初心莫斯為勝始乎仙苑迄彼金河所詮半字之文是謂聲聞之藏洎乎百川同會三車共適齊登妙覺俱證泥洹豈有小大之異名信為我尊之漸誘者也始自漢明丁卯之歲終我開元庚辰之年小乘三藏見行者惣三百三十七部一千八百九卷一百七十帙為聲聞法藏科條別顯具如後列

聲聞契經藏　二百四十部六百一十八卷

聲聞調伏藏　六十一部四百九十三卷四十五帙

聲聞對法藏　三十六部六百九十八卷七十二帙

小乘經重單合譯一百五十三部三百九十四卷　三十一帙

四阿笈摩經小乘契經之本故

長阿含經二十二卷　二帙

姚秦罽賓三藏佛陀耶舍共竺佛念譯　單重合譯

右此部經凡有四分惣三十經　僧肇序云長含四分四誦合三十經以為一部

中阿含經六十卷　或五十八卷六帙

東晉罽賓三藏瞿曇僧伽提婆譯第二譯　兩譯一闕

右此部經凡有五誦都十八品惣二百二十二經別　僧肇長含序云中含四分五誦

增壹阿含經五十一卷　或五十卷或四十卷或三十二卷五帙

東晉罽賓三藏瞿曇僧伽提婆譯第二譯　兩譯一闕

右此部經凡有五十品惣四百七十二經別　僧肇長含序云增壹阿含四分八誦

雜阿含經五十卷　五帙

宋天竺三藏求那跋陀羅　譯

單重合譯

右此部經說事既雜故無品次誦等差別　僧肇長含序云雜含四分十誦

別譯雜阿含經二十卷　二帙　失譯

經中子註有秦言字雖不的知譯人姓名必是三秦代譯　今附秦錄

右此部與前經文雖先後不次子細尋究不出前經此但撮要故為別部　佛般泥洹下諸經並是四含中別經異譯

佛般泥洹經二卷　或直云泥洹經

西晉河內沙門白法祖譯

大般涅槃經三卷　或二卷

東晉平陽沙門釋法顯譯今為法顯譯如括錄中述

般泥洹經二卷　或無般字

新為失譯　附東晉錄

右三經出長阿含經第二至第四卷與初分遊行經同本異譯　其般泥洹經群錄皆云宋代求那跋陀羅譯者非也尋其文句多是古譯與曲德賢所翻全不相類諸藏之中但有上卷無其下卷今為失源編在晉錄或有經本其佛般泥洹經上卷與般泥洹經上卷文句全同者本錯也

入本欲生經一卷　後漢安息三藏安世高譯

右出長阿含經第十卷與第二分大方便經同本異譯　此人本欲生經上代群錄皆編在大乘經中者誤也

尸迦羅越六向拜經一卷 或云尸迦羅越六方礼經

後漢安息三藏安世高譯

右出長阿含經第十一卷与第二分善生經同本異譯 比於本經此稍略耳中阿含三十五卷中亦有此經

梵志阿颰經一卷 一本有佛開解字一名阿颰摩納經 吳月氏優婆塞支謙譯

右出長阿含經第十三卷与第三分阿摩晝經同本異譯

梵網六十二見經一卷 一名梵網經

吳月氏優婆塞支謙譯

右出長阿含經第十四卷与第三分梵動經同本異譯

寂志果經一卷 東晉西域沙門竺曇無蘭譯

右出長阿含經第十七卷與第三分沙門果經同本異譯

上八經十二卷同帙

起世經十卷 一帙 隋天竺三藏闍那崛多等譯

出經題上 第五譯

起世因本經十卷 恐濫前本題下別云起世因本

經一帙

隋天竺三藏達摩笈多譯

出內典録 第六譯

拾遺編入

謹按唐內典録及靖邁經圖並云笈多三藏大業年中於東都上林園翻經館譯起世經十卷今撿尋諸藏乃有兩本大意雖同文句稍異至於品目時有卷殊前經初云婆伽婆在舍婆提成後經乃云婆伽婆在舍羅婆悉帝城若據梵言後經為正今謂嗢多笈多各翻一本又前經初首題云嗢多笈多二師同出今以前為嗢多所譯後是笈多再翻二經文既有殊今故變稱二部故緣生經亦云婆伽婆在舍羅婆悉帝城故知同是笈多譯也恐二本相濫題下別云起世因本等

樓炭經六卷 或云大樓炭經或五卷或八卷

西晉沙門釋法立共法炬譯 第二譯

右三經出長阿含經第十八至二十卷与第四分記世經同本異譯

長阿含十報法經二卷 一名多僧道經或直云十報經

後漢安息三藏安世高譯

右出長阿含經第九卷与第二

分十上經同本異譯 廣略少異

中本起經二卷 或云太子中本起經初題云出長阿含經

後漢西域沙門曇果共康孟詳譯

上二經十卷同帙 其中本起經題云出長阿含撿尋大本無此一經文恐梵文譯之未盡既云出依且編於末大周録云與過去現在因果修行本起瑞應本起經等同本異譯者誤也又此中本起經群録或云後漢代譯其經本中有翻梵語處乃日晉未詳何以

從佛般泥洹下一十三經並出長阿含中別經異譯

七知經一卷 或云七智經

吳月支優婆塞支謙譯

右出中阿含經第一卷与初善法經同本異譯

鹹水喻經一卷 或云鹹水譬喻

僧祐録云安公失譯經

今附西晉録

右出中阿含經第一卷与水喻經同本異譯

一切流攝守因經一卷 後漢安息三藏安世高譯

右出中阿含經第二卷与漏盡

經同本異譯
四諦經一卷　後漢安息三藏安世
高譯
右出中阿含經第七卷與分別
聖諦經同本異譯
恒水經一卷　亦云恒河喻經
西晉沙門釋法炬譯
右出中阿含經第九卷與瞻波
經同本異譯
本相倚致經一卷　亦云大相倚致
後漢安息三藏安世高譯
縁本致經一卷　失譯今附東晉録
右二經同本異譯出中阿含經
第十卷與本際經同本
頂生王故事經一卷　或直云頂生
王經
西晉沙門釋法炬譯
文陀竭王經一卷　北涼天竺三藏
曇無讖譯
拾遺編入
右二經同本異譯出中阿含經
第十一卷與四洲經同本
閻羅王五天使者經一卷或一名鐵

城泥犁經
宋沙門釋慧簡譯
鐵城泥犁經一卷　東晉西域沙門
竺曇無蘭譯
拾遺編入
右二經同本異譯出中阿含經
第十二卷與天使經同本比於
本經此稍略耳
古來世時經一卷　失譯今附東晉録
右出中阿含經第十三卷與說
本經同本異譯　比於本經此
文稍略
阿那律八念經一卷　一名禪行斂意
經或直云八念經
後漢西域三藏支曜譯
右出中阿含經第十八卷與八
念經同本異譯
離睡經一卷　西晉三藏竺法護譯
拾遺編入
右出中阿含經第二十卷與長
老上尊睡眠經同本異譯
是法非法經一卷　後漢安息三藏
安世高譯

右出中阿含經第二十一卷與
眞人經同本異譯
求欲經一卷　西晉沙門釋法炬譯
右出中阿含經第二十二卷與
穢經同本異譯
受歲經一卷　西晉三藏竺法護譯
拾遺編入
右出中阿含經第二十三卷初
與比丘請經同本異譯
梵志計水淨經一卷　失譯
今附東晉録
拾遺編入
右出中阿含經第二十三卷與
水淨梵志經同本異譯
苦陰經一卷　失譯
在後漢録
拾遺編入
右出中阿含經第二十五卷與
前苦陰經同本異譯
釋摩男本經一卷　一名五陰因事經
吳月氏優婆塞支謙譯
苦陰因事經一卷　西晉沙門釋法
炬譯

拾遺編入
右二經同本異譯出中阿含經
第二十五卷与後苦陰經同本
樂想經一卷　西晉三藏竺法護譯
拾遺編入
右出中阿含經第二十六卷与
想經同本異譯
漏分布經一卷　後漢安息三藏安
世高譯
右出中阿含經第二十七卷與
達梵行經同本異譯
阿耨風經一卷　晉言伏決　東晉西域沙門竺曇無蘭譯
拾遺編入
右出中阿含經第二十七卷與
阿奴波經同本異譯
諸法本經一卷
吳月氏優婆塞支謙譯
右出中阿含經第二十八卷初
與諸法本經同本異譯
瞿曇弥記果經一卷
宋沙門釋慧簡譯
右出中阿含經第二十八卷與

瞿曇弥經同本異譯
瞻婆比丘經一卷　或云瞻波　西晉沙門釋法炬譯
拾遺編入
右出中阿含經第二十九卷與
瞻波經同本異譯
伏婬經一卷
西晉沙門釋法炬譯
拾遺編入
右出中阿含經第三十卷與行
欲經同本異譯
魔嬈亂經一卷　一名弊魔試目連經　一名魔王目連攔腹經　失譯
在後漢錄
弊魔試目連經一卷　一名魔嬈亂經
吳月氏優婆塞支謙譯
拾遺編入
右二經同本異譯出中阿含經
第三十卷與降魔經同本
上三十經三十卷同帙
頼吒和羅經一卷　一名羅漢頼吒和羅經
吳月氏優婆塞支謙譯

右出中阿含經第三十一卷与
頼吒惒羅經同本異譯
善生子經一卷　西晉沙門支法度譯
拾遺編入
右出中阿含經第三十三卷與
善生經同本異譯
數經一卷　西晉沙門釋法炬譯
拾遺編入
右出中阿含經第三十五卷與
筭數目揵連經同本異譯
梵志頞波羅延問種尊經一卷
東晉西域沙門竺曇無蘭譯
拾遺編入
右出中阿含經第三十七卷與
阿攝和羅經同本異譯
三歸五戒慈心猒離功德經一卷　失譯
今附東晉錄
拾遺編入
須達經一卷　一名須達長者經
蕭齊天竺三藏求那毗地譯
右二經同本異譯出中阿含經
第三十九卷与須達哆經同本

共慈心歎功德經文句稍同或
有題云出增一阿含第十二者
非也
佛為黃竹園老婆羅門說學經一卷
僧祐錄中失譯經　今附宋錄
拾遺編入
右出中阿含經第四十卷與黃
蘆園經同本異譯
梵摩諭經一卷
吳月氏優婆塞支謙譯
右出中阿含經第四十一卷与
梵摩經同本異譯　比於本經此稍略耳
尊上經一卷
西晉三藏竺法護譯
拾遺編入
右出中阿含經第四十三卷與
釋中禪室尊經同本異譯
鸚鵡經一卷　亦名兜調經
宋天竺三藏求那跋陀羅譯
兜調經一卷　僧祐錄云安公失譯
今附西晉錄
拾遺編入
右二經同本異譯出中阿含經

第四十四卷与鸚鵡經同本
意經一卷
西晉三藏竺法護譯　拾遺編入
右出中阿含經第四十五卷與
心經同本異譯
應法經一卷
西晉三藏竺法護譯　拾遺編入
右出中阿含經第四十五卷與
受法經同本異譯
泥犁經一卷　或云中阿含泥犁經
東晉西域沙門竺曇無蘭譯
右出中阿含經第五十三卷与
癡慧地經同本異譯
優婆夷墮舍迦經一卷
僧祐錄中失譯經
今附宋錄
齋經一卷　一名持齋
吳月氏優婆塞支謙譯
拾遺編入
右二經同本異譯出中阿含經
第五十五卷與持齋經同本
鞞摩肅經一卷　宋天竺三藏求那
跋陀羅譯

拾遺編入
右出中阿含經第五十七卷与
鞞摩那修經同本異譯
婆羅門子命終愛念不離經一卷
後漢安息三藏安世高譯
拾遺編入
右出中阿含經第六十卷与愛
生經同本異譯
十支居士八城人經一卷　亦直云支
後漢安息三藏安世高譯
右出中阿含經第六十卷与八
城經同本異譯
邪見經一卷　僧祐錄中失譯經
拾遺編入
今附宋錄
右出中阿含經第六十卷与見
經同本異譯
箭喻經一卷　失譯
今附晉錄
拾遺編入
右出中阿含經第六十卷与箭
喻經同本異譯
普法義經一卷　一名具法行經亦

名普義經

後漢安息三藏安世高譯

第一譯

廣義法門經一卷

陳天竺三藏真諦譯

第三譯 一闕

右二經同本異譯 其廣義法門經初題云是中阿含一品別譯令檢中阿含大本無此一經或恐梵文譯之長盡既云出彼且編於長其大周藏錄中編為大乘單本者誤又普法此一經或恐梵文譯之長盡既云出彼且編於長其大周入藏錄中編為大乘單本者誤也又普法義經作含日具法行經作含判弗但此二字別餘文並無異也

從七知經下五十三經並出中阿含中別經異譯

誡德香經一卷 或云戒德經

東晉西域沙門竺曇無蘭譯

右出增壹阿含經第十三卷地主品異譯

四人出現世間經一卷

宋天竺三藏求那跋陀譯

拾遺編入

右出增壹阿含經第十八卷四意斷品異譯

波斯匿王太后崩塵土坌身經一卷

西晉沙門釋法炬譯

右出增壹阿含經第十八卷四意斷品異譯

須摩提女經一卷 吳月氏優婆塞支謙譯

拾遺編入

右出增壹阿含經第二十卷須陀品異譯 比於本經此文稍略

婆羅門避死經一卷 後漢安息三藏安世高譯

右出增壹阿含經第二十三卷增上品異譯

施食獲五福報經一卷 一名施色力經一名福德經失譯

今附東晉錄

右出增壹阿含經第二十四卷善聚品異譯

頻毗娑羅王詣佛供養經一卷 亦云頻婆

西晉沙門釋法炬譯

右出增一阿含經第二十六卷等見品譯 比於本經此稍文略諸錄編在大乘藏中誤也

長者子六過出家經一卷

宋沙門釋慧簡譯

右出增壹阿含經第二十七卷聚品異譯 本經稍廣

鴦崛摩經一卷 或有作魔一名指鬘經

西晉三藏竺法護譯

拾遺編入

上三十二經三十二卷同帙

鴦崛髻經一卷

西晉沙門釋法炬譯

右二經同本異譯出增壹阿含經第三十一卷力品 此文稍廣

力士移山經一卷 或直云移山經

西晉三藏竺法護譯

四未曾有法經一卷 亦云四未有經 或無法字

西晉三藏竺法護譯

右二經出增壹阿含經第三十六卷八難品異譯 本是一經別譯分二本經稍廣此出不盡

舍利弗摩訶目揵連遊四衢經一卷 後漢外國三藏康孟詳譯

右出增壹阿含經第四十一卷

七佛父母姓字經一卷 馬王品異譯 周録編在大乘重譯中者誤也 一名七佛姓字經 曹魏失譯

右出增壹阿含經第四十五卷不善品異譯

放牛經一卷 亦云牧牛經 姚秦三藏鳩摩羅什譯

右出增壹阿含經第四十六卷放牛品異譯 此文稍廣

緣起經一卷 亦云十二緣起經 大唐三藏玄奘譯出翻經圖

右出增壹阿含經第四十六卷放牛品異譯 此於本經此文稍略 周録編為大乘單本者誤也

十一想思念如來經一卷 或云十一思惟 宋天竺三藏求那跋陀羅譯

拾遺編入

右出增壹阿含經第四十八卷禮三寶品初異譯 此十一想連有二經初十一事文意勸同後十一事尋之未見

四泥犂經一卷 或云四大泥犂 東晉西域沙門竺曇無蘭譯

拾遺編入

貞元新定釋教目録卷第二十三　第十九張

右出增壹阿含經第四十八卷禮三寶品異譯 本經稍廣

阿那邠邸化七子經一卷 後漢安息三藏安世高譯

右出增壹阿含經第四十九卷非常品異譯 本經唯有四子餘意大同

大愛道般泥洹經一卷 西晉河內沙門白法祖譯

佛母般泥洹經一卷 宋沙門釋慧簡譯

拾遺編入

右二經同本異譯出增壹阿含經第五十卷愛道般涅槃品

國王不犂先尼十夢經一卷 東晉西域沙門竺曇無蘭譯

舍衛國王夢見十事經一卷 僧祐錄云安公失譯 今附西晉錄

拾遺編入

右二經同本異譯出增壹阿含經第五十卷大愛道般涅槃品

阿難同學經一卷 後漢安息三藏安世高譯

右阿難同學經首題云出增壹阿含 檢其大本無此一經 既云出增壹且從編其末

貞元新定釋教目録卷第二十三　第二十張　武

從識德香經下二十四經並出增壹阿含中別經異譯

五蘊皆空經一卷 大唐三藏義淨譯 新編入錄

右出雜阿含經第二卷異譯 此五蘊皆空經 根本說一切有部毗奈耶雜事第三十九卷中雖有此經然不同別生所以存而不廢此乃律引異經非是異經從律而生也

七處三觀經一卷 或二卷 後漢安息三藏安世高譯

右出雜阿含經中異譯 此經三首末有十經 初是七處三觀 後名積骨 晉以初名故也 其初七處三觀經出第二卷 後積骨經出三十四卷 餘者散在諸文不出 決第一覆也

聖法印經一卷 亦云慧印經 亦云直聖印經 西晉三藏竺法護譯

右出雜阿含經第三卷異譯

雜阿含經一卷 失譯 在魏吳錄

右出雜阿含經中異譯 此經首末有二十七經 初三經出第四卷中 而先後不次 七處三觀經居其卷末 文句大同前經 此中稍廣 其積骨經亦在其中 未詳何以二經相涉 餘者散在廣史自古群

貞元新定釋教目録卷第二十三　第二十一張　武

緣皆云失譯尋閱文句與七處三觀經理稍同似是安高所出未見實錄且依舊為失譯

五陰譬喻經一卷 一名水沫所漂經亦云五陰喻經

後漢安息三藏安世高譯

水沫所漂經一卷 一名河中大聚沫譬經

東晉西域沙門竺曇無蘭譯 拾遺編入

右二經同本出雜阿含經第十卷異譯

不自守意經一卷 或無意字

吳月氏優婆塞支謙譯

右出雜阿含經第十一卷異譯

滿願子經一卷 晉代失譯

今附東晉錄 拾遺編入

右出雜阿含經第十三卷異譯

轉法輪經一卷 或云輪轉經

後漢安息三藏安世高譯

三轉法輪經一卷

大唐三藏義淨譯 新編入錄

右二經同本出雜阿含經第十五卷異譯

此三轉法輪經根本說一切有部毗奈耶雜事第十九卷

中雜有此經然不例別生所以存而不廢此乃律引經與其本經後同前異未詳所以

八正道經一卷

後漢安息三藏安世高譯

右出雜阿含經第二十八卷異譯

難提釋經一卷

西晉沙門釋法炬譯

右出雜阿含經第三十卷異譯 大本有二經此中合為一其文稍廣舊錄在單本中今編於此

馬有三相經一卷 亦云善有三相

後漢西域三藏支曜譯

馬有八態譬人經一卷 亦直云有八態

後漢西域三藏支曜譯

右二經並出雜阿含經第三十三卷異譯

相應相可經一卷

西晉沙門釋法炬譯 拾遺編入

右出前單卷雜阿含經中異譯

治禪病秘要經一卷 或云法無經字 或二卷宋居士沮渠京聲譯右一經初首題云尊者舍利弗所問出雜阿含經阿練若雜事中今尋雜含大本無此等文或恐梵經

譯之未盡既云出彼且編於末然尋文理與大乘經微有相涉舊編在集傳中恐將乖舛也

上三十一經三十一卷同帙

從五蘊皆空經下一十六經並出雜阿含中經異譯

摩鄧女經一卷 一名阿難為蠱道女惑經

後漢安息三藏安世高譯 第一譯

摩鄧女解形中六事經一卷 失譯

今附東晉錄 第五譯

摩鄧伽經三卷 或二卷

吳天竺沙門竺律炎共支謙譯

出法上錄 第三譯

舍頭諫經一卷 一名太子二十八宿經一名虎耳經

西晉三藏竺法護譯 第四譯

右四經同本異譯 前之一經是後經一品 前後五譯一譯闕本

鬼問目連經一卷

後漢安息三藏安世高譯 第一譯

雜藏經一卷 與前後經文理稍別

東晉平陽沙門釋法顯譯 第二譯

餓鬼報應經一卷 一名目連說地獄餓鬼因緣經 失譯

今附東晉錄

右三經同本異譯 第三譯

阿難問事佛吉凶經一卷 或名阿難問事經亦云事佛吉凶經 前後四譯一譯闕本

後漢安息三藏安世高譯 第一譯

傳法經一卷

西晉沙門釋法炬譯

拾遺編入 第二譯

阿難分別經一卷

乞伏秦沙門釋聖堅譯

右三經同本異譯 前後四譯闕本 第三譯 其傳法經新為重譯

五母子經一卷

吳月氏優婆塞支謙譯 第一譯

沙弥羅經一卷 僧祐錄云安公關中異譯在三秦錄

右二經同本異譯 第二譯 其沙弥羅經大周錄云曇無讖譯長房錄今撿尋錄中無同錄誤也

玉耶女經一卷 或云玉耶經

僧祐錄云安公失譯經今附西晉錄初出

拾遺編入

玉耶經一卷 一名長者詣佛說子婦無敬經

東晉西域沙門竺曇無蘭譯 第二譯

阿遬達經一卷

宋天竺三藏求那跋陀羅譯 第三譯

右三經同本異譯

修行本起經二卷 一名宿行本起 後漢西域沙門竺大力共康孟詳譯 第二譯

上十六經十九卷同帙

太子瑞應本起經二卷 亦名本起瑞應亦直云瑞本起

吳月氏優婆塞支謙譯 第四譯

過去現在因果經四卷

宋天竺三藏求那跋陀羅譯 第六譯

右三經同本異譯 前後六譯三譯闕本 前之二經文略不備

法海經一卷

西晉沙門釋法炬譯 第二譯

拾遺編入

海八德經一卷

姚秦三藏鳩摩羅什譯

出法上錄 拾遺編入第三譯

右二經同本異譯 後漢三譯一譯闕本

四十二章經一卷

後漢天竺沙門迦葉摩騰共竺法護譯 第一譯

兩譯一闕

奈女耆域因緣經一卷 或無因緣字或直云奈女經

後漢安息三藏安世高譯 第一譯 兩譯一闕

罪業報應教化地獄經一卷 或云地獄報應經

後漢安息三藏安世高譯 第一譯 兩譯一闕

龍王兄弟經一卷 一名難龍王經一名降龍王經

吳月氏優婆塞支謙譯 第一譯 兩譯一闕

長者音悅經一卷 或云長者音悅不蘭迦葉經

吳月氏優婆塞支謙譯 第一譯 兩譯一闕

上九經十三卷同帙 其長者音悅經周錄

之中編在大乘藏內今尋文理猶是禪法此

禪秘要經三卷 或云禪秘要法或四卷

姚秦三藏鳩摩羅什譯

第二譯 三譯二闕

右此禪秘要經古舊錄並中皆編之傳內今檢此經文首末三分極以分明上下經文多明禪觀於佛觀中明懺滅罪事與大乘微有相涉既非制撰故移於此又詳錄中更有禪要經五卷云是宋代三藏曇摩蜜多所譯文甚交錯不可流行如刪繁錄中廣述

七女經一卷 一名七女本經

吳月氏優婆塞支謙譯

第一譯 三譯二闕

八師經一卷

吳月氏優婆塞支謙譯

第一譯 兩譯一闕

越難經一卷 一名日難長者經 一名難經

西晉清信士聶承遠譯

第一譯 三譯二闕

所欲致患經一卷

西晉三藏竺法護譯

第一譯 二譯一闕

阿闍世王問五逆經一卷

西晉沙門釋法炬譯

貞元新定釋教目錄卷第二十三 第二十八張 先

拾遺編入第二譯兩譯一闕

五苦章句經一卷 一名五道章句經

東晉西域沙門竺曇無蘭譯

堅意經一卷 一名堅心正意經 一名堅心經

後漢安息三藏安世高譯

第一譯

淨飯王涅槃經一卷

宋居士沮渠京聲譯

第二譯 兩譯一闕

得道梯隥錫杖經一卷 亦直云錫杖經 失譯今附東晉錄 右此錫杖經大周錄云出雜經今大本既無難為定準且編於此

貧窮老翁經一卷 一名貧老經

宋沙門釋慧簡譯 第二譯

兩譯一闕

三摩竭經一卷 一名怨和檀王經 一名難國王經

吳天竺沙門竺律炎譯

第一譯 兩譯一闕

右此三摩竭經大周經錄云出增一阿含經檢彼中無且編於此

蓱沙王五願經一卷 一名弗沙迦王經

吳月支優婆塞支謙譯

貞元新定釋教目錄卷第二十三 第二十九張 武

第一譯 二譯一闕

右此蓱沙王五願經大周等錄皆云出中阿含檢彼文無且編於此

瑠璃王經一卷

西晉三藏竺法護譯

第二譯 兩譯一闕

右此瑠璃王經大周等錄云出增一阿含其增一三十六中雖有瑠璃王緣趣文意全異故編於此

上十五經七十卷同帙

生經五卷 有五十經或四卷

西晉三藏竺法護譯

第一譯 兩譯一闕

義足經二卷 有一十六經

吳月支優婆塞支謙譯

第一譯 兩譯一闕

上二經七卷同帙 合從四十一章經下二十一

二經雖重譯今見流行但有一本餘並零落尋求不獲

小乘經單譯 八十七部二百二十四卷一十七帙

正法念處經七十卷 七帙

元魏婆羅門瞿曇般若流支譯

右此正法念處經大周錄中編為重譯云與善時鵝王經同本異譯者誤也其善時鵝王經從此經抄出彼是別生此

貞元新定釋教目錄卷第二十三 第三十張 武

為單本

佛本行集經六十卷　六帙

隋天竺三藏闍那崛多等譯

右此佛本行經大周錄中編為大乘重譯云與七卷本行經同本異譯者誤也彼是偈讚與此隱顯諸錄或在大乘經中或編集傳之內恐特乖僻今移編此

本事經七卷

大唐三藏法師玄奘譯

出內典錄

興起行經二卷　亦名嚴誡宿緣經云出雜藏

後漢外國三藏康孟詳譯

右此興起行經大周錄云經為重譯云與木槍刺脚因緣經同本異譯者誤也此等經本撿有十緣其木槍脚經即十緣之一緣也抄出別行如觀世音經等類既非再翻故為單本

業報差別經一卷

隋洋川郡守瞿曇法智譯

上三經十卷同帙　其業報差別經大周錄云與罪福報應經同本異譯者非也尋其文句義旨懸殊差別異也故為單本

大安般守意經二卷　亦直云大安般經安公云小安般或一卷

後漢安息三藏安世高譯

右大周等錄更有大安般經一卷亦云安世高譯勘其文句即是安般守意經上卷文既全同故不重載

陰持入經二卷　或作除字誤也或一卷

後漢三藏安世高譯

處處經一卷

後漢安息三藏安世高譯

罵意經一卷

後漢安息三藏安世高譯

拾遺編入

分別善惡所起經一卷

後漢安息三藏安世高譯

拾遺編入

出家緣經一卷　一名出家因緣經

後漢安息三藏安世高譯

阿含正行經一卷　一名正意經

後漢安息三藏安世高譯

十八泥犁經一卷　或云十八地獄經

後漢安息三藏安世高譯

法受塵經一卷

後漢安息三藏安世高譯

禪行法想經一卷

後漢安息三藏安世高譯

長者子懊惱三處經一卷　一名長者懊惱經亦

云處三惱經

後漢安息三藏安世高譯

建陀國王經一卷　或無國字

後漢安息三藏安世高譯

須摩提長者經一卷

吳月支優婆塞支謙譯

阿難四事經一卷

吳月支優婆塞支謙譯

未生怨經一卷

吳月支優婆塞支謙譯

四願經一卷

吳月支優婆塞支謙譯

黑氏梵志經一卷

吳月支優婆塞支謙譯

猘狗經一卷　亦云與猘狗同

拾遺編入

吳月支優婆塞支謙譯

分別經一卷

拾遺編入

西晉三藏竺法護譯　舊云與阿難分別經等同本者非也

拾遺編入

八關齋經一卷

宋居士沮渠京聲譯

阿鳩留經一卷 拾遺編入 僧祐錄云安公古典經今附漢錄

孝子經一卷 今附西晉錄 亦云孝報恩經僧祐錄云安公失譯經 拾遺編入

上二十二經二十四卷同帙

五百弟子自說本起經一卷 或無說字亦云本末

西晉三藏竺法護譯

大迦葉本經一卷 或無本字

西晉三藏竺法護譯

四自侵經一卷

西晉三藏竺法護譯

羅云忍辱經一卷 或直云忍辱經

西晉沙門釋法炬譯

佛為年少比丘說正事經一卷

西晉沙門釋法炬譯

沙曷比丘功德經一卷

西晉沙門釋法炬譯

時非時經一卷 或直云時經外國法師若羅嚴譯莫知帝代出經後記 時非時經錄皆云西晉沙門法炬所譯經後題云外國法師若羅嚴手執胡本口自宣譯涼州道人於闐城中寫記今依經記為正既莫知於帝

貞元新定釋教目錄卷第三十三 第三十四張 武

自愛經一卷 或云自愛不自愛 代出附西晉錄中

東晉西域沙門竺曇無蘭譯

中心經一卷 亦云中心正行經

東晉西域沙門竺曇無蘭譯

見正經一卷 一名生死變識經

東晉西域沙門竺曇無蘭譯

大魚事經一卷

東晉西域沙門竺曇無蘭譯

阿難七夢經一卷 或直云七夢經

東晉西域沙門竺曇無蘭譯

呵鵰阿那含經一卷 一名荷鵰 或作苛

東晉西域沙門竺曇無蘭譯

燈指因緣經一卷

姚秦三藏鳩摩羅什譯

婦人遇辜經一卷 一名婦過對經

乞伏秦沙門釋聖堅譯

四天王經一卷

宋涼州沙門釋智嚴共寶雲譯

摩訶迦葉度貧母經一卷

宋天竺三藏求那跋陀羅譯

十二品生死經一卷

宋天竺三藏求那跋陀羅譯

貞元新定釋教目錄卷第三十三 第三十五張 武

罪福報應經一卷 一名輪轉五道罪福報應經 右大周錄中更有輪轉五道罪福報應經一卷今撿尋文句與此不殊但立名題廣略有異文既無別但存一本耳

五無返復經一卷 亦名五元返覆大義經

宋居士沮渠京聲譯

佛大僧大經一卷

宋居士沮渠京聲譯

耶祇經一卷

宋居士沮渠京聲譯

末羅王經一卷

宋居士沮渠京聲譯

摩達國王經一卷

宋居士沮渠京聲譯

旃陁越國王經一卷 或無國王字

宋居士沮渠京聲譯

五恐怖世經一卷 或無世字

宋居士沮渠京聲譯

弟子死復生經一卷 或云死亡更生經

宋居士沮渠京聲譯

拾遺編入

懈怠耕者經一卷 或云耕兒

宋沙門釋慧簡譯

辯意長者子經一卷 或云長者辯意經或加所問字

貞元新定釋教目錄卷第三十三 第三十六張

元魏沙門釋法場譯

無垢優婆夷問經一卷

元魏婆羅門瞿曇般若流支譯

上三十經三十卷同帙

賢者五福經一卷

西晉河內沙門白法祖譯

天請問經一卷

大唐三藏玄奘譯

出內典錄

右賢者五福天請問二經大周等錄皆編大乘經中今尋文理頗涉小宗故移編此

僧護經一卷

或有因緣字失譯

今附東晉錄

護淨經一卷　失譯

今附東晉錄　或作惠字　或作槵

木槵子經一卷

今附東晉錄

無上處經一卷　失譯

今附東晉錄

盧志長者因緣經一卷　失譯

今附東晉錄

五王經一卷　失譯

今附東晉錄

出家功德經一卷　失譯

今附東晉錄　拾遺編入

右出家功德經有三本末行緣二姓有廣略蓋從賢愚抄出云佛在王舍城迦蘭陀竹園中說今此載別生錄中山本佛在毗舍離國為梨車子鞞羅羨那說其中復云鞞羅羨那秦言勇軍雖不知譯人姓必是秦朝譯也

栴檀樹經一卷　僧祐錄云安公古

典經法上錄云羅什譯者非

也　今附漢錄

頻多和多耆經一卷　僧祐錄云安

公失譯經

今附西晉錄

普達王經一卷　僧祐錄云安公失

譯經　今附西晉錄

佛滅度後棺斂葬送經一卷

一名比丘師經亦名師

僧祐錄云安公失譯經

今附西晉錄

鬼子母經一卷

僧祐錄云安公失譯經

今附西晉錄　拾遺編入

梵摩難國王經一卷

僧祐錄云安公失譯經

今附西晉錄　拾遺編入

父母恩難報經一卷　亦云勤報

後漢安息三藏安世高譯

拾遺編入

孫多耶致經一卷　或加上梵志字

吳月支優婆塞支謙譯

新歲經一卷

東晉西域沙門竺曇無蘭譯

右父母恩難報等三經大周等錄皆云出中阿含經撿其中含大本無此等經其增一阿含第二十四中雖受歲緣起大意全異故編於此

群牛譬經一卷

西晉沙門釋法炬譯

右群牛譬經大周錄云出增一阿含撿彼中無故編於此

九橫經一卷

後漢安息三藏安世高譯

禪行三十七經一卷　或加品字

後漢安息三藏安世高譯

比丘避女惡名自煞經一卷

西晉沙門釋法炬譯

比丘聽施經一卷　一名聽施比丘經

身觀經一卷 東晉西域沙門竺曇無蘭譯

西晉三藏竺法護譯

拾遺編入 右九橫等四經大周錄云出雜阿含是異譯本其身觀經云是別生撿文並無故編於此

無常經一卷 亦名三啓經

大唐天后代三藏義淨譯

新編入錄

八無暇有暇經一卷

大唐天后代三藏義淨譯

新編入錄

長爪梵志請問經一卷

大唐天后代三藏義淨譯

新編入錄

譬喻經一卷

大唐三藏義淨譯

新編入錄

略教誡經一卷

大唐三藏義淨譯

新編入錄 右此略教誡經有云出根本說一切有部毗奈耶雜事第十九卷者誤也彼中雖有略教文意與此懸殊

療痔病經一卷 別生故編於此出 亦云療瘻

大唐三藏義淨譯

新編入錄 右此療痔病經根本說一切有部尼陁那第二卷中亦有此咒或有編為重譯今謂不然彼云告諸苾芻此痔病經我於餘處已曾宣說而所為復別處亦不同此是重說非重譯也

上三十經三十卷同帙

聲聞調伏藏六十一部

四百九十三卷五十帙

調伏藏者經云勝故秘故佛獨制故如契經中諸弟子說法或諸天說法律則不尒一切佛說自古群錄皆將摩得勒伽善見論等編為正毗奈耶藏今者尋思恐將非當此等並是分部已後諸聖賢等依宗贊述非佛金口所宣又非千聖結集今之撰錄分為二例初明五部正調伏藏次明諸論奈耶眷屬廣根條不雜本末區分幸諸達人重無

摩訶僧祇律四十卷 或三十卷 刊正

東晉天竺三藏佛陁跋陁羅

共法顯譯 單本四帙

右一經是根本調伏藏即大衆部毗奈耶也佛圓寂後尊者迦葉集千應真於王舍城竹林石室之所結也

十誦律六十一卷 六帙

前五十八卷

姚秦三藏弗多羅等譯後毗尼序三卷

東晉三藏卑摩羅叉續譯

右一經即說一切有部毗奈耶藏佛圓寂後三百年初從上座部之所出也 此十誦律中毗尼序三卷或有經本編在第九誦後第十誦前從第五十五卷至五十七卷者錯也今撿古本皆在其末今者依古為正謹案義淨三藏南海寄歸傳十誦非是有部律收文義差殊不足恠耳

根本說一切有部毗奈耶五十卷 五帙

大唐天后代三藏義淨譯

新編入錄

根本說一切有部苾芻毗奈耶

二十卷二帙

大唐三藏義淨譯 新編入錄

根本說一切有部毗奈耶雜事

四十卷四帙

大唐三藏義淨譯 新編入錄

根本說一切有部尼陁那目得迦

十卷 或八卷一帙

大唐天后代三藏義淨譯 新編入錄

右四經與十誦律俱是說一切有部然其文理與十誦律非無有異未詳所以又舊云然其文理非無有異未詳所以者謹按義淨三藏南海寄歸傳十誦非是根本律部以是有異如彼廣說

五分律三十卷 亦云彌沙塞律或三十四卷三帙

宋罽賓三藏佛陁什共竺道生等譯 單本

右一經即化地部毗奈耶藏佛圓寂後三百年中從說一

切有部之所出也

四分律六十卷 或四十五或七十卷六帙

姚秦罽賓三藏佛陁耶舍共竺佛念譯 單本

右一經即法密部毗奈耶藏佛圓寂後三百年中從化地部之所出也

僧祇比丘戒本一卷 亦云摩訶僧祇戒本

東晉天竺三藏佛陁跋陁羅 其飲光部但有戒本律藏未翻

第二譯 兩譯一闕

僧祇比丘尼戒本一卷 亦云比丘尼波羅提木叉僧祇戒本

東晉平陽沙門法顯共覺賢譯 單本

十誦比丘戒本一卷 亦云十誦波羅提木叉戒

姚秦三藏鳩摩羅什譯

第三譯 三譯二闕

十誦比丘尼戒本一卷 亦云十誦比丘尼波羅提木叉戒

宋長干寺沙門釋法穎集出

根本說一切有部戒經一卷

大唐三藏義淨譯

新編入錄

根本說一切有部苾芻尼戒經一卷

大唐三藏義淨譯

五分比丘戒本一卷 亦云彌沙塞戒本

宋罽賓三藏佛陁什等譯 單本

上七經七卷同帙

五分比丘尼戒本一卷 亦云彌沙塞尼戒

梁沙門釋明徽於建初寺集 出寶唱錄 拾遺編入

四分比丘戒本一卷 題云四分戒本

大唐西太原寺沙門懷素依律集出 新編入錄

四分比丘尼戒本一卷 題云四分尼戒本

大唐西太原寺沙門懷素依律集出 新編入錄

四分僧戒本一卷 或云曇無德戒本或無僧字

秦罽賓三藏佛陁耶舍譯 單本

右此戒本初無稽首頌有堂等偈者是 其四分僧尼戒乃有數本流行而皆不依正文妄生增減今留姚秦耶舍譯本及太原素師依文纂者餘皆簡棄不載錄中

解脫戒本一卷 出迦葉毗部

元魏婆羅門瞿曇般若
流支譯　單本
沙弥十戒法并威儀一卷　亦名沙弥威儀失譯
今附東晉錄
沙弥威儀一卷　或有經字与前小異大同
宋罽賓三藏求那跋摩譯
沙弥尼雜戒文一卷　失譯
今附東晉錄
沙弥尼戒經一卷　失譯
在後漢錄　拾遺編入
舍利弗問經一卷　失譯
今附東晉錄單本
上十經十卷同帙
根本說一切有部百一羯磨十卷一帙
大唐天后代三藏義淨譯
新編入錄
大沙門百一羯磨法一卷　出十誦律
今附宋錄
僧祐錄中失譯經
十誦羯磨比丘要用一卷　出十誦律　或二卷
宋沙門釋僧璩於揚都中興
寺依律撰出
優波離問佛經一卷　或云優波離
貞元新定釋教目錄卷第二十三　第四十六張　以

律失譯在後漢錄單本
五分羯磨一卷　題云弥沙塞羯磨
大唐大開業寺沙門釋愛同
集　新編入錄
四分雜羯磨一卷　題云曇無德律部雜羯磨　以結
戒為首
曹魏天竺三藏康僧鎧譯
拾遺編入
曇無德羯磨一卷　以結大界為首　或二卷
曹魏安息沙門曇諦譯
四分比丘尼羯磨法一卷　祐云曇無德羯磨　或云雜羯磨
宋罽賓三藏求那跋摩譯
上七經七卷同帙
四分律刪補隨機羯磨一卷
大唐崇義寺沙門釋道宣集
新編入錄
四分僧羯磨三卷　題云羯磨卷上　出四分律
大唐太原寺沙門懷素依律
集出　新編入錄
四分尼羯磨三卷　題云尼羯磨卷上　出四分律
大唐西太原寺沙門釋懷素
依律集出　新編入錄
貞元新定釋教目錄卷第二十三　第四十七張　武

上三經七卷同帙
上六本羯磨並出四分　點文有廣略先後異耳
大愛道比丘尼經二卷
亦云大愛道受誡經或直云大愛道經　失譯
僧祐錄云涼土異經
今附北涼錄單本
迦葉禁戒經一卷　一名摩訶比丘經　亦名真偽沙門經
宋居士沮渠京聲譯
第二譯　兩譯一闕
又群錄中更有真偽沙門經一卷是宋代沙門慧簡所譯與迦葉禁戒同本　文句與此經首末全同　既無異文故不雙出
犯戒報應輕重經一卷　出目連問毗尼經　或云目連問經
後漢安息三藏安世高譯
拾遺編入單本
戒銷災經一卷　或名戒銷災經　代
吳月支優婆塞支謙譯單本
優婆塞五戒相一卷　一名優婆塞五戒略論
宋罽賓三藏求那跋摩譯
第一譯　兩譯一闕
右巳上經律正調伏藏巳下
論等為順前宗故名眷屬其
貞元新定釋教目錄卷第二十三　第四十八張　武

戒心羯磨但依文纂要無增減故列之於前其律攝等據其本文屬有增減輒編於後

根本說一切有部毗柰耶頌五卷 尊者毗舍佉造

大唐三藏義淨譯

新編入錄單本

根本說一切有部毗柰耶雜事攝頌一卷

大唐三藏義淨譯

新編入錄單本

根本說一切有部毗柰耶尼陀那目得迦攝頌一卷

大唐三藏義淨譯

新編入錄單本

五百問事經一卷 失譯

今附東晉錄 拾遺編入

上九經十四卷同帙

根本薩婆多部律攝二十卷 尊者勝友集 十四卷二帙

大唐天后代三藏義淨譯

新編入錄單本

根本說一切有部毗柰耶藥事二十卷 二帙

大唐三藏義淨譯

根本說一切有部毗柰耶破僧事二十卷 二帙 內欠二卷

根本說一切有部毗柰耶出家事五卷 內欠一卷

根本說一切有部毗柰耶安居事一卷

根本說一切有部毗柰耶隨意事一卷

根本說一切有部毗柰耶皮革事二卷

根本說一切有部毗柰耶羯恥那事一卷

上五部九卷同帙 內欠一卷

右此上從藥事下七部共五十卷並三藏沙門義淨從大周證聖元年至大唐景雲二年已來兩京翻譯未入開元釋教錄今搜撿入貞元釋教錄 上欠三卷訪本未獲

其上律等洛京魏府已來並收入貞元目闕本中載

毗尼摩得勒伽十卷 一帙

宋天竺三藏僧伽跋摩譯單本

鼻奈耶律十卷 一名戒因緣經 一帙

姚秦涼州沙門竺佛念於苻代譯單本

善見律毗婆沙十八卷 或云毗婆沙律 亦直云善見律

蕭齊外國沙門僧伽跋陀羅譯單本

佛阿毗曇經二卷 亦云佛阿毗曇論

陳天竺三藏眞諦譯單本

上二經二十卷二帙 其佛阿毗曇論群錄並云九卷未詳所以今只有二卷舊編在大乘論中今者尋其文理多說度人受戒等事與此相應故移編入此

毗尼母經八卷 亦云毗尼母論 失譯

今附秦錄單本

大比丘三千威儀經二卷 亦云大僧威儀經或四卷

後漢安息三藏安世高譯單本

上二經十卷同帙 其毗尼母經大周錄云東晉太安年符蘭譯出法上錄護按帝王代於東晉代無太安年其太安年乃在西晉惠帝代其法上錄尋之未獲年代緊錯未可依准又撿文中有翻梵

薩婆多毗尼毗婆沙九卷 失譯（語嚴皆曰秦言故是秦時譯也今爲失源編於秦錄其三千威儀經僧祐失譯錄中分爲兩部各二卷房等諸錄並云兩本各之成其四卷全只有二餘二其存也）

今附秦錄單本

律二十二明了論一卷（亦直云明了論）

陳天竺三藏眞諦譯單本

上二經十卷同帙（其明了論出正量部波羅提木叉論中其大論未譯九有六千頌彼部法部阿那含人衆名覺薩依律毗婆沙及是論等造於中與律相應者略成一卷謂明了論此論解釋律藏中二十二條眞實要義能除正法人達闍心通達律義故稱明了隋沙門依經錄及長房入藏錄中並分爲兩部律二十二卷編在律中明了論一卷載於論錄又律二十二乃是明了論半題按存二十二卷者誤之甚也）

聲聞對法藏 三十六部

六百九十八卷 七十二帙

此對法藏諸部不同流布此方比諸爲衆今者據其有部根本身論爲初足論居次毗沙等支派編末餘部既衆難以科條以俟將來此無先後

阿毗曇八揵度論三十卷（迦旃延子造二十卷三帙 成）

苻秦罽賓三藏僧伽提婆共

竺佛念譯 第一譯

阿毗達磨發智論二十卷（迦多衍尼子造二帙）

大唐三藏玄奘譯

出內典錄 第二譯

右上二論同本異譯即是說一切有部對法藏之根本佛圓寂後三百年中論師迦多衍尼子之所造也後代傳人本有廣略此發智論文義具足傳習之者号爲身論以餘六論各辯一支有異於身故名爲足次編於後諸部繼焉

一阿毗達磨法蘊足論十二卷（尊者大目乾連造一帙 拔）

大唐三藏玄奘譯

出內典錄單本

二阿毗達磨集異門足論二十卷（尊者舍利子說二帙）

大唐三藏玄奘譯

出內典錄單本

第三施設足論有一萬八千頌

尊者大迦多衍那造（迦多此云剪剃衍此云種那是男聲婆羅門中一姓上三足論並佛在世時造）

其論未譯

四阿毗達磨識身足論十六卷

大唐三藏玄奘譯

出內典錄單本

右一論佛圓寂後一百年尊者提婆設摩（唐云天寂）阿羅漢造

五阿毗達磨品類足論十八卷

大唐三藏玄奘譯

出內典錄 第二譯

右一論佛圓寂後三百年中尊者筏蘇蜜多羅（唐云世友造）

衆事分阿毗曇論十二卷

宋天竺三藏求那跋陀羅共菩提舍譯 第一譯

右二論同本異譯

上二論二十卷三帙

六阿毗達磨界身足論三卷

大唐三藏玄奘譯

出翻經圖單本

右一論佛圓寂後三百年中尊者世友造與上識身足論

共十九卷二帙

阿毗曇毗婆沙論六十卷 或八十四卷或一百九卷

北涼天竺沙門浮陁跋摩共道泰等譯　第一譯

右此論創譯百卷成部沙門道挺製序屬魏併涼失四十卷今唯六十卷在但畢第三揵度下五揵度時闕其本新譯之者八蘊並足其八十四卷本及一百九卷者後人分六十卷成非是元來不闕 又按梁僧祐法苑云天監十一年二月勃僧伽婆羅更出婆沙餘五揵度雖有此說本仍未翻

阿毗達磨大毗婆沙論二百卷 二十帙

大唐三藏玄奘譯

出内典録

右上二論同本異譯即釋上發智論佛圓寂後四百年中五百大阿羅漢等於迦溼弥羅國造

阿毗達磨俱舍論二十二卷 婆藪盤豆造

陳天竺三藏眞諦譯　第一譯

貞元新定釋教目録卷第二十三　第五十五張

阿毗達磨俱舍論本頌一卷 尊者世親造 或三卷

大唐三藏玄奘譯

出内典録　第二譯

眞諦譯者闕本

阿毗達磨俱舍論三十卷 尊者世親造 三帙

上二論二十三卷三帙

大唐三藏玄奘譯

出内典録　第二譯

阿毗達磨順正理論八十卷 尊者衆賢造 八帙

右二論及頌同本異譯

大唐三藏玄奘譯

出内典録　單本

阿毗達磨顯宗論四十卷 尊者衆賢造 四帙

大唐三藏玄奘譯

出内典録　單本

右二部論爲俱舍論頌同釋異並衆賢造 衆賢尊者先述正理文廣難尋後造顯宗略所以重譯

阿毗曇心論四卷 尊者法勝造 或無論字

東晉罽賓三藏瞿曇僧伽提婆譯　單本

貞元新定釋教目録卷第二十三　第五十六張

法勝阿毗曇心論經六卷 大德優波扇多造 或七卷

高齊天竺三藏那連提耶舍共法智譯　單本

上二論十卷同帙

雜阿毗曇心論十一卷 尊者法救造 亦云雜阿毗曇婆沙 或十四卷

宋天竺三藏僧伽跋摩譯

第四譯　四譯三闕

上三論俱名阿毗曇心然其所釋廣略有異 雜阿毗曇心論第一卷初注云諸師釋法略也優波扇多有八千偈釋又有一師萬二千偈釋二論名為廣也修撥頭以六千偈釋又論初頌士敬禮尊法勝所說我頂受我達摩多羅說後未曾說故上三論柯四卷者是法勝本論大六卷者是優波扇多釋故彼論末士大德優波扇多為剎益弟子故造此阿毗曇心論故知此即釋法勝論非法勝造而論外題云有法勝字者或恐不感論卷中題無二字群錄皆云法勝阿毗曇或云別譯法勝阿毗曇後雜心論是法救造比前二論文義稍廣

阿毗曇甘露味論二卷 或云甘露味阿毗曇 尊者瞿沙造

曹魏代譯失譯三藏名　單本

貞元新定釋教目録卷第二十三　第五十七張

隨相論一卷 或云求那跋摩諦隨相論德慧法師造或二卷
陳天竺三藏真諦譯　單本
上三論十四卷二帙
尊婆須蜜菩薩所集論十卷 尊者婆須蜜造 或十四卷或十二卷
苻秦罽賓三藏僧伽跋澄等譯　單本
二法度論二卷 或無論字或云經 或三卷或云一卷
東晉罽賓三藏瞿曇僧伽提婆譯第二譯兩譯一闕　單本
右此三法度論有本有釋本有三章九真度釋亦有九品盧山遠法師序云本是每書山賢造撰是天空大乘居士僧伽先撰經後記云大乘比丘釋僧伽撰二說少味未詳執正之也
入阿毗達磨論二卷 塞建陀羅阿羅漢造
大唐三藏玄奘譯
出內典錄　單本
上三論十四卷二帙
成實論二十卷 訶梨跋摩造凡二百二品或二十四卷
姚秦三藏鳩摩羅什譯　單本
立世阿毗曇論十卷 或無論字一帙或十五卷

陳天竺三藏真諦譯　單本
解脫道論十二卷 或十三卷一帙
梁扶南三藏僧伽婆羅譯　單本
舍利弗阿毗曇論二十二卷 或二十卷或三十卷
姚秦罽賓三藏曇摩耶舍共曇摩崛多譯　單本
五事毗婆沙論二卷 者法救造
大唐三藏玄奘譯 亦云阿毗達磨五事論
出翻經圖　單本
上二論二十四卷二帙
鞞婆沙論十四卷 大明錄中別載阿毗達磨五事論者誤也亦云鞞婆沙阿毗曇論阿羅漢尸陀槃尼撰
苻秦罽賓三藏僧伽跋澄譯　單本
三彌底部論三卷 或無部字或云四卷　失譯
三彌底者此云正量即正量部中論也
今附秦錄　單本
上二論十七卷二帙

分別功德論四卷 或云分別功德經 或三卷或五卷
在後漢錄　單本　失譯
右此一論釋增壹阿含經義初序品至第子品過半釋王比丘即止法上錄云生法護譯者不然此中除經解釋文句並同本經似与增一阿含同一人譯而錄錄並玄失源且傚此定僧祐錄云並兼阿難撰者此亦不悲如論第一卷中引外國師薩婆多說故知非是二尊所撰
四諦論四卷 婆藪跋摩造
陳天竺三藏真諦譯　單本
辟支佛因緣論二卷　失譯
今附秦錄　單本
十八部論一卷　新為失譯
附三秦錄　第一譯
右十八部論按尋群錄並云梁代三藏真諦譯今詳真諦三藏已譯十八部論不合更譯部異執論其十八部論初首引文殊問經分別品品後文云羅什師集後方是論若是羅什所翻秦時末有文殊問經不合引之置於初也或可准別錄中文殊問經編為失譯秦時引證此求无疑若是真諦再譯論中子註不合有秦言之字詳其文理多是秦時羅什譯出諸錄

部執異論一卷（既漏致有疑焉其真諦十八部疏即部異執疏是雖有斯理未敢指南後諸傳聞請求實錄）

陳天竺三藏真諦譯（亦名部異執論）

第一譯

異部宗輪論一卷（世友菩薩造）

大唐三藏玄奘譯

出翻經圖　第三譯

右三論同本異譯

上六論十三卷同帙

有譯有本錄中聖賢傳記錄第三（一百一十二部五百九十五卷六十四帙）

傳記錄者佛圓寂後聖賢集子之所撰集雖非三藏正典然亦助揚玄化於此之中惣為五類一讚佛德二明法真理三述僧行軌四摧邪護法五外宗異執讚佛德者佛所行讚傳釋迦譜等也明法理者修行道地經經律異相等也述僧行者龍樹馬鳴法顯玄奘等傳也摧邪護法者辯正弘明破邪辯惑論等也外宗

異計者數勝二論是也以類科分莫過此五五中所辯通大小乘又於此中更開二例梵本翻譯者居先此土傳揚者於後庶東西不雜覽者除疑焉

梵本翻譯集傳（六十八部一百七十三卷一十四帙）

佛所行讚經傳五卷（馬鳴菩薩撰　亦云佛本行經）

北京天竺三藏曇無讖譯

單本

佛本行經七卷（一名佛本行讚傳）

宋涼州沙門釋寶雲譯

單本

右大周錄編在大乘重譯經中云與六十卷佛本行集經同本異譯者誤也

上二集十二卷同帙

撰集百緣經十卷　一帙

吳月支優婆塞支謙譯

出內典錄　單本

拾遺編入

出曜經二十卷（或云出曜論　或十九卷）

姚秦涼州沙門竺佛念於苻秦代譯　單本

賢愚經十三卷（或十五卷或十六或十七）　單本

元魏涼州沙門慧覺等在高昌郡譯

出翻經圖　單本（謹按梁沙門僧祐賢愚序云河西慧覺等八僧遊方問道到于闐大寺遇五年大會八人分聽各記所聞還至高昌乃集為一部即上賢愚經是上代群錄皆編經藏今以共集所聞則非慶喜本誦与餘集等亦復何殊編入正經理將未當故今移附集傳錄中其出曜百緣二經亦是別集還非本誦亦附此焉）

上二集三十三卷四帙（上二帙各八第四帙九卷）

道地經一卷（或加大字是修行經抄無外國略本）

後漢安息三藏安世高譯

拾遺編入　第二譯

右一經是後修行道地經之少分異譯（晉安法師序云沙門衆護撰述經要以為一部二十七章世高折護所集者七章以為漢文今以章名与數二種皆同故知即是安世高所出此經七章惣十八紙群錄皆云二卷者誤也）

修行道地經六卷（或直云修行經或七卷）

西晉三藏竺法護譯
第三譯三譯一闕
右二經同本異譯佛圓寂後
七百年西域沙門衆護所撰 衆護者是此方言天竺梵音名僧伽羅剎
舊錄編入經者理不然也与
後僧伽羅剎集經撰人不殊
何得一載正經一編集內例
既如此故附此中
僧伽羅剎所集經三卷 僧伽羅剎撰或五卷 苻秦代譯
上三集十卷同帙
百喻經四卷 僧伽斯那撰或五卷
蕭齊天竺三藏求那毗地譯
菩薩本緣經三卷 僧伽斯那撰或四卷或兩卷 單本
吳月支優婆塞支謙譯
單本
大乘修行菩薩行門諸經要集三卷
大唐至相寺沙門釋智嚴譯
新編入錄
上三集十卷同帙
付法藏因緣傳六卷 或無因緣字或四卷二卷

元魏西域三藏吉迦夜共曇
曜譯
坐禪三昧經三卷 或名菩薩禪法經或云禪經或二卷
第三譯三譯二闕
姚秦三藏鳩摩羅什譯
第一譯兩譯一闕
又群錄中復有阿蘭若習禪
法經二卷云與坐禪三昧經
同本異譯亦云羅什法師所
出尋閱文句首末全同但為
殊名分成兩部既非別譯未
可雙行
佛醫經一卷 亦云佛醫王經
吳天竺沙門竺律炎共支越譯
拾遺編入　單本
惟日雜難經一卷
吳月支優婆塞支謙譯
拾遺編入　單本
佛般泥洹摩訶迦葉赴佛經一卷 亦云迦葉赴佛般涅槃經
東晉西域沙門竺曇無蘭譯
單本
菩薩訶色欲法一卷 亦云經

姚秦三藏鳩摩羅什譯
第一譯兩譯一闕
四品學法經一卷 或無經字
宋天竺三藏求那跋陀羅譯
單本
佛入涅槃密迹金剛力士哀戀經一卷
失譯　今附秦錄　單本
迦旃延說法沒盡偈經一卷
僧祐錄云安公失譯經
今附西晉錄　單本
佛治身經一卷 或云治身經
僧祐錄云安公失譯
今附西晉錄　單本
治意經一卷 或云佛治意經
拾遺編入
僧祐錄云安公失譯經
今附西晉錄　拾遺編入　單本
上十一集十八卷同帙
雜寶藏經八卷 或云十二卷
元魏西域三藏吉迦夜共
曇曜譯　單本
那先比丘經二卷 或直云那先經或三卷 失譯在東晉

錄第一本
兩譯一闕

上二集十卷同帙

五門禪經要用法一卷 六禪師佛陀蜜多撰

宋罽賓三藏曇摩蜜多譯

拾遺編入　第二譯

達摩多羅禪經二卷 一名不淨觀經 一名修行方便禪經

東晉天竺三藏佛陀跋陀羅譯

單本

右達摩多羅及佛大先所造先罽賓人也彼國禪匠佛陀跋陀羅尼師智嚴往遊西域亦於先所學禪

從坐禪三昧下一十四經周錄之中編在經內今以並非佛說移之於此其雜寶藏經雜集佛語兼雜餘緣非全佛說故編集內

禪法要解二卷 一名禪要經

姚秦三藏鳩摩羅什譯

第一譯　兩譯一闕

禪要呵欲經一卷 是云禪要經呵欲品

後漢失譯

拾遺編入　單本

內身觀章句經一卷

後漢失譯

拾遺編入　單本

法觀經一卷

西晉三藏竺法護譯

拾遺編入

思惟要略法一卷 或加經字

姚秦三藏鳩摩羅什譯

拾遺編入　第二譯 兩譯一闕

十二遊經一卷

東晉西域沙門迦留陀伽譯

拾遺編入　第二譯 三譯二闕

舊雜譬喻經二卷 亦云雜譬喻集經

吳天竺三藏康僧會譯

拾遺編入　單本

雜譬喻經一卷

後漢月支三藏支婁迦讖譯

拾遺編入　單本

上十集十三卷同帙

雜譬喻經二卷 一名菩薩度人經 失譯

在後漢錄　單本

拾遺編入

雜譬喻經一卷　比丘道略集

姚秦三藏鳩摩羅什譯

拾遺編入　單本

阿育王譬喻經一卷　失譯

今附東晉錄

拾遺編入　單本

阿育王經十卷 或加大字

梁扶南三藏僧伽婆羅譯

拾遺編入　第二譯

上四集十四卷同帙

阿育王傳七卷 亦云大阿育王經 或五卷

西晉安息三藏安法欽譯

第一譯

右二傳同本異譯佛圓寂後一百餘年育王出世方有此傳大周錄中編在大乘經中者誤也

長房等錄復云僧伽婆羅更出育王傳五卷者誤也 前經即傳不合重載

阿育王息壞目因緣經一卷 一名王子法益壞目因緣經

符秦天竺三藏曇摩難提於秦代譯

拾遺編入　第二譯 三譯二闕

四阿含暮抄解二卷（阿羅漢婆素跋陀撰）
苻秦西域沙門鳩摩羅佛提等譯
拾遺編入　單本
上三集十卷同帙
法句經二卷（亦云法句集　尊者法救撰）
吳天竺沙門維祇難等譯
第一譯（兩譯一闕）
阿毗曇毗婆沙論第一云如
法句經世尊於處處方邑為眾
生故種種演說尊者達摩多羅
（此云法救）於佛滅後種種說中無
常義者立無常品乃至梵志
義者立梵志品故知此經是
法救撰集入藏錄編在大乘
經中及集傳內前後重載誤
之甚也
法句譬喻經四卷（一名法句本末經　或五卷或六卷）
西晉沙門法炬共法立譯
第二譯（兩譯一闕）
右與前法句經明同異前經
但集偈句不無長行今此從

經無說偈之由起有其因緣
世尊方說此前偈文此略不
備又前後偈文互有增減周
錄編在大乘經中者誤也
迦葉結經一卷
後漢安息三藏安世高譯
拾遺編入　第一譯（三譯二闕）
撰集三藏及雜藏傳一卷　失譯
今附東晉錄　單本
拾遺編入
三慧經一卷（僧祐錄云涼土異經）
今附涼錄　單本
拾遺編入
阿毗曇五法行經一卷（亦云阿毗曇五法經　或無行字）
後漢安息三藏安世高譯
拾遺編入　單本
阿含口解十二因緣經一卷（亦直云十二因緣經　亦名阿含口解經）
後漢安息優婆塞安玄共嚴
佛調譯　單本
小道地經一卷
後漢西域三藏支曜譯

文殊師利發願經一卷
東晉天竺三藏佛陀跋陀羅譯
拾遺編入　單本
六菩薩名一卷（亦名六菩薩亦當誦持經）
後漢失譯
拾遺編入　單本
一百五十讚佛頌一卷（尊者摩咥里制吒造）
大唐三藏義淨譯
新編入錄　單本
讚觀世音菩薩頌一卷
大唐天后代佛授記寺沙門慧智譯
出大周錄　單本
上十二集十六卷同帙
無明羅剎集一卷（亦名無明羅剎經　或二卷）
拾遺編入　單本
今附秦錄　失譯
馬鳴菩薩傳一卷
姚秦三藏鳩摩羅什譯
拾遺編入　單本
龍樹菩薩傳一卷

姚秦三藏鳩摩羅什譯
拾遺編入　單本

提婆菩薩傳一卷
姚秦三藏鳩摩羅什譯
拾遺編入　單本

婆藪槃豆法師傳一卷　此曰天親
陳天竺三藏真諦譯
拾遺編入　第二譯兩譯一闕

龍神菩薩為禪陀迦王說法要偈一卷
宋罽賓三藏求那跋摩譯
出唐舊錄　第一譯

勸發諸王要偈一卷　龍樹菩薩撰
宋天竺三藏僧伽跋摩譯
拾遺編入　第二譯

龍樹菩薩勸誡王頌一卷
大唐天后代三藏義淨譯
新編入錄　第三譯

右三集同本異譯
前二本四諸經藏中連為一卷今分二軸

賓頭盧跋羅闍為優陀延王說法經
一卷
宋天竺三藏求那跋陀譯
單本

又有賓頭盧為王說法經一
卷文與此同故不雙出

請賓頭盧法一卷　或加經字
宋沙門釋慧簡譯
第二譯兩譯一闕

分別業報略一卷　大勇菩薩撰或加集字
宋天竺三藏僧伽跋摩譯
拾遺編入　單本

迦丁比丘說當來變經一卷
僧祐錄中失譯經
今附宋錄　拾遺編入

大阿羅漢難提蜜多羅所說法住記
一卷　單本
大唐三藏玄奘譯
出內典錄　單本

金七十論三卷　亦云僧佉論或二卷
陳天竺三藏真諦譯
單本

右一論外道迦毗羅仙人造
明二十五諦所謂數論經中
云迦毗羅論是也
長房內典二錄真諦譯中有金七十論二卷復有僧

勝宗十句義論一卷　法論三卷二目俱存者誤也
大唐三藏玄奘譯
出翻經圖　單本

右一論勝者慧月造明十句
義　鵂鶹仙人本所造但六句義慧月四足成十句本末通論故名勝宗十句論也
中云衞世師論是也
其數勝二論非是佛法諸外道宗此二為上悉令博學之者奕悉異道之宗故擇之耳

上十五集十七卷同帙

此方撰述集傳四十四部四百二十
二卷　五十帙

大佛名經一十六卷　或十四卷
貞元十五年十月二十三日別勅入錄二帙

釋迦譜十卷　別有五卷本與此廣略異
蕭齊建初寺沙門釋僧祐錄
出房錄　新編入藏

釋迦氏略譜一卷　或無略字
大唐西明寺沙門釋道宣撰
出內典錄　新編入藏

釋迦方志二卷
大唐西明寺沙門釋道宣撰

經律異相五十卷 出內典錄 新編入藏
上三集十三卷二帙 上帙七 下帙六
梁天監十五年勅沙門寶唱等撰 出長房錄 新編入藏

陀羅尼品集十卷一帙 未詳撰者 今附梁錄
右一咒集大周錄中為大乘單本復云失譯者不然尋撿其文乃是此方抄集而非梵本別翻是所以知者如七佛神咒經及陀鄰尼鉢經並是晉朝所翻護諸童子陀羅尼經元魏所翻菩提留支所譯文陀鄰尼鉢經最勝燈王經二部是同本如此等經並皆集入故非梵本所傳必是此方撰集未知的是何人所撰出 此述之

諸經要集二十卷
大唐西明寺沙門釋玄惲撰
新編入藏
上一集二十卷分為三帙 上下各七 中帙六卷

出三藏記集十五卷
梁建初寺沙門釋僧祐録
出長房錄 新編入藏

衆經目録七卷 隋開皇十四年勅翻經沙門法經等撰

上二集二十二卷二帙 上帙十卷 一帙十二 出長房錄 新編入藏

開皇三寶錄十五卷 內題云歷代三寶記
隋開皇十七年翻經學士成都費長房撰
出內典錄 新編入藏

衆經目錄五卷 隋仁壽二年勅翻經沙門及學士等撰
出內典錄 新編入藏
上二集二十卷二帙

大唐內典錄十卷 一帙
大唐西明寺沙門釋道宣撰
出內典錄 新編入藏

續大唐內典錄一卷
大唐西崇福寺沙門釋智昇撰
新編入藏

古今譯經圖紀四卷
大唐翻經沙門釋靖邁撰
新編入藏

續古今譯經圖紀一卷
大唐西崇福寺沙門釋智昇撰
新編入藏

大周刊定衆經目録十五卷
大唐天后勅佛授記寺沙門明佺等撰
新編入藏
上四集二十一卷二帙 上帙十一卷 下帙十卷

開元釋教錄二十卷二帙
大唐西崇福寺沙門釋智昇撰
新編入藏

續開元釋教錄一部三卷
大唐西明寺沙門圓照奉勅集
編入目錄

貞元新定釋教目錄三十卷 三帙
大唐西明寺沙門釋圓照奉勅撰
新編入藏

一切經音義二十五卷
大唐翻經沙門釋玄應撰
出內典錄

新譯大方廣佛花嚴經音義二卷
大唐淨法寺沙門釋慧苑撰
新編入藏
上二集二十七卷四帙 第一帙六卷 下三帙各七

大唐西域記十二卷
大唐三藏玄奘撰
出內典録 新編入藏
集古今佛道論衡四卷 或二卷
大唐西明寺沙門釋道宣撰
出內典録 新編入藏
續集古今佛道論衡一卷
大唐西崇福寺沙門釋智昇撰
新編入藏
上三集十七卷二帙 上帙八 下帙九
東夏三寶感通録三卷
大唐西明寺沙門釋道宣撰
出內典録 新編入藏
集沙門不拜俗議六卷
大唐弘福寺沙門釋彥琮撰
出內典録 新編入藏
上二集九卷同帙
大唐慈恩寺三藏法師傳十卷一帙
大唐西太原寺沙門釋慧立等撰
新編入録
大唐西域求法高僧傳二卷
大唐三藏義淨撰
新編入藏

法顯傳一卷 亦云歷遊天竺記傳
東晉沙門釋法顯自記遊天竺事
出長房録 新編入録
高僧傳十四卷 一卷是目録
梁會稽嘉祥寺沙門釋慧皎撰
出長房録
上三集十七卷二帙 上帙九 下帙八
續高僧傳三十卷
大唐西明寺沙門釋道宣撰
出內典録 新編入藏
上一集三十卷分為四帙 第一第二各八 第三第四各七
辯正論八卷 一帙
大唐終南山龍田寺釋法琳撰
出內典録 新編入藏
破邪論二卷 或一卷
大唐終南山龍田寺釋法琳撰
出內典録 新編入藏
別傳三卷 法琳撰
甄正論三卷
大唐天后代佛授記寺沙門釋玄嶷撰 新編入藏
十門辯惑論二卷 或三卷
大唐大興善寺沙門釋復禮撰

弘明集十四卷 新編入藏
梁建初寺沙門釋僧祐撰
出長房録 新編入藏
上五集二十四卷二帙 上十二卷下帙十二卷
廣弘明集三十卷
大唐西明寺沙門釋道宣撰
出內典録 新編入藏
上一集三十卷分為四帙 第一帙十第二帙七第三帙七卷第四帙六卷
集諸經禮懺儀二卷
大唐西崇福寺沙門釋智昇撰
新編入藏
大唐南海寄歸內法傳四卷
大唐三藏義淨撰
新編入藏
比丘尼傳四卷
梁莊嚴寺沙門釋寶唱撰
新編入藏
別說罪要行法一卷 或無別字
大唐三藏義淨撰
新編入藏

受用三水要法一卷

大唐三藏義淨撰

護命放生軌儀一卷

大唐三藏義淨撰

上六集十三卷同帙

從大佛名經及釋迦譜下四十四部合四百二十二卷並是此方賢德撰集然於大法裨助光揚季代維持寔爲網要故編此錄縛布流行若寫藏經隨情取捨諸傳記雖涉釋宗非護法者此中不錄

都計小乘經律論及賢聖集傳見流行者惣四百五十九部合二千四百二卷二百三十四帙

沙門法琳傳三卷 沙門彥琮撰

右一部傳舊錄云明勑禁斷不許流行故不編載今詳此意蓋在一時然不入格文望許編入貞元目錄

貞元新定釋教目錄卷第二十三

丙午歲高麗國大藏都監奉

勑雕造

貞元新定釋教目録卷第二十四　武

西京西明寺沙門圓照　撰

別録中有譯無本録第二之一

有譯無本者謂三藏教文及聖賢集傳名存本闕之類也自聖教東移殆乎千祀質文亟改鍾鼎屢遷重以周武陵夷緇徒喪滅致使法燈藏耀慧日韜光三藏要文多從散軼或東都近譯未達西京或創出本稀尋求匪獲詎聞精奥空閲名題引領既勞撫膺奚及今者討求諸録備載遺亡冀望多賢共垂詢訪

合大小乘經律論及聖賢集傳闕本者惣一千五十五部二千三十卷

大乘經闕本　二十二部　二十五卷
大乘論闕本　二十部　四十八卷
小乘經闕本　六百五部八百一十五卷
小乘律闕本　四十四部九十二卷
小乘論闕本　九部　六十五卷
賢聖集傳闕本　四十七部一百八十四卷
大乘經重譯闕本　二百部四百八十四卷

吴品經五卷　即是小品般若
天竺三藏康僧會譯　第三譯
新道行經十卷　亦名小品或七卷 祐録名更出小品
西晉三藏竺法護譯　第四譯

右按長房等録竺法護譯中更有小品經七卷者不然護公既有新道行經不合别録中有大智度無極經四卷亦云護公所出既為道行同本更亦不合别翻既並繁重故不存也

大智度經四卷
東晉西域三藏祇多蜜譯

右三經與大般若第四會同大前後八譯五本在藏三本闕　長房等録羅什經數復有放光般若二十二卷者不然什公既譯大品不合重出放光有者誤也

濡首菩薩無上清淨分衛經二卷
一名決了諸法如幻三昧經
後漢臨淮沙門嚴佛調譯　第一譯

右一經與大般若第八會同本前後三譯兩本在藏一本闕

仁王般若經一卷　或二卷 三十一紙
西晉三藏竺法護譯　第一譯

仁王般若經一卷
梁天竺三藏真諦譯

右前後三譯一本在藏二本闕

般若波羅蜜多那經一卷
大唐天后代天竺三藏菩提流志譯
新編入録

右與大明咒經等同本前後三譯兩本在藏一本闕

道行經一卷　安公云是般若抄外國高明者所撰安為之序
後漢天竺沙門竺佛朔譯

右一經雖名道行卷部全小不可與前道行等以為同本且别記之

摩訶般若波羅蜜咒經一卷　或無摩訶字
吴月支優婆塞支謙譯

摩訶般若隨心經一卷
大唐天后代于闐三藏實叉難陀譯
新編入録

右吴品經下十部二十七卷般若部中闕本

無量壽經二卷
後漢安息三藏安世高譯　第一譯

無量清淨平等覺經二卷

曹魏西域三藏帛延譯
第五譯
右長房等錄帛延譯中更有平等覺經一卷即長前經無繁重載
無量壽經二卷 亦云無量清淨平等覺經
西晉三藏竺法護譯 第六譯
無量壽至真等正覺經一卷 一名樂佛土經 一名極樂土經
東晉外國沙門竺法力譯
第七譯
新無量壽經二卷 亦云宋永初二年出
東晉天竺三藏佛陁跋陁羅譯
第八譯
新無量壽經二卷
宋涼州沙門釋寶雲譯 第九譯
新無量壽經二卷
宋罽賓三藏曇摩蜜多譯
出寶寂寺錄 第十譯
右七經與大寶積第五無量壽會同本此經十一譯四本在藏七本闕
阿閦佛刹諸菩薩學成品經二卷

開元新定釋教錄卷第十四 第四張

東晉沙門支道根譯 第三譯
右一經與第六不動如來會同本前後三譯二存一闕
法界體性無分別經二卷
姚秦三藏鳩摩羅什譯
出法上錄 第一譯
右一經與第八法界體性會同本前後兩譯一存一闕
普門品經一卷
東晉西域三藏祇多蜜譯
第二譯
右一經與第十文殊普門會同本前後三譯兩在一闕
嚴淨佛土經二卷 亦云淨土經
西晉河內沙門白法祖譯
第二譯
右一經與第十五文殊授記會同本前後三譯二存一闕
菩薩藏經三卷
西晉三藏竺法護譯 第一譯
右一經與第十七富樓會同本前後兩譯一存一闕
法鏡經二卷 或一卷

開元新定釋教錄卷第十四 第五張

吳月支優婆塞支謙譯
第二譯
右長房等錄支謙所譯更有郁伽長者經二卷即法鏡經是不繁重載
郁伽羅越問菩薩經一卷
西晉河內沙門白法祖譯
第五譯
郁伽長者所問經一卷
宋罽賓三藏曇摩蜜多譯
第六譯
右三經與第十九郁伽長者會同本前後六譯三存三闕
妙慧童女所問經一卷
大唐天后代天竺三藏菩提流志譯
新編入錄 第三譯
右一經與第三十妙慧童女會同本前後四譯存三闕一
阿闍世王女阿術達菩薩經一卷
吳月支優婆塞支謙譯
第一譯
阿術達經一卷
東晉西域三藏祇多蜜譯

第三譯

阿術達菩薩經一卷

宋天竺三藏竺法眷譯

第四譯

右三經與第三十二無畏德菩薩會同本前後五譯二存三闕　又長房等錄竺法護更有阿闍世王女无憂施經一卷此乃楚晉音異不合重出阿術達是梵言无憂施是晉語二經雙載錄家誤也

如幻三昧經二卷　或一卷

後漢安息三藏安世高譯

第一譯

如幻三昧經二卷

東晉西域三藏祇多蜜譯　第三譯

如幻三昧經二卷

前涼月支優婆塞支施崘譯　出首楞嚴後記　第四譯　新編入藏

聖善住意天子所問經四卷

隋天竺三藏闍那崛多譯　第六譯

右四經與第三十六善住意天子會同本前後七譯三存四闕

慧上菩薩問大善權經二卷　或无菩薩字或一卷

後漢臨淮沙門嚴佛調譯　第一譯

大善權經二卷

姚秦三藏鳩摩羅什譯　第四譯

慧上菩薩問大善權經二卷　一名慧上菩薩　一直名大善權

一名大乘方便

北涼西域三藏伽陁譯　第五譯

右三經與第三十八大乘方便會同本前後五譯二存三闕

弥勒所問大願經一卷

東晉西域三藏祇多蜜譯　第二譯

右一經與第四十二弥勒所問會同本前後三譯二存一闕

菩薩淨行經二卷　亦云淨律經

吳天竺三藏康僧會譯　別品初譯

右一經與第四十七寶髻菩薩會同本此是大集寶髻品除其本經前後兩譯一存一闕

勝鬘經一卷　亦云勝鬘師子吼一乘大方便經

北涼天竺三藏曇无讖譯　第一譯

右一經與第四十八勝鬘夫人會同本前後三譯一闕

寶積經三卷

周宇文代三藏禪師闍那耶舍譯

右一經雖云寶積既无本可校不知與何會同本且記於末從

無量壽經下三十部五十四卷

寶積部中闕本

大方等大集經二十七卷

後漢月支三藏支婁迦讖譯　第一譯

大方等大集經三十卷　或有新字或二十四卷

姚秦三藏鳩摩羅什譯　第二譯

右二經同本前後三譯一本在藏兩本闕

虛空藏菩薩經一卷

宋天竺三藏求那跋陁羅譯　第二譯

右一經前後四譯三存一闕

般舟三昧經二卷　或加大字或一卷

後漢天竺三藏竺佛朔譯　第二譯

般舟三昧經一卷　是後十品重翻祐錄有一卷三卷者

後漢月支三藏支婁迦讖譯　出靜泰錄

第三譯

般舟三昧念佛章經一卷

是行品別翻後漢代失譯　第四譯

般舟三昧經二卷　安公錄云更出般舟三昧經

西晉三藏竺法護譯　第六譯

右四經同本前後七譯三存四闕　四是全本　三是抄譯

阿差末菩薩經四卷

吳天竺沙門維祇難譯第一譯
阿差末菩薩經四卷
吳月支優婆塞支謙譯第二譯
無盡意經十卷
宋天竺三藏竺法護譯第五譯
右三經同本前後五譯二本藏
存三本闕又長房等錄竺法護譯更有無盡意經四卷據其法護已出阿差末經不合乖出無盡意其阿差末經題云晉曰無盡意錄中兩法云或四卷此是梵晉名異理實一經錄存二本誤之甚也
小阿差末經二卷
吳月支優婆塞支謙譯
右一經既加小字與前諸經應
非同本
方等主虛空藏經八卷亦云虛空藏所問或五卷
乞伏秦沙門釋聖堅譯
右一經是大集虛空藏品異譯
藏中縱有乃是別生虛空藏品
無識所翻非異譯者或即此經
是無識譯非聖堅出
定意天子所問經五卷出大集今疑為善住意經同本
周宇文代三藏禪師闍那耶舍譯
貞元新定釋教錄卷第二十四　第十張　戊

從大集經下一十三部九十七
卷大集部中闕本
入如来智不思議經三卷
周宇文代三藏禪師闍那耶舍譯出翻經
圖第二譯
右一經前後四譯三存一闕
菩薩十地經一卷亦云大方廣經亦直云十地經
西晉三藏竺法護譯第一譯
大方廣菩薩十地經一卷
西晉清信士聶道真譯第二譯
十地經一卷
東晉西域三藏祇多蜜譯第三譯
右三經同本前後五譯二存三
闕
大方廣不生不滅經一卷
大唐天后代于闐三藏實叉難陀譯
新編入錄單本
大方廣如來難思議境界經一卷
大唐天后代于闐三藏實叉難陀譯
編入錄單本
佛藏大方等經一卷亦名周明顯經
宋沙門釋道嚴譯
右一經隋代沙門法經錄云花
貞元新定釋教錄卷第二十四　第十一張　戊

嚴經明難品異譯今闕此經舊經在第六卷新經在第十三
菩薩本業經一卷是華嚴淨行品亦直云本業經
東晉天竺三藏佛陀跋陀羅譯第二譯
右兼本品前後五譯四本在藏
一本闕其舊花嚴經既覺賢所譯不合別出此本業經以大周錄入藏中有未見其本且此述之又長房錄中支謙再出淨行品者誤也其淨行經脫法云一名菩薩本業經
菩薩十法住經是十住品
西晉清信士聶道真譯第二譯
右兼本品前後五譯四本在藏
一本闕長房等錄更有菩薩十住經一卷云是東晉佛陀跋陀羅譯詳其覺賢既譯大本不合別出此經房錄誤也
十住經十二卷是十地品
西晉清信士聶道真譯第三譯
右兼本品前後五譯四本在藏
一本闕
羅摩伽經三卷是入法界品少分
曹魏西域三藏安賢譯第一譯
羅摩伽經一卷
北京天竺三藏曇無讖譯第四譯
右兼本品前後五譯三本在藏
二本闕
貞元新定釋教錄卷第二十五　第十二張

從入如來智不思議經下一十二部十七卷花嚴部中闕

梵般泥洹經二卷舊錄云胡般今改為梵字或一卷

後漢月支三藏支婁迦讖譯第一譯

大般涅槃經二卷

曹魏外國三藏安法賢略前品為三卷第一譯

大般泥洹經二卷

北京雍州沙門智猛於涼州譯第六譯

般泥洹經二十卷

吳優婆塞支謙譯序品哀歎品為二卷第二譯

右兼涅槃大本及新譯後分前後七譯三本在藏四本闕又大周錄中指竺道祖錄東晉義熙十二年佛陀跋陀羅於道場寺譯大般泥洹一卷或云十卷是大本前分十卷盡大衆問品今爭諸錄及淨記等其法顯譯大般泥洹亦是義熙十三年於道場寺共覺賢譯其法顯所出諸經並與覺賢共譯諸錄題注多相參涉時處既同必非再出今故為一更不別存

從梵般泥洹經下四部二十六卷涅槃部中闕本

蜀普曜經八卷失譯似是蜀土所譯第一譯在魏吳錄

普曜經八卷或六卷或四卷

宋沙門智嚴共寶雲譯第三譯

右二經與方廣莊嚴經同本前後四譯二存二闕

無量義經一卷

宋天竺三藏求那跋陀羅譯第一譯

右一經前後兩譯一存一闕

法華三昧經六卷一本加正字吳外國三藏支彊良接譯

出翻經圖第一譯

薩芸芬陀利經六卷

西晉三藏竺法護太始年譯第二譯謹按長房等錄共正法華是竺法護大康七年譯見聶道真錄復云太始元年譯薩芸芬陀利經六卷出竺道祖錄同是一經不合再出名目殊本復存後求詳所以或可薩芸芬陀利是梵語正法華是晉名梵晉俱存錄家誤也

方等法華經五卷

東晉沙門支道根譯第四譯

右三經同本兼及添品前後六譯三存三闕

佛以三車喚經一卷

吳月支優婆塞支謙譯

右一經出法華經中異譯應是譬喻品

古維摩詰經二卷

後漢臨淮沙門嚴佛調譯第一譯

異毗摩羅詰經三卷祐云吳維摩詰經或作思字誤二卷

西晉西域優婆塞竺叔蘭譯第三譯

維摩詰所說法門經一卷或云維摩詰經

西晉三藏竺法護譯第四譯謹按僧祐錄中更有維摩詰經一卷亦云竺法護譯下注云祐意謂先出維摩繁重護刪出逸偈也今意與祐同无異故不別存又同錄中更有維摩詰經二卷亦云是黃武年支謙譯出長房等錄長房錄无此經名同錄誤也

維摩詰經四卷

東晉西域三藏祇多蜜譯第五譯

右四經同本前後七譯三存四闕其西晉沙門支敏度合一支兩出三本共為五卷者以拆別譯又闕其本故不存之

大方等頂王經一卷

姚秦三藏鳩摩羅什譯第二譯

右一經前後四譯三存一闕

閑居經十卷

西晉三藏竺法護譯第一譯

悲華經十卷

北涼沙門釋道龔譯第三譯

右二經同本前後四譯二存二

闕
佛昇忉利天為母說法經一卷
宋罽賓三藏曇摩蜜多譯第三譯
右一經前後三譯二存一闕
大乘寶雲經八卷
陳扶南國沙門須菩提譯第二譯
右一經前後三譯二存一闕
等集三昧經一卷
西晉河內沙門白法祖譯第二譯
右一經前後三譯二存一闕
持人菩薩經三卷
姚秦涼州沙門竺佛念譯第二譯
右一經前後三譯二存一闕
文殊師利現寶藏經二卷 亦云示現寶藏或三卷
西晉安息三藏安法欽第三譯
文殊師利現寶藏經二卷
西晉沙門支法度譯 第三譯
右二經同本前後四譯二存二
闕
楞伽經四卷
北涼天竺三藏曇無讖譯第一譯
右一經前後四譯三存一闕
大方等無相經五卷 二名大方等大雲經亦云大雲經或四卷

姚秦涼州沙門竺佛念譯第二譯
右一經前後兩譯一存一闕
諸法無行經一卷
宋天竺三藏求那跋陀羅譯第二譯
右一經前後三譯二存一闕
阿闍貰王經二卷
西晉安息三藏安法欽譯第三譯
更出阿闍世王經二卷
西晉三藏竺法護重譯第四譯
右竺法護大康七年譯普超經
此後再翻故題更出 若准安錄但有更出阿闍世王无更出普超三昧對彼支讖先譯故云更出祐錄之中二本俱載
阿闍世經二卷
姚秦三藏鳩摩羅什譯第五譯
右三經同本兼放鉢經前後六
譯三存三闕
月燈三昧經一卷 出大月燈經第七
後漢安息三藏安世高譯第一別譯
右兼大本前後三譯兩存一闕
象腋經一卷
後漢月支三藏支婁迦讖譯出法上錄第二譯
無所悕望經一卷

東晉西域三藏祇多蜜譯第三譯
右二經同本前後四譯二存二闕
上金光首經一卷 前涼月支優婆塞支施崙譯出首楞嚴後記第二譯新編入錄
右一經與大淨法門經等同本
前後三譯二存一闕
阿弥陀佛偈一卷 失譯在後漢錄第一譯
右與後出阿弥陀偈同本前後
兩譯一存一闕
觀無量壽佛經一卷
宋罽賓三藏曇摩蜜多譯出寶唱錄第二譯
右一經前後兩譯一存一闕
小無量壽經一卷 一名阿弥陀經或无小字
宋天竺三藏求那跋陀羅譯第二譯
右與阿弥陀經等同本前後三
譯二存一闕 大周入藏錄中有小無量壽經其文乃與阿弥陀不異故為闕本
弥勒成佛經一卷 一名弥勒當來下生經十七紙
西晉三藏竺法護譯第一譯
右一經前後兩譯一存一闕
弥勒當来下生經一卷 僧祐錄云安公錄中失譯
今附西晉錄第一譯
弥勒作佛時事經一卷 祐錄無事字

彌勒下生經一卷 出寶唱錄八紙今附東晉錄第二譯失譯

梁天竺三藏真諦譯第五譯

右三經同本前後六譯三存三闕

諸法勇王經一卷

後漢月支三藏支婁迦讖譯 出法上錄第一譯

右一經前後三譯二存一闕

權方便經一卷

吳天竺三藏康僧會譯第一譯

樂瓔珞莊嚴方便經一卷 一名大乘瓔珞莊嚴經亦名轉女身菩薩

宋沙門法海譯第四譯

右二經同本前後四譯二存二闕 法護譯順權方便經二卷又譯隨權女經二卷其順權方便經下又注云亦名順權女經今以隨權順權二義相似故僧祐錄隨權女經別錄所載安錄中無故知即順權經是名諸家道錄名異誤耳隨權女經今删不定

睒本起經一卷 一名睒經出六度經

姚秦三藏鳩摩羅什譯第二譯

右兼六度本經前後四譯三存

一闕

無字寶篋經一卷

元魏天竺三藏佛陀扇多譯第二譯

右一經前後四譯三存一闕

失利越經一卷 僧祐錄云安公錄中失譯經今附西晉錄

第二譯

右一經与月光童子經等同本前後四譯三存一闕

長者子誓經一卷 曹魏失譯第二譯

菩薩誓經一卷

宋居士沮渠京聲譯第五譯

右二經同本前後五譯三存二闕

犢牛經一卷 一云犢子經

東晉西域沙門竺曇無蘭譯第三譯

浮光經一卷 或作乳光

東晉西域三藏祇多蜜譯第四譯

右二經同本前後四譯二存二闕

不莊校女經一卷

吳月支優婆塞支謙譯第一譯

腹中女聽經一卷

蕭齊沙門釋法化誦出第五譯

右二經同本前後五譯三存二闕

十二因緣經一卷 亦云闍城十二因緣

後漢安息三藏安世高譯第一譯

闍城十二因緣經一卷

後漢西域三藏支曜譯第二譯

十二因緣經一卷 亦云貝多樹下思惟十二因緣

西晉三藏竺法護譯第四譯

十二因緣經一卷

蕭齊天竺三藏求那毗地譯第五譯

右四經同本前後六譯四存二闕 其闍城經藏中雖有文即與貝多樹下經同又有十二緣經一卷乃出增一阿含第四十六卷故與二經不爲入藏別求異本

異了本生死經一卷 僧祐錄云安錄中失譯今附西晉錄

右一經前後三譯二存一闕

如來獨證自誓三昧經一卷

東晉西域三藏祇多蜜譯第三譯

右一經前後三譯二存一闕

八吉祥經一卷

宋天竺三藏求那跋陀羅譯第三譯

右一經前後五譯四存一闕

不空羂索咒心經一卷

大唐天后代天竺三藏菩提流志譯

出大周錄第三譯

右一經新舊廣略揔四譯三存一闕

大孔雀王神咒經一卷

東晉西域三藏帛尸梨蜜多羅譯第一譯

孔雀王雜神咒經一卷

東晉西域三藏帛尸利蜜多羅譯第二譯

孔雀王呪經一卷
東晉西域沙門竺曇无蘭譯第三譯
右三經同本前後八譯五存三闕 前六本略後二本廣其尸梨蜜所出雜神呪經應是異本既未親覩其經難爲揩定
無端底持經一卷 舊錄云揔持
魏吳失譯第二譯
阿難目佉經一卷
西晉安息三藏安法欽譯第三譯
無量破魔陀羅尼經一卷
西晉河内沙門白法祖譯第四譯
右三經同本前後十一譯八存三闕
無崖際持法門經一卷
宋天竺三藏求那跋陀羅譯第二譯
右一經前後三譯二存一闕
陀羅尼章句經一卷 拓無章字
東晉失譯第三譯
右一經与持句神呪經等同本前
後四譯三存一闕
離垢淨光陀羅尼經一卷
大唐天后代于闐三藏實叉難陀譯
新編入錄第一譯
右一經前後兩譯一存一闕

請觀世音經一卷
姚秦三藏鳩摩羅什譯第一譯
右一經前後兩譯一存一闕
内藏經一卷 或云内藏百品經 或云内藏百寶經
後漢安息三藏安世高譯第二譯
右一經前後兩譯一存一闕
温室洗浴衆僧經一卷 或云温室經
西晉三藏竺法護譯第二譯
右一經前後兩譯一存一闕
又須賴經一卷 或无又字
曹魏西域三藏白延譯第一譯
須賴經一卷 或名須賴菩薩經
吳月支優婆塞支謙譯第二譯
貧子須賴經一卷
宋天竺三藏求那跋陀羅譯第四譯
右三經同本前後四譯一存三闕
道樹三昧經二卷 安錄云一卷即應私呵昧經是
失譯出支敏度錄今附東晉錄第二譯
右一經與私可昧經同本前後兩譯
一存一闕 又長房錄及代錄僧會注道樹經一卷今以僧會注者即是支謙所翻此是注經不可爲翻譯之數
菩薩所生地經一卷 一名摩竭所問
乞伏秦沙門釋聖堅譯第二譯

右一經前後兩譯一存一闕
四不可得經一卷 或无可字 大周入藏錄有今尋求未獲
後漢安息三藏安世高譯第一譯
右一經前後兩譯一存一闕
梵女首意經一卷
宋沙門釋勇公譯第二譯
右一經前後兩譯一存一闕
光明三昧經一卷
後漢月支三藏支婁迦讖譯
出僧祐錄第一譯
右一經與成具光明定意經同
本前後兩譯一存一闕
寶網經一卷
姚秦三藏鳩摩羅什譯第二譯
右一經前後兩譯一存一闕
菩薩緣身五十事經一卷
西晉清信士聶道真譯第二譯
右一經前後兩譯一存一闕
菩薩修行經一卷
吳月支優婆塞支謙譯第一譯
菩薩修行經一卷 一名長者威施菩薩所問修行經 一名長者修行經
曹魏西域三藏白延譯　第二譯

右二經同本前後三譯一存二闕

福田經一卷　一名諸德福田經

西晉沙門釋法炬譯第二譯

右一經前後兩譯一存一闕

大方等如來藏經一卷　一名佛藏方正經

西晉沙門法立共法炬譯第一譯

大方等如來藏經一卷

西晉河內沙門白法祖譯第二譯

右二經同本前後三譯一存二闕

佛語經一卷　同字文代

天竺三藏闍那崛多譯第二譯

右一經前後兩譯一存一闕

金色王經一卷

元魏天竺三藏曇摩流支譯第一譯

右一經前後兩譯一存一闕

演道俗業經一卷　一本無業字

吳月支優婆塞支謙譯第一譯

右一經前後兩譯一存一闕

百佛名經一卷

西晉三藏竺法護譯第一譯

右一經前後兩譯一存一闕

稱揚諸佛功德經三卷　一名集華

姚秦三藏鳩摩羅什譯第一譯

貞元新定釋教錄卷第二十四　第二十五張　戊

現在佛名經三卷　一名華數現在佛名

宋天竺三藏求那跋陀羅譯第二譯

右二經同本前後三譯一存二闕

須真天子經一卷

藏中一本合是元魏代譯中有晉言之字未詳何以

北涼天竺三藏曇無讖譯第二譯

右一經前後兩譯一存一闕

大摩耶經一卷　或无大字或二卷

後漢西域三藏支曜譯第一譯

右一經前後兩譯一存一闕

除災患經一卷

曹魏西域三藏白延譯第一譯

右一經前後兩譯一存一闕

孛本經二卷

後漢月支三藏支婁迦讖譯第一譯

右一經前後兩譯一存一闕

孛經一卷

乞伏秦沙門釋聖堅譯第三譯

右二經同本前後三譯一存二闕

光世音大勢至受決經　亦云觀世音授記

西晉三藏竺法護譯第一譯

觀世音授記經一卷

西晉清信士聶道真譯第二譯

右二經同本前後三譯一存二闕

貞元新定釋教錄卷第二十四　第二十六張　戊

海龍王經四卷　或加新字

北涼天竺三藏曇無讖譯第二譯

右一經前後兩譯一存一闕

首楞嚴經二卷　或三卷

後漢月支三藏支婁迦讖譯第一譯

方等首楞嚴經二卷

吳月支優婆塞支謙譯第二譯

蜀首楞嚴經二卷　似蜀土出曹魏失譯第二譯

後出首楞嚴經二卷　曹魏失譯第二譯

首楞嚴經二卷

曹魏西域三藏白延譯第五譯

勇伏定經二卷　安公云更出首楞嚴

西晉三藏竺法護譯第六譯

又隋林長房等錄竺法護更有首楞嚴經二卷今以首楞嚴与勇伏定梵晉名異二經不殊故勇伏定經後記云元康元年四月九日燉煌菩薩支法護手執胡經口出首楞嚴三昧優婆塞聶承遠筆受以此證知首楞嚴經与勇伏定不合分二賢劫經亦然首楞嚴經今廢不立經後記言支法護者據其本姓耳

首楞嚴經二卷

西晉西域優婆塞竺叔蘭譯第七譯

首楞嚴經二卷

前涼月支優婆塞支施崙譯

出首楞嚴後記第八譯新編入錄

貞元新定釋教錄卷第二十四　第二十七張　戊

右八經同本前後九譯第九本存
前八並闕 又按祐房等錄西晉惠帝代沙門支敏度合兩支兩竺四本經共為一部今傳譯四卷者既非梵本翻不合入藏故不別存也
普賢觀經一卷 一名觀普賢菩薩經
東晉西域三藏祇多蜜譯 第一譯
觀普賢菩薩經一卷
姚秦三藏鳩摩羅什譯 第二譯
右二經同本前後三譯一存二闕
藥王藥上菩薩觀經一卷
後漢安息三藏安世高譯 第一譯
右一經前後兩譯一存一闕
無思議光孩童菩薩經一卷 亦云無思議孩童經亦名无思議光經舊錄直云孩童
西晉三藏竺法護譯 第一譯
右一經前後兩譯一存一闕
十地斷結經八卷 或十卷或四卷
後漢天竺三藏竺法蘭於白馬寺譯 第二譯
右一經前後兩譯一存一闕
又長房等錄竺佛念後譯十地斷結十卷誤也即十住斷結經是也地之与住其義大同仙有一本今依祐錄為正
諸佛要集經二卷
西晉清信士聶道真譯 第二譯
右一經前後兩譯一存一闕

貞元新定釋教目錄卷第二十四　第十八張

未曾有因緣經二卷
姚秦三藏鳩摩羅什譯出法上錄第一譯
右一經前後兩譯一存一闕
瓔珞經十二卷 一名現前報或十四卷
東晉西域三藏祇多蜜譯 第一譯
右一經前後兩譯一存一闕
超日明三昧經二卷 或直云超日明經
西晉三藏竺法護譯 第一譯
右一經前後兩譯一存一闕
賢劫經七卷 亦名賢劫定意亦名賢劫三昧祐錄云新賢劫經
姚秦三藏鳩摩羅什譯 第二譯
右一經前後兩譯一存一闕
又長房等錄竺法護譯經中更有颰陁劫三昧經七卷今詳此名錄家誤也颰陁与賢梵晉異耳故賢劫經初云颰陁劫三昧經晉日賢劫定意祐錄之中但有一本存為二經誤之甚也今故合為一也
賢劫千佛名經一卷 後漢失譯房云雖有佛名与曇无蘭所出四諦經千佛名異
右一佛名出賢劫經中異譯闕本
淨度三昧經一卷
宋沙門釋智嚴譯 第一譯
淨度三昧經一卷
宋沙門釋寶雲譯 第二譯

貞元新定釋教目錄卷第二十四　第十九張　戢

淨度三昧經一卷
宋天竺三藏求那跋陁羅什譯 第三譯
淨度三昧經一卷
元魏昭玄統釋曇曜譯 第四譯
右四經同本異譯並闕 大周入藏錄中有淨度三昧經三卷尋其文詞殊淺義理差違事涉人謀難為聖典故編疑錄
思意經一卷 亦云益意經
後漢臨淮沙門嚴佛調譯 第一譯
益意經一卷
東晉三藏康道和譯 第二譯
右二經同本異譯並闕 長房等錄並云蕭齊僧佉尼譯益意經二卷者多是錄家相傳誤也其南齊永年太學博士江泌女小而出家名為僧法閒誦出二十一部凡三十五卷於中有益意經三卷長房以為靈冒有由編在正錄諸以非梵本傳譯置在僞中存此一經以將來也其名或云僧尼或云尼僧依此之尼字或上或下故使然也祐是齊人錄中不載故故知諸錄並誤周入藏中有益意經兩卷尋其文義亦涉人謀下卷初有一紙半許文與前卷文句全同其益意菩薩兩重受記名字國土各異不同諸經之中皆无此類故編疑品更訪真經
照明三昧經一卷
西晉三藏竺法護譯 第一譯

貞元新定釋教目錄卷第二十四　第二十張

照明三昧經一卷
東晉西域三藏祇多蜜譯　第二譯
右二經同本異譯並闕
惟明二十偈經一卷　或無經字
吳月支優婆塞支謙譯　第一譯
惟明二十偈經一卷　或无經字
西晉三藏竺法護譯　第二譯
右二經同本異譯並闕
空淨天感應三昧經一卷　亦云空淨三昧經
後漢安息三藏安世高譯　第一譯
空淨三昧經一卷　亦云空淨天感應三昧經
宋沙門釋勇公譯　第二譯
右二經同本異譯並闕
法滅盡經一卷　亦云空寂菩薩所問　亦云法沒盡
吳月支優婆塞支謙譯　第一譯
法沒盡經一卷　或云空寂菩薩所問　或云法滅盡
西晉三藏竺法護譯　第二譯
右二經同本異譯並闕
從蜀普曜經下一百三十一部
二百五十三卷除五大部外諸
重譯經闕本
大乘經單譯闕本二百八部　三百一十七卷
大方便報恩經一卷

貞元新定釋教錄卷第二十四　第三十二張　我

後漢月支三藏支婁迦讖譯
卒逢賊結衣帶呪經一卷
後漢安息三藏安世高譯
呪賊經一卷　一云除賊害呪　祐錄更有一本呪賊經
後漢安息三藏安世高譯
十四意經一卷　一名菩薩十四意經
後漢安息三藏安世高譯
七佛神呪經一卷　云與結縷書異　或无經字　祐錄更有一本與此同
吳月支優婆塞支謙譯
摩訶精進經一卷　一名大精進經
吳月支優婆塞支謙譯
十二門大方等經一卷
吳月支優婆塞支謙譯
佛從上所三十偈經一卷　或无經字
吳月支優婆塞支謙譯
菩薩二百五十法經一卷　替大僧威儀亦孫皓者或二卷
吳西域三藏康僧會譯
諸神呪經三卷
文殊師利菩薩經一卷
西晉三藏竺法護譯
小郁伽經一卷　與大郁伽經不同　或作迦字
西晉三藏竺法護譯

貞元新定釋教錄卷第二十四　第三十一張　我

諸方佛名功德經一卷　或无功德字
西晉三藏竺法護譯
十方佛名經一卷　祐无經
西晉三藏竺法護譯
慈仁問八十種好經一卷　或直云八十種好經
西晉三藏竺法護譯
三十二相因緣經一卷　或云菩薩三十二相經
西晉三藏竺法護譯
嚴淨定經一卷　一名序世經
西晉三藏竺法護譯
寶地女經一卷　一名須摩提法律三昧經
西晉三藏竺法護譯
金益長者子經一卷
西晉三藏竺法護譯
離垢蓋經一卷
西晉三藏竺法護譯
慧明經一卷
西晉三藏竺法護譯
衆祐經一卷
西晉三藏竺法護譯
三轉日明經一卷
西晉三藏竺法護譯
十等藏經一卷

貞元新定釋教錄卷第二十四　第三十三張　我

决道俗經一卷
西晉三藏竺法護譯
殖衆德本經一卷
西晉三藏竺法護譯
小法没盡經一卷
西晉三藏竺法護譯
猛施經一卷 一名猛施道地經
西晉三藏竺法護譯
目連上淨居天經一卷 一云佛本行集一本无天
西晉三藏竺法護譯
惟逮菩薩經一卷
西晉河內沙門白法祖譯
揰特陁羅尼經一卷
西晉河內沙門白法祖譯
如來興顯經一卷
西晉河內沙門白法祖譯
善推經一卷
西晉河內沙門白法祖譯
海龍王經一卷
西晉河內沙門白法祖譯
持心梵志經一卷
西晉河內沙門白法祖譯

貞元新定釋教錄卷第二十四　第三十四張　炎

諸經菩薩名經一卷
西晉沙門釋法炬譯
正意經一卷 房錄云第二出未詳初本何者是
西晉沙門釋法炬譯
明帝釋施經一卷
西晉沙門釋法炬譯
寂意菩薩願經一卷
西晉清信士聶道真譯
菩薩求五眼法經一卷 祐無經字或云五眼文
西晉清信士聶道真譯
菩薩道行六法經一卷
西晉清信士聶道真譯
菩薩初地經一卷
西晉清信士聶道真譯
菩薩十道地經一卷
西晉清信士聶道真譯
文殊師利與離意女論議經一卷 似維摩經今按諸佛要集下卷有離意女論議事疑抄拔經也
西晉清信士聶道真譯
菩薩離行法一卷
西晉清信士聶道真譯
菩薩所行四法一卷
西晉清信士聶道真譯
菩薩宿命經一卷
西晉清信士聶道真譯

貞元新定釋教錄卷第二十四　第三十三張

西晉清信士聶道真譯
七佛所結麻油述呪經一卷 祐失譯錄重載兩本一云異本
東晉西域沙門竺曇无蘭譯
大神母結誓呪經一卷
東晉西域沙門竺曇无蘭譯
伺逗法願神呪經一卷
東晉西域沙門竺曇无蘭譯
解日厄神呪經一卷
東晉西域沙門竺曇无蘭譯
六神名神呪經一卷
東晉西域沙門竺曇无蘭譯
揰特羅麻油述神呪經一卷
東晉西域沙門竺曇无蘭譯
麻油述呪經一卷
東晉西域沙門竺曇无蘭譯
摩尼羅亶神呪案摩經
東晉西域沙門竺曇无蘭譯
醫王惟婁延神呪經一卷 一名阿惟所問王惟婁延神呪經
東晉西域沙門竺曇无蘭譯
龍王呪水浴經一卷
東晉西域沙門竺曇无蘭譯
十八龍王神呪經一卷
東晉西域沙門竺曇无蘭譯

貞元新定釋教錄卷第二十四　第三十二張　炎

請雨咒經一卷
東晉西域沙門竺曇无蘭譯
止雨咒經二卷
東晉西域沙門竺曇无蘭譯
觀水經一卷
東晉西域沙門竺曇无蘭譯
幻師阿夷鄒神咒經一卷 大周入藏錄有今闕不獲
東晉西域沙門竺曇无蘭譯
咒水經一卷
東晉西域沙門竺曇无蘭譯
藥咒經一卷
東晉西域沙門竺曇无蘭譯
咒毒經一卷
東晉西域沙門竺曇无蘭譯
咒時氣病經一卷
東晉西域沙門竺曇无蘭譯
咒小兒經一卷
東晉西域沙門竺曇无蘭譯
咒齒經一卷 更有一本名与此同去異出本一去蟲齒二去齲齒
東晉西域沙門竺曇无蘭譯
咒牙痛經一卷 更有一本名与此同去異本出或作齒痛
東晉西域沙門竺曇无蘭譯
咒眼痛經一卷

貞元新定釋教錄卷第十四　第三十七張　或

東晉西域沙門竺曇无蘭譯
五眼文經一卷 今疑是西道真所出菩薩求五眼法異名
東晉西域沙門竺曇无蘭譯
淨六波羅蜜經一卷
東晉天竺三藏佛陀跋陀羅譯
禪經四卷
東晉西域三藏祇多蜜譯
法沒盡經一卷
東晉西域三藏祇多蜜譯
菩薩普處經三卷
姚秦涼州沙門竺佛念譯
善信摩訶神咒經三卷
姚秦三藏鳩摩羅什譯
持地經一卷
姚秦三藏鳩摩羅什譯
觀佛三昧經一卷
姚秦三藏鳩摩羅什譯
差摩經一卷 今疑与差摩婆帝受記經同本
姚秦三藏罽賓曇无耶舍於晉代譯
功德寶光菩薩經一卷
北涼天竺三藏曇無讖譯
無憂王經一卷
宋天竺三藏求那跋陀羅譯

貞元新定釋教錄卷第十四　第三十八張　或

本行六波羅蜜經一卷
宋天竺三藏求那跋陀羅譯
中陰經一卷
宋居士沮渠京聲譯
觀世音經一卷
宋居士沮渠京聲譯
海意經一卷
宋天竺三藏竺法眷譯
如來恩智不思議經五卷
宋天竺三藏竺法眷譯
寶頂經五卷
宋天竺三藏竺法眷譯
三蜜底耶經一卷 未名賢人用律
宋天竺三藏竺法眷譯
觀世音懺悔除罪咒經一卷
蕭齊西域三藏達摩提譯
菩薩四法經一卷
元魏婆羅門瞿曇般若流支譯
寶意猫兒經一卷
元魏婆羅門瞿曇般若流支譯
佛頂咒經并功能一卷
周宇文代天竺三藏闍那耶舍等譯
右經大周錄中編為重譯云与佛頂尊勝經同本今以佛頂部中咒法極廣未覩其

貞元新定釋教錄卷第十四　第三十九張　於

經不可懸配故為單本

金色仙人問經二卷
周宇文代天竺三藏闍那崛多譯
諸佛護念經十卷
隋天竺三藏闍那崛多等譯
阿吒那智呪經十卷 此一經名出續高僧傳
大唐天竺三藏那提龍朔年慈恩寺中譯
周錄拾遺新編入
妙德婆羅門女問佛轉何法輪經一卷
今疑有德女所問大乘經即是大唐天
后代天竺三藏菩提流志譯
新編入錄
智猛長者問經一卷 新編入錄
大唐天后代天竺三藏菩提流志譯
佛入毗耶離除一切鬼病經一卷 新編入錄
大唐天后代天竺三藏菩提流志譯
那耶經一卷 新編入錄
大唐天后代天竺三藏菩提流志譯
大陁羅尼經一卷 新編入錄
大唐天后代天竺三藏菩提流志譯
文殊師利呪法藏經一卷 今疑是重譯新編入錄
大唐天后代天竺三藏菩提流志譯
字呪王經一卷 今疑與前呪法藏經共是一呪 新編入錄

大唐天后代天竺三藏菩提流志譯新編入錄
無迦略叉菩薩造廣大摩尼秘密善住經一卷
大唐天后代天竺三藏菩提流志譯
新編入錄
菩薩出生四法經一卷 今有一本外題出生四法內是莊行四法
大唐天后代于闐三藏實叉難陁譯
新編入錄
梵本經四卷 似長安中出舊云胡本後漢失譯
泥洹後千歲變記經四卷 一名千歲變經祐錄云一卷後漢失譯
諸經佛名二卷 今疑不思議功德經
是後漢失譯
三千佛名經一卷 後漢失譯
稱揚百七十佛名經一卷 未直名百七十佛名今疑出稱揚功德經
後漢失譯
南方佛名經一卷 舊云一名治城寺經者誤
後漢失譯
滅罪得福佛名經一卷 後漢失譯
觀世音所說行法經一卷
是呪經後漢失譯
薩陁波崙菩薩求深般若圖像經一卷
後漢失譯
受持佛名不墮惡道經一卷 後漢失譯
五龍呪毒經一卷 後漢失譯

取血氣神呪經一卷 舊云血呪 後漢失譯
呪賊呪法一卷 異本 後漢失譯
七佛安宅神呪經一卷 後漢失譯
阿惟越致轉經十八卷 魏吳失譯
摩訶乘經十四卷 或云摩訶衍 魏吳失譯
摩訶衍優波提舍經五卷 魏吳失譯
三昧王經五卷 魏吳失譯
梵王請問經五卷 魏吳失譯
佛從兜率降下中陰經四卷 魏吳失譯
四天王經四卷 房云疑一部四卷 魏吳失譯
魔王請問經四卷 魏吳失譯
釋提桓因所問經三卷 魏吳失譯
大梵天王請轉法輪經三卷 魏吳失譯
法華光瑞菩薩現壽經三卷 今疑抄正法華 魏吳失譯
魏吳失譯
普賢菩薩答難二千經三卷 今疑抄度世經
魏吳失譯
梵天王請佛千首經二卷 又大梵天王經二卷似此
魏吳失譯
菩薩常行經一卷 魏吳失譯
熒火六度經一卷 舊錄有明度經一卷亦二名熒火明度經
魏吳失譯

內禪波羅蜜經一卷　魏吳失譯
六波羅蜜經一卷　魏吳失譯
大揔持神咒經一卷　或无神字　魏吳失譯
方等陁羅尼經一卷　西晉失譯
寶嚴經一卷　西晉失譯
五福德經一卷　亦直云五福經　西晉失譯
內藏大方等經一卷　今疑是佛藏大方等經僧祐錄云安公失譯經今附西晉錄
小阿闍世經一卷　僧祐錄云安公失譯經附西晉錄
小須賴經一卷
僧祐錄云安公失譯經附西晉錄
目佉經一卷　安公云出方等部今疑是阿難目佉經
僧祐錄云安公失譯經附西晉錄
菩薩道地經一卷　安公云出方等部僧祐錄云安公古典經今附漢錄
菩薩本行經一卷　僧祐錄云安公關中異經今附秦錄
大登寶積惟日經一卷　僧祐錄云安公關中異經今附秦錄
菿迦羅問菩薩經一卷　僧祐錄云安公關中異經今附秦錄
菩薩等行經一卷　僧祐錄云安公涼土異經今附涼錄
四無畏經一卷　僧祐錄云安公涼土異譯今附涼錄
攝變經一卷　舊經云文殊師利攝變三昧經或云攝變三昧經
僧祐錄云安公涼土異經今附涼錄
十遍积經一卷　僧祐錄云安公涼土異經
今附涼錄
七言禪利經一卷　舊錄云區怒七言禪利經　僧祐錄云安公涼土異經

今附涼錄
菩薩十遍积經一卷　今疑與前十遍积同僧祐錄云安公涼土異經
今附涼錄
大忍辱經十卷　北涼失譯
金輪王經一卷　北涼失譯
賢劫五百佛名一卷　北涼失譯
十方佛名經一卷　本作千方疑錯
華嚴淨經一卷
三十七品經一卷　祐載兩本並云異出今且存一
七佛各說偈一卷
乳王如來經一卷　或云乳王經今疑與乳光佛經同本
現十方佛名經一卷
過去諸佛名經一卷
千五百佛名經一卷
五百七百佛名經一卷　或云五百七十
觀世音成佛經一卷
文殊因緣經一卷
文殊本願經一卷
文殊觀經一卷
弥勒須河經一卷
道師問佛經一卷
睒陁菩薩百千難經一卷

持身菩薩經一卷　或云持身經
賢首菩薩二百問經一卷
金剛女菩薩經一卷
菩薩從兜率天降中陰經一卷
菩薩行喜經一卷
菩薩淨本業經一卷
菩薩初業經一卷
菩薩四事經一卷
菩薩十六願經一卷
菩薩十五德行經一卷
菩薩教法經一卷
菩薩出入諸則經一卷
菩薩毋姓字經一卷
菩薩家姓經一卷
菩薩比丘尼經一卷
菩薩經一卷
菩薩作六牙爲本事經一卷
菩薩師子王經一卷
浴像功德經一卷
陁隣尼目佉經一卷　與斷諍者梵本義詳同別今疑即是阿難陁目佉尼經
礼敬諸塔經一卷
般若波羅蜜偈經一卷
佛清淨偈經一卷

大子出國二十偈經一卷
佛十力偈一卷
十方佛神咒一卷
四天王神咒一卷
十二因緣結縷神咒一卷
摩訶神咒一卷
移山神咒一卷
降魔神咒一卷
威德陁羅神咒一卷 本作咸字疑錯也
和摩吉神咒一卷
十方佛名下五十二經並是梁僧祐録中新集失譯今附宋録
從梵本經下失譯諸經群録之中但題名目久虧其本無可披尋大小二乘實難詮定且粗分判尚多參涉幸
諸明士詳而正之
大乘律闕本二十二部二十五卷
梵網經二卷 或三卷
後漢西域三藏康孟祥譯 第一譯
右前後兩譯一本在藏一本闕
菩薩瓔珞本業經二卷 第二譯
宋沙門釋智嚴譯
瓔珞本業經二卷 一名菩薩瓔珞經

宋沙門釋道嚴譯
右前後三譯一本在藏二本闕
菩薩戒本一卷
姚秦三藏鳩摩羅什譯 第一譯
右前後三譯二存一闕
文殊師利淨律經一卷
西晉清信士聶道真譯 第二譯
右前後四譯三存一闕
菩薩齋法經一卷 房録無經字一名賢首菩薩齋法經一名正齋一名持齋
西晉三藏竺法護譯 第一譯
菩薩正齋經一卷
東晉西域三藏祇多蜜譯 第三譯
右與菩薩受齋經同本前後三譯一存二闕
文殊悔過經一卷 亦云文殊懺悔經
姚秦三藏鳩摩羅什譯
右前後兩譯一存一闕
舍利弗悔過經一卷 亦直云悔過經
西晉三藏竺法護譯 第二譯
舍利弗悔過經一卷
姚秦三藏鳩摩羅什譯 出法上録
右前後三譯一存二闕 第三譯
法律三昧經一卷

後漢安息三藏安世高譯 出法上録 第一譯
右前後兩譯一存一闕
佛悔過經一卷
西晉三藏竺法護譯 單本
菩薩戒獨受壇文一卷
西晉清信士聶道真譯 單本
菩薩懺悔法一卷 房録云異出本
西晉清信士聶道真譯 單本
離欲優婆塞優婆夷戒文一卷
亦云具行二十二戒文
東晉西域沙門竺曇無蘭譯 單本
菩薩戒壇文一卷 亦云優婆塞戒壇文
北京天竺三藏曇無讖譯 單本
善信二十二戒一卷 亦云離欲優婆塞優婆夷具行二十二戒亦名三歸優婆塞戒
宋罽賓三藏求那跋摩譯 單本
菩薩受戒法經一卷 祐録無經字房録異出不
後漢失譯
受菩薩戒次第十法一卷 後漢失譯
菩薩懺悔法一卷 後漢失譯
初發意菩薩常晝夜六時行五事一卷
後漢失譯

阿惟越致菩薩戒經一卷 舊錄無菩薩

魏吳失譯

大乘論闕本 二十部四十八卷

寶積經論四卷

元魏天竺三藏勒那摩提譯 第一譯

右前後兩譯一存一闕 周入藏中有今尋本未獲

金剛般若論一卷 莫知造者 單重未悉

陳天竺三藏真諦譯

法華論五卷 莫知造者 單重未悉

大唐三藏義淨譯 新編入錄 訪本未獲

大般涅槃經論一卷

陳天竺三藏真諦譯 第二譯 已上四部釋經論

右前後兩譯一存一闕

十七地論五卷

梁天竺三藏真諦譯 重本

右与瑜伽論同本異譯既共本十七地

中未知與何地相應

中論一卷 未知造者 單重莫悉

梁天竺三藏真諦譯

寶性論四卷 或五卷

元魏天竺三藏菩提留支譯 第一譯

右前後兩譯一存一闕 大周入藏錄今尋本未獲

大乘五陰論一卷 出陳朝大乘寺錄 第一譯

婆藪盤豆菩薩造失譯 新附梁錄

右陳錄云陳太建四年五月沙門慧

布從北將來前後兩譯一存一闕

方便心論一卷

東晉天竺三藏佛陀跋陀羅譯 第二譯

右前後兩譯一存一闕

三無分別論一卷

梁天竺三藏真諦譯 單本

反質論一卷 今疑即藏中如實論是故彼題云如實論反質難品

天竺三藏真諦譯 單本

墮負論一卷

陳天竺三藏真諦譯 單本

成就三乘論一卷

陳天竺三藏真諦譯 單本

正說道理論一卷

陳天竺三藏真諦譯 單本

意業論一卷

陳天竺三藏真諦譯 單本

大空論一卷

陳天竺三藏真諦譯 單本

五明論合一卷 一聲論二醫方論三工巧論四咒術論五符印論

周宇文代天竺沙門攘那跋陀羅譯 單本

十住論十卷 龍樹菩薩造

姚秦三藏鳩摩羅什譯 單本

右長房錄云什公弘始年譯未訖

卷未似六度集見二卷錄

陳朝大乘寺藏錄云一名十住毗婆沙 今疑是藏中十住毗婆沙也

釋般若六字三句論一卷 新編入錄 單本

大唐天后代南天竺三藏菩提流志譯

集量論四卷

大唐三藏義淨譯 新編入錄 單本

又法上錄云梁太清二年真諦三藏譯攝大乘論二十卷者此應誤也多是十二僞高者錯今按房錄諦譯攝論在於陳代梁錄既無故不存

都計大乘經律論闕本者總四百

五十部八百七十四卷

貞元新定釋教目錄卷第二十四

丙午歲高麗國大藏都監奉

勑雕造

貞元新定釋教目錄卷第二十五 別錄之六 丁

西京西明寺沙門圓照撰

別錄中有譯無本錄之二

小乘經重譯闕本一百一十五部

二百六十五卷

中阿鋡經五十九卷

苻秦天竺三藏曇摩難提譯

第一譯

右一經前後兩譯一本在藏一本闕

增壹阿鋡經五十卷

序云四十一卷 或云二十四卷

祐云三十三卷

苻秦天竺三藏曇摩難提譯

第一譯

鳩摩迦葉經一卷

一名童子迦葉解難經

僧祐錄云失譯經法經錄云出中阿含第十六卷異譯

僮迦葉解難經一卷

亦名童迦葉經 祐云出長阿含

乞伏秦沙門聖堅 譯

房云與羅什迦葉同本什无迦葉經

右二經同本異譯出長阿含第七卷與蔽宿經同本其本並闕

大六向拜經一卷

一名尸迦羅越六向拜經亦直云六向拜經

西晉三藏竺法護 譯

右兼長阿含第十一中善生經前後三譯二存一闕

佛開解梵志阿颰經一卷

右兼長阿含第十三中阿摩晝經前後三譯二存一闕

六十二見經一卷

亦云梵網六十二見經

西晉三藏竺法護 譯

右兼長阿含第十四中梵動經前後三譯二存一闕

樓炭經六卷 或五卷 或八卷

西晉三藏竺法護 譯

第一譯

樓炭經八卷

西晉沙門釋法炬 譯

第三譯

右兼長阿含第四分中記世經前後六譯四存二闕

道意發行經二卷

房錄云出長阿含或一卷

後漢安息三藏安世高譯

大十二門經二卷

或一卷安公注解房錄云出長阿含

後漢安息三藏安世高譯

小十二門經一卷

房錄云出阿含安公注解

後漢安息三藏安世高譯

七法經一卷

舊錄云阿毗曇七法行經或直云七法行經 房云出長阿含

後漢安息三藏安世高譯

多增道章經一卷

舊錄無道字異出十報法

房云出長含

後漢安息三藏安世高譯

義決律經一卷

弥勒經一卷

安云出長阿含僧祐録云

安公失譯經附西晉録

鳩摩迦葉經下一十四部二十

八卷並是長阿含部分闕本

四諦經一卷

後漢西域二藏康孟詳譯

右兼中阿含第七卷中分別聖

諦經前後四譯二存二闕

魔王入目揵蘭腹經一卷

亦云弊魔試目連經舊録

僧祐録云安公古典經今

附漢録

右兼中阿含第三十卷中降魔

經前後五譯三存二闕

賴吒和羅經一卷

後漢西域三藏支曜 譯

右兼中阿含第三十一中賴吒惒

羅經前後四譯二存二闕

威革長者六向拜經一卷或作威華

東晉西域三藏祇多蜜譯

第二譯

威革長者六向拜經一卷

東晉天竺居士竺難提譯

第三譯

善生子經一卷亦云異出六向拜經

宋沙門釋慧簡 譯

第四譯

右兼中阿含第三十三中善戒

經前後六譯二存四闕

薩藍經一卷

安公云出中阿含祐録云

安公失譯經附西晉録

七事經一卷 安公云出中阿含

祐録云安公失譯

附西晉録

賴吒謣羅經一卷安公云出中阿含

祐録云安公失譯經

附西晉録

右二經疑與第三十一中賴吒

惒羅經同本

歡豫經一卷

法經録云歡豫出中阿含

第十三 祐録云安公失

譯經附西晉録

佛有五百比丘經一卷

安公云出中阿含祐録云

安公古典經 今附漢録

凡人有三事愚癡不足經一卷

安公云出中阿含祐録云

安公古典經 今附漢録

佛試諸比丘言我以天眼視天下人

生死好醜尊者卑者經一卷

安公云出中阿含祐録云

安公古典經 今附漢録

普法義經一卷 亦云普義經

西晉三藏竺法護 譯

第二譯 三譯 一闕

四諦經下一十四部一十四卷

並是中阿含部分闕本

波斯匿王喪母經一卷 或云波斯

匿王經祐波耶匿王經

宋居士沮渠京聲 譯

右兼增一本經前後四譯二存
二闕出第十八卷
頻婆娑羅王問佛供養經一卷
元魏優禪尼國王子月婆
首那譯
右兼增一本經前後四譯二存
二闕出第二十六卷
指鬘經一卷　或作指髻經
東晉西域三藏祇多蜜譯
右兼增一本經前後五譯三存
二闕出第三十一卷
舍利弗目連遊諸國經一卷
亦云遊諸四衢
西晉三藏竺法護　譯
右兼增一本經前後四譯二存
二闕出第四十一卷
佛母般泥洹經一卷
一名大愛道般泥洹經
宋居士沮渠京聲　譯
右兼增一本經前後五譯三存
二闕出第五十卷
雜四十四篇經二卷安公云出增一
阿含　或云一卷

後漢安息三藏安世高譯
右或云雜經四十四篇既不顯
别名未詳出何卷中
百六十品經一卷
舊錄云增一阿含百六十
章經
後漢安息三藏安世高譯
波斯匿王喪母經下七部八卷
並是增一阿含部分闕本
異處七處三觀經一卷
或無異處字雜阿含
宋天竺三藏求那跋陀羅譯
佛涅槃後諸比丘經一卷
出雜阿含
宋沙門釋慧簡　譯
自見自知為能盡結經一卷
僧祐錄云安公古典經
今附漢錄
有四求經一卷
僧祐錄云安公古典經
今附漢錄
佛本行經一卷

僧祐錄云安公古典經
今附漢錄
河中大聚沫經一卷或云聚沫譬經
或云水沫所漂經
僧祐錄云安公古典經
今附漢錄
便賢者坑經一卷
僧祐錄云安公古典經
今附漢錄
所非汝所經一卷
僧祐錄云安公古典經
今附漢錄
兩比丘得割經一卷
僧祐錄云安公古典經
今附漢錄
道德舍利日經一卷
僧祐錄云安公古典經
今附漢錄
舍利日在王舍國經一卷
僧祐錄云安公古典經
今附漢錄
獨居思惟自念止經一卷

僧祐録云安公古典經
今附漢録
問所明種經一卷
僧祐録云安公古典經
今附漢録
欲從本相有經一卷
或云欲從本經
僧祐録云安公古典經
今附漢録
獨坐思惟意中生念經一卷
僧祐録云安公古典經
今附漢録
佛說如是有諸比丘經一卷
僧祐録云安公古典經
今附漢録
比丘所求色經一卷
僧祐録云安公古典經
今附漢録
道有比丘經一卷
僧祐録云安公古典經
今附漢録
色為非常念經一卷
僧祐録云安公古典經

今附漢録
安公本録從自見自知下有二十二經云是阿含一卷於中五經已備餘録不復重載安云是阿含一卷者四種阿含之中而不的指何部今且附此雜阿含之録
色比丘念本起經一卷
僧祐録云安公古典經
今附漢録
善惡意經一卷
僧祐録云安公古典經
今附漢録
比丘一法相經一卷
僧祐録云安公古典經
今附漢録
有二力本經一卷
僧祐録云安公古典經
今附漢録
有三力本經一卷
僧祐録云安公古典經
今附漢録

有四力經一卷
僧祐録云安公古典經
今附漢録
人有五力經一卷
僧祐録云安公古典經
今附漢録
不聞者類相聚經一卷
舊録云相聚經僧祐録云安公古典經　今附漢録
天上釋為故世在人中經一卷
或作無上釋僧祐録云安公古典經　今附漢録
爪頭土經一卷
僧祐録云安公古典經
今附漢録
身為無有反復經一卷
僧祐録云安公古典經
今附漢録
師子畜生王經一卷
僧祐録云安公古典經
今附漢録
阿須倫子波羅門經一卷
僧祐録云安公古典經

今附漢錄
波羅門子名不侵經一卷
僧祐錄云安公古典經
今附漢錄
生聞波羅門經一卷
舊錄云生聞梵志經僧祐
錄云安公古典經
今附漢錄
有陳竭經一卷
僧祐錄云安公古典經
今附漢錄
署杜乘波羅門經一卷
僧祐錄云安公古典經
今附漢錄
弗在拘薩國經一卷
僧祐錄云安公古典經
今附漢錄
佛在優墮國經一卷
或作優墮僧祐錄云安公
古典經　今附漢錄
是時自梵守經一卷
僧祐錄云安公古典經
今附漢錄

有三方便經一卷
舊錄云三方便經法經錄
云出七處三觀僧祐錄云
安公古典經　今附漢錄
波羅門不信重經一卷
僧祐錄云安公古典經
今附漢錄
佛告舍日經一卷
僧祐錄云安公古典經
今附漢錄
四意止經一卷
舊錄云四意止本行經法
經錄云出中阿含僧祐錄
云安公古典經
今附漢錄
說人自說人骨不知腐經一卷
僧祐錄云安公古典經
今附漢錄
色比丘念本起經下二十五經
安公云並出雜阿含
雜阿含三十章經一卷
法經錄云出雜阿含異本
僧祐錄云安公古典經

今附漢錄
異處三觀經下四十五部四十
五卷是雜阿含部分闕本
舍頭諫經一卷
亦云舍頭諫太子明二十
八宿經亦云太子明星二
十八宿亦云虎耳經
後漢安息三藏安世高譯
第二譯
右前後五譯四存一闕
藏中摩鄧女經是世高譯
今有舍頭諫經其摩鄧女
與舍頭諫既是同本不合
雙出今二本俱載未詳所
以或可此經即是藏中舍
頭諫經法護譯者錄家錯上
雜藏經一卷
宋天竺三藏求那跋陀羅譯
第四譯
右前後四譯三存一闕
弟子慢為耆域述經一卷
亦云弟子為耆域述慢或
羽弟子戲謔經

宋居士沮渠京聲　譯
第四譯
右與阿難問事佛經等同本前
後四譯三存一闕
小本起經二卷
近加小字或云修行本起
或云宿行本起
後漢西域三藏支曜　譯
第一譯
太子本起瑞應經二卷亦云應本起
後漢外國三藏康孟詳　譯
過去因果經四卷
東晉天竺三藏佛陀跋陀羅譯
第五譯
右前後六譯三存三闕
法海藏經一卷　或云法海經
後漢天竺三藏竺法蘭譯
第一譯
右前後三譯二存一闕
四十二章經一卷
●房録云與摩騰譯者少異
貞元釋教録卷第二十五　第十六張　丁

吳月支優婆塞支謙　譯
第一譯
右前後兩譯一存一闕
柰女耆域經一卷　或云柰女經
西晉三藏竺法護　譯
第二譯
右前後兩譯一存一闕
罪業報應經一卷
東晉西域沙門竺曇無蘭譯
第二譯
右前後兩譯一存一闕
目連降龍王經一卷　或無王字或
云降龍或云降龍王經
宋天竺三藏求那跋陀羅譯
第二譯
右前後兩譯一存一闕
長者音悅經一卷
宋居士沮渠京聲　譯
第二譯
右前後兩譯一存一闕
禪秘要經四卷　或無經字
吳月支優婆塞支謙　譯
貞元釋教録卷第二十五　第十七張　丁

第一譯
禪秘要經五卷一名禪法要或三卷
或無經字
宋罽賓三藏曇摩蜜多譯
第三譯
右前後三譯一存二闕
今有禪要經五卷文極交
錯不可流行如刪繁録中
具述
七女本經一卷
西晉三藏竺法護　譯
第二譯
七女本經一卷　亦名女本心明經
亦名七女經
乞伏秦沙門釋聖堅　譯
第三譯
右前後三譯一存二闕
八師經一卷
東晉西域沙門竺曇無蘭譯
第二譯
右前後兩譯一存一闕
貞元釋教録卷第二十五　第十八張　丁

日難經一卷　一名越難經
宋天竺三藏求那跋陁羅譯
第三譯
右前後三譯一存二闕
所欲致患經一卷
東晉西域三藏祇多蜜　譯
第一譯
右前後兩譯一存一闕
阿闍世王問五逆經一卷
一名阿闍世王經
後漢月支三藏支婁迦讖譯
第一譯
右前後兩譯一存一闕
五苦章句經一卷
宋居士沮渠京聲　譯
第二譯
右前後兩譯一存一闕
堅意經一卷　或云堅心經
吳月支優婆塞支謙　譯
第二譯
右前後兩譯一存一闕
淨飯王般泥洹經一卷

西晉沙門釋法炬　譯
第一譯
右前後兩譯一存一闕
勸進學道經一卷　一本無勸字
吳月支優婆塞支謙　譯
第一譯
勸進學道經一卷　亦名勸進經
宋沙門釋勇公　譯
第三譯
右前後三譯一存二闕
貧窮老公經一卷
西晉沙門釋法炬　譯
出法上錄第一譯
右前後兩譯一存一闕
分恕檀王經一卷
宋居士沮渠京聲　譯
第二譯
右與三摩竭經同本前後兩譯
一存一闕
蓱沙王五願經一卷
一名弗沙迦王經
東晉西域沙門竺曇無蘭譯
第二譯

右前後三譯一存二闕
蓱沙王五願經一卷亦名弗沙王經
東晉沙門釋嵩公　譯
第三譯
瑠璃王經一卷
後漢安息三藏安世高　譯
第一譯
右前後兩譯一存一闕
生經五卷
宋涼州沙門釋智嚴　譯
第一譯
右前後兩譯一存一闕
義足經二卷
東晉西域沙門竺曇無蘭譯
第二譯
右前後兩譯一存一闕
五蓋疑結失行經一卷
西晉三藏竺法護　譯
第一譯
五蓋疑結失行經一卷
東晉西域三藏祇多蜜譯
第二譯

右二經同本異譯二本俱闕

太子夢經一卷

後漢安息三藏安世高譯

第一譯

佛為菩薩五夢經一卷

一名五夢經一名太子五夢經一名仙人五夢經

西晉三藏竺法護　譯

第二譯

右二經同本異譯二本俱闕

十善十惡經一卷

西晉沙門支法度　譯

第一譯

十善十惡經一卷

東晉西域沙門竺曇無蘭譯

安公云出阿毗曇

第二譯

右二經同本異譯二本俱闕

禪經一卷

後漢月支三藏支婁迦讖譯

第二譯

禪經一卷

後漢安息三藏安世高譯

貞元新定釋教目錄卷第二十五　第十二張　丁

第三譯

右二經同本異譯二本俱闕

恒水經一卷

寶唱錄云恒水誡經亦云恒水不說戒經

後漢安息三藏安世高譯

出法上錄　第一譯

恒水戒經一卷

或云恒水經

吳月支優婆塞支謙　譯

第二譯

右二經同本異譯其本並闕

從舍頭諫經下四十三部六十一卷除四阿含外諸重譯經闕本

小乘經單譯闕本四百八十一部五百五十一卷

佛本行經五卷

後漢天竺三藏竺法蘭譯

佛本生經一卷

後漢天竺三藏竺法蘭譯

悔過法經一卷

後漢安息三藏安世高譯

貞元新定釋教目錄卷第二十五　第十三張　丁

五法經一卷

後漢安息三藏安世高譯

五行經一卷

後漢安息三藏安世高譯

小般泥洹經一卷

祐錄云或名泥洹後諸比丘經或云泥洹後變記經或云泥洹後比丘世變經或云佛般泥洹後比丘世高經

後漢安息三藏安世高譯

正齊經一卷

後漢安息三藏安世高譯

分明罪福經一卷

後漢安息三藏安世高譯

難提迦羅越經一卷

後漢安息三藏安世高譯

禪定方便次第法經一卷

後漢安息三藏安世高譯

禪法經一卷　祐錄無經字

後漢安息三藏安世高譯

當來變滅經一卷

後漢安息三藏安世高譯

貞元新定釋教目錄卷第二十五　第十四張　丁

墮落優婆塞經一卷　或云優婆塞
後漢西域三藏支曜譯
問地獄事經一卷
後漢外國沙門香巨譯
報福經一卷　或云福報經
後漢外國三藏康孟詳譯
梵志經一卷
吳天竺沙門竺律炎譯
七漏經一卷
安公古典中有亦名七漏
鈔云出阿含
吳月支優婆塞支謙譯
悔過法經一卷
一名敘十方禮拜悔過文
或無法字
吳月支優婆塞支謙譯
賢者德經一卷
吳月支優婆塞支謙譯
梵志結淨經一卷
吳月支優婆塞支謙譯
阿質國王經一卷　祐錄無國字
吳月支優婆塞支謙譯
惟婁王師子湩譬喻經一卷

今無譬喻字
吳月支優婆塞支謙譯
藍達王經一卷
亦云目連因緣功德亦云
目連功德
吳月支優婆塞支謙譯
百喻經一卷
吳月支優婆塞支謙譯
五陰事經一卷
吳月支優婆塞支謙譯
魔化作比丘經一卷
吳月支優婆塞支謙譯
優多羅母經一卷　或無母字
吳月支優婆塞支謙譯
人民求願經一卷
吳月支優婆塞支謙譯
坐禪經一卷
吳西域三藏康僧會譯
摩目揵連本經一卷
一本有訶字無揵字
西晉三藏竺法護譯
五福施經一卷
西晉三藏竺法護譯

觀行不移四事經一卷
西晉三藏竺法護譯
四婦喻經一卷
西晉三藏竺法護譯
盧夷亘經一卷
西晉三藏竺法護譯
廬羅王經一卷
西晉三藏竺法護譯
龍施經一卷
今疑是龍施菩薩本起經
西晉三藏竺法護譯
給孤獨明德經一卷
亦云給孤獨氏經
西晉三藏竺法護譯
龍王兄弟陁達誠王經一卷
西晉三藏竺法護譯
勸化王經一卷
西晉三藏竺法護譯
鴈王經一卷
西晉三藏竺法護譯
鴈王五百鴈俱經一卷
西晉三藏竺法護譯
解無常經一卷

城喻經一卷　西晉三藏竺法護譯
降龍經一卷　西晉三藏竺法護譯
邪法經一卷　西晉三藏竺法護譯
犯罪經一卷　西晉三藏竺法護譯
苦應經一卷　西晉三藏竺法護譯
三品修行經一卷　一名三品悔過經　西晉三藏竺法護譯
夫那羅經一卷　西晉三藏竺法護譯
賈客經二卷　西晉三藏竺法護譯
沙門果證經一卷　今疑與寂志果經同本　西晉三藏竺法護譯
貧女為國王夫人經一卷　西晉三藏竺法護譯

誠王經一卷　西晉三藏竺法護譯
誠具經一卷　西晉三藏竺法護譯
誠羅云經一卷　西晉三藏竺法護譯
危脆經一卷　西晉三藏釋法炬譯
大地譬喻經一卷　亦名大地經　西晉沙門釋法炬譯
羅漢迦留陁夷經一卷　或無羅漢字　西晉沙門釋法炬譯
抓甲擎土譬經一卷　一名爪甲取土經　西晉沙門釋法炬譯
衰利經一卷　西晉沙門釋法炬譯
衆生未然三界經一卷　西晉沙門釋法炬譯
求欲說法經一卷　西晉沙門釋法炬譯

羅旬喻經一卷　今疑是別生中羅啄壽經異名　西晉沙門釋法炬譯
法禪法經一卷　東晉西域沙門竺曇無蘭譯
梵天策數經一卷　東晉西域沙門竺曇無蘭譯
諸天地經一卷　東晉西域沙門竺曇無蘭譯
分衛經一卷　東晉西域三藏祇多蜜譯
撿諸罪福經一卷　姚秦三藏鳩摩羅什譯
十二因緣觀經一卷　姚秦三藏鳩摩羅什譯
善德優婆塞經一卷　宋涼州沙門釋智嚴譯
阿那含經二卷　宋涼州沙門釋智嚴譯
釋六十二見經四卷　祐錄云一卷

宋天竺三藏求那跋陀羅譯
請般特比丘經一卷
或作槃特亦云般特
宋天竺三藏求那跋陀羅譯
十二頭陀經一卷
宋天竺三藏求那跋陀羅譯
阿那律七念章經一卷
宋天竺三藏求那跋陀羅譯
十報法三統略經一卷
宋天竺三藏求那跋陀羅譯
弟子事佛吉凶經一卷
祐云弟子問事佛吉凶經
宋居士沮渠京聲　譯
生死變識經一卷
今疑是藏中見正經異名
宋居士沮渠京聲　譯
譬喻經一卷
宋沙門釋慧簡　譯
五百本生經一卷
蕭齊西域三藏摩訶乘譯
頂生王因緣經一卷
舊錄云頂生王經　後漢失譯
長者賢首經一卷　後漢失譯

梵志喪女經一卷
舊錄云犢狗經　後漢失譯
犢狗醫王經一卷
舊錄云犢狗經　後漢失譯
勤苦泥犂經一卷　後漢失譯
地獄經一卷　後漢失譯
十一因緣章經一卷
舊錄云十一因緣經或作
十二　後漢失譯
沙門爲十二頭陀經一卷　後漢失譯
五十五法誡經一卷　或云五十五法行
僧祐錄云安公古典經
今附漢錄
一切善惡經一卷
僧祐錄云安公古典經
今附漢錄
說善惡道經一卷
僧祐錄云安公古典經
今附漢錄
愛欲聲經一卷　今云愛欲一聲經
僧祐錄云安公古典經

今附漢錄
摩訶遮曷迦經一卷
僧祐錄云安公古典經
今附漢錄
天王下作豬經一卷
僧祐錄云安公古典經
今附漢錄
始造浴佛時經一卷
僧祐錄云安公古典經
今附漢錄
十二賢者經一卷
舊錄云十三賢經僧祐錄
云安公古典經　今附漢錄
佛併父弟調達經一卷
安公云上十經出毗曇今
按一本重譯中　僧祐錄
中云安公古典經
今附漢錄
憂陁羅迦葉經一卷
僧祐錄云安公古典經
今附漢錄
四諦本文經一卷
安公云上二經出長阿含

一本云出阿毗曇僧祐錄
云安公古典經
今附漢錄

讓德經一卷
僧祐錄云安公古典經
今附漢錄

有賢者法經一卷
僧祐錄云安公古典經
今附漢錄

摩訶厥弥難問經一卷
或云大厥弥經
僧祐錄云安公古典經
今附漢錄

大本藏經一卷
僧祐錄云安公古典經
今附漢錄

說阿難持戒經一卷
僧祐錄云安公古典經
今附漢錄

阿難問何因緣持戒見世間貧亦現
道貧經一卷
僧祐錄云安公古典經
今附漢錄

給孤獨四姓家問應受施經一卷
僧祐錄云安公古典經
今附漢錄

聽所誨不解經者經一卷
今疑上經字錯
僧祐錄云安公古典經
今附漢錄

奇異道家難問住處經一卷
僧祐錄云安公古典經
今附漢錄

賢者手力經一卷
僧祐錄云安公古典經
今附漢錄

八法行經一卷
僧祐錄云安公古典經
今附漢錄

憂多羅經一卷或作優字
僧祐錄云安公古典經
今附漢錄

栴檀調佛經一卷
僧祐錄云安公古典經
今附漢錄

惡人經一卷

僧祐錄云安公古典經
今附漢錄

難提和難經一卷或云難提和羅經
僧祐錄云安公古典經
今附漢錄

四姓長者難經一卷舊錄云四姓長者
僧祐錄云安公古典經
今附漢錄

折佛經一卷
僧祐錄云安公古典經
今附漢錄

雜譬經二十卷　魏吳失譯
那先譬喻經四卷　魏吳失譯
太子試藝本起經二卷　魏吳失譯
深斷連經二卷　魏吳失譯
摩訶目揵連與佛角能經一卷
魏吳失譯
阿難得道經一卷　魏吳失譯
阿難般泥洹經一卷　魏吳失譯
阿那律念復生經一卷　魏吳失譯
沙門分衛見怪異經一卷　魏吳失譯
弟子本行經一卷
高僧傳云白法祖譯

魏吴失譯
為壽盡天子說法經一卷
舊録云命盡天子經
魏吴失譯
魔試佛經一卷
魏吴失譯
阿須倫問八事經一卷
舊録云阿須倫所問八事經
魏吴失譯
摩竭王經一卷舊録云摩竭國王經
魏吴失譯
薩波達王經一卷　魏吴失譯
年少王經一卷　魏吴失譯
是先太子經一卷　魏吴失譯
長者難提經一卷　魏吴失譯
女利行經一卷　魏吴失譯
四婦因緣經一卷　魏吴失譯
須多羅經一卷　魏吴失譯
舊録云須多羅入胎經
隨迦經一卷
晉言堅強合在晉録
魏吴失譯
般達龍王經一卷　魏吴失譯
牛米自供養經一卷　舊録無養字

魏吴失譯
行牧食牛經一卷或作放字
魏吴失譯
隨釋迦牧牛經一卷　或作墮
魏吴失譯
法嚴經一卷　疑即是等入法嚴經
譬四經一卷　魏吴失譯
止寺中經一卷　魏吴失譯
安般行道經一卷　魏吴失譯
解慧微妙經一卷　魏吴失譯
失道得道經一卷　魏吴失譯
心情心識經一卷　魏吴失譯
撿意向正經一卷　魏吴失譯
道得果證經一卷　魏吴失譯
父子因緣經一卷　魏吴失譯
小觀世樓炭經一卷　魏吴失譯
大四諦經一卷　魏吴失譯
五方便經一卷　魏吴失譯
五惟越羅名解說經一卷　魏吴失譯
五陰經一卷　魏吴失譯
中五世經一卷　魏吴失譯
大七車經一卷　魏吴失譯
八正邪經一卷祐云八正部經　魏吴失譯

八揔持經一卷　魏吴失譯
八輩經一卷　魏吴失譯
大十二因緣經一卷　魏吴失譯
十八難經一卷　魏吴失譯
五十二章經一卷
別有孝明四十二章經
魏吴失譯
百八愛經一卷　似抄五蓋疑結經　魏吴失譯
小安般舟三昧經一卷　魏吴失譯
禪數經一卷　魏吴失譯
群生偈經一卷　魏吴失譯
十二死經一卷
今疑是十二品生死經
僧祐録云安公失譯經
附西晉録
七婦經一卷
僧祐録云安公失譯
附西晉録
阿難分坻四時施經一卷
舊云阿難邠祈四時布施經
僧祐録云安公失譯經
附西晉録
七車經一卷

今疑是中阿含中七車譬諭經
僧祐録云安公失譯經
附西晉録
海有八事經一卷
僧祐録云安公失譯經
附西晉録
難等各第一經一卷
舊録云阿難迦葉各説第一經
僧祐録云安公失譯經
附西晉録
惟留經一卷　舊録云惟留王經
僧祐録云安公失譯經
附西晉録
理家難經一卷
僧祐録云安公失譯經
附西晉録
迦留多王經一卷
僧祐録云安公失譯經
附西晉録
梵志闍孫經一卷
舊録云梵志闍遜經
僧祐録云安公失譯經
附西晉録

波達王經一卷
僧祐録云安公失譯經
附西晉録
悲心悒悒經一卷
僧祐録云安公失譯經
附西晉録
趣度世道經一卷
僧祐録云安公失譯經
附西晉録
長者威勢經一卷
僧祐録云安公失譯經
附西晉録
凝注經一卷
僧祐録云安公失譯經
附西晉録
調達經一卷
僧祐録云安公失譯
附西晉録
和達經一卷
僧祐録云安公失譯
附西晉録
鉢呿沙經一卷
僧祐録云安公失譯

附西晉録
八分舍利經一卷
僧祐録云安公失譯
附西晉録
薩和薩王經一卷　三秦失譯
阿多三昧經一卷　三秦失譯
陁賢王經一卷　三秦失譯
或作阿陁
颰陁悔過經一卷　三秦失譯
方等決經一卷　三秦失譯
比丘二事經一卷
祐録云二事　三秦失譯
阿難為盡道呪經一卷
舊録云阿難所盡道所呪
經今疑是藏中摩鄧女經
僧祐録云安公開中異經
今附秦録
王舍城靈鷲山經一卷
舊録云王舍城靈鷲山要真經
僧祐録云安公開中異經
今附秦録
思道經一卷
僧祐録云安公開中異經

今附秦錄

佛在金棺國經一卷
僧祐錄云安公關中異經
今附秦錄

法為人經一卷
僧祐錄云安公關中異經
今附秦錄

道意經一卷
僧祐錄云安公關中異經
今附秦錄

阿夷比丘經一卷
僧祐錄云安公關中異經
今附秦錄

八德經一卷
今疑是僧祐錄云安公關
中異經今附秦錄

善德經一卷
僧祐錄云安公關中異經
今附秦錄

摩訶揵陀惟衛羅盡信比丘等度經一卷
舊錄云盡信比丘經
僧祐錄云安公關中異譯
今附秦錄

沙王經一卷
僧祐錄云安公涼土異經
今附涼錄

有業經一卷
僧祐錄云安公涼土異經
今附涼錄

五百偈經一卷
僧祐錄云安公涼土異經
今附涼錄

須耶越國貧經一卷
舊云須耶越國貧人伎眞別頭經
僧祐錄云安公涼土異經
今附涼錄

浮木經一卷
僧祐錄云安公涼土異經
今附涼錄

逕翁經一卷
僧祐錄云安公涼土異經
今附涼錄

妖怪經一卷
僧祐錄云安公涼土異經
今附涼錄

阿般計泥洹經一卷一本阿般計泥洹經

僧祐錄云安公涼土異經
今附涼錄

四非常經一卷
僧祐錄云安公涼土異經
今附涼錄

五失蓋經一卷
僧祐錄云安公涼土異經
今附涼錄

惡宜經一卷
僧祐錄云安公涼土異經
今附涼錄

本業經一卷
僧祐錄云安公涼土異經
今附涼錄

勸德經一卷
僧祐錄云安公涼土異經
今附涼錄

十五德經一卷
僧祐錄云安公涼土異經
今附涼錄

父母因緣經一卷今疑与父子因緣同
僧祐錄云安公涼土異經
今附涼錄

慧行經一卷
僧祐録云安公凉土異經
今附凉録
未生王經一卷
僧祐録云安公凉土異經
今附凉録
内外無為經一卷
僧祐録云安公凉土異經
今附凉録
道淨經一卷
僧祐録云安公凉土異經
今附凉録
七事本末經一卷
僧祐録云安公凉土異經
今附凉録
百寶三昧經一卷
僧祐録云安公凉土異經
今附凉録
三乘經一卷
僧祐録云安公凉土異經
今附凉録
耆域術經一卷舊録云耆域西術經
僧祐録云安公凉土異經

今附凉録
五蓋離疑經一卷
今疑是五蓋疑結失行經
僧祐録云安公凉土異經
今附凉録
太子智止經一卷
僧祐録云安公凉土異經
今附凉録
道德章經一卷
僧祐録云安公凉土異經
今附凉録
苦相經一卷
僧祐録云安公凉土異經
今附凉録
須佛得度經一卷
僧祐録云安公凉土異經
今附凉録
由經一卷
僧祐録云安公凉土異經
今附凉録
分然洹國迦羅越經一卷
僧祐録云安公凉土異經
今附凉録

五陰事經一卷　僧祐録云安公凉土異經
今附凉録
義決法事經一卷
僧祐録云安公凉土異經
今附凉録
十思惟經一卷僧祐録云安公凉土異經
今附凉録
分別六情經一卷
僧祐録云安公凉土異經
今附凉録
三失蓋經一卷
僧祐録云安公凉土異經
今附凉録
佛寶三昧經一卷
僧祐録云安公凉土異經
今附凉録
法志女經一卷
僧祐録云安公凉土異經
今附凉録
出要經二十卷
行道經七卷
長阿含經三卷
祐云疑是殘缺長阿含經

弘道經二卷
四天王經一卷
諸天阿須倫閑經一卷　祐云後有兕似人所附
金色女經一卷
　雜譬喻中有祐云異出本
治禪鬼魅不安經一卷
瞻波國佛說戒經一卷
佛在拴枝山說法經一卷
佛三毒事經一卷
佛七事經一卷
佛開和伏經一卷
佛意行經一卷
因佛生三心經一卷
佛聚經一卷
七佛本然緣經一卷
釋迦文技鉢經一卷
佛袈裟經一卷
佛大衣經一卷
迦葉解經一卷
迦葉因緣經一卷
舍利弗問署經一卷
迦葉獨證自誓經一卷

舍利弗嘆度女人經一卷
舍利弗生西方經一卷
舍利弗目連泥洹經一卷　今疑是生經中舍利弗般
　泥洹經
目連所問經一卷
目連因緣經一卷
阿難見變經一卷
難陁經一卷
阿難陁經一卷
阿那含七念經一卷
羅漢菩子經一卷
賓頭盧取鉢經一卷
愛行比丘經一卷
愛身比丘經一卷
梅比丘經一卷
善星比丘經一卷
六群比丘經一卷
自在王比丘經一卷
羅耶達比丘經一卷
比丘和須蜜經一卷
玄戒未來比丘經一卷今疑玄字錯

釋種子經一卷
尊者婆毘律經一卷
賓二沙弥經一卷
沙弥持戒經一卷
海洲優婆塞會經一卷
賢者雜事經一卷
弟子修學經一卷
弟子行澤中遇賊刼經一卷
弟子精進經一卷
迦提羅越問五戒經一卷
那羅延天王經一卷
毗沙門天王經一卷
四大天王經一卷
諸天壽經一卷
魔現成佛經一卷
魔王試經一卷
淨飯王經一卷
佛葬閱頭檀王經一卷
阿育王作小兒時經一卷
　今疑出阿育王傳
小阿育王經一卷
優填王照逝心女經一卷　今疑是大乘
迦夷王頭布施經一卷

果尊王經一卷
佛居士經一卷
降恐王經一卷
摩羅王經一卷
摩登王經一卷
舍衛國經一卷
比丘法相經一卷
羅提拉王經一卷
摩訶惟越王經一卷
流沙經一卷
十四王經一卷
王以竹施經一卷
勸王持五戒經一卷
太子禱舍羅卷經一卷
長者盛德經一卷
長者法心經一卷
長者仁賢經一卷
長者洹羅越經一卷
佛問淳陁長者愛樂淨行經一卷
婆羅門問事經一卷
婆羅門等爭說經一卷
六師詣波斯匿王經一卷
尼揵齋經一卷

貞元釋教錄卷第二十五　第五十二張　丁

明星梵志經一卷
兜率梵志經一卷
梵志拔陁經一卷
梵志計火淨經一卷
梵志問疑經一卷
梵志意經一卷
梵志好毋經一卷
梵志女經一卷
梵志六師經一卷
天后賢女經一卷
德女問經一卷
貧女少施獲弘報經一卷
弥家女經一卷
二人作沙門弟斷兄舌經一卷
氣嗏殺旃陁羅經一卷
眼能視殺人經一卷
孫獨三兄弟經一卷
阿闍他經一卷
不蘭伽經一卷
小申日經一卷
波羅柰婢四姓經一卷　或作婦字
大姓家主叩不經一卷
提謂經一卷

貞元釋教錄卷第二十五　第五十三張　丁

強羅經一卷
金轉龍王經一卷
藕葛龍王經一卷
三龍王經一卷
虎王經一卷
蝎王經一卷
毒龍虵施經一卷
放牛法經一卷今疑是藏中放牛經
養牛經一卷
閻羅王經一卷　今疑是藏中閻羅王五使者經
餓鬼經一卷
鐵杵泥犁經一卷
緣經一卷
藥經一卷
苦慧經一卷
慧達經一卷
決法經一卷
身數經一卷
還福經一卷
布施經一卷
助善經一卷
古來經一卷今疑是藏中古來世時經

貞元釋教錄卷第二十五　第五十四張　丁

孝順經一卷
緣本經一卷今疑是藏中緣本致經
度世經一卷
法藏經一卷
明住經一卷
善德經一卷
植質經一卷
名相經一卷
性異經一卷
滅性經一卷
本鉾經一卷
寀鉾經一卷
諸法經一卷
輿脫經一卷
伏願經一卷
寶見經一卷
真提經一卷
明義經一卷
見在經一卷
釋論一卷　祐云疑是大智度論抄之一卷

貞元釋教錄卷第二十五　第二十五張　丁

雜事經一卷
旨解經一卷　祐云疑即義旨難解
釋學經一卷
度道俗經一卷
諸福德經一卷
說人身經一卷
施色力經一卷
色入施經一卷
戒法律經一卷
未生火經一卷
未生寃經一卷
念佛品經一卷
須弥山經一卷
成敗品一卷　經目或云成敗品第四似是樓炭經之一品今撿樓炭無此品
世間珎寶經一卷　舊錄云世間所望珎寶經
現道神足經一卷
成行無想經一卷
悔過除罪經一卷
深自僥倖經一卷

貞元釋教錄卷第二十五　第二十六張　丁

布施持戒經一卷
生西方齋經一卷
造浴室法經一卷
有疑往解經一卷
長阿含方法經一卷
令人孝有德經一卷
人於出家者經一卷
心應深貪慕經一卷
地水大風空經一卷
求欲者除意經一卷
持戒教人止殺生經一卷
七月十五日臈法經一卷
功高憍慢有二輩經一卷
歡喜布施有五事經一卷　卷本作勸字誤
三夢經一卷
三悔處經一卷
三乘無當經一卷
四著經一卷
四等經一卷
四政斷經一卷
四厚經一卷
五穀世經一卷

貞元釋教錄卷第二十五　第二十七張　丁

五乱經一卷
五邪經一卷
六禪經一卷
七衆經一卷
五暑經一卷
七流經一卷
七使經一卷
六度六十行經一卷
六輩阿惟越致經一卷
七輩人攝死經一卷
七歲作善經一卷
八方萬物無常經一卷
八雙經一卷
九結經一卷
九惱經一卷
九道觀身經一卷
十部僧經一卷
十二意經一卷
十二意練若高行一卷
十二部經名一卷
三十二僧那經一卷
三十四意經一卷
五十德相經一卷

六十品經一卷
六十二疑經一卷
七十二觀經一卷
百法經一卷
惟日三昧經一卷
月電三昧經一卷
無言三昧經一卷
阿和三昧經一卷
禪行法經一卷　今疑是藏中禪行法想經
須弥山譬經一卷
日月譬經一卷
海水譬經一卷
藥草喻經一卷
功德天譬經一卷
賢劫譬經一卷
金剛譬經一卷
寳藏譬經一卷
明珠譬經一卷
聚木譬經一卷
四大譬經一卷

出要經下二百三十七經　並是梁僧祐録中新集失譯經今附宋録

從頂生王因緣經下諸失譯經群録之中但題名目久虧其本無可披詳大小二乘實難詮定且粗分判尚多參涉幸諸明士詳而正之

小乘律闕本　四十四部九十二卷

僧祇戒本一卷
曹魏天竺沙門曇柯迦羅譯
第一譯
右前後兩譯一本在藏一本闕

十誦比丘戒本一卷或云十大比丘戒
苻秦西域沙門曇摩持共佛念譯
第一譯

十誦比丘戒本一卷
東晉西域沙門竺曇無蘭合出
第二譯
右長房録云太元六年曇無蘭閣合僧純曇摩持竺僧舒三家本以為一卷見寳唱録謹按群録僧純拘夷國得十誦尼戒梵本將来令曇摩持等譯出准此純与曇摩同是一本其竺僧舒群録無名不知合本從何而得未詳所以
右兼合本前後三譯一存二闕

比丘尼戒一卷
或云比丘尼戒經出十誦律

西晉三藏竺法護譯　第一譯

比丘尼大戒一卷

亦云十誦比丘尼戒

苻秦西域沙門曇摩持共佛念等譯

第二譯

十誦比丘尼所出本末一卷

姚秦涼州沙門竺佛念譯

第三譯

右長房錄云僧純於拘夷國得梵本佛念為譯文煩後竺法汰刪改正之見寶唱錄今疑佛念譯者与曇摩持同是尼戒所出何異而別存之

前後三譯其本並闕

弥沙塞羯磨一卷　出弥沙塞律

宋罽賓三藏佛陀什等譯　單本

弥沙塞律抄一卷

亦名提阿彼擅那眷屬自畢賊經

師子國沙門僧伽跋弥譯

不知年代寶唱錄出　單本附宋

迦葉禁戒經一卷一名摩訶比丘經

名真偽沙門經

右前後兩譯一存一闕

雜問律事二卷

東晉西域沙門曇摩譯　第一譯

雜問律事二卷

東晉罽賓沙門卑摩羅叉譯

第二譯

右二雜事同本異譯其本並闕

靜泰錄云後秦曇摩蜱譯十誦律雜事問二卷寶唱錄云後秦罽賓沙門曇摩耶舍譯十誦律雜事一卷此之二說多是錄家人名卷誤或即是前第一譯者長房內典二錄並云東晉所翻非秦代譯依此二錄為正房錄又云曇摩譯者明佛法僧物手相交涉分齊卷殊甚要須善除防護今藏中有五百問事經一卷有三十三紙亦明佛法僧物不得參涉事然名目不同莫知所以餘錄云出十誦律昔即五百問經中明三十九夜受日等事助与十誦共同但以名目有殊未為剋定後諸博見詳而正之

教受比丘尼法一卷

東晉罽賓三藏瞿曇僧伽提婆譯　單本

教授比丘尼二歲壇文一卷或無尼字

苻秦西域沙門曇摩持共佛念譯　單本

二百六戒三部合異二卷

序加大比丘字

東晉西域沙門竺曇無蘭譯

右合戒序云晉太元六年辛巳六月二十五日比丘竺曇無蘭在謝鎮西寺合此戒到七月十八日記之又長房內典二錄及靖邁經圖之中並云漢明帝時沙門竺法蘭譯二百六十戒合異二卷今詳此說理定不惑當佛法初興戒律未備戒之合

他毗利律一卷齊言宿德律

異從何而來今愚見所裁只是竺曇無蘭所合之者二人名姓俱同錄家誤上曇無即法還是法蘭故高僧傳法蘭所譯但標餘部無此戒名今此錄中廢之不云其曇無所合非是正翻此錄之中亦不合載但以二說差誤故存而記之

蕭齊西域三藏摩訶乘譯　單本

僧澀多律一卷陳言物攝

陳天竺三藏真諦譯　單本

遺教法律經三卷或云遺教法律三昧

亦云遺教三昧二卷

西晉沙門釋法炬譯　單本

六齋八戒經一卷

宋天竺三藏求那跋陀羅譯　單本

賢者律儀經一卷亦云威儀

宋居士沮渠京聲譯　單本

僧名數事行一卷　後漢失譯

比丘諸禁律一卷　後漢失譯

摩訶僧祇律比丘要集一卷

一名摩訶僧祇部比丘隨用集法　後漢失譯

沙弥十戒經一卷

舊云沙弥戒　後漢失譯

比丘尼十戒經一卷　後漢失譯

優婆塞威儀經一卷　後漢失譯
大戒經一卷　魏吳失譯
衣服制經一卷　魏吳失譯
沙弥離威儀一卷　魏吳失譯
道本五戒經一卷　魏吳失譯
威儀經一卷　魏吳失譯
應行律一卷
僧祐錄云安公失譯經
附西晉錄
五部威儀所服經一卷
或云五部僧服經
高僧傳云白法祖譯
僧祐錄中失譯經今附宋錄
結界文經一卷
僧祐錄中失譯經
今附宋錄
沙弥離戒一卷
僧祐錄中失譯經
今附宋錄
五戒報應經一卷
僧祐錄中失譯經
今附宋錄
根本說一切有部毗奈耶藥事二十卷

貞元釋教錄卷第二十五　第六十四張　丁

貞元新入目錄二帙
二百九十二紙
根本說一切有部毗奈耶破僧事二十卷
貞元新入目錄二帙
三百二十九紙
根本說一切有部毗奈耶出家事五卷
貞元新入目錄　八十紙
根本說一切有部毗奈耶安居事一卷
貞元新入目錄
二十六紙
根本說一切有部毗奈耶隨意事一卷
貞元新入目錄　十二紙
根本說一切有部毗奈耶皮革事二卷
貞元新入目錄二十五紙
根本說一切有部毗奈耶羯耻那衣事一卷
從出家事下五部十卷同帙又從藥事下七部五十卷拾遺補
貞元新入目錄
右七部五十卷大唐三藏義淨從大周證聖元年至大唐景雲二年譯畢准長安四年十二月十四日勅及景雲二年閏六月

貞元釋教錄卷第二十五　第六十五張　丁

二十六日勅編入經目今開元釋教錄中無今欲拾遺補闕編入貞元新定釋教目錄為訪本未足且附此闕本錄
小乘論闕本　九部　六十五卷
倶舍論偈一卷
陳天竺三藏真諦譯　第一譯
右前後兩譯一存一闕
倶舍論本十六卷
陳天竺三藏真諦譯
右據倶舍本論即前偈是今後言論本一十六卷未詳所以
阿毗曇心十六卷　或十三卷
苻秦罽賓三藏僧伽提婆譯　第一譯
雜阿毗曇十三卷
東晉沙門法顯共覺賢譯　第一譯
雜阿毗曇心十三卷　梵本十卷
續成十三或十四卷
宋外國沙門伊葉波羅等譯　第三譯
右長房錄云文帝代外國沙門伊葉羅譯至擇品緣礙未竟遂輟後求那跋摩續譯都訖成十三卷見高僧傳房錄之中伊葉波羅及求那跋摩各存其本皆內典錄及翻經圖同此今以求那跋摩沮續前闕更不再翻前後各存理為不當今合為一本

貞元釋教錄卷第二十五　第六十六張　丁

其第四譯見流行者長房錄云宋文帝代天竺沙門僧伽跋摩元嘉十年届自建業善律藏明雜心雜心道場慧觀以跋摩妙解雜心諷誦通利先三藏等雖後譯出未及繕寫更請重翻寶雲傳語觀自筆受一同及詳故知見行之者是其後本

前後四譯一存三闕

三法度論二卷或云三法無論字

苻秦天竺三藏曇摩提譯 第一譯

右前後兩譯一存一闕

犢子道人問論一卷

元魏婆羅門瞿曇般若流支譯 單本

須跋陀羅因緣論二卷

周宇文氏天竺三藏耶舍多等譯 單本

六足阿毗曇一卷

僧祐錄中失譯論 今附宋錄

聖賢集傳闕本

四十七部一百八十四卷

修行道地經七卷

或云順道行經或六卷

後漢安息三藏安世高譯 第一譯

右前後三譯二存一闕

僧伽羅刹集二卷

苻秦天竺三藏曇摩難提譯 第三譯

右前後兩譯一存一闕

付法藏經六卷

宋涼州沙門釋寶雲譯 第一譯

付法藏傳四卷

元魏昭玄統釋曇曜譯 第二譯

右前後三譯一存二闕

阿蘭若習禪經二卷

宋天竺三藏求那跋陀羅譯 第二譯

右與坐禪三昧經同本前後兩譯一存一闕

菩薩訶欲經一卷

宋天竺三藏求那跋陀羅譯 第二譯

右前後兩譯一存一闕

那先經一卷

右前後兩譯一存一闕

宋天竺三藏求那跋陀羅譯 第二譯

五門禪要用法經一卷

後漢安息三藏安世高譯 第一譯

右前後兩譯一存一闕

修行方便經二卷亦云修行方便禪經

吳月支優婆塞支謙譯 單本

右此修行方便經詳其名目與達摩多羅禪經合是同本而彼禪經亦名修行方便經是東晉

代覺賢所譯佛大先造先罽賓人世覺賢之師賢與支謙相去一百四十年佛大先彼時未出配為同本或將未當故為單譯

禪法要解二卷

北涼安陽侯沮渠京聲譯 第二譯

右前後兩譯一存一闕

思惟要略經一卷或直云思惟經

後漢安息三藏安世高譯 第一譯

右前後兩譯一存一闕

十二遊經一卷

西晉西域沙門彊梁婁至譯

十二遊經一卷

宋天竺三藏求那跋陀羅譯 第三譯

右前後三譯二存一闕

阿育王太子壞目因緣經一卷或無經字

後漢月支三藏支婁迦讖譯 第一譯

王子法益壞目因緣經一卷

或云阿育王怒壞目因緣經

姚秦涼州沙門竺佛念譯 第二譯

右前後三譯一存二闕

姚秦建初六年辛卯佛念共難提出壞目因緣經二

人共出合是一本二處俱存或恐誤也

法句經二卷或云法句集　吳月支優婆塞支謙譯　第二譯

右前後兩譯一存一闕

法句經四卷　後漢安息三藏安世高譯　第一譯

右與法句喻經同本前後兩譯

一存一闕

迦葉結集傳經一卷或無傳字亦云迦葉結經亦云結集戒經　西晉三藏竺法護譯　第一譯

迦葉結集戒經一卷　晉沙門釋嵩公譯　第二譯

右前後三譯一存二闕

婆藪槃豆傳一卷　後秦三藏鳩摩羅什譯　出翻經圖第一譯

右前後兩譯一存一闕

請賓頭盧法一卷　後漢安息三藏安世高譯　第一譯出內典錄

右前後兩譯一存一闕

阿毗曇九十八結經一卷　後漢安息三藏安世高譯　單本

耆闍崛山解一卷　西晉三藏竺法護譯　單本

佛遊天竺記一卷　東晉沙門釋法顯譯　出僧祐錄　單本

經律分異記一卷或云戒律　宋罽賓三藏求那跋摩譯　單本

請聖僧浴文一卷　宋天竺三藏僧伽跋摩譯　單本

第一義五相略集一卷　宋天竺三藏求那跋陀羅譯　單本

雜譬喻三百五十首經　祐云譬三百首經　西晉三藏竺法護譯　單本

翻外國語七卷一名雜事　一名俱舍論因緣事　陳天竺三藏真諦譯　單本

修禪定法一卷　東天竺三藏真諦譯　單本

庾伽三磨斯經一卷　譯言修行略　一名達磨多

羅禪或云達摩多羅菩薩撰禪經要集後漢失譯

梵音偈本一卷　舊云胡音　後漢失譯

讚七佛偈一卷　後漢失譯

但和尼百句一卷　後漢失譯

五言詠頌本起一卷　一百四十二首後漢失譯

道行品諸經梵音解一卷　舊云胡音後漢失譯

法句譬喻經一卷　祐錄云九十七事或無喻字後漢失譯

雜譬喻經八十卷　魏吳失譯

道地經中要語章一卷或云小道地經　僧祐錄云安公古典經　今附漢錄

數練意章一卷舊錄云數練經　僧祐錄云安公古典經　今附漢錄

悉曇慕二卷　安公云上二經出生經祐按今生經無此章名

僧祐録云安公失譯經
附西晉録

吉法驗一卷
僧祐録云安公失譯經
附西晉録

口傳刧起盡一卷
僧祐録云安公失譯經
附西晉録

打揵抸法一卷
僧祐録云安公失譯經
附西晉録

雜譬喻經六卷或云諸雜譬喻
僧祐録中失譯今附宋録

譬喻經一卷
祐云異出更有一本今且
存一僧祐録中失譯經
今附宋録

雜譬喻經一卷九十一事
僧祐録中失譯經
今附宋録

都計小乘經律論及聖賢集傳
闕本者揔七百五部一千一百
五十七卷舊六百九十八部今

貞元釋教錄卷第二十五　第十七張　丁

加七部合計七百五部舊一千
六百六卷今加五十卷合一千
六百五十六卷

貞元新定釋教目錄卷第二十五

丙午歲高麗國大藏都監奉
勅雕造

貞元釋教錄卷第二十五　第十八張　丁

貞元新定釋教目録卷第二十六 別録之七 丁

西京西明寺沙門圓照　撰

別録中支流別行録第三

六百八十三部　八百十二卷

支流經者謂大部之中抄出別行大般若第二會之類是也夫法門浩廣罕究津涯典藉紛綸靡窮邊際故有隨宜化誘應物施緣於大部之中隨時略用披尋者莫知所生諷習者將義不終令統集多端會歸當部仍刪夷舊録增減有無具載名題備詳差互庶使將來學者覽流知源或恐未周用希來哲

大乘別生經二百九部三百十八卷

大般若第二會經七十八卷

時俗題云新譯大品放光般若　新編上

大般若第四會經一十八卷

時俗題云新譯道行小品般若　新編上

寂勝天王般若經八卷

亦云新譯勝天王般若是大般若第十八會　新編上

曼殊般若經二卷

亦云新譯文殊般若是大般若第七會　新編上

理趣般若經一卷

是大般若第十會　新編上

第二會下五經並出大般若

大智度無極經四卷　非藏中者

智度無極譬經三卷

或云無極譬經或四卷或加大字

摠攝無盡義經二卷

般若波羅蜜神呪經一卷

右智度無極下四經隋衆經録云並出大品

摩訶般若波羅蜜道行經二卷

亦直云道行經　新編上

右一經長房等録並云西晉惠帝代優婆塞衛士度略出從舊道行中刪改亦是小品及放光等異別名耳

撰録者曰既從大經略出即類別生編正經中恐將乖誤

貞元釋教録卷第二十六　第二張　丁

故附斯録

大般若第二會經下十部一百一十九卷般若部中別生經

密迹金剛力士經二卷

出密迹力士會下文内典等録編入正經中者誤　新編上

菩薩見寶三昧經二卷

出菩薩見寶會抄六界差別品中重文　新編上

具善根經一卷

出富樓那會下卷即舊三卷菩薩藏經抄

善肩品經一卷

出善臂菩薩會即

抄寶積經一卷

出普明菩薩會即單卷寶積經抄

密迹下五經並出大寶積經

菩薩奉施詣塔作願經一卷

或作詣塔抄上卷

往古性和佛國願行法典經一卷

或作生和祐録云抄上卷　新編上

師子步雷音菩薩問文殊師利發心經一卷

抄上卷

貞元釋教録卷第二十六　第三張　丁

師子步雷音菩薩問文殊師利成佛
時事經一卷　抄下卷
菩薩三法經一卷
棄惡長者問菩薩法經一卷
菩薩奉施下六經出文殊佛土
嚴淨經
三十五佛名經一卷
出決定毗尼經
菩薩布施懺悔法一卷
亦出決定毗尼經
密迹力士經下一十三部一十
五卷寶積部中別
佛入三昧以一毛放大光明經一卷
抄第一卷
菩薩瓔珞莊嚴經一卷
增祐錄云菩薩莊嚴瓔珞經
自在王菩薩問如來警戒經一卷
或云菩薩戒身自在經
抄第一卷　新編上
佛𥊍欬徹十方經一卷　抄第二卷
八光經一卷　抄第二卷
不與婆羅門等爭訟經一卷
抄第三卷

調伏衆生業經一卷　抄第三卷
大慈無減經一卷　抄第三卷
諸天問如來境界不可思議經一卷
或作警字　抄第四卷
舍利弗問寶女經一卷　出寶女品
舍利弗歎寶女說不思議經一卷
亦云歎寶女經　出寶女品
菩薩導示行經一卷　出寶女品
寶女問三十二相經一卷
或云朗三十二相　一云寶女問
經　一云問慧經　一云三十二
事經　出寶女品
寶施女經一卷　出寶女品
或寶女施
寶女問慧經一卷　抄別譯四卷寶女經
亦云抄寶女品
見水世界經一卷　抄第八卷
穿菩提心經一卷　抄第九卷海慧品
三紙　新編上
功德寶光菩薩問護持經一卷
祐錄云抄陳錄云抄大集第九
新編上
菩薩初發心時經一卷　抄第九卷

或作持字
佛齋化菩薩經一卷　抄無言品
無言菩薩流通法經一卷　抄無言品
無言菩薩經一卷　抄無言品
魔業經一卷　抄第十一卷
過去無邊光淨佛土經一卷
抄第十一卷
菩薩本願經一卷
抄第十一卷　出海慧品
菩薩出要行無礙法門經一卷
抄第十二卷虛空藏品
虛空藏菩薩聞持經得幾福經一卷
抄第十六卷虛空藏品
過魔法界經一卷
抄第十六卷　虛空藏品
虛空藏所問經一卷
亦云方等主虛空藏經或五
卷或六卷是大集經虛空藏
品一品　新編上
太白魔王堅信經一卷
出寶幢分　抄第十七卷
佛弟子化魔子誦偈經一卷
出第十二卷　寶幢分

魔女聞佛說法得男身經一卷　出寶幢分

開化魔經一卷　出寶幢分

魔王入菩宅經一卷　抄第十九卷

寶幢呪經一卷　出寶幢分

魔王變身經一卷　出第二十二卷

是寶幢分中授記一品　四紙

新編上

光味仙人覩佛身經一卷

光味菩薩造七寶梯經一卷　出寶幢分

梵王變身經一卷　出寶幢分

波斯匿王蒙佛神力到寶坊經一卷　出寶幢分

抄第二十三卷

明星天子問慈經一卷

抄第二十三卷

調伏王子道心經一卷

抄第二十六卷

功德莊嚴王八萬四千歲請佛經一卷

法心呪經一卷

十八不共品經一卷　云抄異譯　寶女品

申越長者悔過供佛經一卷

偈經一卷　亦云申越長者悔過經　申越由起未詳何正　僧祐録云抄大集經

已上四十八經並出大集

新編上

菩薩如意神通經一卷　出自在王經上卷

四自在神通經一卷　舊云出大集非也

出自在王經上卷

菩薩戒自在經一卷　出自在王經上卷

佛入三昧經下五十一部五十

八卷大集部中別生經

大方廣如來性起微密藏經二卷

是舊花嚴經如來性起全一品

新編上

花嚴經十種生法經一卷

佛名經一卷

菩薩名經一卷

淨行品經一卷

抄花嚴經一卷

菩薩十地經一卷

已上七經並出舊花嚴經

曇昧摩提菩薩說經一卷　法經録云出菩薩十住行道品

金剛藏問菩薩行經一卷

漸備經一卷　出漸備一切智德經

出漸備一切智德經

右方廣如來性起經下一十部

一十一卷花嚴部中別生經

名字功德品經一卷

出大般涅槃經

還國品經一卷　出普曜經

提婆達多品經一卷　亦云抄中本起經上卷

出妙法蓮華經第五卷

藥王菩薩經一卷

陳録云抄妙法蓮華經第七卷

新編上

觀世音經一卷

是妙法蓮華經普門品出第

八卷

光世音經一卷　出正法華經

陁羅尼法門六種動經一卷

抄第一卷　或無種字

弥勒菩薩本願待時成佛經一卷
抄第一卷
寶日光明菩薩問蓮華國相貌經一卷
亦云寶光明菩薩經抄第一卷
梵志向佛説夢經一卷　抄第二卷
寶海梵志請如來經一卷
寂意菩薩問五濁經一卷
抄第二卷或云寂音
梵志勸轉輪王發菩提心經一卷
抄第二卷
轉輪聖王發心求淨土經一卷
抄第二卷
樹提摩納發菩提心誓願經一卷
抄第五卷
寶海梵志成就大悲經一卷
抄第七卷
佛變時會身經一卷　抄第十卷
當來選擇諸惡世界經一卷　抄第十卷
一音演正法經一卷　抄第十卷
或云顯正法
五百王子作淨土願經一卷
過去行檀波羅蜜經一卷

觀世音求十方佛各為受記經一卷
東方善華世界佛坐震動經一卷
文殊師利受記經一卷
大悲比丘本願經一卷
過去香蓮華佛世界經一卷
陁羅尼法門經下二十部二十
卷並出悲華經
寶雲經一卷　出寶雲經抄譯行
不退轉法輪經一卷
出阿惟越致遮經一卷
等御諸法經一卷
出持心梵天經第一
楞伽阿跋多羅經一卷
僧祐録云楞伽阿跋多羅寶
一切佛語斷肉章經一卷或
云楞伽抄經
右一經入楞伽經斷肉品
勘文出四卷楞伽第四卷末
人弘法經一卷
善得婆羅門求舍利經一卷
善得婆羅門問提婆達經一卷
大雲密藏菩薩問大海三昧經一卷
大雲密藏菩薩請雨經一卷

四百三昧名經一卷
人弘法經下六部六卷並出大
方等大雲經
三歸五戒帶佩護身呪經一卷
三歸五戒神王名經一卷
亦云三歸五戒三十六善
神王名經陳朝大乘寺等
藏録云抄灌頂經新編上
龍王結願五龍神呪經一卷
五龍呪經一卷
大將軍神呪經一卷
隨願往生經一卷
亦云灌頂隨願往生十方
淨土經亦云普廣菩薩經
新編上
藥師瑠璃光經一卷
亦云灌頂拔除過罪生死
得度經　新編上
三歸五戒帶佩下七部七卷並
出大灌頂經
無吾我經一卷
三幻童經一卷　或作幻童非也
往古造行經一卷

舉鉢經一卷
心本淨經一卷
溥首童真經一卷　或作普首
無吾我經下六部六卷並出普
超三昧經
布施度無極經一卷　出第一卷
菩薩為魚王經一卷　出第一卷
乹夷王經一卷　出第一卷
仙歎經一卷　出第一卷
波耶王經一卷　出第二卷
一切施王所行檀波羅蜜經一卷
亦云薩和檀王經出第三卷
右此一切王經群錄並云羅什
所譯別生錄中名薩和檀王經
後漢失譯
亦有此經云薩和檀者一切施
也將彼經勘文同不異故編於
此
和黑王經一卷
出第三卷　新編上
維藍經一卷
舊錄云隨藍本經出第三卷
戒度無極經一卷　出第四卷

象王經一卷
舊錄云出生經中誤也
太子法施經一卷　或云法惠
出第四卷
太子慕魄經一卷
或云沐魄　出第四卷
在藏中者是別譯本
弥蘭經一卷
或云四卷　出第四卷
普明王經一卷　出第四卷
忍度無極經一卷　出第五卷
羼提和經一卷　出第五卷
摩天羅王經一卷
或云國王　出第五卷
般達龍王經一卷　出第五卷
雀王經一卷　出第五卷
釋家畢罪經一卷　出第五卷
菩薩為鹿王經一卷
亦云佛昔為鹿王經
出第六卷　新編上
九色鹿經一卷
出第六卷　在藏中者是

馬王經一卷　別譯本
安公云出六度集第六卷
新編上
菩薩作龜本事經一卷　出第六卷
菩薩身為鴿王經一卷　出第六卷
蜜蜂王經一卷　出第六卷
佛以三事笑經一卷　出第六卷
小兒聞法即解經一卷　出第六卷
殺身濟賈人經一卷　出第六卷
以金貢太山贖罪經一卷　出第六卷
調達教人為惡經一卷　出第六卷
殺龍濟一國經一卷　出第六卷
弥勒為女身經一卷　出第六卷
禪度無極經一卷　出第六卷
尸呵偏王經一卷　出第八卷
右舊錄中有車匿本末經一卷
亦云第八卷今撿其文即是尸
呵偏王經更無有異尸呵偏王
經約初緣立名車匿本末經據
後文立稱既是一緣不可分二
今存一名耳
遮羅國王經一卷

或無國字出第八卷
菩薩以明離鬼妻經一卷 出第八卷
儒童經一卷 出第八卷
摩調王經一卷
事同中阿含大天經出第
八卷或無王字
阿難念弥經一卷
或云阿難念經出 第八卷
鏡面王經一卷
與義足經中鏡面王經大同
出第八卷 新編上
察微王經一卷 出第八卷
梵皇經一卷
或云梵皇王經 亦云梵
摩經 出第八卷
明度無極經一卷 陳錄云抄六度經
出第八卷 新編上
右施度無極經下四十四部四
十四卷並出六度集經舊錄中
有忠心正行經一卷亦云出六
度經文中撿無故除之耳
其和默王經象王經菩薩
為鹿王經馬王經鏡面王

貞元釋教錄卷第十六 第五張 丁

經此五經雖載群錄古典
此同並 並新編上
能滅諸罪千轉陀羅尼經一卷
此是柴法師所譯呪五首
中一首之呪既類別生故
載斯錄 新編上
寶鬘品抄經一卷 出寶綱經
稱揚諸佛功德經一卷
僧祐錄云抄三卷稱揚諸
佛功德經或與後三文無別
新編上
寶海如來等十方百七十佛名經一卷
陳錄云抄稱揚功德經
祐錄云抄今撿稱揚功德
德內豐嚴王佛名經一卷
亦云禮佛功德經 新編上
經上卷有此佛名即出彼
經上卷也 新編
過去五十三佛名經一卷
亦云五十三佛名經
出觀藥王藥上經
定意三昧經一卷
出十住斷結經第四

貞元釋教錄卷第十六 第十七張 丁

賢劫千佛名經一卷 出賢劫經
僧祐錄云東晉沙門竺曇
無蘭抄出千佛名初序云
賢劫經說二千一百諸度
无極以拘樓孫佛為首此經
有別譯本以拘那提佛為
首者是
觀佛相好經一卷 出觀佛三昧海經
央崛魔羅母因緣經一卷 抄第一卷
無量樂佛土經一卷
或云國土 抄第三卷
有稱十方佛名得多福經一卷
祐錄云抄陳錄云抄央崛
經第三卷 新編上
佛降央崛魔羅人民歎喜經一卷
抄第四卷
帝釋施央崛魔羅法服經一卷
央崛魔羅歸化經一卷
或云婦死應誤
央崛魔羅悔過法經一卷
或無法字
波斯匿王欲伐央崛魔羅經一卷
祐錄云抄

貞元釋教錄卷第十六 第八張 丁

右崛魔羅毋下八部八卷並出
央崛魔羅經

七佛八菩薩所說神呪經一卷　陳錄云抄七佛經　新編上

三十七品經一卷　安公云出律經　新編上
僧祐錄云東晉沙門竺曇無蘭太元二十一年六月謝鎮西寺撰蘭序自記而不標所出

大光明菩薩百四十八願經一卷　祐錄云抄　新編上

菩薩六法行經一卷　祐錄云抄

菩薩本願行品經一卷　祐錄云抄　新編上

菩薩諸苦行經一卷　祐錄云抄或無諸字　四紙餘少許　新編上

菩薩訶睡眠經一卷　祐錄云抄　新編上

菩薩訶家過經一卷　祐錄云抄　新編上

阿難見水光瑞經一卷　祐錄云抄　新編上

棄惡長者問菩薩法經一卷　祐錄云抄　新編上

陁羅尼偈經一卷　祐錄云抄　新編上

六淨經一卷　安公云出律經失譯　中載八紙半　新編上

菩薩等入法嚴經一卷或無菩薩字　安錄失譯中載　新編上

同号佛名經一卷　三紙　新編上

散侍法經一卷　或作持字　二紙　新編上

三十七品等十經祐錄云抄而不指所出於中菩薩諸苦行經撿見其本是抄不疑亦未知出何經律六淨等四經今並見其本還是抄經又隋仁壽衆經錄中大乘別生抄經揔有一百一十七部一百三十七卷亦不指陳所出今撿諸代錄中多已載訖彼以護諸童子經陁鄰尼鉢經等為別生抄者理不然也既無的據難可依憑略述如前餘刪不載

大乘律別生　七部七卷

菩薩地持戒經一卷　法經錄云菩薩地持經

菩薩戒要義經一卷　僧祐錄云抄菩薩戒即地持是法經錄同

菩薩善戒受戒經一卷　法經錄云出善戒經

淨除業障經一卷　僧祐錄云抄淨業障經法經錄同

優婆塞戒本一卷　法經錄云出優婆夷經

勸德經一卷　法經錄云出舍利弗悔過經

在家菩薩戒一卷

右七戒法經錄中編為失譯今親見其本雖未知出處是抄不疑乃取五分戒序置之於初後方是戒此是人集非翻譯出也法經錄中更有十經云衆律抄

即不存之諸代錄中更有載者
此中故闕
大乘論別生七部　一十七卷
大乘優波提舍論五卷
眞寂寺錄云是衆論抄法
經錄同
摩訶衍精進度中罪報品經一卷
陳錄云抄智度論第十七
新編上
菩薩悔過法經一卷
出龍樹十住論或無經字
新編上
菩薩五法行經一卷
祐錄云抄陳錄云抄十住論
新編上
初發意菩薩行易行法一卷
僧祐錄云出十住論易行品
新編上
十住毗婆沙經一卷
僧祐錄云抄十住論
新編上
易行品諸佛名經一卷
法經錄云出十住毗婆沙

法經錄中更有十經云衆論抄　或即與前易行法同
既不陳所出故不存之諸代錄
中或有載者此中故闕
小乘別生經　二百八十三部二百八十三卷
大迦葉遇尼乾子經一卷
陳錄云抄第四卷
三劫經一卷
陳錄云抄第五卷
韋提希子月夜問夫人經一卷
或作天人祐錄云抄陳錄
云抄長阿含第七　新編上
三因緣經一卷
陳錄云抄第二十卷
天地成敗經一卷
陳錄云抄世記祐錄云是
抄衆經
大迦葉下五經並出長阿含經
阿難惑經一卷
出人本欲生經
人從所來經一卷
長房錄云出人本欲生經
亦云人所從來　新編上

閻浮利經一卷
僧祐失譯錄中載今撿是
樓炭經初品　新編上
三小劫經一卷
是樓炭經三小劫品出第
五卷陳錄云抄長阿含第
二十二卷　新編上
變化本起經一卷
出中本起經亦云即中本
起上卷
第一四門經一卷
抄十二門經三乘通教明
定　新編上
第二四門經一卷
抄十二門經與前同
新編上
第三四門經一卷
即是甘露道律經或有下
標第三四門而直云甘露
道律經者　新編上
甘露正意經一卷
亦云佛入甘露調正意經
明定祐云佛入甘露調意經

第一四門下四經並出十二大
門經祐云從第一四門至甘露
調意凡四品並是大十二門
經一部後人分品寫出遂
成四經
大迦葉遇尼乾子經等一十四
部一十四卷並是長阿含部分
別生經
福行經一卷　出第二卷
婆拘羅答異學問經一卷
眞寂寺錄云尊者薄拘羅經
出第八卷
佛問阿須倫大海有減經一卷
一名海有八事經　出第八卷
佛為呵利曠野鬼說法經一卷
祐錄云訶刮　出第九卷
麼夷比丘經一卷
一名摩夷經　出第十卷
惡道經一卷
一名惡意經　亦云出第十五
卷
四意止經一卷
一名四意止本行經

出第二十四卷
息恚經一卷
或云恚經　出第二十七卷
貧窮經一卷　出第二十九卷
柔軟經一卷　出第三十卷
優婆塞五法經一卷　出第三十卷
受持經一卷
亦云出雜阿含第三十五
福經一卷　出第三十四卷
商人求財經一卷　出第三十四卷
名稱經一卷　出第三十六卷
何苦經一卷　出第三十六卷
婆羅門行經一卷　出第三十六卷
阿蘭那經一卷　出第四十卷
淨彌經一卷　出第四十卷
瞿曇彌經一卷　出第四十七卷
中阿含本文經一卷　出第六十卷
七車譬喻經一卷
長者梨師達多兄弟二人往佛所經
一卷　亦云長者兄弟詣佛經
亦云抄雜阿含第三十
㮈女經一卷
祐錄云抄中阿含　新編上

貞元釋教錄卷第二十六　第二十六張　丁

福行經下二十四卷並出中阿
含經
准隋開皇仁壽二年衆經錄中
更有七知經離睡經受歲經梵
志計水淨經苦陰經苦陰因事
經樂想經阿耨風經伏婬經黃
竹園經尊上經意經應法經鞞
摩肅經邪見經箭喻經上十六
經亦云出中阿含今與本經文
勘乃是異譯非是別生已編入
正錄說其父母息難報經亦云
別生今勘文不同且編見錄
飛鳥喻經一卷　抄第十五卷
三十二天園觀經一卷
抄第十五卷
五戰鬪人經一卷　抄第十八卷
波斯匿王何欲最樂經一卷
抄第十九卷
舍衞城八喪子狂經一卷
一名梵志喪女經
抄第二十卷
大枯樹經一卷
一名枯樹經無大字一名

積木燒然經　抄第二卷
亦云出中阿含第一卷
鷹鵄猲經一卷　抄第二十三卷
毗羅斯那居士五欲娛樂經一卷
抄第二十四卷
長者詣佛說子婦不恭經一卷
祐錄云抄阿含陳錄云抄
增一三十四　新編上
比丘成就五法入地獄經一卷
祐錄云抄阿含陳錄云抄
增一三十八　新編上
波斯匿王詣佛有五威儀經一卷
抄第四十一卷
或云調達入地獄事經祐
調達入地獄經一卷
云抄中阿含
世間強盜布施經一卷
掃地經一卷
羅閱城人民請佛經一卷
梵天詣婆羅門講堂經一卷
郁伽居士見佛聞法醒悟經一卷
亦云脩伽陁居士佛為說
得性悟經

水喻經一卷
七寶經一卷
鵄鳥事經一卷
學人意乱經一卷
一名母子作僧尼意乱經
亦名乱意
六麦事經一卷
祐錄云譯中有今見其本
云出增一四紙半　新編上
弥勒下生經一卷
出第四十四卷佛在舍衛
國因阿難請說　新編上
增一阿含經一卷
出第二十一卷　三紙
新編上
行七行現報經一卷
出第三十四卷　一紙
新編上
十二因缘經一卷
出第四十六卷舊在大乘
藏中誤也三紙　新編上
飛鳥喻經下二十六部二十六
卷並出增一阿含經

准隋開皇仁壽二年衆經錄中
更有三經謂四人出現經婆羅
門避死經四泥黎經亦云出增
一阿含今撿是異譯本非別生
者巳編入錄訖故此除之其增
一阿含行七行現報二經舊云
出增一中言是異譯編入見錄
今撿是別生經非異譯者其十
二因緣經及弥勒下生經六
麦事經亦出增一故附斯錄
佛為婆羅門說四法經一卷
出第二卷
佛跡見千輻輪經一卷
出第四卷
普施經一卷
佛為事火婆羅門說悟道經一卷
出第四卷
出第四卷
佛為婆羅門說耕田經一卷
或無田字　出第四卷
出第四卷
佛為老婆羅門說偈經一卷
佛為憍慢婆羅門說偈經一卷
出第四卷

差摩比丘喻重病經一卷 出第五卷
佛為比丘說燒頭喻經一卷 出第七卷
優陁夷坐樹下寂靜調伏經一卷 出第九卷
色無常經一卷 出第十卷 或云諸盡經
諸漏盡經一卷 出第十卷
恒河譬經一卷 祐錄云抄出第十卷新編上
佛為比丘說大力經一卷 出第十一卷
佛為頻頭娑羅門說像類經一卷 出第十一卷
四大色生猒離經一卷 出第十二卷
佛為阿支羅迦葉說自他作苦經一卷 祐錄云抄陳錄云抄雜 出第十三卷
異信異欲經一卷 出第十四卷
佛為比丘說三法經一卷 出第十四卷
葉喻多少經一卷 出第十四卷

四食經一卷 出陳朝大乘寺藏錄 出第十五卷 新編上
醫王經一卷 出第十五卷
佛為比丘說極深險處經一卷 出第十六卷
佛為諸比丘說莫思惟世間思惟經一卷 或無下思惟字 出第十六卷
佛為比丘說大熱地獄經一卷 出第十六卷
釋提桓因詣目連放光經一卷 出第十九卷
目連見大身衆生然鐵纏身經一卷 出第十九卷
目連見衆生身毛如箭經一卷 出第十九卷
見一衆生舉體糞穢塗身經一卷 亦名衆生身穢經 出第十九卷
阿那律思惟目連神力經一卷 出第二十一卷
衆生頂有鐵磨風大熾然經一卷 出第十九卷

三行經一卷 出第二十一卷
眼色根繫經一卷 出第二十一卷
無畏離車白阿難經一卷 出第二十卷
質多羅長者請比丘經一卷 出第二十一卷
外道詣質多長者經一卷 出第二十卷 新編上
世尊繫念經一卷 出第二十二卷
商人脫賊難經一卷 出第二十二卷
長者命終生兜率天經一卷 出第二十二卷
如來神力經一卷 出第二十二卷
大力士出家得道經一卷 亦云力士跋陁經 出第二十三卷
阿育王獲果報經一卷 出第二十三卷
阿育王於佛所生大敬信經一卷 出第二十三卷

二童子見佛說偈供養經一卷 出第二十三卷
羅婆鳥為鷹所捉經一卷 此言半雉 出第二十四卷
世間言美色經一卷 出第二十四卷
純陀沙弥經一卷
或云沙門或作淳字
出第二十四卷
雪山無獼猴經一卷 或作玃猴
出第二十五卷
商人子作佛事經一卷
出第二十五卷
婆羅門通達經論一卷
出第二十五卷
比丘於色厭離經一卷
出第二十六卷
捨諸世務經一卷 出第二十六卷
嬰兒譬經一卷 亦云嬰兒喻
出第二十六卷
外道出家經一卷 出第二十七卷
轉輪聖王七寶現世間經一卷
出第二十七卷
無母子經一卷 出第二十八卷

婆羅門服白經一卷 出第二十八卷
向邪違法經一卷 出第二十八卷
精勤四念處經一卷 出第二十八卷
田夫喻經一卷 出第一十九卷
不淨觀經一卷 出第二十九卷
信人者生五種過經一卷出第三十卷
婆羅門虛偽經一卷 出第三十卷
轉輪聖王七寶具足經一卷
祐錄云抄陳錄云抄雜阿
含 出第三十卷
三種良馬經一卷 出第三十二卷
佛將比丘優婆塞乞人遊行遇外道
說法經一卷 出第三十二卷
外道進問佛生歡喜天因緣經一卷
出第三十二卷
佛為調馬聚落主說法經一卷
出第三十二卷
外道問佛鬬戰生天因緣經一卷
出第三十三卷
少多制戒經一卷 出第三十三卷
四種良馬經一卷 出第三十三卷
釋種問優婆塞經一卷出第三十三卷
無始本際經一卷 出第三十四卷

一切行不恒安住經一卷 或無住字
出第三十四卷
婆羅門問世尊將來有幾佛經一卷
出第三十四卷
悉鞞梨天子詣佛說偈經一卷
出第三十六卷
長壽童子病見世尊經一卷
出第三十七卷
婆羅門問佛布施得福經一卷
出第三十七卷
十法成就惡業入地獄經一卷
出第三十七卷
虵行法經一卷
出第三十七卷
羅漢遇瓶沙王經一卷
祐錄云抄阿含出第三十
八卷陳錄云抄雜阿含
新編上
佛見牧牛者示道經一卷
出第三十八卷
比丘浴遇天子放光經一卷
出第三十八卷
魔作不淨色欲嬈亂經一卷

尊者瞿伍迦獨一思惟經一卷　出第三十八卷
人民疾疫受三歸經一卷　出第三十九卷
仙人說阿修羅王歸化經一卷　出第三十九卷
魔化年少詣佛說偈經一卷　出第三十九卷
壽命促經一卷　出第三十九卷
天於阿脩羅欲戰鬪經一卷　出第四十卷
天帝受戒經一卷　出第四十卷
比丘問佛釋提桓因因緣經一卷　出第四十卷
四天王案行世間經一卷　出第四十卷
帝釋禮三寶供養經一卷　或無供養字　出第四十卷
四種人經一卷　出第四十一卷
豆遮婆羅門論義出家經一卷　出第四十二卷
佛化大與婆羅門出家經一卷

貞元釋教錄卷第二十六　第三十七張　丁

或作與大　出第四十二卷
二老男女見佛出家得道經一卷　出第四十二卷
河中草龜經一卷　出第四十三卷
四虵經一卷　一名四虵喻經　或云四虵經　出第四十三卷
恒水流樹經一卷　一名浮木譬喻經　或作流澍　出第四十三卷
灰河經一卷　一名塵灰河譬喻經　出第四十三卷
四吒婆羅門出家得道經一卷　出第四十四卷
佛見梵天頂經一卷　出第四十四卷
帝釋慈心戰勝經一卷　出第四十六卷
婆斯匿王祖母命終經一卷　出第四十六卷
鑄金喻經一卷　出第四十七卷
離車不放逸經一卷　出第四十七卷
木杵喻經一卷　出第四十七卷
金師精舍尊者病經一卷　出第四十七卷

貞元釋教錄卷第二十六　第三十八張　丁

過去鳴鼓人經一卷　出第四十七卷
過去彈琴人經一卷　出第四十八卷
天神禁寶經一卷　出第五十卷
羊羣喻經一卷　或云羣羊喻
㲉中行道經一卷
阿育王供養道場樹經一卷
長者命終生無熱天經一卷
不壞淨經一卷
勸行有證經一卷
婆羅門解知衆術經一卷　陳錄云出增一
婆斯匿王女命過詣佛經一卷　陳錄云前譯增一　三十八
國王成就五法久存於世經一卷　陳錄云出增一
三時過經一卷　陳錄云抄出曜第十二
戒相應法經一卷　或云戒相應經　出第三十卷　新編上
比丘問佛多優婆塞命終經一卷　新編上
獨富長者經一卷　出第三十卷

貞元釋教錄卷第二十六　第三十九張　丁

亦云獨付長者財物無付
經亦云長者命終無子付囑
經亦出增一第十二
佛為年少婆羅門說知善不善經一卷
出第四卷　新編上
佛為那拘羅長者說根熟經一卷
或無羅根熟三字
出第五卷　新編上
佛為外道須深說離欲經一卷
出第十四卷　新編上
阿育王施半阿摩勒菓經一卷
出第二十五卷
禪思滿足經一卷
出第二十九卷　新編上
佛為婆羅門說四法經下一百
三十二經並出雜阿含經准隋
開皇仁壽二年衆經錄中更有
八經謂七處三觀經滿願水沫
所漂經馬有八態經相應相可經
此之五經勘文乃是異譯非是
別生又有數經十一相念如來
經身觀經其數經出中阿含是
異譯本十一想經出增一中亦

是異譯其身觀相應法下三經
大周錄中編單本内今撿並出
雜阿含中其年少婆羅門下五經
周錄之中編闕本内今撿得其
本勘與雜阿含同於中獨富長
者經半阿摩勒菓經隋衆經錄
別生經中已載今並相從編之
於此
三方便經一卷
積骨經一卷
地獄讚經一卷
經後有地獄讚非此經出勘
本不同未詳所以
三方便下三經並出七處三觀經
禪秘要經一卷
僧祐等錄並云抄禪要秘治
病經即是治禪秘要法中出
新編上
佛為婆羅門說四法經下一百
三十六部一百三十六卷並是
雜阿含部分別生經
那賴經一卷　出第一卷
分衛比丘經一卷

和難經一卷　亦云比丘分衛經　出第一卷
邪業自活經一卷　出第一卷
是我所經一卷　出第一卷
野雞經一卷　出第一卷
前世諍女經一卷　出第一卷
墮珠海水中經一卷　出第一卷
栴闍摩異志謗佛經一卷　出第一卷
鷲獮猴經一卷　出第一卷
五仙人經一卷　出第一卷
舅甥經一卷　出第一卷
閑居經一卷　出第二卷
舍利弗般涅槃經一卷　出第二卷
子命過經一卷　出第二卷
比丘各言志經一卷　出第二卷
迦栴延無常經一卷　出第二卷
和利長者問事經一卷　出第二卷
佛心摠持經一卷　出第二卷
或云摠持經
護諸比丘呪經一卷出第二卷新編上
吉祥呪經一卷　出第二卷
和難釋經一卷　出第三卷
國王五人經一卷

蠱抓烏經一卷　一名五福德子經　出第三卷
或作烏字
比丘疾病經一卷　出第三卷
審裸形子經一卷　出第三卷
一名佛覆裸形子經出第二卷
腹使經一卷　出第三卷
弟子命過經一卷　出第三卷
水牛王經一卷　出第四卷
兔王經一卷　出第四卷
無懼經一卷　出第四卷
五百幼童經一卷
亦云五百童子　出第四卷
毒草喻經一卷　出第四卷
鱉喻經一卷　出第四卷
昔菩薩曾為鱉王經一卷
祐云失譯出第四卷　新編上
毒喻經一卷　出第四卷
誨子經一卷　出第四卷　新編上
負為牛者經一卷
亦云負責為牛　出第四卷
光華梵志經一卷　出第四卷
毒悔喻經一卷　出第四卷

馬喻經一卷　出第四卷　新編上
比丘尼現變經一卷　出第四卷
梵志經一卷　出第五卷
驢駝經一卷　出第五卷
君臣經一卷　出第五卷
拘薩羅國烏王經一卷
或無羅字　出第五卷
蜜具經一卷　出第五卷
新讃經一卷　出第五卷
孔雀經一卷　出第五卷
仙人撥劫經一卷
僧祐錄仙人撥劫喻經
出第五卷
清信士阿夷扇持父子經一卷
或無父子字　出第五卷
夫婦經一卷　出第五卷
薩和達王經一卷　出第五卷
首達經一卷　亦云惟先首達經
出第五卷　新編上
那賴經下五十四部五十四卷
並出生經此生經上下摠有五
十五經其第五十譬喻經於中
離出薩和達二經合五十六此

五十六中除摠持孤獨經除二
經外有五十四經上別生錄又
脩衆經錄別生經中更有四經
謂命過神經象王經獼狗經八
陽神呪經並云出生經中今撿
生經之內摠無此經撿本既無
除之不上此五十四經中有護
諸比丘呪經無懼經鱉喻經菩
薩曾為鱉王經誨子經馬喻經
薩和達經上之八經新編此錄
於中無懼鱉喻誨子馬喻首達
等五經衆經錄云出雜譬喻護
諸比丘呪薩和達二經衆經錄
云是大小乘抄未知所出今以
並與生經之中經目同編之於
此菩薩曾為鱉王經祐云失譯
者誤也既與此同故編斯錄

梵志觀無常得解脫經一卷
與桀貪王同是一經約緣分二
出上卷
桀貪王經一卷　出上卷
須陀利經一卷　祐云失譯　出上卷
新編上

摩竭梵志經一卷　祐云出義足出上卷　新編上
梵志疑爭得解脫經一卷　與鏡面王同一經約緣分二
出上卷
鏡面王經一卷
六度集中亦有此經與此大同　出上卷
老少俱死經一卷
祐云失譯　出上卷　新編上
弥勒難經一卷
祐云失譯　出上卷　新編上
䴥辤梵志經一卷　出上卷
婬人兜踵行經一卷
房云失譯　六度集中亦有
與此大同　出七卷
兜勒梵志經一卷　出下卷　新編上
猛觀梵志經一卷　出下卷
法觀梵志經一卷　出下卷
蓮華色比丘尼經一卷
祐云失譯　出下卷　新編上
𣂪貪王經下一十四部一十四
卷並出義足經

其摩竭梵志經僧祐録云出義足經其須陁利經老少俱死經勒難經蓮華色比丘尼經此之四經祐云失譯其婬人兜踵行經房云失譯今勘並與此同故編斯録撿其義足上下揔有一十六經今除優塡王經異學㨉飛經子父共會經維樓勒諸釋經除此四外餘二經離為十四故載斯録
善時鵝王經一卷　出正法念處經
木鎗刺脚因縁經一卷　出興起行經
譬喻六人經一卷
亦云六人喻經　出罵意經
阿闍世王問眼從何生經一卷
祐録云抄　新編上
不與婆羅門等爭訟經一卷
祐録云抄　新編上
摩訶比丘經一卷
祐録云抄　新編上
外道仙尼說度經一卷
祐録云抄　新編上
度梵志經一卷

祐録云抄　新編上
祭云人不行貪經一卷
祐録云抄
三毒經一卷　祐録云抄　新編上
四食經一卷　祐録云抄　新編上
調達喻經一卷　祐録云抄　新編上
二十八天經一卷　祐録失譯中載
八紙半　新編上
首至問佛十四事一卷
亦云十四意亦云十四章
兩紙半　新編上
數息事一卷
祐云說數息事兩紙　新編上
阿闍世王等九經祐録云抄而不指所出其二十八天等三經撿見其本並是抄經而未的知出何經律又隋仁壽衆經録中小乘別生抄經揔二百一十三部二百二十七卷亦不指陳所出今撿諸代録多已載訖彼録以受十善戒經迦丁比丘經等為別生抄者理不然也既無的據難可依憑略述如前餘刪

小乘律別生　四十二部四十九卷

摩竭魚因緣經一卷　出第九卷　新編上

尊者鄔陁夷引導諸人禮佛僧經一卷　出第十一卷　新編上

還本國度父王經一卷　出第十七卷末第十八卷　新編上

水生太子經一卷　出第十九卷　新編上

施物法非法經一卷　出第二十四卷　新編上

教誡羅怙羅經一卷　出第二十五卷　新編上

五趣生死輪轉經一卷　出第三十四卷　新編上

善來苾蒭因緣經一卷　出第四十二卷　新編上

七有事無事福業經一卷　出第四十六卷　新編上

摩竭魚下九經並出根本說一切有部毗奈耶中

火生長者受報經二卷　出第二第三卷　新編上

尊者善和好聲經一卷　出第四卷　新編上

五種水羅經一卷　出第五卷　新編上

勝鬘夫人本緣經一卷　出第七卷　新編上

勝光王信佛經一卷　出第八卷　新編上

誅釋種受報經二卷　出第八第九卷　新編上

大世主苾蒭尼入涅槃經一卷　出第十卷　新編上

佛為難陁說出家入胎經二卷　編入寶積第十四會　出第十一十二卷　新編上

敬法捨身經一卷　出第十四卷　新編上

度二邪見童子得果經一卷　出第十四卷　新編上

清淨威儀經一卷　或作洗淨　出第十六卷

大目連受報經一卷　出第十八卷　新編上

初誕生現大瑞應經一卷　出第十八卷　新編上

度迦多演那經一卷　出第二十一卷　新編上

毉羅鉢龍王業報因緣經一卷　出第二卷　新編上

安樂夫人因緣經一卷　出第二十一卷　新編上

增養因緣經三卷　出第二十二十三二十四卷　新編上

妙光因緣經一卷　出第二十五卷　新編上

降伏外道現大神通經一卷　出第二十六卷　新編上

大藥善巧方便經一卷　出第二十七二十八卷　新編上

佛從天下贍部洲經一卷　出第二十九卷　新編上

麼痩瞿荅弥經一卷　出第三十卷　新編上

訶利底母因緣經一卷　出第三十一卷　新編上

法與尼在家得果經一卷　出第三十二卷　新編上

樹生婆羅門憍慢經一卷　出第三十四卷末第三十五卷初　新編上

弟子事師經一卷　出第三十五卷　新編上

七種不退轉經一卷　出第三十五卷　新編上

佛為長者說放逸經一卷　出第三十六卷　新編上

地動因緣經一卷　出第三十六卷　新編上

四種黑白法印經一卷　出第三十七卷　新編上

佛將入涅槃度善賢經二卷　出三十七卷半後三十八卷半前　新編上

佛般涅槃行雨大臣告王經一卷　出第三十八卷　新編上

八大國王分舍利經一卷　出第三十八卷末第三十九卷　新編上

火生長者下三十三經並出根本說一切有部毗柰耶雜事中

又有給孤長者請畫寺因緣一卷出雜事第十七及毗柰耶頌第五卷從摩竭魚因緣經下四十二部四十九卷並是說一切有部律中緣起三藏義淨鈔出流行既是別生故編斯錄

賢聖集別生一百三十四部一百三十四卷

羅弥壽經一卷　一名羅旬喻一名羅貧壽

栴檀塗塔經一卷

右上二經出撰集百緣經

無常經一卷　非新譯者　出第一卷

阿難見妓樂啼哭無常經一卷　出第一卷

比丘求證人經一卷　出第一卷

群牛千頭經一卷　出第一卷

竊為沙門經一卷　出第一卷

丸師逃走經一卷　出第一卷

七老婆羅門請為弟子經一卷　出第一卷

瞎鱉經一卷　出第一卷

阿梵和利比丘無常經一卷　出第二卷

集修行士經一卷　或云修士行　出第二卷

比丘問佛何故捨世學道經一卷　出第二卷

梵志問世間滅損經一卷　出第二卷

梵志避死經一卷　出第二卷

童子善射術經一卷　出第二卷

孤母喪一子經一卷　出第二卷

三魚失水經一卷　出第二卷

慳貪長者經一卷　出第三卷

斫毒樹後生經一卷　亦云更生　出第三卷

女人欲熾荒迷經一卷　出第三卷

獵師捨家學道經一卷　出第三卷

坐禪比丘命過生天經一卷

出第三卷
貧子得財發狂經一卷　出第三卷
放逸經一卷　出第三卷
甘露道經一卷　出第四卷
多聞經一卷　出第四卷
求離牢獄經一卷　出第四卷
窣婆摩比丘經一卷　出第五卷
降千梵志經一卷　出第五卷
羣象經一卷　出第五卷
狗提比丘經一卷　出第五卷
良時難遇經一卷　出第五卷
梵志子死啼哭經一卷　出第六卷
歡喜過差天經一卷　出第六卷
昔有二人相愛敬經一卷　出第六卷
佛往慰迦葉病經一卷　出第六卷
護口意經一卷　出第七卷
波利比丘誘梵行經一卷　出第七卷
慈仁不殺經一卷　出第七卷
摩耶祇夫誘佛生身入獄經一卷
出第七卷
佛命阿難請寂勝長者經一卷
出第八卷
寂勝長者受呪願經一卷

或直云受呪願經　出第八卷
北方出利經一卷　出第八卷
佛神力救長者子經一卷　出第八卷
流離王攻釋子經一卷　出第八卷
信能度河經一卷　出第八卷
有衆生三世作惡經一卷　出第八卷
昔為鹿王經一卷　出第九卷
梵志識大恩經一卷　出第十卷
二僑士經一卷　出第十卷
聰明比丘經一卷　出第十卷
寤意經一卷　出第十卷
長壽王經一卷　出第十卷
說法難值經一卷　第十一卷
調達問佛顏色經一卷　出第十一卷
無害梵志執志經一卷　出第十二卷
國王獸出典經一卷　出第十二卷
佛度旃陀羅見出家經一卷
或無出字　出第十三卷
出曜華經一卷　出第十四卷
承事勝已經一卷　出第十四卷
梵志問佛師經一卷　出第十四卷
善明比丘經一卷　出第十四卷
六師結誓經一卷　出第十四卷

無病第一利經一卷　出第十五卷
法施勝經一卷　出第十五卷
水上泡經一卷　出第十六卷
流離王生身入地獄經一卷
或無生身字
目連弟布施望即報經一卷
出第十六卷
調達生身入地獄經一卷
出第十六卷
童子問佛乞食事經一卷
出第十六卷
多倒見衆生經一卷
或無多字　出第十六卷
乞見發惡心經一卷　出第十八卷
長者夜輸得非常觀經一卷
亦直云得非常觀經
出第十九卷
八歲沙彌降伏外道經一卷
舊錄云八歲沙彌折外異學經
鹽盤貪之經一卷
無常經下七十五部七十五卷
並出出曜經中其有衆生三世
作惡經周錄云是異本編在藏

錄者誤也
優婆斯那優婆夷經一卷
陳錄云抄賢愚經　出第三卷
出家功德經一卷
抄出家功德品初兼福增因
緣　出第七卷二紙　新編上
出家功德獲福增因經一卷
抄出家功德品初兼福增因
緣少分題倒安置加證信序
并度人儀　五紙　新編上
叔離比丘尼本緣經一卷
陳錄云抄賢愚經　出第七卷
新編上
沙彌守戒自殺經一卷　出第七卷
二鵝聞四諦經一卷　出第十二卷
烏聞比丘法生天經一卷
出第十二卷
五百鴈聞佛法生天經一卷
出第十三卷
堅誓師子經一卷　出第十三卷
優婆斯那經下九部九卷並出
賢愚經
人受身入陰經一卷　出第一卷

人身八十種蟲經一卷　出第一卷
人身四百四病經一卷　出第一卷
五陰成敗經一卷　出第一卷
除恐怖品經一卷　出第一卷
修行慈經一卷　出第一卷
修行勸意經一卷
祐錄云抄中阿含　出第二卷
忍辱經一卷
陳錄云抄修行道地　出第三卷
賜食經一卷
抄賜了食品　出第三卷
地獄罪人衆苦經一卷
或云衆苦事　出第三卷
地獄衆生相害經一卷　出第三卷
歡悅品經一卷
或云歡悅　出第四卷
人病醫不能治經一卷
或云不能自治人受身入陰
經下一十三經並出修行道
地經
阿練若習禪法經一卷
即是抄菩薩禪法第一卷其
菩薩禪法即是禪三昧經是

新編上
禪經偈一卷
祐云抄禪經中偈即是禪法
要解抄　新編上
邪滅三品風經一卷
祐云抄思惟略要法
諸法實相觀經一卷
亦抄思惟略要法　新編上
阿育伽王本緣經一卷
出阿育王傳第二卷　新編上
蓮華女經一卷
是法句喻經別抄　出第二卷
初受道經一卷
喜見智慧經一卷
福子經一卷
國王癡夫人經一卷
入歲沙彌開解國王經一卷
化譬經一卷　一名化喻經
獼猴與狸共戲致變經一卷
居士役奴為婦自畀中虫經一卷
度脫狗子經一卷　或無脫字
俱夷摩羅云本經一卷
須阿避言喻經一卷

或無譬字陳錄云抄雜阿含
第十
流離王入地獄經一卷
出曜中亦有未詳所以
出經錄中重上
福報經一卷
教子經一卷
祐云一名須達教子經舊錄
云須達訓子經
迦葉詰阿難經一卷
亦名迦葉責阿難雙度羅漢
喻經隋衆經錄存為二經者誤
人詐名為道經一卷
貧女人聽經為毒虵所嚙命終生天
經一卷
明宿願果報經一卷
聽四因譬喻經一卷
王后為蜣蜋經一卷
金色女經一卷　安公云出阿毗曇
赤嘴烏喻經一卷
神通應化經一卷
一名羅漢比丘答問
阿難多恒羅云母經一卷
一名羅云母經

種田經一卷
覺福經一卷
或云學福經一卷
四飯聖法章一卷
八部僧行名經一卷
阿難邠祁四時布施經一卷
初受道下二十九經並出雜譬
喻經准隋仁壽衆經錄中有三
十九經今以罵意經一卷撿諸
代錄云安世高譯今編入藏此中
故闕其六人喻經云出罵意前已
編上故此除之其得道梯橙經
亦云出雜譬喻今以大本即無
且編入藏其無懼經驚喻毒喻
經誨子經馬喻經首達經已上
六經並出生經之中舊云出雜
譬喻者誤也今編彼錄此亦除
之其迦葉責阿難雙度羅漢喻
經即迦葉詰阿難經異名不合
雙上除此十經之外有二十九
經如前所列既云出雜譬喻未
知的出何者其雙卷譬喻二本
撿並無此等經應出八十卷者

或可出讖公所譯雜譬喻三百
五十首經其經並在闕本錄內

貞元新定釋教目錄卷第二十六

丙午歲高麗國大藏都監奉
勑雕造

貞元新定釋教目録卷第二十七 別録之八 丁

西京西明寺沙門圓照　撰

別録中刪略繁重録第四 一百四十七部四百八卷

刪繁録者謂同本異名或廣中略出以為繁贖今並刪除但以年歲久淹共傳訛替從盈卷帙有費功勞今者詳按異同甄明得失具爲條目有可觀焉

新撿出別生經 六十七部一百八十五卷

虚空藏所問經八卷 亦云方等主虚空藏經或直云虚空藏經或五卷

右一經是大集經中虚空藏菩薩品別抄流行大周録云乞伏秦代沙門聖堅譯者謬也彼聖堅譯者闕本

虚空藏菩薩問持經得幾福經一卷

右一經亦是大集虚空藏品中別文抄出諸録皆云姚秦三藏鳩摩羅什譯者謬也

一切施王所行檀波羅蜜經一卷

右一經出六度集經施度無極中諸録皆云姚秦三藏鳩摩羅什譯者謬也

大方廣如來性起微密藏經二卷

右一經即是舊華嚴經寶王如來性起品別出流行初品加證信序及取第一會初緣起置之於首長房等録云西晉失譯者謬也

隨願往生經一卷 亦名灌頂隨願往生十方淨土經亦名普廣菩薩經

右一經是大灌頂經第十一卷普廣品或有經本在第十二長房等録皆云吳代優婆塞支謙譯或云西晉三藏竺法護譯者二俱謬也

藥師瑠璃光經一卷 亦名灌頂拔除過罪生死得度經

右一經是大灌頂經第十二卷或有經本在第十長房等録皆云宋代鹿野寺沙門慧簡譯者謬也

大般若第二會經七十八卷 時俗題云新譯大品放光般若

大般若第四會經一十八卷 時俗題云新譯道行小品般若

右二經時俗共傳云是三藏義淨所譯別改題目抄寫流行撿尋淨公經目不曾譯此經及勘其文乃與大般若無異恐不知委故此述之

最勝天王般若經八卷 亦云新譯勝天王般若

右一經即大般若第六會與舊勝天王般若同本異譯

曼殊般若經二卷 亦云新譯文殊般若

右一經即大般若第七會曼殊室利分與舊文般若同本異譯

理趣般若經一卷 理趣分

右一經即大般若第十會般若理趣分

密迹金剛力士經二卷

右一經内典録云失譯者非也今尋其本乃出五密迹力士經中從第四卷初第四紙五言偈

後第五卷末文句全同
增壹阿含經一卷
右一經出增壹阿含經第二十一卷抄出三經初明四梵福次明四食後明四斷長房錄云西晉沙門法炬譯者謬也
行七行現報經一卷　一紙
右一經出增一阿含經第三十四卷
十二因緣經一卷　三紙
右一經出增一阿含經第四十六卷周錄編在大乘藏中云與貝多樹下思惟十二因緣同本異譯者謬也
戒相應法經一卷
右一經出雜阿含經第三十卷長房錄云東晉西域沙門竺曇無蘭譯者謬也
比丘問佛多優婆塞命終經一卷
右一經亦出雜阿含經第三十卷長房錄云西晉沙門法炬譯者謬也
獨富長者經一卷

右一經出雜阿含經第四十六卷長房錄云後漢三藏安世高譯者謬也
有衆生三世作惡經一卷
右一經出出曜經第八卷長房錄云西晉沙門法炬譯者謬也
出家功德經一卷
右一經出賢愚經出家功德品初長房錄云吳代優婆塞支謙譯者謬也
佛為年少婆羅門說知善經一卷
出雜阿含經第四卷長房錄云後漢三藏安世高譯者謬也
佛為那拘羅長者說根熟經一卷
出雜阿含經第五卷長房錄云後漢三藏安世高譯者謬也
佛為外道須深說離欲經一卷
出雜阿含經第十四卷長房錄云吳代優婆塞支謙譯者謬也
阿育王施半阿摩勒菓經一卷
出雜阿含經第二十五卷
禪思滿足經一卷

出雜阿含經第二十九卷據長房錄前後兩譯者並謬也
右上五經周錄之中編在闕本經內今撿得其本並出雜阿含中既是別生除之不錄
摩竭魚因緣經一卷　出第九卷
尊者鄔陁夷引導諸人禮佛僧經一卷
出第十一卷
還本國度父王經一卷
出第十七卷末第十八卷初
水生太子經一卷　出第十九卷
施物法非法經一卷　出第二十四卷
教誡羅怙羅經一卷　出第二十五卷
五趣生死輪轉經一卷　出第三十四卷
善來苾芻因緣經一卷　出第四十二卷
七有事無事福業經一卷
出第四十六卷
摩竭魚因緣下九經並出根本說一切有部毗奈耶中
火生長者受報經二卷　出第二第三卷
尊者善和好聲經一卷　出第四卷
五種水羅經一卷　出第五卷
勝鬘夫人本緣經一卷　出第七卷

光勝王信佛經一卷 出第八卷
誅釋種受報經二卷 出第八第九卷
大世主苾蒭尼入涅槃經一卷
出第十卷
佛為難陁說出家入胎經二卷
編入寶積第十四會 出第十二三卷
敬法捨身經一卷 出第十四卷初
度二邪見童子得果經一卷
出第十四卷
清淨威儀經一卷
或云洗淨威儀 出第十六卷
大目連受報經一卷 出第十八卷
初誕生現大瑞應經一卷 出第二十卷
度迦多演那經一卷 出第二十卷
醫羅鉢龍王業報因緣經一卷
出第二十一卷此醫羅鉢龍王經與度迦多演那經明同異者但前經初文則贖四紙緣起下文並同無別何繁重鈔分為二經
安樂夫人因緣經一卷 出第二十一卷
增養因緣經三卷 出第二十二二十三二十四卷

妙光因緣經一卷
降伏外道現大神通經一卷 出第二十五卷
出第二十六卷
大藥善巧方便經二卷
出第二十七二十八卷
佛從天下贍部洲經一卷
出第二十九卷
度瘦瞿荅弥經一卷 出第三十卷
訶利底母因緣經一卷 出第三十一卷
法與尼在家得果經一卷 出第三十二卷
樹生婆羅門憍慢經一卷
出第三十四卷末第三十五卷初
弟子事師經一卷 出第三十五卷
七種不退轉經一卷 出第三十五卷
佛為長者說放逸經一卷
出第三十六卷
地動因緣經一卷 出第三十六卷
四種黑白法印經一卷 出第三十七卷
佛將入涅槃度善賢經二卷
出第三十七卷半
佛般涅槃行雨大臣告王經一卷
出第三十八卷
八大國王分舍利經一卷

出第三十九卷初
此上二經文相錯涉其大臣告王經比於後往前文贖兩紙餘其分舍利經比於前經後可贖三紙餘並無異鈔為二經繁而未當
火生長者下三十三經並出根本說一切有部毗奈耶雜事中
又有給孤長者請晝寺因緣一卷出雜事第十七及毗奈耶頌第五卷
從摩竭魚因緣經下四十二經四十九卷並是說一切有部律中緣起三藏義淨鈔出流行既類別生故並刪削於中施物法非法經弟子事師經比於廣文雖少增減既不異於本豈繁別為部卷類諸別生亦並刪也
新撿出名異文同經二十部五十二卷
菩薩境界奮迅法門經十卷
元魏三藏菩提留支譯
出寶唱錄
右一經即薩遮尼乾子經之異名周錄別載復云闕本者誤也

新道行經十卷　或七卷
西晉三藏竺法護　譯
出長房等錄
右一經撿諸藏本並與小品般若文句全同者其本錯也護公所譯新道行經時無其本
承聞東都有護本求尋之未獲

大方等大集經八卷
右一經唐內典錄及大周錄俱載今撿其文即是合部大集經第六帙也初之二卷名十方菩薩品即是明度五十挍計經後之六卷乃是無盡意經其明度五十挍計經不知何故編入大集以有卷殊今存別部之者此既重載今故刪除

阿耨達龍王經二卷
右一經與弘道廣顯三昧經文句全同但名別異今存一本

合道神足經三卷
右一經與道神足無極變化經文同名異

哀泣經三卷　或二卷　六品

右一經與方等般泥洹經文同名異其方等泥洹初品名為哀泣乃取此品名目以作經題比於方等泥洹後闕三品文不足矣

寶田慧印三昧經一卷
右一經與慧印三昧經文句全同名廣略異長房錄云慧印三昧經亦名寶田慧印三昧經周入藏錄二本俱載一單一重誤之甚也

鹿子經一卷
右一經與鹿母經文同名異據其文義合從母立長房錄云鹿子經吳代優婆塞支謙譯者謬也

小無量壽經一卷
右一經與阿弥陁經文同名異其宋代三藏求那跋陁羅所譯小無量壽經時無其本

胎藏經一卷
右一經與無垢賢女經文同名異

聞城十二因緣經一卷
右一經與貝多樹下思惟十二因緣經文同名異此聞城經合有異本尋之未獲

大安般經一卷
或二卷內典錄云二卷長房錄云二卷
右一經與大安般守意經文句全同名廣略異群錄之中存其二本誤之甚也

申日經一卷
右一經與大乘藏中月光童子經文同名異父名申日子号月光約此不同立經名別長房錄云申日經吳代優婆塞支謙譯者謬也

輪轉五道罪福報應經一卷
右一經與罪福報應經文句全同名廣略異

揵陁越經一卷
右一經與揵陁越國王經文句全同名廣略異周入藏中揵陁越經編在單本揵陁越國王經在於重譯二處俱載者誤之甚

也

眞僞沙門經一卷　長房錄一名摩訶比丘經亦名迦葉禁戒經

右一經即迦葉禁戒經之異名文句全同或云末代鹿野寺沙門慧簡譯者謬也

轉法輪經一卷

右一經撿無其本諸經藏内皆以轉法輪論替之者誤也近於東都尋得正本編入藏記

賓頭盧爲王說法經一卷

右一經與賓盧突羅闍爲優陁延王說法經文句全同名廣略異

阿蘭若習禪法經二卷

右一經與坐禪三昧經文同名異

禪秘要經五卷

右一經云是宋代三藏曇摩蜜多譯云與姚秦三藏鳩摩羅什譯秘要法同本異出今撿尋上下文極錯非是本經初之一卷乃是治禪病秘要法文仍不盡

至半而止第二卷已去即是羅什所譯禪秘要法從第一卷過半生起至第三卷末文亦不盡欠十紙餘均爲四卷通前成五其曇摩蜜多譯者時闕其本新撿出重上錄經

菩薩地持經十卷　或八卷亦名菩薩戒經又名菩薩地經

右一經亦名菩薩地持論今此錄中編之爲律存其經名除其論錄中云菩薩地持經闕本者誤也又周錄中此一本經既有多名前後差乎凡六處重上錯之甚也

大乘經中一處上大乘律中二處上大乘論中一處上闕本錄中二處上

餘經重載其數非一恐糜紙墨故略述之

無畏德女經一卷　今編入寶積經

第一義法勝經一卷

弥勒菩薩所問本願經一卷

右三經大周入藏錄中單本重

譯二處俱載者誤也今除單本編重譯中

發菩提心經二卷　亦名發菩提心論

右一經周入藏錄大乘經中及大乘論二處俱載者誤也今以菩薩所造除其經名存於論錄

諫王經一卷　亦名大小諫王經

右一經周入藏闕本二錄俱載者誤也

法句經二卷　亦名法句集

右一經周入藏錄大乘譯及集傳内二處俱載者誤也尋文並同不可分二雖曾再譯一本闕無今經中除編於集内

攝大乘釋論十二卷

右一論隋開皇仁壽二年衆經錄及唐内典大周錄等皆存二本云與十五卷攝論同本異出俱是陳朝三藏眞諦所譯者誤也今勘文句首末全同卷雖多少有殊不可分爲二部但存十五卷本十二成者除之

新撿出合入大部經

五十二部一百四十一卷
金光明經四卷 一十八品
北凉三藏曇無讖譯
金光明經七卷 二十二品或六卷
陳三藏真諦全譯 四合成七卷
金光明經更廣壽量大辯陀羅尼經七卷
續四卷本周宇文三藏耶舍
崛多續壽量大辯二品
右隋興善寺沙門寶貴取前三本及闍那崛多所譯銀主囑累二品揔二十四品合成八卷前之三本並合入中一無增減其八卷成者留之入藏上之三本既重故略
密迹金剛力士經十卷
西晉三藏竺法護譯
在第三會 或四卷或五卷
或八卷
菩薩夢經二卷 西晉三藏竺法護譯
在第四會 新改名淨居天子會
法界體性無分別經二卷
梁三藏曼陀羅仙譯
在第八會

十法經一卷 元魏三藏佛陀扇多譯
在第九會 加名大乘十法會
大菩薩藏經二十卷
大唐三藏玄奘譯
在第十二會
佛為難陀說出家入胎經一卷
出說一切有部律
大唐三藏義淨譯
在第十四會
文殊師利授記經三卷
大唐三藏實叉難陀譯
在第十五會
菩薩見實三昧經十六卷
高齊三藏那連提耶舍譯
在第十六會 或十四卷或十卷
菩薩藏經三卷 一名富樓那問經
姚秦鳩摩羅什譯
在第十七會 亦名大悲心經
改名富樓那會或二卷
護國菩薩經二卷
隋三藏闍那崛多譯
在第十八會
郁伽長者所問經一卷

曹魏三藏康僧會譯
在第十九會 或二卷
迦葉經二卷
元魏外國王子月婆首那譯
在第二十三會 加名摩訶迦葉會
善臂菩薩所問經二卷
姚秦三藏鳩摩羅什譯
在第二十六會 或一卷
無畏德女經一卷
元魏三藏佛陀扇多譯
在第三十二會
無垢施菩薩分別應辯經一卷
西晉清信士聶道真譯
在第三十三會 或二卷
大方等善住意天子問經四卷
隋三藏達摩笈多譯
在第三十六會
大乘方便經三卷
東晉外國居士竺難提譯
在第三十八會
移識經二卷
隋三藏闍那崛多譯
在第三十九會

改名賢護長者會
弥勒菩薩所問經一卷
元魏三藏菩提留支譯
在第四十一會　改名弥勒問法會
大寶積經一卷　失譯
在第四十三會
改名普明菩薩會
寶梁經二卷　北凉沙門道龔譯
在第四十四會
文殊般若波羅蜜經一卷
梁三藏曼陁羅仙譯　或二卷
在第十六會
般若部中重出一本此以在次
不可偏除故存其目
寶髻菩薩所問經二卷
亦名菩薩淨行經西晉竺法護譯
在第四十七會
右密迹力士經下合二十部共
八十一卷並是大寶積經諸會
舊譯三藏菩提流志勘梵本同
更不重翻直編會次既合入大
部別者刪之
三律儀經三卷

與舊大方廣三戒經同本
在第一會
無邊莊嚴經四卷
在第二會
無量壽如來經二卷
與舊大阿弥陁經等同本
在第五會
不動如來經二卷
與舊阿閦佛國經同本
在第六會
被甲莊嚴經五卷
在第七會
文殊師利普門經一卷
與舊普門品經同本
在第十會
出現光明經五卷
在第十一會
佛為阿難說處胎經一卷
與舊胞胎經同本
在第十三會
無盡伏藏經二卷
在第二十會
授幻師跋陁羅記經一卷
與舊幻士仁賢同

在第二十一會
大神變經二卷
在第二十二會
優波離問經一卷
與舊決定毗尼經同本
在第二十四會
發勝志樂經二卷
與舊發覺淨心經同本
在第二十五會
善順菩薩經一卷
在第二十七會
勤授長者經一卷
在第二十八會
優陁延王經一卷
與舊優填王經同本
在第二十九會
妙慧童女經一卷
與舊須摩提經同本
在第三十會
恒河上優婆夷經一卷
在第三十一會
功德寶華敷菩薩經一卷
在第三十四會

善德天子經一卷
與舊文殊不思議境界經同本
在第三十五會
阿闍世王太子經一卷
與舊太子刷護經等同本
在第三十七會
淨信童女經一卷
在第四十會
弥勒菩薩所問經一卷
與舊弥勒所問本願經同本
在第四十二會
無盡慧菩薩經一卷
在第四十五會
勝鬘夫人經一卷
與舊勝鬘經同本
在第四十八會
廣博仙人問經一卷
與舊毗婆問經同本
在第四十九會

右三律儀經下合二十六部共四十四卷大唐先天二年南印度三藏沙門菩提流志(唐云覺愛)於西崇福寺譯並是寶積諸會

編在大部之中亦有鈔寫別部流行恐不知根源故具條示若新舊相合共成一百二十卷若各別分之則成二百五卷矣

別録中補闕拾遺録第五
四百六十九部一千四百一十四卷

補拾録者謂舊録闕題新翻未載之類今並詳而具之也所冀法輪無玷慧日增暉永燭幽途恒霑沃者矣

文殊師利問菩薩署經一卷
後漢三藏支婁迦讖譯
自誓三昧經一卷
後漢三藏安世高譯
温室洗浴衆僧經一卷
後漢三藏安世高譯
佛印三昧經一卷
後漢三藏安世高譯
菩薩内習六波羅蜜經一卷
後漢沙門嚴佛調譯
老女人經一卷　吳優婆塞支謙譯
持句神咒經一卷

孛經一卷　吳優婆塞支謙譯
菩薩十住行道品一卷　吳優婆塞支謙譯
太子沐魄經一卷
西晉三藏竺法護譯
優填王經一卷
西晉三藏竺法護譯
灌洗佛形像經一卷
西晉沙門釋法炬譯
文殊師利般涅槃經一卷
西晉沙門釋法炬譯
異出菩薩本起經一卷
西晉居士聶道真譯
採蓮違王上佛授決号妙華經一卷
西晉居士聶道真譯
陁鄰尼鉢經一卷
東晉沙門竺曇無蘭譯
摩尼羅亶經一卷
東晉沙門竺曇無蘭譯
玄師颰陁所説神咒經一卷
東晉沙門竺曇無蘭譯
摩訶般若波羅蜜大明咒經一卷

須摩提菩薩經一卷
姚秦三藏鳩摩羅什譯
申日兒本經一卷
宋三藏求那跋陀羅譯
阿難陀目佉尼呵離陀經一卷
宋三藏求那跋陀羅譯
弥勒菩薩所問經一卷 今編入寶積
元魏三藏菩提留支譯
文殊師利所說般若波羅蜜經一卷
梁三藏僧伽婆羅譯
大乘十法經一卷
梁三藏僧伽婆羅譯
種種雜呪經一卷
周三藏闍那崛多譯
大集譬喻王經一卷
隋三藏闍那崛多譯
入法界體性經一卷
隋三藏闍那崛多譯
離垢慧菩薩所問禮佛法經一卷
大唐三藏那提譯
大乘遍照光明藏無字法門經一卷
大唐三藏地婆訶羅譯

大乘百福莊嚴相經一卷
大唐三藏地婆訶羅譯
菩薩修行四法經一卷
大唐三藏地婆訶羅譯
佛頂最勝陀羅尼經一卷
大唐三藏地婆訶羅譯
最勝佛頂陀羅尼淨除業障經一卷
大唐三藏地婆訶羅譯
造塔功德經一卷
大唐三藏地婆訶羅譯
千手千眼觀世音菩薩廣大圓滿無导大悲心陀羅尼經一卷
西天竺沙門伽梵達摩譯
千眼千臂觀世音菩薩陀羅尼神呪經二卷　大唐沙門釋智通譯
觀自在菩薩隨心呪經
大唐沙門釋智通譯
大方廣圓覺修多羅了義經一卷
大唐罽賓國沙門佛陀多羅譯
不空羂索陀羅尼自在呪經一卷
大唐三藏寶思惟長壽二年譯
薩曇分陀利經一卷　失譯

不思議功德諸佛所護念經一卷
失譯
菩薩本行經三卷　失譯
大金色孔雀王呪經一卷　失譯
佛說大金色孔雀王呪經一卷　失譯
天王太子譬羅經一卷　失譯
金剛三昧經二卷　失譯
摩利支天經一卷　失譯
六字神呪王經一卷　失譯
虛空藏菩薩問佛經一卷　失譯
或云問七佛陀羅尼經　失譯
三劫三千佛名經三卷　失譯
牟梨曼陀羅呪經一卷　失譯
阿弥陀皷音聲王陀羅尼經一卷
何吒婆拘鬼神大將上佛陀羅尼經一卷　失譯
大普賢陀羅尼經一卷　失譯
大七寶陀羅尼經一卷　失譯
六字大陀羅尼經一卷　失譯
長者女菴提遮師子吼了義經一卷　失譯
菩薩戒本一卷
北涼三藏曇無讖譯

受十善戒經一卷　失譯

已上大乘律二部拾遺編入

法華經論二卷　或一卷

元魏三藏菩提留支　譯

遺教經論二卷　陳三藏眞諦　譯

唯識三十論一卷

大唐三藏玄奘　譯

已上大乘論三部拾遺編入

婆羅門子命終愛念不離經一卷

後漢三藏安世高　譯

婆羅門避死經一卷

後漢三藏安世高　譯

罵意經一卷

後漢三藏安世高　譯

分別善惡所起經一卷

後漢三藏安世高　譯

父母恩難報經一卷

後漢三藏安世高　譯

弊魔試目連經一卷

吴優婆塞支謙　譯

齋經一卷　吴優婆塞支謙　譯

須摩提女經一卷

吴優婆塞支謙　譯

黑氏梵志經一卷

吴優婆塞支謙　譯

猘狗經一卷

吴優婆塞支謙　譯

離睡經一卷

西晉三藏竺法護　譯

受歲經一卷

西晉三藏竺法護　譯

樂想經一卷

西晉三藏竺法護　譯

尊上經一卷

西晉三藏竺法護　譯

意經一卷

西晉三藏竺法護　譯

應法經一卷

西晉三藏竺法護　譯

鴦崛摩經一卷

西晉三藏竺法護　譯

分別經一卷

西晉三藏竺法護　譯

身觀經一卷

西晉三藏竺法護　譯

苦陰因事經一卷

瞻波比丘經一卷

西晉沙門釋法炬　譯

伏婬經一卷

西晉沙門釋法炬　譯

數經一卷

西晉沙門釋法炬　譯

相應相可經一卷

西晉沙門釋法炬　譯

慢法經一卷

西晉沙門釋法炬　譯

法海經一卷

西晉沙門釋法炬　譯

阿闍世王問五逆經一卷

西晉沙門釋法炬　譯

善生子經一卷

西晉沙門支法度　譯

鐵城泥犁經一卷

東晉沙門竺曇無蘭　譯

阿耨風經一卷

東晉沙門竺曇無蘭　譯

梵志頞羅延問種尊經一卷

東晉沙門竺曇無蘭　譯

四泥犁經一卷　東晉沙門竺曇無蘭譯
水沫所漂經一卷　東晉沙門竺曇無蘭譯
中心經一卷　東晉沙門竺曇無蘭譯
海八德經一卷　姚秦三藏鳩摩羅什譯
文陀竭王經一卷　東京三藏曇無讖譯
鞞摩肅經一卷　宋三藏求那跋陀羅譯
四人出現世間經一卷　宋三藏求那跋陀羅譯
十一想思念如來經一卷　宋三藏求那跋陀羅譯
進學經一卷　宋居士沮渠京聲譯
八關齋經一卷　宋居士沮渠京聲譯
弟子死復生經一卷　宋居士沮渠京聲譯
佛母般泥洹經一卷

宋沙門釋慧簡譯
起世因本經一卷　隋三藏達摩笈多譯
苦陰經一卷　失譯
阿鳩留經一卷　失譯
兜調經一卷　失譯
舍衛國王夢見十事經一卷　失譯
王耶女經一卷　失譯
孝子經一卷　失譯
鬼子母經一卷　失譯
梵摩難國王經一卷　失譯
梵志計水淨經一卷　失譯
三歸五戒慈心厭離功德經一卷　失譯
箭喻經一卷　失譯
滿願子經一卷　失譯
出家功德經一卷　失譯
佛為黃竹園老婆羅門說學經一卷　失譯
耶見經一卷　失譯
已上小乘經五十九部拾遺編入
五分比丘尼戒本一卷

梁沙門釋明微集出　以結戒場為首
四分雜羯磨一卷　曹魏三藏康僧鎧譯
犯戒報應輕重經一卷　後漢三藏安世高譯
沙彌尼戒經一卷　失譯
五百問事經一卷　失譯
已上小乘律五部拾遺編入小乘論無遺
道地經一卷　後漢三藏安世高譯
迦葉結經一卷　後漢三藏安世高譯
阿毗曇五法行經一卷　後漢三藏安世高譯
小道地經一卷　後漢三藏支曜譯
雜譬喻經一卷　後漢三藏支婁迦讖譯
舊雜譬喻經一卷　吳三藏康僧會譯
佛醫經一卷　吳沙門竺律炎譯

撰集百緣經一卷　吳沙門優婆塞支謙譯
惟日雜難經一卷　吳優婆塞支謙譯
法觀經一卷　西晉三藏竺法護譯
十二遊經一卷　東晉沙門迦留伽陀譯
文殊師利發願經一卷　東晉三藏佛陀跋陀羅譯
五門禪經要用法一卷　宋三藏曇摩蜜多譯
勸發諸王要偈一卷　宋三藏僧伽跋摩譯
分別業報略一卷　或加集字　宋三藏僧伽跋摩譯
阿育王經一卷　梁三藏僧伽婆羅譯
阿育王息壞目因緣經一卷　苻秦三藏曇摩難提譯
四阿含暮抄解二卷　苻秦三藏鳩摩羅佛提譯
思惟略要法一卷

雜譬喻經一卷　姚秦三藏鳩摩羅什譯
馬鳴菩薩傳一卷　姚秦三藏鳩摩羅什譯
龍樹菩薩傳一卷　姚秦三藏鳩摩羅什譯
提婆菩薩傳一卷　姚秦三藏鳩摩羅什譯
婆數盤豆法師傳一卷　梁三藏真諦譯
讚觀世音菩薩頌一卷　大唐沙門釋慧智譯
禪要呵欲經一卷　失譯
內身觀章句經一卷　失譯
雜譬喻經一卷　失譯
六菩薩名一卷　失譯
佛治身經一卷　失譯
治意經一卷　失譯
阿育王譬喻經一卷　失譯
撰集三藏及雜藏傳一卷　失譯
無明羅剎集一卷　失譯
三慧經一卷　失譯
迦丁比丘說當來變經一卷　失譯

已上賢聖集傳三十六部拾遺編入右文殊問署經下一百六十四部合二百五卷並是舊譯經律論等大周廣錄有目入藏之內並無闕本錄中有載不載或有周錄遺漏諸錄有者今並拾遺編入藏錄

入方廣佛華嚴經八十卷　大唐三藏實叉難陀譯
文殊師利授記經三卷　今編入寶積　大唐三藏實叉難陀譯
大方廣入如來智德不思議經一卷　大唐三藏實叉難陀譯
大方廣如來不思議境界經一卷　大唐三藏實叉難陀譯
大方廣普賢所說經一卷　大唐三藏實叉難陀譯
°大乘入楞伽經七卷　大唐三藏實叉難陀譯
觀世音菩薩秘密藏神呪經一卷　大唐三藏實叉難陀譯
妙臂印幢陀羅尼經一卷　大唐三藏實叉難陀譯

大唐三藏實叉難陀　譯
百千印陀羅尼經一卷
大唐三藏實叉難陀　譯
救面然餓鬼陀羅尼神呪經一卷
大唐三藏實叉難陀　譯
右繞佛塔功德經一卷
大唐三藏實叉難陀　譯
大乘四法經一卷
大唐三藏實叉難陀　譯
不空羂索陀羅尼經一卷
大唐婆羅門李无諂　譯
無垢淨光大陀羅尼經一卷
大唐三藏彌陀山等　譯
文殊師利根本字陀羅尼經一卷
大唐三藏寶思惟　譯
六字神呪經一卷
大唐三藏菩提流志　譯
金光明最勝王經十卷
大唐三藏義淨　譯
能斷金剛般若波羅蜜多經一卷
大唐三藏義淨　譯
入定不定印經一卷
大唐三藏義淨　譯
彌勒下生成佛經一卷

大唐三藏義淨　譯
曼殊室利一字呪王經一卷
大唐三藏義淨　譯
莊嚴王陀羅尼經一卷
大唐三藏義淨　譯
大乘流轉諸有經一卷
大唐三藏義淨　譯
妙色王因緣經一卷
大唐三藏義淨　譯
已上並於天后代譯
浴像功德經一卷
大唐三藏寶思惟　譯
挍量數珠功德經一卷
大唐三藏寶思惟　譯
觀世音菩薩如來意摩尼陀羅尼經一卷
大唐三藏寶思惟　譯
大陀羅尼末法中一字心呪經一卷
大唐三藏寶思惟　譯
藥師瑠璃光七佛本願功德經二卷
大唐三藏義淨　譯
佛為勝光天子說法經一卷
大唐三藏義淨　譯
浴像功德經一卷

大唐三藏義淨　譯
數珠功德經一卷
大唐三藏義淨　譯
觀自在菩薩如意心陀羅尼呪經一卷
大唐三藏義淨　譯
稱讚如來功德神呪經一卷
大唐三藏義淨　譯
大孔雀呪王經三卷
大唐三藏義淨　譯
佛頂尊勝陀羅尼經一卷
大唐三藏義淨　譯
香王菩薩陀羅尼經一卷
大唐三藏義淨　譯
一切功德莊嚴王經一卷
大唐三藏義淨　譯
拔除罪障呪王經一卷
大唐三藏義淨　譯
佛為海龍王說法印經一卷
大唐三藏義淨　譯
大寶積經一百二十卷
大唐三藏菩提流志　集譯
善夜經一卷
大唐三藏義淨　譯

不空羂索神變真言經三十卷　大唐三藏菩提流志譯
千手千眼觀世音菩薩姥陀羅尼身經一卷　大唐三藏菩提流志譯
如意輪陀羅尼經一卷　大唐三藏菩提流志譯
廣大寶樓閣善住秘密陀羅尼經三卷　大唐三藏菩提流志譯
一字佛頂輪王經五卷　大唐三藏菩提流志譯
文殊師利寶藏陀羅尼經一卷　大唐三藏菩提流志譯
金剛光焰止風雨陀羅尼經一卷　大唐三藏菩提流志譯
大毗盧遮那成佛神變加持經七卷　大唐三藏輸波迦羅譯
蘇婆呼童子經三卷　大唐三藏輸婆迦羅譯
蘇悉地羯羅經三卷　大唐三藏輸波迦羅譯
虚空藏菩薩能滿諸願最勝心陀羅尼求聞持法一卷　大唐三藏輸波迦羅譯

七俱胝佛母准泥大明陀羅尼經一卷　大唐三藏金剛智譯
金剛頂瑜伽中略出念誦法四卷　大唐三藏金剛智譯
金剛頂經曼殊室利菩薩五字心陀羅尼品一卷　大唐三藏金剛智譯
觀自在如意輪菩薩瑜伽法要一卷　大唐三藏金剛智譯
大佛頂如來密因修證了義諸菩薩萬行首楞嚴經十卷　大唐三藏般剌蜜帝譯
説妙法決定業障經一卷　大唐沙門釋智嚴譯
出生無邊門陀羅尼經一卷　大唐沙門釋智嚴譯
師子素馱娑王斷肉經一卷　大唐沙門釋智嚴譯
已上大乘經六十一部新譯補闕編入
金剛頂瑜伽般若理趣經一卷　大唐代宗朝大興善寺三藏沙門大廣智不空譯

般若理趣釋二卷　大唐代宗朝大興善寺三藏沙門大廣智不空譯
新譯仁王經二卷　大唐代宗朝大興善寺三藏沙門大廣智不空譯
仁王般若陀羅尼釋一卷　大唐代宗朝大興善寺三藏沙門大廣智不空譯
仁王般若念誦法經一卷　大唐代宗朝大興善寺三藏沙門大廣智不空譯
仁王般若念誦儀軌一卷　大唐三藏大廣智不空譯
普遍智藏般若波羅蜜多經一卷　玄宗朝東天竺三藏沙門法月譯
新譯般若波羅蜜多心經一卷　今朝罽賓國三藏沙門般若譯
修習般若波羅蜜菩薩觀行念誦儀軌一卷　大唐三藏大廣智不空譯
守護國界主陀羅尼經一部十卷　罽賓國三藏沙門般若譯
大曼荼羅十七尊釋一卷　大唐代宗朝大興善寺三藏大廣智不空
阿閦如來念誦法一卷

大唐三藏大廣智不空譯
大聖文殊師利菩薩佛刹功德莊嚴經一卷
大唐三藏大廣智不空譯
地藏菩薩問法身讚一卷
大唐三藏大廣智不空譯
新譯大虛空藏菩薩所問經八卷
大唐三藏大廣智不空譯
大虛空藏菩薩念誦法一卷
大唐三藏大廣智不空譯
新譯大方廣佛花嚴經四十卷
今朝罽賓國三藏般若譯
普賢行願讚一卷
大唐三藏大廣智不空譯
文殊問字母品經一卷
大唐三藏大廣智不空譯
瑜伽金剛頂經釋字母品一卷
大唐三藏大廣智不空譯
花嚴入法界四十二字觀門一卷
大唐三藏大廣智不空譯
金剛頂經瑜伽文殊師利菩薩儀軌供養法一品
大唐三藏大廣智不空譯

金剛頂瑜伽文殊師利菩薩經一卷
大唐三藏大廣智不空譯
曼殊室利童子菩薩五字瑜伽法一卷
大唐三藏大廣智不空譯
五字陁羅尼頌一卷
大唐三藏大廣智不空譯
金剛頂超勝三界經說文殊五字眞言勝相一卷
大唐三藏大廣智不空譯
文殊讚法身禮一卷
大唐大興善寺三藏大廣智不空譯
佛說十力經一卷
今朝安西三藏勿提犀魚於蓮花寺譯
佛說迴向輪經一卷
今朝于闐三藏尸羅達摩於北庭龍興寺譯
十地經一部九卷
十力下三經安西北庭進入
罽賓國三藏沙門般若譯
成就妙法蓮華經王瑜伽觀智儀軌一卷
大唐三藏大廣智不空譯
寶篋經一卷

內題一切如來心秘密全身舍利寶篋印陁羅尼經
大唐三藏大廣智不空譯
大雲請雨經二卷　內題大雲輪
大唐三藏大廣智不空譯
無量壽如來念誦儀軌一卷
大唐三藏大廣智不空譯
文殊師利菩薩根本大教王金翅鳥王品一卷
大唐三藏大廣智不空譯
文殊師利菩薩及諸仙所說吉凶時日善惡宿曜經二卷　下卷有序
大唐三藏大廣智不空譯
稻𦼮喻經一卷
內題慈氏菩薩所說大乘緣生稻𦼮喻經
大唐三藏大廣智不空譯
都部陁羅尼目一卷
大唐三藏大廣智不空譯
八大菩薩曼荼羅經一卷
大唐三藏沙門大廣智不空譯
瑜伽念珠經一卷
內題金剛頂瑜伽念珠經於

十万廣頌中略出
大唐三藏沙門大廣智不空譯

新譯木槵經一卷
大唐三藏沙門大廣智不空譯

千手千眼觀世音菩薩大身呪本一卷
玄宗朝南天竺三藏金剛智譯

千手千眼觀自在菩薩廣大圓滿無㝵
大悲心陁羅尼呪本一卷
玄宗朝三藏金剛智譯

金剛頂瑜伽千手千眼觀自在念誦
法一卷
大唐三藏沙門大廣智不空譯

觀自在菩薩說普賢陁羅尼經一卷
大唐三藏沙門大廣智不空譯

三十五佛名經一卷
內題禮懺文無經字出烏波離
所問經
大唐三藏沙門大廣智不空譯

大孔雀明王經三卷
內題佛母大孔雀明王經
大唐三藏沙門大廣智不空譯

佛說大孔雀明王畫像壇場儀軌
一卷
大唐三藏沙門大廣智不空譯

十一面觀自在菩薩經三卷
內題菩薩心密言儀軌
大唐三藏沙門大廣智不空譯

佛說摩利支天經一卷
大唐三藏沙門大廣智不空譯

末利支提婆華鬘經一卷
大唐三藏沙門大廣智不空譯

訶利帝母經一卷
內題訶利帝母眞言法
大唐三藏沙門大廣智不空譯

大藥叉女歡喜母并愛子成就法一卷
大唐三藏沙門大廣智不空譯

七俱胝佛母陁羅尼經一卷
內題佛母所說准提陁羅尼經
大唐三藏沙門大廣智不空譯

金剛頂經觀自在王如來修行法一卷
大唐三藏沙門大廣智不空譯

佛頂尊勝念誦法一卷
內題陁羅尼念誦儀軌
大唐三藏沙門大廣智不空譯

毗沙門天王經一卷
大唐三藏沙門大廣智不空譯

出生無邊門經一卷

內題陁羅尼經
大唐三藏沙門大廣智不空譯

金剛壽命陁羅尼經
大唐三藏沙門大廣智不空譯

金剛壽命念誦法一卷
大唐三藏沙門大廣智不空譯

菩提場莊嚴經一卷
大唐三藏沙門大廣智不空譯

菩提場所說一字頂輪王經五卷
大唐三藏沙門大廣智不空譯

奇特佛頂經三卷
大唐三藏沙門大廣智不空譯

金剛頂經一字頂輪王瑜伽一切時處
念誦成佛儀軌一卷
大唐三藏沙門大廣智不空譯

蘘麌梨童女經一卷
大唐三藏沙門大廣智不空譯

除一切疾病陁羅尼經一卷
大唐三藏沙門大廣智不空譯

能淨一切眼陁羅尼經一卷
內題一切眼疾病
大唐三藏沙門大廣智不空譯

阿唎多羅阿嚕力經一卷

雨寶陁羅尼經一卷　大唐三藏沙門大廣智不空譯

甘露軍吒利瑜伽念誦法一卷　大唐三藏沙門大廣智不空譯

佛說一髻尊陁羅尼經一卷　大唐三藏沙門大廣智不空譯

聖閻曼德迦威怒王立成大神驗念誦法一卷　大唐三藏沙門大廣智不空譯

速疾立驗摩醯首羅天說迦婁羅阿尾奢法一卷　大唐三藏沙門大廣智不空譯

大聖天歡喜雙身毗那夜迦法一卷　大唐三藏沙門大廣智不空譯

大方廣如來藏經一卷　大唐三藏沙門大廣智不空譯

觀自在菩薩授記經一卷　內題佛說大方廣曼殊室利觀自在　大唐三藏沙門大廣智不空譯

新譯密嚴經三卷　內題大乘密嚴經

大寶廣博樓閣經三卷　大唐三藏沙門大廣智不空譯

一字頂輪王瑜伽經一卷　大唐三藏沙門大廣智不空譯

金輪王佛頂略念誦法一卷　大唐三藏沙門大廣智不空譯

金剛瑜伽千臂千鉢曼殊室利經一部十卷　南天竺三藏沙門金剛智譯

金剛頂經瑜伽修習毗盧遮那三麽地法一卷　南天竺三藏沙門金剛智譯

大毗盧遮那成佛神變加持經略示七支念誦隨行法一卷　大唐三藏沙門大廣智不空譯

大日經略攝念誦隨行法一卷　大唐三藏沙門大廣智不空譯

不空羂索毗盧遮那佛大灌頂光真言一卷　大唐三藏沙門大廣智不空譯

大威力烏樞瑟摩明王經二卷　或三卷　玄宗朝北天竺三藏沙門無能勝譯

穢跡金剛說神通大滿陁羅尼法術靈要門一卷　玄宗朝北天竺三藏沙門無能勝譯

穢跡金剛法禁百變法一卷　玄宗朝北天竺三藏沙門無能勝譯

大威怒烏芻澁摩儀軌一卷　大唐三藏沙門大廣智不空譯

聖迦抳忿怒金剛童子菩薩成就儀軌經三卷　大唐三藏沙門大廣智不空譯

金剛頂瑜伽真實大教王經三卷　大唐三藏沙門大廣智不空譯

金剛頂瑜伽三十七尊分別聖位法門一卷　大唐三藏沙門大廣智不空譯

金剛頂瑜伽三十七尊禮一卷　大唐三藏沙門大廣智不空譯

金剛頂瑜伽五秘密修行儀軌一卷　大唐三藏沙門大廣智不空譯

金剛頂勝初瑜伽中略出大樂金剛薩埵念誦儀一卷　大唐三藏沙門大廣智不空譯

金剛頂勝初瑜伽普賢菩薩念誦法　大唐三藏沙門大廣智不空譯

一卷 大唐三藏沙門大廣智不空譯

金剛頂瑜伽護摩儀一卷 大唐三藏沙門大廣智不空譯

金剛頂瑜伽十八會指歸一卷 大唐三藏沙門大廣智不空譯

普賢金剛薩埵念誦法一卷 大唐三藏沙門大廣智不空譯

大樂金剛薩埵修行成就儀軌一卷 大唐三藏沙門大廣智不空譯

金剛頂降三世大儀軌一卷 大唐三藏沙門大廣智不空譯

金剛瑜伽降三世成就極深密門一卷 大唐三藏沙門大廣智不空譯

金剛手光明灌頂經一卷 大唐三藏沙門大廣智不空譯

觀自在菩薩㝡勝明王經二卷 大唐三藏沙門大廣智不空譯

聖自在菩薩心眞言觀行儀軌一卷 大唐三藏沙門大廣智不空譯

觀自在大悲成就瑜伽蓮華部念誦法門一卷 大唐三藏沙門大廣智不空譯

觀自在多羅瑜伽念誦法一卷 大唐三藏沙門大廣智不空譯

葉衣觀自在菩薩陁羅尼經一卷 大唐三藏沙門大廣智不空譯

瑜伽蓮華部念誦法一卷 大唐三藏沙門大廣智不空譯

金剛頂蓮華部心念誦法一卷 大唐三藏沙門大廣智不空譯

不動使者陁羅尼秘密法一卷 玄宗朝南天竺三藏沙門金剛智譯

底哩三昧耶經一卷 內題底哩三昧耶不動使者念誦法 大唐三藏沙門大廣智不空譯

普遍光明大隨求陁羅尼經二卷 大唐三藏沙門大廣智不空譯

施餤口餓鬼陁羅尼經一卷 大唐三藏沙門大廣智不空譯

金剛王菩薩念誦法一卷 大唐三藏沙門大廣智不空譯

觀自在菩薩如意輪瑜伽一卷 大唐三藏沙門大廣智不空譯

佛為優填王說王法政論經一卷 大唐三藏沙門大廣智不空譯

本生心地觀經一部八卷 罽賓國三藏沙門般若譯

大乘理趣六波羅蜜多經十卷 大唐罽賓國三藏沙門般若譯

大花嚴長者問佛那羅延力經一卷 今朝罽賓國三藏沙門般若譯

吉祥天女十二名号經一卷 大唐三藏沙門大廣智不空譯

大吉祥天女經一卷 內題天女十二契一百八名 無大乘經 大唐三藏沙門大廣智不空譯

如意輪念誦法一卷 大唐三藏沙門大廣智不空譯

玄宗肅宗代宗今上四朝所譯大乘經具録如上已上從金剛頂瑜伽般若理趣經下一百二十四部二百四十卷大乘經目玄宗皇帝開元十九年後至今新譯准

勅拾遺補闕編入貞元目録

十善業道經一卷 大唐三藏實叉難陁譯

已上大乘律一部新譯補闕編
入　天后代譯
受菩提心戒儀一卷
內題云上乘教受戒懺悔文
大唐三藏沙門大廣智不空譯
已上大乘律准
勅補闕編入目錄
大乘起信論二卷
大唐三藏實叉難陀　譯
掌中論一卷
大唐三藏義淨　譯
取因假設論一卷
大唐三藏義淨　譯
六門教授習定論一卷
大唐三藏義淨　譯
大乘起信下並天后代譯
能斷金剛般若波羅蜜多經論頌一卷
大唐三藏義淨　譯
能斷金剛般若波羅蜜多經論釋二卷
大唐三藏義淨　譯
因明正理門論一卷
大唐三藏義淨　譯
成唯識寶生論五卷

大唐三藏義淨　譯
觀所緣論釋一卷
大唐三藏義淨　譯
觀揔相論頌一卷
大唐三藏義淨　譯
止觀門論頌一卷
大唐三藏義淨　譯
手杖論一卷
大唐三藏義淨　譯
已上大乘論十二部新譯補闕
編入
金剛瑜伽中發阿耨多羅三藐三菩
提心論一卷
代宗朝三藏沙門大廣智不空譯
新入貞元目錄
大乘緣生論一卷
代宗朝三藏沙門大廣智不空譯
已上大乘論二部准
勅編入貞元目錄
無常經一卷
大唐三藏義淨　譯
長爪梵志請問經一卷
大唐三藏義淨　譯

無常等三經天后代譯
五蘊皆空經一卷
大唐三藏義淨　譯
三轉法輪經一卷
大唐三藏義淨　譯
譬喻經一卷
大唐三藏義淨　譯
療痔病經一卷　亦名痔瘻
大唐三藏義淨　譯
略教誡經一卷
大唐三藏義淨　譯
已上小乘經八部譯補闕編入
根本說一切有部毗奈耶五十卷
大唐三藏義淨　譯
根本說一切有部苾芻尼毗奈耶二
十卷
大唐三藏義淨　譯
根本說一切有部尼陁那目得迦十
卷　或八卷
大唐三藏義淨　譯
根本說一切有部戒經一卷
大唐三藏義淨　譯
根本說一切有部苾芻尼戒經一卷
大唐三藏義淨　譯

根本薩婆多部律攝二十卷
大唐三藏沙門義淨譯

根本說一切有部毗奈耶頌五卷
或三卷
大唐三藏義淨　譯

根本說一切有部毗奈耶雜事攝頌一卷
大唐三藏義淨　譯

根本說一切有部毗奈耶尼陁那目得迦攝頌一卷
大唐三藏義淨　譯

一百五十讚佛頌一卷
大唐三藏義淨　譯

龍樹菩薩勸誡王頌一卷
大唐三藏義淨　譯

大乘修行菩薩行門諸經要集三卷
大唐沙門釋智嚴　譯

已上賢聖集傳三部譯補闕編入右花嚴經下二百二十一部合七百四十一卷並是大周刊定錄後及開元釋教錄後新譯所以前錄未載今並補闕編入貞元新定釋教目錄小乘律論開元錄後並無新譯

四分比丘戒本一卷
大唐沙門懷素　依律集

四分比丘尼戒本一卷
大唐沙門懷素　依律集

四分僧羯磨三卷
大唐沙門懷素　依律集

四分尼羯磨三卷
大唐沙門懷素　依律集

四分律刪補隨機羯磨一卷
大唐沙門釋道宣　撰

五分羯磨一卷
亦云弥沙塞羯磨
大唐沙門釋愛同　撰

右四分戒本下並小乘律合六部十卷然並撰述有據時代盛行故補先闕編之見錄

大佛名經一十六卷
或十四卷　二帙

傳是梁代未詳撰述者准勅新入貞元目錄

釋迦譜十卷
蕭齊沙門釋僧祐　撰

釋迦氏略譜一卷　或無略字
大唐沙門釋道宣　撰

釋迦方誌二卷
大唐沙門釋道宣　撰

經律異相五十卷
梁勅沙門寶唱等　撰

陁羅尼雜集十卷
未詳撰者舊錄亦載

諸經要集二十卷
大唐沙門釋玄惲　撰

出三藏記集十五卷
梁沙門釋僧祐　撰

衆經目錄七卷
隋勅沙門法經等　撰

開皇三寶錄十五卷
內題云歷代三寶記
隋翻經學士費長房　撰

衆經目錄五卷
隋勅翻經沙門學士等　撰

大唐內典錄十卷
大唐沙門釋道宣　撰

續大唐內典錄一卷
大唐沙門釋智昇　撰

古今譯經圖紀四卷

大唐沙門釋靖邁撰

續古今譯經圖紀一卷
大唐沙門釋智昇撰

大周刊定衆經目録十五卷
大唐天后勅沙門明佺等撰

開元釋教録二十卷
大唐沙門釋智昇撰

續開元釋教録一部三卷
貞元集編入
大唐沙門釋圓照撰

貞元新定釋教目録三十卷
大唐沙門釋圓照等奉勅撰

一切經音義二十五卷
大唐沙門釋玄應撰

新譯大方廣佛華嚴經音義二卷
大唐沙門釋慧苑撰

集古今佛道論衡四卷
大唐沙門釋道宣撰

大唐西域記十卷
大唐三藏玄奘撰

續集古今佛道論衡一卷
大唐沙門釋智昇撰

東夏三寶感通録三卷

大唐沙門釋道宣撰

集沙門不拜俗議六卷
大唐沙門釋彥悰撰

大唐慈恩寺三藏法師傳十卷
大唐沙門釋慧立等撰

大唐西域求法高僧傳二卷
大唐三藏義淨撰

法顯傳一卷　亦云歷遊天竺記傳
東晉沙門法顯自述

高僧傳十四卷一卷是録目
梁沙門釋慧皎撰

續高僧傳三十卷
大唐沙門釋道宣撰

辯正論八卷
大唐龍田寺釋氏法琳撰

破邪論二卷　或一卷
大唐龍田寺釋氏法琳撰

法琳別傳一部三卷
貞元新編入目
大唐沙門彥琮撰集

甄正論三卷
大唐沙門釋玄嶷撰

十門辯惑論二卷　或三卷

大唐沙門釋復禮撰

弘明集十四卷
梁沙門釋僧祐撰

廣弘明集三十卷
大唐沙門釋道宣撰

大唐南海寄歸内法傳四卷
大唐三藏義淨撰

比丘尼傳四卷
梁沙門釋寶唱撰

別説罪要行法一卷
大唐三藏義淨撰

受用三水要法一卷
大唐三藏義淨撰

護命放生軌儀一卷
大唐三藏義淨撰

右大佛名經下合七十六部四百一十五卷並是此方所撰傳記集録等然於大法神助光揚故補先闕拾遺准勅編入貞元釋教目録

貞元新定釋教目録第二十七

丙午歲高麗國大藏都監奉勅雕造

貞元新定釋教目錄卷第二十八 別錄之九 丁

西京西明寺沙門　圓照　撰

別錄中疑惑再詳錄第六

一十四部一十九卷

疑惑錄者自梵經東闡年將七百教有興廢時復遷移先後翻傳卷將萬計部帙既廣尋閱難周定錄之人隨聞便上而不細尋宗旨理或疑焉今恐眞僞交參是非相涉故為別錄以示將來庶明達高人重為詳定

毗羅三昧經二卷

決定罪福經一卷

慧定普遍國土神通菩薩經一卷 余親見其本全非聖言

救護身命濟人病苦厄經一卷 與救疾經文勢相似一眞一偽將為未可

寂妙勝定經一卷 與寂妙初教經文勢相似一眞一偽亦將未可

觀世音三昧經一卷

清淨法行經一卷 記說孔老顏回事

五百梵志經一卷 亦名五百婆羅門問有無經經云從五教生

右毗羅三昧經下八部九卷古舊錄中皆編偽妄大周刊定附入正經尋閱宗徒理多乖舛論量義句頗涉凡情且附疑科難從正錄或云貶量聖教罪有所歸佛有誠言此非責難經云於我所說若生疑者尚不應受況如是等准其道理須簡是非仍俟諸賢共詳眞偽 上之八經舊錄編偽今此偽錄之次亦存而不削舊偽經目錄刊為正者更有數部今未見本故此不論

法社經二卷 內題云業報輪轉償債引道地獄慈善莊嚴法社經

右一經大周錄云西晉三藏竺法護譯謹按長房等錄竺法護所譯有法社經一卷腳注云注為疑此應多是舊偽錄中法社經前經初題復云皇帝三藏翻胡經出然尋此文意狀涉人情題注

參差難為指准且編疑錄待更詳之

淨度三昧經三卷 蕭子良抄撰中有淨度三昧經三卷疑此經是

益意經二卷 僧法尼誦中有益意經二卷疑此經是

右二部五卷大周錄中編之入藏尋閱文句亦涉人情事須重詳且編疑錄

優婁頻經一卷 僧法尼誦中有名疑此經是

右一經長房內典二錄直云梁天監十五年木道賢獻上更辯委由既無其本眞偽難定且附疑錄

淨土盂蘭盆經一卷 五紙

右一經新舊之錄皆未曾載時俗傳行將為正典細尋文句亦涉人情事須審詳且附疑錄

三厨經一卷

右一經新舊諸錄並未曾載然尋文理亦涉人情謀依而行之獲驗非一復須詳審且附疑錄

別録中僞妄乱眞録第七 三百九十三部一千四百九十一卷

僞經者邪見所造以乱眞經者也自大師韜影向二千年魔教競興正法衰損自有頑愚之輩惡見迷心僞造諸經誑惑流俗邪言乱正可不哀哉今恐眞僞相參是非一槩譬夫崑山寶玉與凡石而同流贍部眞金共鈆鐵而齊價今爲件別眞僞可分庶涇渭殊流無貽後患

要行捨身經一卷 三紙餘 後有捨身願文共有五紙

右一經不知何人所造邪黨盛行經初又云三藏法師玄奘譯按法師所譯無有此經僞謬之情昭然可見且述四件用曉愚心

一僞經初云王舍城靈鷲山者靈鷲山名古譯經有奘法師譯皆鷲峯今言靈鷲一僞彰也

一僞經初又云靈鷲山屍林側者按諸傳記其鷲峯山在摩伽陁國山城之内宫城東北十四五

里豈有都城之内而安棄屍之處事既不然二僞彰也

僞經中又云佛説過去然燈佛時初願捨身者然燈如來是釋迦牟尼佛第二無數劫滿授記之師豈有得記當成方能死捨事與理乖三僞彰也

僞經中又云若有人殺害有情遍索訶界四重五逆謗方等經及盜常住現前僧物如是等罪合墮地獄若能捨身罪必消滅者謗經造逆合墮阿鼻死捨得除便無重報 如外道妄計殑伽河浴罪垢消除輕命自沉生天受福此言死捨除罪與彼妄計何殊

愚夫造惡用此除愆智者當思勿被欺誑永淪惡趣無解脱期事與理乖四僞彰也詭狎極多不能備記

瑜伽法鏡經二卷 或一卷 兼有僞序

右一經即舊僞録中像法決疑經前文增加二品共成一經初云佛臨涅槃爲阿難説法住滅品此品乃取奘法師所譯佛臨

涅槃記法住經改換增減置之於首次是地藏菩薩讃歎法身觀行品後是常施菩薩所問品此品即是舊經擬其文勢次第不相聯貫景龍元年三階僧師利僞造序中妄云三藏菩提流志三藏寶思惟等於崇福寺同譯師利云有梵夾流志曾不見聞以舊編入僞中再造望躅疑録僞上加僞詭狎尤多目閲可知不勞廣叙 撰録者日余曾以此事親問流志三藏口云吾邊元無梵夾不曾翻譯此經三藏弟子般若丘多識量明敏具委其事恐時代綿遠謬濫眞詮故此指明以誡於後其僧師利因少闘訟聖躬親處時令還俗豈非上天不祐降罰斯人歟

弥勒下生遣觀世音大勢至勸化衆生捨惡作善壽樂經一卷 十紙 亦直云壽樂經

光愍菩薩問如來出世當用時普告經一卷 八紙

隨身本宫弥勒成佛經一卷 賢樹菩薩問佛品

金剛密要論經一卷　亦名万明王緣起經或無論兼說弥勒下生　十四紙

右上四經並是妖徒偽造其中說弥勒如來即欲下生等事

謹按正經從釋迦滅後人間經五十七俱胝六十百千歲贍部州人壽增八万弥勒如來方出世豈可壽年減百而有弥勒下生耶

以斯妖妄誑惑凡愚淺識之流多從信受因斯墜沒可謂傷哉故此甄明特希詳鑒耳

佛昇忉利天後阿難為諸四部衆說禮佛持齋經一卷　亦云佛昇忉利天

弥勒摩尼佛說開悟佛性經一卷　經後題云人身因緣開悟佛性經　九紙

持齋儀式經一卷　七紙

淨行優婆塞戒經一卷　或云淨行優婆塞戒經感應品第十三改遺教經作　六紙

甲申年洪水災大水經一卷　與彼佛鉢記中甲申年水事

自省經一卷　不同　二紙

父母恩重經一卷　經引丁蘭董黯郭巨等故知人造　二紙

如來正教秘要藏經一卷　十紙

毗尼藏經一卷　八紙

頂蓋經一卷　內題云佛說深妙法義論說深義生死道　卷末題云八陽

天地八陽經一卷　七紙　神呪經與正經中八陽神呪義理全異此說陰陽吉凶禳災除禍法

嫉妒新婦經一卷　亦云妒婦經　八紙

右一經近代人造忘其人名緣妻能妒偽造此經以誑之於中說嫉妒之人受報極重

央崛摩羅經二卷　亦直云央崛經　與真經名同箒子良抄撰中有央崛摩羅經二卷疑此經是

重樓戒經一卷

清淨居士子度人經一卷

摩登者經一卷

譬喻經一卷　宋慧簡譯中有譬喻經一卷時閒無本與此名同真偽相濫故兩存之

目連問經一卷　與真經名同語意全異

小法滅盡經一卷　與真經中法滅盡經文意全異

鳴鍾經一卷

持戒法經一卷

金錍決口經一卷

地獄經一卷　漢代失譯有地獄經卷疑即此是兩存之

優鉢祇王經一卷

阿難請福報論一卷

阿難請問毗尼論一卷　或即阿難請問戒律論是

決正二部毗尼論一卷　或即毗尼決正論是

沙門論一卷　或即是內典録中沙弥論

獨乞辟支迦論一卷

毗尼請問論一卷

地獄傳一卷

央崛經下一十九部合二十卷
並義理乖背偽妄昭然章跡共
引靡知虛偽故載斯録傳示後
賢儻悟非眞希同革弊又偽經
之類其數寔繁更待尋求續編
此例
舊録云從佛名下三十九部今除佛名一部入藏餘合有三十八今欠一部但三十七未詳
從要行捨身經下三十七部四
十一卷承前諸録皆未曾載今
開元新録捜集編上
定行三昧經一卷　一名摩訶目揵所問經或云佛遺定行經
眞諦比丘慧明經一卷　或云惠明比丘經或云清淨眞諦經
尼吒國王經一卷　或云尼吒黃羅國王經或云黃羅王經
㝵有萬字經一卷　或云㝵現萬字經
薩和菩薩經一卷　舊録云國王薩和菩薩或云薩法經
善信女經二卷　或云善信經
護身主妙經一卷　一名度世經有云

十二好者誤
度護經一卷　或云度護法經　法經録云度法經
毗羅三昧經二卷
善王皇帝經二卷　或云善王皇帝功德尊經或為一卷
惟務三昧經一卷　或作惟无三昧
阿羅呵公經一卷　或云相國阿羅訶公經
慧定普遍神通菩薩經一卷
舊經云慧之普遍士神通菩薩經
陰馬藏經一卷　或云陰馬藏光明經法經録云一身十一王所問治國經
大阿育王經一卷　云佛在波羅奈者
四事解脫經一卷　或云四事解脫度人經
大阿那律經一卷　非是八念者
貧女人經一卷　名難陁者舊録云貧女難陁經謹按賢愚經第十一卷有貧女難陁經若與彼同即是非偽
鑄金像經一卷
四身經一卷
普慧三昧經一卷
阿秋那經一卷

兩部獨證經一卷　云西京州來
法本齋經一卷
覔歷所傳大比丘尼戒一卷
周録云異比丘尼戒本尸梨蜜弟子覔歷所傳
右定行三昧經下二十五部二
十八卷苻秦沙門釋道安
録中偽疑經
安公偽録本有二十六卷經今以寶如來三昧經翻譯有源以曾兩譯編之正録故此除之
安公云外國僧法學皆跪而口
受同師所受若一二十轉以授後
學若有一字異者共相推覆得
便擯之僧法無縱也經至晉土
其年未遠而喜事者以沙糅金
珷玞如也而無撿正何以別眞
偽乎農者禾草俱存后稷為之
歎息金匱玉石同緘卞和為之
懷恥安敢豫學夬見經猪雜龍
虵並進豈不恥之今列意謂非
佛經者如右以示將來學士共
知鄙倍焉
比丘應法行經一卷　亦云如來初度五比

丘助說應供行經

僧祐録云此經前題云羅什出祐按經卷舊無譯名兼羅什所出又無此經故入疑録

居士請僧福田經一卷　祐云此前題云曇無讖出按讖所出無此經故入疑録

灌頂度星招魂斷絕復連經一卷　法經録云此經更有一小本盡是人作

無為道經二卷　長房等録云無讖譯復云出法為疑隋法經及仁壽録並云大乘妙法

右一經余親見本似是漢魏之代此方撰集非梵本翻周録之中編之入正今以名濫眞經依祐編之偽録

決定罪福經一卷　法經録云一名惠法經仁壽録云二卷

情離有罪經一卷　題云情離有罪經品下

燒香呪願經一卷　一云呪願經

安墓呪經一卷　法經録云安墓神呪

經長房録云蕭齊道備撰

觀月光菩薩記一卷　或有經字

佛鉢記一卷　或云佛鉢記甲申年大水及月光菩薩事

弥勒下教經一卷　或在鉢記後

九十六種道經一卷　法經録云九十五種道經仁壽録云二卷具題云除去九十五種邪道雜類神呪經

右一十二部經記僧祐録云或義理乖背或文偈淺鄙故入疑録庶耘蕪穢以顯法寶

祐録又有灌頂藥師經一卷云宋代惠簡依經抄撰今以此經出灌頂新舊已經四譯所以偽録除之

提謂波利經二卷　宋武時北國比丘曇靖撰舊別有題謂經一卷與此眞偽全異

寶車經一卷　或云妙好寶車經北國淮州沙門曇辯撰青州比丘道侍改治

右比丘應供經下一十四部一十六卷梁僧祐録中偽經祐録略云祐按閱羣經廣集同異約以經律頗見所疑眞經體趣融然深遠假託之文辭意淺雜玉石

朱紫無所逃形也今區別所疑注之於録并近世妄撰亦標于末並依倚雜經而自製名題進不聞遠適西域退不見承譯西賓我聞興於戶牖印可出於胸懷詐誤後學良足寒心旣躬所見聞寧敢默已嗚呼來葉愼而察焉

祐録云又有菩提福藏法化三昧經一卷衆經要覽法偈二十一首一卷並云沙門道歡所撰准長房録道歡更有偽經故從於彼一處編上

九傷經一卷　房云見別録

菩提福藏法化三昧經一卷　房云武帝世出見藏記及寶唱録

七佛各說偈經一卷　房云見吳録

深自智身偈經一卷　房云見吳録祐云失譯

衆經要覽法偈二十首一卷　梁天監三年撰見三藏及長房録

右五部五卷長房録中篇齊沙門釋道備撰備後改名道歡雖見衆録然並注入疑經今依舊編　長房録中道備更有安

墓呪經一卷祐錄雖不題造人
以偽顯錄此不重載　蕭齊永元元年出時
淨土經七卷
年九歲
寶頂經一卷　永元元年出時年九歲
正頂經一卷　永元元年出時年九歲
法華經一卷　永元元年出時年九歲
勝鬘經一卷　永元元年出時年九歲
藥草經一卷　永元二年出時年十歲
太子經一卷　永元二年出時年十歲
伽耶波經一卷　永元二年出時年十歲
波羅㮈經一卷　中興元年出時年十二
優婁頻經一卷　中興元年出時年十二
益意經二卷　梁天監元年出時年十
三智遠承旨
般若得經一卷　天監元年出時年十
三智遠承旨
花嚴瓔珞經一卷　天監元年出時年
十三智遠承旨
出乘師子吼經一卷　天監三年出時
年十五
踰陁衞經一卷　天監四年出時年十
六臺內花光殿出

阿那含經二卷天監四年出時年十六
妙音師子吼經三卷　天監四年出時
年十六
優曇經一卷
妙莊嚴經四卷
維摩經一卷
序七世經一卷
右二十一種經凡三十五卷如
前所列　共得三十四卷
梁僧祐錄云齊末太學博士江
泌處女尼子所出初尼子年在
齠齓有時閉目靜坐誦出此經
或說上天或稱神授發言通利
如有宿習令人寫出俄而還止
經歷旬朔續復如前京都道俗
咸傳其異今上勑見面問所以其
依事奉荅不異常人然篤信正法
少修梵行父母欲嫁之誓而弗
許後遂出家名僧法住青園寺
祐旣收集正典撿集異聞事接
耳目就求省視其家秘隱不以
見示唯得妙音師子吼經三卷
以備疑經之錄此尼天監年三

月三有好事者得其文跡前後
所出定二十餘卷厥舅孫質以
為眞經行跡勸化收合傳寫旣染
毫牘必在於世昔漢建安末濟
陰丁氏之妻忽如中疾便能胡
語又求紙筆自為胡書復有西
域胡人見其此書云是經莂推
尋往古不無此事但義非金口又
無師譯取捨兼懷附之疑例
長房以為重習有內置之正目
仁壽錄及內典等錄以非梵本
翻傳編於偽錄今依仁壽等
定亦編偽中
高王觀世音經一卷　亦云小觀世
音經　　半紙餘
右一經昔元魏天平年中定州
募士孫敬德在防造觀世音像
年滿將還在家禮事後為賊所
引不堪考楚遂妄承罪明日將
刑其夜禮懺流淚忽如夢睡見
一沙門教誦救生觀世音經經
有諸佛名令誦千徧得免苦難
敬德覺記夢所緣了無參錯遂誦

一百徧有司執縛向市且行且誦臨刑滿千刀下斫之折為三段皮肉不傷易刀又斫凡經三換刀折如初監司問之具陳本末以狀聞承相高歡乃為表請免死因此廣行于世所謂高王觀世音經也敬德還設齋迎像乃見項上有三刀痕見齊書及辯正論內典錄

撰錄者曰此經周錄之內編之入藏今則不然此雖冥授不因傳譯與前僧法尼所誦何殊何得彼入偽中此編正錄例既如此故附此中

薩婆若陁眷屬莊嚴經一卷　二十餘紙

右一經僧祐錄云梁天監九年郢州頭陁道人妙光戒歲七臘矯以勝相諸尼嫗人僉稱聖道彼州僧正議欲驅擯遂潛下都住普弘寺造作此經又寫在屏風紅紗映覆香花供養雲集四親嚫供噎塞事源顯發勑付建康辯覆款伏抄略諸經多有私意

妄造借書人路琰屬辭潤色獄牒妙光巧詐事應斬刑路琰同謀十歲謫戍即以其年四月二十一日勑僧正慧超合喚京師能講大法師宿德如僧祐曇准等二十人共至建康前辯妙光事超即奉旨與曇准僧祐法寵慧令慧集智藏僧旻法雲等二十人於縣辯問妙光伏罪事事如牒眾僧詳議依律擯治天恩免死恐於偏地復為惑亂長繫東冶即收拾此經得二十餘本及屏風於縣燒除然猶有零散恐亂後生故復略記

薩婆若陁長者是妙光父名妙光弟名金剛德體第子名師子撰錄者曰餘錄之中略述由委今具明者欲使委悉根源共同鑒罰

阿那含經二卷　余親見一本一卷成部亦是人造

右按長房等代錄及失譯錄俱有此經僧法尼誦中復有阿那

含經二卷既竝無本詮定眞偽難分且各存其目

像法決疑經一卷

清淨法行經一卷

龍種尊國變化經一卷

與安公偽錄中四事解脫經大同

觀世音十大願經一卷

仁壽錄云一名大悲觀世音經具題云大悲觀世音弘猛慧海十大願品第七百

觀世音三昧經一卷

大乘蓮華馬頭羅刹經一卷

亦云寶達菩薩問報應沙門經

空淨三昧經一卷

一名空靜天感應三昧經謹按代錄已經兩譯恐濫竊眞名故兩存其名

初波羅曜經二卷

大法尊王經三十二卷

十方佛決狐疑經一卷

八方根八十佛名經一卷　亦云根本

普賢菩薩說此證明經一卷

弥勒成佛本起經十七卷

仁壽錄云七十卷
弥勒下生觀世音施珠寶經一卷
弥勒成佛伏魔經一卷
一名救度衆生經
妙法蓮華度量天地經一卷
亦云妙法蓮華經度量天地品第二十九
觀世音詠託生經一卷
滅七歎莊嚴成佛經一卷
空寂菩薩所問經一卷
一名法滅盡經亦云法沒盡經
法經錄云此經僞妄炳然固非空法護所譯
右空寂所問經謹按群錄已經兩譯恐濫竊眞名故存其目又有法滅盡經一卷即此異名不復重載
其法滅盡大小二乘僞錄皆載者誤也
照明菩薩方便譬喻治病經一卷
照明菩薩經一卷 一加頭陁字
首羅比丘見月光童子經一卷
阿難現變經一卷

般若玄記經一卷
幽深玄記經一卷
玄記經二卷 周錄云一卷
大契經四卷 周錄云一名弥勒下生
結大善契經或三卷
發菩提心經一卷 今有兩卷者是其經此雖名同卷名少異
菩薩求五眼經一卷 聶道眞所譯有此經名此中復載應僞竊眞名所以眞僞俱有
般泥洹後諸比丘經一卷
按僧祐錄即小般泥洹名異
小般泥洹經一卷 一名大法滅盡經
右按安世高譯處有小般泥洹經此既名同復無本可定且二處俱載
五濁惡世經一卷 又有大五濁經應即此是
妙法蓮華天地變異經一卷
花嚴十惡經一卷
觀世樓炭經一卷
小樓炭經一卷
須弥四域經一卷

王化內外經一卷 一名老子化胡經
傳錄云晉時祭酒王浮作
魔化比丘經一卷 支謙錄內有此經名恐僞竊眞名且兩存其目
善信神呪經二卷 羅什錄內有善信摩訶神呪經二卷名目相濫眞僞未分且兩存其本
五濁經一卷 又有小五濁經應此經是
華鮮經中說罪福經一卷
亦直云華鮮經
五龍悔過經一卷 一名五龍悔過
護法經一名空慧悔過
戒具三昧道門經一卷
寂妙勝定經一卷
天竺沙門經一卷
救護身命濟病苦厄經一卷
亦直云救護身命經亦云護身命
右此經更有一本題云佛頂陁羅尼經初云婆羅門三藏流支譯加呪一首餘文大同
撰錄者曰經題流支未詳付者若流支再譯經語與舊合

殊今刀呪異餘同未能令人除惑推尋無據不可妄編故依舊録列之於此

大那羅經一卷

慧明正行經一卷

天皇梵摩經一卷

安墓經一卷

安冢經一卷

安宅經一卷　正録中安宅神呪經與此異

天公經一卷

度生死海神船經一卷

救蟻沙弥經一卷　謹按雜寶藏經第四卷有沙弥救蟻如與彼同即非是偽此既未覩且復存之

北方禮佛呪經一卷　具題云如來在金棺囑累清淨莊嚴敬福經

敬福經一卷

阿羅訶條國王經一卷

五百梵志經一卷　一名亦有亦無經

脩行方便經一卷

偈令經一卷

度世不死經一卷

齋法清淨經一卷

無為法道經一卷

呪媚經一卷

正齋經一卷　安世高譯中有正齋經空法護録中亦有恐濫竊真名各存其目

尸陁林經一卷

招魂魄經一卷　亦云招魂經周録云招魂經

法社經一卷　法經録云按尋古録更應別有法社制度但未見此經無假且顯

右此單卷法社經曾見三本說處雖同文辭乃異尋其文義並是人造

一本三紙名為法社罪福報應經一本兩紙一本一紙餘

太子讚經一卷

比丘法藏見地獄變經一卷

人民求願經一卷

閻羅王東太山經一卷

七寶經一卷

字論經一卷

救護衆生惡疾經一卷　亦云救疾經

五果譬喻經一卷

孫兒孤女經一卷

度人王并庶民受五戒正信除邪經一卷

遺教法律三昧經二卷

右按長房等代録及失譯録俱有此經既並無本詮定寔難且各存其目

撰録者曰此經余雖不覩全本見所引者多是人造

二百五十戒經一卷

法經録云諸録並云有六七種異先所出故入疑

右按梁僧祐録隋費長房録唐道宣録等並云齊武帝時沙門釋法度出而不言譯未詳出字其意云何為是集出為是偽出其本復闕詮定寔難且依法經録中載之偽録

異威儀一卷　法經録云宋元嘉世曇摩耶舍弟子法度造

五凡夫論一卷

右阿那含經下八十六部一百四十一卷隋開皇十四年勑沙門法經等所撰衆經錄內偽疑經錄云並名號乖真或首掠金言而末申謠讖或初論世術後託法詞或引陰陽吉凶或明神鬼禍福諸如此比偽妄灼然今宜祕寢以救世患

然法經錄中以隨願往生經藥師經梵天神策經仁王經寶如來三昧經占察經救疾經五苦章句經安宅神呪經遺教論等編疑偽若不然隨願往生等三經出大灌頂經仁王等七經並翻譯有源編為疑偽將為未可今編正錄此中不載

金剛藏經三十卷

周錄云或三十一卷

薩婆佛說須菩提經二卷 一名須菩提經

般若得道經一卷

法經錄云般若得經或可般若得經即是僧法尼所誦者

造天地經一卷

蒺刹黎園經一卷

危脆經一卷 竺曇無蘭譯中有此經名既未見本實難詮定且兩存之

墮落優婆塞經一卷 後漢支曜譯中有名既無本定且各為存之

銀蹄金角犢子經一卷 或云孝順懺破惡業修行經

後母經一卷

應行律一卷 或云應律行或有經字

大空般若論一卷

右金剛藏經下一十一部四十一卷隋仁壽二年勑諸興善寺大德與翻經沙門及學士等共撰衆經錄內偽疑經

撰錄者曰此偽錄中復有大光明菩薩百四十八願經僧祐錄內注云抄經今別生錄載偽錄除之

諸佛下生大法王經六十卷

宣律師云余於汾部親見此文

方廣滅罪成佛經三卷

亦云大通方廣懺悔罪莊嚴成佛經亦直云大通方廣經

法句經二卷

罪福決疑經一卷

五辛經一卷

周錄云大乘般若五辛經

初教經一卷

一云最妙初教經與最妙勝定經文勢相似

罪華經一卷

日輪供養經一卷

乳光經一卷 其文全異於正經云得服乳服之獲罪

福田報應經一卷

寶印經一卷

究竟大悲經一卷 或三卷 亦云八卷

獨覺論一卷

毗尼決正論一卷

優波離論一卷 或云優波離經

普曾決論一卷 或云推識普曾決論

阿難請問戒律論一卷

迦葉問論一卷 或云迦葉問毗尼論

大威儀請問論一卷　或云大威儀請問經
寶鬘論一卷
沙弥論一卷　或云弥沙論
文殊請問論一卷
右大法王經下二十二部八十七卷大唐麟德元年京師西明寺沙門道宣所撰内典録中偽經宣云諸偽經論人間經藏往往有之其本尚多待見更録
撰録者曰内典中復有金棺囑累經一卷即是法經録中敬福經是故不重載又有占察經遺教論並翻傳有據文義可觀編之偽録將為未可已編正録
諸佛下生經二十卷　偽中不載
善惡因果經一卷
内三十七品經一卷　或無内字
戒正信邪經一卷
達空道士分别善惡度苦經一卷
老子教人服藥脩常住經一卷
佛道定行經一卷

今疑是佛遺定行經
決要恵經一卷
須弥像圖山經一卷　今疑與法録中須弥四域經文同名異
蒲子經卷下一卷
法王經一卷　其題云登力掃解脱道甘露藥流添泉如來智心造服者除煩惱法王經一名涅槃般若波羅經
決疑經一卷
不死經一卷
大辯邪正法門經一卷　具題云佛性海藏智慧解脱破心相經
佛性海藏經二卷
心王菩薩説頭陁經一卷
新像法決疑經一卷
護身經一卷　今疑是護身命經
勝德長者所問菩薩觀行經一卷
内天兄弟五人得天品經一卷
反流盡源經一卷
師子鳩摩羅所問經一卷
大方廣不謗佛經一卷
本事經一卷

無量門滅除三障陁羅尼經一卷
三昧經童子菩薩四重問品一卷
天地畐像經一卷
大乘無盡藏經一卷
梵天王經一卷
側土經一卷
聖水經一卷
弥勒下山經一卷
弥勒下生救度苦厄經一卷
菩薩決定經一卷
新觀世音經一卷
延壽經一卷　或云延年益壽經
閻羅王經一卷
續命經一卷
益算經一卷　亦七佛神符經亦云益算神符經大周偽録分為二經者誤也
四讚偈及七佛名字禮懺經一卷
閻羅王説免地獄經一卷
花光經一卷
三塗罪劫不竟經一卷
慈教經一卷
去要除病經一卷

慈力王經一卷
寶登王太子經一卷
勇意菩薩將僧忍見弥勒并示地獄
經一卷
天宮經一卷
折刀經一卷
五戒本行經一卷
脩善行經一卷
大通菩薩普利廣度經一卷
佛悲海中涌出一如無二行經一卷
流炭經一卷
如來成道經一卷
阿弥陁佛覺諸大衆觀身經一卷
十往生阿弥陁佛國經一卷
撰錄者曰此上二經余親見其
本但前廣後略餘並無異
律藏經一卷　一紙半
日藏觀世音經一卷
救度大刧燒三灾起經一卷
一乘不假羊鹿經一卷
聞善生信迴惡經一卷
弥勒下生勑別罪福經一卷
大薩若經一卷

摩訶薩埵經一卷
秘要經一卷
五無經一卷
清淨精進無上真諦太比丘慧法經
一卷
佛初置塔經一卷
今疑是法經錄中天公經異名
太子成道經一卷
恒伽達緣經一卷
寶圖經卷下一卷
譬喻折羅漢經一卷
降弃魔菩薩經一卷
蜜多三昧經一卷
發問罪福應經一卷
五戒經一卷
現報當受經一卷
觀音無畏論一卷
隋日有人偽造釋高王觀世音經
右諸佛下生經下八十部一百
一卷大唐天后天冊萬歲元年
勑東都佛授記寺沙門明佺等
刊定衆經錄中偽經周錄云古
來相傳皆云偽謬觀其文言冗

雜義理淺浮雖偷佛說之名終
露人謀之狀迷墜群品罔不由
斯故具跡條列之如上
撰錄者曰此八十經自古偽錄
皆未曾載周錄獨編雖云古
來相傳皆云偽謬而不列
顯出何錄中且依周錄件之
如上
佛法有六義第一應知經一卷
祐無經字房錄中有
六通無㝵六根淨業義門經一卷
祐無經字房錄中有
右二部二卷梁僧祐錄云齊武
帝時比丘釋法願偽造然既立
名另則成部卷懼後代疑乱故
明注于錄
長房錄云世皆共列用為疑
經故復載後賢識源幸同鑒焉
佛所制名數經五卷
右一部五卷梁僧祐錄云齊武
帝時比丘釋王宗所撰抄集衆經
有似數林但題稱佛制懼乱名
實故注于錄 長房錄士首題無名編預

於録既非正經世所疑惑

戒果莊嚴經一卷 武无經字有八章頌

右一部一卷隋翻經學士費長房録云蕭齊武帝代永明五年常侍庾頡採經意

撰録者曰採意為頌不同僞造既别立經名恐濫於聖典隋仁壽録及大周録在僞中今亦同彼編於僞録

抄華嚴經一十四卷 長房録云十三卷

抄方等大集經一十二卷

抄菩薩地經一十二卷 長房録云抄地持

抄法句譬經三十八卷

長房録云抄百喻

抄阿差末經四卷 仁壽録云十四卷

抄淨度三昧經四卷 仁壽録云三卷

抄摩訶薩耶經三卷

抄胎經三卷

抄報恩經二卷

抄頭陁經二卷

抄義足經二卷

抄法華藥王品一卷

抄維摩所說佛國品一卷

抄維摩方便品一卷

抄維摩問疾品一卷

抄安般守意經一卷

抄菩薩本業經一卷

抄菩薩本業行品一卷

抄四諦經要數一卷

抄法律三昧經一卷

抄照明三昧不思議事經一卷

抄諸佛要集經一卷

抄大乘方等要慧經一卷

抄普賢觀懺悔法一卷

抄樂瓔珞莊嚴方便經一卷

抄未曾有因緣經一卷

抄阿毗曇五法行一卷

抄諸法行經一卷

抄無為道經一卷

抄分別經一卷

抄德光太子經一卷

抄魔化比丘經一卷

抄優婆塞戒品一卷

抄優婆塞受戒法一卷

抄貧女為國王夫人經一卷

右僧祐録云從花嚴經至貧女為國王夫人經凡三十六部經並齊竟陵文宣王所抄凡抄字在題上者皆文宣所抄也

抄妙法蓮華經五十九卷

抄阿毗曇毗婆沙五十九卷

抄維摩經二十六卷

抄菩薩決定要行經十卷

亦云淨行優婆塞經法經録云菩薩決定經

抄成實論九卷 長房録云八卷

右成實論梁僧祐録云永明七年文宣王請定林上寺釋僧柔小莊嚴寺釋慧次等於普弘寺共抄出

抄勝鬘經七卷

法華經下六部長房録云是文宣王抄出

抄為法捨身經六卷 仁壽録云三卷

已上一經内典録云是文宣所抄右華嚴經下四十三部二百九十八卷勘按群録並是南齊司徒竟陵文宣王蕭子良所抄

長房録云王愛好博尋躬自

緝撰備忘擬歷不謂傳行後代學人相踵抄讀世人柔雜惑乱正文故舉本綱庶知由委但上題抄字者悉是其流類例細尋始末自別內典錄云既異本經題抄顯別今後尋者知有所因然風味殊通義理恆附接蒙俗之繁博考性欲之殊途有道存焉義非疑妄而祐長房等諸錄並注疑經莫不恐彼淺浮餘波失本故也

淨度三昧抄一卷

律經雜抄一卷

本起抄一卷　祐云舊錄所載

睒抄經一卷　祐云舊錄所載

五百梵律經抄一卷

大海滐嶮抄經一卷

祐云上六經並是舊抄

法花經一百八十九卷

祐云此一經近代集攈撰群經以類相從雖立号法華經入抄數

右從佛法六義下五十四部五百一卷並名濫真經文句增減或新釋異義別立名題若從正收恐玉石斯濫若一例為偽而推本有憑進退二途實難詮定且依舊錄編之偽末後學尋覽幸詳得失耳

貞元新定釋教目錄卷第二十八

丙午歲高麗國大藏都監奉

勅雕造

貞元新定釋教目録卷第二十九入藏録上　丁

西京西明寺沙門圓照　撰

合大小乘經律論及聖賢集傳
兼貞元新入藏經揔一千二百
五十八部合五千三百九十卷
五百一十帙

大乘入藏録上

大乘經六百八十二部二千四百
一十三卷二百二十一帙
大乘律二十七部五十五卷五帙
大乘論九十九部五百二十卷五十帙
大乘經重單合譯四百九十一部
二千四十卷

大般若波羅蜜多經六百卷
十六會說　六十帙　一万三百三十一紙
放光般若波羅蜜經三十卷
亦云放光摩訶般若經亦云摩
訶般若放光經　三帙　或二十卷
四百六十六紙
摩訶般若波羅蜜經四十卷
亦云大品般若經僧祐録云新
大品經　四帙　或二十四卷　或二十
七卷　或三十卷　六百二十三紙

光讚般若波羅蜜經十五卷
亦云光讚摩訶般若經　或十卷
二十七品　二百二十一紙
摩訶般若波羅蜜鈔經五卷
或云鈔字亦名長安品經一名
須菩提品經　或七卷　九十紙
金剛頂瑜伽般若理趣經一卷
經題內云大樂金剛不空真實
三摩耶經般若波羅蜜多理趣
品大興善寺三藏沙門大廣智
不空奉詔譯貞元新入目録　八紙
般若理趣經釋二卷
經內題云大樂金剛不空真實
三昧耶經般若波羅蜜多理趣
釋大興善寺三藏沙門大廣智
不空奉詔譯貞元新入目録
二十三紙
上四經二十三卷二帙
道行般若波羅蜜經十卷　一帙
題云摩訶般若波羅蜜道行經
或八卷或云般若道行經
一百六十七紙
小品般若波羅蜜經十卷　一帙

貞元釋教録卷第二十九　第二張　丁

題云摩訶般若波羅蜜或無小
品字僧祐録云新小品經　或八
卷　一百五十紙
大明度無極經四卷
亦直云大明度經　或六卷
九十四紙
勝天王般若波羅蜜經七卷
一百二十二紙
上二經十一卷同帙
文殊師利所說摩訶般若波羅蜜經二卷
或直云文殊般若波羅蜜經　或
一卷　二十一紙
文殊師利所說般若波羅蜜經一卷
二十紙
濡首菩薩無上清淨分衛經二卷
一名決了諸法如化三昧
二十八紙
金剛般若波羅蜜經一卷　舍衛
一十一紙
金剛般若波羅蜜經一卷　婆伽婆
一十四紙
金剛般若波羅蜜經一卷　祇樹林
一十四紙

貞元釋教録卷第二十九　第三張　丁

能斷金剛般若波羅蜜多經一卷　一十九紙
室羅筏
能斷金剛般若波羅蜜多經一卷　一十二紙
名擲城
實相般若波羅蜜經一卷　八紙
上九經十一卷同帙
仁王護國般若波羅蜜經二卷
亦云仁王般若經或一卷　二十八紙
新譯仁王經二卷
內題云仁王護國般若波羅蜜多經御製序　三十五紙
大興善寺沙門大廣智不空奉
詔譯
仁王般若陀羅尼釋一卷
大興善寺三藏沙門大廣智不空
詔譯貞元新入目錄　七紙
仁王般若念誦法經一卷
大興善寺三藏沙門大廣智不空
奉詔譯貞元新入目錄　六紙
仁王念誦儀軌一卷
經內題云仁王護國般若波羅
蜜多經陀羅尼念誦儀永泰元

貞元釋教錄卷第二十九　第四張　一

年大興善寺三藏沙門大廣智
不空奉詔譯　十九紙
摩訶般若波羅蜜大明咒經一卷
亦云摩訶大明咒經　一紙
般若波羅蜜多心經一卷
亦云般若心經　一紙
普遍智藏般若波羅蜜多心經一卷
東天竺國三藏沙門法月譯貞
元新入目錄　二紙
新譯般若波羅蜜多心經一卷
罽賓國三藏賜紫沙門般若奉
詔譯貞元新入目錄　二紙
修習般若波羅蜜菩薩觀行念誦儀軌
一卷　七紙
大興善寺三藏沙門大廣智不空
奉詔譯貞元新入目錄　七紙
大曼荼羅十七尊釋一卷
經內題云般若波羅蜜多理趣
經大安樂不空三昧耶眞實金
剛菩薩等一十七尊大曼荼羅
義述大興善寺三藏沙門大廣
智不空奉詔譯貞元新入目錄
三紙

貞元釋教錄卷第二十九　第五張　丁

上十一經十三卷同帙
守護國界主陀羅尼經一部十卷一帙
罽賓國三藏沙門般若共牟尼
室利於貞元六年譯　一百五十五紙
大寶積經一百二十卷
四十九會合成一部一十二帙
一千九百九十二紙
大方廣三戒經三卷　四十六紙
無量清淨平等覺經二卷
亦直云無量清淨　六十一紙
阿彌陀經二卷
上卷題云佛說阿彌陀三耶三
佛薩樓佛檀過度人道經亦名
無量壽經　五十五紙
無量壽經二卷　三十九紙
上四經九卷同帙
阿閦佛國經二卷一名阿閦佛刹諸
菩薩學成品經或一卷　四十紙
阿閦如來念誦法一卷
經內題云念誦供養法　二十紙
大興善寺三藏沙門大廣智不
空奉詔譯貞元新入目錄
大乘十法經一卷佛住王舍城者　二十紙

貞元釋教錄卷第二十九　第六張　丁

普門品經一卷亦云普門經　一十二紙

胞胎經一卷一名胞胎受身經　一十五紙

文殊師利佛土嚴淨經二卷

或直云嚴淨佛土經亦直云佛土嚴淨經　三十四紙

大聖文殊師利菩薩佛刹功德莊嚴經三卷

大興善寺三藏沙門大廣智不空奉詔譯　貞元新入目錄　五十一紙

法鏡經二卷　或一卷　二十五紙

上八經十三卷同帙

郁迦羅越問菩薩行經一卷

或云郁迦長者問居家菩薩行經或二卷　二十五紙

幻士仁賢經一卷或云仁賢幻士經　一十八紙

決定毗尼經一卷一名破壞一切心識　一十七紙

發覺淨心經一卷　二十八紙

優填王經一卷　五紙

須摩提經一卷有初字菩薩字亦云須摩經　八紙

須摩提菩薩經一卷　九紙

阿闍貰王女阿術達菩薩經一卷

亦云阿闍貰女經亦直云阿述達經　二十三紙

離垢施女經一卷　三十三紙

貞元釋教錄卷第廿九　第七張　丁

得無垢女經一卷

一名論議辯才門經或云無垢女經　二十五紙

文殊師利所說不思議佛境界經二卷

或一卷又有一本是為經姓悔題為文殊所說應當審觀　二十四紙

如幻三昧經二卷　或三卷或四卷　五十七紙

聖善住意天子所問經三卷或四卷　五十七紙

太子刷護經一卷　五紙

太子和休經一卷或云和休　四紙

上六經十卷同帙

慧上菩薩問大善權經二卷

或一卷或直云大善權經或云慧上菩薩經或云善權方便經或云方便所度無極經　三十一紙

大乘顯識經二卷　二十五紙

大乘方等要慧經一卷　一紙

弥勒菩薩所問本願經一卷

或無所問字一名弥勒難經亦云弥勒本願經　八紙

佛遺日摩尼寶經一卷

一名古品遺日說般若經一名大寶積經一

貞元釋教錄卷第廿九　第八張　丁

名摩訶衍寶嚴經

摩訶衍寶嚴經一卷一名大迦葉品　一十六紙

勝鬘師子吼一乘大方便方廣經一卷　二十紙

亦直名勝鬘或二卷　一十九紙

毗耶娑問經二卷　三十四紙

上八經十一卷同帙

大方等大集經三十卷　三帙

或二十九卷或三十一卷或三十二卷或四十卷　六百二十一紙

大方等大集日藏經十卷　一帙

題云大乘大方等日藏分經或十二卷或十五卷　二百六紙

大集月藏經十卷　一帙

題云大集經月藏分第十二或十二卷或十五卷　一百一十九紙

地藏菩薩問法身讚一卷

經內題云百千頌大集經地藏菩薩請問法身讚　貞元新入目錄　五紙

大乘大集地藏十輪經十卷　一百六十五紙

大方廣十輪經八卷

上二經十一卷同帙　一百九紙

貞元釋教錄卷第廿九　第九張　丁

大集須彌藏經二卷
內題云大集經須彌藏分第五
三十八紙
上二經十卷同帙
虛空藏菩薩經一卷
二十七紙
虛空藏菩薩神呪經一卷
一十七紙
虛空孕菩薩經二卷
三十一紙
觀虛空藏菩薩經一卷　亦名虛空藏觀經或
無觀字
三紙
貞元新入目錄
大虛空藏菩薩念誦法一卷
五紙
大興善寺三藏沙門大廣智不空奉
詔譯　貞元新入目錄
上六經十四卷同一帙
菩薩念佛三昧經六卷
或無菩薩字或五卷　九十八紙
大方等大集菩薩念佛三昧經十卷　一帙
題云大方等大集經菩薩念佛三昧分
一百三十四紙

般舟三昧經三卷　一名十方現在佛悉在前立
定經　或云大般舟三昧經或二卷
五十紙
拔陂菩薩經一卷
亦云拔波菩經云颰拔陀　一十四紙
大方等大集賢護經五卷
或六卷題云大方等大集經賢護菩薩
經亦直云賢護經
上五經二十五卷分三帙
阿差末經七卷
晉日無盡意或四卷或五卷或云阿差
末菩薩經
九十二紙
無盡意菩薩經六卷
初題云大集經中無盡意所說不可盡義
品第三十二或云阿差末經或直云無盡意
經
八十九紙
上二經十三卷同帙
大集譬喻王經二卷
或無大集字
三十四紙
大哀經八卷　或云如來大哀經或六卷七卷
一百二十七紙
上二經十卷同帙
寶女所問經三卷　或直云寶女經亦云寶女

問慧經或云寶女三昧經或四卷　六十四紙
無言童子經二卷
或云無言菩薩經或一卷　四十紙
自在王菩薩經二卷　或無菩薩字　三十四紙
奮迅王問經二卷　四十一紙
上四經九卷同帙
寶星陁羅尼經十卷　一帙或八卷　一百三十三紙
大方廣佛華嚴經六十卷
八會說舊譯六帙或五十卷　一千七十九紙
大方廣佛花嚴經八十卷
九會說新譯八帙　一千三百二十七紙
新譯大方廣佛花嚴經四十卷
六百十三紙四帙
罽賓國三藏賜紫沙門般若奉詔譯　貞元新入目錄
普賢行願讚一卷　貞元新入目錄　五紙
大興善寺三藏沙門大廣智不空奉詔譯
文殊問字母品經一卷　貞元新入目錄　三紙
大興善寺三藏沙門大廣智不空奉詔譯
瑜伽金剛頂經釋字母品一卷
貞元新入目錄　二紙
大興善寺三藏沙門大廣智不空奉詔譯
花嚴入法界品四十二字觀門一卷
內題大方廣佛花嚴經貞元新入目錄

金剛頂經瑜伽文殊師利菩薩儀軌供養法一品　十四紙　六紙
大興善寺三藏沙門大廣智不空奉　詔譯
大興善寺三藏沙門大廣智不空奉　詔譯　貞元新入目錄
金剛頂文殊菩薩經一卷　貞元新入目錄　六紙
大興善寺三藏沙門大廣智不空奉　詔譯
曼殊室利童子菩薩五字瑜伽法一卷
并梵字　貞元新入目錄　二紙
大興善寺三藏沙門大廣智不空奉　詔譯
五字陀羅尼頌一卷
并梵字　貞元新入目錄　八紙
大興善寺三藏沙門大廣智不空奉　詔譯
金剛頂超勝三界經說文殊五字真言勝相一卷　大興善寺三藏沙門大廣智不空奉
詔譯　貞元新入目錄　三紙
文殊讚法身禮一卷
經內題云文殊師利菩薩讚法身禮并序　三紙
信力入印法門經五卷
大興善寺三藏沙門大廣智不空奉　詔譯　九十五紙
上十一經十五卷同一帙
度諸佛境界智光嚴經一卷　或二卷

貞元釋教錄卷第二十九　第十三張　丁

大方廣入如來智德不思議經一卷　一十七紙
佛花嚴入如來智德不思議境界經三卷　一十四紙
大方廣佛華嚴經不思議佛境界一卷　二十二紙
或二卷
大方廣如來不思議境界經一卷　一十二紙
大乘金剛髻珠菩薩修行分一卷　一十一紙
亦名金剛髻菩薩加行品
大方廣佛花嚴經修慈分一卷　十八紙
大方廣普賢菩薩所說經一卷　七紙
別有一本向三十紙非是本經應須簡
莊嚴菩提心經一卷　五紙
上九經十一卷同一帙　七紙
佛說十力經一卷
安西三藏勿提提犀魚於蓮花寺譯　貞元新入目錄　三紙
佛說迴向輪經一卷　貞元新入目錄
于闐三藏沙門尸羅達摩於北庭龍興寺譯　三紙半

貞元釋教錄卷第二十九　第十四張　丁

佛說十地經九卷
于闐三藏沙門尸羅達摩於北庭龍興寺譯　安西北庭進入　貞元新入目錄　一百二十一紙
大方廣菩薩十地經一卷　七紙
上四經十二卷同一帙
兜沙經一卷　五紙
菩薩本業經一卷
亦直名本業經亦名淨行品經　一十二紙
諸菩薩求佛本業經一卷　或無諸字　一十一紙
菩薩十住行道品一卷　八紙
或直云菩薩十住
菩薩十住經一卷　五紙
漸備一切智德經五卷
或十卷一名十住又名大慧光三昧　一百五紙
上六經十卷同一帙
十住經四卷　或五卷　九十七紙
等目菩薩所問三昧經二卷
或名普賢菩薩定意或直云等目菩薩經　五十二紙
顯無邊佛土功德經一卷　二紙

貞元釋教錄卷第二十九　第十五張　丁

如來興顯經四卷 一名興顯如幻經 六十二紙
上四經十一卷同帙
度世品經六卷 或五卷或無品字 一百二十紙
羅摩伽經三卷 或四卷 七十二紙
大方廣佛花嚴經續入法界品一卷 或無續字 八紙
上三經十卷同帙
大般涅槃經四十卷 或三十六卷四帙 七百三十紙
大般涅槃經後譯荼毗分二卷 亦云闍維分亦云後分 三十九紙
大般泥洹經六卷 記云等大般泥洹經 一百四十一紙
上二經八卷同帙
方等般泥洹經二卷 亦名大般泥洹經或三卷 四十五紙
四童子三昧經三卷 或無三昧字 四十四紙
大悲經五卷 八十七紙
上三經十卷同帙
方廣大莊嚴經十二卷

貞元錄卷第二十九 第十六張 丁

一名神通遊戲或云大方廣 二百一十四紙
普曜經八卷 一名方等本起 二百四十三紙
上二經二十卷二帙
法華三昧經一卷 一十一紙
無量義經一卷 一十七紙
妙法蓮華經八卷 或七卷二十八品僧祐錄云 一百五十二紙
新法華經
薩曇分陁利經一卷 舊錄云薩芸芬陁利經 三紙
亦直云分陁利經
成就妙法蓮華經王瑜伽觀智儀軌一卷 二十五紙
大興善寺三藏沙門大廣智不空奉 詔譯
貞元新入目錄
上五經十二卷同一帙
正法華經十卷 或云等正法華或七卷一帙 一百九十紙
添品妙法蓮華經七卷 二十七品寶塔天受達之為一或八卷
維摩詰所說經三卷 一百五十八紙
一名不可思議解脫或直云維摩詰經僧祐錄云
新維摩詰經 六十一紙
上二經十卷同帙

貞元入藏錄卷第二十九 第十七張

維摩詰經二卷
維摩詰說不可思議法門之稱一名佛法普入道門 五十五紙
三昧經或三卷
說無垢稱經六卷 九十七紙
大方等頂王經一卷
一名維摩詰子問經亦名善思童子經亦直云頂
王經 二十紙
大乘頂王經一卷 亦名維摩兜經 一十六紙
上四經十卷同帙
善思童子經二卷 二十一紙
大悲分陁利經八卷 一百六十八紙
亦云大乘悲分陁利經
上二經十卷同帙
悲華經十卷 一帙 一百九十九紙
金光明最勝王經十卷 一帙 一百四十九紙
合部金光明經八卷 二十四品 一百二十紙
佗真陁羅所問經二卷
初云佗真陁羅所問如來三昧經或云佗真陁羅居
王或三卷 五十八紙
上二經十卷同帙
大樹緊那羅王所問經四卷
亦云說不可思議品或直云大樹緊那羅經

貞元入藏錄卷第二十九 第十八張 丁

佛昇忉利天為母說法經二卷　六十七紙
亦云佛昇忉利天品經或三卷
道神足無極變化經四卷　三十七紙
一名合道神足經或二卷或三卷　四十九紙
上三經十卷同帙
寶雨經十卷一帙　一百四十一紙
寶雲經七卷　一百二紙
阿惟越致遮經三卷　六十六紙
或無遮字或四卷
上二經十卷同帙
不退轉法輪經四卷　七十三紙
一名不退轉經
廣博嚴淨不退轉輪經四卷　七十八紙
或云三卷或直云廣博嚴淨經亦直云不退轉法輪經
不必定入定入印經一卷　二十一紙
入定不定印經一卷　一十六紙
上四經十卷同帙
等集衆德三昧經三卷　五十紙
或二卷或無三昧字或直云等集經
貞元新定釋教録卷第二十九　第十九張　丁

集一切福德三昧經三卷　五十紙
持心梵天經四卷　九十一紙
亦云持心梵天所問經一名莊嚴佛法經又名論諸經要集品或六卷
上三經十卷同帙
思益梵天所問經四卷　八十三紙
或直云思益經僧祐録云思益義經
勝思惟梵天所問經六卷
上二經十卷同帙
持人菩薩經四卷　五十四紙
初云持人菩薩所問除諸入以了道德經叙
三卷
持世經四卷　七十八紙
一名印經或三卷
濟諸方等學經一卷　一十五紙
天生菩薩和鞞日僧加或無學字
大乘方廣總持經一卷　一十四紙
或無乘字
上四經十卷同帙
文殊師利現寶藏經三卷
貞元新定釋教録卷第二十九　第二十張　丁

或二卷或无現字或直云寶藏經　四十二紙
大方廣寶篋經三卷　或二卷　四十三紙
寶篋經一卷　六紙
經內題云一切如來心秘密全身舍利寶篋印陁羅尼經
大興善寺三藏沙門大廣智不空奉詔譯
貞元新入目録
大乘同性經二卷　二十八紙
亦名一切佛行入智毗盧遮那藏說經一名佛十地經或四卷
證契大乘經二卷　三十二紙
亦名入一切佛境智陪盧遮那藏
上五經十一卷同一帙
深密解脫經五卷　七十一紙
解深密經五卷　七十五紙
上二經十卷同帙
解節經一卷　一十紙
相續解脫地波羅蜜了義經一卷　一十八紙
或二卷亦名解脫了義亦直云相續解脫經
貞元新定釋教録卷第二十九　第二十一張　丁

緣生初勝分法本經二卷
分別緣起初勝法門經二卷　亦直云緣生經　二十三紙
亦直云分別緣起經　二十二紙
楞伽阿跋多羅寶經四卷　九十二紙
上五經十卷同帙
入楞伽經十卷一帙　一百七十四紙
大乘入楞伽經七卷　一百二十七紙
菩薩行方便境界神通變化經三卷　四十七紙
上二經十卷同帙
大薩遮尼乾子所說經十卷一帙　或加受記無所說字或七卷或八卷一名菩薩境界奮迅法門經　一百三十九紙
大方等大雲經六卷　一名大方等无相大雲經一名大雲相經一名大雲密藏經或四卷或五卷　九十紙
大雲請雨經一卷　內題云大雲經請雨品第六十四

大雲輪請雨經二卷　二十三紙
大方等大雲請雨經一卷　內題云大方等大雲經請雨品第六十四　二十七紙
二十紙
大雲請雨經二卷　經內題云大雲輪請雨經貞元新入目錄　三十四紙
大興善寺三藏沙門大廣智不空奉　詔譯
上五經十二卷同一帙
諸法無行經二卷　或一卷　三十一紙
諸法本無經三卷　三十九紙
無極寶三昧經一卷　或無三昧字　三十紙
寶如來三昧經二卷　一名無極寶三昧經或一卷　三十八紙
慧印三昧經一卷　一名寶田慧印三昧經亦直云慧印經　二十紙
如來智印經一卷　一名諸佛法身

大灌頂經一十二卷一帙　或無大字錄云九卷　一十九紙
上六經十卷同帙
藥師如來本願經一卷　隋笈多譯　一百一十八紙
未詳
藥師瑠璃光如來本願功德經一卷　一十二紙
藥師瑠璃光七佛本願功德經二卷　一十一紙
阿闍世王經二卷　三十一紙
普超三昧經三卷　或四卷上加文殊師利字云普超經一名阿闍世王品安公錄云更出阿闍世王經　五十五紙
放鉢經一卷　六十八紙
上六經十卷同帙　七紙
月燈三昧經十卷或七卷一帙
月燈三昧經一卷　一名文殊師利菩薩士事行經一名逮慧三昧經　一百九十八紙
無所悕望經一卷　一名象步經　一十紙
二十紙

象腋經一卷　一十六紙
大淨法門經一卷　題云大淨法門品上金光首
女所問淨首童真所開化經　二十四紙
大莊嚴法門經二卷
亦名文殊師利神通力經又名勝金色
光明德女經　二十六紙
如來莊嚴智慧光明入一切佛境界經二卷
亦云如來入一切佛境界經　三十四紙
度一切諸佛境界智嚴經一卷　一十二紙
後出阿彌陀佛偈經一卷　或無偈字　一紙
觀無量壽佛經一卷　亦云無量壽觀
經　一十六紙
無量壽如來念誦儀軌一卷　經內云修觀
行供養儀軌　貞元新入目錄
大興善寺三藏沙門大廣智不空奉　詔譯　一十二紙
阿彌陀經一卷　亦名無量壽經　五紙
貞元釋教錄卷第廿九　第廿五張　丁

稱讚淨土佛攝受經一卷　亦直云稱讚
淨土經　一十紙
上十二經十四卷同帙
觀彌勒菩薩上生兜率天經一卷　八紙
亦云彌勒上生經
彌勒成佛經一卷　一十七紙
彌勒來時經一卷　三紙
彌勒下生經一卷　一名彌勒受決經亦云
彌勒佛經亦云當下成佛經亦云下
生成佛經初云大智舍利弗　七紙
彌勒下生成佛經一卷
義淨三藏新譯　五紙
諸法勇王經一卷
一名一切法義王經　一十八紙
一切法高王經一卷
一名一切法義王經　二十紙
第一義法勝經一卷　一十四紙
大威燈光仙人問疑經一卷　一十五紙
順權方便經二卷　一名轉女身菩薩經亦
云惟權方便經亦云順權女經亦云
貞元釋教錄卷第廿九　第廿六張　丁

隨權女經或一卷　二十八紙
樂瓔珞莊嚴方便品經一卷　亦云轉女身菩
薩問答經　二十六紙
上十一經十二卷同帙
六度集經八卷　亦名六度無極經亦云
度無極集亦云雜無極經或九卷
一百四十七紙
太子須大拏經一卷　或云須達拏
六紙
菩薩睒子經一卷　亦云孝子睒經亦云
睒經　七紙
睒子經一卷　一名孝子睒經一名菩薩睒經
一名佛說睒經一名睒本經一名孝子隱
經　六紙
太子慕魄經一卷　六紙
太子沐魄經一卷　或作慕魄　六紙
九色鹿經一卷　三紙
上七經十四卷同帙
無字寶篋經一卷　六紙
大乘離文字普光明藏經一卷　五紙
貞元釋教錄卷第廿九　第廿七

大乘遍照光明藏無字法門經一卷 亦直云大乘遍照光明藏經 六紙
老女人經一卷 亦云老母經 亦云老女經 二紙
老母經一卷 二紙
老母女六英經一卷 亦云老母經 一紙
日光童子經一卷 一名月光明童子經 或名申日經 九紙
申日兒本經一卷 或云申兒本經 錄作兜本誤也 一紙
德護長者經二卷 一名尸利崛多長者經 二十八紙
文殊師利問菩提經一卷 一名伽耶山頂經 一名菩提無行經 一本直云菩提經 七紙
伽耶山頂經一卷 一云伽耶頂經 一十七紙
象頭精舍經一卷 九紙
大乘伽耶山頂經一卷 九紙
長者子制經一卷 亦直名制經 四紙
菩薩逝經一卷 亦云逝童子經 或直云逝經 四紙

逝童子經一卷 亦云長者制經 亦直云制經 亦名菩薩逝經 或直云逝經 三紙
犢子經一卷 二紙
乳光佛經一卷 亦名乳光經 六紙
無垢賢女經一卷 或名胎藏經 三紙
腹中女聽經一卷 一名不莊校女經 北凉天竺三藏曇无讖譯 第四譯 三紙
轉女身經一卷 二十九紙
上二十一經二十二卷同帙
無上依經二卷 三十一紙
無曾有經一卷 三紙
甚希有經一卷 五紙
決定總持經一卷 或云決總持經 八紙
謗佛經一卷 七紙
寶積三昧文殊問法身經一卷 一名遺日寶積三昧文殊師利菩薩問法身法 六紙
入法界體性經一卷 或云入法界 十紙
如來師子吼經一卷 六紙
大方廣師子吼經一卷 五紙
大乘百福相經一卷 七紙
大乘百福莊嚴相經一卷 九紙

大乘四法經 與單本中實叉難陀譯者 名雖同多少全異 一紙
菩薩修行四法經一卷 一紙
希有希有校量功德經一卷 或直云希有校量功德經 六紙
最無比經一卷 十二紙
前世三轉經一卷 六紙
銀色女經一卷 七紙
阿闍世王受決經一卷 四紙
採蓮違王上佛授決号妙蓮華經一卷 亦直云採蓮違王經 二紙
正恭敬經一卷 一名威德陀羅尼中說經 或云正法恭敬經 五紙
善敬經一卷 亦名善恭敬經 一名恭敬師經 七紙
稱讚大乘功德經一卷 五紙
說妙法決定業障經一卷 三紙
上二十三經二十四卷同帙
諫王經一卷 亦云大小諫王經 四紙
如來示教勝軍王經一卷 亦直云勝軍王經 七紙
佛為勝光天子說王法經一卷

亦直云勝光天子經　七紙
大方等修多羅王經一卷　或無王字　二紙
轉有經一卷　二紙
文殊師利巡行經一卷　五紙
文殊尸利行經一卷　八紙
文殊師利菩薩根本大教王金翅鳥王品一卷
貞元新入目錄
大興善寺三藏沙門大廣智不空奉　詔譯　一十一紙
文殊師利菩薩及諸仙所說吉凶時日善惡宿
曜經二卷　下卷有序　貞元新入目
大興善寺三藏沙門大廣智不空奉　詔譯　共四十紙
貝多樹下思惟十二因緣經一卷
或云聞城十二因緣經　四紙
緣起聖道經一卷　八紙
稻芉經一卷　七紙
稻簳喻經一卷　經內題云慈氏菩薩所說
大乘緣生稻簳經　八紙
大興善寺三藏沙門大廣智不空奉　詔譯
了本生死經一卷　五紙

貞元釋教錄卷第二十九　第三十一張　丁

自誓三昧經一卷　題下注云獨證品第四出
比丘淨行中　八紙
如來獨證自誓三昧經一卷
亦云獨證自誓三昧經亦云如來自誓
三昧經　七紙
灌洗佛形像經一卷　亦云四月八日灌經
亦直云灌經　二紙
摩訶刹頭經一卷　亦云灌佛形像經　三紙
造立形像福報經一卷　三紙
作佛形像經一卷　亦云優塡王作佛形像經
一名作像因緣經　四紙
龍施女經一卷　或無女字　二紙
龍施菩薩本起經一卷　或云龍施女經亦
云龍施本經　四紙
都部陀羅尼目一卷　經內題云陀羅尼門
諸部　貞元新入目錄　四紙
大興善寺三藏沙門大廣智不空奉　詔譯
八吉祥神咒經一卷　或無神字　三紙
八陽神咒經一卷　亦云直八陽經　別有一本
亦云八陽神咒呵半紙許　初有七佛名号
者非也　四紙
八吉祥經一卷　亦云八世界八佛名号經　二紙

貞元釋教錄卷第二十九　第三十二張　丁

八佛名号經一卷　四紙
八大菩薩曼荼羅經一卷
貞元新入目錄　三紙
大興善寺三藏沙門大廣智不空奉　詔譯
盂蘭盆經一卷　亦云盂蘭　二紙
報恩奉盆經一卷　一紙
浴像功德經一卷　三藏義淨譯　四紙
浴像功德經一卷　三藏寶思惟譯　三紙
校量數珠功德經一卷　二紙
瑜伽念珠經一卷　經內題云金剛頂瑜
伽念珠經　於十方廣頌中略出　貞
元新入目錄
大興善寺三藏沙門大廣智不空奉　詔譯
二紙
新譯木槵經一卷　貞元新入目錄　一紙
大興善寺三藏沙門大廣智不空奉　詔譯
數珠功德經一卷　內云曼殊室利呪藏中校
量數珠功德法　二紙
上三十六經同帙
不空羂索神變真言經三十卷　三帙
五百二十六紙
不空羂索呪經一卷　亦云不空羂索觀

貞元釋教錄卷第二十九　第三十三張

世音心呪經
不空羂索神呪心經一卷　一十一紙
不空羂索陀羅尼自在王經呪三卷　一十三紙
亦名不空羂索心呪王經　三十四紙
不空羂索陀羅尼經一卷
一名普門　三十七紙
千眼千臂觀世音菩薩陀羅尼神呪經二卷
或一卷　一十九紙
千手千眼觀世音菩薩姥陀羅尼身經一卷
或云千臂千眼　二十二紙
千手千眼觀世音菩薩大身呪本一卷
二紙
南天竺國三藏沙門金剛智譯
貞元新入目錄
千手千眼觀世音菩薩廣大圓滿無礙大悲心陀羅
尼經一卷　一十九紙
千手千眼觀世音菩薩廣大圓滿無礙大悲陀羅
尼本一卷　南天竺國三藏沙門金剛智譯
貞元新入目錄　三紙
觀世音菩薩秘密藏神呪經一卷　八紙
觀世音菩薩如意摩尼陀羅尼經一卷
七紙
丁

金剛頂瑜伽千手千眼觀自在念誦法一卷
經內云菩薩修行儀軌貞元新入目錄　二十八紙
大興善寺三藏沙門大廣智不空奉　詔譯
觀自在菩薩如意心陀羅尼呪經一卷
上十二經十五卷同帙　四紙
如意輪陀羅尼經一卷
此經出大蓮華金剛三昧耶加持秘密
無障导經　二十四紙
觀自在菩薩說普賢陀羅尼經一卷
貞元新入目錄
大興善寺三藏沙門大廣智不空奉　詔譯
文殊師利根本一字陀羅尼經一卷　七紙
題云大方廣菩薩中文殊師利根本一字
陀羅尼法亦名一字呪經　三紙
曼殊室利菩薩呪藏中一字呪王經一卷
三紙
十二佛名神呪經一卷
題云十二佛名神呪挍量功德除障滅罪經
貞元錄卷第十九　第三十五張　丁

稱讚如来功德神呪經一卷　六紙
三十五佛名經一卷　三紙
經內題云佛說三十五佛名禮懺文出鄔波離
所問經貞元新入目錄
大興善寺三藏沙門大廣智不空奉　詔譯　二紙
孔雀王呪經一卷
亦名大金色孔雀王經并結界場法具　八紙
大金色孔雀王呪經一卷　五紙
佛說大金色孔雀王呪經一卷　八紙
孔雀王呪經二卷
亦云孔雀王陀羅尼經　四十三紙
大孔雀呪王經三卷　六十紙
大孔雀明王經三卷
經內題云佛母孔雀明王經初有啓請法
在上卷　貞元新入目錄　五十紙
大興善寺三藏沙門大廣智不空奉　詔譯
佛說大孔雀明王畫像壇場儀軌一卷
貞元新入目錄　四紙
大興善寺三藏沙門大廣智不空奉　詔譯
上十五經二十卷同帙
陀羅尼集經十二卷　三百四十三紙
貞元釋教錄卷第十九　第三十六張　丁

十一面觀世音神呪經一卷
周宇文氏耶舍崛多等譯第一譯　十一紙
十一面神呪心經一卷
大唐三藏玄奘譯出内典錄第二譯　一十紙
十一面觀自在菩薩經三卷
經内題云十一面觀自在菩薩心密言儀軌
貞元新入目錄
大興善寺三藏沙門大廣智不空奉　詔譯　二十四紙
摩利支天經一卷或上加小字　一紙
佛說摩利支天經一卷
貞元新入目錄　四紙
末利支提婆華鬘經一卷
大興善寺三藏沙門大廣智不空奉　詔譯
貞元新入目錄　一十四紙
訶利帝母經一卷
大興善寺三藏沙門大廣智不空奉　詔譯
經内題云訶利帝母真言法　貞元新入目錄
大藥叉女歡喜母并愛子成就法一卷
亦云訶哩底母法　一十二紙
貞元釋教錄卷第二十九　第三十七張　十

大興善寺三藏沙門大廣智不空奉　詔譯
呪五首經一卷　或无經字　二紙
千轉陁羅尼觀世音菩薩呪經一卷
或無經字　三紙
六字神呪經一卷　或云六字呪經　二紙
七俱胝佛大心准提陁羅尼經一卷
亦直云七俱胝佛母心經　五紙
七俱胝佛母准泥大明陁羅尼經一卷
十六紙
七俱胝佛母陁羅尼經一卷
經内題云七俱胝佛母所說准提陁羅尼經　貞元新入目錄
大興善寺三藏沙門大廣智不空奉　詔譯
上十五經二十八卷三帙
上帙七卷中帙七卷下帙十四卷
觀自在菩薩隨心呪經一卷
亦名多唎心經　一十九紙
金剛頂經觀自在王如來修行法一卷
貞元新入目錄　六紙
大興善寺三藏沙門不空奉　詔譯
種種雜呪經一卷　或無經字　六紙
佛頂勝陁羅尼經一卷
貞元釋教錄卷第二十九　第三十八張　十

杜行顗奉　詔譯　七紙
佛頂最勝陁羅尼經一卷
日照三藏譯梵名地婆訶羅　八紙
佛頂尊勝陁羅尼經一卷
佛陁波利譯　七紙
最勝佛頂陁羅尼淨除業障經一卷
日照三藏再譯　十三紙
佛頂尊勝陁羅尼經一卷
義淨三藏譯或加呪字　八紙
佛頂尊勝念誦法一卷
經内題云佛頂尊勝陁羅尼念誦儀軌　貞元新入目錄
大興善寺三藏沙門大廣智不空奉　詔譯　八紙
無量門微密持經一卷
一名成道降魔得一切智經　六紙
出生無量門持經一卷
或云新微密持經　七紙
阿難陁目佉尼呵離陁經一卷
或云出生無量門持經　十一紙
無量門破魔陁羅尼經一卷
或直云破魔陁羅尼經　一十一紙
貞元釋教錄卷第二十九　第三十九張　丁

阿難陀目佉尼訶離陀隣尼經一卷　一十紙
毗沙門天王經一卷
貞元新入目錄　五紙半
舍利弗陀羅尼經一卷　八紙
一向出生菩薩經一卷　一十二紙
出生無邊門陀羅尼經一卷　一十四紙
出生無邊門經一卷
經內題云出生無邊門陀羅尼經
貞元新入目錄　一十紙
大興善寺三藏沙門大廣智不空奉　詔譯
勝幢臂印陀羅尼經一卷　二紙
妙臂印幢陀羅尼一卷
別有一本十六七紙非是本經不可流
布　二紙
上二十一經二十一卷同帙
無崖際持法門經一卷　一十五紙
一名無際經
尊勝菩薩所問一切諸法入無量門陀羅尼經一卷
或直云尊勝菩薩所問經亦直云
無量門陀羅尼經　一十七紙
金剛壽命陀羅尼經一卷

貞元釋教錄卷第二十九　第四十張　丁

經內題云一切如來金剛壽命
陀羅尼經　貞元新入目錄
大興善寺三藏沙門大廣智不空奉　詔譯
金剛壽命念誦法一卷　二紙
經內題云陀羅尼念誦法
貞元新入目錄　三紙
大興善寺三藏沙門大廣智不空奉　詔譯
金剛上味陀羅尼經一卷　一十四紙
金剛場陀羅尼經一卷　一十四紙
菩提場莊嚴經一卷
經內題云菩提莊嚴陀羅尼經
貞元新入目錄　二十二紙
大興善寺三藏沙門大廣智不空奉　詔譯
菩提場所說一字頂輪王經五卷
貞元新入目錄　七十八紙
大興善寺三藏沙門大廣智不空奉　詔譯
上八經十二卷一帙
奇特佛頂經三卷
經內題云一字奇特佛頂經現
威德品　貞元新入目錄　六十八紙
大興善寺三藏沙門大廣智不空奉　詔譯
金剛頂經一字頂輪王瑜伽一切時處念誦成

貞元釋教錄卷第二十九　第四十一張

佛儀軌一卷
大興善寺三藏沙門大廣智不空奉　詔譯
貞元新入目錄　八紙
師子奮迅菩薩所問經一卷　三紙
華聚陀羅尼咒經一卷　三紙
華積陀羅尼神咒經一卷　三紙
六字咒王經一卷　五紙
六字神咒王經一卷　六紙
虛空藏菩薩問佛經一卷
亦云虛空藏菩薩問七佛陀羅
尼咒經亦云七佛神咒經　十二紙
如來方便善巧咒經一卷　一十紙
持句神咒經一卷
亦云陀羅尼句　三紙
陀隣尼鉢經一卷
亦云陀羅隣鉢咒　三紙
東方最勝燈王如來經一卷
題云東方最勝燈王如來遣二
菩薩送咒奉釋迦如來助護持
世間經　一十三紙
善法方便陀羅尼咒經一卷　六紙
金剛秘密善門陀羅尼經一卷　五紙
護命法門神咒經一卷　一十一紙

貞元釋教錄卷第二十九　第四十二張

無垢淨光大陁羅尼經一卷　一十二紙
上十六經十八卷同一帙
請觀世音菩薩消伏毒害陁羅尼經一卷　一十二紙
亦直云請觀世音經
蘘麌梨童女經一卷　四紙
經内題中亦加佛說
貞元新入目録
大興善寺三藏沙門大廣智不空奉　詔譯
除一切疾病陁羅尼經一卷　一紙
貞元新入目録
大興善寺三藏沙門大廣智不空奉　詔譯
能淨一切眼陁羅尼經一卷
經内題云能淨一切眼疾病陁羅尼經　貞元新入目録　二紙
大興善寺三藏沙門大廣智不空奉　詔譯
阿唎多羅阿嚕力經一卷
經内題云阿唎多羅尼阿嚕力品第十四　貞元新入目録二十一紙
大興善寺三藏沙門大廣智不空奉　詔譯
雨寶陁羅尼經一卷　五紙
經内題云加佛說雨字
貞元新入目録
大興善寺三藏沙門大廣智不空奉　詔譯

貞元釋教録卷第二十九　第四三張　丁

甘露軍吒利瑜伽念誦法一卷
經内題云甘露軍吒利菩薩供養念誦成就儀軌
貞元新入目録　一十八紙
大興善寺三藏沙門大廣智不空奉　詔譯
佛說一髻尊陁羅尼經一卷　一十四紙
貞元新入目録
大興善寺三藏沙門大廣智不空奉　詔譯
聖閻曼德迦威怒王立成大神驗念誦法一卷
貞元新入目録　八紙
大興善寺三藏沙門大廣智不空奉　詔譯
速疾立驗魔醯首羅天說迦樓羅阿尾奢法一卷
貞元新入目録　六紙
大興善寺三藏沙門大廣智不空奉　詔譯
大聖天歡喜雙身毗那夜迦法一卷
貞元新入目録　三紙
大興善寺三藏沙門大廣智不空奉
上十一經十一卷同帙
内藏百寶經一卷　八紙
亦云内藏百品經
温室洗浴衆僧經一卷　三紙
亦直云温室經
湏賴經一卷　一十八紙

貞元釋教録卷第二十九　第四十四張　丁

私訶昧經一卷或云私阿末經一名菩薩道樹經亦名道樹三昧經　一十一紙
菩薩生地經一卷　三紙
一名差摩竭經
四不可得經一卷　五紙
梵女首意經一卷　五紙
一名首意女經
成具光明定意經一卷　二十一紙
或云成具光明三昧經或直云成具光明經
寶網經一卷　二十三紙
亦云寶網童子經
菩薩行五十緣身經一卷　六紙
亦云菩薩緣身五十事經亦云五十緣身行經
菩薩修行經一卷　七紙
亦云威施長者問觀身行經亦云長者修行經
諸德福田經一卷　五紙
或直云福田經或云諸福田經
大方等如來藏經一卷

貞元釋教録卷第二十九　第四十五張　丁

或直云如来藏　九紙
大方廣如来藏經一卷　一十八紙
貞元新　目録
佛語經一卷　四紙
金色王經一卷　九紙
演道俗業經一卷　九紙
百佛名經一卷　六紙
上十八經十八卷同一帙
稱揚諸佛功德經三卷
亦云集諸佛花經一名集花經
一名現在佛名經或四卷
須真天子經三卷　五十七紙
亦云須真天子所問經亦云問
四事經或二卷　四十六紙
摩訶摩耶經一卷
一名佛昇忉利天為母説法經
亦直云摩耶經或二卷二十六紙
除恐災患經一卷　一十七紙
孛經一卷或云孛經鈔　一十八紙
觀世音菩薩受記經一卷
一名觀世音受決經　一十三紙
觀自在菩薩授記經一卷

貞元標教録卷第二十九　第四十七張　丁

經内題云佛説大方廣曼殊室
利經觀自在菩薩授記品第三十
大興善寺三藏沙門大廣智不空奉　詔譯
貞元新入目録　一十二紙
上七經十一卷同帙
海龍王經四卷或三卷　七十三紙
首楞嚴三昧經三卷或二卷
亦直云首楞嚴經僧祐録云新
首楞　五十二紙
觀普賢菩薩行法經一卷
云出深功德經中或無行法字
亦云普賢經　一十六紙
觀藥王藥上二菩薩經一卷　一十九紙
不思議光菩薩所問經一卷
亦云不思光菩薩所説經亦云
無思光孩童菩薩經　一十二紙
上五經十卷同帙
十住斷結經十卷
最勝問菩薩十住除垢亦名十
千日光二百五十三昧定亦云
十千地斷經十一卷或十四卷
四紙經本只四紙只依經寫也
諸佛要集經二卷

貞元標教録卷第二十九　第四十八張　丁

亦直云要集經天竺曰佛陁僧
祇提　四十三紙
未曾有因縁經二卷
或無因縁字度羅睺羅沙弥序
四十紙
上三經十四卷二帙
菩薩瓔珞經十二卷
一名現在報或十四卷或十六
卷或十三卷　三百三十七紙
超日明三昧經二卷
或直云超日明經或三卷四十八紙
上二經十四卷二帙
賢劫經十三卷
題云颰陁劫三昧晉曰賢劫定意
舊録云賢劫三昧經或十卷
一帙　一百九十二紙
大乘經單譯一百九十一部三百七十
二卷　三十帙
大法炬陁羅尼經二十卷　二帙
二百九十八紙
大威德陁羅尼經二十卷　二帙
佛名經十二卷　二百六十八紙

貞元標教録卷第二十九　第四十九張　丁

或十三卷或分為二十卷
三劫三千佛名經三卷　二百五十三紙
莊嚴劫上賢劫中星宿劫下
上二經十五卷二帙　五十九紙
上帙七　下帙八
五千五百佛名經八卷　一百三十一紙
不思議功德諸佛所護念經二卷
或直云不思議功德經或四卷
三十七紙
上二經十三卷同帙
華手經十三卷
一名攝諸善根經亦名攝諸功
德經或十一卷或十二卷或十
卷一帙　二百二十九紙
大方等陀羅尼經四卷
一名方等檀特陀羅尼經或無
大字　六十三紙
僧伽吒經四卷　五十一紙
力莊嚴三昧經三卷　三十八紙
大方廣圓覺修多羅了義經一卷

上四經十二卷同帙　二十七紙
觀佛三昧海經十卷
或云觀佛三昧經或八卷一帙
一百五十六紙
大方便佛報恩經七卷
一百二十六紙
菩薩本行經三卷　四十七紙
上二經十卷同帙
法集經六卷
或七卷或八卷　一百二十七紙
觀察諸法行經四卷　六十三紙
上二經十卷同帙
菩薩處胎經五卷
初云菩薩從兜術天降神母胎
廣普經亦云胎經或八卷或四卷
一百一十五紙
弘道廣顯三昧經四卷
一名阿耨達龍王所問決諸狐疑
清淨品亦名金剛問定意經九
十二品或二卷　五十五紙
施燈功德經一卷
一名燈經　一十五紙

上三經十卷同帙
央掘魔羅經四卷　七十八紙
無所有菩薩經四卷　六十二紙
明度五十挍計經二卷
或無明度字或無五十字　四十紙
上三經十卷同帙
中陰經二卷　三十八紙
大法鼓經二卷　三十一紙
文殊師利問經二卷
亦直云文殊問經　五十一紙
月上女經二卷
維摩詰之女　二十九紙
大方廣如來秘密藏經二卷
二十四紙
上五經十卷同帙
大乘密嚴經三卷
中天竺三藏地婆訶羅譯
新譯密嚴經三卷
御製序　五十六紙
經內題云大乘密嚴經御製序
貞元新入目錄　五十一紙
大興善寺三藏沙門大廣智不空奉　詔譯
占察善惡業報經二卷
亦云大乘實義經出大根聚經

亦直云占察經亦名地藏菩薩
經亦云地藏菩薩業報經
二十八紙
蓮華面經二卷
上四經十卷同帙　二十三紙
文殊師利問菩薩經一卷
後漢月支三藏支婁迦讖譯　二十紙
廣大寶樓閣善住秘密陁羅尼經三卷
四十一紙
大寶廣博樓閣經三卷
經內題云大寶廣博樓閣善住
秘密陁羅尼經
大興善寺三藏沙門大廣智不空奉　詔譯
貞元新入目錄　四十五紙
上四經九卷同帙
一字佛頂輪王經五卷
亦云五佛頂經或四卷
一百二十一紙
一字頂輪王瑜伽經一卷
經內題云瑜伽瑿迦說沙沙羅
烏瑟尼沙斫訖羅真言安怛那
儀則一卷　六紙
一字頂輪王念誦儀軌一卷

貞元新入目錄八紙
大興善寺三藏沙門大廣智不空奉　詔譯
金輪王佛頂略念誦法一卷
貞元新入目錄　三紙
大興善寺三藏沙門大廣智不空奉　詔譯
大陁羅尼末法中一字心咒經一卷
一十四紙
上五經九卷同帙
大佛頂如來密因修證了義諸菩薩萬行
首楞嚴經十卷　一帙
一百四十三紙
大毗盧遮那成佛神變加持經七卷
亦云大毗盧遮那成佛經
一百三十五紙
金剛頂經瑜伽修習毗盧遮那三摩地法一卷
南天竺國三藏沙門金剛智　譯
貞元新入目錄　一十五紙
大毗盧遮那成佛神變加持經略示七支念
誦隨行法一卷
大興善寺三藏沙門大廣智不空奉　詔譯
貞元新入目錄　三紙
大日經略攝念誦隨行法一卷
亦名五支略念誦要行法

大興善寺三藏沙門大廣智不空奉　詔譯
貞元新入目錄　二紙
不空羂索毗盧遮那佛大灌頂光真言一卷
出不空羂索經二十八
大興善寺三藏沙門大廣智不空奉　詔譯
貞元新入目錄　二紙
上五經十一卷同帙
蘇婆呼童子經三卷
或云蘇婆呼請問經或云蘇婆
呼律或云蘇磨呼或二卷
四十九紙
蘇悉地羯羅經三卷
九十一紙
牟梨曼陁羅咒經一卷
或無經字　三十三紙
大威力烏樞瑟摩明王經二卷
北天竺國三藏沙門無能勝譯
貞元新入目錄三十五紙
穢跡金剛說神通大滿陁羅尼法術
靈要門一卷
北天竺國三藏沙門無能勝譯
貞元新入目錄　五紙
穢跡金剛法禁百變法一卷
北天竺國三藏沙門無能勝譯

貞元新入目録三紙

上六經十一卷同帙

大威怒烏芻澁摩儀軌一卷

貞元新入目録　一十紙

大興善寺三藏沙門大廣智不空奉　詔譯

聖迦抳忿怒金剛童子菩薩成就儀軌

經三卷　貞元新入目録　四十八紙

大興善寺三藏沙門大廣智不空奉　詔譯

金剛頂瑜伽中略出念誦法四卷

亦云經　八十一紙

南天竺大弘教三藏金剛智奉　詔譯

金剛頂瑜伽真實大教王經三卷

經内題云金剛頂一切如來真

實攝大乘現證大教王經

大興善寺三藏沙門大廣智不空奉　詔譯

貞元新入目録　四十三紙

上四經十一卷同帙

千臂千鉢曼殊室利經十卷

内題云大乘瑜伽金剛性海曼殊

室利千臂千鉢大教王經

并序記

大唐贈開府儀同三司諡大弘教三藏金剛智奉　詔譯

一百五十紙

上一經十卷同帙

金剛頂瑜伽三十七尊分別聖位法門一卷

并序經中修證法門序

大興善寺三藏沙門大廣智不空奉　詔譯

貞元新入目録　一十三紙

金剛頂瑜伽三十七尊禮一卷

經内題云金剛頂經金剛界大

道場毗盧遮那如來自受用身

内證智眷屬法身異名佛最上

乘三摩地禮懺文

貞元新入目録　四紙

大興善寺三藏沙門大廣智不空奉　詔譯

金剛頂瑜伽五秘密修行儀軌一卷

經内題云金剛薩埵五秘密修

行念誦儀軌

大興善寺三藏沙門大廣智不空奉　詔譯

貞元新入目録　十二紙

金剛頂勝初瑜伽經中略出大樂金剛薩埵

念誦儀一卷

大興善寺三藏沙門大廣智不空奉　詔譯

貞元新入目録　一十一紙

金剛頂勝初瑜伽普賢菩薩念誦法一卷

貞元新入目録　六紙

大興善寺三藏沙門大廣智不空奉　詔譯

金剛頂瑜伽護摩儀軌一卷

經内云儀軌貞元新入目録八紙

大興善寺三藏沙門大廣智不空奉　詔譯

金剛頂瑜伽十八會指歸一卷

經内略無十八會字

貞元新入目録九紙

大興善寺三藏沙門大廣智不空奉　詔譯

普賢金剛薩埵念誦法一卷

經内云瑜伽念誦儀軌

貞元新入目録　一十五紙

大興善寺三藏沙門大廣智不空奉　詔譯

金剛頂降三世大儀軌一卷

經内題云金剛頂降三世大儀

軌法王教中觀自在菩薩心真

言一切如來蓮花大曼陀羅品

貞元新入目録　四紙

大興善寺三藏沙門大廣智不空奉　詔譯

金剛瑜伽降三世成就極深密門一卷

貞元新入目録　三紙

大興善寺三藏沙門大廣智不空奉　詔譯

大樂金剛薩埵修行成就儀軌一卷

出吉祥勝初教王瑜伽經　十五紙

大興善寺三藏沙門大廣智不空奉　詔譯
金剛手光明灌頂經一卷
最勝五印聖無動尊大威怒王
念誦儀軌　一十一紙
大興善寺三藏沙門大廣智不空奉　詔譯
貞元新入目錄
上十三經十三卷同帙
七佛所說神咒經四卷
初卷云七佛十一菩薩說大陀
羅尼神咒經　七十三紙
大吉義神咒經二卷　三十九紙
或四卷
文殊師利法寶藏陀羅尼經一卷　三十二紙
金剛光焰止風雨陀羅尼經一卷　二十一紙
阿吒婆拘鬼神大將上佛陀羅尼經一卷
亦直云阿吒婆拘咒經　五紙
阿弥陀鼓音聲王陀羅尼經一卷　四紙
大普賢陀羅尼經一卷　三紙
大七寶陀羅尼經一卷　一紙
六字陀羅尼咒經一卷　二紙
安宅神咒經一卷亦云安宅咒經　四紙

摩尼羅亶經一卷
亦云摩尼羅亶神咒經　四紙
玄師颰陀所說神咒經一卷　二紙
錄云幻師無所說字或作颰字
亦云颰陀吉錄云幻王颰陀經
護諸童子陀羅尼咒經一卷亦云諸童
子請求男女陀羅尼經　四紙
諸佛心陀羅尼經一卷　三紙
拔濟苦難陀羅尼經一卷　二紙
八名普密陀羅尼經一卷　二紙
持世陀羅尼經一卷　四紙
六門陀羅尼經一卷　一紙
清淨觀世音普賢陀羅尼經一卷
此經有一鋪本應須審定　五紙
上十九經二十三卷同帙
觀自在菩薩最勝明王心經一卷
經內題云金剛恐怖集會方廣
儀軌觀自在菩薩三世最勝心
明王經序品第一
貞元新入目錄　十二紙
大興善寺三藏沙門大廣智不空奉詔譯
聖觀自在菩薩心真言觀行儀軌一卷
經內云瑜伽觀行軌儀

大興善寺三藏沙門大廣智不空奉　詔譯
貞元新入目錄　六紙
觀自在大悲成就瑜伽蓮花部念誦法門一卷
亦名成就大悲觀自在
貞元新入目錄　十二紙
大興善寺三藏沙門大廣智不空奉　詔譯
觀自在多羅瑜伽念誦法一卷
經內題云金剛頂經多羅菩薩
念誦法　貞元新入目錄八紙
大興善寺三藏沙門大廣智不空奉　詔譯
葉衣觀自在菩薩陀羅尼經一卷
經內略無陀羅尼字
貞元新入目錄　八紙
大興善寺三藏沙門大廣智不空奉　詔譯
瑜伽蓮華部念誦法一卷
貞元新入目錄　七紙
大興善寺三藏沙門大廣智不空奉　詔譯
金剛頂蓮華部心念誦法一卷
經內云念誦儀軌
貞元新入目錄　二十三紙
大興善寺三藏沙門大廣智不空奉　詔譯
不動使者陀羅尼秘密法一卷
貞元新入目錄　十一紙

南天竺國三藏沙門金剛智譯

底哩三昧耶經一卷

經內題云底哩三昧耶不動使者念誦法

貞元新入目錄　十四紙

大興善寺三藏沙門大廣智不空奉　詔譯

智炬陀羅尼經一卷　三紙

諸佛集會陀羅尼經一卷　四紙

隨求即得大自在陀羅尼神呪經一卷

亦云隨求所得　一十四紙

普遍光明大隨求陀羅尼經二卷

經內題云普遍光明清淨熾盛如意寶印心無能勝大明王大隨求陀羅尼經

貞元新入目錄　三十三紙

大興善寺三藏沙門大廣智不空奉　詔譯

百千印陀羅尼經一卷　二紙

上十四經十五卷同帙

救面然餓鬼陀羅尼神呪經一卷

亦云施餓鬼食呪經後兼有施水呪　四紙

施燄口餓鬼陀羅尼經一卷

經內題云佛說救拔燄口餓鬼

陀羅尼經　貞元新入目錄　四紙

大興善寺三藏沙門大廣智不空奉　詔譯

莊嚴王陀羅尼呪經一卷　四紙

香王菩薩陀羅尼呪經一卷　二紙

一切法功德莊嚴王經一卷　十四紙

拔除罪障呪王經一卷　三紙

善夜經一卷　三紙

虛空藏菩薩能滿諸願最勝心陀羅尼求聞持法一卷　四紙

金剛頂經曼殊室利菩薩五字心陀羅尼品一卷　十一紙

金剛王菩薩念誦法一卷

經內題云念誦儀軌

貞元新入目錄　十二紙

大興善寺三藏沙門大廣智不空奉　詔譯

觀自在如意輪菩薩瑜伽法要一卷　九紙

觀自在菩薩如意輪瑜伽一卷

貞元新入目錄　九紙

大興善寺三藏沙門大廣智不空奉　詔譯

如意輪念誦法一卷

貞元新入目錄　八紙

佛地經一卷　十三紙

佛垂般涅槃略說教誡經一卷

亦云佛臨般　一名遺教經　六紙

出生菩提心經一卷　十一紙

佛印三昧經一卷　三紙

文殊師利般涅槃經一卷　四紙

異出菩薩本起經一卷

或無起字　十一紙

千佛因緣經一卷　十八紙

賢首經一卷一名賢首夫人經　三紙

月明菩薩經一卷

或加三昧字或云月明童子經　三紙

心明經一卷一名心明女梵志婦飯汁施經　三紙

滅十方冥經一卷

或云十方滅冥經　六紙

鹿母經一卷

別有鹿子經一卷與此全別　三紙

魔逆經一卷　一十九紙

上二十六經二十六卷同帙

德光太子經一卷

一名賴吒羅所問光德太子經　一十九紙

大意經一卷　五紙
堅固女經一卷一名牢固女　六紙
商主天子所問經一卷　一十七紙
或無所問字
諸法最上王經一卷　二十三紙
師子莊嚴王菩薩請問經一卷
一名八曼荼羅　五紙
佛為優填王說王法政論經一卷
貞元新入目錄　九紙
大興善寺三藏沙門大廣智不空奉詔譯
離垢慧菩薩所問礼佛法經一卷　六紙
受持七佛名号所生功德經一卷　四紙
佛臨涅槃記法住經一卷
或加般字　五紙
寿照神變三摩地經一卷　一十六紙
差摩婆帝受記經一卷　三紙
不增不減經一卷
或云二卷者誤　七紙
造塔功德經一卷　二紙
右遶佛塔功德經一卷
亦云遶塔功德經　三紙
大乘四法經一卷
與重譯中日照名者字雖同經體全異　八紙

有德女問大乘經一卷　四紙
時有一本可八九紙文錯不勘
大乘流轉諸有經一卷　三紙
妙色王因緣經一卷　四紙
佛為海龍王說法經一卷　一紙
師子素馱娑王斷肉經一卷　四紙
般泥洹後灌蠟經一卷
一名般泥洹後四輩灌蠟經亦直名灌臘經　二紙
八部佛名經一卷　三紙
上二十三經二十三卷同帙
菩薩內習六波羅蜜經一卷
或云內六波羅蜜經安玄方等
部　三紙
大乘理趣六波羅蜜多經十卷
貞元新入目錄　一百六十紙
御製序
罽賓國三藏沙門般若奉詔譯
大花嚴長者問佛那羅延力經一卷
貞元新入目錄　一紙
御製序
罽賓國三藏沙門般若奉詔譯
般若波羅蜜多心經一卷

貞元新入目錄　一紙
罽賓國三藏沙門般若譯
上四經十三卷同帙
本生心地觀經八卷
大唐罽賓國三藏沙門般若奉勅編入貞元錄中　譯
薩埵投身餓虎起塔因緣經一卷
僧祐錄云以身施餓虎經
上一經八卷一帙
一十二紙
金剛三昧本性清淨不壞不滅經一卷
亦名金剛清淨經　八紙
師子月佛本生經一卷　七紙
長者法志妻經一卷　三紙
薩羅國經一卷或云薩羅國王經　四紙
十吉祥經一卷　二紙
吉祥天女十二名号經一卷
貞元新入目錄　二紙
大興善寺三藏沙門大廣智不空奉詔譯
大吉祥天女經一卷
經內題云佛說大吉祥天女十二契一百八名無垢大乘經
貞元新入目錄　六紙

大興善寺三藏沙門大廣智不空奉　詔譯
長者女菴提遮師子吼了義經一卷　三紙
一切智光明仙人慈心因緣不食肉經一卷
五紙
金剛三昧經二卷或一卷　二十七紙
法滅盡經一卷　三紙
甚深大迴向經一卷　四紙
天王太子辟羅經一卷
亦云太子辟羅經或無天王字　三紙
優婆夷淨行法門經二卷
亦直云淨行經或無經字　三十二紙
八大人覺經一卷　一紙
三品弟子經一卷
亦云弟子學有三輩經　三紙
四輩經一卷　或云四輩弟子經
或云四輩學經　三紙
當來變經一卷
或云當來變識經　二紙
過去佛分衛經一卷
或云過世　二紙
十二頭陁經一卷
一名沙門頭　五紙
樹提伽經一卷　三紙

第六十七張　丁

長壽王經一卷　六紙
法常住經一卷　二紙
上二十四經二十四卷同帙
大乘律二十七部五十五卷五帙
菩薩地持經十卷
或無經字亦云論亦云菩薩戒
經又名菩薩地經或八卷一帙
一百八十六紙
菩薩善戒經九卷
一名菩薩地或十卷　二百八十紙
淨業障經一卷　一十五紙
上二經十卷同帙
優婆塞戒經七卷
或五卷或六卷或十卷是在家
菩薩戒　一百三十一紙
梵網經二卷　三十六紙
受十善戒經一卷　一十六紙
受菩提心戒儀一卷
經內題云密上乘教受戒懺悔
文普賢瑜伽阿闍梨集
貞元新入目錄　三紙
大興善寺三藏沙門大廣智不空奉　詔譯
上四經十一卷同帙

第六十八張　丁

菩薩瓔珞本業經二卷　三十九紙
佛藏經四卷
一名選擇諸法經
或三卷或二卷　七十紙
菩薩戒本一卷　曇無讖譯　十一紙
菩薩戒本一卷　三藏玄奘譯　十八紙
菩薩戒羯磨文一卷　六紙
菩薩善戒經一卷
優波離問菩薩受戒法　十五紙
上六經十卷同帙
菩薩內戒經一卷　十八紙
優婆塞五戒威儀經一卷　十五紙
文殊師利淨律經一卷
或直名淨律經　十三紙
清淨毗尼方廣經一卷　十七紙
寂調音所問經一卷　一名如來所
說清淨調伏經　十八紙
大乘三聚懺悔經一卷　十三紙
菩薩五法懺悔文一卷
亦名菩薩五法懺悔經　二紙
菩薩藏經一卷　十紙
三曼陁颰陁羅菩薩經一卷　十七紙
菩薩受齋經一卷　三紙

文殊悔過經一卷
一名文殊五體悔經　二十一紙
舍利弗悔過經一卷
亦直名悔過經　五紙
法律三昧經一卷　亦直名法律　七紙
十善業道經一卷　六紙
上十四經十四卷同帙
計一百七十二紙
大乘論九十九部五百二十卷五十
帙　二十一部一百五十五卷釋
論　七十八部三百六十五卷集
義論
大智度論一百卷　或云大智度經論
亦云摩訶般若釋論　或一百一
十卷　或七十卷　十帙
二千八十五紙
十地經論十二卷
或十五卷　一帙　二百四十六紙
弥勒菩薩所問經論五卷
或六卷　或七卷　或十卷
一百二十八紙
大乘寶積經論四卷　八十四紙
寶髻菩薩四法經論一卷

題云寶髻經四法優婆提舍
一十二紙
上三論十卷同帙　計二千五百
五十五紙
佛地經論七卷　一百一十七紙
金剛般若論二卷
無著菩薩造　三十紙
能斷金剛般若波羅蜜多經論頌一卷
亦云能斷金剛論頌　四紙
上三論十卷同帙
計一百五十一紙
金剛般若波羅蜜論三卷
天親菩薩造　四十八紙
能斷金剛般若波羅蜜多經論釋三卷
亦云能斷金剛論釋　三十三紙
金剛般若波羅蜜經破取著不壞假名論二卷
亦名功德施論　三十三紙
文殊師利菩薩問菩提經論二卷
亦云文殊問菩提經論
一名伽耶山頂經論　三十紙
妙法蓮華經論一卷
題云妙法蓮花經優婆提舍
二十五紙

上五論十一卷同帙
計一百六十九紙
法華經論二卷
初有歸敬頌者是　或一卷　亦云
妙法蓮花經優婆提舍　三十紙
勝思惟梵天所問經論四卷
或三卷　五十九紙
涅槃論一卷
或云大涅槃經論　一十紙
涅槃經本有今無偈論一卷
亦直云本有今無　六紙
遺教經論一卷　二十六紙
無量壽經論一卷　題云無量壽經
優波提舍願生偈　七紙
三具足經論一卷　題云三具足經
優婆提舍　一十八紙
轉法輪經論一卷
題云轉法輪經優波提舍　一十紙
上八論十二卷同帙
計一百六十六紙
瑜伽師地論一百卷　十帙
一千八百一十七紙
顯揚聖教論二十卷　二帙

三百二十七紙
瑜伽師地論釋一卷　一十九紙
顯揚聖教論頌一卷　一十三紙
王法正理論一卷　二十紙
大乘阿毗達磨集論七卷　一百三紙
上四論十卷同帙
計二千二百九十九紙
大乘阿毗達磨雜集論十六卷
二百五十五紙
中論四卷　亦云中觀論或八卷
九十八紙
上二論二十卷同帙
計三百五十三紙
般若燈論釋十五卷　二百五十二紙
十二門論一卷　二十四紙
十八空論一卷　二十紙
百論二卷　四十三紙
廣百論本一卷　八紙
上五論二十卷　二帙
計三百四十七紙
大乘廣百論釋論十卷　一帙
一百九十七紙
十住毗婆沙論十四卷

或無論字或十二卷或十五卷
二百七十六紙
菩提資糧論六卷　六十七紙
上二論二十卷　二帙
計五百四十紙
大乘莊嚴經論十三卷
或十五卷一帙　二百五紙
順中論二卷　題云順中論義入大般若波羅蜜經　三十二紙
攝大乘論三卷　五十九紙
真諦三藏譯
上三論二十卷　二帙
計五百五紙
攝大乘論二卷　四十四紙
佛陀扇多譯
攝大乘論本三卷　六十六紙
三藏玄奘譯
攝大乘論釋十五卷　三百二十七紙
世親釋真諦譯或十二卷亦云釋論
上三論二十卷　二帙
計四百三十二紙
攝大乘論釋論十卷

世親釋笈多譯　一百五十六紙
攝大乘釋論十卷　一帙
世親釋玄奘譯　一百七十六紙
攝大乘論釋十卷　一帙
無性釋玄奘譯　二百一十六紙
佛性論四卷　八十三紙
決定藏論三卷　五十三紙
辯中邊論頌一卷　五紙
中邊分別論二卷或三卷　三十八紙
上四論十卷同帙
計七百二十七紙
辯中邊論三卷　三十九紙
究竟一乘寶性論四卷
亦云寶性分別七乘增上論或三卷或五卷　八十紙
業成就論一卷　一十二紙
大乘成業論一卷　一十七紙
因明正理門論本一卷
三藏玄奘譯　一十五紙
上五論十卷同帙
計一百六十三紙
因明正理門論一卷
三藏義淨譯　一十六紙

因明入正理論一卷　六紙
顯識論一卷題云顯識品從無相論出　一十九紙
轉識論一卷　三紙
唯識論一卷　一名破色心初云唯識無境界或云唯識無境界論　一十九紙
唯識論一卷　初云修道不共他或
云大乘唯識論　一十紙
唯識二十論一卷　一十紙
成唯識寶生論五卷
一名三十唯識順釋論　六十五紙
唯識三十論一卷　二紙
上九論十三卷同帙
計一百三十四紙　一帙一百七十五紙
成唯識論十卷
大丈夫論二卷　三十四紙
入大乘論二卷　四十一紙
大乘掌珍論二卷　三十二紙
大乘五蘊論一卷
世親造玄奘譯　八紙
大乘廣五蘊論一卷
與前論異本或無廣字安惠造

日照譯　一十三紙
寶行王正論一卷　一十九紙
大乘起信論一卷
眞諦三藏譯　二十五紙
上七論十卷同帙
計三百四十八紙
大乘起信論二卷
實叉難陀譯　二十四紙
發菩提心論二卷　或法菩提心經
亦云經論　二十八紙
金剛頂瑜伽中發阿耨多羅三藐三菩
提心論一卷
亦云瑜伽摠持教門說菩提心
觀行修持義貞元新入目錄　七紙
三無性論二卷　題云三無性論品
出無相論或一卷　四十五紙
方便心論一卷
或二卷九品　一十七紙
如實論一卷
題云如實反質難品　三十三紙
無相思塵論一卷
或眞云思塵論　三紙
觀所緣緣論釋一卷　一十三紙

上九論十二卷同帙
計一百四十六紙
迴諍論一卷　二十五紙
緣生論一卷　一十一紙
大乘緣生論一卷　總中云聖者鬱
楞迦造貞元新入目錄　一十紙
大興善寺三藏沙門大廣智不空奉詔譯
十二因緣論一卷　四紙
一輪盧迦論一卷　或云一書　三紙
大乘百法明門論一卷
題云大乘百法明門論本事分
中略錄名數　二紙
百字論一卷　八紙
解捲論一卷　三紙
掌中論一卷　三紙
取因假設論一卷　九紙
觀總相論頌一卷　一紙
止觀門論頌一卷　四紙
手杖論一卷　七紙
六門教授習定論一卷　九紙
大乘法界無差別論一卷　六紙
破外道小乘四宗論一卷　六紙
破外道小乘涅槃論一卷　五紙

上十七論十七卷同帙

都計大乘經律論見入藏者揔八百八部二千九百八十八卷三百七十六帙

與前廣録部數不同者前廣録中以大寶積經諸部合成分為四十九部上録此合為一部故欠四十八不同

貞元新定釋教目録卷第二十九

貞元釋教录卷第二十九　第十九張　丁

丙午歲高麗國大藏都監奉
勑彫造

貞元新定釋教目録卷第三十 入藏録下 丁

西京西明寺沙門 圓照 撰

小乘入藏録下 小乘經律論等三百三十部一千八百九卷一百七十帙賢聖集傳附此卷末此直列經名及標紙數餘如廣録

小乘經二百四十部六百一十八卷四十八帙

小乘律六十一部四百九十三卷五十帙

小乘論三十六部六百九十八卷七十二帙

小乘經重單合譯一百五十三部三百九十四卷三十二帙

長阿含經二十二卷 二帙 四百三十一紙

中阿含經六十卷 或五十八卷六帙 一千一百四十六紙

增一阿含經五十一卷 或五十卷或四十三卷 或六十卷或三十三卷 五帙 八百一十紙

雜阿含經五十卷 五帙 一千六十九紙

別譯雜阿含經二十卷 二帙 三百九紙

佛般泥洹經二卷 或直泥洹經 四十七紙

大般涅槃經二卷 或三卷 五十一紙

般泥洹經二卷 或直云泥洹經亦云六卷欠下卷 四十五紙 般泥洹經諸藏中一卷者恠是上

人本欲生經一卷 一十五紙

尸迦羅越六向拜經一卷 或云尸迦羅越六方礼經 四紙

梵志阿颰經一卷 一名阿颰摩納經安録直云阿拔經亦名佛解梵志阿拔經 一十四紙

梵網六十二見經一卷 一名梵網經 一十一紙

寂志果經一卷 一十六紙

上八經十一卷同帙

起世經十卷 一帙 一百六十七紙

起世因本經十卷 恐二本相濫題下別云起世因本經一帙諸藏多是前本此本稍稀 一百七十紙

樓炭經六卷 或云大樓炭經或八卷或五卷

長阿含十報法經二卷 亦名多增道章經或云十報經 二十七紙 一百三紙

中本起經二卷 或云太子中本起經 四十七紙

上三經十卷同帙

七知經一卷 或云七智 二紙

鹹水喻經一卷 或云鹹水譬喻經 二紙

一切流攝守因經一卷 或云流攝經或云一切流攝經亦名攝守同經 五紙

四諦經一卷 九紙

恒水經一卷 亦云恒河喻經 四紙

本相倚致經 亦云大相倚致 三紙

緣本致經一卷 三紙

頂生王故事經一卷 亦直云頂生王經 六紙

文陁竭王經一卷 四紙

閻羅王五天使者經一卷 一名鐵城泥梨經 三紙

鐵城泥梨經一卷 五紙

古來世時經一卷 五紙

阿那律八念經一卷

或云八念經一名禪行斂意經
舊録云禪行撿意　四紙
離睡經一卷　三紙
是法非法經一卷　四紙
求欲經一卷　十紙
受歲經一卷　四紙
梵志計水淨經一卷
一名五陰因事經　二紙
苦陰經一卷　五紙
釋摩男本經一卷
一名五陰因事經　四紙
苦陰因事經一卷　六紙
樂想經一卷　二紙
漏分布經一卷　七紙
阿耨風經一卷　晉言依戒　六紙
諸法本經一卷　一紙
瞿曇弥記果經一卷　七紙
瞻婆比丘經一卷　或云瞻波　四紙
伏婬經一卷　三紙
魔嬈亂經一卷
一名魔王入目連蘭腹經
一名弊魔試目連經　八紙
弊魔試目連經一卷

一名魔嬈亂法　五紙
上三十經三十卷同帙
賴吒和羅經一卷
一名羅漢賴吒和羅經　十一紙
善生子經一卷　七紙
數經一卷　四紙
梵志頞羅延問種尊經一卷
或云頞婆羅延　七紙
三歸五戒慈心猒離功德經一卷　一紙
須達經一卷　亦云須達長者經　四紙
佛為黄竹園老婆羅門說學經一卷　四紙
梵摩喻經一卷　九紙
尊上經一卷　四紙
鸚鵡經一卷
亦名兜調經或作兜者誤也九紙
兜調經一卷　四紙
意經一卷　三紙
應法經一卷　四紙
泥犁經一卷
或云中阿含泥犁經　十一紙
優波夷墮舍迦經一卷　三紙
齋經一卷　一名持齋經　四紙

鞞摩肅經一卷　四紙
婆羅門子命終愛念不離經一卷　四紙
十支居士八城人經一卷　三紙
亦直云十支經
邪見經一卷　二紙
箭喻經一卷　四紙
普法義經一卷
一名具法行經亦名普義經　九紙
廣義法門經一卷　九紙
誠德香經一卷　或云戒德經　二紙
四人出現世間經一卷　四紙
波斯匿王太后崩塵土坌身經一卷　三紙
須摩提女經一卷　六紙
婆羅門避死經一卷　一紙
食施獲五福報經一卷
一名施色力經一名福德　二紙
頻毗婆羅王詣佛供養經一卷　五紙
亦云頻婆
長者子六過出家經一卷　三紙
鴦崛摩經一卷

或有作麞字或云指髻經亦云指鬘經　六紙
上三十二經三十二卷同帙
鴦崛髻經一卷　六紙
力士移山經一卷　亦直云移山經　六紙
四未曾有法經一卷　二紙
亦云四未有經或無法字
舍利弗摩目揵連遊四衢經一卷　三紙
七佛父母姓字經一卷　四紙
或云七佛姓字經
放牛經一卷　亦云牧牛經　四紙
緣起經一卷　亦云十二緣起經　三紙
十一想思念如來經一卷
或云十一思惟念如來經　一紙
四泥犁經一卷　或云四大泥犁經　二紙
阿那邠邸化七子經一卷　四紙
大愛道般泥洹經一卷　或作堤舩　七紙
佛母般泥洹經一卷　四紙
國王不梨先尼十夢經一卷
或作泥　五紙
舍衛國王夢見十事經一卷
或直云十夢經或云波斯匿王十夢經　四紙
阿難同學經一卷　三紙
五蘊皆空經一卷　一紙

七處三觀經一卷　或二卷　一十七紙
聖法印經一卷
亦直云聖印經亦云慧印經天
竺名阿遮曇摩文図　二紙
雜阿含經一卷　二十一紙
五陰譬喻經一卷
或無譬字一名水沫所漂經　二紙
水沫所漂經一卷　一名河中大聚
沫經一名聚沫譬經　二紙
不自守意經一卷　或云自守亦不
自守經或云不自守經　一紙
滿願子經一卷　二紙
轉法輪經一卷　或云法輪轉經京
中諸藏並是轉法輪論非是本
經應須簡擇　二紙
三轉法輪經一卷　五紙
八正道經一卷　三紙
難提釋經一卷　四紙
馬有三相經一卷
亦有善馬有三相經　一紙
馬有八態譬人經一卷　一名馬有
弊惡態經亦直云馬有八態經
一紙

相應相可經一卷　二紙
治禪秘要一卷　或云治禪病秘要法無經字
或云禪要秘治病經或二卷
二十八紙
上三十一經三十一卷同帙
摩鄧女經一卷　一名阿難為蠱道
女惑經亦云摩鄧女　三紙
摩鄧女解形中事經一卷　三紙
摩登伽經三卷　或二卷　三十四紙
舍頭諫經一卷　題云舍頭諫晉曰
太子二十八宿一名虎耳經　二
十六紙
鬼問目連經一卷　四紙
雜藏經一卷　九紙
餓鬼報應經一卷　一名目連說地
獄餓鬼因緣經　五紙
阿難問事佛吉凶經一卷　或名阿
難問事經亦名事佛吉凶經　五紙
慢法經一卷　二紙
阿難分別經一卷　亦名阿難問事
佛吉凶經或名分別經　五紙
五母子經一卷　二紙
沙弥羅經一卷　二紙

王耶女經一卷 或云王琊經 二紙
玉耶經一卷 一名長者諸佛說子婦無敬經或玉耶女經 五紙
阿遬達經一卷 二紙
修行本起經二卷
一名宿行本起經
上十六經十九卷同帙 三十二紙
太子瑞應本起經二卷
亦云太子本起瑞應經亦直云瑞應本起經 三十一紙
過去現在因果經四卷 九十五紙
法海經一卷 三紙
海八德經一卷 三紙
四十二章經一卷 七紙
柰女耆域因緣經一卷 或云柰女耆域經或直云柰女經有云柰女耆域國耆謀也 一十七紙
罪業應報教化地獄經一卷
或云地獄報應 六紙
龍王兄弟經一卷 一名難龍王經亦云降龍王經 二紙
長者音悅經一卷 或云長者悅不蘭迦葉經亦直云音悅經 五紙

上九經十三卷同帙
禪秘要經三卷 或云禪秘要法無經字或四卷 八十四紙
七女經一卷 一名七本經 六紙
八師經一卷 四紙
越難經一卷
一名難長者經一名難經 二紙
所欲致患經一卷 六紙
阿闍世王問五逆經一卷 五紙
五苦章句經一卷 一名諸天五苦經一名五道章句經一名淨除罪蓋娛樂佛法經
十三紙
堅意經一卷 一名堅心正意經一名堅心經 二紙
淨飯王涅槃經一卷 或加般字 七紙
進學經一卷 或云勸進學道經 一紙
得道梯隥錫杖經一卷 題云得道梯隥經錫杖品第十二亦云錫杖經 二紙
貧窮老公經一卷 一名貧老經 三紙
三摩竭經一卷 一名須摩提女經一名難國王經一名怒和檀王經

八紙
缾沙王五願經一卷
一名沙迦王經或作洴字 七紙
瑠璃王經一卷 或作流璃
上十五經十七卷同帙
生經五卷 或四卷 一百九紙
義足經二卷 四十紙
上二經七卷同帙
小乘經單譯八十七部二百二十四卷
一十七帙
正法念處經七十卷 七帙
一千二百五紙
佛本行集經六十卷或名皆集 六帙
八百七十七紙
本事經七卷 九十五紙
興起行經二卷 亦名議宿經 三十一紙
業報差別經一卷 一十五紙
上三經十卷同帙
大安般守意經二卷 亦直云大安般經或無大字安公云息安般經或一卷 三十二紙
陰持入經二卷 或云陰持入誤也

或一卷亦云住陰持入　二十二紙
處處經一卷　一十五紙
罵意經一卷　一十五紙
分別善惡所起經一卷　一十五紙
出家緣經一卷　一名出家因緣經　一十五紙
阿鋡正行經一卷　一名正意經　四紙
十八泥犁經一卷　或云十八地獄經　六紙
法受塵經一卷　一紙
禪行法想經一卷　一紙
長者子懊惱三處經一卷　一名長者大惱三處經亦云三處惱經　三紙
揵陀國王經一卷　或無國字　二紙
須摩提長者經一卷　一名會諸佛前亦名如來所說示現衆生　八紙
阿難四事經一卷　四紙
未生怨經一卷　四紙
四願經一卷　三紙
黑氏梵志經一卷　三紙
猘狗經一卷　祐云與𤞞狗同　三紙
分別經一卷　五紙
八關齋經一卷　二紙
阿鳩留經一卷　四紙

孝子經一卷　亦名孝子報恩經　二紙
上三十二經二十四卷同帙
五百弟子自說本起經一卷　或云佛五百弟子自說本起亦云五百弟子自說本末經亦云五百弟子起經　二十一紙
大迦葉本經一卷　或無大字　五紙
四自侵經一卷　五紙
羅云忍辱經一卷　或直云忍辱經　三紙
佛為年少比丘說正事經一卷　二紙
沙曷比丘功德經一卷　三紙
時非時經一卷　亦直云時經　二紙
自愛經一卷　或云自愛不自愛　五紙
忠心經一卷　亦云忠心正行經或云大忠心經亦云小忠心經　五紙
見正經一卷　一名生死變識經　八紙
大魚事經一卷　三紙
阿難七夢經一卷　亦直云夢經　二紙
阿鵰阿那含經一卷　一名荷鵰或作苛字　二紙
燈指因緣經一卷　九紙
婦人遇辜經一卷　一名婦遇對經　二紙
四天王經一卷　二紙

摩訶迦葉度貧女經一卷　四紙
十二品生死經一卷　一紙
罪福報應經一卷　一名輪轉五道罪福報應經亦名轉輪五道經亦云五道輪經　四紙
五無返復經一卷　一名五覆大義經或作附字　二紙
佛大僧大經一卷　二兒名　七紙
耶祇經一卷　二紙
末羅王經一卷　二紙
摩達國王經一卷　或無國王字　二紙
旃陀越國王經一卷　或無國王　三紙
五恐怖世經一卷　或云恐怖經　二紙
弟子死復生經一卷　或云死更生經　六紙
懈怠耕者經一卷　或云懈怠耕兒經　二紙
辯意長者子經一卷　或云長者辯意經或加所問字　九紙
無垢優婆夷問經一卷　三紙
上三十經三十卷同帙
賢者五福經一卷　一紙
天請問經一卷　二紙

僧護經一卷或云僧護因緣經亦云
因緣僧護經　二十紙
護淨經一卷　二紙
木槵子經一卷或作患字亦作㯕二紙
無上處經一卷　一紙
盧志長者因緣經一卷　十紙
五王經一卷　五紙
出家功德經一卷
非是賢愚中抄出者　五紙
栴檀樹經一卷　三紙
頻多和多耆經一卷　三紙
普達王經一卷　四紙
佛滅度後棺斂葬送經一卷
一名比丘師經亦名師比丘經　三紙
鬼子母經一卷　四紙
梵摩難國王經一卷　二紙
父母恩難報經一卷亦云勤報　二紙
孫多耶致經一卷　三紙
新歲經一卷　六紙
群牛譬經一卷　二紙
九橫經一卷　二紙
禪行三十七經一卷
或云禪行三十七品經　三紙

比丘避女惡名欲自殺經一卷　一紙
比丘聽施經一卷
一名聽施比丘經　三紙
身觀經一卷　二紙
無常經一卷亦名三啓經　三紙
八無暇有暇經一卷　七紙
長爪梵志請問經一卷　三紙
辟諭經一卷　二紙
略教誡經一卷　三紙
療痔病經一卷亦名療痔瘻經　二紙
上三十經三十卷同帙
小乘律六十一部
四百九十三卷　五十帙
摩訶僧祇律四十卷
或云三十卷四帙九百九十七紙
十誦律六十一卷　六帙
一千四百三十紙
根本說一切有部毗奈耶五十卷　五帙
八百七十五紙
根本說一切有部苾芻尼毗奈耶二
十卷　二帙　一百五十九紙
根本說一切有部毗奈耶雜事四十卷
四帙　六百四十四紙

根本說一切有部尼陁那目得迦十卷
前五卷尼陁那後五卷目得迦或
八卷一帙　一百二十五紙
五分律三十卷亦云彌沙塞律或三
十四卷　三帙　五百九十七紙
四分律六十卷或四十五卷或七十
卷或四十卷或云四十四卷
六帙　一千二百一十五紙
僧祇比丘戒本一卷
亦云摩訶僧祇戒本　二十紙
僧祇比丘尼戒本一卷亦云比丘尼
波羅提木叉僧祇戒本　二十五紙
十誦比丘戒本一卷亦云十誦波羅
提木叉戒　二十六紙
十誦比丘尼戒本一卷亦云十誦比丘尼波
羅提木叉戒本　卅六紙
根本說一切有部苾芻戒經一卷　二十八紙
根本說一切有部苾芻尼戒經一卷　二十四紙
五分比丘戒本一卷
亦云彌沙塞戒本　二十二紙
上七經七卷同帙
五分比丘尼戒本一卷
亦云彌沙塞尼戒本二十九紙

四分比丘戒本一卷沙門懷素依律
集題云四分戒本　二十四紙
四分比丘尼戒本一卷沙門懷素依
律集題云四分尼戒本　三十紙
四分僧戒本一卷
或無僧字或云曇無德戒本姚
秦佛陁耶舍譯　一十三紙
解脫戒本一卷出迦葉毗尼部二十二紙
沙弥十戒法并威儀一卷
亦云沙弥威儀戒本　二十一紙
沙弥威儀一卷
或云沙弥威儀戒　九紙
沙弥離戒文一卷　四紙
沙弥尼戒經一卷
或無經字　四紙
舍利弗問經一卷
上十經十卷同帙　十一紙
根本說一切有部一百羯磨十卷
一帙　一百四十六紙
大沙門百一羯磨法一卷出十誦律
或云大沙門羯磨法　二十二紙
十誦羯磨比丘要用法一卷
出十誦律或云略要羯磨法或

二卷僧祐錄云一卷二十四紙
優波離問佛經一卷
或云優波離律　二十三紙
五分羯磨一卷
題云弥沙塞羯磨本　三十一紙
四分雜羯磨一卷　題云曇無德律
部雜羯磨　二十四紙
曇無德羯磨一卷　題云羯磨一卷
出曇無德律以結大界為首
三十七紙
四分比丘尼羯磨法一卷祐云曇無
德羯磨或云雜羯磨　一十五紙
上七經七卷同帙
四分律删補隨機羯磨一卷
序題云曇無德部四分律删補
隨機羯磨　四十七紙
四分僧羯磨三卷
題云羯磨卷上出四分律八十紙
四分尼羯磨三卷
題云尼羯磨卷上　七十紙
上三經七卷同帙
大愛道比丘尼經二卷
亦云大愛道受戒經

亦直云大愛道經　三十一紙
迦葉禁戒經一卷　一名摩訶比丘經
亦名真偽沙門經　三紙
犯戒報應輕重經一卷　出目連問毗
尼經亦云罪或云目連問經　二紙
戒銷灾經一卷或云戒銷伏灾經　四紙
優婆塞五戒相經一卷
一名優婆塞五戒略論　一十四紙
根本說一切有部毗奈耶頌五卷
或三卷　七十一紙
根本說一切有部毗奈耶雜事攝頌一卷
六紙
根本說一切有部毗奈耶尼陁那目迦攝頌一卷
尼陁那頌在先目德迦頌在後八紙
五百問事經一卷
上九經十四卷同帙　三十三紙
根本薩婆多部律攝二十卷
或十四卷　二帙　三百七十七紙
根本說一切有部毗奈耶藥事二十卷
二百七十七紙
根本說一切有部毗奈耶破僧事二十卷
內欠後二卷　三百三十五紙

根本說一切有部毗奈耶出家事五卷　八十七紙
內欠一卷
根本說一切有部毗奈耶安居事一卷　十二紙
根本說一切有部毗奈耶隨意事一卷　十三紙
根本說一切有部毗奈耶皮革事二卷　二十九紙
根本說一切有部毗奈耶羯耻那事一卷　六紙
右此上從藥事下七部共五十卷並三藏沙門義淨從大周證聖元年至大唐景雲三年已来兩京飜譯未入開元釋教録搜撿入貞元目録於內由欠三卷訪本未獲已上七部四十七卷共五帙　亦右闕本録中収為本未足故且記此
毗尼摩得勒伽十卷初卷云薩婆多部尼摩得勒伽　一帙　一百八十八紙
鼻奈耶律十卷一帙　一名戒因緣經
亦名戒果因緣經

善見律毗婆沙十八卷或云毗婆婆律　一百五十五紙
亦云鼻奈耶經
亦直云善見律　三百五十八紙
佛阿毗曇經二卷亦云佛毗曇論　四十五紙
上二經二十卷　二帙
毗尼母經八卷亦云毗尼母論　一百五十六紙
大比丘三千威儀經二卷
亦大僧威儀經或四卷　四十二紙
上二經十卷同帙
薩婆多毗婆沙九卷　一百八十七紙
律二十二明了論一卷
亦直云明了論　二十四紙
上二經十卷同帙
小乘論三十六部六百九十八卷　七十二帙
阿毗曇八揵度論三十卷　三帙
或無論字或云迦旃延阿毗曇
經或云阿毗曇八揵度或二十卷　四百六十二紙
阿毗達磨發智論二十卷二帙　三百五十七紙
阿毗達磨法蘊足論十二卷　二帙　一百八十九紙
阿毗達磨集異門足論二十卷　二帙

阿毗達磨識身足論十六卷　二百一十八紙
一百六十五紙
阿毗達磨界身足論三卷　三十九紙
上二論一十九卷　二帙
阿毗達磨品類足論一十八卷　二百五十五紙
衆事分阿毗曇論十二卷　二百八紙
或無論字
上二論三十卷　三帙
阿毗曇毗婆沙論六十卷八帙或加八揵
度字或八十四卷或一百九卷　一千二百九十三紙
阿毗達磨大毗婆沙論二百卷
或云阿毗達磨發智大毗婆沙
二十帙　三千六十九紙
阿毗達磨俱舍釋論二十二卷
或無釋字　四百七十一紙
阿毗達磨俱舍論本頌一卷
或三卷　二十三紙
上二論二十三卷
三帙上帙七卷中下各八卷
阿毗達磨俱舍論三十卷

三帙

阿毗達磨順正理論八十卷八帙　四百六十五紙
一千三百九十四紙
阿毗達磨顯宗論四十卷　四帙
阿毗曇心論四卷或無論字　六百一十四紙
法勝阿毗曇心論經六卷　六十九紙
或無經字或無法勝字或七卷
或云法勝阿毗曇論或加別譯　一百五紙
雜阿毗曇心論十一卷或無論字亦
上二論十卷同帙
云雜阿毗曇經亦云雜阿毗曇
婆沙或十四卷　二百七十九紙
阿毗曇甘露味論二卷或云甘露味
阿毗曇或無論字　四十六紙
隨相論一卷或云求那摩諦隨相論
或二卷　三十四紙
上三論十四卷　二帙
尊者婆須蜜菩薩所集論十卷
或十二卷或十四卷亦云婆須
蜜經　三百六十二紙
三法度論二卷或無論字或云經論
或三卷或云一卷　四十九紙

入阿毗達摩論二卷　二十八紙
上三論十四卷　二帙
成實論二十卷凡二百二品或二十
四卷或二十七卷或十四卷或
十六卷　二帙　三百九十八紙
立世阿毗曇論十卷　一帙
或無論字題云立世阿毗曇藏或
云十五卷亦名天地記經
一百六十四紙
解脫道論十二卷或十三卷一帙一百九十七紙
舍利弗阿毗曇論二十二卷或無論字
或二十卷或三十卷　六百四紙
五事毗婆沙論二卷
亦云阿毗達磨五事論　二十四紙
上二論二十四卷　三帙
鞞婆沙論十四卷亦云鞞婆沙阿毗
曇論亦云廣說或十五卷或十
九卷或無論字　三百三十四紙
三弥底部論三卷
或無部字或云四卷　三十六紙
上二論十七卷二帙上八卷下九卷
分別功德論四卷或云分別功德經
或三卷或五卷　七十一紙

四諦論四卷　七十五紙
辟支佛因緣論二卷　二十紙
十八部論一卷　八紙
部執異論一卷亦名部異執論　九紙
異部宗輪論一卷　八紙
上六論十三卷同帙
賢聖集一百一十二部
六百一十八卷　七帙
六十八部一百七十三卷梵本翻出
四十四部四百二十二卷此方撰集
佛所行讚經傳五卷或云經無傳字
或云傳無經字亦云佛本行經　九十紙
佛本行經七卷
或一名佛本行集經　一百一十三紙
上二集十二卷同帙
撰集百緣經十卷　一帙　一百五十紙
出曜經二十卷　亦云出曜論或十
九卷　四百八十四紙
賢愚經十三卷或十五卷或十六卷
或十七卷亦云賢愚因緣經　二百十三紙
上二集三十三卷　四帙上三帙
各八卷第四帙九卷

道地經一卷或云大道地經　一十八紙
修行道地經六卷初卷題云瑜遮伽復彌經晉修行道地或直云修行經或七卷　一百四十五紙
僧伽羅刹所集經三卷或云僧伽羅刹集或五卷　八十五紙
上三集十卷同帙
百喻經四卷或五卷或云十卷未詳亦云百句譬喻經　四十六紙
菩薩本緣經三卷亦云菩薩本行集經或二卷或四卷　五十四紙
大乘修行菩薩行門諸經要集三卷　八十一紙
付法藏因緣傳六卷或無因緣字亦云付法藏經或四卷或云二卷　八十二紙
上三集十卷同帙
坐禪三昧經三卷一名菩薩禪法經或直云禪經或云阿蘭若習禪法經或二卷　五十紙
佛醫經一卷亦云佛醫王經　五紙
惟日雜事經一卷　一十五紙
佛般泥洹摩訶迦葉赴佛經一卷亦云迦葉赴般涅槃經　二紙

菩薩呵色欲法一卷亦云經　一紙
四品學法經一卷或無經字　二紙
佛入涅槃密迹金剛力士哀戀經一卷　六紙
迦旃延說法沒盡偈經一卷題云佛使比丘迦旃延說法沒盡偈百二十章亦直云迦旃延偈　五紙
佛治身經一卷或云治身經　一紙
治意經一卷或云佛意經　一紙
上十一集十八卷同帙
雜寶藏經八卷或云十三卷　一百五十三紙
那先比丘經二卷或云那先經或三卷　三十一紙
上二集十卷同帙
五門禪經要用法一卷　二十三紙
達摩多羅禪經二卷一名庾伽遮羅浮行道地一名不淨觀經亦名修行方便禪經　五十一紙
禪法要解二卷名禪要經　三十四紙
禪要呵欲經一卷題云禪要經呵欲品　四紙
內身觀章句經一卷或無句字　二紙
法觀經一卷　六紙
思惟略要法一卷或云思惟要略法

經或直云思惟經　一十紙
十二遊經一卷　六紙
舊雜譬喻經二卷亦云雜譬喻集　三十六紙
雜譬喻經一卷　九紙
上十集十三卷同帙
雜譬喻經二卷一名菩薩度人經　二十五紙
雜譬喻經一卷　二十八紙
阿育王譬喻經一卷題云天尊說阿育王譬喻經古經爭佛以爲天尊即佛說也　七紙
阿育王經十卷　一百一十一紙
上四集十四卷同帙
阿育王傳七卷或加大字或五卷亦云大阿育王經　一百紙
阿育王息壞目因緣經一卷序題云阿育王太子法益壞目因緣經亦云阿育王太子壞目因緣無經字　二十六紙
四阿含暮抄解二卷亦云四阿含暮抄經　四十六紙
上三集十卷同帙
法句經二卷亦云法句集　三十四紙
法句譬喻經四卷一名法句本末經亦云法喻經或五卷或六卷　九十五紙

迦葉結經一卷　八紙

撰集三藏及雜藏傳一卷

亦云撰三藏經及雜藏經　八紙

三慧經一卷　十二紙

阿毗曇五法行經一卷　亦云阿毗曇苦慧經　亦云阿毗曇五法經　十一紙

阿含口解十二因緣經一卷　亦云斷十二因緣經　亦云阿含口解經　八紙

小道地經一卷　四紙

文殊師利發願經一卷　或加偈字　二紙

六菩薩名一卷

房入藏云菩薩名亦當誦持　一紙

一百五十讚佛頌一卷　六紙

讚觀世音菩薩頌一卷　四紙

上十三集十六卷同帙

無明羅剎集一卷

亦云無明羅剎經　或二卷　二十二紙

馬鳴菩薩傳一卷　三紙

龍樹菩薩傳一卷　三紙

提婆菩薩傳一卷　四紙

婆藪槃豆法師傳一卷　此曰天親　十紙

龍樹菩薩為禪陁迦王說法要偈一卷　九紙

勸發諸王要偈一卷　六紙

龍樹菩薩勸誡王頌一卷　六紙

賓頭盧突羅闍為優陁延王說法經一卷

亦云賓頭盧為王說法經　八紙

請賓頭盧法一卷

或云請賓頭盧法經　二紙

分別業報略一卷　或云大勇菩薩分別業報略　或云分別業報略集　八紙

迦丁比丘說當來變經一卷

或直云迦丁比丘經　九紙

大阿羅漢難提蜜多羅所說法住記一卷　七紙

金七十論三卷

亦名僧佉論　或三卷　五十三紙

勝宗十句義論一卷　十一紙

上十五集十七卷同帙

已上梵本翻譯　已下此方撰集

大佛名經一十六卷　二帙

貞元十五年十月二十三日勑入

目録卷題但云佛名經　四百一紙

釋迦譜十卷　別有五卷本與此廣略異　二百三十八紙

釋迦氏略譜一卷　或無略字　四十三紙

釋迦方志二卷　八十四紙

經律異相五十卷　五帙　上帙七下帙六　八百二十七紙　二帙

陁羅尼雜集十卷　一帙　一百八十八紙

諸經要集二十卷　或三十卷　五百八十三紙

上一集二十卷分為三帙

上下各七中帙六卷

出三藏記集十五卷　三百一十四紙

衆經目録七卷　六十三紙

上二集二十二卷二帙

上帙十卷下帙十二卷

大唐內典録十卷　一帙　二百二十紙

續大唐內典録一卷　十七紙

古今譯經圖紀四卷　六十紙

續古今譯經圖紀一卷　十六紙

大周刊定衆經目録十五卷

二百九十七紙

上四集二十一卷二帙

上帙十一卷下帙十卷

開皇三寶録十五卷

內題云歷代三寶紀　三百八紙

衆經目録五卷　八十四紙

上二集二十卷　二帙

開元釋教録二十卷

三帙与此同帙 五百四十五紙
續開元釋教錄三卷 七十五紙
大唐長安西明寺沙門圓照奉勅集
貞元新定釋教錄三十卷 七百四紙
大唐長安西明寺沙門圓照奉勅集
貞元新入目錄
一切經音義二十五卷 七百六十八紙
新譯華嚴音義二卷 四十九紙
上二集二十七卷
四帙第一帙六卷下三帙各七卷
大唐西域記十二卷 二百三十四紙
集古今佛道論衡四卷或三卷 九十九紙
續集古今佛道論衡一卷 二十三紙
上三集十七卷 二帙
上帙八卷下帙九卷
東夏三寶感通錄三卷 亦云集神州三寶感通錄 九十七紙
集沙門不拜俗議六卷 九十七紙
上二集九卷同帙
大唐慈恩寺三藏法師傳十卷 一帙 一百七十紙
大唐西域求法高僧傳二卷 三十五紙

貞元新定釋教目錄卷第三十 第三十四張 丁

法顯傳一卷 亦云歷遊天竺記傳 三十九紙
高僧傳一十四卷 一卷是錄 二百九十紙
上三集十七卷 二帙上帙九下帙八
續高僧傳三十卷 七百三十紙
上一集三十卷 分為四帙
第一第二各八 下二帙各七
辯正論八卷 一帙 一百七十八紙
破邪論二卷 或一卷 四十五紙
別傳三卷 貞觀年中僧法琳撰 四十五紙
開元錄不入目今於
貞元十五年奉勅編入目錄流行
甄正論三卷 三十六紙
十門辯惑論二卷或三卷 二十七紙
弘明集十四卷 二百八十九紙
上五集二十四卷 上帙十二下帙十二
廣弘明集三十卷 七百七十紙
上一集三十卷分為四帙
第一帙十第二帙七第三帙七下帙六
集諸經禮懺儀二卷 五十八紙
大唐南海寄歸內法傳四卷 八十七紙
比丘尼傳四卷 四十二紙
別說罪要行法一卷 或無別字 四紙
受用三水要法一卷 或云要行法 四紙

貞元新定釋教目錄卷第三十 第三十五張 丁

護命放生軌儀一卷 或云軌儀法 二紙
上六集十三卷同帙
貞元新定釋教目錄卷第三十
次後不入藏目錄
密迹金剛力士經七卷 或五卷
菩薩夢經二卷 改名淨居天子會
法界體性無分別經二卷
十法經一卷 加名大乘十法會
大菩薩藏經二十卷
佛為難陀說出家入胎經二卷
改名入胎藏會
文殊師利授記經三卷
菩薩見實三昧經十六卷 或十四卷
菩薩藏經三卷 改名富樓那會
護國菩薩經二卷
郁伽長者所問經一卷
迦葉經二卷 加名摩訶迦葉會
義辯菩薩所問經二卷
無畏德女經一卷
無垢施菩薩分別應辯經一卷
大方等善住意天子問經四卷
大乘方便經三卷
移識經二卷 改名賢護長者會

貞元新定釋教目錄卷第三十 第三十六張 丁

大方等善住意天子問經四卷
弥勒菩薩所問經一卷改名弥勒問八法會
大寶積經一卷改名普明菩薩會
寶梁經二卷
寶髻菩薩所問經二卷
右密迹力士經下二十三部合
八十四卷並編入大寶積經藏
中故無別本
金光明經七卷或六卷 二十二品
右二部一十卷與藏中八卷者
文句不異其八卷本品數備足
故留入藏此二皆闕故不存之
其八卷本有二十四品
新道行經七卷
或十卷檢諸藏本皆与文同而題目
異故不列寫其道行正本子品之末標
大方等大集經八卷 經品是合大佛今
存刊本初兩卷是明度五十
校計經下六卷是樂盡意
阿耨達龍王經二卷
與藏中道廣顯三昧經文句全同
合道神足經三卷
與藏中道神足無極變化經文句全同
泉泣經三卷
與藏中方等般泥洹經文句全同

寶田慧印三昧經一卷
與藏中慧印三昧經文句全同
鹿子經一卷與藏中鹿母經文句全同
小無量壽經一卷
與藏中阿弥陀經文句全同
胎藏經一卷與藏中無垢賢女經文句全同
閻城十二因緣經一卷與藏中貝多樹
下思惟十二因緣經文句全同
大安般經一卷
與藏中大安般守意經上卷文句全同
中日經一卷與藏中月光童子經文句全同
輪轉五道罪福報應經一卷
與藏中罪福報應經文句全同
旃陀越經一卷
與藏中旃陀越國王經文句全同
真僞沙門經一卷
與藏中沙門果業報經文句全同
轉法輪經一卷
檢諸藏本並是轉法輪論其轉法輪經並全別
賓頭盧為王說法經一卷與藏中賓頭
盧突羅闍為優陀延王說法經文句全同
阿蘭若習禪法經二卷
與藏中坐禪三昧經文句全同

禪秘要經五卷檢諸藏本入經文錯非是本
經不堪流布其經正本尋之未獲
右新道行等一十九部共四十
二卷或是一經兩名或將無正
本故存一經重者不錄
無畏德女經一卷
第一義法勝經一卷
弥勒菩薩所問本願經一卷
發菩提心經二卷亦云論
法句經二卷亦云論
攝大乘釋論十二卷或十五卷
右六部一十九卷同錄入藏重
載兩本今存一
虛空藏所問經八卷
或五卷是大集經虛空藏品全一品
虛空藏菩薩問持經得幾福經一卷
即抄前虛空藏品
一切施主所行檀波羅蜜經一卷
抄六度集施度中
大方廣如來性起微密藏經二卷
是舊花嚴經寶王如來性起品
金一品題願往生經一卷舊藥
師經一卷是權頂經第十一卷
佛遊淨耶雜者是漢頂經第十
二卷

密迹金剛力士經二卷
出五卷密迹經第四卷第五卷
增一阿含經一卷 出增一阿含經第二十一
行七行現報經一卷 出增一阿含經第二十一
十二因緣經一卷 出增一阿含經第十六
戒相應法經一卷 出雜阿含經第三十卷
比丘問佛多優婆塞命終經一卷
出雜阿含經第三十卷
獨富長者經一卷 出雜阿含經第四十六卷
有衆生三世作惡經一卷 出出曜經第八卷
出家功德經一卷
佛在迦蘭陀竹園者抄賢愚經出家功德品
從虛空藏下一十五部二十四
卷既從大經流出即是別生准
衆經録別生之經不須抄寫故
入藏録除之不載
摩竭魚因緣經一卷
尊者鄔陁夷引導諸人礼佛僧經一卷
還本國度父王經二卷
水生太子經一卷
施物法非法經一卷
教識羅怙羅經一卷
五趣生死轉輪經一卷

貞元新定釋教目録卷第三十　第十張　丁

善來苾蒭因緣經一卷
七有事無事福業經一卷
摩竭魚因緣下九經並出根本
説一切有部毗奈耶中
火生長者受報經二卷
尊者善和好聲經一卷
五種水羅經一卷
勝鬘夫人本緣經一卷
勝光王信佛經一卷
誅釋種受報經二卷
大世主苾芻尼入涅槃經一卷
敬法捨身經一卷
度二邪見童子得果經一卷
清淨威儀經一卷 或云洗淨
大目連受報經一卷
初誕生現大瑞應經一卷
度迦多演那經一卷
安樂夫人因緣經一卷
毉羅鉢龍王業報因緣經一卷
增養因緣經三卷
妙光因緣經一卷
降伏外道現大神通經一卷
大藥善巧方便經二卷

貞元新定釋教目録卷第三十　第十一　丁

佛從天下贍部洲經一卷
文瘦瞿答弥經一卷
訶利底母因緣經一卷
法與尼在家得果經一卷
樹生婆羅門憍慢經一卷
弟子事師經一卷
七種不退轉經一卷
佛為長者説放逸經一卷
地動因緣經一卷
四種黑白法印經一卷
佛將入涅槃度善賢經二卷
佛般涅槃行雨大臣告壬經一卷
八大國王分舍利經一卷
火生長者下三十二經並出根
本説一切有部毗奈耶雜事中
從摩竭魚因緣經下四十一部
四十七卷並是説一切有部律
中緣起三藏義淨鈔出流行既
類別生亦不編載
幻師阿夷鄒呪經一卷
寶積經論四卷
寶性論四卷
幻師下三部九卷並周録入藏

貞元新定釋教目録卷第三十　第十二張　丁

見經今尋本未獲所以録中不載其新譯經未得本者不能繁記

淨土三昧經　二卷

法杜經二卷

毗羅三昧經二卷

決定罪福經一卷

益意經二卷

救護身命濟人病苦厄經一卷

寂妙勝定經一卷

觀世音三昧經一卷

清淨法行經一卷

高王觀世音經一卷

淨度經下十部一十五卷並是古舊録中偽疑之經周録雖編入正文理並涉人謀故此録中除之不載已上都有一百一十八部二百四十七卷多是諸録見入藏經今以皆是繁重或有尋求未獲故並不爲定見之數恐不知委且略述之若欲委知根由並如删繁録中廣述

貞元新定釋教目録卷第三十

丙午歲高麗國大藏都監奉

勑雕造

大唐保大乙巳歲續貞元釋教録一卷　惠

西都右街報恩禪院取經禪大德　恒安　集

聞摩騰入漢聲教方被於支那運歷
聖唐梵典盛圓於海藏而又
我玄宗皇帝御極寰宇開元一十八
年庚午之歲西京西崇福寺沙門智
昇撰開元釋教録二十卷目為開元
録藏總大小乘經律論及賢聖傳集
共五千四十八卷計四百八十一帙
盛行於世又經歷　四朝
玄宗
肅宗
代宗
德宗屆
德宗皇帝貞元十年甲戌之歲又計
六十五年其閒梵僧七人同共宣譯
得大小乘經律論及開元目中遺編
義淨所譯律文及大佛名經別傳等
共一百三十四部二百九十九卷西京
西明寺沙門圓照集續開元録三卷又
於貞元十五年奉
勑撰貞元釋教録三十卷并前七人
梵僧等所譯文共三百三十二卷通
前開元録藏都共五千三百八十卷
計五百一十帙目為貞元録藏宣示流
行准江表已来其閒一兩部雖有餘
未編藏内但恒安頃於天祐丁丑之
歲屆于江表歷謁名山叅尋知識以
問叅之外肴覽藏經之次因共道友
言論述其貞元藏猷遂啓私懇搭取
玆經將還
上國冀賫
皇化永福　邦家以瞖頼
聖朝仰憑
睿力於大唐昇元二年特遠遊禮五
臺山迴於開右已来寫録得前件貞
元録藏經律論等於大唐保大三年
却迴
帝闕自貞元甲戌歲今計一百五十
二年矣尋又伏蒙
今上皇帝陛下天恩俞允寫録施行
勑下所司永編諸藏仍令朝散大夫
行尚書駕部員外郎知制誥雲騎尉
賜紫金魚袋喬匡舜製序貫在經前
非獨濟利於一時抑乃舟航於千古又

賜下昇元寺西藏院先收得千鉢曼
殊室利經一部十卷亦是貞元録内
三藏金剛智所譯貞元目中遺漏不
載尋具事由請寄於本部中收計數
施行又一切經源品次録一部三十
卷在貞元藏外今亦計數在後又李
長者華嚴論一部四十卷僧勉昌於
昇元二年進上
光文肅武孝高皇帝令禮部侍郎孫
忌撰序編於藏内除開元録藏經數
外今都新計數總共一百四十部計
四百一十三卷內續新經目一卷
合四十三帙其所新載經文目録等
具列如左其於委細并重單合譯出在貞元釋教録三十卷中具述
開元録藏
都共一千七十六部　合五
千四十八卷四百八十一帙
西京西崇福寺沙門智昇
於開元一十八年庚午歲
奉　勑集
貞元録藏
都一千二百一十三部　合
五千三百九十卷五百一十帙

西京西明寺沙門圓照於貞元十五年戊寅歲奉　勅集内

新添一百三十七部　共三百四十三卷（并千鉢經在内）

合三十帙（零卷散在諸帙内兼其舊本新譯請細詳譯人前後）

貞元品次錄一部三十卷

合三帙（在貞元藏外）

花嚴論一部四十卷

合四帙（新編入藏）

大唐保大乙巳歲續新譯貞元錄一部一卷（在續開元錄同帙）

新編入藏續新譯貞元錄藏大小乘經律論目錄品次錄千鉢經等見計抄寫卷帙數目

都一百三十九部　共三百七十三卷

合三十九帙（新經目在内兼其佛名經改十六卷收合十八卷故大數外長有二卷）

舊五千六百紙（每紙二十八行成）

新六千三百八十紙（每紙二十五行成目錄每紙或二十二行成）

續貞元釋教錄　四張　忍

花嚴論一部四十卷（在紙外數）

一次列見將到貞元錄藏新譯大小乘經律論及貞元目錄并品次錄等都合二百三十五部計三百四十三卷元進狀并品次錄共一百三十二部於中有三部數不收載者其卷數即仍舊今合計一百三十五部

大乘經及念誦法

一百二十三部

二百三十卷

大乘律

一部　一卷

大乘論

二部　二卷

小乘律（義淨所譯開元目中遺編者）

七部　五十卷（内三卷元訪本未獲）

續開元釋教錄

一部　三卷（貞元十年甲戌歲西京西明寺沙門圓照奉勅集）

新定貞元釋教錄

一部　三十卷（貞元十五年己卯歲西明寺沙門圓照奉勅集）

一切經源品次錄

續貞元釋教錄　五張　忍

一部　三十卷（趙郡業律沙門從梵自大中九年乙亥歲止咸通元年庚辰歲依貞元入藏錄集）

一貞元錄中不計寫到經（抄寫日亦計數抄寫流行記二部一十九卷）

大佛名經（在傳集中永）

一部　一十六卷（或十八卷附錄）

（錄未詳作者）

釋法琳別傳

一部　三卷（沙門彥悰集）

一新拾遺收入貞元錄藏經

千臂千鉢曼殊室利經

一部十卷（三藏金剛智開元二十八年於長安薦福寺譯拾遺新編入目錄）

一新編入藏數

新華嚴經論

一部　四十卷（李通玄長者撰僧勉呂於昇元二年進奉勅編入藏内）

右上見將到及續係抄寫并新編入藏大小乘經律論及貞元目錄品次錄千鉢經花嚴論等都合一百四十部計四百一十三卷共四十三帙

續貞元釋教錄　六張　忍

一重具條科新譯貞元錄藏
大小乘經律論貞元目錄品
次錄千餘經花嚴論等如左
今若除花嚴論外都計條佰柒拾叁卷
新編入目論
新花嚴經論一部四十卷
并序軍其進經年代致先於此有行狀一卷或在論初卷後故不別列　九百紙
稾鍾隸漆　右一部四十卷同四帙
右此一論是李通玄長者開
元十七年於大原東北盂縣
同頴鄉大賢村造盛行於世
昇元二年僧勉昌進請編入
藏大唐光文肅武孝高皇帝
今書十本寫李長者真儀十
軸散下諸州編於藏末仍
勅孫忌侍郎撰序冠於論首
今故編於此庶無遺墜
大唐貞元錄藏經律論目錄
等大乘經及念誦法
一百二十四部
二百四十卷
大唐玄宗朝所譯經未及入

古今錄者九部　二十卷
大威力烏芻澀摩明王經二
卷(或三卷)　三十五紙
穢跡金剛說神通大滿陁羅
尼法術靈要門一卷　五紙
穢跡金剛法禁百變法一卷三紙
右三部五卷其本見在北天
竺三藏阿質達霰(唐言无能勝)於
安西譯開元二十年因法月
三藏貢獻入
朝附上件經到于京邑不及
得入開元錄准
勅編入貞元目錄
普遍智藏般若波羅蜜多心經
一卷　二紙
右一部一卷其本見在三藏
沙門達摩戰濕羅(唐言法月)東天
竺人開元二十六年於長安
譯此一經與古舊二經中無
少異姚秦譯者名摩訶般若
大明呪經玄奘譯者名般若
波羅蜜多心經餘義無異與
前二經同本異譯但有正宗

無序分流通今法月所譯三
分具全准
勅編入貞元釋教錄
金剛頂瑜伽修習毗盧遮那
三摩地法一卷　一十五紙
朝散大夫行尚書駕部員外
郎知制誥雲騎尉賜紫金魚
袋喬匡舜奉
勅撰
新得貞元錄藏大小乘經等
序(此序安三經首)
千手千眼觀世音菩薩大身
呪本一卷　二紙
千手千眼觀自在菩薩廣大圓
滿無㝵大悲心陁羅尼本一卷三紙
不動使者陁羅尼秘密法一
卷　一十一紙
右四部四卷其本見在南天
竺三藏沙門跋日羅(二合)菩提(唐言金剛智)於開元十九年後相
譯出准

勑編入貞元釋教錄後
代宗朝贈開府儀同三司謚
大弘教三藏
書　右八經十卷同一帙
千臂千鉢曼殊室利經十卷
一百六十紙
右一部十卷亦是大弘教三
藏金剛智開元二十八年於
長安薦福寺譯其經首序記
分明但恨安昨者遊禮五臺山
迴於闕右巳來尋訪抄寫得
所將到貞元錄藏經文之時
於彼方藏內甚見其經為貞
元錄中遺漏不載云於金剛
智廣行記中具述為訪行記
不獲遂不寫到今於大唐保
大二年冬伏蒙
天恩於　闕下昇元寺寫錄
所將到貞元經文編錄入藏
流行於昇元寺西藏院又見
此經本遂乞編入貞元藏內
三藏金剛智先譯經文本部
續貞元釋教錄　十張　惠

經中收依目施行福資
那國具其事由乞以上
聞伏奉
今旨許以施行編於藏內仍
續巳具計數奏
聞訖今又歷年月寫遠依前
遺失故寄編於此耳（況金剛智三藏於開元貞元二目中甚有所譯經文已計流行目錄）
壁　右一部十卷同一帙
金剛頂瑜伽真實大教王經
三卷（并經新序）四十三紙
金剛頂瑜伽般若理趣經一
卷　八紙
觀自在菩薩授記經一卷
十三紙
瑜伽念珠經一卷　二紙
奇特佛頂經三卷六十八紙
觀自在菩薩最勝明王心經
一卷　二十二紙
經　右六部共十卷同一帙
金剛頂瑜伽文殊師利經一
卷　十二紙
阿唎多羅阿魯力經一卷
續貞元釋教錄　十一張　惠

二十一紙
普賢行願讚一卷　五紙
地藏菩薩問法身讚一卷
五紙
出生無邊門經一卷　十紙
大吉祥天女經一卷　七紙
底哩三昧耶經一卷十四紙
十一面觀自在菩薩經三卷
二十四紙
府　右八部共十卷同一帙
吉祥天女十二名号經一卷
二紙
金剛頂瑜伽十八會指歸一
卷　九紙
金剛頂瑜伽三十七尊分別
聖位法門一卷（并序）十三紙
菩提場所說一字頂輪王經
五卷　七十八紙
寶篋經一卷　六紙
金剛壽命陁羅尼經一卷
二紙
羅　右六部共十卷同一帙
大孔雀明王經三卷（巳廣行見轉）
續貞元釋教錄　十二張　惠

讀者 五十紙
大雲輪請雨經二卷　二十
四紙
雨寶陀羅尼經一卷 并梵字
五紙
蘘虞利童女經一卷　四紙
稻芉喻經一卷　八紙
大寶廣博樓閣經三卷　四
十五紙
右六部共十一卷同一帙
將
菩提場莊嚴經一卷　二十
二紙
除一切疾病陀羅尼經一卷
一紙
能淨一切眼陀羅尼經一卷
二紙
施焰口餓鬼陀羅尼經一卷
四紙
三十五佛名經一卷　二紙
八大菩薩曼荼羅經一卷
三紙
葉衣觀自在菩薩陀羅尼經
一卷　八紙

訶利帝母經一卷　三紙
毗沙門天王經一卷　四紙
觀自在菩薩說普賢菩薩陀
羅尼經一卷　七紙
右十部共十卷同一帙
相
文殊問字母經一卷 題云文殊問字母品第十四　三紙
金剛蓮花部心念誦法一卷
三十三紙
金剛頂瑜伽千手千眼觀自
在菩薩念誦法二卷　三
十二紙
無量壽如來念誦儀軌一卷
十二紙
阿閦如來念誦法一卷　十
八紙
佛頂尊勝念誦法一卷八紙
金剛頂勝初瑜伽普賢菩薩
念誦法一卷　十三紙
金剛王菩薩秘密念誦法一
卷　十三紙
普賢菩薩金剛薩埵念誦法
一卷　十二紙

金剛頂瑜伽五秘密修行儀
軌一卷　十二紙
右十部共十一卷同一帙
路
念剛壽命念誦法一卷三紙
一字頂輪王瑜伽經一卷
六紙
一字頂輪王念誦儀軌一卷
十二紙
仁王般若念誦法一卷 并序譯經沙門惠靈述　十五紙
如意輪念誦法一卷　八紙
大虛空藏菩薩念誦法一卷
五紙
瑜伽蓮花部念誦法一卷
七紙
聖觀自在菩薩心真言觀行
儀軌一卷　六紙
金剛頂經多羅菩薩念誦法
一卷　十三紙
甘露軍吒利念誦法一卷
十八紙
右十部十卷同一帙
俠
華嚴入法界四十二字觀門

一卷 六紙
文殊讃法身禮一卷 三紙
授菩提心戒儀一卷 大乘律 三紙
金剛頂瑜伽三十七尊禮一
卷 四紙
般若理趣釋二卷 三十二紙
大曼荼羅十七尊釋一卷
三紙
金剛瑜伽護摩儀一卷 八紙
都部陁羅尼目一卷 四紙
大乘緣生論一卷 大乘論 十紙
七俱胝佛母陁羅尼經一卷
十九紙
槐 右十部共十一卷同一帙
大虛空菩薩所問經八卷
卿 右一部共八卷同一帙
此一經八卷前後四譯舊錄
云是大集中之一分也不可
別存今以義理幽深又於大
曆四年別翻出耳今當第五
譯
仁王經二卷 并序
代宗皇帝 御製 已久流行 三

十五紙
密嚴經三卷 并序
代宗皇帝 御製五十一紙
仁王念誦儀一卷 十九紙
已上經等共七十部計九
十七卷並出大曆七年正
月進上代宗朝。勑下流
行目中宜編入一切經目
元進一百一卷仁王經疏三卷參在後并失經目今計九十七卷
次後續進上具件如後
大聖文殊師利菩薩佛刹功
德莊嚴經三卷 五十一紙
成就妙法蓮花經王瑜伽觀
智儀軌一卷 二十五紙
戶 右通前仁王經等五部共
十卷同一帙
金剛頂勝初瑜伽經中略出
大樂金剛薩埵念誦儀一卷
十一紙
大樂金剛薩埵修行成就儀
軌一卷 出吉祥勝初瑜伽經 十五紙
大藥叉女歡喜母并愛子成

就法一卷 亦云訶利底母法 十二紙
普遍光明大隨求陁羅尼經
二卷 三十二紙
金剛頂超勝三界經說文殊
五字真言勝相一卷 三紙
五字陁羅尼頌一卷 八紙
聖閻曼德迦威怒王立成大
神驗念誦法一卷 八紙
文殊師利菩薩根本大敎王
金翅鳥王品一卷 十一紙
不空羂索毗盧遮那佛大灌
頂光真言一卷 出不空羂索經二十八卷
二紙
封 右九部共十卷同一帙
聖迦尼忿怒金剛童子菩薩
成就儀軌經三卷 四十八紙
大威怒烏蒭澁摩儀軌一卷
十紙
佛說摩利支天經一卷 四紙
金剛頂經一字輪王瑜伽一
切處念誦成佛儀軌一卷
八紙
佛為優填王說王法政論經

一卷　九紙
大方廣如來藏經一卷　十
八紙
佛說一髻尊陁羅尼經一卷
十四紙
速疾立驗摩醯首羅天說迦
婁羅阿尾奢法一卷　六紙
右八部共十卷同一帙
八
大日經略攝念誦隨行法一
卷 亦名五支略念誦法　二紙
大毗盧遮那成佛神變加持
經略示七支隨行法一卷
三紙
木槵經一卷　一紙
金剛頂瑜伽文殊師利菩薩
儀軌供養法一品 亦名文殊五字
念誦法　二十四紙
曼殊室利童子菩薩五字瑜
伽法一卷　二紙
金剛頂降三世大儀軌一卷
四紙
文殊師利菩薩及諸仙所說
吉凶時日善惡宿曜經二

卷　四十二紙
金剛頂經觀自在如來修行
法一卷　六紙
金剛頂瑜伽中發阿耨多羅
三藐三菩提論一卷 亦云瑜伽
總持教門說菩提心觀行修持義　七紙
右九部共十卷同一帙
金剛頂經釋字母品一卷
二紙
脩習般若波羅蜜菩薩行念
誦儀軌一卷　七紙
仁王般若陁羅尼釋一卷
七紙
觀自在大悲成就瑜伽蓮花
部念誦法門一卷 亦名成就大悲
觀自在　十二紙
佛說大孔雀明王畫像壇場
儀軌一卷 四紙
金剛手光明灌頂經一卷 最勝
立印聖無動尊大威怒王念誦儀軌法品　十一紙
末利支提婆華鬘經一卷
十一紙
大聖天歡喜雙身毗那夜迦

法一卷　三紙
觀自在菩薩如意輪瑜伽一
卷　九紙
金輪王佛頂略念誦法一卷
三紙
金剛頂瑜伽降三世成就極
深密門一卷　三紙
右十一部共一十一卷同
一帙
家
右三十九部共四十五卷
又計前大曆七年中仁王
經等三部六卷同為五帙
今又都通計前大曆七年
中所進經都合一百九部
計一百四十二卷 內大乘律寄在花嚴入法界品四十二字觀門同帙大乘論二部二卷一卷与大乘律同帙一卷大日略念誦法同帙
都計一十四帙並是開府
儀同三司特進試鴻臚卿
肅國公贈司空食邑三千
戶謚大鑒正號大廣智大
興善寺三藏沙門 不空 梵云
阿目佉跋折羅 唐云不空金剛 本

名智藏從名改号為不空於
玄宗
肅宗
代宗三朝為灌頂國師於
三朝内相次奉詔翻譯經
律論等後於大曆七年又
相次進上經目於貞元十
五年奉
勅編入貞元釋教目録其
不空塔廟碑文並見在長
安
大乗理趣六波羅蜜經十卷
并序 德宗皇帝御製
一百六十紙
大華嚴長者問佛那羅延力
經一卷 二紙
般若波羅蜜多心經一卷第四譯 二紙
右三經十二卷同一帙
給
守護國界主陁羅尼經十卷
并經新序 一百五十五紙
右一經十卷同一帙貞元六年庚午歲占牟尼室利等同譯
千

本生心地觀經八卷并序
德宗皇帝御製 一百
一十紙
右一經八卷同一帙貞元六年庚午歲譯
兵
大方廣佛花嚴經四十卷内云入不思議解脫境界普賢行願品 六百
一十二紙
高冠陪輦 右一經四十卷同
四帙
此經烏荼國王自手書進
大唐德宗皇帝其經當前花
經中入法界分從第六十到
第八十計二十一卷今譯為
四十卷其經貞元十三年於
長安譯其元進經梵夾表文
在第一卷後記耳其經辭旨見其文辭理多前後易故計寫到
右上六部七十卷並是罽賓
國三藏沙門般若梵云般剌
若唐言智惠於
德宗聖神文武皇帝貞元四
年歲次戊辰後相次奉

詔宣譯於貞元十五年奉勅
編入貞元釋教錄
十力經一卷并序記 十紙
右一經一卷龜玆國三藏
勿提提犀魚唐言蓮花精進於安西譯
迴向輪經一卷 四紙
十地經九卷 一百廿一紙
右二經十卷于闐三藏尸
羅達磨唐言法云於北庭譯
右三經共十一卷同帙
此三經十一卷同一序記
在十力經前云是
大唐國僧法界從中印土
持此梵夾路太請譯出將
歸於貞元十五年准
勅編入貞元釋教錄
驅
大乗律
授菩提心戒儀一部一卷大曆中進經數花嚴入法界品四十二字觀門同帙 三紙
大乗論
大乗緣生論一部一卷聖者鬱楞伽造在大曆七年進經與大乘律同帙 十紙
金剛瑜伽中發阿耨多羅三

藐三菩提論一部一卷大曆
中大曆經同帙略　七紙
右上三部三卷大興善寺三
藏不空譯重標於此

小乘律

根本說一切有部毗奈耶藥
開元目中遺編者
事二十卷內元欠二卷二百七十紙
皷振　右一部共二十卷同二帙
根本說一切有部毗奈耶破
僧事二十卷三百三十五紙
纓世　右一部共二十卷同二帙
根本說一切有部毗奈耶出
家事五卷內元欠一卷八十七紙
根本說一切有部毗奈耶　安
居事一卷　十二紙
根本說一切有部毗奈耶隨
意一卷　十三紙
根本說一切有部毗奈耶皮
革事二卷　二十八紙
根本說一切有部毗奈耶羯恥
那事一卷六紙
祿　右五部共十卷同一帙

一卷內元欠
右上七部五十卷內元欠三卷是
大唐三藏義淨從大周證聖
元年止大唐景雲二年以來
兩京宣譯准長安四年十二
月十四日勅及景雲二年閏
六月二十六日勅編入經目
今准開元釋教錄中遺漏不
收今拾遺補闕編入貞元釋
教錄為訪本未足即元欠三卷且
附闕本錄中收然慮誤為別生故於本部
中亦重收於彼耳

德宗朝貞元藏目等

續開元釋教錄三卷七十紙
右一部三卷　西京西明
寺沙門圓照於貞元十年
甲戌歲奉
勅集與法眛別傳同帙續貞元錄在內
右三部七卷同一帙

車

新定貞元釋教錄三十卷元二
十六行成紙　九百紙餘
右一部三十卷　西京西
明寺沙門圓照於貞元十

五年己卯歲奉
勅集貞元十六年　勅下
流行
駕肥輕策
右一部三十卷同四帙
右上大小乘經律論及念誦法遺編
律文及貞元目錄千餘經等共一百
三十五部計三百二十三卷內除一千餘經
部十卷
並計見將到數
一切經源品次錄三十卷元千
五行成紙在貞元藏外　六百紙
右一部三十卷同三帙若檢
主關藏勝緣文字錯多可計六帙數　右一部三
十卷

功茂實

大唐宣宗朝趙郡業律沙門
從梵依貞元釋教入藏錄自
大中九年乙亥歲止咸通元
年庚辰歲集亦計見將到經
數今通前計一百三十六部
內千餘經一部十卷共三百五十三卷

貞元錄中不計寫到數

抄寫月亦已計數抄寫流行訖
大佛名經一十六卷或十八卷附梁錄末
評作者　四百一十紙

修富　右一部十六卷同二帙
法琳別傳三卷（貞觀年中僧彥悰集）
四十五紙
右一部三卷與續開元錄
一部三卷同一帙
右上二部一十九卷先開
元錄中跡述不收後於貞
元十五年己卯歲合會重
收奉
勑編入貞元釋教錄施行
大唐續貞元釋教錄一卷（貞元錄中具述委細）
右一部一卷與別傳等同
帙　右上一部一卷是篡
取前件貞元藏經等到故
出此目以為永記亦編於
此（切慮文繁故不別出排藏錄）
右已上都通計前見將到經及貞元
目錄品次錄大佛名經別傳千鉢經
花嚴論等都共一百四十部計四百
一十三卷（內一卷經新目一部）共四十三帙具
列如前若於開元藏後別排即如此
排列若通開元錄逐大小乘分排列

續貞元釋教錄　十八張　惠

即都并長者花嚴論等合一千二百
一十四部計五千四百三十一卷五
百一十八帙（零卷散在諸部帙中故致增減內花嚴論一部）
（四十卷經新目一部一卷）具述如前庶使金言不
墜王偈恒芳略此編別幸無遺失耳
（五百一十帙准貞元錄排即品次錄花嚴論在外）

大唐保大乙巳歲續貞元釋教錄一卷

臣恒安言曰頃者遠持經典却復
神都尋奉
皇恩流行編錄實增慶感同脉誠歡臣
誠歡誠懼頓首頓首伏惟　皇帝陛下
君臨四海仁被万方運土德以膺時
乘金輪而駕世但　臣有幸獲偶昌期
既荷　殊私莫知所並臣今不量窺
管輒以所取到新譯貞元錄藏大小
乘經律論及續計大佛名經千鉢經
等共一百三十八部計三百七十二
卷部帙次第及先編入藏新花嚴論
等集為
大唐保大乙巳歲續新譯貞元釋教
錄一卷計一十七紙切慮年代寖遠

續貞元釋教錄　十九張　惠

幸為斯記伏乞　皇帝陛下聖慈俞
允令編入所將到貞元錄藏經等部
帙內收計數寫錄施行上貢
邦國其新經目一卷謹隨表進
呈伏賜　見覽冒犯
旒扆不任戰汗之極謹奉表以
聞伏候
勑旨臣恒安誠惶誠懼頓首頓首謹言
保大四年青月　右街報恩禪院取經禪大德臣恒安表
准　僧錄司准
尚書都省以所進呈
大唐保大乙巳歲續新譯貞元釋教
錄一卷奉御批下司者尋令
右街僧錄司給下編入新譯貞元錄
藏經內計數寫錄施行并具事由巳具
奏聞者
保大四年丙午十二月十五日下
丁未歲高麗國大藏都監奉
勑雕造

續貞元釋教錄　二十張　惠

大唐保大乙巳歲續貞元釋教録一卷

校勘記

一　底本，麗藏本。

一　此經録金藏及其他諸藏均無，僅高麗藏收録，故無校。

中華大藏經(漢文部分)

校勘凡例

一　《中華大藏經(漢文部分)》的底本以《趙城金藏》爲主;《趙城金藏》缺佚,則以《高麗藏》等作底本。各卷所用底本的名稱及涉及底本的其他問題,均在校勘記的第一條中説明。

一　《中華大藏經(漢文部分)》選用的參校本共八種,即《房山雲居寺石經》(石)、宋《資福藏》(資)、《影印宋磧砂藏》(磧)、元《普寧藏》(普)、明《永樂南藏》(南)、明《徑山藏》(徑)、《清藏》(清)、《高麗藏》(麗)。

一　校勘記中的「諸本」,若底本爲金藏,即包括石、資、磧、普、南、徑、清、麗全部八種校本;若底本爲麗藏,則包括石、資、磧、普、南、徑、清全部七種校本。其他情况若用「諸本」,校勘記中則另加説明。

一　校勘採用底本與校本逐字對校的办法,只勘出經文中的異同及字句錯落,一般不加評注。參校本若有缺卷,或有殘缺、漫漶等字迹無可辨認者,則略去不校,校勘記亦不作記録。

一　一經多卷,經名、譯者、品名出現同樣性質的問題,一般只在第一卷出校,並注明以下各卷同;分卷不同時,以底本爲主出校。

一　古今字、異體字、正俗字、通假字及同義字,一般不出校。如:

古今字:宍(肉);猗(倚);距(跛);鉾(矛);誼(義)等。

異體字:脎(梨);剎(刹);皃(貌);惱(惱);导(碍、礙、閡)等。

正俗字:怪(恠);滴(渧);體(躰);刺(刾);閑(閇)等。

通假字:惟(唯);嫉(疾);頻(嚬、顰);揣(摶);尠(鮮)等。

同義字:言(曰);如(若);弗(不)等。